Corani Textus Arabicus: Ad Fidem Librorum Manu Scriptorum Et Impressorum Et Ad Praecipuorum Interpretum Lectiones Et Auctoritatem Recensuit Indicesque Triginta Sectionum Et Suratarum Addidit Gustavus Fluegel ...

Gustav Flügel

Nabu Public Domain Reprints:

You are holding a reproduction of an original work published before 1923 that is in the public domain in the United States of America, and possibly other countries. You may freely copy and distribute this work as no entity (individual or corporate) has a copyright on the body of the work. This book may contain prior copyright references, and library stamps (as most of these works were scanned from library copies). These have been scanned and retained as part of the historical artifact.

This book may have occasional imperfections such as missing or blurred pages, poor pictures, errant marks, etc. that were either part of the original artifact, or were introduced by the scanning process. We believe this work is culturally important, and despite the imperfections, have elected to bring it back into print as part of our continuing commitment to the preservation of printed works worldwide. We appreciate your understanding of the imperfections in the preservation process, and hope you enjoy this valuable book.

CORANI
TEXTUS ARABICUS

AD FIDEM LIBRORUM

MANU SCRIPTORUM ET IMPRESSORUM

ET AD

PRAECIPUORUM INTERPRETUM LECTIONES

ET AUCTORITATEM

RECENSUIT

INDICESQUE TRIGINTA SECTIONUM

ET SURATARUM

ADDIDIT

GUSTAVUS FLUEGEL

ORD. REG. SAX. ALB. EQUES THEOLOG. LICENTIATUS PHILOS. DOCTOR ET ARTT. LIBB. MAGISTER AFRANEI QUONDAM PROFESSOR ACADEMIARUM TURINENSIS VINDOBONENSIS ET PETROPOLITANAE SOCIUS EPIST. BIBLIOTHECAE CAESAR. PETROPOLITANAE SOCIUS HONORARIUS SOCIETATIS ASIATICAE PARISIENSIS SOCIUS EXTR. SOCIETATIS ASIATICAE LONDINENSIS ET BOSTONIENSIS SOCIUS EPIST. SOCIETATIS GERMAN. ORIENTALIS ET SOCIETATIS ANTIQUIT. PATRIAR. SOCIUS ORDIN. SOCIETATIS SORABICAE LIPS. SOCIUS HONORARIUS.

EDITIO STEREOTYPA C. TAUCHNITZII

TERTIUM EMENDATA.

NOVA IMPRESSIO.

LIPSIAE
SUMTIBUS ERNESTI BREDTII
MDCCCLXXXI.

40,440.

163
1881

IMPRESSERUNT PÖSCHEL & TREPTE, LIPSIAE.

LECTORI BENEVOLO

S. P. D.

GUSTAVUS FLUEGEL.

Corani quae in usum publicum venerunt duas tantum editiones habemus, Hinckelmannianam et Maraccianam. Quae Petropoli et Casani typis exscriptae, neque tamen unquam publici iuris factae sunt, nonnisi in paucorum virorum doctorum manibus versantur et ne in omnibus quidem bibliothecis regiis asservantur. Hae pariter atque illae quae in Asia ipsa prodierunt, ut editio interlinearis in India impressa quaeque Shirazi a lithographo describebatur et novissima illa Casani prelo subiecta aves rarissimae sunt in his terris, quas evolasse quidem fando accepimus, sed quas oculis usurpasse vix ulli nostratium contigit. Itaque lustra viginti sex et plura praeterierunt, antequam nova editio praepararetur, ad quam viri docti aditum sibi patefacerent. Tandem animum ad novam Corani editionem moliendam applicuit Carolus Tauchnitius bibliopola et typographus Lipsiensis. Scimus eum in alphabetis occidentalibus fingendis non acquievisse; iam dudum in orientalibus quoque parandis operam posuit indefessam. Hinc factum est, ut literis idiomatis hebraici et syriaci ad summam elegantiam adductis arabicas quoque formas denuo effingere induceret in animum. Quam rem antequam aggrederetur, Boettigerus ille Dresdensis, fautor meus praesentissimus tutorque carissimus, de nova Corani editione conficienda Tauchnitium amicissimum suum sollicitaverat et cui textum curandum traderet, dubitanti me commendaverat. Tauchnitius non recusavit, vidit tamen opus esse multi laboris. Circumspecte agendum, praesidia rei bene gerendae undecunque colligenda, viros, si qui essent, qui consilio et re opem ferre possent, adeundos esse intellexit. Unus tamen mihi instar omnium fuit. Precibus enixis Iosephum de Hammer, qui mihi nunquam defuit, oravi et obtestatus sum, ut adiumenta typographica mitteret, quae haberet vel procurare posset. Atque is, qua est humanitate et quo in studiis linguarum Orientalium constabiliendis, promovendis amplificandisque amore ardentissimo, plura praestitit, quam pollicitus erat. Misit quae in promtu erant Viennae vel ipsi vel Academiae orientali scripturae arabicae specimina elegantissima et formosissima Constantinopoli elaborata. His et aliis in usum vocatis singulisque literis tractatis et retractatis typi tandem fundebantur cura Tauchnitii assidua et incredibili, quorum Tibi hic specimen proponimus. In quibus non modo id laudandum est, quod quae dicuntur ligaturae accuratissime et elegantissime formatae sunt, sed ratio etiam, qua voces typis exscriptae sunt, annexiones singularum literarum, flexurae et positio vocalium ceterorumque signorum anagnosticorum artificiosa et operosa lectorem propria sua virtute ad contemplationem excitant. Titulus quoque literarum ductus exhibet vere orientales, quos Anton de Hammer, Academiae orientalis Viennensis alumnus optimae spei mihique perquam gratus, ut e metallo exsculperentur, intercedente Iosepho de Hammer scribendo praeivit suaeque industriae hic monumentum exstare voluit.

De textu recepto eiusque indole hic perpauca tantum erunt praemonenda. Prolegomena enim separatim edenda a Tauchnitio imprimentur, in quibus ratio mihi reddenda erit variarum lectionum recensionumque coranicarum et historica praemittenda introductio, quae studiosis harum rerum viam quasi ad Coranum legendum et diiudicandum muniat. Ut ad pauca redeam, id me egisse Te monitum volo, Lector benevole, ut textum darem per lectores Corani peritissimos emendatum, ab interpretibus indigenis probatum et ita in usum vulgarem, potissimum apud Turcas et Arabes Hanefitas introductum. Inde iam patet, textum et Hinckelmannianum et Maraccianum in plurimis locis relinquendum novamque viam ingrediendam fuisse. Vulgo quidem textus a Maraccio datus Hinckelmanniano praefertur, me tamen minime illum ex idoneis, ut mihi videtur, caussis praeferendum duxisse libere profiteor. Maraccius fere nunquam in lectionibus receptis sibi constitit, permulta omisit, sexcenties verba perperam expressit et omnino ita versatus est, ut versioni eius latinae explicationibusque adiectis maius pretium statuendum mihi videatur, quam verbis textus arabicis, id quod in Prolegomenis exemplis propositis latius probare studebo. Nec vero editio Hinckelmanni ea est, quae omnibus vitiis typographicis et criticis careat. Titubavit et ipse in via valde lubrica. Multa eius operi insunt vel maxime improbanda, quibus adstipulari nequeo. At non eadem incuria et inconstantia laborat, quae Maraccio vitio dari potest, et recensionem sequitur haud omnino contemnendam. Restat Petropolitana editio Catharinae iussu et sumtibus in usum Muhammedanorum Russiae imperio adiectorum impressa, quae sine dubio proxime accedit ad textum hodie in Oriente receptum et ab interpretibus criticis iisque gravissimis defensum; plura tamen continet magis consuetudine quam rationibus certis nixa, quae in ipsis libris manu scriptis obvia viris doctis vix probari et ab omni negligentiae nota vindicari possint. Ceterum an exemplum ab *Obeidallah Mohammed Rachimu Junusuf,* Consule Casani Tataro, magnis sumtibus, ut ferunt, praeparatum et dudum prela exercens iam in publicum prodierit, nec per literas hoc consilio Petropolin scriptas nec per hospites ex illis terris huc peregrinantes explorare potui. Quodsi haec ita se habent, iure quaeri potest, quae adiumenta doctrinae et instrumenta critica mihi ad manum fuerint in hac nova Corani editione adornanda et conficienda. Textus impressi fere omnes consulebantur, nec qui Calcuttae in vulgus editus est index coranicus, نجوم الفرقان inscriptus, auctor erat in nullo pretio habendus. Conscriptus certe est ad textum in India, Persia et Arabia receptum, ideoque certis fundamentis nixus auctoritate confirmatur haud repudianda. Ad haec praesidia alia accedebant adminicula manu exarata. Asservantur in Bibliotheca Dresdensi Corani exempla splendidissima et elegantissima, quae textum continent correctum et usui accommodatissimum. Perantiquum quoque exstat ibi exemplar, sed, quod valde dolendum, dimidiam tantum Corani partem complectens, ut Fleischerus meus in Catalogo Manuscriptorum Orientalium Bibliothecae Dresdensis pluribus erudite monet, qui de reliquis quoque Corani codicibus conferendus est. Maioris etiam utilitatis erant commentarii coranici in eadem bibliotheca depositi. De Beidhawiano eiusque pretio nihil dicendum esse videtur. Viri docti omni tempore eum inter optimos posuerunt, et plures adeo eum omnibus ceteris palmam praeripuisse recte ac iure contenderunt, et ad specimina a de Sacy, Henzi aliisque edita, ex quibus reliqua iudicanda essent, provocarunt. Quam rem ita se habere, editio integra probabit iam diu a Fleischero carissimo ad codicum Parisinorum, Lipsiensium et Dresdanorum fidem tractata, quae pro ingenio eius subtili et eruditione summa ita comparata erit, ut *Beidhâwi* ipse vindicem disertiorem et acriorem sibi eligere non potuisset. Commentarius *Zamakhsherii* autem ordine et auctoritate haud dubie a Beidhawiano secundus inter codices Dresdenses non reperiebatur, nec est quod multum desideremus, eum ibi non reperiri. Habemus enim testem eius locupletissimum *Imâdi*, cuius opus pereleganter conscriptum et nitidissime descriptum in thesauris pretiosissimis illius bibliothecae optimo iure numeratur. Titulus ei praescribitur: ارشاد العقل السليم الى مزايا الكتاب الكريم „Directio sanae mentis ad praestantias libri nobilis," et quae de hoc libro ipsi Muhammedani statuunt, in *Haji Khalfae* Lexico Bibliographico (editionis meae, quae impensis Britannorum Lipsiae typis excuditur brevi tempore proditura, Tom. I. Pag. 249 sq.) ita leguntur: ارشاد العقل السليم الى مزايا الكتاب الكريم فى تفسير القرآن على مذهب النعمان لشيخ الاسلام ومفتى الانام المولى ابى السعود بن محمد العمادى المتوفى سنة ٩٨٢ ولمّا بلغ تسويده الى سورة ص وطال العهد بيّضه فى شعبان سنة ٩٧٣ وارسله الى السلطان سليمان خان مع ابن المعلول فاستقبل الى الباب وزاد فى وظيفته وتشريفاته اضعافا . . ثم بيّضه الى تمامه بعد سنة . . . فاشتهر صيته وانتشر نسخه فى الاقطار ووقع التلقّى بالقبول من الفحول والكبار لحسن سبكه ولطف تعبيره فصار يقال له

خطيب المفسرين ومن المعلوم انّ تفسير احد سواه بعد الكشاف والقاضى لم يبلغ الى ما بلغ من رتبة الاعتبار والاشتهار والحقّ انه حقيق به مع ما فيه من المنافى لدعوى التنزيه ولا شكّ انه ممّا رواه طالع سعده كما قال الشهاب المصرى فى خبايا الزوايا „Directio sanae mentis ad praestantias libri nobilis, commentarius in Coranum secundum disciplinam Imami *Abu Hanífa Nomán,* auctore Sheikh-elislám et generis humani Mufti Molla *Abu'sso'úd Ben Mohammed Imádi,* mortuo anno 982 (inc. 23. Apr. 1574). — Cum hic commentarium usque ad Suratam *Sád* primis lineis descripsisset et iam multum temporis in eo consumsisset, illam partem mense Shaban anni 972 (inc. 9. Aug. 1564) in charta pura consignavit, eamque cum genero suo *Ibn-elma'lúl* Sultano *Soleimán Khán* misit. Hic usque ad portam illi obviam ivit eiusque stipendium et vestes honorarias duplicavit. — Tum *Imádi* post annum totum opus nitide exscripsit. — Iam fama eius divulgabatur et exemplaria per tractus dispergebantur, et principes virorum eruditorum librum honorifice receptum probabant propter eximiam eius compositionem et elegantem orationem, ita ut auctor *Khatíb et-mofassirín* (orator inter interpretes) appellaretur. Constat etiam commentarium nullius viri docti praeter eum post *Keshsháf* (cuius auctor *Zamakhsheri* est) et *Anwár et-tenzíl* a Cadhi *Beidháwi* compositum ad illum gradum auctoritatis et celebritatis pervenisse, eique haec aestimatio summo iure debetur, licet multa ei insint, quae prohibeant, quo minus auctor immunitatem ab omni errore sibi arroget. Neque dubium est, quin iis, quae ab aliis auctoribus depromsit, interpres evaserit fortuna singulari ornatus, ut *Shiháb-ed-din Misri* in *Khabáyá ez-zewáyá* dicit.“ —

Ex libro ipso satis apparet, illum maximam partem e commentariis Beidhawiano et Zamakhsheriano conflatum esse. Continet autem fere omnem lectionis varietatem, iudicio saepissime de ea interposito. Itaque hunc inprimis ducem mihi eligendum esse putavi. Summa autem eorum, quae ex hoc libro ad textum constituendum depromebantur, in Prolegomenis deponetur et lectiones graviores ad artem criticae in Corano exercendam a lectoribus clarissimis admissae adiicientur, unde variae recensiones cognosci et examinari poterunt. Horum et aliorum criticae subsidiorum a Cl. Ebert plenissimam mihi factam esse potestatem lubens gratusque profiteor.

De ratione qua orthographiam administrandam esse putavi in hac nova textus recensione, hoc unum monere sufficiat. Quae Corani lectores et grammatici praecepta tradunt de ea re mirum in modum perplexa, contorta et saepissime sibi adversantia parumque inter se constantia, non admisi, soloecismos evitavi, quae corrupta ex scripturae genere Cufico ad hunc usque diem in plurimis codicibus superstitione quadam religiosa conservata erant, repudiavi et omnino omnia improbavi, quae sine ratione et regula in Corani editionibus legebantur. De hac laboris parte graviori, in qua multum taedii mihi devorandum fuit, et de soloecismis et scriptionibus obsoletis, sed ob antiquitatis honorem adhuc propagatis suo loco, quod ex re erit, dicetur.

Versus Suratarum denique ab Arabibus ipsis miracula appellati, ita digesti sunt, ut fere semper distributionem ab Hinckelmanno observatam sequerer caussa duplici adductus. Primum enim a viris doctis tantum non omnibus editio Hinckelmanniana laudatur, versusque laudati alio ordine instituto vix ac ne vix quidem in hac editione reperiri potuissent, unde magna quaerentibus molestia oborta esset. In nonnullis tamen capitibus a distributione illius viri ob numeros vel omissos vel perperam impressos vitiosa recessi. Deinde miraculorum illorum, ut dicuntur, dispositio nunquam ad certam regulam revocari poterit, cum nec singuli Corani codices iique optimi in numero eorum indicando sibi constent, nec indicatus numerus signis inter singula positis ubique respondeat (cuius rei ipse Coranus Petropoli editus testis est valde conspicuus); denique interpretes rem non expediendam eamque in medio relinquendam esse bene sentientes, hanc dispositionem alto silentio praetermiserunt.

Atque haec sunt, benevole Lector, de quibus Te hic in limine operis monitum volebam. Quodsi hanc Corani editionem haud plane inutilem inveneris, hoc Tauchnitio nostro tribuendum esse censeas, qui nec sumtibus pepercit nec operae. Multa fortasse occurrent Tibi neque probata neque unquam probanda, hoc tamen commune omnium librorum vitium nullumque hominem ab erroribus immunem esse ipse scis. Me summam diligentiam in textu et constituendo et emendando posuisse, persuasum habeo, neque ullam aliam laudem ex hoc opere mihi comparare volui, quam ut studiis arabicis consuleretur et Corani legendi studiosis via aperiretur expeditior. Vale mihique fave. Dabam Misenae Calendis Augustis MDCCCXXXIV.

PRAEFATIO

EDITIONIS SECUNDAE.

Non sperabam, fore ut Coranum post tam breve tempus novis curis elaboratum edere mihi contingeret. Editio enim quum esset stereotypa, ideoque primis exemplaribus divenditis sine ulla difficultate denuo prelo subiici posset, id quod factum identidem est, tanta exemplarium copia virorum harum literarum peritorum desideriis satisfacere posse videbatur. Nihilominus bibliopola meritissimus et honestissimus Carolus Christianus Tauchnitius faciendum putavit, ut quae iam emitterentur exemplaria, ea recognita ac revisa et novis ornamentis aucta prodirent; ut nunc quidem Turcam illum Constantinopolitanum, cui de typis ad imprimendum Coranum a Tauchnitio patre fusis consulturus plagulam speciminis loco miseram, non recte vaticinatum esse appareat, quum sub finem responsi, quod die tertio mensis Martii 1834. accepi, haec diceret: حاصل كلام بو نه طبع ايدن ذوات بو سودادن فارغ اولسه بدئندن فارغ اولمسى اولادر طبع مستقيم بو مثللو طبع سقيمى قبول اتمز دوستم i. e. „Summa orationis: Qui Coranum typis describunt, hanc phantasiam aliquando abiecturi, si statim ab initio deponerent, melius esset. Natura enim sana eiusmodi aegrotam naturam non recipit, mi amice.“ — Videlicet Turcae doctrinae orthodoxae addicti Coranos typis exscriptos variis de caussis nullo pacto admittunt, quum et superstitio id prohibeat et optimi cuiusque Muhammedani sit, Coranum semel in vita describere, et librarii, qui describendi negotio ad vitam sustentandam occupantur, omni ratione Coranos typis excusos reiicere studeant. Nunquam vero Tauchnitii in animo habebant, Corannm nostrum in Orientem introducere ita, ut aut in scholis legeretur, aut omnino Muhammedani eo uterentur. Atque etiam, qui nunc illustri officinae praeest Car. Chr. Tauchnitius filius, ipse plane alienus est ab eo consilio, neque quidquam hac nova editione spectavit, quam ut viri docti librum haberent studiis suis aptum et convenientem, qua de caussa nunc splendidior etiam et elegantiore specie ac forma ornatus prodiit. Ex his facile concludas, quomodo intelligenda sint, quae vir doctissimus et clarissimus Fr. Chr. Aug. Hasse in programmate, quo rectoris Academiae Lipsiensis nomine orationem in solemnibus typographiae saecularibus quartis habendam indixit, pag. 27. commode adnotavit: „Typi huius operis (Corani arabici Fluegelii cura editi), officinae Tauchnitianae proprii, Francogallorum et Britannorum typos Arabicos antecellunt *); attamen signa quaedam minuta **) neglecta fidei Muhammedanorum orthodoxae artem typographicam „Giauri" suspectam reddidisse dicuntur."

Paucissima autem sunt, quae praeter mendas quasdam leviores in secunda editione mutanda putavi. Ubique enim Elif otiosum delevi, quod orthographia, quae nunc in Oriente obtinetur, semper in futuro verborum tertiae Waw admittit, ita ut quod exempli gratia in prima editione scriptum est يربوا, nunc scriptum sit يَرْبُو et quae sunt reliqua. Accidit fortasse nonnunquam, quantumvis id evitare omni studio enisus sim, ut forma illa hoc tempore saepissime usurpata hoc vel illo loco mutata non sit. Quod si evenit, lectores benevolos ut excusent rogatos volo. Porro literae vocales et puncta diacritica, rarius ipsae literae, multo usu locis non paucis mutilata vel omnino fracta et deleta in prioribus editionibus magna cura, ut reficerentur et pravis meliora substituerentur, effeci. Itaque haec editio non minore quam prior diligentia elaborata et excusa est, neque tamen vel sic aequi harum rerum existimatores, ut omnia signa, puncta et lineae omnibus mendis careant, postulare animum inducent; quod quum in nullo libro effici queat, tanto minus in scriptis arabicis iisque vocalibus instructis sperari potest.

Praeter haec quae dixi nihil mutavi; ac vehementer laetatus sum, quod, quum nuper iterum Parisiis et Genevae commorarer, viri docti, qui in scholis suis nostra editione utuntur, rogati a me, ut quae sibi mutanda viderentur mecum communicarent, ad unum omnes professi sunt, textum ita esse comparatum, ut graviore mutatione egeat nulla. Quo magis autem operam in Corano collocatam probatam videmus et acceptam a viris doctis, eo magis semper studebimus, ut nihil, quod ad emendandum textum et ad editionem melius administrandam aliquid conferre possit, negligatur.

Quodsi contigerit, ut quae iam prodit editio, eadem qua prior excipiatur benevolentia, laetabimur propterea maxime, quod documento hoc erit, literarum arabicarum studium nova incrementa et cepisse et capturum esse.

Scripsi Misenae die XXV. Iunii.

---

*) Raabius qui ab epistolis legationis austriacae ad portam osmanicam est, vir summae eruditionis et humanitatis, consentiente Hammero-Purgstall, qui literarum Constantinopolin de hac re scribendarum curam in se susceperat, verba Hassil confirmavit hoc reddito responso: „Que cela (specimen Corani mei typis expressum) vaut mieux, que toutes les autres (lettres), dont on s'est servi jusqu'ici en Europe."

**) Huius generis sunt numeri ad plagulas designandas et initio versuum positi et quae sunt alia. Attamen cum in animo esset, virorum doctorum Europaeorum tantum commodo servire, omnia illa signa etiam in hac nova editione consulto repetita invenies, neque illis nos facile carere poterimus.

PRAEFATIO

EDITIONIS TERTIAE.

Quae nunc prodiit novissima editio Corani, ea quidem non ita renovata est, ut ab editionibus prioribus longissime recedat, id quod ex re ipsa minime propositum fuit, sed hic id tantum voluimus, ut quae utique corrigenda, emendanda et mutanda essent, emendarentur et mutarentur.

Cui consilio ut satisfacerem, attento animo librum examinavi, menda typographica diligentissime correxi, literas et signa prelo mutilata restauravi, nec omisi hic illic orthographiam potissimum nonnullorum verborum et lectiones mutare. Scripsi igitur ubique مائة pro مأية, cum Elif hujus verbi الف وقاية sit, ne مئة cum منه commutetur, تَذَّخِرُونَ pro تَدَّخِرُونَ (pag. 27. lin. 18), مَيْتًا pro مَيِّتًا (pag. 72. lin. 5), أَسَفَى (proprie أَسَفِى) pro أَسَفِى (pag. 125. lin. 1), لِسَبَإٍ pro لِسَبَآءٍ (pag. 226. lin. 10), سُخْرِيًّا pro سِخْرِيًّا (pag. 261. lin. 10) et quae sunt alia.

Ita hanc editionem summa profecto cura revisam et recognitam, quam etiam bibliopola meritissimus quum diligentissime tum in charta sumtuosiore imprimendam curavit, lectoribus maxime commendatam volo.

Scripsi Dresdae Calendis Majis MDCCCLVIII.

GUSTAVUS FLUEGEL Saxo.

صحيفة	اسماء السور		صحيفة	اسماء السور	
٣٢٦	سورة الغاشية	٨٨	٢٩٩	سورة الجمعة	٦٢
٣٢٧	سورة الفجر	٨٩	٣٠٠	سورة المنافقين	٦٣
٣٢٨	سورة البلد	٩٠	٣٠١	سورة التغابن	٦٤
٣٢٨	سورة الشمس	٩١	٣٠٢	سورة الطلاق	٦٥
٣٢٩	سورة الليل	٩٢	٣٠٣	سورة التحريم	٦٦
٣٢٩	سورة الضحى	٩٣		سورة الملك وقيل الواقية	٦٧
٣٣٠	سورة الم نشرح وقيل الشرح	٩٤	٣٠٥	والمنجية	
٣٣٠	سورة التين وقيل الزيتون	٩٥	٣٠٦	سورة القلم وقيل النون	٦٨
٣٣١	سورة العلق	٩٦	٣٠٨	سورة الحاقة	٦٩
٣٣١	سورة القدر	٩٧	٣٠٩	سورة المعارج وقيل سأل سائل	٧٠
٣٣٢	سورة البينة وقيل لم يكن	٩٨	٣١٠	سورة نوح	٧١
٣٣٢	سورة الزلزلة وقيل الزلزال	٩٩	٣١١	سورة الجن	٧٢
٣٣٣	سورة العاديات	١٠٠	٣١٣	سورة المزّمّل	٧٣
٣٣٣	سورة القارعة	١٠١	٣١٤	سورة المدّثّر	٧٤
٣٣٣	سورة التكاثر	١٠٢	٣١٥	سورة القيامة	٧٥
٣٣٤	سورة العصر	١٠٣	٣١٦	سورة الانسان وقيل الدهر	٧٦
٣٣٤	سورة الهمزة	١٠٤	٣١٧	سورة المرسلات	٧٧
٣٣٤	سورة الفيل	١٠٥	٣١٩	سورة النبا	٧٨
٣٣٥	سورة قريش	١٠٦	٣٢٠	سورة النازعات	٧٩
٣٣٥	سورة الماعون وقيل الدين	١٠٧	٣٢١	سورة عبس	٨٠
٣٣٥	سورة الكوثر	١٠٨	٣٢٢	سورة التكوير وقيل كورت	٨١
٣٣٦	سورة الكافرين	١٠٩	٣٢٢	سورة الانفطار	٨٢
٣٣٦	سورة النصر وقيل الفتح	١١٠	٣٢٣	سورة المطففين وقيل التطفيف	٨٣
٣٣٦	سورة تبت وقيل ابي لهب	١١١	٣٢٤	سورة الانشقاق	٨٤
٣٣٧	سورة الاخلاص وقيل التوحيد	١١٢	٣٢٥	سورة البروج	٨٥
٣٣٧	سورة الفلق	١١٣	٣٢٥	سورة الطارق	٨٦
٣٣٧	سورة الناس	١١٤	٣٢٦	سورة الاعلى وقيل سبح	٨٧

صحيفة	اسماء السور		صحيفة	اسماء السور	
٢٢٥	سورة سبا	٣٤	٨٩	سورة الانفال	٨
٢٢٩	سورة الملآئكة وقيل الفاطر	٣٥		سورة التوبة وقيل البرآءة ولها اسمآء اخر	٩
٢٣٢	سورة يس	٣٦	٩٤		
٢٣٥	سورة الصافات	٣٧	١٠٤	سورة يونس	١٠
٢٣٩	سورة ص	٣٨	١١٣	سورة هود	١١
٢٤٣	سورة الزمر	٣٩	١١٩	سورة يوسف	١٢
٢٤٨	سورة المؤمن وقيل الغافر	٤٠	١٢٩	سورة الرعد	١٣
٢٥٣	سورة فصلت وقيل السجدة	٤١	١٣٠	سورة ابرهيم	١٤
٢٥٩	سورة الشورى وقيل حم عسق	٤٢	١٣٣	سورة الحجر	١٥
٢٦٠	سورة الزخرف	٤٣	١٣٩	سورة النحل	١٦
٢٦٣	سورة الدخان	٤٤	١٤٤	سورة الاسرى وقيل بني اسرآئيل	١٧
٢٦٥	سورة الجاثية	٤٥	١٥٠	سورة الكهف	١٨
٢٦٧	سورة الاحقاف	٤٦	١٥٧	سورة مريم	١٩
٢٧٠	سورة محمد وقيل القتال	٤٧	١٦١	سورة طه	٢٠
٢٧٣	سورة الفتح	٤٨	١٦٩	سورة الانبيآء	٢١
٢٧٥	سورة الحجرات	٤٩	١٧٣	سورة الحج	٢٢
٢٧٧	سورة ق	٥٠	١٧٧	سورة المؤمنين	٢٣
٢٧٩	سورة الذاريات	٥١	١٨١	سورة النور	٢٤
٢٨٠	سورة الطور	٥٢	١٨٧	سورة الفرقان	٢٥
٢٨٢	سورة النجم	٥٣	١٩١	سورة الشعرآء	٢٦
٢٨٤	سورة القمر	٥٤	١٩٧	سورة النمل	٢٧
٢٨٥	سورة الرحمن	٥٥	٢٠٢	سورة القصص	٢٨
٢٨٧	سورة الواقعة	٥٦	٢٠٧	سورة العنكبوت	٢٩
٢٨٩	سورة الحديد	٥٧	٢١٢	سورة الروم	٣٠
٢٩٢	سورة المجادلة	٥٨	٢١٥	سورة لقمان	٣١
٢٩٤	سورة الحشر	٥٩		سورة السجدة وقيل الجزر وقيل المضاجع	٣٢
٢٩٦	سورة الممتحنة	٦٠	٢١٨		
٢٩٨	سورة الصف	٦١	٢١٩	سورة الاحزاب	٣٣

فهرسة الاجزآء

	صحيفة
الجزء الثانى	١٠
الجزء الثالث	٢٠
الجزء الرابع	٣٠
الجزء الخامس	٤٠
الجزء السادس	٥٠
الجزء السابع	٦٠
الجزء الثامن	٧١
الجزء التاسع	٨١
الجزء العاشر	٩١
الجزء الحادى عشر	١٠١
الجزء الثانى عشر	١١٣
الجزء الثالث عشر	١٢٣
الجزء الرابع عشر	١٣٣
الجزء الخامس عشر	١٤٤
الجزء السادس عشر	١٥٥
الجزء السابع عشر	١٦٦
الجزء الثامن عشر	١٧٧
الجزء التاسع عشر	١٨٨
الجزء العشرون	١٩٩
الجزء الحادى والعشرون	٢١٠
الجزء الثانى والعشرون	٢٢٢
الجزء الثالث والعشرون	٢٣٣
الجزء الرابع والعشرون	٢٤٥
الجزء الخامس والعشرون	٢٥٥
الجزء السادس والعشرون	٢٦٧
الجزء السابع والعشرون	٢٧٩
الجزء الثامن والعشرون	٢٩٢
الجزء التاسع والعشرون	٣٠٥
الجزء الثلثون	٣١٩

فهرسة السور

اسمآء السور	صحيفة
١ سورة فاتحة الكتاب وقيل امّ الكتاب ولها اسمآء اخر	١
٢ سورة البقرة	١
٣ سورة آل عمران	٢٤
٤ سورة النسآء	٣٨
٥ سورة المآئدة	٥٣
٦ سورة الانعام	٦٤
٧ سورة الاعراف	٧٩

سورة الاخلاص

مكيّة وقيل مدنيّة وهى اربع آيات

بِسْمِ ٱللَّهِ ٱلرَّحْمَنِ ٱلرَّحِيمِ

١ قُلْ هُوَ ٱللَّهُ أَحَدٌ ٢ ٱللَّهُ ٱلصَّمَدُ ٣ لَمْ يَلِدْ وَلَمْ يُولَدْ ٤ وَلَمْ يَكُن لَّهُ
كُفُوًا أَحَدٌ

سورة الفلق

مكيّة وقيل مدنيّة وهى خمس آيات

بِسْمِ ٱللَّهِ ٱلرَّحْمَنِ ٱلرَّحِيمِ

١ قُلْ أَعُوذُ بِرَبِّ ٱلْفَلَقِ ٢ مِن شَرِّ مَا خَلَقَ ٣ وَمِن شَرِّ غَاسِقٍ إِذَا
وَقَبَ ٤ وَمِن شَرِّ ٱلنَّفَّاثَاتِ فِى ٱلْعُقَدِ ٥ وَمِن شَرِّ حَاسِدٍ إِذَا حَسَدَ

سورة الناس

مكيّة وقيل مدنيّة وهى ست آيات

بِسْمِ ٱللَّهِ ٱلرَّحْمَنِ ٱلرَّحِيمِ

١ قُلْ أَعُوذُ بِرَبِّ ٱلنَّاسِ ٢ مَلِكِ ٱلنَّاسِ ٣ إِلَٰهِ ٱلنَّاسِ ٤ مِن شَرِّ ٱلْوَسْوَاسِ
ٱلْخَنَّاسِ ٥ ٱلَّذِى يُوَسْوِسُ فِى صُدُورِ ٱلنَّاسِ ٦ مِنَ ٱلْجِنَّةِ وَٱلنَّاسِ

سورة الكافرين

مكية وهى ست آيات

بِسْمِ ٱللَّهِ ٱلرَّحْمَٰنِ ٱلرَّحِيمِ

١ قُلْ يَا أَيُّهَا ٱلْكَافِرُونَ ٢ لَا أَعْبُدُ مَا تَعْبُدُونَ ٣ وَلَا أَنْتُمْ عَابِدُونَ مَا
أَعْبُدُ ٤ وَلَا أَنَا عَابِدٌ مَا عَبَدْتُمْ ٥ وَلَا أَنْتُمْ عَابِدُونَ مَا أَعْبُدُ ٦ لَكُمْ
دِينُكُمْ وَلِيَ دِينِ

سورة النصر

مكية وقيل مدنية وهى ثلث آيات

بِسْمِ ٱللَّهِ ٱلرَّحْمَٰنِ ٱلرَّحِيمِ

١ إِذَا جَآءَ نَصْرُ ٱللَّهِ وَٱلْفَتْحُ ٢ وَرَأَيْتَ ٱلنَّاسَ يَدْخُلُونَ فِى دِينِ ٱللَّهِ أَفْوَاجًا
٣ فَسَبِّحْ بِحَمْدِ رَبِّكَ وَٱسْتَغْفِرْهُ إِنَّهُ كَانَ تَوَّابًا

سورة تبت

مكية وهى خمس آيات

بِسْمِ ٱللَّهِ ٱلرَّحْمَٰنِ ٱلرَّحِيمِ

١ تَبَّتْ يَدَا أَبِى لَهَبٍ وَتَبَّ ٢ مَا أَغْنَىٰ عَنْهُ مَالُهُ وَمَا كَسَبَ ٣ سَيَصْلَىٰ
نَارًا ذَاتَ لَهَبٍ ٤ وَٱمْرَأَتُهُ حَمَّالَةَ ٱلْحَطَبِ ٥ فِى جِيدِهَا حَبْلٌ مِنْ مَسَدٍ

سورة قريش

مكيّة وهى اربع آيات

بِسْمِ ٱللَّهِ ٱلرَّحْمَٰنِ ٱلرَّحِيمِ

١ لِإِيلَافِ قُرَيْشٍ ٢ إِيلَافِهِمْ رِحْلَةَ ٱلشِّتَآءِ وَٱلصَّيْفِ ٣ فَلْيَعْبُدُوا رَبَّ هَٰذَا
ٱلْبَيْتِ ٱلَّذِى أَطْعَمَهُم مِّن جُوعٍ ٤ وَآمَنَهُم مِّنْ خَوْفٍ

سورة الماعون

مكيّة وقيل مدنيّة وهى سبع آيات

بِسْمِ ٱللَّهِ ٱلرَّحْمَٰنِ ٱلرَّحِيمِ

١ أَرَأَيْتَ ٱلَّذِى يُكَذِّبُ بِٱلدِّينِ ٢ فَذَٰلِكَ ٱلَّذِى يَدُعُّ ٱلْيَتِيمَ ٣ وَلَا يَحُضُّ
عَلَىٰ طَعَامِ ٱلْمِسْكِينِ ٤ فَوَيْلٌ لِّلْمُصَلِّينَ ٥ ٱلَّذِينَ هُمْ عَن صَلَوٰتِهِمْ سَاهُونَ
٦ ٱلَّذِينَ هُمْ يُرَآءُونَ ٧ وَيَمْنَعُونَ ٱلْمَاعُونَ

سورة الكوثر

مكيّة وهى ثلث آيات

بِسْمِ ٱللَّهِ ٱلرَّحْمَٰنِ ٱلرَّحِيمِ

١ إِنَّا أَعْطَيْنَاكَ ٱلْكَوْثَرَ ٢ فَصَلِّ لِرَبِّكَ وَٱنْحَرْ ٣ إِنَّ شَانِئَكَ هُوَ ٱلْأَبْتَرُ

سورة العصر

مكية وهى ثلث آيات

بِسْمِ ٱللَّهِ ٱلرَّحْمَنِ ٱلرَّحِيمِ

١ وَٱلْعَصْرِ ٢ إِنَّ ٱلْإِنْسَانَ لَفِى خُسْرٍ ٣ إِلَّا ٱلَّذِينَ آمَنُوا وَعَمِلُوا ٱلصَّالِحَاتِ
وَتَوَاصَوْا بِٱلْحَقِّ وَتَوَاصَوْا بِٱلصَّبْرِ

سورة الهمزة

مكية وهى تسع آيات

بِسْمِ ٱللَّهِ ٱلرَّحْمَنِ ٱلرَّحِيمِ

١ وَيْلٌ لِكُلِّ هُمَزَةٍ لُمَزَةٍ ٢ ٱلَّذِى جَمَعَ مَالًا وَعَدَّدَهُ ٣ يَحْسَبُ أَنَّ مَالَهُ
أَخْلَدَهُ ٤ كَلَّا لَيُنْبَذَنَّ فِى ٱلْحُطَمَةِ ٥ وَمَا أَدْرَاكَ مَا ٱلْحُطَمَةُ ٦ نَارُ ٱللَّهِ
ٱلْمُوقَدَةُ ٧ ٱلَّتِى تَطَّلِعُ عَلَى ٱلْأَفْئِدَةِ ٨ إِنَّهَا عَلَيْهِمْ مُؤْصَدَةٌ ٩ فِى عَمَدٍ
مُمَدَّدَةٍ

سورة الفيل

مكية وهى خمس آيات

بِسْمِ ٱللَّهِ ٱلرَّحْمَنِ ٱلرَّحِيمِ

١ أَلَمْ تَرَ كَيْفَ فَعَلَ رَبُّكَ بِأَصْحَابِ ٱلْفِيلِ ٢ أَلَمْ يَجْعَلْ كَيْدَهُمْ فِى تَضْلِيلٍ
٣ وَأَرْسَلَ عَلَيْهِمْ طَيْرًا أَبَابِيلَ ٤ تَرْمِيهِمْ بِحِجَارَةٍ مِنْ سِجِّيلٍ ٥ فَجَعَلَهُمْ
كَعَصْفٍ مَأْكُولٍ

سورة العاديات

مكية وقيل مدنية وهي احدى عشرة آية

بِسْمِ ٱللَّهِ ٱلرَّحْمَٰنِ ٱلرَّحِيمِ

١ وَٱلْعَادِيَاتِ ضَبْحًا ٢ فَٱلْمُورِيَاتِ قَدْحًا ٣ فَٱلْمُغِيرَاتِ صُبْحًا ٤ فَأَثَرْنَ
بِهِ نَقْعًا ٥ فَوَسَطْنَ بِهِ جَمْعًا ٦ إِنَّ ٱلْإِنسَانَ لِرَبِّهِ لَكَنُودٌ ٧ وَإِنَّهُ عَلَىٰ
ذَٰلِكَ لَشَهِيدٌ ٨ وَإِنَّهُ لِحُبِّ ٱلْخَيْرِ لَشَدِيدٌ ٩ أَفَلَا يَعْلَمُ إِذَا بُعْثِرَ مَا فِي
ٱلْقُبُورِ ١٠ وَحُصِّلَ مَا فِي ٱلصُّدُورِ ١١ إِنَّ رَبَّهُم بِهِمْ يَوْمَئِذٍ لَّخَبِيرٌ

سورة القارعة

مكية وهي ثمان آيات

بِسْمِ ٱللَّهِ ٱلرَّحْمَٰنِ ٱلرَّحِيمِ

١ ٱلْقَارِعَةُ مَا ٱلْقَارِعَةُ ٢ وَمَا أَدْرَاكَ مَا ٱلْقَارِعَةُ ٣ يَوْمَ يَكُونُ ٱلنَّاسُ
كَٱلْفَرَاشِ ٱلْمَبْثُوثِ ٤ وَتَكُونُ ٱلْجِبَالُ كَٱلْعِهْنِ ٱلْمَنفُوشِ ٥ فَأَمَّا مَن ثَقُلَتْ
مَوَازِينُهُ فَهُوَ فِي عِيشَةٍ رَّاضِيَةٍ ٦ وَأَمَّا مَنْ خَفَّتْ مَوَازِينُهُ فَأُمُّهُ هَاوِيَةٌ ٧ وَمَا
أَدْرَاكَ مَا هِيَهْ ٨ نَارٌ حَامِيَةٌ

سورة التكاثر

مكية وهي ثمان آيات

بِسْمِ ٱللَّهِ ٱلرَّحْمَٰنِ ٱلرَّحِيمِ

١ أَلْهَاكُمُ ٱلتَّكَاثُرُ ٢ حَتَّىٰ زُرْتُمُ ٱلْمَقَابِرَ ٣ كَلَّا سَوْفَ تَعْلَمُونَ ٤ ثُمَّ كَلَّا
سَوْفَ تَعْلَمُونَ ٥ كَلَّا لَوْ تَعْلَمُونَ عِلْمَ ٱلْيَقِينِ ٦ لَتَرَوُنَّ ٱلْجَحِيمَ ٧ ثُمَّ
لَتَرَوُنَّهَا عَيْنَ ٱلْيَقِينِ ٨ ثُمَّ لَتُسْأَلُنَّ يَوْمَئِذٍ عَنِ ٱلنَّعِيمِ

سورة البينة

مكيّة وهى ثمان آيات

بِسْمِ ٱللَّهِ ٱلرَّحْمَنِ ٱلرَّحِيمِ

١ لَمْ يَكُنِ ٱلَّذِينَ كَفَرُوا مِنْ أَهْلِ ٱلْكِتَابِ وَٱلْمُشْرِكِينَ مُنفَكِّينَ حَتَّى
تَأْتِيَهُمُ ٱلْبَيِّنَةُ ٢ رَسُولٌ مِنَ ٱللَّهِ يَتْلُو صُحُفًا مُطَهَّرَةً فِيهَا كُتُبٌ قَيِّمَةٌ ٣ وَمَا
تَفَرَّقَ ٱلَّذِينَ أُوتُوا ٱلْكِتَابَ إِلَّا مِنْ بَعْدِ مَا جَاءَتْهُمُ ٱلْبَيِّنَةُ ٤ وَمَا أُمِرُوا
إِلَّا لِيَعْبُدُوا ٱللَّهَ مُخْلِصِينَ لَهُ ٱلدِّينَ حُنَفَاءَ وَيُقِيمُوا ٱلصَّلَوٰةَ وَيُؤْتُوا ٱلزَّكَوٰةَ
وَذَلِكَ دِينُ ٱلْقَيِّمَةِ ٥ إِنَّ ٱلَّذِينَ كَفَرُوا مِنْ أَهْلِ ٱلْكِتَابِ وَٱلْمُشْرِكِينَ فِي
نَارِ جَهَنَّمَ خَالِدِينَ فِيهَا أُولَآئِكَ هُمْ شَرُّ ٱلْبَرِيَّةِ ٦ إِنَّ ٱلَّذِينَ آمَنُوا وَعَمِلُوا
ٱلصَّالِحَاتِ أُولَآئِكَ هُمْ خَيْرُ ٱلْبَرِيَّةِ ٧ جَزَآؤُهُمْ عِنْدَ رَبِّهِمْ جَنَّاتُ عَدْنٍ تَجْرِي
مِنْ تَحْتِهَا ٱلْأَنْهَارُ خَالِدِينَ فِيهَا أَبَدًا ٨ رَضِيَ ٱللَّهُ عَنْهُمْ وَرَضُوا عَنْهُ
ذَلِكَ لِمَنْ خَشِيَ رَبَّهُ

سورة الزلزلة

مكيّة وقيل مدنيّة وهى ثمان آيات

بِسْمِ ٱللَّهِ ٱلرَّحْمَنِ ٱلرَّحِيمِ

١ إِذَا زُلْزِلَتِ ٱلْأَرْضُ زِلْزَالَهَا ٢ وَأَخْرَجَتِ ٱلْأَرْضُ أَثْقَالَهَا ٣ وَقَالَ ٱلْإِنْسَانُ
مَا لَهَا ٤ يَوْمَئِذٍ تُحَدِّثُ أَخْبَارَهَا ٥ بِأَنَّ رَبَّكَ أَوْحَى لَهَا ٦ يَوْمَئِذٍ يَصْدُرُ
ٱلنَّاسُ أَشْتَاتًا لِيُرَوْا أَعْمَالَهُمْ ٧ فَمَنْ يَعْمَلْ مِثْقَالَ ذَرَّةٍ خَيْرًا يَرَهُ ٨ وَمَنْ
يَعْمَلْ مِثْقَالَ ذَرَّةٍ شَرًّا يَرَهُ

سورة العلق

مكية وهى تسع عشرة آية

بِسْمِ ٱللَّهِ ٱلرَّحْمَنِ ٱلرَّحِيمِ

١ اقْرَأْ بِٱسْمِ رَبِّكَ ٱلَّذِى خَلَقَ ٢ خَلَقَ ٱلْإِنْسَانَ مِنْ عَلَقٍ ٣ اقْرَأْ وَرَبُّكَ
ٱلْأَكْرَمُ ٤ ٱلَّذِى عَلَّمَ بِٱلْقَلَمِ ٥ عَلَّمَ ٱلْإِنْسَانَ مَا لَمْ يَعْلَمْ ٦ كَلَّا إِنَّ
ٱلْإِنْسَانَ لَيَطْغَى ٧ أَنْ رَآهُ ٱسْتَغْنَى ٨ إِنَّ إِلَى رَبِّكَ ٱلرُّجْعَى ٩ أَرَأَيْتَ
ٱلَّذِى يَنْهَى ١٠ عَبْدًا إِذَا صَلَّى ١١ أَرَأَيْتَ إِنْ كَانَ عَلَى ٱلْهُدَى ١٢ أَوْ أَمَرَ
بِٱلتَّقْوَى ١٣ أَرَأَيْتَ إِنْ كَذَّبَ وَتَوَلَّى ١٤ أَلَمْ يَعْلَمْ بِأَنَّ ٱللَّهَ يَرَى ١٥ كَلَّا
لَئِنْ لَمْ يَنْتَهِ لَنَسْفَعًا بِٱلنَّاصِيَةِ ١٦ نَاصِيَةٍ كَاذِبَةٍ خَاطِئَةٍ ١٧ فَلْيَدْعُ نَادِيَهُ
١٨ سَنَدْعُ ٱلزَّبَانِيَةَ ١٩ كَلَّا لَا تُطِعْهُ وَٱسْجُدْ وَٱقْتَرِبْ

سورة القدر

مكية وهى خمس آيات

بِسْمِ ٱللَّهِ ٱلرَّحْمَنِ ٱلرَّحِيمِ

١ إِنَّا أَنْزَلْنَاهُ فِى لَيْلَةِ ٱلْقَدْرِ ٢ وَمَا أَدْرَاكَ مَا لَيْلَةُ ٱلْقَدْرِ ٣ لَيْلَةُ ٱلْقَدْرِ
خَيْرٌ مِنْ أَلْفِ شَهْرٍ ٤ تَنَزَّلُ ٱلْمَلَائِكَةُ وَٱلرُّوحُ فِيهَا بِإِذْنِ رَبِّهِمْ مِنْ كُلِّ
أَمْرٍ ٥ سَلَامٌ هِىَ حَتَّى مَطْلَعِ ٱلْفَجْرِ

خَيْرٌ لَكَ مِنَ ٱلْأُولَى ٥ وَلَسَوْفَ يُعْطِيكَ رَبُّكَ فَتَرْضَى ٦ أَلَمْ يَجِدْكَ يَتِيمًا
فَآوَى ٧ وَوَجَدَكَ ضَالًّا فَهَدَى ٨ وَوَجَدَكَ عَآئِلًا فَأَغْنَى ٩ فَأَمَّا ٱلْيَتِيمَ
فَلَا تَقْهَرْ ١٠ وَأَمَّا ٱلسَّآئِلَ فَلَا تَنْهَرْ ١١ وَأَمَّا بِنِعْمَةِ رَبِّكَ فَحَدِّثْ

سورة الم نشرح

مكية وهى ثمان آيات

بِسْمِ ٱللَّهِ ٱلرَّحْمَنِ ٱلرَّحِيمِ

١ أَلَمْ نَشْرَحْ لَكَ صَدْرَكَ ٢ وَوَضَعْنَا عَنْكَ وِزْرَكَ ٣ ٱلَّذِى أَنْقَضَ ظَهْرَكَ
٤ وَرَفَعْنَا لَكَ ذِكْرَكَ ٥ فَإِنَّ مَعَ ٱلْعُسْرِ يُسْرًا ٦ إِنَّ مَعَ ٱلْعُسْرِ يُسْرًا
٧ فَإِذَا فَرَغْتَ فَٱنْصَبْ ٨ وَإِلَى رَبِّكَ فَٱرْغَبْ

سورة التين

مكية وهى ثمان آيات

بِسْمِ ٱللَّهِ ٱلرَّحْمَنِ ٱلرَّحِيمِ

١ وَٱلتِّينِ وَٱلزَّيْتُونِ ٢ وَطُورِ سِينِينَ ٣ وَهَذَا ٱلْبَلَدِ ٱلْأَمِينِ ٤ لَقَدْ خَلَقْنَا
ٱلْإِنْسَانَ فِى أَحْسَنِ تَقْوِيمٍ ٥ ثُمَّ رَدَدْنَاهُ أَسْفَلَ سَافِلِينَ ٦ إِلَّا ٱلَّذِينَ آمَنُوا
وَعَمِلُوا ٱلصَّالِحَاتِ فَلَهُمْ أَجْرٌ غَيْرُ مَمْنُونٍ ٧ فَمَا يُكَذِّبُكَ بَعْدُ بِٱلدِّينِ
٨ أَلَيْسَ ٱللَّهُ بِأَحْكَمِ ٱلْحَاكِمِينَ

إِذَا يَغْشَاهَا ٥ وَٱلسَّمَآءِ وَمَا بَنَاهَا ٦ وَٱلْأَرْضِ وَمَا طَحَاهَا ٧ وَنَفْسٍ وَمَا
سَوَّاهَا ٨ فَأَلْهَمَهَا فُجُورَهَا وَتَقْوَاهَا ٩ قَدْ أَفْلَحَ مَن زَكَّاهَا ١٠ وَقَدْ خَابَ
مَن دَسَّاهَا ١١ كَذَّبَتْ ثَمُودُ بِطَغْوَاهَا ١٢ إِذِ ٱنبَعَثَ أَشْقَاهَا ١٣ فَقَالَ لَهُمْ
رَسُولُ ٱللَّهِ نَاقَةَ ٱللَّهِ وَسُقْيَاهَا ١٤ فَكَذَّبُوهُ فَعَقَرُوهَا فَدَمْدَمَ عَلَيْهِمْ رَبُّهُم
بِذَنبِهِمْ فَسَوَّاهَا ١٥ وَلَا يَخَافُ عُقْبَاهَا

سورة الليل

مكيّة وهى احدى وعشرون آية

بِسْمِ ٱللَّهِ ٱلرَّحْمَٰنِ ٱلرَّحِيمِ

١ وَٱللَّيْلِ إِذَا يَغْشَىٰ ٢ وَٱلنَّهَارِ إِذَا تَجَلَّىٰ ٣ وَمَا خَلَقَ ٱلذَّكَرَ وَٱلْأُنثَىٰ
٤ إِنَّ سَعْيَكُمْ لَشَتَّىٰ ٥ فَأَمَّا مَنْ أَعْطَىٰ وَٱتَّقَىٰ ٦ وَصَدَّقَ بِٱلْحُسْنَىٰ
٧ فَسَنُيَسِّرُهُ لِلْيُسْرَىٰ ٨ وَأَمَّا مَنۢ بَخِلَ وَٱسْتَغْنَىٰ ٩ وَكَذَّبَ بِٱلْحُسْنَىٰ ١٠
فَسَنُيَسِّرُهُ لِلْعُسْرَىٰ ١١ وَمَا يُغْنِى عَنْهُ مَالُهُ إِذَا تَرَدَّىٰ ١٢ إِنَّ عَلَيْنَا لَلْهُدَىٰ
١٣ وَإِنَّ لَنَا لَلْآخِرَةَ وَٱلْأُولَىٰ ١٤ فَأَنذَرْتُكُمْ نَارًا تَلَظَّىٰ ١٥ لَا يَصْلَاهَا إِلَّا
ٱلْأَشْقَى ١٦ ٱلَّذِى كَذَّبَ وَتَوَلَّىٰ ١٧ وَسَيُجَنَّبُهَا ٱلْأَتْقَى ١٨ ٱلَّذِى يُؤْتِى مَالَهُ
يَتَزَكَّىٰ ١٩ وَمَا لِأَحَدٍ عِندَهُ مِن نِّعْمَةٍ تُجْزَىٰ ٢٠ إِلَّا ٱبْتِغَآءَ وَجْهِ رَبِّهِ
ٱلْأَعْلَىٰ ٢١ وَلَسَوْفَ يَرْضَىٰ

سورة الضحى

مكيّة وهى احدى عشرة آية

بِسْمِ ٱللَّهِ ٱلرَّحْمَٰنِ ٱلرَّحِيمِ

١ وَٱلضُّحَىٰ ٢ وَٱللَّيْلِ إِذَا سَجَىٰ ٣ مَا وَدَّعَكَ رَبُّكَ وَمَا قَلَىٰ ٤ وَلَلْآخِرَةُ

ٱلْمَالَ حُبًّا جَمًّا ٢٢ كَلَّا إِذَا دُكَّتِ ٱلْأَرْضُ دَكًّا دَكًّا ٢٣ وَجَآءَ رَبُّكَ وَٱلْمَلَكُ
صَفًّا صَفًّا ٢٤ وَجِيءَ يَوْمَئِذٍ بِجَهَنَّمَ يَوْمَئِذٍ يَتَذَكَّرُ ٱلْإِنْسَانُ وَأَنَّى لَهُ
ٱلذِّكْرَى ٢٥ يَقُولُ يَا لَيْتَنِي قَدَّمْتُ لِحَيَاتِي فَيَوْمَئِذٍ لَا يُعَذِّبُ عَذَابَهُ
أَحَدٌ ٢٦ وَلَا يُوثِقُ وَثَاقَهُ أَحَدٌ ٢٧ يَا أَيَّتُهَا ٱلنَّفْسُ ٱلْمُطْمَئِنَّةُ ٢٨ إِرْجِعِي
إِلَى رَبِّكِ رَاضِيَةً مَرْضِيَّةً ٢٩ فَٱدْخُلِي فِي عِبَادِي ٣٠ وَٱدْخُلِي جَنَّتِي

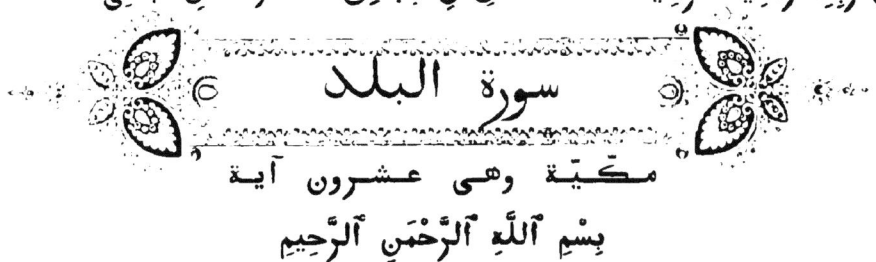

سورة البلد

مكيّة وهي عشرون آية

بِسْمِ ٱللَّهِ ٱلرَّحْمَنِ ٱلرَّحِيمِ

١ لَا أُقْسِمُ بِهَذَا ٱلْبَلَدِ ٢ وَأَنْتَ حِلٌّ بِهَذَا ٱلْبَلَدِ ٣ وَوَالِدٍ وَمَا وَلَدَ
٤ لَقَدْ خَلَقْنَا ٱلْإِنْسَانَ فِي كَبَدٍ ٥ أَيَحْسَبُ أَنْ لَنْ يَقْدِرَ عَلَيْهِ أَحَدٌ ٦ يَقُولُ
أَهْلَكْتُ مَالًا لُبَدًا ٧ أَيَحْسَبُ أَنْ لَمْ يَرَهُ أَحَدٌ ٨ أَلَمْ نَجْعَلْ لَهُ عَيْنَيْنِ
٩ وَلِسَانًا وَشَفَتَيْنِ ١٠ وَهَدَيْنَاهُ ٱلنَّجْدَيْنِ ١١ فَلَا ٱقْتَحَمَ ٱلْعَقَبَةَ . ١٢ وَمَا
أَدْرَاكَ مَا ٱلْعَقَبَةُ ١٣ فَكُّ رَقَبَةٍ ١٤ أَوْ إِطْعَامٌ فِي يَوْمٍ ذِي مَسْغَبَةٍ ١٥ يَتِيمًا
ذَا مَقْرَبَةٍ ١٦ أَوْ مِسْكِينًا ذَا مَتْرَبَةٍ ١٧ ثُمَّ كَانَ مِنَ ٱلَّذِينَ آمَنُوا وَتَوَاصَوْا
بِٱلصَّبْرِ وَتَوَاصَوْا بِٱلْمَرْحَمَةِ ١٨ أُولَآئِكَ أَصْحَابُ ٱلْمَيْمَنَةِ ١٩ وَٱلَّذِينَ كَفَرُوا
بِآيَاتِنَا هُمْ أَصْحَابُ ٱلْمَشْأَمَةِ ٢٠ عَلَيْهِمْ نَارٌ مُؤْصَدَةٌ

سورة الشمس

مكيّة وهي ست عشرة اية

بِسْمِ ٱللَّهِ ٱلرَّحْمَنِ ٱلرَّحِيمِ

١ وَٱلشَّمْسِ وَضُحَاهَا ٢ وَٱلْقَمَرِ إِذَا تَلَاهَا ٣ وَٱلنَّهَارِ إِذَا جَلَّاهَا ٤ وَٱللَّيْلِ

٤ تَصْلَى نَارًا حَامِيَةً ٥ تُسْقَى مِنْ عَيْنٍ آنِيَةٍ ٦ لَيْسَ لَهُمْ طَعَامٌ إِلَّا مِنْ
ضَرِيعٍ ٧ لَا يُسْمِنُ وَلَا يُغْنِي مِنْ جُوعٍ ٨ وُجُوهٌ يَوْمَئِذٍ نَاعِمَةٌ ٩ لِسَعْيِهَا
رَاضِيَةٌ ١٠ فِي جَنَّةٍ عَالِيَةٍ ١١ لَا تَسْمَعُ فِيهَا لَاغِيَةً ١٢ فِيهَا عَيْنٌ جَارِيَةٌ
١٣ فِيهَا سُرُرٌ مَرْفُوعَةٌ ١٤ وَأَكْوَابٌ مَوْضُوعَةٌ ١٥ وَنَمَارِقُ مَصْفُوفَةٌ ١٦ وَزَرَابِيُّ
مَبْثُوثَةٌ ١٧ أَفَلَا يَنْظُرُونَ إِلَى الْإِبِلِ كَيْفَ خُلِقَتْ ١٨ وَإِلَى السَّمَاءِ كَيْفَ
رُفِعَتْ ١٩ وَإِلَى الْجِبَالِ كَيْفَ نُصِبَتْ ٢٠ وَإِلَى الْأَرْضِ كَيْفَ سُطِحَتْ ٢١ فَذَكِّرْ
إِنَّمَا أَنْتَ مُذَكِّرٌ ٢٢ لَسْتَ عَلَيْهِمْ بِمُصَيْطِرٍ ٢٣ إِلَّا مَنْ تَوَلَّى وَكَفَرَ ٢٤
فَيُعَذِّبُهُ اللَّهُ الْعَذَابَ الْأَكْبَرَ ٢٥ إِنَّ إِلَيْنَا إِيَابَهُمْ ٢٦ ثُمَّ إِنَّ عَلَيْنَا
حِسَابَهُمْ

سورة الفجر

مكية وهى ثلثون آية

بِسْمِ اللَّهِ الرَّحْمَنِ الرَّحِيمِ

١ وَالْفَجْرِ وَلَيَالٍ عَشْرٍ ٢ وَالشَّفْعِ وَالْوَتْرِ ٣ وَاللَّيْلِ إِذَا يَسْرِ ٤ هَلْ فِي ذَلِكَ
قَسَمٌ لِذِي حِجْرٍ ٥ أَلَمْ تَرَ كَيْفَ فَعَلَ رَبُّكَ بِعَادٍ ٦ إِرَمَ ذَاتِ الْعِمَادِ ٧ الَّتِي
لَمْ يُخْلَقْ مِثْلُهَا فِي الْبِلَادِ ٨ وَثَمُودَ الَّذِينَ جَابُوا الصَّخْرَ بِالْوَادِ ٩ وَفِرْعَوْنَ
ذِي الْأَوْتَادِ ١٠ الَّذِينَ طَغَوْا فِي الْبِلَادِ ١١ فَأَكْثَرُوا فِيهَا الْفَسَادَ ١٢ فَصَبَّ
عَلَيْهِمْ رَبُّكَ سَوْطَ عَذَابٍ ١٣ إِنَّ رَبَّكَ لَبِالْمِرْصَادِ ١٤ فَأَمَّا الْإِنْسَانُ إِذَا
مَا ابْتَلَاهُ رَبُّهُ فَأَكْرَمَهُ وَنَعَّمَهُ ١٥ فَيَقُولُ رَبِّي أَكْرَمَنِ ١٦ وَأَمَّا إِذَا مَا ابْتَلَاهُ
فَقَدَرَ عَلَيْهِ رِزْقَهُ ١٧ فَيَقُولُ رَبِّي أَهَانَنِ ١٨ كَلَّا بَلْ لَا تُكْرِمُونَ الْيَتِيمَ ١٩ وَلَا
تَحَاضُّونَ عَلَى طَعَامِ الْمِسْكِينِ ٢٠ وَتَأْكُلُونَ التُّرَاثَ أَكْلًا لَمًّا ٢١ وَتُحِبُّونَ

دَافِقٍ ٧ يَخْرُجُ مِنْ بَيْنِ ٱلصُّلْبِ وَٱلتَّرَآئِبِ ٨ إِنَّهُ عَلَى رَجْعِهِ لَقَادِرٌ
٩ يَوْمَ تُبْلَى ٱلسَّرَآئِرُ ١٠ فَمَا لَهُ مِنْ قُوَّةٍ وَلَا نَاصِرٍ ١١ وَٱلسَّمَآءِ ذَاتِ ٱلرَّجْعِ
١٢ وَٱلْأَرْضِ ذَاتِ ٱلصَّدْعِ ١٣ إِنَّهُ لَقَوْلٌ فَصْلٌ ١٤ وَمَا هُوَ بِٱلْهَزْلِ ١٥ إِنَّهُمْ
يَكِيدُونَ كَيْدًا ١٦ وَأَكِيدُ كَيْدًا ١٧ فَمَهِّلِ ٱلْكَافِرِينَ أَمْهِلْهُمْ رُوَيْدًا

سورة الاعلى

مكيّة وهى تسع عشرة آية

بِسْمِ ٱللَّهِ ٱلرَّحْمَنِ ٱلرَّحِيمِ

١ سَبِّحِ ٱسْمَ رَبِّكَ ٱلْأَعْلَى ٢ ٱلَّذِى خَلَقَ فَسَوَّى ٣ وَٱلَّذِى قَدَّرَ فَهَدَى
٤ وَٱلَّذِى أَخْرَجَ ٱلْمَرْعَى ٥ فَجَعَلَهُ غُثَآءً أَحْوَى ٦ سَنُقْرِئُكَ فَلَا تَنْسَى
٧ إِلَّا مَا شَآءَ ٱللَّهُ إِنَّهُ يَعْلَمُ ٱلْجَهْرَ وَمَا يَخْفَى ٨ وَنُيَسِّرُكَ لِلْيُسْرَى ٩ فَذَكِّرْ
إِنْ نَفَعَتِ ٱلذِّكْرَى ١٠ سَيَذَّكَّرُ مَنْ يَخْشَى ١١ وَيَتَجَنَّبُهَا ٱلْأَشْقَى ١٢ ٱلَّذِى
يَصْلَى ٱلنَّارَ ٱلْكُبْرَى ١٣ ثُمَّ لَا يَمُوتُ فِيهَا وَلَا يَحْيَا ١٤ قَدْ أَفْلَحَ مَنْ تَزَكَّى
١٥ وَذَكَرَ ٱسْمَ رَبِّهِ فَصَلَّى ١٦ بَلْ تُؤْثِرُونَ ٱلْحَيَوٰةَ ٱلدُّنْيَا ١٧ وَٱلْآخِرَةُ خَيْرٌ
وَأَبْقَى ١٨ إِنَّ هَٰذَا لَفِى ٱلصُّحُفِ ٱلْأُولَى ١٩ صُحُفِ إِبْرَٰهِيمَ وَمُوسَى

سورة الغاشية

مكيّة وهى ست وعشرون آية

بِسْمِ ٱللَّهِ ٱلرَّحْمَنِ ٱلرَّحِيمِ

١ هَلْ أَتَاكَ حَدِيثُ ٱلْغَاشِيَةِ ٢ وُجُوهٌ يَوْمَئِذٍ خَاشِعَةٌ ٣ عَامِلَةٌ نَاصِبَةٌ

سورة البروج

مكية وهى اثنتان وعشرون آية

بِسْمِ ٱللَّهِ ٱلرَّحْمَنِ ٱلرَّحِيمِ

١ وَٱلسَّمَآءِ ذَاتِ ٱلْبُرُوجِ ٢ وَٱلْيَوْمِ ٱلْمَوْعُودِ ٣ وَشَاهِدٍ وَمَشْهُودٍ ٤ قُتِلَ
أَصْحَابُ ٱلْأُخْدُودِ ٥ ٱلنَّارِ ذَاتِ ٱلْوَقُودِ ٦ إِذْ هُمْ عَلَيْهَا قُعُودٌ ٧ وَهُمْ عَلَى
مَا يَفْعَلُونَ بِٱلْمُؤْمِنِينَ شُهُودٌ ٨ وَمَا نَقَمُوا مِنْهُمْ إِلَّا أَنْ يُؤْمِنُوا بِٱللَّهِ ٱلْعَزِيزِ
ٱلْحَمِيدِ ٩ ٱلَّذِى لَهُ مُلْكُ ٱلسَّمَوَاتِ وَٱلْأَرْضِ وَٱللَّهُ عَلَى كُلِّ شَىْءٍ شَهِيدٌ
١٠ إِنَّ ٱلَّذِينَ فَتَنُوا ٱلْمُؤْمِنِينَ وَٱلْمُؤْمِنَاتِ ثُمَّ لَمْ يَتُوبُوا فَلَهُمْ عَذَابُ جَهَنَّمَ
وَلَهُمْ عَذَابُ ٱلْحَرِيقِ ١١ إِنَّ ٱلَّذِينَ آمَنُوا وَعَمِلُوا ٱلصَّالِحَاتِ لَهُمْ جَنَّاتٌ تَجْرِى
مِنْ تَحْتِهَا ٱلْأَنْهَارُ ذَلِكَ ٱلْفَوْزُ ٱلْكَبِيرُ ١٢ إِنَّ بَطْشَ رَبِّكَ لَشَدِيدٌ ١٣ إِنَّهُ
هُوَ يُبْدِئُ وَيُعِيدُ ١٤ وَهُوَ ٱلْغَفُورُ ٱلْوَدُودُ ١٥ ذُو ٱلْعَرْشِ ٱلْمَجِيدُ ١٦ فَعَّالٌ لِمَا
يُرِيدُ ١٧ هَلْ أَتَاكَ حَدِيثُ ٱلْجُنُودِ ١٨ فِرْعَوْنَ وَثَمُودَ ١٩ بَلِ ٱلَّذِينَ كَفَرُوا
فِى تَكْذِيبٍ ٢٠ وَٱللَّهُ مِنْ وَرَآئِهِمْ مُحِيطٌ ٢١ بَلْ هُوَ قُرْآنٌ مَجِيدٌ ٢٢ فِى
لَوْحٍ مَحْفُوظٍ

سورة الطارق

مكية وهى سبع عشرة آية

بِسْمِ ٱللَّهِ ٱلرَّحْمَنِ ٱلرَّحِيمِ

١ وَٱلسَّمَآءِ وَٱلطَّارِقِ ٢ وَمَا أَدْرَاكَ مَا ٱلطَّارِقُ ٣ ٱلنَّجْمُ ٱلثَّاقِبُ ٤ إِنْ كُلُّ
نَفْسٍ لَمَّا عَلَيْهَا حَافِظٌ ٥ فَلْيَنْظُرِ ٱلْإِنْسَانُ مِمَّ خُلِقَ ٦ خُلِقَ مِنْ مَآءٍ

فَلْيَتَنَافَسِ ٱلْمُتَنَافِسُونَ ٢٧ وَمِزَاجُهُ مِنْ تَسْنِيمٍ ٢٨ عَيْنًا يَشْرَبُ بِهَا ٱلْمُقَرَّبُونَ
٢٩ إِنَّ ٱلَّذِينَ أَجْرَمُوا كَانُوا مِنَ ٱلَّذِينَ آمَنُوا يَضْحَكُونَ ٣٠ وَإِذَا مَرُّوا بِهِمْ
يَتَغَامَزُونَ ٣١ وَإِذَا ٱنْقَلَبُوا إِلَى أَهْلِهِمُ ٱنْقَلَبُوا فَكِهِينَ ٣٢ وَإِذَا رَأَوْهُمْ
قَالُوا إِنَّ هَؤُلَآءِ لَضَالُّونَ ٣٣ وَمَا أُرْسِلُوا عَلَيْهِمْ حَافِظِينَ ٣٤ فَٱلْيَوْمَ
ٱلَّذِينَ آمَنُوا مِنَ ٱلْكُفَّارِ يَضْحَكُونَ ٣٥ عَلَى ٱلْأَرَائِكِ يَنْظُرُونَ ٣٦ هَلْ ثُوِّبَ
ٱلْكُفَّارُ مَا كَانُوا يَفْعَلُونَ

سورة الانشقاق

مكية وهي خمس وعشرون آية

بِسْمِ ٱللَّهِ ٱلرَّحْمَنِ ٱلرَّحِيمِ

١ إِذَا ٱلسَّمَاءُ ٱنْشَقَّتْ ٢ وَأَذِنَتْ لِرَبِّهَا وَحُقَّتْ ٣ وَإِذَا ٱلْأَرْضُ مُدَّتْ ٤ وَأَلْقَتْ
مَا فِيهَا وَتَخَلَّتْ ٥ وَأَذِنَتْ لِرَبِّهَا وَحُقَّتْ ٦ يَا أَيُّهَا ٱلْإِنْسَانُ إِنَّكَ كَادِحٌ
إِلَى رَبِّكَ كَدْحًا فَمُلَاقِيهِ ٧ فَأَمَّا مَنْ أُوتِيَ كِتَابَهُ بِيَمِينِهِ ٨ فَسَوْفَ يُحَاسَبُ
حِسَابًا يَسِيرًا ٩ وَيَنْقَلِبُ إِلَى أَهْلِهِ مَسْرُورًا ١٠ وَأَمَّا مَنْ أُوتِيَ كِتَابَهُ وَرَآءَ
ظَهْرِهِ ١١ فَسَوْفَ يَدْعُو ثُبُورًا ١٢ وَيَصْلَى سَعِيرًا ١٣ إِنَّهُ كَانَ فِي أَهْلِهِ مَسْرُورًا
١٤ إِنَّهُ ظَنَّ أَنْ لَنْ يَحُورَ ١٥ بَلَى إِنَّ رَبَّهُ كَانَ بِهِ بَصِيرًا ١٦ فَلَا أُقْسِمُ
بِٱلشَّفَقِ ١٧ وَٱللَّيْلِ وَمَا وَسَقَ ١٨ وَٱلْقَمَرِ إِذَا ٱتَّسَقَ ١٩ لَتَرْكَبُنَّ طَبَقًا
عَنْ طَبَقٍ ٢٠ فَمَا لَهُمْ لَا يُؤْمِنُونَ ٢١ وَإِذَا قُرِئَ عَلَيْهِمُ ٱلْقُرْآنُ لَا يَسْجُدُونَ
٢٢ بَلِ ٱلَّذِينَ كَفَرُوا يُكَذِّبُونَ ٢٣ وَٱللَّهُ أَعْلَمُ بِمَا يُوعُونَ ٢٤ فَبَشِّرْهُمْ
بِعَذَابٍ أَلِيمٍ ٢٥ إِلَّا ٱلَّذِينَ آمَنُوا وَعَمِلُوا ٱلصَّالِحَاتِ لَهُمْ أَجْرٌ غَيْرُ مَمْنُونٍ

مَا غَرَّكَ بِرَبِّكَ ٱلْكَرِيمِ ٧ ٱلَّذِى خَلَقَكَ فَسَوَّاكَ فَعَدَلَكَ ٨ فِى أَىِّ صُورَةٍ مَا
شَآءَ رَكَّبَكَ ٩ كَلَّا بَلْ تُكَذِّبُونَ بِٱلدِّينِ ١٠ وَإِنَّ عَلَيْكُمْ لَحَافِظِينَ ١١ كِرَامًا
كَاتِبِينَ ١٢ يَعْلَمُونَ مَا تَفْعَلُونَ ١٣ إِنَّ ٱلْأَبْرَارَ لَفِى نَعِيمٍ ١٤ وَإِنَّ ٱلْفُجَّارَ
لَفِى جَحِيمٍ ١٥ يَصْلَوْنَهَا يَوْمَ ٱلدِّينِ ١٦ وَمَا هُمْ عَنْهَا بِغَآئِبِينَ ١٧ وَمَا أَدْرَاكَ
مَا يَوْمُ ٱلدِّينِ ١٨ ثُمَّ مَا أَدْرَاكَ مَا يَوْمُ ٱلدِّينِ ١٩ يَوْمَ لَا تَمْلِكُ نَفْسٌ لِنَفْسٍ
شَيْئًا وَٱلْأَمْرُ يَوْمَئِذٍ لِلَّهِ

سورة المطففين

مكية وهى ست وثلثون آية

بِسْمِ ٱللَّهِ ٱلرَّحْمَنِ ٱلرَّحِيمِ

١ وَيْلٌ لِلْمُطَفِّفِينَ ٢ ٱلَّذِينَ إِذَا ٱكْتَالُوا عَلَى ٱلنَّاسِ يَسْتَوْفُونَ ٣ وَإِذَا
كَالُوهُمْ أَوْ وَزَنُوهُمْ يُخْسِرُونَ ٤ أَلَا يَظُنُّ أُولَآئِكَ أَنَّهُمْ مَبْعُوثُونَ ٥ لِيَوْمٍ عَظِيمٍ
٦ يَوْمَ يَقُومُ ٱلنَّاسُ لِرَبِّ ٱلْعَالَمِينَ ٧ كَلَّا إِنَّ كِتَابَ ٱلْفُجَّارِ لَفِى سِجِّينٍ
٨ وَمَا أَدْرَاكَ مَا سِجِّينٌ ٩ كِتَابٌ مَرْقُومٌ ١٠ وَيْلٌ يَوْمَئِذٍ لِلْمُكَذِّبِينَ ١١ ٱلَّذِينَ
يُكَذِّبُونَ بِيَوْمِ ٱلدِّينِ ١٢ وَمَا يُكَذِّبُ بِهِ إِلَّا كُلُّ مُعْتَدٍ أَثِيمٍ ١٣ إِذَا تُتْلَى
عَلَيْهِ آيَاتُنَا قَالَ أَسَاطِيرُ ٱلْأَوَّلِينَ ١٤ كَلَّا بَلْ رَانَ عَلَى قُلُوبِهِمْ مَا كَانُوا
يَكْسِبُونَ ١٥ كَلَّا إِنَّهُمْ عَنْ رَبِّهِمْ يَوْمَئِذٍ لَمَحْجُوبُونَ ١٦ ثُمَّ إِنَّهُمْ لَصَالُوا ٱلْجَحِيمِ
١٧ ثُمَّ يُقَالُ هَذَا ٱلَّذِى كُنْتُمْ بِهِ تُكَذِّبُونَ ١٨ كَلَّا إِنَّ كِتَابَ ٱلْأَبْرَارِ لَفِى
عِلِّيِّينَ ١٩ وَمَا أَدْرَاكَ مَا عِلِّيُّونَ ٢٠ كِتَابٌ مَرْقُومٌ ٢١ يَشْهَدُهُ ٱلْمُقَرَّبُونَ
٢٢ إِنَّ ٱلْأَبْرَارَ لَفِى نَعِيمٍ ٢٣ عَلَى ٱلْأَرَائِكِ يَنْظُرُونَ ٢٤ تَعْرِفُ فِى وُجُوهِهِمْ
نَضْرَةَ ٱلنَّعِيمِ ٢٥ يُسْقَوْنَ مِنْ رَحِيقٍ مَخْتُومٍ ٢٦ خِتَامُهُ مِسْكٌ وَفِى ذَلِكَ

سورة التكوير

مكية وهى تسع وعشرون آية

بِسْمِ ٱللَّهِ ٱلرَّحْمَٰنِ ٱلرَّحِيمِ

١ إِذَا ٱلشَّمْسُ كُوِّرَتْ ٢ وَإِذَا ٱلنُّجُومُ ٱنكَدَرَتْ ٣ وَإِذَا ٱلْجِبَالُ سُيِّرَتْ ٤ وَإِذَا
ٱلْعِشَارُ عُطِّلَتْ ٥ وَإِذَا ٱلْوُحُوشُ حُشِرَتْ ٦ وَإِذَا ٱلْبِحَارُ سُجِّرَتْ ٧ وَإِذَا
ٱلنُّفُوسُ زُوِّجَتْ ٨ وَإِذَا ٱلْمَوْءُودَةُ سُئِلَتْ ٩ بِأَيِّ ذَنْبٍ قُتِلَتْ ١٠ وَإِذَا
ٱلصُّحُفُ نُشِرَتْ ١١ وَإِذَا ٱلسَّمَآءُ كُشِطَتْ ١٢ وَإِذَا ٱلْجَحِيمُ سُعِّرَتْ ١٣ وَإِذَا
ٱلْجَنَّةُ أُزْلِفَتْ ١٤ عَلِمَتْ نَفْسٌ مَا أَحْضَرَتْ ١٥ فَلَا أُقْسِمُ بِٱلْخُنَّسِ ١٦
ٱلْجَوَارِ ٱلْكُنَّسِ ١٧ وَٱللَّيْلِ إِذَا عَسْعَسَ ١٨ وَٱلصُّبْحِ إِذَا تَنَفَّسَ ١٩ إِنَّهُ لَقَوْلُ
رَسُولٍ كَرِيمٍ ٢٠ ذِى قُوَّةٍ عِندَ ذِى ٱلْعَرْشِ مَكِينٍ ٢١ مُطَاعٍ ثَمَّ أَمِينٍ ٢٢ وَمَا
صَاحِبُكُمْ بِمَجْنُونٍ ٢٣ وَلَقَدْ رَآهُ بِٱلْأُفُقِ ٱلْمُبِينِ ٢٤ وَمَا هُوَ عَلَى ٱلْغَيْبِ
بِضَنِينٍ ٢٥ وَمَا هُوَ بِقَوْلِ شَيْطَانٍ رَجِيمٍ ٢٦ فَأَيْنَ تَذْهَبُونَ ٢٧ إِنْ هُوَ إِلَّا
ذِكْرٌ لِلْعَالَمِينَ ٢٨ لِمَنْ شَآءَ مِنكُمْ أَنْ يَسْتَقِيمَ ٢٩ وَمَا تَشَآءُونَ إِلَّا أَنْ
يَشَآءَ ٱللَّهُ رَبُّ ٱلْعَالَمِينَ

سورة الانفطار

مكية وهى تسع عشرة آية

بِسْمِ ٱللَّهِ ٱلرَّحْمَٰنِ ٱلرَّحِيمِ

١ إِذَا ٱلسَّمَآءُ ٱنفَطَرَتْ ٢ وَإِذَا ٱلْكَوَاكِبُ ٱنتَثَرَتْ ٣ وَإِذَا ٱلْبِحَارُ فُجِّرَتْ
٤ وَإِذَا ٱلْقُبُورُ بُعْثِرَتْ ٥ عَلِمَتْ نَفْسٌ مَا قَدَّمَتْ وَأَخَّرَتْ ٦ يَا أَيُّهَا ٱلْإِنسَانُ

سورة عبس

مكيّة وهي اثنتان واربعون آية

بِسۡمِ ٱللَّهِ ٱلرَّحۡمَٰنِ ٱلرَّحِيمِ

١ عَبَسَ وَتَوَلَّىٰٓ ٢ أَن جَآءَهُ ٱلۡأَعۡمَىٰ ٣ وَمَا يُدۡرِيكَ لَعَلَّهُۥ يَزَّكَّىٰٓ ٤ أَوۡ
يَذَّكَّرُ فَتَنفَعَهُ ٱلذِّكۡرَىٰٓ ٥ أَمَّا مَنِ ٱسۡتَغۡنَىٰ ٦ فَأَنتَ لَهُۥ تَصَدَّىٰ ٧ وَمَا
عَلَيۡكَ أَلَّا يَزَّكَّىٰ ٨ وَأَمَّا مَن جَآءَكَ يَسۡعَىٰ ٩ وَهُوَ يَخۡشَىٰ ١٠ فَأَنتَ عَنۡهُ
تَلَهَّىٰ ١١ كَلَّآ إِنَّهَا تَذۡكِرَةٞ ١٢ فَمَن شَآءَ ذَكَرَهُۥ ١٣ فِي صُحُفٖ مُّكَرَّمَةٖ
١٤ مَّرۡفُوعَةٖ مُّطَهَّرَةِۭ ١٥ بِأَيۡدِي سَفَرَةٖ كِرَامِۭ بَرَرَةٖ ١٦ قُتِلَ ٱلۡإِنسَٰنُ مَآ أَكۡفَرَهُۥ
١٧ مِنۡ أَيِّ شَيۡءٍ خَلَقَهُۥ ١٨ مِن نُّطۡفَةٍ ١٩ خَلَقَهُۥ فَقَدَّرَهُۥ ٢٠ ثُمَّ ٱلسَّبِيلَ
يَسَّرَهُۥ ٢١ ثُمَّ أَمَاتَهُۥ فَأَقۡبَرَهُۥ ٢٢ ثُمَّ إِذَا شَآءَ أَنشَرَهُۥ ٢٣ كَلَّا لَمَّا يَقۡضِ مَآ
أَمَرَهُۥ ٢٤ فَلۡيَنظُرِ ٱلۡإِنسَٰنُ إِلَىٰ طَعَامِهِۦٓ ٢٥ أَنَّا صَبَبۡنَا ٱلۡمَآءَ صَبّٗا ٢٦ ثُمَّ
شَقَقۡنَا ٱلۡأَرۡضَ شَقّٗا ٢٧ فَأَنۢبَتۡنَا فِيهَا حَبّٗا ٢٨ وَعِنَبٗا وَقَضۡبٗا ٢٩ وَزَيۡتُونٗا
وَنَخۡلٗا ٣٠ وَحَدَآئِقَ غُلۡبٗا ٣١ وَفَٰكِهَةٗ وَأَبّٗا ٣٢ مَّتَٰعٗا لَّكُمۡ وَلِأَنۡعَٰمِكُمۡ
٣٣ فَإِذَا جَآءَتِ ٱلصَّآخَّةُ ٣٤ يَوۡمَ يَفِرُّ ٱلۡمَرۡءُ مِنۡ أَخِيهِ ٣٥ وَأُمِّهِۦ وَأَبِيهِ
٣٦ وَصَٰحِبَتِهِۦ وَبَنِيهِ ٣٧ لِكُلِّ ٱمۡرِيٕٖ مِّنۡهُمۡ يَوۡمَئِذٖ شَأۡنٞ يُغۡنِيهِ ٣٨ وُجُوهٞ
يَوۡمَئِذٖ مُّسۡفِرَةٞ ٣٩ ضَاحِكَةٞ مُّسۡتَبۡشِرَةٞ ٤٠ وَوُجُوهٞ يَوۡمَئِذٍ عَلَيۡهَا غَبَرَةٞ
٤١ تَرۡهَقُهَا قَتَرَةٌ ٤٢ أُوْلَٰٓئِكَ هُمُ ٱلۡكَفَرَةُ ٱلۡفَجَرَةُ

سورة النازعات

مكية وهى ست واربعون آية

بِسْمِ ٱللَّهِ ٱلرَّحْمَنِ ٱلرَّحِيمِ

١ وَٱلنَّازِعَاتِ غَرْقًا ٢ وَٱلنَّاشِطَاتِ نَشْطًا ٣ وَٱلسَّابِحَاتِ سَبْحًا ٤ فَٱلسَّابِقَاتِ
سَبْقًا ٥ فَٱلْمُدَبِّرَاتِ أَمْرًا ٦ يَوْمَ تَرْجُفُ ٱلرَّاجِفَةُ ٧ تَتْبَعُهَا ٱلرَّادِفَةُ
٨ قُلُوبٌ يَوْمَئِذٍ وَاجِفَةٌ ٩ أَبْصَارُهَا خَاشِعَةٌ ١٠ يَقُولُونَ أَئِنَّا لَمَرْدُودُونَ فِي
ٱلْحَافِرَةِ ١١ أَئِذَا كُنَّا عِظَامًا نَخِرَةً ١٢ قَالُوا تِلْكَ إِذًا كَرَّةٌ خَاسِرَةٌ ١٣ فَإِنَّمَا
هِيَ زَجْرَةٌ وَاحِدَةٌ ١٤ فَإِذَا هُمْ بِٱلسَّاهِرَةِ ١٥ هَلْ أَتَاكَ حَدِيثُ مُوسَى ١٦ إِذْ
نَادَاهُ رَبُّهُ بِٱلْوَادِ ٱلْمُقَدَّسِ طُوَى ١٧ اذْهَبْ إِلَى فِرْعَوْنَ إِنَّهُ طَغَى ١٨ فَقُلْ
هَلْ لَكَ إِلَى أَنْ تَزَكَّى ١٩ وَأَهْدِيَكَ إِلَى رَبِّكَ فَتَخْشَى ٢٠ فَأَرَاهُ ٱلْآيَةَ
ٱلْكُبْرَى ٢١ فَكَذَّبَ وَعَصَى ٢٢ ثُمَّ أَدْبَرَ يَسْعَى ٢٣ فَحَشَرَ فَنَادَى ٢٤ فَقَالَ
أَنَا رَبُّكُمُ ٱلْأَعْلَى ٢٥ فَأَخَذَهُ ٱللَّهُ نَكَالَ ٱلْآخِرَةِ وَٱلْأُولَى ٢٦ إِنَّ فِي ذَلِكَ لَعِبْرَةً
لِمَنْ يَخْشَى ٢٧ أَأَنْتُمْ أَشَدُّ خَلْقًا أَمِ ٱلسَّمَاءُ بَنَاهَا ٢٨ رَفَعَ سَمْكَهَا فَسَوَّاهَا
٢٩ وَأَغْطَشَ لَيْلَهَا وَأَخْرَجَ ضُحَاهَا ٣٠ وَٱلْأَرْضَ بَعْدَ ذَلِكَ دَحَاهَا ٣١ أَخْرَجَ
مِنْهَا مَاءَهَا وَمَرْعَاهَا ٣٢ وَٱلْجِبَالَ أَرْسَاهَا ٣٣ مَتَاعًا لَكُمْ وَلِأَنْعَامِكُمْ ٣٤
فَإِذَا جَاءَتِ ٱلطَّامَّةُ ٱلْكُبْرَى ٣٥ يَوْمَ يَتَذَكَّرُ ٱلْإِنْسَانُ مَا سَعَى ٣٦ وَبُرِّزَتِ
ٱلْجَحِيمُ لِمَنْ يَرَى ٣٧ فَأَمَّا مَنْ طَغَى ٣٨ وَآثَرَ ٱلْحَيَوٰةَ ٱلدُّنْيَا ٣٩ فَإِنَّ ٱلْجَحِيمَ
هِيَ ٱلْمَأْوَى ٤٠ وَأَمَّا مَنْ خَافَ مَقَامَ رَبِّهِ وَنَهَى ٱلنَّفْسَ عَنِ ٱلْهَوَى ٤١ فَإِنَّ
ٱلْجَنَّةَ هِيَ ٱلْمَأْوَى ٤٢ يَسْأَلُونَكَ عَنِ ٱلسَّاعَةِ أَيَّانَ مُرْسَاهَا ٤٣ فِيمَ أَنْتَ
مِنْ ذِكْرَاهَا ٤٤ إِلَى رَبِّكَ مُنْتَهَاهَا ٤٥ إِنَّمَا أَنْتَ مُنْذِرُ مَنْ يَخْشَاهَا
٤٦ كَأَنَّهُمْ يَوْمَ يَرَوْنَهَا لَمْ يَلْبَثُوا إِلَّا عَشِيَّةً أَوْ ضُحَاهَا

سورة النبا

مكية وهى احدى واربعون آية

بِسْمِ ٱللَّهِ ٱلرَّحْمَٰنِ ٱلرَّحِيمِ

۱ عَمَّ يَتَسَآءَلُونَ ۲ عَنِ ٱلنَّبَإِ ٱلْعَظِيمِ ۳ ٱلَّذِى هُمْ فِيهِ مُخْتَلِفُونَ جزء ۳۰
۴ كَلَّا سَيَعْلَمُونَ ۵ ثُمَّ كَلَّا سَيَعْلَمُونَ ۶ أَلَمْ نَجْعَلِ ٱلْأَرْضَ مِهَادًا ۷ وَٱلْجِبَالَ
أَوْتَادًا ۸ وَخَلَقْنَاكُمْ أَزْوَاجًا ۹ وَجَعَلْنَا نَوْمَكُمْ سُبَاتًا ۱۰ وَجَعَلْنَا ٱللَّيْلَ
لِبَاسًا ۱۱ وَجَعَلْنَا ٱلنَّهَارَ مَعَاشًا ۱۲ وَبَنَيْنَا فَوْقَكُمْ سَبْعًا شِدَادًا ۱۳ وَجَعَلْنَا
سِرَاجًا وَهَّاجًا ۱۴ وَأَنْزَلْنَا مِنَ ٱلْمُعْصِرَاتِ مَآءً ثَجَّاجًا ۱۵ لِنُخْرِجَ بِهِ حَبًّا
وَنَبَاتًا ۱۶ وَجَنَّاتٍ أَلْفَافًا ۱۷ إِنَّ يَوْمَ ٱلْفَصْلِ كَانَ مِيقَاتًا ۱۸ يَوْمَ يُنْفَخُ فِي
ٱلصُّورِ فَتَأْتُونَ أَفْوَاجًا ۱۹ وَفُتِحَتِ ٱلسَّمَآءُ فَكَانَتْ أَبْوَابًا ۲۰ وَسُيِّرَتِ ٱلْجِبَالُ
فَكَانَتْ سَرَابًا ۲۱ إِنَّ جَهَنَّمَ كَانَتْ مِرْصَادًا ۲۲ لِلطَّاغِينَ مَآبًا ۲۳ لَابِثِينَ
فِيهَا أَحْقَابًا ۲۴ لَا يَذُوقُونَ فِيهَا بَرْدًا وَلَا شَرَابًا ۲۵ إِلَّا حَمِيمًا وَغَسَّاقًا
۲۶ جَزَآءً وِفَاقًا ۲۷ إِنَّهُمْ كَانُوا لَا يَرْجُونَ حِسَابًا ۲۸ وَكَذَّبُوا بِآيَاتِنَا كِذَّابًا
۲۹ وَكُلَّ شَيْءٍ أَحْصَيْنَاهُ كِتَابًا ۳۰ فَذُوقُوا فَلَنْ نَزِيدَكُمْ إِلَّا عَذَابًا ۳۱ إِنَّ
لِلْمُتَّقِينَ مَفَازًا ۳۲ حَدَآئِقَ وَأَعْنَابًا ۳۳ وَكَوَاعِبَ أَتْرَابًا ۳۴ وَكَأْسًا
دِهَاقًا ۳۵ لَا يَسْمَعُونَ فِيهَا لَغْوًا وَلَا كِذَّابًا ۳۶ جَزَآءً مِنْ رَبِّكَ عَطَآءً
حِسَابًا ۳۷ رَبِّ ٱلسَّمٰوَاتِ وَٱلْأَرْضِ وَمَا بَيْنَهُمَا ٱلرَّحْمٰنِ لَا يَمْلِكُونَ مِنْهُ
خِطَابًا ۳۸ يَوْمَ يَقُومُ ٱلرُّوحُ وَٱلْمَلَآئِكَةُ صَفًّا لَا يَتَكَلَّمُونَ إِلَّا مَنْ أَذِنَ لَهُ
ٱلرَّحْمٰنُ وَقَالَ صَوَابًا ۳۹ ذٰلِكَ ٱلْيَوْمُ ٱلْحَقُّ فَمَنْ شَآءَ ٱتَّخَذَ إِلَىٰ رَبِّهِ مَآبًا
۴۰ إِنَّا أَنْذَرْنَاكُمْ عَذَابًا قَرِيبًا ۴۱ يَوْمَ يَنْظُرُ ٱلْمَرْءُ مَا قَدَّمَتْ يَدَاهُ وَيَقُولُ
ٱلْكَافِرُ يَا لَيْتَنِي كُنْتُ تُرَابًا

ٱلنُّجُومُ طُمِسَتْ ٩ وَإِذَا ٱلسَّمَآءُ فُرِجَتْ ١٠ وَإِذَا ٱلْجِبَالُ نُسِفَتْ ١١ وَإِذَا
ٱلرُّسُلُ أُقِّتَتْ ١٢ لِأَيِّ يَوْمٍ أُجِّلَتْ ١٣ لِيَوْمِ ٱلْفَصْلِ ١٤ وَمَا أَدْرَاكَ مَا يَوْمُ
ٱلْفَصْلِ ١٥ وَيْلٌ يَوْمَئِذٍ لِلْمُكَذِّبِينَ ١٦ أَلَمْ نُهْلِكِ ٱلْأَوَّلِينَ ١٧ ثُمَّ نُتْبِعُهُمُ
ٱلْآخِرِينَ ١٨ كَذَٰلِكَ نَفْعَلُ بِٱلْمُجْرِمِينَ ١٩ وَيْلٌ يَوْمَئِذٍ لِلْمُكَذِّبِينَ ٢٠ أَلَمْ
نَخْلُقْكُمْ مِنْ مَآءٍ مَهِينٍ ٢١ فَجَعَلْنَاهُ فِي قَرَارٍ مَكِينٍ ٢٢ إِلَىٰ قَدَرٍ مَعْلُومٍ
٢٣ فَقَدَرْنَا فَنِعْمَ ٱلْقَادِرُونَ ٢٤ وَيْلٌ يَوْمَئِذٍ لِلْمُكَذِّبِينَ ٢٥ أَلَمْ نَجْعَلِ ٱلْأَرْضَ
كِفَاتًا ٢٦ أَحْيَآءً وَأَمْوَاتًا ٢٧ وَجَعَلْنَا فِيهَا رَوَاسِيَ شَامِخَاتٍ وَأَسْقَيْنَاكُمْ
مَآءً فُرَاتًا ٢٨ وَيْلٌ يَوْمَئِذٍ لِلْمُكَذِّبِينَ ٢٩ ٱنْطَلِقُوا إِلَىٰ مَا كُنْتُمْ بِهِ تُكَذِّبُونَ
٣٠ ٱنْطَلِقُوا إِلَىٰ ظِلٍّ ذِي ثَلَٰثِ شُعَبٍ ٣١ لَا ظَلِيلٍ وَلَا يُغْنِي مِنَ ٱللَّهَبِ
٣٢ إِنَّهَا تَرْمِي بِشَرَرٍ كَٱلْقَصْرِ ٣٣ كَأَنَّهُ جِمَالَةٌ صُفْرٌ ٣٤ وَيْلٌ يَوْمَئِذٍ
لِلْمُكَذِّبِينَ ٣٥ هَٰذَا يَوْمُ لَا يَنْطِقُونَ ٣٦ وَلَا يُؤْذَنُ لَهُمْ فَيَعْتَذِرُونَ ٣٧ وَيْلٌ
يَوْمَئِذٍ لِلْمُكَذِّبِينَ ٣٨ هَٰذَا يَوْمُ ٱلْفَصْلِ جَمَعْنَاكُمْ وَٱلْأَوَّلِينَ ٣٩ فَإِنْ كَانَ
لَكُمْ كَيْدٌ فَكِيدُونِ ٤٠ وَيْلٌ يَوْمَئِذٍ لِلْمُكَذِّبِينَ ٤١ إِنَّ ٱلْمُتَّقِينَ فِي ظِلَالٍ
وَعُيُونٍ ٤٢ وَفَوَاكِهَ مِمَّا يَشْتَهُونَ ٤٣ كُلُوا وَٱشْرَبُوا هَنِيئًا بِمَا كُنْتُمْ تَعْمَلُونَ
٤٤ إِنَّا كَذَٰلِكَ نَجْزِي ٱلْمُحْسِنِينَ ٤٥ وَيْلٌ يَوْمَئِذٍ لِلْمُكَذِّبِينَ ٤٦ كُلُوا
وَتَمَتَّعُوا قَلِيلًا إِنَّكُمْ مُجْرِمُونَ ٤٧ وَيْلٌ يَوْمَئِذٍ لِلْمُكَذِّبِينَ ٤٨ وَإِذَا قِيلَ
لَهُمُ ٱرْكَعُوا لَا يَرْكَعُونَ ٤٩ وَيْلٌ يَوْمَئِذٍ لِلْمُكَذِّبِينَ ٥٠ فَبِأَيِّ حَدِيثٍ
بَعْدَهُ يُؤْمِنُونَ

نَضْرَةً وَسُرُورًا ١٢ وَجَزَاهُمْ بِمَا صَبَرُوا جَنَّةً وَحَرِيرًا ١٣ مُتَّكِئِينَ فِيهَا عَلَى
ٱلْأَرَائِكِ لَا يَرَوْنَ فِيهَا شَمْسًا وَلَا زَمْهَرِيرًا ١٤ وَدَانِيَةً عَلَيْهِمْ ظِلَالُهَا وَذُلِّلَتْ
قُطُوفُهَا تَذْلِيلًا ١٥ وَيُطَافُ عَلَيْهِم بِآنِيَةٍ مِنْ فِضَّةٍ وَأَكْوَابٍ كَانَتْ قَوَارِيرَ
١٦ قَوَارِيرَ مِنْ فِضَّةٍ قَدَّرُوهَا تَقْدِيرًا ١٧ وَيُسْقَوْنَ فِيهَا كَأْسًا كَانَ مِزَاجُهَا
زَنْجَبِيلًا ١٨ عَيْنًا فِيهَا تُسَمَّى سَلْسَبِيلًا ١٩ وَيَطُوفُ عَلَيْهِمْ وِلْدَانٌ مُخَلَّدُونَ
إِذَا رَأَيْتَهُمْ حَسِبْتَهُمْ لُؤْلُؤًا مَنْثُورًا ٢٠ وَإِذَا رَأَيْتَ ثَمَّ رَأَيْتَ نَعِيمًا وَمُلْكًا كَبِيرًا
٢١ عَالِيَهُمْ ثِيَابُ سُنْدُسٍ خُضْرٌ وَإِسْتَبْرَقٌ وَحُلُّوا أَسَاوِرَ مِنْ فِضَّةٍ وَسَقَاهُمْ
رَبُّهُمْ شَرَابًا طَهُورًا ٢٢ إِنَّ هَذَا كَانَ لَكُمْ جَزَاءً وَكَانَ سَعْيُكُمْ مَشْكُورًا
٢٣ إِنَّا نَحْنُ نَزَّلْنَا عَلَيْكَ ٱلْقُرْآنَ تَنْزِيلًا ٢٤ فَٱصْبِرْ لِحُكْمِ رَبِّكَ وَلَا تُطِعْ
مِنْهُمْ آثِمًا أَوْ كَفُورًا ٢٥ وَٱذْكُرِ ٱسْمَ رَبِّكَ بُكْرَةً وَأَصِيلًا ٢٦ وَمِنَ ٱللَّيْلِ
فَٱسْجُدْ لَهُ وَسَبِّحْهُ لَيْلًا طَوِيلًا ٢٧ إِنَّ هَؤُلَاءِ يُحِبُّونَ ٱلْعَاجِلَةَ وَيَذَرُونَ
وَرَاءَهُمْ يَوْمًا ثَقِيلًا ٢٨ نَحْنُ خَلَقْنَاهُمْ وَشَدَدْنَا أَسْرَهُمْ وَإِذَا شِئْنَا بَدَّلْنَا
أَمْثَالَهُمْ تَبْدِيلًا ٢٩ إِنَّ هَذِهِ تَذْكِرَةٌ فَمَنْ شَاءَ ٱتَّخَذَ إِلَى رَبِّهِ سَبِيلًا ٣٠ وَمَا
تَشَاءُونَ إِلَّا أَنْ يَشَاءَ ٱللَّهُ إِنَّ ٱللَّهَ كَانَ عَلِيمًا حَكِيمًا ٣١ يُدْخِلُ مَنْ
يَشَاءُ فِي رَحْمَتِهِ وَٱلظَّالِمِينَ أَعَدَّ لَهُمْ عَذَابًا أَلِيمًا

سورة المرسلات

مكية وهي خمسون آية

بِسْمِ ٱللَّهِ ٱلرَّحْمَٰنِ ٱلرَّحِيمِ

وَٱلْمُرْسَلَاتِ عُرْفًا ٢ فَٱلْعَاصِفَاتِ عَصْفًا ٣ وَٱلنَّاشِرَاتِ نَشْرًا ٤ فَٱلْفَارِقَاتِ
فَرْقًا ٥ فَٱلْمُلْقِيَاتِ ذِكْرًا ٦ عُذْرًا أَوْ نُذْرًا ٧ إِنَّمَا تُوعَدُونَ لَوَاقِعٌ ٨ فَإِذَا

قُرْآنَهُ فَٱتَّبِعْ قُرْآنَهُ ١٩ ثُمَّ إِنَّ عَلَيْنَا بَيَانَهُ ٢٠ كَلَّا بَلْ تُحِبُّونَ ٱلْعَاجِلَةَ
٢١ وَتَذَرُونَ ٱلْآخِرَةَ ٢٢ وُجُوهٌ يَوْمَئِذٍ نَاضِرَةٌ ٢٣ إِلَى رَبِّهَا نَاظِرَةٌ ٢٤ وَوُجُوهٌ
يَوْمَئِذٍ بَاسِرَةٌ ٢٥ تَظُنُّ أَنْ يُفْعَلَ بِهَا فَاقِرَةٌ ٢٦ كَلَّا إِذَا بَلَغَتِ ٱلتَّرَاقِيَ
٢٧ وَقِيلَ مَنْ رَاقٍ ٢٨ وَظَنَّ أَنَّهُ ٱلْفِرَاقُ ٢٩ وَٱلْتَفَّتِ ٱلسَّاقُ بِٱلسَّاقِ ٣٠ إِلَى
رَبِّكَ يَوْمَئِذٍ ٱلْمَسَاقُ ٣١ فَلَا صَدَّقَ وَلَا صَلَّى ٣٢ وَلَكِنْ كَذَّبَ وَتَوَلَّى ٣٣ ثُمَّ
ذَهَبَ إِلَى أَهْلِهِ يَتَمَطَّى ٣٤ أَوْلَى لَكَ فَأَوْلَى ٣٥ ثُمَّ أَوْلَى لَكَ فَأَوْلَى ٣٦
أَيَحْسَبُ ٱلْإِنْسَانُ أَنْ يُتْرَكَ سُدًى ٣٧ أَلَمْ يَكُ نُطْفَةً مِنْ مَنِيٍّ يُمْنَى ٣٨ ثُمَّ
كَانَ عَلَقَةً فَخَلَقَ فَسَوَّى ٣٩ فَجَعَلَ مِنْهُ ٱلزَّوْجَيْنِ ٱلذَّكَرَ وَٱلْأُنْثَى ٤٠ أَلَيْسَ
ذَلِكَ بِقَادِرٍ عَلَى أَنْ يُحْيِيَ ٱلْمَوْتَى

سورة الانسان

مكية وهى احدى وثلثون آية

بِسْمِ ٱللَّهِ ٱلرَّحْمَنِ ٱلرَّحِيمِ

١ هَلْ أَتَى عَلَى ٱلْإِنْسَانِ حِينٌ مِنَ ٱلدَّهْرِ لَمْ يَكُنْ شَيْئًا مَذْكُورًا ٢ إِنَّا
خَلَقْنَا ٱلْإِنْسَانَ مِنْ نُطْفَةٍ أَمْشَاجٍ نَبْتَلِيهِ فَجَعَلْنَاهُ سَمِيعًا بَصِيرًا ٣ إِنَّا
هَدَيْنَاهُ ٱلسَّبِيلَ إِمَّا شَاكِرًا وَإِمَّا كَفُورًا ٤ إِنَّا أَعْتَدْنَا لِلْكَافِرِينَ سَلَاسِلَ
وَأَغْلَالًا وَسَعِيرًا ٥ إِنَّ ٱلْأَبْرَارَ يَشْرَبُونَ مِنْ كَأْسٍ كَانَ مِزَاجُهَا كَافُورًا ٦
عَيْنًا يَشْرَبُ بِهَا عِبَادُ ٱللَّهِ يُفَجِّرُونَهَا تَفْجِيرًا ٧ يُوفُونَ بِٱلنَّذْرِ وَيَخَافُونَ
يَوْمًا كَانَ شَرُّهُ مُسْتَطِيرًا ٨ وَيُطْعِمُونَ ٱلطَّعَامَ عَلَى حُبِّهِ مِسْكِينًا وَيَتِيمًا
وَأَسِيرًا ٩ إِنَّمَا نُطْعِمُكُمْ لِوَجْهِ ٱللَّهِ لَا نُرِيدُ مِنْكُمْ جَزَاءً وَلَا شُكُورًا ١٠ إِنَّا
نَخَافُ مِنْ رَبِّنَا يَوْمًا عَبُوسًا قَمْطَرِيرًا ١١ فَوَقَاهُمُ ٱللَّهُ شَرَّ ذَلِكَ ٱلْيَوْمِ وَلَقَّاهُمْ

ذِكْرَى لِلْبَشَرِ ٣٥ كَلَّا وَٱلْقَمَرِ ٣٦ وَٱللَّيْلِ إِذَا أَدْبَرَ ٣٧ وَٱلصُّبْحِ إِذَا أَسْفَرَ
٣٨ إِنَّهَا لَإِحْدَى ٱلْكُبَرِ ٣٩ نَذِيرًا لِلْبَشَرِ ٤٠ لِمَنْ شَآءَ مِنْكُمْ أَنْ يَتَقَدَّمَ
أَوْ يَتَأَخَّرَ ٤١ كُلُّ نَفْسٍ بِمَا كَسَبَتْ رَهِينَةٌ إِلَّا أَصْحَابَ ٱلْيَمِينِ ٤٢ فِي جَنَّاتٍ
يَتَسَآءَلُونَ عَنِ ٱلْمُجْرِمِينَ ٤٣ مَا سَلَكَكُمْ فِي سَقَرَ ٤٤ قَالُوا لَمْ نَكُ مِنَ
ٱلْمُصَلِّينَ ٤٥ وَلَمْ نَكُ نُطْعِمُ ٱلْمِسْكِينَ ٤٦ وَكُنَّا نَخُوضُ مَعَ ٱلْخَآئِضِينَ
٤٧ وَكُنَّا نُكَذِّبُ بِيَوْمِ ٱلدِّينِ ٤٨ حَتَّى أَتَانَا ٱلْيَقِينُ ٤٩ فَمَا تَنْفَعُهُمْ
شَفَاعَةُ ٱلشَّافِعِينَ ٥٠ فَمَا لَهُمْ عَنِ ٱلتَّذْكِرَةِ مُعْرِضِينَ ٥١ كَأَنَّهُمْ حُمُرٌ
مُسْتَنْفِرَةٌ فَرَّتْ مِنْ قَسْوَرَةٍ ٥٢ بَلْ يُرِيدُ كُلُّ ٱمْرِئٍ مِنْهُمْ أَنْ يُؤْتَى صُحُفًا
مُنَشَّرَةً ٥٣ كَلَّا بَلْ لَا يَخَافُونَ ٱلْآخِرَةَ ٥٤ كَلَّا إِنَّهُ تَذْكِرَةٌ فَمَنْ شَآءَ
ذَكَرَهُ ٥٥ وَمَا يَذْكُرُونَ إِلَّا أَنْ يَشَآءَ ٱللَّهُ هُوَ أَهْلُ ٱلتَّقْوَى وَأَهْلُ ٱلْمَغْفِرَةِ

سورة القيامة

مكية وهى اربعون آية

بِسْمِ ٱللَّهِ ٱلرَّحْمَنِ ٱلرَّحِيمِ

١ لَا أُقْسِمُ بِيَوْمِ ٱلْقِيَامَةِ ٢ وَلَا أُقْسِمُ بِٱلنَّفْسِ ٱللَّوَّامَةِ ٣ أَيَحْسَبُ ٱلْإِنْسَانُ
أَنْ لَنْ نَجْمَعَ عِظَامَهُ ٤ بَلَى قَادِرِينَ عَلَى أَنْ نُسَوِّيَ بَنَانَهُ ٥ بَلْ يُرِيدُ
ٱلْإِنْسَانُ لِيَفْجُرَ أَمَامَهُ ٦ يَسْأَلُ أَيَّانَ يَوْمُ ٱلْقِيَامَةِ ٧ فَإِذَا بَرِقَ ٱلْبَصَرُ
٨ وَخَسَفَ ٱلْقَمَرُ ٩ وَجُمِعَ ٱلشَّمْسُ وَٱلْقَمَرُ ١٠ يَقُولُ ٱلْإِنْسَانُ يَوْمَئِذٍ أَيْنَ
ٱلْمَفَرُّ ١١ كَلَّا لَا وَزَرَ ١٢ إِلَى رَبِّكَ يَوْمَئِذٍ ٱلْمُسْتَقَرُّ ١٣ يُنَبَّأُ ٱلْإِنْسَانُ يَوْمَئِذٍ
بِمَا قَدَّمَ وَأَخَّرَ ١٤ بَلِ ٱلْإِنْسَانُ عَلَى نَفْسِهِ بَصِيرَةٌ ١٥ وَلَوْ أَلْقَى مَعَاذِيرَهُ
١٦ لَا تُحَرِّكْ بِهِ لِسَانَكَ لِتَعْجَلَ بِهِ ١٧ إِنَّ عَلَيْنَا جَمْعَهُ وَقُرْآنَهُ ١٨ فَإِذَا

مَا تَيَسَّرَ مِنْهُ وَأَقِيمُوا ٱلصَّلٰوةَ وَآتُوا ٱلزَّكٰوةَ وَأَقْرِضُوا ٱللّٰهَ قَرْضًا حَسَنًا وَمَا
تُقَدِّمُوا لِأَنْفُسِكُمْ مِنْ خَيْرٍ تَجِدُوهُ عِنْدَ ٱللّٰهِ هُوَ خَيْرًا وَأَعْظَمَ أَجْرًا وَٱسْتَغْفِرُوا
ٱللّٰهَ إِنَّ ٱللّٰهَ غَفُورٌ رَحِيمٌ

سورة المدثر

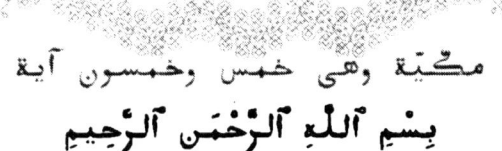

مكية وهى خمس وخمسون آية

بِسْمِ ٱللّٰهِ ٱلرَّحْمٰنِ ٱلرَّحِيمِ

١ يَا أَيُّهَا ٱلْمُدَّثِّرُ ٢ قُمْ فَأَنْذِرْ ٣ وَرَبَّكَ فَكَبِّرْ ٤ وَثِيَابَكَ فَطَهِّرْ ٥ وَٱلرُّجْزَ
فَٱهْجُرْ ٦ وَلَا تَمْنُنْ تَسْتَكْثِرُ ٧ وَلِرَبِّكَ فَٱصْبِرْ ٨ فَإِذَا نُقِرَ فِي ٱلنَّاقُورِ
٩ فَذٰلِكَ يَوْمَئِذٍ يَوْمٌ عَسِيرٌ ١٠ عَلَى ٱلْكَافِرِينَ غَيْرُ يَسِيرٍ ١١ ذَرْنِي وَمَنْ
خَلَقْتُ وَحِيدًا ١٢ وَجَعَلْتُ لَهُ مَالًا مَمْدُودًا ١٣ وَبَنِينَ شُهُودًا ١٤ وَمَهَّدْتُ
لَهُ تَمْهِيدًا ١٥ ثُمَّ يَطْمَعُ أَنْ أَزِيدَ ١٦ كَلَّا إِنَّهُ كَانَ لِآيَاتِنَا عَنِيدًا ١٧
سَأُرْهِقُهُ صَعُودًا ١٨ إِنَّهُ فَكَّرَ وَقَدَّرَ ١٩ فَقُتِلَ كَيْفَ قَدَّرَ ٢٠ ثُمَّ قُتِلَ كَيْفَ
قَدَّرَ ٢١ ثُمَّ نَظَرَ ٢٢ ثُمَّ عَبَسَ وَبَسَرَ ٢٣ ثُمَّ أَدْبَرَ وَٱسْتَكْبَرَ ٢٤ فَقَالَ إِنْ
هٰذَا إِلَّا سِحْرٌ يُؤْثَرُ ٢٥ إِنْ هٰذَا إِلَّا قَوْلُ ٱلْبَشَرِ ٢٦ سَأُصْلِيهِ سَقَرَ ٢٧ وَمَا
أَدْرَاكَ مَا سَقَرُ ٢٨ لَا تُبْقِي وَلَا تَذَرُ ٢٩ لَوَّاحَةٌ لِلْبَشَرِ ٣٠ عَلَيْهَا تِسْعَةَ
عَشَرَ ٣١ وَمَا جَعَلْنَا أَصْحَابَ ٱلنَّارِ إِلَّا مَلَائِكَةً وَمَا جَعَلْنَا عِدَّتَهُمْ إِلَّا فِتْنَةً
لِلَّذِينَ كَفَرُوا لِيَسْتَيْقِنَ ٱلَّذِينَ أُوتُوا ٱلْكِتَابَ وَيَزْدَادَ ٱلَّذِينَ آمَنُوا إِيمَانًا
٣٢ وَلَا يَرْتَابَ ٱلَّذِينَ أُوتُوا ٱلْكِتَابَ وَٱلْمُؤْمِنُونَ ٣٣ وَلِيَقُولَ ٱلَّذِينَ فِي
قُلُوبِهِمْ مَرَضٌ وَٱلْكَافِرُونَ مَا ذَا أَرَادَ ٱللّٰهُ بِهٰذَا مَثَلًا ٣٤ كَذٰلِكَ يُضِلُّ ٱللّٰهُ
مَنْ يَشَاءُ وَيَهْدِي مَنْ يَشَاءُ وَمَا يَعْلَمُ جُنُودَ رَبِّكَ إِلَّا هُوَ وَمَا هِيَ إِلَّا

يَسْلُكُ مِنْ بَيْنِ يَدَيْهِ وَمِنْ خَلْفِهِ رَصَدًا ٢٨ لِيَعْلَمَ أَنْ قَدْ أَبْلَغُوا رِسَالَاتِ
رَبِّهِمْ وَأَحَاطَ بِمَا لَدَيْهِمْ وَأَحْصَى كُلَّ شَيْءٍ عَدَدًا

سورة المزمل

مكية وهى عشرون آية

بِسْمِ ٱللَّهِ ٱلرَّحْمَنِ ٱلرَّحِيمِ

١ يَا أَيُّهَا ٱلْمُزَّمِّلُ ٢ قُمِ ٱللَّيْلَ إِلَّا قَلِيلًا ٣ نِصْفَهُ أَوِ ٱنْقُصْ مِنْهُ قَلِيلًا
٤ أَوْ زِدْ عَلَيْهِ وَرَتِّلِ ٱلْقُرْآنَ تَرْتِيلًا ٥ إِنَّا سَنُلْقِي عَلَيْكَ قَوْلًا ثَقِيلًا ٦ إِنَّ
نَاشِئَةَ ٱللَّيْلِ هِيَ أَشَدُّ وَطْأً وَأَقْوَمُ قِيلًا ٧ إِنَّ لَكَ فِي ٱلنَّهَارِ سَبْحًا طَوِيلًا
٨ وَٱذْكُرِ ٱسْمَ رَبِّكَ وَتَبَتَّلْ إِلَيْهِ تَبْتِيلًا ٩ رَبُّ ٱلْمَشْرِقِ وَٱلْمَغْرِبِ لَا إِلَهَ
إِلَّا هُوَ فَٱتَّخِذْهُ وَكِيلًا ١٠ وَٱصْبِرْ عَلَى مَا يَقُولُونَ وَٱهْجُرْهُمْ هَجْرًا جَمِيلًا
١١ وَذَرْنِي وَٱلْمُكَذِّبِينَ أُولِي ٱلنَّعْمَةِ وَمَهِّلْهُمْ قَلِيلًا ١٢ إِنَّ لَدَيْنَا أَنْكَالًا وَجَحِيمًا
١٣ وَطَعَامًا ذَا غُصَّةٍ وَعَذَابًا أَلِيمًا ١٤ يَوْمَ تَرْجُفُ ٱلْأَرْضُ وَٱلْجِبَالُ وَكَانَتِ
ٱلْجِبَالُ كَثِيبًا مَهِيلًا ١٥ إِنَّا أَرْسَلْنَا إِلَيْكُمْ رَسُولًا شَاهِدًا عَلَيْكُمْ كَمَا أَرْسَلْنَا
إِلَى فِرْعَوْنَ رَسُولًا ١٦ فَعَصَى فِرْعَوْنُ ٱلرَّسُولَ فَأَخَذْنَاهُ أَخْذًا وَبِيلًا ١٧ فَكَيْفَ
تَتَّقُونَ إِنْ كَفَرْتُمْ يَوْمًا يَجْعَلُ ٱلْوِلْدَانَ شِيبًا ١٨ ٱلسَّمَاءُ مُنْفَطِرٌ بِهِ كَانَ وَعْدُهُ
مَفْعُولًا ١٩ إِنَّ هَذِهِ تَذْكِرَةٌ فَمَنْ شَاءَ ٱتَّخَذَ إِلَى رَبِّهِ سَبِيلًا ٢٠ إِنَّ رَبَّكَ
يَعْلَمُ أَنَّكَ تَقُومُ أَدْنَى مِنْ ثُلُثَيِ ٱللَّيْلِ وَنِصْفَهُ وَثُلُثَهُ وَطَائِفَةٌ مِنَ ٱلَّذِينَ
مَعَكَ وَٱللَّهُ يُقَدِّرُ ٱللَّيْلَ وَٱلنَّهَارَ عَلِمَ أَنْ لَنْ تُحْصُوهُ فَتَابَ عَلَيْكُمْ
فَٱقْرَأُوا مَا تَيَسَّرَ مِنَ ٱلْقُرْآنِ عَلِمَ أَنْ سَيَكُونُ مِنْكُمْ مَرْضَى وَآخَرُونَ يَضْرِبُونَ
فِي ٱلْأَرْضِ يَبْتَغُونَ مِنْ فَضْلِ ٱللَّهِ وَآخَرُونَ يُقَاتِلُونَ فِي سَبِيلِ ٱللَّهِ فَٱقْرَأُوا

٢ يَهْدِي إِلَى ٱلرُّشْدِ فَآمَنَّا بِهِ وَلَنْ نُشْرِكَ بِرَبِّنَا أَحَدًا ٣ وَأَنَّهُ تَعَالَى جَدُّ
رَبِّنَا مَا ٱتَّخَذَ صَاحِبَةً وَلَا وَلَدًا ٤ وَأَنَّهُ كَانَ يَقُولُ سَفِيهُنَا عَلَى ٱللَّهِ شَطَطًا
٥ وَأَنَّا ظَنَنَّا أَنْ لَنْ تَقُولَ ٱلْإِنْسُ وَٱلْجِنُّ عَلَى ٱللَّهِ كَذِبًا ٦ وَأَنَّهُ كَانَ رِجَالٌ
مِنَ ٱلْإِنْسِ يَعُوذُونَ بِرِجَالٍ مِنَ ٱلْجِنِّ فَزَادُوهُمْ رَهَقًا ٧ وَأَنَّهُمْ ظَنُّوا كَمَا
ظَنَنْتُمْ أَنْ لَنْ يَبْعَثَ ٱللَّهُ أَحَدًا ٨ وَأَنَّا لَمَسْنَا ٱلسَّمَآءَ فَوَجَدْنَاهَا مُلِئَتْ
حَرَسًا شَدِيدًا وَشُهُبًا ٩ وَأَنَّا كُنَّا نَقْعُدُ مِنْهَا مَقَاعِدَ لِلسَّمْعِ فَمَنْ يَسْتَمِعِ
ٱلْآنَ يَجِدْ لَهُ شِهَابًا رَصَدًا ١٠ وَأَنَّا لَا نَدْرِي أَشَرٌّ أُرِيدَ بِمَنْ فِي ٱلْأَرْضِ
أَمْ أَرَادَ بِهِمْ رَبُّهُمْ رَشَدًا ١١ وَأَنَّا مِنَّا ٱلصَّالِحُونَ وَمِنَّا دُونَ ذَلِكَ كُنَّا طَرَآئِقَ
قِدَدًا ١٢ وَأَنَّا ظَنَنَّا أَنْ لَنْ نُعْجِزَ ٱللَّهَ فِي ٱلْأَرْضِ وَلَنْ نُعْجِزَهُ هَرَبًا ١٣ وَأَنَّا
لَمَّا سَمِعْنَا ٱلْهُدَى آمَنَّا بِهِ فَمَنْ يُؤْمِنْ بِرَبِّهِ فَلَا يَخَافُ بَخْسًا وَلَا رَهَقًا ١٤
وَأَنَّا مِنَّا ٱلْمُسْلِمُونَ وَمِنَّا ٱلْقَاسِطُونَ فَمَنْ أَسْلَمَ فَأُولَآئِكَ تَحَرَّوْا رَشَدًا ١٥ وَأَمَّا
ٱلْقَاسِطُونَ فَكَانُوا لِجَهَنَّمَ حَطَبًا ١٦ وَأَنْ لَوِ ٱسْتَقَامُوا عَلَى ٱلطَّرِيقَةِ لَأَسْقَيْنَاهُمْ
مَآءً غَدَقًا ١٧ لِنَفْتِنَهُمْ فِيهِ وَمَنْ يُعْرِضْ عَنْ ذِكْرِ رَبِّهِ يَسْلُكْهُ عَذَابًا
صَعَدًا ١٨ وَأَنَّ ٱلْمَسَاجِدَ لِلَّهِ فَلَا تَدْعُوا مَعَ ٱللَّهِ أَحَدًا ١٩ وَأَنَّهُ لَمَّا قَامَ
عَبْدُ ٱللَّهِ يَدْعُوهُ كَادُوا يَكُونُونَ عَلَيْهِ لِبَدًا ٢٠ قُلْ إِنَّمَا أَدْعُو رَبِّي وَلَا
أُشْرِكُ بِهِ أَحَدًا ٢١ قُلْ إِنِّي لَا أَمْلِكُ لَكُمْ ضَرًّا وَلَا رَشَدًا ٢٢ قُلْ إِنِّي لَنْ
يُجِيرَنِي مِنَ ٱللَّهِ أَحَدٌ ٢٣ وَلَنْ أَجِدَ مِنْ دُونِهِ مُلْتَحَدًا ٢٤ إِلَّا بَلَاغًا مِنَ
ٱللَّهِ وَرِسَالَاتِهِ وَمَنْ يَعْصِ ٱللَّهَ وَرَسُولَهُ فَإِنَّ لَهُ نَارَ جَهَنَّمَ خَالِدِينَ فِيهَا
أَبَدًا ٢٥ حَتَّى إِذَا رَأَوْا مَا يُوعَدُونَ فَسَيَعْلَمُونَ مَنْ أَضْعَفُ نَاصِرًا وَأَقَلُّ
عَدَدًا ٢٦ قُلْ إِنْ أَدْرِي أَقَرِيبٌ مَا تُوعَدُونَ أَمْ يَجْعَلُ لَهُ رَبِّي أَمَدًا عَالِمُ
ٱلْغَيْبِ فَلَا يُظْهِرُ عَلَى غَيْبِهِ أَحَدًا ٢٧ إِلَّا مَنِ ٱرْتَضَى مِنْ رَسُولٍ فَإِنَّهُ

وَنَهَارًا فَلَمْ يَزِدْهُمْ دُعَآءِى إِلَّا فِرَارًا ٦ وَإِنِّى كُلَّمَا دَعَوْتُهُمْ لِتَغْفِرَ لَهُمْ

جَعَلُوا أَصَابِعَهُمْ فِى آذَانِهِمْ وَٱسْتَغْشَوْا ثِيَابَهُمْ وَأَصَرُّوا وَٱسْتَكْبَرُوا ٱسْتِكْبَارًا

٧ ثُمَّ إِنِّى دَعَوْتُهُمْ جِهَارًا ٨ ثُمَّ إِنِّى أَعْلَنْتُ لَهُمْ وَأَسْرَرْتُ لَهُمْ إِسْرَارًا

٩ فَقُلْتُ ٱسْتَغْفِرُوا رَبَّكُمْ إِنَّهُ كَانَ غَفَّارًا ١٠ يُرْسِلِ ٱلسَّمَآءَ عَلَيْكُمْ مِدْرَارًا

١١ وَيُمْدِدْكُمْ بِأَمْوَالٍ وَبَنِينَ وَيَجْعَلْ لَكُمْ جَنَّاتٍ وَيَجْعَلْ لَكُمْ أَنْهَارًا ١٢ مَا

لَكُمْ لَا تَرْجُونَ لِلَّهِ وَقَارًا ١٣ وَقَدْ خَلَقَكُمْ أَطْوَارًا ١٤ أَلَمْ تَرَوْا كَيْفَ خَلَقَ

ٱللَّهُ سَبْعَ سَمٰوَاتٍ طِبَاقًا ١٥ وَجَعَلَ ٱلْقَمَرَ فِيهِنَّ نُورًا وَجَعَلَ ٱلشَّمْسَ سِرَاجًا

١٦ وَٱللَّهُ أَنْبَتَكُمْ مِنَ ٱلْأَرْضِ نَبَاتًا ١٧ ثُمَّ يُعِيدُكُمْ فِيهَا وَيُخْرِجُكُمْ إِخْرَاجًا

١٨ وَٱللَّهُ جَعَلَ لَكُمُ ٱلْأَرْضَ بِسَاطًا ١٩ لِتَسْلُكُوا مِنْهَا سُبُلًا فِجَاجًا ٢٠ قَالَ

نُوحٌ رَبِّ إِنَّهُمْ عَصَوْنِى وَٱتَّبَعُوا مَنْ لَمْ يَزِدْهُ مَالُهُ وَوَلَدُهُ إِلَّا خَسَارًا ٢١

وَمَكَرُوا مَكْرًا كُبَّارًا ٢٢ وَقَالُوا لَا تَذَرُنَّ آلِهَتَكُمْ وَلَا تَذَرُنَّ وَدًّا وَلَا سُوَاعًا

٢٣ وَلَا يَغُوثَ وَيَعُوقَ وَنَسْرًا ٢٤ وَقَدْ أَضَلُّوا كَثِيرًا وَلَا تَزِدِ ٱلظَّالِمِينَ إِلَّا

ضَلَالًا ٢٥ مِمَّا خَطِيَّاتِهِمْ أُغْرِقُوا فَأُدْخِلُوا نَارًا ٢٦ فَلَمْ يَجِدُوا لَهُمْ مِنْ

دُونِ ٱللَّهِ أَنْصَارًا ٢٧ وَقَالَ نُوحٌ رَبِّ لَا تَذَرْ عَلَى ٱلْأَرْضِ مِنَ ٱلْكَافِرِينَ دَيَّارًا

٢٨ إِنَّكَ إِنْ تَذَرْهُمْ يُضِلُّوا عِبَادَكَ وَلَا يَلِدُوا إِلَّا فَاجِرًا كَفَّارًا ٢٩ رَبِّ ٱغْفِرْ

لِى وَلِوَالِدَىَّ وَلِمَنْ دَخَلَ بَيْتِىَ مُؤْمِنًا وَلِلْمُؤْمِنِينَ وَٱلْمُؤْمِنَاتِ وَلَا تَزِدِ

ٱلظَّالِمِينَ إِلَّا تَبَارًا

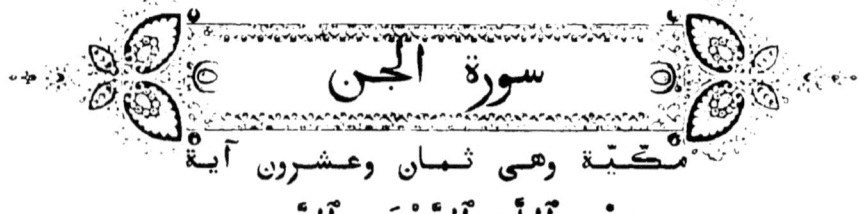

سورة الجن

مكية وهى ثمان وعشرون آية

بِسْمِ ٱللَّهِ ٱلرَّحْمٰنِ ٱلرَّحِيمِ

١ قُلْ أُوحِىَ إِلَىَّ أَنَّهُ ٱسْتَمَعَ نَفَرٌ مِنَ ٱلْجِنِّ فَقَالُوا إِنَّا سَمِعْنَا قُرْآنًا عَجَبًا

دَآئِمُونَ ٢٤ وَٱلَّذِينَ فِي أَمْوَالِهِمْ حَقٌّ مَعْلُومٌ ٢٥ لِلسَّآئِلِ وَٱلْمَحْرُومِ ٢٦
وَٱلَّذِينَ يُصَدِّقُونَ بِيَوْمِ ٱلدِّينِ ٢٧ وَٱلَّذِينَ هُمْ مِنْ عَذَابِ رَبِّهِمْ مُشْفِقُونَ
٢٨ إِنَّ عَذَابَ رَبِّهِمْ غَيْرُ مَأْمُونٍ ٢٩ وَٱلَّذِينَ هُمْ لِفُرُوجِهِمْ حَافِظُونَ ٣٠ إِلَّا
عَلَى أَزْوَاجِهِمْ أَوْ مَا مَلَكَتْ أَيْمَانُهُمْ فَإِنَّهُمْ غَيْرُ مَلُومِينَ ٣١ فَمَنِ ٱبْتَغَى
وَرَآءَ ذَلِكَ فَأُولَآئِكَ هُمُ ٱلْعَادُونَ ٣٢ وَٱلَّذِينَ هُمْ لِأَمَانَاتِهِمْ وَعَهْدِهِمْ رَاعُونَ
٣٣ وَٱلَّذِينَ هُمْ بِشَهَادَاتِهِمْ قَآئِمُونَ ٣٤ وَٱلَّذِينَ هُمْ عَلَى صَلَوتِهِمْ يُحَافِظُونَ
٣٥ أُولَآئِكَ فِي جَنَّاتٍ مُكْرَمُونَ ٣٦ فَمَا لِلَّذِينَ كَفَرُوا قِبَلَكَ مُهْطِعِينَ ٣٧ عَنِ
ٱلْيَمِينِ وَعَنِ ٱلشِّمَالِ عِزِينَ ٣٨ أَيَطْمَعُ كُلُّ ٱمْرِئٍ مِنْهُمْ أَنْ يُدْخَلَ جَنَّةَ
نَعِيمٍ ٣٩ كَلَّا إِنَّا خَلَقْنَاهُمْ مِمَّا يَعْلَمُونَ ٤٠ فَلَا أُقْسِمُ بِرَبِّ ٱلْمَشَارِقِ
وَٱلْمَغَارِبِ إِنَّا لَقَادِرُونَ ٤١ عَلَى أَنْ نُبَدِّلَ خَيْرًا مِنْهُمْ وَمَا نَحْنُ بِمَسْبُوقِينَ
٤٢ فَذَرْهُمْ يَخُوضُوا وَيَلْعَبُوا حَتَّى يُلَاقُوا يَوْمَهُمُ ٱلَّذِي يُوعَدُونَ ٤٣ يَوْمَ
يَخْرُجُونَ مِنَ ٱلْأَجْدَاثِ سِرَاعًا كَأَنَّهُمْ إِلَى نُصُبٍ يُوفِضُونَ ٤٤ خَاشِعَةً
أَبْصَارُهُمْ تَرْهَقُهُمْ ذِلَّةٌ ذَلِكَ ٱلْيَوْمُ ٱلَّذِي كَانُوا يُوعَدُونَ

سورة نوح

مكية وهي تسع وعشرون آية

بِسْمِ ٱللَّهِ ٱلرَّحْمَنِ ٱلرَّحِيمِ

١ إِنَّا أَرْسَلْنَا نُوحًا إِلَى قَوْمِهِ أَنْ أَنْذِرْ قَوْمَكَ مِنْ قَبْلِ أَنْ يَأْتِيَهُمْ عَذَابٌ
أَلِيمٌ ٢ قَالَ يَا قَوْمِ إِنِّي لَكُمْ نَذِيرٌ مُبِينٌ ٣ أَنِ ٱعْبُدُوا ٱللَّهَ وَٱتَّقُوهُ
وَأَطِيعُونِ ٤ يَغْفِرْ لَكُمْ مِنْ ذُنُوبِكُمْ وَيُؤَخِّرْكُمْ إِلَى أَجَلٍ مُسَمًّى إِنَّ أَجَلَ
ٱللَّهِ إِذَا جَآءَ لَا يُؤَخَّرُ لَوْ كُنْتُمْ تَعْلَمُونَ ٥ قَالَ رَبِّ إِنِّي دَعَوْتُ قَوْمِي لَيْلًا

ٱلْيَوْمَ هَٰهُنَا حَمِيمٌ ٣٦ وَلَا طَعَامٌ إِلَّا مِنْ غِسْلِينٍ ٣٧ لَا يَأْكُلُهُ إِلَّا
ٱلْخَاطِئُونَ ٣٨ فَلَا أُقْسِمُ بِمَا تُبْصِرُونَ ٣٩ وَمَا لَا تُبْصِرُونَ ٤٠ إِنَّهُ لَقَوْلُ
رَسُولٍ كَرِيمٍ ٤١ وَمَا هُوَ بِقَوْلِ شَاعِرٍ قَلِيلًا مَا تُؤْمِنُونَ ٤٢ وَلَا بِقَوْلِ كَاهِنٍ
قَلِيلًا مَا تَذَكَّرُونَ ٤٣ تَنْزِيلٌ مِنْ رَبِّ ٱلْعَالَمِينَ ٤٤ وَلَوْ تَقَوَّلَ عَلَيْنَا
بَعْضَ ٱلْأَقَاوِيلِ ٤٥ لَأَخَذْنَا مِنْهُ بِٱلْيَمِينِ ٤٦ ثُمَّ لَقَطَعْنَا مِنْهُ ٱلْوَتِينَ ٤٧ فَمَا
مِنْكُمْ مِنْ أَحَدٍ عَنْهُ حَاجِزِينَ ٤٨ وَإِنَّهُ لَتَذْكِرَةٌ لِلْمُتَّقِينَ ٤٩ وَإِنَّا لَنَعْلَمُ
أَنَّ مِنْكُمْ مُكَذِّبِينَ ٥٠ وَإِنَّهُ لَحَسْرَةٌ عَلَى ٱلْكَافِرِينَ ٥١ وَإِنَّهُ لَحَقُّ ٱلْيَقِينِ
٥٢ فَسَبِّحْ بِٱسْمِ رَبِّكَ ٱلْعَظِيمِ

سورة المعارج

مكية وهى اربع واربعون آية

بِسْمِ ٱللَّهِ ٱلرَّحْمَٰنِ ٱلرَّحِيمِ

١ سَأَلَ سَائِلٌ بِعَذَابٍ وَاقِعٍ ٢ لِلْكَافِرِينَ لَيْسَ لَهُ دَافِعٌ ٣ مِنَ ٱللَّهِ ذِي
ٱلْمَعَارِجِ ٤ تَعْرُجُ ٱلْمَلَائِكَةُ وَٱلرُّوحُ إِلَيْهِ فِي يَوْمٍ كَانَ مِقْدَارُهُ خَمْسِينَ أَلْفَ
سَنَةٍ ٥ فَٱصْبِرْ صَبْرًا جَمِيلًا ٦ إِنَّهُمْ يَرَوْنَهُ بَعِيدًا ٧ وَنَرَاهُ قَرِيبًا ٨ يَوْمَ
تَكُونُ ٱلسَّمَاءُ كَٱلْمُهْلِ ٩ وَتَكُونُ ٱلْجِبَالُ كَٱلْعِهْنِ ١٠ وَلَا يَسْأَلُ حَمِيمٌ
حَمِيمًا ١١ يُبَصَّرُونَهُمْ يَوَدُّ ٱلْمُجْرِمُ لَوْ يَفْتَدِي مِنْ عَذَابِ يَوْمِئِذٍ بِبَنِيهِ ١٢
وَصَاحِبَتِهِ وَأَخِيهِ ١٣ وَفَصِيلَتِهِ ٱلَّتِي تُؤْوِيهِ ١٤ وَمَنْ فِي ٱلْأَرْضِ جَمِيعًا ثُمَّ
يُنْجِيهِ ١٥ كَلَّا إِنَّهَا لَظَىٰ ١٦ نَزَّاعَةً لِلشَّوَىٰ ١٧ تَدْعُو مَنْ أَدْبَرَ وَتَوَلَّىٰ
١٨ وَجَمَعَ فَأَوْعَىٰ ١٩ إِنَّ ٱلْإِنْسَانَ خُلِقَ هَلُوعًا ٢٠ إِذَا مَسَّهُ ٱلشَّرُّ جَزُوعًا
٢١ وَإِذَا مَسَّهُ ٱلْخَيْرُ مَنُوعًا ٢٢ إِلَّا ٱلْمُصَلِّينَ ٢٣ ٱلَّذِينَ هُمْ عَلَىٰ صَلَوٰتِهِمْ

سورة الحاقة

مكيّة وهى اثنتان وخمسون آية

بِسْمِ ٱللَّهِ ٱلرَّحْمَنِ ٱلرَّحِيمِ

١ ٱلْحَاقَّةُ ٢ مَا ٱلْحَاقَّةُ ٣ وَمَا أَدْرَاكَ مَا ٱلْحَاقَّةُ ٤ كَذَّبَتْ ثَمُودُ وَعَادٌ
بِٱلْقَارِعَةِ ٥ فَأَمَّا ثَمُودُ فَأُهْلِكُوا بِٱلطَّاغِيَةِ ٦ وَأَمَّا عَادٌ فَأُهْلِكُوا بِرِيحٍ
صَرْصَرٍ عَاتِيَةٍ ٧ سَخَّرَهَا عَلَيْهِمْ سَبْعَ لَيَالٍ وَثَمَانِيَةَ أَيَّامٍ حُسُومًا فَتَرَى
ٱلْقَوْمَ فِيهَا صَرْعَى كَأَنَّهُمْ أَعْجَازُ نَخْلٍ خَاوِيَةٍ ٨ فَهَلْ تَرَى لَهُمْ مِنْ بَاقِيَةٍ
٩ وَجَاءَ فِرْعَوْنُ وَمَنْ قَبْلَهُ وَٱلْمُؤْتَفِكَاتُ بِٱلْخَاطِئَةِ ١٠ فَعَصَوْا رَسُولَ رَبِّهِمْ
فَأَخَذَهُمْ أَخْذَةً رَابِيَةً ١١ إِنَّا لَمَّا طَغَى ٱلْمَاءُ حَمَلْنَاكُمْ فِي ٱلْجَارِيَةِ ١٢
لِنَجْعَلَهَا لَكُمْ تَذْكِرَةً وَتَعِيَهَا أُذُنٌ وَاعِيَةٌ ١٣ فَإِذَا نُفِخَ فِي ٱلصُّورِ نَفْخَةٌ
وَاحِدَةٌ ١٤ وَحُمِلَتِ ٱلْأَرْضُ وَٱلْجِبَالُ فَدُكَّتَا دَكَّةً وَاحِدَةً ١٥ فَيَوْمَئِذٍ
وَقَعَتِ ٱلْوَاقِعَةُ ١٦ وَٱنْشَقَّتِ ٱلسَّمَاءُ فَهِيَ يَوْمَئِذٍ وَاهِيَةٌ ١٧ وَٱلْمَلَكُ عَلَى
أَرْجَائِهَا وَيَحْمِلُ عَرْشَ رَبِّكَ فَوْقَهُمْ يَوْمَئِذٍ ثَمَانِيَةٌ ١٨ يَوْمَئِذٍ تُعْرَضُونَ لَا
تَخْفَى مِنْكُمْ خَافِيَةٌ ١٩ فَأَمَّا مَنْ أُوتِيَ كِتَابَهُ بِيَمِينِهِ فَيَقُولُ هَاؤُمُ ٱقْرَؤُا
كِتَابِيَهْ ٢٠ إِنِّي ظَنَنْتُ أَنِّي مُلَاقٍ حِسَابِيَهْ ٢١ فَهُوَ فِي عِيشَةٍ رَاضِيَةٍ ٢٢ فِي
جَنَّةٍ عَالِيَةٍ ٢٣ قُطُوفُهَا دَانِيَةٌ ٢٤ كُلُوا وَٱشْرَبُوا هَنِيئًا بِمَا أَسْلَفْتُمْ فِي
ٱلْأَيَّامِ ٱلْخَالِيَةِ ٢٥ وَأَمَّا مَنْ أُوتِيَ كِتَابَهُ بِشِمَالِهِ فَيَقُولُ يَا لَيْتَنِي لَمْ أُوتَ
كِتَابِيَهْ ٢٦ وَلَمْ أَدْرِ مَا حِسَابِيَهْ ٢٧ يَا لَيْتَهَا كَانَتِ ٱلْقَاضِيَةَ ٢٨ مَا أَغْنَى
عَنِّي مَالِيَهْ ٢٩ هَلَكَ عَنِّي سُلْطَانِيَهْ ٣٠ خُذُوهُ فَغُلُّوهُ ٣١ ثُمَّ ٱلْجَحِيمَ
صَلُّوهُ ٣٢ ثُمَّ فِي سِلْسِلَةٍ ذَرْعُهَا سَبْعُونَ ذِرَاعًا فَٱسْلُكُوهُ ٣٣ إِنَّهُ كَانَ لَا
يُؤْمِنُ بِٱللَّهِ ٱلْعَظِيمِ ٣٤ وَلَا يَحُضُّ عَلَى طَعَامِ ٱلْمِسْكِينِ ٣٥ فَلَيْسَ لَهُ

٣٠٢ سورة القلم

بَلَوْنَا أَصْحَابَ ٱلْجَنَّةِ إِذْ أَقْسَمُوا لَيَصْرِمُنَّهَا مُصْبِحِينَ ١٨ وَلَا يَسْتَثْنُونَ
١٩ فَطَافَ عَلَيْهَا طَائِفٌ مِنْ رَبِّكَ وَهُمْ نَائِمُونَ ٢٠ فَأَصْبَحَتْ كَٱلصَّرِيمِ
٢١ فَتَنَادَوْا مُصْبِحِينَ ٢٢ أَنِ ٱغْدُوا عَلَى حَرْثِكُمْ إِنْ كُنْتُمْ صَارِمِينَ ٢٣
فَٱنْطَلَقُوا وَهُمْ يَتَخَافَتُونَ ٢٤ أَنْ لَا يَدْخُلَنَّهَا ٱلْيَوْمَ عَلَيْكُمْ مِسْكِينٌ
٢٥ وَغَدَوْا عَلَى حَرْدٍ قَادِرِينَ ٢٦ فَلَمَّا رَأَوْهَا قَالُوا إِنَّا لَضَالُّونَ ٢٧ بَلْ نَحْنُ
مَحْرُومُونَ ٢٨ قَالَ أَوْسَطُهُمْ أَلَمْ أَقُلْ لَكُمْ لَوْلَا تُسَبِّحُونَ ٢٩ قَالُوا سُبْحَانَ رَبِّنَا
إِنَّا كُنَّا ظَالِمِينَ ٣٠ فَأَقْبَلَ بَعْضُهُمْ عَلَى بَعْضٍ يَتَلَاوَمُونَ ٣١ قَالُوا يَا وَيْلَنَا
إِنَّا كُنَّا طَاغِينَ ٣٢ عَسَى رَبُّنَا أَنْ يُبْدِلَنَا خَيْرًا مِنْهَا إِنَّا إِلَى رَبِّنَا رَاغِبُونَ
٣٣ كَذَٰلِكَ ٱلْعَذَابُ وَلَعَذَابُ ٱلْآخِرَةِ أَكْبَرُ لَوْ كَانُوا يَعْلَمُونَ ٣٤ إِنَّ لِلْمُتَّقِينَ
عِنْدَ رَبِّهِمْ جَنَّاتِ ٱلنَّعِيمِ ٣٥ أَفَنَجْعَلُ ٱلْمُسْلِمِينَ كَٱلْمُجْرِمِينَ ٣٦ مَا لَكُمْ
كَيْفَ تَحْكُمُونَ ٣٧ أَمْ لَكُمْ كِتَابٌ فِيهِ تَدْرُسُونَ ٣٨ إِنَّ لَكُمْ فِيهِ لَمَا تَخَيَّرُونَ
٣٩ أَمْ لَكُمْ أَيْمَانٌ عَلَيْنَا بَالِغَةٌ إِلَى يَوْمِ ٱلْقِيَامَةِ إِنَّ لَكُمْ لَمَا تَحْكُمُونَ ٤٠
سَلْهُمْ أَيُّهُمْ بِذَٰلِكَ زَعِيمٌ ٤١ أَمْ لَهُمْ شُرَكَاءُ فَلْيَأْتُوا بِشُرَكَائِهِمْ إِنْ كَانُوا
صَادِقِينَ ٤٢ يَوْمَ يُكْشَفُ عَنْ سَاقٍ وَيُدْعَوْنَ إِلَى ٱلسُّجُودِ فَلَا يَسْتَطِيعُونَ
٤٣ خَاشِعَةً أَبْصَارُهُمْ تَرْهَقُهُمْ ذِلَّةٌ وَقَدْ كَانُوا يُدْعَوْنَ إِلَى ٱلسُّجُودِ وَهُمْ
سَالِمُونَ ٤٤ فَذَرْنِي وَمَنْ يُكَذِّبُ بِهَٰذَا ٱلْحَدِيثِ سَنَسْتَدْرِجُهُمْ مِنْ حَيْثُ لَا
يَعْلَمُونَ ٤٥ وَأُمْلِي لَهُمْ إِنَّ كَيْدِي مَتِينٌ ٤٦ أَمْ تَسْأَلُهُمْ أَجْرًا فَهُمْ مِنْ
مَغْرَمٍ مُثْقَلُونَ ٤٧ أَمْ عِنْدَهُمُ ٱلْغَيْبُ فَهُمْ يَكْتُبُونَ ٤٨ فَٱصْبِرْ لِحُكْمِ رَبِّكَ
وَلَا تَكُنْ كَصَاحِبِ ٱلْحُوتِ إِذْ نَادَى وَهُوَ مَكْظُومٌ ٤٩ لَوْلَا أَنْ تَدَارَكَهُ
نِعْمَةٌ مِنْ رَبِّهِ لَنُبِذَ بِٱلْعَرَاءِ وَهُوَ مَذْمُومٌ ٥٠ فَٱجْتَبَاهُ رَبُّهُ فَجَعَلَهُ مِنَ
ٱلصَّالِحِينَ . ٥١ وَإِنْ يَكَادُ ٱلَّذِينَ كَفَرُوا لَيُزْلِقُونَكَ بِأَبْصَارِهِمْ لَمَّا سَمِعُوا
ٱلذِّكْرَ وَيَقُولُونَ إِنَّهُ لَمَجْنُونٌ ٥٢ وَمَا هُوَ إِلَّا ذِكْرٌ لِلْعَالَمِينَ

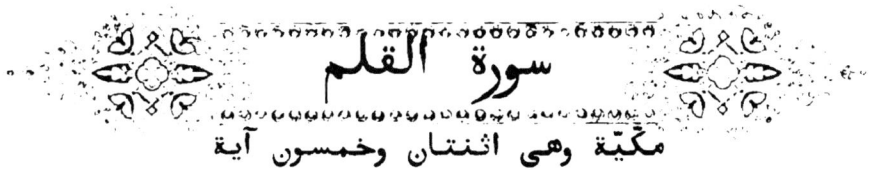

إِنَّهُ بِكُلِّ شَيْءٍ بَصِيرٌ ٢٠ أَمَّنْ هَٰذَا ٱلَّذِي هُوَ جُنْدٌ لَكُمْ يَنْصُرُكُمْ مِنْ دُونِ
ٱلرَّحْمَٰنِ إِنِ ٱلْكَافِرُونَ إِلَّا فِي غُرُورٍ ٢١ أَمَّنْ هَٰذَا ٱلَّذِي يَرْزُقُكُمْ إِنْ أَمْسَكَ
رِزْقَهُ بَلْ لَجُّوا فِي عُتُوٍّ وَنُفُورٍ ٢٢ أَفَمَنْ يَمْشِي مُكِبًّا عَلَىٰ وَجْهِهِ أَهْدَىٰ أَمَّنْ
يَمْشِي سَوِيًّا عَلَىٰ صِرَاطٍ مُسْتَقِيمٍ ٢٣ قُلْ هُوَ ٱلَّذِي أَنْشَأَكُمْ وَجَعَلَ لَكُمُ
ٱلسَّمْعَ وَٱلْأَبْصَارَ وَٱلْأَفْئِدَةَ قَلِيلًا مَا تَشْكُرُونَ ٢٤ قُلْ هُوَ ٱلَّذِي ذَرَأَكُمْ فِي
ٱلْأَرْضِ وَإِلَيْهِ تُحْشَرُونَ ٢٥ وَيَقُولُونَ مَتَىٰ هَٰذَا ٱلْوَعْدُ إِنْ كُنْتُمْ صَادِقِينَ
٢٦ قُلْ إِنَّمَا ٱلْعِلْمُ عِنْدَ ٱللَّهِ وَإِنَّمَا أَنَا نَذِيرٌ مُبِينٌ ٢٧ فَلَمَّا رَأَوْهُ زُلْفَةً سِيئَتْ
وُجُوهُ ٱلَّذِينَ كَفَرُوا وَقِيلَ هَٰذَا ٱلَّذِي كُنْتُمْ بِهِ تَدَّعُونَ ٢٨ قُلْ أَرَأَيْتُمْ إِنْ
أَهْلَكَنِيَ ٱللَّهُ وَمَنْ مَعِيَ أَوْ رَحِمَنَا فَمَنْ يُجِيرُ ٱلْكَافِرِينَ مِنْ عَذَابٍ أَلِيمٍ
٢٩ قُلْ هُوَ ٱلرَّحْمَٰنُ آمَنَّا بِهِ وَعَلَيْهِ تَوَكَّلْنَا فَسَتَعْلَمُونَ مَنْ هُوَ فِي ضَلَالٍ
مُبِينٍ ٣٠ قُلْ أَرَأَيْتُمْ إِنْ أَصْبَحَ مَاؤُكُمْ غَوْرًا فَمَنْ يَأْتِيكُمْ بِمَاءٍ مَعِينٍ

سورة القلم

مكيّة وهى اثنتان وخمسون آية

بِسْمِ ٱللَّهِ ٱلرَّحْمَٰنِ ٱلرَّحِيمِ

١ نٓ وَٱلْقَلَمِ وَمَا يَسْطُرُونَ ٢ مَا أَنْتَ بِنِعْمَةِ رَبِّكَ بِمَجْنُونٍ ٣ وَإِنَّ لَكَ
لَأَجْرًا غَيْرَ مَمْنُونٍ ٤ وَإِنَّكَ لَعَلَىٰ خُلُقٍ عَظِيمٍ ٥ فَسَتُبْصِرُ وَيُبْصِرُونَ
٦ بِأَيِّكُمُ ٱلْمَفْتُونُ ٧ إِنَّ رَبَّكَ هُوَ أَعْلَمُ بِمَنْ ضَلَّ عَنْ سَبِيلِهِ وَهُوَ أَعْلَمُ
بِٱلْمُهْتَدِينَ ٨ فَلَا تُطِعِ ٱلْمُكَذِّبِينَ ٩ وَدُّوا لَوْ تُدْهِنُ فَيُدْهِنُونَ ١٠ وَلَا
تُطِعْ كُلَّ حَلَّافٍ مَهِينٍ ١١ هَمَّازٍ مَشَّاءٍ بِنَمِيمٍ ١٢ مَنَّاعٍ لِلْخَيْرِ مُعْتَدٍ أَثِيمٍ
١٣ عُتُلٍّ بَعْدَ ذَٰلِكَ زَنِيمٍ ١٤ أَنْ كَانَ ذَا مَالٍ وَبَنِينَ ١٥ إِذَا تُتْلَىٰ عَلَيْهِ
آيَاتُنَا قَالَ أَسَاطِيرُ ٱلْأَوَّلِينَ ١٦ سَنَسِمُهُ عَلَى ٱلْخُرْطُومِ ١٧ إِنَّا بَلَوْنَاهُمْ كَمَا

سورة الملك

مكية وهى ثلثون آية

بِسْمِ ٱللَّهِ ٱلرَّحْمَٰنِ ٱلرَّحِيمِ

١ تَبَارَكَ ٱلَّذِى بِيَدِهِ ٱلْمُلْكُ وَهُوَ عَلَىٰ كُلِّ شَىْءٍ قَدِيرٌ ٢ ٱلَّذِى جزء ٠
خَلَقَ ٱلْمَوْتَ وَٱلْحَيَوٰةَ لِيَبْلُوَكُمْ أَيُّكُمْ أَحْسَنُ عَمَلًا وَهُوَ ٱلْعَزِيزُ ٱلْغَفُورُ
٣ ٱلَّذِى خَلَقَ سَبْعَ سَمَوَاتٍ طِبَاقًا مَا تَرَىٰ فِى خَلْقِ ٱلرَّحْمَٰنِ مِنْ تَفَاوُتٍ
فَٱرْجِعِ ٱلْبَصَرَ هَلْ تَرَىٰ مِنْ فُطُورٍ ٤ ثُمَّ ٱرْجِعِ ٱلْبَصَرَ كَرَّتَيْنِ يَنْقَلِبْ إِلَيْكَ
ٱلْبَصَرُ خَاسِئًا وَهُوَ حَسِيرٌ ٥ وَلَقَدْ زَيَّنَّا ٱلسَّمَآءَ ٱلدُّنْيَا بِمَصَابِيحَ وَجَعَلْنَاهَا
رُجُومًا لِلشَّيَاطِينِ وَأَعْتَدْنَا لَهُمْ عَذَابَ ٱلسَّعِيرِ ٦ وَلِلَّذِينَ كَفَرُوا بِرَبِّهِمْ
عَذَابُ جَهَنَّمَ وَبِئْسَ ٱلْمَصِيرُ ٧ إِذَا أُلْقُوا فِيهَا سَمِعُوا لَهَا شَهِيقًا وَهِىَ
تَفُورُ ٨ تَكَادُ تَمَيَّزُ مِنَ ٱلْغَيْظِ كُلَّمَا أُلْقِىَ فِيهَا فَوْجٌ سَأَلَهُمْ خَزَنَتُهَا أَلَمْ
يَأْتِكُمْ نَذِيرٌ ٩ قَالُوا بَلَىٰ قَدْ جَآءَنَا نَذِيرٌ فَكَذَّبْنَا وَقُلْنَا مَا نَزَّلَ ٱللَّهُ مِنْ
شَىْءٍ إِنْ أَنْتُمْ إِلَّا فِى ضَلَالٍ كَبِيرٍ ١٠ وَقَالُوا لَوْ كُنَّا نَسْمَعُ أَوْ نَعْقِلُ مَا كُنَّا
فِى أَصْحَابِ ٱلسَّعِيرِ ١١ فَٱعْتَرَفُوا بِذَنْبِهِمْ فَسُحْقًا لِأَصْحَابِ ٱلسَّعِيرِ ١٢ إِنَّ
ٱلَّذِينَ يَخْشَوْنَ رَبَّهُمْ بِٱلْغَيْبِ لَهُمْ مَغْفِرَةٌ وَأَجْرٌ كَبِيرٌ ١٣ وَأَسِرُّوا قَوْلَكُمْ أَوِ
ٱجْهَرُوا بِهِ إِنَّهُ عَلِيمٌ بِذَاتِ ٱلصُّدُورِ ١٤ أَلَا يَعْلَمُ مَنْ خَلَقَ وَهُوَ ٱللَّطِيفُ
ٱلْخَبِيرُ ١٥ هُوَ ٱلَّذِى جَعَلَ لَكُمُ ٱلْأَرْضَ ذَلُولًا فَٱمْشُوا فِى مَنَاكِبِهَا وَكُلُوا
مِنْ رِزْقِهِ وَإِلَيْهِ ٱلنُّشُورُ ١٦ ءَأَمِنْتُمْ مَنْ فِى ٱلسَّمَآءِ أَنْ يَخْسِفَ بِكُمُ ٱلْأَرْضَ
فَإِذَا هِىَ تَمُورُ ١٧ أَمْ أَمِنْتُمْ مَنْ فِى ٱلسَّمَآءِ أَنْ يُرْسِلَ عَلَيْكُمْ حَاصِبًا
فَسَتَعْلَمُونَ كَيْفَ نَذِيرِ ١٨ وَلَقَدْ كَذَّبَ ٱلَّذِينَ مِنْ قَبْلِهِمْ فَكَيْفَ كَانَ نَكِيرِ
١٩ أَوَلَمْ يَرَوْا إِلَى ٱلطَّيْرِ فَوْقَهُمْ صَافَّاتٍ وَيَقْبِضْنَ مَا يُمْسِكُهُنَّ إِلَّا ٱلرَّحْمَٰنُ

هَذَا قَالَ نَبَّأَنِيَ ٱلْعَلِيمُ ٱلْخَبِيرُ ٤ إِنْ تَتُوبَا إِلَى ٱللّٰهِ فَقَدْ صَغَتْ قُلُوبُكُمَا
وَإِنْ تَظَاهَرَا عَلَيْهِ فَإِنَّ ٱللّٰهَ هُوَ مَوْلَاهُ وَجِبْرِيلُ وَصَالِحُ ٱلْمُؤْمِنِينَ وَٱلْمَلَآئِكَةُ
بَعْدَ ذَلِكَ ظَهِيرٌ ٥ عَسَى رَبُّهُ إِنْ طَلَّقَكُنَّ أَنْ يُبْدِلَهُ أَزْوَاجًا خَيْرًا مِنْكُنَّ
مُسْلِمَاتٍ مُؤْمِنَاتٍ قَانِتَاتٍ تَآئِبَاتٍ عَابِدَاتٍ سَآئِحَاتٍ ثَيِّبَاتٍ وَأَبْكَارًا ٦ يَا
أَيُّهَا ٱلَّذِينَ آمَنُوا قُوا أَنْفُسَكُمْ وَأَهْلِيكُمْ نَارًا وَقُودُهَا ٱلنَّاسُ وَٱلْحِجَارَةُ عَلَيْهَا
مَلَآئِكَةٌ غِلَاظٌ شِدَادٌ لَا يَعْصُونَ ٱللّٰهَ مَا أَمَرَهُمْ وَيَفْعَلُونَ مَا يُؤْمَرُونَ ٧ يَا
أَيُّهَا ٱلَّذِينَ كَفَرُوا لَا تَعْتَذِرُوا ٱلْيَوْمَ إِنَّمَا تُجْزَوْنَ مَا كُنْتُمْ تَعْمَلُونَ ٨ يَا
أَيُّهَا ٱلَّذِينَ آمَنُوا تُوبُوا إِلَى ٱللّٰهِ تَوْبَةً نَصُوحًا عَسَى رَبُّكُمْ أَنْ يُكَفِّرَ عَنْكُمْ
سَيِّآتِكُمْ وَيُدْخِلَكُمْ جَنَّاتٍ تَجْرِي مِنْ تَحْتِهَا ٱلْأَنْهَارُ يَوْمَ لَا يُخْزِي ٱللّٰهُ
ٱلنَّبِيَّ وَٱلَّذِينَ آمَنُوا مَعَهُ نُورُهُمْ يَسْعَى بَيْنَ أَيْدِيهِمْ وَبِأَيْمَانِهِمْ يَقُولُونَ
رَبَّنَا أَتْمِمْ لَنَا نُورَنَا وَٱغْفِرْ لَنَا إِنَّكَ عَلَى كُلِّ شَيْءٍ قَدِيرٌ ٩ يَا أَيُّهَا ٱلنَّبِيُّ
جَاهِدِ ٱلْكُفَّارَ وَٱلْمُنَافِقِينَ وَٱغْلُظْ عَلَيْهِمْ وَمَأْوَاهُمْ جَهَنَّمُ وَبِئْسَ ٱلْمَصِيرُ
١٠ ضَرَبَ ٱللّٰهُ مَثَلًا لِلَّذِينَ كَفَرُوا ٱمْرَأَةَ نُوحٍ وَٱمْرَأَةَ لُوطٍ كَانَتَا تَحْتَ عَبْدَيْنِ
مِنْ عِبَادِنَا صَالِحَيْنِ فَخَانَتَاهُمَا فَلَمْ يُغْنِيَا عَنْهُمَا مِنَ ٱللّٰهِ شَيْئًا وَقِيلَ
ٱدْخُلَا ٱلنَّارَ مَعَ ٱلدَّاخِلِينَ ١١ وَضَرَبَ ٱللّٰهُ مَثَلًا لِلَّذِينَ آمَنُوا ٱمْرَأَةَ
فِرْعَوْنَ إِذْ قَالَتْ رَبِّ ٱبْنِ لِي عِنْدَكَ بَيْتًا فِي ٱلْجَنَّةِ وَنَجِّنِي مِنْ فِرْعَوْنَ وَعَمَلِهِ
وَنَجِّنِي مِنَ ٱلْقَوْمِ ٱلظَّالِمِينَ ١٢ وَمَرْيَمَ ٱبْنَتَ عِمْرَانَ ٱلَّتِي أَحْصَنَتْ فَرْجَهَا
فَنَفَخْنَا فِيهِ مِنْ رُوحِنَا وَصَدَّقَتْ بِكَلِمَاتِ رَبِّهَا وَكُتُبِهِ وَكَانَتْ مِنَ ٱلْقَانِتِينَ

عَلَيْهِنَّ حَتَّى يَضَعْنَ حَمْلَهُنَّ فَإِنْ أَرْضَعْنَ لَكُمْ فَآتُوهُنَّ أُجُورَهُنَّ وَأْتَمِرُوا
بَيْنَكُمْ بِمَعْرُوفٍ وَإِنْ تَعَاسَرْتُمْ فَسَتُرْضِعُ لَهُ أُخْرَى ٧ لِيُنْفِقْ ذُو سَعَةٍ مِنْ
سَعَتِهِ وَمَنْ قُدِرَ عَلَيْهِ رِزْقُهُ فَلْيُنْفِقْ مِمَّا آتَاهُ ٱللَّهُ لَا يُكَلِّفُ ٱللَّهُ نَفْسًا
إِلَّا مَا آتَاهَا سَيَجْعَلُ ٱللَّهُ بَعْدَ عُسْرٍ يُسْرًا ٨ وَكَأَيِّنْ مِنْ قَرْيَةٍ عَتَتْ عَنْ
أَمْرِ رَبِّهَا وَرُسُلِهِ فَحَاسَبْنَاهَا حِسَابًا شَدِيدًا وَعَذَّبْنَاهَا عَذَابًا نُكْرًا ٩ فَذَاقَتْ
وَبَالَ أَمْرِهَا وَكَانَ عَاقِبَةُ أَمْرِهَا خُسْرًا ١٠ أَعَدَّ ٱللَّهُ لَهُمْ عَذَابًا شَدِيدًا
فَٱتَّقُوا ٱللَّهَ يَا أُولِي ٱلْأَلْبَابِ ١١ ٱلَّذِينَ آمَنُوا قَدْ أَنْزَلَ ٱللَّهُ إِلَيْكُمْ ذِكْرًا
رَسُولًا يَتْلُو عَلَيْكُمْ آيَاتِ ٱللَّهِ مُبَيِّنَاتٍ لِيُخْرِجَ ٱلَّذِينَ آمَنُوا وَعَمِلُوا
ٱلصَّالِحَاتِ مِنَ ٱلظُّلُمَاتِ إِلَى ٱلنُّورِ وَمَنْ يُؤْمِنْ بِٱللَّهِ وَيَعْمَلْ صَالِحًا يُدْخِلْهُ
جَنَّاتٍ تَجْرِي مِنْ تَحْتِهَا ٱلْأَنْهَارُ خَالِدِينَ فِيهَا أَبَدًا قَدْ أَحْسَنَ ٱللَّهُ لَهُ
رِزْقًا ١٢ ٱللَّهُ ٱلَّذِي خَلَقَ سَبْعَ سَمَوَاتٍ وَمِنَ ٱلْأَرْضِ مِثْلَهُنَّ يَتَنَزَّلُ ٱلْأَمْرُ
بَيْنَهُنَّ لِتَعْلَمُوا أَنَّ ٱللَّهَ عَلَى كُلِّ شَيْءٍ قَدِيرٌ وَأَنَّ ٱللَّهَ قَدْ أَحَاطَ بِكُلِّ
شَيْءٍ عِلْمًا

سورة التحريم

مدنية وهي اثنتا عشرة آية

بِسْمِ ٱللَّهِ ٱلرَّحْمَنِ ٱلرَّحِيمِ

١ يَا أَيُّهَا ٱلنَّبِيُّ لِمَ تُحَرِّمُ مَا أَحَلَّ ٱللَّهُ لَكَ تَبْتَغِي مَرْضَاتَ أَزْوَاجِكَ وَٱللَّهُ
غَفُورٌ رَحِيمٌ ٢ قَدْ فَرَضَ ٱللَّهُ لَكُمْ تَحِلَّةَ أَيْمَانِكُمْ وَٱللَّهُ مَوْلَاكُمْ وَهُوَ ٱلْعَلِيمُ
ٱلْحَكِيمُ ٣ وَإِذْ أَسَرَّ ٱلنَّبِيُّ إِلَى بَعْضِ أَزْوَاجِهِ حَدِيثًا فَلَمَّا نَبَّأَتْ بِهِ وَأَظْهَرَهُ
ٱللَّهُ عَلَيْهِ عَرَّفَ بَعْضَهُ وَأَعْرَضَ عَنْ بَعْضٍ فَلَمَّا نَبَّأَهَا بِهِ قَالَتْ مَنْ أَنْبَأَكَ

١٥ إِنَّمَا أَمْوَالُكُمْ وَأَوْلَادُكُمْ فِتْنَةٌ وَاللَّهُ عِنْدَهُ أَجْرٌ عَظِيمٌ ١٦ فَاتَّقُوا اللَّهَ
مَا اسْتَطَعْتُمْ وَاسْمَعُوا وَأَطِيعُوا وَأَنْفِقُوا خَيْرًا لِأَنْفُسِكُمْ وَمَنْ يُوقَ شُحَّ نَفْسِهِ
فَأُولَائِكَ هُمُ الْمُفْلِحُونَ ١٧ إِنْ تُقْرِضُوا اللَّهَ قَرْضًا حَسَنًا يُضَاعِفْهُ لَكُمْ وَيَغْفِرْ
لَكُمْ وَاللَّهُ شَكُورٌ حَلِيمٌ ١٨ عَالِمُ الْغَيْبِ وَالشَّهَادَةِ الْعَزِيزُ الْحَكِيمُ

سورة الطلاق

مدنيّة وهى اثنتا عشرة آية

بِسْمِ اللَّهِ الرَّحْمَنِ الرَّحِيمِ

١ يَا أَيُّهَا النَّبِيُّ إِذَا طَلَّقْتُمُ النِّسَاءَ فَطَلِّقُوهُنَّ لِعِدَّتِهِنَّ وَأَحْصُوا الْعِدَّةَ
وَاتَّقُوا اللَّهَ رَبَّكُمْ لَا تُخْرِجُوهُنَّ مِنْ بُيُوتِهِنَّ وَلَا يَخْرُجْنَ إِلَّا أَنْ يَأْتِينَ
بِفَاحِشَةٍ مُبَيِّنَةٍ وَتِلْكَ حُدُودُ اللَّهِ وَمَنْ يَتَعَدَّ حُدُودَ اللَّهِ فَقَدْ ظَلَمَ نَفْسَهُ
لَا تَدْرِي لَعَلَّ اللَّهَ يُحْدِثُ بَعْدَ ذَلِكَ أَمْرًا ٢ فَإِذَا بَلَغْنَ أَجَلَهُنَّ فَأَمْسِكُوهُنَّ
بِمَعْرُوفٍ أَوْ فَارِقُوهُنَّ بِمَعْرُوفٍ وَأَشْهِدُوا ذَوَيْ عَدْلٍ مِنْكُمْ وَأَقِيمُوا الشَّهَادَةَ
لِلَّهِ ذَلِكُمْ يُوعَظُ بِهِ مَنْ كَانَ يُؤْمِنُ بِاللَّهِ وَالْيَوْمِ الْآخِرِ وَمَنْ يَتَّقِ اللَّهَ
يَجْعَلْ لَهُ مَخْرَجًا وَيَرْزُقْهُ مِنْ حَيْثُ لَا يَحْتَسِبُ ٣ وَمَنْ يَتَوَكَّلْ عَلَى اللَّهِ
فَهُوَ حَسْبُهُ إِنَّ اللَّهَ بَالِغُ أَمْرِهِ قَدْ جَعَلَ اللَّهُ لِكُلِّ شَيْءٍ قَدْرًا ٤ وَاللَّائِي
يَئِسْنَ مِنَ الْمَحِيضِ مِنْ نِسَائِكُمْ إِنِ ارْتَبْتُمْ فَعِدَّتُهُنَّ ثَلَاثَةُ أَشْهُرٍ وَاللَّائِي
لَمْ يَحِضْنَ وَأُولَاتُ الْأَحْمَالِ أَجَلُهُنَّ أَنْ يَضَعْنَ حَمْلَهُنَّ وَمَنْ يَتَّقِ اللَّهَ
يَجْعَلْ لَهُ مِنْ أَمْرِهِ يُسْرًا ٥ ذَلِكَ أَمْرُ اللَّهِ أَنْزَلَهُ إِلَيْكُمْ وَمَنْ يَتَّقِ اللَّهَ
يُكَفِّرْ عَنْهُ سَيِّئَاتِهِ وَيُعْظِمْ لَهُ أَجْرًا ٦ أَسْكِنُوهُنَّ مِنْ حَيْثُ سَكَنْتُمْ مِنْ
وُجْدِكُمْ وَلَا تُضَارُّوهُنَّ لِتُضَيِّقُوا عَلَيْهِنَّ وَإِنْ كُنَّ أُولَاتِ حَمْلٍ فَأَنْفِقُوا

سورة التغابن

مكيّة وهى ثمان عشرة آية

بِسْمِ ٱللَّهِ ٱلرَّحْمَنِ ٱلرَّحِيمِ

١ يُسَبِّحُ لِلَّهِ مَا فِي ٱلسَّمَوَاتِ وَمَا فِي ٱلْأَرْضِ لَهُ ٱلْمُلْكُ وَلَهُ ٱلْحَمْدُ وَهُوَ عَلَى
كُلِّ شَيْءٍ قَدِيرٌ ٢ هُوَ ٱلَّذِي خَلَقَكُمْ فَمِنْكُمْ كَافِرٌ وَمِنْكُمْ مُؤْمِنٌ وَٱللَّهُ بِمَا
تَعْمَلُونَ بَصِيرٌ ٣ خَلَقَ ٱلسَّمَوَاتِ وَٱلْأَرْضَ بِٱلْحَقِّ وَصَوَّرَكُمْ فَأَحْسَنَ صُوَرَكُمْ
وَإِلَيْهِ ٱلْمَصِيرُ ٤ يَعْلَمُ مَا فِي ٱلسَّمَوَاتِ وَٱلْأَرْضِ وَيَعْلَمُ مَا تُسِرُّونَ وَمَا
تُعْلِنُونَ وَٱللَّهُ عَلِيمٌ بِذَاتِ ٱلصُّدُورِ ٥ أَلَمْ يَأْتِكُمْ نَبَأُ ٱلَّذِينَ كَفَرُوا مِنْ
قَبْلُ فَذَاقُوا وَبَالَ أَمْرِهِمْ وَلَهُمْ عَذَابٌ أَلِيمٌ ٦ ذَلِكَ بِأَنَّهُ كَانَتْ تَأْتِيهِمْ
رُسُلُهُمْ بِٱلْبَيِّنَاتِ فَقَالُوا أَبَشَرٌ يَهْدُونَنَا فَكَفَرُوا وَتَوَلَّوْا وَٱسْتَغْنَى ٱللَّهُ وَٱللَّهُ
غَنِيٌّ حَمِيدٌ ٧ زَعَمَ ٱلَّذِينَ كَفَرُوا أَنْ لَنْ يُبْعَثُوا قُلْ بَلَى وَرَبِّي لَتُبْعَثُنَّ ثُمَّ
لَتُنَبَّؤُنَّ بِمَا عَمِلْتُمْ وَذَلِكَ عَلَى ٱللَّهِ يَسِيرٌ ٨ فَآمِنُوا بِٱللَّهِ وَرَسُولِهِ وَٱلنُّورِ
ٱلَّذِي أَنْزَلْنَا وَٱللَّهُ بِمَا تَعْمَلُونَ خَبِيرٌ ٩ يَوْمَ يَجْمَعُكُمْ لِيَوْمِ ٱلْجَمْعِ ذَلِكَ
يَوْمُ ٱلتَّغَابُنِ وَمَنْ يُؤْمِنْ بِٱللَّهِ وَيَعْمَلْ صَالِحًا يُكَفِّرْ عَنْهُ سَيِّآتِهِ وَيُدْخِلْهُ
جَنَّاتٍ تَجْرِي مِنْ تَحْتِهَا ٱلْأَنْهَارُ خَالِدِينَ فِيهَا أَبَدًا ذَلِكَ ٱلْفَوْزُ ٱلْعَظِيمُ
١٠ وَٱلَّذِينَ كَفَرُوا وَكَذَّبُوا بِآيَاتِنَا أُولَآئِكَ أَصْحَابُ ٱلنَّارِ خَالِدِينَ فِيهَا وَبِئْسَ
ٱلْمَصِيرُ ١١ مَا أَصَابَ مِنْ مُصِيبَةٍ إِلَّا بِإِذْنِ ٱللَّهِ وَمَنْ يُؤْمِنْ بِٱللَّهِ يَهْدِ
قَلْبَهُ وَٱللَّهُ بِكُلِّ شَيْءٍ عَلِيمٌ ١٢ وَأَطِيعُوا ٱللَّهَ وَأَطِيعُوا ٱلرَّسُولَ فَإِنْ تَوَلَّيْتُمْ
فَإِنَّمَا عَلَى رَسُولِنَا ٱلْبَلَاغُ ٱلْمُبِينُ ١٣ ٱللَّهُ لَا إِلَهَ إِلَّا هُوَ وَعَلَى ٱللَّهِ
فَلْيَتَوَكَّلِ ٱلْمُؤْمِنُونَ ١٤ يَا أَيُّهَا ٱلَّذِينَ آمَنُوا إِنَّ مِنْ أَزْوَاجِكُمْ وَأَوْلَادِكُمْ
عَدُوًّا لَكُمْ فَٱحْذَرُوهُمْ وَإِنْ تَعْفُوا وَتَصْفَحُوا وَتَغْفِرُوا فَإِنَّ ٱللَّهَ غَفُورٌ رَحِيمٌ

سورة المنافقين

مدنيّة وهى احدى عشرة آية

بِسْمِ ٱللَّهِ ٱلرَّحْمَٰنِ ٱلرَّحِيمِ

١ إِذَا جَآءَكَ ٱلْمُنَافِقُونَ قَالُوا نَشْهَدُ إِنَّكَ لَرَسُولُ ٱللَّهِ وَٱللَّهُ يَعْلَمُ إِنَّكَ
لَرَسُولُهُ وَٱللَّهُ يَشْهَدُ إِنَّ ٱلْمُنَافِقِينَ لَكَاذِبُونَ ٢ ٱتَّخَذُوا أَيْمَانَهُمْ جُنَّةً فَصَدُّوا
عَنْ سَبِيلِ ٱللَّهِ إِنَّهُمْ سَآءَ مَا كَانُوا يَعْمَلُونَ ٣ ذَٰلِكَ بِأَنَّهُمْ آمَنُوا ثُمَّ كَفَرُوا
فَطُبِعَ عَلَىٰ قُلُوبِهِمْ فَهُمْ لَا يَفْقَهُونَ ٤ وَإِذَا رَأَيْتَهُمْ تُعْجِبُكَ أَجْسَامُهُمْ وَإِنْ
يَقُولُوا تَسْمَعْ لِقَوْلِهِمْ كَأَنَّهُمْ خُشُبٌ مُسَنَّدَةٌ يَحْسَبُونَ كُلَّ صَيْحَةٍ عَلَيْهِمْ
هُمُ ٱلْعَدُوُّ فَٱحْذَرْهُمْ قَاتَلَهُمُ ٱللَّهُ أَنَّىٰ يُؤْفَكُونَ ٥ وَإِذَا قِيلَ لَهُمْ تَعَالَوْا
يَسْتَغْفِرْ لَكُمْ رَسُولُ ٱللَّهِ لَوَّوْا رُءُوسَهُمْ وَرَأَيْتَهُمْ يَصُدُّونَ وَهُمْ مُسْتَكْبِرُونَ
٦ سَوَآءٌ عَلَيْهِمْ أَسْتَغْفَرْتَ لَهُمْ أَمْ لَمْ تَسْتَغْفِرْ لَهُمْ لَنْ يَغْفِرَ ٱللَّهُ لَهُمْ إِنَّ
ٱللَّهَ لَا يَهْدِي ٱلْقَوْمَ ٱلْفَاسِقِينَ ٧ هُمُ ٱلَّذِينَ يَقُولُونَ لَا تُنْفِقُوا عَلَىٰ مَنْ
عِنْدَ رَسُولِ ٱللَّهِ حَتَّىٰ يَنْفَضُّوا وَلِلَّهِ خَزَآئِنُ ٱلسَّمَوَاتِ وَٱلْأَرْضِ وَلَٰكِنَّ
ٱلْمُنَافِقِينَ لَا يَفْقَهُونَ ٨ يَقُولُونَ لَئِنْ رَجَعْنَا إِلَى ٱلْمَدِينَةِ لَيُخْرِجَنَّ ٱلْأَعَزُّ
مِنْهَا ٱلْأَذَلَّ وَلِلَّهِ ٱلْعِزَّةُ وَلِرَسُولِهِ وَلِلْمُؤْمِنِينَ وَلَٰكِنَّ ٱلْمُنَافِقِينَ لَا يَعْلَمُونَ
٩ يَا أَيُّهَا ٱلَّذِينَ آمَنُوا لَا تُلْهِكُمْ أَمْوَالُكُمْ وَلَا أَوْلَادُكُمْ عَنْ ذِكْرِ ٱللَّهِ وَمَنْ
يَفْعَلْ ذَٰلِكَ فَأُولَٰٓئِكَ هُمُ ٱلْخَاسِرُونَ ١٠ وَأَنْفِقُوا مِمَّا رَزَقْنَاكُمْ مِنْ قَبْلِ أَنْ
يَأْتِيَ أَحَدَكُمُ ٱلْمَوْتُ فَيَقُولَ رَبِّ لَوْلَا أَخَّرْتَنِي إِلَىٰ أَجَلٍ قَرِيبٍ فَأَصَّدَّقَ
وَأَكُنْ مِنَ ٱلصَّالِحِينَ ١١ وَلَنْ يُؤَخِّرَ ٱللَّهُ نَفْسًا إِذَا جَآءَ أَجَلُهَا وَٱللَّهُ
خَبِيرٌ بِمَا تَعْمَلُونَ

نَحْنُ أَنْصَارُ ٱللَّهِ فَآمَنَتْ طَائِفَةٌ مِنْ بَنِي إِسْرَائِيلَ وَكَفَرَتْ طَائِفَةٌ فَأَيَّدْنَا
ٱلَّذِينَ آمَنُوا عَلَى عَدُوِّهِمْ فَأَصْبَحُوا ظَاهِرِينَ

سورة الجمعة

مدنيّة وهى احدى عشرة آية

بِسْمِ ٱللَّهِ ٱلرَّحْمَٰنِ ٱلرَّحِيمِ

١ يُسَبِّحُ لِلَّهِ مَا فِي ٱلسَّمَوَاتِ وَمَا فِي ٱلْأَرْضِ ٱلْمَلِكِ ٱلْقُدُّوسِ ٱلْعَزِيزِ ٱلْحَكِيمِ
٢ هُوَ ٱلَّذِي بَعَثَ فِي ٱلْأُمِّيِّينَ رَسُولًا مِنْهُمْ يَتْلُو عَلَيْهِمْ آيَاتِهِ وَيُزَكِّيهِمْ
وَيُعَلِّمُهُمُ ٱلْكِتَابَ وَٱلْحِكْمَةَ وَإِنْ كَانُوا مِنْ قَبْلُ لَفِي ضَلَالٍ مُبِينٍ ٣ وَآخَرِينَ
مِنْهُمْ لَمَّا يَلْحَقُوا بِهِمْ وَهُوَ ٱلْعَزِيزُ ٱلْحَكِيمُ ٤ ذَلِكَ فَضْلُ ٱللَّهِ يُؤْتِيهِ مَنْ
يَشَاءُ وَٱللَّهُ ذُو ٱلْفَضْلِ ٱلْعَظِيمِ ٥ مَثَلُ ٱلَّذِينَ حُمِّلُوا ٱلتَّوْرَاةَ ثُمَّ لَمْ يَحْمِلُوهَا
كَمَثَلِ ٱلْحِمَارِ يَحْمِلُ أَسْفَارًا بِئْسَ مَثَلُ ٱلْقَوْمِ ٱلَّذِينَ كَذَّبُوا بِآيَاتِ ٱللَّهِ وَٱللَّهُ
لَا يَهْدِي ٱلْقَوْمَ ٱلظَّالِمِينَ ٦ قُلْ يَا أَيُّهَا ٱلَّذِينَ هَادُوا إِنْ زَعَمْتُمْ أَنَّكُمْ
أَوْلِيَاءُ لِلَّهِ مِنْ دُونِ ٱلنَّاسِ فَتَمَنَّوُا ٱلْمَوْتَ إِنْ كُنْتُمْ صَادِقِينَ ٧ وَلَا يَتَمَنَّوْنَهُ
أَبَدًا بِمَا قَدَّمَتْ أَيْدِيهِمْ وَٱللَّهُ عَلِيمٌ بِٱلظَّالِمِينَ ٨ قُلْ إِنَّ ٱلْمَوْتَ ٱلَّذِي
تَفِرُّونَ مِنْهُ فَإِنَّهُ مُلَاقِيكُمْ ثُمَّ تُرَدُّونَ إِلَى عَالِمِ ٱلْغَيْبِ وَٱلشَّهَادَةِ فَيُنَبِّئُكُمْ بِمَا
كُنْتُمْ تَعْمَلُونَ ٩ يَا أَيُّهَا ٱلَّذِينَ آمَنُوا إِذَا نُودِيَ لِلصَّلَوٰةِ مِنْ يَوْمِ ٱلْجُمُعَةِ
فَٱسْعَوْا إِلَى ذِكْرِ ٱللَّهِ وَذَرُوا ٱلْبَيْعَ ذَلِكُمْ خَيْرٌ لَكُمْ إِنْ كُنْتُمْ تَعْلَمُونَ ١٠ فَإِذَا
قُضِيَتِ ٱلصَّلَوٰةُ فَٱنْتَشِرُوا فِي ٱلْأَرْضِ وَٱبْتَغُوا مِنْ فَضْلِ ٱللَّهِ وَٱذْكُرُوا ٱللَّهَ
كَثِيرًا لَعَلَّكُمْ تُفْلِحُونَ ١١ وَإِذَا رَأَوْا تِجَارَةً أَوْ لَهْوًا ٱنْفَضُّوا إِلَيْهَا وَتَرَكُوكَ
قَائِمًا قُلْ مَا عِنْدَ ٱللَّهِ خَيْرٌ مِنَ ٱللَّهْوِ وَمِنَ ٱلتِّجَارَةِ وَٱللَّهُ خَيْرُ ٱلرَّازِقِينَ

سورة الصف

مدنية وهي اربع عشرة آية

بِسْمِ ٱللّٰهِ ٱلرَّحْمٰنِ ٱلرَّحِيمِ

١ سَبَّحَ لِلّٰهِ مَا فِي ٱلسَّمٰوَاتِ وَمَا فِي ٱلْأَرْضِ وَهُوَ ٱلْعَزِيزُ ٱلْحَكِيمُ ٢ يَا أَيُّهَا
ٱلَّذِينَ آمَنُوا لِمَ تَقُولُونَ مَا لَا تَفْعَلُونَ ٣ كَبُرَ مَقْتًا عِنْدَ ٱللّٰهِ أَنْ تَقُولُوا
مَا لَا تَفْعَلُونَ ٤ إِنَّ ٱللّٰهَ يُحِبُّ ٱلَّذِينَ يُقَاتِلُونَ فِي سَبِيلِهِ صَفًّا كَأَنَّهُمْ
بُنْيَانٌ مَرْصُوصٌ ٥ وَإِذْ قَالَ مُوسَى لِقَوْمِهِ يَا قَوْمِ لِمَ تُؤْذُونَنِي وَقَدْ تَعْلَمُونَ
أَنِّي رَسُولُ ٱللّٰهِ إِلَيْكُمْ فَلَمَّا زَاغُوا أَزَاغَ ٱللّٰهُ قُلُوبَهُمْ وَٱللّٰهُ لَا يَهْدِي ٱلْقَوْمَ
ٱلْفَاسِقِينَ ٦ وَإِذْ قَالَ عِيسَى ٱبْنُ مَرْيَمَ يَا بَنِي إِسْرَائِيلَ إِنِّي رَسُولُ ٱللّٰهِ
إِلَيْكُمْ مُصَدِّقًا لِمَا بَيْنَ يَدَيَّ مِنَ ٱلتَّوْرَاةِ وَمُبَشِّرًا بِرَسُولٍ يَأْتِي مِنْ بَعْدِي
ٱسْمُهُ أَحْمَدُ فَلَمَّا جَاءَهُمْ بِٱلْبَيِّنَاتِ قَالُوا هٰذَا سِحْرٌ مُبِينٌ ٧ وَمَنْ أَظْلَمُ
مِمَّنِ ٱفْتَرَى عَلَى ٱللّٰهِ ٱلْكَذِبَ وَهُوَ يُدْعَى إِلَى ٱلْإِسْلَامِ وَٱللّٰهُ لَا يَهْدِي
ٱلْقَوْمَ ٱلظَّالِمِينَ ٨ يُرِيدُونَ لِيُطْفِئُوا نُورَ ٱللّٰهِ بِأَفْوَاهِهِمْ وَٱللّٰهُ مُتِمُّ نُورِهِ
وَلَوْ كَرِهَ ٱلْكَافِرُونَ ٩ هُوَ ٱلَّذِي أَرْسَلَ رَسُولَهُ بِٱلْهُدَى وَدِينِ ٱلْحَقِّ لِيُظْهِرَهُ
عَلَى ٱلدِّينِ كُلِّهِ وَلَوْ كَرِهَ ٱلْمُشْرِكُونَ ١٠ يَا أَيُّهَا ٱلَّذِينَ آمَنُوا هَلْ أَدُلُّكُمْ
عَلَى تِجَارَةٍ تُنْجِيكُمْ مِنْ عَذَابٍ أَلِيمٍ ١١ تُؤْمِنُونَ بِٱللّٰهِ وَرَسُولِهِ وَتُجَاهِدُونَ
فِي سَبِيلِ ٱللّٰهِ بِأَمْوَالِكُمْ وَأَنْفُسِكُمْ ذٰلِكُمْ خَيْرٌ لَكُمْ إِنْ كُنْتُمْ تَعْلَمُونَ ١٢ يَغْفِرْ
لَكُمْ ذُنُوبَكُمْ وَيُدْخِلْكُمْ جَنَّاتٍ تَجْرِي مِنْ تَحْتِهَا ٱلْأَنْهَارُ وَمَسَاكِنَ طَيِّبَةً
فِي جَنَّاتِ عَدْنٍ ذٰلِكَ ٱلْفَوْزُ ٱلْعَظِيمُ ١٣ وَأُخْرَى تُحِبُّونَهَا نَصْرٌ مِنَ ٱللّٰهِ
وَفَتْحٌ قَرِيبٌ وَبَشِّرِ ٱلْمُؤْمِنِينَ ١٤ يَا أَيُّهَا ٱلَّذِينَ آمَنُوا كُونُوا أَنْصَارَ ٱللّٰهِ
كَمَا قَالَ عِيسَى ٱبْنُ مَرْيَمَ لِلْحَوَارِيِّينَ مَنْ أَنْصَارِي إِلَى ٱللّٰهِ قَالَ ٱلْحَوَارِيُّونَ

سورة الممتحنة

وَالْبَغْضَاءُ أَبَدًا حَتَّىٰ تُؤْمِنُوا بِاللَّهِ وَحْدَهُ إِلَّا قَوْلَ إِبْرَاهِيمَ لِأَبِيهِ لَأَسْتَغْفِرَنَّ لَكَ وَمَا أَمْلِكُ لَكَ مِنَ اللَّهِ مِن شَيْءٍ رَّبَّنَا عَلَيْكَ تَوَكَّلْنَا وَإِلَيْكَ أَنَبْنَا وَإِلَيْكَ الْمَصِيرُ ۵ رَبَّنَا لَا تَجْعَلْنَا فِتْنَةً لِّلَّذِينَ كَفَرُوا وَاغْفِرْ لَنَا رَبَّنَا إِنَّكَ أَنتَ الْعَزِيزُ الْحَكِيمُ ۶ لَقَدْ كَانَ لَكُمْ فِيهِمْ أُسْوَةٌ حَسَنَةٌ لِّمَن كَانَ يَرْجُو اللَّهَ وَالْيَوْمَ الْآخِرَ وَمَن يَتَوَلَّ فَإِنَّ اللَّهَ هُوَ الْغَنِيُّ الْحَمِيدُ ۷ عَسَى اللَّهُ أَن يَجْعَلَ بَيْنَكُمْ وَبَيْنَ الَّذِينَ عَادَيْتُم مِّنْهُم مَّوَدَّةً وَاللَّهُ قَدِيرٌ وَاللَّهُ غَفُورٌ رَّحِيمٌ ۸ لَّا يَنْهَاكُمُ اللَّهُ عَنِ الَّذِينَ لَمْ يُقَاتِلُوكُمْ فِي الدِّينِ وَلَمْ يُخْرِجُوكُم مِّن دِيَارِكُمْ أَن تَبَرُّوهُمْ وَتُقْسِطُوا إِلَيْهِمْ إِنَّ اللَّهَ يُحِبُّ الْمُقْسِطِينَ ۹ إِنَّمَا يَنْهَاكُمُ اللَّهُ عَنِ الَّذِينَ قَاتَلُوكُمْ فِي الدِّينِ وَأَخْرَجُوكُم مِّن دِيَارِكُمْ وَظَاهَرُوا عَلَىٰ إِخْرَاجِكُمْ أَن تَوَلَّوْهُمْ وَمَن يَتَوَلَّهُمْ فَأُولَٰئِكَ هُمُ الظَّالِمُونَ ۱۰ يَا أَيُّهَا الَّذِينَ آمَنُوا إِذَا جَاءَكُمُ الْمُؤْمِنَاتُ مُهَاجِرَاتٍ فَامْتَحِنُوهُنَّ اللَّهُ أَعْلَمُ بِإِيمَانِهِنَّ فَإِنْ عَلِمْتُمُوهُنَّ مُؤْمِنَاتٍ فَلَا تَرْجِعُوهُنَّ إِلَى الْكُفَّارِ لَا هُنَّ حِلٌّ لَّهُمْ وَلَا هُمْ يَحِلُّونَ لَهُنَّ وَآتُوهُم مَّا أَنفَقُوا وَلَا جُنَاحَ عَلَيْكُمْ أَن تَنكِحُوهُنَّ إِذَا آتَيْتُمُوهُنَّ أُجُورَهُنَّ وَلَا تُمْسِكُوا بِعِصَمِ الْكَوَافِرِ وَاسْأَلُوا مَا أَنفَقْتُمْ وَلْيَسْأَلُوا مَا أَنفَقُوا ذَٰلِكُمْ حُكْمُ اللَّهِ يَحْكُمُ بَيْنَكُمْ وَاللَّهُ عَلِيمٌ حَكِيمٌ ۱۱ وَإِن فَاتَكُمْ شَيْءٌ مِّنْ أَزْوَاجِكُمْ إِلَى الْكُفَّارِ فَعَاقَبْتُمْ فَآتُوا الَّذِينَ ذَهَبَتْ أَزْوَاجُهُم مِّثْلَ مَا أَنفَقُوا وَاتَّقُوا اللَّهَ الَّذِي أَنتُم بِهِ مُؤْمِنُونَ ۱۲ يَا أَيُّهَا النَّبِيُّ إِذَا جَاءَكَ الْمُؤْمِنَاتُ يُبَايِعْنَكَ عَلَىٰ أَن لَّا يُشْرِكْنَ بِاللَّهِ شَيْئًا وَلَا يَسْرِقْنَ وَلَا يَزْنِينَ وَلَا يَقْتُلْنَ أَوْلَادَهُنَّ وَلَا يَأْتِينَ بِبُهْتَانٍ يَفْتَرِينَهُ بَيْنَ أَيْدِيهِنَّ وَأَرْجُلِهِنَّ وَلَا يَعْصِينَكَ فِي مَعْرُوفٍ فَبَايِعْهُنَّ وَاسْتَغْفِرْ لَهُنَّ اللَّهَ إِنَّ اللَّهَ غَفُورٌ رَّحِيمٌ ۱۳ يَا أَيُّهَا الَّذِينَ آمَنُوا لَا تَتَوَلَّوْا قَوْمًا غَضِبَ اللَّهُ عَلَيْهِمْ قَدْ يَئِسُوا مِنَ الْآخِرَةِ كَمَا يَئِسَ الْكُفَّارُ مِنْ أَصْحَابِ الْقُبُورِ

ٱللَّهَ فَأَنْسَاهُمْ أَنْفُسَهُمْ أُولَآئِكَ هُمُ ٱلْفَاسِقُونَ ٢٠ لَا يَسْتَوِى أَصْحَابُ ٱلنَّارِ
وَأَصْحَابُ ٱلْجَنَّةِ أَصْحَابُ ٱلْجَنَّةِ هُمُ ٱلْفَائِزُونَ ٢١ لَوْ أَنْزَلْنَا هَذَا ٱلْقُرْآنَ عَلَى
جَبَلٍ لَرَأَيْتَهُ خَاشِعًا مُتَصَدِّعًا مِنْ خَشْيَةِ ٱللَّهِ وَتِلْكَ ٱلْأَمْثَالُ نَضْرِبُهَا لِلنَّاسِ
لَعَلَّهُمْ يَتَفَكَّرُونَ ٢٢ هُوَ ٱللَّهُ ٱلَّذِى لَا إِلَهَ إِلَّا هُوَ عَالِمُ ٱلْغَيْبِ وَٱلشَّهَادَةِ
هُوَ ٱلرَّحْمَنُ ٱلرَّحِيمُ ٢٣ هُوَ ٱللَّهُ ٱلَّذِى لَا إِلَهَ إِلَّا هُوَ ٱلْمَلِكُ ٱلْقُدُّوسُ
ٱلسَّلَامُ ٱلْمُؤْمِنُ ٱلْمُهَيْمِنُ ٱلْعَزِيزُ ٱلْجَبَّارُ ٱلْمُتَكَبِّرُ سُبْحَانَ ٱللَّهِ عَمَّا يُشْرِكُونَ
٢٤ هُوَ ٱللَّهُ ٱلْخَالِقُ ٱلْبَارِئُ ٱلْمُصَوِّرُ لَهُ ٱلْأَسْمَاءُ ٱلْحُسْنَى يُسَبِّحُ لَهُ مَا فِى
ٱلسَّمَوَاتِ وَٱلْأَرْضِ وَهُوَ ٱلْعَزِيزُ ٱلْحَكِيمُ

سورة الممتحنة

مدنية وهى ثلث عشرة اية

بِسْمِ ٱللَّهِ ٱلرَّحْمَنِ ٱلرَّحِيمِ

١ يَا أَيُّهَا ٱلَّذِينَ آمَنُوا لَا تَتَّخِذُوا عَدُوِّى وَعَدُوَّكُمْ أَوْلِيَاءَ تُلْقُونَ إِلَيْهِمْ
بِٱلْمَوَدَّةِ وَقَدْ كَفَرُوا بِمَا جَاءَكُمْ مِنَ ٱلْحَقِّ يُخْرِجُونَ ٱلرَّسُولَ وَإِيَّاكُمْ أَنْ
تُؤْمِنُوا بِٱللَّهِ رَبِّكُمْ إِنْ كُنْتُمْ خَرَجْتُمْ جِهَادًا فِى سَبِيلِى وَٱبْتِغَاءَ مَرْضَاتِى
تُسِرُّونَ إِلَيْهِمْ بِٱلْمَوَدَّةِ وَأَنَا أَعْلَمُ بِمَا أَخْفَيْتُمْ وَمَا أَعْلَنْتُمْ وَمَنْ يَفْعَلْهُ مِنْكُمْ
فَقَدْ ضَلَّ سَوَاءَ ٱلسَّبِيلِ ٢ إِنْ يَثْقَفُوكُمْ يَكُونُوا لَكُمْ أَعْدَاءً وَيَبْسُطُوا
إِلَيْكُمْ أَيْدِيَهُمْ وَأَلْسِنَتَهُمْ بِٱلسُّوءِ وَوَدُّوا لَوْ تَكْفُرُونَ ٣ لَنْ تَنْفَعَكُمْ أَرْحَامُكُمْ
وَلَا أَوْلَادُكُمْ يَوْمَ ٱلْقِيَامَةِ يَفْصِلُ بَيْنَكُمْ وَٱللَّهُ بِمَا تَعْمَلُونَ بَصِيرٌ ٤ قَدْ
كَانَتْ لَكُمْ أُسْوَةٌ حَسَنَةٌ فِى إِبْرَهِيمَ وَٱلَّذِينَ مَعَهُ إِذْ قَالُوا لِقَوْمِهِمْ إِنَّا بُرَآءُ
مِنْكُمْ وَمِمَّا تَعْبُدُونَ مِنْ دُونِ ٱللَّهِ كَفَرْنَا بِكُمْ وَبَدَا بَيْنَنَا وَبَيْنَكُمُ ٱلْعَدَاوَةُ

ٱللَّهُ عَلَى رَسُولِهِ مِنْ أَهْلِ ٱلْقُرَى فَلِلَّهِ وَلِلرَّسُولِ وَلِذِى ٱلْقُرْبَى وَٱلْيَتَامَى
وَٱلْمَسَاكِينِ وَٱبْنِ ٱلسَّبِيلِ كَيْلَا يَكُونَ دُولَةً بَيْنَ ٱلْأَغْنِيَآءِ مِنْكُمْ وَمَا
آتَاكُمُ ٱلرَّسُولُ فَخُذُوهُ وَمَا نَهَاكُمْ عَنْهُ فَٱنْتَهُوا وَٱتَّقُوا ٱللَّهَ إِنَّ ٱللَّهَ
شَدِيدُ ٱلْعِقَابِ ٨ لِلْفُقَرَآءِ ٱلْمُهَاجِرِينَ ٱلَّذِينَ أُخْرِجُوا مِنْ دِيَارِهِمْ وَأَمْوَالِهِمْ
يَبْتَغُونَ فَضْلًا مِنَ ٱللَّهِ وَرِضْوَانًا وَيَنْصُرُونَ ٱللَّهَ وَرَسُولَهُ أُولَآئِكَ هُمُ ٱلصَّادِقُونَ
٩ وَٱلَّذِينَ تَبَوَّؤُا ٱلدَّارَ وَٱلْإِيمَانَ مِنْ قَبْلِهِمْ يُحِبُّونَ مَنْ هَاجَرَ إِلَيْهِمْ وَلَا
يَجِدُونَ فِى صُدُورِهِمْ حَاجَةً مِمَّا أُوتُوا وَيُؤْثِرُونَ عَلَى أَنْفُسِهِمْ وَلَوْ كَانَ بِهِمْ
خَصَاصَةٌ وَمَنْ يُوقَ شُحَّ نَفْسِهِ فَأُولَآئِكَ هُمُ ٱلْمُفْلِحُونَ ١٠ وَٱلَّذِينَ جَآؤُا مِنْ
بَعْدِهِمْ يَقُولُونَ رَبَّنَا ٱغْفِرْ لَنَا وَلِإِخْوَانِنَا ٱلَّذِينَ سَبَقُونَا بِٱلْإِيمَانِ وَلَا تَجْعَلْ
فِى قُلُوبِنَا غِلًّا لِلَّذِينَ آمَنُوا رَبَّنَا إِنَّكَ رَؤُفٌ رَحِيمٌ ١١ أَلَمْ تَرَ إِلَى ٱلَّذِينَ
نَافَقُوا يَقُولُونَ لِإِخْوَانِهِمُ ٱلَّذِينَ كَفَرُوا مِنْ أَهْلِ ٱلْكِتَابِ لَئِنْ أُخْرِجْتُمْ
لَنَخْرُجَنَّ مَعَكُمْ وَلَا نُطِيعُ فِيكُمْ أَحَدًا أَبَدًا وَإِنْ قُوتِلْتُمْ لَنَنْصُرَنَّكُمْ وَٱللَّهُ
يَشْهَدُ إِنَّهُمْ لَكَاذِبُونَ ١٢ لَئِنْ أُخْرِجُوا لَا يَخْرُجُونَ مَعَهُمْ وَلَئِنْ قُوتِلُوا لَا
يَنْصُرُونَهُمْ وَلَئِنْ نَصَرُوهُمْ لَيُوَلُّنَّ ٱلْأَدْبَارَ ثُمَّ لَا يُنْصَرُونَ ١٣ لَأَنْتُمْ أَشَدُّ
رَهْبَةً فِى صُدُورِهِمْ مِنَ ٱللَّهِ ذَلِكَ بِأَنَّهُمْ قَوْمٌ لَا يَفْقَهُونَ ١٤ لَا يُقَاتِلُونَكُمْ
جَمِيعًا إِلَّا فِى قُرًى مُحَصَّنَةٍ أَوْ مِنْ وَرَآءِ جُدُرٍ بَأْسُهُمْ بَيْنَهُمْ شَدِيدٌ تَحْسَبُهُمْ
جَمِيعًا وَقُلُوبُهُمْ شَتَّى ذَلِكَ بِأَنَّهُمْ قَوْمٌ لَا يَعْقِلُونَ ١٥ كَمَثَلِ ٱلَّذِينَ مِنْ
قَبْلِهِمْ قَرِيبًا ذَاقُوا وَبَالَ أَمْرِهِمْ وَلَهُمْ عَذَابٌ أَلِيمٌ ١٦ كَمَثَلِ ٱلشَّيْطَانِ إِذْ
قَالَ لِلْإِنْسَانِ ٱكْفُرْ فَلَمَّا كَفَرَ قَالَ إِنِّى بَرِئٌ مِنْكَ إِنِّى أَخَافُ ٱللَّهَ رَبَّ
ٱلْعَالَمِينَ ١٧ فَكَانَ عَاقِبَتَهُمَا أَنَّهُمَا فِى ٱلنَّارِ خَالِدَيْنِ فِيهَا وَذَلِكَ جَزَآءُ
ٱلظَّالِمِينَ ١٨ يَا أَيُّهَا ٱلَّذِينَ آمَنُوا ٱتَّقُوا ٱللَّهَ وَلْتَنْظُرْ نَفْسٌ مَا قَدَّمَتْ
لِغَدٍ وَٱتَّقُوا ٱللَّهَ إِنَّ ٱللَّهَ خَبِيرٌ بِمَا تَعْمَلُونَ ١٩ وَلَا تَكُونُوا كَٱلَّذِينَ نَسُوا

ٱلشَّيْطَانِ هُمُ ٱلْخَاسِرُونَ ٢٠ إِنَّ ٱلَّذِينَ يُحَادُّونَ ٱللَّهَ وَرَسُولَهُ أُولَآئِكَ فِي
ٱلْأَذَلِّينَ كَتَبَ ٱللَّهُ لَأَغْلِبَنَّ أَنَا وَرُسُلِي إِنَّ ٱللَّهَ قَوِيٌّ عَزِيزٌ ٢٢ لَا تَجِدُ
قَوْمًا يُؤْمِنُونَ بِٱللَّهِ وَٱلْيَوْمِ ٱلْآخِرِ يُوَادُّونَ مَنْ حَادَّ ٱللَّهَ وَرَسُولَهُ وَلَوْ كَانُوا
آبَآءَهُمْ أَوْ أَبْنَآءَهُمْ أَوْ إِخْوَانَهُمْ أَوْ عَشِيرَتَهُمْ أُولَآئِكَ كَتَبَ فِي قُلُوبِهِمُ
ٱلْإِيمَانَ وَأَيَّدَهُمْ بِرُوحٍ مِنْهُ وَيُدْخِلُهُمْ جَنَّاتٍ تَجْرِي مِنْ تَحْتِهَا ٱلْأَنْهَارُ
خَالِدِينَ فِيهَا رَضِيَ ٱللَّهُ عَنْهُمْ وَرَضُوا عَنْهُ أُولَآئِكَ حِزْبُ ٱللَّهِ أَلَا إِنَّ
حِزْبَ ٱللَّهِ هُمُ ٱلْمُفْلِحُونَ

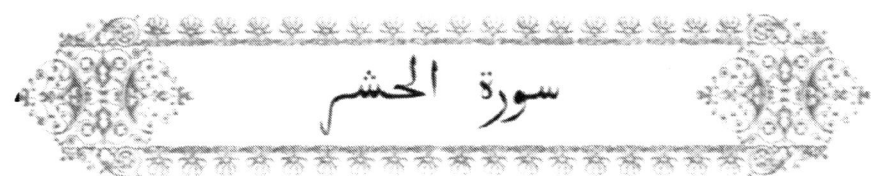

سورة الحشر

مدنية وهي اربع وعشرون آية

بِسْمِ ٱللَّهِ ٱلرَّحْمَنِ ٱلرَّحِيمِ

١ سَبَّحَ لِلَّهِ مَا فِي ٱلسَّمٰوَاتِ وَمَا فِي ٱلْأَرْضِ وَهُوَ ٱلْعَزِيزُ ٱلْحَكِيمُ ٢ هُوَ ٱلَّذِي
أَخْرَجَ ٱلَّذِينَ كَفَرُوا مِنْ أَهْلِ ٱلْكِتَابِ مِنْ دِيَارِهِمْ لِأَوَّلِ ٱلْحَشْرِ مَا ظَنَنْتُمْ
أَنْ يَخْرُجُوا وَظَنُّوا أَنَّهُمْ مَانِعَتُهُمْ حُصُونُهُمْ مِنَ ٱللَّهِ فَأَتَاهُمُ ٱللَّهُ مِنْ حَيْثُ
لَمْ يَحْتَسِبُوا وَقَذَفَ فِي قُلُوبِهِمُ ٱلرُّعْبَ يُخْرِبُونَ بُيُوتَهُمْ بِأَيْدِيهِمْ وَأَيْدِي
ٱلْمُؤْمِنِينَ فَٱعْتَبِرُوا يَا أُولِي ٱلْأَبْصَارِ ٣ وَلَوْلَا أَنْ كَتَبَ ٱللَّهُ عَلَيْهِمُ ٱلْجَلَآءَ
لَعَذَّبَهُمْ فِي ٱلدُّنْيَا وَلَهُمْ فِي ٱلْآخِرَةِ عَذَابُ ٱلنَّارِ ٤ ذَلِكَ بِأَنَّهُمْ شَاقُّوا ٱللَّهَ
وَرَسُولَهُ وَمَنْ يُشَاقِّ ٱللَّهَ فَإِنَّ ٱللَّهَ شَدِيدُ ٱلْعِقَابِ ٥ مَا قَطَعْتُمْ مِنْ لِينَةٍ
أَوْ تَرَكْتُمُوهَا قَآئِمَةً عَلَى أُصُولِهَا فَبِإِذْنِ ٱللَّهِ وَلِيُخْزِيَ ٱلْفَاسِقِينَ ٦ وَمَا
أَفَآءَ ٱللَّهُ عَلَى رَسُولِهِ مِنْهُمْ فَمَا أَوْجَفْتُمْ عَلَيْهِ مِنْ خَيْلٍ وَلَا رِكَابٍ وَلَكِنَّ
ٱللَّهَ يُسَلِّطُ رُسُلَهُ عَلَى مَنْ يَشَآءُ وَٱللَّهُ عَلَى كُلِّ شَيْءٍ قَدِيرٌ ٧ مَا أَفَآءَ

ٱللّٰهُ عَلَى رَسُولِهِ مِنْ أَهْلِ ٱلْقُرَى فَلِلّٰهِ وَلِلرَّسُولِ وَلِذِي ٱلْقُرْبَى وَٱلْيَتَامَى
وَٱلْمَسَاكِينِ وَٱبْنِ ٱلسَّبِيلِ كَيْلَا يَكُونَ دُولَةً بَيْنَ ٱلْأَغْنِيَاءِ مِنْكُمْ وَمَا
آتَاكُمُ ٱلرَّسُولُ فَخُذُوهُ وَمَا نَهَاكُمْ عَنْهُ فَٱنْتَهُوا وَٱتَّقُوا ٱللّٰهَ إِنَّ ٱللّٰهَ
شَدِيدُ ٱلْعِقَابِ ٨ لِلْفُقَرَاءِ ٱلْمُهَاجِرِينَ ٱلَّذِينَ أُخْرِجُوا مِنْ دِيَارِهِمْ وَأَمْوَالِهِمْ
يَبْتَغُونَ فَضْلًا مِنَ ٱللّٰهِ وَرِضْوَانًا وَيَنْصُرُونَ ٱللّٰهَ وَرَسُولَهُ أُولَائِكَ هُمُ ٱلصَّادِقُونَ
٩ وَٱلَّذِينَ تَبَوَّؤُا ٱلدَّارَ وَٱلْإِيمَانَ مِنْ قَبْلِهِمْ يُحِبُّونَ مَنْ هَاجَرَ إِلَيْهِمْ وَلَا
يَجِدُونَ فِي صُدُورِهِمْ حَاجَةً مِمَّا أُوتُوا وَيُؤْثِرُونَ عَلَى أَنْفُسِهِمْ وَلَوْ كَانَ بِهِمْ
خَصَاصَةٌ وَمَنْ يُوقَ شُحَّ نَفْسِهِ فَأُولَائِكَ هُمُ ٱلْمُفْلِحُونَ ١٠ وَٱلَّذِينَ جَاؤُا مِنْ
بَعْدِهِمْ يَقُولُونَ رَبَّنَا ٱغْفِرْ لَنَا وَلِإِخْوَانِنَا ٱلَّذِينَ سَبَقُونَا بِٱلْإِيمَانِ وَلَا تَجْعَلْ
فِي قُلُوبِنَا غِلًّا لِلَّذِينَ آمَنُوا رَبَّنَا إِنَّكَ رَؤُفٌ رَحِيمٌ ١١ أَلَمْ تَرَ إِلَى ٱلَّذِينَ
نَافَقُوا يَقُولُونَ لِإِخْوَانِهِمُ ٱلَّذِينَ كَفَرُوا مِنْ أَهْلِ ٱلْكِتَابِ لَئِنْ أُخْرِجْتُمْ
لَنَخْرُجَنَّ مَعَكُمْ وَلَا نُطِيعُ فِيكُمْ أَحَدًا أَبَدًا وَإِنْ قُوتِلْتُمْ لَنَنْصُرَنَّكُمْ وَٱللّٰهُ
يَشْهَدُ إِنَّهُمْ لَكَاذِبُونَ ١٢ لَئِنْ أُخْرِجُوا لَا يَخْرُجُونَ مَعَهُمْ وَلَئِنْ قُوتِلُوا لَا
يَنْصُرُونَهُمْ وَلَئِنْ نَصَرُوهُمْ لَيُوَلُّنَّ ٱلْأَدْبَارَ ثُمَّ لَا يُنْصَرُونَ ١٣ لَأَنْتُمْ أَشَدُّ
رَهْبَةً فِي صُدُورِهِمْ مِنَ ٱللّٰهِ ذَلِكَ بِأَنَّهُمْ قَوْمٌ لَا يَفْقَهُونَ ١٤ لَا يُقَاتِلُونَكُمْ
جَمِيعًا إِلَّا فِي قُرًى مُحَصَّنَةٍ أَوْ مِنْ وَرَاءِ جُدُرٍ بَأْسُهُمْ بَيْنَهُمْ شَدِيدٌ تَحْسَبُهُمْ
جَمِيعًا وَقُلُوبُهُمْ شَتَّى ذَلِكَ بِأَنَّهُمْ قَوْمٌ لَا يَعْقِلُونَ ١٥ كَمَثَلِ ٱلَّذِينَ مِنْ
قَبْلِهِمْ قَرِيبًا ذَاقُوا وَبَالَ أَمْرِهِمْ وَلَهُمْ عَذَابٌ أَلِيمٌ ١٦ كَمَثَلِ ٱلشَّيْطَانِ إِذْ
قَالَ لِلْإِنْسَانِ ٱكْفُرْ فَلَمَّا كَفَرَ قَالَ إِنِّي بَرِيءٌ مِنْكَ إِنِّي أَخَافُ ٱللّٰهَ رَبَّ
ٱلْعَالَمِينَ ١٧ فَكَانَ عَاقِبَتَهُمَا أَنَّهُمَا فِي ٱلنَّارِ خَالِدَيْنِ فِيهَا وَذَلِكَ جَزَاءُ
ٱلظَّالِمِينَ ١٨ يَا أَيُّهَا ٱلَّذِينَ آمَنُوا ٱتَّقُوا ٱللّٰهَ وَلْتَنْظُرْ نَفْسٌ مَا قَدَّمَتْ
لِغَدٍ وَٱتَّقُوا ٱللّٰهَ إِنَّ ٱللّٰهَ خَبِيرٌ بِمَا تَعْمَلُونَ ١٩ وَلَا تَكُونُوا كَٱلَّذِينَ نَسُوا

ٱلشَّيْطَانِ هُمُ ٱلْخَاسِرُونَ ٣١ إِنَّ ٱلَّذِينَ يُحَادُّونَ ٱللَّهَ وَرَسُولَهُ أُولَٰئِكَ فِي ٱلْأَذَلِّينَ كَتَبَ ٱللَّهُ لَأَغْلِبَنَّ أَنَا وَرُسُلِي إِنَّ ٱللَّهَ قَوِيٌّ عَزِيزٌ ٣٣ لَا تَجِدُ قَوْمًا يُؤْمِنُونَ بِٱللَّهِ وَٱلْيَوْمِ ٱلْآخِرِ يُوَادُّونَ مَنْ حَادَّ ٱللَّهَ وَرَسُولَهُ وَلَوْ كَانُوا آبَاءَهُمْ أَوْ أَبْنَاءَهُمْ أَوْ إِخْوَانَهُمْ أَوْ عَشِيرَتَهُمْ أُولَٰئِكَ كَتَبَ فِي قُلُوبِهِمُ ٱلْإِيمَانَ وَأَيَّدَهُمْ بِرُوحٍ مِنْهُ وَيُدْخِلُهُمْ جَنَّاتٍ تَجْرِي مِنْ تَحْتِهَا ٱلْأَنْهَارُ خَالِدِينَ فِيهَا رَضِيَ ٱللَّهُ عَنْهُمْ وَرَضُوا عَنْهُ أُولَٰئِكَ حِزْبُ ٱللَّهِ أَلَا إِنَّ حِزْبَ ٱللَّهِ هُمُ ٱلْمُفْلِحُونَ

سورة الحشر

مدنية وهي اربع وعشرون آية

بِسْمِ ٱللَّهِ ٱلرَّحْمَٰنِ ٱلرَّحِيمِ

١ سَبَّحَ لِلَّهِ مَا فِي ٱلسَّمَاوَاتِ وَمَا فِي ٱلْأَرْضِ وَهُوَ ٱلْعَزِيزُ ٱلْحَكِيمُ ٢ هُوَ ٱلَّذِي أَخْرَجَ ٱلَّذِينَ كَفَرُوا مِنْ أَهْلِ ٱلْكِتَابِ مِنْ دِيَارِهِمْ لِأَوَّلِ ٱلْحَشْرِ مَا ظَنَنْتُمْ أَنْ يَخْرُجُوا وَظَنُّوا أَنَّهُمْ مَانِعَتُهُمْ حُصُونُهُمْ مِنَ ٱللَّهِ فَأَتَاهُمُ ٱللَّهُ مِنْ حَيْثُ لَمْ يَحْتَسِبُوا وَقَذَفَ فِي قُلُوبِهِمُ ٱلرُّعْبَ يُخْرِبُونَ بُيُوتَهُمْ بِأَيْدِيهِمْ وَأَيْدِي ٱلْمُؤْمِنِينَ فَٱعْتَبِرُوا يَا أُولِي ٱلْأَبْصَارِ ٣ وَلَوْلَا أَنْ كَتَبَ ٱللَّهُ عَلَيْهِمُ ٱلْجَلَاءَ لَعَذَّبَهُمْ فِي ٱلدُّنْيَا وَلَهُمْ فِي ٱلْآخِرَةِ عَذَابُ ٱلنَّارِ ٤ ذَٰلِكَ بِأَنَّهُمْ شَاقُّوا ٱللَّهَ وَرَسُولَهُ وَمَنْ يُشَاقِّ ٱللَّهَ فَإِنَّ ٱللَّهَ شَدِيدُ ٱلْعِقَابِ ٥ مَا قَطَعْتُمْ مِنْ لِينَةٍ أَوْ تَرَكْتُمُوهَا قَائِمَةً عَلَىٰ أُصُولِهَا فَبِإِذْنِ ٱللَّهِ وَلِيُخْزِيَ ٱلْفَاسِقِينَ ٦ وَمَا أَفَاءَ ٱللَّهُ عَلَىٰ رَسُولِهِ مِنْهُمْ فَمَا أَوْجَفْتُمْ عَلَيْهِ مِنْ خَيْلٍ وَلَا رِكَابٍ وَلَٰكِنَّ ٱللَّهَ يُسَلِّطُ رُسُلَهُ عَلَىٰ مَنْ يَشَاءُ وَٱللَّهُ عَلَىٰ كُلِّ شَيْءٍ قَدِيرٌ ٧ مَا أَفَاءَ

إِلَّا هُوَ مَعَهُمْ أَيْنَمَا كَانُوا ثُمَّ يُنَبِّئُهُمْ بِمَا عَمِلُوا يَوْمَ ٱلْقِيَامَةِ إِنَّ ٱللَّهَ بِكُلِّ
شَيْءٍ عَلِيمٌ ٩ أَلَمْ تَرَ إِلَى ٱلَّذِينَ نُهُوا عَنِ ٱلنَّجْوَى ثُمَّ يَعُودُونَ لِمَا نُهُوا
عَنْهُ وَيَتَنَاجَوْنَ بِٱلْإِثْمِ وَٱلْعُدْوَانِ وَمَعْصِيَةِ ٱلرَّسُولِ وَإِذَا جَاؤُوكَ حَيَّوْكَ بِمَا لَمْ
يُحَيِّكَ بِهِ ٱللَّهُ وَيَقُولُونَ فِي أَنْفُسِهِمْ لَوْلَا يُعَذِّبُنَا ٱللَّهُ بِمَا نَقُولُ حَسْبُهُمْ
جَهَنَّمُ يَصْلَوْنَهَا فَبِئْسَ ٱلْمَصِيرُ ١٠ يَا أَيُّهَا ٱلَّذِينَ آمَنُوا إِذَا تَنَاجَيْتُمْ فَلَا
تَتَنَاجَوْا بِٱلْإِثْمِ وَٱلْعُدْوَانِ وَمَعْصِيَةِ ٱلرَّسُولِ وَتَنَاجَوْا بِٱلْبِرِّ وَٱلتَّقْوَى وَٱتَّقُوا
ٱللَّهَ ٱلَّذِي إِلَيْهِ تُحْشَرُونَ ١١ إِنَّمَا ٱلنَّجْوَى مِنَ ٱلشَّيْطَانِ لِيَحْزُنَ ٱلَّذِينَ
آمَنُوا وَلَيْسَ بِضَارِّهِمْ شَيْئًا إِلَّا بِإِذْنِ ٱللَّهِ وَعَلَى ٱللَّهِ فَلْيَتَوَكَّلِ ٱلْمُؤْمِنُونَ
١٢ يَا أَيُّهَا ٱلَّذِينَ آمَنُوا إِذَا قِيلَ لَكُمْ تَفَسَّحُوا فِي ٱلْمَجَالِسِ فَٱفْسَحُوا يَفْسَحِ
ٱللَّهُ لَكُمْ وَإِذَا قِيلَ ٱنْشُزُوا فَٱنْشُزُوا يَرْفَعِ ٱللَّهُ ٱلَّذِينَ آمَنُوا مِنْكُمْ وَٱلَّذِينَ
أُوتُوا ٱلْعِلْمَ دَرَجَاتٍ وَٱللَّهُ بِمَا تَعْمَلُونَ خَبِيرٌ ١٣ يَا أَيُّهَا ٱلَّذِينَ آمَنُوا إِذَا
نَاجَيْتُمُ ٱلرَّسُولَ فَقَدِّمُوا بَيْنَ يَدَيْ نَجْوَاكُمْ صَدَقَةً ذَلِكَ خَيْرٌ لَكُمْ وَأَطْهَرُ
فَإِنْ لَمْ تَجِدُوا فَإِنَّ ٱللَّهَ غَفُورٌ رَحِيمٌ ١٤ أَأَشْفَقْتُمْ أَنْ تُقَدِّمُوا بَيْنَ يَدَيْ
نَجْوَاكُمْ صَدَقَاتٍ فَإِذْ لَمْ تَفْعَلُوا وَتَابَ ٱللَّهُ عَلَيْكُمْ فَأَقِيمُوا ٱلصَّلَوٰةَ وَآتُوا
ٱلزَّكَوٰةَ وَأَطِيعُوا ٱللَّهَ وَرَسُولَهُ وَٱللَّهُ خَبِيرٌ بِمَا تَعْمَلُونَ ١٥ أَلَمْ تَرَ إِلَى
ٱلَّذِينَ تَوَلَّوْا قَوْمًا غَضِبَ ٱللَّهُ عَلَيْهِمْ مَا هُمْ مِنْكُمْ وَلَا مِنْهُمْ وَيَحْلِفُونَ عَلَى
ٱلْكَذِبِ وَهُمْ يَعْلَمُونَ ١٦ أَعَدَّ ٱللَّهُ لَهُمْ عَذَابًا شَدِيدًا إِنَّهُمْ سَاءَ مَا كَانُوا
يَعْمَلُونَ ١٧ ٱتَّخَذُوا أَيْمَانَهُمْ جُنَّةً فَصَدُّوا عَنْ سَبِيلِ ٱللَّهِ فَلَهُمْ عَذَابٌ
مُهِينٌ ١٨ لَنْ تُغْنِيَ عَنْهُمْ أَمْوَالُهُمْ وَلَا أَوْلَادُهُمْ مِنَ ٱللَّهِ شَيْئًا أُولَٰئِكَ
أَصْحَابُ ٱلنَّارِ هُمْ فِيهَا خَالِدُونَ ١٩ يَوْمَ يَبْعَثُهُمُ ٱللَّهُ جَمِيعًا فَيَحْلِفُونَ لَهُ
كَمَا يَحْلِفُونَ لَكُمْ وَيَحْسَبُونَ أَنَّهُمْ عَلَى شَيْءٍ أَلَا إِنَّهُمْ هُمُ ٱلْكَاذِبُونَ ٢٠ ٱسْتَحْوَذَ
عَلَيْهِمُ ٱلشَّيْطَانُ فَأَنْسَاهُمْ ذِكْرَ ٱللَّهِ أُولَٰئِكَ حِزْبُ ٱلشَّيْطَانِ أَلَا إِنَّ حِزْبَ

٢٨ يَا أَيُّهَا ٱلَّذِينَ آمَنُوا ٱتَّقُوا ٱللَّهَ وَآمِنُوا بِرَسُولِهِ يُؤْتِكُمْ كِفْلَيْنِ مِنْ
رَحْمَتِهِ وَيَجْعَلْ لَكُمْ نُورًا تَمْشُونَ بِهِ وَيَغْفِرْ لَكُمْ وَٱللَّهُ غَفُورٌ رَحِيمٌ ٢٩ لِئَلَّا
يَعْلَمَ أَهْلُ ٱلْكِتَابِ أَلَّا يَقْدِرُونَ عَلَى شَيْءٍ مِنْ فَضْلِ ٱللَّهِ وَأَنَّ ٱلْفَضْلَ بِيَدِ
ٱللَّهِ يُؤْتِيهِ مَنْ يَشَاءُ وَٱللَّهُ ذُو ٱلْفَضْلِ ٱلْعَظِيمِ

سورة المجادلة

مدنيّة وهى اثنتان وعشرون آية

بِسْمِ ٱللَّهِ ٱلرَّحْمَنِ ٱلرَّحِيمِ

١ قَدْ سَمِعَ ٱللَّهُ قَوْلَ ٱلَّتِي تُجَادِلُكَ فِي زَوْجِهَا وَتَشْتَكِي إِلَى ٱللَّهِ ٢٨
وَٱللَّهُ يَسْمَعُ تَحَاوُرَكُمَا إِنَّ ٱللَّهَ سَمِيعٌ بَصِيرٌ ٢ ٱلَّذِينَ يُظَاهِرُونَ مِنْكُمْ مِنْ
نِسَائِهِمْ مَا هُنَّ أُمَّهَاتِهِمْ إِنْ أُمَّهَاتُهُمْ إِلَّا ٱللَّائِي وَلَدْنَهُمْ وَإِنَّهُمْ لَيَقُولُونَ
مُنْكَرًا مِنَ ٱلْقَوْلِ وَزُورًا ٣ وَإِنَّ ٱللَّهَ لَعَفُوٌّ غَفُورٌ ٤ وَٱلَّذِينَ يُظَاهِرُونَ مِنْ
نِسَائِهِمْ ثُمَّ يَعُودُونَ لِمَا قَالُوا فَتَحْرِيرُ رَقَبَةٍ مِنْ قَبْلِ أَنْ يَتَمَاسَّا ذَلِكُمْ
تُوعَظُونَ بِهِ وَٱللَّهُ بِمَا تَعْمَلُونَ خَبِيرٌ ٥ فَمَنْ لَمْ يَجِدْ فَصِيَامُ شَهْرَيْنِ
مُتَتَابِعَيْنِ مِنْ قَبْلِ أَنْ يَتَمَاسَّا فَمَنْ لَمْ يَسْتَطِعْ فَإِطْعَامُ سِتِّينَ مِسْكِينًا ذَلِكَ
لِتُؤْمِنُوا بِٱللَّهِ وَرَسُولِهِ وَتِلْكَ حُدُودُ ٱللَّهِ وَلِلْكَافِرِينَ عَذَابٌ أَلِيمٌ ٦ إِنَّ
ٱلَّذِينَ يُحَادُّونَ ٱللَّهَ وَرَسُولَهُ كُبِتُوا كَمَا كُبِتَ ٱلَّذِينَ مِنْ قَبْلِهِمْ وَقَدْ
أَنْزَلْنَا آيَاتٍ بَيِّنَاتٍ وَلِلْكَافِرِينَ عَذَابٌ مُهِينٌ ٧ يَوْمَ يَبْعَثُهُمُ ٱللَّهُ جَمِيعًا
فَيُنَبِّئُهُمْ بِمَا عَمِلُوا أَحْصَاهُ ٱللَّهُ وَنَسُوهُ وَٱللَّهُ عَلَى كُلِّ شَيْءٍ شَهِيدٌ ٨ أَلَمْ
تَرَ أَنَّ ٱللَّهَ يَعْلَمُ مَا فِي ٱلسَّمَاوَاتِ وَمَا فِي ٱلْأَرْضِ مَا يَكُونُ مِنْ نَجْوَى ثَلَاثَةٍ
إِلَّا هُوَ رَابِعُهُمْ وَلَا خَمْسَةٍ إِلَّا هُوَ سَادِسُهُمْ وَلَا أَدْنَى مِنْ ذَلِكَ وَلَا أَكْثَرَ

فَقَسَتْ قُلُوبُهُمْ وَكَثِيرٌ مِنْهُمْ فَاسِقُونَ ١٦ اِعْلَمُوا أَنَّ ٱللّٰهَ يُحْيِي ٱلْأَرْضَ بَعْدَ
مَوْتِهَا قَدْ بَيَّنَّا لَكُمُ ٱلْآيَاتِ لَعَلَّكُمْ تَعْقِلُونَ ١٧ إِنَّ ٱلْمُصَّدِّقِينَ وَٱلْمُصَّدِّقَاتِ
وَأَقْرَضُوا ٱللّٰهَ قَرْضًا حَسَنًا يُضَاعَفُ لَهُمْ وَلَهُمْ أَجْرٌ كَرِيمٌ ١٨ وَٱلَّذِينَ آمَنُوا
بِٱللّٰهِ وَرُسُلِهِ أُولَآئِكَ هُمُ ٱلصِّدِّيقُونَ وَٱلشُّهَدَآءُ عِنْدَ رَبِّهِمْ لَهُمْ أَجْرُهُمْ وَنُورُهُمْ
وَٱلَّذِينَ كَفَرُوا وَكَذَّبُوا بِآيَاتِنَا أُولَآئِكَ أَصْحَابُ ٱلْجَحِيمِ ١٩ اِعْلَمُوا أَنَّمَا ٱلْحَيٰوةُ
ٱلدُّنْيَا لَعِبٌ وَلَهْوٌ وَزِينَةٌ وَتَفَاخُرٌ بَيْنَكُمْ وَتَكَاثُرٌ فِي ٱلْأَمْوَالِ وَٱلْأَوْلَادِ كَمَثَلِ
غَيْثٍ أَعْجَبَ ٱلْكُفَّارَ نَبَاتُهُ ثُمَّ يَهِيجُ فَتَرَاهُ مُصْفَرًّا ثُمَّ يَكُونُ حُطَامًا وَفِي
ٱلْآخِرَةِ عَذَابٌ شَدِيدٌ ٢٠ وَمَغْفِرَةٌ مِنَ ٱللّٰهِ وَرِضْوَانٌ وَمَا ٱلْحَيٰوةُ ٱلدُّنْيَا
إِلَّا مَتَاعُ ٱلْغُرُورِ ٢١ سَابِقُوا إِلَى مَغْفِرَةٍ مِنْ رَبِّكُمْ وَجَنَّةٍ عَرْضُهَا كَعَرْضِ
ٱلسَّمَآءِ وَٱلْأَرْضِ أُعِدَّتْ لِلَّذِينَ آمَنُوا بِٱللّٰهِ وَرُسُلِهِ ذٰلِكَ فَضْلُ ٱللّٰهِ يُؤْتِيهِ
مَنْ يَشَآءُ وَٱللّٰهُ ذُو ٱلْفَضْلِ ٱلْعَظِيمِ ٢٢ مَا أَصَابَ مِنْ مُصِيبَةٍ فِي ٱلْأَرْضِ
وَلَا فِي أَنْفُسِكُمْ إِلَّا فِي كِتَابٍ مِنْ قَبْلِ أَنْ نَبْرَأَهَا إِنَّ ذٰلِكَ عَلَى ٱللّٰهِ يَسِيرٌ
٢٣ لِكَيْلَا تَأْسَوْا عَلَى مَا فَاتَكُمْ وَلَا تَفْرَحُوا بِمَا آتَاكُمْ وَٱللّٰهُ لَا يُحِبُّ كُلَّ
مُخْتَالٍ فَخُورٍ ٢٤ ٱلَّذِينَ يَبْخَلُونَ وَيَأْمُرُونَ ٱلنَّاسَ بِٱلْبُخْلِ وَمَنْ يَتَوَلَّ فَإِنَّ
ٱللّٰهَ هُوَ ٱلْغَنِيُّ ٱلْحَمِيدُ ٢٥ لَقَدْ أَرْسَلْنَا رُسُلَنَا بِٱلْبَيِّنَاتِ وَأَنْزَلْنَا مَعَهُمُ
ٱلْكِتَابَ وَٱلْمِيزَانَ لِيَقُومَ ٱلنَّاسُ بِٱلْقِسْطِ وَأَنْزَلْنَا ٱلْحَدِيدَ فِيهِ بَأْسٌ شَدِيدٌ
وَمَنَافِعُ لِلنَّاسِ وَلِيَعْلَمَ ٱللّٰهُ مَنْ يَنْصُرُهُ وَرُسُلَهُ بِٱلْغَيْبِ إِنَّ ٱللّٰهَ قَوِيٌّ عَزِيزٌ
٢٦ وَلَقَدْ أَرْسَلْنَا نُوحًا وَإِبْرٰهِيمَ وَجَعَلْنَا فِي ذُرِّيَّتِهِمَا ٱلنُّبُوَّةَ وَٱلْكِتَابَ فَمِنْهُمْ
مُهْتَدٍ وَكَثِيرٌ مِنْهُمْ فَاسِقُونَ ٢٧ ثُمَّ قَفَّيْنَا عَلَى آثَارِهِمْ بِرُسُلِنَا وَقَفَّيْنَا
بِعِيسَى ٱبْنِ مَرْيَمَ وَآتَيْنَاهُ ٱلْإِنْجِيلَ وَجَعَلْنَا فِي قُلُوبِ ٱلَّذِينَ ٱتَّبَعُوهُ رَأْفَةً
وَرَحْمَةً وَرَهْبَانِيَّةً ٱبْتَدَعُوهَا مَا كَتَبْنَاهَا عَلَيْهِمْ إِلَّا ٱبْتِغَآءَ رِضْوَانِ ٱللّٰهِ فَمَا
رَعَوْهَا حَقَّ رِعَايَتِهَا فَآتَيْنَا ٱلَّذِينَ آمَنُوا مِنْهُمْ أَجْرَهُمْ وَكَثِيرٌ مِنْهُمْ فَاسِقُونَ

سِتَّةِ أَيَّامٍ ثُمَّ ٱسْتَوَى عَلَى ٱلْعَرْشِ يَعْلَمُ مَا يَلِجُ فِي ٱلْأَرْضِ وَمَا يَخْرُجُ مِنْهَا
وَمَا يَنْزِلُ مِنَ ٱلسَّمَآءِ وَمَا يَعْرُجُ فِيهَا وَهُوَ مَعَكُمْ أَيْنَمَا كُنْتُمْ وَٱللّٰهُ بِمَا
تَعْمَلُونَ بَصِيرٌ ٥ لَهُ مُلْكُ ٱلسَّمٰوَاتِ وَٱلْأَرْضِ وَإِلَى ٱللّٰهِ تُرْجَعُ ٱلْأُمُورُ ٦ يُولِجُ
ٱللَّيْلَ فِي ٱلنَّهَارِ وَيُولِجُ ٱلنَّهَارَ فِي ٱللَّيْلِ وَهُوَ عَلِيمٌ بِذَاتِ ٱلصُّدُورِ ٧ آمِنُوا
بِٱللّٰهِ وَرَسُولِهِ وَأَنْفِقُوا مِمَّا جَعَلَكُمْ مُسْتَخْلَفِينَ فِيهِ فَٱلَّذِينَ آمَنُوا مِنْكُمْ
وَأَنْفَقُوا لَهُمْ أَجْرٌ كَبِيرٌ ٨ وَمَا لَكُمْ لَا تُؤْمِنُونَ بِٱللّٰهِ وَٱلرَّسُولُ يَدْعُوكُمْ
لِتُؤْمِنُوا بِرَبِّكُمْ وَقَدْ أَخَذَ مِيثَاقَكُمْ إِنْ كُنْتُمْ مُؤْمِنِينَ ٩ هُوَ ٱلَّذِي يُنَزِّلُ
عَلَى عَبْدِهِ آيَاتٍ بَيِّنَاتٍ لِيُخْرِجَكُمْ مِنَ ٱلظُّلُمَاتِ إِلَى ٱلنُّورِ وَإِنَّ ٱللّٰهَ بِكُمْ
لَرَؤُوفٌ رَحِيمٌ ١٠ وَمَا لَكُمْ أَلَّا تُنْفِقُوا فِي سَبِيلِ ٱللّٰهِ وَلِلّٰهِ مِيرَاثُ ٱلسَّمٰوَاتِ
وَٱلْأَرْضِ لَا يَسْتَوِي مِنْكُمْ مَنْ أَنْفَقَ مِنْ قَبْلِ ٱلْفَتْحِ وَقَاتَلَ أُولَآئِكَ أَعْظَمُ
دَرَجَةً مِنَ ٱلَّذِينَ أَنْفَقُوا مِنْ بَعْدُ وَقَاتَلُوا وَكُلًّا وَعَدَ ٱللّٰهُ ٱلْحُسْنَى وَٱللّٰهُ
بِمَا تَعْمَلُونَ خَبِيرٌ ١١ مَنْ ذَا ٱلَّذِي يُقْرِضُ ٱللّٰهَ قَرْضًا حَسَنًا فَيُضَاعِفَهُ
لَهُ وَلَهُ أَجْرٌ كَرِيمٌ ١٢ يَوْمَ تَرَى ٱلْمُؤْمِنِينَ وَٱلْمُؤْمِنَاتِ يَسْعَى نُورُهُمْ بَيْنَ
أَيْدِيهِمْ وَبِأَيْمَانِهِمْ بُشْرَاكُمُ ٱلْيَوْمَ جَنَّاتٌ تَجْرِي مِنْ تَحْتِهَا ٱلْأَنْهَارُ خَالِدِينَ
فِيهَا ذٰلِكَ هُوَ ٱلْفَوْزُ ٱلْعَظِيمُ ١٣ يَوْمَ يَقُولُ ٱلْمُنَافِقُونَ وَٱلْمُنَافِقَاتُ لِلَّذِينَ
آمَنُوا ٱنْظُرُونَا نَقْتَبِسْ مِنْ نُورِكُمْ قِيلَ ٱرْجِعُوا وَرَآءَكُمْ فَٱلْتَمِسُوا نُورًا
فَضُرِبَ بَيْنَهُمْ بِسُورٍ لَهُ بَابٌ بَاطِنُهُ فِيهِ ٱلرَّحْمَةُ وَظَاهِرُهُ مِنْ قِبَلِهِ ٱلْعَذَابُ
يُنَادُونَهُمْ أَلَمْ نَكُنْ مَعَكُمْ قَالُوا بَلَى وَلٰكِنَّكُمْ فَتَنْتُمْ أَنْفُسَكُمْ وَتَرَبَّصْتُمْ وَٱرْتَبْتُمْ
وَغَرَّتْكُمُ ٱلْأَمَانِيُّ حَتَّى جَآءَ أَمْرُ ٱللّٰهِ وَغَرَّكُمْ بِٱللّٰهِ ٱلْغَرُورُ ١٤ فَٱلْيَوْمَ لَا
يُؤْخَذُ مِنْكُمْ فِدْيَةٌ وَلَا مِنَ ٱلَّذِينَ كَفَرُوا مَأْوَاكُمُ ٱلنَّارُ هِيَ مَوْلَاكُمْ وَبِئْسَ
ٱلْمَصِيرُ ١٥ أَلَمْ يَأْنِ لِلَّذِينَ آمَنُوا أَنْ تَخْشَعَ قُلُوبُهُمْ لِذِكْرِ ٱللّٰهِ وَمَا نَزَلَ
مِنَ ٱلْحَقِّ وَلَا يَكُونُوا كَٱلَّذِينَ أُوتُوا ٱلْكِتَابَ مِنْ قَبْلُ فَطَالَ عَلَيْهِمُ ٱلْأَمَدُ

نَحْنُ أَنْصَارُ ٱللّٰهِ فَآمَنَتْ طَائِفَةٌ مِنْ بَنِى إِسْرَائِيلَ وَكَفَرَتْ طَائِفَةٌ فَأَيَّدْنَا
ٱلَّذِينَ آمَنُوا عَلَى عَدُوِّهِمْ فَأَصْبَحُوا ظَاهِرِينَ

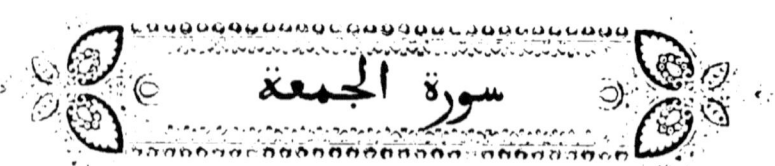

سورة الجمعة

مدنيّة وهى احدى عشرة آية

بِسْمِ ٱللّٰهِ ٱلرَّحْمٰنِ ٱلرَّحِيمِ

١ يُسَبِّحُ لِلّٰهِ مَا فِى ٱلسَّمٰوَاتِ وَمَا فِى ٱلْأَرْضِ ٱلْمَلِكِ ٱلْقُدُّوسِ ٱلْعَزِيزِ ٱلْحَكِيمِ
٢ هُوَ ٱلَّذِى بَعَثَ فِى ٱلْأُمِّيِّينَ رَسُولًا مِنْهُمْ يَتْلُو عَلَيْهِمْ آيَاتِهِ وَيُزَكِّيهِمْ
وَيُعَلِّمُهُمُ ٱلْكِتَابَ وَٱلْحِكْمَةَ وَإِنْ كَانُوا مِنْ قَبْلُ لَفِى ضَلَالٍ مُبِينٍ ٣ وَآخَرِينَ
مِنْهُمْ لَمَّا يَلْحَقُوا بِهِمْ وَهُوَ ٱلْعَزِيزُ ٱلْحَكِيمُ ٤ ذٰلِكَ فَضْلُ ٱللّٰهِ يُؤْتِيهِ مَنْ
يَشَاءُ وَٱللّٰهُ ذُو ٱلْفَضْلِ ٱلْعَظِيمِ ٥ مَثَلُ ٱلَّذِينَ حُمِّلُوا ٱلتَّوْرَاةَ ثُمَّ لَمْ يَحْمِلُوهَا
كَمَثَلِ ٱلْحِمَارِ يَحْمِلُ أَسْفَارًا بِئْسَ مَثَلُ ٱلْقَوْمِ ٱلَّذِينَ كَذَّبُوا بِآيَاتِ ٱللّٰهِ وَٱللّٰهُ
لَا يَهْدِى ٱلْقَوْمَ ٱلظَّالِمِينَ ٦ قُلْ يَا أَيُّهَا ٱلَّذِينَ هَادُوا إِنْ زَعَمْتُمْ أَنَّكُمْ
أَوْلِيَاءُ لِلّٰهِ مِنْ دُونِ ٱلنَّاسِ فَتَمَنَّوُا ٱلْمَوْتَ إِنْ كُنْتُمْ صَادِقِينَ ٧ وَلَا يَتَمَنَّوْنَهُ
أَبَدًا بِمَا قَدَّمَتْ أَيْدِيهِمْ وَٱللّٰهُ عَلِيمٌ بِٱلظَّالِمِينَ ٨ قُلْ إِنَّ ٱلْمَوْتَ ٱلَّذِى
تَفِرُّونَ مِنْهُ فَإِنَّهُ مُلَاقِيكُمْ ثُمَّ تُرَدُّونَ إِلَى عَالِمِ ٱلْغَيْبِ وَٱلشَّهَادَةِ فَيُنَبِّئُكُمْ بِمَا
كُنْتُمْ تَعْمَلُونَ ٩ يَا أَيُّهَا ٱلَّذِينَ آمَنُوا إِذَا نُودِىَ لِلصَّلٰوةِ مِنْ يَوْمِ ٱلْجُمُعَةِ
فَٱسْعَوْا إِلَى ذِكْرِ ٱللّٰهِ وَذَرُوا ٱلْبَيْعَ ذٰلِكُمْ خَيْرٌ لَكُمْ إِنْ كُنْتُمْ تَعْلَمُونَ ١٠ فَإِذَا
قُضِيَتِ ٱلصَّلٰوةُ فَٱنْتَشِرُوا فِى ٱلْأَرْضِ وَٱبْتَغُوا مِنْ فَضْلِ ٱللّٰهِ وَٱذْكُرُوا ٱللّٰهَ
كَثِيرًا لَعَلَّكُمْ تُفْلِحُونَ ١١ وَإِذَا رَأَوْا تِجَارَةً أَوْ لَهْوًا ٱنْفَضُّوا إِلَيْهَا وَتَرَكُوكَ
قَائِمًا قُلْ مَا عِنْدَ ٱللّٰهِ خَيْرٌ مِنَ ٱللَّهْوِ وَمِنَ ٱلتِّجَارَةِ وَٱللّٰهُ خَيْرُ ٱلرَّازِقِينَ

سورة الصف

مدنية وهى اربع عشرة آية

بِسْمِ ٱللَّهِ ٱلرَّحْمَنِ ٱلرَّحِيمِ

۱ سَبَّحَ لِلَّهِ مَا فِي ٱلسَّمَوَاتِ وَمَا فِي ٱلْأَرْضِ وَهُوَ ٱلْعَزِيزُ ٱلْحَكِيمُ ۲ يَا أَيُّهَا
ٱلَّذِينَ آمَنُوا لِمَ تَقُولُونَ مَا لَا تَفْعَلُونَ ۳ كَبُرَ مَقْتًا عِنْدَ ٱللَّهِ أَنْ تَقُولُوا
مَا لَا تَفْعَلُونَ ۴ إِنَّ ٱللَّهَ يُحِبُّ ٱلَّذِينَ يُقَاتِلُونَ فِي سَبِيلِهِ صَفًّا كَأَنَّهُمْ
بُنْيَانٌ مَرْصُوصٌ ۵ وَإِذْ قَالَ مُوسَى لِقَوْمِهِ يَا قَوْمِ لِمَ تُؤْذُونَنِي وَقَدْ تَعْلَمُونَ
أَنِّي رَسُولُ ٱللَّهِ إِلَيْكُمْ فَلَمَّا زَاغُوا أَزَاغَ ٱللَّهُ قُلُوبَهُمْ وَٱللَّهُ لَا يَهْدِي ٱلْقَوْمَ
ٱلْفَاسِقِينَ ۶ وَإِذْ قَالَ عِيسَى ٱبْنُ مَرْيَمَ يَا بَنِي إِسْرَائِيلَ إِنِّي رَسُولُ ٱللَّهِ
إِلَيْكُمْ مُصَدِّقًا لِمَا بَيْنَ يَدَيَّ مِنَ ٱلتَّوْرَاةِ وَمُبَشِّرًا بِرَسُولٍ يَأْتِي مِنْ بَعْدِي
ٱسْمُهُ أَحْمَدُ فَلَمَّا جَاءَهُمْ بِٱلْبَيِّنَاتِ قَالُوا هَذَا سِحْرٌ مُبِينٌ ۷ وَمَنْ أَظْلَمُ
مِمَّنِ ٱفْتَرَى عَلَى ٱللَّهِ ٱلْكَذِبَ وَهُوَ يُدْعَى إِلَى ٱلْإِسْلَامِ وَٱللَّهُ لَا يَهْدِي
ٱلْقَوْمَ ٱلظَّالِمِينَ ۸ يُرِيدُونَ لِيُطْفِئُوا نُورَ ٱللَّهِ بِأَفْوَاهِهِمْ وَٱللَّهُ مُتِمُّ نُورِهِ
وَلَوْ كَرِهَ ٱلْكَافِرُونَ ۹ هُوَ ٱلَّذِي أَرْسَلَ رَسُولَهُ بِٱلْهُدَى وَدِينِ ٱلْحَقِّ لِيُظْهِرَهُ
عَلَى ٱلدِّينِ كُلِّهِ وَلَوْ كَرِهَ ٱلْمُشْرِكُونَ ۱۰ يَا أَيُّهَا ٱلَّذِينَ آمَنُوا هَلْ أَدُلُّكُمْ
عَلَى تِجَارَةٍ تُنْجِيكُمْ مِنْ عَذَابٍ أَلِيمٍ ۱۱ تُؤْمِنُونَ بِٱللَّهِ وَرَسُولِهِ وَتُجَاهِدُونَ
فِي سَبِيلِ ٱللَّهِ بِأَمْوَالِكُمْ وَأَنْفُسِكُمْ ذَلِكُمْ خَيْرٌ لَكُمْ إِنْ كُنْتُمْ تَعْلَمُونَ ۱۲ يَغْفِرْ
لَكُمْ ذُنُوبَكُمْ وَيُدْخِلْكُمْ جَنَّاتٍ تَجْرِي مِنْ تَحْتِهَا ٱلْأَنْهَارُ وَمَسَاكِنَ طَيِّبَةً
فِي جَنَّاتِ عَدْنٍ ذَلِكَ ٱلْفَوْزُ ٱلْعَظِيمُ ۱۳ وَأُخْرَى تُحِبُّونَهَا نَصْرٌ مِنَ ٱللَّهِ
وَفَتْحٌ قَرِيبٌ وَبَشِّرِ ٱلْمُؤْمِنِينَ ۱۴ يَا أَيُّهَا ٱلَّذِينَ آمَنُوا كُونُوا أَنْصَارَ ٱللَّهِ
كَمَا قَالَ عِيسَى ٱبْنُ مَرْيَمَ لِلْحَوَارِيِّينَ مَنْ أَنْصَارِي إِلَى ٱللَّهِ قَالَ ٱلْحَوَارِيُّونَ

٣٩٧ سورة الممتحنة

وَٱلْبَغْضَآءُ أَبَدًا حَتَّى تُؤْمِنُوا بِٱللَّهِ وَحْدَهُ إِلَّا قَوْلَ إِبْرٰهِيمَ لِأَبِيهِ لَأَسْتَغْفِرَنَّ
لَكَ وَمَا أَمْلِكُ لَكَ مِنَ ٱللَّهِ مِنْ شَيْءٍ رَبَّنَا عَلَيْكَ تَوَكَّلْنَا وَإِلَيْكَ أَنَبْنَا
وَإِلَيْكَ ٱلْمَصِيرُ ٥ رَبَّنَا لَا تَجْعَلْنَا فِتْنَةً لِلَّذِينَ كَفَرُوا وَٱغْفِرْ لَنَا رَبَّنَا إِنَّكَ
أَنْتَ ٱلْعَزِيزُ ٱلْحَكِيمُ ٦ لَقَدْ كَانَ لَكُمْ فِيهِمْ أُسْوَةٌ حَسَنَةٌ لِمَنْ كَانَ يَرْجُو
ٱللَّهَ وَٱلْيَوْمَ ٱلْآخِرَ وَمَنْ يَتَوَلَّ فَإِنَّ ٱللَّهَ هُوَ ٱلْغَنِيُّ ٱلْحَمِيدُ ٧ عَسَى ٱللَّهُ
أَنْ يَجْعَلَ بَيْنَكُمْ وَبَيْنَ ٱلَّذِينَ عَادَيْتُمْ مِنْهُمْ مَوَدَّةً وَٱللَّهُ قَدِيرٌ وَٱللَّهُ غَفُورٌ
رَحِيمٌ ٨ لَا يَنْهَاكُمُ ٱللَّهُ عَنِ ٱلَّذِينَ لَمْ يُقَاتِلُوكُمْ فِي ٱلدِّينِ وَلَمْ يُخْرِجُوكُمْ
مِنْ دِيَارِكُمْ أَنْ تَبَرُّوهُمْ وَتُقْسِطُوا إِلَيْهِمْ إِنَّ ٱللَّهَ يُحِبُّ ٱلْمُقْسِطِينَ ٩ إِنَّمَا
يَنْهَاكُمُ ٱللَّهُ عَنِ ٱلَّذِينَ قَاتَلُوكُمْ فِي ٱلدِّينِ وَأَخْرَجُوكُمْ مِنْ دِيَارِكُمْ
وَظَاهَرُوا عَلَى إِخْرَاجِكُمْ أَنْ تَوَلَّوْهُمْ وَمَنْ يَتَوَلَّهُمْ فَأُولَٰئِكَ هُمُ ٱلظَّالِمُونَ ١٠ يَا
أَيُّهَا ٱلَّذِينَ آمَنُوا إِذَا جَاءَكُمُ ٱلْمُؤْمِنَاتُ مُهَاجِرَاتٍ فَٱمْتَحِنُوهُنَّ ٱللَّهُ أَعْلَمُ
بِإِيمَانِهِنَّ فَإِنْ عَلِمْتُمُوهُنَّ مُؤْمِنَاتٍ فَلَا تَرْجِعُوهُنَّ إِلَى ٱلْكُفَّارِ لَا هُنَّ حِلٌّ
لَهُمْ وَلَا هُمْ يَحِلُّونَ لَهُنَّ وَآتُوهُمْ مَا أَنْفَقُوا وَلَا جُنَاحَ عَلَيْكُمْ أَنْ تَنْكِحُوهُنَّ
إِذَا آتَيْتُمُوهُنَّ أُجُورَهُنَّ وَلَا تُمْسِكُوا بِعِصَمِ ٱلْكَوَافِرِ وَٱسْأَلُوا مَا أَنْفَقْتُمْ
وَلْيَسْأَلُوا مَا أَنْفَقُوا ذَٰلِكُمْ حُكْمُ ٱللَّهِ يَحْكُمُ بَيْنَكُمْ وَٱللَّهُ عَلِيمٌ حَكِيمٌ ١١ وَإِنْ
فَاتَكُمْ شَيْءٌ مِنْ أَزْوَاجِكُمْ إِلَى ٱلْكُفَّارِ فَعَاقَبْتُمْ فَآتُوا ٱلَّذِينَ ذَهَبَتْ أَزْوَاجُهُمْ
مِثْلَ مَا أَنْفَقُوا وَٱتَّقُوا ٱللَّهَ ٱلَّذِي أَنْتُمْ بِهِ مُؤْمِنُونَ ١٢ يَا أَيُّهَا ٱلنَّبِيُّ إِذَا
جَاءَكَ ٱلْمُؤْمِنَاتُ يُبَايِعْنَكَ عَلَى أَنْ لَا يُشْرِكْنَ بِٱللَّهِ شَيْئًا وَلَا يَسْرِقْنَ وَلَا
يَزْنِينَ وَلَا يَقْتُلْنَ أَوْلَادَهُنَّ وَلَا يَأْتِينَ بِبُهْتَانٍ يَفْتَرِينَهُ بَيْنَ أَيْدِيهِنَّ
وَأَرْجُلِهِنَّ وَلَا يَعْصِينَكَ فِي مَعْرُوفٍ فَبَايِعْهُنَّ وَٱسْتَغْفِرْ لَهُنَّ ٱللَّهَ إِنَّ ٱللَّهَ
غَفُورٌ رَحِيمٌ ١٣ يَا أَيُّهَا ٱلَّذِينَ آمَنُوا لَا تَتَوَلَّوْا قَوْمًا غَضِبَ ٱللَّهُ عَلَيْهِمْ
قَدْ يَئِسُوا مِنَ ٱلْآخِرَةِ كَمَا يَئِسَ ٱلْكُفَّارُ مِنْ أَصْحَابِ ٱلْقُبُورِ

ٱللَّهَ فَأَنْسَاهُمْ أَنْفُسَهُمْ أُولَآئِكَ هُمُ ٱلْفَاسِقُونَ ٢٠ لَا يَسْتَوِى أَصْحَابُ ٱلنَّارِ
وَأَصْحَابُ ٱلْجَنَّةِ أَصْحَابُ ٱلْجَنَّةِ هُمُ ٱلْفَآئِزُونَ ٢١ لَوْ أَنْزَلْنَا هَذَا ٱلْقُرْآنَ عَلَى
جَبَلٍ لَرَأَيْتَهُ خَاشِعًا مُتَصَدِّعًا مِنْ خَشْيَةِ ٱللَّهِ وَتِلْكَ ٱلْأَمْثَالُ نَضْرِبُهَا لِلنَّاسِ
لَعَلَّهُمْ يَتَفَكَّرُونَ ٢٢ هُوَ ٱللَّهُ ٱلَّذِى لَا إِلَهَ إِلَّا هُوَ عَالِمُ ٱلْغَيْبِ وَٱلشَّهَادَةِ
هُوَ ٱلرَّحْمَنُ ٱلرَّحِيمُ ٢٣ هُوَ ٱللَّهُ ٱلَّذِى لَا إِلَهَ إِلَّا هُوَ ٱلْمَلِكُ ٱلْقُدُّوسُ
ٱلسَّلَامُ ٱلْمُؤْمِنُ ٱلْمُهَيْمِنُ ٱلْعَزِيزُ ٱلْجَبَّارُ ٱلْمُتَكَبِّرُ سُبْحَانَ ٱللَّهِ عَمَّا يُشْرِكُونَ
٢٤ هُوَ ٱللَّهُ ٱلْخَالِقُ ٱلْبَارِئُ ٱلْمُصَوِّرُ لَهُ ٱلْأَسْمَآءُ ٱلْحُسْنَى يُسَبِّحُ لَهُ مَا فِى
ٱلسَّمَوَاتِ وَٱلْأَرْضِ وَهُوَ ٱلْعَزِيزُ ٱلْحَكِيمُ

سورة الممتحنة

مدنيّة وهى ثلث عشرة اية

بِسْمِ ٱللَّهِ ٱلرَّحْمَنِ ٱلرَّحِيمِ

١ يَا أَيُّهَا ٱلَّذِينَ آمَنُوا لَا تَتَّخِذُوا عَدُوِّى وَعَدُوَّكُمْ أَوْلِيَآءَ تُلْقُونَ إِلَيْهِمْ
بِٱلْمَوَدَّةِ وَقَدْ كَفَرُوا بِمَا جَآءَكُمْ مِنَ ٱلْحَقِّ يُخْرِجُونَ ٱلرَّسُولَ وَإِيَّاكُمْ أَنْ
تُؤْمِنُوا بِٱللَّهِ رَبِّكُمْ إِنْ كُنْتُمْ خَرَجْتُمْ جِهَادًا فِى سَبِيلِى وَٱبْتِغَآءَ مَرْضَاتِى
تُسِرُّونَ إِلَيْهِمْ بِٱلْمَوَدَّةِ وَأَنَا أَعْلَمُ بِمَا أَخْفَيْتُمْ وَمَا أَعْلَنْتُمْ وَمَنْ يَفْعَلْهُ مِنْكُمْ
فَقَدْ ضَلَّ سَوَآءَ ٱلسَّبِيلِ ٢ إِنْ يَثْقَفُوكُمْ يَكُونُوا لَكُمْ أَعْدَآءً وَيَبْسُطُوا
إِلَيْكُمْ أَيْدِيَهُمْ وَأَلْسِنَتَهُمْ بِٱلسُّوٓءِ وَوَدُّوا لَوْ تَكْفُرُونَ ٣ لَنْ تَنْفَعَكُمْ أَرْحَامُكُمْ
وَلَا أَوْلَادُكُمْ يَوْمَ ٱلْقِيَامَةِ يَفْصِلُ بَيْنَكُمْ وَٱللَّهُ بِمَا تَعْمَلُونَ بَصِيرٌ ٤ قَدْ
كَانَتْ لَكُمْ أُسْوَةٌ حَسَنَةٌ فِى إِبْرَهِيمَ وَٱلَّذِينَ مَعَهُ إِذْ قَالُوا لِقَوْمِهِمْ إِنَّا بُرَآءُ
مِنْكُمْ وَمِمَّا تَعْبُدُونَ مِنْ دُونِ ٱللَّهِ كَفَرْنَا بِكُمْ وَبَدَا بَيْنَنَا وَبَيْنَكُمُ ٱلْعَدَاوَةُ

ٱللَّهُ عَلَى رَسُولِهِ مِنْ أَهْلِ ٱلْقُرَى فَلِلَّهِ وَلِلرَّسُولِ وَلِذِي ٱلْقُرْبَى وَٱلْيَتَامَى
وَٱلْمَسَاكِينِ وَٱبْنِ ٱلسَّبِيلِ كَيْلَا يَكُونَ دُولَةً بَيْنَ ٱلْأَغْنِيَآءِ مِنْكُمْ وَمَا
آتَاكُمُ ٱلرَّسُولُ فَخُذُوهُ وَمَا نَهَاكُمْ عَنْهُ فَٱنْتَهُوا وَٱتَّقُوا ٱللَّهَ إِنَّ ٱللَّهَ
شَدِيدُ ٱلْعِقَابِ ٨ لِلْفُقَرَآءِ ٱلْمُهَاجِرِينَ ٱلَّذِينَ أُخْرِجُوا مِنْ دِيَارِهِمْ وَأَمْوَالِهِمْ
يَبْتَغُونَ فَضْلًا مِنَ ٱللَّهِ وَرِضْوَانًا وَيَنْصُرُونَ ٱللَّهَ وَرَسُولَهُ أُولَآئِكَ هُمُ ٱلصَّادِقُونَ
٩ وَٱلَّذِينَ تَبَوَّؤُا ٱلدَّارَ وَٱلْإِيمَانَ مِنْ قَبْلِهِمْ يُحِبُّونَ مَنْ هَاجَرَ إِلَيْهِمْ وَلَا
يَجِدُونَ فِي صُدُورِهِمْ حَاجَةً مِمَّا أُوتُوا وَيُؤْثِرُونَ عَلَى أَنْفُسِهِمْ وَلَوْ كَانَ بِهِمْ
خَصَاصَةٌ وَمَنْ يُوقَ شُحَّ نَفْسِهِ فَأُولَآئِكَ هُمُ ٱلْمُفْلِحُونَ ١٠ وَٱلَّذِينَ جَآؤُا مِنْ
بَعْدِهِمْ يَقُولُونَ رَبَّنَا ٱغْفِرْ لَنَا وَلِإِخْوَانِنَا ٱلَّذِينَ سَبَقُونَا بِٱلْإِيمَانِ وَلَا تَجْعَلْ
فِي قُلُوبِنَا غِلًّا لِلَّذِينَ آمَنُوا رَبَّنَا إِنَّكَ رَؤُفٌ رَحِيمٌ ١١ أَلَمْ تَرَ إِلَى ٱلَّذِينَ
نَافَقُوا يَقُولُونَ لِإِخْوَانِهِمُ ٱلَّذِينَ كَفَرُوا مِنْ أَهْلِ ٱلْكِتَابِ لَئِنْ أُخْرِجْتُمْ
لَنَخْرُجَنَّ مَعَكُمْ وَلَا نُطِيعُ فِيكُمْ أَحَدًا أَبَدًا وَإِنْ قُوتِلْتُمْ لَنَنْصُرَنَّكُمْ وَٱللَّهُ
يَشْهَدُ إِنَّهُمْ لَكَاذِبُونَ ١٢ لَئِنْ أُخْرِجُوا لَا يَخْرُجُونَ مَعَهُمْ وَلَئِنْ قُوتِلُوا لَا
يَنْصُرُونَهُمْ وَلَئِنْ نَصَرُوهُمْ لَيُوَلُّنَّ ٱلْأَدْبَارَ ثُمَّ لَا يُنْصَرُونَ ١٣ لَأَنْتُمْ أَشَدُّ
رَهْبَةً فِي صُدُورِهِمْ مِنَ ٱللَّهِ ذَلِكَ بِأَنَّهُمْ قَوْمٌ لَا يَفْقَهُونَ ١٤ لَا يُقَاتِلُونَكُمْ
جَمِيعًا إِلَّا فِي قُرًى مُحَصَّنَةٍ أَوْ مِنْ وَرَآءِ جُدُرٍ بَأْسُهُمْ بَيْنَهُمْ شَدِيدٌ تَحْسَبُهُمْ
جَمِيعًا وَقُلُوبُهُمْ شَتَّى ذَلِكَ بِأَنَّهُمْ قَوْمٌ لَا يَعْقِلُونَ ١٥ كَمَثَلِ ٱلَّذِينَ مِنْ
قَبْلِهِمْ قَرِيبًا ذَاقُوا وَبَالَ أَمْرِهِمْ وَلَهُمْ عَذَابٌ أَلِيمٌ ١٦ كَمَثَلِ ٱلشَّيْطَانِ إِذْ
قَالَ لِلْإِنْسَانِ ٱكْفُرْ فَلَمَّا كَفَرَ قَالَ إِنِّي بَرِيٌّ مِنْكَ إِنِّي أَخَافُ ٱللَّهَ رَبَّ
ٱلْعَالَمِينَ ١٧ فَكَانَ عَاقِبَتَهُمَا أَنَّهُمَا فِي ٱلنَّارِ خَالِدَيْنِ فِيهَا وَذَلِكَ جَزَآءُ
ٱلظَّالِمِينَ ١٨ يَا أَيُّهَا ٱلَّذِينَ آمَنُوا ٱتَّقُوا ٱللَّهَ وَلْتَنْظُرْ نَفْسٌ مَا قَدَّمَتْ
لِغَدٍ وَٱتَّقُوا ٱللَّهَ إِنَّ ٱللَّهَ خَبِيرٌ بِمَا تَعْمَلُونَ ١٩ وَلَا تَكُونُوا كَٱلَّذِينَ نَسُوا

ٱلشَّيْطَانِ هُمُ ٱلْخَاسِرُونَ ٢١ إِنَّ ٱلَّذِينَ يُحَادُّونَ ٱللَّهَ وَرَسُولَهُ أُولَآئِكَ فِي
ٱلْأَذَلِّينَ كَتَبَ ٱللَّهُ لَأَغْلِبَنَّ أَنَا وَرُسُلِي إِنَّ ٱللَّهَ قَوِيٌّ عَزِيزٌ ٢٢ لَا تَجِدُ
قَوْمًا يُؤْمِنُونَ بِٱللَّهِ وَٱلْيَوْمِ ٱلْآخِرِ يُوَادُّونَ مَنْ حَادَّ ٱللَّهَ وَرَسُولَهُ وَلَوْ كَانُوا
آبَاءَهُمْ أَوْ أَبْنَاءَهُمْ أَوْ إِخْوَانَهُمْ أَوْ عَشِيرَتَهُمْ أُولَآئِكَ كَتَبَ فِي قُلُوبِهِمُ
ٱلْإِيمَانَ وَأَيَّدَهُمْ بِرُوحٍ مِنْهُ وَيُدْخِلُهُمْ جَنَّاتٍ تَجْرِي مِنْ تَحْتِهَا ٱلْأَنْهَارُ
خَالِدِينَ فِيهَا رَضِيَ ٱللَّهُ عَنْهُمْ وَرَضُوا عَنْهُ أُولَآئِكَ حِزْبُ ٱللَّهِ أَلَا إِنَّ
حِزْبَ ٱللَّهِ هُمُ ٱلْمُفْلِحُونَ

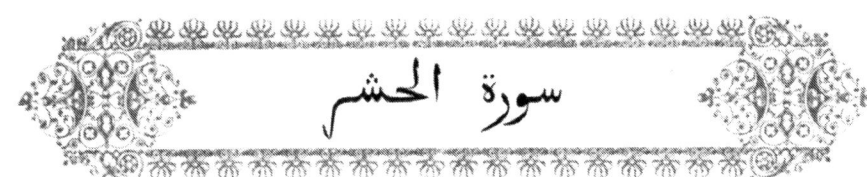

سورة الحشر

مدنية وهى اربع وعشرون آية

بِسْمِ ٱللَّهِ ٱلرَّحْمَنِ ٱلرَّحِيمِ

١ سَبَّحَ لِلَّهِ مَا فِي ٱلسَّمَوَاتِ وَمَا فِي ٱلْأَرْضِ وَهُوَ ٱلْعَزِيزُ ٱلْحَكِيمُ ٢ هُوَ ٱلَّذِي
أَخْرَجَ ٱلَّذِينَ كَفَرُوا مِنْ أَهْلِ ٱلْكِتَابِ مِنْ دِيَارِهِمْ لِأَوَّلِ ٱلْحَشْرِ مَا ظَنَنْتُمْ
أَنْ يَخْرُجُوا وَظَنُّوا أَنَّهُمْ مَانِعَتُهُمْ حُصُونُهُمْ مِنَ ٱللَّهِ فَأَتَاهُمُ ٱللَّهُ مِنْ حَيْثُ
لَمْ يَحْتَسِبُوا وَقَذَفَ فِي قُلُوبِهِمُ ٱلرُّعْبَ يُخْرِبُونَ بُيُوتَهُمْ بِأَيْدِيهِمْ وَأَيْدِي
ٱلْمُؤْمِنِينَ فَٱعْتَبِرُوا يَا أُولِي ٱلْأَبْصَارِ ٣ وَلَوْلَا أَنْ كَتَبَ ٱللَّهُ عَلَيْهِمُ ٱلْجَلَاءَ
لَعَذَّبَهُمْ فِي ٱلدُّنْيَا وَلَهُمْ فِي ٱلْآخِرَةِ عَذَابُ ٱلنَّارِ ٤ ذَلِكَ بِأَنَّهُمْ شَاقُّوا ٱللَّهَ
وَرَسُولَهُ وَمَنْ يُشَاقِّ ٱللَّهَ فَإِنَّ ٱللَّهَ شَدِيدُ ٱلْعِقَابِ ٥ مَا قَطَعْتُمْ مِنْ لِينَةٍ
أَوْ تَرَكْتُمُوهَا قَائِمَةً عَلَى أُصُولِهَا فَبِإِذْنِ ٱللَّهِ وَلِيُخْزِيَ ٱلْفَاسِقِينَ ٦ وَمَا
أَفَاءَ ٱللَّهُ عَلَى رَسُولِهِ مِنْهُمْ فَمَا أَوْجَفْتُمْ عَلَيْهِ مِنْ خَيْلٍ وَلَا رِكَابٍ وَلَكِنَّ
ٱللَّهَ يُسَلِّطُ رُسُلَهُ عَلَى مَنْ يَشَاءُ وَٱللَّهُ عَلَى كُلِّ شَيْءٍ قَدِيرٌ ٧ مَا أَفَاءَ

٢٩٣ سورة المجادلة

إِلَّا هُوَ مَعَهُمْ أَيْنَمَا كَانُوا ثُمَّ يُنَبِّئُهُمْ بِمَا عَمِلُوا يَوْمَ ٱلْقِيَامَةِ إِنَّ ٱللَّهَ بِكُلِّ
شَيْءٍ عَلِيمٌ ٩ أَلَمْ تَرَ إِلَى ٱلَّذِينَ نُهُوا عَنِ ٱلنَّجْوَى ثُمَّ يَعُودُونَ لِمَا نُهُوا
عَنْهُ وَيَتَنَاجَوْنَ بِٱلْإِثْمِ وَٱلْعُدْوَانِ وَمَعْصِيَةِ ٱلرَّسُولِ وَإِذَا جَاءُوكَ حَيَّوْكَ بِمَا لَمْ
يُحَيِّكَ بِهِ ٱللَّهُ وَيَقُولُونَ فِي أَنْفُسِهِمْ لَوْلَا يُعَذِّبُنَا ٱللَّهُ بِمَا نَقُولُ حَسْبُهُمْ
جَهَنَّمُ يَصْلَوْنَهَا فَبِئْسَ ٱلْمَصِيرُ ١٠ يَا أَيُّهَا ٱلَّذِينَ آمَنُوا إِذَا تَنَاجَيْتُمْ فَلَا
تَتَنَاجَوْا بِٱلْإِثْمِ وَٱلْعُدْوَانِ وَمَعْصِيَةِ ٱلرَّسُولِ وَتَنَاجَوْا بِٱلْبِرِّ وَٱلتَّقْوَى وَٱتَّقُوا
ٱللَّهَ ٱلَّذِي إِلَيْهِ تُحْشَرُونَ ١١ إِنَّمَا ٱلنَّجْوَى مِنَ ٱلشَّيْطَانِ لِيَحْزُنَ ٱلَّذِينَ
آمَنُوا وَلَيْسَ بِضَارِّهِمْ شَيْئًا إِلَّا بِإِذْنِ ٱللَّهِ وَعَلَى ٱللَّهِ فَلْيَتَوَكَّلِ ٱلْمُؤْمِنُونَ
١٢ يَا أَيُّهَا ٱلَّذِينَ آمَنُوا إِذَا قِيلَ لَكُمْ تَفَسَّحُوا فِي ٱلْمَجَالِسِ فَٱفْسَحُوا يَفْسَحِ
ٱللَّهُ لَكُمْ وَإِذَا قِيلَ ٱنْشُزُوا فَٱنْشُزُوا يَرْفَعِ ٱللَّهُ ٱلَّذِينَ آمَنُوا مِنْكُمْ وَٱلَّذِينَ
أُوتُوا ٱلْعِلْمَ دَرَجَاتٍ وَٱللَّهُ بِمَا تَعْمَلُونَ خَبِيرٌ ١٣ يَا أَيُّهَا ٱلَّذِينَ آمَنُوا إِذَا
نَاجَيْتُمُ ٱلرَّسُولَ فَقَدِّمُوا بَيْنَ يَدَيْ نَجْوَاكُمْ صَدَقَةً ذَلِكَ خَيْرٌ لَكُمْ وَأَطْهَرُ
فَإِنْ لَمْ تَجِدُوا فَإِنَّ ٱللَّهَ غَفُورٌ رَحِيمٌ ١٤ أَأَشْفَقْتُمْ أَنْ تُقَدِّمُوا بَيْنَ يَدَيْ
نَجْوَاكُمْ صَدَقَاتٍ فَإِذْ لَمْ تَفْعَلُوا وَتَابَ ٱللَّهُ عَلَيْكُمْ فَأَقِيمُوا ٱلصَّلَوةَ وَآتُوا
ٱلزَّكَوةَ وَأَطِيعُوا ٱللَّهَ وَرَسُولَهُ وَٱللَّهُ خَبِيرٌ بِمَا تَعْمَلُونَ ١٥ أَلَمْ تَرَ إِلَى
ٱلَّذِينَ تَوَلَّوْا قَوْمًا غَضِبَ ٱللَّهُ عَلَيْهِمْ مَا هُمْ مِنْكُمْ وَلَا مِنْهُمْ وَيَحْلِفُونَ عَلَى
ٱلْكَذِبِ وَهُمْ يَعْلَمُونَ ١٦ أَعَدَّ ٱللَّهُ لَهُمْ عَذَابًا شَدِيدًا إِنَّهُمْ سَاءَ مَا كَانُوا
يَعْمَلُونَ ١٧ إِتَّخَذُوا أَيْمَانَهُمْ جُنَّةً فَصَدُّوا عَنْ سَبِيلِ ٱللَّهِ فَلَهُمْ عَذَابٌ
مُهِينٌ ١٨ لَنْ تُغْنِيَ عَنْهُمْ أَمْوَالُهُمْ وَلَا أَوْلَادُهُمْ مِنَ ٱللَّهِ شَيْئًا أُولَائِكَ
أَصْحَابُ ٱلنَّارِ هُمْ فِيهَا خَالِدُونَ ١٩ يَوْمَ يَبْعَثُهُمُ ٱللَّهُ جَمِيعًا فَيَحْلِفُونَ لَهُ
كَمَا يَحْلِفُونَ لَكُمْ وَيَحْسَبُونَ أَنَّهُمْ عَلَى شَيْءٍ أَلَا إِنَّهُمْ هُمُ ٱلْكَاذِبُونَ ٢٠ إِسْتَحْوَذَ
عَلَيْهِمُ ٱلشَّيْطَانُ فَأَنْسَاهُمْ ذِكْرَ ٱللَّهِ أُولَائِكَ حِزْبُ ٱلشَّيْطَانِ أَلَا إِنَّ حِزْبَ

٢٨ يَا أَيُّهَا ٱلَّذِينَ آمَنُوا ٱتَّقُوا ٱللَّهَ وَآمِنُوا بِرَسُولِهِ يُؤْتِكُمْ كِفْلَيْنِ مِنْ
رَحْمَتِهِ وَيَجْعَلْ لَكُمْ نُورًا تَمْشُونَ بِهِ وَيَغْفِرْ لَكُمْ وَٱللَّهُ غَفُورٌ رَحِيمٌ ٢٩ لِئَلَّا
يَعْلَمَ أَهْلُ ٱلْكِتَابِ أَلَّا يَقْدِرُونَ عَلَى شَيْءٍ مِنْ فَضْلِ ٱللَّهِ وَأَنَّ ٱلْفَضْلَ بِيَدِ
ٱللَّهِ يُؤْتِيهِ مَنْ يَشَاءُ وَٱللَّهُ ذُو ٱلْفَضْلِ ٱلْعَظِيمِ

سورة المجادلة

مدنية وهى اثنتان وعشرون آية

بِسْمِ ٱللَّهِ ٱلرَّحْمَنِ ٱلرَّحِيمِ

٢٨ ١ قَدْ سَمِعَ ٱللَّهُ قَوْلَ ٱلَّتِي تُجَادِلُكَ فِي زَوْجِهَا وَتَشْتَكِي إِلَى ٱللَّهِ
وَٱللَّهُ يَسْمَعُ تَحَاوُرَكُمَا إِنَّ ٱللَّهَ سَمِيعٌ بَصِيرٌ ٢ ٱلَّذِينَ يُظَاهِرُونَ مِنْكُمْ مِنْ
نِسَائِهِمْ مَا هُنَّ أُمَّهَاتِهِمْ إِنْ أُمَّهَاتُهُمْ إِلَّا ٱللَّائِي وَلَدْنَهُمْ وَإِنَّهُمْ لَيَقُولُونَ
مُنْكَرًا مِنَ ٱلْقَوْلِ وَزُورًا ٣ وَإِنَّ ٱللَّهَ لَعَفُوٌّ غَفُورٌ ٤ وَٱلَّذِينَ يُظَاهِرُونَ مِنْ
نِسَائِهِمْ ثُمَّ يَعُودُونَ لِمَا قَالُوا فَتَحْرِيرُ رَقَبَةٍ مِنْ قَبْلِ أَنْ يَتَمَاسَّا ذَلِكُمْ
تُوعَظُونَ بِهِ وَٱللَّهُ بِمَا تَعْمَلُونَ خَبِيرٌ ٥ فَمَنْ لَمْ يَجِدْ فَصِيَامُ شَهْرَيْنِ
مُتَتَابِعَيْنِ مِنْ قَبْلِ أَنْ يَتَمَاسَّا فَمَنْ لَمْ يَسْتَطِعْ فَإِطْعَامُ سِتِّينَ مِسْكِينًا ذَلِكَ
لِتُؤْمِنُوا بِٱللَّهِ وَرَسُولِهِ وَتِلْكَ حُدُودُ ٱللَّهِ وَلِلْكَافِرِينَ عَذَابٌ أَلِيمٌ ٦ إِنَّ
ٱلَّذِينَ يُحَادُّونَ ٱللَّهَ وَرَسُولَهُ كُبِتُوا كَمَا كُبِتَ ٱلَّذِينَ مِنْ قَبْلِهِمْ وَقَدْ
أَنْزَلْنَا آيَاتٍ بَيِّنَاتٍ وَلِلْكَافِرِينَ عَذَابٌ مُهِينٌ ٧ يَوْمَ يَبْعَثُهُمُ ٱللَّهُ جَمِيعًا
فَيُنَبِّئُهُمْ بِمَا عَمِلُوا أَحْصَاهُ ٱللَّهُ وَنَسُوهُ وَٱللَّهُ عَلَى كُلِّ شَيْءٍ شَهِيدٌ ٨ أَلَمْ
تَرَ أَنَّ ٱللَّهَ يَعْلَمُ مَا فِي ٱلسَّمَاوَاتِ وَمَا فِي ٱلْأَرْضِ مَا يَكُونُ مِنْ نَجْوَى ثَلَاثَةٍ
إِلَّا هُوَ رَابِعُهُمْ وَلَا خَمْسَةٍ إِلَّا هُوَ سَادِسُهُمْ وَلَا أَدْنَى مِنْ ذَلِكَ وَلَا أَكْثَرَ

فَقَسَتْ قُلُوبُهُمْ وَكَثِيرٌ مِنْهُمْ فَاسِقُونَ ١٦ اِعْلَمُوا أَنَّ ٱللّٰهَ يُحْيِي ٱلْأَرْضَ بَعْدَ
مَوْتِهَا قَدْ بَيَّنَّا لَكُمُ ٱلْآيَاتِ لَعَلَّكُمْ تَعْقِلُونَ ١٧ إِنَّ ٱلْمُصَّدِّقِينَ وَٱلْمُصَّدِّقَاتِ
وَأَقْرَضُوا ٱللّٰهَ قَرْضًا حَسَنًا يُضَاعَفُ لَهُمْ وَلَهُمْ أَجْرٌ كَرِيمٌ ١٨ وَٱلَّذِينَ آمَنُوا
بِٱللّٰهِ وَرُسُلِهِ أُولَآئِكَ هُمُ ٱلصِّدِّيقُونَ وَٱلشُّهَدَاءُ عِنْدَ رَبِّهِمْ لَهُمْ أَجْرُهُمْ وَنُورُهُمْ
وَٱلَّذِينَ كَفَرُوا وَكَذَّبُوا بِآيَاتِنَا أُولَآئِكَ أَصْحَابُ ٱلْجَحِيمِ ١٩ اِعْلَمُوا أَنَّمَا ٱلْحَيَوٰةُ
ٱلدُّنْيَا لَعِبٌ وَلَهْوٌ وَزِينَةٌ وَتَفَاخُرٌ بَيْنَكُمْ وَتَكَاثُرٌ فِي ٱلْأَمْوَالِ وَٱلْأَوْلَادِ كَمَثَلِ
غَيْثٍ أَعْجَبَ ٱلْكُفَّارَ نَبَاتُهُ ثُمَّ يَهِيجُ فَتَرَاهُ مُصْفَرًّا ثُمَّ يَكُونُ حُطَامًا وَفِي
ٱلْآخِرَةِ عَذَابٌ شَدِيدٌ ٢٠ وَمَغْفِرَةٌ مِنَ ٱللّٰهِ وَرِضْوَانٌ وَمَا ٱلْحَيَوٰةُ ٱلدُّنْيَا
إِلَّا مَتَاعُ ٱلْغُرُورِ ٢١ سَابِقُوا إِلَى مَغْفِرَةٍ مِنْ رَبِّكُمْ وَجَنَّةٍ عَرْضُهَا كَعَرْضِ
ٱلسَّمَاءِ وَٱلْأَرْضِ أُعِدَّتْ لِلَّذِينَ آمَنُوا بِٱللّٰهِ وَرُسُلِهِ ذَلِكَ فَضْلُ ٱللّٰهِ يُؤْتِيهِ
مَنْ يَشَاءُ وَٱللّٰهُ ذُو ٱلْفَضْلِ ٱلْعَظِيمِ ٢٢ مَا أَصَابَ مِنْ مُصِيبَةٍ فِي ٱلْأَرْضِ
وَلَا فِي أَنْفُسِكُمْ إِلَّا فِي كِتَابٍ مِنْ قَبْلِ أَنْ نَبْرَأَهَا إِنَّ ذَلِكَ عَلَى ٱللّٰهِ يَسِيرٌ
٢٣ لِكَيْلَا تَأْسَوْا عَلَى مَا فَاتَكُمْ وَلَا تَفْرَحُوا بِمَا آتَاكُمْ وَٱللّٰهُ لَا يُحِبُّ كُلَّ
مُخْتَالٍ فَخُورٍ ٢٤ ٱلَّذِينَ يَبْخَلُونَ وَيَأْمُرُونَ ٱلنَّاسَ بِٱلْبُخْلِ وَمَنْ يَتَوَلَّ فَإِنَّ
ٱللّٰهَ هُوَ ٱلْغَنِيُّ ٱلْحَمِيدُ ٢٥ لَقَدْ أَرْسَلْنَا رُسُلَنَا بِٱلْبَيِّنَاتِ وَأَنْزَلْنَا مَعَهُمُ
ٱلْكِتَابَ وَٱلْمِيزَانَ لِيَقُومَ ٱلنَّاسُ بِٱلْقِسْطِ وَأَنْزَلْنَا ٱلْحَدِيدَ فِيهِ بَأْسٌ شَدِيدٌ
وَمَنَافِعُ لِلنَّاسِ وَلِيَعْلَمَ ٱللّٰهُ مَنْ يَنْصُرُهُ وَرُسُلَهُ بِٱلْغَيْبِ إِنَّ ٱللّٰهَ قَوِيٌّ عَزِيزٌ
٢٦ وَلَقَدْ أَرْسَلْنَا نُوحًا وَإِبْرٰهِيمَ وَجَعَلْنَا فِي ذُرِّيَّتِهِمَا ٱلنُّبُوَّةَ وَٱلْكِتَابَ فَمِنْهُمْ
مُهْتَدٍ وَكَثِيرٌ مِنْهُمْ فَاسِقُونَ ٢٧ ثُمَّ قَفَّيْنَا عَلَى آثَارِهِمْ بِرُسُلِنَا وَقَفَّيْنَا
بِعِيسَى ٱبْنِ مَرْيَمَ وَآتَيْنَاهُ ٱلْإِنْجِيلَ وَجَعَلْنَا فِي قُلُوبِ ٱلَّذِينَ ٱتَّبَعُوهُ رَأْفَةً
وَرَحْمَةً وَرَهْبَانِيَّةً ٱبْتَدَعُوهَا مَا كَتَبْنَاهَا عَلَيْهِمْ إِلَّا ٱبْتِغَاءَ رِضْوَانِ ٱللّٰهِ فَمَا
رَعَوْهَا حَقَّ رِعَايَتِهَا فَآتَيْنَا ٱلَّذِينَ آمَنُوا مِنْهُمْ أَجْرَهُمْ وَكَثِيرٌ مِنْهُمْ فَاسِقُونَ

سِتَّةِ أَيَّامٍ ثُمَّ ٱسْتَوَى عَلَى ٱلْعَرْشِ يَعْلَمُ مَا يَلِجُ فِي ٱلْأَرْضِ وَمَا يَخْرُجُ مِنْهَا
وَمَا يَنْزِلُ مِنَ ٱلسَّمَآءِ وَمَا يَعْرُجُ فِيهَا وَهُوَ مَعَكُمْ أَيْنَمَا كُنْتُمْ وَٱللّٰهُ بِمَا
تَعْمَلُونَ بَصِيرٌ ٥ لَهُ مُلْكُ ٱلسَّمٰوَاتِ وَٱلْأَرْضِ وَإِلَى ٱللّٰهِ تُرْجَعُ ٱلْأُمُورُ ٦ يُولِجُ
ٱللَّيْلَ فِي ٱلنَّهَارِ وَيُولِجُ ٱلنَّهَارَ فِي ٱللَّيْلِ وَهُوَ عَلِيمٌ بِذَاتِ ٱلصُّدُورِ ٧ آمِنُوا
بِٱللّٰهِ وَرَسُولِهِ وَأَنْفِقُوا مِمَّا جَعَلَكُمْ مُسْتَخْلَفِينَ فِيهِ فَٱلَّذِينَ آمَنُوا مِنْكُمْ
وَأَنْفَقُوا لَهُمْ أَجْرٌ كَبِيرٌ ٨ وَمَا لَكُمْ لَا تُؤْمِنُونَ بِٱللّٰهِ وَٱلرَّسُولُ يَدْعُوكُمْ
لِتُؤْمِنُوا بِرَبِّكُمْ وَقَدْ أَخَذَ مِيثَاقَكُمْ إِنْ كُنْتُمْ مُؤْمِنِينَ ٩ هُوَ ٱلَّذِي يُنَزِّلُ
عَلَى عَبْدِهِ آيَاتٍ بَيِّنَاتٍ لِيُخْرِجَكُمْ مِنَ ٱلظُّلُمَاتِ إِلَى ٱلنُّورِ وَإِنَّ ٱللّٰهَ بِكُمْ
لَرَؤُوفٌ رَحِيمٌ ١٠ وَمَا لَكُمْ أَلَّا تُنْفِقُوا فِي سَبِيلِ ٱللّٰهِ وَلِلّٰهِ مِيرَاثُ ٱلسَّمٰوَاتِ
وَٱلْأَرْضِ لَا يَسْتَوِي مِنْكُمْ مَنْ أَنْفَقَ مِنْ قَبْلِ ٱلْفَتْحِ وَقَاتَلَ أُولَآئِكَ أَعْظَمُ
دَرَجَةً مِنَ ٱلَّذِينَ أَنْفَقُوا مِنْ بَعْدُ وَقَاتَلُوا وَكُلًّا وَعَدَ ٱللّٰهُ ٱلْحُسْنَى وَٱللّٰهُ
بِمَا تَعْمَلُونَ خَبِيرٌ ١١ مَنْ ذَا ٱلَّذِي يُقْرِضُ ٱللّٰهَ قَرْضًا حَسَنًا فَيُضَاعِفَهُ
لَهُ وَلَهُ أَجْرٌ كَرِيمٌ ١٢ يَوْمَ تَرَى ٱلْمُؤْمِنِينَ وَٱلْمُؤْمِنَاتِ يَسْعَى نُورُهُمْ بَيْنَ
أَيْدِيهِمْ وَبِأَيْمَانِهِمْ بُشْرَاكُمُ ٱلْيَوْمَ جَنَّاتٌ تَجْرِي مِنْ تَحْتِهَا ٱلْأَنْهَارُ خَالِدِينَ
فِيهَا ذٰلِكَ هُوَ ٱلْفَوْزُ ٱلْعَظِيمُ ١٣ يَوْمَ يَقُولُ ٱلْمُنَافِقُونَ وَٱلْمُنَافِقَاتُ لِلَّذِينَ
آمَنُوا ٱنْظُرُونَا نَقْتَبِسْ مِنْ نُورِكُمْ قِيلَ ٱرْجِعُوا وَرَآءَكُمْ فَٱلْتَمِسُوا نُورًا
فَضُرِبَ بَيْنَهُمْ بِسُورٍ لَهُ بَابٌ بَاطِنُهُ فِيهِ ٱلرَّحْمَةُ وَظَاهِرُهُ مِنْ قِبَلِهِ ٱلْعَذَابُ
يُنَادُونَهُمْ أَلَمْ نَكُنْ مَعَكُمْ قَالُوا بَلَى وَلٰكِنَّكُمْ فَتَنْتُمْ أَنْفُسَكُمْ وَتَرَبَّصْتُمْ وَٱرْتَبْتُمْ
وَغَرَّتْكُمُ ٱلْأَمَانِيُّ حَتَّى جَآءَ أَمْرُ ٱللّٰهِ وَغَرَّكُمْ بِٱللّٰهِ ٱلْغَرُورُ ١٤ فَٱلْيَوْمَ لَا
يُؤْخَذُ مِنْكُمْ فِدْيَةٌ وَلَا مِنَ ٱلَّذِينَ كَفَرُوا مَأْوَاكُمُ ٱلنَّارُ هِيَ مَوْلَاكُمْ وَبِئْسَ
ٱلْمَصِيرُ ١٥ أَلَمْ يَأْنِ لِلَّذِينَ آمَنُوا أَنْ تَخْشَعَ قُلُوبُهُمْ لِذِكْرِ ٱللّٰهِ وَمَا نَزَلَ
مِنَ ٱلْحَقِّ وَلَا يَكُونُوا كَٱلَّذِينَ أُوتُوا ٱلْكِتَابَ مِنْ قَبْلُ فَطَالَ عَلَيْهِمُ ٱلْأَمَدُ

بَلْ نَحْنُ مَحْرُومُونَ ٦٧ أَفَرَأَيْتُمُ ٱلْمَآءَ ٱلَّذِى تَشْرَبُونَ ٦٨ ءَأَنتُمْ أَنزَلْتُمُوهُ مِنَ
ٱلْمُزْنِ أَمْ نَحْنُ ٱلْمُنزِلُونَ ٦٩ لَوْ نَشَآءُ جَعَلْنَاهُ أُجَاجًا فَلَوْلَا تَشْكُرُونَ
٧٠ أَفَرَأَيْتُمُ ٱلنَّارَ ٱلَّتِى تُورُونَ ٧١ ءَأَنتُمْ أَنشَأْتُمْ شَجَرَتَهَا أَمْ نَحْنُ ٱلْمُنشِئُونَ
٧٢ نَحْنُ جَعَلْنَاهَا تَذْكِرَةً وَمَتَاعًا لِلْمُقْوِينَ ٧٣ فَسَبِّحْ بِٱسْمِ رَبِّكَ ٱلْعَظِيمِ
٧٤ فَلَا أُقْسِمُ بِمَوَاقِعِ ٱلنُّجُومِ ٧٥ وَإِنَّهُ لَقَسَمٌ لَوْ تَعْلَمُونَ عَظِيمٌ ٧٦ إِنَّهُ لَقُرْآنٌ
كَرِيمٌ ٧٧ فِى كِتَابٍ مَكْنُونٍ ٧٨ لَا يَمَسُّهُ إِلَّا ٱلْمُطَهَّرُونَ ٧٩ تَنزِيلٌ مِنْ رَبِّ
ٱلْعَالَمِينَ ٨٠ أَفَبِهَذَا ٱلْحَدِيثِ أَنتُمْ مُدْهِنُونَ ٨١ وَتَجْعَلُونَ رِزْقَكُمْ أَنَّكُمْ
تُكَذِّبُونَ ٨٢ فَلَوْلَا إِذَا بَلَغَتِ ٱلْحُلْقُومَ ٨٣ وَأَنتُمْ حِينَئِذٍ تَنظُرُونَ ٨٤ وَنَحْنُ
أَقْرَبُ إِلَيْهِ مِنكُمْ وَلَكِن لَا تُبْصِرُونَ ٨٥ فَلَوْلَا إِن كُنتُمْ غَيْرَ مَدِينِينَ
٨٦ تَرْجِعُونَهَا إِن كُنتُمْ صَادِقِينَ ٨٧ فَأَمَّا إِن كَانَ مِنَ ٱلْمُقَرَّبِينَ ٨٨ فَرَوْحٌ
وَرَيْحَانٌ وَجَنَّةُ نَعِيمٍ ٨٩ وَأَمَّا إِن كَانَ مِنْ أَصْحَابِ ٱلْيَمِينِ ٩٠ فَسَلَامٌ لَكَ
مِنْ أَصْحَابِ ٱلْيَمِينِ ٩١ وَأَمَّا إِن كَانَ مِنَ ٱلْمُكَذِّبِينَ ٩٢ ٱلضَّالِّينَ ٩٣ فَنُزُلٌ
مِنْ حَمِيمٍ ٩٤ وَتَصْلِيَةُ جَحِيمٍ ٩٥ إِنَّ هَذَا لَهُوَ حَقُّ ٱلْيَقِينِ ٩٦ فَسَبِّحْ
بِٱسْمِ رَبِّكَ ٱلْعَظِيمِ

سورة الحديد

مدنيّة وقيل مكّيّة وهى تسع وعشرون آية

بِسْمِ ٱللَّهِ ٱلرَّحْمَنِ ٱلرَّحِيمِ

١ سَبَّحَ لِلَّهِ مَا فِى ٱلسَّمَوَاتِ وَٱلْأَرْضِ وَهُوَ ٱلْعَزِيزُ ٱلْحَكِيمُ ٢ لَهُ مُلْكُ ٱلسَّمَوَاتِ
وَٱلْأَرْضِ يُحْيِى وَيُمِيتُ وَهُوَ عَلَى كُلِّ شَىْءٍ قَدِيرٌ ٣ هُوَ ٱلْأَوَّلُ وَٱلْآخِرُ وَٱلظَّاهِرُ
وَٱلْبَاطِنُ وَهُوَ بِكُلِّ شَىْءٍ عَلِيمٌ ٤ هُوَ ٱلَّذِى خَلَقَ ٱلسَّمَوَاتِ وَٱلْأَرْضَ فِى

ٱلنَّعِيمِ ١٣ ثُلَّةٌ مِنَ ٱلْأَوَّلِينَ ١٤ وَقَلِيلٌ مِنَ ٱلْآخِرِينَ ١٥ عَلَى سُرُرٍ مَوْضُونَةٍ
١٦ مُتَّكِئِينَ عَلَيْهَا مُتَقَابِلِينَ ١٧ يَطُوفُ عَلَيْهِمْ وِلْدَانٌ مُخَلَّدُونَ ١٨ بِأَكْوَابٍ
وَأَبَارِيقَ وَكَأْسٍ مِنْ مَعِينٍ ١٩ لَا يُصَدَّعُونَ عَنْهَا وَلَا يُنْزِفُونَ ٢٠ وَفَاكِهَةٍ
مِمَّا يَتَخَيَّرُونَ ٢١ وَلَحْمِ طَيْرٍ مِمَّا يَشْتَهُونَ ٢٢ وَحُورٌ عِينٌ كَأَمْثَالِ ٱللُّؤْلُؤِ
ٱلْمَكْنُونِ ٢٣ جَزَآءً بِمَا كَانُوا يَعْمَلُونَ ٢٤ لَا يَسْمَعُونَ فِيهَا لَغْوًا وَلَا تَأْثِيمًا
٢٥ إِلَّا قِيلًا سَلَامًا سَلَامًا ٢٦ وَأَصْحَابُ ٱلْيَمِينِ مَا أَصْحَابُ ٱلْيَمِينِ ٢٧ فِي
سِدْرٍ مَخْضُودٍ ٢٨ وَطَلْحٍ مَنْضُودٍ ٢٩ وَظِلٍّ مَمْدُودٍ ٣٠ وَمَآءٍ مَسْكُوبٍ
٣١ وَفَاكِهَةٍ كَثِيرَةٍ ٣٢ لَا مَقْطُوعَةٍ وَلَا مَمْنُوعَةٍ ٣٣ وَفُرُشٍ مَرْفُوعَةٍ ٣٤ إِنَّا
أَنْشَأْنَاهُنَّ إِنْشَآءً ٣٥ فَجَعَلْنَاهُنَّ أَبْكَارًا ٣٦ عُرُبًا أَتْرَابًا ٣٧ لِأَصْحَابِ ٱلْيَمِينِ
٣٨ ثُلَّةٌ مِنَ ٱلْأَوَّلِينَ ٣٩ وَثُلَّةٌ مِنَ ٱلْآخِرِينَ ٤٠ وَأَصْحَابُ ٱلشِّمَالِ مَا
أَصْحَابُ ٱلشِّمَالِ ٤١ فِي سَمُومٍ وَحَمِيمٍ ٤٢ وَظِلٍّ مِنْ يَحْمُومٍ ٤٣ لَا بَارِدٍ وَلَا
كَرِيمٍ ٤٤ إِنَّهُمْ كَانُوا قَبْلَ ذَلِكَ مُتْرَفِينَ ٤٥ وَكَانُوا يُصِرُّونَ عَلَى ٱلْحِنْثِ
ٱلْعَظِيمِ ٤٦ وَكَانُوا يَقُولُونَ ٤٧ أَئِذَا مِتْنَا وَكُنَّا تُرَابًا وَعِظَامًا أَئِنَّا
لَمَبْعُوثُونَ ٤٨ أَوَآبَآؤُنَا ٱلْأَوَّلُونَ ٤٩ قُلْ إِنَّ ٱلْأَوَّلِينَ وَٱلْآخِرِينَ ٥٠
لَمَجْمُوعُونَ إِلَى مِيقَاتِ يَوْمٍ مَعْلُومٍ ٥١ ثُمَّ إِنَّكُمْ أَيُّهَا ٱلضَّالُّونَ ٱلْمُكَذِّبُونَ
٥٢ لَآكِلُونَ مِنْ شَجَرٍ مِنْ زَقُّومٍ ٥٣ فَمَالِئُونَ مِنْهَا ٱلْبُطُونَ ٥٤ فَشَارِبُونَ
عَلَيْهِ مِنَ ٱلْحَمِيمِ ٥٥ فَشَارِبُونَ شُرْبَ ٱلْهِيمِ ٥٦ هَذَا نُزُلُهُمْ يَوْمَ ٱلدِّينِ
٥٧ نَحْنُ خَلَقْنَاكُمْ فَلَوْلَا تُصَدِّقُونَ ٥٨ أَفَرَأَيْتُمْ مَا تُمْنُونَ ٥٩ أَأَنْتُمْ تَخْلُقُونَهُ
أَمْ نَحْنُ ٱلْخَالِقُونَ ٦٠ نَحْنُ قَدَّرْنَا بَيْنَكُمُ ٱلْمَوْتَ وَمَا نَحْنُ بِمَسْبُوقِينَ ٦١ عَلَى
أَنْ نُبَدِّلَ أَمْثَالَكُمْ وَنُنْشِئَكُمْ فِيمَا لَا تَعْلَمُونَ ٦٢ وَلَقَدْ عَلِمْتُمُ ٱلنَّشْأَةَ ٱلْأُولَى
فَلَوْلَا تَذَكَّرُونَ ٦٣ أَفَرَأَيْتُمْ مَا تَحْرُثُونَ ٦٤ أَأَنْتُمْ تَزْرَعُونَهُ أَمْ نَحْنُ
ٱلزَّارِعُونَ ٦٥ لَوْ نَشَآءُ لَجَعَلْنَاهُ حُطَامًا فَظَلْتُمْ تَفَكَّهُونَ ٦٦ إِنَّا لَمُغْرَمُونَ

٥٢ فِيهِمَا مِنْ كُلِّ فَاكِهَةٍ زَوْجَانِ ٥٣ فَبِأَيِّ آلَآءِ رَبِّكُمَا تُكَذِّبَانِ ٥٤ مُتَّكِئِينَ
عَلَى فُرُشٍ بَطَآئِنُهَا مِنْ إِسْتَبْرَقٍ وَجَنَى ٱلْجَنَّتَيْنِ دَانٍ ٥٥ فَبِأَيِّ آلَآءِ رَبِّكُمَا
تُكَذِّبَانِ ٥٦ فِيهِنَّ قَاصِرَاتُ ٱلطَّرْفِ لَمْ يَطْمِثْهُنَّ إِنْسٌ قَبْلَهُمْ وَلَا جَانٌّ
٥٧ فَبِأَيِّ آلَآءِ رَبِّكُمَا تُكَذِّبَانِ ٥٨ كَأَنَّهُنَّ ٱلْيَاقُوتُ وَٱلْمَرْجَانُ ٥٩ فَبِأَيِّ
آلَآءِ رَبِّكُمَا تُكَذِّبَانِ ٦٠ هَلْ جَزَآءُ ٱلْإِحْسَانِ إِلَّا ٱلْإِحْسَانُ ٦١ فَبِأَيِّ آلَآءِ
رَبِّكُمَا تُكَذِّبَانِ ٦٢ وَمِنْ دُونِهِمَا جَنَّتَانِ ٦٣ فَبِأَيِّ آلَآءِ رَبِّكُمَا تُكَذِّبَانِ
٦٤ مُدْهَامَّتَانِ ٦٥ فَبِأَيِّ آلَآءِ رَبِّكُمَا تُكَذِّبَانِ ٦٦ فِيهِمَا عَيْنَانِ نَضَّاخَتَانِ
٦٧ فَبِأَيِّ آلَآءِ رَبِّكُمَا تُكَذِّبَانِ ٦٨ فِيهِمَا فَاكِهَةٌ وَنَخْلٌ وَرُمَّانٌ ٦٩ فَبِأَيِّ آلَآءِ
رَبِّكُمَا تُكَذِّبَانِ ٧٠ فِيهِنَّ خَيْرَاتٌ حِسَانٌ ٧١ فَبِأَيِّ آلَآءِ رَبِّكُمَا تُكَذِّبَانِ
٧٢ حُورٌ مَقْصُورَاتٌ فِي ٱلْخِيَامِ ٧٣ فَبِأَيِّ آلَآءِ رَبِّكُمَا تُكَذِّبَانِ ٧٤ لَمْ يَطْمِثْهُنَّ
إِنْسٌ قَبْلَهُمْ وَلَا جَانٌّ ٧٥ فَبِأَيِّ آلَآءِ رَبِّكُمَا تُكَذِّبَانِ ٧٦ مُتَّكِئِينَ عَلَى رَفْرَفٍ
خُضْرٍ وَعَبْقَرِيٍّ حِسَانٍ ٧٧ فَبِأَيِّ آلَآءِ رَبِّكُمَا تُكَذِّبَانِ ٧٨ تَبَارَكَ ٱسْمُ رَبِّكَ
ذِي ٱلْجَلَالِ وَٱلْإِكْرَامِ

سورة الواقعة

مكية وهي ست وتسعون آية

بِسْمِ ٱللَّهِ ٱلرَّحْمَنِ ٱلرَّحِيمِ

١ إِذَا وَقَعَتِ ٱلْوَاقِعَةُ ٢ لَيْسَ لِوَقْعَتِهَا كَاذِبَةٌ ٣ خَافِضَةٌ رَافِعَةٌ ٤ إِذَا رُجَّتِ
ٱلْأَرْضُ رَجًّا ٥ وَبُسَّتِ ٱلْجِبَالُ بَسًّا ٦ فَكَانَتْ هَبَآءً مُنْبَثًّا ٧ وَكُنْتُمْ أَزْوَاجًا
ثَلَاثَةً ٨ فَأَصْحَابُ ٱلْمَيْمَنَةِ مَا أَصْحَابُ ٱلْمَيْمَنَةِ ٩ وَأَصْحَابُ ٱلْمَشْأَمَةِ مَا أَصْحَابُ
ٱلْمَشْأَمَةِ ١٠ وَٱلسَّابِقُونَ ٱلسَّابِقُونَ ١١ أُولَآئِكَ ٱلْمُقَرَّبُونَ ١٢ فِي جَنَّاتِ

٧ أَلَّا تَطْغَوْا فِي ٱلْمِيزَانِ ٨ وَأَقِيمُوا ٱلْوَزْنَ بِٱلْقِسْطِ وَلَا تُخْسِرُوا ٱلْمِيزَانَ
٩ وَٱلْأَرْضَ وَضَعَهَا لِلْأَنَامِ ١٠ فِيهَا فَاكِهَةٌ وَٱلنَّخْلُ ذَاتُ ٱلْأَكْمَامِ ١١ وَٱلْحَبُّ
ذُو ٱلْعَصْفِ وَٱلرَّيْحَانُ ١٢ فَبِأَيِّ آلَآءِ رَبِّكُمَا تُكَذِّبَانِ ١٣ خَلَقَ ٱلْإِنْسَانَ
مِنْ صَلْصَالٍ كَٱلْفَخَّارِ ١٤ وَخَلَقَ ٱلْجَانَّ مِنْ مَارِجٍ مِنْ نَارٍ ١٥ فَبِأَيِّ
آلَآءِ رَبِّكُمَا تُكَذِّبَانِ ١٦ رَبُّ ٱلْمَشْرِقَيْنِ ١٧ وَرَبُّ ٱلْمَغْرِبَيْنِ ١٨ فَبِأَيِّ آلَآءِ
رَبِّكُمَا تُكَذِّبَانِ ١٩ مَرَجَ ٱلْبَحْرَيْنِ يَلْتَقِيَانِ ٢٠ بَيْنَهُمَا بَرْزَخٌ لَا يَبْغِيَانِ
٢١ فَبِأَيِّ آلَآءِ رَبِّكُمَا تُكَذِّبَانِ ٢٢ يَخْرُجُ مِنْهُمَا ٱللُّؤْلُؤُ وَٱلْمَرْجَانُ ٢٣ فَبِأَيِّ
آلَآءِ رَبِّكُمَا تُكَذِّبَانِ ٢٤ وَلَهُ ٱلْجَوَارِ ٱلْمُنْشَآتُ فِي ٱلْبَحْرِ كَٱلْأَعْلَامِ ٢٥ فَبِأَيِّ
آلَآءِ رَبِّكُمَا تُكَذِّبَانِ ٢٦ كُلُّ مَنْ عَلَيْهَا فَانٍ ٢٧ وَيَبْقَى وَجْهُ رَبِّكَ ذُو
ٱلْجَلَالِ وَٱلْإِكْرَامِ ٢٨ فَبِأَيِّ آلَآءِ رَبِّكُمَا تُكَذِّبَانِ ٢٩ يَسْأَلُهُ مَنْ فِي ٱلسَّمٰوَاتِ
وَٱلْأَرْضِ كُلَّ يَوْمٍ هُوَ فِي شَأْنٍ ٣٠ فَبِأَيِّ آلَآءِ رَبِّكُمَا تُكَذِّبَانِ ٣١ سَنَفْرُغُ لَكُمْ
أَيُّهَ ٱلثَّقَلَانِ ٣٢ فَبِأَيِّ آلَآءِ رَبِّكُمَا تُكَذِّبَانِ ٣٣ يَا مَعْشَرَ ٱلْجِنِّ وَٱلْإِنْسِ
إِنِ ٱسْتَطَعْتُمْ أَنْ تَنْفُذُوا مِنْ أَقْطَارِ ٱلسَّمٰوَاتِ وَٱلْأَرْضِ فَٱنْفُذُوا لَا تَنْفُذُونَ
إِلَّا بِسُلْطَانٍ ٣٤ فَبِأَيِّ آلَآءِ رَبِّكُمَا تُكَذِّبَانِ ٣٥ يُرْسَلُ عَلَيْكُمَا شُوَاظٌ مِنْ
نَارٍ وَنُحَاسٌ فَلَا تَنْتَصِرَانِ ٣٦ فَبِأَيِّ آلَآءِ رَبِّكُمَا تُكَذِّبَانِ ٣٧ فَإِذَا ٱنْشَقَّتِ
ٱلسَّمَآءُ فَكَانَتْ وَرْدَةً كَٱلدِّهَانِ ٣٨ فَبِأَيِّ آلَآءِ رَبِّكُمَا تُكَذِّبَانِ ٣٩ فَيَوْمَئِذٍ
لَا يُسْأَلُ عَنْ ذَنْبِهِ إِنْسٌ وَلَا جَانٌّ ٤٠ فَبِأَيِّ آلَآءِ رَبِّكُمَا تُكَذِّبَانِ ٤١ يُعْرَفُ
ٱلْمُجْرِمُونَ بِسِيمَاهُمْ فَيُؤْخَذُ بِٱلنَّوَاصِي وَٱلْأَقْدَامِ ٤٢ فَبِأَيِّ آلَآءِ رَبِّكُمَا
تُكَذِّبَانِ ٤٣ هَٰذِهِ جَهَنَّمُ ٱلَّتِي يُكَذِّبُ بِهَا ٱلْمُجْرِمُونَ ٤٤ يَطُوفُونَ بَيْنَهَا
وَبَيْنَ حَمِيمٍ آنٍ ٤٥ فَبِأَيِّ آلَآءِ رَبِّكُمَا تُكَذِّبَانِ ٤٦ وَلِمَنْ خَافَ مَقَامَ رَبِّهِ
جَنَّتَانِ ٤٧ فَبِأَيِّ آلَآءِ رَبِّكُمَا تُكَذِّبَانِ ٤٨ ذَوَاتَا أَفْنَانٍ ٤٩ فَبِأَيِّ آلَآءِ
رَبِّكُمَا تُكَذِّبَانِ ٥٠ فِيهِمَا عَيْنَانِ تَجْرِيَانِ ٥١ فَبِأَيِّ آلَآءِ رَبِّكُمَا تُكَذِّبَانِ

أَرْسَلْنَا عَلَيْهِمْ صَيْحَةً وَاحِدَةً فَكَانُوا كَهَشِيمِ ٱلْمُحْتَظِرِ ٣٢ وَلَقَدْ يَسَّرْنَا
ٱلْقُرْآنَ لِلذِّكْرِ فَهَلْ مِنْ مُدَّكِرٍ ٣٣ كَذَّبَتْ قَوْمُ لُوطٍ بِٱلنُّذُرِ ٣٤ إِنَّا
أَرْسَلْنَا عَلَيْهِمْ حَاصِبًا إِلَّا آلَ لُوطٍ نَجَّيْنَاهُمْ بِسَحَرٍ ٣٥ نِعْمَةً مِنْ عِنْدِنَا
كَذَلِكَ نَجْزِي مَنْ شَكَرَ ٣٦ وَلَقَدْ أَنْذَرَهُمْ بَطْشَتَنَا فَتَمَارَوْا بِٱلنُّذُرِ ٣٧ وَلَقَدْ
رَاوَدُوهُ عَنْ ضَيْفِهِ فَطَمَسْنَا أَعْيُنَهُمْ فَذُوقُوا عَذَابِي وَنُذُرِ ٣٨ وَلَقَدْ صَبَّحَهُمْ
بُكْرَةً عَذَابٌ مُسْتَقِرٌّ ٣٩ فَذُوقُوا عَذَابِي وَنُذُرِ ٤٠ وَلَقَدْ يَسَّرْنَا ٱلْقُرْآنَ
لِلذِّكْرِ فَهَلْ مِنْ مُدَّكِرٍ ٤١ وَلَقَدْ جَاءَ آلَ فِرْعَوْنَ ٱلنُّذُرُ ٤٢ كَذَّبُوا
بِآيَاتِنَا كُلِّهَا فَأَخَذْنَاهُمْ أَخْذَ عَزِيزٍ مُقْتَدِرٍ ٤٣ أَكُفَّارُكُمْ خَيْرٌ مِنْ
أُولَائِكُمْ أَمْ لَكُمْ بَرَاءَةٌ فِي ٱلزُّبُرِ ٤٤ أَمْ يَقُولُونَ نَحْنُ جَمِيعٌ مُنْتَصِرٌ ٤٥ سَيُهْزَمُ
ٱلْجَمْعُ وَيُوَلُّونَ ٱلدُّبُرَ ٤٦ بَلِ ٱلسَّاعَةُ مَوْعِدُهُمْ وَٱلسَّاعَةُ أَدْهَى وَأَمَرُّ ٤٧ إِنَّ
ٱلْمُجْرِمِينَ فِي ضَلَالٍ وَسُعُرٍ ٤٨ يَوْمَ يُسْحَبُونَ فِي ٱلنَّارِ عَلَى وُجُوهِهِمْ ذُوقُوا
مَسَّ سَقَرَ ٤٩ إِنَّا كُلَّ شَيْءٍ خَلَقْنَاهُ بِقَدَرٍ ٥٠ وَمَا أَمْرُنَا إِلَّا وَاحِدَةٌ كَلَمْحٍ
بِٱلْبَصَرِ ٥١ وَلَقَدْ أَهْلَكْنَا أَشْيَاعَكُمْ فَهَلْ مِنْ مُدَّكِرٍ ٥٢ وَكُلُّ شَيْءٍ فَعَلُوهُ
فِي ٱلزُّبُرِ ٥٣ وَكُلُّ صَغِيرٍ وَكَبِيرٍ مُسْتَطَرٌ ٥٤ إِنَّ ٱلْمُتَّقِينَ فِي جَنَّاتٍ وَنَهَرٍ
فِي مَقْعَدِ صِدْقٍ عِنْدَ مَلِيكٍ مُقْتَدِرٍ ٥٥

سورة الرحمن

مكية وهى ثمان وسبعون آية

بِسْمِ ٱللَّهِ ٱلرَّحْمَنِ ٱلرَّحِيمِ

١ ٱلرَّحْمَنُ عَلَّمَ ٱلْقُرْآنَ ٢ خَلَقَ ٱلْإِنْسَانَ ٣ عَلَّمَهُ ٱلْبَيَانَ ٤ ٱلشَّمْسُ
وَٱلْقَمَرُ بِحُسْبَانٍ ٥ وَٱلنَّجْمُ وَٱلشَّجَرُ يَسْجُدَانِ ٦ وَٱلسَّمَاءَ رَفَعَهَا وَوَضَعَ ٱلْمِيزَانَ

سورة القمر

مكية وهي خمس وخمسون آية

بِسْمِ ٱللَّهِ ٱلرَّحْمَنِ ٱلرَّحِيمِ

١ اِقْتَرَبَتِ ٱلسَّاعَةُ وَٱنْشَقَّ ٱلْقَمَرُ ٢ وَإِنْ يَرَوْا آيَةً يُعْرِضُوا وَيَقُولُوا سِحْرٌ
مُسْتَمِرٌّ ٣ وَكَذَّبُوا وَٱتَّبَعُوا أَهْوَآءَهُمْ وَكُلُّ أَمْرٍ مُسْتَقِرٌّ ٤ وَلَقَدْ جَآءَهُمْ مِنَ
ٱلْأَنْبَآءِ مَا فِيهِ مُزْدَجَرٌ ٥ حِكْمَةٌ بَالِغَةٌ فَمَا تُغْنِ ٱلنُّذُرُ ٦ فَتَوَلَّ عَنْهُمْ
يَوْمَ يَدْعُ ٱلدَّاعِ إِلَى شَيْءٍ نُكُرٍ ٧ خُشَّعًا أَبْصَارُهُمْ يَخْرُجُونَ مِنَ ٱلْأَجْدَاثِ
كَأَنَّهُمْ جَرَادٌ مُنْتَشِرٌ ٨ مُهْطِعِينَ إِلَى ٱلدَّاعِ يَقُولُ ٱلْكَافِرُونَ هَذَا يَوْمٌ عَسِرٌ
٩ كَذَّبَتْ قَبْلَهُمْ قَوْمُ نُوحٍ فَكَذَّبُوا عَبْدَنَا وَقَالُوا مَجْنُونٌ وَٱزْدُجِرَ ١٠ فَدَعَا
رَبَّهُ أَنِّي مَغْلُوبٌ فَٱنْتَصِرْ ١١ فَفَتَحْنَا أَبْوَابَ ٱلسَّمَآءِ بِمَآءٍ مُنْهَمِرٍ ١٢ وَفَجَّرْنَا
ٱلْأَرْضَ عُيُونًا فَٱلْتَقَى ٱلْمَآءُ عَلَى أَمْرٍ قَدْ قُدِرَ ١٣ وَحَمَلْنَاهُ عَلَى ذَاتِ أَلْوَاحٍ
وَدُسُرٍ ١٤ تَجْرِي بِأَعْيُنِنَا جَزَآءً لِمَنْ كَانَ كُفِرَ ١٥ وَلَقَدْ تَرَكْنَاهَا آيَةً فَهَلْ
مِنْ مُدَّكِرٍ ١٦ فَكَيْفَ كَانَ عَذَابِي وَنُذُرِ ١٧ وَلَقَدْ يَسَّرْنَا ٱلْقُرْآنَ لِلذِّكْرِ
فَهَلْ مِنْ مُدَّكِرٍ ١٨ كَذَّبَتْ عَادٌ فَكَيْفَ كَانَ عَذَابِي وَنُذُرِ ١٩ إِنَّا أَرْسَلْنَا
عَلَيْهِمْ رِيحًا صَرْصَرًا فِي يَوْمِ نَحْسٍ مُسْتَمِرٍّ ٢٠ تَنْزِعُ ٱلنَّاسَ كَأَنَّهُمْ أَعْجَازُ نَخْلٍ
مُنْقَعِرٍ ٢١ فَكَيْفَ كَانَ عَذَابِي وَنُذُرِ ٢٢ وَلَقَدْ يَسَّرْنَا ٱلْقُرْآنَ لِلذِّكْرِ فَهَلْ
مِنْ مُدَّكِرٍ ٢٣ كَذَّبَتْ ثَمُودُ بِٱلنُّذُرِ ٢٤ فَقَالُوا أَبَشَرًا مِنَّا وَاحِدًا نَتَّبِعُهُ
إِنَّا إِذًا لَفِي ضَلَالٍ وَسُعُرٍ ٢٥ أَأُلْقِيَ ٱلذِّكْرُ عَلَيْهِ مِنْ بَيْنِنَا بَلْ هُوَ كَذَّابٌ
أَشِرٌ ٢٦ سَيَعْلَمُونَ غَدًا مَنِ ٱلْكَذَّابُ ٱلْأَشِرُ ٢٧ إِنَّا مُرْسِلُوا ٱلنَّاقَةِ فِتْنَةً
لَهُمْ فَٱرْتَقِبْهُمْ وَٱصْطَبِرْ ٢٨ وَنَبِّئْهُمْ أَنَّ ٱلْمَآءَ قِسْمَةٌ بَيْنَهُمْ كُلُّ شِرْبٍ مُحْتَضَرٌ
٢٩ فَنَادَوْا صَاحِبَهُمْ فَتَعَاطَى فَعَقَرَ ٣٠ فَكَيْفَ كَانَ عَذَابِي وَنُذُرِ ٣١ إِنَّا

مَلَكٍ فِي ٱلسَّمَوَاتِ لَا تُغْنِي شَفَاعَتُهُمْ شَيْئًا ٢٧ إِلَّا مِنْ بَعْدِ أَنْ يَأْذَنَ ٱللَّهُ
لِمَنْ يَشَآءُ وَيَرْضَى ٢٨ إِنَّ ٱلَّذِينَ لَا يُؤْمِنُونَ بِٱلْآخِرَةِ لَيُسَمُّونَ ٱلْمَلَائِكَةَ
تَسْمِيَةَ ٱلْأُنْثَى ٢٩ وَمَا لَهُمْ بِهِ مِنْ عِلْمٍ إِنْ يَتَّبِعُونَ إِلَّا ٱلظَّنَّ وَإِنَّ ٱلظَّنَّ
لَا يُغْنِي مِنَ ٱلْحَقِّ شَيْئًا ٣٠ فَأَعْرِضْ عَنْ مَنْ تَوَلَّى عَنْ ذِكْرِنَا وَلَمْ يُرِدْ
إِلَّا ٱلْحَيَوٰةَ ٱلدُّنْيَا ٣١ ذَلِكَ مَبْلَغُهُمْ مِنَ ٱلْعِلْمِ إِنَّ رَبَّكَ هُوَ أَعْلَمُ بِمَنْ ضَلَّ
عَنْ سَبِيلِهِ وَهُوَ أَعْلَمُ بِمَنِ ٱهْتَدَى ٣٢ وَلِلَّهِ مَا فِي ٱلسَّمَوَاتِ وَمَا فِي
ٱلْأَرْضِ لِيَجْزِيَ ٱلَّذِينَ أَسَاءُوا بِمَا عَمِلُوا وَيَجْزِيَ ٱلَّذِينَ أَحْسَنُوا بِٱلْحُسْنَى
٣٣ ٱلَّذِينَ يَجْتَنِبُونَ كَبَائِرَ ٱلْإِثْمِ وَٱلْفَوَاحِشَ إِلَّا ٱللَّمَمَ إِنَّ رَبَّكَ وَاسِعُ
ٱلْمَغْفِرَةِ هُوَ أَعْلَمُ بِكُمْ إِذْ أَنْشَأَكُمْ مِنَ ٱلْأَرْضِ وَإِذْ أَنْتُمْ أَجِنَّةٌ فِي بُطُونِ
أُمَّهَاتِكُمْ فَلَا تُزَكُّوا أَنْفُسَكُمْ هُوَ أَعْلَمُ بِمَنِ ٱتَّقَى ٣٤ أَفَرَأَيْتَ ٱلَّذِي تَوَلَّى
٣٥ وَأَعْطَى قَلِيلًا وَأَكْدَى ٣٦ أَعِنْدَهُ عِلْمُ ٱلْغَيْبِ فَهُوَ يَرَى ٣٧ أَمْ لَمْ
يُنَبَّأْ بِمَا فِي صُحُفِ مُوسَى ٣٨ وَإِبْرَهِيمَ ٱلَّذِي وَفَّى ٣٩ أَلَّا تَزِرُ وَازِرَةٌ وِزْرَ أُخْرَى
٤٠ وَأَنْ لَيْسَ لِلْإِنْسَانِ إِلَّا مَا سَعَى ٤١ وَأَنَّ سَعْيَهُ سَوْفَ يُرَى ٤٢ ثُمَّ يُجْزَاهُ
ٱلْجَزَآءَ ٱلْأَوْفَى ٤٣ وَأَنَّ إِلَى رَبِّكَ ٱلْمُنْتَهَى ٤٤ وَأَنَّهُ هُوَ أَضْحَكَ وَأَبْكَى ٤٥
وَأَنَّهُ هُوَ أَمَاتَ وَأَحْيَا ٤٦ وَأَنَّهُ خَلَقَ ٱلزَّوْجَيْنِ ٱلذَّكَرَ وَٱلْأُنْثَى ٤٧ مِنْ
نُطْفَةٍ إِذَا تُمْنَى ٤٨ وَأَنَّ عَلَيْهِ ٱلنَّشْأَةَ ٱلْأُخْرَى ٤٩ وَأَنَّهُ هُوَ أَغْنَى وَأَقْنَى
٥٠ وَأَنَّهُ هُوَ رَبُّ ٱلشِّعْرَى ٥١ وَأَنَّهُ أَهْلَكَ عَادًا ٱلْأُولَى ٥٢ وَثَمُودَ فَمَا أَبْقَى
٥٣ وَقَوْمَ نُوحٍ مِنْ قَبْلُ إِنَّهُمْ كَانُوا هُمْ أَظْلَمَ وَأَطْغَى ٥٤ وَٱلْمُؤْتَفِكَةَ أَهْوَى
٥٥ فَغَشَّاهَا مَا غَشَّى ٥٦ فَبِأَيِّ آلَآءِ رَبِّكَ تَتَمَارَى ٥٧ هَذَا نَذِيرٌ مِنَ ٱلنُّذُرِ
ٱلْأُولَى ٥٨ أَزِفَتِ ٱلْآزِفَةُ لَيْسَ لَهَا مِنْ دُونِ ٱللَّهِ كَاشِفَةٌ ٥٩ أَفَمِنْ هَذَا
ٱلْحَدِيثِ تَعْجَبُونَ ٦٠ وَتَضْحَكُونَ وَلَا تَبْكُونَ ٦١ وَأَنْتُمْ سَامِدُونَ ٦٢ فَٱسْجُدُوا
لِلَّهِ وَٱعْبُدُوا

كَفَرُوا هُمُ ٱلْمَكِيدُونَ ٤٣ أَمْ لَهُمْ إِلَٰهٌ غَيْرُ ٱللَّهِ سُبْحَانَ ٱللَّهِ عَمَّا يُشْرِكُونَ
٤٤ وَإِنْ يَرَوْا كِسْفًا مِنَ ٱلسَّمَاءِ سَاقِطًا يَقُولُوا سَحَابٌ مَرْكُومٌ ٤٥ فَذَرْهُمْ
حَتَّىٰ يُلَاقُوا يَوْمَهُمُ ٱلَّذِي فِيهِ يُصْعَقُونَ ٤٦ يَوْمَ لَا يُغْنِي عَنْهُمْ كَيْدُهُمْ
شَيْئًا وَلَا هُمْ يُنْصَرُونَ ٤٧ وَإِنَّ لِلَّذِينَ ظَلَمُوا عَذَابًا دُونَ ذَٰلِكَ وَلَٰكِنَّ
أَكْثَرَهُمْ لَا يَعْلَمُونَ ٤٨ وَٱصْبِرْ لِحُكْمِ رَبِّكَ فَإِنَّكَ بِأَعْيُنِنَا وَسَبِّحْ بِحَمْدِ رَبِّكَ
حِينَ تَقُومُ ٤٩ وَمِنَ ٱللَّيْلِ فَسَبِّحْهُ وَإِدْبَارَ ٱلنُّجُومِ

سورة النجم

مكية وهي اثنتان وستون آية

بِسْمِ ٱللَّهِ ٱلرَّحْمَٰنِ ٱلرَّحِيمِ

١ وَٱلنَّجْمِ إِذَا هَوَىٰ ٢ مَا ضَلَّ صَاحِبُكُمْ وَمَا غَوَىٰ ٣ وَمَا يَنْطِقُ عَنِ ٱلْهَوَىٰ
٤ إِنْ هُوَ إِلَّا وَحْيٌ يُوحَىٰ ٥ عَلَّمَهُ شَدِيدُ ٱلْقُوَىٰ ٦ ذُو مِرَّةٍ فَٱسْتَوَىٰ
٧ وَهُوَ بِٱلْأُفُقِ ٱلْأَعْلَىٰ ٨ ثُمَّ دَنَا فَتَدَلَّىٰ ٩ فَكَانَ قَابَ قَوْسَيْنِ أَوْ أَدْنَىٰ
١٠ فَأَوْحَىٰ إِلَىٰ عَبْدِهِ مَا أَوْحَىٰ ١١ مَا كَذَبَ ٱلْفُؤَادُ مَا رَأَىٰ ١٢ أَفَتُمَارُونَهُ
عَلَىٰ مَا يَرَىٰ ١٣ وَلَقَدْ رَآهُ نَزْلَةً أُخْرَىٰ ١٤ عِنْدَ سِدْرَةِ ٱلْمُنْتَهَىٰ ١٥ عِنْدَهَا
جَنَّةُ ٱلْمَأْوَىٰ ١٦ إِذْ يَغْشَى ٱلسِّدْرَةَ مَا يَغْشَىٰ ١٧ مَا زَاغَ ٱلْبَصَرُ وَمَا طَغَىٰ
١٨ لَقَدْ رَأَىٰ مِنْ آيَاتِ رَبِّهِ ٱلْكُبْرَىٰ ١٩ أَفَرَأَيْتُمُ ٱللَّاتَ وَٱلْعُزَّىٰ ٢٠ وَمَنَاةَ
ٱلثَّالِثَةَ ٱلْأُخْرَىٰ ٢١ أَلَكُمُ ٱلذَّكَرُ وَلَهُ ٱلْأُنْثَىٰ ٢٢ تِلْكَ إِذًا قِسْمَةٌ ضِيزَىٰ
٢٣ إِنْ هِيَ إِلَّا أَسْمَاءٌ سَمَّيْتُمُوهَا أَنْتُمْ وَآبَاؤُكُمْ مَا أَنْزَلَ ٱللَّهُ بِهَا مِنْ
سُلْطَانٍ إِنْ يَتَّبِعُونَ إِلَّا ٱلظَّنَّ وَمَا تَهْوَى ٱلْأَنْفُسُ وَلَقَدْ جَاءَهُمْ مِنْ رَبِّهِمُ
ٱلْهُدَىٰ ٢٤ أَمْ لِلْإِنْسَانِ مَا تَمَنَّىٰ ٢٥ فَلِلَّهِ ٱلْآخِرَةُ وَٱلْأُولَىٰ ٢٦ وَكَمْ مِنْ

٢٨١ سورة الطور

ٱلْمَرْفُوعِ ٦ وَٱلْبَحْرِ ٱلْمَسْجُورِ ٧ إِنَّ عَذَابَ رَبِّكَ لَوَاقِعٌ ٨ مَا لَهُ مِنْ دَافِعٍ
٩ يَوْمَ تَمُورُ ٱلسَّمَاءُ مَوْرًا ١٠ وَتَسِيرُ ٱلْجِبَالُ سَيْرًا ١١ فَوَيْلٌ يَوْمَئِذٍ لِلْمُكَذِّبِينَ
١٢ ٱلَّذِينَ هُمْ فِي خَوْضٍ يَلْعَبُونَ ١٣ يَوْمَ يُدَعُّونَ إِلَى نَارِ جَهَنَّمَ دَعًّا ١٤ هَذِهِ
ٱلنَّارُ ٱلَّتِي كُنْتُمْ بِهَا تُكَذِّبُونَ ١٥ أَفَسِحْرٌ هَذَا أَمْ أَنْتُمْ لَا تُبْصِرُونَ
١٦ إِصْلَوْهَا فَٱصْبِرُوا أَوْ لَا تَصْبِرُوا سَوَاءٌ عَلَيْكُمْ إِنَّمَا تُجْزَوْنَ مَا كُنْتُمْ تَعْمَلُونَ
١٧ إِنَّ ٱلْمُتَّقِينَ فِي جَنَّاتٍ وَنَعِيمٍ ١٨ فَاكِهِينَ بِمَا آتَاهُمْ رَبُّهُمْ وَوَقَاهُمْ رَبُّهُمْ
عَذَابَ ٱلْجَحِيمِ ١٩ كُلُوا وَٱشْرَبُوا هَنِيئًا بِمَا كُنْتُمْ تَعْمَلُونَ ٢٠ مُتَّكِئِينَ عَلَى
سُرُرٍ مَصْفُوفَةٍ وَزَوَّجْنَاهُمْ بِحُورٍ عِينٍ ٢١ وَٱلَّذِينَ آمَنُوا وَٱتَّبَعَتْهُمْ ذُرِّيَّتُهُمْ
بِإِيمَانٍ أَلْحَقْنَا بِهِمْ ذُرِّيَّتَهُمْ وَمَا أَلَتْنَاهُمْ مِنْ عَمَلِهِمْ مِنْ شَيْءٍ كُلُّ ٱمْرِئٍ
بِمَا كَسَبَ رَهِينٌ ٢٢ وَأَمْدَدْنَاهُمْ بِفَاكِهَةٍ وَلَحْمٍ مِمَّا يَشْتَهُونَ ٢٣ يَتَنَازَعُونَ
فِيهَا كَأْسًا لَا لَغْوٌ فِيهَا وَلَا تَأْثِيمٌ ٢٤ وَيَطُوفُ عَلَيْهِمْ غِلْمَانٌ لَهُمْ كَأَنَّهُمْ
لُؤْلُؤٌ مَكْنُونٌ ٢٥ وَأَقْبَلَ بَعْضُهُمْ عَلَى بَعْضٍ يَتَسَاءَلُونَ ٢٦ قَالُوا إِنَّا كُنَّا قَبْلُ
فِي أَهْلِنَا مُشْفِقِينَ ٢٧ فَمَنَّ ٱللَّهُ عَلَيْنَا وَوَقَانَا عَذَابَ ٱلسَّمُومِ ٢٨ إِنَّا كُنَّا
مِنْ قَبْلُ نَدْعُوهُ إِنَّهُ هُوَ ٱلْبَرُّ ٱلرَّحِيمُ ٢٩ فَذَكِّرْ فَمَا أَنْتَ بِنِعْمَةِ رَبِّكَ
بِكَاهِنٍ وَلَا مَجْنُونٍ ٣٠ أَمْ يَقُولُونَ شَاعِرٌ نَتَرَبَّصُ بِهِ رَيْبَ ٱلْمَنُونِ ٣١ قُلْ
تَرَبَّصُوا فَإِنِّي مَعَكُمْ مِنَ ٱلْمُتَرَبِّصِينَ ٣٢ أَمْ تَأْمُرُهُمْ أَحْلَامُهُمْ بِهَذَا أَمْ
هُمْ قَوْمٌ طَاغُونَ ٣٣ أَمْ يَقُولُونَ تَقَوَّلَهُ بَلْ لَا يُؤْمِنُونَ ٣٤ فَلْيَأْتُوا بِحَدِيثٍ
مِثْلِهِ إِنْ كَانُوا صَادِقِينَ ٣٥ أَمْ خُلِقُوا مِنْ غَيْرِ شَيْءٍ أَمْ هُمُ ٱلْخَالِقُونَ ٣٦ أَمْ
خَلَقُوا ٱلسَّمَوَاتِ وَٱلْأَرْضَ بَلْ لَا يُوقِنُونَ ٣٧ أَمْ عِنْدَهُمْ خَزَائِنُ رَبِّكَ أَمْ هُمُ
ٱلْمُسَيْطِرُونَ ٣٨ أَمْ لَهُمْ سُلَّمٌ يَسْتَمِعُونَ فِيهِ فَلْيَأْتِ مُسْتَمِعُهُمْ بِسُلْطَانٍ
مُبِينٍ ٣٩ أَمْ لَهُ ٱلْبَنَاتُ وَلَكُمُ ٱلْبَنُونَ ٤٠ أَمْ تَسْأَلُهُمْ أَجْرًا فَهُمْ مِنْ مَغْرَمٍ
مُثْقَلُونَ ٤١ أَمْ عِنْدَهُمُ ٱلْغَيْبُ فَهُمْ يَكْتُبُونَ ٤٢ أَمْ يُرِيدُونَ كَيْدًا فَٱلَّذِينَ

فِيهَا آيَةً لِلَّذِينَ يَخَافُونَ ٱلْعَذَابَ ٱلْأَلِيمَ ٣٨ وَفِي مُوسَى إِذْ أَرْسَلْنَاهُ إِلَى
فِرْعَوْنَ بِسُلْطَانٍ مُبِينٍ ٣٩ فَتَوَلَّى بِرُكْنِهِ وَقَالَ سَاحِرٌ أَوْ مَجْنُونٌ ٤٠ فَأَخَذْنَاهُ
وَجُنُودَهُ فَنَبَذْنَاهُمْ فِي ٱلْيَمِّ وَهُوَ مُلِيمٌ ٤١ وَفِي عَادٍ إِذْ أَرْسَلْنَا عَلَيْهِمُ ٱلرِّيحَ
ٱلْعَقِيمَ ٤٢ مَا تَذَرُ مِنْ شَيْءٍ أَتَتْ عَلَيْهِ إِلَّا جَعَلَتْهُ كَٱلرَّمِيمِ ٤٣ وَفِي
ثَمُودَ إِذْ قِيلَ لَهُمْ تَمَتَّعُوا حَتَّى حِينٍ ٤٤ فَعَتَوْا عَنْ أَمْرِ رَبِّهِمْ فَأَخَذَتْهُمُ
ٱلصَّاعِقَةُ وَهُمْ يَنْظُرُونَ ٤٥ فَمَا ٱسْتَطَاعُوا مِنْ قِيَامٍ وَمَا كَانُوا مُنْتَصِرِينَ
٤٦ وَقَوْمَ نُوحٍ مِنْ قَبْلُ إِنَّهُمْ كَانُوا قَوْمًا فَاسِقِينَ ٤٧ وَٱلسَّمَاءَ بَنَيْنَاهَا بِأَيْدٍ
وَإِنَّا لَمُوسِعُونَ ٤٨ وَٱلْأَرْضَ فَرَشْنَاهَا فَنِعْمَ ٱلْمَاهِدُونَ ٤٩ وَمِنْ كُلِّ شَيْءٍ
خَلَقْنَا زَوْجَيْنِ لَعَلَّكُمْ تَذَكَّرُونَ ٥٠ فَفِرُّوا إِلَى ٱللَّهِ إِنِّي لَكُمْ مِنْهُ نَذِيرٌ
مُبِينٌ ٥١ وَلَا تَجْعَلُوا مَعَ ٱللَّهِ إِلَهًا آخَرَ إِنِّي لَكُمْ مِنْهُ نَذِيرٌ مُبِينٌ ٥٢ كَذَلِكَ
مَا أَتَى ٱلَّذِينَ مِنْ قَبْلِهِمْ مِنْ رَسُولٍ إِلَّا قَالُوا سَاحِرٌ أَوْ مَجْنُونٌ ٥٣ أَتَوَاصَوْا
بِهِ بَلْ هُمْ قَوْمٌ طَاغُونَ ٥٤ فَتَوَلَّ عَنْهُمْ فَمَا أَنْتَ بِمَلُومٍ ٥٥ وَذَكِّرْ فَإِنَّ
ٱلذِّكْرَى تَنْفَعُ ٱلْمُؤْمِنِينَ ٥٦ وَمَا خَلَقْتُ ٱلْجِنَّ وَٱلْإِنْسَ إِلَّا لِيَعْبُدُونِ
٥٧ مَا أُرِيدُ مِنْهُمْ مِنْ رِزْقٍ وَمَا أُرِيدُ أَنْ يُطْعِمُونِ ٥٨ إِنَّ ٱللَّهَ هُوَ ٱلرَّزَّاقُ
ذُو ٱلْقُوَّةِ ٱلْمَتِينُ ٥٩ فَإِنَّ لِلَّذِينَ ظَلَمُوا ذَنُوبًا مِثْلَ ذَنُوبِ أَصْحَابِهِمْ فَلَا
يَسْتَعْجِلُونِ ٦٠ فَوَيْلٌ لِلَّذِينَ كَفَرُوا مِنْ يَوْمِهِمُ ٱلَّذِي يُوعَدُونَ

سورة الطور

مكية وهي تسع واربعون آية

بِسْمِ ٱللَّهِ ٱلرَّحْمَنِ ٱلرَّحِيمِ

وَٱلطُّورِ ٢ وَكِتَابٍ مَسْطُورٍ ٣ فِي رَقٍّ مَنْشُورٍ ٤ وَٱلْبَيْتِ ٱلْمَعْمُورِ ٥ وَٱلسَّقْفِ

سورة الذاريات

مكية وهى ستون آية

بِسْمِ ٱللَّهِ ٱلرَّحْمَنِ ٱلرَّحِيمِ

١ وَٱلذَّارِيَاتِ ذَرْوًا ٢ فَٱلْحَامِلَاتِ وِقْرًا ٣ فَٱلْجَارِيَاتِ يُسْرًا ٤ فَٱلْمُقَسِّمَاتِ
أَمْرًا ٥ إِنَّمَا تُوعَدُونَ لَصَادِقٌ ٦ وَإِنَّ ٱلدِّينَ لَوَاقِعٌ ٧ وَٱلسَّمَآءِ ذَاتِ
ٱلْحُبُكِ ٨ إِنَّكُمْ لَفِي قَوْلٍ مُخْتَلِفٍ ٩ يُؤْفَكُ عَنْهُ مَنْ أُفِكَ ١٠ قُتِلَ ٱلْخَرَّاصُونَ
١١ ٱلَّذِينَ هُمْ فِي غَمْرَةٍ سَاهُونَ ١٢ يَسْأَلُونَ أَيَّانَ يَوْمُ ٱلدِّينِ ١٣ يَوْمَ هُمْ
عَلَى ٱلنَّارِ يُفْتَنُونَ ١٤ ذُوقُوا فِتْنَتَكُمْ هَذَا ٱلَّذِي كُنْتُمْ بِهِ تَسْتَعْجِلُونَ ١٥ إِنَّ
ٱلْمُتَّقِينَ فِي جَنَّاتٍ وَعُيُونٍ ١٦ آخِذِينَ مَا آتَاهُمْ رَبُّهُمْ إِنَّهُمْ كَانُوا قَبْلَ ذَلِكَ
مُحْسِنِينَ ١٧ كَانُوا قَلِيلًا مِنَ ٱللَّيْلِ مَا يَهْجَعُونَ ١٨ وَبِٱلْأَسْحَارِ هُمْ يَسْتَغْفِرُونَ
١٩ وَفِي أَمْوَالِهِمْ حَقٌّ لِلسَّائِلِ وَٱلْمَحْرُومِ ٢٠ وَفِي ٱلْأَرْضِ آيَاتٌ لِلْمُوقِنِينَ
٢١ وَفِي أَنْفُسِكُمْ أَفَلَا تُبْصِرُونَ ٢٢ وَفِي ٱلسَّمَآءِ رِزْقُكُمْ وَمَا تُوعَدُونَ ٢٣ فَوَرَبِّ
ٱلسَّمَآءِ وَٱلْأَرْضِ إِنَّهُ لَحَقٌّ مِثْلَ مَا أَنَّكُمْ تَنْطِقُونَ ٢٤ هَلْ أَتَاكَ حَدِيثُ
ضَيْفِ إِبْرَهِيمَ ٱلْمُكْرَمِينَ ٢٥ إِذْ دَخَلُوا عَلَيْهِ فَقَالُوا سَلَامًا قَالَ سَلَامٌ قَوْمٌ
مُنْكَرُونَ ٢٦ فَرَاغَ إِلَى أَهْلِهِ فَجَآءَ بِعِجْلٍ سَمِينٍ ٢٧ فَقَرَّبَهُ إِلَيْهِمْ قَالَ أَلَا
تَأْكُلُونَ ٢٨ فَأَوْجَسَ مِنْهُمْ خِيفَةً قَالُوا لَا تَخَفْ وَبَشَّرُوهُ بِغُلَامٍ عَلِيمٍ
٢٩ فَأَقْبَلَتِ ٱمْرَأَتُهُ فِي صَرَّةٍ فَصَكَّتْ وَجْهَهَا وَقَالَتْ عَجُوزٌ عَقِيمٌ ٣٠ قَالُوا
كَذَلِكِ قَالَ رَبُّكِ إِنَّهُ هُوَ ٱلْحَكِيمُ ٱلْعَلِيمُ ۞ ٣١ قَالَ فَمَا خَطْبُكُمْ أَيُّهَا جزء ٢٧
ٱلْمُرْسَلُونَ ٣٢ قَالُوا إِنَّا أُرْسِلْنَا إِلَى قَوْمٍ مُجْرِمِينَ ٣٣ لِنُرْسِلَ عَلَيْهِمْ حِجَارَةً
مِنْ طِينٍ ٣٤ مُسَوَّمَةً عِنْدَ رَبِّكَ لِلْمُسْرِفِينَ ٣٥ فَأَخْرَجْنَا مَنْ كَانَ فِيهَا
مِنَ ٱلْمُؤْمِنِينَ ٣٦ فَمَا وَجَدْنَا فِيهَا غَيْرَ بَيْتٍ مِنَ ٱلْمُسْلِمِينَ ٣٧ وَتَرَكْنَا

مِنْهُ تَحِيدُ ١٩ وَنُفِخَ فِي ٱلصُّورِ ذَٰلِكَ يَوْمُ ٱلْوَعِيدِ ٢٠ وَجَآءَتْ كُلُّ نَفْسٍ
مَعَهَا سَآئِقٌ وَشَهِيدٌ ٢١ لَقَدْ كُنتَ فِي غَفْلَةٍ مِنْ هَٰذَا فَكَشَفْنَا عَنكَ غِطَآءَكَ
فَبَصَرُكَ ٱلْيَوْمَ حَدِيدٌ ٢٢ وَقَالَ قَرِينُهُ هَٰذَا مَا لَدَيَّ عَتِيدٌ ٢٣ أَلْقِيَا فِي
جَهَنَّمَ كُلَّ كَفَّارٍ عَنِيدٍ ٢٤ مَنَّاعٍ لِلْخَيْرِ مُعْتَدٍ مُرِيبٍ ٢٥ ٱلَّذِي جَعَلَ مَعَ
ٱللَّهِ إِلَٰهًا آخَرَ فَأَلْقِيَاهُ فِي ٱلْعَذَابِ ٱلشَّدِيدِ ٢٦ قَالَ قَرِينُهُ رَبَّنَا مَا أَطْغَيْتُهُ
وَلَكِنْ كَانَ فِي ضَلَالٍ بَعِيدٍ ٢٧ قَالَ لَا تَخْتَصِمُوا لَدَيَّ وَقَدْ قَدَّمْتُ إِلَيْكُمْ
بِٱلْوَعِيدِ ٢٨ مَا يُبَدَّلُ ٱلْقَوْلُ لَدَيَّ وَمَا أَنَا بِظَلَّامٍ لِلْعَبِيدِ ٢٩ يَوْمَ نَقُولُ
لِجَهَنَّمَ هَلِ ٱمْتَلَأْتِ وَتَقُولُ هَلْ مِنْ مَزِيدٍ ٣٠ وَأُزْلِفَتِ ٱلْجَنَّةُ لِلْمُتَّقِينَ غَيْرَ
بَعِيدٍ ٣١ هَٰذَا مَا تُوعَدُونَ لِكُلِّ أَوَّابٍ حَفِيظٍ ٣٢ مَنْ خَشِيَ ٱلرَّحْمَٰنَ
بِٱلْغَيْبِ وَجَآءَ بِقَلْبٍ مُنِيبٍ ٣٣ ٱدْخُلُوهَا بِسَلَامٍ ذَٰلِكَ يَوْمُ ٱلْخُلُودِ ٣٤ لَهُمْ
مَا يَشَآءُونَ فِيهَا وَلَدَيْنَا مَزِيدٌ ٣٥ وَكَمْ أَهْلَكْنَا قَبْلَهُمْ مِنْ قَرْنٍ هُمْ أَشَدُّ
مِنْهُمْ بَطْشًا فَنَقَّبُوا فِي ٱلْبِلَادِ هَلْ مِنْ مَحِيصٍ ٣٦ إِنَّ فِي ذَٰلِكَ لَذِكْرَىٰ
لِمَنْ كَانَ لَهُ قَلْبٌ أَوْ أَلْقَى ٱلسَّمْعَ وَهُوَ شَهِيدٌ ٣٧ وَلَقَدْ خَلَقْنَا ٱلسَّمَٰوَاتِ
وَٱلْأَرْضَ وَمَا بَيْنَهُمَا فِي سِتَّةِ أَيَّامٍ وَمَا مَسَّنَا مِنْ لُغُوبٍ ٣٨ فَٱصْبِرْ عَلَىٰ
مَا يَقُولُونَ وَسَبِّحْ بِحَمْدِ رَبِّكَ قَبْلَ طُلُوعِ ٱلشَّمْسِ وَقَبْلَ ٱلْغُرُوبِ ٣٩ وَمِنَ
ٱللَّيْلِ فَسَبِّحْهُ وَأَدْبَارَ ٱلسُّجُودِ ٤٠ وَٱسْتَمِعْ يَوْمَ يُنَادِي ٱلْمُنَادِي مِنْ مَكَانٍ
قَرِيبٍ ٤١ يَوْمَ يَسْمَعُونَ ٱلصَّيْحَةَ بِٱلْحَقِّ ذَٰلِكَ يَوْمُ ٱلْخُرُوجِ ٤٢ إِنَّا نَحْنُ نُحْيِي
وَنُمِيتُ وَإِلَيْنَا ٱلْمَصِيرُ ٤٣ يَوْمَ تَشَقَّقُ ٱلْأَرْضُ عَنْهُمْ سِرَاعًا ذَٰلِكَ حَشْرٌ
عَلَيْنَا يَسِيرٌ ٤٤ نَحْنُ أَعْلَمُ بِمَا يَقُولُونَ وَمَا أَنْتَ عَلَيْهِمْ بِجَبَّارٍ ٤٥ فَذَكِّرْ
بِٱلْقُرْآنِ مَنْ يَخَافُ وَعِيدِ

بِكُلِّ شَيْءٍ عَلِيمٌ ١٧ يَمُنُّونَ عَلَيْكَ أَنْ أَسْلَمُوا قُلْ لَا تَمُنُّوا عَلَيَّ إِسْلَامَكُمْ
بَلِ ٱللَّهُ يَمُنُّ عَلَيْكُمْ أَنْ هَدَاكُمْ لِلْإِيمَانِ إِنْ كُنْتُمْ صَادِقِينَ ١٨ إِنَّ ٱللَّهَ
يَعْلَمُ غَيْبَ ٱلسَّمَوَاتِ وَٱلْأَرْضِ وَٱللَّهُ بَصِيرٌ بِمَا تَعْمَلُونَ

سورة ق

مكية وهى خمس واربعون آية

بِسْمِ ٱللَّهِ ٱلرَّحْمَنِ ٱلرَّحِيمِ

١ قٓ وَٱلْقُرْآنِ ٱلْمَجِيدِ ٢ بَلْ عَجِبُوا أَنْ جَاءَهُمْ مُنْذِرٌ مِنْهُمْ فَقَالَ ٱلْكَافِرُونَ
هَذَا شَيْءٌ عَجِيبٌ ٣ أَئِذَا مِتْنَا وَكُنَّا تُرَابًا ذَلِكَ رَجْعٌ بَعِيدٌ ٤ قَدْ عَلِمْنَا
مَا تَنْقُصُ ٱلْأَرْضُ مِنْهُمْ وَعِنْدَنَا كِتَابٌ حَفِيظٌ ٥ بَلْ كَذَّبُوا بِٱلْحَقِّ لَمَّا
جَاءَهُمْ فَهُمْ فِي أَمْرٍ مَرِيجٍ ٦ أَفَلَمْ يَنْظُرُوا إِلَى ٱلسَّمَاءِ فَوْقَهُمْ كَيْفَ بَنَيْنَاهَا
وَزَيَّنَّاهَا وَمَا لَهَا مِنْ فُرُوجٍ ٧ وَٱلْأَرْضَ مَدَدْنَاهَا وَأَلْقَيْنَا فِيهَا رَوَاسِيَ وَأَنْبَتْنَا
فِيهَا مِنْ كُلِّ زَوْجٍ بَهِيجٍ ٨ تَبْصِرَةً وَذِكْرَى لِكُلِّ عَبْدٍ مُنِيبٍ ٩ وَنَزَّلْنَا
مِنَ ٱلسَّمَاءِ مَاءً مُبَارَكًا فَأَنْبَتْنَا بِهِ جَنَّاتٍ وَحَبَّ ٱلْحَصِيدِ ١٠ وَٱلنَّخْلَ
بَاسِقَاتٍ لَهَا طَلْعٌ نَضِيدٌ ١١ رِزْقًا لِلْعِبَادِ وَأَحْيَيْنَا بِهِ بَلْدَةً مَيْتًا كَذَلِكَ
ٱلْخُرُوجُ ١٢ كَذَّبَتْ قَبْلَهُمْ قَوْمُ نُوحٍ وَأَصْحَابُ ٱلرَّسِّ وَثَمُودُ ١٣ وَعَادٌ وَفِرْعَوْنُ
وَإِخْوَانُ لُوطٍ وَأَصْحَابُ ٱلْأَيْكَةِ وَقَوْمُ تُبَّعٍ كُلٌّ كَذَّبَ ٱلرُّسُلَ فَحَقَّ وَعِيدِ ١٤
أَفَعَيِينَا بِٱلْخَلْقِ ٱلْأَوَّلِ بَلْ هُمْ فِي لَبْسٍ مِنْ خَلْقٍ جَدِيدٍ ١٥ وَلَقَدْ خَلَقْنَا
ٱلْإِنْسَانَ وَنَعْلَمُ مَا تُوَسْوِسُ بِهِ نَفْسُهُ وَنَحْنُ أَقْرَبُ إِلَيْهِ مِنْ حَبْلِ ٱلْوَرِيدِ
١٦ إِذْ يَتَلَقَّى ٱلْمُتَلَقِّيَانِ عَنِ ٱلْيَمِينِ وَعَنِ ٱلشِّمَالِ قَعِيدٌ ١٧ مَا يَلْفِظُ مِنْ
قَوْلٍ إِلَّا لَدَيْهِ رَقِيبٌ عَتِيدٌ ١٨ وَجَاءَتْ سَكْرَةُ ٱلْمَوْتِ بِٱلْحَقِّ ذَلِكَ مَا كُنْتَ

تَخْرُجَ إِلَيْهِمْ لَكَانَ خَيْرًا لَهُمْ وَٱللَّهُ غَفُورٌ رَحِيمٌ ٦ يَا أَيُّهَا ٱلَّذِينَ آمَنُوا
إِنْ جَآءَكُمْ فَاسِقٌ بِنَبَإٍ فَتَبَيَّنُوا أَنْ تُصِيبُوا قَوْمًا بِجَهَالَةٍ فَتُصْبِحُوا عَلَى مَا
فَعَلْتُمْ نَادِمِينَ ٧ وَٱعْلَمُوا أَنَّ فِيكُمْ رَسُولَ ٱللَّهِ لَوْ يُطِيعُكُمْ فِي كَثِيرٍ مِنَ
ٱلْأَمْرِ لَعَنِتُّمْ وَلَكِنَّ ٱللَّهَ حَبَّبَ إِلَيْكُمُ ٱلْإِيمَانَ وَزَيَّنَهُ فِي قُلُوبِكُمْ وَكَرَّهَ إِلَيْكُمُ
ٱلْكُفْرَ وَٱلْفُسُوقَ وَٱلْعِصْيَانَ أُولَآئِكَ هُمُ ٱلرَّاشِدُونَ ٨ فَضْلًا مِنَ ٱللَّهِ وَنِعْمَةً
وَٱللَّهُ عَلِيمٌ حَكِيمٌ ٩ وَإِنْ طَآئِفَتَانِ مِنَ ٱلْمُؤْمِنِينَ ٱقْتَتَلُوا فَأَصْلِحُوا بَيْنَهُمَا
فَإِنْ بَغَتْ إِحْدَاهُمَا عَلَى ٱلْأُخْرَى فَقَاتِلُوا ٱلَّتِي تَبْغِي حَتَّى تَفِيءَ إِلَى أَمْرِ
ٱللَّهِ فَإِنْ فَآءَتْ فَأَصْلِحُوا بَيْنَهُمَا بِٱلْعَدْلِ وَأَقْسِطُوا إِنَّ ٱللَّهَ يُحِبُّ ٱلْمُقْسِطِينَ
١٠ إِنَّمَا ٱلْمُؤْمِنُونَ إِخْوَةٌ فَأَصْلِحُوا بَيْنَ أَخَوَيْكُمْ وَٱتَّقُوا ٱللَّهَ لَعَلَّكُمْ تُرْحَمُونَ
١١ يَا أَيُّهَا ٱلَّذِينَ آمَنُوا لَا يَسْخَرْ قَوْمٌ مِنْ قَوْمٍ عَسَى أَنْ يَكُونُوا خَيْرًا مِنْهُمْ
وَلَا نِسَآءٌ مِنْ نِسَآءٍ عَسَى أَنْ يَكُنَّ خَيْرًا مِنْهُنَّ وَلَا تَلْمِزُوا أَنْفُسَكُمْ وَلَا
تَنَابَزُوا بِٱلْأَلْقَابِ بِئْسَ ٱلِٱسْمُ ٱلْفُسُوقُ بَعْدَ ٱلْإِيمَانِ وَمَنْ لَمْ يَتُبْ فَأُولَآئِكَ
هُمُ ٱلظَّالِمُونَ ١٢ يَا أَيُّهَا ٱلَّذِينَ آمَنُوا ٱجْتَنِبُوا كَثِيرًا مِنَ ٱلظَّنِّ
إِنَّ بَعْضَ ٱلظَّنِّ إِثْمٌ وَلَا تَجَسَّسُوا وَلَا يَغْتَبْ بَعْضُكُمْ بَعْضًا أَيُحِبُّ أَحَدُكُمْ
أَنْ يَأْكُلَ لَحْمَ أَخِيهِ مَيْتًا فَكَرِهْتُمُوهُ وَٱتَّقُوا ٱللَّهَ إِنَّ ٱللَّهَ تَوَّابٌ رَحِيمٌ
١٣ يَا أَيُّهَا ٱلنَّاسُ إِنَّا خَلَقْنَاكُمْ مِنْ ذَكَرٍ وَأُنْثَى وَجَعَلْنَاكُمْ شُعُوبًا
وَقَبَآئِلَ لِتَعَارَفُوا إِنَّ أَكْرَمَكُمْ عِنْدَ ٱللَّهِ أَتْقَاكُمْ إِنَّ ٱللَّهَ عَلِيمٌ خَبِيرٌ
١٤ قَالَتِ ٱلْأَعْرَابُ آمَنَّا قُلْ لَمْ تُؤْمِنُوا وَلَكِنْ قُولُوا أَسْلَمْنَا وَلَمَّا يَدْخُلِ
ٱلْإِيمَانُ فِي قُلُوبِكُمْ وَإِنْ تُطِيعُوا ٱللَّهَ وَرَسُولَهُ لَا يَلِتْكُمْ مِنْ أَعْمَالِكُمْ شَيْئًا
إِنَّ ٱللَّهَ غَفُورٌ رَحِيمٌ ١٥ إِنَّمَا ٱلْمُؤْمِنُونَ ٱلَّذِينَ آمَنُوا بِٱللَّهِ وَرَسُولِهِ ثُمَّ لَمْ
يَرْتَابُوا وَجَاهَدُوا بِأَمْوَالِهِمْ وَأَنْفُسِهِمْ فِي سَبِيلِ ٱللَّهِ أُولَآئِكَ هُمُ ٱلصَّادِقُونَ
١٦ قُلْ أَتُعَلِّمُونَ ٱللَّهَ بِدِينِكُمْ وَٱللَّهُ يَعْلَمُ مَا فِي ٱلسَّمَوَاتِ وَمَا فِي ٱلْأَرْضِ وَٱللَّهُ

ٱللَّهُ سَكِينَتَهُ عَلَىٰ رَسُولِهِ وَعَلَى ٱلْمُؤْمِنِينَ وَأَلْزَمَهُمْ كَلِمَةَ ٱلتَّقْوَىٰ وَكَانُوا أَحَقَّ
بِهَا وَأَهْلَهَا وَكَانَ ٱللَّهُ بِكُلِّ شَيْءٍ عَلِيمًا ٢٧ لَقَدْ صَدَقَ ٱللَّهُ رَسُولَهُ ٱلرُّؤْيَا
بِٱلْحَقِّ لَتَدْخُلُنَّ ٱلْمَسْجِدَ ٱلْحَرَامَ إِنْ شَاءَ ٱللَّهُ آمِنِينَ مُحَلِّقِينَ رُؤُوسَكُمْ
وَمُقَصِّرِينَ لَا تَخَافُونَ فَعَلِمَ مَا لَمْ تَعْلَمُوا فَجَعَلَ مِنْ دُونِ ذَلِكَ فَتْحًا قَرِيبًا
٢٨ هُوَ ٱلَّذِي أَرْسَلَ رَسُولَهُ بِٱلْهُدَىٰ وَدِينِ ٱلْحَقِّ لِيُظْهِرَهُ عَلَى ٱلدِّينِ كُلِّهِ
وَكَفَىٰ بِٱللَّهِ شَهِيدًا ٢٩ مُحَمَّدٌ رَسُولُ ٱللَّهِ وَٱلَّذِينَ مَعَهُ أَشِدَّاءُ عَلَى ٱلْكُفَّارِ
رُحَمَاءُ بَيْنَهُمْ تَرَاهُمْ رُكَّعًا سُجَّدًا يَبْتَغُونَ فَضْلًا مِنَ ٱللَّهِ وَرِضْوَانًا سِيمَاهُمْ
فِي وُجُوهِهِمْ مِنْ أَثَرِ ٱلسُّجُودِ ذَلِكَ مَثَلُهُمْ فِي ٱلتَّوْرَاةِ وَمَثَلُهُمْ فِي ٱلْإِنْجِيلِ
كَزَرْعٍ أَخْرَجَ شَطْأَهُ فَآزَرَهُ فَٱسْتَغْلَظَ فَٱسْتَوَىٰ عَلَىٰ سُوقِهِ يُعْجِبُ ٱلزُّرَّاعَ لِيَغِيظَ
بِهِمُ ٱلْكُفَّارَ وَعَدَ ٱللَّهُ ٱلَّذِينَ آمَنُوا وَعَمِلُوا ٱلصَّالِحَاتِ مِنْهُمْ مَغْفِرَةً
وَأَجْرًا عَظِيمًا

سورة الحجرات

مدنية وهي ثمان عشرة آية

بِسْمِ ٱللَّهِ ٱلرَّحْمَٰنِ ٱلرَّحِيمِ

١ يَا أَيُّهَا ٱلَّذِينَ آمَنُوا لَا تُقَدِّمُوا بَيْنَ يَدَيِ ٱللَّهِ وَرَسُولِهِ وَٱتَّقُوا ٱللَّهَ إِنَّ
ٱللَّهَ سَمِيعٌ عَلِيمٌ ٢ يَا أَيُّهَا ٱلَّذِينَ آمَنُوا لَا تَرْفَعُوا أَصْوَاتَكُمْ فَوْقَ صَوْتِ
ٱلنَّبِيِّ وَلَا تَجْهَرُوا لَهُ بِٱلْقَوْلِ كَجَهْرِ بَعْضِكُمْ لِبَعْضٍ أَنْ تَحْبَطَ أَعْمَالُكُمْ وَأَنْتُمْ
لَا تَشْعُرُونَ ٣ إِنَّ ٱلَّذِينَ يَغُضُّونَ أَصْوَاتَهُمْ عِنْدَ رَسُولِ ٱللَّهِ أُولَٰئِكَ ٱلَّذِينَ
ٱمْتَحَنَ ٱللَّهُ قُلُوبَهُمْ لِلتَّقْوَىٰ لَهُمْ مَغْفِرَةٌ وَأَجْرٌ عَظِيمٌ ٤ إِنَّ ٱلَّذِينَ
يُنَادُونَكَ مِنْ وَرَاءِ ٱلْحُجُرَاتِ أَكْثَرُهُمْ لَا يَعْقِلُونَ ٥ وَلَوْ أَنَّهُمْ صَبَرُوا حَتَّىٰ

مُلْكُ ٱلسَّمَوَاتِ وَٱلْأَرْضِ يَغْفِرُ لِمَنْ يَشَآءُ وَيُعَذِّبُ مَنْ يَشَآءُ وَكَانَ ٱللَّهُ غَفُورًا
رَحِيمًا ١٥ سَيَقُولُ ٱلْمُخَلَّفُونَ إِذَا ٱنطَلَقْتُمْ إِلَى مَغَانِمَ لِتَأْخُذُوهَا ذَرُونَا نَتَّبِعْكُمْ
يُرِيدُونَ أَنْ يُبَدِّلُوا كَلَامَ ٱللَّهِ قُلْ لَنْ تَتَّبِعُونَا كَذَلِكُمْ قَالَ ٱللَّهُ مِنْ قَبْلُ
فَسَيَقُولُونَ بَلْ تَحْسُدُونَنَا بَلْ كَانُوا لَا يَفْقَهُونَ إِلَّا قَلِيلًا ١٦ قُلْ لِلْمُخَلَّفِينَ
مِنَ ٱلْأَعْرَابِ سَتُدْعَوْنَ إِلَى قَوْمٍ أُولِي بَأْسٍ شَدِيدٍ تُقَاتِلُونَهُمْ أَوْ يُسْلِمُونَ
فَإِنْ تُطِيعُوا يُؤْتِكُمُ ٱللَّهُ أَجْرًا حَسَنًا وَإِنْ تَتَوَلَّوْا كَمَا تَوَلَّيْتُمْ مِنْ قَبْلُ يُعَذِّبْكُمْ
عَذَابًا أَلِيمًا ١٧ لَيْسَ عَلَى ٱلْأَعْمَى حَرَجٌ وَلَا عَلَى ٱلْأَعْرَجِ حَرَجٌ وَلَا عَلَى
ٱلْمَرِيضِ حَرَجٌ وَمَنْ يُطِعِ ٱللَّهَ وَرَسُولَهُ يُدْخِلْهُ جَنَّاتٍ تَجْرِي مِنْ تَحْتِهَا
ٱلْأَنْهَارُ وَمَنْ يَتَوَلَّ يُعَذِّبْهُ عَذَابًا أَلِيمًا ١٨ لَقَدْ رَضِيَ ٱللَّهُ عَنِ ٱلْمُؤْمِنِينَ
إِذْ يُبَايِعُونَكَ تَحْتَ ٱلشَّجَرَةِ فَعَلِمَ مَا فِي قُلُوبِهِمْ فَأَنْزَلَ ٱلسَّكِينَةَ عَلَيْهِمْ
وَأَثَابَهُمْ فَتْحًا قَرِيبًا ١٩ وَمَغَانِمَ كَثِيرَةً يَأْخُذُونَهَا وَكَانَ ٱللَّهُ عَزِيزًا حَكِيمًا
٢٠ وَعَدَكُمُ ٱللَّهُ مَغَانِمَ كَثِيرَةً تَأْخُذُونَهَا فَعَجَّلَ لَكُمْ هَذِهِ وَكَفَّ أَيْدِيَ
ٱلنَّاسِ عَنْكُمْ وَلِتَكُونَ آيَةً لِلْمُؤْمِنِينَ وَيَهْدِيَكُمْ صِرَاطًا مُسْتَقِيمًا ٢١ وَأُخْرَى
لَمْ تَقْدِرُوا عَلَيْهَا قَدْ أَحَاطَ ٱللَّهُ بِهَا وَكَانَ ٱللَّهُ عَلَى كُلِّ شَيْءٍ قَدِيرًا
٢٢ وَلَوْ قَاتَلَكُمُ ٱلَّذِينَ كَفَرُوا لَوَلَّوُا ٱلْأَدْبَارَ ثُمَّ لَا يَجِدُونَ وَلِيًّا وَلَا نَصِيرًا
٢٣ سُنَّةَ ٱللَّهِ ٱلَّتِي قَدْ خَلَتْ مِنْ قَبْلُ وَلَنْ تَجِدَ لِسُنَّةِ ٱللَّهِ تَبْدِيلًا ٢٤ وَهُوَ
ٱلَّذِي كَفَّ أَيْدِيَهُمْ عَنْكُمْ وَأَيْدِيَكُمْ عَنْهُمْ بِبَطْنِ مَكَّةَ مِنْ بَعْدِ أَنْ أَظْفَرَكُمْ
عَلَيْهِمْ وَكَانَ ٱللَّهُ بِمَا تَعْمَلُونَ بَصِيرًا ٢٥ هُمُ ٱلَّذِينَ كَفَرُوا وَصَدُّوكُمْ عَنِ
ٱلْمَسْجِدِ ٱلْحَرَامِ وَٱلْهَدْيَ مَعْكُوفًا أَنْ يَبْلُغَ مَحِلَّهُ وَلَوْلَا رِجَالٌ مُؤْمِنُونَ وَنِسَآءٌ
مُؤْمِنَاتٌ لَمْ تَعْلَمُوهُمْ أَنْ تَطَؤُوهُمْ فَتُصِيبَكُمْ مِنْهُمْ مَعَرَّةٌ بِغَيْرِ عِلْمٍ لِيُدْخِلَ
ٱللَّهُ فِي رَحْمَتِهِ مَنْ يَشَآءُ لَوْ تَزَيَّلُوا لَعَذَّبْنَا ٱلَّذِينَ كَفَرُوا مِنْهُمْ عَذَابًا
أَلِيمًا ٢٦ إِذْ جَعَلَ ٱلَّذِينَ كَفَرُوا فِي قُلُوبِهِمُ ٱلْحَمِيَّةَ حَمِيَّةَ ٱلْجَاهِلِيَّةِ فَأَنْزَلَ

سورة الفتح

مدنيّة وهى تسع وعشرون آية

بِسْمِ ٱللَّهِ ٱلرَّحْمَنِ ٱلرَّحِيمِ

١ إِنَّا فَتَحْنَا لَكَ فَتْحًا مُبِينًا ٢ لِيَغْفِرَ لَكَ ٱللَّهُ مَا تَقَدَّمَ مِن ذَنْبِكَ وَمَا
تَأَخَّرَ وَيُتِمَّ نِعْمَتَهُ عَلَيْكَ وَيَهْدِيَكَ صِرَاطًا مُسْتَقِيمًا ٣ وَيَنْصُرَكَ ٱللَّهُ نَصْرًا
عَزِيزًا ٤ هُوَ ٱلَّذِى أَنْزَلَ ٱلسَّكِينَةَ فِى قُلُوبِ ٱلْمُؤْمِنِينَ لِيَزْدَادُوا إِيمَانًا مَعَ
إِيمَانِهِمْ وَلِلَّهِ جُنُودُ ٱلسَّمَوَاتِ وَٱلْأَرْضِ وَكَانَ ٱللَّهُ عَلِيمًا حَكِيمًا ٥ لِيُدْخِلَ
ٱلْمُؤْمِنِينَ وَٱلْمُؤْمِنَاتِ جَنَّاتٍ تَجْرِى مِنْ تَحْتِهَا ٱلْأَنْهَارُ خَالِدِينَ فِيهَا وَيُكَفِّرَ
عَنْهُمْ سَيِّآتِهِمْ وَكَانَ ذَلِكَ عِنْدَ ٱللَّهِ فَوْزًا عَظِيمًا ٦ وَيُعَذِّبَ ٱلْمُنَافِقِينَ
وَٱلْمُنَافِقَاتِ وَٱلْمُشْرِكِينَ وَٱلْمُشْرِكَاتِ ٱلظَّانِّينَ بِٱللَّهِ ظَنَّ ٱلسَّوْءِ عَلَيْهِمْ
دَآئِرَةُ ٱلسَّوْءِ وَغَضِبَ ٱللَّهُ عَلَيْهِمْ وَلَعَنَهُمْ وَأَعَدَّ لَهُمْ جَهَنَّمَ وَسَآءَتْ مَصِيرًا
٧ وَلِلَّهِ جُنُودُ ٱلسَّمَوَاتِ وَٱلْأَرْضِ وَكَانَ ٱللَّهُ عَزِيزًا حَكِيمًا ٨ إِنَّا أَرْسَلْنَاكَ
شَاهِدًا وَمُبَشِّرًا وَنَذِيرًا ٩ لِتُؤْمِنُوا بِٱللَّهِ وَرَسُولِهِ وَتُعَزِّرُوهُ وَتُوَقِّرُوهُ وَتُسَبِّحُوهُ
بُكْرَةً وَأَصِيلًا ١٠ إِنَّ ٱلَّذِينَ يُبَايِعُونَكَ إِنَّمَا يُبَايِعُونَ ٱللَّهَ يَدُ ٱللَّهِ فَوْقَ
أَيْدِيهِمْ فَمَنْ نَكَثَ فَإِنَّمَا يَنْكُثُ عَلَى نَفْسِهِ وَمَنْ أَوْفَى بِمَا عَاهَدَ عَلَيْهِ
ٱللَّهَ فَسَيُؤْتِيهِ أَجْرًا عَظِيمًا ١١ سَيَقُولُ لَكَ ٱلْمُخَلَّفُونَ مِنَ ٱلْأَعْرَابِ شَغَلَتْنَا
أَمْوَالُنَا وَأَهْلُونَا فَٱسْتَغْفِرْ لَنَا يَقُولُونَ بِأَلْسِنَتِهِمْ مَا لَيْسَ فِى قُلُوبِهِمْ قُلْ
فَمَنْ يَمْلِكُ لَكُمْ مِنَ ٱللَّهِ شَيْئًا إِنْ أَرَادَ بِكُمْ ضَرًّا أَوْ أَرَادَ بِكُمْ نَفْعًا بَلْ
كَانَ ٱللَّهُ بِمَا تَعْمَلُونَ خَبِيرًا ١٢ بَلْ ظَنَنْتُمْ أَنْ لَنْ يَنْقَلِبَ ٱلرَّسُولُ وَٱلْمُؤْمِنُونَ
إِلَى أَهْلِيهِمْ أَبَدًا وَزُيِّنَ ذَلِكَ فِى قُلُوبِكُمْ وَظَنَنْتُمْ ظَنَّ ٱلسَّوْءِ وَكُنْتُمْ قَوْمًا
بُورًا ١٣ وَمَنْ لَمْ يُؤْمِنْ بِٱللَّهِ وَرَسُولِهِ فَإِنَّا أَعْتَدْنَا لِلْكَافِرِينَ سَعِيرًا ١٤ وَلِلَّهِ

أَقْفَالُهَا ٢٧ إِنَّ ٱلَّذِينَ ٱرْتَدُّوا عَلَى أَدْبَارِهِمْ مِنْ بَعْدِ مَا تَبَيَّنَ لَهُمُ ٱلْهُدَى
ٱلشَّيْطَانُ سَوَّلَ لَهُمْ وَأَمْلَى لَهُمْ ٢٨ ذَلِكَ بِأَنَّهُمْ قَالُوا لِلَّذِينَ كَرِهُوا مَا
نَزَّلَ ٱللَّهُ سَنُطِيعُكُمْ فِي بَعْضِ ٱلْأَمْرِ وَٱللَّهُ يَعْلَمُ إِسْرَارَهُمْ ٢٩ فَكَيْفَ إِذَا
تَوَفَّتْهُمُ ٱلْمَلَائِكَةُ يَضْرِبُونَ وُجُوهَهُمْ وَأَدْبَارَهُمْ ٣٠ ذَلِكَ بِأَنَّهُمُ ٱتَّبَعُوا مَا
أَسْخَطَ ٱللَّهَ وَكَرِهُوا رِضْوَانَهُ فَأَحْبَطَ أَعْمَالَهُمْ ٣١ أَمْ حَسِبَ ٱلَّذِينَ فِي قُلُوبِهِمْ
مَرَضٌ أَنْ لَنْ يُخْرِجَ ٱللَّهُ أَضْغَانَهُمْ ٣٢ وَلَوْ نَشَآءُ لَأَرَيْنَاكَهُمْ فَلَعَرَفْتَهُمْ
بِسِيمَاهُمْ وَلَتَعْرِفَنَّهُمْ فِي لَحْنِ ٱلْقَوْلِ وَٱللَّهُ يَعْلَمُ أَعْمَالَكُمْ ٣٣ وَلَنَبْلُوَنَّكُمْ
حَتَّى نَعْلَمَ ٱلْمُجَاهِدِينَ مِنْكُمْ وَٱلصَّابِرِينَ وَنَبْلُوَ أَخْبَارَكُمْ ٣٤ إِنَّ ٱلَّذِينَ
كَفَرُوا وَصَدُّوا عَنْ سَبِيلِ ٱللَّهِ وَشَاقُّوا ٱلرَّسُولَ مِنْ بَعْدِ مَا تَبَيَّنَ لَهُمُ ٱلْهُدَى
لَنْ يَضُرُّوا ٱللَّهَ شَيْئًا وَسَيُحْبِطُ أَعْمَالَهُمْ ٣٥ يَا أَيُّهَا ٱلَّذِينَ آمَنُوا أَطِيعُوا
ٱللَّهَ وَأَطِيعُوا ٱلرَّسُولَ وَلَا تُبْطِلُوا أَعْمَالَكُمْ ٣٦ إِنَّ ٱلَّذِينَ كَفَرُوا وَصَدُّوا
عَنْ سَبِيلِ ٱللَّهِ ثُمَّ مَاتُوا وَهُمْ كُفَّارٌ فَلَنْ يَغْفِرَ ٱللَّهُ لَهُمْ ٣٧ فَلَا تَهِنُوا
وَتَدْعُوا إِلَى ٱلسَّلْمِ وَأَنْتُمُ ٱلْأَعْلَوْنَ وَٱللَّهُ مَعَكُمْ وَلَنْ يَتِرَكُمْ أَعْمَالَكُمْ ٣٨
إِنَّمَا ٱلْحَيَوٰةُ ٱلدُّنْيَا لَعِبٌ وَلَهْوٌ وَإِنْ تُؤْمِنُوا وَتَتَّقُوا يُؤْتِكُمْ أُجُورَكُمْ وَلَا
يَسْأَلْكُمْ أَمْوَالَكُمْ ٣٩ إِنْ يَسْأَلْكُمُوهَا فَيُحْفِكُمْ تَبْخَلُوا وَيُخْرِجْ أَضْغَانَكُمْ ٤٠ هَا
أَنْتُمْ هَؤُلَآءِ تُدْعَوْنَ لِتُنْفِقُوا فِي سَبِيلِ ٱللَّهِ فَمِنْكُمْ مَنْ يَبْخَلُ وَمَنْ يَبْخَلْ
فَإِنَّمَا يَبْخَلُ عَنْ نَفْسِهِ وَٱللَّهُ ٱلْغَنِيُّ وَأَنْتُمُ ٱلْفُقَرَآءُ وَإِنْ تَتَوَلَّوْا يَسْتَبْدِلْ قَوْمًا
غَيْرَكُمْ ثُمَّ لَا يَكُونُوا أَمْثَالَكُمْ

سورة محمد ٢٧١

بِأَنَّهُمْ كَرِهُوا مَا أَنْزَلَ ٱللَّهُ فَأَحْبَطَ أَعْمَالَهُمْ ١١ أَفَلَمْ يَسِيرُوا فِي ٱلْأَرْضِ
فَيَنْظُرُوا كَيْفَ كَانَ عَاقِبَةُ ٱلَّذِينَ مِنْ قَبْلِهِمْ دَمَّرَ ٱللَّهُ عَلَيْهِمْ وَلِلْكَافِرِينَ
أَمْثَالُهَا ١٢ ذَلِكَ بِأَنَّ ٱللَّهَ مَوْلَى ٱلَّذِينَ آمَنُوا وَأَنَّ ٱلْكَافِرِينَ لَا مَوْلَى لَهُمْ
١٣ إِنَّ ٱللَّهَ يُدْخِلُ ٱلَّذِينَ آمَنُوا وَعَمِلُوا ٱلصَّالِحَاتِ جَنَّاتٍ تَجْرِي مِنْ تَحْتِهَا
ٱلْأَنْهَارُ وَٱلَّذِينَ كَفَرُوا يَتَمَتَّعُونَ وَيَأْكُلُونَ كَمَا تَأْكُلُ ٱلْأَنْعَامُ وَٱلنَّارُ مَثْوًى
لَهُمْ ١٤ وَكَأَيِّنْ مِنْ قَرْيَةٍ هِيَ أَشَدُّ قُوَّةً مِنْ قَرْيَتِكَ ٱلَّتِي أَخْرَجَتْكَ
أَهْلَكْنَاهُمْ فَلَا نَاصِرَ لَهُمْ ١٥ أَفَمَنْ كَانَ عَلَى بَيِّنَةٍ مِنْ رَبِّهِ كَمَنْ زُيِّنَ لَهُ
سُوءُ عَمَلِهِ وَٱتَّبَعُوا أَهْوَاءَهُمْ ١٦ مَثَلُ ٱلْجَنَّةِ ٱلَّتِي وُعِدَ ٱلْمُتَّقُونَ فِيهَا أَنْهَارٌ
مِنْ مَاءٍ غَيْرِ آسِنٍ وَأَنْهَارٌ مِنْ لَبَنٍ لَمْ يَتَغَيَّرْ طَعْمُهُ وَأَنْهَارٌ مِنْ خَمْرٍ لَذَّةٍ
لِلشَّارِبِينَ ١٧ وَأَنْهَارٌ مِنْ عَسَلٍ مُصَفًّى وَلَهُمْ فِيهَا مِنْ كُلِّ ٱلثَّمَرَاتِ وَمَغْفِرَةٌ
مِنْ رَبِّهِمْ كَمَنْ هُوَ خَالِدٌ فِي ٱلنَّارِ وَسُقُوا مَاءً حَمِيمًا فَقَطَّعَ أَمْعَاءَهُمْ
١٨ وَمِنْهُمْ مَنْ يَسْتَمِعُ إِلَيْكَ حَتَّى إِذَا خَرَجُوا مِنْ عِنْدِكَ قَالُوا لِلَّذِينَ أُوتُوا
ٱلْعِلْمَ مَا ذَا قَالَ آنِفًا أُولَآئِكَ ٱلَّذِينَ طَبَعَ ٱللَّهُ عَلَى قُلُوبِهِمْ وَٱتَّبَعُوا أَهْوَاءَهُمْ
١٩ وَٱلَّذِينَ ٱهْتَدَوْا زَادَهُمْ هُدًى وَآتَاهُمْ تَقْوَاهُمْ ٢٠ فَهَلْ يَنْظُرُونَ إِلَّا
ٱلسَّاعَةَ أَنْ تَأْتِيَهُمْ بَغْتَةً فَقَدْ جَاءَ أَشْرَاطُهَا فَأَنَّى لَهُمْ إِذَا جَاءَتْهُمْ ذِكْرَاهُمْ
٢١ فَٱعْلَمْ أَنَّهُ لَا إِلَهَ إِلَّا ٱللَّهُ وَٱسْتَغْفِرْ لِذَنْبِكَ وَلِلْمُؤْمِنِينَ وَٱلْمُؤْمِنَاتِ وَٱللَّهُ
يَعْلَمُ مُتَقَلَّبَكُمْ وَمَثْوَاكُمْ ٢٢ وَيَقُولُ ٱلَّذِينَ آمَنُوا لَوْلَا نُزِّلَتْ سُورَةٌ فَإِذَا
أُنْزِلَتْ سُورَةٌ مُحْكَمَةٌ وَذُكِرَ فِيهَا ٱلْقِتَالُ رَأَيْتَ ٱلَّذِينَ فِي قُلُوبِهِمْ مَرَضٌ
يَنْظُرُونَ إِلَيْكَ نَظَرَ ٱلْمَغْشِيِّ عَلَيْهِ مِنَ ٱلْمَوْتِ فَأَوْلَى لَهُمْ طَاعَةٌ وَقَوْلٌ مَعْرُوفٌ
٢٣ فَإِذَا عَزَمَ ٱلْأَمْرُ فَلَوْ صَدَقُوا ٱللَّهَ لَكَانَ خَيْرًا لَهُمْ ٢٤ فَهَلْ عَسَيْتُمْ إِنْ
تَوَلَّيْتُمْ أَنْ تُفْسِدُوا فِي ٱلْأَرْضِ وَتُقَطِّعُوا أَرْحَامَكُمْ ٢٥ أُولَآئِكَ ٱلَّذِينَ لَعَنَهُمُ
ٱللَّهُ فَأَصَمَّهُمْ وَأَعْمَى أَبْصَارَهُمْ ٢٦ أَفَلَا يَتَدَبَّرُونَ ٱلْقُرْآنَ أَمْ عَلَى قُلُوبٍ

٣١ وَمَنْ لَا يُجِبْ دَاعِيَ ٱللَّهِ فَلَيْسَ بِمُعْجِزٍ فِي ٱلْأَرْضِ وَلَيْسَ لَهُ مِنْ دُونِهِ
أَوْلِيَاءُ أُولَائِكَ فِي ضَلَالٍ مُبِينٍ ٣٢ أَوَلَمْ يَرَوْا أَنَّ ٱللَّهَ ٱلَّذِي خَلَقَ ٱلسَّمٰوَاتِ
وَٱلْأَرْضَ وَلَمْ يَعْيَ بِخَلْقِهِنَّ بِقَادِرٍ عَلَى أَنْ يُحْيِيَ ٱلْمَوْتَى بَلَى إِنَّهُ عَلَى كُلِّ
شَيْءٍ قَدِيرٌ ٣٣ وَيَوْمَ يُعْرَضُ ٱلَّذِينَ كَفَرُوا عَلَى ٱلنَّارِ أَلَيْسَ هَذَا بِٱلْحَقِّ
قَالُوا بَلَى وَرَبِّنَا قَالَ فَذُوقُوا ٱلْعَذَابَ بِمَا كُنْتُمْ تَكْفُرُونَ ٣٤ فَٱصْبِرْ كَمَا
صَبَرَ أُولُوا ٱلْعَزْمِ مِنَ ٱلرُّسُلِ وَلَا تَسْتَعْجِلْ لَهُمْ كَأَنَّهُمْ يَوْمَ يَرَوْنَ مَا يُوعَدُونَ
٣٥ لَمْ يَلْبَثُوا إِلَّا سَاعَةً مِنْ نَهَارٍ بَلَاغٌ فَهَلْ يُهْلَكُ إِلَّا ٱلْقَوْمُ ٱلْفَاسِقُونَ

سورة محمد

صلعم مدنيّة وهى اربعون آية

بِسْمِ ٱللَّهِ ٱلرَّحْمَنِ ٱلرَّحِيمِ

١ ٱلَّذِينَ كَفَرُوا وَصَدُّوا عَنْ سَبِيلِ ٱللَّهِ أَضَلَّ أَعْمَالَهُمْ ٢ وَٱلَّذِينَ آمَنُوا
وَعَمِلُوا ٱلصَّالِحَاتِ وَآمَنُوا بِمَا نُزِّلَ عَلَى مُحَمَّدٍ وَهُوَ ٱلْحَقُّ مِنْ رَبِّهِمْ كَفَّرَ
عَنْهُمْ سَيِّآتِهِمْ وَأَصْلَحَ بَالَهُمْ ٣ ذَلِكَ بِأَنَّ ٱلَّذِينَ كَفَرُوا ٱتَّبَعُوا ٱلْبَاطِلَ وَأَنَّ
ٱلَّذِينَ آمَنُوا ٱتَّبَعُوا ٱلْحَقَّ مِنْ رَبِّهِمْ كَذَلِكَ يَضْرِبُ ٱللَّهُ لِلنَّاسِ أَمْثَالَهُمْ
٤ فَإِذَا لَقِيتُمُ ٱلَّذِينَ كَفَرُوا فَضَرْبَ ٱلرِّقَابِ حَتَّى إِذَا أَثْخَنْتُمُوهُمْ فَشُدُّوا
ٱلْوَثَاقَ ٥ فَإِمَّا مَنًّا بَعْدُ وَإِمَّا فِدَاءً حَتَّى تَضَعَ ٱلْحَرْبُ أَوْزَارَهَا ذَلِكَ وَلَوْ
يَشَاءُ ٱللَّهُ لَٱنْتَصَرَ مِنْهُمْ وَلَكِنْ لِيَبْلُوَ بَعْضَكُمْ بِبَعْضٍ وَٱلَّذِينَ قُتِلُوا فِي
سَبِيلِ ٱللَّهِ فَلَنْ يُضِلَّ أَعْمَالَهُمْ ٦ سَيَهْدِيهِمْ وَيُصْلِحُ بَالَهُمْ ٧ وَيُدْخِلُهُمُ
ٱلْجَنَّةَ عَرَّفَهَا لَهُمْ ٨ يَا أَيُّهَا ٱلَّذِينَ آمَنُوا إِنْ تَنْصُرُوا ٱللَّهَ يَنْصُرْكُمْ
وَيُثَبِّتْ أَقْدَامَكُمْ ٩ وَٱلَّذِينَ كَفَرُوا فَتَعْسًا لَهُمْ وَأَضَلَّ أَعْمَالَهُمْ ١٠ ذَلِكَ

هَذَا إِلَّا أَسَاطِيرُ ٱلْأَوَّلِينَ ١٧ أُولَئِكَ ٱلَّذِينَ حَقَّ عَلَيْهِمُ ٱلْقَوْلُ فِي أُمَمٍ قَدْ
خَلَتْ مِنْ قَبْلِهِمْ مِنَ ٱلْجِنِّ وَٱلْإِنْسِ إِنَّهُمْ كَانُوا خَاسِرِينَ ١٨ وَلِكُلٍّ دَرَجَاتٌ
مِمَّا عَمِلُوا وَلِيُوَفِّيَهُمْ أَعْمَالَهُمْ وَهُمْ لَا يُظْلَمُونَ ١٩ وَيَوْمَ يُعْرَضُ ٱلَّذِينَ
كَفَرُوا عَلَى ٱلنَّارِ أَذْهَبْتُمْ طَيِّبَاتِكُمْ فِي حَيَاتِكُمُ ٱلدُّنْيَا وَٱسْتَمْتَعْتُمْ بِهَا
فَٱلْيَوْمَ تُجْزَوْنَ عَذَابَ ٱلْهُونِ بِمَا كُنْتُمْ تَسْتَكْبِرُونَ فِي ٱلْأَرْضِ بِغَيْرِ ٱلْحَقِّ
وَبِمَا كُنْتُمْ تَفْسُقُونَ ٢٠ وَٱذْكُرْ أَخَا عَادٍ إِذْ أَنْذَرَ قَوْمَهُ بِٱلْأَحْقَافِ وَقَدْ
خَلَتِ ٱلنُّذُرُ مِنْ بَيْنِ يَدَيْهِ وَمِنْ خَلْفِهِ أَلَّا تَعْبُدُوا إِلَّا ٱللَّهَ إِنِّي أَخَافُ
عَلَيْكُمْ عَذَابَ يَوْمٍ عَظِيمٍ ٢١ قَالُوا أَجِئْتَنَا لِتَأْفِكَنَا عَنْ آلِهَتِنَا فَأْتِنَا بِمَا
تَعِدُنَا إِنْ كُنْتَ مِنَ ٱلصَّادِقِينَ ٢٢ قَالَ إِنَّمَا ٱلْعِلْمُ عِنْدَ ٱللَّهِ وَأُبَلِّغُكُمْ مَا
أُرْسِلْتُ بِهِ وَلَكِنِّي أَرَاكُمْ قَوْمًا تَجْهَلُونَ ٢٣ فَلَمَّا رَأَوْهُ عَارِضًا مُسْتَقْبِلَ
أَوْدِيَتِهِمْ قَالُوا هَذَا عَارِضٌ مُمْطِرُنَا بَلْ هُوَ مَا ٱسْتَعْجَلْتُمْ بِهِ رِيحٌ فِيهَا عَذَابٌ
أَلِيمٌ ٢٤ تُدَمِّرُ كُلَّ شَيْءٍ بِأَمْرِ رَبِّهَا فَأَصْبَحُوا لَا يُرَى إِلَّا مَسَاكِنُهُمْ كَذَلِكَ
نَجْزِي ٱلْقَوْمَ ٱلْمُجْرِمِينَ ٢٥ وَلَقَدْ مَكَّنَّاهُمْ فِيمَا إِنْ مَكَّنَّاكُمْ فِيهِ وَجَعَلْنَا
لَهُمْ سَمْعًا وَأَبْصَارًا وَأَفْئِدَةً فَمَا أَغْنَى عَنْهُمْ سَمْعُهُمْ وَلَا أَبْصَارُهُمْ وَلَا أَفْئِدَتُهُمْ
مِنْ شَيْءٍ إِذْ كَانُوا يَجْحَدُونَ بِآيَاتِ ٱللَّهِ وَحَاقَ بِهِمْ مَا كَانُوا بِهِ يَسْتَهْزِئُونَ
٢٦ وَلَقَدْ أَهْلَكْنَا مَا حَوْلَكُمْ مِنَ ٱلْقُرَى وَصَرَّفْنَا ٱلْآيَاتِ لَعَلَّهُمْ يَرْجِعُونَ
٢٧ فَلَوْلَا نَصَرَهُمُ ٱلَّذِينَ ٱتَّخَذُوا مِنْ دُونِ ٱللَّهِ قُرْبَانًا آلِهَةً بَلْ ضَلُّوا عَنْهُمْ
وَذَلِكَ إِفْكُهُمْ وَمَا كَانُوا يَفْتَرُونَ ٢٨ وَإِذْ صَرَفْنَا إِلَيْكَ نَفَرًا مِنَ ٱلْجِنِّ
يَسْتَمِعُونَ ٱلْقُرْآنَ فَلَمَّا حَضَرُوهُ قَالُوا أَنْصِتُوا فَلَمَّا قُضِيَ وَلَّوْا إِلَى قَوْمِهِمْ
مُنْذِرِينَ ٢٩ قَالُوا يَا قَوْمَنَا إِنَّا سَمِعْنَا كِتَابًا أُنْزِلَ مِنْ بَعْدِ مُوسَى مُصَدِّقًا
لِمَا بَيْنَ يَدَيْهِ يَهْدِي إِلَى ٱلْحَقِّ وَإِلَى طَرِيقٍ مُسْتَقِيمٍ ٣٠ يَا قَوْمَنَا أَجِيبُوا
دَاعِيَ ٱللَّهِ وَآمِنُوا بِهِ يَغْفِرْ لَكُمْ مِنْ ذُنُوبِكُمْ وَيُجِرْكُمْ مِنْ عَذَابٍ أَلِيمٍ

هَذَا أَوْ أَثَارَةٍ مِنْ عِلْمٍ إِنْ كُنْتُمْ صَادِقِينَ ٤ وَمَنْ أَضَلُّ مِمَّنْ يَدْعُو مِنْ
دُونِ ٱللَّهِ مَنْ لَا يَسْتَجِيبُ لَهُ إِلَى يَوْمِ ٱلْقِيَامَةِ وَهُمْ عَنْ دُعَآئِهِمْ غَافِلُونَ
٥ وَإِذَا حُشِرَ ٱلنَّاسُ كَانُوا لَهُمْ أَعْدَآءً وَكَانُوا بِعِبَادَتِهِمْ كَافِرِينَ ٦ وَإِذَا تُتْلَى
عَلَيْهِمْ آيَاتُنَا بَيِّنَاتٍ قَالَ ٱلَّذِينَ كَفَرُوا لِلْحَقِّ لَمَّا جَآءَهُمْ هَذَا سِحْرٌ مُبِينٌ
٧ أَمْ يَقُولُونَ ٱفْتَرَاهُ قُلْ إِنِ ٱفْتَرَيْتُهُ فَلَا تَمْلِكُونَ لِي مِنَ ٱللَّهِ شَيْئًا هُوَ أَعْلَمُ
بِمَا تُفِيضُونَ فِيهِ كَفَى بِهِ شَهِيدًا بَيْنِي وَبَيْنَكُمْ وَهُوَ ٱلْغَفُورُ ٱلرَّحِيمُ ٨ قُلْ
مَا كُنْتُ بِدْعًا مِنَ ٱلرُّسُلِ وَمَا أَدْرِي مَا يُفْعَلُ بِي وَلَا بِكُمْ إِنْ أَتَّبِعُ إِلَّا مَا
يُوحَى إِلَيَّ وَمَا أَنَا إِلَّا نَذِيرٌ مُبِينٌ ٩ قُلْ أَرَأَيْتُمْ إِنْ كَانَ مِنْ عِنْدِ ٱللَّهِ
وَكَفَرْتُمْ بِهِ وَشَهِدَ شَاهِدٌ مِنْ بَنِي إِسْرَآئِيلَ عَلَى مِثْلِهِ فَآمَنَ وَٱسْتَكْبَرْتُمْ
إِنَّ ٱللَّهَ لَا يَهْدِي ٱلْقَوْمَ ٱلظَّالِمِينَ ١٠ وَقَالَ ٱلَّذِينَ كَفَرُوا لِلَّذِينَ آمَنُوا
لَوْ كَانَ خَيْرًا مَا سَبَقُونَا إِلَيْهِ وَإِذْ لَمْ يَهْتَدُوا بِهِ فَسَيَقُولُونَ هَذَا إِفْكٌ قَدِيمٌ
١١ وَمِنْ قَبْلِهِ كِتَابُ مُوسَى إِمَامًا وَرَحْمَةً وَهَذَا كِتَابٌ مُصَدِّقٌ لِسَانًا عَرَبِيًّا
لِيُنْذِرَ ٱلَّذِينَ ظَلَمُوا وَبُشْرَى لِلْمُحْسِنِينَ ١٢ إِنَّ ٱلَّذِينَ قَالُوا رَبُّنَا ٱللَّهُ ثُمَّ
ٱسْتَقَامُوا فَلَا خَوْفٌ عَلَيْهِمْ وَلَا هُمْ يَحْزَنُونَ ١٣ أُولَآئِكَ أَصْحَابُ ٱلْجَنَّةِ خَالِدِينَ
فِيهَا جَزَآءً بِمَا كَانُوا يَعْمَلُونَ ١٤ وَوَصَّيْنَا ٱلْإِنْسَانَ بِوَالِدَيْهِ إِحْسَانًا حَمَلَتْهُ
أُمُّهُ كُرْهًا وَوَضَعَتْهُ كُرْهًا وَحَمْلُهُ وَفِصَالُهُ ثَلَاثُونَ شَهْرًا حَتَّى إِذَا بَلَغَ أَشُدَّهُ
وَبَلَغَ أَرْبَعِينَ سَنَةً قَالَ رَبِّ أَوْزِعْنِي أَنْ أَشْكُرَ نِعْمَتَكَ ٱلَّتِي أَنْعَمْتَ عَلَيَّ
وَعَلَى وَالِدَيَّ وَأَنْ أَعْمَلَ صَالِحًا تَرْضَاهُ وَأَصْلِحْ لِي فِي ذُرِّيَّتِي إِنِّي تُبْتُ إِلَيْكَ
وَإِنِّي مِنَ ٱلْمُسْلِمِينَ ١٥ أُولَآئِكَ ٱلَّذِينَ نَتَقَبَّلُ عَنْهُمْ أَحْسَنَ مَا عَمِلُوا
وَنَتَجَاوَزُ عَنْ سَيِّئَاتِهِمْ فِي أَصْحَابِ ٱلْجَنَّةِ وَعْدَ ٱلصِّدْقِ ٱلَّذِي كَانُوا يُوعَدُونَ
١٦ وَٱلَّذِي قَالَ لِوَالِدَيْهِ أُفٍّ لَكُمَا أَتَعِدَانِنِي أَنْ أُخْرَجَ وَقَدْ خَلَتِ ٱلْقُرُونُ
مِنْ قَبْلِي وَهُمَا يَسْتَغِيثَانِ ٱللَّهَ وَيْلَكَ آمِنْ إِنَّ وَعْدَ ٱللَّهِ حَقٌّ فَيَقُولُ مَا

ٱلنَّاسِ لَا يَعْلَمُونَ ٢٦ وَلِلَّهِ مُلْكُ ٱلسَّمٰوَاتِ وَٱلْأَرْضِ وَيَوْمَ تَقُومُ ٱلسَّاعَةُ
يَوْمَئِذٍ يَخْسَرُ ٱلْمُبْطِلُونَ ٢٧ وَتَرَى كُلَّ أُمَّةٍ جَاثِيَةً كُلُّ أُمَّةٍ تُدْعَى إِلَى كِتَابِهَا
ٱلْيَوْمَ تُجْزَوْنَ مَا كُنْتُمْ تَعْمَلُونَ ٢٨ هٰذَا كِتَابُنَا يَنْطِقُ عَلَيْكُمْ بِٱلْحَقِّ إِنَّا
كُنَّا نَسْتَنْسِخُ مَا كُنْتُمْ تَعْمَلُونَ ٢٩ فَأَمَّا ٱلَّذِينَ آمَنُوا وَعَمِلُوا ٱلصَّالِحَاتِ
فَيُدْخِلُهُمْ رَبُّهُمْ فِي رَحْمَتِهِ ذٰلِكَ هُوَ ٱلْفَوْزُ ٱلْمُبِينُ ٣٠ وَأَمَّا ٱلَّذِينَ كَفَرُوا
أَفَلَمْ تَكُنْ آيَاتِي تُتْلَى عَلَيْكُمْ فَٱسْتَكْبَرْتُمْ وَكُنْتُمْ قَوْمًا مُجْرِمِينَ ٣١ وَإِذَا
قِيلَ إِنَّ وَعْدَ ٱللَّهِ حَقٌّ وَٱلسَّاعَةُ لَا رَيْبَ فِيهَا قُلْتُمْ مَا نَدْرِي مَا ٱلسَّاعَةُ
إِنْ نَظُنُّ إِلَّا ظَنًّا وَمَا نَحْنُ بِمُسْتَيْقِنِينَ ٣٢ وَبَدَا لَهُمْ سَيِّئَاتُ مَا عَمِلُوا
وَحَاقَ بِهِمْ مَا كَانُوا بِهِ يَسْتَهْزِئُونَ ٣٣ وَقِيلَ ٱلْيَوْمَ نَنْسَاكُمْ كَمَا نَسِيتُمْ
لِقَاءَ يَوْمِكُمْ هٰذَا وَمَأْوَاكُمُ ٱلنَّارُ وَمَا لَكُمْ مِنْ نَاصِرِينَ ٣٤ ذٰلِكُمْ بِأَنَّكُمُ
ٱتَّخَذْتُمْ آيَاتِ ٱللَّهِ هُزُوًا وَغَرَّتْكُمُ ٱلْحَيٰوةُ ٱلدُّنْيَا فَٱلْيَوْمَ لَا يُخْرَجُونَ مِنْهَا
وَلَا هُمْ يُسْتَعْتَبُونَ ٣٥ فَلِلَّهِ ٱلْحَمْدُ رَبِّ ٱلسَّمٰوَاتِ وَرَبِّ ٱلْأَرْضِ رَبِّ ٱلْعَالَمِينَ
٣٦ وَلَهُ ٱلْكِبْرِيَاءُ فِي ٱلسَّمٰوَاتِ وَٱلْأَرْضِ وَهُوَ ٱلْعَزِيزُ ٱلْحَكِيمُ

سورة الاحقاف

مكية وهي خمس وثلثون آية

١ بِسْمِ ٱللَّهِ ٱلرَّحْمٰنِ ٱلرَّحِيمِ

جزء ٢٦ ۞ ١ حمٓ تَنْزِيلُ ٱلْكِتَابِ مِنَ ٱللَّهِ ٱلْعَزِيزِ ٱلْحَكِيمِ ٢ مَا خَلَقْنَا
ٱلسَّمٰوَاتِ وَٱلْأَرْضَ وَمَا بَيْنَهُمَا إِلَّا بِٱلْحَقِّ وَأَجَلٍ مُسَمًّى وَٱلَّذِينَ كَفَرُوا عَمَّا
أُنْذِرُوا مُعْرِضُونَ ٣ قُلْ أَرَأَيْتُمْ مَا تَدْعُونَ مِنْ دُونِ ٱللَّهِ أَرُونِي مَا ذَا
خَلَقُوا مِنَ ٱلْأَرْضِ أَمْ لَهُمْ شِرْكٌ فِي ٱلسَّمٰوَاتِ ٱئْتُونِي بِكِتَابٍ مِنْ قَبْلِ

شَيْئًا وَلَا مَا ٱتَّخَذُوا مِنْ دُونِ ٱللّٰهِ أَوْلِيَآءَ وَلَهُمْ عَذَابٌ عَظِيمٌ ١٠ هٰذَا
هُدًى وَٱلَّذِينَ كَفَرُوا بِآيَاتِ رَبِّهِمْ لَهُمْ عَذَابٌ مِنْ رِجْزٍ أَلِيمٌ ١١ ٱللّٰهُ ٱلَّذِي
سَخَّرَ لَكُمُ ٱلْبَحْرَ لِتَجْرِيَ ٱلْفُلْكُ فِيهِ بِأَمْرِهِ وَلِتَبْتَغُوا مِنْ فَضْلِهِ وَلَعَلَّكُمْ
تَشْكُرُونَ ١٢ وَسَخَّرَ لَكُمْ مَا فِي ٱلسَّمٰوَاتِ وَمَا فِي ٱلْأَرْضِ جَمِيعًا مِنْهُ إِنَّ فِي ذٰلِكَ
لَآيَاتٍ لِقَوْمٍ يَتَفَكَّرُونَ ١٣ قُلْ لِلَّذِينَ آمَنُوا يَغْفِرُوا لِلَّذِينَ لَا يَرْجُونَ أَيَّامَ
ٱللّٰهِ لِيَجْزِيَ قَوْمًا بِمَا كَانُوا يَكْسِبُونَ ١٤ مَنْ عَمِلَ صَالِحًا فَلِنَفْسِهِ وَمَنْ
أَسَآءَ فَعَلَيْهَا ثُمَّ إِلَىٰ رَبِّكُمْ تُرْجَعُونَ ١٥ وَلَقَدْ آتَيْنَا بَنِي إِسْرَآئِيلَ ٱلْكِتَابَ
وَٱلْحُكْمَ وَٱلنُّبُوَّةَ وَرَزَقْنَاهُمْ مِنَ ٱلطَّيِّبَاتِ وَفَضَّلْنَاهُمْ عَلَى ٱلْعَالَمِينَ ١٦ وَآتَيْنَاهُمْ
بَيِّنَاتٍ مِنَ ٱلْأَمْرِ فَمَا ٱخْتَلَفُوا إِلَّا مِنْ بَعْدِ مَا جَآءَهُمُ ٱلْعِلْمُ بَغْيًا بَيْنَهُمْ
إِنَّ رَبَّكَ يَقْضِي بَيْنَهُمْ يَوْمَ ٱلْقِيَامَةِ فِيمَا كَانُوا فِيهِ يَخْتَلِفُونَ ١٧ ثُمَّ جَعَلْنَاكَ
عَلَىٰ شَرِيعَةٍ مِنَ ٱلْأَمْرِ فَٱتَّبِعْهَا وَلَا تَتَّبِعْ أَهْوَآءَ ٱلَّذِينَ لَا يَعْلَمُونَ ١٨ إِنَّهُمْ
لَنْ يُغْنُوا عَنْكَ مِنَ ٱللّٰهِ شَيْئًا وَإِنَّ ٱلظَّالِمِينَ بَعْضُهُمْ أَوْلِيَآءُ بَعْضٍ وَٱللّٰهُ
وَلِيُّ ٱلْمُتَّقِينَ ١٩ هٰذَا بَصَائِرُ لِلنَّاسِ وَهُدًى وَرَحْمَةٌ لِقَوْمٍ يُوقِنُونَ ٢٠ أَمْ
حَسِبَ ٱلَّذِينَ ٱجْتَرَحُوا ٱلسَّيِّئَاتِ أَنْ نَجْعَلَهُمْ كَٱلَّذِينَ آمَنُوا وَعَمِلُوا
ٱلصَّالِحَاتِ سَوَآءً مَحْيَاهُمْ وَمَمَاتُهُمْ سَآءَ مَا يَحْكُمُونَ ٢١ وَخَلَقَ ٱللّٰهُ ٱلسَّمٰوَاتِ
وَٱلْأَرْضَ بِٱلْحَقِّ وَلِتُجْزَىٰ كُلُّ نَفْسٍ بِمَا كَسَبَتْ وَهُمْ لَا يُظْلَمُونَ ٢٢ أَفَرَأَيْتَ
مَنِ ٱتَّخَذَ إِلٰهَهُ هَوَاهُ وَأَضَلَّهُ ٱللّٰهُ عَلَىٰ عِلْمٍ وَخَتَمَ عَلَىٰ سَمْعِهِ وَقَلْبِهِ وَجَعَلَ
عَلَىٰ بَصَرِهِ غِشَاوَةً فَمَنْ يَهْدِيهِ مِنْ بَعْدِ ٱللّٰهِ أَفَلَا تَذَكَّرُونَ ٢٣ وَقَالُوا
مَا هِيَ إِلَّا حَيَوتُنَا ٱلدُّنْيَا نَمُوتُ وَنَحْيَا وَمَا يُهْلِكُنَا إِلَّا ٱلدَّهْرُ وَمَا لَهُمْ
بِذٰلِكَ مِنْ عِلْمٍ إِنْ هُمْ إِلَّا يَظُنُّونَ ٢٤ وَإِذَا تُتْلَىٰ عَلَيْهِمْ آيَاتُنَا بَيِّنَاتٍ مَا
كَانَ حُجَّتَهُمْ إِلَّا أَنْ قَالُوا ٱئْتُوا بِآبَآئِنَا إِنْ كُنْتُمْ صَادِقِينَ ٢٥ قُلِ ٱللّٰهُ
يُحْيِيكُمْ ثُمَّ يُمِيتُكُمْ ثُمَّ يَجْمَعُكُمْ إِلَىٰ يَوْمِ ٱلْقِيَامَةِ لَا رَيْبَ فِيهِ وَلٰكِنَّ أَكْثَرَ

رَحِمَ ٱللَّهُ إِنَّهُ هُوَ ٱلْعَزِيزُ ٱلرَّحِيمُ ٤٣ إِنَّ شَجَرَةَ ٱلزَّقُّومِ ٤٤ طَعَامُ ٱلْأَثِيمِ
٤٥ كَٱلْمُهْلِ يَغْلِي فِي ٱلْبُطُونِ ٤٦ كَغَلْيِ ٱلْحَمِيمِ ٤٧ خُذُوهُ فَٱعْتِلُوهُ إِلَىٰ
سَوَآءِ ٱلْجَحِيمِ ٤٨ ثُمَّ صُبُّوا فَوْقَ رَأْسِهِ مِنْ عَذَابِ ٱلْحَمِيمِ ٤٩ ذُقْ إِنَّكَ
أَنْتَ ٱلْعَزِيزُ ٱلْكَرِيمُ ٥٠ إِنَّ هَٰذَا مَا كُنْتُمْ بِهِ تَمْتَرُونَ ٥١ إِنَّ ٱلْمُتَّقِينَ فِي
مَقَامٍ أَمِينٍ ٥٢ فِي جَنَّاتٍ وَعُيُونٍ ٥٣ يَلْبَسُونَ مِنْ سُنْدُسٍ وَإِسْتَبْرَقٍ
مُتَقَابِلِينَ ٥٤ كَذَٰلِكَ وَزَوَّجْنَاهُمْ بِحُورٍ عِينٍ ٥٥ يَدْعُونَ فِيهَا بِكُلِّ فَاكِهَةٍ
آمِنِينَ ٥٦ لَا يَذُوقُونَ فِيهَا ٱلْمَوْتَ إِلَّا ٱلْمَوْتَةَ ٱلْأُولَىٰ وَوَقَاهُمْ عَذَابَ ٱلْجَحِيمِ
٥٧ فَضْلًا مِنْ رَبِّكَ ذَٰلِكَ هُوَ ٱلْفَوْزُ ٱلْعَظِيمُ ٥٨ فَإِنَّمَا يَسَّرْنَاهُ بِلِسَانِكَ لَعَلَّهُمْ
يَتَذَكَّرُونَ ٥٩ فَٱرْتَقِبْ إِنَّهُمْ مُرْتَقِبُونَ

سورة الجاثية

مكية وهى ست وثلثون آية

بِسْمِ ٱللَّهِ ٱلرَّحْمَٰنِ ٱلرَّحِيمِ

١ حمٓ تَنْزِيلُ ٱلْكِتَابِ مِنَ ٱللَّهِ ٱلْعَزِيزِ ٱلْحَكِيمِ ٢ إِنَّ فِي ٱلسَّمَاوَاتِ وَٱلْأَرْضِ
لَآيَاتٍ لِلْمُؤْمِنِينَ ٣ وَفِي خَلْقِكُمْ وَمَا يَبُثُّ مِنْ دَابَّةٍ آيَاتٌ لِقَوْمٍ يُوقِنُونَ
٤ وَٱخْتِلَافِ ٱللَّيْلِ وَٱلنَّهَارِ وَمَا أَنْزَلَ ٱللَّهُ مِنَ ٱلسَّمَآءِ مِنْ رِزْقٍ فَأَحْيَا
بِهِ ٱلْأَرْضَ بَعْدَ مَوْتِهَا وَتَصْرِيفِ ٱلرِّيَاحِ آيَاتٌ لِقَوْمٍ يَعْقِلُونَ ٥ تِلْكَ آيَاتُ
ٱللَّهِ نَتْلُوهَا عَلَيْكَ بِٱلْحَقِّ فَبِأَيِّ حَدِيثٍ بَعْدَ ٱللَّهِ وَآيَاتِهِ يُؤْمِنُونَ ٦ وَيْلٌ
لِكُلِّ أَفَّاكٍ أَثِيمٍ ٧ يَسْمَعُ آيَاتِ ٱللَّهِ تُتْلَىٰ عَلَيْهِ ثُمَّ يُصِرُّ مُسْتَكْبِرًا كَأَنْ
لَمْ يَسْمَعْهَا فَبَشِّرْهُ بِعَذَابٍ أَلِيمٍ ٨ وَإِذَا عَلِمَ مِنْ آيَاتِنَا شَيْئًا ٱتَّخَذَهَا هُزُوًا
أُولَٰئِكَ لَهُمْ عَذَابٌ مُهِينٌ ٩ مِنْ وَرَآئِهِمْ جَهَنَّمُ وَلَا يُغْنِي عَنْهُمْ مَا كَسَبُوا

سورة ٤٤ — ٢٦٤

٥ رَحْمَةً مِنْ رَبِّكَ إِنَّهُ هُوَ ٱلسَّمِيعُ ٱلْعَلِيمُ ٦ رَبِّ ٱلسَّمٰوَاتِ وَٱلْأَرْضِ وَمَا بَيْنَهُمَا
إِنْ كُنْتُمْ مُوقِنِينَ ٧ لَا إِلٰهَ إِلَّا هُوَ يُحْيِي وَيُمِيتُ رَبُّكُمْ وَرَبُّ آبَائِكُمُ ٱلْأَوَّلِينَ
٨ بَلْ هُمْ فِي شَكٍّ يَلْعَبُونَ ٩ فَٱرْتَقِبْ يَوْمَ تَأْتِي ٱلسَّمَاءُ بِدُخَانٍ مُبِينٍ
١٠ يَغْشَى ٱلنَّاسَ هٰذَا عَذَابٌ أَلِيمٌ ١١ رَبَّنَا ٱكْشِفْ عَنَّا ٱلْعَذَابَ إِنَّا
مُؤْمِنُونَ ١٢ أَنَّى لَهُمُ ٱلذِّكْرَى وَقَدْ جَاءَهُمْ رَسُولٌ مُبِينٌ ١٣ ثُمَّ تَوَلَّوْا
عَنْهُ وَقَالُوا مُعَلَّمٌ مَجْنُونٌ ١٤ إِنَّا كَاشِفُوا ٱلْعَذَابِ قَلِيلًا إِنَّكُمْ عَائِدُونَ ١٥ يَوْمَ
نَبْطِشُ ٱلْبَطْشَةَ ٱلْكُبْرَى إِنَّا مُنْتَقِمُونَ ١٦ وَلَقَدْ فَتَنَّا قَبْلَهُمْ قَوْمَ فِرْعَوْنَ
وَجَاءَهُمْ رَسُولٌ كَرِيمٌ ١٧ أَنْ أَدُّوا إِلَيَّ عِبَادَ ٱللّٰهِ إِنِّي لَكُمْ رَسُولٌ أَمِينٌ
١٨ وَأَنْ لَا تَعْلُوا عَلَى ٱللّٰهِ إِنِّي آتِيكُمْ بِسُلْطَانٍ مُبِينٍ ١٩ وَإِنِّي عُذْتُ بِرَبِّي
وَرَبِّكُمْ أَنْ تَرْجُمُونِ ٢٠ وَإِنْ لَمْ تُؤْمِنُوا لِي فَٱعْتَزِلُونِ ٢١ فَدَعَا رَبَّهُ أَنَّ هٰؤُلَاءِ
قَوْمٌ مُجْرِمُونَ ٢٢ فَأَسْرِ بِعِبَادِي لَيْلًا إِنَّكُمْ مُتَّبَعُونَ ٢٣ وَٱتْرُكِ ٱلْبَحْرَ رَهْوًا
إِنَّهُمْ جُنْدٌ مُغْرَقُونَ ٢٤ كَمْ تَرَكُوا مِنْ جَنَّاتٍ وَعُيُونٍ ٢٥ وَزُرُوعٍ وَمَقَامٍ
كَرِيمٍ ٢٦ وَنَعْمَةٍ كَانُوا فِيهَا فَاكِهِينَ ٢٧ كَذٰلِكَ وَأَوْرَثْنَاهَا قَوْمًا آخَرِينَ
٢٨ فَمَا بَكَتْ عَلَيْهِمُ ٱلسَّمَاءُ وَٱلْأَرْضُ وَمَا كَانُوا مُنْظَرِينَ ٢٩ وَلَقَدْ نَجَّيْنَا
بَنِي إِسْرَائِيلَ مِنَ ٱلْعَذَابِ ٱلْمُهِينِ ٣٠ مِنْ فِرْعَوْنَ إِنَّهُ كَانَ عَالِيًا مِنَ
ٱلْمُسْرِفِينَ ٣١ وَلَقَدِ ٱخْتَرْنَاهُمْ عَلَى عِلْمٍ عَلَى ٱلْعَالَمِينَ ٣٢ وَآتَيْنَاهُمْ مِنَ
ٱلْآيَاتِ مَا فِيهِ بَلَاءٌ مُبِينٌ ٣٣ إِنَّ هٰؤُلَاءِ لَيَقُولُونَ ٣٤ إِنْ هِيَ إِلَّا
مَوْتَتُنَا ٱلْأُولَى وَمَا نَحْنُ بِمُنْشَرِينَ ٣٥ فَأْتُوا بِآبَائِنَا إِنْ كُنْتُمْ صَادِقِينَ
٣٦ أَهُمْ خَيْرٌ أَمْ قَوْمُ تُبَّعٍ ٣٧ وَٱلَّذِينَ مِنْ قَبْلِهِمْ أَهْلَكْنَاهُمْ إِنَّهُمْ كَانُوا
مُجْرِمِينَ ٣٨ وَمَا خَلَقْنَا ٱلسَّمٰوَاتِ وَٱلْأَرْضَ وَمَا بَيْنَهُمَا لَاعِبِينَ ٣٩ مَا
خَلَقْنَاهُمَا إِلَّا بِٱلْحَقِّ وَلٰكِنَّ أَكْثَرَهُمْ لَا يَعْلَمُونَ ٤٠ إِنَّ يَوْمَ ٱلْفَصْلِ مِيقَاتُهُمْ
أَجْمَعِينَ ٤١ يَوْمَ لَا يُغْنِي مَوْلًى عَنْ مَوْلًى شَيْئًا وَلَا هُمْ يُنْصَرُونَ ٤٢ إِلَّا مَنْ

مَا تَشْتَهِيهِ ٱلْأَنْفُسُ وَتَلَذُّ ٱلْأَعْيُنُ وَأَنْتُمْ فِيهَا خَالِدُونَ ٧٢ وَتِلْكَ ٱلْجَنَّةُ
ٱلَّتِي أُورِثْتُمُوهَا بِمَا كُنْتُمْ تَعْمَلُونَ ٧٣ لَكُمْ فِيهَا فَاكِهَةٌ كَثِيرَةٌ مِنْهَا
تَأْكُلُونَ ٧٤ إِنَّ ٱلْمُجْرِمِينَ فِي عَذَابِ جَهَنَّمَ خَالِدُونَ ٧٥ لَا يُفَتَّرُ عَنْهُمْ
وَهُمْ فِيهِ مُبْلِسُونَ ٧٦ وَمَا ظَلَمْنَاهُمْ وَلَكِنْ كَانُوا هُمُ ٱلظَّالِمِينَ ٧٧ وَنَادَوْا
يَا مَالِكُ لِيَقْضِ عَلَيْنَا رَبُّكَ قَالَ إِنَّكُمْ مَاكِثُونَ ٧٨ لَقَدْ جِئْنَاكُمْ بِٱلْحَقِّ
وَلَكِنَّ أَكْثَرَكُمْ لِلْحَقِّ كَارِهُونَ ٧٩ أَمْ أَبْرَمُوا أَمْرًا فَإِنَّا مُبْرِمُونَ ٨٠ أَمْ
يَحْسَبُونَ أَنَّا لَا نَسْمَعُ سِرَّهُمْ وَنَجْوَاهُمْ بَلَى وَرُسُلُنَا لَدَيْهِمْ يَكْتُبُونَ ٨١ قُلْ
إِنْ كَانَ لِلرَّحْمَنِ وَلَدٌ فَأَنَا أَوَّلُ ٱلْعَابِدِينَ ٨٢ سُبْحَانَ رَبِّ ٱلسَّمَوَاتِ وَٱلْأَرْضِ
رَبِّ ٱلْعَرْشِ عَمَّا يَصِفُونَ ٨٣ فَذَرْهُمْ يَخُوضُوا وَيَلْعَبُوا حَتَّى يُلَاقُوا يَوْمَهُمُ
ٱلَّذِي يُوعَدُونَ ٨٤ وَهُوَ ٱلَّذِي فِي ٱلسَّمَاءِ إِلَهٌ وَفِي ٱلْأَرْضِ إِلَهٌ وَهُوَ ٱلْحَكِيمُ
ٱلْعَلِيمُ ٨٥ وَتَبَارَكَ ٱلَّذِي لَهُ مُلْكُ ٱلسَّمَوَاتِ وَٱلْأَرْضِ وَمَا بَيْنَهُمَا وَعِنْدَهُ
عِلْمُ ٱلسَّاعَةِ وَإِلَيْهِ تُرْجَعُونَ ٨٦ وَلَا يَمْلِكُ ٱلَّذِينَ يَدْعُونَ مِنْ دُونِهِ ٱلشَّفَاعَةَ
إِلَّا مَنْ شَهِدَ بِٱلْحَقِّ وَهُمْ يَعْلَمُونَ ٨٧ وَلَئِنْ سَأَلْتَهُمْ مَنْ خَلَقَهُمْ لَيَقُولُنَّ
ٱللَّهُ فَأَنَّى يُؤْفَكُونَ ٨٨ وَقِيلِهِ يَا رَبِّ إِنَّ هَؤُلَاءِ قَوْمٌ لَا يُؤْمِنُونَ ٨٩ فَٱصْفَحْ
عَنْهُمْ وَقُلْ سَلَامٌ فَسَوْفَ يَعْلَمُونَ

سورة الدخان

مكية وهي تسع وخمسون آية

بِسْمِ ٱللَّهِ ٱلرَّحْمَنِ ٱلرَّحِيمِ

١ حم وَٱلْكِتَابِ ٱلْمُبِينِ ٢ إِنَّا أَنْزَلْنَاهُ فِي لَيْلَةٍ مُبَارَكَةٍ إِنَّا كُنَّا مُنْذِرِينَ
٣ فِيهَا يُفْرَقُ كُلُّ أَمْرٍ حَكِيمٍ ٤ أَمْرًا مِنْ عِنْدِنَا إِنَّا كُنَّا مُرْسِلِينَ

مُوسَى بِآيَاتِنَا إِلَى فِرْعَوْنَ وَمَلَئِهِ فَقَالَ إِنِّى رَسُولُ رَبِّ ٱلْعَالَمِينَ ٤٦ فَلَمَّا
جَآءَهُمْ بِآيَاتِنَا إِذَا هُمْ مِنْهَا يَضْحَكُونَ ٤٧ وَمَا نُرِيهِمْ مِنْ آيَةٍ إِلَّا هِىَ
أَكْبَرُ مِنْ أُخْتِهَا وَأَخَذْنَاهُمْ بِٱلْعَذَابِ لَعَلَّهُمْ يَرْجِعُونَ ٤٨ وَقَالُوا يَا أَيُّهَ
ٱلسَّاحِرُ ٱدْعُ لَنَا رَبَّكَ بِمَا عَهِدَ عِنْدَكَ إِنَّنَا لَمُهْتَدُونَ ٤٩ فَلَمَّا كَشَفْنَا
عَنْهُمُ ٱلْعَذَابَ إِذَا هُمْ يَنْكُثُونَ ٥٠ وَنَادَى فِرْعَوْنُ فِى قَوْمِهِ قَالَ يَا قَوْمِ أَلَيْسَ
لِى مُلْكُ مِصْرَ وَهَذِهِ ٱلْأَنْهَارُ تَجْرِى مِنْ تَحْتِى أَفَلَا تُبْصِرُونَ ٥١ أَمْ أَنَا خَيْرٌ
مِنْ هَذَا ٱلَّذِى هُوَ مَهِينٌ ٥٢ وَلَا يَكَادُ يُبِينُ ٥٣ فَلَوْلَا أُلْقِىَ عَلَيْهِ أَسْوِرَةٌ
مِنْ ذَهَبٍ أَوْ جَآءَ مَعَهُ ٱلْمَلَائِكَةُ مُقْتَرِنِينَ ٥٤ فَٱسْتَخَفَّ قَوْمَهُ فَأَطَاعُوهُ
إِنَّهُمْ كَانُوا قَوْمًا فَاسِقِينَ ٥٥ فَلَمَّا آسَفُونَا ٱنْتَقَمْنَا مِنْهُمْ فَأَغْرَقْنَاهُمْ أَجْمَعِينَ
٥٦ فَجَعَلْنَاهُمْ سَلَفًا وَمَثَلًا لِلْآخِرِينَ ٥٧ وَلَمَّا ضُرِبَ ٱبْنُ مَرْيَمَ مَثَلًا إِذَا
قَوْمُكَ مِنْهُ يَصِدُّونَ ٥٨ وَقَالُوا أَآلِهَتُنَا خَيْرٌ أَمْ هُوَ مَا ضَرَبُوهُ لَكَ إِلَّا جَدَلًا
بَلْ هُمْ قَوْمٌ خَصِمُونَ ٥٩ إِنْ هُوَ إِلَّا عَبْدٌ أَنْعَمْنَا عَلَيْهِ وَجَعَلْنَاهُ مَثَلًا لِبَنِى
إِسْرَائِيلَ ٦٠ وَلَوْ نَشَآءُ لَجَعَلْنَا مِنْكُمْ مَلَائِكَةً فِى ٱلْأَرْضِ يَخْلُفُونَ ٦١ وَإِنَّهُ
لَعِلْمٌ لِلسَّاعَةِ فَلَا تَمْتَرُنَّ بِهَا وَٱتَّبِعُونِ هَذَا صِرَاطٌ مُسْتَقِيمٌ ٦٢ وَلَا يَصُدَّنَّكُمُ
ٱلشَّيْطَانُ إِنَّهُ لَكُمْ عَدُوٌّ مُبِينٌ ٦٣ وَلَمَّا جَآءَ عِيسَى بِٱلْبَيِّنَاتِ قَالَ قَدْ
جِئْتُكُمْ بِٱلْحِكْمَةِ وَلِأُبَيِّنَ لَكُمْ بَعْضَ ٱلَّذِى تَخْتَلِفُونَ فِيهِ فَٱتَّقُوا ٱللَّهَ وَأَطِيعُونِ
٦٤ إِنَّ ٱللَّهَ هُوَ رَبِّى وَرَبُّكُمْ فَٱعْبُدُوهُ هَذَا صِرَاطٌ مُسْتَقِيمٌ ٦٥ فَٱخْتَلَفَ
ٱلْأَحْزَابُ مِنْ بَيْنِهِمْ فَوَيْلٌ لِلَّذِينَ ظَلَمُوا مِنْ عَذَابِ يَوْمٍ أَلِيمٍ ٦٦ هَلْ
يَنْظُرُونَ إِلَّا ٱلسَّاعَةَ أَنْ تَأْتِيَهُمْ بَغْتَةً وَهُمْ لَا يَشْعُرُونَ ٦٧ ٱلْأَخِلَّآءُ يَوْمَئِذٍ
بَعْضُهُمْ لِبَعْضٍ عَدُوٌّ إِلَّا ٱلْمُتَّقِينَ ٦٨ يَا عِبَادِى لَا خَوْفٌ عَلَيْكُمُ ٱلْيَوْمَ وَلَا
أَنْتُمْ تَحْزَنُونَ ٦٩ ٱلَّذِينَ آمَنُوا بِآيَاتِنَا وَكَانُوا مُسْلِمِينَ ٧٠ ٱدْخُلُوا ٱلْجَنَّةَ
أَنْتُمْ وَأَزْوَاجُكُمْ تُحْبَرُونَ ٧١ يُطَافُ عَلَيْهِمْ بِصِحَافٍ مِنْ ذَهَبٍ وَأَكْوَابٍ وَفِيهَا

أَرْسَلْنَا مِنْ قَبْلِكَ فِي قَرْيَةٍ مِنْ نَذِيرٍ إِلَّا قَالَ مُتْرَفُوهَا إِنَّا وَجَدْنَا آبَآءَنَا
عَلَى أُمَّةٍ وَإِنَّا عَلَى آثَارِهِمْ مُقْتَدُونَ ٢٣ قُلْ أَوَلَوْ جِئْتُكُمْ بِأَهْدَى مِمَّا وَجَدتُّمْ
عَلَيْهِ آبَآءَكُمْ قَالُوا إِنَّا بِمَا أُرْسِلْتُمْ بِهِ كَافِرُونَ ٢٤ فَٱنْتَقَمْنَا مِنْهُمْ فَٱنْظُرْ
كَيْفَ كَانَ عَاقِبَةُ ٱلْمُكَذِّبِينَ ٢٥ وَإِذْ قَالَ إِبْرَهِيمُ لِأَبِيهِ وَقَوْمِهِ إِنَّنِي بَرَآءٌ
مِمَّا تَعْبُدُونَ ٢٦ إِلَّا ٱلَّذِي فَطَرَنِي فَإِنَّهُ سَيَهْدِينِ ٢٧ وَجَعَلَهَا كَلِمَةً بَاقِيَةً
فِي عَقِبِهِ لَعَلَّهُمْ يَرْجِعُونَ ٢٨ بَلْ مَتَّعْتُ هَؤُلَآءِ وَآبَآءَهُمْ حَتَّى جَآءَهُمُ ٱلْحَقُّ
وَرَسُولٌ مُبِينٌ ٢٩ وَلَمَّا جَآءَهُمُ ٱلْحَقُّ قَالُوا هَذَا سِحْرٌ وَإِنَّا بِهِ كَافِرُونَ ٣٠ وَقَالُوا
لَوْلَا نُزِّلَ هَذَا ٱلْقُرْآنُ عَلَى رَجُلٍ مِنَ ٱلْقَرْيَتَيْنِ عَظِيمٍ ٣١ أَهُمْ يَقْسِمُونَ
رَحْمَةَ رَبِّكَ نَحْنُ قَسَمْنَا بَيْنَهُمْ مَعِيشَتَهُمْ فِي ٱلْحَيَوةِ ٱلدُّنْيَا وَرَفَعْنَا بَعْضَهُمْ
فَوْقَ بَعْضٍ دَرَجَاتٍ لِيَتَّخِذَ بَعْضُهُمْ بَعْضًا سُخْرِيًّا وَرَحْمَةُ رَبِّكَ خَيْرٌ مِمَّا
يَجْمَعُونَ ٣٢ وَلَوْلَا أَنْ يَكُونَ ٱلنَّاسُ أُمَّةً وَاحِدَةً لَجَعَلْنَا لِمَنْ يَكْفُرُ بِٱلرَّحْمَنِ
لِبُيُوتِهِمْ سُقُفًا مِنْ فِضَّةٍ وَمَعَارِجَ عَلَيْهَا يَظْهَرُونَ ٣٣ وَلِبُيُوتِهِمْ أَبْوَابًا وَسُرُرًا
عَلَيْهَا يَتَّكِئُونَ ٣٤ وَزُخْرُفًا وَإِنْ كُلُّ ذَلِكَ لَمَّا مَتَاعُ ٱلْحَيَوةِ ٱلدُّنْيَا وَٱلْآخِرَةُ
عِنْدَ رَبِّكَ لِلْمُتَّقِينَ ٣٥ وَمَنْ يَعْشُ عَنْ ذِكْرِ ٱلرَّحْمَنِ نُقَيِّضْ لَهُ شَيْطَانًا
فَهُوَ لَهُ قَرِينٌ ٣٦ وَإِنَّهُمْ لَيَصُدُّونَهُمْ عَنِ ٱلسَّبِيلِ وَيَحْسَبُونَ أَنَّهُمْ مُهْتَدُونَ
٣٧ حَتَّى إِذَا جَآءَنَا قَالَ يَا لَيْتَ بَيْنِي وَبَيْنَكَ بُعْدَ ٱلْمَشْرِقَيْنِ فَبِئْسَ ٱلْقَرِينُ
٣٨ وَلَنْ يَنْفَعَكُمُ ٱلْيَوْمَ إِذْ ظَلَمْتُمْ أَنَّكُمْ فِي ٱلْعَذَابِ مُشْتَرِكُونَ ٣٩ أَفَأَنْتَ
تُسْمِعُ ٱلصُّمَّ أَوْ تَهْدِي ٱلْعُمْيَ وَمَنْ كَانَ فِي ضَلَالٍ مُبِينٍ ٤٠ فَإِمَّا نَذْهَبَنَّ
بِكَ فَإِنَّا مِنْهُمْ مُنْتَقِمُونَ ٤١ أَوْ نُرِيَنَّكَ ٱلَّذِي وَعَدْنَاهُمْ فَإِنَّا عَلَيْهِمْ
مُقْتَدِرُونَ ٤٢ فَٱسْتَمْسِكْ بِٱلَّذِي أُوحِيَ إِلَيْكَ إِنَّكَ عَلَى صِرَاطٍ مُسْتَقِيمٍ
٤٣ وَإِنَّهُ لَذِكْرٌ لَكَ وَلِقَوْمِكَ وَسَوْفَ تُسْأَلُونَ ٤٤ وَٱسْأَلْ مَنْ أَرْسَلْنَا مِنْ
قَبْلِكَ مِنْ رُسُلِنَا أَجَعَلْنَا مِنْ دُونِ ٱلرَّحْمَنِ آلِهَةً يُعْبَدُونَ ٤٥ وَلَقَدْ أَرْسَلْنَا

سورة الزخرف

مكيّة وهى تسع وثمانون آية

بِسْمِ ٱللَّهِ ٱلرَّحْمَنِ ٱلرَّحِيمِ

١ حٰمٓ وَٱلْكِتَابِ ٱلْمُبِينِ ٢ إِنَّا جَعَلْنَاهُ قُرْآنًا عَرَبِيًّا لَعَلَّكُمْ تَعْقِلُونَ ٣ وَإِنَّهُ
فِي أُمِّ ٱلْكِتَابِ لَدَيْنَا لَعَلِيٌّ حَكِيمٌ ٤ أَفَنَضْرِبُ عَنْكُمُ ٱلذِّكْرَ صَفْحًا أَنْ
كُنْتُمْ قَوْمًا مُسْرِفِينَ ٥ وَكَمْ أَرْسَلْنَا مِنْ نَبِيٍّ فِي ٱلْأَوَّلِينَ ٦ وَمَا يَأْتِيهِمْ
مِنْ نَبِيٍّ إِلَّا كَانُوا بِهِ يَسْتَهْزِءُونَ ٧ فَأَهْلَكْنَا أَشَدَّ مِنْهُمْ بَطْشًا وَمَضَى مَثَلُ
ٱلْأَوَّلِينَ ٨ وَلَئِنْ سَأَلْتَهُمْ مَنْ خَلَقَ ٱلسَّمَوَاتِ وَٱلْأَرْضَ لَيَقُولُنَّ خَلَقَهُنَّ
ٱلْعَزِيزُ ٱلْعَلِيمُ ٩ ٱلَّذِي جَعَلَ لَكُمُ ٱلْأَرْضَ مَهْدًا وَجَعَلَ لَكُمْ فِيهَا سُبُلًا
لَعَلَّكُمْ تَهْتَدُونَ ١٠ وَٱلَّذِي نَزَّلَ مِنَ ٱلسَّمَاءِ مَاءً بِقَدَرٍ فَأَنْشَرْنَا بِهِ بَلْدَةً
مَيْتًا كَذَلِكَ تُخْرَجُونَ ١١ وَٱلَّذِي خَلَقَ ٱلْأَزْوَاجَ كُلَّهَا وَجَعَلَ لَكُمْ مِنَ ٱلْفُلْكِ
وَٱلْأَنْعَامِ مَا تَرْكَبُونَ ١٢ لِتَسْتَوُوا عَلَى ظُهُورِهِ ثُمَّ تَذْكُرُوا نِعْمَةَ رَبِّكُمْ إِذَا
ٱسْتَوَيْتُمْ عَلَيْهِ وَتَقُولُوا سُبْحَانَ ٱلَّذِي سَخَّرَ لَنَا هَذَا وَمَا كُنَّا لَهُ مُقْرِنِينَ
١٣ وَإِنَّا إِلَى رَبِّنَا لَمُنْقَلِبُونَ ١٤ وَجَعَلُوا لَهُ مِنْ عِبَادِهِ جُزْءًا إِنَّ ٱلْإِنْسَانَ
لَكَفُورٌ مُبِينٌ ١٥ أَمِ ٱتَّخَذَ مِمَّا يَخْلُقُ بَنَاتٍ وَأَصْفَاكُمْ بِٱلْبَنِينَ ١٦ وَإِذَا
بُشِّرَ أَحَدُهُمْ بِمَا ضَرَبَ لِلرَّحْمَنِ مَثَلًا ظَلَّ وَجْهُهُ مُسْوَدًّا وَهُوَ كَظِيمٌ ١٧ أَوَمَنْ
يُنَشَّؤُ فِي ٱلْحِلْيَةِ وَهُوَ فِي ٱلْخِصَامِ غَيْرُ مُبِينٍ ١٨ وَجَعَلُوا ٱلْمَلَائِكَةَ ٱلَّذِينَ
هُمْ عِبَادُ ٱلرَّحْمَنِ إِنَاثًا أَشَهِدُوا خَلْقَهُمْ سَتُكْتَبُ شَهَادَتُهُمْ وَيُسْأَلُونَ ١٩
وَقَالُوا لَوْ شَاءَ ٱلرَّحْمَنُ مَا عَبَدْنَاهُمْ مَا لَهُمْ بِذَلِكَ مِنْ عِلْمٍ إِنْ هُمْ إِلَّا
يَخْرُصُونَ ٢٠ أَمْ آتَيْنَاهُمْ كِتَابًا مِنْ قَبْلِهِ فَهُمْ بِهِ مُسْتَمْسِكُونَ ٢١ بَلْ قَالُوا
إِنَّا وَجَدْنَا آبَاءَنَا عَلَى أُمَّةٍ وَإِنَّا عَلَى آثَارِهِمْ مُهْتَدُونَ ٢٢ وَكَذَلِكَ مَا

فَمَنْ عَفَا وَأَصْلَحَ فَأَجْرُهُ عَلَى ٱللَّهِ إِنَّهُ لَا يُحِبُّ ٱلظَّالِمِينَ ٣٩ وَلَمَنِ ٱنْتَصَرَ
بَعْدَ ظُلْمِهِ فَأُولَآئِكَ مَا عَلَيْهِمْ مِنْ سَبِيلٍ ٤٠ إِنَّمَا ٱلسَّبِيلُ عَلَى ٱلَّذِينَ
يَظْلِمُونَ ٱلنَّاسَ وَيَبْغُونَ فِي ٱلْأَرْضِ بِغَيْرِ ٱلْحَقِّ أُولَآئِكَ لَهُمْ عَذَابٌ أَلِيمٌ
٤١ وَلَمَنْ صَبَرَ وَغَفَرَ إِنَّ ذَالِكَ لَمِنْ عَزْمِ ٱلْأُمُورِ ٤٢ وَمَنْ يُضْلِلِ ٱللَّهُ فَمَا
لَهُ مِنْ وَلِيٍّ مِنْ بَعْدِهِ وَتَرَى ٱلظَّالِمِينَ ٤٣ لَمَّا رَأَوُا ٱلْعَذَابَ يَقُولُونَ هَلْ إِلَى
مَرَدٍّ مِنْ سَبِيلٍ ٤٤ وَتَرَاهُمْ يُعْرَضُونَ عَلَيْهَا خَاشِعِينَ مِنَ ٱلذُّلِّ يَنْظُرُونَ
مِنْ طَرْفٍ خَفِيٍّ وَقَالَ ٱلَّذِينَ آمَنُوا إِنَّ ٱلْخَاسِرِينَ ٱلَّذِينَ خَسِرُوا أَنْفُسَهُمْ
وَأَهْلِيهِمْ يَوْمَ ٱلْقِيَامَةِ أَلَا إِنَّ ٱلظَّالِمِينَ فِي عَذَابٍ مُقِيمٍ ٤٥ وَمَا كَانَ لَهُمْ
مِنْ أَوْلِيَآءَ يَنْصُرُونَهُمْ مِنْ دُونِ ٱللَّهِ وَمَنْ يُضْلِلِ ٱللَّهُ فَمَا لَهُ مِنْ سَبِيلٍ
٤٦ إِسْتَجِيبُوا لِرَبِّكُمْ مِنْ قَبْلِ أَنْ يَأْتِيَ يَوْمٌ لَا مَرَدَّ لَهُ مِنَ ٱللَّهِ مَا لَكُمْ مِنْ
مَلْجَإٍ يَوْمَئِذٍ وَمَا لَكُمْ مِنْ نَكِيرٍ ٤٧ فَإِنْ أَعْرَضُوا فَمَا أَرْسَلْنَاكَ عَلَيْهِمْ
حَفِيظًا إِنْ عَلَيْكَ إِلَّا ٱلْبَلَاغُ وَإِنَّا إِذَا أَذَقْنَا ٱلْإِنْسَانَ مِنَّا رَحْمَةً فَرِحَ بِهَا
وَإِنْ تُصِبْهُمْ سَيِّئَةٌ بِمَا قَدَّمَتْ أَيْدِيهِمْ فَإِنَّ ٱلْإِنْسَانَ كَفُورٌ ٤٨ لِلَّهِ مُلْكُ
ٱلسَّمٰوَاتِ وَٱلْأَرْضِ يَخْلُقُ مَا يَشَآءُ يَهَبُ لِمَنْ يَشَآءُ إِنَاثًا وَيَهَبُ لِمَنْ يَشَآءُ
ٱلذُّكُورَ ٤٩ أَوْ يُزَوِّجُهُمْ ذُكْرَانًا وَإِنَاثًا وَيَجْعَلُ مَنْ يَشَآءُ عَقِيمًا إِنَّهُ عَلِيمٌ
قَدِيرٌ ٥٠ وَمَا كَانَ لِبَشَرٍ أَنْ يُكَلِّمَهُ ٱللَّهُ إِلَّا وَحْيًا أَوْ مِنْ وَرَآءِ حِجَابٍ ٥١ أَوْ
يُرْسِلَ رَسُولًا فَيُوحِيَ بِإِذْنِهِ مَا يَشَآءُ إِنَّهُ عَلِيٌّ حَكِيمٌ ٥٢ وَكَذَالِكَ أَوْحَيْنَا
إِلَيْكَ رُوحًا مِنْ أَمْرِنَا مَا كُنْتَ تَدْرِى مَا ٱلْكِتَابُ وَلَا ٱلْإِيمَانُ وَلَٰكِنْ جَعَلْنَاهُ
نُورًا نَهْدِى بِهِ مَنْ نَشَآءُ مِنْ عِبَادِنَا وَإِنَّكَ لَتَهْدِى إِلَى صِرَاطٍ مُسْتَقِيمٍ ٥٣
صِرَاطِ ٱللَّهِ ٱلَّذِى لَهُ مَا فِي ٱلسَّمٰوَاتِ وَمَا فِي ٱلْأَرْضِ أَلَا إِلَى ٱللَّهِ تَصِيرُ ٱلْأُمُورُ

مِمَّا كَسَبُوا وَهُوَ وَاقِعٌ بِهِمْ وَٱلَّذِينَ آمَنُوا وَعَمِلُوا ٱلصَّالِحَاتِ فِي رَوْضَاتِ ٱلْجَنَّاتِ
لَهُمْ مَا يَشَآؤُونَ عِنْدَ رَبِّهِمْ ذَلِكَ هُوَ ٱلْفَضْلُ ٱلْكَبِيرُ ۲۲ ذَلِكَ ٱلَّذِي يُبَشِّرُ
ٱللَّهُ عِبَادَهُ ٱلَّذِينَ آمَنُوا وَعَمِلُوا ٱلصَّالِحَاتِ قُلْ لَا أَسْأَلُكُمْ عَلَيْهِ أَجْرًا إِلَّا
ٱلْمَوَدَّةَ فِي ٱلْقُرْبَى وَمَنْ يَقْتَرِفْ حَسَنَةً نَزِدْ لَهُ فِيهَا حُسْنًا إِنَّ ٱللَّهَ غَفُورٌ
شَكُورٌ ۲۳ أَمْ يَقُولُونَ ٱفْتَرَى عَلَى ٱللَّهِ كَذِبًا فَإِنْ يَشَإِ ٱللَّهُ يَخْتِمْ عَلَى
قَلْبِكَ وَيَمْحُ ٱللَّهُ ٱلْبَاطِلَ وَيُحِقُّ ٱلْحَقَّ بِكَلِمَاتِهِ إِنَّهُ عَلِيمٌ بِذَاتِ ٱلصُّدُورِ
۲۴ وَهُوَ ٱلَّذِي يَقْبَلُ ٱلتَّوْبَةَ عَنْ عِبَادِهِ وَيَعْفُو عَنِ ٱلسَّيِّآتِ وَيَعْلَمُ مَا
تَفْعَلُونَ ۲۵ وَيَسْتَجِيبُ ٱلَّذِينَ آمَنُوا وَعَمِلُوا ٱلصَّالِحَاتِ وَيَزِيدُهُمْ مِنْ فَضْلِهِ
وَٱلْكَافِرُونَ لَهُمْ عَذَابٌ شَدِيدٌ ۲۶ وَلَوْ بَسَطَ ٱللَّهُ ٱلرِّزْقَ لِعِبَادِهِ لَبَغَوْا فِي
ٱلْأَرْضِ وَلَكِنْ يُنَزِّلُ بِقَدَرٍ مَا يَشَآءُ إِنَّهُ بِعِبَادِهِ خَبِيرٌ بَصِيرٌ ۲۷ وَهُوَ ٱلَّذِي
يُنَزِّلُ ٱلْغَيْثَ مِنْ بَعْدِ مَا قَنَطُوا وَيَنْشُرُ رَحْمَتَهُ وَهُوَ ٱلْوَلِيُّ ٱلْحَمِيدُ ۲۸ وَمِنْ
آيَاتِهِ خَلْقُ ٱلسَّمَوَاتِ وَٱلْأَرْضِ وَمَا بَثَّ فِيهِمَا مِنْ دَابَّةٍ وَهُوَ عَلَى جَمْعِهِمْ
إِذَا يَشَآءُ قَدِيرٌ ۲۹ وَمَا أَصَابَكُمْ مِنْ مُصِيبَةٍ فَبِمَا كَسَبَتْ أَيْدِيكُمْ وَيَعْفُو
عَنْ كَثِيرٍ ۳۰ وَمَا أَنْتُمْ بِمُعْجِزِينَ فِي ٱلْأَرْضِ وَمَا لَكُمْ مِنْ دُونِ ٱللَّهِ مِنْ
وَلِيٍّ وَلَا نَصِيرٍ ۳۱ وَمِنْ آيَاتِهِ ٱلْجَوَارِ فِي ٱلْبَحْرِ كَٱلْأَعْلَامِ إِنْ يَشَأْ يُسْكِنِ
ٱلرِّيحَ فَيَظْلَلْنَ رَوَاكِدَ عَلَى ظَهْرِهِ إِنَّ فِي ذَلِكَ لَآيَاتٍ لِكُلِّ صَبَّارٍ شَكُورٍ
۳۲ أَوْ يُوبِقْهُنَّ بِمَا كَسَبُوا وَيَعْفُ عَنْ كَثِيرٍ ۳۳ وَيَعْلَمَ ٱلَّذِينَ يُجَادِلُونَ فِي
آيَاتِنَا مَا لَهُمْ مِنْ مَحِيصٍ ۳۴ فَمَا أُوتِيتُمْ مِنْ شَيْءٍ فَمَتَاعُ ٱلْحَيَوةِ ٱلدُّنْيَا
وَمَا عِنْدَ ٱللَّهِ خَيْرٌ وَأَبْقَى لِلَّذِينَ آمَنُوا وَعَلَى رَبِّهِمْ يَتَوَكَّلُونَ ۳۵ وَٱلَّذِينَ
يَجْتَنِبُونَ كَبَائِرَ ٱلْإِثْمِ وَٱلْفَوَاحِشَ وَإِذَا مَا غَضِبُوا هُمْ يَغْفِرُونَ ۳۶ وَٱلَّذِينَ
ٱسْتَجَابُوا لِرَبِّهِمْ وَأَقَامُوا ٱلصَّلَوةَ وَأَمْرُهُمْ شُورَى بَيْنَهُمْ وَمِمَّا رَزَقْنَاهُمْ يُنْفِقُونَ
۳۷ وَٱلَّذِينَ إِذَا أَصَابَهُمُ ٱلْبَغْيُ هُمْ يَنْتَصِرُونَ ۳۸ وَجَزَآءُ سَيِّئَةٍ سَيِّئَةٌ مِثْلُهَا

كُلِّ شَىْءٍ قَدِيرٌ ٨ وَمَا ٱخْتَلَفْتُمْ فِيهِ مِنْ شَىْءٍ فَحُكْمُهُ إِلَى ٱللَّهِ ذَٰلِكُمُ ٱللَّهُ
رَبِّى عَلَيْهِ تَوَكَّلْتُ وَإِلَيْهِ أُنِيبُ ٩ فَاطِرُ ٱلسَّمَوَاتِ وَٱلْأَرْضِ جَعَلَ لَكُمْ مِنْ
أَنْفُسِكُمْ أَزْوَاجًا وَمِنَ ٱلْأَنْعَامِ أَزْوَاجًا يَذْرَؤُكُمْ فِيهِ لَيْسَ كَمِثْلِهِ شَىْءٌ وَهُوَ
ٱلسَّمِيعُ ٱلْبَصِيرُ ١٠ لَهُ مَقَالِيدُ ٱلسَّمَوَاتِ وَٱلْأَرْضِ يَبْسُطُ ٱلرِّزْقَ لِمَنْ يَشَآءُ
وَيَقْدِرُ إِنَّهُ بِكُلِّ شَىْءٍ عَلِيمٌ ١١ شَرَعَ لَكُمْ مِنَ ٱلدِّينِ مَا وَصَّى بِهِ نُوحًا
وَٱلَّذِى أَوْحَيْنَا إِلَيْكَ وَمَا وَصَّيْنَا بِهِ إِبْرٰهِيمَ وَمُوسَى وَعِيسَى أَنْ أَقِيمُوا
ٱلدِّينَ وَلَا تَتَفَرَّقُوا فِيهِ كَبُرَ عَلَى ٱلْمُشْرِكِينَ ١٢ مَا تَدْعُوهُمْ إِلَيْهِ ٱللَّهُ
يَجْتَبِى إِلَيْهِ مَنْ يَشَآءُ وَيَهْدِى إِلَيْهِ مَنْ يُنِيبُ ١٣ وَمَا تَفَرَّقُوا إِلَّا مِنْ بَعْدِ
مَا جَآءَهُمُ ٱلْعِلْمُ بَغْيًا بَيْنَهُمْ وَلَوْلَا كَلِمَةٌ سَبَقَتْ مِنْ رَبِّكَ إِلَى أَجَلٍ مُسَمًّى
لَقُضِىَ بَيْنَهُمْ وَإِنَّ ٱلَّذِينَ أُورِثُوا ٱلْكِتَابَ مِنْ بَعْدِهِمْ لَفِى شَكٍّ مِنْهُ مُرِيبٍ
١٤ فَلِذَٰلِكَ فَٱدْعُ وَٱسْتَقِمْ كَمَا أُمِرْتَ وَلَا تَتَّبِعْ أَهْوَآءَهُمْ وَقُلْ آمَنْتُ بِمَا أَنْزَلَ
ٱللَّهُ مِنْ كِتَابٍ وَأُمِرْتُ لِأَعْدِلَ بَيْنَكُمُ ٱللَّهُ رَبُّنَا وَرَبُّكُمْ لَنَا أَعْمَالُنَا وَلَكُمْ
أَعْمَالُكُمْ لَا حُجَّةَ بَيْنَنَا وَبَيْنَكُمُ ٱللَّهُ يَجْمَعُ بَيْنَنَا وَإِلَيْهِ ٱلْمَصِيرُ ١٥ وَٱلَّذِينَ
يُحَاجُّونَ فِى ٱللَّهِ مِنْ بَعْدِ مَا ٱسْتُجِيبَ لَهُ حُجَّتُهُمْ دَاحِضَةٌ عِنْدَ رَبِّهِمْ وَعَلَيْهِمْ
غَضَبٌ وَلَهُمْ عَذَابٌ شَدِيدٌ ١٦ ٱللَّهُ ٱلَّذِى أَنْزَلَ ٱلْكِتَابَ بِٱلْحَقِّ وَٱلْمِيزَانَ
وَمَا يُدْرِيكَ لَعَلَّ ٱلسَّاعَةَ قَرِيبٌ ١٧ يَسْتَعْجِلُ بِهَا ٱلَّذِينَ لَا يُؤْمِنُونَ بِهَا
وَٱلَّذِينَ آمَنُوا مُشْفِقُونَ مِنْهَا وَيَعْلَمُونَ أَنَّهَا ٱلْحَقُّ أَلَا إِنَّ ٱلَّذِينَ يُمَارُونَ
فِى ٱلسَّاعَةِ لَفِى ضَلَالٍ بَعِيدٍ ١٨ ٱللَّهُ لَطِيفٌ بِعِبَادِهِ يَرْزُقُ مَنْ يَشَآءُ وَهُوَ
ٱلْقَوِىُّ ٱلْعَزِيزُ ١٩ مَنْ كَانَ يُرِيدُ حَرْثَ ٱلْآخِرَةِ نَزِدْ لَهُ فِى حَرْثِهِ وَمَنْ كَانَ
يُرِيدُ حَرْثَ ٱلدُّنْيَا نُؤْتِهِ مِنْهَا وَمَا لَهُ فِى ٱلْآخِرَةِ مِنْ نَصِيبٍ ٢٠ أَمْ لَهُمْ
شُرَكَآءُ شَرَعُوا لَهُمْ مِنَ ٱلدِّينِ مَا لَمْ يَأْذَنْ بِهِ ٱللَّهُ وَلَوْلَا كَلِمَةُ ٱلْفَصْلِ
لَقُضِىَ بَيْنَهُمْ وَإِنَّ ٱلظَّالِمِينَ لَهُمْ عَذَابٌ أَلِيمٌ ٢١ تَرَى ٱلظَّالِمِينَ مُشْفِقِينَ

أَذَقْنَاهُ رَحْمَةً مِنَّا مِنْ بَعْدِ ضَرَّآءَ مَسَّتْهُ لَيَقُولَنَّ هَذَا لِي وَمَا أَظُنُّ ٱلسَّاعَةَ
قَآئِمَةً وَلَئِنْ رُجِعْتُ إِلَى رَبِّي إِنَّ لِي عِنْدَهُ لَلْحُسْنَى فَلَنُنَبِّئَنَّ ٱلَّذِينَ كَفَرُوا
بِمَا عَمِلُوا وَلَنُذِيقَنَّهُمْ مِنْ عَذَابٍ غَلِيظٍ ٥١ وَإِذَا أَنْعَمْنَا عَلَى ٱلْإِنْسَانِ
أَعْرَضَ وَنَأَى بِجَانِبِهِ وَإِذَا مَسَّهُ ٱلشَّرُّ فَذُو دُعَآءٍ عَرِيضٍ ٥٢ قُلْ أَرَأَيْتُمْ إِنْ
كَانَ مِنْ عِنْدِ ٱللَّهِ ثُمَّ كَفَرْتُمْ بِهِ مَنْ أَضَلُّ مِمَّنْ هُوَ فِي شِقَاقٍ بَعِيدٍ
٥٣ سَنُرِيهِمْ آيَاتِنَا فِي ٱلْآفَاقِ وَفِي أَنْفُسِهِمْ حَتَّى يَتَبَيَّنَ لَهُمْ أَنَّهُ ٱلْحَقُّ أَوَلَمْ
يَكْفِ بِرَبِّكَ أَنَّهُ عَلَى كُلِّ شَيْءٍ شَهِيدٌ ٥٤ أَلَا إِنَّهُمْ فِي مِرْيَةٍ مِنْ لِقَآءِ
رَبِّهِمْ أَلَا إِنَّهُ بِكُلِّ شَيْءٍ مُحِيطٌ

سورة الشورى

مكيّة وهى ثلث وخمسون آية

بِسْمِ ٱللَّهِ ٱلرَّحْمَنِ ٱلرَّحِيمِ

١ حمٓ عٓسٓقٓ كَذَلِكَ يُوحِي إِلَيْكَ وَإِلَى ٱلَّذِينَ مِنْ قَبْلِكَ ٱللَّهُ ٱلْعَزِيزُ ٱلْحَكِيمُ
٢ لَهُ مَا فِي ٱلسَّمَوَاتِ وَمَا فِي ٱلْأَرْضِ وَهُوَ ٱلْعَلِيُّ ٱلْعَظِيمُ ٣ تَكَادُ ٱلسَّمَوَاتُ
يَتَفَطَّرْنَ مِنْ فَوْقِهِنَّ وَٱلْمَلَآئِكَةُ يُسَبِّحُونَ بِحَمْدِ رَبِّهِمْ وَيَسْتَغْفِرُونَ لِمَنْ فِي
ٱلْأَرْضِ أَلَا إِنَّ ٱللَّهَ هُوَ ٱلْغَفُورُ ٱلرَّحِيمُ ٤ وَٱلَّذِينَ ٱتَّخَذُوا مِنْ دُونِهِ أَوْلِيَآءَ
ٱللَّهُ حَفِيظٌ عَلَيْهِمْ وَمَا أَنْتَ عَلَيْهِمْ بِوَكِيلٍ ٥ وَكَذَلِكَ أَوْحَيْنَا إِلَيْكَ
قُرْآنًا عَرَبِيًّا لِتُنْذِرَ أُمَّ ٱلْقُرَى وَمَنْ حَوْلَهَا وَتُنْذِرَ يَوْمَ ٱلْجَمْعِ لَا رَيْبَ فِيهِ
فَرِيقٌ فِي ٱلْجَنَّةِ وَفَرِيقٌ فِي ٱلسَّعِيرِ ٦ وَلَوْ شَآءَ ٱللَّهُ لَجَعَلَهُمْ أُمَّةً وَاحِدَةً
وَلَكِنْ يُدْخِلُ مَنْ يَشَآءُ فِي رَحْمَتِهِ وَٱلظَّالِمُونَ مَا لَهُمْ مِنْ وَلِيٍّ وَلَا نَصِيرٍ
٧ أَمِ ٱتَّخَذُوا مِنْ دُونِهِ أَوْلِيَآءَ فَٱللَّهُ هُوَ ٱلْوَلِيُّ وَهُوَ يُحْيِي ٱلْمَوْتَى وَهُوَ عَلَى

سورة فصلت

فَإِذَا ٱلَّذِى بَيْنَكَ وَبَيْنَهُ عَدَاوَةٌ كَأَنَّهُ وَلِىٌّ حَمِيمٌ ٣٥ وَمَا يُلَقَّاهَا إِلَّا ٱلَّذِينَ صَبَرُوا وَمَا يُلَقَّاهَا إِلَّا ذُو حَظٍّ عَظِيمٍ ٣٦ وَإِمَّا يَنزَغَنَّكَ مِنَ ٱلشَّيْطَانِ نَزْغٌ فَٱسْتَعِذْ بِٱللَّهِ إِنَّهُ هُوَ ٱلسَّمِيعُ ٱلْعَلِيمُ ٣٧ وَمِنْ آيَاتِهِ ٱللَّيْلُ وَٱلنَّهَارُ وَٱلشَّمْسُ وَٱلْقَمَرُ لَا تَسْجُدُوا لِلشَّمْسِ وَلَا لِلْقَمَرِ وَٱسْجُدُوا لِلَّهِ ٱلَّذِى خَلَقَهُنَّ إِن كُنتُمْ إِيَّاهُ تَعْبُدُونَ ٣٨ فَإِنِ ٱسْتَكْبَرُوا فَٱلَّذِينَ عِندَ رَبِّكَ يُسَبِّحُونَ لَهُ بِٱللَّيْلِ وَٱلنَّهَارِ وَهُمْ لَا يَسْأَمُونَ ٣٩ وَمِنْ آيَاتِهِ أَنَّكَ تَرَى ٱلْأَرْضَ خَاشِعَةً فَإِذَا أَنزَلْنَا عَلَيْهَا ٱلْمَاءَ ٱهْتَزَّتْ وَرَبَتْ إِنَّ ٱلَّذِى أَحْيَاهَا لَمُحْيِى ٱلْمَوْتَى إِنَّهُ عَلَىٰ كُلِّ شَىْءٍ قَدِيرٌ ٤٠ إِنَّ ٱلَّذِينَ يُلْحِدُونَ فِى آيَاتِنَا لَا يَخْفَوْنَ عَلَيْنَا أَفَمَن يُلْقَىٰ فِى ٱلنَّارِ خَيْرٌ أَم مَّن يَأْتِى آمِنًا يَوْمَ ٱلْقِيَامَةِ ٱعْمَلُوا مَا شِئْتُمْ إِنَّهُ بِمَا تَعْمَلُونَ بَصِيرٌ ٤١ إِنَّ ٱلَّذِينَ كَفَرُوا بِٱلذِّكْرِ لَمَّا جَاءَهُمْ وَإِنَّهُ لَكِتَابٌ عَزِيزٌ ٤٢ لَا يَأْتِيهِ ٱلْبَاطِلُ مِن بَيْنِ يَدَيْهِ وَلَا مِنْ خَلْفِهِ تَنزِيلٌ مِّنْ حَكِيمٍ حَمِيدٍ ٤٣ مَا يُقَالُ لَكَ إِلَّا مَا قَدْ قِيلَ لِلرُّسُلِ مِن قَبْلِكَ إِنَّ رَبَّكَ لَذُو مَغْفِرَةٍ وَذُو عِقَابٍ أَلِيمٍ ٤٤ وَلَوْ جَعَلْنَاهُ قُرْآنًا أَعْجَمِيًّا لَّقَالُوا لَوْلَا فُصِّلَتْ آيَاتُهُ أَأَعْجَمِىٌّ وَعَرَبِىٌّ قُلْ هُوَ لِلَّذِينَ آمَنُوا هُدًى وَشِفَاءٌ وَٱلَّذِينَ لَا يُؤْمِنُونَ فِى آذَانِهِمْ وَقْرٌ وَهُوَ عَلَيْهِمْ عَمًى أُولَٰئِكَ يُنَادَوْنَ مِن مَّكَانٍ بَعِيدٍ ٤٥ وَلَقَدْ آتَيْنَا مُوسَى ٱلْكِتَابَ فَٱخْتُلِفَ فِيهِ وَلَوْلَا كَلِمَةٌ سَبَقَتْ مِن رَّبِّكَ لَقُضِىَ بَيْنَهُمْ وَإِنَّهُمْ لَفِى شَكٍّ مِّنْهُ مُرِيبٍ ٤٦ مَنْ عَمِلَ صَالِحًا فَلِنَفْسِهِ وَمَنْ أَسَاءَ فَعَلَيْهَا وَمَا رَبُّكَ بِظَلَّامٍ لِّلْعَبِيدِ ٤٧ إِلَيْهِ يُرَدُّ عِلْمُ ٱلسَّاعَةِ وَمَا تَخْرُجُ مِن ثَمَرَاتٍ مِّنْ أَكْمَامِهَا وَمَا تَحْمِلُ مِنْ أُنثَىٰ وَلَا تَضَعُ إِلَّا بِعِلْمِهِ وَيَوْمَ يُنَادِيهِمْ أَيْنَ شُرَكَائِى قَالُوا آذَنَّاكَ مَا مِنَّا مِن شَهِيدٍ ٤٨ وَضَلَّ عَنْهُم مَّا كَانُوا يَدْعُونَ مِن قَبْلُ وَظَنُّوا مَا لَهُم مِّن مَّحِيصٍ ٤٩ لَا يَسْأَمُ ٱلْإِنسَانُ مِن دُعَاءِ ٱلْخَيْرِ وَإِن مَّسَّهُ ٱلشَّرُّ فَيَـُٔوسٌ قَنُوطٌ ٥٠ وَلَئِنْ

وَلَعَذَابُ ٱلْآخِرَةِ أَخْزَى وَهُمْ لَا يُنْصَرُونَ ۱۶ وَأَمَّا ثَمُودُ فَهَدَيْنَاهُمْ فَٱسْتَحَبُّوا
ٱلْعَمَى عَلَى ٱلْهُدَى فَأَخَذَتْهُمْ صَاعِقَةُ ٱلْعَذَابِ ٱلْهُونِ بِمَا كَانُوا يَكْسِبُونَ
۱۷ وَنَجَّيْنَا ٱلَّذِينَ آمَنُوا وَكَانُوا يَتَّقُونَ ۱۸ وَيَوْمَ يُحْشَرُ أَعْدَآءُ ٱللّٰهِ إِلَى ٱلنَّارِ
فَهُمْ يُوزَعُونَ ۱۹ حَتَّى إِذَا مَا جَآؤُهَا شَهِدَ عَلَيْهِمْ سَمْعُهُمْ وَأَبْصَارُهُمْ
وَجُلُودُهُمْ بِمَا كَانُوا يَعْمَلُونَ ۲۰ وَقَالُوا لِجُلُودِهِمْ لِمَ شَهِدْتُّمْ عَلَيْنَا قَالُوا
أَنْطَقَنَا ٱللّٰهُ ٱلَّذِي أَنْطَقَ كُلَّ شَيْءٍ وَهُوَ خَلَقَكُمْ أَوَّلَ مَرَّةٍ وَإِلَيْهِ تُرْجَعُونَ
۲۱ وَمَا كُنْتُمْ تَسْتَتِرُونَ أَنْ يَشْهَدَ عَلَيْكُمْ سَمْعُكُمْ وَلَا أَبْصَارُكُمْ وَلَا جُلُودُكُمْ
وَلٰكِنْ ظَنَنْتُمْ أَنَّ ٱللّٰهَ لَا يَعْلَمُ كَثِيرًا مِمَّا تَعْمَلُونَ ۲۲ وَذٰلِكُمْ ظَنُّكُمُ ٱلَّذِي
ظَنَنْتُمْ بِرَبِّكُمْ أَرْدَاكُمْ فَأَصْبَحْتُمْ مِنَ ٱلْخَاسِرِينَ ۲۳ فَإِنْ يَصْبِرُوا فَٱلنَّارُ
مَثْوًى لَهُمْ وَإِنْ يَسْتَعْتِبُوا فَمَا هُمْ مِنَ ٱلْمُعْتَبِينَ ۲۴ وَقَيَّضْنَا لَهُمْ قُرَنَآءَ
فَزَيَّنُوا لَهُمْ مَا بَيْنَ أَيْدِيهِمْ وَمَا خَلْفَهُمْ وَحَقَّ عَلَيْهِمُ ٱلْقَوْلُ فِي أُمَمٍ قَدْ
خَلَتْ مِنْ قَبْلِهِمْ مِنَ ٱلْجِنِّ وَٱلْإِنْسِ إِنَّهُمْ كَانُوا خَاسِرِينَ ۲۵ وَقَالَ ٱلَّذِينَ
كَفَرُوا لَا تَسْمَعُوا لِهٰذَا ٱلْقُرْآنِ وَٱلْغَوْا فِيهِ لَعَلَّكُمْ تَغْلِبُونَ ۲۶ فَلَنُذِيقَنَّ
ٱلَّذِينَ كَفَرُوا عَذَابًا شَدِيدًا ۲۷ وَلَنَجْزِيَنَّهُمْ أَسْوَأَ ٱلَّذِي كَانُوا يَعْمَلُونَ
۲۸ ذٰلِكَ جَزَآءُ أَعْدَآءِ ٱللّٰهِ ٱلنَّارُ لَهُمْ فِيهَا دَارُ ٱلْخُلْدِ جَزَآءً بِمَا كَانُوا بِآيَاتِنَا
يَجْحَدُونَ ۲۹ وَقَالَ ٱلَّذِينَ كَفَرُوا رَبَّنَا أَرِنَا ٱللَّذَيْنِ أَضَلَّانَا مِنَ ٱلْجِنِّ وَٱلْإِنْسِ
نَجْعَلْهُمَا تَحْتَ أَقْدَامِنَا لِيَكُونَا مِنَ ٱلْأَسْفَلِينَ ۳۰ إِنَّ ٱلَّذِينَ قَالُوا رَبُّنَا
ٱللّٰهُ ثُمَّ ٱسْتَقَامُوا تَتَنَزَّلُ عَلَيْهِمُ ٱلْمَلَآئِكَةُ أَلَّا تَخَافُوا وَلَا تَحْزَنُوا وَأَبْشِرُوا
بِٱلْجَنَّةِ ٱلَّتِي كُنْتُمْ تُوعَدُونَ ۳۱ نَحْنُ أَوْلِيَآؤُكُمْ فِي ٱلْحَيٰوةِ ٱلدُّنْيَا وَفِي ٱلْآخِرَةِ
وَلَكُمْ فِيهَا مَا تَشْتَهِي أَنْفُسُكُمْ وَلَكُمْ فِيهَا مَا تَدَّعُونَ ۳۲ نُزُلًا مِنْ غَفُورٍ
رَحِيمٍ ۳۳ وَمَنْ أَحْسَنُ قَوْلًا مِمَّنْ دَعَا إِلَى ٱللّٰهِ وَعَمِلَ صَالِحًا وَقَالَ إِنَّنِي
مِنَ ٱلْمُسْلِمِينَ ۳۴ وَلَا تَسْتَوِي ٱلْحَسَنَةُ وَلَا ٱلسَّيِّئَةُ ٱدْفَعْ بِٱلَّتِي هِيَ أَحْسَنُ

سورة فصلت

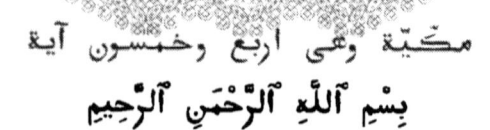

مكية وهى اربع وخمسون آية

بِسْمِ ٱللَّهِ ٱلرَّحْمَنِ ٱلرَّحِيمِ

١ حمٓ تَنْزِيلٌ مِنَ ٱلرَّحْمَنِ ٱلرَّحِيمِ ٢ كِتَابٌ فُصِّلَتْ آيَاتُهُ قُرْآنًا عَرَبِيًّا لِقَوْمٍ
يَعْلَمُونَ ٣ بَشِيرًا وَنَذِيرًا فَأَعْرَضَ أَكْثَرُهُمْ فَهُمْ لَا يَسْمَعُونَ ٤ وَقَالُوا
قُلُوبُنَا فِي أَكِنَّةٍ مِمَّا تَدْعُونَا إِلَيْهِ وَفِي آذَانِنَا وَقْرٌ وَمِنْ بَيْنِنَا وَبَيْنِكَ حِجَابٌ
فَاعْمَلْ إِنَّنَا عَامِلُونَ ٥ قُلْ إِنَّمَا أَنَا بَشَرٌ مِثْلُكُمْ يُوحَى إِلَيَّ أَنَّمَا إِلَهُكُمْ إِلَهٌ
وَاحِدٌ فَٱسْتَقِيمُوا إِلَيْهِ وَٱسْتَغْفِرُوهُ وَوَيْلٌ لِلْمُشْرِكِينَ ٦ ٱلَّذِينَ لَا يُؤْتُونَ
ٱلزَّكٰوةَ وَهُمْ بِٱلْآخِرَةِ هُمْ كَافِرُونَ ٧ إِنَّ ٱلَّذِينَ آمَنُوا وَعَمِلُوا ٱلصَّالِحَاتِ
لَهُمْ أَجْرٌ غَيْرُ مَمْنُونٍ ٨ قُلْ أَئِنَّكُمْ لَتَكْفُرُونَ بِٱلَّذِي خَلَقَ ٱلْأَرْضَ فِي
يَوْمَيْنِ وَتَجْعَلُونَ لَهُ أَنْدَادًا ذَلِكَ رَبُّ ٱلْعَالَمِينَ ٩ وَجَعَلَ فِيهَا رَوَاسِيَ مِنْ
فَوْقِهَا وَبَارَكَ فِيهَا وَقَدَّرَ فِيهَا أَقْوَاتَهَا فِي أَرْبَعَةِ أَيَّامٍ سَوَآءً لِلسَّائِلِينَ
١٠ ثُمَّ ٱسْتَوَى إِلَى ٱلسَّمَآءِ وَهِيَ دُخَانٌ فَقَالَ لَهَا وَلِلْأَرْضِ ٱئْتِيَا طَوْعًا أَوْ
كَرْهًا قَالَتَا أَتَيْنَا طَائِعِينَ ١١ فَقَضَاهُنَّ سَبْعَ سَمٰوَاتٍ فِي يَوْمَيْنِ وَأَوْحَى
فِي كُلِّ سَمَآءٍ أَمْرَهَا وَزَيَّنَّا ٱلسَّمَآءَ ٱلدُّنْيَا بِمَصَابِيحَ وَحِفْظًا ذَلِكَ تَقْدِيرُ ٱلْعَزِيزِ
ٱلْعَلِيمِ ١٢ فَإِنْ أَعْرَضُوا فَقُلْ أَنْذَرْتُكُمْ صَاعِقَةً مِثْلَ صَاعِقَةِ عَادٍ وَثَمُودَ
١٣ إِذْ جَآءَتْهُمُ ٱلرُّسُلُ مِنْ بَيْنِ أَيْدِيهِمْ وَمِنْ خَلْفِهِمْ أَلَّا تَعْبُدُوا إِلَّا ٱللَّهَ
قَالُوا لَوْ شَآءَ رَبُّنَا لَأَنْزَلَ مَلَآئِكَةً فَإِنَّا بِمَا أُرْسِلْتُمْ بِهِ كَافِرُونَ ١٤ فَأَمَّا عَادٌ
فَٱسْتَكْبَرُوا فِي ٱلْأَرْضِ بِغَيْرِ ٱلْحَقِّ وَقَالُوا مَنْ أَشَدُّ مِنَّا قُوَّةً أَوَلَمْ يَرَوْا أَنَّ ٱللَّهَ
ٱلَّذِي خَلَقَهُمْ هُوَ أَشَدُّ مِنْهُمْ قُوَّةً وَكَانُوا بِآيَاتِنَا يَجْحَدُونَ ١٥ فَأَرْسَلْنَا
عَلَيْهِمْ رِيحًا صَرْصَرًا فِي أَيَّامٍ نَحِسَاتٍ لِنُذِيقَهُمْ عَذَابَ ٱلْخِزْيِ فِي ٱلْحَيٰوةِ ٱلدُّنْيَا

نُطْفَةٍ ثُمَّ مِنْ عَلَقَةٍ ثُمَّ يُخْرِجُكُمْ طِفْلًا ثُمَّ لِتَبْلُغُوا أَشُدَّكُمْ ثُمَّ لِتَكُونُوا شُيُوخًا
وَمِنْكُمْ مَنْ يُتَوَفَّى مِنْ قَبْلُ وَلِتَبْلُغُوا أَجَلًا مُسَمًّى وَلَعَلَّكُمْ تَعْقِلُونَ ٧٠ هُوَ
ٱلَّذِي يُحْيِي وَيُمِيتُ فَإِذَا قَضَى أَمْرًا فَإِنَّمَا يَقُولُ لَهُ كُنْ فَيَكُونُ ٧١ أَلَمْ تَرَ
إِلَى ٱلَّذِينَ يُجَادِلُونَ فِي آيَاتِ ٱللّٰهِ أَنَّى يُصْرَفُونَ ٧٢ ٱلَّذِينَ كَذَّبُوا بِٱلْكِتَابِ
وَبِمَا أَرْسَلْنَا بِهِ رُسُلَنَا فَسَوْفَ يَعْلَمُونَ ٧٣ إِذِ ٱلْأَغْلَالُ فِي أَعْنَاقِهِمْ وَٱلسَّلَاسِلُ
يُسْحَبُونَ فِي ٱلْحَمِيمِ ثُمَّ فِي ٱلنَّارِ يُسْجَرُونَ ٧٤ ثُمَّ قِيلَ لَهُمْ أَيْنَمَا كُنْتُمْ تُشْرِكُونَ
مِنْ دُونِ ٱللّٰهِ قَالُوا ضَلُّوا عَنَّا بَلْ لَمْ نَكُنْ نَدْعُو مِنْ قَبْلُ شَيْئًا كَذَٰلِكَ
يُضِلُّ ٱللّٰهُ ٱلْكَافِرِينَ ٧٥ ذَٰلِكُمْ بِمَا كُنْتُمْ تَفْرَحُونَ فِي ٱلْأَرْضِ بِغَيْرِ ٱلْحَقِّ وَبِمَا
كُنْتُمْ تَمْرَحُونَ ٧٦ ٱدْخُلُوا أَبْوَابَ جَهَنَّمَ خَالِدِينَ فِيهَا فَبِئْسَ مَثْوَى
ٱلْمُتَكَبِّرِينَ ٧٧ فَٱصْبِرْ إِنَّ وَعْدَ ٱللّٰهِ حَقٌّ فَإِمَّا نُرِيَنَّكَ بَعْضَ ٱلَّذِي
نَعِدُهُمْ أَوْ نَتَوَفَّيَنَّكَ فَإِلَيْنَا يُرْجَعُونَ ٧٨ وَلَقَدْ أَرْسَلْنَا رُسُلًا مِنْ قَبْلِكَ مِنْهُمْ
مَنْ قَصَصْنَا عَلَيْكَ وَمِنْهُمْ مَنْ لَمْ نَقْصُصْ عَلَيْكَ وَمَا كَانَ لِرَسُولٍ أَنْ يَأْتِيَ
بِآيَةٍ إِلَّا بِإِذْنِ ٱللّٰهِ فَإِذَا جَاءَ أَمْرُ ٱللّٰهِ قُضِيَ بِٱلْحَقِّ وَخَسِرَ هُنَالِكَ ٱلْمُبْطِلُونَ
٧٩ ٱللّٰهُ ٱلَّذِي جَعَلَ لَكُمُ ٱلْأَنْعَامَ لِتَرْكَبُوا مِنْهَا وَمِنْهَا تَأْكُلُونَ ٨٠ وَلَكُمْ
فِيهَا مَنَافِعُ وَلِتَبْلُغُوا عَلَيْهَا حَاجَةً فِي صُدُورِكُمْ وَعَلَيْهَا وَعَلَى ٱلْفُلْكِ تُحْمَلُونَ
٨١ وَيُرِيكُمْ آيَاتِهِ فَأَيَّ آيَاتِ ٱللّٰهِ تُنْكِرُونَ ٨٢ أَفَلَمْ يَسِيرُوا فِي ٱلْأَرْضِ فَيَنْظُرُوا
كَيْفَ كَانَ عَاقِبَةُ ٱلَّذِينَ مِنْ قَبْلِهِمْ كَانُوا أَكْثَرَ مِنْهُمْ وَأَشَدَّ قُوَّةً وَآثَارًا فِي
ٱلْأَرْضِ فَمَا أَغْنَى عَنْهُمْ مَا كَانُوا يَكْسِبُونَ ٨٣ فَلَمَّا جَاءَتْهُمْ رُسُلُهُمْ بِٱلْبَيِّنَاتِ
فَرِحُوا بِمَا عِنْدَهُمْ مِنَ ٱلْعِلْمِ وَحَاقَ بِهِمْ مَا كَانُوا بِهِ يَسْتَهْزِئُونَ ٨٤ فَلَمَّا
رَأَوْا بَأْسَنَا قَالُوا آمَنَّا بِٱللّٰهِ وَحْدَهُ وَكَفَرْنَا بِمَا كُنَّا بِهِ مُشْرِكِينَ ٨٥ فَلَمْ
يَكُ يَنْفَعُهُمْ إِيمَانُهُمْ لَمَّا رَأَوْا بَأْسَنَا سُنَّةَ ٱللّٰهِ ٱلَّتِي قَدْ خَلَتْ فِي عِبَادِهِ
وَخَسِرَ هُنَالِكَ ٱلْكَافِرُونَ

سورة المؤمن ٣٥١

ٱلْعِبَادِ ٥٢ وَقَالَ ٱلَّذِينَ فِي ٱلنَّارِ لِخَزَنَةِ جَهَنَّمَ ٱدْعُوا رَبَّكُمْ يُخَفِّفْ عَنَّا يَوْمًا
مِنَ ٱلْعَذَابِ ٥٣ قَالُوا أَوَلَمْ تَكُ تَأْتِيكُمْ رُسُلُكُمْ بِٱلْبَيِّنَاتِ قَالُوا بَلَى قَالُوا
فَٱدْعُوا وَمَا دُعَاءُ ٱلْكَافِرِينَ إِلَّا فِي ضَلَالٍ ٥٤ إِنَّا لَنَنْصُرُ رُسُلَنَا وَٱلَّذِينَ
آمَنُوا فِي ٱلْحَيَوةِ ٱلدُّنْيَا وَيَوْمَ يَقُومُ ٱلْأَشْهَادُ ٥٥ يَوْمَ لَا يَنْفَعُ ٱلظَّالِمِينَ
مَعْذِرَتُهُمْ وَلَهُمُ ٱللَّعْنَةُ وَلَهُمْ سُوءُ ٱلدَّارِ ٥٦ وَلَقَدْ آتَيْنَا مُوسَى ٱلْهُدَى وَأَوْرَثْنَا
بَنِي إِسْرَائِيلَ ٱلْكِتَابَ هُدًى وَذِكْرَى لِأُولِي ٱلْأَلْبَابِ ٥٧ فَٱصْبِرْ إِنَّ وَعْدَ
ٱللَّهِ حَقٌّ وَٱسْتَغْفِرْ لِذَنْبِكَ وَسَبِّحْ بِحَمْدِ رَبِّكَ بِٱلْعَشِيِّ وَٱلْإِبْكَارِ ٥٨ إِنَّ ٱلَّذِينَ
يُجَادِلُونَ فِي آيَاتِ ٱللَّهِ بِغَيْرِ سُلْطَانٍ أَتَاهُمْ إِنْ فِي صُدُورِهِمْ إِلَّا كِبْرٌ مَا هُمْ
بِبَالِغِيهِ فَٱسْتَعِذْ بِٱللَّهِ إِنَّهُ هُوَ ٱلسَّمِيعُ ٱلْبَصِيرُ ٥٩ لَخَلْقُ ٱلسَّمَوَاتِ وَٱلْأَرْضِ
أَكْبَرُ مِنْ خَلْقِ ٱلنَّاسِ وَلَكِنَّ أَكْثَرَ ٱلنَّاسِ لَا يَعْلَمُونَ ٦٠ وَمَا يَسْتَوِي
ٱلْأَعْمَى وَٱلْبَصِيرُ وَٱلَّذِينَ آمَنُوا وَعَمِلُوا ٱلصَّالِحَاتِ وَلَا ٱلْمُسِيءُ قَلِيلًا مَا
تَتَذَكَّرُونَ ٦١ إِنَّ ٱلسَّاعَةَ لَآتِيَةٌ لَا رَيْبَ فِيهَا وَلَكِنَّ أَكْثَرَ ٱلنَّاسِ لَا
يُؤْمِنُونَ ٦٢ وَقَالَ رَبُّكُمُ ٱدْعُونِي أَسْتَجِبْ لَكُمْ إِنَّ ٱلَّذِينَ يَسْتَكْبِرُونَ عَنْ
عِبَادَتِي سَيَدْخُلُونَ جَهَنَّمَ دَاخِرِينَ ٦٣ ٱللَّهُ ٱلَّذِي جَعَلَ لَكُمُ ٱللَّيْلَ
لِتَسْكُنُوا فِيهِ وَٱلنَّهَارَ مُبْصِرًا إِنَّ ٱللَّهَ لَذُو فَضْلٍ عَلَى ٱلنَّاسِ وَلَكِنَّ أَكْثَرَ
ٱلنَّاسِ لَا يَشْكُرُونَ ٦٤ ذَلِكُمُ ٱللَّهُ رَبُّكُمْ خَالِقُ كُلِّ شَيْءٍ لَا إِلَهَ إِلَّا هُوَ
فَأَنَّى تُؤْفَكُونَ ٦٥ كَذَلِكَ يُؤْفَكُ ٱلَّذِينَ كَانُوا بِآيَاتِ ٱللَّهِ يَجْحَدُونَ ٦٦ ٱللَّهُ
ٱلَّذِي جَعَلَ لَكُمُ ٱلْأَرْضَ قَرَارًا وَٱلسَّمَاءَ بِنَاءً وَصَوَّرَكُمْ فَأَحْسَنَ صُوَرَكُمْ وَرَزَقَكُمْ
مِنَ ٱلطَّيِّبَاتِ ذَلِكُمُ ٱللَّهُ رَبُّكُمْ فَتَبَارَكَ ٱللَّهُ رَبُّ ٱلْعَالَمِينَ ٦٧ هُوَ ٱلْحَيُّ لَا
إِلَهَ إِلَّا هُوَ فَٱدْعُوهُ مُخْلِصِينَ لَهُ ٱلدِّينَ ٱلْحَمْدُ لِلَّهِ رَبِّ ٱلْعَالَمِينَ ٦٨ قُلْ إِنِّي
نُهِيتُ أَنْ أَعْبُدَ ٱلَّذِينَ تَدْعُونَ مِنْ دُونِ ٱللَّهِ لَمَّا جَاءَنِيَ ٱلْبَيِّنَاتُ مِنْ رَبِّي
وَأُمِرْتُ أَنْ أُسْلِمَ لِرَبِّ ٱلْعَالَمِينَ ٦٩ هُوَ ٱلَّذِي خَلَقَكُمْ مِنْ تُرَابٍ ثُمَّ مِنْ

لِلْعِبَادِ ٣٤ وَيَا قَوْمِ إِنِّي أَخَافُ عَلَيْكُمْ يَوْمَ ٱلتَّنَادِ ٣٥ يَوْمَ تُوَلُّونَ مُدْبِرِينَ
مَا لَكُمْ مِنَ ٱللّٰهِ مِنْ عَاصِمٍ وَمَنْ يُضْلِلِ ٱللّٰهُ فَمَا لَهُ مِنْ هَادٍ ٣٦ وَلَقَدْ
جَآءَكُمْ يُوسُفُ مِنْ قَبْلُ بِٱلْبَيِّنَاتِ فَمَا زِلْتُمْ فِي شَكٍّ مِمَّا جَآءَكُمْ بِهِ حَتَّى
إِذَا هَلَكَ قُلْتُمْ لَنْ يَبْعَثَ ٱللّٰهُ مِنْ بَعْدِهِ رَسُولًا كَذٰلِكَ يُضِلُّ ٱللّٰهُ مَنْ هُوَ
مُسْرِفٌ مُرْتَابٌ ٣٧ ٱلَّذِينَ يُجَادِلُونَ فِي آيَاتِ ٱللّٰهِ بِغَيْرِ سُلْطَانٍ أَتَاهُمْ كَبُرَ
مَقْتًا عِنْدَ ٱللّٰهِ وَعِنْدَ ٱلَّذِينَ آمَنُوا كَذٰلِكَ يَطْبَعُ ٱللّٰهُ عَلَى كُلِّ قَلْبِ مُتَكَبِّرٍ
جَبَّارٍ ٣٨ وَقَالَ فِرْعَوْنُ يَا هَامَانُ ٱبْنِ لِي صَرْحًا لَعَلِّي أَبْلُغُ ٱلْأَسْبَابَ
٣٩ أَسْبَابَ ٱلسَّمٰوَاتِ فَأَطَّلِعَ إِلَى إِلٰهِ مُوسَى وَإِنِّي لَأَظُنُّهُ كَاذِبًا ٤٠ وَكَذٰلِكَ
زُيِّنَ لِفِرْعَوْنَ سُوٓءُ عَمَلِهِ وَصُدَّ عَنِ ٱلسَّبِيلِ وَمَا كَيْدُ فِرْعَوْنَ إِلَّا فِي تَبَابٍ
٤١ وَقَالَ ٱلَّذِي آمَنَ يَا قَوْمِ ٱتَّبِعُونِ أَهْدِكُمْ سَبِيلَ ٱلرَّشَادِ ٤٢ يَا قَوْمِ إِنَّمَا
هٰذِهِ ٱلْحَيٰوةُ ٱلدُّنْيَا مَتَاعٌ وَإِنَّ ٱلْآخِرَةَ هِيَ دَارُ ٱلْقَرَارِ ٤٣ مَنْ عَمِلَ سَيِّئَةً
فَلَا يُجْزَى إِلَّا مِثْلَهَا وَمَنْ عَمِلَ صَالِحًا مِنْ ذَكَرٍ أَوْ أُنْثَى وَهُوَ مُؤْمِنٌ فَأُولٰٓئِكَ
يَدْخُلُونَ ٱلْجَنَّةَ يُرْزَقُونَ فِيهَا بِغَيْرِ حِسَابٍ ٤٤ وَيَا قَوْمِ مَا لِي أَدْعُوكُمْ إِلَى
ٱلنَّجَاةِ وَتَدْعُونَنِي إِلَى ٱلنَّارِ ٤٥ تَدْعُونَنِي لِأَكْفُرَ بِٱللّٰهِ وَأُشْرِكَ بِهِ مَا لَيْسَ
لِي بِهِ عِلْمٌ وَأَنَا أَدْعُوكُمْ إِلَى ٱلْعَزِيزِ ٱلْغَفَّارِ ٤٦ لَا جَرَمَ أَنَّمَا تَدْعُونَنِي
إِلَيْهِ لَيْسَ لَهُ دَعْوَةٌ فِي ٱلدُّنْيَا وَلَا فِي ٱلْآخِرَةِ وَأَنَّ مَرَدَّنَا إِلَى ٱللّٰهِ وَأَنَّ
ٱلْمُسْرِفِينَ هُمْ أَصْحَابُ ٱلنَّارِ ٤٧ فَسَتَذْكُرُونَ مَا أَقُولُ لَكُمْ وَأُفَوِّضُ أَمْرِي
إِلَى ٱللّٰهِ إِنَّ ٱللّٰهَ بَصِيرٌ بِٱلْعِبَادِ ٤٨ فَوَقَاهُ ٱللّٰهُ سَيِّئَاتِ مَا مَكَرُوا وَحَاقَ بِآلِ
فِرْعَوْنَ سُوٓءُ ٱلْعَذَابِ ٤٩ ٱلنَّارُ يُعْرَضُونَ عَلَيْهَا غُدُوًّا وَعَشِيًّا وَيَوْمَ تَقُومُ
ٱلسَّاعَةُ أَدْخِلُوا آلَ فِرْعَوْنَ أَشَدَّ ٱلْعَذَابِ ٥٠ وَإِذْ يَتَحَاجُّونَ فِي ٱلنَّارِ فَيَقُولُ
ٱلضُّعَفَآءُ لِلَّذِينَ ٱسْتَكْبَرُوا إِنَّا كُنَّا لَكُمْ تَبَعًا فَهَلْ أَنْتُمْ مُغْنُونَ عَنَّا نَصِيبًا
مِنَ ٱلنَّارِ ٥١ قَالَ ٱلَّذِينَ ٱسْتَكْبَرُوا إِنَّا كُلٌّ فِيهَا إِنَّ ٱللّٰهَ قَدْ حَكَمَ بَيْنَ

بَارِزُونَ لَا يَخْفَى عَلَى ٱللّٰهِ مِنْهُمْ شَيْءٌ لِمَنِ ٱلْمُلْكُ ٱلْيَوْمَ لِلّٰهِ ٱلْوَاحِدِ ٱلْقَهَّارِ
۱۷ أَلْيَوْمَ تُجْزَى كُلُّ نَفْسٍ بِمَا كَسَبَتْ لَا ظُلْمَ ٱلْيَوْمَ إِنَّ ٱللّٰهَ سَرِيعُ ٱلْحِسَابِ
۱۸ وَأَنْذِرْهُمْ يَوْمَ ٱلْآزِفَةِ إِذِ ٱلْقُلُوبُ لَدَى ٱلْحَنَاجِرِ كَاظِمِينَ ۱۹ مَا لِلظَّالِمِينَ
مِنْ حَمِيمٍ وَلَا شَفِيعٍ يُطَاعُ ۲۰ يَعْلَمُ خَائِنَةَ ٱلْأَعْيُنِ وَمَا تُخْفِي ٱلصُّدُورُ
۲۱ وَٱللّٰهُ يَقْضِي بِٱلْحَقِّ وَٱلَّذِينَ يَدْعُونَ مِنْ دُونِهِ لَا يَقْضُونَ بِشَيْءٍ إِنَّ
ٱللّٰهَ هُوَ ٱلسَّمِيعُ ٱلْبَصِيرُ ۲۲ أَوَلَمْ يَسِيرُوا فِي ٱلْأَرْضِ فَيَنْظُرُوا كَيْفَ كَانَ عَاقِبَةُ
ٱلَّذِينَ كَانُوا مِنْ قَبْلِهِمْ كَانُوا هُمْ أَشَدَّ مِنْهُمْ قُوَّةً وَآثَارًا فِي ٱلْأَرْضِ فَأَخَذَهُمُ
ٱللّٰهُ بِذُنُوبِهِمْ وَمَا كَانَ لَهُمْ مِنَ ٱللّٰهِ مِنْ وَاقٍ ۲۳ ذٰلِكَ بِأَنَّهُمْ كَانَتْ
تَأْتِيهِمْ رُسُلُهُمْ بِٱلْبَيِّنَاتِ فَكَفَرُوا فَأَخَذَهُمُ ٱللّٰهُ إِنَّهُ قَوِيٌّ شَدِيدُ ٱلْعِقَابِ
۲۴ وَلَقَدْ أَرْسَلْنَا مُوسَى بِآيَاتِنَا وَسُلْطَانٍ مُبِينٍ ۲۵ إِلَى فِرْعَوْنَ وَهَامَانَ
وَقَارُونَ فَقَالُوا سَاحِرٌ كَذَّابٌ ۲۶ فَلَمَّا جَاءَهُمْ بِٱلْحَقِّ مِنْ عِنْدِنَا قَالُوا
ٱقْتُلُوا أَبْنَاءَ ٱلَّذِينَ آمَنُوا مَعَهُ وَٱسْتَحْيُوا نِسَاءَهُمْ وَمَا كَيْدُ ٱلْكَافِرِينَ إِلَّا
فِي ضَلَالٍ ۲۷ وَقَالَ فِرْعَوْنُ ذَرُونِي أَقْتُلْ مُوسَى وَلْيَدْعُ رَبَّهُ إِنِّي أَخَافُ أَنْ
يُبَدِّلَ دِينَكُمْ أَوْ أَنْ يُظْهِرَ فِي ٱلْأَرْضِ ٱلْفَسَادَ ۲۸ وَقَالَ مُوسَى إِنِّي عُذْتُ بِرَبِّي
وَرَبِّكُمْ مِنْ كُلِّ مُتَكَبِّرٍ لَا يُؤْمِنُ بِيَوْمِ ٱلْحِسَابِ ۲۹ وَقَالَ رَجُلٌ مُؤْمِنٌ مِنْ
آلِ فِرْعَوْنَ يَكْتُمُ إِيمَانَهُ أَتَقْتُلُونَ رَجُلًا أَنْ يَقُولَ رَبِّيَ ٱللّٰهُ وَقَدْ جَاءَكُمْ
بِٱلْبَيِّنَاتِ مِنْ رَبِّكُمْ وَإِنْ يَكُ كَاذِبًا فَعَلَيْهِ كَذِبُهُ وَإِنْ يَكُ صَادِقًا يُصِبْكُمْ
بَعْضُ ٱلَّذِي يَعِدُكُمْ إِنَّ ٱللّٰهَ لَا يَهْدِي مَنْ هُوَ مُسْرِفٌ كَذَّابٌ ۳۰ يَا
قَوْمِ لَكُمُ ٱلْمُلْكُ ٱلْيَوْمَ ظَاهِرِينَ فِي ٱلْأَرْضِ فَمَنْ يَنْصُرُنَا مِنْ بَأْسِ ٱللّٰهِ إِنْ
جَاءَنَا قَالَ فِرْعَوْنُ مَا أُرِيكُمْ إِلَّا مَا أَرَى وَمَا أَهْدِيكُمْ إِلَّا سَبِيلَ ٱلرَّشَادِ
۳۱ وَقَالَ ٱلَّذِي آمَنَ يَا قَوْمِ إِنِّي أَخَافُ عَلَيْكُمْ مِثْلَ يَوْمِ ٱلْأَحْزَابِ ۳۲ مِثْلَ
دَأْبِ قَوْمِ نُوحٍ وَعَادٍ وَثَمُودَ ۳۳ وَٱلَّذِينَ مِنْ بَعْدِهِمْ وَمَا ٱللّٰهُ يُرِيدُ ظُلْمًا

سورة المؤمن

مكية وهى خمس وثمانون آية

بِسْمِ اللَّهِ الرَّحْمَنِ الرَّحِيمِ

١ حم تَنزِيلُ الْكِتَابِ مِنَ اللَّهِ الْعَزِيزِ الْعَلِيمِ ٢ غَافِرِ الذَّنبِ وَقَابِلِ التَّوْبِ شَدِيدِ الْعِقَابِ ٣ ذِي الطَّوْلِ لَا إِلَهَ إِلَّا هُوَ إِلَيْهِ الْمَصِيرُ ٤ مَا يُجَادِلُ فِي آيَاتِ اللَّهِ إِلَّا الَّذِينَ كَفَرُوا فَلَا يَغْرُرْكَ تَقَلُّبُهُمْ فِي الْبِلَادِ ٥ كَذَّبَتْ قَبْلَهُمْ قَوْمُ نُوحٍ وَالْأَحْزَابُ مِنْ بَعْدِهِمْ وَهَمَّتْ كُلُّ أُمَّةٍ بِرَسُولِهِمْ لِيَأْخُذُوهُ وَجَادَلُوا بِالْبَاطِلِ لِيُدْحِضُوا بِهِ الْحَقَّ فَأَخَذْتُهُمْ فَكَيْفَ كَانَ عِقَابِ ٦ وَكَذَلِكَ حَقَّتْ كَلِمَةُ رَبِّكَ عَلَى الَّذِينَ كَفَرُوا أَنَّهُمْ أَصْحَابُ النَّارِ ٧ الَّذِينَ يَحْمِلُونَ الْعَرْشَ وَمَنْ حَوْلَهُ يُسَبِّحُونَ بِحَمْدِ رَبِّهِمْ وَيُؤْمِنُونَ بِهِ وَيَسْتَغْفِرُونَ لِلَّذِينَ آمَنُوا رَبَّنَا وَسِعْتَ كُلَّ شَيْءٍ رَحْمَةً وَعِلْمًا فَاغْفِرْ لِلَّذِينَ تَابُوا وَاتَّبَعُوا سَبِيلَكَ وَقِهِمْ عَذَابَ الْجَحِيمِ ٨ رَبَّنَا وَأَدْخِلْهُمْ جَنَّاتِ عَدْنٍ الَّتِي وَعَدْتَهُمْ وَمَنْ صَلَحَ مِنْ آبَائِهِمْ وَأَزْوَاجِهِمْ وَذُرِّيَّاتِهِمْ إِنَّكَ أَنْتَ الْعَزِيزُ الْحَكِيمُ ٩ وَقِهِمُ السَّيِّئَاتِ وَمَنْ تَقِ السَّيِّئَاتِ يَوْمَئِذٍ فَقَدْ رَحِمْتَهُ وَذَلِكَ هُوَ الْفَوْزُ الْعَظِيمُ ١٠ إِنَّ الَّذِينَ كَفَرُوا يُنَادَوْنَ لَمَقْتُ اللَّهِ أَكْبَرُ مِنْ مَقْتِكُمْ أَنْفُسَكُمْ إِذْ تُدْعَوْنَ إِلَى الْإِيمَانِ فَتَكْفُرُونَ ١١ قَالُوا رَبَّنَا أَمَتَّنَا اثْنَتَيْنِ وَأَحْيَيْتَنَا اثْنَتَيْنِ فَاعْتَرَفْنَا بِذُنُوبِنَا فَهَلْ إِلَى خُرُوجٍ مِنْ سَبِيلٍ ١٢ ذَلِكُمْ بِأَنَّهُ إِذَا دُعِيَ اللَّهُ وَحْدَهُ كَفَرْتُمْ وَإِنْ يُشْرَكْ بِهِ تُؤْمِنُوا فَالْحُكْمُ لِلَّهِ الْعَلِيِّ الْكَبِيرِ ١٣ هُوَ الَّذِي يُرِيكُمْ آيَاتِهِ وَيُنَزِّلُ لَكُمْ مِنَ السَّمَاءِ رِزْقًا وَمَا يَتَذَكَّرُ إِلَّا مَنْ يُنِيبُ ١٤ فَادْعُوا اللَّهَ مُخْلِصِينَ لَهُ الدِّينَ وَلَوْ كَرِهَ الْكَافِرُونَ ١٥ رَفِيعُ الدَّرَجَاتِ ذُو الْعَرْشِ يُلْقِي الرُّوحَ مِنْ أَمْرِهِ عَلَى مَنْ يَشَاءُ مِنْ عِبَادِهِ لِيُنْذِرَ يَوْمَ التَّلَاقِ ١٦ يَوْمَهُمْ

مَقَالِيدُ ٱلسَّمَوَاتِ وَٱلْأَرْضِ وَٱلَّذِينَ كَفَرُوا بِآيَاتِ ٱللَّهِ أُولَآئِكَ هُمُ ٱلْخَاسِرُونَ
٦٤ قُلْ أَفَغَيْرَ ٱللَّهِ تَأْمُرُونِّي أَعْبُدُ أَيُّهَا ٱلْجَاهِلُونَ ٦٥ وَلَقَدْ أُوحِيَ إِلَيْكَ
وَإِلَى ٱلَّذِينَ مِنْ قَبْلِكَ لَئِنْ أَشْرَكْتَ لَيَحْبَطَنَّ عَمَلُكَ وَلَتَكُونَنَّ مِنَ
ٱلْخَاسِرِينَ ٦٦ بَلِ ٱللَّهَ فَٱعْبُدْ وَكُنْ مِنَ ٱلشَّاكِرِينَ ٦٧ وَمَا قَدَرُوا ٱللَّهَ
حَقَّ قَدْرِهِ وَٱلْأَرْضُ جَمِيعًا قَبْضَتُهُ يَوْمَ ٱلْقِيَامَةِ وَٱلسَّمَوَاتُ مَطْوِيَّاتٌ بِيَمِينِهِ
سُبْحَانَهُ وَتَعَالَى عَمَّا يُشْرِكُونَ ٦٨ وَنُفِخَ فِي ٱلصُّورِ فَصَعِقَ مَنْ فِي ٱلسَّمَوَاتِ
وَمَنْ فِي ٱلْأَرْضِ إِلَّا مَنْ شَآءَ ٱللَّهُ ثُمَّ نُفِخَ فِيهِ أُخْرَى فَإِذَا هُمْ قِيَامٌ يَنْظُرُونَ
٦٩ وَأَشْرَقَتِ ٱلْأَرْضُ بِنُورِ رَبِّهَا وَوُضِعَ ٱلْكِتَابُ وَجِيٓءَ بِٱلنَّبِيِّينَ وَٱلشُّهَدَآءِ
وَقُضِيَ بَيْنَهُمْ بِٱلْحَقِّ وَهُمْ لَا يُظْلَمُونَ ٧٠ وَوُفِّيَتْ كُلُّ نَفْسٍ مَا عَمِلَتْ وَهُوَ
أَعْلَمُ بِمَا يَفْعَلُونَ ٧١ وَسِيقَ ٱلَّذِينَ كَفَرُوا إِلَى جَهَنَّمَ زُمَرًا حَتَّى إِذَا
جَآءُوهَا فُتِحَتْ أَبْوَابُهَا وَقَالَ لَهُمْ خَزَنَتُهَا أَلَمْ يَأْتِكُمْ رُسُلٌ مِنْكُمْ يَتْلُونَ
عَلَيْكُمْ آيَاتِ رَبِّكُمْ وَيُنْذِرُونَكُمْ لِقَآءَ يَوْمِكُمْ هَذَا قَالُوا بَلَى وَلَكِنْ حَقَّتْ
كَلِمَةُ ٱلْعَذَابِ عَلَى ٱلْكَافِرِينَ ٧٢ قِيلَ ٱدْخُلُوا أَبْوَابَ جَهَنَّمَ خَالِدِينَ فِيهَا
فَبِئْسَ مَثْوَى ٱلْمُتَكَبِّرِينَ ٧٣ وَسِيقَ ٱلَّذِينَ ٱتَّقَوْا رَبَّهُمْ إِلَى ٱلْجَنَّةِ زُمَرًا
حَتَّى إِذَا جَآءُوهَا وَفُتِحَتْ أَبْوَابُهَا وَقَالَ لَهُمْ خَزَنَتُهَا سَلَامٌ عَلَيْكُمْ طِبْتُمْ
فَٱدْخُلُوهَا خَالِدِينَ ٧٤ وَقَالُوا ٱلْحَمْدُ لِلَّهِ ٱلَّذِي صَدَقَنَا وَعْدَهُ وَأَوْرَثَنَا
ٱلْأَرْضَ نَتَبَوَّأُ مِنَ ٱلْجَنَّةِ حَيْثُ نَشَآءُ فَنِعْمَ أَجْرُ ٱلْعَامِلِينَ ٧٥ وَتَرَى ٱلْمَلَآئِكَةَ
حَآفِّينَ مِنْ حَوْلِ ٱلْعَرْشِ يُسَبِّحُونَ بِحَمْدِ رَبِّهِمْ وَقُضِيَ بَيْنَهُمْ بِٱلْحَقِّ وَقِيلَ
ٱلْحَمْدُ لِلَّهِ رَبِّ ٱلْعَالَمِينَ

قُلُوبُ ٱلَّذِينَ لَا يُؤْمِنُونَ بِٱلْآخِرَةِ وَإِذَا ذُكِرَ ٱلَّذِينَ مِنْ دُونِهِ إِذَا هُمْ
يَسْتَبْشِرُونَ ٤٧ قُلِ ٱللَّهُمَّ فَاطِرَ ٱلسَّمَوَاتِ وَٱلْأَرْضِ عَالِمَ ٱلْغَيْبِ وَٱلشَّهَادَةِ
أَنْتَ تَحْكُمُ بَيْنَ عِبَادِكَ فِيمَا كَانُوا فِيهِ يَخْتَلِفُونَ ٤٨ وَلَوْ أَنَّ لِلَّذِينَ ظَلَمُوا
مَا فِي ٱلْأَرْضِ جَمِيعًا وَمِثْلَهُ مَعَهُ لَٱفْتَدَوْا بِهِ مِنْ سُوءِ ٱلْعَذَابِ يَوْمَ ٱلْقِيَامَةِ
وَبَدَا لَهُمْ مِنَ ٱللَّهِ مَا لَمْ يَكُونُوا يَحْتَسِبُونَ ٤٩ وَبَدَا لَهُمْ سَيِّئَاتُ مَا كَسَبُوا
وَحَاقَ بِهِمْ مَا كَانُوا بِهِ يَسْتَهْزِئُونَ ٥٠ فَإِذَا مَسَّ ٱلْإِنْسَانَ ضُرٌّ دَعَانَا ثُمَّ
إِذَا خَوَّلْنَاهُ نِعْمَةً مِنَّا قَالَ إِنَّمَا أُوتِيتُهُ عَلَى عِلْمٍ بَلْ هِيَ فِتْنَةٌ وَلَكِنَّ أَكْثَرَهُمْ
لَا يَعْلَمُونَ ٥١ قَدْ قَالَهَا ٱلَّذِينَ مِنْ قَبْلِهِمْ فَمَا أَغْنَى عَنْهُمْ مَا كَانُوا
يَكْسِبُونَ ٥٢ فَأَصَابَهُمْ سَيِّئَاتُ مَا كَسَبُوا وَٱلَّذِينَ ظَلَمُوا مِنْ هَؤُلَاءِ سَيُصِيبُهُمْ
سَيِّئَاتُ مَا كَسَبُوا وَمَا هُمْ بِمُعْجِزِينَ ٥٣ أَوَلَمْ يَعْلَمُوا أَنَّ ٱللَّهَ يَبْسُطُ ٱلرِّزْقَ
لِمَنْ يَشَاءُ وَيَقْدِرُ إِنَّ فِي ذَلِكَ لَآيَاتٍ لِقَوْمٍ يُؤْمِنُونَ ٥٤ قُلْ يَا عِبَادِيَ
ٱلَّذِينَ أَسْرَفُوا عَلَى أَنْفُسِهِمْ لَا تَقْنَطُوا مِنْ رَحْمَةِ ٱللَّهِ إِنَّ ٱللَّهَ يَغْفِرُ
ٱلذُّنُوبَ جَمِيعًا إِنَّهُ هُوَ ٱلْغَفُورُ ٱلرَّحِيمُ ٥٥ وَأَنِيبُوا إِلَى رَبِّكُمْ وَأَسْلِمُوا لَهُ
مِنْ قَبْلِ أَنْ يَأْتِيَكُمُ ٱلْعَذَابُ ثُمَّ لَا تُنْصَرُونَ ٥٦ وَٱتَّبِعُوا أَحْسَنَ مَا أُنْزِلَ
إِلَيْكُمْ مِنْ رَبِّكُمْ مِنْ قَبْلِ أَنْ يَأْتِيَكُمُ ٱلْعَذَابُ بَغْتَةً وَأَنْتُمْ لَا تَشْعُرُونَ
٥٧ أَنْ تَقُولَ نَفْسٌ يَا حَسْرَتَى عَلَى مَا فَرَّطْتُ فِي جَنْبِ ٱللَّهِ وَإِنْ كُنْتُ لَمِنَ
ٱلسَّاخِرِينَ ٥٨ أَوْ تَقُولَ لَوْ أَنَّ ٱللَّهَ هَدَانِي لَكُنْتُ مِنَ ٱلْمُتَّقِينَ ٥٩ أَوْ
تَقُولَ حِينَ تَرَى ٱلْعَذَابَ لَوْ أَنَّ لِي كَرَّةً فَأَكُونَ مِنَ ٱلْمُحْسِنِينَ ٦٠ بَلَى
قَدْ جَاءَتْكَ آيَاتِي فَكَذَّبْتَ بِهَا وَٱسْتَكْبَرْتَ وَكُنْتَ مِنَ ٱلْكَافِرِينَ ٦١ وَيَوْمَ
ٱلْقِيَامَةِ تَرَى ٱلَّذِينَ كَذَبُوا عَلَى ٱللَّهِ وُجُوهُهُمْ مُسْوَدَّةٌ أَلَيْسَ فِي جَهَنَّمَ
مَثْوًى لِلْمُتَكَبِّرِينَ ٦٢ وَيُنَجِّي ٱللَّهُ ٱلَّذِينَ ٱتَّقَوْا بِمَفَازَتِهِمْ لَا يَمَسُّهُمُ ٱلسُّوءُ
وَلَا هُمْ يَحْزَنُونَ ٦٣ ٱللَّهُ خَالِقُ كُلِّ شَيْءٍ وَهُوَ عَلَى كُلِّ شَيْءٍ وَكِيلٌ لَهُ

لَوْ كَانُوا يَعْلَمُونَ ٢٨ وَلَقَدْ ضَرَبْنَا لِلنَّاسِ فِي هَٰذَا ٱلْقُرْآنِ مِنْ كُلِّ مَثَلٍ

لَعَلَّهُمْ يَتَذَكَّرُونَ ٢٩ قُرْآنًا عَرَبِيًّا غَيْرَ ذِي عِوَجٍ لَعَلَّهُمْ يَتَّقُونَ ٣٠ ضَرَبَ

ٱللَّهُ مَثَلًا رَجُلًا فِيهِ شُرَكَاءُ مُتَشَاكِسُونَ وَرَجُلًا سَلَمًا لِرَجُلٍ هَلْ يَسْتَوِيَانِ

مَثَلًا ٱلْحَمْدُ لِلَّهِ بَلْ أَكْثَرُهُمْ لَا يَعْلَمُونَ ٣١ إِنَّكَ مَيِّتٌ وَإِنَّهُمْ مَيِّتُونَ

٣٢ ثُمَّ إِنَّكُمْ يَوْمَ ٱلْقِيَامَةِ عِنْدَ رَبِّكُمْ تَخْتَصِمُونَ ۞ ٣٣ فَمَنْ أَظْلَمُ مِمَّنْ جزء

كَذَبَ عَلَى ٱللَّهِ وَكَذَّبَ بِٱلصِّدْقِ إِذْ جَاءَهُ أَلَيْسَ فِي جَهَنَّمَ مَثْوًى لِلْكَافِرِينَ

٣٤ وَٱلَّذِي جَاءَ بِٱلصِّدْقِ وَصَدَّقَ بِهِ أُولَٰئِكَ هُمُ ٱلْمُتَّقُونَ ٣٥ لَهُمْ مَا

يَشَاءُونَ عِنْدَ رَبِّهِمْ ذَٰلِكَ جَزَاءُ ٱلْمُحْسِنِينَ ٣٦ لِيُكَفِّرَ ٱللَّهُ عَنْهُمْ أَسْوَأَ ٱلَّذِي

عَمِلُوا وَيَجْزِيَهُمْ أَجْرَهُمْ بِأَحْسَنِ ٱلَّذِي كَانُوا يَعْمَلُونَ ٣٧ أَلَيْسَ ٱللَّهُ بِكَافٍ

عَبْدَهُ وَيُخَوِّفُونَكَ بِٱلَّذِينَ مِنْ دُونِهِ وَمَنْ يُضْلِلِ ٱللَّهُ فَمَا لَهُ مِنْ هَادٍ ٣٨

وَمَنْ يَهْدِ ٱللَّهُ فَمَا لَهُ مِنْ مُضِلٍّ أَلَيْسَ ٱللَّهُ بِعَزِيزٍ ذِي ٱنْتِقَامٍ ٣٩ وَلَئِنْ

سَأَلْتَهُمْ مَنْ خَلَقَ ٱلسَّمَاوَاتِ وَٱلْأَرْضَ لَيَقُولُنَّ ٱللَّهُ قُلْ أَفَرَأَيْتُمْ مَا تَدْعُونَ

مِنْ دُونِ ٱللَّهِ إِنْ أَرَادَنِيَ ٱللَّهُ بِضُرٍّ هَلْ هُنَّ كَاشِفَاتُ ضُرِّهِ أَوْ أَرَادَنِي بِرَحْمَةٍ

هَلْ هُنَّ مُمْسِكَاتُ رَحْمَتِهِ قُلْ حَسْبِيَ ٱللَّهُ عَلَيْهِ يَتَوَكَّلُ ٱلْمُتَوَكِّلُونَ ٤٠ قُلْ

يَا قَوْمِ ٱعْمَلُوا عَلَىٰ مَكَانَتِكُمْ إِنِّي عَامِلٌ فَسَوْفَ تَعْلَمُونَ ٤١ مَنْ يَأْتِيهِ

عَذَابٌ يُخْزِيهِ وَيَحِلُّ عَلَيْهِ عَذَابٌ مُقِيمٌ ٤٢ إِنَّا أَنْزَلْنَا عَلَيْكَ ٱلْكِتَابَ لِلنَّاسِ

بِٱلْحَقِّ فَمَنِ ٱهْتَدَىٰ فَلِنَفْسِهِ وَمَنْ ضَلَّ فَإِنَّمَا يَضِلُّ عَلَيْهَا وَمَا أَنْتَ عَلَيْهِمْ

بِوَكِيلٍ ٤٣ ٱللَّهُ يَتَوَفَّى ٱلْأَنْفُسَ حِينَ مَوْتِهَا وَٱلَّتِي لَمْ تَمُتْ فِي مَنَامِهَا

فَيُمْسِكُ ٱلَّتِي قَضَىٰ عَلَيْهَا ٱلْمَوْتَ وَيُرْسِلُ ٱلْأُخْرَىٰ إِلَىٰ أَجَلٍ مُسَمًّى إِنَّ فِي

ذَٰلِكَ لَآيَاتٍ لِقَوْمٍ يَتَفَكَّرُونَ ٤٤ أَمِ ٱتَّخَذُوا مِنْ دُونِ ٱللَّهِ شُفَعَاءَ قُلْ أَوَلَوْ

كَانُوا لَا يَمْلِكُونَ شَيْئًا وَلَا يَعْقِلُونَ ٤٥ قُلْ لِلَّهِ ٱلشَّفَاعَةُ جَمِيعًا لَهُ مُلْكُ

ٱلسَّمَاوَاتِ وَٱلْأَرْضِ ثُمَّ إِلَيْهِ تُرْجَعُونَ ٤٦ وَإِذَا ذُكِرَ ٱللَّهُ وَحْدَهُ ٱشْمَأَزَّتْ

رَبَّكُمْ لِلَّذِينَ أَحْسَنُوا فِي هَذِهِ ٱلدُّنْيَا حَسَنَةٌ وَأَرْضُ ٱللَّهِ وَاسِعَةٌ إِنَّمَا يُوَفَّى
ٱلصَّابِرُونَ أَجْرَهُمْ بِغَيْرِ حِسَابٍ ۱۴ قُلْ إِنِّي أُمِرْتُ أَنْ أَعْبُدَ ٱللَّهَ مُخْلِصًا
لَهُ ٱلدِّينَ وَأُمِرْتُ لِأَنْ أَكُونَ أَوَّلَ ٱلْمُسْلِمِينَ ۱۵ قُلْ إِنِّي أَخَافُ إِنْ عَصَيْتُ
رَبِّي عَذَابَ يَوْمٍ عَظِيمٍ ۱۶ قُلِ ٱللَّهَ أَعْبُدُ مُخْلِصًا لَهُ دِينِي ۱۷ فَاعْبُدُوا
مَا شِئْتُمْ مِنْ دُونِهِ قُلْ إِنَّ ٱلْخَاسِرِينَ ٱلَّذِينَ خَسِرُوا أَنْفُسَهُمْ وَأَهْلِيهِمْ يَوْمَ
ٱلْقِيَامَةِ أَلَا ذَلِكَ هُوَ ٱلْخُسْرَانُ ٱلْمُبِينُ ۱۸ لَهُمْ مِنْ فَوْقِهِمْ ظُلَلٌ مِنَ ٱلنَّارِ
وَمِنْ تَحْتِهِمْ ظُلَلٌ ذَلِكَ يُخَوِّفُ ٱللَّهُ بِهِ عِبَادَهُ يَا عِبَادِ فَاتَّقُونِ ۱۹ وَٱلَّذِينَ
ٱجْتَنَبُوا ٱلطَّاغُوتَ أَنْ يَعْبُدُوهَا وَأَنَابُوا إِلَى ٱللَّهِ لَهُمُ ٱلْبُشْرَى فَبَشِّرْ عِبَادِ
ٱلَّذِينَ يَسْتَمِعُونَ ٱلْقَوْلَ فَيَتَّبِعُونَ أَحْسَنَهُ أُولَائِكَ ٱلَّذِينَ هَدَاهُمُ ٱللَّهُ
وَأُولَائِكَ هُمْ أُولُوا ٱلْأَلْبَابِ ۲۰ أَفَمَنْ حَقَّ عَلَيْهِ كَلِمَةُ ٱلْعَذَابِ أَفَأَنْتَ تُنْقِذُ
مَنْ فِي ٱلنَّارِ ۲۱ لَكِنِ ٱلَّذِينَ ٱتَّقَوْا رَبَّهُمْ لَهُمْ غُرَفٌ مِنْ فَوْقِهَا غُرَفٌ
مَبْنِيَّةٌ تَجْرِي مِنْ تَحْتِهَا ٱلْأَنْهَارُ وَعْدَ ٱللَّهِ لَا يُخْلِفُ ٱللَّهُ ٱلْمِيعَادَ ۲۲ أَلَمْ
تَرَ أَنَّ ٱللَّهَ أَنْزَلَ مِنَ ٱلسَّمَاءِ مَاءً فَسَلَكَهُ يَنَابِيعَ فِي ٱلْأَرْضِ ثُمَّ يُخْرِجُ بِهِ
زَرْعًا مُخْتَلِفًا أَلْوَانُهُ ثُمَّ يَهِيجُ فَتَرَاهُ مُصْفَرًّا ثُمَّ يَجْعَلُهُ حُطَامًا إِنَّ فِي ذَلِكَ
لَذِكْرَى لِأُولِي ٱلْأَلْبَابِ ۲۳ أَفَمَنْ شَرَحَ ٱللَّهُ صَدْرَهُ لِلْإِسْلَامِ فَهُوَ عَلَى نُورٍ
مِنْ رَبِّهِ فَوَيْلٌ لِلْقَاسِيَةِ قُلُوبُهُمْ مِنْ ذِكْرِ ٱللَّهِ أُولَائِكَ فِي ضَلَالٍ مُبِينٍ
۲۴ ٱللَّهُ نَزَّلَ أَحْسَنَ ٱلْحَدِيثِ كِتَابًا مُتَشَابِهًا مَثَانِيَ تَقْشَعِرُّ مِنْهُ جُلُودُ
ٱلَّذِينَ يَخْشَوْنَ رَبَّهُمْ ثُمَّ تَلِينُ جُلُودُهُمْ وَقُلُوبُهُمْ إِلَى ذِكْرِ ٱللَّهِ ذَلِكَ
هُدَى ٱللَّهِ يَهْدِي بِهِ مَنْ يَشَاءُ وَمَنْ يُضْلِلِ ٱللَّهُ فَمَا لَهُ مِنْ هَادٍ ۲۵
أَفَمَنْ يَتَّقِي بِوَجْهِهِ سُوءَ ٱلْعَذَابِ يَوْمَ ٱلْقِيَامَةِ وَقِيلَ لِلظَّالِمِينَ ذُوقُوا مَا
كُنْتُمْ تَكْسِبُونَ ۲۶ كَذَّبَ ٱلَّذِينَ مِنْ قَبْلِهِمْ فَأَتَاهُمُ ٱلْعَذَابُ مِنْ حَيْثُ لَا
يَشْعُرُونَ ۲۷ فَأَذَاقَهُمُ ٱللَّهُ ٱلْخِزْيَ فِي ٱلْحَيَوةِ ٱلدُّنْيَا وَلَعَذَابُ ٱلْآخِرَةِ أَكْبَرُ

سورة الزمر

مكيّة وهى خمس وسبعون آية

بِسْمِ ٱللَّهِ ٱلرَّحْمَنِ ٱلرَّحِيمِ

١ تَنْزِيلُ ٱلْكِتَابِ مِنَ ٱللَّهِ ٱلْعَزِيزِ ٱلْحَكِيمِ ٢ إِنَّا أَنْزَلْنَا إِلَيْكَ ٱلْكِتَابَ
بِٱلْحَقِّ فَٱعْبُدِ ٱللَّهَ مُخْلِصًا لَهُ ٱلدِّينَ ٣ أَلَا لِلَّهِ ٱلدِّينُ ٱلْخَالِصُ ٤
وَٱلَّذِينَ ٱتَّخَذُوا مِنْ دُونِهِ أَوْلِيَآءَ مَا نَعْبُدُهُمْ إِلَّا لِيُقَرِّبُونَا إِلَى ٱللَّهِ زُلْفَى إِنَّ
ٱللَّهَ يَحْكُمُ بَيْنَهُمْ فِيمَا هُمْ فِيهِ يَخْتَلِفُونَ ٥ إِنَّ ٱللَّهَ لَا يَهْدِي مَنْ هُوَ كَاذِبٌ
كَفَّارٌ ٦ لَوْ أَرَادَ ٱللَّهُ أَنْ يَتَّخِذَ وَلَدًا لَٱصْطَفَى مِمَّا يَخْلُقُ مَا يَشَآءُ سُبْحَانَهُ
هُوَ ٱللَّهُ ٱلْوَاحِدُ ٱلْقَهَّارُ ٧ خَلَقَ ٱلسَّمَوَاتِ وَٱلْأَرْضَ بِٱلْحَقِّ يُكَوِّرُ ٱللَّيْلَ عَلَى
ٱلنَّهَارِ وَيُكَوِّرُ ٱلنَّهَارَ عَلَى ٱللَّيْلِ وَسَخَّرَ ٱلشَّمْسَ وَٱلْقَمَرَ كُلٌّ يَجْرِي لِأَجَلٍ
مُسَمًّى أَلَا هُوَ ٱلْعَزِيزُ ٱلْغَفَّارُ ٨ خَلَقَكُمْ مِنْ نَفْسٍ وَاحِدَةٍ ثُمَّ جَعَلَ مِنْهَا
زَوْجَهَا وَأَنْزَلَ لَكُمْ مِنَ ٱلْأَنْعَامِ ثَمَانِيَةَ أَزْوَاجٍ يَخْلُقُكُمْ فِي بُطُونِ أُمَّهَاتِكُمْ
خَلْقًا مِنْ بَعْدِ خَلْقٍ فِي ظُلُمَاتٍ ثَلَاثٍ ذَلِكُمُ ٱللَّهُ رَبُّكُمْ لَهُ ٱلْمُلْكُ لَا إِلَهَ
إِلَّا هُوَ فَأَنَّى تُصْرَفُونَ ٩ إِنْ تَكْفُرُوا فَإِنَّ ٱللَّهَ غَنِيٌّ عَنْكُمْ وَلَا يَرْضَى لِعِبَادِهِ
ٱلْكُفْرَ وَإِنْ تَشْكُرُوا يَرْضَهُ لَكُمْ وَلَا تَزِرُ وَازِرَةٌ وِزْرَ أُخْرَى ثُمَّ إِلَى رَبِّكُمْ
مَرْجِعُكُمْ فَيُنَبِّئُكُمْ بِمَا كُنْتُمْ تَعْمَلُونَ ١٠ إِنَّهُ عَلِيمٌ بِذَاتِ ٱلصُّدُورِ ١١ وَإِذَا
مَسَّ ٱلْإِنْسَانَ ضُرٌّ دَعَا رَبَّهُ مُنِيبًا إِلَيْهِ ثُمَّ إِذَا خَوَّلَهُ نِعْمَةً مِنْهُ نَسِيَ مَا كَانَ
يَدْعُو إِلَيْهِ مِنْ قَبْلُ وَجَعَلَ لِلَّهِ أَنْدَادًا لِيُضِلَّ عَنْ سَبِيلِهِ قُلْ تَمَتَّعْ بِكُفْرِكَ
قَلِيلًا إِنَّكَ مِنْ أَصْحَابِ ٱلنَّارِ ١٢ أَمَّنْ هُوَ قَانِتٌ آنَآءَ ٱللَّيْلِ سَاجِدًا وَقَآئِمًا
يَحْذَرُ ٱلْآخِرَةَ وَيَرْجُو رَحْمَةَ رَبِّهِ قُلْ هَلْ يَسْتَوِي ٱلَّذِينَ يَعْلَمُونَ وَٱلَّذِينَ لَا
يَعْلَمُونَ إِنَّمَا يَتَذَكَّرُ أُولُوا ٱلْأَلْبَابِ ١٣ قُلْ يَا عِبَادِ ٱلَّذِينَ آمَنُوا ٱتَّقُوا

نَفَادٍ ٥٥ هَذَا وَإِنَّ لِلطَّاغِينَ لَشَرَّ مَآبٍ ٥٦ جَهَنَّمَ يَصْلَوْنَهَا فَبِئْسَ ٱلْمِهَادُ
٥٧ هَذَا فَلْيَذُوقُوهُ حَمِيمٌ وَغَسَّاقٌ ٥٨ وَآخَرُ مِنْ شَكْلِهِ أَزْوَاجٌ ٥٩ هَذَا فَوْجٌ
مُقْتَحِمٌ مَعَكُمْ لَا مَرْحَبًا بِهِمْ إِنَّهُمْ صَالُوا ٱلنَّارِ ٦٠ قَالُوا بَلْ أَنْتُمْ لَا مَرْحَبًا
بِكُمْ أَنْتُمْ قَدَّمْتُمُوهُ لَنَا فَبِئْسَ ٱلْقَرَارُ ٦١ قَالُوا رَبَّنَا مَنْ قَدَّمَ لَنَا هَذَا فَزِدْهُ
عَذَابًا ضِعْفًا فِي ٱلنَّارِ ٦٢ وَقَالُوا مَا لَنَا لَا نَرَى رِجَالًا كُنَّا نَعُدُّهُمْ مِنَ
ٱلْأَشْرَارِ ٦٣ أَتَّخَذْنَاهُمْ سِخْرِيًّا أَمْ زَاغَتْ عَنْهُمُ ٱلْأَبْصَارُ ٦٤ إِنَّ ذَلِكَ لَحَقٌّ
تَخَاصُمُ أَهْلِ ٱلنَّارِ ٦٥ قُلْ إِنَّمَا أَنَا مُنْذِرٌ وَمَا مِنْ إِلَهٍ إِلَّا ٱللَّهُ ٱلْوَاحِدُ ٱلْقَهَّارُ
٦٦ رَبُّ ٱلسَّمَوَاتِ وَٱلْأَرْضِ وَمَا بَيْنَهُمَا ٱلْعَزِيزُ ٱلْغَفَّارُ ٦٧ قُلْ هُوَ نَبَأٌ عَظِيمٌ
٦٨ أَنْتُمْ عَنْهُ مُعْرِضُونَ ٦٩ مَا كَانَ لِيَ مِنْ عِلْمٍ بِٱلْمَلَإِ ٱلْأَعْلَى إِذْ يَخْتَصِمُونَ
٧٠ إِنْ يُوحَى إِلَيَّ إِلَّا أَنَّمَا أَنَا نَذِيرٌ مُبِينٌ ٧١ إِذْ قَالَ رَبُّكَ لِلْمَلَائِكَةِ إِنِّي
خَالِقٌ بَشَرًا مِنْ طِينٍ ٧٢ فَإِذَا سَوَّيْتُهُ وَنَفَخْتُ فِيهِ مِنْ رُوحِي فَقَعُوا لَهُ
سَاجِدِينَ ٧٣ فَسَجَدَ ٱلْمَلَائِكَةُ كُلُّهُمْ أَجْمَعُونَ ٧٤ إِلَّا إِبْلِيسَ إِسْتَكْبَرَ
وَكَانَ مِنَ ٱلْكَافِرِينَ ٧٥ قَالَ يَا إِبْلِيسُ مَا مَنَعَكَ أَنْ تَسْجُدَ لِمَا خَلَقْتُ
بِيَدَيَّ ٧٦ أَسْتَكْبَرْتَ أَمْ كُنْتَ مِنَ ٱلْعَالِينَ ٧٧ قَالَ أَنَا خَيْرٌ مِنْهُ خَلَقْتَنِي
مِنْ نَارٍ وَخَلَقْتَهُ مِنْ طِينٍ ٧٨ قَالَ فَٱخْرُجْ مِنْهَا فَإِنَّكَ رَجِيمٌ ٧٩ وَإِنَّ
عَلَيْكَ لَعْنَتِي إِلَى يَوْمِ ٱلدِّينِ ٨٠ قَالَ رَبِّ فَأَنْظِرْنِي إِلَى يَوْمِ يُبْعَثُونَ ٨١ قَالَ
فَإِنَّكَ مِنَ ٱلْمُنْظَرِينَ ٨٢ إِلَى يَوْمِ ٱلْوَقْتِ ٱلْمَعْلُومِ ٨٣ قَالَ فَبِعِزَّتِكَ لَأُغْوِيَنَّهُمْ
أَجْمَعِينَ ٨٤ إِلَّا عِبَادَكَ مِنْهُمُ ٱلْمُخْلَصِينَ ٨٥ قَالَ فَٱلْحَقُّ وَٱلْحَقَّ أَقُولُ
لَأَمْلَأَنَّ جَهَنَّمَ مِنْكَ وَمِمَّنْ تَبِعَكَ مِنْهُمْ أَجْمَعِينَ ٨٦ قُلْ مَا أَسْأَلُكُمْ عَلَيْهِ
مِنْ أَجْرٍ وَمَا أَنَا مِنَ ٱلْمُتَكَلِّفِينَ ٨٧ إِنْ هُوَ إِلَّا ذِكْرٌ لِلْعَالَمِينَ ٨٨ وَلَتَعْلَمُنَّ
نَبَأَهُ بَعْدَ حِينٍ

٢٤١ سورة ص

لَهُمْ عَذَابٌ شَدِيدٌ بِمَا نَسُوا يَوْمَ ٱلْحِسَابِ ٢٦ وَمَا خَلَقْنَا ٱلسَّمَآءَ وَٱلْأَرْضَ
وَمَا بَيْنَهُمَا بَاطِلًا ذَلِكَ ظَنُّ ٱلَّذِينَ كَفَرُوا فَوَيْلٌ لِلَّذِينَ كَفَرُوا مِنَ ٱلنَّارِ
٢٧ أَمْ نَجْعَلُ ٱلَّذِينَ آمَنُوا وَعَمِلُوا ٱلصَّالِحَاتِ كَٱلْمُفْسِدِينَ فِي ٱلْأَرْضِ أَمْ
نَجْعَلُ ٱلْمُتَّقِينَ كَٱلْفُجَّارِ ٢٨ كِتَابٌ أَنْزَلْنَاهُ إِلَيْكَ مُبَارَكٌ لِيَدَّبَّرُوا آيَاتِهِ
وَلِيَتَذَكَّرَ أُولُوا ٱلْأَلْبَابِ ٢٩ وَوَهَبْنَا لِدَاوُدَ سُلَيْمَانَ نِعْمَ ٱلْعَبْدُ إِنَّهُ أَوَّابٌ
٣٠ إِذْ عُرِضَ عَلَيْهِ بِٱلْعَشِيِّ ٱلصَّافِنَاتُ ٱلْجِيَادُ ٣١ فَقَالَ إِنِّي أَحْبَبْتُ حُبَّ
ٱلْخَيْرِ عَنْ ذِكْرِ رَبِّي حَتَّى تَوَارَتْ بِٱلْحِجَابِ ٣٢ رُدُّوهَا عَلَيَّ فَطَفِقَ مَسْحًا
بِٱلسُّوقِ وَٱلْأَعْنَاقِ ٣٣ وَلَقَدْ فَتَنَّا سُلَيْمَانَ وَأَلْقَيْنَا عَلَى كُرْسِيِّهِ جَسَدًا ثُمَّ
أَنَابَ ٣٤ قَالَ رَبِّ ٱغْفِرْ لِي وَهَبْ لِي مُلْكًا لَا يَنْبَغِي لِأَحَدٍ مِنْ بَعْدِي
إِنَّكَ أَنْتَ ٱلْوَهَّابُ ٣٥ فَسَخَّرْنَا لَهُ ٱلرِّيحَ تَجْرِي بِأَمْرِهِ رُخَآءً حَيْثُ أَصَابَ
٣٦ وَٱلشَّيَاطِينَ كُلَّ بَنَّآءٍ وَغَوَّاصٍ ٣٧ وَآخَرِينَ مُقَرَّنِينَ فِي ٱلْأَصْفَادِ ٣٨ هَذَا
عَطَاؤُنَا فَٱمْنُنْ أَوْ أَمْسِكْ بِغَيْرِ حِسَابٍ ٣٩ وَإِنَّ لَهُ عِنْدَنَا لَزُلْفَى وَحُسْنَ
مَآبٍ ٤٠ وَٱذْكُرْ عَبْدَنَا أَيُّوبَ إِذْ نَادَى رَبَّهُ أَنِّي مَسَّنِيَ ٱلشَّيْطَانُ بِنُصْبٍ
وَعَذَابٍ ٤١ ٱرْكُضْ بِرِجْلِكَ هَذَا مُغْتَسَلٌ بَارِدٌ وَشَرَابٌ ٤٢ وَوَهَبْنَا لَهُ
أَهْلَهُ وَمِثْلَهُمْ مَعَهُمْ رَحْمَةً مِنَّا وَذِكْرَى لِأُولِي ٱلْأَلْبَابِ ٤٣ وَخُذْ بِيَدِكَ
ضِغْثًا فَٱضْرِبْ بِهِ وَلَا تَحْنَثْ إِنَّا وَجَدْنَاهُ صَابِرًا ٤٤ نِعْمَ ٱلْعَبْدُ إِنَّهُ أَوَّابٌ
٤٥ وَٱذْكُرْ عِبَادَنَا إِبْرَهِيمَ وَإِسْحَقَ وَيَعْقُوبَ أُولِي ٱلْأَيْدِي وَٱلْأَبْصَارِ ٤٦ إِنَّا
أَخْلَصْنَاهُمْ بِخَالِصَةٍ ذِكْرَى ٱلدَّارِ ٤٧ وَإِنَّهُمْ عِنْدَنَا لَمِنَ ٱلْمُصْطَفَيْنَ ٱلْأَخْيَارِ
٤٨ وَٱذْكُرْ إِسْمَعِيلَ وَٱلْيَسَعَ وَذَا ٱلْكِفْلِ وَكُلٌّ مِنَ ٱلْأَخْيَارِ ٤٩ هَذَا ذِكْرٌ
وَإِنَّ لِلْمُتَّقِينَ لَحُسْنَ مَآبٍ ٥٠ جَنَّاتِ عَدْنٍ مُفَتَّحَةً لَهُمُ ٱلْأَبْوَابُ ٥١ مُتَّكِئِينَ
فِيهَا يَدْعُونَ فِيهَا بِفَاكِهَةٍ كَثِيرَةٍ وَشَرَابٍ ٥٢ وَعِنْدَهُمْ قَاصِرَاتُ ٱلطَّرْفِ
أَتْرَابٌ ٥٣ هَذَا مَا تُوعَدُونَ لِيَوْمِ ٱلْحِسَابِ ٥٤ إِنَّ هَذَا لَرِزْقُنَا مَا لَهُ مِنْ

مِنْهُمْ وَقَالَ ٱلْكَافِرُونَ هَذَا سَاحِرٌ كَذَّابٌ ٤ أَجَعَلَ ٱلْآلِهَةَ إِلَهًا وَاحِدًا إِنَّ
هَذَا لَشَيْءٌ عُجَابٌ ٥ وَٱنْطَلَقَ ٱلْمَلَأُ مِنْهُمْ أَنِ ٱمْشُوا وَٱصْبِرُوا عَلَى آلِهَتِكُمْ
إِنَّ هَذَا لَشَيْءٌ يُرَادُ ٦ مَا سَمِعْنَا بِهَذَا فِي ٱلْمِلَّةِ ٱلْآخِرَةِ إِنْ هَذَا إِلَّا
ٱخْتِلَاقٌ ٧ أَأُنْزِلَ عَلَيْهِ ٱلذِّكْرُ مِنْ بَيْنِنَا بَلْ هُمْ فِي شَكٍّ مِنْ ذِكْرِي
بَلْ لَمَّا يَذُوقُوا عَذَابِ ٨ أَمْ عِنْدَهُمْ خَزَائِنُ رَحْمَةِ رَبِّكَ ٱلْعَزِيزِ ٱلْوَهَّابِ
٩ أَمْ لَهُمْ مُلْكُ ٱلسَّمَوَاتِ وَٱلْأَرْضِ وَمَا بَيْنَهُمَا فَلْيَرْتَقُوا فِي ٱلْأَسْبَابِ ١٠ جُنْدٌ
مَا هُنَالِكَ مَهْزُومٌ مِنَ ٱلْأَحْزَابِ ١١ كَذَّبَتْ قَبْلَهُمْ قَوْمُ نُوحٍ وَعَادٌ وَفِرْعَوْنُ
ذُو ٱلْأَوْتَادِ ١٢ وَثَمُودُ وَقَوْمُ لُوطٍ وَأَصْحَابُ ٱلْأَيْكَةِ أُولَائِكَ ٱلْأَحْزَابُ ١٣ إِنْ
كُلٌّ إِلَّا كَذَّبَ ٱلرُّسُلَ فَحَقَّ عِقَابِ ١٤ وَمَا يَنْظُرُ هَؤُلَاءِ إِلَّا صَيْحَةً وَاحِدَةً
مَا لَهَا مِنْ فَوَاقٍ ١٥ وَقَالُوا رَبَّنَا عَجِّلْ لَنَا قِطَّنَا قَبْلَ يَوْمِ ٱلْحِسَابِ ١٦ إِصْبِرْ
عَلَى مَا يَقُولُونَ وَٱذْكُرْ عَبْدَنَا دَاوُدَ ذَا ٱلْأَيْدِ إِنَّهُ أَوَّابٌ ١٧ إِنَّا سَخَّرْنَا
ٱلْجِبَالَ مَعَهُ يُسَبِّحْنَ بِٱلْعَشِيِّ وَٱلْإِشْرَاقِ ١٨ وَٱلطَّيْرَ مَحْشُورَةً كُلٌّ لَهُ أَوَّابٌ
١٩ وَشَدَدْنَا مُلْكَهُ وَآتَيْنَاهُ ٱلْحِكْمَةَ وَفَصْلَ ٱلْخِطَابِ ٢٠ وَهَلْ أَتَاكَ نَبَأُ ٱلْخَصْمِ
إِذْ تَسَوَّرُوا ٱلْمِحْرَابَ ٢١ إِذْ دَخَلُوا عَلَى دَاوُدَ فَفَزِعَ مِنْهُمْ قَالُوا لَا تَخَفْ
خَصْمَانِ بَغَى بَعْضُنَا عَلَى بَعْضٍ فَٱحْكُمْ بَيْنَنَا بِٱلْحَقِّ وَلَا تُشْطِطْ وَٱهْدِنَا
إِلَى سَوَاءِ ٱلصِّرَاطِ ٢٢ إِنَّ هَذَا أَخِي لَهُ تِسْعٌ وَتِسْعُونَ نَعْجَةً وَلِيَ نَعْجَةٌ وَاحِدَةٌ
فَقَالَ أَكْفِلْنِيهَا وَعَزَّنِي فِي ٱلْخِطَابِ ٢٣ قَالَ لَقَدْ ظَلَمَكَ بِسُؤَالِ نَعْجَتِكَ إِلَى
نِعَاجِهِ وَإِنَّ كَثِيرًا مِنَ ٱلْخُلَطَاءِ لَيَبْغِي بَعْضُهُمْ عَلَى بَعْضٍ إِلَّا ٱلَّذِينَ آمَنُوا
وَعَمِلُوا ٱلصَّالِحَاتِ وَقَلِيلٌ مَا هُمْ وَظَنَّ دَاوُدُ أَنَّمَا فَتَنَّاهُ فَٱسْتَغْفَرَ رَبَّهُ وَخَرَّ
رَاكِعًا وَأَنَابَ ٢٤ فَغَفَرْنَا لَهُ ذَلِكَ وَإِنَّ لَهُ عِنْدَنَا لَزُلْفَى وَحُسْنَ مَآبٍ
٢٥ يَا دَاوُدُ إِنَّا جَعَلْنَاكَ خَلِيفَةً فِي ٱلْأَرْضِ فَٱحْكُمْ بَيْنَ ٱلنَّاسِ بِٱلْحَقِّ وَلَا
تَتَّبِعِ ٱلْهَوَى فَيُضِلَّكَ عَنْ سَبِيلِ ٱللَّهِ إِنَّ ٱلَّذِينَ يَضِلُّونَ عَنْ سَبِيلِ ٱللَّهِ

إِنَاثًا وَهُمْ شَاهِدُونَ ١٥١ أَلَا إِنَّهُمْ مِنْ إِفْكِهِمْ لَيَقُولُونَ ١٥٢ وَلَدَ ٱللَّهُ وَإِنَّهُمْ
لَكَاذِبُونَ ١٥٣ أَصْطَفَى ٱلْبَنَاتِ عَلَى ٱلْبَنِينَ ١٥٤ مَا لَكُمْ كَيْفَ تَحْكُمُونَ
١٥٥ أَفَلَا تَذَكَّرُونَ ١٥٦ أَمْ لَكُمْ سُلْطَانٌ مُبِينٌ ١٥٧ فَأْتُوا بِكِتَابِكُمْ إِنْ كُنْتُمْ
صَادِقِينَ ١٥٨ وَجَعَلُوا بَيْنَهُ وَبَيْنَ ٱلْجِنَّةِ نَسَبًا وَلَقَدْ عَلِمَتِ ٱلْجِنَّةُ إِنَّهُمْ
لَمُحْضَرُونَ ١٥٩ سُبْحَانَ ٱللَّهِ عَمَّا يَصِفُونَ ١٦٠ إِلَّا عِبَادَ ٱللَّهِ ٱلْمُخْلَصِينَ
١٦١ فَإِنَّكُمْ وَمَا تَعْبُدُونَ ١٦٢ مَا أَنْتُمْ عَلَيْهِ بِفَاتِنِينَ ١٦٣ إِلَّا مَنْ هُوَ صَالِ
ٱلْجَحِيمِ ١٦٤ وَمَا مِنَّا إِلَّا لَهُ مَقَامٌ مَعْلُومٌ ١٦٥ وَإِنَّا لَنَحْنُ ٱلصَّافُّونَ ١٦٦ وَإِنَّا
لَنَحْنُ ٱلْمُسَبِّحُونَ ١٦٧ وَإِنْ كَانُوا لَيَقُولُونَ ١٦٨ لَوْ أَنَّ عِنْدَنَا ذِكْرًا مِنَ
ٱلْأَوَّلِينَ ١٦٩ لَكُنَّا عِبَادَ ٱللَّهِ ٱلْمُخْلَصِينَ ١٧٠ فَكَفَرُوا بِهِ فَسَوْفَ يَعْلَمُونَ
١٧١ وَلَقَدْ سَبَقَتْ كَلِمَتُنَا لِعِبَادِنَا ٱلْمُرْسَلِينَ ١٧٢ إِنَّهُمْ لَهُمُ ٱلْمَنْصُورُونَ
١٧٣ وَإِنَّ جُنْدَنَا لَهُمُ ٱلْغَالِبُونَ ١٧٤ فَتَوَلَّ عَنْهُمْ حَتَّى حِينٍ ١٧٥ وَأَبْصِرْهُمْ
فَسَوْفَ يُبْصِرُونَ ١٧٦ أَفَبِعَذَابِنَا يَسْتَعْجِلُونَ ١٧٧ فَإِذَا نَزَلَ بِسَاحَتِهِمْ فَسَاءَ
صَبَاحُ ٱلْمُنْذَرِينَ ١٧٨ وَتَوَلَّ عَنْهُمْ حَتَّى حِينٍ ١٧٩ وَأَبْصِرْ فَسَوْفَ يُبْصِرُونَ
١٨٠ سُبْحَانَ رَبِّكَ رَبِّ ٱلْعِزَّةِ عَمَّا يَصِفُونَ ١٨١ وَسَلَامٌ عَلَى ٱلْمُرْسَلِينَ ١٨٢ وَٱلْحَمْدُ
لِلَّهِ رَبِّ ٱلْعَالَمِينَ

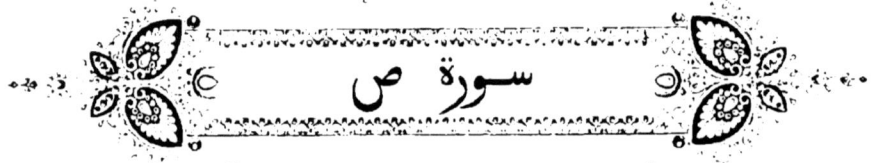

سورة ص

مكية وهي ثمان وثمانون آية

بِسْمِ ٱللَّهِ ٱلرَّحْمَنِ ٱلرَّحِيمِ

١ صٓ وَٱلْقُرْآنِ ذِي ٱلذِّكْرِ بَلِ ٱلَّذِينَ كَفَرُوا فِي عِزَّةٍ وَشِقَاقٍ ٢ كَمْ أَهْلَكْنَا
مِنْ قَبْلِهِمْ مِنْ قَرْنٍ فَنَادَوْا وَلَاتَ حِينَ مَنَاصٍ ٣ وَعَجِبُوا أَنْ جَاءَهُمْ مُنْذِرٌ

١٠٤ وَنَادَيْنَاهُ أَنْ يَا إِبْرٰهِيمُ ١٠٥ قَدْ صَدَّقْتَ ٱلرُّؤْيَا إِنَّا كَذٰلِكَ نَجْزِي
ٱلْمُحْسِنِينَ ١٠٦ إِنَّ هٰذَا لَهُوَ ٱلْبَلَآءُ ٱلْمُبِينُ ١٠٧ وَفَدَيْنَاهُ بِذِبْحٍ عَظِيمٍ
١٠٨ وَتَرَكْنَا عَلَيْهِ فِي ٱلْآخِرِينَ ١٠٩ سَلَامٌ عَلَى إِبْرٰهِيمَ ١١٠ كَذٰلِكَ نَجْزِي
ٱلْمُحْسِنِينَ ١١١ إِنَّهُ مِنْ عِبَادِنَا ٱلْمُؤْمِنِينَ ١١٢ وَبَشَّرْنَاهُ بِإِسْحٰقَ نَبِيًّا مِنَ
ٱلصَّالِحِينَ ١١٣ وَبَارَكْنَا عَلَيْهِ وَعَلَى إِسْحٰقَ وَمِنْ ذُرِّيَّتِهِمَا مُحْسِنٌ وَظَالِمٌ
لِنَفْسِهِ مُبِينٌ ١١٤ وَلَقَدْ مَنَنَّا عَلَى مُوسَى وَهٰرُونَ ١١٥ وَنَجَّيْنَاهُمَا وَقَوْمَهُمَا
مِنَ ٱلْكَرْبِ ٱلْعَظِيمِ ١١٦ وَنَصَرْنَاهُمْ فَكَانُوا هُمُ ٱلْغَالِبِينَ ١١٧ وَآتَيْنَاهُمَا
ٱلْكِتَابَ ٱلْمُسْتَبِينَ ١١٨ وَهَدَيْنَاهُمَا ٱلصِّرَاطَ ٱلْمُسْتَقِيمَ ١١٩ وَتَرَكْنَا عَلَيْهِمَا
فِي ٱلْآخِرِينَ ١٢٠ سَلَامٌ عَلَى مُوسَى وَهٰرُونَ ١٢١ إِنَّا كَذٰلِكَ نَجْزِي ٱلْمُحْسِنِينَ
١٢٢ إِنَّهُمَا مِنْ عِبَادِنَا ٱلْمُؤْمِنِينَ ١٢٣ وَإِنَّ إِلْيَاسَ لَمِنَ ٱلْمُرْسَلِينَ ١٢٤ إِذْ
قَالَ لِقَوْمِهِ أَلَا تَتَّقُونَ ١٢٥ أَتَدْعُونَ بَعْلًا وَتَذَرُونَ أَحْسَنَ ٱلْخَالِقِينَ ١٢٦ ٱللّٰهَ
رَبَّكُمْ وَرَبَّ آبَائِكُمُ ٱلْأَوَّلِينَ ١٢٧ فَكَذَّبُوهُ فَإِنَّهُمْ لَمُحْضَرُونَ ١٢٨ إِلَّا عِبَادَ
ٱللّٰهِ ٱلْمُخْلَصِينَ ١٢٩ وَتَرَكْنَا عَلَيْهِ فِي ٱلْآخِرِينَ ١٣٠ سَلَامٌ عَلَى إِلْيَاسِينَ
١٣١ إِنَّا كَذٰلِكَ نَجْزِي ٱلْمُحْسِنِينَ ١٣٢ إِنَّهُ مِنْ عِبَادِنَا ٱلْمُؤْمِنِينَ ١٣٣ وَإِنَّ
لُوطًا لَمِنَ ٱلْمُرْسَلِينَ ١٣٤ إِذْ نَجَّيْنَاهُ وَأَهْلَهُ أَجْمَعِينَ ١٣٥ إِلَّا عَجُوزًا فِي
ٱلْغَابِرِينَ ١٣٦ ثُمَّ دَمَّرْنَا ٱلْآخَرِينَ ١٣٧ وَإِنَّكُمْ لَتَمُرُّونَ عَلَيْهِمْ مُصْبِحِينَ
١٣٨ وَبِٱللَّيْلِ أَفَلَا تَعْقِلُونَ ١٣٩ وَإِنَّ يُونُسَ لَمِنَ ٱلْمُرْسَلِينَ ١٤٠ إِذْ أَبَقَ إِلَى
ٱلْفُلْكِ ٱلْمَشْحُونِ ١٤١ فَسَاهَمَ فَكَانَ مِنَ ٱلْمُدْحَضِينَ ١٤٢ فَٱلْتَقَمَهُ ٱلْحُوتُ
وَهُوَ مُلِيمٌ ١٤٣ فَلَوْلَا أَنَّهُ كَانَ مِنَ ٱلْمُسَبِّحِينَ ١٤٤ لَلَبِثَ فِي بَطْنِهِ إِلَى
يَوْمِ يُبْعَثُونَ ١٤٥ فَنَبَذْنَاهُ بِٱلْعَرَاءِ وَهُوَ سَقِيمٌ ١٤٦ وَأَنْبَتْنَا عَلَيْهِ شَجَرَةً مِنْ
يَقْطِينٍ ١٤٧ وَأَرْسَلْنَاهُ إِلَى مِائَةِ أَلْفٍ أَوْ يَزِيدُونَ ١٤٨ فَآمَنُوا فَمَتَّعْنَاهُمْ إِلَى
حِينٍ ١٤٩ فَٱسْتَفْتِهِمْ أَلِرَبِّكَ ٱلْبَنَاتُ وَلَهُمُ ٱلْبَنُونَ ١٥٠ أَمْ خَلَقْنَا ٱلْمَلَائِكَةَ

٢٣٧ سورة الصافات

نَحْنُ بِمُعَذَّبِينَ ٥٨ إِنَّ هَٰذَا لَهُوَ ٱلْفَوْزُ ٱلْعَظِيمُ ٥٩ لِمِثْلِ هَٰذَا فَلْيَعْمَلِ
ٱلْعَامِلُونَ ٦٠ أَذَٰلِكَ خَيْرٌ نُزُلًا أَمْ شَجَرَةُ ٱلزَّقُّومِ ٦١ إِنَّا جَعَلْنَاهَا فِتْنَةً
لِلظَّالِمِينَ ٦٢ إِنَّهَا شَجَرَةٌ تَخْرُجُ فِي أَصْلِ ٱلْجَحِيمِ ٦٣ طَلْعُهَا كَأَنَّهُ رُءُوسُ
ٱلشَّيَاطِينِ ٦٤ فَإِنَّهُمْ لَآكِلُونَ مِنْهَا فَمَالِئُونَ مِنْهَا ٱلْبُطُونَ ٦٥ ثُمَّ إِنَّ
لَهُمْ عَلَيْهَا لَشَوْبًا مِنْ حَمِيمٍ ٦٦ ثُمَّ إِنَّ مَرْجِعَهُمْ لَإِلَى ٱلْجَحِيمِ ٦٧ إِنَّهُمْ
أَلْفَوْا آبَاءَهُمْ ضَالِّينَ ٦٨ فَهُمْ عَلَىٰ آثَارِهِمْ يُهْرَعُونَ ٦٩ وَلَقَدْ ضَلَّ قَبْلَهُمْ
أَكْثَرُ ٱلْأَوَّلِينَ ٧٠ وَلَقَدْ أَرْسَلْنَا فِيهِمْ مُنْذِرِينَ ٧١ فَٱنْظُرْ كَيْفَ كَانَ عَاقِبَةُ
ٱلْمُنْذَرِينَ ٧٢ إِلَّا عِبَادَ ٱللَّهِ ٱلْمُخْلَصِينَ ٧٣ وَلَقَدْ نَادَانَا نُوحٌ فَلَنِعْمَ
ٱلْمُجِيبُونَ ٧٤ وَنَجَّيْنَاهُ وَأَهْلَهُ مِنَ ٱلْكَرْبِ ٱلْعَظِيمِ ٧٥ وَجَعَلْنَا ذُرِّيَّتَهُ هُمُ
ٱلْبَاقِينَ ٧٦ وَتَرَكْنَا عَلَيْهِ فِي ٱلْآخِرِينَ ٧٧ سَلَامٌ عَلَىٰ نُوحٍ فِي ٱلْعَالَمِينَ
٧٨ إِنَّا كَذَٰلِكَ نَجْزِي ٱلْمُحْسِنِينَ ٧٩ إِنَّهُ مِنْ عِبَادِنَا ٱلْمُؤْمِنِينَ ٨٠ ثُمَّ أَغْرَقْنَا
ٱلْآخَرِينَ ٨١ وَإِنَّ مِنْ شِيعَتِهِ لَإِبْرَاهِيمَ ٨٢ إِذْ جَاءَ رَبَّهُ بِقَلْبٍ سَلِيمٍ ٨٣ إِذْ
قَالَ لِأَبِيهِ وَقَوْمِهِ مَا ذَا تَعْبُدُونَ ٨٤ أَئِفْكًا آلِهَةً دُونَ ٱللَّهِ تُرِيدُونَ ٨٥ فَمَا
ظَنُّكُمْ بِرَبِّ ٱلْعَالَمِينَ ٨٦ فَنَظَرَ نَظْرَةً فِي ٱلنُّجُومِ ٨٧ فَقَالَ إِنِّي سَقِيمٌ
٨٨ فَتَوَلَّوْا عَنْهُ مُدْبِرِينَ ٨٩ فَرَاغَ إِلَىٰ آلِهَتِهِمْ فَقَالَ أَلَا تَأْكُلُونَ ٩٠ مَا لَكُمْ
لَا تَنْطِقُونَ ٩١ فَرَاغَ عَلَيْهِمْ ضَرْبًا بِٱلْيَمِينِ ٩٢ فَأَقْبَلُوا إِلَيْهِ يَزِفُّونَ ٩٣
قَالَ أَتَعْبُدُونَ مَا تَنْحِتُونَ ٩٤ وَٱللَّهُ خَلَقَكُمْ وَمَا تَعْمَلُونَ ٩٥ قَالُوا ٱبْنُوا
لَهُ بُنْيَانًا فَأَلْقُوهُ فِي ٱلْجَحِيمِ ٩٦ فَأَرَادُوا بِهِ كَيْدًا فَجَعَلْنَاهُمُ ٱلْأَسْفَلِينَ ٩٧
وَقَالَ إِنِّي ذَاهِبٌ إِلَىٰ رَبِّي سَيَهْدِينِ ٩٨ رَبِّ هَبْ لِي مِنَ ٱلصَّالِحِينَ
٩٩ فَبَشَّرْنَاهُ بِغُلَامٍ حَلِيمٍ ١٠٠ فَلَمَّا بَلَغَ مَعَهُ ٱلسَّعْيَ ١٠١ قَالَ يَا بُنَيَّ إِنِّي
أَرَىٰ فِي ٱلْمَنَامِ أَنِّي أَذْبَحُكَ فَٱنْظُرْ مَا ذَا تَرَىٰ ١٠٢ قَالَ يَا أَبَتِ ٱفْعَلْ مَا
تُؤْمَرُ سَتَجِدُنِي إِنْ شَاءَ ٱللَّهُ مِنَ ٱلصَّابِرِينَ ١٠٣ فَلَمَّا أَسْلَمَا وَتَلَّهُ لِلْجَبِينِ

١٥ وَقَالُوا إِنْ هَـٰذَا إِلَّا سِحْرٌ مُبِينٌ ١٦ أَئِذَا مِتْنَا وَكُنَّا تُرَابًا وَعِظَامًا أَئِنَّا
لَمَبْعُوثُونَ ١٧ أَوَآبَاؤُنَا ٱلْأَوَّلُونَ ١٨ قُلْ نَعَمْ وَأَنْتُمْ دَاخِرُونَ ١٩ فَإِنَّمَا هِيَ
زَجْرَةٌ وَاحِدَةٌ فَإِذَا هُمْ يَنْظُرُونَ ٢٠ وَقَالُوا يَا وَيْلَنَا هَـٰذَا يَوْمُ ٱلدِّينِ ٢١ هَـٰذَا
يَوْمُ ٱلْفَصْلِ ٱلَّذِي كُنْتُمْ بِهِ تُكَذِّبُونَ ٢٢ أُحْشُرُوا ٱلَّذِينَ ظَلَمُوا وَأَزْوَاجَهُمْ
وَمَا كَانُوا يَعْبُدُونَ ٢٣ مِنْ دُونِ ٱللَّهِ فَٱهْدُوهُمْ إِلَىٰ صِرَاطِ ٱلْجَحِيمِ ٢٤ وَقِفُوهُمْ
إِنَّهُمْ مَسْؤُولُونَ ٢٥ مَا لَكُمْ لَا تَنَاصَرُونَ ٢٦ بَلْ هُمُ ٱلْيَوْمَ مُسْتَسْلِمُونَ
٢٧ وَأَقْبَلَ بَعْضُهُمْ عَلَىٰ بَعْضٍ يَتَسَاءَلُونَ ٢٨ قَالُوا إِنَّكُمْ كُنْتُمْ تَأْتُونَنَا عَنِ
ٱلْيَمِينِ ٢٩ قَالُوا بَلْ لَمْ تَكُونُوا مُؤْمِنِينَ وَمَا كَانَ لَنَا عَلَيْكُمْ مِنْ سُلْطَانٍ
بَلْ كُنْتُمْ قَوْمًا طَاغِينَ ٣٠ فَحَقَّ عَلَيْنَا قَوْلُ رَبِّنَا إِنَّا لَذَائِقُونَ ٣١
فَأَغْوَيْنَاكُمْ إِنَّا كُنَّا غَاوِينَ ٣٢ فَإِنَّهُمْ يَوْمَئِذٍ فِي ٱلْعَذَابِ مُشْتَرِكُونَ ٣٣ إِنَّا
كَذَٰلِكَ نَفْعَلُ بِٱلْمُجْرِمِينَ ٣٤ إِنَّهُمْ كَانُوا إِذَا قِيلَ لَهُمْ لَا إِلَـٰهَ إِلَّا ٱللَّهُ
يَسْتَكْبِرُونَ ٣٥ وَيَقُولُونَ أَئِنَّا لَتَارِكُوا آلِهَتِنَا لِشَاعِرٍ مَجْنُونٍ ٣٦ بَلْ جَاءَ
بِٱلْحَقِّ وَصَدَّقَ ٱلْمُرْسَلِينَ ٣٧ إِنَّكُمْ لَذَائِقُوا ٱلْعَذَابِ ٱلْأَلِيمِ ٣٨ وَمَا تُجْزَوْنَ
إِلَّا مَا كُنْتُمْ تَعْمَلُونَ ٣٩ إِلَّا عِبَادَ ٱللَّهِ ٱلْمُخْلَصِينَ ٤٠ أُولَـٰئِكَ لَهُمْ رِزْقٌ
مَعْلُومٌ ٤١ فَوَاكِهُ وَهُمْ مُكْرَمُونَ ٤٢ فِي جَنَّاتِ ٱلنَّعِيمِ ٤٣ عَلَىٰ سُرُرٍ
مُتَقَابِلِينَ ٤٤ يُطَافُ عَلَيْهِمْ بِكَأْسٍ مِنْ مَعِينٍ ٤٥ بَيْضَاءَ لَذَّةٍ لِلشَّارِبِينَ
٤٦ لَا فِيهَا غَوْلٌ وَلَا هُمْ عَنْهَا يُنْزَفُونَ ٤٧ وَعِنْدَهُمْ قَاصِرَاتُ ٱلطَّرْفِ عِينٌ
كَأَنَّهُنَّ بَيْضٌ مَكْنُونٌ ٤٨ فَأَقْبَلَ بَعْضُهُمْ عَلَىٰ بَعْضٍ يَتَسَاءَلُونَ ٤٩ قَالَ
قَائِلٌ مِنْهُمْ إِنِّي كَانَ لِي قَرِينٌ ٥٠ يَقُولُ أَئِنَّكَ لَمِنَ ٱلْمُصَدِّقِينَ ٥١ أَئِذَا
مِتْنَا وَكُنَّا تُرَابًا وَعِظَامًا أَئِنَّا لَمَدِينُونَ ٥٢ قَالَ هَلْ أَنْتُمْ مُطَّلِعُونَ ٥٣
فَٱطَّلَعَ فَرَآهُ فِي سَوَاءِ ٱلْجَحِيمِ ٥٤ قَالَ تَٱللَّهِ إِنْ كِدْتَ لَتُرْدِينِ ٥٥ وَلَوْلَا نِعْمَةُ
رَبِّي لَكُنْتُ مِنَ ٱلْمُحْضَرِينَ ٥٦ أَفَمَا نَحْنُ بِمَيِّتِينَ ٥٧ إِلَّا مَوْتَتَنَا ٱلْأُولَىٰ وَمَا

رَكُوبُهُمْ وَمِنْهَا يَأْكُلُونَ ٧٣ وَلَهُمْ فِيهَا مَنَافِعُ وَمَشَارِبُ أَفَلَا يَشْكُرُونَ
٧٤ وَٱتَّخَذُوا مِنْ دُونِ ٱللَّهِ آلِهَةً لَعَلَّهُمْ يُنْصَرُونَ ٧٥ لَا يَسْتَطِيعُونَ نَصْرَهُمْ
وَهُمْ لَهُمْ جُنْدٌ مُحْضَرُونَ ٧٦ فَلَا يَحْزُنْكَ قَوْلُهُمْ إِنَّا نَعْلَمُ مَا يُسِرُّونَ وَمَا
يُعْلِنُونَ ٧٧ أَوَلَمْ يَرَ ٱلْإِنْسَانُ أَنَّا خَلَقْنَاهُ مِنْ نُطْفَةٍ فَإِذَا هُوَ خَصِيمٌ مُبِينٌ
٧٨ وَضَرَبَ لَنَا مَثَلًا وَنَسِيَ خَلْقَهُ قَالَ مَنْ يُحْيِي ٱلْعِظَامَ وَهِيَ رَمِيمٌ ٧٩ قُلْ
يُحْيِيهَا ٱلَّذِي أَنْشَأَهَا أَوَّلَ مَرَّةٍ وَهُوَ بِكُلِّ خَلْقٍ عَلِيمٌ ٨٠ ٱلَّذِي جَعَلَ لَكُمْ
مِنَ ٱلشَّجَرِ ٱلْأَخْضَرِ نَارًا فَإِذَا أَنْتُمْ مِنْهُ تُوقِدُونَ ٨١ أَوَلَيْسَ ٱلَّذِي خَلَقَ
ٱلسَّمَوَاتِ وَٱلْأَرْضَ بِقَادِرٍ عَلَى أَنْ يَخْلُقَ مِثْلَهُمْ بَلَى وَهُوَ ٱلْخَلَّاقُ ٱلْعَلِيمُ
٨٢ إِنَّمَا أَمْرُهُ إِذَا أَرَادَ شَيْئًا أَنْ يَقُولَ لَهُ كُنْ فَيَكُونُ ٨٣ فَسُبْحَانَ ٱلَّذِي
بِيَدِهِ مَلَكُوتُ كُلِّ شَيْءٍ وَإِلَيْهِ تُرْجَعُونَ

سورة الصافات

مَكِّيَّة وهي مائة واثنتان وثمانون آية

بِسْمِ ٱللَّهِ ٱلرَّحْمَنِ ٱلرَّحِيمِ

١ وَٱلصَّافَّاتِ صَفًّا ٢ فَٱلزَّاجِرَاتِ زَجْرًا ٣ فَٱلتَّالِيَاتِ ذِكْرًا ٤ إِنَّ إِلَهَكُمْ
لَوَاحِدٌ ٥ رَبُّ ٱلسَّمَوَاتِ وَٱلْأَرْضِ وَمَا بَيْنَهُمَا وَرَبُّ ٱلْمَشَارِقِ ٦ إِنَّا زَيَّنَّا
ٱلسَّمَاءَ ٱلدُّنْيَا بِزِينَةٍ ٱلْكَوَاكِبِ ٧ وَحِفْظًا مِنْ كُلِّ شَيْطَانٍ مَارِدٍ ٨ لَا
يَسَّمَّعُونَ إِلَى ٱلْمَلَإِ ٱلْأَعْلَى وَيُقْذَفُونَ مِنْ كُلِّ جَانِبٍ ٩ دُحُورًا وَلَهُمْ عَذَابٌ
وَاصِبٌ ١٠ إِلَّا مَنْ خَطِفَ ٱلْخَطْفَةَ فَأَتْبَعَهُ شِهَابٌ ثَاقِبٌ ١١ فَٱسْتَفْتِهِمْ أَهُمْ
أَشَدُّ خَلْقًا أَمْ مَنْ خَلَقْنَا إِنَّا خَلَقْنَاهُمْ مِنْ طِينٍ لَازِبٍ ١٢ بَلْ عَجِبْتَ
وَيَسْخَرُونَ ١٣ وَإِذَا ذُكِّرُوا لَا يَذْكُرُونَ ١٤ وَإِذَا رَأَوْا آيَةً يَسْتَسْخِرُونَ

اتَّقُوا مَا بَيْنَ أَيْدِيكُمْ وَمَا خَلْفَكُمْ لَعَلَّكُمْ تُرْحَمُونَ ۴۶ وَمَا تَأْتِيهِمْ مِنْ
آيَةٍ مِنْ آيَاتِ رَبِّهِمْ إِلَّا كَانُوا عَنْهَا مُعْرِضِينَ ۴۷ وَإِذَا قِيلَ لَهُمْ أَنْفِقُوا
مِمَّا رَزَقَكُمُ اللَّهُ قَالَ الَّذِينَ كَفَرُوا لِلَّذِينَ آمَنُوا أَنُطْعِمُ مَنْ لَوْ يَشَاءُ اللَّهُ
أَطْعَمَهُ إِنْ أَنْتُمْ إِلَّا فِي ضَلَالٍ مُبِينٍ ۴۸ وَيَقُولُونَ مَتَى هَذَا الْوَعْدُ إِنْ كُنْتُمْ
صَادِقِينَ ۴۹ مَا يَنْظُرُونَ إِلَّا صَيْحَةً وَاحِدَةً تَأْخُذُهُمْ وَهُمْ يَخِصِّمُونَ ۵۰ فَلَا
يَسْتَطِيعُونَ تَوْصِيَةً وَلَا إِلَى أَهْلِهِمْ يَرْجِعُونَ ۵۱ وَنُفِخَ فِي الصُّورِ فَإِذَا هُمْ مِنَ
الْأَجْدَاثِ إِلَى رَبِّهِمْ يَنْسِلُونَ ۵۲ قَالُوا يَا وَيْلَنَا مَنْ بَعَثَنَا مِنْ مَرْقَدِنَا هَذَا
مَا وَعَدَ الرَّحْمَنُ وَصَدَقَ الْمُرْسَلُونَ ۵۳ إِنْ كَانَتْ إِلَّا صَيْحَةً وَاحِدَةً فَإِذَا
هُمْ جَمِيعٌ لَدَيْنَا مُحْضَرُونَ ۵۴ فَالْيَوْمَ لَا تُظْلَمُ نَفْسٌ شَيْئًا وَلَا تُجْزَوْنَ إِلَّا
مَا كُنْتُمْ تَعْمَلُونَ ۵۵ إِنَّ أَصْحَابَ الْجَنَّةِ الْيَوْمَ فِي شُغُلٍ فَاكِهُونَ ۵۶ هُمْ
وَأَزْوَاجُهُمْ فِي ظِلَالٍ عَلَى الْأَرَائِكِ مُتَّكِئُونَ ۵۷ لَهُمْ فِيهَا فَاكِهَةٌ وَلَهُمْ مَا
يَدَّعُونَ ۵۸ سَلَامٌ قَوْلًا مِنْ رَبٍّ رَحِيمٍ ۵۹ وَامْتَازُوا الْيَوْمَ أَيُّهَا الْمُجْرِمُونَ
۶۰ أَلَمْ أَعْهَدْ إِلَيْكُمْ يَا بَنِي آدَمَ أَنْ لَا تَعْبُدُوا الشَّيْطَانَ إِنَّهُ لَكُمْ عَدُوٌّ
مُبِينٌ ۶۱ وَأَنِ اعْبُدُونِي هَذَا صِرَاطٌ مُسْتَقِيمٌ ۶۲ وَلَقَدْ أَضَلَّ مِنْكُمْ جِبِلًّا
كَثِيرًا أَفَلَمْ تَكُونُوا تَعْقِلُونَ ۶۳ هَذِهِ جَهَنَّمُ الَّتِي كُنْتُمْ تُوعَدُونَ ۶۴ اصْلَوْهَا
الْيَوْمَ بِمَا كُنْتُمْ تَكْفُرُونَ ۶۵ الْيَوْمَ نَخْتِمُ عَلَى أَفْوَاهِهِمْ وَتُكَلِّمُنَا أَيْدِيهِمْ
وَتَشْهَدُ أَرْجُلُهُمْ بِمَا كَانُوا يَكْسِبُونَ ۶۶ وَلَوْ نَشَاءُ لَطَمَسْنَا عَلَى أَعْيُنِهِمْ
فَاسْتَبَقُوا الصِّرَاطَ فَأَنَّى يُبْصِرُونَ ۶۷ وَلَوْ نَشَاءُ لَمَسَخْنَاهُمْ عَلَى مَكَانَتِهِمْ فَمَا
اسْتَطَاعُوا مُضِيًّا وَلَا يَرْجِعُونَ ۶۸ وَمَنْ نُعَمِّرْهُ نُنَكِّسْهُ فِي الْخَلْقِ أَفَلَا يَعْقِلُونَ
۶۹ وَمَا عَلَّمْنَاهُ الشِّعْرَ وَمَا يَنْبَغِي لَهُ إِنْ هُوَ إِلَّا ذِكْرٌ وَقُرْآنٌ مُبِينٌ ۷۰
لِيُنْذِرَ مَنْ كَانَ حَيًّا وَيَحِقَّ الْقَوْلُ عَلَى الْكَافِرِينَ ۷۱ أَوَلَمْ يَرَوْا أَنَّا خَلَقْنَا لَهُمْ
مِمَّا عَمِلَتْ أَيْدِينَا أَنْعَامًا فَهُمْ لَهَا مَالِكُونَ ۷۲ وَذَلَّلْنَاهَا لَهُمْ فَمِنْهَا

٢٣٣ سُورَةُ يس

بِكُمْ لَئِنْ لَمْ تَنْتَهُوا لَنَرْجُمَنَّكُمْ وَلَيَمَسَّنَّكُمْ مِنَّا عَذَابٌ أَلِيمٌ ١٨ قَالُوا طَائِرُكُمْ
مَعَكُمْ أَئِنْ ذُكِّرْتُمْ بَلْ أَنْتُمْ قَوْمٌ مُسْرِفُونَ ١٩ وَجَاءَ مِنْ أَقْصَى الْمَدِينَةِ
رَجُلٌ يَسْعَى قَالَ يَا قَوْمِ اتَّبِعُوا الْمُرْسَلِينَ ٢٠ اتَّبِعُوا مَنْ لَا يَسْأَلُكُمْ أَجْرًا
وَهُمْ مُهْتَدُونَ ٢١ وَمَا لِيَ لَا أَعْبُدُ الَّذِي فَطَرَنِي وَإِلَيْهِ تُرْجَعُونَ ٢٢ أَأَتَّخِذُ
مِنْ دُونِهِ آلِهَةً إِنْ يُرِدْنِ الرَّحْمَنُ بِضُرٍّ لَا تُغْنِ عَنِّي شَفَاعَتُهُمْ شَيْئًا وَلَا
يُنْقِذُونِ ٢٣ إِنِّي إِذًا لَفِي ضَلَالٍ مُبِينٍ ٢٤ إِنِّي آمَنْتُ بِرَبِّكُمْ فَاسْمَعُونِ
٢٥ قِيلَ ادْخُلِ الْجَنَّةَ قَالَ يَا لَيْتَ قَوْمِي يَعْلَمُونَ ٢٦ بِمَا غَفَرَ لِي رَبِّي
جزء وَجَعَلَنِي مِنَ الْمُكْرَمِينَ ۞ ٢٧ وَمَا أَنْزَلْنَا عَلَى قَوْمِهِ مِنْ بَعْدِهِ مِنْ
جُنْدٍ مِنَ السَّمَاءِ وَمَا كُنَّا مُنْزِلِينَ ٢٨ إِنْ كَانَتْ إِلَّا صَيْحَةً وَاحِدَةً فَإِذَا هُمْ
خَامِدُونَ ٢٩ يَا حَسْرَةً عَلَى الْعِبَادِ مَا يَأْتِيهِمْ مِنْ رَسُولٍ إِلَّا كَانُوا بِهِ
يَسْتَهْزِئُونَ ٣٠ أَلَمْ يَرَوْا كَمْ أَهْلَكْنَا قَبْلَهُمْ مِنَ الْقُرُونِ ٣١ أَنَّهُمْ إِلَيْهِمْ لَا
يَرْجِعُونَ ٣٢ وَإِنْ كُلٌّ لَمَّا جَمِيعٌ لَدَيْنَا مُحْضَرُونَ ٣٣ وَآيَةٌ لَهُمُ الْأَرْضُ
الْمَيْتَةُ أَحْيَيْنَاهَا وَأَخْرَجْنَا مِنْهَا حَبًّا فَمِنْهُ يَأْكُلُونَ ٣٤ وَجَعَلْنَا فِيهَا
جَنَّاتٍ مِنْ نَخِيلٍ وَأَعْنَابٍ وَفَجَّرْنَا فِيهَا مِنَ الْعُيُونِ ٣٥ لِيَأْكُلُوا مِنْ ثَمَرِهِ
وَمَا عَمِلَتْهُ أَيْدِيهِمْ أَفَلَا يَشْكُرُونَ ٣٦ سُبْحَانَ الَّذِي خَلَقَ الْأَزْوَاجَ كُلَّهَا
مِمَّا تُنْبِتُ الْأَرْضُ وَمِنْ أَنْفُسِهِمْ وَمِمَّا لَا يَعْلَمُونَ ٣٧ وَآيَةٌ لَهُمُ اللَّيْلُ نَسْلَخُ
مِنْهُ النَّهَارَ فَإِذَا هُمْ مُظْلِمُونَ ٣٨ وَالشَّمْسُ تَجْرِي لِمُسْتَقَرٍّ لَهَا ذَلِكَ تَقْدِيرُ
الْعَزِيزِ الْعَلِيمِ ٣٩ وَالْقَمَرَ قَدَّرْنَاهُ مَنَازِلَ حَتَّى عَادَ كَالْعُرْجُونِ الْقَدِيمِ
٤٠ لَا الشَّمْسُ يَنْبَغِي لَهَا أَنْ تُدْرِكَ الْقَمَرَ وَلَا اللَّيْلُ سَابِقُ النَّهَارِ وَكُلٌّ فِي
فَلَكٍ يَسْبَحُونَ ٤١ وَآيَةٌ لَهُمْ أَنَّا حَمَلْنَا ذُرِّيَّتَهُمْ فِي الْفُلْكِ الْمَشْحُونِ ٤٢
وَخَلَقْنَا لَهُمْ مِنْ مِثْلِهِ مَا يَرْكَبُونَ ٤٣ وَإِنْ نَشَأْ نُغْرِقْهُمْ فَلَا صَرِيخَ لَهُمْ
وَلَا هُمْ يُنْقَذُونَ ٤٤ إِلَّا رَحْمَةً مِنَّا وَمَتَاعًا إِلَى حِينٍ ٤٥ وَإِذَا قِيلَ لَهُمُ

ٱلْأَرْضِ فَيَنْظُرُوا كَيْفَ كَانَ عَاقِبَةُ ٱلَّذِينَ مِنْ قَبْلِهِمْ وَكَانُوا أَشَدَّ مِنْهُمْ قُوَّةً
وَمَا كَانَ ٱللَّهُ لِيُعْجِزَهُ مِنْ شَيْءٍ فِي ٱلسَّمَوَاتِ وَلَا فِي ٱلْأَرْضِ إِنَّهُ كَانَ عَلِيمًا
قَدِيرًا ٤٤ وَلَوْ يُؤَاخِذُ ٱللَّهُ ٱلنَّاسَ بِمَا كَسَبُوا مَا تَرَكَ عَلَى ظَهْرِهَا مِنْ
دَابَّةٍ وَلَكِنْ يُؤَخِّرُهُمْ إِلَى أَجَلٍ مُسَمًّى ٤٥ فَإِذَا جَاءَ أَجَلُهُمْ فَإِنَّ ٱللَّهَ كَانَ
بِعِبَادِهِ بَصِيرًا

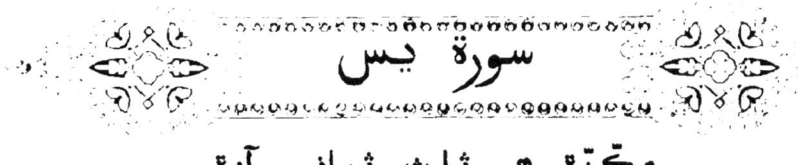

سورة يس

مكية وهى ثلث وثمانون آية

بِسْمِ ٱللَّهِ ٱلرَّحْمَنِ ٱلرَّحِيمِ

١ يس وَٱلْقُرْآنِ ٱلْحَكِيمِ ٢ إِنَّكَ لَمِنَ ٱلْمُرْسَلِينَ ٣ عَلَى صِرَاطٍ مُسْتَقِيمٍ
٤ تَنْزِيلَ ٱلْعَزِيزِ ٱلرَّحِيمِ ٥ لِتُنْذِرَ قَوْمًا مَا أُنْذِرَ آبَاؤُهُمْ فَهُمْ غَافِلُونَ
٦ لَقَدْ حَقَّ ٱلْقَوْلُ عَلَى أَكْثَرِهِمْ فَهُمْ لَا يُؤْمِنُونَ ٧ إِنَّا جَعَلْنَا فِي أَعْنَاقِهِمْ
أَغْلَالًا فَهِيَ إِلَى ٱلْأَذْقَانِ فَهُمْ مُقْمَحُونَ ٨ وَجَعَلْنَا مِنْ بَيْنِ أَيْدِيهِمْ سَدًّا
وَمِنْ خَلْفِهِمْ سَدًّا فَأَغْشَيْنَاهُمْ فَهُمْ لَا يُبْصِرُونَ ٩ وَسَوَاءٌ عَلَيْهِمْ أَأَنْذَرْتَهُمْ
أَمْ لَمْ تُنْذِرْهُمْ لَا يُؤْمِنُونَ ١٠ إِنَّمَا تُنْذِرُ مَنِ ٱتَّبَعَ ٱلذِّكْرَ وَخَشِيَ ٱلرَّحْمَنَ
بِٱلْغَيْبِ فَبَشِّرْهُ بِمَغْفِرَةٍ وَأَجْرٍ كَرِيمٍ ١١ إِنَّا نَحْنُ نُحْيِي ٱلْمَوْتَى وَنَكْتُبُ مَا
قَدَّمُوا وَآثَارَهُمْ وَكُلَّ شَيْءٍ أَحْصَيْنَاهُ فِي إِمَامٍ مُبِينٍ ١٢ وَٱضْرِبْ لَهُمْ مَثَلًا
أَصْحَابَ ٱلْقَرْيَةِ إِذْ جَاءَهَا ٱلْمُرْسَلُونَ ١٣ إِذْ أَرْسَلْنَا إِلَيْهِمُ ٱثْنَيْنِ فَكَذَّبُوهُمَا
فَعَزَّزْنَا بِثَالِثٍ فَقَالُوا إِنَّا إِلَيْكُمْ مُرْسَلُونَ ١٤ قَالُوا مَا أَنْتُمْ إِلَّا بَشَرٌ مِثْلُنَا
وَمَا أَنْزَلَ ٱلرَّحْمَنُ مِنْ شَيْءٍ إِنْ أَنْتُمْ إِلَّا تَكْذِبُونَ ١٥ قَالُوا رَبُّنَا يَعْلَمُ إِنَّا
إِلَيْكُمْ لَمُرْسَلُونَ ١٦ وَمَا عَلَيْنَا إِلَّا ٱلْبَلَاغُ ٱلْمُبِينُ ١٧ قَالُوا إِنَّا تَطَيَّرْنَا

٢٨ وَٱلَّذِى أَوْحَيْنَا إِلَيْكَ مِنَ ٱلْكِتَابِ هُوَ ٱلْحَقُّ مُصَدِّقًا لِمَا بَيْنَ يَدَيْهِ إِنَّ
ٱللَّهَ بِعِبَادِهِ لَخَبِيرٌ بَصِيرٌ ٢٩ ثُمَّ أَوْرَثْنَا ٱلْكِتَابَ ٱلَّذِينَ ٱصْطَفَيْنَا مِنْ
عِبَادِنَا فَمِنْهُمْ ظَالِمٌ لِنَفْسِهِ وَمِنْهُمْ مُقْتَصِدٌ وَمِنْهُمْ سَابِقٌ بِٱلْخَيْرَاتِ بِإِذْنِ
ٱللَّهِ ذَلِكَ هُوَ ٱلْفَضْلُ ٱلْكَبِيرُ ٣٠ جَنَّاتُ عَدْنٍ يَدْخُلُونَهَا يُحَلَّوْنَ فِيهَا
مِنْ أَسَاوِرَ مِنْ ذَهَبٍ وَلُؤْلُؤًا وَلِبَاسُهُمْ فِيهَا حَرِيرٌ ٣١ وَقَالُوا ٱلْحَمْدُ لِلَّهِ ٱلَّذِى
أَذْهَبَ عَنَّا ٱلْحَزَنَ إِنَّ رَبَّنَا لَغَفُورٌ شَكُورٌ ٣٢ ٱلَّذِى أَحَلَّنَا دَارَ ٱلْمُقَامَةِ مِنْ
فَضْلِهِ لَا يَمَسُّنَا فِيهَا نَصَبٌ وَلَا يَمَسُّنَا فِيهَا لُغُوبٌ ٣٣ وَٱلَّذِينَ كَفَرُوا
لَهُمْ نَارُ جَهَنَّمَ لَا يُقْضَى عَلَيْهِمْ فَيَمُوتُوا وَلَا يُخَفَّفُ عَنْهُمْ مِنْ عَذَابِهَا كَذَلِكَ
نَجْزِى كُلَّ كَفُورٍ ٣٤ وَهُمْ يَصْطَرِخُونَ فِيهَا رَبَّنَا أَخْرِجْنَا نَعْمَلْ صَالِحًا غَيْرَ
ٱلَّذِى كُنَّا نَعْمَلُ أَوَلَمْ نُعَمِّرْكُمْ مَا يَتَذَكَّرُ فِيهِ مَنْ تَذَكَّرَ وَجَآءَكُمُ ٱلنَّذِيرُ
٣٥ فَذُوقُوا فَمَا لِلظَّالِمِينَ مِنْ نَصِيرٍ ٣٦ إِنَّ ٱللَّهَ عَالِمُ غَيْبِ ٱلسَّمَوَاتِ
وَٱلْأَرْضِ إِنَّهُ عَلِيمٌ بِذَاتِ ٱلصُّدُورِ ٣٧ هُوَ ٱلَّذِى جَعَلَكُمْ خَلَآئِفَ فِى ٱلْأَرْضِ
فَمَنْ كَفَرَ فَعَلَيْهِ كُفْرُهُ وَلَا يَزِيدُ ٱلْكَافِرِينَ كُفْرُهُمْ عِنْدَ رَبِّهِمْ إِلَّا مَقْتًا وَلَا
يَزِيدُ ٱلْكَافِرِينَ كُفْرُهُمْ إِلَّا خَسَارًا ٣٨ قُلْ أَرَأَيْتُمْ شُرَكَآءَكُمُ ٱلَّذِينَ تَدْعُونَ
مِنْ دُونِ ٱللَّهِ أَرُونِى مَا ذَا خَلَقُوا مِنَ ٱلْأَرْضِ أَمْ لَهُمْ شِرْكٌ فِى ٱلسَّمَوَاتِ أَمْ
آتَيْنَاهُمْ كِتَابًا فَهُمْ عَلَى بَيِّنَةٍ مِنْهُ بَلْ إِنْ يَعِدُ ٱلظَّالِمُونَ بَعْضُهُمْ بَعْضًا
إِلَّا غُرُورًا ٣٩ إِنَّ ٱللَّهَ يُمْسِكُ ٱلسَّمَوَاتِ وَٱلْأَرْضَ أَنْ تَزُولَا وَلَئِنْ زَالَتَا إِنْ
أَمْسَكَهُمَا مِنْ أَحَدٍ مِنْ بَعْدِهِ إِنَّهُ كَانَ حَلِيمًا غَفُورًا ٤٠ وَأَقْسَمُوا بِٱللَّهِ
جَهْدَ أَيْمَانِهِمْ لَئِنْ جَآءَهُمْ نَذِيرٌ لَيَكُونُنَّ أَهْدَى مِنْ إِحْدَى ٱلْأُمَمِ فَلَمَّا
جَآءَهُمْ نَذِيرٌ مَا زَادَهُمْ إِلَّا نُفُورًا ٤١ ٱسْتِكْبَارًا فِى ٱلْأَرْضِ وَمَكْرَ ٱلسَّيِّئِ وَلَا
يَحِيقُ ٱلْمَكْرُ ٱلسَّيِّئُ إِلَّا بِأَهْلِهِ فَهَلْ يَنْظُرُونَ إِلَّا سُنَّةَ ٱلْأَوَّلِينَ فَلَنْ تَجِدَ
لِسُنَّةِ ٱللَّهِ تَبْدِيلًا ٤٢ وَلَنْ تَجِدَ لِسُنَّةِ ٱللَّهِ تَحْوِيلًا ٤٣ أَوَلَمْ يَسِيرُوا فِى

ٱلْبَحْرَانِ هَٰذَا عَذْبٌ فُرَاتٌ سَآئِغٌ شَرَابُهُ وَهَٰذَا مِلْحٌ أُجَاجٌ وَمِنْ كُلٍّ تَأْكُلُونَ
لَحْمًا طَرِيًّا وَتَسْتَخْرِجُونَ حِلْيَةً تَلْبَسُونَهَا وَتَرَى ٱلْفُلْكَ فِيهِ مَوَاخِرَ لِتَبْتَغُوا
مِنْ فَضْلِهِ وَلَعَلَّكُمْ تَشْكُرُونَ ١٤ يُولِجُ ٱللَّيْلَ فِي ٱلنَّهَارِ وَيُولِجُ ٱلنَّهَارَ فِي ٱللَّيْلِ
وَسَخَّرَ ٱلشَّمْسَ وَٱلْقَمَرَ كُلٌّ يَجْرِي لِأَجَلٍ مُسَمًّى ذَٰلِكُمُ ٱللَّهُ رَبُّكُمْ لَهُ ٱلْمُلْكُ
وَٱلَّذِينَ تَدْعُونَ مِنْ دُونِهِ مَا يَمْلِكُونَ مِنْ قِطْمِيرٍ ١٥ إِنْ تَدْعُوهُمْ لَا
يَسْمَعُوا دُعَآءَكُمْ وَلَوْ سَمِعُوا مَا ٱسْتَجَابُوا لَكُمْ وَيَوْمَ ٱلْقِيَامَةِ يَكْفُرُونَ بِشِرْكِكُمْ
وَلَا يُنَبِّئُكَ مِثْلُ خَبِيرٍ ١٦ يَا أَيُّهَا ٱلنَّاسُ أَنْتُمُ ٱلْفُقَرَآءُ إِلَى ٱللَّهِ وَٱللَّهُ هُوَ
ٱلْغَنِيُّ ٱلْحَمِيدُ ١٧ إِنْ يَشَأْ يُذْهِبْكُمْ وَيَأْتِ بِخَلْقٍ جَدِيدٍ ١٨ وَمَا ذَٰلِكَ عَلَى
ٱللَّهِ بِعَزِيزٍ ١٩ وَلَا تَزِرُ وَازِرَةٌ وِزْرَ أُخْرَى وَإِنْ تَدْعُ مُثْقَلَةٌ إِلَى حِمْلِهَا لَا
يُحْمَلْ مِنْهُ شَيْءٌ وَلَوْ كَانَ ذَا قُرْبَى إِنَّمَا تُنْذِرُ ٱلَّذِينَ يَخْشَوْنَ رَبَّهُمْ بِٱلْغَيْبِ
وَأَقَامُوا ٱلصَّلَوٰةَ وَمَنْ تَزَكَّى فَإِنَّمَا يَتَزَكَّى لِنَفْسِهِ وَإِلَى ٱللَّهِ ٱلْمَصِيرُ ٢٠ وَمَا
يَسْتَوِي ٱلْأَعْمَى وَٱلْبَصِيرُ وَلَا ٱلظُّلُمَاتُ وَلَا ٱلنُّورُ وَلَا ٱلظِّلُّ وَلَا ٱلْحَرُورُ ٢١ وَمَا
يَسْتَوِي ٱلْأَحْيَآءُ وَلَا ٱلْأَمْوَاتُ إِنَّ ٱللَّهَ يُسْمِعُ مَنْ يَشَآءُ وَمَا أَنْتَ بِمُسْمِعٍ مَنْ
فِي ٱلْقُبُورِ إِنْ أَنْتَ إِلَّا نَذِيرٌ ٢٢ إِنَّا أَرْسَلْنَاكَ بِٱلْحَقِّ بَشِيرًا وَنَذِيرًا وَإِنْ
مِنْ أُمَّةٍ إِلَّا خَلَا فِيهَا نَذِيرٌ ٢٣ وَإِنْ يُكَذِّبُوكَ فَقَدْ كَذَّبَ ٱلَّذِينَ مِنْ
قَبْلِهِمْ جَآءَتْهُمْ رُسُلُهُمْ بِٱلْبَيِّنَاتِ وَبِٱلزُّبُرِ وَبِٱلْكِتَابِ ٱلْمُنِيرِ ٢٤ ثُمَّ أَخَذْتُ
ٱلَّذِينَ كَفَرُوا فَكَيْفَ كَانَ نَكِيرِ ٢٥ أَلَمْ تَرَ أَنَّ ٱللَّهَ أَنْزَلَ مِنَ ٱلسَّمَآءِ مَآءً
فَأَخْرَجْنَا بِهِ ثَمَرَاتٍ مُخْتَلِفًا أَلْوَانُهَا وَمِنَ ٱلْجِبَالِ جُدَدٌ بِيضٌ وَحُمْرٌ مُخْتَلِفٌ
أَلْوَانُهَا وَغَرَابِيبُ سُودٌ وَمِنَ ٱلنَّاسِ وَٱلدَّوَابِّ وَٱلْأَنْعَامِ مُخْتَلِفٌ أَلْوَانُهُ كَذَٰلِكَ
إِنَّمَا يَخْشَى ٱللَّهَ مِنْ عِبَادِهِ ٱلْعُلَمَآءُ إِنَّ ٱللَّهَ عَزِيزٌ غَفُورٌ ٢٦ إِنَّ ٱلَّذِينَ
يَتْلُونَ كِتَابَ ٱللَّهِ وَأَقَامُوا ٱلصَّلَوٰةَ وَأَنْفَقُوا مِمَّا رَزَقْنَاهُمْ سِرًّا وَعَلَانِيَةً يَرْجُونَ
تِجَارَةً لَنْ تَبُورَ ٢٧ لِيُوَفِّيَهُمْ أُجُورَهُمْ وَيَزِيدَهُمْ مِنْ فَضْلِهِ إِنَّهُ غَفُورٌ شَكُورٌ

سورة الملائكة

مكية وهى خمس واربعون آية

بِسْمِ ٱللّٰهِ ٱلرَّحْمٰنِ ٱلرَّحِيمِ

١ اَلْحَمْدُ لِلّٰهِ فَاطِرِ ٱلسَّمٰوَاتِ وَٱلْأَرْضِ جَاعِلِ ٱلْمَلَآئِكَةِ رُسُلًا أُولِى أَجْنِحَةٍ مَثْنَى
وَثُلَاثَ وَرُبَاعَ يَزِيدُ فِى ٱلْخَلْقِ مَا يَشَآءُ إِنَّ ٱللّٰهَ عَلَى كُلِّ شَىْءٍ قَدِيرٌ ٢ مَا
يَفْتَحِ ٱللّٰهُ لِلنَّاسِ مِنْ رَحْمَةٍ فَلَا مُمْسِكَ لَهَا وَمَا يُمْسِكْ فَلَا مُرْسِلَ لَهُ مِنْ
بَعْدِهِ وَهُوَ ٱلْعَزِيزُ ٱلْحَكِيمُ ٣ يَا أَيُّهَا ٱلنَّاسُ ٱذْكُرُوا نِعْمَةَ ٱللّٰهِ عَلَيْكُمْ هَلْ
مِنْ خَالِقٍ غَيْرُ ٱللّٰهِ يَرْزُقُكُمْ مِنَ ٱلسَّمَآءِ وَٱلْأَرْضِ لَا إِلٰهَ إِلَّا هُوَ فَأَنَّى تُوفَكُونَ
٤ وَإِنْ يُكَذِّبُوكَ فَقَدْ كُذِّبَتْ رُسُلٌ مِنْ قَبْلِكَ وَإِلَى ٱللّٰهِ تُرْجَعُ ٱلْأُمُورُ ٥ يَا
أَيُّهَا ٱلنَّاسُ إِنَّ وَعْدَ ٱللّٰهِ حَقٌّ فَلَا تَغُرَّنَّكُمُ ٱلْحَيٰوةُ ٱلدُّنْيَا وَلَا يَغُرَّنَّكُمْ
بِٱللّٰهِ ٱلْغَرُورُ ٦ إِنَّ ٱلشَّيْطَانَ لَكُمْ عَدُوٌّ فَٱتَّخِذُوهُ عَدُوًّا إِنَّمَا يَدْعُو حِزْبَهُ
لِيَكُونُوا مِنْ أَصْحَابِ ٱلسَّعِيرِ ٧ اَلَّذِينَ كَفَرُوا لَهُمْ عَذَابٌ شَدِيدٌ ٨ وَٱلَّذِينَ
آمَنُوا وَعَمِلُوا ٱلصَّالِحَاتِ لَهُمْ مَغْفِرَةٌ وَأَجْرٌ كَبِيرٌ ٩ أَفَمَنْ زُيِّنَ لَهُ سُوٓءُ عَمَلِهِ
فَرَآهُ حَسَنًا فَإِنَّ ٱللّٰهَ يُضِلُّ مَنْ يَشَآءُ وَيَهْدِى مَنْ يَشَآءُ فَلَا تَذْهَبْ نَفْسُكَ
عَلَيْهِمْ حَسَرَاتٍ إِنَّ ٱللّٰهَ عَلِيمٌ بِمَا يَصْنَعُونَ ١٠ وَٱللّٰهُ ٱلَّذِى أَرْسَلَ ٱلرِّيَاحَ
فَتُثِيرُ سَحَابًا فَسُقْنَاهُ إِلَى بَلَدٍ مَيِّتٍ فَأَحْيَيْنَا بِهِ ٱلْأَرْضَ بَعْدَ مَوْتِهَا كَذٰلِكَ
ٱلنُّشُورُ ١١ مَنْ كَانَ يُرِيدُ ٱلْعِزَّةَ فَلِلّٰهِ ٱلْعِزَّةُ جَمِيعًا إِلَيْهِ يَصْعَدُ ٱلْكَلِمُ
ٱلطَّيِّبُ وَٱلْعَمَلُ ٱلصَّالِحُ يَرْفَعُهُ وَٱلَّذِينَ يَمْكُرُونَ ٱلسَّيِّآتِ لَهُمْ عَذَابٌ شَدِيدٌ
وَمَكْرُ أُولَآئِكَ هُوَ يَبُورُ ١٢ وَٱللّٰهُ خَلَقَكُمْ مِنْ تُرَابٍ ثُمَّ مِنْ نُطْفَةٍ ثُمَّ جَعَلَكُمْ
أَزْوَاجًا وَمَا تَحْمِلُ مِنْ أُنْثَى وَلَا تَضَعُ إِلَّا بِعِلْمِهِ وَمَا يُعَمَّرُ مِنْ مُعَمَّرٍ وَلَا
يُنْقَصُ مِنْ عُمُرِهِ إِلَّا فِى كِتَابٍ إِنَّ ذٰلِكَ عَلَى ٱللّٰهِ يَسِيرٌ ١٣ وَمَا يَسْتَوِى

وَهُوَ خَيْرُ ٱلرَّازِقِينَ ٣٩ وَيَوْمَ يَحْشُرُهُمْ جَمِيعًا ثُمَّ يَقُولُ لِلْمَلَآئِكَةِ أَهٰؤُلَآءِ
إِيَّاكُمْ كَانُوا يَعْبُدُونَ ٤٠ قَالُوا سُبْحَانَكَ أَنْتَ وَلِيُّنَا مِنْ دُونِهِمْ بَلْ كَانُوا
يَعْبُدُونَ ٱلْجِنَّ أَكْثَرُهُمْ بِهِمْ مُؤْمِنُونَ ٤١ فَٱلْيَوْمَ لَا يَمْلِكُ بَعْضُكُمْ لِبَعْضٍ
نَفْعًا وَلَا ضَرًّا وَنَقُولُ لِلَّذِينَ ظَلَمُوا ذُوقُوا عَذَابَ ٱلنَّارِ ٱلَّتِي كُنْتُمْ بِهَا
تُكَذِّبُونَ ٤٢ وَإِذَا تُتْلَى عَلَيْهِمْ آيَاتُنَا بَيِّنَاتٍ قَالُوا مَا هٰذَا إِلَّا رَجُلٌ يُرِيدُ
أَنْ يَصُدَّكُمْ عَمَّا كَانَ يَعْبُدُ آبَاؤُكُمْ وَقَالُوا مَا هٰذَا إِلَّا إِفْكٌ مُفْتَرًى وَقَالَ
ٱلَّذِينَ كَفَرُوا لِلْحَقِّ لَمَّا جَآءَهُمْ إِنْ هٰذَا إِلَّا سِحْرٌ مُبِينٌ ٤٣ وَمَا آتَيْنَاهُمْ
مِنْ كُتُبٍ يَدْرُسُونَهَا وَمَا أَرْسَلْنَا إِلَيْهِمْ قَبْلَكَ مِنْ نَذِيرٍ ٤٤ وَكَذَّبَ ٱلَّذِينَ
مِنْ قَبْلِهِمْ وَمَا بَلَغُوا مِعْشَارَ مَا آتَيْنَاهُمْ فَكَذَّبُوا رُسُلِي فَكَيْفَ كَانَ نَكِيرِ
٤٥ قُلْ إِنَّمَا أَعِظُكُمْ بِوَاحِدَةٍ أَنْ تَقُومُوا لِلّٰهِ مَثْنَى وَفُرَادَى ثُمَّ تَتَفَكَّرُوا مَا
بِصَاحِبِكُمْ مِنْ جِنَّةٍ إِنْ هُوَ إِلَّا نَذِيرٌ لَكُمْ بَيْنَ يَدَيْ عَذَابٍ شَدِيدٍ ٤٦ قُلْ
مَا سَأَلْتُكُمْ مِنْ أَجْرٍ فَهُوَ لَكُمْ إِنْ أَجْرِيَ إِلَّا عَلَى ٱللّٰهِ وَهُوَ عَلَى كُلِّ شَيْءٍ
شَهِيدٌ ٤٧ قُلْ إِنَّ رَبِّي يَقْذِفُ بِٱلْحَقِّ عَلَّامُ ٱلْغُيُوبِ ٤٨ قُلْ جَآءَ ٱلْحَقُّ
وَمَا يُبْدِئُ ٱلْبَاطِلُ وَمَا يُعِيدُ ٤٩ قُلْ إِنْ ضَلَلْتُ فَإِنَّمَا أَضِلُّ عَلَى نَفْسِي
وَإِنِ ٱهْتَدَيْتُ فَبِمَا يُوحِي إِلَيَّ رَبِّي إِنَّهُ سَمِيعٌ قَرِيبٌ ٥٠ وَلَوْ تَرَى إِذْ فَزِعُوا
فَلَا فَوْتَ وَأُخِذُوا مِنْ مَكَانٍ قَرِيبٍ ٥١ وَقَالُوا آمَنَّا بِهِ وَأَنَّى لَهُمُ ٱلتَّنَاوُشُ مِنْ
مَكَانٍ بَعِيدٍ ٥٢ وَقَدْ كَفَرُوا بِهِ مِنْ قَبْلُ وَيَقْذِفُونَ بِٱلْغَيْبِ مِنْ مَكَانٍ بَعِيدٍ
٥٣ وَحِيلَ بَيْنَهُمْ وَبَيْنَ مَا يَشْتَهُونَ ٥٤ كَمَا فُعِلَ بِأَشْيَاعِهِمْ مِنْ قَبْلُ
إِنَّهُمْ كَانُوا فِي شَكٍّ مُرِيبٍ

سورة سبأ ٣٣٧

حَتَّى إِذَا فُزِّعَ عَنْ قُلُوبِهِمْ قَالُوا مَاذَا قَالَ رَبُّكُمْ قَالُوا ٱلْحَقَّ وَهُوَ ٱلْعَلِيُّ
ٱلْكَبِيرُ ٢٣ قُلْ مَنْ يَرْزُقُكُمْ مِنَ ٱلسَّمَوَاتِ وَٱلْأَرْضِ قُلِ ٱللَّهُ وَإِنَّا أَوْ إِيَّاكُمْ
لَعَلَى هُدًى أَوْ فِي ضَلَالٍ مُبِينٍ ٢٤ قُلْ لَا تُسْأَلُونَ عَمَّا أَجْرَمْنَا وَلَا نُسْأَلُ
عَمَّا تَعْمَلُونَ ٢٥ قُلْ يَجْمَعُ بَيْنَنَا رَبُّنَا ثُمَّ يَفْتَحُ بَيْنَنَا بِٱلْحَقِّ وَهُوَ ٱلْفَتَّاحُ
ٱلْعَلِيمُ ٢٦ قُلْ أَرُونِيَ ٱلَّذِينَ أَلْحَقْتُمْ بِهِ شُرَكَاءَ كَلَّا بَلْ هُوَ ٱللَّهُ ٱلْعَزِيزُ
ٱلْحَكِيمُ ٢٧ وَمَا أَرْسَلْنَاكَ إِلَّا كَافَّةً لِلنَّاسِ بَشِيرًا وَنَذِيرًا وَلَكِنَّ أَكْثَرَ ٱلنَّاسِ
لَا يَعْلَمُونَ ٢٨ وَيَقُولُونَ مَتَى هَذَا ٱلْوَعْدُ إِنْ كُنْتُمْ صَادِقِينَ ٢٩ قُلْ لَكُمْ
مِيعَادُ يَوْمٍ لَا تَسْتَأْخِرُونَ عَنْهُ سَاعَةً وَلَا تَسْتَقْدِمُونَ ٣٠ وَقَالَ ٱلَّذِينَ كَفَرُوا
لَنْ نُؤْمِنَ بِهَذَا ٱلْقُرْآنِ وَلَا بِٱلَّذِي بَيْنَ يَدَيْهِ وَلَوْ تَرَى إِذِ ٱلظَّالِمُونَ مَوْقُوفُونَ
عِنْدَ رَبِّهِمْ يَرْجِعُ بَعْضُهُمْ إِلَى بَعْضٍ ٱلْقَوْلَ يَقُولُ ٱلَّذِينَ ٱسْتُضْعِفُوا لِلَّذِينَ
ٱسْتَكْبَرُوا لَوْلَا أَنْتُمْ لَكُنَّا مُؤْمِنِينَ ٣١ قَالَ ٱلَّذِينَ ٱسْتَكْبَرُوا لِلَّذِينَ ٱسْتُضْعِفُوا
أَنَحْنُ صَدَدْنَاكُمْ عَنِ ٱلْهُدَى بَعْدَ إِذْ جَاءَكُمْ بَلْ كُنْتُمْ مُجْرِمِينَ ٣٢ وَقَالَ
ٱلَّذِينَ ٱسْتُضْعِفُوا لِلَّذِينَ ٱسْتَكْبَرُوا بَلْ مَكْرُ ٱللَّيْلِ وَٱلنَّهَارِ إِذْ تَأْمُرُونَنَا أَنْ
نَكْفُرَ بِٱللَّهِ وَنَجْعَلَ لَهُ أَنْدَادًا وَأَسَرُّوا ٱلنَّدَامَةَ لَمَّا رَأَوُا ٱلْعَذَابَ وَجَعَلْنَا
ٱلْأَغْلَالَ فِي أَعْنَاقِ ٱلَّذِينَ كَفَرُوا هَلْ يُجْزَوْنَ إِلَّا مَا كَانُوا يَعْمَلُونَ ٣٣ وَمَا
أَرْسَلْنَا فِي قَرْيَةٍ مِنْ نَذِيرٍ إِلَّا قَالَ مُتْرَفُوهَا إِنَّا بِمَا أُرْسِلْتُمْ بِهِ كَافِرُونَ ٣٤
وَقَالُوا نَحْنُ أَكْثَرُ أَمْوَالًا وَأَوْلَادًا وَمَا نَحْنُ بِمُعَذَّبِينَ ٣٥ قُلْ إِنَّ رَبِّي يَبْسُطُ
ٱلرِّزْقَ لِمَنْ يَشَاءُ وَيَقْدِرُ وَلَكِنَّ أَكْثَرَ ٱلنَّاسِ لَا يَعْلَمُونَ ٣٦ وَمَا أَمْوَالُكُمْ
وَلَا أَوْلَادُكُمْ بِٱلَّتِي تُقَرِّبُكُمْ عِنْدَنَا زُلْفَى إِلَّا مَنْ آمَنَ وَعَمِلَ صَالِحًا فَأُولَئِكَ
لَهُمْ جَزَاءُ ٱلضِّعْفِ بِمَا عَمِلُوا وَهُمْ فِي ٱلْغُرُفَاتِ آمِنُونَ ٣٧ وَٱلَّذِينَ يَسْعَوْنَ
فِي آيَاتِنَا مُعَاجِزِينَ أُولَئِكَ فِي ٱلْعَذَابِ مُحْضَرُونَ ٣٨ قُلْ إِنَّ رَبِّي يَبْسُطُ
ٱلرِّزْقَ لِمَنْ يَشَاءُ مِنْ عِبَادِهِ وَيَقْدِرُ لَهُ وَمَا أَنْفَقْتُمْ مِنْ شَيْءٍ فَهُوَ يُخْلِفُهُ

إِنْ نَشَأْ نَخْسِفْ بِهِمُ ٱلْأَرْضَ أَوْ نُسْقِطْ عَلَيْهِمْ كِسَفًا مِنَ ٱلسَّمَاءِ إِنَّ فِي
ذَلِكَ لَآيَةً لِكُلِّ عَبْدٍ مُنِيبٍ ١٠ وَلَقَدْ آتَيْنَا دَاوُدَ مِنَّا فَضْلًا يَا جِبَالُ أَوِّبِي
مَعَهُ وَٱلطَّيْرَ وَأَلَنَّا لَهُ ٱلْحَدِيدَ أَنِ ٱعْمَلْ سَابِغَاتٍ وَقَدِّرْ فِي ٱلسَّرْدِ وَٱعْمَلُوا
صَالِحًا إِنِّي بِمَا تَعْمَلُونَ بَصِيرٌ ١١ وَلِسُلَيْمَانَ ٱلرِّيحَ غُدُوُّهَا شَهْرٌ وَرَوَاحُهَا
شَهْرٌ وَأَسَلْنَا لَهُ عَيْنَ ٱلْقِطْرِ وَمِنَ ٱلْجِنِّ مَنْ يَعْمَلُ بَيْنَ يَدَيْهِ بِإِذْنِ رَبِّهِ
وَمَنْ يَزِغْ مِنْهُمْ عَنْ أَمْرِنَا نُذِقْهُ مِنْ عَذَابِ ٱلسَّعِيرِ ١٢ يَعْمَلُونَ لَهُ مَا
يَشَاءُ مِنْ مَحَارِيبَ وَتَمَاثِيلَ وَجِفَانٍ كَٱلْجَوَابِ وَقُدُورٍ رَاسِيَاتٍ ٱعْمَلُوا آلَ
دَاوُدَ شُكْرًا وَقَلِيلٌ مِنْ عِبَادِيَ ٱلشَّكُورُ ١٣ فَلَمَّا قَضَيْنَا عَلَيْهِ ٱلْمَوْتَ مَا دَلَّهُمْ
عَلَى مَوْتِهِ إِلَّا دَابَّةُ ٱلْأَرْضِ تَأْكُلُ مِنْسَأَتَهُ فَلَمَّا خَرَّ تَبَيَّنَتِ ٱلْجِنُّ أَنْ لَوْ
كَانُوا يَعْلَمُونَ ٱلْغَيْبَ مَا لَبِثُوا فِي ٱلْعَذَابِ ٱلْمُهِينِ ١٤ لَقَدْ كَانَ لِسَبَإٍ فِي
مَسْكَنِهِمْ آيَةٌ جَنَّتَانِ عَنْ يَمِينٍ وَشِمَالٍ كُلُوا مِنْ رِزْقِ رَبِّكُمْ وَٱشْكُرُوا لَهُ
بَلْدَةٌ طَيِّبَةٌ وَرَبٌّ غَفُورٌ ١٥ فَأَعْرَضُوا . فَأَرْسَلْنَا عَلَيْهِمْ سَيْلَ ٱلْعَرِمِ وَبَدَّلْنَاهُمْ
بِجَنَّتَيْهِمْ جَنَّتَيْنِ ذَوَاتَيْ أُكُلٍ خَمْطٍ وَأَثْلٍ وَشَيْءٍ مِنْ سِدْرٍ قَلِيلٍ ١٦ ذَلِكَ
جَزَيْنَاهُمْ بِمَا كَفَرُوا وَهَلْ نُجَازِي إِلَّا ٱلْكَفُورَ ١٧ وَجَعَلْنَا بَيْنَهُمْ وَبَيْنَ ٱلْقُرَى
ٱلَّتِي بَارَكْنَا فِيهَا قُرًى ظَاهِرَةً وَقَدَّرْنَا فِيهَا ٱلسَّيْرَ سِيرُوا فِيهَا لَيَالِيَ
وَأَيَّامًا آمِنِينَ ١٨ فَقَالُوا رَبَّنَا بَاعِدْ بَيْنَ أَسْفَارِنَا وَظَلَمُوا أَنْفُسَهُمْ فَجَعَلْنَاهُمْ
أَحَادِيثَ وَمَزَّقْنَاهُمْ كُلَّ مُمَزَّقٍ إِنَّ فِي ذَلِكَ لَآيَاتٍ لِكُلِّ صَبَّارٍ شَكُورٍ ١٩ وَلَقَدْ
صَدَّقَ عَلَيْهِمْ إِبْلِيسُ ظَنَّهُ فَٱتَّبَعُوهُ إِلَّا فَرِيقًا مِنَ ٱلْمُؤْمِنِينَ ٢٠ وَمَا كَانَ
لَهُ عَلَيْهِمْ مِنْ سُلْطَانٍ إِلَّا لِنَعْلَمَ مَنْ يُؤْمِنُ بِٱلْآخِرَةِ مِمَّنْ هُوَ مِنْهَا فِي شَكٍّ
وَرَبُّكَ عَلَى كُلِّ شَيْءٍ حَفِيظٌ ٢١ قُلِ ٱدْعُوا ٱلَّذِينَ زَعَمْتُمْ مِنْ دُونِ ٱللَّهِ لَا
يَمْلِكُونَ مِثْقَالَ ذَرَّةٍ فِي ٱلسَّمَوَاتِ وَلَا فِي ٱلْأَرْضِ وَمَا لَهُمْ فِيهِمَا مِنْ شِرْكٍ
وَمَا لَهُ مِنْهُمْ مِنْ ظَهِيرٍ ٢٢ وَلَا تَنْفَعُ ٱلشَّفَاعَةُ عِنْدَهُ إِلَّا لِمَنْ أَذِنَ لَهُ

وَيَغْفِرْ لَكُمْ ذُنُوبَكُمْ وَمَنْ يُطِعِ ٱللَّهَ وَرَسُولَهُ فَقَدْ فَازَ فَوْزًا عَظِيمًا ٧٢ إِنَّا
عَرَضْنَا ٱلْأَمَانَةَ عَلَى ٱلسَّمٰوَاتِ وَٱلْأَرْضِ وَٱلْجِبَالِ فَأَبَيْنَ أَنْ يَحْمِلْنَهَا وَأَشْفَقْنَ
مِنْهَا وَحَمَلَهَا ٱلْإِنْسَانُ إِنَّهُ كَانَ ظَلُومًا جَهُولًا ٧٣ لِيُعَذِّبَ ٱللَّهُ ٱلْمُنَافِقِينَ
وَٱلْمُنَافِقَاتِ وَٱلْمُشْرِكِينَ وَٱلْمُشْرِكَاتِ وَيَتُوبَ ٱللَّهُ عَلَى ٱلْمُؤْمِنِينَ وَٱلْمُؤْمِنَاتِ
وَكَانَ ٱللَّهُ غَفُورًا رَحِيمًا

سورة سبا

مكيّة وهى اربع وخمسون آية

بِسْمِ ٱللَّهِ ٱلرَّحْمَٰنِ ٱلرَّحِيمِ

١ ٱلْحَمْدُ لِلَّهِ ٱلَّذِى لَهُ مَا فِى ٱلسَّمٰوَاتِ وَمَا فِى ٱلْأَرْضِ وَلَهُ ٱلْحَمْدُ فِى ٱلْآخِرَةِ
وَهُوَ ٱلْحَكِيمُ ٱلْخَبِيرُ ٢ يَعْلَمُ مَا يَلِجُ فِى ٱلْأَرْضِ وَمَا يَخْرُجُ مِنْهَا وَمَا يَنْزِلُ
مِنَ ٱلسَّمَاءِ وَمَا يَعْرُجُ فِيهَا وَهُوَ ٱلرَّحِيمُ ٱلْغَفُورُ ٣ وَقَالَ ٱلَّذِينَ كَفَرُوا لَا
تَأْتِينَا ٱلسَّاعَةُ قُلْ بَلَى وَرَبِّى لَتَأْتِيَنَّكُمْ عَالِمِ ٱلْغَيْبِ لَا يَعْزُبُ عَنْهُ مِثْقَالُ
ذَرَّةٍ فِى ٱلسَّمٰوَاتِ وَلَا فِى ٱلْأَرْضِ وَلَا أَصْغَرُ مِنْ ذَٰلِكَ وَلَا أَكْبَرُ إِلَّا فِى كِتَابٍ
مُبِينٍ ٤ لِيَجْزِىَ ٱلَّذِينَ آمَنُوا وَعَمِلُوا ٱلصَّالِحَاتِ أُولَٰئِكَ لَهُمْ مَغْفِرَةٌ وَرِزْقٌ
كَرِيمٌ ٥ وَٱلَّذِينَ سَعَوْا فِى آيَاتِنَا مُعَاجِزِينَ أُولَٰئِكَ لَهُمْ عَذَابٌ مِنْ رِجْزٍ
أَلِيمٌ ٦ وَيَرَى ٱلَّذِينَ أُوتُوا ٱلْعِلْمَ ٱلَّذِى أُنْزِلَ إِلَيْكَ مِنْ رَبِّكَ هُوَ ٱلْحَقَّ
وَيَهْدِى إِلَى صِرَاطِ ٱلْعَزِيزِ ٱلْحَمِيدِ ٧ وَقَالَ ٱلَّذِينَ كَفَرُوا هَلْ نَدُلُّكُمْ عَلَى
رَجُلٍ يُنَبِّئُكُمْ إِذَا مُزِّقْتُمْ كُلَّ مُمَزَّقٍ إِنَّكُمْ لَفِى خَلْقٍ جَدِيدٍ ٨ أَفْتَرَى عَلَى
ٱللَّهِ كَذِبًا أَمْ بِهِ جِنَّةٌ بَلِ ٱلَّذِينَ لَا يُؤْمِنُونَ بِٱلْآخِرَةِ فِى ٱلْعَذَابِ وَٱلضَّلَالِ
ٱلْبَعِيدِ ٩ أَفَلَمْ يَرَوْا إِلَى مَا بَيْنَ أَيْدِيهِمْ وَمَا خَلْفَهُمْ مِنَ ٱلسَّمَاءِ وَٱلْأَرْضِ

ذَلِكُمْ أَطْهَرُ لِقُلُوبِكُمْ وَقُلُوبِهِنَّ وَمَا كَانَ لَكُمْ أَنْ تُؤْذُوا رَسُولَ ٱللَّهِ وَلَا أَنْ
تَنْكِحُوا أَزْوَاجَهُ مِنْ بَعْدِهِ أَبَدًا إِنَّ ذَلِكُمْ كَانَ عِنْدَ ٱللَّهِ عَظِيمًا ٥٤ إِنْ
تُبْدُوا شَيْئًا أَوْ تُخْفُوهُ فَإِنَّ ٱللَّهَ كَانَ بِكُلِّ شَيْءٍ عَلِيمًا ٥٥ لَا جُنَاحَ عَلَيْهِنَّ
فِي آبَائِهِنَّ وَلَا أَبْنَائِهِنَّ وَلَا إِخْوَانِهِنَّ وَلَا أَبْنَاءِ إِخْوَانِهِنَّ وَلَا أَبْنَاءِ أَخَوَاتِهِنَّ
وَلَا نِسَائِهِنَّ وَلَا مَا مَلَكَتْ أَيْمَانُهُنَّ وَٱتَّقِينَ ٱللَّهَ إِنَّ ٱللَّهَ كَانَ عَلَى كُلِّ
شَيْءٍ شَهِيدًا ٥٦ إِنَّ ٱللَّهَ وَمَلَائِكَتَهُ يُصَلُّونَ عَلَى ٱلنَّبِيِّ يَا أَيُّهَا ٱلَّذِينَ
آمَنُوا صَلُّوا عَلَيْهِ وَسَلِّمُوا تَسْلِيمًا ٥٧ إِنَّ ٱلَّذِينَ يُؤْذُونَ ٱللَّهَ وَرَسُولَهُ لَعَنَهُمُ
ٱللَّهُ فِي ٱلدُّنْيَا وَٱلْآخِرَةِ وَأَعَدَّ لَهُمْ عَذَابًا مُهِينًا ٥٨ وَٱلَّذِينَ يُؤْذُونَ
ٱلْمُؤْمِنِينَ وَٱلْمُؤْمِنَاتِ بِغَيْرِ مَا ٱكْتَسَبُوا فَقَدِ ٱحْتَمَلُوا بُهْتَانًا وَإِثْمًا مُبِينًا
٥٩ يَا أَيُّهَا ٱلنَّبِيُّ قُلْ لِأَزْوَاجِكَ وَبَنَاتِكَ وَنِسَاءِ ٱلْمُؤْمِنِينَ يُدْنِينَ عَلَيْهِنَّ
مِنْ جَلَابِيبِهِنَّ ذَلِكَ أَدْنَى أَنْ يُعْرَفْنَ فَلَا يُؤْذَيْنَ وَكَانَ ٱللَّهُ غَفُورًا رَحِيمًا
٦٠ لَئِنْ لَمْ يَنْتَهِ ٱلْمُنَافِقُونَ وَٱلَّذِينَ فِي قُلُوبِهِمْ مَرَضٌ وَٱلْمُرْجِفُونَ فِي ٱلْمَدِينَةِ
لَنُغْرِيَنَّكَ بِهِمْ ثُمَّ لَا يُجَاوِرُونَكَ فِيهَا إِلَّا قَلِيلًا ٦١ مَلْعُونِينَ أَيْنَمَا ثُقِفُوا
أُخِذُوا وَقُتِّلُوا تَقْتِيلًا ٦٢ سُنَّةَ ٱللَّهِ فِي ٱلَّذِينَ خَلَوْا مِنْ قَبْلُ وَلَنْ تَجِدَ
لِسُنَّةِ ٱللَّهِ تَبْدِيلًا ٦٣ يَسْأَلُكَ ٱلنَّاسُ عَنِ ٱلسَّاعَةِ قُلْ إِنَّمَا عِلْمُهَا عِنْدَ
ٱللَّهِ وَمَا يُدْرِيكَ لَعَلَّ ٱلسَّاعَةَ تَكُونُ قَرِيبًا ٦٤ إِنَّ ٱللَّهَ لَعَنَ ٱلْكَافِرِينَ
وَأَعَدَّ لَهُمْ سَعِيرًا ٦٥ خَالِدِينَ فِيهَا أَبَدًا لَا يَجِدُونَ وَلِيًّا وَلَا نَصِيرًا ٦٦ يَوْمَ
تُقَلَّبُ وُجُوهُهُمْ فِي ٱلنَّارِ يَقُولُونَ يَا لَيْتَنَا أَطَعْنَا ٱللَّهَ وَأَطَعْنَا ٱلرَّسُولَا ٦٧
وَقَالُوا رَبَّنَا إِنَّا أَطَعْنَا سَادَتَنَا وَكُبَرَاءَنَا فَأَضَلُّونَا ٱلسَّبِيلَا ٦٨ رَبَّنَا آتِهِمْ
ضِعْفَيْنِ مِنَ ٱلْعَذَابِ وَٱلْعَنْهُمْ لَعْنًا كَبِيرًا ٦٩ يَا أَيُّهَا ٱلَّذِينَ آمَنُوا لَا تَكُونُوا
كَٱلَّذِينَ آذَوْا مُوسَى فَبَرَّأَهُ ٱللَّهُ مِمَّا قَالُوا وَكَانَ عِنْدَ ٱللَّهِ وَجِيهًا ٧٠ يَا
أَيُّهَا ٱلَّذِينَ آمَنُوا ٱتَّقُوا ٱللَّهَ وَقُولُوا قَوْلًا سَدِيدًا ٧١ يُصْلِحْ لَكُمْ أَعْمَالَكُمْ

كَثِيرًا وَسَبِّحُوهُ بُكْرَةً وَأَصِيلًا ٤٢ هُوَ ٱلَّذِي يُصَلِّي عَلَيْكُمْ وَمَلَآئِكَتُهُ لِيُخْرِجَكُمْ
مِنَ ٱلظُّلُمَاتِ إِلَى ٱلنُّورِ وَكَانَ بِٱلْمُؤْمِنِينَ رَحِيمًا ٤٣ تَحِيَّتُهُمْ يَوْمَ يَلْقَوْنَهُ
سَلَامٌ وَأَعَدَّ لَهُمْ أَجْرًا كَرِيمًا ٤٤ يَا أَيُّهَا ٱلنَّبِيُّ إِنَّا أَرْسَلْنَاكَ شَاهِدًا
وَمُبَشِّرًا وَنَذِيرًا ٤٥ وَدَاعِيًا إِلَى ٱللَّهِ بِإِذْنِهِ وَسِرَاجًا مُنِيرًا ٤٦ وَبَشِّرِ ٱلْمُؤْمِنِينَ
بِأَنَّ لَهُمْ مِنَ ٱللَّهِ فَضْلًا كَبِيرًا ٤٧ وَلَا تُطِعِ ٱلْكَافِرِينَ وَٱلْمُنَافِقِينَ وَدَعْ
أَذَاهُمْ وَتَوَكَّلْ عَلَى ٱللَّهِ وَكَفَى بِٱللَّهِ وَكِيلًا ٤٨ يَا أَيُّهَا ٱلَّذِينَ آمَنُوا إِذَا
نَكَحْتُمُ ٱلْمُؤْمِنَاتِ ثُمَّ طَلَّقْتُمُوهُنَّ مِنْ قَبْلِ أَنْ تَمَسُّوهُنَّ فَمَا لَكُمْ عَلَيْهِنَّ مِنْ
عِدَّةٍ تَعْتَدُّونَهَا فَمَتِّعُوهُنَّ وَسَرِّحُوهُنَّ سَرَاحًا جَمِيلًا ٤٩ يَا أَيُّهَا ٱلنَّبِيُّ إِنَّا
أَحْلَلْنَا لَكَ أَزْوَاجَكَ ٱللَّاتِي آتَيْتَ أُجُورَهُنَّ وَمَا مَلَكَتْ يَمِينُكَ مِمَّا أَفَآءَ
ٱللَّهُ عَلَيْكَ وَبَنَاتِ عَمِّكَ وَبَنَاتِ عَمَّاتِكَ وَبَنَاتِ خَالِكَ وَبَنَاتِ خَالَاتِكَ
ٱللَّاتِي هَاجَرْنَ مَعَكَ وَٱمْرَأَةً مُؤْمِنَةً إِنْ وَهَبَتْ نَفْسَهَا لِلنَّبِيِّ إِنْ أَرَادَ ٱلنَّبِيُّ
أَنْ يَسْتَنْكِحَهَا خَالِصَةً لَكَ مِنْ دُونِ ٱلْمُؤْمِنِينَ ٥٠ قَدْ عَلِمْنَا مَا فَرَضْنَا
عَلَيْهِمْ فِي أَزْوَاجِهِمْ وَمَا مَلَكَتْ أَيْمَانُهُمْ لِكَيْلَا يَكُونَ عَلَيْكَ حَرَجٌ وَكَانَ ٱللَّهُ
غَفُورًا رَحِيمًا ٥١ تُرْجِي مَنْ تَشَآءُ مِنْهُنَّ وَتُؤْوِي إِلَيْكَ مَنْ تَشَآءُ وَمَنِ
ٱبْتَغَيْتَ مِمَّنْ عَزَلْتَ فَلَا جُنَاحَ عَلَيْكَ ذَلِكَ أَدْنَى أَنْ تَقَرَّ أَعْيُنُهُنَّ وَلَا يَحْزَنَّ
وَيَرْضَيْنَ بِمَا آتَيْتَهُنَّ كُلُّهُنَّ وَٱللَّهُ يَعْلَمُ مَا فِي قُلُوبِكُمْ وَكَانَ ٱللَّهُ عَلِيمًا
حَلِيمًا ٥٢ لَا يَحِلُّ لَكَ ٱلنِّسَآءُ مِنْ بَعْدُ وَلَا أَنْ تَبَدَّلَ بِهِنَّ مِنْ أَزْوَاجٍ وَلَوْ
أَعْجَبَكَ حُسْنُهُنَّ إِلَّا مَا مَلَكَتْ يَمِينُكَ وَكَانَ ٱللَّهُ عَلَى كُلِّ شَيْءٍ رَقِيبًا
٥٣ يَا أَيُّهَا ٱلَّذِينَ آمَنُوا لَا تَدْخُلُوا بُيُوتَ ٱلنَّبِيِّ إِلَّا أَنْ يُؤْذَنَ لَكُمْ إِلَى
طَعَامٍ غَيْرَ نَاظِرِينَ إِنَاهُ وَلَكِنْ إِذَا دُعِيتُمْ فَٱدْخُلُوا فَإِذَا طَعِمْتُمْ فَٱنْتَشِرُوا
وَلَا مُسْتَأْنِسِينَ لِحَدِيثٍ إِنَّ ذَلِكُمْ كَانَ يُؤْذِي ٱلنَّبِيَّ فَيَسْتَحْيِي مِنْكُمْ وَٱللَّهُ
لَا يَسْتَحْيِي مِنَ ٱلْحَقِّ وَإِذَا سَأَلْتُمُوهُنَّ مَتَاعًا فَٱسْأَلُوهُنَّ مِنْ وَرَآءِ حِجَابٍ

ضِعْفَيْنِ وَكَانَ ذَلِكَ عَلَى ٱللَّهِ يَسِيرًا ۞ ٣١ وَمَنْ يَقْنُتْ مِنْكُنَّ لِلَّهِ ٢٢
وَرَسُولِهِ وَتَعْمَلْ صَالِحًا نُؤْتِهَا أَجْرَهَا مَرَّتَيْنِ وَأَعْتَدْنَا لَهَا رِزْقًا كَرِيمًا ٣٢ يَا
نِسَاءَ ٱلنَّبِيِّ لَسْتُنَّ كَأَحَدٍ مِنَ ٱلنِّسَاءِ إِنِ ٱتَّقَيْتُنَّ فَلَا تَخْضَعْنَ بِٱلْقَوْلِ
فَيَطْمَعَ ٱلَّذِي فِي قَلْبِهِ مَرَضٌ وَقُلْنَ قَوْلًا مَعْرُوفًا ٣٣ وَقَرْنَ فِي بُيُوتِكُنَّ وَلَا
تَبَرَّجْنَ تَبَرُّجَ ٱلْجَاهِلِيَّةِ ٱلْأُولَى وَأَقِمْنَ ٱلصَّلَوٰةَ وَآتِينَ ٱلزَّكَوٰةَ وَأَطِعْنَ ٱللَّهَ
وَرَسُولَهُ إِنَّمَا يُرِيدُ ٱللَّهُ لِيُذْهِبَ عَنْكُمُ ٱلرِّجْسَ أَهْلَ ٱلْبَيْتِ وَيُطَهِّرَكُمْ
تَطْهِيرًا ٣٤ وَٱذْكُرْنَ مَا يُتْلَى فِي بُيُوتِكُنَّ مِنْ آيَاتِ ٱللَّهِ وَٱلْحِكْمَةِ إِنَّ ٱللَّهَ
كَانَ لَطِيفًا خَبِيرًا ٣٥ إِنَّ ٱلْمُسْلِمِينَ وَٱلْمُسْلِمَاتِ وَٱلْمُؤْمِنِينَ وَٱلْمُؤْمِنَاتِ
وَٱلْقَانِتِينَ وَٱلْقَانِتَاتِ وَٱلصَّادِقِينَ وَٱلصَّادِقَاتِ وَٱلصَّابِرِينَ وَٱلصَّابِرَاتِ
وَٱلْخَاشِعِينَ وَٱلْخَاشِعَاتِ وَٱلْمُتَصَدِّقِينَ وَٱلْمُتَصَدِّقَاتِ وَٱلصَّائِمِينَ وَٱلصَّائِمَاتِ
وَٱلْحَافِظِينَ فُرُوجَهُمْ وَٱلْحَافِظَاتِ وَٱلذَّاكِرِينَ ٱللَّهَ كَثِيرًا وَٱلذَّاكِرَاتِ أَعَدَّ
ٱللَّهُ لَهُمْ مَغْفِرَةً وَأَجْرًا عَظِيمًا ٣٦ وَمَا كَانَ لِمُؤْمِنٍ وَلَا مُؤْمِنَةٍ إِذَا قَضَى
ٱللَّهُ وَرَسُولُهُ أَمْرًا أَنْ يَكُونَ لَهُمُ ٱلْخِيَرَةُ مِنْ أَمْرِهِمْ وَمَنْ يَعْصِ ٱللَّهَ وَرَسُولَهُ
فَقَدْ ضَلَّ ضَلَالًا مُبِينًا ٣٧ وَإِذْ تَقُولُ لِلَّذِي أَنْعَمَ ٱللَّهُ عَلَيْهِ وَأَنْعَمْتَ عَلَيْهِ
أَمْسِكْ عَلَيْكَ زَوْجَكَ وَٱتَّقِ ٱللَّهَ وَتُخْفِي فِي نَفْسِكَ مَا ٱللَّهُ مُبْدِيهِ وَتَخْشَى
ٱلنَّاسَ وَٱللَّهُ أَحَقُّ أَنْ تَخْشَاهُ فَلَمَّا قَضَى زَيْدٌ مِنْهَا وَطَرًا زَوَّجْنَاكَهَا لِكَيْلَا
يَكُونَ عَلَى ٱلْمُؤْمِنِينَ حَرَجٌ فِي أَزْوَاجِ أَدْعِيَائِهِمْ إِذَا قَضَوْا مِنْهُنَّ وَطَرًا وَكَانَ
أَمْرُ ٱللَّهِ مَفْعُولًا ٣٨ مَا كَانَ عَلَى ٱلنَّبِيِّ مِنْ حَرَجٍ فِيمَا فَرَضَ ٱللَّهُ لَهُ سُنَّةَ
ٱللَّهِ فِي ٱلَّذِينَ خَلَوْا مِنْ قَبْلُ وَكَانَ أَمْرُ ٱللَّهِ قَدَرًا مَقْدُورًا ٣٩ ٱلَّذِينَ
يُبَلِّغُونَ رِسَالَاتِ ٱللَّهِ وَيَخْشَوْنَهُ وَلَا يَخْشَوْنَ أَحَدًا إِلَّا ٱللَّهَ وَكَفَى بِٱللَّهِ حَسِيبًا
٤٠ مَا كَانَ مُحَمَّدٌ أَبَا أَحَدٍ مِنْ رِجَالِكُمْ وَلَكِنْ رَسُولَ ٱللَّهِ وَخَاتَمَ ٱلنَّبِيِّينَ
وَكَانَ ٱللَّهُ بِكُلِّ شَيْءٍ عَلِيمًا ٤١ يَا أَيُّهَا ٱلَّذِينَ آمَنُوا ٱذْكُرُوا ٱللَّهَ ذِكْرًا

ٱلَّذِى يَعْصِمُكُمْ مِنَ ٱللَّهِ إِنْ أَرَادَ بِكُمْ سُوٓءًا أَوْ أَرَادَ بِكُمْ رَحْمَةً وَلَا يَجِدُونَ
لَهُمْ مِنْ دُونِ ٱللَّهِ وَلِيًّا وَلَا نَصِيرًا ١٨ قَدْ يَعْلَمُ ٱللَّهُ ٱلْمُعَوِّقِينَ مِنْكُمْ
وَٱلْقَآئِلِينَ لِإِخْوَانِهِمْ هَلُمَّ إِلَيْنَا وَلَا يَأْتُونَ ٱلْبَأْسَ إِلَّا قَلِيلًا ١٩ أَشِحَّةً
عَلَيْكُمْ فَإِذَا جَآءَ ٱلْخَوْفُ رَأَيْتَهُمْ يَنْظُرُونَ إِلَيْكَ تَدُورُ أَعْيُنُهُمْ كَٱلَّذِى يُغْشَى
عَلَيْهِ مِنَ ٱلْمَوْتِ فَإِذَا ذَهَبَ ٱلْخَوْفُ سَلَقُوكُمْ بِأَلْسِنَةٍ حِدَادٍ أَشِحَّةً عَلَى ٱلْخَيْرِ
أُولَآئِكَ لَمْ يُؤْمِنُوا فَأَحْبَطَ ٱللَّهُ أَعْمَالَهُمْ وَكَانَ ذَٰلِكَ عَلَى ٱللَّهِ يَسِيرًا ٢٠
يَحْسَبُونَ ٱلْأَحْزَابَ لَمْ يَذْهَبُوا وَإِنْ يَأْتِ ٱلْأَحْزَابُ يَوَدُّوا لَوْ أَنَّهُمْ بَادُونَ فِى
ٱلْأَعْرَابِ يَسْأَلُونَ عَنْ أَنْبَآئِكُمْ وَلَوْ كَانُوا فِيكُمْ مَا قَاتَلُوا إِلَّا قَلِيلًا ٢١ لَقَدْ
كَانَ لَكُمْ فِى رَسُولِ ٱللَّهِ أُسْوَةٌ حَسَنَةٌ لِمَنْ كَانَ يَرْجُو ٱللَّهَ وَٱلْيَوْمَ ٱلْآخِرَ
وَذَكَرَ ٱللَّهَ كَثِيرًا ٢٢ وَلَمَّا رَأَى ٱلْمُؤْمِنُونَ ٱلْأَحْزَابَ قَالُوا هَٰذَا مَا وَعَدَنَا
ٱللَّهُ وَرَسُولُهُ وَصَدَقَ ٱللَّهُ وَرَسُولُهُ وَمَا زَادَهُمْ إِلَّا إِيمَانًا وَتَسْلِيمًا ٢٣ مِنَ
ٱلْمُؤْمِنِينَ رِجَالٌ صَدَقُوا مَا عَاهَدُوا ٱللَّهَ عَلَيْهِ فَمِنْهُمْ مَنْ قَضَى نَحْبَهُ
وَمِنْهُمْ مَنْ يَنْتَظِرُ وَمَا بَدَّلُوا تَبْدِيلًا ٢٤ لِيَجْزِىَ ٱللَّهُ ٱلصَّادِقِينَ بِصِدْقِهِمْ
وَيُعَذِّبَ ٱلْمُنَافِقِينَ إِنْ شَآءَ أَوْ يَتُوبَ عَلَيْهِمْ إِنَّ ٱللَّهَ كَانَ غَفُورًا رَحِيمًا
٢٥ وَرَدَّ ٱللَّهُ ٱلَّذِينَ كَفَرُوا بِغَيْظِهِمْ لَمْ يَنَالُوا خَيْرًا وَكَفَى ٱللَّهُ ٱلْمُؤْمِنِينَ
ٱلْقِتَالَ وَكَانَ ٱللَّهُ قَوِيًّا عَزِيزًا ٢٦ وَأَنْزَلَ ٱلَّذِينَ ظَاهَرُوهُمْ مِنْ أَهْلِ ٱلْكِتَابِ
مِنْ صَيَاصِيهِمْ وَقَذَفَ فِى قُلُوبِهِمُ ٱلرُّعْبَ فَرِيقًا تَقْتُلُونَ وَتَأْسِرُونَ فَرِيقًا
٢٧ وَأَوْرَثَكُمْ أَرْضَهُمْ وَدِيَارَهُمْ وَأَمْوَالَهُمْ وَأَرْضًا لَمْ تَطَئُوهَا وَكَانَ ٱللَّهُ عَلَى كُلِّ
شَىْءٍ قَدِيرًا ٢٨ يَا أَيُّهَا ٱلنَّبِىُّ قُلْ لِأَزْوَاجِكَ إِنْ كُنْتُنَّ تُرِدْنَ ٱلْحَيَوٰةَ ٱلدُّنْيَا
وَزِينَتَهَا فَتَعَالَيْنَ أُمَتِّعْكُنَّ وَأُسَرِّحْكُنَّ سَرَاحًا جَمِيلًا ٢٩ وَإِنْ كُنْتُنَّ تُرِدْنَ
ٱللَّهَ وَرَسُولَهُ وَٱلدَّارَ ٱلْآخِرَةَ فَإِنَّ ٱللَّهَ أَعَدَّ لِلْمُحْسِنَاتِ مِنْكُنَّ أَجْرًا عَظِيمًا
٣٠ يَا نِسَآءَ ٱلنَّبِىِّ مَنْ يَأْتِ مِنْكُنَّ بِفَاحِشَةٍ مُبَيِّنَةٍ يُضَاعَفْ لَهَا ٱلْعَذَابُ

خَبِيرًا ٣ وَتَوَكَّلْ عَلَى ٱللَّهِ وَكَفَى بِٱللَّهِ وَكِيلًا ٤ مَا جَعَلَ ٱللَّهُ لِرَجُلٍ
مِنْ قَلْبَيْنِ فِي جَوْفِهِ وَمَا جَعَلَ أَزْوَاجَكُمُ ٱللَّآئِي تُظَاهِرُونَ مِنْهُنَّ أُمَّهَاتِكُمْ
وَمَا جَعَلَ أَدْعِيَآءَكُمْ أَبْنَآءَكُمْ ذَلِكُمْ قَوْلُكُمْ بِأَفْوَاهِكُمْ وَٱللَّهُ يَقُولُ ٱلْحَقَّ
وَهُوَ يَهْدِي ٱلسَّبِيلَ ٥ أُدْعُوهُمْ لِآبَآئِهِمْ هُوَ أَقْسَطُ عِنْدَ ٱللَّهِ فَإِنْ لَمْ
تَعْلَمُوا آبَآءَهُمْ فَإِخْوَانُكُمْ فِي ٱلدِّينِ وَمَوَالِيكُمْ وَلَيْسَ عَلَيْكُمْ جُنَاحٌ فِيمَا
أَخْطَأْتُمْ بِهِ وَلَكِنْ مَا تَعَمَّدَتْ قُلُوبُكُمْ وَكَانَ ٱللَّهُ غَفُورًا رَحِيمًا ٦ أَلنَّبِيُّ
أَوْلَى بِٱلْمُؤْمِنِينَ مِنْ أَنْفُسِهِمْ وَأَزْوَاجُهُ أُمَّهَاتُهُمْ وَأُولُوا ٱلْأَرْحَامِ بَعْضُهُمْ أَوْلَى
بِبَعْضٍ فِي كِتَابِ ٱللَّهِ مِنَ ٱلْمُؤْمِنِينَ وَٱلْمُهَاجِرِينَ إِلَّا أَنْ تَفْعَلُوا إِلَى أَوْلِيَآئِكُمْ
مَعْرُوفًا كَانَ ذَلِكَ فِي ٱلْكِتَابِ مَسْطُورًا ٧ وَإِذْ أَخَذْنَا مِنَ ٱلنَّبِيِّينَ مِيثَاقَهُمْ
وَمِنْكَ وَمِنْ نُوحٍ وَإِبْرَهِيمَ وَمُوسَى وَعِيسَى ٱبْنِ مَرْيَمَ وَأَخَذْنَا مِنْهُمْ مِيثَاقًا
غَلِيظًا ٨ لِيَسْأَلَ ٱلصَّادِقِينَ عَنْ صِدْقِهِمْ وَأَعَدَّ لِلْكَافِرِينَ عَذَابًا أَلِيمًا
٩ يَا أَيُّهَا ٱلَّذِينَ آمَنُوا ٱذْكُرُوا نِعْمَةَ ٱللَّهِ عَلَيْكُمْ إِذْ جَآءَتْكُمْ جُنُودٌ
فَأَرْسَلْنَا عَلَيْهِمْ رِيحًا وَجُنُودًا لَمْ تَرَوْهَا وَكَانَ ٱللَّهُ بِمَا تَعْمَلُونَ بَصِيرًا ١٠ إِذْ
جَآءُوكُمْ مِنْ فَوْقِكُمْ وَمِنْ أَسْفَلَ مِنْكُمْ وَإِذْ زَاغَتِ ٱلْأَبْصَارُ وَبَلَغَتِ ٱلْقُلُوبُ
ٱلْحَنَاجِرَ وَتَظُنُّونَ بِٱللَّهِ ٱلظُّنُونَا ١١ هُنَالِكَ ٱبْتُلِيَ ٱلْمُؤْمِنُونَ وَزُلْزِلُوا زِلْزَالًا
شَدِيدًا ١٢ وَإِذْ يَقُولُ ٱلْمُنَافِقُونَ وَٱلَّذِينَ فِي قُلُوبِهِمْ مَرَضٌ مَا وَعَدَنَا ٱللَّهُ
وَرَسُولُهُ إِلَّا غُرُورًا ١٣ وَإِذْ قَالَتْ طَآئِفَةٌ مِنْهُمْ يَا أَهْلَ يَثْرِبَ لَا مُقَامَ
لَكُمْ فَٱرْجِعُوا وَيَسْتَأْذِنُ فَرِيقٌ مِنْهُمُ ٱلنَّبِيَّ يَقُولُونَ إِنَّ بُيُوتَنَا عَوْرَةٌ وَمَا هِيَ
بِعَوْرَةٍ إِنْ يُرِيدُونَ إِلَّا فِرَارًا ١٤ وَلَوْ دُخِلَتْ عَلَيْهِمْ مِنْ أَقْطَارِهَا ثُمَّ سُئِلُوا
ٱلْفِتْنَةَ لَآتَوْهَا وَمَا تَلَبَّثُوا بِهَا إِلَّا يَسِيرًا ١٥ وَلَقَدْ كَانُوا عَاهَدُوا ٱللَّهَ مِنْ
قَبْلُ لَا يُوَلُّونَ ٱلْأَدْبَارَ وَكَانَ عَهْدُ ٱللَّهِ مَسْئُولًا ١٦ قُلْ لَنْ يَنْفَعَكُمُ ٱلْفِرَارُ
إِنْ فَرَرْتُمْ مِنَ ٱلْمَوْتِ أَوِ ٱلْقَتْلِ وَإِذًا لَا تُمَتَّعُونَ إِلَّا قَلِيلًا ١٧ قُلْ مَنْ ذَا

أَعْيُنٍ جَزَآءً بِمَا كَانُوا يَعْمَلُونَ ١٨ أَفَمَنْ كَانَ مُؤْمِنًا كَمَنْ كَانَ فَاسِقًا لَا
يَسْتَوُونَ ١٩ أَمَّا ٱلَّذِينَ آمَنُوا وَعَمِلُوا ٱلصَّالِحَاتِ فَلَهُمْ جَنَّاتُ ٱلْمَأْوَى نُزُلًا
بِمَا كَانُوا يَعْمَلُونَ ٢٠ وَأَمَّا ٱلَّذِينَ فَسَقُوا فَمَأْوَاهُمُ ٱلنَّارُ كُلَّمَا أَرَادُوا أَنْ
يَخْرُجُوا مِنْهَا أُعِيدُوا فِيهَا وَقِيلَ لَهُمْ ذُوقُوا عَذَابَ ٱلنَّارِ ٱلَّذِى كُنْتُمْ بِهِ
تُكَذِّبُونَ ٢١ وَلَنُذِيقَنَّهُمْ مِنَ ٱلْعَذَابِ ٱلْأَدْنَى دُونَ ٱلْعَذَابِ ٱلْأَكْبَرِ لَعَلَّهُمْ
يَرْجِعُونَ ٢٢ وَمَنْ أَظْلَمُ مِمَّنْ ذُكِّرَ بِآيَاتِ رَبِّهِ ثُمَّ أَعْرَضَ عَنْهَا إِنَّا مِنَ
ٱلْمُجْرِمِينَ مُنْتَقِمُونَ ٢٣ وَلَقَدْ آتَيْنَا مُوسَى ٱلْكِتَابَ فَلَا تَكُنْ فِى مِرْيَةٍ مِنْ
لِقَآئِهِ وَجَعَلْنَاهُ هُدًى لِبَنِى إِسْرَآئِيلَ ٢٤ وَجَعَلْنَا مِنْهُمْ أَئِمَّةً يَهْدُونَ بِأَمْرِنَا
لَمَّا صَبَرُوا وَكَانُوا بِآيَاتِنَا يُوقِنُونَ ٢٥ إِنَّ رَبَّكَ هُوَ يَفْصِلُ بَيْنَهُمْ يَوْمَ ٱلْقِيَامَةِ
فِيمَا كَانُوا فِيهِ يَخْتَلِفُونَ ٢٦ أَوَلَمْ يَهْدِ لَهُمْ كَمْ أَهْلَكْنَا مِنْ قَبْلِهِمْ مِنَ
ٱلْقُرُونِ يَمْشُونَ فِى مَسَاكِنِهِمْ إِنَّ فِى ذَلِكَ لَآيَاتٍ أَفَلَا يَسْمَعُونَ ٢٧ أَوَلَمْ
يَرَوْا أَنَّا نَسُوقُ ٱلْمَآءَ إِلَى ٱلْأَرْضِ ٱلْجُرُزِ فَنُخْرِجُ بِهِ زَرْعًا تَأْكُلُ مِنْهُ أَنْعَامُهُمْ
وَأَنْفُسُهُمْ أَفَلَا يُبْصِرُونَ ٢٨ وَيَقُولُونَ مَتَى هَذَا ٱلْفَتْحُ إِنْ كُنْتُمْ صَادِقِينَ
٢٩ قُلْ يَوْمَ ٱلْفَتْحِ لَا يَنْفَعُ ٱلَّذِينَ كَفَرُوا إِيمَانُهُمْ وَلَا هُمْ يُنْظَرُونَ ٣٠ فَأَعْرِضْ
عَنْهُمْ وَٱنْتَظِرْ إِنَّهُمْ مُنْتَظِرُونَ

سورة الاحزاب

مدنية وهى ثلث وسبعون آية

بِسْمِ ٱللَّهِ ٱلرَّحْمَنِ ٱلرَّحِيمِ

١ يَا أَيُّهَا ٱلنَّبِىُّ ٱتَّقِ ٱللَّهَ وَلَا تُطِعِ ٱلْكَافِرِينَ وَٱلْمُنَافِقِينَ إِنَّ ٱللَّهَ كَانَ
عَلِيمًا حَكِيمًا ٢ وَٱتَّبِعْ مَا يُوحَى إِلَيْكَ مِنْ رَبِّكَ إِنَّ ٱللَّهَ كَانَ بِمَا تَعْمَلُونَ

سورة السجدة

مكيّة وهى ثلثون آية

بِسْمِ ٱللّٰهِ ٱلرَّحْمٰنِ ٱلرَّحِيمِ

١ الٓم تَنْزِيلُ ٱلْكِتَابِ لَا رَيْبَ فِيهِ مِنْ رَبِّ ٱلْعَالَمِينَ ٢ أَمْ يَقُولُونَ ٱفْتَرَاهُ
بَلْ هُوَ ٱلْحَقُّ مِنْ رَبِّكَ لِتُنْذِرَ قَوْمًا مَا أَتَاهُمْ مِنْ نَذِيرٍ مِنْ قَبْلِكَ لَعَلَّهُمْ
يَهْتَدُونَ ٣ ٱللّٰهُ ٱلَّذِي خَلَقَ ٱلسَّمٰوَاتِ وَٱلْأَرْضَ وَمَا بَيْنَهُمَا فِي سِتَّةِ أَيَّامٍ
ثُمَّ ٱسْتَوَى عَلَى ٱلْعَرْشِ مَا لَكُمْ مِنْ دُونِهِ مِنْ وَلِيٍّ وَلَا شَفِيعٍ أَفَلَا تَتَذَكَّرُونَ
٤ يُدَبِّرُ ٱلْأَمْرَ مِنَ ٱلسَّمَاءِ إِلَى ٱلْأَرْضِ ثُمَّ يَعْرُجُ إِلَيْهِ فِي يَوْمٍ كَانَ مِقْدَارُهُ
أَلْفَ سَنَةٍ مِمَّا تَعُدُّونَ ٥ ذٰلِكَ عَالِمُ ٱلْغَيْبِ وَٱلشَّهَادَةِ ٱلْعَزِيزُ ٱلرَّحِيمُ
٦ ٱلَّذِي أَحْسَنَ كُلَّ شَيْءٍ خَلَقَهُ وَبَدَأَ خَلْقَ ٱلْإِنْسَانِ مِنْ طِينٍ ٧ ثُمَّ
جَعَلَ نَسْلَهُ مِنْ سُلَالَةٍ مِنْ مَاءٍ مَهِينٍ ٨ ثُمَّ سَوَّاهُ وَنَفَخَ فِيهِ مِنْ رُوحِهِ
وَجَعَلَ لَكُمُ ٱلسَّمْعَ وَٱلْأَبْصَارَ وَٱلْأَفْئِدَةَ قَلِيلًا مَا تَشْكُرُونَ ٩ وَقَالُوا أَئِذَا
ضَلَلْنَا فِي ٱلْأَرْضِ أَئِنَّا لَفِي خَلْقٍ جَدِيدٍ ١٠ بَلْ هُمْ بِلِقَاءِ رَبِّهِمْ كَافِرُونَ
١١ قُلْ يَتَوَفَّاكُمْ مَلَكُ ٱلْمَوْتِ ٱلَّذِي وُكِّلَ بِكُمْ ثُمَّ إِلَى رَبِّكُمْ تُرْجَعُونَ ١٢ وَلَوْ
تَرَى إِذِ ٱلْمُجْرِمُونَ نَاكِسُوا رُءُوسِهِمْ عِنْدَ رَبِّهِمْ رَبَّنَا أَبْصَرْنَا وَسَمِعْنَا فَٱرْجِعْنَا
نَعْمَلْ صَالِحًا إِنَّا مُوقِنُونَ ١٣ وَلَوْ شِئْنَا لَآتَيْنَا كُلَّ نَفْسٍ هُدَاهَا وَلٰكِنْ حَقَّ
ٱلْقَوْلُ مِنِّي لَأَمْلَأَنَّ جَهَنَّمَ مِنَ ٱلْجِنَّةِ وَٱلنَّاسِ أَجْمَعِينَ ١٤ فَذُوقُوا بِمَا نَسِيتُمْ
لِقَاءَ يَوْمِكُمْ هٰذَا إِنَّا نَسِينَاكُمْ وَذُوقُوا عَذَابَ ٱلْخُلْدِ بِمَا كُنْتُمْ تَعْمَلُونَ
١٥ إِنَّمَا يُؤْمِنُ بِآيَاتِنَا ٱلَّذِينَ إِذَا ذُكِّرُوا بِهَا خَرُّوا سُجَّدًا وَسَبَّحُوا بِحَمْدِ رَبِّهِمْ
وَهُمْ لَا يَسْتَكْبِرُونَ ١٦ تَتَجَافَى جُنُوبُهُمْ عَنِ ٱلْمَضَاجِعِ يَدْعُونَ رَبَّهُمْ خَوْفًا
وَطَمَعًا وَمِمَّا رَزَقْنَاهُمْ يُنْفِقُونَ ١٧ فَلَا تَعْلَمُ نَفْسٌ مَا أُخْفِيَ لَهُمْ مِنْ قُرَّةِ

نَضْطَرُّهُمْ إِلَىٰ عَذَابٍ غَلِيظٍ ٢٤ وَلَئِنْ سَأَلْتَهُمْ مَنْ خَلَقَ ٱلسَّمَاوَاتِ وَٱلْأَرْضَ
لَيَقُولُنَّ ٱللَّهُ قُلِ ٱلْحَمْدُ لِلَّهِ بَلْ أَكْثَرُهُمْ لَا يَعْلَمُونَ ٢٥ لِلَّهِ مَا فِي ٱلسَّمَاوَاتِ
وَٱلْأَرْضِ إِنَّ ٱللَّهَ هُوَ ٱلْغَنِيُّ ٱلْحَمِيدُ ٢٦ وَلَوْ أَنَّ مَا فِي ٱلْأَرْضِ مِنْ شَجَرَةٍ أَقْلَامٌ
وَٱلْبَحْرُ يَمُدُّهُ مِنْ بَعْدِهِ سَبْعَةُ أَبْحُرٍ مَا نَفِدَتْ كَلِمَاتُ ٱللَّهِ إِنَّ ٱللَّهَ عَزِيزٌ
حَكِيمٌ ٢٧ مَا خَلْقُكُمْ وَلَا بَعْثُكُمْ إِلَّا كَنَفْسٍ وَاحِدَةٍ إِنَّ ٱللَّهَ سَمِيعٌ بَصِيرٌ
٢٨ أَلَمْ تَرَ أَنَّ ٱللَّهَ يُولِجُ ٱللَّيْلَ فِي ٱلنَّهَارِ وَيُولِجُ ٱلنَّهَارَ فِي ٱللَّيْلِ وَسَخَّرَ ٱلشَّمْسَ
وَٱلْقَمَرَ كُلٌّ يَجْرِي إِلَىٰ أَجَلٍ مُسَمًّى وَأَنَّ ٱللَّهَ بِمَا تَعْمَلُونَ خَبِيرٌ ٢٩ ذَٰلِكَ بِأَنَّ
ٱللَّهَ هُوَ ٱلْحَقُّ وَأَنَّ مَا يَدْعُونَ مِنْ دُونِهِ ٱلْبَاطِلُ وَأَنَّ ٱللَّهَ هُوَ ٱلْعَلِيُّ
ٱلْكَبِيرُ ٣٠ أَلَمْ تَرَ أَنَّ ٱلْفُلْكَ تَجْرِي فِي ٱلْبَحْرِ بِنِعْمَتِ ٱللَّهِ لِيُرِيَكُمْ مِنْ
آيَاتِهِ إِنَّ فِي ذَٰلِكَ لَآيَاتٍ لِكُلِّ صَبَّارٍ شَكُورٍ ٣١ وَإِذَا غَشِيَهُمْ مَوْجٌ كَٱلظُّلَلِ
دَعَوُا ٱللَّهَ مُخْلِصِينَ لَهُ ٱلدِّينَ فَلَمَّا نَجَّاهُمْ إِلَى ٱلْبَرِّ فَمِنْهُمْ مُقْتَصِدٌ وَمَا
يَجْحَدُ بِآيَاتِنَا إِلَّا كُلُّ خَتَّارٍ كَفُورٍ ٣٢ يَا أَيُّهَا ٱلنَّاسُ ٱتَّقُوا رَبَّكُمْ وَٱخْشَوْا
يَوْمًا لَا يَجْزِي وَالِدٌ عَنْ وَلَدِهِ وَلَا مَوْلُودٌ هُوَ جَازٍ عَنْ وَالِدِهِ شَيْئًا ٣٣ إِنَّ
وَعْدَ ٱللَّهِ حَقٌّ فَلَا تَغُرَّنَّكُمُ ٱلْحَيَوٰةُ ٱلدُّنْيَا وَلَا يَغُرَّنَّكُمْ بِٱللَّهِ ٱلْغَرُورُ
٣٤ إِنَّ ٱللَّهَ عِنْدَهُ عِلْمُ ٱلسَّاعَةِ وَيُنَزِّلُ ٱلْغَيْثَ وَيَعْلَمُ مَا فِي ٱلْأَرْحَامِ وَمَا
تَدْرِي نَفْسٌ مَا ذَا تَكْسِبُ غَدًا وَمَا تَدْرِي نَفْسٌ بِأَيِّ أَرْضٍ تَمُوتُ إِنَّ
ٱللَّهَ عَلِيمٌ خَبِيرٌ

ٱلسَّمَوَاتِ بِغَيْرِ عَمَدٍ تَرَوْنَهَا وَأَلْقَى فِي ٱلْأَرْضِ رَوَاسِيَ أَنْ تَمِيدَ بِكُمْ وَبَثَّ فِيهَا
مِنْ كُلِّ دَابَّةٍ وَأَنْزَلْنَا مِنَ ٱلسَّمَآءِ مَآءً فَأَنْبَتْنَا فِيهَا مِنْ كُلِّ زَوْجٍ كَرِيمٍ
١٠ هَذَا خَلْقُ ٱللَّهِ فَأَرُونِي مَا ذَا خَلَقَ ٱلَّذِينَ مِنْ دُونِهِ بَلِ ٱلظَّالِمُونَ فِي
ضَلَالٍ مُبِينٍ ١١ وَلَقَدْ آتَيْنَا لُقْمَانَ ٱلْحِكْمَةَ أَنِ ٱشْكُرْ لِلَّهِ وَمَنْ يَشْكُرْ فَإِنَّمَا
يَشْكُرُ لِنَفْسِهِ وَمَنْ كَفَرَ فَإِنَّ ٱللَّهَ غَنِيٌّ حَمِيدٌ ١٢ وَإِذْ قَالَ لُقْمَانُ لِٱبْنِهِ
وَهُوَ يَعِظُهُ يَا بُنَيَّ لَا تُشْرِكْ بِٱللَّهِ إِنَّ ٱلشِّرْكَ لَظُلْمٌ عَظِيمٌ ١٣ وَوَصَّيْنَا
ٱلْإِنْسَانَ بِوَالِدَيْهِ حَمَلَتْهُ أُمُّهُ وَهْنًا عَلَى وَهْنٍ وَفِصَالُهُ فِي عَامَيْنِ أَنِ ٱشْكُرْ
لِي وَلِوَالِدَيْكَ إِلَيَّ ٱلْمَصِيرُ ١٤ وَإِنْ جَاهَدَاكَ عَلَى أَنْ تُشْرِكَ بِي مَا لَيْسَ
لَكَ بِهِ عِلْمٌ فَلَا تُطِعْهُمَا وَصَاحِبْهُمَا فِي ٱلدُّنْيَا مَعْرُوفًا وَٱتَّبِعْ سَبِيلَ مَنْ
أَنَابَ إِلَيَّ ثُمَّ إِلَيَّ مَرْجِعُكُمْ فَأُنَبِّئُكُمْ بِمَا كُنْتُمْ تَعْمَلُونَ ١٥ يَا بُنَيَّ إِنَّهَا إِنْ
تَكُ مِثْقَالَ حَبَّةٍ مِنْ خَرْدَلٍ فَتَكُنْ فِي صَخْرَةٍ أَوْ فِي ٱلسَّمَوَاتِ أَوْ فِي ٱلْأَرْضِ يَأْتِ
بِهَا ٱللَّهُ إِنَّ ٱللَّهَ لَطِيفٌ خَبِيرٌ ١٦ يَا بُنَيَّ أَقِمِ ٱلصَّلَوةَ وَأْمُرْ بِٱلْمَعْرُوفِ
وَٱنْهَ عَنِ ٱلْمُنْكَرِ وَٱصْبِرْ عَلَى مَا أَصَابَكَ إِنَّ ذَلِكَ مِنْ عَزْمِ ٱلْأُمُورِ ١٧ وَلَا
تُصَعِّرْ خَدَّكَ لِلنَّاسِ وَلَا تَمْشِ فِي ٱلْأَرْضِ مَرَحًا إِنَّ ٱللَّهَ لَا يُحِبُّ كُلَّ مُخْتَالٍ
فَخُورٍ ١٨ وَٱقْصِدْ فِي مَشْيِكَ وَٱغْضُضْ مِنْ صَوْتِكَ إِنَّ أَنْكَرَ ٱلْأَصْوَاتِ لَصَوْتُ
ٱلْحَمِيرِ ١٩ أَلَمْ تَرَوْا أَنَّ ٱللَّهَ سَخَّرَ لَكُمْ مَا فِي ٱلسَّمَوَاتِ وَمَا فِي ٱلْأَرْضِ وَأَسْبَغَ
عَلَيْكُمْ نِعَمَهُ ظَاهِرَةً وَبَاطِنَةً وَمِنَ ٱلنَّاسِ مَنْ يُجَادِلُ فِي ٱللَّهِ بِغَيْرِ عِلْمٍ وَلَا
هُدًى وَلَا كِتَابٍ مُنِيرٍ ٢٠ وَإِذَا قِيلَ لَهُمُ ٱتَّبِعُوا مَا أَنْزَلَ ٱللَّهُ قَالُوا بَلْ
نَتَّبِعُ مَا وَجَدْنَا عَلَيْهِ آبَاءَنَا أَوَلَوْ كَانَ ٱلشَّيْطَانُ يَدْعُوهُمْ إِلَى عَذَابِ ٱلسَّعِيرِ
٢١ وَمَنْ يُسْلِمْ وَجْهَهُ إِلَى ٱللَّهِ وَهُوَ مُحْسِنٌ فَقَدِ ٱسْتَمْسَكَ بِٱلْعُرْوَةِ ٱلْوُثْقَى
وَإِلَى ٱللَّهِ عَاقِبَةُ ٱلْأُمُورِ ٢٢ وَمَنْ كَفَرَ فَلَا يَحْزُنْكَ كُفْرُهُ إِلَيْنَا مَرْجِعُهُمْ
فَنُنَبِّئُهُمْ بِمَا عَمِلُوا إِنَّ ٱللَّهَ عَلِيمٌ بِذَاتِ ٱلصُّدُورِ ٢٣ نُمَتِّعُهُمْ قَلِيلًا ثُمَّ

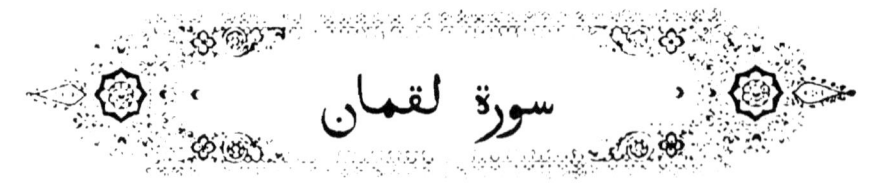

٥٢ وَمَا أَنْتَ بِهَادِي ٱلْعُمْيِ عَنْ ضَلَالَتِهِمْ إِنْ تُسْمِعُ إِلَّا مَنْ يُؤْمِنُ بِآيَاتِنَا
فَهُمْ مُسْلِمُونَ ٥٣ ٱللَّهُ ٱلَّذِي خَلَقَكُمْ مِنْ ضُعْفٍ ثُمَّ جَعَلَ مِنْ بَعْدِ ضُعْفٍ
قُوَّةً ثُمَّ جَعَلَ مِنْ بَعْدِ قُوَّةٍ ضُعْفًا وَشَيْبَةً يَخْلُقُ مَا يَشَاءُ وَهُوَ ٱلْعَلِيمُ ٱلْقَدِيرُ
٥٤ وَيَوْمَ تَقُومُ ٱلسَّاعَةُ يُقْسِمُ ٱلْمُجْرِمُونَ ٥٥ مَا لَبِثُوا غَيْرَ سَاعَةٍ كَذَلِكَ كَانُوا
يُؤْفَكُونَ ٥٦ وَقَالَ ٱلَّذِينَ أُوتُوا ٱلْعِلْمَ وَٱلْإِيمَانَ لَقَدْ لَبِثْتُمْ فِي كِتَابِ ٱللَّهِ
إِلَى يَوْمِ ٱلْبَعْثِ فَهَذَا يَوْمُ ٱلْبَعْثِ وَلَكِنَّكُمْ كُنْتُمْ لَا تَعْلَمُونَ ٥٧ فَيَوْمَئِذٍ لَا
يَنْفَعُ ٱلَّذِينَ ظَلَمُوا مَعْذِرَتُهُمْ وَلَا هُمْ يُسْتَعْتَبُونَ ٥٨ وَلَقَدْ ضَرَبْنَا لِلنَّاسِ فِي
هَذَا ٱلْقُرْآنِ مِنْ كُلِّ مَثَلٍ وَلَئِنْ جِئْتَهُمْ بِآيَةٍ لَيَقُولَنَّ ٱلَّذِينَ كَفَرُوا إِنْ أَنْتُمْ
إِلَّا مُبْطِلُونَ ٥٩ كَذَلِكَ يَطْبَعُ ٱللَّهُ عَلَى قُلُوبِ ٱلَّذِينَ لَا يَعْلَمُونَ ٦٠ فَٱصْبِرْ
إِنَّ وَعْدَ ٱللَّهِ حَقٌّ وَلَا يَسْتَخِفَّنَّكَ ٱلَّذِينَ لَا يُوقِنُونَ

سورة لقمان

مكية وهي اربع وثلثون آية

بِسْمِ ٱللَّهِ ٱلرَّحْمَنِ ٱلرَّحِيمِ

١ الم تِلْكَ آيَاتُ ٱلْكِتَابِ ٱلْحَكِيمِ ٢ هُدًى وَرَحْمَةً لِلْمُحْسِنِينَ ٣ ٱلَّذِينَ
يُقِيمُونَ ٱلصَّلَوٰةَ وَيُؤْتُونَ ٱلزَّكَوٰةَ وَهُمْ بِٱلْآخِرَةِ هُمْ يُوقِنُونَ ٤ أُولَٰئِكَ عَلَى
هُدًى مِنْ رَبِّهِمْ وَأُولَٰئِكَ هُمُ ٱلْمُفْلِحُونَ ٥ وَمِنَ ٱلنَّاسِ مَنْ يَشْتَرِي لَهْوَ
ٱلْحَدِيثِ لِيُضِلَّ عَنْ سَبِيلِ ٱللَّهِ بِغَيْرِ عِلْمٍ وَيَتَّخِذَهَا هُزُوًا أُولَٰئِكَ لَهُمْ عَذَابٌ
مُهِينٌ ٦ وَإِذَا تُتْلَى عَلَيْهِ آيَاتُنَا وَلَّى مُسْتَكْبِرًا كَأَنْ لَمْ يَسْمَعْهَا كَأَنَّ فِي
أُذُنَيْهِ وَقْرًا فَبَشِّرْهُ بِعَذَابٍ أَلِيمٍ ٧ إِنَّ ٱلَّذِينَ آمَنُوا وَعَمِلُوا ٱلصَّالِحَاتِ لَهُمْ
جَنَّاتُ ٱلنَّعِيمِ ٨ خَالِدِينَ فِيهَا وَعْدَ ٱللَّهِ حَقًّا وَهُوَ ٱلْعَزِيزُ ٱلْحَكِيمُ ٩ خَلَقَ

يَقْنَطُونَ ٣٦ أَوَلَمْ يَرَوْا أَنَّ ٱللَّهَ يَبْسُطُ ٱلرِّزْقَ لِمَنْ يَشَاءُ وَيَقْدِرُ إِنَّ فِي ذَٰلِكَ
لَآيَاتٍ لِقَوْمٍ يُؤْمِنُونَ ٣٧ فَآتِ ذَا ٱلْقُرْبَىٰ حَقَّهُ وَٱلْمِسْكِينَ وَٱبْنَ ٱلسَّبِيلِ
ذَٰلِكَ خَيْرٌ لِلَّذِينَ يُرِيدُونَ وَجْهَ ٱللَّهِ وَأُولَٰئِكَ هُمُ ٱلْمُفْلِحُونَ ٣٨ وَمَا آتَيْتُمْ
مِنْ رِبًا لِيَرْبُوَ فِي أَمْوَالِ ٱلنَّاسِ فَلَا يَرْبُو عِنْدَ ٱللَّهِ وَمَا آتَيْتُمْ مِنْ زَكَوٰةٍ
تُرِيدُونَ وَجْهَ ٱللَّهِ فَأُولَٰئِكَ هُمُ ٱلْمُضْعِفُونَ ٣٩ ٱللَّهُ ٱلَّذِي خَلَقَكُمْ ثُمَّ رَزَقَكُمْ
ثُمَّ يُمِيتُكُمْ ثُمَّ يُحْيِيكُمْ هَلْ مِنْ شُرَكَائِكُمْ مَنْ يَفْعَلُ مِنْ ذَٰلِكُمْ مِنْ شَيْءٍ
سُبْحَانَهُ وَتَعَالَىٰ عَمَّا يُشْرِكُونَ ٤٠ ظَهَرَ ٱلْفَسَادُ فِي ٱلْبَرِّ وَٱلْبَحْرِ بِمَا كَسَبَتْ
أَيْدِي ٱلنَّاسِ لِيُذِيقَهُمْ بَعْضَ ٱلَّذِي عَمِلُوا لَعَلَّهُمْ يَرْجِعُونَ ٤١ قُلْ سِيرُوا
فِي ٱلْأَرْضِ فَٱنْظُرُوا كَيْفَ كَانَ عَاقِبَةُ ٱلَّذِينَ مِنْ قَبْلُ كَانَ أَكْثَرُهُمْ مُشْرِكِينَ
٤٢ فَأَقِمْ وَجْهَكَ لِلدِّينِ ٱلْقَيِّمِ مِنْ قَبْلِ أَنْ يَأْتِيَ يَوْمٌ لَا مَرَدَّ لَهُ مِنَ ٱللَّهِ
يَوْمَئِذٍ يَصَّدَّعُونَ ٤٣ مَنْ كَفَرَ فَعَلَيْهِ كُفْرُهُ وَمَنْ عَمِلَ صَالِحًا فَلِأَنْفُسِهِمْ
يَمْهَدُونَ ٤٤ لِيَجْزِيَ ٱلَّذِينَ آمَنُوا وَعَمِلُوا ٱلصَّالِحَاتِ مِنْ فَضْلِهِ إِنَّهُ لَا
يُحِبُّ ٱلْكَافِرِينَ ٤٥ وَمِنْ آيَاتِهِ أَنْ يُرْسِلَ ٱلرِّيَاحَ مُبَشِّرَاتٍ وَلِيُذِيقَكُمْ مِنْ
رَحْمَتِهِ وَلِتَجْرِيَ ٱلْفُلْكُ بِأَمْرِهِ وَلِتَبْتَغُوا مِنْ فَضْلِهِ وَلَعَلَّكُمْ تَشْكُرُونَ ٤٦ وَلَقَدْ
أَرْسَلْنَا مِنْ قَبْلِكَ رُسُلًا إِلَىٰ قَوْمِهِمْ فَجَاءُوهُمْ بِٱلْبَيِّنَاتِ فَٱنْتَقَمْنَا مِنَ ٱلَّذِينَ
أَجْرَمُوا وَكَانَ حَقًّا عَلَيْنَا نَصْرُ ٱلْمُؤْمِنِينَ ٤٧ ٱللَّهُ ٱلَّذِي يُرْسِلُ ٱلرِّيَاحَ فَتُثِيرُ
سَحَابًا فَيَبْسُطُهُ فِي ٱلسَّمَاءِ كَيْفَ يَشَاءُ وَيَجْعَلُهُ كِسَفًا فَتَرَى ٱلْوَدْقَ يَخْرُجُ مِنْ
خِلَالِهِ فَإِذَا أَصَابَ بِهِ مَنْ يَشَاءُ مِنْ عِبَادِهِ إِذَا هُمْ يَسْتَبْشِرُونَ ٤٨ وَإِنْ
كَانُوا مِنْ قَبْلِ أَنْ يُنَزَّلَ عَلَيْهِمْ مِنْ قَبْلِهِ لَمُبْلِسِينَ ٤٩ فَٱنْظُرْ إِلَىٰ آثَارِ
رَحْمَتِ ٱللَّهِ كَيْفَ يُحْيِي ٱلْأَرْضَ بَعْدَ مَوْتِهَا إِنَّ ذَٰلِكَ لَمُحْيِي ٱلْمَوْتَىٰ وَهُوَ
عَلَىٰ كُلِّ شَيْءٍ قَدِيرٌ ٥٠ وَلَئِنْ أَرْسَلْنَا رِيحًا فَرَأَوْهُ مُصْفَرًّا لَظَلُّوا مِنْ بَعْدِهِ
يَكْفُرُونَ ٥١ فَإِنَّكَ لَا تُسْمِعُ ٱلْمَوْتَىٰ وَلَا تُسْمِعُ ٱلصُّمَّ ٱلدُّعَاءَ إِذَا وَلَّوْا مُدْبِرِينَ

ثُمَّ إِذَا أَنْتُمْ بَشَرٌ تَنْتَشِرُونَ ٢٠ وَمِنْ آيَاتِهِ أَنْ خَلَقَ لَكُمْ مِنْ أَنْفُسِكُمْ
أَزْوَاجًا لِتَسْكُنُوا إِلَيْهَا وَجَعَلَ بَيْنَكُمْ مَوَدَّةً وَرَحْمَةً إِنَّ فِي ذَلِكَ لَآيَاتٍ لِقَوْمٍ
يَتَفَكَّرُونَ ٢١ وَمِنْ آيَاتِهِ خَلْقُ ٱلسَّمَوَاتِ وَٱلْأَرْضِ وَٱخْتِلَافُ أَلْسِنَتِكُمْ وَأَلْوَانِكُمْ
إِنَّ فِي ذَلِكَ لَآيَاتٍ لِلْعَالِمِينَ ٢٢ وَمِنْ آيَاتِهِ مَنَامُكُمْ بِٱللَّيْلِ وَٱلنَّهَارِ
وَٱبْتِغَاؤُكُمْ مِنْ فَضْلِهِ إِنَّ فِي ذَلِكَ لَآيَاتٍ لِقَوْمٍ يَسْمَعُونَ ٢٣ وَمِنْ آيَاتِهِ
يُرِيكُمُ ٱلْبَرْقَ خَوْفًا وَطَمَعًا وَيُنَزِّلُ مِنَ ٱلسَّمَاءِ مَاءً فَيُحْيِي بِهِ ٱلْأَرْضَ بَعْدَ
مَوْتِهَا إِنَّ فِي ذَلِكَ لَآيَاتٍ لِقَوْمٍ يَعْقِلُونَ ٢٤ وَمِنْ آيَاتِهِ أَنْ تَقُومَ ٱلسَّمَاءُ
وَٱلْأَرْضُ بِأَمْرِهِ ثُمَّ إِذَا دَعَاكُمْ دَعْوَةً مِنَ ٱلْأَرْضِ إِذَا أَنْتُمْ تَخْرُجُونَ ٢٥ وَلَهُ
مَنْ فِي ٱلسَّمَوَاتِ وَٱلْأَرْضِ كُلٌّ لَهُ قَانِتُونَ ٢٦ وَهُوَ ٱلَّذِي يَبْدَؤُا ٱلْخَلْقَ ثُمَّ
يُعِيدُهُ وَهُوَ أَهْوَنُ عَلَيْهِ وَلَهُ ٱلْمَثَلُ ٱلْأَعْلَى فِي ٱلسَّمَوَاتِ وَٱلْأَرْضِ وَهُوَ ٱلْعَزِيزُ
ٱلْحَكِيمُ ٢٧ ضَرَبَ لَكُمْ مَثَلًا مِنْ أَنْفُسِكُمْ هَلْ لَكُمْ مِنْ مَا مَلَكَتْ أَيْمَانُكُمْ
مِنْ شُرَكَاءَ فِي مَا رَزَقْنَاكُمْ فَأَنْتُمْ فِيهِ سَوَاءٌ تَخَافُونَهُمْ كَخِيفَتِكُمْ أَنْفُسَكُمْ
كَذَلِكَ نُفَصِّلُ ٱلْآيَاتِ لِقَوْمٍ يَعْقِلُونَ ٢٨ بَلِ ٱتَّبَعَ ٱلَّذِينَ ظَلَمُوا أَهْوَاءَهُمْ
بِغَيْرِ عِلْمٍ فَمَنْ يَهْدِي مَنْ أَضَلَّ ٱللَّهُ وَمَا لَهُمْ مِنْ نَاصِرِينَ ٢٩ فَأَقِمْ
وَجْهَكَ لِلدِّينِ حَنِيفًا فِطْرَتَ ٱللَّهِ ٱلَّتِي فَطَرَ ٱلنَّاسَ عَلَيْهَا لَا تَبْدِيلَ
لِخَلْقِ ٱللَّهِ ذَلِكَ ٱلدِّينُ ٱلْقَيِّمُ وَلَكِنَّ أَكْثَرَ ٱلنَّاسِ لَا يَعْلَمُونَ ٣٠ مُنِيبِينَ
إِلَيْهِ وَٱتَّقُوهُ وَأَقِيمُوا ٱلصَّلَوةَ وَلَا تَكُونُوا مِنَ ٱلْمُشْرِكِينَ ٣١ مِنَ ٱلَّذِينَ
فَرَّقُوا دِينَهُمْ وَكَانُوا شِيَعًا كُلُّ حِزْبٍ بِمَا لَدَيْهِمْ فَرِحُونَ ٣٢ وَإِذَا مَسَّ ٱلنَّاسَ
ضُرٌّ دَعَوْا رَبَّهُمْ مُنِيبِينَ إِلَيْهِ ثُمَّ إِذَا أَذَاقَهُمْ مِنْهُ رَحْمَةً إِذَا فَرِيقٌ مِنْهُمْ
بِرَبِّهِمْ يُشْرِكُونَ ٣٣ لِيَكْفُرُوا بِمَا آتَيْنَاهُمْ فَتَمَتَّعُوا فَسَوْفَ تَعْلَمُونَ ٣٤ أَمْ
أَنْزَلْنَا عَلَيْهِمْ سُلْطَانًا فَهُوَ يَتَكَلَّمُ بِمَا كَانُوا بِهِ يُشْرِكُونَ ٣٥ وَإِذَا أَذَقْنَا
ٱلنَّاسَ رَحْمَةً فَرِحُوا بِهَا وَإِنْ تُصِبْهُمْ سَيِّئَةٌ بِمَا قَدَّمَتْ أَيْدِيهِمْ إِذَا هُمْ

سورة الروم

مكية وهي ستون آية

بِسْمِ ٱللّٰهِ ٱلرَّحْمٰنِ ٱلرَّحِيمِ

١ الٓمٓ غُلِبَتِ ٱلرُّومُ ٢ فِي أَدْنَى ٱلْأَرْضِ وَهُمْ مِنْ بَعْدِ غَلَبِهِمْ سَيَغْلِبُونَ ٣ فِي
بِضْعِ سِنِينَ لِلّٰهِ ٱلْأَمْرُ مِنْ قَبْلُ وَمِنْ بَعْدُ وَيَوْمَئِذٍ يَفْرَحُ ٱلْمُؤْمِنُونَ ٤ بِنَصْرِ
ٱللّٰهِ يَنْصُرُ مَنْ يَشَاءُ وَهُوَ ٱلْعَزِيزُ ٱلرَّحِيمُ ٥ وَعْدَ ٱللّٰهِ لَا يُخْلِفُ ٱللّٰهُ وَعْدَهُ
وَلٰكِنَّ أَكْثَرَ ٱلنَّاسِ لَا يَعْلَمُونَ ٦ يَعْلَمُونَ ظَاهِرًا مِنَ ٱلْحَيَوٰةِ ٱلدُّنْيَا وَهُمْ
عَنِ ٱلْآخِرَةِ هُمْ غَافِلُونَ ٧ أَوَلَمْ يَتَفَكَّرُوا فِي أَنْفُسِهِمْ مَا خَلَقَ ٱللّٰهُ ٱلسَّمٰوَاتِ
وَٱلْأَرْضَ وَمَا بَيْنَهُمَا إِلَّا بِٱلْحَقِّ وَأَجَلٍ مُسَمًّى وَإِنَّ كَثِيرًا مِنَ ٱلنَّاسِ بِلِقَاءِ
رَبِّهِمْ لَكَافِرُونَ ٨ أَوَلَمْ يَسِيرُوا فِي ٱلْأَرْضِ فَيَنْظُرُوا كَيْفَ كَانَ عَاقِبَةُ ٱلَّذِينَ
مِنْ قَبْلِهِمْ كَانُوا أَشَدَّ مِنْهُمْ قُوَّةً وَأَثَارُوا ٱلْأَرْضَ وَعَمَرُوهَا أَكْثَرَ مِمَّا عَمَرُوهَا
وَجَاءَتْهُمْ رُسُلُهُمْ بِٱلْبَيِّنَاتِ فَمَا كَانَ ٱللّٰهُ لِيَظْلِمَهُمْ وَلٰكِنْ كَانُوا أَنْفُسَهُمْ
يَظْلِمُونَ ٩ ثُمَّ كَانَ عَاقِبَةَ ٱلَّذِينَ أَسَاءُوا ٱلسُّوٓأَىٰ أَنْ كَذَّبُوا بِآيَاتِ ٱللّٰهِ وَكَانُوا
بِهَا يَسْتَهْزِئُونَ ١٠ ٱللّٰهُ يَبْدَأُ ٱلْخَلْقَ ثُمَّ يُعِيدُهُ ثُمَّ إِلَيْهِ تُرْجَعُونَ ١١ وَيَوْمَ
تَقُومُ ٱلسَّاعَةُ يُبْلِسُ ٱلْمُجْرِمُونَ ١٢ وَلَمْ يَكُنْ لَهُمْ مِنْ شُرَكَائِهِمْ شُفَعَاءُ
وَكَانُوا بِشُرَكَائِهِمْ كَافِرِينَ ١٣ وَيَوْمَ تَقُومُ ٱلسَّاعَةُ يَوْمَئِذٍ يَتَفَرَّقُونَ ١٤ فَأَمَّا
ٱلَّذِينَ آمَنُوا وَعَمِلُوا ٱلصَّالِحَاتِ فَهُمْ فِي رَوْضَةٍ يُحْبَرُونَ ١٥ وَأَمَّا ٱلَّذِينَ كَفَرُوا
وَكَذَّبُوا بِآيَاتِنَا وَلِقَاءِ ٱلْآخِرَةِ فَأُولٰئِكَ فِي ٱلْعَذَابِ مُحْضَرُونَ ١٦ فَسُبْحَانَ ٱللّٰهِ
حِينَ تُمْسُونَ وَحِينَ تُصْبِحُونَ ١٧ وَلَهُ ٱلْحَمْدُ فِي ٱلسَّمٰوَاتِ وَٱلْأَرْضِ وَعَشِيًّا
وَحِينَ تُظْهِرُونَ ١٨ يُخْرِجُ ٱلْحَيَّ مِنَ ٱلْمَيِّتِ وَيُخْرِجُ ٱلْمَيِّتَ مِنَ ٱلْحَيِّ وَيُحْيِي
ٱلْأَرْضَ بَعْدَ مَوْتِهَا وَكَذٰلِكَ تُخْرَجُونَ ١٩ وَمِنْ آيَاتِهِ أَنْ خَلَقَكُمْ مِنْ تُرَابٍ

ٱلْخَاسِرُونَ ٥٣ وَيَسْتَعْجِلُونَكَ بِٱلْعَذَابِ وَلَوْلَا أَجَلٌ مُسَمًّى لَجَاءَهُمُ ٱلْعَذَابُ
وَلَيَأْتِيَنَّهُمْ بَغْتَةً وَهُمْ لَا يَشْعُرُونَ ٥٤ يَسْتَعْجِلُونَكَ بِٱلْعَذَابِ وَإِنَّ جَهَنَّمَ
لَمُحِيطَةٌ بِٱلْكَافِرِينَ ٥٥ يَوْمَ يَغْشَاهُمُ ٱلْعَذَابُ مِنْ فَوْقِهِمْ وَمِنْ تَحْتِ أَرْجُلِهِمْ
وَيَقُولُ ذُوقُوا مَا كُنْتُمْ تَعْمَلُونَ ٥٦ يَا عِبَادِيَ ٱلَّذِينَ آمَنُوا إِنَّ أَرْضِي وَاسِعَةٌ
فَإِيَّايَ فَاعْبُدُونِ ٥٧ كُلُّ نَفْسٍ ذَائِقَةُ ٱلْمَوْتِ ثُمَّ إِلَيْنَا تُرْجَعُونَ ٥٨ وَٱلَّذِينَ
آمَنُوا وَعَمِلُوا ٱلصَّالِحَاتِ لَنُبَوِّئَنَّهُمْ مِنَ ٱلْجَنَّةِ غُرَفًا تَجْرِي مِنْ تَحْتِهَا ٱلْأَنْهَارُ
خَالِدِينَ فِيهَا نِعْمَ أَجْرُ ٱلْعَامِلِينَ ٥٩ ٱلَّذِينَ صَبَرُوا وَعَلَىٰ رَبِّهِمْ يَتَوَكَّلُونَ
٦٠ وَكَأَيِّنْ مِنْ دَابَّةٍ لَا تَحْمِلُ رِزْقَهَا ٱللَّهُ يَرْزُقُهَا وَإِيَّاكُمْ وَهُوَ ٱلسَّمِيعُ
ٱلْعَلِيمُ ٦١ وَلَئِنْ سَأَلْتَهُمْ مَنْ خَلَقَ ٱلسَّمَاوَاتِ وَٱلْأَرْضَ وَسَخَّرَ ٱلشَّمْسَ وَٱلْقَمَرَ
لَيَقُولُنَّ ٱللَّهُ فَأَنَّىٰ يُؤْفَكُونَ ٦٢ ٱللَّهُ يَبْسُطُ ٱلرِّزْقَ لِمَنْ يَشَاءُ مِنْ عِبَادِهِ
وَيَقْدِرُ لَهُ إِنَّ ٱللَّهَ بِكُلِّ شَيْءٍ عَلِيمٌ ٦٣ وَلَئِنْ سَأَلْتَهُمْ مَنْ نَزَّلَ مِنَ
ٱلسَّمَاءِ مَاءً فَأَحْيَا بِهِ ٱلْأَرْضَ مِنْ بَعْدِ مَوْتِهَا لَيَقُولُنَّ ٱللَّهُ قُلِ ٱلْحَمْدُ لِلَّهِ
بَلْ أَكْثَرُهُمْ لَا يَعْقِلُونَ ٦٤ وَمَا هَٰذِهِ ٱلْحَيَوٰةُ ٱلدُّنْيَا إِلَّا لَهْوٌ وَلَعِبٌ وَإِنَّ
ٱلدَّارَ ٱلْآخِرَةَ لَهِيَ ٱلْحَيَوَانُ لَوْ كَانُوا يَعْلَمُونَ ٦٥ فَإِذَا رَكِبُوا فِي ٱلْفُلْكِ
دَعَوُا ٱللَّهَ مُخْلِصِينَ لَهُ ٱلدِّينَ فَلَمَّا نَجَّاهُمْ إِلَى ٱلْبَرِّ إِذَا هُمْ يُشْرِكُونَ
٦٦ لِيَكْفُرُوا بِمَا آتَيْنَاهُمْ وَلِيَتَمَتَّعُوا فَسَوْفَ يَعْلَمُونَ ٦٧ أَوَلَمْ يَرَوْا أَنَّا جَعَلْنَا
حَرَمًا آمِنًا وَيُتَخَطَّفُ ٱلنَّاسُ مِنْ حَوْلِهِمْ أَفَبِٱلْبَاطِلِ يُؤْمِنُونَ وَبِنِعْمَةِ ٱللَّهِ
يَكْفُرُونَ ٦٨ وَمَنْ أَظْلَمُ مِمَّنِ ٱفْتَرَىٰ عَلَى ٱللَّهِ كَذِبًا أَوْ كَذَّبَ بِٱلْحَقِّ لَمَّا
جَاءَهُ أَلَيْسَ فِي جَهَنَّمَ مَثْوًى لِلْكَافِرِينَ ٦٩ وَٱلَّذِينَ جَاهَدُوا فِينَا لَنَهْدِيَنَّهُمْ
سُبُلَنَا وَإِنَّ ٱللَّهَ لَمَعَ ٱلْمُحْسِنِينَ

لَكُمْ مِنْ مَسَاكِنِهِمْ وَزَيَّنَ لَهُمُ ٱلشَّيْطَانُ أَعْمَالَهُمْ فَصَدَّهُمْ عَنِ ٱلسَّبِيلِ
وَكَانُوا مُسْتَبْصِرِينَ ٣٨ وَقَارُونَ وَفِرْعَوْنَ وَهَامَانَ وَلَقَدْ جَآءَهُمْ مُوسَى بِٱلْبَيِّنَاتِ
فَٱسْتَكْبَرُوا فِي ٱلْأَرْضِ وَمَا كَانُوا سَابِقِينَ ٣٩ فَكُلًّا أَخَذْنَا بِذَنْبِهِ فَمِنْهُمْ
مَنْ أَرْسَلْنَا عَلَيْهِ حَاصِبًا وَمِنْهُمْ مَنْ أَخَذَتْهُ ٱلصَّيْحَةُ وَمِنْهُمْ مَنْ خَسَفْنَا
بِهِ ٱلْأَرْضَ وَمِنْهُمْ مَنْ أَغْرَقْنَا وَمَا كَانَ ٱللَّهُ لِيَظْلِمَهُمْ وَلَكِنْ كَانُوا أَنْفُسَهُمْ
يَظْلِمُونَ ٤٠ مَثَلُ ٱلَّذِينَ ٱتَّخَذُوا مِنْ دُونِ ٱللَّهِ أَوْلِيَآءَ كَمَثَلِ ٱلْعَنْكَبُوتِ
ٱتَّخَذَتْ بَيْتًا وَإِنَّ أَوْهَنَ ٱلْبُيُوتِ لَبَيْتُ ٱلْعَنْكَبُوتِ لَوْ كَانُوا يَعْلَمُونَ ٤١
إِنَّ ٱللَّهَ يَعْلَمُ مَا يَدْعُونَ مِنْ دُونِهِ مِنْ شَيْءٍ وَهُوَ ٱلْعَزِيزُ ٱلْحَكِيمُ
٤٢ وَتِلْكَ ٱلْأَمْثَالُ نَضْرِبُهَا لِلنَّاسِ وَمَا يَعْقِلُهَا إِلَّا ٱلْعَالِمُونَ ٤٣ خَلَقَ ٱللَّهُ
ٱلسَّمَوَاتِ وَٱلْأَرْضَ بِٱلْحَقِّ إِنَّ فِي ذَلِكَ لَآيَةً لِلْمُؤْمِنِينَ ٤٤ أُتْلُ مَا أُوحِيَ
إِلَيْكَ مِنَ ٱلْكِتَابِ وَأَقِمِ ٱلصَّلَوٰةَ إِنَّ ٱلصَّلَوٰةَ تَنْهَى عَنِ ٱلْفَحْشَآءِ وَٱلْمُنْكَرِ
٢١ وَلَذِكْرُ ٱللَّهِ أَكْبَرُ وَٱللَّهُ يَعْلَمُ مَا تَصْنَعُونَ ۞ ٤٥ وَلَا تُجَادِلُوا أَهْلَ
ٱلْكِتَابِ إِلَّا بِٱلَّتِي هِيَ أَحْسَنُ إِلَّا ٱلَّذِينَ ظَلَمُوا مِنْهُمْ وَقُولُوا آمَنَّا بِٱلَّذِي
أُنْزِلَ إِلَيْنَا وَأُنْزِلَ إِلَيْكُمْ وَإِلَهُنَا وَإِلَهُكُمْ وَاحِدٌ وَنَحْنُ لَهُ مُسْلِمُونَ ٤٦ وَكَذَلِكَ
أَنْزَلْنَا إِلَيْكَ ٱلْكِتَابَ فَٱلَّذِينَ آتَيْنَاهُمُ ٱلْكِتَابَ يُؤْمِنُونَ بِهِ وَمِنْ هَؤُلَآءِ مَنْ يُؤْمِنُ
بِهِ وَمَا يَجْحَدُ بِآيَاتِنَا إِلَّا ٱلْكَافِرُونَ ٤٧ وَمَا كُنْتَ تَتْلُو مِنْ قَبْلِهِ مِنْ كِتَابٍ
وَلَا تَخُطُّهُ بِيَمِينِكَ إِذًا لَٱرْتَابَ ٱلْمُبْطِلُونَ ٤٨ بَلْ هُوَ آيَاتٌ بَيِّنَاتٌ فِي صُدُورِ
ٱلَّذِينَ أُوتُوا ٱلْعِلْمَ وَمَا يَجْحَدُ بِآيَاتِنَا إِلَّا ٱلظَّالِمُونَ ٤٩ وَقَالُوا لَوْلَا أُنْزِلَ
عَلَيْهِ آيَاتٌ مِنْ رَبِّهِ قُلْ إِنَّمَا ٱلْآيَاتُ عِنْدَ ٱللَّهِ وَإِنَّمَا أَنَا نَذِيرٌ مُبِينٌ
٥٠ أَوَلَمْ يَكْفِهِمْ أَنَّا أَنْزَلْنَا عَلَيْكَ ٱلْكِتَابَ يُتْلَى عَلَيْهِمْ إِنَّ فِي ذَلِكَ لَرَحْمَةً
وَذِكْرَى لِقَوْمٍ يُؤْمِنُونَ ٥١ قُلْ كَفَى بِٱللَّهِ بَيْنِي وَبَيْنَكُمْ شَهِيدًا ٥٢ يَعْلَمُ
مَا فِي ٱلسَّمَوَاتِ وَٱلْأَرْضِ وَٱلَّذِينَ آمَنُوا بِٱلْبَاطِلِ وَكَفَرُوا بِٱللَّهِ أُولَآئِكَ هُمُ

سورة العنكبوت

يُعَذِّبُ مَن يَشَاءُ وَيَرْحَمُ مَن يَشَاءُ وَإِلَيْهِ تُقْلَبُونَ ٢١ وَمَا أَنتُم بِمُعْجِزِينَ فِي الْأَرْضِ وَلَا فِي السَّمَاءِ وَمَا لَكُم مِّن دُونِ اللَّهِ مِن وَلِيٍّ وَلَا نَصِيرٍ ٢٢ وَالَّذِينَ كَفَرُوا بِآيَاتِ اللَّهِ وَلِقَائِهِ أُولَٰئِكَ يَئِسُوا مِن رَّحْمَتِي وَأُولَٰئِكَ لَهُمْ عَذَابٌ أَلِيمٌ ٢٣ فَمَا كَانَ جَوَابَ قَوْمِهِ إِلَّا أَن قَالُوا اقْتُلُوهُ أَوْ حَرِّقُوهُ فَأَنجَاهُ اللَّهُ مِنَ النَّارِ إِنَّ فِي ذَٰلِكَ لَآيَاتٍ لِّقَوْمٍ يُؤْمِنُونَ ٢٤ وَقَالَ إِنَّمَا اتَّخَذْتُم مِّن دُونِ اللَّهِ أَوْثَانًا مَّوَدَّةَ بَيْنِكُمْ فِي الْحَيَاةِ الدُّنْيَا ثُمَّ يَوْمَ الْقِيَامَةِ يَكْفُرُ بَعْضُكُم بِبَعْضٍ وَيَلْعَنُ بَعْضُكُم بَعْضًا وَمَأْوَاكُمُ النَّارُ وَمَا لَكُم مِّن نَّاصِرِينَ ٢٥ فَآمَنَ لَهُ لُوطٌ وَقَالَ إِنِّي مُهَاجِرٌ إِلَىٰ رَبِّي إِنَّهُ هُوَ الْعَزِيزُ الْحَكِيمُ ٢٦ وَوَهَبْنَا لَهُ إِسْحَاقَ وَيَعْقُوبَ وَجَعَلْنَا فِي ذُرِّيَّتِهِ النُّبُوَّةَ وَالْكِتَابَ وَآتَيْنَاهُ أَجْرَهُ فِي الدُّنْيَا وَإِنَّهُ فِي الْآخِرَةِ لَمِنَ الصَّالِحِينَ ٢٧ وَلُوطًا إِذْ قَالَ لِقَوْمِهِ إِنَّكُمْ لَتَأْتُونَ الْفَاحِشَةَ مَا سَبَقَكُم بِهَا مِنْ أَحَدٍ مِّنَ الْعَالَمِينَ ٢٨ أَئِنَّكُمْ لَتَأْتُونَ الرِّجَالَ وَتَقْطَعُونَ السَّبِيلَ وَتَأْتُونَ فِي نَادِيكُمُ الْمُنكَرَ فَمَا كَانَ جَوَابَ قَوْمِهِ إِلَّا أَن قَالُوا ائْتِنَا بِعَذَابِ اللَّهِ إِن كُنتَ مِنَ الصَّادِقِينَ ٢٩ قَالَ رَبِّ انصُرْنِي عَلَى الْقَوْمِ الْمُفْسِدِينَ ٣٠ وَلَمَّا جَاءَتْ رُسُلُنَا إِبْرَاهِيمَ بِالْبُشْرَىٰ قَالُوا إِنَّا مُهْلِكُو أَهْلِ هَٰذِهِ الْقَرْيَةِ إِنَّ أَهْلَهَا كَانُوا ظَالِمِينَ ٣١ قَالَ إِنَّ فِيهَا لُوطًا قَالُوا نَحْنُ أَعْلَمُ بِمَن فِيهَا لَنُنَجِّيَنَّهُ وَأَهْلَهُ إِلَّا امْرَأَتَهُ كَانَتْ مِنَ الْغَابِرِينَ ٣٢ وَلَمَّا أَن جَاءَتْ رُسُلُنَا لُوطًا سِيءَ بِهِمْ وَضَاقَ بِهِمْ ذَرْعًا وَقَالُوا لَا تَخَفْ وَلَا تَحْزَنْ إِنَّا مُنَجُّوكَ وَأَهْلَكَ إِلَّا امْرَأَتَكَ كَانَتْ مِنَ الْغَابِرِينَ ٣٣ إِنَّا مُنزِلُونَ عَلَىٰ أَهْلِ هَٰذِهِ الْقَرْيَةِ رِجْزًا مِّنَ السَّمَاءِ بِمَا كَانُوا يَفْسُقُونَ ٣٤ وَلَقَد تَّرَكْنَا مِنْهَا آيَةً بَيِّنَةً لِّقَوْمٍ يَعْقِلُونَ ٣٥ وَإِلَىٰ مَدْيَنَ أَخَاهُمْ شُعَيْبًا فَقَالَ يَا قَوْمِ اعْبُدُوا اللَّهَ وَارْجُوا الْيَوْمَ الْآخِرَ وَلَا تَعْثَوْا فِي الْأَرْضِ مُفْسِدِينَ ٣٦ فَكَذَّبُوهُ فَأَخَذَتْهُمُ الرَّجْفَةُ فَأَصْبَحُوا فِي دَارِهِمْ جَاثِمِينَ ٣٧ وَعَادًا وَثَمُودَ وَقَد تَّبَيَّنَ

٣ أَمْ حَسِبَ ٱلَّذِينَ يَعْمَلُونَ ٱلسَّيِّآتِ أَنْ يَسْبِقُونَا سَآءَ مَا يَحْكُمُونَ ٤ مَنْ
كَانَ يَرْجُو لِقَآءَ ٱللَّهِ فَإِنَّ أَجَلَ ٱللَّهِ لَآتٍ وَهُوَ ٱلسَّمِيعُ ٱلْعَلِيمُ ٥ وَمَنْ
جَاهَدَ فَإِنَّمَا يُجَاهِدُ لِنَفْسِهِ إِنَّ ٱللَّهَ لَغَنِيٌّ عَنِ ٱلْعَالَمِينَ ٦ وَٱلَّذِينَ آمَنُوا
وَعَمِلُوا ٱلصَّالِحَاتِ لَنُكَفِّرَنَّ عَنْهُمْ سَيِّآتِهِمْ وَلَنَجْزِيَنَّهُمْ أَحْسَنَ ٱلَّذِى كَانُوا
يَعْمَلُونَ ٧ وَوَصَّيْنَا ٱلْإِنْسَانَ بِوَالِدَيْهِ حُسْنًا وَإِنْ جَاهَدَاكَ لِتُشْرِكَ بِى مَا
لَيْسَ لَكَ بِهِ عِلْمٌ فَلَا تُطِعْهُمَا إِلَىَّ مَرْجِعُكُمْ فَأُنَبِّئُكُمْ بِمَا كُنْتُمْ تَعْمَلُونَ
٨ وَٱلَّذِينَ آمَنُوا وَعَمِلُوا ٱلصَّالِحَاتِ لَنُدْخِلَنَّهُمْ فِى ٱلصَّالِحِينَ ٩ وَمِنَ ٱلنَّاسِ
مَنْ يَقُولُ آمَنَّا بِٱللَّهِ فَإِذَا أُوذِىَ فِى ٱللَّهِ جَعَلَ فِتْنَةَ ٱلنَّاسِ كَعَذَابِ ٱللَّهِ
وَلَئِنْ جَآءَ نَصْرٌ مِنْ رَبِّكَ لَيَقُولُنَّ إِنَّا كُنَّا مَعَكُمْ أَوَلَيْسَ ٱللَّهُ بِأَعْلَمَ بِمَا
فِى صُدُورِ ٱلْعَالَمِينَ ١٠ وَلَيَعْلَمَنَّ ٱللَّهُ ٱلَّذِينَ آمَنُوا وَلَيَعْلَمَنَّ ٱلْمُنَافِقِينَ
١١ وَقَالَ ٱلَّذِينَ كَفَرُوا لِلَّذِينَ آمَنُوا ٱتَّبِعُوا سَبِيلَنَا وَلْنَحْمِلْ خَطَايَاكُمْ وَمَا
هُمْ بِحَامِلِينَ مِنْ خَطَايَاهُمْ مِنْ شَىْءٍ إِنَّهُمْ لَكَاذِبُونَ ١٢ وَلَيَحْمِلُنَّ أَثْقَالَهُمْ
وَأَثْقَالًا مَعَ أَثْقَالِهِمْ وَلَيُسْأَلُنَّ يَوْمَ ٱلْقِيَامَةِ عَمَّا كَانُوا يَفْتَرُونَ ١٣ وَلَقَدْ أَرْسَلْنَا
نُوحًا إِلَى قَوْمِهِ فَلَبِثَ فِيهِمْ أَلْفَ سَنَةٍ إِلَّا خَمْسِينَ عَامًا فَأَخَذَهُمُ ٱلطُّوفَانُ
وَهُمْ ظَالِمُونَ ١٤ فَأَنْجَيْنَاهُ وَأَصْحَابَ ٱلسَّفِينَةِ وَجَعَلْنَاهَا آيَةً لِلْعَالَمِينَ ١٥
وَإِبْرٰهِيمَ إِذْ قَالَ لِقَوْمِهِ ٱعْبُدُوا ٱللَّهَ وَٱتَّقُوهُ ذَٰلِكُمْ خَيْرٌ لَكُمْ إِنْ كُنْتُمْ تَعْلَمُونَ
١٦ إِنَّمَا تَعْبُدُونَ مِنْ دُونِ ٱللَّهِ أَوْثَانًا وَتَخْلُقُونَ إِفْكًا إِنَّ ٱلَّذِينَ تَعْبُدُونَ
مِنْ دُونِ ٱللَّهِ لَا يَمْلِكُونَ لَكُمْ رِزْقًا فَٱبْتَغُوا عِنْدَ ٱللَّهِ ٱلرِّزْقَ وَٱعْبُدُوهُ
وَٱشْكُرُوا لَهُ إِلَيْهِ تُرْجَعُونَ ١٧ وَإِنْ تُكَذِّبُوا فَقَدْ كَذَّبَ أُمَمٌ مِنْ قَبْلِكُمْ وَمَا
عَلَى ٱلرَّسُولِ إِلَّا ٱلْبَلَاغُ ٱلْمُبِينُ ١٨ أَوَلَمْ يَرَوْا كَيْفَ يُبْدِئُ ٱللَّهُ ٱلْخَلْقَ ثُمَّ
يُعِيدُهُ إِنَّ ذَٰلِكَ عَلَى ٱللَّهِ يَسِيرٌ ١٩ قُلْ سِيرُوا فِى ٱلْأَرْضِ فَٱنْظُرُوا كَيْفَ بَدَأَ
ٱلْخَلْقَ ثُمَّ ٱللَّهُ يُنْشِئُ ٱلنَّشْأَةَ ٱلْآخِرَةَ إِنَّ ٱللَّهَ عَلَى كُلِّ شَىْءٍ قَدِيرٌ

ٱلْمُجْرِمُونَ ٧٩ فَخَرَجَ عَلَىٰ قَوْمِهِۦ فِى زِينَتِهِۦ قَالَ ٱلَّذِينَ يُرِيدُونَ ٱلْحَيَوٰةَ ٱلدُّنْيَا
يَا لَيْتَ لَنَا مِثْلَ مَا أُوتِىَ قَارُونُ إِنَّهُۥ لَذُو حَظٍّ عَظِيمٍ ٨٠ وَقَالَ ٱلَّذِينَ أُوتُوا
ٱلْعِلْمَ وَيْلَكُمْ ثَوَابُ ٱللَّهِ خَيْرٌ لِمَنْ آمَنَ وَعَمِلَ صَالِحًا وَلَا يُلَقَّاهَا إِلَّا ٱلصَّابِرُونَ
٨١ فَخَسَفْنَا بِهِۦ وَبِدَارِهِ ٱلْأَرْضَ فَمَا كَانَ لَهُۥ مِنْ فِئَةٍ يَنْصُرُونَهُۥ مِنْ دُونِ ٱللَّهِ
وَمَا كَانَ مِنَ ٱلْمُنْتَصِرِينَ ٨٢ وَأَصْبَحَ ٱلَّذِينَ تَمَنَّوْا مَكَانَهُۥ بِٱلْأَمْسِ يَقُولُونَ
وَيْكَأَنَّ ٱللَّهَ يَبْسُطُ ٱلرِّزْقَ لِمَنْ يَشَاءُ مِنْ عِبَادِهِۦ وَيَقْدِرُ لَوْلَا أَنْ مَنَّ ٱللَّهُ
عَلَيْنَا لَخَسَفَ بِنَا وَيْكَأَنَّهُۥ لَا يُفْلِحُ ٱلْكَافِرُونَ ٨٣ تِلْكَ ٱلدَّارُ ٱلْآخِرَةُ نَجْعَلُهَا
لِلَّذِينَ لَا يُرِيدُونَ عُلُوًّا فِى ٱلْأَرْضِ وَلَا فَسَادًا وَٱلْعَاقِبَةُ لِلْمُتَّقِينَ ٨٤ مَنْ
جَاءَ بِٱلْحَسَنَةِ فَلَهُۥ خَيْرٌ مِنْهَا وَمَنْ جَاءَ بِٱلسَّيِّئَةِ فَلَا يُجْزَى ٱلَّذِينَ عَمِلُوا
ٱلسَّيِّئَاتِ إِلَّا مَا كَانُوا يَعْمَلُونَ ٨٥ إِنَّ ٱلَّذِى فَرَضَ عَلَيْكَ ٱلْقُرْآنَ لَرَادُّكَ
إِلَىٰ مَعَادٍ قُلْ رَبِّى أَعْلَمُ مَنْ جَاءَ بِٱلْهُدَىٰ وَمَنْ هُوَ فِى ضَلَالٍ مُبِينٍ ٨٦ وَمَا
كُنْتَ تَرْجُو أَنْ يُلْقَىٰ إِلَيْكَ ٱلْكِتَابُ إِلَّا رَحْمَةً مِنْ رَبِّكَ فَلَا تَكُونَنَّ ظَهِيرًا
لِلْكَافِرِينَ ٨٧ وَلَا يَصُدُّنَّكَ عَنْ آيَاتِ ٱللَّهِ بَعْدَ إِذْ أُنْزِلَتْ إِلَيْكَ وَٱدْعُ إِلَىٰ
رَبِّكَ وَلَا تَكُونَنَّ مِنَ ٱلْمُشْرِكِينَ ٨٨ وَلَا تَدْعُ مَعَ ٱللَّهِ إِلَٰهًا آخَرَ لَا إِلَٰهَ إِلَّا
هُوَ كُلُّ شَىْءٍ هَالِكٌ إِلَّا وَجْهَهُۥ لَهُ ٱلْحُكْمُ وَإِلَيْهِ تُرْجَعُونَ

سورة العنكبوت

مكية وهى تسع وستون آية

بِسْمِ ٱللَّهِ ٱلرَّحْمَٰنِ ٱلرَّحِيمِ

١ الٓمٓ أَحَسِبَ ٱلنَّاسُ أَنْ يُتْرَكُوا أَنْ يَقُولُوا آمَنَّا وَهُمْ لَا يُفْتَنُونَ ٢ وَلَقَدْ
فَتَنَّا ٱلَّذِينَ مِنْ قَبْلِهِمْ فَلَيَعْلَمَنَّ ٱللَّهُ ٱلَّذِينَ صَدَقُوا وَلَيَعْلَمَنَّ ٱلْكَاذِبِينَ

الْقِيَامَةِ مِنَ الْمُحْضَرِينَ ٦٢ وَيَوْمَ يُنَادِيهِمْ فَيَقُولُ أَيْنَ شُرَكَاءِيَ الَّذِينَ
كُنْتُمْ تَزْعُمُونَ ٦٣ قَالَ الَّذِينَ حَقَّ عَلَيْهِمُ الْقَوْلُ رَبَّنَا هَؤُلَاءِ الَّذِينَ أَغْوَيْنَا
أَغْوَيْنَاهُمْ كَمَا غَوَيْنَا تَبَرَّأْنَا إِلَيْكَ مَا كَانُوا إِيَّانَا يَعْبُدُونَ ٦٤ وَقِيلَ ادْعُوا
شُرَكَاءَكُمْ فَدَعَوْهُمْ فَلَمْ يَسْتَجِيبُوا لَهُمْ وَرَأَوُا الْعَذَابَ لَوْ أَنَّهُمْ كَانُوا يَهْتَدُونَ
٦٥ وَيَوْمَ يُنَادِيهِمْ فَيَقُولُ مَا ذَا أَجَبْتُمُ الْمُرْسَلِينَ ٦٦ فَعَمِيَتْ عَلَيْهِمُ الْأَنْبَاءُ
يَوْمَئِذٍ فَهُمْ لَا يَتَسَاءَلُونَ ٦٧ فَأَمَّا مَنْ تَابَ وَآمَنَ وَعَمِلَ صَالِحًا فَعَسَى أَنْ
يَكُونَ مِنَ الْمُفْلِحِينَ ٦٨ وَرَبُّكَ يَخْلُقُ مَا يَشَاءُ وَيَخْتَارُ مَا كَانَ لَهُمُ الْخِيَرَةُ
سُبْحَانَ اللَّهِ وَتَعَالَى عَمَّا يُشْرِكُونَ ٦٩ وَرَبُّكَ يَعْلَمُ مَا تُكِنُّ صُدُورُهُمْ وَمَا
يُعْلِنُونَ ٧٠ وَهُوَ اللَّهُ لَا إِلَهَ إِلَّا هُوَ لَهُ الْحَمْدُ فِي الْأُولَى وَالْآخِرَةِ وَلَهُ الْحُكْمُ
وَإِلَيْهِ تُرْجَعُونَ ٧١ قُلْ أَرَأَيْتُمْ إِنْ جَعَلَ اللَّهُ عَلَيْكُمُ اللَّيْلَ سَرْمَدًا إِلَى يَوْمِ
الْقِيَامَةِ مَنْ إِلَهٌ غَيْرُ اللَّهِ يَأْتِيكُمْ بِضِيَاءٍ أَفَلَا تَسْمَعُونَ ٧٢ قُلْ أَرَأَيْتُمْ إِنْ
جَعَلَ اللَّهُ عَلَيْكُمُ النَّهَارَ سَرْمَدًا إِلَى يَوْمِ الْقِيَامَةِ مَنْ إِلَهٌ غَيْرُ اللَّهِ يَأْتِيكُمْ
بِلَيْلٍ تَسْكُنُونَ فِيهِ أَفَلَا تُبْصِرُونَ ٧٣ وَمِنْ رَحْمَتِهِ جَعَلَ لَكُمُ اللَّيْلَ وَالنَّهَارَ
لِتَسْكُنُوا فِيهِ وَلِتَبْتَغُوا مِنْ فَضْلِهِ وَلَعَلَّكُمْ تَشْكُرُونَ ٧٤ وَيَوْمَ يُنَادِيهِمْ فَيَقُولُ
أَيْنَ شُرَكَاءِيَ الَّذِينَ كُنْتُمْ تَزْعُمُونَ ٧٥ وَنَزَعْنَا مِنْ كُلِّ أُمَّةٍ شَهِيدًا فَقُلْنَا
هَاتُوا بُرْهَانَكُمْ فَعَلِمُوا أَنَّ الْحَقَّ لِلَّهِ وَضَلَّ عَنْهُمْ مَا كَانُوا يَفْتَرُونَ ٧٦ إِنَّ
قَارُونَ كَانَ مِنْ قَوْمِ مُوسَى فَبَغَى عَلَيْهِمْ وَآتَيْنَاهُ مِنَ الْكُنُوزِ مَا إِنَّ مَفَاتِحَهُ
لَتَنُوءُ بِالْعُصْبَةِ أُولِي الْقُوَّةِ إِذْ قَالَ لَهُ قَوْمُهُ لَا تَفْرَحْ إِنَّ اللَّهَ لَا يُحِبُّ الْفَرِحِينَ
٧٧ وَابْتَغِ فِيمَا آتَاكَ اللَّهُ الدَّارَ الْآخِرَةَ وَلَا تَنْسَ نَصِيبَكَ مِنَ الدُّنْيَا وَأَحْسِنْ
كَمَا أَحْسَنَ اللَّهُ إِلَيْكَ وَلَا تَبْغِ الْفَسَادَ فِي الْأَرْضِ إِنَّ اللَّهَ لَا يُحِبُّ الْمُفْسِدِينَ
٧٨ قَالَ إِنَّمَا أُوتِيتُهُ عَلَى عِلْمٍ عِنْدِي أَوَلَمْ يَعْلَمْ أَنَّ اللَّهَ قَدْ أَهْلَكَ مِنْ
قَبْلِهِ مِنَ الْقُرُونِ مَنْ هُوَ أَشَدُّ مِنْهُ قُوَّةً وَأَكْثَرُ جَمْعًا وَلَا يُسْأَلُ عَنْ ذُنُوبِهِمُ

سورة القصص ٢٠٥

٤٦ وَمَا كُنْتَ بِجَانِبِ ٱلطُّورِ إِذْ نَادَيْنَا وَلَكِنْ رَحْمَةً مِنْ رَبِّكَ لِتُنْذِرَ قَوْمًا مَا
أَتَاهُمْ مِنْ نَذِيرٍ مِنْ قَبْلِكَ لَعَلَّهُمْ يَتَذَكَّرُونَ ٤٧ وَلَوْلَا أَنْ تُصِيبَهُمْ مُصِيبَةٌ
بِمَا قَدَّمَتْ أَيْدِيهِمْ فَيَقُولُوا رَبَّنَا لَوْلَا أَرْسَلْتَ إِلَيْنَا رَسُولًا فَنَتَّبِعَ آيَاتِكَ وَنَكُونَ
مِنَ ٱلْمُؤْمِنِينَ ٤٨ فَلَمَّا جَاءَهُمُ ٱلْحَقُّ مِنْ عِنْدِنَا قَالُوا لَوْلَا أُوتِيَ مِثْلَ مَا
أُوتِيَ مُوسَى أَوَلَمْ يَكْفُرُوا بِمَا أُوتِيَ مُوسَى مِنْ قَبْلُ قَالُوا سِحْرَانِ تَظَاهَرَا وَقَالُوا
إِنَّا بِكُلٍّ كَافِرُونَ ٤٩ قُلْ فَأْتُوا بِكِتَابٍ مِنْ عِنْدِ ٱللَّهِ هُوَ أَهْدَى مِنْهُمَا أَتَّبِعْهُ
إِنْ كُنْتُمْ صَادِقِينَ ٥٠ فَإِنْ لَمْ يَسْتَجِيبُوا لَكَ فَٱعْلَمْ أَنَّمَا يَتَّبِعُونَ أَهْوَاءَهُمْ
وَمَنْ أَضَلُّ مِمَّنِ ٱتَّبَعَ هَوَاهُ بِغَيْرِ هُدًى مِنَ ٱللَّهِ إِنَّ ٱللَّهَ لَا يَهْدِي ٱلْقَوْمَ
ٱلظَّالِمِينَ ٥١ وَلَقَدْ وَصَّلْنَا لَهُمُ ٱلْقَوْلَ لَعَلَّهُمْ يَتَذَكَّرُونَ ٥٢ ٱلَّذِينَ آتَيْنَاهُمُ
ٱلْكِتَابَ مِنْ قَبْلِهِ هُمْ بِهِ يُؤْمِنُونَ ٥٣ وَإِذَا يُتْلَى عَلَيْهِمْ قَالُوا آمَنَّا بِهِ إِنَّهُ
ٱلْحَقُّ مِنْ رَبِّنَا إِنَّا كُنَّا مِنْ قَبْلِهِ مُسْلِمِينَ ٥٤ أُولَائِكَ يُؤْتَوْنَ أَجْرَهُمْ مَرَّتَيْنِ
بِمَا صَبَرُوا وَيَدْرَؤُونَ بِٱلْحَسَنَةِ ٱلسَّيِّئَةَ وَمِمَّا رَزَقْنَاهُمْ يُنْفِقُونَ ٥٥ وَإِذَا سَمِعُوا
ٱللَّغْوَ أَعْرَضُوا عَنْهُ وَقَالُوا لَنَا أَعْمَالُنَا وَلَكُمْ أَعْمَالُكُمْ سَلَامٌ عَلَيْكُمْ لَا نَبْتَغِي
ٱلْجَاهِلِينَ ٥٦ إِنَّكَ لَا تَهْدِي مَنْ أَحْبَبْتَ وَلَكِنَّ ٱللَّهَ يَهْدِي مَنْ يَشَاءُ وَهُوَ
أَعْلَمُ بِٱلْمُهْتَدِينَ ٥٧ وَقَالُوا إِنْ نَتَّبِعِ ٱلْهُدَى مَعَكَ نُتَخَطَّفْ مِنْ أَرْضِنَا أَوَلَمْ
نُمَكِّنْ لَهُمْ حَرَمًا آمِنًا يُجْبَى إِلَيْهِ ثَمَرَاتُ كُلِّ شَيْءٍ رِزْقًا مِنْ لَدُنَّا وَلَكِنَّ
أَكْثَرَهُمْ لَا يَعْلَمُونَ ٥٨ وَكَمْ أَهْلَكْنَا مِنْ قَرْيَةٍ بَطِرَتْ مَعِيشَتَهَا فَتِلْكَ
مَسَاكِنُهُمْ لَمْ تُسْكَنْ مِنْ بَعْدِهِمْ إِلَّا قَلِيلًا وَكُنَّا نَحْنُ ٱلْوَارِثِينَ ٥٩ وَمَا
كَانَ رَبُّكَ مُهْلِكَ ٱلْقُرَى حَتَّى يَبْعَثَ فِي أُمِّهَا رَسُولًا يَتْلُو عَلَيْهِمْ آيَاتِنَا وَمَا
كُنَّا مُهْلِكِي ٱلْقُرَى إِلَّا وَأَهْلُهَا ظَالِمُونَ ٦٠ وَمَا أُوتِيتُمْ مِنْ شَيْءٍ فَمَتَاعُ
ٱلْحَيَوةِ ٱلدُّنْيَا وَزِينَتُهَا وَمَا عِنْدَ ٱللَّهِ خَيْرٌ وَأَبْقَى أَفَلَا تَعْقِلُونَ ٦١ أَفَمَنْ
وَعَدْنَاهُ وَعْدًا حَسَنًا فَهُوَ لَاقِيهِ كَمَنْ مَتَّعْنَاهُ مَتَاعَ ٱلْحَيَوةِ ٱلدُّنْيَا ثُمَّ هُوَ يَوْمَ

ٱلنَّارِ لَعَلَّكُمْ تَصْطَلُونَ ۳۰ فَلَمَّا أَتَاهَا نُودِيَ مِنْ شَاطِئِ ٱلْوَادِ ٱلْأَيْمَنِ فِي ٱلْبُقْعَةِ
ٱلْمُبَارَكَةِ مِنَ ٱلشَّجَرَةِ أَنْ يَا مُوسَى إِنِّي أَنَا ٱللّٰهُ رَبُّ ٱلْعَالَمِينَ ۳۱ وَأَنْ أَلْقِ
عَصَاكَ فَلَمَّا رَآهَا تَهْتَزُّ كَأَنَّهَا جَانٌّ وَلَّى مُدْبِرًا وَلَمْ يُعَقِّبْ يَا مُوسَى أَقْبِلْ وَلَا
تَخَفْ إِنَّكَ مِنَ ٱلْآمِنِينَ ۳۲ أُسْلُكْ يَدَكَ فِي جَيْبِكَ تَخْرُجْ بَيْضَاءَ مِنْ غَيْرِ
سُوٓءٍ وَٱضْمُمْ إِلَيْكَ جَنَاحَكَ مِنَ ٱلرَّهْبِ فَذَانِكَ بُرْهَانَانِ مِنْ رَبِّكَ إِلَى فِرْعَوْنَ
وَمَلَئِهِ إِنَّهُمْ كَانُوا قَوْمًا فَاسِقِينَ ۳۳ قَالَ رَبِّ إِنِّي قَتَلْتُ مِنْهُمْ نَفْسًا فَأَخَافُ
أَنْ يَقْتُلُونِ ۳۴ وَأَخِي هَرُونُ هُوَ أَفْصَحُ مِنِّي لِسَانًا فَأَرْسِلْهُ مَعِيَ رِدْءًا يُصَدِّقُنِي
إِنِّي أَخَافُ أَنْ يُكَذِّبُونِ ۳۵ قَالَ سَنَشُدُّ عَضُدَكَ بِأَخِيكَ وَنَجْعَلُ لَكُمَا
سُلْطَانًا فَلَا يَصِلُونَ إِلَيْكُمَا بِآيَاتِنَا أَنْتُمَا وَمَنِ ٱتَّبَعَكُمَا ٱلْغَالِبُونَ ۳۶ فَلَمَّا
جَاءَهُمْ مُوسَى بِآيَاتِنَا بَيِّنَاتٍ قَالُوا مَا هَذَا إِلَّا سِحْرٌ مُفْتَرًى وَمَا سَمِعْنَا بِهَذَا فِي
آبَائِنَا ٱلْأَوَّلِينَ ۳۷ وَقَالَ مُوسَى رَبِّي أَعْلَمُ بِمَنْ جَاءَ بِٱلْهُدَى مِنْ عِنْدِهِ
وَمَنْ تَكُونُ لَهُ عَاقِبَةُ ٱلدَّارِ إِنَّهُ لَا يُفْلِحُ ٱلظَّالِمُونَ ۳۸ وَقَالَ فِرْعَوْنُ يَا أَيُّهَا
ٱلْمَلَأُ مَا عَلِمْتُ لَكُمْ مِنْ إِلَهٍ غَيْرِي فَأَوْقِدْ لِي يَا هَامَانُ عَلَى ٱلطِّينِ فَٱجْعَلْ
لِي صَرْحًا لَعَلِّي أَطَّلِعُ إِلَى إِلَهِ مُوسَى وَإِنِّي لَأَظُنُّهُ مِنَ ٱلْكَاذِبِينَ ۳۹ وَٱسْتَكْبَرَ
هُوَ وَجُنُودُهُ فِي ٱلْأَرْضِ بِغَيْرِ ٱلْحَقِّ وَظَنُّوا أَنَّهُمْ إِلَيْنَا لَا يُرْجَعُونَ ۴۰ فَأَخَذْنَاهُ
وَجُنُودَهُ فَنَبَذْنَاهُمْ فِي ٱلْيَمِّ فَٱنْظُرْ كَيْفَ كَانَ عَاقِبَةُ ٱلظَّالِمِينَ ۴۱ وَجَعَلْنَاهُمْ
أَئِمَّةً يَدْعُونَ إِلَى ٱلنَّارِ وَيَوْمَ ٱلْقِيَامَةِ لَا يُنْصَرُونَ ، ۴۲ وَأَتْبَعْنَاهُمْ فِي هَذِهِ
ٱلدُّنْيَا لَعْنَةً وَيَوْمَ ٱلْقِيَامَةِ هُمْ مِنَ ٱلْمَقْبُوحِينَ ۴۳ وَلَقَدْ آتَيْنَا مُوسَى
ٱلْكِتَابَ مِنْ بَعْدِ مَا أَهْلَكْنَا ٱلْقُرُونَ ٱلْأُولَى بَصَائِرَ لِلنَّاسِ وَهُدًى وَرَحْمَةً
لَعَلَّهُمْ يَتَذَكَّرُونَ ۴۴ وَمَا كُنْتَ بِجَانِبِ ٱلْغَرْبِيِّ إِذْ قَضَيْنَا إِلَى مُوسَى ٱلْأَمْرَ
وَمَا كُنْتَ مِنَ ٱلشَّاهِدِينَ ۴۵ وَلَكِنَّا أَنْشَأْنَا قُرُونًا فَتَطَاوَلَ عَلَيْهِمُ ٱلْعُمُرُ
وَمَا كُنْتَ ثَاوِيًا فِي أَهْلِ مَدْيَنَ تَتْلُو عَلَيْهِمْ آيَاتِنَا وَلَكِنَّا كُنَّا مُرْسِلِينَ

سورة القصص ٢٠٣

فَقَضَى عَلَيْهِ قَالَ هَذَا مِنْ عَمَلِ ٱلشَّيْطَانِ إِنَّهُ عَدُوٌّ مُضِلٌّ مُبِينٌ ١٥ قَالَ
رَبِّ إِنِّي ظَلَمْتُ نَفْسِي فَٱغْفِرْ لِي فَغَفَرَ لَهُ إِنَّهُ هُوَ ٱلْغَفُورُ ٱلرَّحِيمُ ١٦ قَالَ
رَبِّ بِمَا أَنْعَمْتَ عَلَيَّ فَلَنْ أَكُونَ ظَهِيرًا لِلْمُجْرِمِينَ ١٧ فَأَصْبَحَ فِي ٱلْمَدِينَةِ
خَائِفًا يَتَرَقَّبُ فَإِذَا ٱلَّذِي ٱسْتَنْصَرَهُ بِٱلْأَمْسِ يَسْتَصْرِخُهُ قَالَ لَهُ مُوسَى إِنَّكَ
لَغَوِيٌّ مُبِينٌ ١٨ فَلَمَّا أَنْ أَرَادَ أَنْ يَبْطِشَ بِٱلَّذِي هُوَ عَدُوٌّ لَهُمَا قَالَ يَا
مُوسَى أَتُرِيدُ أَنْ تَقْتُلَنِي كَمَا قَتَلْتَ نَفْسًا بِٱلْأَمْسِ إِنْ تُرِيدُ إِلَّا أَنْ تَكُونَ
جَبَّارًا فِي ٱلْأَرْضِ وَمَا تُرِيدُ أَنْ تَكُونَ مِنَ ٱلْمُصْلِحِينَ ١٩ وَجَاءَ رَجُلٌ مِنْ
أَقْصَى ٱلْمَدِينَةِ يَسْعَى قَالَ يَا مُوسَى إِنَّ ٱلْمَلَأَ يَأْتَمِرُونَ بِكَ لِيَقْتُلُوكَ فَٱخْرُجْ
إِنِّي لَكَ مِنَ ٱلنَّاصِحِينَ ٢٠ فَخَرَجَ مِنْهَا خَائِفًا يَتَرَقَّبُ قَالَ رَبِّ نَجِّنِي مِنَ
ٱلْقَوْمِ ٱلظَّالِمِينَ ٢١ وَلَمَّا تَوَجَّهَ تِلْقَاءَ مَدْيَنَ قَالَ عَسَى رَبِّي أَنْ يَهْدِيَنِي
سَوَاءَ ٱلسَّبِيلِ ٢٢ وَلَمَّا وَرَدَ مَاءَ مَدْيَنَ وَجَدَ عَلَيْهِ أُمَّةً مِنَ ٱلنَّاسِ يَسْقُونَ
٢٣ وَوَجَدَ مِنْ دُونِهِمُ ٱمْرَأَتَيْنِ تَذُودَانِ قَالَ مَا خَطْبُكُمَا قَالَتَا لَا نَسْقِي
حَتَّى يُصْدِرَ ٱلرِّعَاءُ وَأَبُونَا شَيْخٌ كَبِيرٌ ٢٤ فَسَقَى لَهُمَا ثُمَّ تَوَلَّى إِلَى ٱلظِّلِّ فَقَالَ
رَبِّ إِنِّي لِمَا أَنْزَلْتَ إِلَيَّ مِنْ خَيْرٍ فَقِيرٌ ٢٥ فَجَاءَتْهُ إِحْدَاهُمَا تَمْشِي عَلَى
ٱسْتِحْيَاءٍ قَالَتْ إِنَّ أَبِي يَدْعُوكَ لِيَجْزِيَكَ أَجْرَ مَا سَقَيْتَ لَنَا فَلَمَّا جَاءَهُ وَقَصَّ
عَلَيْهِ ٱلْقَصَصَ قَالَ لَا تَخَفْ نَجَوْتَ مِنَ ٱلْقَوْمِ ٱلظَّالِمِينَ ٢٦ قَالَتْ إِحْدَاهُمَا
يَا أَبَتِ ٱسْتَأْجِرْهُ إِنَّ خَيْرَ مَنِ ٱسْتَأْجَرْتَ ٱلْقَوِيُّ ٱلْأَمِينُ ٢٧ قَالَ إِنِّي أُرِيدُ
أَنْ أُنْكِحَكَ إِحْدَى ٱبْنَتَيَّ هَاتَيْنِ عَلَى أَنْ تَأْجُرَنِي ثَمَانِيَ حِجَجٍ فَإِنْ أَتْمَمْتَ عَشْرًا
فَمِنْ عِنْدِكَ وَمَا أُرِيدُ أَنْ أَشُقَّ عَلَيْكَ سَتَجِدُنِي إِنْ شَاءَ ٱللَّهُ مِنَ ٱلصَّالِحِينَ
٢٨ قَالَ ذَلِكَ بَيْنِي وَبَيْنَكَ أَيَّمَا ٱلْأَجَلَيْنِ قَضَيْتُ فَلَا عُدْوَانَ عَلَيَّ وَٱللَّهُ عَلَى مَا
نَقُولُ وَكِيلٌ ٢٩ فَلَمَّا قَضَى مُوسَى ٱلْأَجَلَ وَسَارَ بِأَهْلِهِ آنَسَ مِنْ جَانِبِ ٱلطُّورِ
نَارًا قَالَ لِأَهْلِهِ ٱمْكُثُوا إِنِّي آنَسْتُ نَارًا لَعَلِّي آتِيكُمْ مِنْهَا بِخَبَرٍ أَوْ جَذْوَةٍ مِنَ

سورة القصص

مكية وهي ثمان وثمانون آية

بِسْمِ ٱللَّهِ ٱلرَّحْمَنِ ٱلرَّحِيمِ

طسٓمٓ تِلْكَ آيَاتُ ٱلْكِتَابِ ٱلْمُبِينِ ٢ نَتْلُو عَلَيْكَ مِنْ نَبَإِ مُوسَى وَفِرْعَوْنَ
بِٱلْحَقِّ لِقَوْمٍ يُؤْمِنُونَ ٣ إِنَّ فِرْعَوْنَ عَلَا فِي ٱلْأَرْضِ وَجَعَلَ أَهْلَهَا شِيَعًا
يَسْتَضْعِفُ طَائِفَةً مِنْهُمْ يُذَبِّحُ أَبْنَاءَهُمْ وَيَسْتَحْيِي نِسَاءَهُمْ إِنَّهُ كَانَ مِنَ
ٱلْمُفْسِدِينَ ٤ وَنُرِيدُ أَنْ نَمُنَّ عَلَى ٱلَّذِينَ ٱسْتُضْعِفُوا فِي ٱلْأَرْضِ وَنَجْعَلَهُمْ
أَئِمَّةً وَنَجْعَلَهُمُ ٱلْوَارِثِينَ ٥ وَنُمَكِّنَ لَهُمْ فِي ٱلْأَرْضِ وَنُرِيَ فِرْعَوْنَ وَهَامَانَ
وَجُنُودَهُمَا مِنْهُمْ مَا كَانُوا يَحْذَرُونَ ٦ وَأَوْحَيْنَا إِلَى أُمِّ مُوسَى أَنْ أَرْضِعِيهِ
فَإِذَا خِفْتِ عَلَيْهِ فَأَلْقِيهِ فِي ٱلْيَمِّ وَلَا تَخَافِي وَلَا تَحْزَنِي إِنَّا رَادُّوهُ إِلَيْكِ وَجَاعِلُوهُ
مِنَ ٱلْمُرْسَلِينَ ٧ فَٱلْتَقَطَهُ آلُ فِرْعَوْنَ لِيَكُونَ لَهُمْ عَدُوًّا وَحَزَنًا إِنَّ فِرْعَوْنَ
وَهَامَانَ وَجُنُودَهُمَا كَانُوا خَاطِئِينَ ٨ وَقَالَتِ ٱمْرَأَةُ فِرْعَوْنَ قُرَّةُ عَيْنٍ لِي وَلَكَ
لَا تَقْتُلُوهُ عَسَى أَنْ يَنْفَعَنَا أَوْ نَتَّخِذَهُ وَلَدًا وَهُمْ لَا يَشْعُرُونَ ٩ وَأَصْبَحَ فُؤَادُ
أُمِّ مُوسَى فَارِغًا إِنْ كَادَتْ لَتُبْدِي بِهِ لَوْلَا أَنْ رَبَطْنَا عَلَى قَلْبِهَا لِتَكُونَ مِنَ
ٱلْمُؤْمِنِينَ ١٠ وَقَالَتْ لِأُخْتِهِ قُصِّيهِ فَبَصُرَتْ بِهِ عَنْ جُنُبٍ وَهُمْ لَا يَشْعُرُونَ
١١ وَحَرَّمْنَا عَلَيْهِ ٱلْمَرَاضِعَ مِنْ قَبْلُ فَقَالَتْ هَلْ أَدُلُّكُمْ عَلَى أَهْلِ بَيْتٍ يَكْفُلُونَهُ
لَكُمْ وَهُمْ لَهُ نَاصِحُونَ ١٢ فَرَدَدْنَاهُ إِلَى أُمِّهِ كَيْ تَقَرَّ عَيْنُهَا وَلَا تَحْزَنَ وَلِتَعْلَمَ
أَنَّ وَعْدَ ٱللَّهِ حَقٌّ وَلَكِنَّ أَكْثَرَهُمْ لَا يَعْلَمُونَ ١٣ وَلَمَّا بَلَغَ أَشُدَّهُ وَٱسْتَوَى
آتَيْنَاهُ حُكْمًا وَعِلْمًا وَكَذَلِكَ نَجْزِي ٱلْمُحْسِنِينَ ١٤ وَدَخَلَ ٱلْمَدِينَةَ عَلَى حِينِ
غَفْلَةٍ مِنْ أَهْلِهَا فَوَجَدَ فِيهَا رَجُلَيْنِ يَقْتَتِلَانِ هَذَا مِنْ شِيعَتِهِ وَهَذَا مِنْ
عَدُوِّهِ فَٱسْتَغَاثَهُ ٱلَّذِي مِنْ شِيعَتِهِ عَلَى ٱلَّذِي مِنْ عَدُوِّهِ فَوَكَزَهُ مُوسَى

٢٠١ سورة النمل

ٱلْعَزِيزُ ٱلْعَلِيمُ ٨١ فَتَوَكَّلْ عَلَى ٱللَّهِ إِنَّكَ عَلَى ٱلْحَقِّ ٱلْمُبِينِ ٨٢ إِنَّكَ لَا
تُسْمِعُ ٱلْمَوْتَى وَلَا تُسْمِعُ ٱلصُّمَّ ٱلدُّعَاءَ إِذَا وَلَّوْا مُدْبِرِينَ ٨٣ وَمَا أَنْتَ بِهَادِي
ٱلْعُمْيِ عَنْ ضَلَالَتِهِمْ إِنْ تُسْمِعُ إِلَّا مَنْ يُؤْمِنُ بِآيَاتِنَا فَهُمْ مُسْلِمُونَ ٨٤ وَإِذَا
وَقَعَ ٱلْقَوْلُ عَلَيْهِمْ أَخْرَجْنَا لَهُمْ دَابَّةً مِنَ ٱلْأَرْضِ تُكَلِّمُهُمْ أَنَّ ٱلنَّاسَ كَانُوا
بِآيَاتِنَا لَا يُوقِنُونَ ٨٥ وَيَوْمَ نَحْشُرُ مِنْ كُلِّ أُمَّةٍ فَوْجًا مِمَّنْ يُكَذِّبُ بِآيَاتِنَا
فَهُمْ يُوزَعُونَ ٨٦ حَتَّى إِذَا جَاءُوا قَالَ أَكَذَّبْتُمْ بِآيَاتِي وَلَمْ تُحِيطُوا بِهَا
عِلْمًا أَمَّا ذَا كُنْتُمْ تَعْمَلُونَ ٨٧ وَوَقَعَ ٱلْقَوْلُ عَلَيْهِمْ بِمَا ظَلَمُوا فَهُمْ لَا
يَنْطِقُونَ ٨٨ أَلَمْ يَرَوْا أَنَّا جَعَلْنَا ٱللَّيْلَ لِيَسْكُنُوا فِيهِ وَٱلنَّهَارَ مُبْصِرًا إِنَّ
فِي ذَلِكَ لَآيَاتٍ لِقَوْمٍ يُؤْمِنُونَ ٨٩ وَيَوْمَ يُنْفَخُ فِي ٱلصُّورِ فَفَزِعَ مَنْ فِي ٱلسَّمَاوَاتِ
وَمَنْ فِي ٱلْأَرْضِ إِلَّا مَنْ شَاءَ ٱللَّهُ وَكُلٌّ أَتَوْهُ دَاخِرِينَ ٩٠ وَتَرَى ٱلْجِبَالَ
تَحْسَبُهَا جَامِدَةً وَهِيَ تَمُرُّ مَرَّ ٱلسَّحَابِ صُنْعَ ٱللَّهِ ٱلَّذِي أَتْقَنَ كُلَّ شَيْءٍ
إِنَّهُ خَبِيرٌ بِمَا تَفْعَلُونَ ٩١ مَنْ جَاءَ بِٱلْحَسَنَةِ فَلَهُ خَيْرٌ مِنْهَا وَهُمْ مِنْ فَزَعٍ
يَوْمَئِذٍ آمِنُونَ ٩٢ وَمَنْ جَاءَ بِٱلسَّيِّئَةِ فَكُبَّتْ وُجُوهُهُمْ فِي ٱلنَّارِ هَلْ تُجْزَوْنَ
إِلَّا مَا كُنْتُمْ تَعْمَلُونَ ٩٣ إِنَّمَا أُمِرْتُ أَنْ أَعْبُدَ رَبَّ هَذِهِ ٱلْبَلْدَةِ ٱلَّذِي
حَرَّمَهَا وَلَهُ كُلُّ شَيْءٍ وَأُمِرْتُ أَنْ أَكُونَ مِنَ ٱلْمُسْلِمِينَ ٩٤ وَأَنْ أَتْلُوَ
ٱلْقُرْآنَ فَمَنِ ٱهْتَدَى فَإِنَّمَا يَهْتَدِي لِنَفْسِهِ وَمَنْ ضَلَّ فَقُلْ إِنَّمَا أَنَا مِنَ
ٱلْمُنْذِرِينَ ٩٥ وَقُلِ ٱلْحَمْدُ لِلَّهِ سَيُرِيكُمْ آيَاتِهِ فَتَعْرِفُونَهَا وَمَا رَبُّكَ بِغَافِلٍ
عَمَّا تَعْمَلُونَ

مِنَ ٱلْغَابِرِينَ ٥٩ وَأَمْطَرْنَا عَلَيْهِمْ مَطَرًا فَسَآءَ مَطَرُ ٱلْمُنْذَرِينَ ٦٠ قُلِ ٱلْحَمْدُ
لِلَّهِ وَسَلَامٌ عَلَى عِبَادِهِ ٱلَّذِينَ ٱصْطَفَى آللّٰهُ خَيْرٌ أَمَّا يُشْرِكُونَ ٦١ أَمَّنْ
خَلَقَ ٱلسَّمَوَاتِ وَٱلْأَرْضَ وَأَنْزَلَ لَكُمْ مِنَ ٱلسَّمَآءِ مَآءً فَأَنْبَتْنَا بِهِ حَدَآئِقَ
ذَاتَ بَهْجَةٍ مَا كَانَ لَكُمْ أَنْ تُنْبِتُوا شَجَرَهَا أَإِلَهٌ مَعَ ٱللّٰهِ بَلْ هُمْ قَوْمٌ يَعْدِلُونَ
٦٢ أَمَّنْ جَعَلَ ٱلْأَرْضَ قَرَارًا وَجَعَلَ خِلَالَهَا أَنْهَارًا وَجَعَلَ لَهَا رَوَاسِيَ وَجَعَلَ
بَيْنَ ٱلْبَحْرَيْنِ حَاجِزًا أَإِلَهٌ مَعَ ٱللّٰهِ بَلْ أَكْثَرُهُمْ لَا يَعْلَمُونَ ٦٣ أَمَّنْ يُجِيبُ
ٱلْمُضْطَرَّ إِذَا دَعَاهُ وَيَكْشِفُ ٱلسُّوٓءَ وَيَجْعَلُكُمْ خُلَفَآءَ ٱلْأَرْضِ أَإِلَهٌ مَعَ ٱللّٰهِ
قَلِيلًا مَا تَذَكَّرُونَ ٦٤ أَمَّنْ يَهْدِيكُمْ فِي ظُلُمَاتِ ٱلْبَرِّ وَٱلْبَحْرِ وَمَنْ يُرْسِلُ
ٱلرِّيَاحَ بُشْرًا بَيْنَ يَدَيْ رَحْمَتِهِ أَإِلَهٌ مَعَ ٱللّٰهِ تَعَالَى ٱللّٰهُ عَمَّا يُشْرِكُونَ
٦٥ أَمَّنْ يَبْدَأُ ٱلْخَلْقَ ثُمَّ يُعِيدُهُ وَمَنْ يَرْزُقُكُمْ مِنَ ٱلسَّمَآءِ وَٱلْأَرْضِ أَإِلَهٌ مَعَ
ٱللّٰهِ قُلْ هَاتُوا بُرْهَانَكُمْ إِنْ كُنْتُمْ صَادِقِينَ ٦٦ قُلْ لَا يَعْلَمُ مَنْ فِي
ٱلسَّمَوَاتِ وَٱلْأَرْضِ ٱلْغَيْبَ إِلَّا ٱللّٰهُ وَمَا يَشْعُرُونَ ٦٧ أَيَّانَ يُبْعَثُونَ ٦٨ بَلِ
ٱدَّارَكَ عِلْمُهُمْ فِي ٱلْآخِرَةِ بَلْ هُمْ فِي شَكٍّ مِنْهَا بَلْ هُمْ مِنْهَا عَمُونَ ٦٩ وَقَالَ
ٱلَّذِينَ كَفَرُوا أَئِذَا كُنَّا تُرَابًا وَآبَآؤُنَا أَئِنَّا لَمُخْرَجُونَ ٧٠ لَقَدْ وُعِدْنَا هَذَا
نَحْنُ وَآبَآؤُنَا مِنْ قَبْلُ إِنْ هَذَا إِلَّا أَسَاطِيرُ ٱلْأَوَّلِينَ ٧١ قُلْ سِيرُوا فِي ٱلْأَرْضِ
فَٱنْظُرُوا كَيْفَ كَانَ عَاقِبَةُ ٱلْمُجْرِمِينَ ٧٢ وَلَا تَحْزَنْ عَلَيْهِمْ وَلَا تَكُنْ فِي ضَيْقٍ
مِمَّا يَمْكُرُونَ ٧٣ وَيَقُولُونَ مَتَى هَذَا ٱلْوَعْدُ إِنْ كُنْتُمْ صَادِقِينَ ٧٤ قُلْ
عَسَى أَنْ يَكُونَ رَدِفَ لَكُمْ بَعْضُ ٱلَّذِي تَسْتَعْجِلُونَ ٧٥ وَإِنَّ رَبَّكَ لَذُو فَضْلٍ
عَلَى ٱلنَّاسِ وَلَكِنَّ أَكْثَرَهُمْ لَا يَشْكُرُونَ ٧٦ وَإِنَّ رَبَّكَ لَيَعْلَمُ مَا تُكِنُّ صُدُورُهُمْ
وَمَا يُعْلِنُونَ ٧٧ وَمَا مِنْ غَآئِبَةٍ فِي ٱلسَّمَآءِ وَٱلْأَرْضِ إِلَّا فِي كِتَابٍ مُبِينٍ
٧٨ إِنَّ هَذَا ٱلْقُرْآنَ يَقُصُّ عَلَى بَنِي إِسْرَآئِيلَ أَكْثَرَ ٱلَّذِي هُمْ فِيهِ يَخْتَلِفُونَ
٧٩ وَإِنَّهُ لَهُدًى وَرَحْمَةٌ لِلْمُؤْمِنِينَ ٨٠ إِنَّ رَبَّكَ يَقْضِي بَيْنَهُمْ بِحُكْمِهِ وَهُوَ

٣٩ قَالَ عِفْرِيتٌ مِنَ ٱلْجِنِّ أَنَا آتِيكَ بِهِ قَبْلَ أَنْ تَقُومَ مِنْ مَقَامِكَ وَإِنِّي
عَلَيْهِ لَقَوِيٌّ أَمِينٌ ٤٠ قَالَ ٱلَّذِي عِنْدَهُ عِلْمٌ مِنَ ٱلْكِتَابِ أَنَا آتِيكَ بِهِ
قَبْلَ أَنْ يَرْتَدَّ إِلَيْكَ طَرْفُكَ فَلَمَّا رَآهُ مُسْتَقِرًّا عِنْدَهُ قَالَ هٰذَا مِنْ فَضْلِ
رَبِّي لِيَبْلُوَنِي أَأَشْكُرُ أَمْ أَكْفُرُ وَمَنْ شَكَرَ فَإِنَّمَا يَشْكُرُ لِنَفْسِهِ وَمَنْ كَفَرَ فَإِنَّ
رَبِّي غَنِيٌّ كَرِيمٌ ٤١ قَالَ نَكِّرُوا لَهَا عَرْشَهَا نَنْظُرْ أَتَهْتَدِي أَمْ تَكُونُ مِنَ
ٱلَّذِينَ لَا يَهْتَدُونَ ٤٢ فَلَمَّا جَاءَتْ قِيلَ أَهٰكَذَا عَرْشُكِ قَالَتْ كَأَنَّهُ هُوَ
وَأُوتِينَا ٱلْعِلْمَ مِنْ قَبْلِهَا وَكُنَّا مُسْلِمِينَ ٤٣ وَصَدَّهَا مَا كَانَتْ تَعْبُدُ مِنْ
دُونِ ٱللّٰهِ إِنَّهَا كَانَتْ مِنْ قَوْمٍ كَافِرِينَ ٤٤ قِيلَ لَهَا ٱدْخُلِي ٱلصَّرْحَ فَلَمَّا
رَأَتْهُ حَسِبَتْهُ لُجَّةً وَكَشَفَتْ عَنْ سَاقَيْهَا قَالَ إِنَّهُ صَرْحٌ مُمَرَّدٌ مِنْ قَوَارِيرَ
٤٥ قَالَتْ رَبِّ إِنِّي ظَلَمْتُ نَفْسِي وَأَسْلَمْتُ مَعَ سُلَيْمَانَ لِلّٰهِ رَبِّ ٱلْعَالَمِينَ
٤٦ وَلَقَدْ أَرْسَلْنَا إِلَى ثَمُودَ أَخَاهُمْ صَالِحًا أَنِ ٱعْبُدُوا ٱللّٰهَ فَإِذَا هُمْ فَرِيقَانِ
يَخْتَصِمُونَ ٤٧ قَالَ يَا قَوْمِ لِمَ تَسْتَعْجِلُونَ بِٱلسَّيِّئَةِ قَبْلَ ٱلْحَسَنَةِ لَوْلَا تَسْتَغْفِرُونَ
ٱللّٰهَ لَعَلَّكُمْ تُرْحَمُونَ ٤٨ قَالُوا ٱطَّيَّرْنَا بِكَ وَبِمَنْ مَعَكَ قَالَ طَائِرُكُمْ عِنْدَ
ٱللّٰهِ بَلْ أَنْتُمْ قَوْمٌ تُفْتَنُونَ ٤٩ وَكَانَ فِي ٱلْمَدِينَةِ تِسْعَةُ رَهْطٍ يُفْسِدُونَ فِي ٱلْأَرْضِ
وَلَا يُصْلِحُونَ ٥٠ قَالُوا تَقَاسَمُوا بِٱللّٰهِ لَنُبَيِّتَنَّهُ وَأَهْلَهُ ثُمَّ لَنَقُولَنَّ لِوَلِيِّهِ مَا
شَهِدْنَا مَهْلِكَ أَهْلِهِ وَإِنَّا لَصَادِقُونَ ٥١ وَمَكَرُوا مَكْرًا وَمَكَرْنَا مَكْرًا وَهُمْ لَا
يَشْعُرُونَ ٥٢ فَٱنْظُرْ كَيْفَ كَانَ عَاقِبَةُ مَكْرِهِمْ أَنَّا دَمَّرْنَاهُمْ وَقَوْمَهُمْ أَجْمَعِينَ
٥٣ فَتِلْكَ بُيُوتُهُمْ خَاوِيَةً بِمَا ظَلَمُوا إِنَّ فِي ذٰلِكَ لَآيَةً لِقَوْمٍ يَعْلَمُونَ ٥٤
وَأَنْجَيْنَا ٱلَّذِينَ آمَنُوا وَكَانُوا يَتَّقُونَ ٥٥ وَلُوطًا إِذْ قَالَ لِقَوْمِهِ أَتَأْتُونَ ٱلْفَاحِشَةَ
وَأَنْتُمْ تُبْصِرُونَ ٥٦ أَئِنَّكُمْ لَتَأْتُونَ ٱلرِّجَالَ شَهْوَةً مِنْ دُونِ ٱلنِّسَاءِ بَلْ أَنْتُمْ
حزء قَوْمٌ تَجْهَلُونَ ۞ ٥٧ فَمَا كَانَ جَوَابَ قَوْمِهِ إِلَّا أَنْ قَالُوا أَخْرِجُوا آلَ لُوطٍ
مِنْ قَرْيَتِكُمْ إِنَّهُمْ أُنَاسٌ يَتَطَهَّرُونَ ٥٨ فَأَنْجَيْنَاهُ وَأَهْلَهُ إِلَّا ٱمْرَأَتَهُ قَدَّرْنَاهَا

يَا أَيُّهَا ٱلنَّمْلُ ٱدْخُلُوا مَسَاكِنَكُمْ لَا يَحْطِمَنَّكُمْ سُلَيْمَانُ وَجُنُودُهُ وَهُمْ لَا
يَشْعُرُونَ ١٩ فَتَبَسَّمَ ضَاحِكًا مِنْ قَوْلِهَا وَقَالَ رَبِّ أَوْزِعْنِي أَنْ أَشْكُرَ نِعْمَتَكَ
ٱلَّتِي أَنْعَمْتَ عَلَيَّ وَعَلَى وَالِدَيَّ وَأَنْ أَعْمَلَ صَالِحًا تَرْضَاهُ وَأَدْخِلْنِي بِرَحْمَتِكَ
فِي عِبَادِكَ ٱلصَّالِحِينَ ٢٠ وَتَفَقَّدَ ٱلطَّيْرَ فَقَالَ مَا لِيَ لَا أَرَى ٱلْهُدْهُدَ أَمْ كَانَ
مِنَ ٱلْغَائِبِينَ ٢١ لَأُعَذِّبَنَّهُ عَذَابًا شَدِيدًا أَوْ لَأَذْبَحَنَّهُ أَوْ لَيَأْتِيَنِّي بِسُلْطَانٍ
مُبِينٍ ٢٢ فَمَكَثَ غَيْرَ بَعِيدٍ فَقَالَ أَحَطْتُ بِمَا لَمْ تُحِطْ بِهِ وَجِئْتُكَ مِنْ
سَبَإٍ بِنَبَإٍ يَقِينٍ ٢٣ إِنِّي وَجَدْتُ ٱمْرَأَةً تَمْلِكُهُمْ وَأُوتِيَتْ مِنْ كُلِّ شَيْءٍ
وَلَهَا عَرْشٌ عَظِيمٌ ٢٤ وَجَدْتُهَا وَقَوْمَهَا يَسْجُدُونَ لِلشَّمْسِ مِنْ دُونِ ٱللَّهِ
وَزَيَّنَ لَهُمُ ٱلشَّيْطَانُ أَعْمَالَهُمْ فَصَدَّهُمْ عَنِ ٱلسَّبِيلِ فَهُمْ لَا يَهْتَدُونَ ٢٥ أَلَّا
يَسْجُدُوا لِلَّهِ ٱلَّذِي يُخْرِجُ ٱلْخَبْءَ فِي ٱلسَّمَاوَاتِ وَٱلْأَرْضِ وَيَعْلَمُ مَا تُخْفُونَ وَمَا
تُعْلِنُونَ ٢٦ ٱللَّهُ لَا إِلَٰهَ إِلَّا هُوَ رَبُّ ٱلْعَرْشِ ٱلْعَظِيمِ ٢٧ قَالَ سَنَنْظُرُ أَصَدَقْتَ
أَمْ كُنْتَ مِنَ ٱلْكَاذِبِينَ ٢٨ ٱذْهَبْ بِكِتَابِي هَٰذَا فَأَلْقِهْ إِلَيْهِمْ ثُمَّ تَوَلَّ عَنْهُمْ
فَٱنْظُرْ مَا ذَا يَرْجِعُونَ ٢٩ قَالَتْ يَا أَيُّهَا ٱلْمَلَأُ إِنِّي أُلْقِيَ إِلَيَّ كِتَابٌ كَرِيمٌ
٣٠ إِنَّهُ مِنْ سُلَيْمَانَ وَإِنَّهُ بِسْمِ ٱللَّهِ ٱلرَّحْمَٰنِ ٱلرَّحِيمِ ٣١ أَلَّا تَعْلُوا عَلَيَّ
وَأْتُونِي مُسْلِمِينَ ٣٢ قَالَتْ يَا أَيُّهَا ٱلْمَلَأُ أَفْتُونِي فِي أَمْرِي مَا كُنْتُ قَاطِعَةً
أَمْرًا حَتَّى تَشْهَدُونِ ٣٣ قَالُوا نَحْنُ أُولُوا قُوَّةٍ وَأُولُوا بَأْسٍ شَدِيدٍ وَٱلْأَمْرُ
إِلَيْكِ فَٱنْظُرِي مَا ذَا تَأْمُرِينَ ٣٤ قَالَتْ إِنَّ ٱلْمُلُوكَ إِذَا دَخَلُوا قَرْيَةً
أَفْسَدُوهَا وَجَعَلُوا أَعِزَّةَ أَهْلِهَا أَذِلَّةً وَكَذَٰلِكَ يَفْعَلُونَ ٣٥ وَإِنِّي مُرْسِلَةٌ إِلَيْهِمْ
بِهَدِيَّةٍ فَنَاظِرَةٌ بِمَ يَرْجِعُ ٱلْمُرْسَلُونَ ٣٦ فَلَمَّا جَاءَ سُلَيْمَانَ قَالَ أَتُمِدُّونَنِ
بِمَالٍ فَمَا آتَانِيَ ٱللَّهُ خَيْرٌ مِمَّا آتَاكُمْ بَلْ أَنْتُمْ بِهَدِيَّتِكُمْ تَفْرَحُونَ ٣٧ ٱرْجِعْ
إِلَيْهِمْ فَلَنَأْتِيَنَّهُمْ بِجُنُودٍ لَا قِبَلَ لَهُمْ بِهَا وَلَنُخْرِجَنَّهُمْ مِنْهَا أَذِلَّةً وَهُمْ صَاغِرُونَ
٣٨ قَالَ يَا أَيُّهَا ٱلْمَلَأُ أَيُّكُمْ يَأْتِينِي بِعَرْشِهَا قَبْلَ أَنْ يَأْتُونِي مُسْلِمِينَ

ٱلْمُجْرِمُونَ ٧٩ فَخَرَجَ عَلَىٰ قَوْمِهِ فِي زِينَتِهِ قَالَ ٱلَّذِينَ يُرِيدُونَ ٱلْحَيَوٰةَ ٱلدُّنْيَا
يَا لَيْتَ لَنَا مِثْلَ مَا أُوتِيَ قَارُونُ إِنَّهُ لَذُو حَظٍّ عَظِيمٍ ٨٠ وَقَالَ ٱلَّذِينَ أُوتُوا
ٱلْعِلْمَ وَيْلَكُمْ ثَوَابُ ٱللَّهِ خَيْرٌ لِمَنْ آمَنَ وَعَمِلَ صَالِحًا وَلَا يُلَقَّاهَا إِلَّا ٱلصَّابِرُونَ
٨١ فَخَسَفْنَا بِهِ وَبِدَارِهِ ٱلْأَرْضَ فَمَا كَانَ لَهُ مِنْ فِئَةٍ يَنْصُرُونَهُ مِنْ دُونِ ٱللَّهِ
وَمَا كَانَ مِنَ ٱلْمُنْتَصِرِينَ ٨٢ وَأَصْبَحَ ٱلَّذِينَ تَمَنَّوْا مَكَانَهُ بِٱلْأَمْسِ يَقُولُونَ
وَيْكَأَنَّ ٱللَّهَ يَبْسُطُ ٱلرِّزْقَ لِمَنْ يَشَاءُ مِنْ عِبَادِهِ وَيَقْدِرُ لَوْلَا أَنْ مَنَّ ٱللَّهُ
عَلَيْنَا لَخَسَفَ بِنَا وَيْكَأَنَّهُ لَا يُفْلِحُ ٱلْكَافِرُونَ ٨٣ تِلْكَ ٱلدَّارُ ٱلْآخِرَةُ نَجْعَلُهَا
لِلَّذِينَ لَا يُرِيدُونَ عُلُوًّا فِي ٱلْأَرْضِ وَلَا فَسَادًا وَٱلْعَاقِبَةُ لِلْمُتَّقِينَ ٨٤ مَنْ
جَاءَ بِٱلْحَسَنَةِ فَلَهُ خَيْرٌ مِنْهَا وَمَنْ جَاءَ بِٱلسَّيِّئَةِ فَلَا يُجْزَى ٱلَّذِينَ عَمِلُوا
ٱلسَّيِّئَاتِ إِلَّا مَا كَانُوا يَعْمَلُونَ ٨٥ إِنَّ ٱلَّذِي فَرَضَ عَلَيْكَ ٱلْقُرْآنَ لَرَادُّكَ
إِلَىٰ مَعَادٍ قُلْ رَبِّي أَعْلَمُ مَنْ جَاءَ بِٱلْهُدَىٰ وَمَنْ هُوَ فِي ضَلَالٍ مُبِينٍ ٨٦ وَمَا
كُنْتَ تَرْجُو أَنْ يُلْقَىٰ إِلَيْكَ ٱلْكِتَابُ إِلَّا رَحْمَةً مِنْ رَبِّكَ فَلَا تَكُونَنَّ ظَهِيرًا
لِلْكَافِرِينَ ٨٧ وَلَا يَصُدُّنَّكَ عَنْ آيَاتِ ٱللَّهِ بَعْدَ إِذْ أُنْزِلَتْ إِلَيْكَ وَٱدْعُ إِلَىٰ
رَبِّكَ وَلَا تَكُونَنَّ مِنَ ٱلْمُشْرِكِينَ ٨٨ وَلَا تَدْعُ مَعَ ٱللَّهِ إِلَٰهًا آخَرَ لَا إِلَٰهَ إِلَّا
هُوَ كُلُّ شَيْءٍ هَالِكٌ إِلَّا وَجْهَهُ لَهُ ٱلْحُكْمُ وَإِلَيْهِ تُرْجَعُونَ

سورة العنكبوت

مكية وهي تسع وستون آية

بِسْمِ ٱللَّهِ ٱلرَّحْمَٰنِ ٱلرَّحِيمِ

١ الٓمٓ أَحَسِبَ ٱلنَّاسُ أَنْ يُتْرَكُوا أَنْ يَقُولُوا آمَنَّا وَهُمْ لَا يُفْتَنُونَ ٢ وَلَقَدْ
فَتَنَّا ٱلَّذِينَ مِنْ قَبْلِهِمْ فَلَيَعْلَمَنَّ ٱللَّهُ ٱلَّذِينَ صَدَقُوا وَلَيَعْلَمَنَّ ٱلْكَاذِبِينَ

ٱلْقِيَامَةِ مِنَ ٱلْمُحْضَرِينَ ٦٢ وَيَوْمَ يُنَادِيهِمْ فَيَقُولُ أَيْنَ شُرَكَآءِىَ ٱلَّذِينَ
كُنْتُمْ تَزْعُمُونَ ٦٣ قَالَ ٱلَّذِينَ حَقَّ عَلَيْهِمُ ٱلْقَوْلُ رَبَّنَا هٰؤُلَآءِ ٱلَّذِينَ أَغْوَيْنَا
أَغْوَيْنَاهُمْ كَمَا غَوَيْنَا تَبَرَّأْنَا إِلَيْكَ مَا كَانُوا إِيَّانَا يَعْبُدُونَ ٦٤ وَقِيلَ ٱدْعُوا
شُرَكَآءَكُمْ فَدَعَوْهُمْ فَلَمْ يَسْتَجِيبُوا لَهُمْ وَرَأَوُا ٱلْعَذَابَ لَوْ أَنَّهُمْ كَانُوا يَهْتَدُونَ
٦٥ وَيَوْمَ يُنَادِيهِمْ فَيَقُولُ مَاذَا أَجَبْتُمُ ٱلْمُرْسَلِينَ ٦٦ فَعَمِيَتْ عَلَيْهِمُ ٱلْأَنْبَآءُ
يَوْمَئِذٍ فَهُمْ لَا يَتَسَآءَلُونَ ٦٧ فَأَمَّا مَنْ تَابَ وَآمَنَ وَعَمِلَ صَالِحًا فَعَسَى أَنْ
يَكُونَ مِنَ ٱلْمُفْلِحِينَ ٦٨ وَرَبُّكَ يَخْلُقُ مَا يَشَآءُ وَيَخْتَارُ مَا كَانَ لَهُمُ ٱلْخِيَرَةُ
سُبْحَانَ ٱللّٰهِ وَتَعَالَى عَمَّا يُشْرِكُونَ ٦٩ وَرَبُّكَ يَعْلَمُ مَا تُكِنُّ صُدُورُهُمْ وَمَا
يُعْلِنُونَ ٧٠ وَهُوَ ٱللّٰهُ لَا إِلٰهَ إِلَّا هُوَ لَهُ ٱلْحَمْدُ فِي ٱلْأُولَى وَٱلْآخِرَةِ وَلَهُ ٱلْحُكْمُ
وَإِلَيْهِ تُرْجَعُونَ ٧١ قُلْ أَرَأَيْتُمْ إِنْ جَعَلَ ٱللّٰهُ عَلَيْكُمُ ٱللَّيْلَ سَرْمَدًا إِلَى يَوْمِ
ٱلْقِيَامَةِ مَنْ إِلٰهٌ غَيْرُ ٱللّٰهِ يَأْتِيكُمْ بِضِيَآءٍ أَفَلَا تَسْمَعُونَ ٧٢ قُلْ أَرَأَيْتُمْ إِنْ
جَعَلَ ٱللّٰهُ عَلَيْكُمُ ٱلنَّهَارَ سَرْمَدًا إِلَى يَوْمِ ٱلْقِيَامَةِ مَنْ إِلٰهٌ غَيْرُ ٱللّٰهِ يَأْتِيكُمْ
بِلَيْلٍ تَسْكُنُونَ فِيهِ أَفَلَا تُبْصِرُونَ ٧٣ وَمِنْ رَحْمَتِهِ جَعَلَ لَكُمُ ٱللَّيْلَ وَٱلنَّهَارَ
لِتَسْكُنُوا فِيهِ وَلِتَبْتَغُوا مِنْ فَضْلِهِ وَلَعَلَّكُمْ تَشْكُرُونَ ٧٤ وَيَوْمَ يُنَادِيهِمْ فَيَقُولُ
أَيْنَ شُرَكَآءِىَ ٱلَّذِينَ كُنْتُمْ تَزْعُمُونَ ٧٥ وَنَزَعْنَا مِنْ كُلِّ أُمَّةٍ شَهِيدًا فَقُلْنَا
هَاتُوا بُرْهَانَكُمْ فَعَلِمُوا أَنَّ ٱلْحَقَّ لِلّٰهِ وَضَلَّ عَنْهُمْ مَا كَانُوا يَفْتَرُونَ ٧٦ إِنَّ
قَارُونَ كَانَ مِنْ قَوْمِ مُوسَى فَبَغَى عَلَيْهِمْ وَآتَيْنَاهُ مِنَ ٱلْكُنُوزِ مَا إِنَّ مَفَاتِحَهُ
لَتَنُوٓءُ بِٱلْعُصْبَةِ أُولِي ٱلْقُوَّةِ إِذْ قَالَ لَهُ قَوْمُهُ لَا تَفْرَحْ إِنَّ ٱللّٰهَ لَا يُحِبُّ ٱلْفَرِحِينَ
٧٧ وَٱبْتَغِ فِيمَا آتَاكَ ٱللّٰهُ ٱلدَّارَ ٱلْآخِرَةَ وَلَا تَنْسَ نَصِيبَكَ مِنَ ٱلدُّنْيَا وَأَحْسِنْ
كَمَا أَحْسَنَ ٱللّٰهُ إِلَيْكَ وَلَا تَبْغِ ٱلْفَسَادَ فِي ٱلْأَرْضِ إِنَّ ٱللّٰهَ لَا يُحِبُّ ٱلْمُفْسِدِينَ
٧٨ قَالَ إِنَّمَا أُوتِيتُهُ عَلَى عِلْمٍ عِنْدِى أَوَلَمْ يَعْلَمْ أَنَّ ٱللّٰهَ قَدْ أَهْلَكَ مِنْ
قَبْلِهِ مِنَ ٱلْقُرُونِ مَنْ هُوَ أَشَدُّ مِنْهُ قُوَّةً وَأَكْثَرُ جَمْعًا وَلَا يُسْأَلُ عَنْ ذُنُوبِهِمُ

سورة القصص ٢٠٥

٤٦ وَمَا كُنْتَ بِجَانِبِ ٱلطُّورِ إِذْ نَادَيْنَا وَلَكِنْ رَحْمَةً مِنْ رَبِّكَ لِتُنْذِرَ قَوْمًا مَا
أَتَاهُمْ مِنْ نَذِيرٍ مِنْ قَبْلِكَ لَعَلَّهُمْ يَتَذَكَّرُونَ ٤٧ وَلَوْلَا أَنْ تُصِيبَهُمْ مُصِيبَةٌ
بِمَا قَدَّمَتْ أَيْدِيهِمْ فَيَقُولُوا رَبَّنَا لَوْلَا أَرْسَلْتَ إِلَيْنَا رَسُولًا فَنَتَّبِعَ آيَاتِكَ وَنَكُونَ
مِنَ ٱلْمُؤْمِنِينَ ٤٨ فَلَمَّا جَاءَهُمُ ٱلْحَقُّ مِنْ عِنْدِنَا قَالُوا لَوْلَا أُوتِيَ مِثْلَ مَا
أُوتِيَ مُوسَى أَوَلَمْ يَكْفُرُوا بِمَا أُوتِيَ مُوسَى مِنْ قَبْلُ قَالُوا سِحْرَانِ تَظَاهَرَا وَقَالُوا
إِنَّا بِكُلٍّ كَافِرُونَ ٤٩ قُلْ فَأْتُوا بِكِتَابٍ مِنْ عِنْدِ ٱللَّهِ هُوَ أَهْدَى مِنْهُمَا أَتَّبِعْهُ
إِنْ كُنْتُمْ صَادِقِينَ ٥٠ فَإِنْ لَمْ يَسْتَجِيبُوا لَكَ فَاعْلَمْ أَنَّمَا يَتَّبِعُونَ أَهْوَاءَهُمْ
وَمَنْ أَضَلُّ مِمَّنِ ٱتَّبَعَ هَوَاهُ بِغَيْرِ هُدًى مِنَ ٱللَّهِ إِنَّ ٱللَّهَ لَا يَهْدِي ٱلْقَوْمَ
ٱلظَّالِمِينَ ٥١ وَلَقَدْ وَصَّلْنَا لَهُمُ ٱلْقَوْلَ لَعَلَّهُمْ يَتَذَكَّرُونَ ٥٢ ٱلَّذِينَ آتَيْنَاهُمُ
ٱلْكِتَابَ مِنْ قَبْلِهِ هُمْ بِهِ يُؤْمِنُونَ ٥٣ وَإِذَا يُتْلَى عَلَيْهِمْ قَالُوا آمَنَّا بِهِ إِنَّهُ
ٱلْحَقُّ مِنْ رَبِّنَا إِنَّا كُنَّا مِنْ قَبْلِهِ مُسْلِمِينَ ٥٤ أُولَائِكَ يُؤْتَوْنَ أَجْرَهُمْ مَرَّتَيْنِ
بِمَا صَبَرُوا وَيَدْرَءُونَ بِٱلْحَسَنَةِ ٱلسَّيِّئَةَ وَمِمَّا رَزَقْنَاهُمْ يُنْفِقُونَ ٥٥ وَإِذَا سَمِعُوا
ٱللَّغْوَ أَعْرَضُوا عَنْهُ وَقَالُوا لَنَا أَعْمَالُنَا وَلَكُمْ أَعْمَالُكُمْ سَلَامٌ عَلَيْكُمْ لَا نَبْتَغِي
ٱلْجَاهِلِينَ ٥٦ إِنَّكَ لَا تَهْدِي مَنْ أَحْبَبْتَ وَلَكِنَّ ٱللَّهَ يَهْدِي مَنْ يَشَاءُ وَهُوَ
أَعْلَمُ بِٱلْمُهْتَدِينَ ٥٧ وَقَالُوا إِنْ نَتَّبِعِ ٱلْهُدَى مَعَكَ نُتَخَطَّفْ مِنْ أَرْضِنَا أَوَلَمْ
نُمَكِّنْ لَهُمْ حَرَمًا آمِنًا يُجْبَى إِلَيْهِ ثَمَرَاتُ كُلِّ شَيْءٍ رِزْقًا مِنْ لَدُنَّا وَلَكِنَّ
أَكْثَرَهُمْ لَا يَعْلَمُونَ ٥٨ وَكَمْ أَهْلَكْنَا مِنْ قَرْيَةٍ بَطِرَتْ مَعِيشَتَهَا فَتِلْكَ
مَسَاكِنُهُمْ لَمْ تُسْكَنْ مِنْ بَعْدِهِمْ إِلَّا قَلِيلًا وَكُنَّا نَحْنُ ٱلْوَارِثِينَ ٥٩ وَمَا
كَانَ رَبُّكَ مُهْلِكَ ٱلْقُرَى حَتَّى يَبْعَثَ فِي أُمِّهَا رَسُولًا يَتْلُو عَلَيْهِمْ آيَاتِنَا وَمَا
كُنَّا مُهْلِكِي ٱلْقُرَى إِلَّا وَأَهْلُهَا ظَالِمُونَ ٦٠ وَمَا أُوتِيتُمْ مِنْ شَيْءٍ فَمَتَاعُ
ٱلْحَيَوٰةِ ٱلدُّنْيَا وَزِينَتُهَا وَمَا عِنْدَ ٱللَّهِ خَيْرٌ وَأَبْقَى أَفَلَا تَعْقِلُونَ ٦١ أَفَمَنْ
وَعَدْنَاهُ وَعْدًا حَسَنًا فَهُوَ لَاقِيهِ كَمَنْ مَتَّعْنَاهُ مَتَاعَ ٱلْحَيَوٰةِ ٱلدُّنْيَا ثُمَّ هُوَ يَوْمَ

ٱلنَّارِ لَعَلَّكُمْ تَصْطَلُونَ ٣٠ فَلَمَّا أَتَاهَا نُودِيَ مِنْ شَاطِئِ ٱلْوَادِ ٱلْأَيْمَنِ فِي ٱلْبُقْعَةِ
ٱلْمُبَارَكَةِ مِنَ ٱلشَّجَرَةِ أَنْ يَا مُوسَى إِنِّي أَنَا ٱللّٰهُ رَبُّ ٱلْعَالَمِينَ ٣١ وَأَنْ أَلْقِ
عَصَاكَ فَلَمَّا رَآهَا تَهْتَزُّ كَأَنَّهَا جَانٌّ وَلَّى مُدْبِرًا وَلَمْ يُعَقِّبْ يَا مُوسَى أَقْبِلْ وَلَا
تَخَفْ إِنَّكَ مِنَ ٱلْآمِنِينَ ٣٢ أُسْلُكْ يَدَكَ فِي جَيْبِكَ تَخْرُجْ بَيْضَاءَ مِنْ غَيْرِ
سُوٓءٍ وَٱضْمُمْ إِلَيْكَ جَنَاحَكَ مِنَ ٱلرَّهْبِ فَذَانِكَ بُرْهَانَانِ مِنْ رَبِّكَ إِلَى فِرْعَوْنَ
وَمَلَئِهِ إِنَّهُمْ كَانُوا قَوْمًا فَاسِقِينَ ٣٣ قَالَ رَبِّ إِنِّي قَتَلْتُ مِنْهُمْ نَفْسًا فَأَخَافُ
أَنْ يَقْتُلُونِ ٣٤ وَأَخِي هَرُونُ هُوَ أَفْصَحُ مِنِّي لِسَانًا فَأَرْسِلْهُ مَعِيَ رِدْءًا يُصَدِّقُنِي
إِنِّي أَخَافُ أَنْ يُكَذِّبُونِ ٣٥ قَالَ سَنَشُدُّ عَضُدَكَ بِأَخِيكَ وَنَجْعَلُ لَكُمَا
سُلْطَانًا فَلَا يَصِلُونَ إِلَيْكُمَا بِآيَاتِنَا أَنْتُمَا وَمَنِ ٱتَّبَعَكُمَا ٱلْغَالِبُونَ ٣٦ فَلَمَّا
جَاءَهُمْ مُوسَى بِآيَاتِنَا بَيِّنَاتٍ قَالُوا مَا هٰذَا إِلَّا سِحْرٌ مُفْتَرًى وَمَا سَمِعْنَا بِهٰذَا فِي
آبَائِنَا ٱلْأَوَّلِينَ ٣٧ وَقَالَ مُوسَى رَبِّي أَعْلَمُ بِمَنْ جَاءَ بِٱلْهُدَى مِنْ عِنْدِهِ
وَمَنْ تَكُونُ لَهُ عَاقِبَةُ ٱلدَّارِ إِنَّهُ لَا يُفْلِحُ ٱلظَّالِمُونَ ٣٨ وَقَالَ فِرْعَوْنُ يَا أَيُّهَا
ٱلْمَلَأُ مَا عَلِمْتُ لَكُمْ مِنْ إِلٰهٍ غَيْرِي فَأَوْقِدْ لِي يَا هَامَانُ عَلَى ٱلطِّينِ فَٱجْعَلْ
لِي صَرْحًا لَعَلِّي أَطَّلِعُ إِلَى إِلٰهِ مُوسَى وَإِنِّي لَأَظُنُّهُ مِنَ ٱلْكَاذِبِينَ ٣٩ وَٱسْتَكْبَرَ
هُوَ وَجُنُودُهُ فِي ٱلْأَرْضِ بِغَيْرِ ٱلْحَقِّ وَظَنُّوا أَنَّهُمْ إِلَيْنَا لَا يُرْجَعُونَ ٤٠ فَأَخَذْنَاهُ
وَجُنُودَهُ فَنَبَذْنَاهُمْ فِي ٱلْيَمِّ فَٱنْظُرْ كَيْفَ كَانَ عَاقِبَةُ ٱلظَّالِمِينَ ٤١ وَجَعَلْنَاهُمْ
أَئِمَّةً يَدْعُونَ إِلَى ٱلنَّارِ وَيَوْمَ ٱلْقِيَامَةِ لَا يُنْصَرُونَ ، ٤٢ وَأَتْبَعْنَاهُمْ فِي هٰذِهِ
ٱلدُّنْيَا لَعْنَةً وَيَوْمَ ٱلْقِيَامَةِ هُمْ مِنَ ٱلْمَقْبُوحِينَ ٤٣ وَلَقَدْ آتَيْنَا مُوسَى
ٱلْكِتَابَ مِنْ بَعْدِ مَا أَهْلَكْنَا ٱلْقُرُونَ ٱلْأُولَى بَصَائِرَ لِلنَّاسِ وَهُدًى وَرَحْمَةً
لَعَلَّهُمْ يَتَذَكَّرُونَ ٤٤ وَمَا كُنْتَ بِجَانِبِ ٱلْغَرْبِيِّ إِذْ قَضَيْنَا إِلَى مُوسَى ٱلْأَمْرَ
وَمَا كُنْتَ مِنَ ٱلشَّاهِدِينَ ٤٥ وَلٰكِنَّا أَنْشَأْنَا قُرُونًا فَتَطَاوَلَ عَلَيْهِمُ ٱلْعُمُرُ
وَمَا كُنْتَ ثَاوِيًا فِي أَهْلِ مَدْيَنَ تَتْلُو عَلَيْهِمْ آيَاتِنَا وَلٰكِنَّا كُنَّا مُرْسِلِينَ

سورة القصص ٢٠٣

فَقَضَى عَلَيْهِ قَالَ هَـٰذَا مِنْ عَمَلِ ٱلشَّيْطَانِ إِنَّهُ عَدُوٌّ مُضِلٌّ مُبِينٌ ١٥ قَالَ
رَبِّ إِنِّي ظَلَمْتُ نَفْسِي فَٱغْفِرْ لِي فَغَفَرَ لَهُ إِنَّهُ هُوَ ٱلْغَفُورُ ٱلرَّحِيمُ ١٦ قَالَ
رَبِّ بِمَا أَنْعَمْتَ عَلَيَّ فَلَنْ أَكُونَ ظَهِيرًا لِلْمُجْرِمِينَ ١٧ فَأَصْبَحَ فِي ٱلْمَدِينَةِ
خَائِفًا يَتَرَقَّبُ فَإِذَا ٱلَّذِي ٱسْتَنْصَرَهُ بِٱلْأَمْسِ يَسْتَصْرِخُهُ قَالَ لَهُ مُوسَى إِنَّكَ
لَغَوِيٌّ مُبِينٌ ١٨ فَلَمَّا أَنْ أَرَادَ أَنْ يَبْطِشَ بِٱلَّذِي هُوَ عَدُوٌّ لَهُمَا قَالَ يَا
مُوسَى أَتُرِيدُ أَنْ تَقْتُلَنِي كَمَا قَتَلْتَ نَفْسًا بِٱلْأَمْسِ إِنْ تُرِيدُ إِلَّا أَنْ تَكُونَ
جَبَّارًا فِي ٱلْأَرْضِ وَمَا تُرِيدُ أَنْ تَكُونَ مِنَ ٱلْمُصْلِحِينَ ١٩ وَجَاءَ رَجُلٌ مِنْ
أَقْصَى ٱلْمَدِينَةِ يَسْعَى قَالَ يَا مُوسَى إِنَّ ٱلْمَلَأَ يَأْتَمِرُونَ بِكَ لِيَقْتُلُوكَ فَٱخْرُجْ
إِنِّي لَكَ مِنَ ٱلنَّاصِحِينَ ٢٠ فَخَرَجَ مِنْهَا خَائِفًا يَتَرَقَّبُ قَالَ رَبِّ نَجِّنِي مِنَ
ٱلْقَوْمِ ٱلظَّالِمِينَ ٢١ وَلَمَّا تَوَجَّهَ تِلْقَاءَ مَدْيَنَ قَالَ عَسَى رَبِّي أَنْ يَهْدِيَنِي
سَوَاءَ ٱلسَّبِيلِ ٢٢ وَلَمَّا وَرَدَ مَاءَ مَدْيَنَ وَجَدَ عَلَيْهِ أُمَّةً مِنَ ٱلنَّاسِ يَسْقُونَ
٢٣ وَوَجَدَ مِنْ دُونِهِمُ ٱمْرَأَتَيْنِ تَذُودَانِ قَالَ مَا خَطْبُكُمَا قَالَتَا لَا نَسْقِي
حَتَّى يُصْدِرَ ٱلرِّعَاءُ وَأَبُونَا شَيْخٌ كَبِيرٌ ٢٤ فَسَقَى لَهُمَا ثُمَّ تَوَلَّى إِلَى ٱلظِّلِّ فَقَالَ
رَبِّ إِنِّي لِمَا أَنْزَلْتَ إِلَيَّ مِنْ خَيْرٍ فَقِيرٌ ٢٥ فَجَاءَتْهُ إِحْدَاهُمَا تَمْشِي عَلَى
ٱسْتِحْيَاءٍ قَالَتْ إِنَّ أَبِي يَدْعُوكَ لِيَجْزِيَكَ أَجْرَ مَا سَقَيْتَ لَنَا فَلَمَّا جَاءَهُ وَقَصَّ
عَلَيْهِ ٱلْقَصَصَ قَالَ لَا تَخَفْ نَجَوْتَ مِنَ ٱلْقَوْمِ ٱلظَّالِمِينَ ٢٦ قَالَتْ إِحْدَاهُمَا
يَا أَبَتِ ٱسْتَأْجِرْهُ إِنَّ خَيْرَ مَنِ ٱسْتَأْجَرْتَ ٱلْقَوِيُّ ٱلْأَمِينُ ٢٧ قَالَ إِنِّي أُرِيدُ
أَنْ أُنْكِحَكَ إِحْدَى ٱبْنَتَيَّ هَاتَيْنِ عَلَى أَنْ تَأْجُرَنِي ثَمَانِيَ حِجَجٍ فَإِنْ أَتْمَمْتَ عَشْرًا
فَمِنْ عِنْدِكَ وَمَا أُرِيدُ أَنْ أَشُقَّ عَلَيْكَ سَتَجِدُنِي إِنْ شَاءَ ٱللَّهُ مِنَ ٱلصَّالِحِينَ
٢٨ قَالَ ذَلِكَ بَيْنِي وَبَيْنَكَ أَيَّمَا ٱلْأَجَلَيْنِ قَضَيْتُ فَلَا عُدْوَانَ عَلَيَّ وَٱللَّهُ عَلَى مَا
نَقُولُ وَكِيلٌ ٢٩ فَلَمَّا قَضَى مُوسَى ٱلْأَجَلَ وَسَارَ بِأَهْلِهِ آنَسَ مِنْ جَانِبِ ٱلطُّورِ
نَارًا قَالَ لِأَهْلِهِ ٱمْكُثُوا إِنِّي آنَسْتُ نَارًا لَعَلِّي آتِيكُمْ مِنْهَا بِخَبَرٍ أَوْ جَذْوَةٍ مِنَ

سورة القصص

مَكِّيَّة وهى ثمان وثمانون آية

بِسْمِ ٱللَّهِ ٱلرَّحْمَٰنِ ٱلرَّحِيمِ

طسٓمٓ تِلْكَ آيَاتُ ٱلْكِتَابِ ٱلْمُبِينِ ٢ نَتْلُو عَلَيْكَ مِنْ نَبَإِ مُوسَى وَفِرْعَوْنَ
بِٱلْحَقِّ لِقَوْمٍ يُؤْمِنُونَ ٣ إِنَّ فِرْعَوْنَ عَلَا فِي ٱلْأَرْضِ وَجَعَلَ أَهْلَهَا شِيَعًا
يَسْتَضْعِفُ طَائِفَةً مِنْهُمْ يُذَبِّحُ أَبْنَاءَهُمْ وَيَسْتَحْيِي نِسَاءَهُمْ إِنَّهُ كَانَ مِنَ
ٱلْمُفْسِدِينَ ٤ وَنُرِيدُ أَنْ نَمُنَّ عَلَى ٱلَّذِينَ ٱسْتُضْعِفُوا فِي ٱلْأَرْضِ وَنَجْعَلَهُمْ
أَئِمَّةً وَنَجْعَلَهُمُ ٱلْوَارِثِينَ ٥ وَنُمَكِّنَ لَهُمْ فِي ٱلْأَرْضِ وَنُرِيَ فِرْعَوْنَ وَهَامَانَ
وَجُنُودَهُمَا مِنْهُمْ مَا كَانُوا يَحْذَرُونَ ٦ وَأَوْحَيْنَا إِلَى أُمِّ مُوسَى أَنْ أَرْضِعِيهِ
فَإِذَا خِفْتِ عَلَيْهِ فَأَلْقِيهِ فِي ٱلْيَمِّ وَلَا تَخَافِي وَلَا تَحْزَنِي إِنَّا رَادُّوهُ إِلَيْكِ وَجَاعِلُوهُ
مِنَ ٱلْمُرْسَلِينَ ٧ فَٱلْتَقَطَهُ آلُ فِرْعَوْنَ لِيَكُونَ لَهُمْ عَدُوًّا وَحَزَنًا إِنَّ فِرْعَوْنَ
وَهَامَانَ وَجُنُودَهُمَا كَانُوا خَاطِئِينَ ٨ وَقَالَتِ ٱمْرَأَةُ فِرْعَوْنَ قُرَّةُ عَيْنٍ لِي وَلَكَ
لَا تَقْتُلُوهُ عَسَى أَنْ يَنْفَعَنَا أَوْ نَتَّخِذَهُ وَلَدًا وَهُمْ لَا يَشْعُرُونَ ٩ وَأَصْبَحَ فُؤَادُ
أُمِّ مُوسَى فَارِغًا إِنْ كَادَتْ لَتُبْدِي بِهِ لَوْلَا أَنْ رَبَطْنَا عَلَى قَلْبِهَا لِتَكُونَ مِنَ
ٱلْمُؤْمِنِينَ ١٠ وَقَالَتْ لِأُخْتِهِ قُصِّيهِ فَبَصُرَتْ بِهِ عَنْ جُنُبٍ وَهُمْ لَا يَشْعُرُونَ
١١ وَحَرَّمْنَا عَلَيْهِ ٱلْمَرَاضِعَ مِنْ قَبْلُ فَقَالَتْ هَلْ أَدُلُّكُمْ عَلَى أَهْلِ بَيْتٍ يَكْفُلُونَهُ
لَكُمْ وَهُمْ لَهُ نَاصِحُونَ ١٢ فَرَدَدْنَاهُ إِلَى أُمِّهِ كَيْ تَقَرَّ عَيْنُهَا وَلَا تَحْزَنَ وَلِتَعْلَمَ
أَنَّ وَعْدَ ٱللَّهِ حَقٌّ وَلَكِنَّ أَكْثَرَهُمْ لَا يَعْلَمُونَ ١٣ وَلَمَّا بَلَغَ أَشُدَّهُ وَٱسْتَوَى
آتَيْنَاهُ حُكْمًا وَعِلْمًا وَكَذَلِكَ نَجْزِي ٱلْمُحْسِنِينَ ١٤ وَدَخَلَ ٱلْمَدِينَةَ عَلَى حِينِ
غَفْلَةٍ مِنْ أَهْلِهَا فَوَجَدَ فِيهَا رَجُلَيْنِ يَقْتَتِلَانِ هَذَا مِنْ شِيعَتِهِ وَهَذَا مِنْ
عَدُوِّهِ فَٱسْتَغَاثَهُ ٱلَّذِي مِنْ شِيعَتِهِ عَلَى ٱلَّذِي مِنْ عَدُوِّهِ فَوَكَزَهُ مُوسَى

سورة النمل

ٱلْعَزِيزُ ٱلْعَلِيمُ ۝ فَتَوَكَّلْ عَلَى ٱللَّهِ إِنَّكَ عَلَى ٱلْحَقِّ ٱلْمُبِينِ ۝ إِنَّكَ لَا تُسْمِعُ ٱلْمَوْتَىٰ وَلَا تُسْمِعُ ٱلصُّمَّ ٱلدُّعَاءَ إِذَا وَلَّوْا مُدْبِرِينَ ۝ وَمَا أَنتَ بِهَادِي ٱلْعُمْيِ عَن ضَلَالَتِهِمْ إِن تُسْمِعُ إِلَّا مَن يُؤْمِنُ بِآيَاتِنَا فَهُم مُّسْلِمُونَ ۝ وَإِذَا وَقَعَ ٱلْقَوْلُ عَلَيْهِمْ أَخْرَجْنَا لَهُمْ دَابَّةً مِّنَ ٱلْأَرْضِ تُكَلِّمُهُمْ أَنَّ ٱلنَّاسَ كَانُوا بِآيَاتِنَا لَا يُوقِنُونَ ۝ وَيَوْمَ نَحْشُرُ مِن كُلِّ أُمَّةٍ فَوْجًا مِّمَّن يُكَذِّبُ بِآيَاتِنَا فَهُمْ يُوزَعُونَ ۝ حَتَّىٰ إِذَا جَاءُوا قَالَ أَكَذَّبْتُم بِآيَاتِي وَلَمْ تُحِيطُوا بِهَا عِلْمًا أَمَّاذَا كُنتُمْ تَعْمَلُونَ ۝ وَوَقَعَ ٱلْقَوْلُ عَلَيْهِم بِمَا ظَلَمُوا فَهُمْ لَا يَنطِقُونَ ۝ أَلَمْ يَرَوْا أَنَّا جَعَلْنَا ٱللَّيْلَ لِيَسْكُنُوا فِيهِ وَٱلنَّهَارَ مُبْصِرًا إِنَّ فِي ذَٰلِكَ لَآيَاتٍ لِّقَوْمٍ يُؤْمِنُونَ ۝ وَيَوْمَ يُنفَخُ فِي ٱلصُّورِ فَفَزِعَ مَن فِي ٱلسَّمَاوَاتِ وَمَن فِي ٱلْأَرْضِ إِلَّا مَن شَاءَ ٱللَّهُ وَكُلٌّ أَتَوْهُ دَاخِرِينَ ۝ وَتَرَى ٱلْجِبَالَ تَحْسَبُهَا جَامِدَةً وَهِيَ تَمُرُّ مَرَّ ٱلسَّحَابِ صُنْعَ ٱللَّهِ ٱلَّذِي أَتْقَنَ كُلَّ شَيْءٍ إِنَّهُ خَبِيرٌ بِمَا تَفْعَلُونَ ۝ مَن جَاءَ بِٱلْحَسَنَةِ فَلَهُ خَيْرٌ مِّنْهَا وَهُم مِّن فَزَعٍ يَوْمَئِذٍ آمِنُونَ ۝ وَمَن جَاءَ بِٱلسَّيِّئَةِ فَكُبَّتْ وُجُوهُهُمْ فِي ٱلنَّارِ هَلْ تُجْزَوْنَ إِلَّا مَا كُنتُمْ تَعْمَلُونَ ۝ إِنَّمَا أُمِرْتُ أَنْ أَعْبُدَ رَبَّ هَٰذِهِ ٱلْبَلْدَةِ ٱلَّذِي حَرَّمَهَا وَلَهُ كُلُّ شَيْءٍ وَأُمِرْتُ أَنْ أَكُونَ مِنَ ٱلْمُسْلِمِينَ ۝ وَأَنْ أَتْلُوَ ٱلْقُرْآنَ فَمَنِ ٱهْتَدَىٰ فَإِنَّمَا يَهْتَدِي لِنَفْسِهِ وَمَن ضَلَّ فَقُلْ إِنَّمَا أَنَا مِنَ ٱلْمُنذِرِينَ ۝ وَقُلِ ٱلْحَمْدُ لِلَّهِ سَيُرِيكُمْ آيَاتِهِ فَتَعْرِفُونَهَا وَمَا رَبُّكَ بِغَافِلٍ عَمَّا تَعْمَلُونَ

مِنَ ٱلْغَابِرِينَ ٥٩ وَأَمْطَرْنَا عَلَيْهِمْ مَطَرًا فَسَآءَ مَطَرُ ٱلْمُنْذَرِينَ ٦٠ قُلِ ٱلْحَمْدُ
لِلَّهِ وَسَلَامٌ عَلَى عِبَادِهِ ٱلَّذِينَ ٱصْطَفَى أَللَّهُ خَيْرٌ أَمَّا يُشْرِكُونَ ٦١ أَمَّنْ
خَلَقَ ٱلسَّمَوَاتِ وَٱلْأَرْضَ وَأَنْزَلَ لَكُمْ مِنَ ٱلسَّمَآءِ مَآءً فَأَنْبَتْنَا بِهِ حَدَآئِقَ
ذَاتَ بَهْجَةٍ مَا كَانَ لَكُمْ أَنْ تُنْبِتُوا شَجَرَهَا أَإِلَهٌ مَعَ ٱللَّهِ بَلْ هُمْ قَوْمٌ يَعْدِلُونَ
٦٢ أَمَّنْ جَعَلَ ٱلْأَرْضَ قَرَارًا وَجَعَلَ خِلَالَهَا أَنْهَارًا وَجَعَلَ لَهَا رَوَاسِيَ وَجَعَلَ
بَيْنَ ٱلْبَحْرَيْنِ حَاجِزًا أَإِلَهٌ مَعَ ٱللَّهِ بَلْ أَكْثَرُهُمْ لَا يَعْلَمُونَ ٦٣ أَمَّنْ يُجِيبُ
ٱلْمُضْطَرَّ إِذَا دَعَاهُ وَيَكْشِفُ ٱلسُّوٓءَ وَيَجْعَلُكُمْ خُلَفَآءَ ٱلْأَرْضِ أَإِلَهٌ مَعَ ٱللَّهِ
قَلِيلًا مَا تَذَكَّرُونَ ٦٤ أَمَّنْ يَهْدِيكُمْ فِي ظُلُمَاتِ ٱلْبَرِّ وَٱلْبَحْرِ وَمَنْ يُرْسِلُ
ٱلرِّيَاحَ بُشْرًا بَيْنَ يَدَيْ رَحْمَتِهِ أَإِلَهٌ مَعَ ٱللَّهِ تَعَالَى ٱللَّهُ عَمَّا يُشْرِكُونَ
٦٥ أَمَّنْ يَبْدَؤُا ٱلْخَلْقَ ثُمَّ يُعِيدُهُ وَمَنْ يَرْزُقُكُمْ مِنَ ٱلسَّمَآءِ وَٱلْأَرْضِ أَإِلَهٌ مَعَ
ٱللَّهِ قُلْ هَاتُوا بُرْهَانَكُمْ إِنْ كُنْتُمْ صَادِقِينَ ٦٦ قُلْ لَا يَعْلَمُ مَنْ فِي
ٱلسَّمَوَاتِ وَٱلْأَرْضِ ٱلْغَيْبَ إِلَّا ٱللَّهُ وَمَا يَشْعُرُونَ ٦٧ أَيَّانَ يُبْعَثُونَ ٦٨ بَلِ
ٱدَّارَكَ عِلْمُهُمْ فِي ٱلْآخِرَةِ بَلْ هُمْ فِي شَكٍّ مِنْهَا بَلْ هُمْ مِنْهَا عَمُونَ ٦٩ وَقَالَ
ٱلَّذِينَ كَفَرُوا أَئِذَا كُنَّا تُرَابًا وَآبَاؤُنَا أَئِنَّا لَمُخْرَجُونَ ٧٠ لَقَدْ وُعِدْنَا هَذَا
نَحْنُ وَآبَاؤُنَا مِنْ قَبْلُ إِنْ هَذَا إِلَّا أَسَاطِيرُ ٱلْأَوَّلِينَ ٧١ قُلْ سِيرُوا فِي ٱلْأَرْضِ
فَٱنْظُرُوا كَيْفَ كَانَ عَاقِبَةُ ٱلْمُجْرِمِينَ ٧٢ وَلَا تَحْزَنْ عَلَيْهِمْ وَلَا تَكُنْ فِي ضَيْقٍ
مِمَّا يَمْكُرُونَ ٧٣ وَيَقُولُونَ مَتَى هَذَا ٱلْوَعْدُ إِنْ كُنْتُمْ صَادِقِينَ ٧٤ قُلْ
عَسَى أَنْ يَكُونَ رَدِفَ لَكُمْ بَعْضُ ٱلَّذِي تَسْتَعْجِلُونَ ٧٥ وَإِنَّ رَبَّكَ لَذُو فَضْلٍ
عَلَى ٱلنَّاسِ وَلَكِنَّ أَكْثَرَهُمْ لَا يَشْكُرُونَ ٧٦ وَإِنَّ رَبَّكَ لَيَعْلَمُ مَا تُكِنُّ صُدُورُهُمْ
وَمَا يُعْلِنُونَ ٧٧ وَمَا مِنْ غَائِبَةٍ فِي ٱلسَّمَآءِ وَٱلْأَرْضِ إِلَّا فِي كِتَابٍ مُبِينٍ
٧٨ إِنَّ هَذَا ٱلْقُرْآنَ يَقُصُّ عَلَى بَنِي إِسْرَآئِيلَ أَكْثَرَ ٱلَّذِي هُمْ فِيهِ يَخْتَلِفُونَ
٧٩ وَإِنَّهُ لَهُدًى وَرَحْمَةٌ لِلْمُؤْمِنِينَ ٨٠ إِنَّ رَبَّكَ يَقْضِي بَيْنَهُمْ بِحُكْمِهِ وَهُوَ

٣٩ قَالَ عِفْرِيتٌ مِنَ ٱلْجِنِّ أَنَا آتِيكَ بِهِ قَبْلَ أَنْ تَقُومَ مِنْ مَقَامِكَ وَإِنِّى
عَلَيْهِ لَقَوِىٌّ أَمِينٌ ٤٠ قَالَ ٱلَّذِى عِنْدَهُ عِلْمٌ مِنَ ٱلْكِتَابِ أَنَا آتِيكَ بِهِ
قَبْلَ أَنْ يَرْتَدَّ إِلَيْكَ طَرْفُكَ فَلَمَّا رَآهُ مُسْتَقِرًّا عِنْدَهُ قَالَ هٰذَا مِنْ فَضْلِ
رَبِّى لِيَبْلُوَنِى أَأَشْكُرُ أَمْ أَكْفُرُ وَمَنْ شَكَرَ فَإِنَّمَا يَشْكُرُ لِنَفْسِهِ وَمَنْ كَفَرَ فَإِنَّ
رَبِّى غَنِىٌّ كَرِيمٌ ٤١ قَالَ نَكِّرُوا لَهَا عَرْشَهَا نَنْظُرْ أَتَهْتَدِى أَمْ تَكُونُ مِنَ
ٱلَّذِينَ لَا يَهْتَدُونَ ٤٢ فَلَمَّا جَاءَتْ قِيلَ أَهٰكَذَا عَرْشُكِ قَالَتْ كَأَنَّهُ هُوَ
وَأُوتِينَا ٱلْعِلْمَ مِنْ قَبْلِهَا وَكُنَّا مُسْلِمِينَ ٤٣ وَصَدَّهَا مَا كَانَتْ تَعْبُدُ مِنْ
دُونِ ٱللّٰهِ إِنَّهَا كَانَتْ مِنْ قَوْمٍ كَافِرِينَ ٤٤ قِيلَ لَهَا ٱدْخُلِى ٱلصَّرْحَ فَلَمَّا
رَأَتْهُ حَسِبَتْهُ لُجَّةً وَكَشَفَتْ عَنْ سَاقَيْهَا قَالَ إِنَّهُ صَرْحٌ مُمَرَّدٌ مِنْ قَوَارِيرَ
٤٥ قَالَتْ رَبِّ إِنِّى ظَلَمْتُ نَفْسِى وَأَسْلَمْتُ مَعَ سُلَيْمَانَ لِلّٰهِ رَبِّ ٱلْعَالَمِينَ
٤٦ وَلَقَدْ أَرْسَلْنَا إِلَى ثَمُودَ أَخَاهُمْ صَالِحًا أَنِ ٱعْبُدُوا ٱللّٰهَ فَإِذَا هُمْ فَرِيقَانِ
يَخْتَصِمُونَ ٤٧ قَالَ يَا قَوْمِ لِمَ تَسْتَعْجِلُونَ بِٱلسَّيِّئَةِ قَبْلَ ٱلْحَسَنَةِ لَوْلَا تَسْتَغْفِرُونَ
ٱللّٰهَ لَعَلَّكُمْ تُرْحَمُونَ ٤٨ قَالُوا ٱطَّيَّرْنَا بِكَ وَبِمَنْ مَعَكَ قَالَ طَائِرُكُمْ عِنْدَ
ٱللّٰهِ بَلْ أَنْتُمْ قَوْمٌ تُفْتَنُونَ ٤٩ وَكَانَ فِى ٱلْمَدِينَةِ تِسْعَةُ رَهْطٍ يُفْسِدُونَ فِى ٱلْأَرْضِ
وَلَا يُصْلِحُونَ ٥٠ قَالُوا تَقَاسَمُوا بِٱللّٰهِ لَنُبَيِّتَنَّهُ وَأَهْلَهُ ثُمَّ لَنَقُولَنَّ لِوَلِيِّهِ مَا
شَهِدْنَا مَهْلِكَ أَهْلِهِ وَإِنَّا لَصَادِقُونَ ٥١ وَمَكَرُوا مَكْرًا وَمَكَرْنَا مَكْرًا وَهُمْ لَا
يَشْعُرُونَ ٥٢ فَٱنْظُرْ كَيْفَ كَانَ عَاقِبَةُ مَكْرِهِمْ أَنَّا دَمَّرْنَاهُمْ وَقَوْمَهُمْ أَجْمَعِينَ
٥٣ فَتِلْكَ بُيُوتُهُمْ خَاوِيَةً بِمَا ظَلَمُوا إِنَّ فِى ذٰلِكَ لَآيَةً لِقَوْمٍ يَعْلَمُونَ ٥٤
وَأَنْجَيْنَا ٱلَّذِينَ آمَنُوا وَكَانُوا يَتَّقُونَ ٥٥ وَلُوطًا إِذْ قَالَ لِقَوْمِهِ أَتَأْتُونَ ٱلْفَاحِشَةَ
وَأَنْتُمْ تُبْصِرُونَ ٥٦ أَئِنَّكُمْ لَتَأْتُونَ ٱلرِّجَالَ شَهْوَةً مِنْ دُونِ ٱلنِّسَاءِ بَلْ أَنْتُمْ
قَوْمٌ تَجْهَلُونَ ۞ ٥٧ فَمَا كَانَ جَوَابَ قَوْمِهِ إِلَّا أَنْ قَالُوا أَخْرِجُوا آلَ لُوطٍ حزب ٠
مِنْ قَرْيَتِكُمْ إِنَّهُمْ أُنَاسٌ يَتَطَهَّرُونَ ٥٨ فَأَنْجَيْنَاهُ وَأَهْلَهُ إِلَّا ٱمْرَأَتَهُ قَدَّرْنَاهَا

سورة ٢٧

يَا أَيُّهَا ٱلنَّمْلُ ٱدْخُلُوا مَسَاكِنَكُمْ لَا يَحْطِمَنَّكُمْ سُلَيْمَانُ وَجُنُودُهُ وَهُمْ لَا يَشْعُرُونَ ١٩ فَتَبَسَّمَ ضَاحِكًا مِنْ قَوْلِهَا وَقَالَ رَبِّ أَوْزِعْنِى أَنْ أَشْكُرَ نِعْمَتَكَ ٱلَّتِى أَنْعَمْتَ عَلَىَّ وَعَلَىٰ وَالِدَىَّ وَأَنْ أَعْمَلَ صَالِحًا تَرْضَاهُ وَأَدْخِلْنِى بِرَحْمَتِكَ فِى عِبَادِكَ ٱلصَّالِحِينَ ٢٠ وَتَفَقَّدَ ٱلطَّيْرَ فَقَالَ مَا لِىَ لَا أَرَى ٱلْهُدْهُدَ أَمْ كَانَ مِنَ ٱلْغَائِبِينَ ٢١ لَأُعَذِّبَنَّهُ عَذَابًا شَدِيدًا أَوْ لَأَذْبَحَنَّهُ أَوْ لَيَأْتِيَنِّى بِسُلْطَانٍ مُبِينٍ ٢٢ فَمَكَثَ غَيْرَ بَعِيدٍ فَقَالَ أَحَطتُ بِمَا لَمْ تُحِطْ بِهِ وَجِئْتُكَ مِنْ سَبَإٍ بِنَبَإٍ يَقِينٍ ٢٣ إِنِّى وَجَدتُّ ٱمْرَأَةً تَمْلِكُهُمْ وَأُوتِيَتْ مِنْ كُلِّ شَىْءٍ وَلَهَا عَرْشٌ عَظِيمٌ ٢٤ وَجَدتُّهَا وَقَوْمَهَا يَسْجُدُونَ لِلشَّمْسِ مِنْ دُونِ ٱللَّهِ وَزَيَّنَ لَهُمُ ٱلشَّيْطَانُ أَعْمَالَهُمْ فَصَدَّهُمْ عَنِ ٱلسَّبِيلِ فَهُمْ لَا يَهْتَدُونَ ٢٥ أَلَّا يَسْجُدُوا لِلَّهِ ٱلَّذِى يُخْرِجُ ٱلْخَبْءَ فِى ٱلسَّمَاوَاتِ وَٱلْأَرْضِ وَيَعْلَمُ مَا تُخْفُونَ وَمَا تُعْلِنُونَ ٢٦ ٱللَّهُ لَا إِلَٰهَ إِلَّا هُوَ رَبُّ ٱلْعَرْشِ ٱلْعَظِيمِ ٢٧ قَالَ سَنَنظُرُ أَصَدَقْتَ أَمْ كُنتَ مِنَ ٱلْكَاذِبِينَ ٢٨ ٱذْهَب بِكِتَابِى هَٰذَا فَأَلْقِهْ إِلَيْهِمْ ثُمَّ تَوَلَّ عَنْهُمْ فَٱنظُرْ مَاذَا يَرْجِعُونَ ٢٩ قَالَتْ يَا أَيُّهَا ٱلْمَلَأُ إِنِّى أُلْقِىَ إِلَىَّ كِتَابٌ كَرِيمٌ ٣٠ إِنَّهُ مِنْ سُلَيْمَانَ وَإِنَّهُ بِسْمِ ٱللَّهِ ٱلرَّحْمَٰنِ ٱلرَّحِيمِ ٣١ أَلَّا تَعْلُوا عَلَىَّ وَأْتُونِى مُسْلِمِينَ ٣٢ قَالَتْ يَا أَيُّهَا ٱلْمَلَأُ أَفْتُونِى فِى أَمْرِى مَا كُنتُ قَاطِعَةً أَمْرًا حَتَّىٰ تَشْهَدُونِ ٣٣ قَالُوا نَحْنُ أُولُوا قُوَّةٍ وَأُولُوا بَأْسٍ شَدِيدٍ وَٱلْأَمْرُ إِلَيْكِ فَٱنظُرِى مَاذَا تَأْمُرِينَ ٣٤ قَالَتْ إِنَّ ٱلْمُلُوكَ إِذَا دَخَلُوا قَرْيَةً أَفْسَدُوهَا وَجَعَلُوا أَعِزَّةَ أَهْلِهَا أَذِلَّةً وَكَذَٰلِكَ يَفْعَلُونَ ٣٥ وَإِنِّى مُرْسِلَةٌ إِلَيْهِمْ بِهَدِيَّةٍ فَنَاظِرَةٌ بِمَ يَرْجِعُ ٱلْمُرْسَلُونَ ٣٦ فَلَمَّا جَاءَ سُلَيْمَانَ قَالَ أَتُمِدُّونَنِ بِمَالٍ فَمَا آتَانِىَ ٱللَّهُ خَيْرٌ مِمَّا آتَاكُمْ بَلْ أَنتُم بِهَدِيَّتِكُمْ تَفْرَحُونَ ٣٧ ٱرْجِعْ إِلَيْهِمْ فَلَنَأْتِيَنَّهُمْ بِجُنُودٍ لَا قِبَلَ لَهُمْ بِهَا وَلَنُخْرِجَنَّهُمْ مِنْهَا أَذِلَّةً وَهُمْ صَاغِرُونَ ٣٨ قَالَ يَا أَيُّهَا ٱلْمَلَأُ أَيُّكُمْ يَأْتِينِى بِعَرْشِهَا قَبْلَ أَنْ يَأْتُونِى مُسْلِمِينَ

سورة النمل

مكية وهى خمس وتسعون آية

بِسْمِ ٱللَّهِ ٱلرَّحْمَٰنِ ٱلرَّحِيمِ

١ طس تِلْكَ آيَاتُ ٱلْقُرْآنِ وَكِتَابٍ مُبِينٍ ٢ هُدًى وَبُشْرَى لِلْمُؤْمِنِينَ ٣ ٱلَّذِينَ يُقِيمُونَ ٱلصَّلَاةَ وَيُؤْتُونَ ٱلزَّكَاةَ وَهُم بِٱلْآخِرَةِ هُمْ يُوقِنُونَ ٤ إِنَّ ٱلَّذِينَ لَا يُؤْمِنُونَ بِٱلْآخِرَةِ زَيَّنَّا لَهُمْ أَعْمَالَهُمْ فَهُمْ يَعْمَهُونَ ٥ أُوْلَٰئِكَ ٱلَّذِينَ لَهُمْ سُوءُ ٱلْعَذَابِ وَهُمْ فِى ٱلْآخِرَةِ هُمُ ٱلْأَخْسَرُونَ ٦ وَإِنَّكَ لَتُلَقَّى ٱلْقُرْآنَ مِن لَّدُنْ حَكِيمٍ عَلِيمٍ ٧ إِذْ قَالَ مُوسَىٰ لِأَهْلِهِ إِنِّى آنَسْتُ نَارًا سَآتِيكُم مِّنْهَا بِخَبَرٍ أَوْ آتِيكُم بِشِهَابٍ قَبَسٍ لَّعَلَّكُمْ تَصْطَلُونَ ٨ فَلَمَّا جَاءَهَا نُودِىَ أَن بُورِكَ مَن فِى ٱلنَّارِ وَمَنْ حَوْلَهَا وَسُبْحَانَ ٱللَّهِ رَبِّ ٱلْعَالَمِينَ ٩ يَا مُوسَىٰ إِنَّهُ أَنَا ٱللَّهُ ٱلْعَزِيزُ ٱلْحَكِيمُ ١٠ وَأَلْقِ عَصَاكَ فَلَمَّا رَآهَا تَهْتَزُّ كَأَنَّهَا جَانٌّ وَلَّىٰ مُدْبِرًا وَلَمْ يُعَقِّبْ يَا مُوسَىٰ لَا تَخَفْ إِنِّى لَا يَخَافُ لَدَىَّ ٱلْمُرْسَلُونَ ١١ إِلَّا مَن ظَلَمَ ثُمَّ بَدَّلَ حُسْنًا بَعْدَ سُوءٍ فَإِنِّى غَفُورٌ رَحِيمٌ ١٢ وَأَدْخِلْ يَدَكَ فِى جَيْبِكَ تَخْرُجْ بَيْضَاءَ مِنْ غَيْرِ سُوءٍ فِى تِسْعِ آيَاتٍ إِلَىٰ فِرْعَوْنَ وَقَوْمِهِ إِنَّهُمْ كَانُوا قَوْمًا فَاسِقِينَ ١٣ فَلَمَّا جَاءَتْهُمْ آيَاتُنَا مُبْصِرَةً قَالُوا هَٰذَا سِحْرٌ مُبِينٌ ١٤ وَجَحَدُوا بِهَا وَٱسْتَيْقَنَتْهَا أَنفُسُهُمْ ظُلْمًا وَعُلُوًّا فَٱنظُرْ كَيْفَ كَانَ عَاقِبَةُ ٱلْمُفْسِدِينَ ١٥ وَلَقَدْ آتَيْنَا دَاوُودَ وَسُلَيْمَانَ عِلْمًا وَقَالَا ٱلْحَمْدُ لِلَّهِ ٱلَّذِى فَضَّلَنَا عَلَىٰ كَثِيرٍ مِنْ عِبَادِهِ ٱلْمُؤْمِنِينَ ١٦ وَوَرِثَ سُلَيْمَانُ دَاوُودَ وَقَالَ يَا أَيُّهَا ٱلنَّاسُ عُلِّمْنَا مَنطِقَ ٱلطَّيْرِ وَأُوتِينَا مِن كُلِّ شَيْءٍ إِنَّ هَٰذَا لَهُوَ ٱلْفَضْلُ ٱلْمُبِينُ ١٧ وَحُشِرَ لِسُلَيْمَانَ جُنُودُهُ مِنَ ٱلْجِنِّ وَٱلْإِنسِ وَٱلطَّيْرِ فَهُمْ يُوزَعُونَ ١٨ حَتَّىٰ إِذَا أَتَوْا عَلَىٰ وَادِ ٱلنَّمْلِ قَالَتْ نَمْلَةٌ

رَبِّي أَعْلَمُ بِمَا تَعْمَلُونَ ١٨٩ فَكَذَّبُوهُ فَأَخَذَهُمْ عَذَابُ يَوْمِ ٱلظُّلَّةِ إِنَّهُ كَانَ
عَذَابَ يَوْمٍ عَظِيمٍ ١٩٠ إِنَّ فِي ذَٰلِكَ لَآيَةً وَمَا كَانَ أَكْثَرُهُمْ مُؤْمِنِينَ ١٩١ وَإِنَّ
رَبَّكَ لَهُوَ ٱلْعَزِيزُ ٱلرَّحِيمُ ١٩٢ وَإِنَّهُ لَتَنْزِيلُ رَبِّ ٱلْعَالَمِينَ ١٩٣ نَزَلَ بِهِ ٱلرُّوحُ
ٱلْأَمِينُ ١٩٤ عَلَى قَلْبِكَ لِتَكُونَ مِنَ ٱلْمُنْذِرِينَ ١٩٥ بِلِسَانٍ عَرَبِيٍّ مُبِينٍ
١٩٦ وَإِنَّهُ لَفِي زُبُرِ ٱلْأَوَّلِينَ ١٩٧ أَوَلَمْ يَكُنْ لَهُمْ آيَةً أَنْ يَعْلَمَهُ عُلَمَاءُ بَنِي
إِسْرَائِيلَ ١٩٨ وَلَوْ نَزَّلْنَاهُ عَلَى بَعْضِ ٱلْأَعْجَمِينَ ١٩٩ فَقَرَأَهُ عَلَيْهِمْ مَا كَانُوا
بِهِ مُؤْمِنِينَ ٢٠٠ كَذَٰلِكَ سَلَكْنَاهُ فِي قُلُوبِ ٱلْمُجْرِمِينَ ٢٠١ لَا يُؤْمِنُونَ بِهِ
حَتَّى يَرَوُا ٱلْعَذَابَ ٱلْأَلِيمَ ٢٠٢ فَيَأْتِيَهُمْ بَغْتَةً وَهُمْ لَا يَشْعُرُونَ ٢٠٣ فَيَقُولُوا
هَلْ نَحْنُ مُنْظَرُونَ ٢٠٤ أَفَبِعَذَابِنَا يَسْتَعْجِلُونَ ٢٠٥ أَفَرَأَيْتَ إِنْ مَتَّعْنَاهُمْ سِنِينَ
٢٠٦ ثُمَّ جَاءَهُمْ مَا كَانُوا يُوعَدُونَ ٢٠٧ مَا أَغْنَى عَنْهُمْ مَا كَانُوا يُمَتَّعُونَ
٢٠٨ وَمَا أَهْلَكْنَا مِنْ قَرْيَةٍ إِلَّا لَهَا مُنْذِرُونَ ٢٠٩ ذِكْرَى وَمَا كُنَّا ظَالِمِينَ
٢١٠ وَمَا تَنَزَّلَتْ بِهِ ٱلشَّيَاطِينُ ٢١١ وَمَا يَنْبَغِي لَهُمْ وَمَا يَسْتَطِيعُونَ ٢١٢ إِنَّهُمْ
عَنِ ٱلسَّمْعِ لَمَعْزُولُونَ ٢١٣ فَلَا تَدْعُ مَعَ ٱللَّهِ إِلَٰهًا آخَرَ فَتَكُونَ مِنَ ٱلْمُعَذَّبِينَ
٢١٤ وَأَنْذِرْ عَشِيرَتَكَ ٱلْأَقْرَبِينَ ٢١٥ وَٱخْفِضْ جَنَاحَكَ لِمَنِ ٱتَّبَعَكَ مِنَ ٱلْمُؤْمِنِينَ
٢١٦ فَإِنْ عَصَوْكَ فَقُلْ إِنِّي بَرِيءٌ مِمَّا تَعْمَلُونَ ٢١٧ وَتَوَكَّلْ عَلَى ٱلْعَزِيزِ ٱلرَّحِيمِ
٢١٨ ٱلَّذِي يَرَاكَ حِينَ تَقُومُ ٢١٩ وَتَقَلُّبَكَ فِي ٱلسَّاجِدِينَ ٢٢٠ إِنَّهُ هُوَ ٱلسَّمِيعُ
ٱلْعَلِيمُ ٢٢١ هَلْ أُنَبِّئُكُمْ عَلَى مَنْ تَنَزَّلُ ٱلشَّيَاطِينُ ٢٢٢ تَنَزَّلُ عَلَى كُلِّ
أَفَّاكٍ أَثِيمٍ ٢٢٣ يُلْقُونَ ٱلسَّمْعَ وَأَكْثَرُهُمْ كَاذِبُونَ ٢٢٤ وَٱلشُّعَرَاءُ يَتَّبِعُهُمُ
ٱلْغَاوُونَ ٢٢٥ أَلَمْ تَرَ أَنَّهُمْ فِي كُلِّ وَادٍ يَهِيمُونَ ٢٢٦ وَأَنَّهُمْ يَقُولُونَ مَا لَا
يَفْعَلُونَ ٢٢٧ إِلَّا ٱلَّذِينَ آمَنُوا وَعَمِلُوا ٱلصَّالِحَاتِ وَذَكَرُوا ٱللَّهَ كَثِيرًا
٢٢٨ وَٱنْتَصَرُوا مِنْ بَعْدِ مَا ظُلِمُوا وَسَيَعْلَمُ ٱلَّذِينَ ظَلَمُوا أَيَّ مُنْقَلَبٍ يَنْقَلِبُونَ

١٥٠ فَٱتَّقُوا ٱللَّهَ وَأَطِيعُونِ ١٥١ وَلَا تُطِيعُوا أَمْرَ ٱلْمُسْرِفِينَ ١٥٢ ٱلَّذِينَ يُفْسِدُونَ
فِي ٱلْأَرْضِ وَلَا يُصْلِحُونَ ١٥٣ قَالُوا إِنَّمَا أَنتَ مِنَ ٱلْمُسَحَّرِينَ ١٥٤ مَا أَنتَ
إِلَّا بَشَرٌ مِّثْلُنَا فَأْتِ بِآيَةٍ إِن كُنتَ مِنَ ٱلصَّادِقِينَ ١٥٥ قَالَ هَٰذِهِ نَاقَةٌ لَّهَا
شِرْبٌ وَلَكُمْ شِرْبُ يَوْمٍ مَّعْلُومٍ ١٥٦ وَلَا تَمَسُّوهَا بِسُوٓءٍ فَيَأْخُذَكُمْ عَذَابُ
يَوْمٍ عَظِيمٍ ١٥٧ فَعَقَرُوهَا فَأَصْبَحُوا نَادِمِينَ ١٥٨ فَأَخَذَهُمُ ٱلْعَذَابُ إِنَّ فِي
ذَٰلِكَ لَآيَةً وَمَا كَانَ أَكْثَرُهُم مُّؤْمِنِينَ ١٥٩ وَإِنَّ رَبَّكَ لَهُوَ ٱلْعَزِيزُ ٱلرَّحِيمُ
١٦٠ كَذَّبَتْ قَوْمُ لُوطٍ ٱلْمُرْسَلِينَ ١٦١ إِذْ قَالَ لَهُمْ أَخُوهُمْ لُوطٌ أَلَا تَتَّقُونَ
١٦٢ إِنِّي لَكُمْ رَسُولٌ أَمِينٌ ١٦٣ فَٱتَّقُوا ٱللَّهَ وَأَطِيعُونِ ١٦٤ وَمَا أَسْأَلُكُمْ
عَلَيْهِ مِنْ أَجْرٍ إِنْ أَجْرِيَ إِلَّا عَلَىٰ رَبِّ ٱلْعَالَمِينَ ١٦٥ أَتَأْتُونَ ٱلذُّكْرَانَ
مِنَ ٱلْعَالَمِينَ ١٦٦ وَتَذَرُونَ مَا خَلَقَ لَكُمْ رَبُّكُم مِّنْ أَزْوَاجِكُم بَلْ أَنتُمْ قَوْمٌ
عَادُونَ ١٦٧ قَالُوا لَئِن لَّمْ تَنتَهِ يَا لُوطُ لَتَكُونَنَّ مِنَ ٱلْمُخْرَجِينَ ١٦٨ قَالَ
إِنِّي لِعَمَلِكُم مِّنَ ٱلْقَالِينَ ١٦٩ رَبِّ نَجِّنِي وَأَهْلِي مِمَّا يَعْمَلُونَ ١٧٠ فَنَجَّيْنَاهُ
وَأَهْلَهُ أَجْمَعِينَ ١٧١ إِلَّا عَجُوزًا فِي ٱلْغَابِرِينَ ١٧٢ ثُمَّ دَمَّرْنَا ٱلْآخَرِينَ ١٧٣
وَأَمْطَرْنَا عَلَيْهِم مَّطَرًا فَسَاءَ مَطَرُ ٱلْمُنذَرِينَ ١٧٤ إِنَّ فِي ذَٰلِكَ لَآيَةً وَمَا كَانَ
أَكْثَرُهُم مُّؤْمِنِينَ ١٧٥ وَإِنَّ رَبَّكَ لَهُوَ ٱلْعَزِيزُ ٱلرَّحِيمُ ١٧٦ كَذَّبَ أَصْحَابُ
ٱلْأَيْكَةِ ٱلْمُرْسَلِينَ ١٧٧ إِذْ قَالَ لَهُمْ شُعَيْبٌ أَلَا تَتَّقُونَ ١٧٨ إِنِّي لَكُمْ رَسُولٌ
أَمِينٌ ١٧٩ فَٱتَّقُوا ٱللَّهَ وَأَطِيعُونِ ١٨٠ وَمَا أَسْأَلُكُمْ عَلَيْهِ مِنْ أَجْرٍ إِنْ أَجْرِيَ
إِلَّا عَلَىٰ رَبِّ ٱلْعَالَمِينَ ١٨١ أَوْفُوا ٱلْكَيْلَ وَلَا تَكُونُوا مِنَ ٱلْمُخْسِرِينَ ١٨٢ وَزِنُوا
بِٱلْقِسْطَاسِ ٱلْمُسْتَقِيمِ ١٨٣ وَلَا تَبْخَسُوا ٱلنَّاسَ أَشْيَاءَهُمْ وَلَا تَعْثَوْا فِي ٱلْأَرْضِ
مُفْسِدِينَ ١٨٤ وَٱتَّقُوا ٱلَّذِي خَلَقَكُمْ وَٱلْجِبِلَّةَ ٱلْأَوَّلِينَ ١٨٥ قَالُوا إِنَّمَا أَنتَ
مِنَ ٱلْمُسَحَّرِينَ ١٨٦ وَمَا أَنتَ إِلَّا بَشَرٌ مِّثْلُنَا وَإِن نَّظُنُّكَ لَمِنَ ٱلْكَاذِبِينَ
١٨٧ فَأَسْقِطْ عَلَيْنَا كِسَفًا مِّنَ ٱلسَّمَاءِ إِن كُنتَ مِنَ ٱلصَّادِقِينَ ١٨٨ قَالَ

تَتَّقُونَ ١٠٧ إِنِّي لَكُمْ رَسُولٌ أَمِينٌ ١٠٨ فَاتَّقُوا ٱللَّهَ وَأَطِيعُونِ ١٠٩ وَمَا أَسْأَلُكُمْ
عَلَيْهِ مِنْ أَجْرٍ إِنْ أَجْرِيَ إِلَّا عَلَى رَبِّ ٱلْعَالَمِينَ ١١٠ فَاتَّقُوا ٱللَّهَ وَأَطِيعُونِ
١١١ قَالُوا أَنُؤْمِنُ لَكَ وَاتَّبَعَكَ ٱلْأَرْذَلُونَ ١١٢ قَالَ وَمَا عِلْمِي بِمَا كَانُوا يَعْمَلُونَ
١١٣ إِنْ حِسَابُهُمْ إِلَّا عَلَى رَبِّي لَوْ تَشْعُرُونَ ١١٤ وَمَا أَنَا بِطَارِدِ ٱلْمُؤْمِنِينَ
١١٥ إِنْ أَنَا إِلَّا نَذِيرٌ مُبِينٌ ١١٦ قَالُوا لَئِنْ لَمْ تَنْتَهِ يَا نُوحُ لَتَكُونَنَّ مِنَ
ٱلْمَرْجُومِينَ ١١٧ قَالَ رَبِّ إِنَّ قَوْمِي كَذَّبُونِ ١١٨ فَافْتَحْ بَيْنِي وَبَيْنَهُمْ فَتْحًا
وَنَجِّنِي وَمَنْ مَعِيَ مِنَ ٱلْمُؤْمِنِينَ ١١٩ فَأَنْجَيْنَاهُ وَمَنْ مَعَهُ فِي ٱلْفُلْكِ ٱلْمَشْحُونِ
١٢٠ ثُمَّ أَغْرَقْنَا بَعْدُ ٱلْبَاقِينَ ١٢١ إِنَّ فِي ذَلِكَ لَآيَةً وَمَا كَانَ أَكْثَرُهُمْ مُؤْمِنِينَ
١٢٢ وَإِنَّ رَبَّكَ لَهُوَ ٱلْعَزِيزُ ٱلرَّحِيمُ ١٢٣ كَذَّبَتْ عَادٌ ٱلْمُرْسَلِينَ ١٢٤ إِذْ قَالَ
لَهُمْ أَخُوهُمْ هُودٌ أَلَا تَتَّقُونَ ١٢٥ إِنِّي لَكُمْ رَسُولٌ أَمِينٌ ١٢٦ فَاتَّقُوا ٱللَّهَ
وَأَطِيعُونِ ١٢٧ وَمَا أَسْأَلُكُمْ عَلَيْهِ مِنْ أَجْرٍ إِنْ أَجْرِيَ إِلَّا عَلَى رَبِّ ٱلْعَالَمِينَ
١٢٨ أَتَبْنُونَ بِكُلِّ رِيعٍ آيَةً تَعْبَثُونَ ١٢٩ وَتَتَّخِذُونَ مَصَانِعَ لَعَلَّكُمْ تَخْلُدُونَ
١٣٠ وَإِذَا بَطَشْتُمْ بَطَشْتُمْ جَبَّارِينَ ١٣١ فَاتَّقُوا ٱللَّهَ وَأَطِيعُونِ ١٣٢ وَاتَّقُوا
ٱلَّذِي أَمَدَّكُمْ بِمَا تَعْلَمُونَ ١٣٣ أَمَدَّكُمْ بِأَنْعَامٍ وَبَنِينَ ١٣٤ وَجَنَّاتٍ
وَعُيُونٍ ١٣٥ إِنِّي أَخَافُ عَلَيْكُمْ عَذَابَ يَوْمٍ عَظِيمٍ ١٣٦ قَالُوا سَوَاءٌ عَلَيْنَا
أَوَعَظْتَ أَمْ لَمْ تَكُنْ مِنَ ٱلْوَاعِظِينَ ١٣٧ إِنْ هَذَا إِلَّا خُلُقُ ٱلْأَوَّلِينَ ١٣٨ وَمَا
نَحْنُ بِمُعَذَّبِينَ ١٣٩ فَكَذَّبُوهُ فَأَهْلَكْنَاهُمْ إِنَّ فِي ذَلِكَ لَآيَةً وَمَا كَانَ أَكْثَرُهُمْ
مُؤْمِنِينَ ١٤٠ وَإِنَّ رَبَّكَ لَهُوَ ٱلْعَزِيزُ ٱلرَّحِيمُ ١٤١ كَذَّبَتْ ثَمُودُ ٱلْمُرْسَلِينَ
١٤٢ إِذْ قَالَ لَهُمْ أَخُوهُمْ صَالِحٌ أَلَا تَتَّقُونَ ١٤٣ إِنِّي لَكُمْ رَسُولٌ أَمِينٌ ١٤٤
فَاتَّقُوا ٱللَّهَ وَأَطِيعُونِ ١٤٥ وَمَا أَسْأَلُكُمْ عَلَيْهِ مِنْ أَجْرٍ إِنْ أَجْرِيَ إِلَّا عَلَى
رَبِّ ٱلْعَالَمِينَ ١٤٦ أَتُتْرَكُونَ فِيمَا هَاهُنَا آمِنِينَ ١٤٧ فِي جَنَّاتٍ وَعُيُونٍ
١٤٨ وَزُرُوعٍ وَنَخْلٍ طَلْعُهَا هَضِيمٌ ١٤٩ وَتَنْحِتُونَ مِنَ ٱلْجِبَالِ بُيُوتًا فَارِهِينَ

أَصْحَابُ مُوسَى إِنَّا لَمُدْرَكُونَ ٦٢ قَالَ كَلَّا إِنَّ مَعِىَ رَبِّى سَيَهْدِينِ
٦٣ فَأَوْحَيْنَا إِلَى مُوسَى أَنِ ٱضْرِبْ بِعَصَاكَ ٱلْبَحْرَ فَٱنْفَلَقَ فَكَانَ كُلُّ فِرْقٍ
كَٱلطَّوْدِ ٱلْعَظِيمِ ٦٤ وَأَزْلَفْنَا ثَمَّ ٱلْآخَرِينَ ٦٥ وَأَنْجَيْنَا مُوسَى وَمَنْ مَعَهُ
أَجْمَعِينَ ٦٦ ثُمَّ أَغْرَقْنَا ٱلْآخَرِينَ ٦٧ إِنَّ فِى ذَلِكَ لَآيَةً وَمَا كَانَ أَكْثَرُهُمْ
مُؤْمِنِينَ ٦٨ وَإِنَّ رَبَّكَ لَهُوَ ٱلْعَزِيزُ ٱلرَّحِيمُ ٦٩ وَٱتْلُ عَلَيْهِمْ نَبَأَ إِبْرٰهِيمَ
٧٠ إِذْ قَالَ لِأَبِيهِ وَقَوْمِهِ مَا تَعْبُدُونَ ٧١ قَالُوا نَعْبُدُ أَصْنَامًا فَنَظَلُّ لَهَا
عَاكِفِينَ ٧٢ قَالَ هَلْ يَسْمَعُونَكُمْ إِذْ تَدْعُونَ ٧٣ أَوْ يَنْفَعُونَكُمْ أَوْ يَضُرُّونَ
٧٤ قَالُوا بَلْ وَجَدْنَا آبَآءَنَا كَذَلِكَ يَفْعَلُونَ ٧٥ قَالَ أَفَرَأَيْتُمْ مَا كُنْتُمْ تَعْبُدُونَ
٧٦ أَنْتُمْ وَآبَآؤُكُمُ ٱلْأَقْدَمُونَ ٧٧ فَإِنَّهُمْ عَدُوٌّ لِى إِلَّا رَبَّ ٱلْعَالَمِينَ ٧٨ ٱلَّذِى
خَلَقَنِى فَهُوَ يَهْدِينِ ٧٩ وَٱلَّذِى هُوَ يُطْعِمُنِى وَيَسْقِينِ ٨٠ وَإِذَا مَرِضْتُ فَهُوَ
يَشْفِينِ ٨١ وَٱلَّذِى يُمِيتُنِى ثُمَّ يُحْيِينِ ٨٢ وَٱلَّذِى أَطْمَعُ أَنْ يَغْفِرَ لِى خَطِيٓئَتِى
يَوْمَ ٱلدِّينِ ٨٣ رَبِّ هَبْ لِى حُكْمًا وَأَلْحِقْنِى بِٱلصَّالِحِينَ ٨٤ وَٱجْعَلْ لِى لِسَانَ
صِدْقٍ فِى ٱلْآخِرِينَ ٨٥ وَٱجْعَلْنِى مِنْ وَرَثَةِ جَنَّةِ ٱلنَّعِيمِ ٨٦ وَٱغْفِرْ لِأَبِى إِنَّهُ
كَانَ مِنَ ٱلضَّالِّينَ ٨٧ وَلَا تُخْزِنِى يَوْمَ يُبْعَثُونَ ٨٨ يَوْمَ لَا يَنْفَعُ مَالٌ وَلَا بَنُونَ
٨٩ إِلَّا مَنْ أَتَى ٱللّٰهَ بِقَلْبٍ سَلِيمٍ ٩٠ وَأُزْلِفَتِ ٱلْجَنَّةُ لِلْمُتَّقِينَ ٩١ وَبُرِّزَتِ
ٱلْجَحِيمُ لِلْغَاوِينَ ٩٢ وَقِيلَ لَهُمْ أَيْنَمَا كُنْتُمْ تَعْبُدُونَ ٩٣ مِنْ دُونِ ٱللّٰهِ هَلْ
يَنْصُرُونَكُمْ أَوْ يَنْتَصِرُونَ ٩٤ فَكُبْكِبُوا فِيهَا هُمْ وَٱلْغَاوُونَ ٩٥ وَجُنُودُ إِبْلِيسَ
أَجْمَعُونَ ٩٦ قَالُوا وَهُمْ فِيهَا يَخْتَصِمُونَ ٩٧ تَٱللّٰهِ إِنْ كُنَّا لَفِى ضَلَالٍ مُبِينٍ
٩٨ إِذْ نُسَوِّيكُمْ بِرَبِّ ٱلْعَالَمِينَ ٩٩ وَمَا أَضَلَّنَا إِلَّا ٱلْمُجْرِمُونَ ١٠٠ فَمَا لَنَا مِنْ
شَافِعِينَ ١٠١ وَلَا صَدِيقٍ حَمِيمٍ ١٠٢ فَلَوْ أَنَّ لَنَا كَرَّةً فَنَكُونَ مِنَ ٱلْمُؤْمِنِينَ
١٠٣ إِنَّ فِى ذَلِكَ لَآيَةً وَمَا كَانَ أَكْثَرُهُمْ مُؤْمِنِينَ ١٠٤ وَإِنَّ رَبَّكَ لَهُوَ ٱلْعَزِيزُ
ٱلرَّحِيمُ ١٠٥ كَذَّبَتْ قَوْمُ نُوحٍ ٱلْمُرْسَلِينَ ١٠٦ إِذْ قَالَ لَهُمْ أَخُوهُمْ نُوحٌ أَلَا

١٩٣ سورة ٢٦

٢٤ قَالَ لِمَنْ حَوْلَهُ أَلَا تَسْتَمِعُونَ ٢٥ قَالَ رَبُّكُمْ وَرَبُّ آبَائِكُمُ ٱلْأَوَّلِينَ ٢٦ قَالَ
إِنَّ رَسُولَكُمُ ٱلَّذِى أُرْسِلَ إِلَيْكُمْ لَمَجْنُونٌ ٢٧ قَالَ رَبُّ ٱلْمَشْرِقِ وَٱلْمَغْرِبِ وَمَا
بَيْنَهُمَا إِنْ كُنْتُمْ تَعْقِلُونَ ٢٨ قَالَ لَئِنِ ٱتَّخَذْتَ إِلَهًا غَيْرِى لَأَجْعَلَنَّكَ مِنَ
ٱلْمَسْجُونِينَ ٢٩ قَالَ أَوَلَوْ جِئْتُكَ بِشَىْءٍ مُبِينٍ ٣٠ قَالَ فَأْتِ بِهِ إِنْ كُنْتَ
مِنَ ٱلصَّادِقِينَ ٣١ فَأَلْقَى عَصَاهُ فَإِذَا هِىَ ثُعْبَانٌ مُبِينٌ ٣٢ وَنَزَعَ يَدَهُ
فَإِذَا هِىَ بَيْضَآءُ لِلنَّاظِرِينَ ٣٣ قَالَ لِلْمَلَإِ حَوْلَهُ إِنَّ هَذَا لَسَاحِرٌ عَلِيمٌ
٣٤ يُرِيدُ أَنْ يُخْرِجَكُمْ مِنْ أَرْضِكُمْ بِسِحْرِهِ فَمَا ذَا تَأْمُرُونَ ٣٥ قَالُوا أَرْجِهْ
وَأَخَاهُ وَٱبْعَثْ فِى ٱلْمَدَآئِنِ حَاشِرِينَ ٣٦ يَأْتُوكَ بِكُلِّ سَحَّارٍ عَلِيمٍ ٣٧ فَجُمِعَ
ٱلسَّحَرَةُ لِمِيقَاتِ يَوْمٍ مَعْلُومٍ ٣٨ وَقِيلَ لِلنَّاسِ هَلْ أَنْتُمْ مُجْتَمِعُونَ ٣٩ لَعَلَّنَا
نَتَّبِعُ ٱلسَّحَرَةَ إِنْ كَانُوا هُمُ ٱلْغَالِبِينَ ٤٠ فَلَمَّا جَآءَ ٱلسَّحَرَةُ قَالُوا لِفِرْعَوْنَ أَئِنَّ
لَنَا لَأَجْرًا إِنْ كُنَّا نَحْنُ ٱلْغَالِبِينَ ٤١ قَالَ نَعَمْ وَإِنَّكُمْ إِذًا لَمِنَ ٱلْمُقَرَّبِينَ
٤٢ قَالَ لَهُمْ مُوسَى أَلْقُوا مَا أَنْتُمْ مُلْقُونَ ٤٣ فَأَلْقَوْا حِبَالَهُمْ وَعِصِيَّهُمْ وَقَالُوا
بِعِزَّةِ فِرْعَوْنَ إِنَّا لَنَحْنُ ٱلْغَالِبُونَ ٤٤ فَأَلْقَى مُوسَى عَصَاهُ فَإِذَا هِىَ تَلْقَفُ
مَا يَأْفِكُونَ ٤٥ فَأُلْقِىَ ٱلسَّحَرَةُ سَاجِدِينَ ٤٦ قَالُوا آمَنَّا بِرَبِّ ٱلْعَالَمِينَ
٤٧ رَبِّ مُوسَى وَهَرُونَ ٤٨ قَالَ آمَنْتُمْ لَهُ قَبْلَ أَنْ آذَنَ لَكُمْ إِنَّهُ لَكَبِيرُكُمُ
ٱلَّذِى عَلَّمَكُمُ ٱلسِّحْرَ فَلَسَوْفَ تَعْلَمُونَ ٤٩ لَأُقَطِّعَنَّ أَيْدِيَكُمْ وَأَرْجُلَكُمْ مِنْ
خِلَافٍ وَلَأُصَلِّبَنَّكُمْ أَجْمَعِينَ ٥٠ قَالُوا لَا ضَيْرَ إِنَّا إِلَى رَبِّنَا مُنْقَلِبُونَ ٥١ إِنَّا
نَطْمَعُ أَنْ يَغْفِرَ لَنَا رَبُّنَا خَطَايَانَا أَنْ كُنَّا أَوَّلَ ٱلْمُؤْمِنِينَ ٥٢ وَأَوْحَيْنَا إِلَى
مُوسَى أَنْ أَسْرِ بِعِبَادِى إِنَّكُمْ مُتَّبَعُونَ ٥٣ فَأَرْسَلَ فِرْعَوْنُ فِى ٱلْمَدَآئِنِ حَاشِرِينَ
٥٤ إِنَّ هَؤُلَآءِ لَشِرْذِمَةٌ قَلِيلُونَ ٥٥ وَإِنَّهُمْ لَنَا لَغَائِظُونَ ٥٦ وَإِنَّا لَجَمِيعٌ
حَاذِرُونَ ٥٧ فَأَخْرَجْنَاهُمْ مِنْ جَنَّاتٍ وَعُيُونٍ ٥٨ وَكُنُوزٍ وَمَقَامٍ كَرِيمٍ ٥٩ كَذَلِكَ
وَأَوْرَثْنَاهَا بَنِى إِسْرَآئِيلَ ٦٠ فَأَتْبَعُوهُمْ مُشْرِقِينَ ٦١ فَلَمَّا تَرَآءَ ٱلْجَمْعَانِ قَالَ

حَسُنَتْ مُسْتَقَرًّا وَمُقَامًا ۷۷ قُلْ مَا يَعْبَؤُا بِكُمْ رَبِّي لَوْلَا دُعَآؤُكُمْ فَقَدْ كَذَّبْتُمْ
فَسَوْفَ يَكُونُ لِزَامًا

سورة الشعرآء

مكية وهى مائتان وثمان وعشرون آية

بِسْمِ ٱللَّهِ ٱلرَّحْمَنِ ٱلرَّحِيمِ ۱

۱ طسٓمٓ تِلْكَ آيَاتُ ٱلْكِتَابِ ٱلْمُبِينِ ۲ لَعَلَّكَ بَاخِعٌ نَفْسَكَ أَلَّا يَكُونُوا مُؤْمِنِينَ
۳ إِنْ نَشَأْ نُنَزِّلْ عَلَيْهِمْ مِنَ ٱلسَّمَآءِ آيَةً فَظَلَّتْ أَعْنَاقُهُمْ لَهَا خَاضِعِينَ
۴ وَمَا يَأْتِيهِمْ مِنْ ذِكْرٍ مِنَ ٱلرَّحْمَنِ مُحْدَثٍ إِلَّا كَانُوا عَنْهُ مُعْرِضِينَ ۵ فَقَدْ
كَذَّبُوا فَسَيَأْتِيهِمْ أَنْبَآءُ مَا كَانُوا بِهِ يَسْتَهْزِؤُنَ ۶ أَوَلَمْ يَرَوْا إِلَى ٱلْأَرْضِ كَمْ
أَنْبَتْنَا فِيهَا مِنْ كُلِّ زَوْجٍ كَرِيمٍ ۷ إِنَّ فِي ذَلِكَ لَآيَةً وَمَا كَانَ أَكْثَرُهُمْ
مُؤْمِنِينَ ۸ وَإِنَّ رَبَّكَ لَهُوَ ٱلْعَزِيزُ ٱلرَّحِيمُ ۹ وَإِذْ نَادَى رَبُّكَ مُوسَى أَنِ ٱئْتِ
ٱلْقَوْمَ ٱلظَّالِمِينَ ۱۰ قَوْمَ فِرْعَوْنَ أَلَا يَتَّقُونَ ۱۱ قَالَ رَبِّ إِنِّي أَخَافُ أَنْ يُكَذِّبُونِ
۱۲ وَيَضِيقُ صَدْرِي وَلَا يَنْطَلِقُ لِسَانِي فَأَرْسِلْ إِلَى هَرُونَ ۱۳ وَلَهُمْ عَلَيَّ
ذَنْبٌ فَأَخَافُ أَنْ يَقْتُلُونِ ۱۴ قَالَ كَلَّا فَٱذْهَبَا بِآيَاتِنَا إِنَّا مَعَكُمْ مُسْتَمِعُونَ
۱۵ فَأْتِيَا فِرْعَوْنَ فَقُولَا إِنَّا رَسُولُ رَبِّ ٱلْعَالَمِينَ ۱۶ أَنْ أَرْسِلْ مَعَنَا بَنِي إِسْرَآئِلَ
۱۷ قَالَ أَلَمْ نُرَبِّكَ فِينَا وَلِيدًا وَلَبِثْتَ فِينَا مِنْ عُمُرِكَ سِنِينَ ۱۸ وَفَعَلْتَ
فَعْلَتَكَ ٱلَّتِي فَعَلْتَ وَأَنْتَ مِنَ ٱلْكَافِرِينَ ۱۹ قَالَ فَعَلْتُهَا إِذًا وَأَنَا مِنَ ٱلضَّالِّينَ
۲۰ فَفَرَرْتُ مِنْكُمْ لَمَّا خِفْتُكُمْ فَوَهَبَ لِي رَبِّي حُكْمًا وَجَعَلَنِي مِنَ ٱلْمُرْسَلِينَ
۲۱ وَتِلْكَ نِعْمَةٌ تَمُنُّهَا عَلَيَّ أَنْ عَبَّدتَّ بَنِي إِسْرَآئِلَ ۲۲ قَالَ فِرْعَوْنُ وَمَا رَبُّ
ٱلْعَالَمِينَ ۲۳ قَالَ رَبُّ ٱلسَّمَوَاتِ وَٱلْأَرْضِ وَمَا بَيْنَهُمَا إِنْ كُنْتُمْ مُوقِنِينَ

ٱلَّذِى خَلَقَ مِنَ ٱلْمَآءِ بَشَرًا فَجَعَلَهُۥ نَسَبًا وَصِهْرًا وَكَانَ رَبُّكَ قَدِيرًا ٥٧
وَيَعْبُدُونَ مِن دُونِ ٱللَّهِ مَا لَا يَنفَعُهُمْ وَلَا يَضُرُّهُمْ وَكَانَ ٱلْكَافِرُ عَلَىٰ رَبِّهِۦ
ظَهِيرًا ٥٨ وَمَا أَرْسَلْنَاكَ إِلَّا مُبَشِّرًا وَنَذِيرًا ٥٩ قُلْ مَا أَسْأَلُكُمْ عَلَيْهِ مِنْ
أَجْرٍ إِلَّا مَن شَآءَ أَن يَتَّخِذَ إِلَىٰ رَبِّهِۦ سَبِيلًا ٦٠ وَتَوَكَّلْ عَلَى ٱلْحَىِّ ٱلَّذِى
لَا يَمُوتُ وَسَبِّحْ بِحَمْدِهِۦ وَكَفَىٰ بِهِۦ بِذُنُوبِ عِبَادِهِۦ خَبِيرًا ٱلَّذِى خَلَقَ ٱلسَّمَوَاتِ
وَٱلْأَرْضَ وَمَا بَيْنَهُمَا فِى سِتَّةِ أَيَّامٍ ثُمَّ ٱسْتَوَىٰ عَلَى ٱلْعَرْشِ ٱلرَّحْمَنُ فَاسْأَلْ بِهِۦ
خَبِيرًا ٦١ وَإِذَا قِيلَ لَهُمُ ٱسْجُدُوا لِلرَّحْمَنِ قَالُوا وَمَا ٱلرَّحْمَنُ أَنَسْجُدُ لِمَا
تَأْمُرُنَا وَزَادَهُمْ نُفُورًا ٦٢ تَبَارَكَ ٱلَّذِى جَعَلَ فِى ٱلسَّمَآءِ بُرُوجًا وَجَعَلَ فِيهَا
سِرَاجًا وَقَمَرًا مُنِيرًا ٦٣ وَهُوَ ٱلَّذِى جَعَلَ ٱللَّيْلَ وَٱلنَّهَارَ خِلْفَةً لِمَنْ أَرَادَ
أَن يَذَّكَّرَ أَوْ أَرَادَ شُكُورًا ٦٤ وَعِبَادُ ٱلرَّحْمَنِ ٱلَّذِينَ يَمْشُونَ عَلَى ٱلْأَرْضِ
هَوْنًا وَإِذَا خَاطَبَهُمُ ٱلْجَاهِلُونَ قَالُوا سَلَامًا ٦٥ وَٱلَّذِينَ يَبِيتُونَ لِرَبِّهِمْ سُجَّدًا
وَقِيَامًا ٦٦ وَٱلَّذِينَ يَقُولُونَ رَبَّنَا ٱصْرِفْ عَنَّا عَذَابَ جَهَنَّمَ إِنَّ عَذَابَهَا كَانَ
غَرَامًا إِنَّهَا سَآءَتْ مُسْتَقَرًّا وَمُقَامًا ٦٧ وَٱلَّذِينَ إِذَا أَنفَقُوا لَمْ يُسْرِفُوا وَلَمْ
يَقْتُرُوا وَكَانَ بَيْنَ ذَلِكَ قَوَامًا ٦٨ وَٱلَّذِينَ لَا يَدْعُونَ مَعَ ٱللَّهِ إِلَهًا آخَرَ وَلَا
يَقْتُلُونَ ٱلنَّفْسَ ٱلَّتِى حَرَّمَ ٱللَّهُ إِلَّا بِٱلْحَقِّ وَلَا يَزْنُونَ وَمَن يَفْعَلْ ذَلِكَ يَلْقَ
أَثَامًا ٦٩ يُضَاعَفْ لَهُ ٱلْعَذَابُ يَوْمَ ٱلْقِيَامَةِ وَيَخْلُدْ فِيهِۦ مُهَانًا ٧٠ إِلَّا مَن
تَابَ وَآمَنَ وَعَمِلَ عَمَلًا صَالِحًا فَأُولَآئِكَ يُبَدِّلُ ٱللَّهُ سَيِّآتِهِمْ حَسَنَاتٍ وَكَانَ
ٱللَّهُ غَفُورًا رَحِيمًا ٧١ وَمَن تَابَ وَعَمِلَ صَالِحًا فَإِنَّهُۥ يَتُوبُ إِلَى ٱللَّهِ مَتَابًا
٧٢ وَٱلَّذِينَ لَا يَشْهَدُونَ ٱلزُّورَ وَإِذَا مَرُّوا بِٱللَّغْوِ مَرُّوا كِرَامًا ٧٣ وَٱلَّذِينَ إِذَا
ذُكِّرُوا بِآيَاتِ رَبِّهِمْ لَمْ يَخِرُّوا عَلَيْهَا صُمًّا وَعُمْيَانًا ٧٤ وَٱلَّذِينَ يَقُولُونَ رَبَّنَا
هَبْ لَنَا مِنْ أَزْوَاجِنَا وَذُرِّيَّاتِنَا قُرَّةَ أَعْيُنٍ وَٱجْعَلْنَا لِلْمُتَّقِينَ إِمَامًا ٧٥ أُولَآئِكَ
يُجْزَوْنَ ٱلْغُرْفَةَ بِمَا صَبَرُوا وَيُلَقَّوْنَ فِيهَا تَحِيَّةً وَسَلَامًا ٧٦ خَالِدِينَ فِيهَا

بِرَبِّكَ هَادِيًا وَنَصِيرًا ٣٤ وَقَالَ ٱلَّذِينَ كَفَرُوا لَوْلَا نُزِّلَ عَلَيْهِ ٱلْقُرْآنُ جُمْلَةً
وَاحِدَةً كَذَلِكَ لِنُثَبِّتَ بِهِ فُؤَادَكَ وَرَتَّلْنَاهُ تَرْتِيلًا ٣٥ وَلَا يَأْتُونَكَ بِمَثَلٍ إِلَّا
جِئْنَاكَ بِٱلْحَقِّ وَأَحْسَنَ تَفْسِيرًا ٣٦ أَلَّذِينَ يُحْشَرُونَ عَلَى وُجُوهِهِمْ إِلَى
جَهَنَّمَ أُولَائِكَ شَرٌّ مَكَانًا وَأَضَلُّ سَبِيلًا ٣٧ وَلَقَدْ آتَيْنَا مُوسَى ٱلْكِتَابَ وَجَعَلْنَا
مَعَهُ أَخَاهُ هَرُونَ وَزِيرًا ٣٨ فَقُلْنَا ٱذْهَبَا إِلَى ٱلْقَوْمِ ٱلَّذِينَ كَذَّبُوا بِآيَاتِنَا
فَدَمَّرْنَاهُمْ تَدْمِيرًا ٣٩ وَقَوْمَ نُوحٍ لَمَّا كَذَّبُوا ٱلرُّسُلَ أَغْرَقْنَاهُمْ وَجَعَلْنَاهُمْ
لِلنَّاسِ آيَةً وَأَعْتَدْنَا لِلظَّالِمِينَ عَذَابًا أَلِيمًا ٤٠ وَعَادًا وَثَمُودَ وَأَصْحَابَ ٱلرَّسِّ
وَقُرُونًا بَيْنَ ذَلِكَ كَثِيرًا ٤١ وَكُلًّا ضَرَبْنَا لَهُ ٱلْأَمْثَالَ وَكُلًّا تَبَّرْنَا تَتْبِيرًا
٤٢ وَلَقَدْ أَتَوْا عَلَى ٱلْقَرْيَةِ ٱلَّتِي أُمْطِرَتْ مَطَرَ ٱلسَّوْءِ أَفَلَمْ يَكُونُوا يَرَوْنَهَا بَلْ
كَانُوا لَا يَرْجُونَ نُشُورًا ٤٣ وَإِذَا رَأَوْكَ إِنْ يَتَّخِذُونَكَ إِلَّا هُزُوًا أَهَذَا ٱلَّذِي
بَعَثَ ٱللَّهُ رَسُولًا ٤٤ إِنْ كَادَ لَيُضِلُّنَا عَنْ آلِهَتِنَا لَوْلَا أَنْ صَبَرْنَا عَلَيْهَا
وَسَوْفَ يَعْلَمُونَ حِينَ يَرَوْنَ ٱلْعَذَابَ مَنْ أَضَلُّ سَبِيلًا ٤٥ أَرَأَيْتَ مَنِ ٱتَّخَذَ
إِلَهَهُ هَوَاهُ أَفَأَنْتَ تَكُونُ عَلَيْهِ وَكِيلًا ٤٦ أَمْ تَحْسَبُ أَنَّ أَكْثَرَهُمْ يَسْمَعُونَ
أَوْ يَعْقِلُونَ إِنْ هُمْ إِلَّا كَٱلْأَنْعَامِ بَلْ هُمْ أَضَلُّ سَبِيلًا ٤٧ أَلَمْ تَرَ إِلَى رَبِّكَ
كَيْفَ مَدَّ ٱلظِّلَّ وَلَوْ شَاءَ لَجَعَلَهُ سَاكِنًا ثُمَّ جَعَلْنَا ٱلشَّمْسَ عَلَيْهِ دَلِيلًا
٤٨ ثُمَّ قَبَضْنَاهُ إِلَيْنَا قَبْضًا يَسِيرًا ٤٩ وَهُوَ ٱلَّذِي جَعَلَ لَكُمُ ٱللَّيْلَ لِبَاسًا
وَٱلنَّوْمَ سُبَاتًا وَجَعَلَ ٱلنَّهَارَ نُشُورًا ٥٠ وَهُوَ ٱلَّذِي أَرْسَلَ ٱلرِّيَاحَ بُشْرًا بَيْنَ
يَدَيْ رَحْمَتِهِ وَأَنْزَلْنَا مِنَ ٱلسَّمَاءِ مَاءً طَهُورًا ٥١ لِنُحْيِيَ بِهِ بَلْدَةً مَيْتًا
وَنُسْقِيَهُ مِمَّا خَلَقْنَا أَنْعَامًا وَأَنَاسِيَّ كَثِيرًا ٥٢ وَلَقَدْ صَرَّفْنَاهُ بَيْنَهُمْ لِيَذَّكَّرُوا
فَأَبَى أَكْثَرُ ٱلنَّاسِ إِلَّا كُفُورًا ٥٣ وَلَوْ شِئْنَا لَبَعَثْنَا فِي كُلِّ قَرْيَةٍ نَذِيرًا ٥٤ فَلَا
تُطِعِ ٱلْكَافِرِينَ وَجَاهِدْهُمْ بِهِ جِهَادًا كَبِيرًا ٥٥ وَهُوَ ٱلَّذِي مَرَجَ ٱلْبَحْرَيْنِ هَذَا
عَذْبٌ فُرَاتٌ وَهَذَا مِلْحٌ أُجَاجٌ وَجَعَلَ بَيْنَهُمَا بَرْزَخًا وَحِجْرًا مَحْجُورًا ٥٦ وَهُوَ

ٱلْأَنْهَارُ وَيَجْعَل لَّكَ قُصُورًا ١٢ بَلْ كَذَّبُوا بِٱلسَّاعَةِ وَأَعْتَدْنَا لِمَن كَذَّبَ
بِٱلسَّاعَةِ سَعِيرًا ١٣ إِذَا رَأَتْهُم مِّن مَّكَانٍ بَعِيدٍ سَمِعُوا لَهَا تَغَيُّظًا وَزَفِيرًا
١٤ وَإِذَا أُلْقُوا مِنْهَا مَكَانًا ضَيِّقًا مُّقَرَّنِينَ دَعَوْا هُنَالِكَ ثُبُورًا ١٥ لَا تَدْعُوا
ٱلْيَوْمَ ثُبُورًا وَاحِدًا وَٱدْعُوا ثُبُورًا كَثِيرًا ١٦ قُلْ أَذَٰلِكَ خَيْرٌ أَمْ جَنَّةُ ٱلْخُلْدِ
ٱلَّتِي وُعِدَ ٱلْمُتَّقُونَ كَانَتْ لَهُمْ جَزَآءً وَمَصِيرًا ١٧ لَهُمْ فِيهَا مَا يَشَآءُونَ
خَالِدِينَ كَانَ عَلَىٰ رَبِّكَ وَعْدًا مَّسْئُولًا ١٨ وَيَوْمَ يَحْشُرُهُمْ وَمَا يَعْبُدُونَ مِن
دُونِ ٱللَّهِ فَيَقُولُ أَأَنتُمْ أَضْلَلْتُمْ عِبَادِي هَٰؤُلَآءِ أَمْ هُمْ ضَلُّوا ٱلسَّبِيلَ ١٩ قَالُوا
سُبْحَانَكَ مَا كَانَ يَنبَغِي لَنَا أَن نَّتَّخِذَ مِن دُونِكَ مِنْ أَوْلِيَآءَ وَلَٰكِن مَّتَّعْتَهُمْ
وَآبَاءَهُمْ حَتَّىٰ نَسُوا ٱلذِّكْرَ وَكَانُوا قَوْمًا بُورًا ٢٠ فَقَدْ كَذَّبُوكُم بِمَا تَقُولُونَ
فَمَا تَسْتَطِيعُونَ صَرْفًا وَلَا نَصْرًا ٢١ وَمَن يَظْلِم مِّنكُمْ نُذِقْهُ عَذَابًا كَبِيرًا
٢٢ وَمَا أَرْسَلْنَا قَبْلَكَ مِنَ ٱلْمُرْسَلِينَ إِلَّا إِنَّهُمْ لَيَأْكُلُونَ ٱلطَّعَامَ وَيَمْشُونَ فِي
ٱلْأَسْوَاقِ وَجَعَلْنَا بَعْضَكُمْ لِبَعْضٍ فِتْنَةً أَتَصْبِرُونَ وَكَانَ رَبُّكَ بَصِيرًا
۞ ٢٣ وَقَالَ ٱلَّذِينَ لَا يَرْجُونَ لِقَآءَنَا لَوْلَا أُنزِلَ عَلَيْنَا ٱلْمَلَائِكَةُ أَوْ جزء ١٩
نَرَىٰ رَبَّنَا لَقَدِ ٱسْتَكْبَرُوا فِي أَنفُسِهِمْ وَعَتَوْا عُتُوًّا كَبِيرًا ٢٤ يَوْمَ يَرَوْنَ ٱلْمَلَائِكَةَ
لَا بُشْرَىٰ يَوْمَئِذٍ لِّلْمُجْرِمِينَ وَيَقُولُونَ حِجْرًا مَّحْجُورًا ٢٥ وَقَدِمْنَا إِلَىٰ مَا عَمِلُوا
مِنْ عَمَلٍ فَجَعَلْنَاهُ هَبَآءً مَّنثُورًا ٢٦ أَصْحَابُ ٱلْجَنَّةِ يَوْمَئِذٍ خَيْرٌ مُّسْتَقَرًّا وَأَحْسَنُ
مَقِيلًا ٢٧ وَيَوْمَ تَشَقَّقُ ٱلسَّمَآءُ بِٱلْغَمَامِ وَنُزِّلَ ٱلْمَلَائِكَةُ تَنزِيلًا ٢٨ ٱلْمُلْكُ
يَوْمَئِذٍ ٱلْحَقُّ لِلرَّحْمَٰنِ وَكَانَ يَوْمًا عَلَى ٱلْكَافِرِينَ عَسِيرًا ٢٩ وَيَوْمَ يَعَضُّ
ٱلظَّالِمُ عَلَىٰ يَدَيْهِ يَقُولُ يَا لَيْتَنِي ٱتَّخَذْتُ مَعَ ٱلرَّسُولِ سَبِيلًا ٣٠ يَا وَيْلَتَىٰ
لَيْتَنِي لَمْ أَتَّخِذْ فُلَانًا خَلِيلًا ٣١ لَقَدْ أَضَلَّنِي عَنِ ٱلذِّكْرِ بَعْدَ إِذْ جَآءَنِي
وَكَانَ ٱلشَّيْطَانُ لِلْإِنسَانِ خَذُولًا ٣٢ وَقَالَ ٱلرَّسُولُ يَا رَبِّ إِنَّ قَوْمِي ٱتَّخَذُوا
هَٰذَا ٱلْقُرْآنَ مَهْجُورًا ٣٣ وَكَذَٰلِكَ جَعَلْنَا لِكُلِّ نَبِيٍّ عَدُوًّا مِّنَ ٱلْمُجْرِمِينَ وَكَفَىٰ

٦٣ لَا تَجْعَلُوا دُعَآءَ ٱلرَّسُولِ بَيْنَكُمْ كَدُعَآءِ بَعْضِكُمْ بَعْضًا قَدْ يَعْلَمُ ٱللَّهُ
ٱلَّذِينَ يَتَسَلَّلُونَ مِنْكُمْ لِوَاذًا فَلْيَحْذَرِ ٱلَّذِينَ يُخَالِفُونَ عَنْ أَمْرِهِ أَنْ تُصِيبَهُمْ
فِتْنَةٌ أَوْ يُصِيبَهُمْ عَذَابٌ أَلِيمٌ ٦٤ أَلَا إِنَّ لِلَّهِ مَا فِي ٱلسَّمَوَاتِ وَٱلْأَرْضِ قَدْ
يَعْلَمُ مَا أَنْتُمْ عَلَيْهِ وَيَوْمَ يُرْجَعُونَ إِلَيْهِ فَيُنَبِّئُهُمْ بِمَا عَمِلُوا وَٱللَّهُ بِكُلِّ
شَيْءٍ عَلِيمٌ

سورة الفرقان

مكيّة وهى سبع وسبعون آية

بِسْمِ ٱللَّهِ ٱلرَّحْمَنِ ٱلرَّحِيمِ

١ تَبَارَكَ ٱلَّذِى نَزَّلَ ٱلْفُرْقَانَ عَلَى عَبْدِهِ لِيَكُونَ لِلْعَالَمِينَ نَذِيرًا ٢ ٱلَّذِى
لَهُ مُلْكُ ٱلسَّمَوَاتِ وَٱلْأَرْضِ وَلَمْ يَتَّخِذْ وَلَدًا وَلَمْ يَكُنْ لَهُ شَرِيكٌ فِي ٱلْمُلْكِ
وَخَلَقَ كُلَّ شَيْءٍ فَقَدَّرَهُ تَقْدِيرًا ٣ وَٱتَّخَذُوا مِنْ دُونِهِ آلِهَةً لَا يَخْلُقُونَ
شَيْئًا وَهُمْ يُخْلَقُونَ ٤ وَلَا يَمْلِكُونَ لِأَنْفُسِهِمْ ضَرًّا وَلَا نَفْعًا وَلَا يَمْلِكُونَ مَوْتًا
وَلَا حَيَوةً وَلَا نُشُورًا ٥ وَقَالَ ٱلَّذِينَ كَفَرُوا إِنْ هَذَا إِلَّا إِفْكٌ ٱفْتَرَاهُ وَأَعَانَهُ
عَلَيْهِ قَوْمٌ آخَرُونَ فَقَدْ جَآؤُا ظُلْمًا وَزُورًا ٦ وَقَالُوا أَسَاطِيرُ ٱلْأَوَّلِينَ ٱكْتَتَبَهَا
فَهِيَ تُمْلَى عَلَيْهِ بُكْرَةً وَأَصِيلًا ٧ قُلْ أَنْزَلَهُ ٱلَّذِى يَعْلَمُ ٱلسِّرَّ فِي ٱلسَّمَوَاتِ
وَٱلْأَرْضِ إِنَّهُ كَانَ غَفُورًا رَحِيمًا ٨ وَقَالُوا مَالِ هَذَا ٱلرَّسُولِ يَأْكُلُ ٱلطَّعَامَ
وَيَمْشِي فِي ٱلْأَسْوَاقِ لَوْلَا أُنْزِلَ إِلَيْهِ مَلَكٌ فَيَكُونَ مَعَهُ نَذِيرًا ٩ أَوْ يُلْقَى
إِلَيْهِ كَنْزٌ أَوْ تَكُونَ لَهُ جَنَّةٌ يَأْكُلُ مِنْهَا وَقَالَ ٱلظَّالِمُونَ إِنْ تَتَّبِعُونَ إِلَّا رَجُلًا
مَسْحُورًا ١٠ أُنْظُرْ كَيْفَ ضَرَبُوا لَكَ ٱلْأَمْثَالَ فَضَلُّوا فَلَا يَسْتَطِيعُونَ سَبِيلًا
١١ تَبَارَكَ ٱلَّذِى إِنْ شَآءَ جَعَلَ لَكَ خَيْرًا مِنْ ذَلِكَ جَنَّاتٍ تَجْرِى مِنْ تَحْتِهَا

دِينَهُمُ ٱلَّذِى ٱرْتَضَى لَهُمْ وَلَيُبَدِّلَنَّهُمْ مِنْ بَعْدِ خَوْفِهِمْ أَمْنًا يَعْبُدُونَنِى لَا
يُشْرِكُونَ بِى شَيْئًا وَمَنْ كَفَرَ بَعْدَ ذٰلِكَ فَأُولٰٓئِكَ هُمُ ٱلْفَاسِقُونَ ٥٥ وَأَقِيمُوا
ٱلصَّلٰوةَ وَآتُوا ٱلزَّكٰوةَ وَأَطِيعُوا ٱلرَّسُولَ لَعَلَّكُمْ تُرْحَمُونَ ٥٦ لَا تَحْسَبَنَّ ٱلَّذِينَ
كَفَرُوا مُعْجِزِينَ فِى ٱلْأَرْضِ وَمَأْوَاهُمُ ٱلنَّارُ وَلَبِئْسَ ٱلْمَصِيرُ ٥٧ يَا أَيُّهَا ٱلَّذِينَ
آمَنُوا لِيَسْتَأْذِنْكُمُ ٱلَّذِينَ مَلَكَتْ أَيْمَانُكُمْ وَٱلَّذِينَ لَمْ يَبْلُغُوا ٱلْحُلُمَ مِنْكُمْ
ثَلٰثَ مَرَّاتٍ مِنْ قَبْلِ صَلٰوةِ ٱلْفَجْرِ وَحِينَ تَضَعُونَ ثِيَابَكُمْ مِنَ ٱلظَّهِيرَةِ وَمِنْ
بَعْدِ صَلٰوةِ ٱلْعِشَآءِ ثَلٰثُ عَوْرَاتٍ لَكُمْ لَيْسَ عَلَيْكُمْ وَلَا عَلَيْهِمْ جُنَاحٌ بَعْدَهُنَّ
طَوَّافُونَ عَلَيْكُمْ بَعْضُكُمْ عَلَى بَعْضٍ كَذٰلِكَ يُبَيِّنُ ٱللّٰهُ لَكُمُ ٱلْآيَاتِ وَٱللّٰهُ
عَلِيمٌ حَكِيمٌ ٥٨ وَإِذَا بَلَغَ ٱلْأَطْفَالُ مِنْكُمُ ٱلْحُلُمَ فَلْيَسْتَأْذِنُوا كَمَا ٱسْتَأْذَنَ
ٱلَّذِينَ مِنْ قَبْلِهِمْ كَذٰلِكَ يُبَيِّنُ ٱللّٰهُ لَكُمْ آيَاتِهِ وَٱللّٰهُ عَلِيمٌ حَكِيمٌ ٥٩
وَٱلْقَوَاعِدُ مِنَ ٱلنِّسَآءِ ٱللَّاتِى لَا يَرْجُونَ نِكَاحًا فَلَيْسَ عَلَيْهِنَّ جُنَاحٌ أَنْ
يَضَعْنَ ثِيَابَهُنَّ غَيْرَ مُتَبَرِّجَاتٍ بِزِينَةٍ وَأَنْ يَسْتَعْفِفْنَ خَيْرٌ لَهُنَّ وَٱللّٰهُ سَمِيعٌ
عَلِيمٌ ٦٠ لَيْسَ عَلَى ٱلْأَعْمَى حَرَجٌ وَلَا عَلَى ٱلْأَعْرَجِ حَرَجٌ وَلَا عَلَى ٱلْمَرِيضِ
حَرَجٌ وَلَا عَلَى أَنْفُسِكُمْ أَنْ تَأْكُلُوا مِنْ بُيُوتِكُمْ أَوْ بُيُوتِ آبَآئِكُمْ أَوْ بُيُوتِ
أُمَّهَاتِكُمْ أَوْ بُيُوتِ إِخْوَانِكُمْ أَوْ بُيُوتِ أَخَوَاتِكُمْ أَوْ بُيُوتِ أَعْمَامِكُمْ أَوْ بُيُوتِ
عَمَّاتِكُمْ أَوْ بُيُوتِ أَخْوَالِكُمْ أَوْ بُيُوتِ خَالَاتِكُمْ أَوْ مَا مَلَكْتُمْ مَفَاتِحَهُ أَوْ صَدِيقِكُمْ
لَيْسَ عَلَيْكُمْ جُنَاحٌ أَنْ تَأْكُلُوا جَمِيعًا أَوْ أَشْتَاتًا ٦١ فَإِذَا دَخَلْتُمْ بُيُوتًا
فَسَلِّمُوا عَلَى أَنْفُسِكُمْ تَحِيَّةً مِنْ عِنْدِ ٱللّٰهِ مُبَارَكَةً طَيِّبَةً كَذٰلِكَ يُبَيِّنُ ٱللّٰهُ
لَكُمُ ٱلْآيَاتِ لَعَلَّكُمْ تَعْقِلُونَ ٦٢ إِنَّمَا ٱلْمُؤْمِنُونَ ٱلَّذِينَ آمَنُوا بِٱللّٰهِ وَرَسُولِهِ
وَإِذَا كَانُوا مَعَهُ عَلَى أَمْرٍ جَامِعٍ لَمْ يَذْهَبُوا حَتَّى يَسْتَأْذِنُوهُ إِنَّ ٱلَّذِينَ
يَسْتَأْذِنُونَكَ أُولٰٓئِكَ ٱلَّذِينَ يُؤْمِنُونَ بِٱللّٰهِ وَرَسُولِهِ فَإِذَا ٱسْتَأْذَنُوكَ لِبَعْضِ
شَأْنِهِمْ فَأْذَنْ لِمَنْ شِئْتَ مِنْهُمْ وَٱسْتَغْفِرْ لَهُمُ ٱللّٰهَ إِنَّ ٱللّٰهَ غَفُورٌ رَحِيمٌ

سورة النور ١١٥

ٱللَّهُ لَهُ نُورًا فَمَا لَهُ مِنْ نُورٍ ٤١ أَلَمْ تَرَ أَنَّ ٱللَّهَ يُسَبِّحُ لَهُ مَنْ فِي ٱلسَّمَوَاتِ
وَٱلْأَرْضِ وَٱلطَّيْرُ صَافَّاتٍ كُلٌّ قَدْ عَلِمَ صَلَاتَهُ وَتَسْبِيحَهُ وَٱللَّهُ عَلِيمٌ بِمَا يَفْعَلُونَ
٤٢ وَلِلَّهِ مُلْكُ ٱلسَّمَوَاتِ وَٱلْأَرْضِ وَإِلَى ٱللَّهِ ٱلْمَصِيرُ ٤٣ أَلَمْ تَرَ أَنَّ ٱللَّهَ يُزْجِي
سَحَابًا ثُمَّ يُؤَلِّفُ بَيْنَهُ ثُمَّ يَجْعَلُهُ رُكَامًا فَتَرَى ٱلْوَدْقَ يَخْرُجُ مِنْ خِلَالِهِ وَيُنَزِّلُ
مِنَ ٱلسَّمَاءِ مِنْ جِبَالٍ فِيهَا مِنْ بَرَدٍ فَيُصِيبُ بِهِ مَنْ يَشَاءُ وَيَصْرِفُهُ عَنْ
مَنْ يَشَاءُ يَكَادُ سَنَا بَرْقِهِ يَذْهَبُ بِٱلْأَبْصَارِ ٤٤ يُقَلِّبُ ٱللَّهُ ٱللَّيْلَ وَٱلنَّهَارَ
إِنَّ فِي ذَلِكَ لَعِبْرَةً لِأُولِي ٱلْأَبْصَارِ وَٱللَّهُ خَلَقَ كُلَّ دَابَّةٍ مِنْ مَاءٍ فَمِنْهُمْ مَنْ
يَمْشِي عَلَى بَطْنِهِ وَمِنْهُمْ مَنْ يَمْشِي عَلَى رِجْلَيْنِ وَمِنْهُمْ مَنْ يَمْشِي عَلَى
أَرْبَعٍ يَخْلُقُ ٱللَّهُ مَا يَشَاءُ إِنَّ ٱللَّهَ عَلَى كُلِّ شَيْءٍ قَدِيرٌ ٤٥ لَقَدْ أَنْزَلْنَا
آيَاتٍ مُبَيِّنَاتٍ وَٱللَّهُ يَهْدِي مَنْ يَشَاءُ إِلَى صِرَاطٍ مُسْتَقِيمٍ ٤٦ وَيَقُولُونَ
آمَنَّا بِٱللَّهِ وَبِٱلرَّسُولِ وَأَطَعْنَا ثُمَّ يَتَوَلَّى فَرِيقٌ مِنْهُمْ مِنْ بَعْدِ ذَلِكَ وَمَا
أُولَائِكَ بِٱلْمُؤْمِنِينَ ٤٧ وَإِذَا دُعُوا إِلَى ٱللَّهِ وَرَسُولِهِ لِيَحْكُمَ بَيْنَهُمْ إِذَا فَرِيقٌ
مِنْهُمْ مُعْرِضُونَ ٤٨ وَإِنْ يَكُنْ لَهُمُ ٱلْحَقُّ يَأْتُوا إِلَيْهِ مُذْعِنِينَ ٤٩ أَفِي قُلُوبِهِمْ
مَرَضٌ أَمِ ٱرْتَابُوا أَمْ يَخَافُونَ أَنْ يَحِيفَ ٱللَّهُ عَلَيْهِمْ وَرَسُولُهُ بَلْ أُولَائِكَ هُمُ
ٱلظَّالِمُونَ ٥٠ إِنَّمَا كَانَ قَوْلَ ٱلْمُؤْمِنِينَ إِذَا دُعُوا إِلَى ٱللَّهِ وَرَسُولِهِ لِيَحْكُمَ
بَيْنَهُمْ أَنْ يَقُولُوا سَمِعْنَا وَأَطَعْنَا وَأُولَائِكَ هُمُ ٱلْمُفْلِحُونَ ٥١ وَمَنْ يُطِعِ ٱللَّهَ
وَرَسُولَهُ وَيَخْشَ ٱللَّهَ وَيَتَّقْهِ فَأُولَائِكَ هُمُ ٱلْفَائِزُونَ ٥٢ وَأَقْسَمُوا بِٱللَّهِ جَهْدَ
أَيْمَانِهِمْ لَئِنْ أَمَرْتَهُمْ لَيَخْرُجُنَّ قُلْ لَا تُقْسِمُوا طَاعَةٌ مَعْرُوفَةٌ إِنَّ ٱللَّهَ خَبِيرٌ
بِمَا تَعْمَلُونَ ٥٣ قُلْ أَطِيعُوا ٱللَّهَ وَأَطِيعُوا ٱلرَّسُولَ فَإِنْ تَوَلَّوْا فَإِنَّمَا عَلَيْهِ
مَا حُمِّلَ وَعَلَيْكُمْ مَا حُمِّلْتُمْ وَإِنْ تُطِيعُوهُ تَهْتَدُوا وَمَا عَلَى ٱلرَّسُولِ إِلَّا
ٱلْبَلَاغُ ٱلْمُبِينُ ٥٤ وَعَدَ ٱللَّهُ ٱلَّذِينَ آمَنُوا مِنْكُمْ وَعَمِلُوا ٱلصَّالِحَاتِ
لَيَسْتَخْلِفَنَّهُمْ فِي ٱلْأَرْضِ كَمَا ٱسْتَخْلَفَ ٱلَّذِينَ مِنْ قَبْلِهِمْ وَلَيُمَكِّنَنَّ لَهُمْ

مَلَكَتْ أَيْمَانُهُنَّ أَوِ ٱلتَّابِعِينَ غَيْرِ أُولِي ٱلْإِرْبَةِ مِنَ ٱلرِّجَالِ أَوِ ٱلطِّفْلِ ٱلَّذِينَ
لَمْ يَظْهَرُوا عَلَى عَوْرَاتِ ٱلنِّسَآءِ وَلَا يَضْرِبْنَ بِأَرْجُلِهِنَّ لِيُعْلَمَ مَا يُخْفِينَ مِنْ
زِينَتِهِنَّ وَتُوبُوا إِلَى ٱللّٰهِ جَمِيعًا أَيُّهَ ٱلْمُؤْمِنُونَ لَعَلَّكُمْ تُفْلِحُونَ ۳۲ وَأَنْكِحُوا
ٱلْأَيَامَى مِنْكُمْ وَٱلصَّالِحِينَ مِنْ عِبَادِكُمْ وَإِمَائِكُمْ إِنْ يَكُونُوا فُقَرَآءَ يُغْنِهِمُ
ٱللّٰهُ مِنْ فَضْلِهِ وَٱللّٰهُ وَاسِعٌ عَلِيمٌ ۳۳ وَلْيَسْتَعْفِفِ ٱلَّذِينَ لَا يَجِدُونَ نِكَاحًا
حَتَّى يُغْنِيَهُمُ ٱللّٰهُ مِنْ فَضْلِهِ وَٱلَّذِينَ يَبْتَغُونَ ٱلْكِتَابَ مِمَّا مَلَكَتْ أَيْمَانُكُمْ
فَكَاتِبُوهُمْ إِنْ عَلِمْتُمْ فِيهِمْ خَيْرًا وَآتُوهُمْ مِنْ مَالِ ٱللّٰهِ ٱلَّذِي آتَاكُمْ وَلَا
تُكْرِهُوا فَتَيَاتِكُمْ عَلَى ٱلْبِغَآءِ إِنْ أَرَدْنَ تَحَصُّنًا لِتَبْتَغُوا عَرَضَ ٱلْحَيٰوةِ ٱلدُّنْيَا
وَمَنْ يُكْرِهْهُنَّ فَإِنَّ ٱللّٰهَ مِنْ بَعْدِ إِكْرَاهِهِنَّ غَفُورٌ رَحِيمٌ ۳۴ وَلَقَدْ أَنْزَلْنَا
إِلَيْكُمْ آيَاتٍ مُبَيِّنَاتٍ وَمَثَلًا مِنَ ٱلَّذِينَ خَلَوْا مِنْ قَبْلِكُمْ وَمَوْعِظَةً لِلْمُتَّقِينَ
۳۵ ٱللّٰهُ نُورُ ٱلسَّمٰوَاتِ وَٱلْأَرْضِ مَثَلُ نُورِهِ كَمِشْكَاةٍ فِيهَا مِصْبَاحٌ ٱلْمِصْبَاحُ فِي
زُجَاجَةٍ ٱلزُّجَاجَةُ كَأَنَّهَا كَوْكَبٌ دُرِّيٌّ يُوقَدُ مِنْ شَجَرَةٍ مُبَارَكَةٍ زَيْتُونَةٍ لَا
شَرْقِيَّةٍ وَلَا غَرْبِيَّةٍ يَكَادُ زَيْتُهَا يُضِيءُ وَلَوْ لَمْ تَمْسَسْهُ نَارٌ نُورٌ عَلَى نُورٍ يَهْدِي
ٱللّٰهُ لِنُورِهِ مَنْ يَشَآءُ وَيَضْرِبُ ٱللّٰهُ ٱلْأَمْثَالَ لِلنَّاسِ وَٱللّٰهُ بِكُلِّ شَيْءٍ عَلِيمٌ
۳۶ فِي بُيُوتٍ أَذِنَ ٱللّٰهُ أَنْ تُرْفَعَ وَيُذْكَرَ فِيهَا ٱسْمُهُ يُسَبِّحُ لَهُ فِيهَا بِٱلْغُدُوِّ
وَٱلْآصَالِ ۳۷ رِجَالٌ لَا تُلْهِيهِمْ تِجَارَةٌ وَلَا بَيْعٌ عَنْ ذِكْرِ ٱللّٰهِ وَإِقَامِ ٱلصَّلٰوةِ
وَإِيتَآءِ ٱلزَّكٰوةِ يَخَافُونَ يَوْمًا تَتَقَلَّبُ فِيهِ ٱلْقُلُوبُ وَٱلْأَبْصَارُ ۳۸ لِيَجْزِيَهُمُ
ٱللّٰهُ أَحْسَنَ مَا عَمِلُوا وَيَزِيدَهُمْ مِنْ فَضْلِهِ وَٱللّٰهُ يَرْزُقُ مَنْ يَشَآءُ بِغَيْرِ
حِسَابٍ ۳۹ وَٱلَّذِينَ كَفَرُوا أَعْمَالُهُمْ كَسَرَابٍ بِقِيعَةٍ يَحْسَبُهُ ٱلظَّمْآنُ مَآءً حَتَّى
إِذَا جَآءَهُ لَمْ يَجِدْهُ شَيْئًا وَوَجَدَ ٱللّٰهَ عِنْدَهُ فَوَفَّاهُ حِسَابَهُ وَٱللّٰهُ سَرِيعُ ٱلْحِسَابِ
۴۰ أَوْ كَظُلُمَاتٍ فِي بَحْرٍ لُجِّيٍّ يَغْشَاهُ مَوْجٌ مِنْ فَوْقِهِ مَوْجٌ مِنْ فَوْقِهِ سَحَابٌ
ظُلُمَاتٌ بَعْضُهَا فَوْقَ بَعْضٍ إِذَا أَخْرَجَ يَدَهُ لَمْ يَكَدْ يَرَاهَا وَمَنْ لَمْ يَجْعَلِ

لَهُمْ عَذَابٌ أَلِيمٌ ١٩ فِي ٱلدُّنْيَا وَٱلْآخِرَةِ وَٱللَّهُ يَعْلَمُ وَأَنْتُمْ لَا تَعْلَمُونَ ٢٠ وَلَوْلَا
فَضْلُ ٱللَّهِ عَلَيْكُمْ وَرَحْمَتُهُ وَأَنَّ ٱللَّهَ رَؤُفٌ رَحِيمٌ ٢١ يَا أَيُّهَا ٱلَّذِينَ آمَنُوا
لَا تَتَّبِعُوا خُطُوَاتِ ٱلشَّيْطَانِ وَمَنْ يَتَّبِعْ خُطُوَاتِ ٱلشَّيْطَانِ فَإِنَّهُ يَأْمُرُ بِٱلْفَحْشَاءِ
وَٱلْمُنْكَرِ وَلَوْلَا فَضْلُ ٱللَّهِ عَلَيْكُمْ وَرَحْمَتُهُ مَا زَكَى مِنْكُمْ مِنْ أَحَدٍ أَبَدًا
وَلَكِنَّ ٱللَّهَ يُزَكِّي مَنْ يَشَاءُ وَٱللَّهُ سَمِيعٌ عَلِيمٌ ٢٢ وَلَا يَأْتَلِ أُولُوا ٱلْفَضْلِ
مِنْكُمْ وَٱلسَّعَةِ أَنْ يُؤْتُوا أُولِي ٱلْقُرْبَى وَٱلْمَسَاكِينَ وَٱلْمُهَاجِرِينَ فِي سَبِيلِ ٱللَّهِ
وَلْيَعْفُوا وَلْيَصْفَحُوا أَلَا تُحِبُّونَ أَنْ يَغْفِرَ ٱللَّهُ لَكُمْ وَٱللَّهُ غَفُورٌ رَحِيمٌ ٢٣ إِنَّ
ٱلَّذِينَ يَرْمُونَ ٱلْمُحْصَنَاتِ ٱلْغَافِلَاتِ ٱلْمُؤْمِنَاتِ لُعِنُوا فِي ٱلدُّنْيَا وَٱلْآخِرَةِ وَلَهُمْ
عَذَابٌ عَظِيمٌ ٢٤ يَوْمَ تَشْهَدُ عَلَيْهِمْ أَلْسِنَتُهُمْ وَأَيْدِيهِمْ وَأَرْجُلُهُمْ بِمَا كَانُوا
يَعْمَلُونَ ٢٥ يَوْمَئِذٍ يُوَفِّيهِمُ ٱللَّهُ دِينَهُمُ ٱلْحَقَّ وَيَعْلَمُونَ أَنَّ ٱللَّهَ هُوَ ٱلْحَقُّ
ٱلْمُبِينُ ٢٦ ٱلْخَبِيثَاتُ لِلْخَبِيثِينَ وَٱلْخَبِيثُونَ لِلْخَبِيثَاتِ وَٱلطَّيِّبَاتُ لِلطَّيِّبِينَ
وَٱلطَّيِّبُونَ لِلطَّيِّبَاتِ أُولَائِكَ مُبَرَّؤُونَ مِمَّا يَقُولُونَ لَهُمْ مَغْفِرَةٌ وَرِزْقٌ كَرِيمٌ ٢٧ يَا
أَيُّهَا ٱلَّذِينَ آمَنُوا لَا تَدْخُلُوا بُيُوتًا غَيْرَ بُيُوتِكُمْ حَتَّى تَسْتَأْنِسُوا وَتُسَلِّمُوا
عَلَى أَهْلِهَا ذَلِكُمْ خَيْرٌ لَكُمْ لَعَلَّكُمْ تَذَكَّرُونَ ٢٨ فَإِنْ لَمْ تَجِدُوا فِيهَا أَحَدًا
فَلَا تَدْخُلُوهَا حَتَّى يُؤْذَنَ لَكُمْ وَإِنْ قِيلَ لَكُمُ ٱرْجِعُوا فَٱرْجِعُوا هُوَ أَزْكَى
لَكُمْ وَٱللَّهُ بِمَا تَعْمَلُونَ عَلِيمٌ ٢٩ لَيْسَ عَلَيْكُمْ جُنَاحٌ أَنْ تَدْخُلُوا بُيُوتًا غَيْرَ
مَسْكُونَةٍ فِيهَا مَتَاعٌ لَكُمْ وَٱللَّهُ يَعْلَمُ مَا تُبْدُونَ وَمَا تَكْتُمُونَ ٣٠ قُلْ لِلْمُؤْمِنِينَ
يَغُضُّوا مِنْ أَبْصَارِهِمْ وَيَحْفَظُوا فُرُوجَهُمْ ذَلِكَ أَزْكَى لَهُمْ إِنَّ ٱللَّهَ خَبِيرٌ بِمَا
يَصْنَعُونَ ٣١ وَقُلْ لِلْمُؤْمِنَاتِ يَغْضُضْنَ مِنْ أَبْصَارِهِنَّ وَيَحْفَظْنَ فُرُوجَهُنَّ
وَلَا يُبْدِينَ زِينَتَهُنَّ إِلَّا مَا ظَهَرَ مِنْهَا وَلْيَضْرِبْنَ بِخُمُرِهِنَّ عَلَى جُيُوبِهِنَّ وَلَا
يُبْدِينَ زِينَتَهُنَّ إِلَّا لِبُعُولَتِهِنَّ أَوْ آبَائِهِنَّ أَوْ آبَاءِ بُعُولَتِهِنَّ أَوْ أَبْنَائِهِنَّ أَوْ أَبْنَاءِ
بُعُولَتِهِنَّ أَوْ إِخْوَانِهِنَّ أَوْ بَنِي إِخْوَانِهِنَّ أَوْ بَنِي أَخَوَاتِهِنَّ أَوْ نِسَائِهِنَّ أَوْ مَا

سورة ٢٤

٢ اَلزَّانِيَةُ وَٱلزَّانِى فَٱجْلِدُوا كُلَّ وَاحِدٍ مِنْهُمَا مِائَةَ جَلْدَةٍ وَلَا تَأْخُذْكُمْ بِهِمَا رَأْفَةٌ فِي دِينِ ٱللَّهِ إِنْ كُنْتُمْ تُؤْمِنُونَ بِٱللَّهِ وَٱلْيَوْمِ ٱلْآخِرِ وَلْيَشْهَدْ عَذَابَهُمَا طَائِفَةٌ مِنَ ٱلْمُؤْمِنِينَ ٣ اَلزَّانِى لَا يَنْكِحُ إِلَّا زَانِيَةً أَوْ مُشْرِكَةً وَٱلزَّانِيَةُ لَا يَنْكِحُهَا إِلَّا زَانٍ أَوْ مُشْرِكٌ وَحُرِّمَ ذَلِكَ عَلَى ٱلْمُؤْمِنِينَ ٤ وَٱلَّذِينَ يَرْمُونَ ٱلْمُحْصَنَاتِ ثُمَّ لَمْ يَأْتُوا بِأَرْبَعَةِ شُهَدَاءَ فَٱجْلِدُوهُمْ ثَمَانِينَ جَلْدَةً وَلَا تَقْبَلُوا لَهُمْ شَهَادَةً أَبَدًا وَأُولَئِكَ هُمُ ٱلْفَاسِقُونَ ٥ إِلَّا ٱلَّذِينَ تَابُوا مِنْ بَعْدِ ذَلِكَ وَأَصْلَحُوا فَإِنَّ ٱللَّهَ غَفُورٌ رَحِيمٌ ٦ وَٱلَّذِينَ يَرْمُونَ أَزْوَاجَهُمْ وَلَمْ يَكُنْ لَهُمْ شُهَدَاءُ إِلَّا أَنْفُسُهُمْ فَشَهَادَةُ أَحَدِهِمْ أَرْبَعُ شَهَادَاتٍ بِٱللَّهِ إِنَّهُ لَمِنَ ٱلصَّادِقِينَ ٧ وَٱلْخَامِسَةُ أَنَّ لَعْنَةَ ٱللَّهِ عَلَيْهِ إِنْ كَانَ مِنَ ٱلْكَاذِبِينَ ٨ وَيَدْرَؤُا عَنْهَا ٱلْعَذَابَ أَنْ تَشْهَدَ أَرْبَعَ شَهَادَاتٍ بِٱللَّهِ إِنَّهُ لَمِنَ ٱلْكَاذِبِينَ ٩ وَٱلْخَامِسَةَ أَنَّ غَضَبَ ٱللَّهِ عَلَيْهَا إِنْ كَانَ مِنَ ٱلصَّادِقِينَ ١٠ وَلَوْلَا فَضْلُ ٱللَّهِ عَلَيْكُمْ وَرَحْمَتُهُ وَأَنَّ ٱللَّهَ تَوَّابٌ حَكِيمٌ ١١ إِنَّ ٱلَّذِينَ جَاءُوا بِٱلْإِفْكِ عُصْبَةٌ مِنْكُمْ لَا تَحْسَبُوهُ شَرًّا لَكُمْ بَلْ هُوَ خَيْرٌ لَكُمْ لِكُلِّ ٱمْرِئٍ مِنْهُمْ مَا ٱكْتَسَبَ مِنَ ٱلْإِثْمِ وَٱلَّذِي تَوَلَّى كِبْرَهُ مِنْهُمْ لَهُ عَذَابٌ عَظِيمٌ ١٢ لَوْلَا إِذْ سَمِعْتُمُوهُ ظَنَّ ٱلْمُؤْمِنُونَ وَٱلْمُؤْمِنَاتُ بِأَنْفُسِهِمْ خَيْرًا وَقَالُوا هَذَا إِفْكٌ مُبِينٌ ١٣ لَوْلَا جَاءُوا عَلَيْهِ بِأَرْبَعَةِ شُهَدَاءَ فَإِذْ لَمْ يَأْتُوا بِٱلشُّهَدَاءِ فَأُولَئِكَ عِنْدَ ٱللَّهِ هُمُ ٱلْكَاذِبُونَ ١٤ وَلَوْلَا فَضْلُ ٱللَّهِ عَلَيْكُمْ وَرَحْمَتُهُ فِي ٱلدُّنْيَا وَٱلْآخِرَةِ لَمَسَّكُمْ فِيمَا أَفَضْتُمْ فِيهِ عَذَابٌ عَظِيمٌ إِذْ تَلَقَّوْنَهُ بِأَلْسِنَتِكُمْ وَتَقُولُونَ بِأَفْوَاهِكُمْ مَا لَيْسَ لَكُمْ بِهِ عِلْمٌ وَتَحْسَبُونَهُ هَيِّنًا وَهُوَ عِنْدَ ٱللَّهِ عَظِيمٌ ١٥ وَلَوْلَا إِذْ سَمِعْتُمُوهُ قُلْتُمْ مَا يَكُونُ لَنَا أَنْ نَتَكَلَّمَ بِهَذَا سُبْحَانَكَ هَذَا بُهْتَانٌ عَظِيمٌ ١٦ يَعِظُكُمُ ٱللَّهُ أَنْ تَعُودُوا لِمِثْلِهِ أَبَدًا إِنْ كُنْتُمْ مُؤْمِنِينَ ١٧ وَيُبَيِّنُ ٱللَّهُ لَكُمُ ٱلْآيَاتِ وَٱللَّهُ عَلِيمٌ حَكِيمٌ ١٨ إِنَّ ٱلَّذِينَ يُحِبُّونَ أَنْ تَشِيعَ ٱلْفَاحِشَةُ فِي ٱلَّذِينَ آمَنُوا

لَهُمْ عَذَابٌ أَلِيمٌ ١٩ فِي ٱلدُّنْيَا وَٱلْآخِرَةِ وَٱللّٰهُ يَعْلَمُ وَأَنْتُمْ لَا تَعْلَمُونَ ٢٠ وَلَوْلَا
فَضْلُ ٱللّٰهِ عَلَيْكُمْ وَرَحْمَتُهُ وَأَنَّ ٱللّٰهَ رَؤُفٌ رَحِيمٌ ٢١ يَا أَيُّهَا ٱلَّذِينَ آمَنُوا
لَا تَتَّبِعُوا خُطُوَاتِ ٱلشَّيْطَانِ وَمَنْ يَتَّبِعْ خُطُوَاتِ ٱلشَّيْطَانِ فَإِنَّهُ يَأْمُرُ بِٱلْفَحْشَآءِ
وَٱلْمُنْكَرِ وَلَوْلَا فَضْلُ ٱللّٰهِ عَلَيْكُمْ وَرَحْمَتُهُ مَا زَكَى مِنْكُمْ مِنْ أَحَدٍ أَبَدًا
وَلٰكِنَّ ٱللّٰهَ يُزَكِّي مَنْ يَشَآءُ وَٱللّٰهُ سَمِيعٌ عَلِيمٌ ٢٢ وَلَا يَأْتَلِ أُولُوا ٱلْفَضْلِ
مِنْكُمْ وَٱلسَّعَةِ أَنْ يُؤْتُوا أُولِي ٱلْقُرْبَى وَٱلْمَسَاكِينَ وَٱلْمُهَاجِرِينَ فِي سَبِيلِ ٱللّٰهِ
وَلْيَعْفُوا وَلْيَصْفَحُوا أَلَا تُحِبُّونَ أَنْ يَغْفِرَ ٱللّٰهُ لَكُمْ وَٱللّٰهُ غَفُورٌ رَحِيمٌ ٢٣ إِنَّ
ٱلَّذِينَ يَرْمُونَ ٱلْمُحْصَنَاتِ ٱلْغَافِلَاتِ ٱلْمُؤْمِنَاتِ لُعِنُوا فِي ٱلدُّنْيَا وَٱلْآخِرَةِ وَلَهُمْ
عَذَابٌ عَظِيمٌ ٢٤ يَوْمَ تَشْهَدُ عَلَيْهِمْ أَلْسِنَتُهُمْ وَأَيْدِيهِمْ وَأَرْجُلُهُمْ بِمَا كَانُوا
يَعْمَلُونَ ٢٥ يَوْمَئِذٍ يُوَفِّيهِمُ ٱللّٰهُ دِينَهُمُ ٱلْحَقَّ وَيَعْلَمُونَ أَنَّ ٱللّٰهَ هُوَ ٱلْحَقُّ
ٱلْمُبِينُ ٢٦ ٱلْخَبِيثَاتُ لِلْخَبِيثِينَ وَٱلْخَبِيثُونَ لِلْخَبِيثَاتِ وَٱلطَّيِّبَاتُ لِلطَّيِّبِينَ
وَٱلطَّيِّبُونَ لِلطَّيِّبَاتِ أُولٰٓئِكَ مُبَرَّؤُونَ مِمَّا يَقُولُونَ لَهُمْ مَغْفِرَةٌ وَرِزْقٌ كَرِيمٌ ٢٧ يَا
أَيُّهَا ٱلَّذِينَ آمَنُوا لَا تَدْخُلُوا بُيُوتًا غَيْرَ بُيُوتِكُمْ حَتَّى تَسْتَأْنِسُوا وَتُسَلِّمُوا
عَلَى أَهْلِهَا ذٰلِكُمْ خَيْرٌ لَكُمْ لَعَلَّكُمْ تَذَكَّرُونَ ٢٨ فَإِنْ لَمْ تَجِدُوا فِيهَا أَحَدًا
فَلَا تَدْخُلُوهَا حَتَّى يُؤْذَنَ لَكُمْ وَإِنْ قِيلَ لَكُمُ ٱرْجِعُوا فَٱرْجِعُوا هُوَ أَزْكَى
لَكُمْ وَٱللّٰهُ بِمَا تَعْمَلُونَ عَلِيمٌ ٢٩ لَيْسَ عَلَيْكُمْ جُنَاحٌ أَنْ تَدْخُلُوا بُيُوتًا غَيْرَ
مَسْكُونَةٍ فِيهَا مَتَاعٌ لَكُمْ وَٱللّٰهُ يَعْلَمُ مَا تُبْدُونَ وَمَا تَكْتُمُونَ ٣٠ قُلْ لِلْمُؤْمِنِينَ
يَغُضُّوا مِنْ أَبْصَارِهِمْ وَيَحْفَظُوا فُرُوجَهُمْ ذٰلِكَ أَزْكَى لَهُمْ إِنَّ ٱللّٰهَ خَبِيرٌ بِمَا
يَصْنَعُونَ ٣١ وَقُلْ لِلْمُؤْمِنَاتِ يَغْضُضْنَ مِنْ أَبْصَارِهِنَّ وَيَحْفَظْنَ فُرُوجَهُنَّ
وَلَا يُبْدِينَ زِينَتَهُنَّ إِلَّا مَا ظَهَرَ مِنْهَا وَلْيَضْرِبْنَ بِخُمُرِهِنَّ عَلَى جُيُوبِهِنَّ وَلَا
يُبْدِينَ زِينَتَهُنَّ إِلَّا لِبُعُولَتِهِنَّ أَوْ آبَآئِهِنَّ أَوْ آبَآءِ بُعُولَتِهِنَّ أَوْ أَبْنَآئِهِنَّ أَوْ أَبْنَآءِ
بُعُولَتِهِنَّ أَوْ إِخْوَانِهِنَّ أَوْ بَنِي إِخْوَانِهِنَّ أَوْ بَنِي أَخَوَاتِهِنَّ أَوْ نِسَآئِهِنَّ أَوْ مَا

٢ اَلزَّانِيَةُ وَٱلزَّانِي فَٱجْلِدُوا كُلَّ وَاحِدٍ مِنْهُمَا مِائَةَ جَلْدَةٍ وَلَا تَأْخُذْكُمْ
بِهِمَا رَأْفَةٌ فِي دِينِ ٱللَّهِ إِنْ كُنْتُمْ تُؤْمِنُونَ بِٱللَّهِ وَٱلْيَوْمِ ٱلْآخِرِ وَلْيَشْهَدْ
عَذَابَهُمَا طَائِفَةٌ مِنَ ٱلْمُؤْمِنِينَ ٣ اَلزَّانِي لَا يَنْكِحُ إِلَّا زَانِيَةً أَوْ مُشْرِكَةً وَٱلزَّانِيَةُ
لَا يَنْكِحُهَا إِلَّا زَانٍ أَوْ مُشْرِكٌ وَحُرِّمَ ذَلِكَ عَلَى ٱلْمُؤْمِنِينَ ٤ وَٱلَّذِينَ يَرْمُونَ
ٱلْمُحْصَنَاتِ ثُمَّ لَمْ يَأْتُوا بِأَرْبَعَةِ شُهَدَاءَ فَٱجْلِدُوهُمْ ثَمَانِينَ جَلْدَةً وَلَا تَقْبَلُوا
لَهُمْ شَهَادَةً أَبَدًا وَأُولَائِكَ هُمُ ٱلْفَاسِقُونَ ٥ إِلَّا ٱلَّذِينَ تَابُوا مِنْ بَعْدِ ذَلِكَ
وَأَصْلَحُوا فَإِنَّ ٱللَّهَ غَفُورٌ رَحِيمٌ ٦ وَٱلَّذِينَ يَرْمُونَ أَزْوَاجَهُمْ وَلَمْ يَكُنْ لَهُمْ
شُهَدَاءُ إِلَّا أَنْفُسُهُمْ فَشَهَادَةُ أَحَدِهِمْ أَرْبَعُ شَهَادَاتٍ بِٱللَّهِ إِنَّهُ لَمِنَ ٱلصَّادِقِينَ
٧ وَٱلْخَامِسَةُ أَنَّ لَعْنَةَ ٱللَّهِ عَلَيْهِ إِنْ كَانَ مِنَ ٱلْكَاذِبِينَ ٨ وَيَدْرَؤُا عَنْهَا ٱلْعَذَابَ
أَنْ تَشْهَدَ أَرْبَعَ شَهَادَاتٍ بِٱللَّهِ إِنَّهُ لَمِنَ ٱلْكَاذِبِينَ ٩ وَٱلْخَامِسَةَ أَنَّ غَضَبَ
ٱللَّهِ عَلَيْهَا إِنْ كَانَ مِنَ ٱلصَّادِقِينَ ١٠ وَلَوْلَا فَضْلُ ٱللَّهِ عَلَيْكُمْ وَرَحْمَتُهُ
وَأَنَّ ٱللَّهَ تَوَّابٌ حَكِيمٌ ١١ إِنَّ ٱلَّذِينَ جَاؤُا بِٱلْإِفْكِ عُصْبَةٌ مِنْكُمْ لَا تَحْسَبُوهُ
شَرًّا لَكُمْ بَلْ هُوَ خَيْرٌ لَكُمْ لِكُلِّ ٱمْرِئٍ مِنْهُمْ مَا ٱكْتَسَبَ مِنَ ٱلْإِثْمِ وَٱلَّذِي
تَوَلَّى كِبْرَهُ مِنْهُمْ لَهُ عَذَابٌ عَظِيمٌ ١٢ لَوْلَا إِذْ سَمِعْتُمُوهُ ظَنَّ ٱلْمُؤْمِنُونَ
وَٱلْمُؤْمِنَاتُ بِأَنْفُسِهِمْ خَيْرًا وَقَالُوا هَذَا إِفْكٌ مُبِينٌ ١٣ لَوْلَا جَاؤُا عَلَيْهِ
بِأَرْبَعَةِ شُهَدَاءَ فَإِذْ لَمْ يَأْتُوا بِٱلشُّهَدَاءِ فَأُولَائِكَ عِنْدَ ٱللَّهِ هُمُ ٱلْكَاذِبُونَ
١٤ وَلَوْلَا فَضْلُ ٱللَّهِ عَلَيْكُمْ وَرَحْمَتُهُ فِي ٱلدُّنْيَا وَٱلْآخِرَةِ لَمَسَّكُمْ فِيمَا أَفَضْتُمْ
فِيهِ عَذَابٌ عَظِيمٌ إِذْ تَلَقَّوْنَهُ بِأَلْسِنَتِكُمْ وَتَقُولُونَ بِأَفْوَاهِكُمْ مَا لَيْسَ لَكُمْ
بِهِ عِلْمٌ وَتَحْسَبُونَهُ هَيِّنًا وَهُوَ عِنْدَ ٱللَّهِ عَظِيمٌ ١٥ وَلَوْلَا إِذْ سَمِعْتُمُوهُ قُلْتُمْ
مَا يَكُونُ لَنَا أَنْ نَتَكَلَّمَ بِهَذَا سُبْحَانَكَ هَذَا بُهْتَانٌ عَظِيمٌ ١٦ يَعِظُكُمُ
ٱللَّهُ أَنْ تَعُودُوا لِمِثْلِهِ أَبَدًا إِنْ كُنْتُمْ مُؤْمِنِينَ ١٧ وَيُبَيِّنُ ٱللَّهُ لَكُمُ ٱلْآيَاتِ
وَٱللَّهُ عَلِيمٌ حَكِيمٌ ١٨ إِنَّ ٱلَّذِينَ يُحِبُّونَ أَنْ تَشِيعَ ٱلْفَاحِشَةُ فِي ٱلَّذِينَ آمَنُوا

١٠٢ لَعَلِّي أَعْمَلُ صَالِحًا فِيمَا تَرَكْتُ كَلَّا إِنَّهَا كَلِمَةٌ هُوَ قَائِلُهَا وَمِنْ وَرَائِهِمْ
بَرْزَخٌ إِلَى يَوْمِ يُبْعَثُونَ ١٠٣ فَإِذَا نُفِخَ فِي ٱلصُّورِ فَلَا أَنْسَابَ بَيْنَهُمْ يَوْمَئِذٍ وَلَا
يَتَسَاءَلُونَ ١٠٤ فَمَنْ ثَقُلَتْ مَوَازِينُهُ فَأُولَائِكَ هُمُ ٱلْمُفْلِحُونَ ١٠٥ وَمَنْ خَفَّتْ
مَوَازِينُهُ فَأُولَائِكَ ٱلَّذِينَ خَسِرُوا أَنْفُسَهُمْ فِي جَهَنَّمَ خَالِدُونَ ١٠٦ تَلْفَحُ وُجُوهَهُمُ
ٱلنَّارُ وَهُمْ فِيهَا كَالِحُونَ ١٠٧ أَلَمْ تَكُنْ آيَاتِي تُتْلَى عَلَيْكُمْ فَكُنْتُمْ بِهَا
تُكَذِّبُونَ ١٠٨ قَالُوا رَبَّنَا غَلَبَتْ عَلَيْنَا شِقْوَتُنَا وَكُنَّا قَوْمًا ضَالِّينَ ١٠٩ رَبَّنَا
أَخْرِجْنَا مِنْهَا فَإِنْ عُدْنَا فَإِنَّا ظَالِمُونَ ١١٠ قَالَ ٱخْسَئُوا فِيهَا وَلَا تُكَلِّمُونِ
١١١ إِنَّهُ كَانَ فَرِيقٌ مِنْ عِبَادِي يَقُولُونَ رَبَّنَا آمَنَّا فَٱغْفِرْ لَنَا وَٱرْحَمْنَا وَأَنْتَ
خَيْرُ ٱلرَّاحِمِينَ ١١٢ فَٱتَّخَذْتُمُوهُمْ سِخْرِيًّا حَتَّى أَنْسَوْكُمْ ذِكْرِي وَكُنْتُمْ مِنْهُمْ
تَضْحَكُونَ ١١٣ إِنِّي جَزَيْتُهُمُ ٱلْيَوْمَ بِمَا صَبَرُوا أَنَّهُمْ هُمُ ٱلْفَائِزُونَ ١١٤ قَالَ كَمْ
لَبِثْتُمْ فِي ٱلْأَرْضِ عَدَدَ سِنِينَ ١١٥ قَالُوا لَبِثْنَا يَوْمًا أَوْ بَعْضَ يَوْمٍ فَٱسْأَلِ
ٱلْعَادِّينَ ١١٦ قَالَ إِنْ لَبِثْتُمْ إِلَّا قَلِيلًا لَوْ أَنَّكُمْ كُنْتُمْ تَعْلَمُونَ ١١٧ أَفَحَسِبْتُمْ
أَنَّمَا خَلَقْنَاكُمْ عَبَثًا وَأَنَّكُمْ إِلَيْنَا لَا تُرْجَعُونَ فَتَعَالَى ٱللَّهُ ٱلْمَلِكُ ٱلْحَقُّ
لَا إِلَهَ إِلَّا هُوَ رَبُّ ٱلْعَرْشِ ٱلْكَرِيمِ وَمَنْ يَدْعُ مَعَ ٱللَّهِ إِلَهًا آخَرَ لَا بُرْهَانَ لَهُ
بِهِ فَإِنَّمَا حِسَابُهُ عِنْدَ رَبِّهِ إِنَّهُ لَا يُفْلِحُ ٱلْكَافِرُونَ ١١٨ وَقُلْ رَبِّ ٱغْفِرْ وَٱرْحَمْ
وَأَنْتَ خَيْرُ ٱلرَّاحِمِينَ

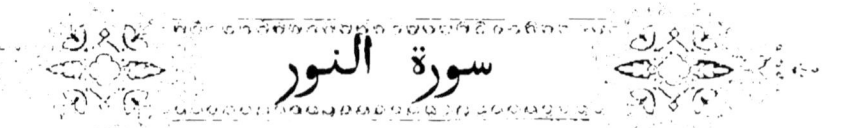

سورة النور

مدنية وهى اربع وستون آية

بِسْمِ ٱللَّهِ ٱلرَّحْمَنِ ٱلرَّحِيمِ

١ سُورَةٌ أَنْزَلْنَاهَا وَفَرَضْنَاهَا وَأَنْزَلْنَا فِيهَا آيَاتٍ بَيِّنَاتٍ لَعَلَّكُمْ تَذَكَّرُونَ

ٱتَّبَعَ ٱلْحَقُّ أَهْوَآءَهُمْ لَفَسَدَتِ ٱلسَّمٰوَاتُ وَٱلْأَرْضُ وَمَنْ فِيهِنَّ بَلْ أَتَيْنَاهُمْ
بِذِكْرِهِمْ فَهُمْ عَنْ ذِكْرِهِمْ مُعْرِضُونَ ٧۴ أَمْ تَسْأَلُهُمْ خَرْجًا فَخَرَاجُ رَبِّكَ خَيْرٌ
وَهُوَ خَيْرُ ٱلرَّازِقِينَ ٧٥ وَإِنَّكَ لَتَدْعُوهُمْ إِلَى صِرَاطٍ مُسْتَقِيمٍ ٧٦ وَإِنَّ ٱلَّذِينَ
لَا يُؤْمِنُونَ بِٱلْآخِرَةِ عَنِ ٱلصِّرَاطِ لَنَاكِبُونَ ٧٧ وَلَوْ رَحِمْنَاهُمْ وَكَشَفْنَا مَا بِهِمْ
مِنْ ضُرٍّ لَلَجُّوا فِي طُغْيَانِهِمْ يَعْمَهُونَ ٧٨ وَلَقَدْ أَخَذْنَاهُمْ بِٱلْعَذَابِ فَمَا ٱسْتَكَانُوا
لِرَبِّهِمْ وَمَا يَتَضَرَّعُونَ ٧٩ حَتَّى إِذَا فَتَحْنَا عَلَيْهِمْ بَابًا ذَا عَذَابٍ شَدِيدٍ إِذَا
هُمْ فِيهِ مُبْلِسُونَ ٨٠ وَهُوَ ٱلَّذِي أَنْشَأَ لَكُمُ ٱلسَّمْعَ وَٱلْأَبْصَارَ وَٱلْأَفْئِدَةَ قَلِيلًا
مَا تَشْكُرُونَ ٨١ وَهُوَ ٱلَّذِي ذَرَأَكُمْ فِي ٱلْأَرْضِ وَإِلَيْهِ تُحْشَرُونَ ٨٢ وَهُوَ
ٱلَّذِي يُحْيِي وَيُمِيتُ وَلَهُ ٱخْتِلَافُ ٱللَّيْلِ وَٱلنَّهَارِ أَفَلَا تَعْقِلُونَ ٨٣ بَلْ قَالُوا
مِثْلَ مَا قَالَ ٱلْأَوَّلُونَ ٨۴ قَالُوا أَئِذَا مِتْنَا وَكُنَّا تُرَابًا وَعِظَامًا أَئِنَّا لَمَبْعُوثُونَ
٨٥ لَقَدْ وُعِدْنَا نَحْنُ وَآبَاؤُنَا هٰذَا مِنْ قَبْلُ إِنْ هٰذَا إِلَّا أَسَاطِيرُ ٱلْأَوَّلِينَ
٨٦ قُلْ لِمَنِ ٱلْأَرْضُ وَمَنْ فِيهَا إِنْ كُنْتُمْ تَعْلَمُونَ ٨٧ سَيَقُولُونَ لِلّٰهِ قُلْ أَفَلَا
تَذَكَّرُونَ ٨٨ قُلْ مَنْ رَبُّ ٱلسَّمٰوَاتِ ٱلسَّبْعِ وَرَبُّ ٱلْعَرْشِ ٱلْعَظِيمِ ٨٩ سَيَقُولُونَ
لِلّٰهِ قُلْ أَفَلَا تَتَّقُونَ ٩٠ قُلْ مَنْ بِيَدِهِ مَلَكُوتُ كُلِّ شَيْءٍ وَهُوَ يُجِيرُ وَلَا
يُجَارُ عَلَيْهِ إِنْ كُنْتُمْ تَعْلَمُونَ ٩١ سَيَقُولُونَ لِلّٰهِ قُلْ فَأَنَّى تُسْحَرُونَ ٩٢ بَلْ
أَتَيْنَاهُمْ بِٱلْحَقِّ وَإِنَّهُمْ لَكَاذِبُونَ ٩٣ مَا ٱتَّخَذَ ٱللّٰهُ مِنْ وَلَدٍ وَمَا كَانَ مَعَهُ
مِنْ إِلٰهٍ إِذًا لَذَهَبَ كُلُّ إِلٰهٍ بِمَا خَلَقَ وَلَعَلَا بَعْضُهُمْ عَلَى بَعْضٍ سُبْحَانَ
ٱللّٰهِ عَمَّا يَصِفُونَ ٩۴ عَالِمِ ٱلْغَيْبِ وَٱلشَّهَادَةِ فَتَعَالَى عَمَّا يُشْرِكُونَ ٩٥ قُلْ
رَبِّ إِمَّا تُرِيَنِّي مَا يُوعَدُونَ ٩٦ رَبِّ فَلَا تَجْعَلْنِي فِي ٱلْقَوْمِ ٱلظَّالِمِينَ ٩٧ وَإِنَّا
عَلَى أَنْ نُرِيَكَ مَا نَعِدُهُمْ لَقَادِرُونَ ٩٨ إِدْفَعْ بِٱلَّتِي هِيَ أَحْسَنُ ٱلسَّيِّئَةَ نَحْنُ
أَعْلَمُ بِمَا يَصِفُونَ ٩٩ وَقُلْ رَبِّ أَعُوذُ بِكَ مِنْ هَمَزَاتِ ٱلشَّيَاطِينِ ١٠٠ وَأَعُوذُ
بِكَ رَبِّ أَنْ يَحْضُرُونِ ١٠١ حَتَّى إِذَا جَآءَ أَحَدَهُمُ ٱلْمَوْتُ قَالَ رَبِّ ٱرْجِعُونِ

سورة المؤمنين ١٧٩

لِلْقَوْمِ ٱلظَّالِمِينَ ٤٤ ثُمَّ أَنْشَأْنَا مِنْ بَعْدِهِمْ قُرُونًا آخَرِينَ ٤٥ مَا تَسْبِقُ
مِنْ أُمَّةٍ أَجَلَهَا وَمَا يَسْتَأْخِرُونَ ٤٦ ثُمَّ أَرْسَلْنَا رُسُلَنَا تَتْرَا كُلَّمَا جَاءَ أُمَّةً
رَسُولُهَا كَذَّبُوهُ فَأَتْبَعْنَا بَعْضَهُمْ بَعْضًا وَجَعَلْنَاهُمْ أَحَادِيثَ فَبُعْدًا لِقَوْمٍ لَا
يُؤْمِنُونَ ٤٧ ثُمَّ أَرْسَلْنَا مُوسَى وَأَخَاهُ هَرُونَ بِآيَاتِنَا وَسُلْطَانٍ مُبِينٍ ٤٨ إِلَى
فِرْعَوْنَ وَمَلَئِهِ فَٱسْتَكْبَرُوا وَكَانُوا قَوْمًا عَالِينَ ٤٩ فَقَالُوا أَنُؤْمِنُ لِبَشَرَيْنِ
مِثْلِنَا وَقَوْمُهُمَا لَنَا عَابِدُونَ ٥٠ فَكَذَّبُوهُمَا فَكَانُوا مِنَ ٱلْمُهْلَكِينَ ٥١ وَلَقَدْ
آتَيْنَا مُوسَى ٱلْكِتَابَ لَعَلَّهُمْ يَهْتَدُونَ ٥٢ وَجَعَلْنَا ٱبْنَ مَرْيَمَ وَأُمَّهُ آيَةً
وَآوَيْنَاهُمَا إِلَى رَبْوَةٍ ذَاتِ قَرَارٍ وَمَعِينٍ ٥٣ يَا أَيُّهَا ٱلرُّسُلُ كُلُوا مِنَ ٱلطَّيِّبَاتِ
وَٱعْمَلُوا صَالِحًا إِنِّي بِمَا تَعْمَلُونَ عَلِيمٌ ٥٤ وَإِنَّ هَذِهِ أُمَّتُكُمْ أُمَّةً وَاحِدَةً وَأَنَا
رَبُّكُمْ فَٱتَّقُونِ ٥٥ فَتَقَطَّعُوا أَمْرَهُمْ بَيْنَهُمْ زُبُرًا كُلُّ حِزْبٍ بِمَا لَدَيْهِمْ فَرِحُونَ
٥٦ فَذَرْهُمْ فِي غَمْرَتِهِمْ حَتَّى حِينٍ ٥٧ أَيَحْسَبُونَ أَنَّمَا نُمِدُّهُمْ بِهِ مِنْ مَالٍ
وَبَنِينَ ٥٨ نُسَارِعُ لَهُمْ فِي ٱلْخَيْرَاتِ بَلْ لَا يَشْعُرُونَ ٥٩ إِنَّ ٱلَّذِينَ هُمْ مِنْ
خَشْيَةِ رَبِّهِمْ مُشْفِقُونَ ٦٠ وَٱلَّذِينَ هُمْ بِآيَاتِ رَبِّهِمْ يُؤْمِنُونَ ٦١ وَٱلَّذِينَ هُمْ
بِرَبِّهِمْ لَا يُشْرِكُونَ ٦٢ وَٱلَّذِينَ يُؤْتُونَ مَا آتَوْا وَقُلُوبُهُمْ وَجِلَةٌ أَنَّهُمْ إِلَى رَبِّهِمْ
رَاجِعُونَ ٦٣ أُولَائِكَ يُسَارِعُونَ فِي ٱلْخَيْرَاتِ وَهُمْ لَهَا سَابِقُونَ ٦٤ وَلَا نُكَلِّفُ
نَفْسًا إِلَّا وُسْعَهَا وَلَدَيْنَا كِتَابٌ يَنْطِقُ بِٱلْحَقِّ وَهُمْ لَا يُظْلَمُونَ ٦٥ بَلْ قُلُوبُهُمْ
فِي غَمْرَةٍ مِنْ هَذَا وَلَهُمْ أَعْمَالٌ مِنْ دُونِ ذَلِكَ هُمْ لَهَا عَامِلُونَ ٦٦ حَتَّى
إِذَا أَخَذْنَا مُتْرَفِيهِمْ بِٱلْعَذَابِ إِذَا هُمْ يَجْأَرُونَ ٦٧ لَا تَجْأَرُوا ٱلْيَوْمَ إِنَّكُمْ
مِنَّا لَا تُنْصَرُونَ ٦٨ قَدْ كَانَتْ آيَاتِي تُتْلَى عَلَيْكُمْ فَكُنْتُمْ عَلَى أَعْقَابِكُمْ
تَنْكِصُونَ ٦٩ مُسْتَكْبِرِينَ بِهِ سَامِرًا تَهْجُرُونَ ٧٠ أَفَلَمْ يَدَّبَّرُوا ٱلْقَوْلَ أَمْ جَاءَهُمْ
مَا لَمْ يَأْتِ آبَاءَهُمُ ٱلْأَوَّلِينَ ٧١ أَمْ لَمْ يَعْرِفُوا رَسُولَهُمْ فَهُمْ لَهُ مُنْكِرُونَ
٧٢ أَمْ يَقُولُونَ بِهِ جِنَّةٌ بَلْ جَاءَهُمْ بِٱلْحَقِّ وَأَكْثَرُهُمْ لِلْحَقِّ كَارِهُونَ ٧٣ وَلَوِ

تَخْرُجُ مِنْ طُورِ سَيْنَاءَ تَنْبُتُ بِٱلدُّهْنِ وَصِبْغٍ لِلْآكِلِينَ ٢١ وَإِنَّ لَكُمْ فِي
ٱلْأَنْعَامِ لَعِبْرَةً نُسْقِيكُمْ مِمَّا فِي بُطُونِهَا وَلَكُمْ فِيهَا مَنَافِعُ كَثِيرَةٌ وَمِنْهَا
تَأْكُلُونَ ٢٢ وَعَلَيْهَا وَعَلَى ٱلْفُلْكِ تُحْمَلُونَ ٢٣ وَلَقَدْ أَرْسَلْنَا نُوحًا إِلَى
قَوْمِهِ فَقَالَ يَا قَوْمِ ٱعْبُدُوا ٱللَّهَ مَا لَكُمْ مِنْ إِلَٰهٍ غَيْرُهُ أَفَلَا تَتَّقُونَ ٢٤ فَقَالَ
ٱلْمَلَأُ ٱلَّذِينَ كَفَرُوا مِنْ قَوْمِهِ مَا هَٰذَا إِلَّا بَشَرٌ مِثْلُكُمْ يُرِيدُ أَنْ يَتَفَضَّلَ
عَلَيْكُمْ وَلَوْ شَاءَ ٱللَّهُ لَأَنْزَلَ مَلَائِكَةً مَا سَمِعْنَا بِهَٰذَا فِي آبَائِنَا ٱلْأَوَّلِينَ
٢٥ إِنْ هُوَ إِلَّا رَجُلٌ بِهِ جِنَّةٌ فَتَرَبَّصُوا بِهِ حَتَّى حِينٍ ٢٦ قَالَ رَبِّ ٱنْصُرْنِي
بِمَا كَذَّبُونِ ٢٧ فَأَوْحَيْنَا إِلَيْهِ أَنِ ٱصْنَعِ ٱلْفُلْكَ بِأَعْيُنِنَا وَوَحْيِنَا فَإِذَا جَاءَ
أَمْرُنَا وَفَارَ ٱلتَّنُّورُ ٢٨ فَٱسْلُكْ فِيهَا مِنْ كُلٍّ زَوْجَيْنِ ٱثْنَيْنِ وَأَهْلَكَ إِلَّا مَنْ
سَبَقَ عَلَيْهِ ٱلْقَوْلُ مِنْهُمْ وَلَا تُخَاطِبْنِي فِي ٱلَّذِينَ ظَلَمُوا إِنَّهُمْ مُغْرَقُونَ ٢٩ فَإِذَا
ٱسْتَوَيْتَ أَنْتَ وَمَنْ مَعَكَ عَلَى ٱلْفُلْكِ فَقُلِ ٱلْحَمْدُ لِلَّهِ ٱلَّذِي نَجَّانَا مِنَ
ٱلْقَوْمِ ٱلظَّالِمِينَ ٣٠ وَقُلْ رَبِّ أَنْزِلْنِي مُنْزَلًا مُبَارَكًا وَأَنْتَ خَيْرُ ٱلْمُنْزِلِينَ
٣١ إِنَّ فِي ذَٰلِكَ لَآيَاتٍ وَإِنْ كُنَّا لَمُبْتَلِينَ ٣٢ ثُمَّ أَنْشَأْنَا مِنْ بَعْدِهِمْ قَرْنًا
آخَرِينَ ٣٣ فَأَرْسَلْنَا فِيهِمْ رَسُولًا مِنْهُمْ أَنِ ٱعْبُدُوا ٱللَّهَ مَا لَكُمْ مِنْ إِلَٰهٍ
غَيْرُهُ أَفَلَا تَتَّقُونَ ٣٤ وَقَالَ ٱلْمَلَأُ مِنْ قَوْمِهِ ٱلَّذِينَ كَفَرُوا وَكَذَّبُوا بِلِقَاءِ
ٱلْآخِرَةِ وَأَتْرَفْنَاهُمْ فِي ٱلْحَيَوٰةِ ٱلدُّنْيَا مَا هَٰذَا إِلَّا بَشَرٌ مِثْلُكُمْ يَأْكُلُ مِمَّا
تَأْكُلُونَ ٣٥ مِنْهُ وَيَشْرَبُ مِمَّا تَشْرَبُونَ ٣٦ وَلَئِنْ أَطَعْتُمْ بَشَرًا مِثْلَكُمْ
إِنَّكُمْ إِذًا لَخَاسِرُونَ ٣٧ أَيَعِدُكُمْ أَنَّكُمْ إِذَا مِتُّمْ وَكُنْتُمْ تُرَابًا وَعِظَامًا أَنَّكُمْ
مُخْرَجُونَ ٣٨ هَيْهَاتَ هَيْهَاتَ لِمَا تُوعَدُونَ ٣٩ إِنْ هِيَ إِلَّا حَيَوٰتُنَا ٱلدُّنْيَا
نَمُوتُ وَنَحْيَا وَمَا نَحْنُ بِمَبْعُوثِينَ ٤٠ إِنْ هُوَ إِلَّا رَجُلٌ ٱفْتَرَى عَلَى ٱللَّهِ كَذِبًا
وَمَا نَحْنُ لَهُ بِمُؤْمِنِينَ ٤١ قَالَ رَبِّ ٱنْصُرْنِي بِمَا كَذَّبُونِ ٤٢ قَالَ عَمَّا قَلِيلٍ
لَيُصْبِحُنَّ نَادِمِينَ ٤٣ فَأَخَذَتْهُمُ ٱلصَّيْحَةُ بِٱلْحَقِّ فَجَعَلْنَاهُمْ غُثَاءً فَبُعْدًا

جِهَادِهِ هُوَ ٱجْتَبَاكُمْ وَمَا جَعَلَ عَلَيْكُمْ فِي ٱلدِّينِ مِنْ حَرَجٍ مِلَّةَ أَبِيكُمْ
إِبْرَهِيمَ هُوَ سَمَّاكُمُ ٱلْمُسْلِمِينَ ٧٨ مِنْ قَبْلُ وَفِي هَذَا لِيَكُونَ ٱلرَّسُولُ شَهِيدًا
عَلَيْكُمْ وَتَكُونُوا شُهَدَآءَ عَلَى ٱلنَّاسِ فَأَقِيمُوا ٱلصَّلَوٰةَ وَآتُوا ٱلزَّكَوٰةَ وَٱعْتَصِمُوا
بِٱللَّهِ هُوَ مَوْلَاكُمْ فَنِعْمَ ٱلْمَوْلَى وَنِعْمَ ٱلنَّصِيرُ

سورة المؤمنين

مكية وهى مائة وثمان عشرة آية

بِسْمِ ٱللَّهِ ٱلرَّحْمَنِ ٱلرَّحِيمِ

❁ ١ قَدْ أَفْلَحَ ٱلْمُؤْمِنُونَ ٢ ٱلَّذِينَ هُمْ فِي صَلَوتِهِمْ خَاشِعُونَ ٣ وَٱلَّذِينَ جزء ١٨
هُمْ عَنِ ٱللَّغْوِ مُعْرِضُونَ ٤ وَٱلَّذِينَ هُمْ لِلزَّكَوةِ فَاعِلُونَ ٥ وَٱلَّذِينَ هُمْ
لِفُرُوجِهِمْ حَافِظُونَ ٦ إِلَّا عَلَى أَزْوَاجِهِمْ أَوْ مَا مَلَكَتْ أَيْمَانُهُمْ فَإِنَّهُمْ غَيْرُ
مَلُومِينَ ٧ فَمَنِ ٱبْتَغَى وَرَآءَ ذَلِكَ فَأُولَآئِكَ هُمُ ٱلْعَادُونَ ٨ وَٱلَّذِينَ هُمْ لِأَمَانَاتِهِمْ
وَعَهْدِهِمْ رَاعُونَ ٩ وَٱلَّذِينَ هُمْ عَلَى صَلَوَاتِهِمْ يُحَافِظُونَ ١٠ أُولَآئِكَ هُمُ ٱلْوَارِثُونَ
١١ ٱلَّذِينَ يَرِثُونَ ٱلْفِرْدَوْسَ هُمْ فِيهَا خَالِدُونَ ١٢ وَلَقَدْ خَلَقْنَا ٱلْإِنْسَانَ مِنْ
سُلَالَةٍ مِنْ طِينٍ ١٣ ثُمَّ جَعَلْنَاهُ نُطْفَةً فِي قَرَارٍ مَكِينٍ ١٤ ثُمَّ خَلَقْنَا ٱلنُّطْفَةَ
عَلَقَةً فَخَلَقْنَا ٱلْعَلَقَةَ مُضْغَةً فَخَلَقْنَا ٱلْمُضْغَةَ عِظَامًا فَكَسَوْنَا ٱلْعِظَامَ لَحْمًا
ثُمَّ أَنْشَأْنَاهُ خَلْقًا آخَرَ فَتَبَارَكَ ٱللَّهُ أَحْسَنُ ٱلْخَالِقِينَ ١٥ ثُمَّ إِنَّكُمْ بَعْدَ
ذَلِكَ لَمَيِّتُونَ ١٦ ثُمَّ إِنَّكُمْ يَوْمَ ٱلْقِيَامَةِ تُبْعَثُونَ ١٧ وَلَقَدْ خَلَقْنَا فَوْقَكُمْ
سَبْعَ طَرَآئِقَ وَمَا كُنَّا عَنِ ٱلْخَلْقِ غَافِلِينَ ١٨ وَأَنْزَلْنَا مِنَ ٱلسَّمَآءِ مَآءً
بِقَدَرٍ فَأَسْكَنَّاهُ فِي ٱلْأَرْضِ وَإِنَّا عَلَى ذَهَابٍ بِهِ لَقَادِرُونَ ١٩ فَأَنْشَأْنَا لَكُمْ بِهِ
جَنَّاتٍ مِنْ نَخِيلٍ وَأَعْنَابٍ لَكُمْ فِيهَا فَوَاكِهُ كَثِيرَةٌ وَمِنْهَا تَأْكُلُونَ ٢٠ وَشَجَرَةً

بِأَنَّ ٱللَّهَ يُولِجُ ٱللَّيْلَ فِي ٱلنَّهَارِ وَيُولِجُ ٱلنَّهَارَ فِي ٱللَّيْلِ وَأَنَّ ٱللَّهَ سَمِيعٌ بَصِيرٌ
٦١ ذَلِكَ بِأَنَّ ٱللَّهَ هُوَ ٱلْحَقُّ وَأَنَّ مَا يَدْعُونَ مِنْ دُونِهِ هُوَ ٱلْبَاطِلُ وَأَنَّ
ٱللَّهَ هُوَ ٱلْعَلِيُّ ٱلْكَبِيرُ ٦٢ أَلَمْ تَرَ أَنَّ ٱللَّهَ أَنْزَلَ مِنَ ٱلسَّمَآءِ مَآءً فَتُصْبِحُ
ٱلْأَرْضُ مُخْضَرَّةً إِنَّ ٱللَّهَ لَطِيفٌ خَبِيرٌ ٦٣ لَهُ مَا فِي ٱلسَّمٰوَاتِ وَمَا فِي ٱلْأَرْضِ
وَإِنَّ ٱللَّهَ لَهُوَ ٱلْغَنِيُّ ٱلْحَمِيدُ ٦٤ أَلَمْ تَرَ أَنَّ ٱللَّهَ سَخَّرَ لَكُمْ مَا فِي ٱلْأَرْضِ
وَٱلْفُلْكَ تَجْرِي فِي ٱلْبَحْرِ بِأَمْرِهِ وَيُمْسِكُ ٱلسَّمَآءَ أَنْ تَقَعَ عَلَى ٱلْأَرْضِ إِلَّا بِإِذْنِهِ
إِنَّ ٱللَّهَ بِٱلنَّاسِ لَرَؤُفٌ رَحِيمٌ ٦٥ وَهُوَ ٱلَّذِي أَحْيَاكُمْ ثُمَّ يُمِيتُكُمْ ثُمَّ يُحْيِيكُمْ
إِنَّ ٱلْإِنْسَانَ لَكَفُورٌ ٦٦ لِكُلِّ أُمَّةٍ جَعَلْنَا مَنْسَكًا هُمْ نَاسِكُوهُ فَلَا يُنَازِعُنَّكَ فِي
ٱلْأَمْرِ وَٱدْعُ إِلَى رَبِّكَ إِنَّكَ لَعَلَى هُدًى مُسْتَقِيمٍ ٦٧ وَإِنْ جَادَلُوكَ فَقُلِ ٱللَّهُ
أَعْلَمُ بِمَا تَعْمَلُونَ ٦٨ ٱللَّهُ يَحْكُمُ بَيْنَكُمْ يَوْمَ ٱلْقِيَامَةِ فِيمَا كُنْتُمْ فِيهِ
تَخْتَلِفُونَ ٦٩ أَلَمْ تَعْلَمْ أَنَّ ٱللَّهَ يَعْلَمُ مَا فِي ٱلسَّمَآءِ وَٱلْأَرْضِ إِنَّ ذَلِكَ فِي
كِتَابٍ إِنَّ ذَلِكَ عَلَى ٱللَّهِ يَسِيرٌ ٧٠ وَيَعْبُدُونَ مِنْ دُونِ ٱللَّهِ مَا لَمْ يُنَزِّلْ
بِهِ سُلْطَانًا وَمَا لَيْسَ لَهُمْ بِهِ عِلْمٌ وَمَا لِلظَّالِمِينَ مِنْ نَصِيرٍ ٧١ وَإِذَا تُتْلَى
عَلَيْهِمْ آيَاتُنَا بَيِّنَاتٍ تَعْرِفُ فِي وُجُوهِ ٱلَّذِينَ كَفَرُوا ٱلْمُنْكَرَ يَكَادُونَ يَسْطُونَ
بِٱلَّذِينَ يَتْلُونَ عَلَيْهِمْ آيَاتِنَا قُلْ أَفَأُنَبِّئُكُمْ بِشَرٍّ مِنْ ذَلِكُمُ ٱلنَّارُ وَعَدَهَا
ٱللَّهُ ٱلَّذِينَ كَفَرُوا وَبِئْسَ ٱلْمَصِيرُ ٧٢ يَا أَيُّهَا ٱلنَّاسُ ضُرِبَ مَثَلٌ فَٱسْتَمِعُوا
لَهُ إِنَّ ٱلَّذِينَ تَدْعُونَ مِنْ دُونِ ٱللَّهِ لَنْ يَخْلُقُوا ذُبَابًا وَلَوِ ٱجْتَمَعُوا لَهُ وَإِنْ
يَسْلُبْهُمُ ٱلذُّبَابُ شَيْئًا لَا يَسْتَنْقِذُوهُ مِنْهُ ضَعُفَ ٱلطَّالِبُ وَٱلْمَطْلُوبُ ٧٣ مَا
قَدَرُوا ٱللَّهَ حَقَّ قَدْرِهِ إِنَّ ٱللَّهَ لَقَوِيٌّ عَزِيزٌ ٧٤ ٱللَّهُ يَصْطَفِي مِنَ ٱلْمَلَائِكَةِ
رُسُلًا وَمِنَ ٱلنَّاسِ إِنَّ ٱللَّهَ سَمِيعٌ بَصِيرٌ ٧٥ يَعْلَمُ مَا بَيْنَ أَيْدِيهِمْ وَمَا
خَلْفَهُمْ وَإِلَى ٱللَّهِ تُرْجَعُ ٱلْأُمُورُ ٧٦ يَا أَيُّهَا ٱلَّذِينَ آمَنُوا ٱرْكَعُوا وَٱسْجُدُوا
وَٱعْبُدُوا رَبَّكُمْ وَٱفْعَلُوا ٱلْخَيْرَ لَعَلَّكُمْ تُفْلِحُونَ ٧٧ وَجَاهِدُوا فِي ٱللَّهِ حَقَّ

فَقَدْ كَذَّبَتْ قَبْلَهُمْ قَوْمُ نُوحٍ وَعَادٌ وَثَمُودُ وَقَوْمُ إِبْرٰهِيمَ وَقَوْمُ لُوطٍ وَأَصْحَابُ
مَدْيَنَ وَكُذِّبَ مُوسَى فَأَمْلَيْتُ لِلْكَافِرِينَ ثُمَّ أَخَذْتُهُمْ فَكَيْفَ كَانَ نَكِيرِ
٤٤ فَكَأَيِّنْ مِنْ قَرْيَةٍ أَهْلَكْنَاهَا وَهِيَ ظَالِمَةٌ فَهِيَ خَاوِيَةٌ عَلَى عُرُوشِهَا وَبِئْرٍ
مُعَطَّلَةٍ وَقَصْرٍ مَشِيدٍ ٤٥ أَفَلَمْ يَسِيرُوا فِي ٱلْأَرْضِ فَتَكُونَ لَهُمْ قُلُوبٌ يَعْقِلُونَ
بِهَا أَوْ آذَانٌ يَسْمَعُونَ بِهَا فَإِنَّهَا لَا تَعْمَى ٱلْأَبْصَارُ وَلٰكِنْ تَعْمَى ٱلْقُلُوبُ
ٱلَّتِي فِي ٱلصُّدُورِ ٤٦ وَيَسْتَعْجِلُونَكَ بِٱلْعَذَابِ وَلَنْ يُخْلِفَ ٱللّٰهُ وَعْدَهُ وَإِنَّ
يَوْمًا عِنْدَ رَبِّكَ كَأَلْفِ سَنَةٍ مِمَّا تَعُدُّونَ ٤٧ وَكَأَيِّنْ مِنْ قَرْيَةٍ أَمْلَيْتُ لَهَا
وَهِيَ ظَالِمَةٌ ثُمَّ أَخَذْتُهَا وَإِلَيَّ ٱلْمَصِيرُ ٤٨ قُلْ يَا أَيُّهَا ٱلنَّاسُ إِنَّمَا أَنَا لَكُمْ
نَذِيرٌ مُبِينٌ ٤٩ فَٱلَّذِينَ آمَنُوا وَعَمِلُوا ٱلصَّالِحَاتِ لَهُمْ مَغْفِرَةٌ وَرِزْقٌ كَرِيمٌ
٥٠ وَٱلَّذِينَ سَعَوْا فِي آيَاتِنَا مُعَاجِزِينَ أُولٰٓئِكَ أَصْحَابُ ٱلْجَحِيمِ ٥١ وَمَا أَرْسَلْنَا
مِنْ قَبْلِكَ مِنْ رَسُولٍ وَلَا نَبِيٍّ إِلَّا إِذَا تَمَنَّى أَلْقَى ٱلشَّيْطَانُ فِي أُمْنِيَّتِهِ
فَيَنْسَخُ ٱللّٰهُ مَا يُلْقِي ٱلشَّيْطَانُ ثُمَّ يُحْكِمُ ٱللّٰهُ آيَاتِهِ وَٱللّٰهُ عَلِيمٌ حَكِيمٌ
٥٢ لِيَجْعَلَ مَا يُلْقِي ٱلشَّيْطَانُ فِتْنَةً لِلَّذِينَ فِي قُلُوبِهِمْ مَرَضٌ وَٱلْقَاسِيَةِ قُلُوبُهُمْ
وَإِنَّ ٱلظَّالِمِينَ لَفِي شِقَاقٍ بَعِيدٍ ٥٣ وَلِيَعْلَمَ ٱلَّذِينَ أُوتُوا ٱلْعِلْمَ أَنَّهُ ٱلْحَقُّ
مِنْ رَبِّكَ فَيُؤْمِنُوا بِهِ فَتُخْبِتَ لَهُ قُلُوبُهُمْ وَإِنَّ ٱللّٰهَ لَهَادِي ٱلَّذِينَ آمَنُوا إِلَى
صِرَاطٍ مُسْتَقِيمٍ ٥٤ وَلَا يَزَالُ ٱلَّذِينَ كَفَرُوا فِي مِرْيَةٍ مِنْهُ حَتَّى تَأْتِيَهُمُ ٱلسَّاعَةُ
بَغْتَةً أَوْ يَأْتِيَهُمْ عَذَابُ يَوْمٍ عَقِيمٍ ٥٥ ٱلْمُلْكُ يَوْمَئِذٍ لِلّٰهِ يَحْكُمُ بَيْنَهُمْ
فَٱلَّذِينَ آمَنُوا وَعَمِلُوا ٱلصَّالِحَاتِ فِي جَنَّاتِ ٱلنَّعِيمِ ٥٦ وَٱلَّذِينَ كَفَرُوا وَكَذَّبُوا
بِآيَاتِنَا فَأُولٰٓئِكَ لَهُمْ عَذَابٌ مُهِينٌ ٥٧ وَٱلَّذِينَ هَاجَرُوا فِي سَبِيلِ ٱللّٰهِ ثُمَّ
قُتِلُوا أَوْ مَاتُوا لَيَرْزُقَنَّهُمُ ٱللّٰهُ رِزْقًا حَسَنًا وَإِنَّ ٱللّٰهَ لَهُوَ خَيْرُ ٱلرَّازِقِينَ
٥٨ لَيُدْخِلَنَّهُمْ مُدْخَلًا يَرْضَوْنَهُ وَإِنَّ ٱللّٰهَ لَعَلِيمٌ حَلِيمٌ ٥٩ ذٰلِكَ وَمَنْ عَاقَبَ
بِمِثْلِ مَا عُوقِبَ بِهِ ثُمَّ بُغِيَ عَلَيْهِ لَيَنْصُرَنَّهُ ٱللّٰهُ إِنَّ ٱللّٰهَ لَعَفُوٌّ غَفُورٌ ٦٠ ذٰلِكَ

ٱللَّهِ فِي أَيَّامٍ مَعْلُومَاتٍ عَلَى مَا رَزَقَهُمْ مِنْ بَهِيمَةِ ٱلْأَنْعَامِ فَكُلُوا مِنْهَا
وَأَطْعِمُوا ٱلْبَائِسَ ٱلْفَقِيرَ ٣٠ ثُمَّ لِيَقْضُوا تَفَثَهُمْ وَلْيُوفُوا نُذُورَهُمْ وَلْيَطَّوَّفُوا
بِٱلْبَيْتِ ٱلْعَتِيقِ ٣١ ذَلِكَ وَمَنْ يُعَظِّمْ حُرُمَاتِ ٱللَّهِ فَهُوَ خَيْرٌ لَهُ عِنْدَ رَبِّهِ
وَأُحِلَّتْ لَكُمُ ٱلْأَنْعَامُ إِلَّا مَا يُتْلَى عَلَيْكُمْ فَٱجْتَنِبُوا ٱلرِّجْسَ مِنَ ٱلْأَوْثَانِ
وَٱجْتَنِبُوا قَوْلَ ٱلزُّورِ ٣٢ حُنَفَاءَ لِلَّهِ غَيْرَ مُشْرِكِينَ بِهِ وَمَنْ يُشْرِكْ بِٱللَّهِ
فَكَأَنَّمَا خَرَّ مِنَ ٱلسَّمَاءِ فَتَخْطَفُهُ ٱلطَّيْرُ أَوْ تَهْوِي بِهِ ٱلرِّيحُ فِي مَكَانٍ سَحِيقٍ
٣٣ ذَلِكَ وَمَنْ يُعَظِّمْ شَعَائِرَ ٱللَّهِ فَإِنَّهَا مِنْ تَقْوَى ٱلْقُلُوبِ ٣٤ لَكُمْ فِيهَا
مَنَافِعُ إِلَى أَجَلٍ مُسَمًّى ثُمَّ مَحِلُّهَا إِلَى ٱلْبَيْتِ ٱلْعَتِيقِ ٣٥ وَلِكُلِّ أُمَّةٍ جَعَلْنَا
مَنْسَكًا لِيَذْكُرُوا ٱسْمَ ٱللَّهِ عَلَى مَا رَزَقَهُمْ مِنْ بَهِيمَةِ ٱلْأَنْعَامِ فَإِلَهُكُمْ إِلَهٌ
وَاحِدٌ فَلَهُ أَسْلِمُوا وَبَشِّرِ ٱلْمُخْبِتِينَ ٣٦ ٱلَّذِينَ إِذَا ذُكِرَ ٱللَّهُ وَجِلَتْ
قُلُوبُهُمْ وَٱلصَّابِرِينَ عَلَى مَا أَصَابَهُمْ وَٱلْمُقِيمِي ٱلصَّلَوةِ وَمِمَّا رَزَقْنَاهُمْ يُنْفِقُونَ
٣٧ وَٱلْبُدْنَ جَعَلْنَاهَا لَكُمْ مِنْ شَعَائِرِ ٱللَّهِ لَكُمْ فِيهَا خَيْرٌ فَٱذْكُرُوا ٱسْمَ
ٱللَّهِ عَلَيْهَا صَوَافَّ فَإِذَا وَجَبَتْ جُنُوبُهَا فَكُلُوا مِنْهَا وَأَطْعِمُوا ٱلْقَانِعَ وَٱلْمُعْتَرَّ
كَذَلِكَ سَخَّرْنَاهَا لَكُمْ لَعَلَّكُمْ تَشْكُرُونَ ٣٨ لَنْ يَنَالَ ٱللَّهَ لُحُومُهَا وَلَا دِمَاؤُهَا
وَلَكِنْ يَنَالُهُ ٱلتَّقْوَى مِنْكُمْ كَذَلِكَ سَخَّرَهَا لَكُمْ لِتُكَبِّرُوا ٱللَّهَ عَلَى مَا هَدَاكُمْ
وَبَشِّرِ ٱلْمُحْسِنِينَ ٣٩ إِنَّ ٱللَّهَ يُدَافِعُ عَنِ ٱلَّذِينَ آمَنُوا إِنَّ ٱللَّهَ لَا يُحِبُّ
كُلَّ خَوَّانٍ كَفُورٍ ٤٠ أُذِنَ لِلَّذِينَ يُقَاتَلُونَ بِأَنَّهُمْ ظُلِمُوا وَإِنَّ ٱللَّهَ عَلَى
نَصْرِهِمْ لَقَدِيرٌ ٤١ ٱلَّذِينَ أُخْرِجُوا مِنْ دِيَارِهِمْ بِغَيْرِ حَقٍّ إِلَّا أَنْ يَقُولُوا
رَبُّنَا ٱللَّهُ وَلَوْلَا دَفْعُ ٱللَّهِ ٱلنَّاسَ بَعْضَهُمْ بِبَعْضٍ لَهُدِّمَتْ صَوَامِعُ وَبِيَعٌ وَصَلَوَاتٌ
وَمَسَاجِدُ يُذْكَرُ فِيهَا ٱسْمُ ٱللَّهِ كَثِيرًا وَلَيَنْصُرَنَّ ٱللَّهُ مَنْ يَنْصُرُهُ إِنَّ ٱللَّهَ
لَقَوِيٌّ عَزِيزٌ ٤٢ ٱلَّذِينَ إِنْ مَكَّنَّاهُمْ فِي ٱلْأَرْضِ أَقَامُوا ٱلصَّلَوةَ وَآتَوُا ٱلزَّكَوةَ
وَأَمَرُوا بِٱلْمَعْرُوفِ وَنَهَوْا عَنِ ٱلْمُنْكَرِ وَلِلَّهِ عَاقِبَةُ ٱلْأُمُورِ ٤٣ وَإِنْ يُكَذِّبُوكَ

ٱلضَّلَالُ ٱلْبَعِيدُ ١٣ يَدْعُو لَمَنْ ضَرُّهُ أَقْرَبُ مِنْ نَفْعِهِ لَبِئْسَ ٱلْمَوْلَى وَلَبِئْسَ
ٱلْعَشِيرُ ١٤ إِنَّ ٱللَّهَ يُدْخِلُ ٱلَّذِينَ آمَنُوا وَعَمِلُوا ٱلصَّالِحَاتِ جَنَّاتٍ تَجْرِي
مِنْ تَحْتِهَا ٱلْأَنْهَارُ إِنَّ ٱللَّهَ يَفْعَلُ مَا يُرِيدُ ١٥ مَنْ كَانَ يَظُنُّ أَنْ لَنْ يَنْصُرَهُ
ٱللَّهُ فِي ٱلدُّنْيَا وَٱلْآخِرَةِ فَلْيَمْدُدْ بِسَبَبٍ إِلَى ٱلسَّمَاءِ ثُمَّ لِيَقْطَعْ فَلْيَنْظُرْ هَلْ
يُذْهِبَنَّ كَيْدُهُ مَا يَغِيظُ ١٦ وَكَذَلِكَ أَنْزَلْنَاهُ آيَاتٍ بَيِّنَاتٍ وَأَنَّ ٱللَّهَ يَهْدِي
مَنْ يُرِيدُ ١٧ إِنَّ ٱلَّذِينَ آمَنُوا وَٱلَّذِينَ هَادُوا وَٱلصَّابِئِينَ وَٱلنَّصَارَى
وَٱلْمَجُوسَ وَٱلَّذِينَ أَشْرَكُوا إِنَّ ٱللَّهَ يَفْصِلُ بَيْنَهُمْ يَوْمَ ٱلْقِيَامَةِ إِنَّ ٱللَّهَ عَلَى
كُلِّ شَيْءٍ شَهِيدٌ ١٨ أَلَمْ تَرَ أَنَّ ٱللَّهَ يَسْجُدُ لَهُ مَنْ فِي ٱلسَّمَوَاتِ وَمَنْ فِي
ٱلْأَرْضِ وَٱلشَّمْسُ وَٱلْقَمَرُ وَٱلنُّجُومُ وَٱلْجِبَالُ وَٱلشَّجَرُ وَٱلدَّوَابُّ وَكَثِيرٌ مِنَ ٱلنَّاسِ
وَكَثِيرٌ حَقَّ عَلَيْهِ ٱلْعَذَابُ ١٩ وَمَنْ يُهِنِ ٱللَّهُ فَمَا لَهُ مِنْ مُكْرِمٍ إِنَّ ٱللَّهَ
يَفْعَلُ مَا يَشَاءُ ٢٠ هَذَانِ خَصْمَانِ ٱخْتَصَمُوا فِي رَبِّهِمْ فَٱلَّذِينَ كَفَرُوا قُطِّعَتْ
لَهُمْ ثِيَابٌ مِنْ نَارٍ يُصَبُّ مِنْ فَوْقِ رُؤُوسِهِمُ ٱلْحَمِيمُ ٢١ يُصْهَرُ بِهِ مَا فِي
بُطُونِهِمْ وَٱلْجُلُودُ وَلَهُمْ مَقَامِعُ مِنْ حَدِيدٍ ٢٢ كُلَّمَا أَرَادُوا أَنْ يَخْرُجُوا مِنْهَا
مِنْ غَمٍّ أُعِيدُوا فِيهَا وَذُوقُوا عَذَابَ ٱلْحَرِيقِ ٢٣ إِنَّ ٱللَّهَ يُدْخِلُ ٱلَّذِينَ
آمَنُوا وَعَمِلُوا ٱلصَّالِحَاتِ جَنَّاتٍ تَجْرِي مِنْ تَحْتِهَا ٱلْأَنْهَارُ يُحَلَّوْنَ فِيهَا مِنْ
أَسَاوِرَ مِنْ ذَهَبٍ وَلُؤْلُؤًا وَلِبَاسُهُمْ فِيهَا حَرِيرٌ ٢٤ وَهُدُوا إِلَى ٱلطَّيِّبِ مِنَ
ٱلْقَوْلِ وَهُدُوا إِلَى صِرَاطِ ٱلْحَمِيدِ ٢٥ إِنَّ ٱلَّذِينَ كَفَرُوا وَيَصُدُّونَ عَنْ سَبِيلِ
ٱللَّهِ وَٱلْمَسْجِدِ ٱلْحَرَامِ ٱلَّذِي جَعَلْنَاهُ لِلنَّاسِ سَوَاءً ٱلْعَاكِفُ فِيهِ وَٱلْبَادِي
٢٦ وَمَنْ يُرِدْ فِيهِ بِإِلْحَادٍ بِظُلْمٍ نُذِقْهُ مِنْ عَذَابٍ أَلِيمٍ ٢٧ وَإِذْ بَوَّأْنَا
لِإِبْرَهِيمَ مَكَانَ ٱلْبَيْتِ أَنْ لَا تُشْرِكْ بِي شَيْئًا وَطَهِّرْ بَيْتِيَ لِلطَّائِفِينَ
وَٱلْقَائِمِينَ وَٱلرُّكَّعِ ٱلسُّجُودِ ٢٨ وَأَذِّنْ فِي ٱلنَّاسِ بِٱلْحَجِّ يَأْتُوكَ رِجَالًا وَعَلَى كُلِّ
ضَامِرٍ يَأْتِينَ مِنْ كُلِّ فَجٍّ عَمِيقٍ ٢٩ لِيَشْهَدُوا مَنَافِعَ لَهُمْ وَيَذْكُرُوا ٱسْمَ

سورة الحج

مكية وهى ثمان وسبعون آية

بِسْمِ ٱللَّهِ ٱلرَّحْمَٰنِ ٱلرَّحِيمِ

١ يَا أَيُّهَا ٱلنَّاسُ ٱتَّقُوا رَبَّكُمْ إِنَّ زَلْزَلَةَ ٱلسَّاعَةِ شَيْءٌ عَظِيمٌ ٢ يَوْمَ تَرَوْنَهَا
تَذْهَلُ كُلُّ مُرْضِعَةٍ عَمَّا أَرْضَعَتْ وَتَضَعُ كُلُّ ذَاتِ حَمْلٍ حَمْلَهَا وَتَرَى ٱلنَّاسَ
سُكَارَى وَمَا هُمْ بِسُكَارَى وَلَٰكِنَّ عَذَابَ ٱللَّهِ شَدِيدٌ ٣ وَمِنَ ٱلنَّاسِ مَنْ
يُجَادِلُ فِي ٱللَّهِ بِغَيْرِ عِلْمٍ وَيَتَّبِعُ كُلَّ شَيْطَانٍ مَرِيدٍ ٤ كُتِبَ عَلَيْهِ أَنَّهُ مَنْ
تَوَلَّاهُ فَأَنَّهُ يُضِلُّهُ وَيَهْدِيهِ إِلَىٰ عَذَابِ ٱلسَّعِيرِ ٥ يَا أَيُّهَا ٱلنَّاسُ إِنْ كُنْتُمْ
فِي رَيْبٍ مِنَ ٱلْبَعْثِ فَإِنَّا خَلَقْنَاكُمْ مِنْ تُرَابٍ ثُمَّ مِنْ نُطْفَةٍ ثُمَّ مِنْ عَلَقَةٍ
ثُمَّ مِنْ مُضْغَةٍ مُخَلَّقَةٍ وَغَيْرِ مُخَلَّقَةٍ لِنُبَيِّنَ لَكُمْ وَنُقِرُّ فِي ٱلْأَرْحَامِ مَا نَشَاءُ
إِلَىٰ أَجَلٍ مُسَمًّى ثُمَّ نُخْرِجُكُمْ طِفْلًا ثُمَّ لِتَبْلُغُوا أَشُدَّكُمْ وَمِنْكُمْ مَنْ يُتَوَفَّىٰ
وَمِنْكُمْ مَنْ يُرَدُّ إِلَىٰ أَرْذَلِ ٱلْعُمُرِ لِكَيْلَا يَعْلَمَ مِنْ بَعْدِ عِلْمٍ شَيْئًا وَتَرَى
ٱلْأَرْضَ هَامِدَةً فَإِذَا أَنْزَلْنَا عَلَيْهَا ٱلْمَاءَ ٱهْتَزَّتْ وَرَبَتْ وَأَنْبَتَتْ مِنْ كُلِّ زَوْجٍ
بَهِيجٍ ٦ ذَٰلِكَ بِأَنَّ ٱللَّهَ هُوَ ٱلْحَقُّ وَأَنَّهُ يُحْيِي ٱلْمَوْتَىٰ وَأَنَّهُ عَلَىٰ كُلِّ شَيْءٍ
قَدِيرٌ ٧ وَأَنَّ ٱلسَّاعَةَ آتِيَةٌ لَا رَيْبَ فِيهَا وَأَنَّ ٱللَّهَ يَبْعَثُ مَنْ فِي ٱلْقُبُورِ
٨ وَمِنَ ٱلنَّاسِ مَنْ يُجَادِلُ فِي ٱللَّهِ بِغَيْرِ عِلْمٍ وَلَا هُدًى وَلَا كِتَابٍ مُنِيرٍ
٩ ثَانِيَ عِطْفِهِ لِيُضِلَّ عَنْ سَبِيلِ ٱللَّهِ لَهُ فِي ٱلدُّنْيَا خِزْيٌ وَنُذِيقُهُ يَوْمَ ٱلْقِيَامَةِ
عَذَابَ ٱلْحَرِيقِ ١٠ ذَٰلِكَ بِمَا قَدَّمَتْ يَدَاكَ وَأَنَّ ٱللَّهَ لَيْسَ بِظَلَّامٍ لِلْعَبِيدِ
١١ وَمِنَ ٱلنَّاسِ مَنْ يَعْبُدُ ٱللَّهَ عَلَىٰ حَرْفٍ فَإِنْ أَصَابَهُ خَيْرٌ ٱطْمَأَنَّ بِهِ وَإِنْ
أَصَابَتْهُ فِتْنَةٌ ٱنْقَلَبَ عَلَىٰ وَجْهِهِ خَسِرَ ٱلدُّنْيَا وَٱلْآخِرَةَ ذَٰلِكَ هُوَ ٱلْخُسْرَانُ
ٱلْمُبِينُ ١٢ يَدْعُو مِنْ دُونِ ٱللَّهِ مَا لَا يَضُرُّهُ وَمَا لَا يَنْفَعُهُ ذَٰلِكَ هُوَ

سورة الانبيآء ١٧١

رَاجِعُونَ ٩٤ فَمَنْ يَعْمَلْ مِنَ ٱلصَّالِحَاتِ وَهُوَ مُؤْمِنٌ فَلَا كُفْرَانَ لِسَعْيِهِ وَإِنَّا
لَهُ كَاتِبُونَ ٩٥ وَحَرَامٌ عَلَى قَرْيَةٍ أَهْلَكْنَاهَا أَنَّهُمْ لَا يَرْجِعُونَ ٩٦ حَتَّى إِذَا
فُتِحَتْ يَاجُوجُ وَمَاجُوجُ وَهُمْ مِنْ كُلِّ حَدَبٍ يَنْسِلُونَ ٩٧ وَٱقْتَرَبَ ٱلْوَعْدُ
ٱلْحَقُّ فَإِذَا هِيَ شَاخِصَةٌ أَبْصَارُ ٱلَّذِينَ كَفَرُوا يَا وَيْلَنَا قَدْ كُنَّا فِي غَفْلَةٍ
مِنْ هٰذَا بَلْ كُنَّا ظَالِمِينَ ٩٨ إِنَّكُمْ وَمَا تَعْبُدُونَ مِنْ دُونِ ٱللّٰهِ حَصَبُ
جَهَنَّمَ أَنْتُمْ لَهَا وَارِدُونَ ٩٩ لَوْ كَانَ هٰؤُلَآءِ آلِهَةً مَا وَرَدُوهَا وَكُلٌّ فِيهَا
خَالِدُونَ ١٠٠ لَهُمْ فِيهَا زَفِيرٌ وَهُمْ فِيهَا لَا يَسْمَعُونَ ١٠١ إِنَّ ٱلَّذِينَ سَبَقَتْ
لَهُمْ مِنَّا ٱلْحُسْنَى أُولَآئِكَ عَنْهَا مُبْعَدُونَ ١٠٢ لَا يَسْمَعُونَ حَسِيسَهَا وَهُمْ فِيمَا
ٱشْتَهَتْ أَنْفُسُهُمْ خَالِدُونَ ١٠٣ لَا يَحْزُنُهُمُ ٱلْفَزَعُ ٱلْأَكْبَرُ وَتَتَلَقَّاهُمُ ٱلْمَلَآئِكَةُ
هٰذَا يَوْمُكُمُ ٱلَّذِي كُنْتُمْ تُوعَدُونَ ١٠٤ يَوْمَ نَطْوِي ٱلسَّمَآءَ كَطَيِّ ٱلسِّجِلِّ لِلْكُتُبِ
كَمَا بَدَأْنَا أَوَّلَ خَلْقٍ نُعِيدُهُ وَعْدًا عَلَيْنَا إِنَّا كُنَّا فَاعِلِينَ ١٠٥ وَلَقَدْ كَتَبْنَا
فِي ٱلزَّبُورِ مِنْ بَعْدِ ٱلذِّكْرِ أَنَّ ٱلْأَرْضَ يَرِثُهَا عِبَادِيَ ٱلصَّالِحُونَ ١٠٦ إِنَّ
فِي هٰذَا لَبَلَاغًا لِقَوْمٍ عَابِدِينَ ١٠٧ وَمَا أَرْسَلْنَاكَ إِلَّا رَحْمَةً لِلْعَالَمِينَ ١٠٨ قُلْ
إِنَّمَا يُوحَى إِلَيَّ أَنَّمَا إِلٰهُكُمْ إِلٰهٌ وَاحِدٌ فَهَلْ أَنْتُمْ مُسْلِمُونَ ١٠٩ فَإِنْ تَوَلَّوْا
فَقُلْ آذَنْتُكُمْ عَلَى سَوَآءٍ وَإِنْ أَدْرِي أَقَرِيبٌ أَمْ بَعِيدٌ مَا تُوعَدُونَ ١١٠ إِنَّهُ
يَعْلَمُ ٱلْجَهْرَ مِنَ ٱلْقَوْلِ وَيَعْلَمُ مَا تَكْتُمُونَ ١١١ وَإِنْ أَدْرِي لَعَلَّهُ فِتْنَةٌ لَكُمْ
وَمَتَاعٌ إِلَى حِينٍ ١١٢ قَالَ رَبِّ ٱحْكُمْ بِٱلْحَقِّ وَرَبُّنَا ٱلرَّحْمٰنُ ٱلْمُسْتَعَانُ
عَلَى مَا تَصِفُونَ

وَإِيتَاءَ ٱلزَّكَوةِ وَكَانُوا لَنَا عَابِدِينَ ٧٤ وَلُوطًا آتَيْنَاهُ حُكْمًا وَعِلْمًا وَنَجَّيْنَاهُ
مِنَ ٱلْقَرْيَةِ ٱلَّتِي كَانَتْ تَعْمَلُ ٱلْخَبَائِثَ إِنَّهُمْ كَانُوا قَوْمَ سَوْءٍ فَاسِقِينَ ٧٥
وَأَدْخَلْنَاهُ فِي رَحْمَتِنَا إِنَّهُ مِنَ ٱلصَّالِحِينَ ٧٦ وَنُوحًا إِذْ نَادَى مِنْ قَبْلُ
فَٱسْتَجَبْنَا لَهُ فَنَجَّيْنَاهُ وَأَهْلَهُ مِنَ ٱلْكَرْبِ ٱلْعَظِيمِ ٧٧ وَنَصَرْنَاهُ مِنَ ٱلْقَوْمِ
ٱلَّذِينَ كَذَّبُوا بِآيَاتِنَا إِنَّهُمْ كَانُوا قَوْمَ سَوْءٍ فَأَغْرَقْنَاهُمْ أَجْمَعِينَ ٧٨ وَدَاوُدَ
وَسُلَيْمَانَ إِذْ يَحْكُمَانِ فِي ٱلْحَرْثِ إِذْ نَفَشَتْ فِيهِ غَنَمُ ٱلْقَوْمِ وَكُنَّا لِحُكْمِهِمْ
شَاهِدِينَ ٧٩ فَفَهَّمْنَاهَا سُلَيْمَانَ وَكُلًّا آتَيْنَا حُكْمًا وَعِلْمًا وَسَخَّرْنَا مَعَ دَاوُدَ
ٱلْجِبَالَ يُسَبِّحْنَ وَٱلطَّيْرَ وَكُنَّا فَاعِلِينَ ٨٠ وَعَلَّمْنَاهُ صَنْعَةَ لَبُوسٍ لَكُمْ لِتُحْصِنَكُمْ
مِنْ بَأْسِكُمْ فَهَلْ أَنْتُمْ شَاكِرُونَ ٨١ وَلِسُلَيْمَانَ ٱلرِّيحَ عَاصِفَةً تَجْرِي بِأَمْرِهِ
إِلَى ٱلْأَرْضِ ٱلَّتِي بَارَكْنَا فِيهَا وَكُنَّا بِكُلِّ شَيْءٍ عَالِمِينَ ٨٢ وَمِنَ ٱلشَّيَاطِينِ
مَنْ يَغُوصُونَ لَهُ وَيَعْمَلُونَ عَمَلًا دُونَ ذَلِكَ وَكُنَّا لَهُمْ حَافِظِينَ ٨٣ وَأَيُّوبَ إِذْ
نَادَى رَبَّهُ أَنِّي مَسَّنِيَ ٱلضُّرُّ وَأَنْتَ أَرْحَمُ ٱلرَّاحِمِينَ ٨٤ فَٱسْتَجَبْنَا لَهُ فَكَشَفْنَا
مَا بِهِ مِنْ ضُرٍّ وَآتَيْنَاهُ أَهْلَهُ وَمِثْلَهُمْ مَعَهُمْ رَحْمَةً مِنْ عِنْدِنَا وَذِكْرَى
لِلْعَابِدِينَ ٨٥ وَإِسْمَعِيلَ وَإِدْرِيسَ وَذَا ٱلْكِفْلِ كُلٌّ مِنَ ٱلصَّابِرِينَ ٨٦ وَأَدْخَلْنَاهُمْ
فِي رَحْمَتِنَا إِنَّهُمْ مِنَ ٱلصَّالِحِينَ ٨٧ وَذَا ٱلنُّونِ إِذْ ذَهَبَ مُغَاضِبًا فَظَنَّ أَنْ
لَنْ نَقْدِرَ عَلَيْهِ فَنَادَى فِي ٱلظُّلُمَاتِ أَنْ لَا إِلَهَ إِلَّا أَنْتَ سُبْحَانَكَ إِنِّي كُنْتُ
مِنَ ٱلظَّالِمِينَ ٨٨ فَٱسْتَجَبْنَا لَهُ وَنَجَّيْنَاهُ مِنَ ٱلْغَمِّ وَكَذَلِكَ نُنْجِي ٱلْمُؤْمِنِينَ
٨٩ وَزَكَرِيَّاءَ إِذْ نَادَى رَبَّهُ رَبِّ لَا تَذَرْنِي فَرْدًا وَأَنْتَ خَيْرُ ٱلْوَارِثِينَ ٩٠
فَٱسْتَجَبْنَا لَهُ وَوَهَبْنَا لَهُ يَحْيَى وَأَصْلَحْنَا لَهُ زَوْجَهُ إِنَّهُمْ كَانُوا يُسَارِعُونَ فِي
ٱلْخَيْرَاتِ وَيَدْعُونَنَا رَغَبًا وَرَهَبًا وَكَانُوا لَنَا خَاشِعِينَ ٩١ وَٱلَّتِي أَحْصَنَتْ فَرْجَهَا
فَنَفَخْنَا فِيهَا مِنْ رُوحِنَا وَجَعَلْنَاهَا وَٱبْنَهَا آيَةً لِلْعَالَمِينَ ٩٢ إِنَّ هَذِهِ
أُمَّتُكُمْ أُمَّةً وَاحِدَةً وَأَنَا رَبُّكُمْ فَٱعْبُدُونِ ٩٣ وَتَقَطَّعُوا أَمْرَهُمْ بَيْنَهُمْ كُلٌّ إِلَيْنَا

رَبِّكَ لَيَقُولُنَّ يَا وَيْلَنَا إِنَّا كُنَّا ظَالِمِينَ ٤٨ وَنَضَعُ ٱلْمَوَازِينَ ٱلْقِسْطَ لِيَوْمِ
ٱلْقِيَامَةِ فَلَا تُظْلَمُ نَفْسٌ شَيْئًا وَإِنْ كَانَ مِثْقَالَ حَبَّةٍ مِنْ خَرْدَلٍ أَتَيْنَا بِهَا
وَكَفَى بِنَا حَاسِبِينَ ٤٩ وَلَقَدْ آتَيْنَا مُوسَى وَهَرُونَ ٱلْفُرْقَانَ وَضِيَآءً وَذِكْرًا
لِلْمُتَّقِينَ ٥٠ ٱلَّذِينَ يَخْشَوْنَ رَبَّهُمْ بِٱلْغَيْبِ وَهُمْ مِنَ ٱلسَّاعَةِ مُشْفِقُونَ
٥١ وَهَذَا ذِكْرٌ مُبَارَكٌ أَنْزَلْنَاهُ أَفَأَنْتُمْ لَهُ مُنْكِرُونَ ٥٢ وَلَقَدْ آتَيْنَا إِبْرَهِيمَ
رُشْدَهُ مِنْ قَبْلُ وَكُنَّا بِهِ عَالِمِينَ ٥٣ إِذْ قَالَ لِأَبِيهِ وَقَوْمِهِ مَا هَذِهِ ٱلتَّمَاثِيلُ
ٱلَّتِى أَنْتُمْ لَهَا عَاكِفُونَ ٥٤ قَالُوا وَجَدْنَا آبَآءَنَا لَهَا عَابِدِينَ ٥٥ قَالَ
لَقَدْ كُنْتُمْ أَنْتُمْ وَآبَاؤُكُمْ فِي ضَلَالٍ مُبِينٍ ٥٦ قَالُوا أَجِئْتَنَا بِٱلْحَقِّ أَمْ أَنْتَ
مِنَ ٱللَّاعِبِينَ ٥٧ قَالَ بَلْ رَبُّكُمْ رَبُّ ٱلسَّمٰوَاتِ وَٱلْأَرْضِ ٱلَّذِى فَطَرَهُنَّ وَأَنَا
عَلَى ذَلِكُمْ مِنَ ٱلشَّاهِدِينَ ٥٨ وَتَٱللَّهِ لَأَكِيدَنَّ أَصْنَامَكُمْ بَعْدَ أَنْ تُوَلُّوا
مُدْبِرِينَ ٥٩ فَجَعَلَهُمْ جُذَاذًا إِلَّا كَبِيرًا لَهُمْ لَعَلَّهُمْ إِلَيْهِ يَرْجِعُونَ ٦٠ قَالُوا
مَنْ فَعَلَ هَذَا بِآلِهَتِنَا إِنَّهُ لَمِنَ ٱلظَّالِمِينَ ٦١ قَالُوا سَمِعْنَا فَتًى يَذْكُرُهُمْ
يُقَالُ لَهُ إِبْرَهِيمُ ٦٢ قَالُوا فَأْتُوا بِهِ عَلَى أَعْيُنِ ٱلنَّاسِ لَعَلَّهُمْ يَشْهَدُونَ
٦٣ قَالُوا أَأَنْتَ فَعَلْتَ هَذَا بِآلِهَتِنَا يَا إِبْرَهِيمُ ٦٤ قَالَ بَلْ فَعَلَهُ كَبِيرُهُمْ هَذَا
فَٱسْأَلُوهُمْ إِنْ كَانُوا يَنْطِقُونَ ٦٥ فَرَجَعُوا إِلَى أَنْفُسِهِمْ فَقَالُوا إِنَّكُمْ أَنْتُمُ
ٱلظَّالِمُونَ ٦٦ ثُمَّ نُكِسُوا عَلَى رُؤُسِهِمْ لَقَدْ عَلِمْتَ مَا هَؤُلَآءِ يَنْطِقُونَ ٦٧ قَالَ
أَفَتَعْبُدُونَ مِنْ دُونِ ٱللَّهِ مَا لَا يَنْفَعُكُمْ شَيْئًا وَلَا يَضُرُّكُمْ أُفٍّ لَكُمْ وَلِمَا
تَعْبُدُونَ مِنْ دُونِ ٱللَّهِ أَفَلَا تَعْقِلُونَ ٦٨ قَالُوا حَرِّقُوهُ وَٱنْصُرُوا آلِهَتَكُمْ إِنْ
كُنْتُمْ فَاعِلِينَ ٦٩ قُلْنَا يَا نَارُ كُونِى بَرْدًا وَسَلَامًا عَلَى إِبْرَهِيمَ ٧٠ وَأَرَادُوا
بِهِ كَيْدًا فَجَعَلْنَاهُمُ ٱلْأَخْسَرِينَ ٧١ وَنَجَّيْنَاهُ وَلُوطًا إِلَى ٱلْأَرْضِ ٱلَّتِى بَارَكْنَا
فِيهَا لِلْعَالَمِينَ ٧٢ وَوَهَبْنَا لَهُ إِسْحَقَ وَيَعْقُوبَ نَافِلَةً وَكُلًّا جَعَلْنَا صَالِحِينَ
٧٣ وَجَعَلْنَاهُمْ أَئِمَّةً يَهْدُونَ بِأَمْرِنَا وَأَوْحَيْنَا إِلَيْهِمْ فِعْلَ ٱلْخَيْرَاتِ وَإِقَامَ ٱلصَّلٰوةِ

ٱلرَّحْمَٰنُ وَلَدًا سُبْحَانَهُ بَلْ عِبَادٌ مُكْرَمُونَ ٢٧ لَا يَسْبِقُونَهُ بِٱلْقَوْلِ وَهُمْ بِأَمْرِهِ
يَعْمَلُونَ ٢٨ يَعْلَمُ مَا بَيْنَ أَيْدِيهِمْ وَمَا خَلْفَهُمْ وَلَا يَشْفَعُونَ ٢٩ إِلَّا لِمَنِ
ٱرْتَضَىٰ وَهُمْ مِنْ خَشْيَتِهِ مُشْفِقُونَ ٣٠ وَمَنْ يَقُلْ مِنْهُمْ إِنِّي إِلَٰهٌ مِنْ دُونِهِ
فَذَٰلِكَ نَجْزِيهِ جَهَنَّمَ كَذَٰلِكَ نَجْزِي ٱلظَّالِمِينَ ٣١ أَوَلَمْ يَرَ ٱلَّذِينَ كَفَرُوا أَنَّ
ٱلسَّمَاوَاتِ وَٱلْأَرْضَ كَانَتَا رَتْقًا فَفَتَقْنَاهُمَا وَجَعَلْنَا مِنَ ٱلْمَاءِ كُلَّ شَيْءٍ حَيٍّ
أَفَلَا يُؤْمِنُونَ ٣٢ وَجَعَلْنَا فِي ٱلْأَرْضِ رَوَاسِيَ أَنْ تَمِيدَ بِهِمْ وَجَعَلْنَا فِيهَا
فِجَاجًا سُبُلًا لَعَلَّهُمْ يَهْتَدُونَ ٣٣ وَجَعَلْنَا ٱلسَّمَاءَ سَقْفًا مَحْفُوظًا وَهُمْ عَنْ
آيَاتِهَا مُعْرِضُونَ ٣٤ وَهُوَ ٱلَّذِي خَلَقَ ٱللَّيْلَ وَٱلنَّهَارَ وَٱلشَّمْسَ وَٱلْقَمَرَ كُلٌّ
فِي فَلَكٍ يَسْبَحُونَ ٣٥ وَمَا جَعَلْنَا لِبَشَرٍ مِنْ قَبْلِكَ ٱلْخُلْدَ أَفَإِنْ مِتَّ فَهُمُ
ٱلْخَالِدُونَ ٣٦ كُلُّ نَفْسٍ ذَائِقَةُ ٱلْمَوْتِ وَنَبْلُوكُمْ بِٱلشَّرِّ وَٱلْخَيْرِ فِتْنَةً وَإِلَيْنَا
تُرْجَعُونَ ٣٧ وَإِذَا رَآكَ ٱلَّذِينَ كَفَرُوا إِنْ يَتَّخِذُونَكَ إِلَّا هُزُوًا أَهَٰذَا ٱلَّذِي
يَذْكُرُ آلِهَتَكُمْ وَهُمْ بِذِكْرِ ٱلرَّحْمَٰنِ هُمْ كَافِرُونَ ٣٨ خُلِقَ ٱلْإِنْسَانُ مِنْ عَجَلٍ
سَأُرِيكُمْ آيَاتِي فَلَا تَسْتَعْجِلُونِ ٣٩ وَيَقُولُونَ مَتَىٰ هَٰذَا ٱلْوَعْدُ إِنْ كُنْتُمْ
صَادِقِينَ ٤٠ لَوْ يَعْلَمُ ٱلَّذِينَ كَفَرُوا حِينَ لَا يَكُفُّونَ عَنْ وُجُوهِهِمُ ٱلنَّارَ
وَلَا عَنْ ظُهُورِهِمْ وَلَا هُمْ يُنْصَرُونَ ٤١ بَلْ تَأْتِيهِمْ بَغْتَةً فَتَبْهَتُهُمْ فَلَا
يَسْتَطِيعُونَ رَدَّهَا وَلَا هُمْ يُنْظَرُونَ ٤٢ وَلَقَدِ ٱسْتُهْزِئَ بِرُسُلٍ مِنْ قَبْلِكَ فَحَاقَ
بِٱلَّذِينَ سَخِرُوا مِنْهُمْ مَا كَانُوا بِهِ يَسْتَهْزِئُونَ ٤٣ قُلْ مَنْ يَكْلَؤُكُمْ بِٱللَّيْلِ
وَٱلنَّهَارِ مِنَ ٱلرَّحْمَٰنِ بَلْ هُمْ عَنْ ذِكْرِ رَبِّهِمْ مُعْرِضُونَ ٤٤ أَمْ لَهُمْ آلِهَةٌ
تَمْنَعُهُمْ مِنْ دُونِنَا لَا يَسْتَطِيعُونَ نَصْرَ أَنْفُسِهِمْ وَلَا هُمْ مِنَّا يُصْحَبُونَ ٤٥ بَلْ
مَتَّعْنَا هَٰؤُلَاءِ وَآبَاءَهُمْ حَتَّىٰ طَالَ عَلَيْهِمُ ٱلْعُمُرُ أَفَلَا يَرَوْنَ أَنَّا نَأْتِي ٱلْأَرْضَ
نَنْقُصُهَا مِنْ أَطْرَافِهَا أَفَهُمُ ٱلْغَالِبُونَ ٤٦ قُلْ إِنَّمَا أُنْذِرُكُمْ بِٱلْوَحْيِ وَلَا
يَسْمَعُ ٱلصُّمُّ ٱلدُّعَاءَ إِذَا مَا يُنْذَرُونَ ٤٧ وَلَئِنْ مَسَّتْهُمْ نَفْحَةٌ مِنْ عَذَابِ

ذِكْرٍ مِنْ رَبِّهِمْ مُحْدَثٍ إِلَّا ٱسْتَمَعُوهُ وَهُمْ يَلْعَبُونَ ٣ لَاهِيَةً قُلُوبُهُمْ وَأَسَرُّوا
ٱلنَّجْوَى ٱلَّذِينَ ظَلَمُوا هَلْ هٰذَا إِلَّا بَشَرٌ مِثْلُكُمْ أَفَتَأْتُونَ ٱلسِّحْرَ وَأَنْتُمْ
تُبْصِرُونَ ٤ قَالَ رَبِّي يَعْلَمُ ٱلْقَوْلَ فِي ٱلسَّمَاءِ وَٱلْأَرْضِ وَهُوَ ٱلسَّمِيعُ ٱلْعَلِيمُ
٥ بَلْ قَالُوا أَضْغَاثُ أَحْلَامٍ بَلِ ٱفْتَرَاهُ بَلْ هُوَ شَاعِرٌ فَلْيَأْتِنَا بِآيَةٍ كَمَا أُرْسِلَ
ٱلْأَوَّلُونَ ٦ مَا آمَنَتْ قَبْلَهُمْ مِنْ قَرْيَةٍ أَهْلَكْنَاهَا أَفَهُمْ يُؤْمِنُونَ ٧ وَمَا
أَرْسَلْنَا قَبْلَكَ إِلَّا رِجَالًا نُوحِي إِلَيْهِمْ فَاسْأَلُوا أَهْلَ ٱلذِّكْرِ إِنْ كُنْتُمْ لَا
تَعْلَمُونَ ٨ وَمَا جَعَلْنَاهُمْ جَسَدًا لَا يَأْكُلُونَ ٱلطَّعَامَ وَمَا كَانُوا خَالِدِينَ
٩ ثُمَّ صَدَقْنَاهُمُ ٱلْوَعْدَ فَأَنْجَيْنَاهُمْ وَمَنْ نَشَاءُ وَأَهْلَكْنَا ٱلْمُسْرِفِينَ ١٠ لَقَدْ
أَنْزَلْنَا إِلَيْكُمْ كِتَابًا فِيهِ ذِكْرُكُمْ أَفَلَا تَعْقِلُونَ ١١ وَكَمْ قَصَمْنَا مِنْ قَرْيَةٍ
كَانَتْ ظَالِمَةً وَأَنْشَأْنَا بَعْدَهَا قَوْمًا آخَرِينَ ١٢ فَلَمَّا أَحَسُّوا بَأْسَنَا إِذَا هُمْ مِنْهَا
يَرْكُضُونَ ١٣ لَا تَرْكُضُوا وَٱرْجِعُوا إِلَى مَا أُتْرِفْتُمْ فِيهِ وَمَسَاكِنِكُمْ لَعَلَّكُمْ
تُسْأَلُونَ ١٤ قَالُوا يَا وَيْلَنَا إِنَّا كُنَّا ظَالِمِينَ ١٥ فَمَا زَالَتْ تِلْكَ دَعْوَاهُمْ حَتَّى
جَعَلْنَاهُمْ حَصِيدًا خَامِدِينَ ١٦ وَمَا خَلَقْنَا ٱلسَّمَاءَ وَٱلْأَرْضَ وَمَا بَيْنَهُمَا
لَاعِبِينَ ١٧ لَوْ أَرَدْنَا أَنْ نَتَّخِذَ لَهْوًا لَاتَّخَذْنَاهُ مِنْ لَدُنَّا إِنْ كُنَّا فَاعِلِينَ
١٨ بَلْ نَقْذِفُ بِٱلْحَقِّ عَلَى ٱلْبَاطِلِ فَيَدْمَغُهُ فَإِذَا هُوَ زَاهِقٌ وَلَكُمُ ٱلْوَيْلُ مِمَّا
تَصِفُونَ ١٩ وَلَهُ مَنْ فِي ٱلسَّمَوَاتِ وَٱلْأَرْضِ وَمَنْ عِنْدَهُ لَا يَسْتَكْبِرُونَ عَنْ
عِبَادَتِهِ وَلَا يَسْتَحْسِرُونَ ٢٠ يُسَبِّحُونَ ٱللَّيْلَ وَٱلنَّهَارَ لَا يَفْتُرُونَ ٢١ أَمِ ٱتَّخَذُوا
آلِهَةً مِنَ ٱلْأَرْضِ هُمْ يُنْشِرُونَ ٢٢ لَوْ كَانَ فِيهِمَا آلِهَةٌ إِلَّا ٱللَّهُ لَفَسَدَتَا
فَسُبْحَانَ ٱللَّهِ رَبِّ ٱلْعَرْشِ عَمَّا يَصِفُونَ ٢٣ لَا يُسْأَلُ عَمَّا يَفْعَلُ وَهُمْ يُسْأَلُونَ
٢٤ أَمِ ٱتَّخَذُوا مِنْ دُونِهِ آلِهَةً قُلْ هَاتُوا بُرْهَانَكُمْ هٰذَا ذِكْرُ مَنْ مَعِيَ وَذِكْرُ
مَنْ قَبْلِي بَلْ أَكْثَرُهُمْ لَا يَعْلَمُونَ ٱلْحَقَّ فَهُمْ مُعْرِضُونَ ٢٥ وَمَا أَرْسَلْنَا مِنْ
قَبْلِكَ مِنْ رَسُولٍ إِلَّا نُوحِي إِلَيْهِ أَنَّهُ لَا إِلٰهَ إِلَّا أَنَا فَاعْبُدُونِ ٢٦ وَقَالُوا ٱتَّخَذَ

مِنْهَا جَمِيعًا بَعْضُكُمْ لِبَعْضٍ عَدُوٌّ فَإِمَّا يَأْتِيَنَّكُمْ مِنِّى هُدًى ١٢٢ فَمَنِ ٱتَّبَعَ
هُدَاىَ فَلَا يَضِلُّ وَلَا يَشْقَى ١٢٣ وَمَنْ أَعْرَضَ عَنْ ذِكْرِى فَإِنَّ لَهُ مَعِيشَةً
ضَنْكًا ١٢٤ وَنَحْشُرُهُ يَوْمَ ٱلْقِيَامَةِ أَعْمَى ١٢٥ قَالَ رَبِّ لِمَ حَشَرْتَنِى أَعْمَى
وَقَدْ كُنْتُ بَصِيرًا ١٢٦ قَالَ كَذَلِكَ أَتَتْكَ آيَاتُنَا فَنَسِيتَهَا وَكَذَلِكَ ٱلْيَوْمَ تُنْسَى
١٢٧ وَكَذَلِكَ نَجْزِى مَنْ أَسْرَفَ وَلَمْ يُؤْمِنْ بِآيَاتِ رَبِّهِ وَلَعَذَابُ ٱلْآخِرَةِ أَشَدُّ
وَأَبْقَى ١٢٨ أَفَلَمْ يَهْدِ لَهُمْ كَمْ أَهْلَكْنَا قَبْلَهُمْ مِنَ ٱلْقُرُونِ يَمْشُونَ فِى
مَسَاكِنِهِمْ إِنَّ فِى ذَلِكَ لَآيَاتٍ لِأُولِى ٱلنُّهَى ١٢٩ وَلَوْلَا كَلِمَةٌ سَبَقَتْ مِنْ
رَبِّكَ لَكَانَ لِزَامًا وَأَجَلٌ مُسَمًّى ١٣٠ فَٱصْبِرْ عَلَى مَا يَقُولُونَ وَسَبِّحْ بِحَمْدِ
رَبِّكَ قَبْلَ طُلُوعِ ٱلشَّمْسِ وَقَبْلَ غُرُوبِهَا وَمِنْ آنَاءِ ٱللَّيْلِ فَسَبِّحْ وَأَطْرَافَ
ٱلنَّهَارِ لَعَلَّكَ تَرْضَى ١٣١ وَلَا تَمُدَّنَّ عَيْنَيْكَ إِلَى مَا مَتَّعْنَا بِهِ أَزْوَاجًا مِنْهُمْ
زَهْرَةَ ٱلْحَيَوةِ ٱلدُّنْيَا لِنَفْتِنَهُمْ فِيهِ وَرِزْقُ رَبِّكَ خَيْرٌ وَأَبْقَى ١٣٢ وَأْمُرْ أَهْلَكَ
بِٱلصَّلَوةِ وَٱصْطَبِرْ عَلَيْهَا لَا نَسْأَلُكَ رِزْقًا نَحْنُ نَرْزُقُكَ وَٱلْعَاقِبَةُ لِلتَّقْوَى
١٣٣ وَقَالُوا لَوْلَا يَأْتِينَا بِآيَةٍ مِنْ رَبِّهِ أَوَلَمْ تَأْتِهِمْ بَيِّنَةُ مَا فِى ٱلصُّحُفِ ٱلْأُولَى
١٣٤ وَلَوْ أَنَّا أَهْلَكْنَاهُمْ بِعَذَابٍ مِنْ قَبْلِهِ لَقَالُوا رَبَّنَا لَوْلَا أَرْسَلْتَ إِلَيْنَا رَسُولًا
فَنَتَّبِعَ آيَاتِكَ مِنْ قَبْلِ أَنْ نَذِلَّ وَنَخْزَى ١٣٥ قُلْ كُلٌّ مُتَرَبِّصٌ فَتَرَبَّصُوا
فَسَتَعْلَمُونَ مَنْ أَصْحَابُ ٱلصِّرَاطِ ٱلسَّوِىِّ وَمَنِ ٱهْتَدَى

سورة الانبياء

مكّيّة وهى مائة واثنتا عشرة آية

بِسْمِ ٱللَّهِ ٱلرَّحْمَنِ ٱلرَّحِيمِ

١٧ ١ ❁ إِقْتَرَبَ لِلنَّاسِ حِسَابُهُمْ وَهُمْ فِى غَفْلَةٍ مُعْرِضُونَ ٢ مَا يَأْتِيهِمْ مِنْ

سورة طه ١٦٥

عَاكِفًا لَنُحَرِّقَنَّهُ ثُمَّ لَنَنسِفَنَّهُ فِي ٱلْيَمِّ نَسْفًا ٩٨ إِنَّمَا إِلَٰهُكُمُ ٱللَّهُ ٱلَّذِي
لَا إِلَٰهَ إِلَّا هُوَ وَسِعَ كُلَّ شَيْءٍ عِلْمًا ٩٩ كَذَٰلِكَ نَقُصُّ عَلَيْكَ مِنْ أَنبَآءِ مَا
قَدْ سَبَقَ وَقَدْ آتَيْنَاكَ مِنْ لَدُنَّا ذِكْرًا ١٠٠ مَنْ أَعْرَضَ عَنْهُ فَإِنَّهُ يَحْمِلُ يَوْمَ
ٱلْقِيَامَةِ وِزْرًا ١٠١ خَالِدِينَ فِيهِ وَسَآءَ لَهُمْ يَوْمَ ٱلْقِيَامَةِ حِمْلًا ١٠٢ يَوْمَ يُنْفَخُ
فِي ٱلصُّورِ وَنَحْشُرُ ٱلْمُجْرِمِينَ يَوْمَئِذٍ زُرْقًا ١٠٣ يَتَخَافَتُونَ بَيْنَهُمْ إِنْ لَبِثْتُمْ
إِلَّا عَشْرًا ١٠٤ نَحْنُ أَعْلَمُ بِمَا يَقُولُونَ إِذْ يَقُولُ أَمْثَلُهُمْ طَرِيقَةً إِنْ لَبِثْتُمْ
إِلَّا يَوْمًا ١٠٥ وَيَسْأَلُونَكَ عَنِ ٱلْجِبَالِ فَقُلْ يَنْسِفُهَا رَبِّي نَسْفًا ١٠٦ فَيَذَرُهَا
قَاعًا صَفْصَفًا لَا تَرَى فِيهَا عِوَجًا وَلَا أَمْتًا ١٠٧ يَوْمَئِذٍ يَتَّبِعُونَ ٱلدَّاعِيَ لَا
عِوَجَ لَهُ وَخَشَعَتِ ٱلْأَصْوَاتُ لِلرَّحْمَٰنِ فَلَا تَسْمَعُ إِلَّا هَمْسًا ١٠٨ يَوْمَئِذٍ لَا
تَنْفَعُ ٱلشَّفَاعَةُ إِلَّا مَنْ أَذِنَ لَهُ ٱلرَّحْمَٰنُ وَرَضِيَ لَهُ قَوْلًا ١٠٩ يَعْلَمُ مَا بَيْنَ
أَيْدِيهِمْ وَمَا خَلْفَهُمْ وَلَا يُحِيطُونَ بِهِ عِلْمًا ١١٠ وَعَنَتِ ٱلْوُجُوهُ لِلْحَيِّ ٱلْقَيُّومِ
وَقَدْ خَابَ مَنْ حَمَلَ ظُلْمًا ١١١ وَمَنْ يَعْمَلْ مِنَ ٱلصَّالِحَاتِ وَهُوَ مُؤْمِنٌ فَلَا
يَخَافُ ظُلْمًا وَلَا هَضْمًا ١١٢ وَكَذَٰلِكَ أَنْزَلْنَاهُ قُرْآنًا عَرَبِيًّا وَصَرَّفْنَا فِيهِ مِنَ
ٱلْوَعِيدِ لَعَلَّهُمْ يَتَّقُونَ أَوْ يُحْدِثُ لَهُمْ ذِكْرًا ١١٣ فَتَعَالَى ٱللَّهُ ٱلْمَلِكُ ٱلْحَقُّ
وَلَا تَعْجَلْ بِٱلْقُرْآنِ مِنْ قَبْلِ أَنْ يُقْضَى إِلَيْكَ وَحْيُهُ وَقُلْ رَبِّ زِدْنِي عِلْمًا
١١٤ وَلَقَدْ عَهِدْنَا إِلَى آدَمَ مِنْ قَبْلُ فَنَسِيَ وَلَمْ نَجِدْ لَهُ عَزْمًا ١١٥ وَإِذْ قُلْنَا
لِلْمَلَآئِكَةِ ٱسْجُدُوا لِآدَمَ فَسَجَدُوا إِلَّا إِبْلِيسَ أَبَى فَقُلْنَا يَا آدَمُ إِنَّ هَٰذَا
عَدُوٌّ لَكَ وَلِزَوْجِكَ فَلَا يُخْرِجَنَّكُمَا مِنَ ٱلْجَنَّةِ فَتَشْقَى ١١٦ إِنَّ لَكَ أَلَّا تَجُوعَ
فِيهَا وَلَا تَعْرَى ١١٧ وَأَنَّكَ لَا تَظْمَأُ فِيهَا وَلَا تَضْحَى ١١٨ فَوَسْوَسَ إِلَيْهِ
ٱلشَّيْطَانُ قَالَ يَا آدَمُ هَلْ أَدُلُّكَ عَلَى شَجَرَةِ ٱلْخُلْدِ وَمُلْكٍ لَا يَبْلَى ١١٩ فَأَكَلَا
مِنْهَا فَبَدَتْ لَهُمَا سَوْآتُهُمَا وَطَفِقَا يَخْصِفَانِ عَلَيْهِمَا مِنْ وَرَقِ ٱلْجَنَّةِ وَعَصَى
آدَمُ رَبَّهُ فَغَوَى ١٢٠ ثُمَّ ٱجْتَبَاهُ رَبُّهُ فَتَابَ عَلَيْهِ وَهَدَى ١٢١ قَالَ ٱهْبِطَا

أَوْحَيْنَا إِلَى مُوسَى أَنْ أَسْرِ بِعِبَادِي فَاضْرِبْ لَهُمْ طَرِيقًا فِي ٱلْبَحْرِ يَبَسًا
٨٠ لَا تَخَافُ دَرَكًا وَلَا تَخْشَى ٨١ فَأَتْبَعَهُمْ فِرْعَوْنُ بِجُنُودِهِ فَغَشِيَهُمْ مِنَ ٱلْيَمِّ
مَا غَشِيَهُمْ وَأَضَلَّ فِرْعَوْنُ قَوْمَهُ وَمَا هَدَى ٨٢ يَا بَنِي إِسْرَائِيلَ قَدْ أَنْجَيْنَاكُمْ
مِنْ عَدُوِّكُمْ وَوَاعَدْنَاكُمْ جَانِبَ ٱلطُّورِ ٱلْأَيْمَنَ وَنَزَّلْنَا عَلَيْكُمُ ٱلْمَنَّ
وَٱلسَّلْوَى ٨٣ كُلُوا مِنْ طَيِّبَاتِ مَا رَزَقْنَاكُمْ وَلَا تَطْغَوْا فِيهِ فَيَحِلَّ عَلَيْكُمْ
غَضَبِي وَمَنْ يَحْلِلْ عَلَيْهِ غَضَبِي فَقَدْ هَوَى ٨٤ وَإِنِّي لَغَفَّارٌ لِمَنْ تَابَ وَآمَنَ
وَعَمِلَ صَالِحًا ثُمَّ ٱهْتَدَى ٨٥ وَمَا أَعْجَلَكَ عَنْ قَوْمِكَ يَا مُوسَى ٨٦ قَالَ هُمْ
أُولَاءِ عَلَى أَثَرِي وَعَجِلْتُ إِلَيْكَ رَبِّ لِتَرْضَى ٨٧ قَالَ فَإِنَّا قَدْ فَتَنَّا قَوْمَكَ مِنْ
بَعْدِكَ وَأَضَلَّهُمُ ٱلسَّامِرِيُّ ٨٨ فَرَجَعَ مُوسَى إِلَى قَوْمِهِ غَضْبَانَ أَسِفًا ٨٩ قَالَ
يَا قَوْمِ أَلَمْ يَعِدْكُمْ رَبُّكُمْ وَعْدًا حَسَنًا أَفَطَالَ عَلَيْكُمُ ٱلْعَهْدُ أَمْ أَرَدْتُمْ أَنْ
يَحِلَّ عَلَيْكُمْ غَضَبٌ مِنْ رَبِّكُمْ فَأَخْلَفْتُمْ مَوْعِدِي ٩٠ قَالُوا مَا أَخْلَفْنَا مَوْعِدَكَ
بِمَلْكِنَا وَلَكِنَّا حُمِّلْنَا أَوْزَارًا مِنْ زِينَةِ ٱلْقَوْمِ فَقَذَفْنَاهَا فَكَذَلِكَ أَلْقَى ٱلسَّامِرِيُّ
فَأَخْرَجَ لَهُمْ عِجْلًا جَسَدًا لَهُ خُوَارٌ فَقَالُوا هَذَا إِلَهُكُمْ وَإِلَهُ مُوسَى فَنَسِيَ
٩١ أَفَلَا يَرَوْنَ أَلَّا يَرْجِعُ إِلَيْهِمْ قَوْلًا وَلَا يَمْلِكُ لَهُمْ ضَرًّا وَلَا نَفْعًا ٩٢ وَلَقَدْ
قَالَ لَهُمْ هَرُونُ مِنْ قَبْلُ يَا قَوْمِ إِنَّمَا فُتِنْتُمْ بِهِ وَإِنَّ رَبَّكُمُ ٱلرَّحْمَنُ فَٱتَّبِعُونِي
وَأَطِيعُوا أَمْرِي ٩٣ قَالُوا لَنْ نَبْرَحَ عَلَيْهِ عَاكِفِينَ حَتَّى يَرْجِعَ إِلَيْنَا مُوسَى
٩٤ قَالَ يَا هَرُونُ مَا مَنَعَكَ إِذْ رَأَيْتَهُمْ ضَلُّوا أَلَّا تَتَّبِعَنِ أَفَعَصَيْتَ أَمْرِي
٩٥ قَالَ يَا ٱبْنَ أُمَّ لَا تَأْخُذْ بِلِحْيَتِي وَلَا بِرَأْسِي إِنِّي خَشِيتُ أَنْ تَقُولَ
فَرَّقْتَ بَيْنَ بَنِي إِسْرَائِيلَ وَلَمْ تَرْقُبْ قَوْلِي ٩٦ قَالَ فَمَا خَطْبُكَ يَا سَامِرِيُّ
قَالَ بَصُرْتُ بِمَا لَمْ يَبْصُرُوا بِهِ فَقَبَضْتُ قَبْضَةً مِنْ أَثَرِ ٱلرَّسُولِ فَنَبَذْتُهَا
وَكَذَلِكَ سَوَّلَتْ لِي نَفْسِي ٩٧ قَالَ فَٱذْهَبْ فَإِنَّ لَكَ فِي ٱلْحَيَوةِ أَنْ تَقُولَ لَا
مِسَاسَ وَإِنَّ لَكَ مَوْعِدًا لَنْ تُخْلَفَهُ وَٱنْظُرْ إِلَى إِلَهِكَ ٱلَّذِي ظَلْتَ عَلَيْهِ

لِأُولِي ٱلنُّهَى ٥٧ مِنْهَا خَلَقْنَاكُمْ وَفِيهَا نُعِيدُكُمْ وَمِنْهَا نُخْرِجُكُمْ تَارَةً أُخْرَى
٥٨ وَلَقَدْ أَرَيْنَاهُ آيَاتِنَا كُلَّهَا فَكَذَّبَ وَأَبَى ٥٩ قَالَ أَجِئْتَنَا لِتُخْرِجَنَا مِنْ
أَرْضِنَا بِسِحْرِكَ يَا مُوسَى ٦٠ فَلَنَأْتِيَنَّكَ بِسِحْرٍ مِثْلِهِ فَٱجْعَلْ بَيْنَنَا وَبَيْنَكَ
مَوْعِدًا لَا نُخْلِفُهُ نَحْنُ وَلَا أَنْتَ مَكَانًا سُوًى ٦١ قَالَ مَوْعِدُكُمْ يَوْمُ ٱلزِّينَةِ
وَأَنْ يُحْشَرَ ٱلنَّاسُ ضُحًى ٦٢ فَتَوَلَّى فِرْعَوْنُ فَجَمَعَ كَيْدَهُ ثُمَّ أَتَى ٦٣ قَالَ لَهُمْ
مُوسَى وَيْلَكُمْ لَا تَفْتَرُوا عَلَى ٱللَّهِ كَذِبًا ٦٤ فَيُسْحِتَكُمْ بِعَذَابٍ وَقَدْ خَابَ
مَنِ ٱفْتَرَى ٦٥ فَتَنَازَعُوا أَمْرَهُمْ بَيْنَهُمْ وَأَسَرُّوا ٱلنَّجْوَى ٦٦ قَالُوا إِنْ هَذَانِ
لَسَاحِرَانِ يُرِيدَانِ أَنْ يُخْرِجَاكُمْ مِنْ أَرْضِكُمْ بِسِحْرِهِمَا وَيَذْهَبَا بِطَرِيقَتِكُمُ
ٱلْمُثْلَى ٦٧ فَأَجْمِعُوا كَيْدَكُمْ ثُمَّ ٱئْتُوا صَفًّا وَقَدْ أَفْلَحَ ٱلْيَوْمَ مَنِ ٱسْتَعْلَى
٦٨ قَالُوا يَا مُوسَى إِمَّا أَنْ تُلْقِيَ وَإِمَّا أَنْ نَكُونَ أَوَّلَ مَنْ أَلْقَى ٦٩ قَالَ بَلْ
أَلْقُوا فَإِذَا حِبَالُهُمْ وَعِصِيُّهُمْ يُخَيَّلُ إِلَيْهِ مِنْ سِحْرِهِمْ أَنَّهَا تَسْعَى ٧٠ فَأَوْجَسَ
فِي نَفْسِهِ خِيفَةً مُوسَى ٧١ قُلْنَا لَا تَخَفْ إِنَّكَ أَنْتَ ٱلْأَعْلَى ٧٢ وَأَلْقِ مَا فِي
يَمِينِكَ تَلْقَفْ مَا صَنَعُوا إِنَّمَا صَنَعُوا كَيْدُ سَاحِرٍ وَلَا يُفْلِحُ ٱلسَّاحِرُ حَيْثُ أَتَى
٧٣ فَأُلْقِيَ ٱلسَّحَرَةُ سُجَّدًا قَالُوا آمَنَّا بِرَبِّ هَرُونَ وَمُوسَى ٧٤ قَالَ آمَنْتُمْ لَهُ
قَبْلَ أَنْ آذَنَ لَكُمْ إِنَّهُ لَكَبِيرُكُمُ ٱلَّذِي عَلَّمَكُمُ ٱلسِّحْرَ فَلَأُقَطِّعَنَّ أَيْدِيَكُمْ
وَأَرْجُلَكُمْ مِنْ خِلَافٍ وَلَأُصَلِّبَنَّكُمْ فِي جُذُوعِ ٱلنَّخْلِ وَلَتَعْلَمُنَّ أَيُّنَا أَشَدُّ عَذَابًا
وَأَبْقَى ٧٥ قَالُوا لَنْ نُؤْثِرَكَ عَلَى مَا جَاءَنَا مِنَ ٱلْبَيِّنَاتِ وَٱلَّذِي فَطَرَنَا
فَٱقْضِ مَا أَنْتَ قَاضٍ إِنَّمَا تَقْضِي هَذِهِ ٱلْحَيَوةَ ٱلدُّنْيَا إِنَّا آمَنَّا بِرَبِّنَا لِيَغْفِرَ
لَنَا خَطَايَانَا وَمَا أَكْرَهْتَنَا عَلَيْهِ مِنَ ٱلسِّحْرِ وَٱللَّهُ خَيْرٌ وَأَبْقَى ٧٦ إِنَّهُ مَنْ
يَأْتِ رَبَّهُ مُجْرِمًا فَإِنَّ لَهُ جَهَنَّمَ لَا يَمُوتُ فِيهَا وَلَا يَحْيَى ٧٧ وَمَنْ يَأْتِهِ
مُؤْمِنًا قَدْ عَمِلَ ٱلصَّالِحَاتِ فَأُولَئِكَ لَهُمُ ٱلدَّرَجَاتُ ٱلْعُلَى ٧٨ جَنَّاتُ عَدْنٍ
تَجْرِي مِنْ تَحْتِهَا ٱلْأَنْهَارُ خَالِدِينَ فِيهَا وَذَلِكَ جَزَاءُ مَنْ تَزَكَّى ٧٩ وَلَقَدْ

ٱلْأُولَى ٢٣ وَٱضْمُمْ يَدَكَ إِلَى جَنَاحِكَ تَخْرُجْ بَيْضَآءَ مِنْ غَيْرِ سُوٓءٍ آيَةً أُخْرَى
٢٤ لِنُرِيَكَ مِنْ آيَاتِنَا ٱلْكُبْرَى ٢٥ إِذْهَبْ إِلَى فِرْعَوْنَ إِنَّهُ طَغَى ٢٦ قَالَ رَبِّ
ٱشْرَحْ لِي صَدْرِى ٢٧ وَيَسِّرْ لِي أَمْرِى ٢٨ وَٱحْلُلْ عُقْدَةً مِنْ لِسَانِى ٢٩
يَفْقَهُوا قَوْلِي ٣٠ وَٱجْعَلْ لِي وَزِيرًا مِنْ أَهْلِي ٣١ هٰرُونَ أَخِى ٣٢ ٱشْدُدْ بِهِ
أَزْرِى ٣٣ وَأَشْرِكْهُ فِي أَمْرِى ٣٤ كَىْ نُسَبِّحَكَ كَثِيرًا وَنَذْكُرَكَ كَثِيرًا ٣٥ إِنَّكَ
كُنْتَ بِنَا بَصِيرًا ٣٦ قَالَ قَدْ أُوتِيتَ سُؤْلَكَ يَا مُوسَى ٣٧ وَلَقَدْ مَنَنَّا عَلَيْكَ
مَرَّةً أُخْرَى ٣٨ إِذْ أَوْحَيْنَا إِلَى أُمِّكَ مَا يُوحَى ٣٩ أَنِ ٱقْذِفِيهِ فِي ٱلتَّابُوتِ
فَٱقْذِفِيهِ فِي ٱلْيَمِّ فَلْيُلْقِهِ ٱلْيَمُّ بِٱلسَّاحِلِ يَأْخُذْهُ عَدُوٌّ لِي وَعَدُوٌّ لَهُ وَأَلْقَيْتُ
عَلَيْكَ مَحَبَّةً مِنِّى ٤٠ وَلِتُصْنَعَ عَلَى عَيْنِى ٤١ إِذْ تَمْشِى أُخْتُكَ فَتَقُولُ هَلْ
أَدُلُّكُمْ عَلَى مَنْ يَكْفُلُهُ فَرَجَعْنَاكَ إِلَى أُمِّكَ كَىْ تَقَرَّ عَيْنُهَا وَلَا تَحْزَنَ وَقَتَلْتَ
نَفْسًا فَنَجَّيْنَاكَ مِنَ ٱلْغَمِّ وَفَتَنَّاكَ فُتُونًا ٤٢ فَلَبِثْتَ سِنِينَ فِي أَهْلِ مَدْيَنَ
ثُمَّ جِئْتَ عَلَى قَدَرٍ يَا مُوسَى ٤٣ وَٱصْطَنَعْتُكَ لِنَفْسِى ٤٤ إِذْهَبْ أَنْتَ
وَأَخُوكَ بِآيَاتِى وَلَا تَنِيَا فِي ذِكْرِى ٤٥ إِذْهَبَا إِلَى فِرْعَوْنَ إِنَّهُ طَغَى ٤٦ فَقُولَا
لَهُ قَوْلًا لَيِّنًا لَعَلَّهُ يَتَذَكَّرُ أَوْ يَخْشَى ٤٧ قَالَا رَبَّنَا إِنَّنَا نَخَافُ أَنْ يَفْرُطَ
عَلَيْنَا أَوْ أَنْ يَطْغَى ٤٨ قَالَ لَا تَخَافَا إِنَّنِى مَعَكُمَا أَسْمَعُ وَأَرَى ٤٩ فَأْتِيَاهُ
فَقُولَا إِنَّا رَسُولَا رَبِّكَ فَأَرْسِلْ مَعَنَا بَنِى إِسْرَآئِيلَ وَلَا تُعَذِّبْهُمْ قَدْ جِئْنَاكَ
بِآيَةٍ مِنْ رَبِّكَ وَٱلسَّلَامُ عَلَى مَنِ ٱتَّبَعَ ٱلْهُدَى ٥٠ إِنَّا قَدْ أُوحِىَ إِلَيْنَا أَنَّ
ٱلْعَذَابَ عَلَى مَنْ كَذَّبَ وَتَوَلَّى ٥١ قَالَ فَمَنْ رَبُّكُمَا يَا مُوسَى ٥٢ قَالَ رَبُّنَا
ٱلَّذِى أَعْطَى كُلَّ شَىْءٍ خَلْقَهُ ثُمَّ هَدَى ٥٣ قَالَ فَمَا بَالُ ٱلْقُرُونِ ٱلْأُولَى
٥٤ قَالَ عِلْمُهَا عِنْدَ رَبِّى فِي كِتَابٍ لَا يَضِلُّ رَبِّى وَلَا يَنْسَى ٥٥ ٱلَّذِى جَعَلَ
لَكُمُ ٱلْأَرْضَ مَهْدًا وَسَلَكَ لَكُمْ فِيهَا سُبُلًا وَأَنْزَلَ مِنَ ٱلسَّمَآءِ مَآءً فَأَخْرَجْنَا
بِهِ أَزْوَاجًا مِنْ نَبَاتٍ شَتَّى ٥٦ كُلُوا وَٱرْعَوْا أَنْعَامَكُمْ إِنَّ فِي ذٰلِكَ لَآيَاتٍ

٩٥ وَكُلُّهُمْ آتِيهِ يَوْمَ ٱلْقِيَامَةِ فَرْدًا ٩٦ إِنَّ ٱلَّذِينَ آمَنُوا وَعَمِلُوا ٱلصَّالِحَاتِ
سَيَجْعَلُ لَهُمُ ٱلرَّحْمَنُ وُدًّا ٩٧ فَإِنَّمَا يَسَّرْنَاهُ بِلِسَانِكَ لِتُبَشِّرَ بِهِ ٱلْمُتَّقِينَ
وَتُنْذِرَ بِهِ قَوْمًا لُدًّا ٩٨ وَكَمْ أَهْلَكْنَا قَبْلَهُمْ مِنْ قَرْنٍ هَلْ تُحِسُّ مِنْهُمْ مِنْ
أَحَدٍ أَوْ تَسْمَعُ لَهُمْ رِكْزًا

سورة طه

مكية وهى مائة وخمس وثلثون آية

بِسْمِ ٱللَّهِ ٱلرَّحْمَنِ ٱلرَّحِيمِ

١ طه مَا أَنْزَلْنَا عَلَيْكَ ٱلْقُرْآنَ لِتَشْقَى ٢ إِلَّا تَذْكِرَةً لِمَنْ يَخْشَى ٣ تَنْزِيلًا
مِمَّنْ خَلَقَ ٱلْأَرْضَ وَٱلسَّمَوَاتِ ٱلْعُلَى ٤ ٱلرَّحْمَنُ عَلَى ٱلْعَرْشِ ٱسْتَوَى ٥ لَهُ
مَا فِي ٱلسَّمَوَاتِ وَمَا فِي ٱلْأَرْضِ وَمَا بَيْنَهُمَا وَمَا تَحْتَ ٱلثَّرَى ٦ وَإِنْ تَجْهَرْ
بِٱلْقَوْلِ فَإِنَّهُ يَعْلَمُ ٱلسِّرَّ وَأَخْفَى ٧ ٱللَّهُ لَا إِلَهَ إِلَّا هُوَ لَهُ ٱلْأَسْمَاءُ ٱلْحُسْنَى
٨ وَهَلْ أَتَاكَ حَدِيثُ مُوسَى ٩ إِذْ رَأَى نَارًا فَقَالَ لِأَهْلِهِ ٱمْكُثُوا إِنِّي آنَسْتُ
نَارًا ١٠ لَعَلِّي آتِيكُمْ مِنْهَا بِقَبَسٍ أَوْ أَجِدُ عَلَى ٱلنَّارِ هُدًى ١١ فَلَمَّا أَتَاهَا
نُودِيَ يَا مُوسَى ١٢ إِنِّي أَنَا رَبُّكَ فَٱخْلَعْ نَعْلَيْكَ إِنَّكَ بِٱلْوَادِ ٱلْمُقَدَّسِ طُوًى
١٣ وَأَنَا ٱخْتَرْتُكَ فَٱسْتَمِعْ لِمَا يُوحَى ١٤ إِنَّنِي أَنَا ٱللَّهُ لَا إِلَهَ إِلَّا أَنَا
فَٱعْبُدْنِي وَأَقِمِ ٱلصَّلَوةَ لِذِكْرِي ١٥ إِنَّ ٱلسَّاعَةَ آتِيَةٌ أَكَادُ أُخْفِيهَا ١٦
لِتُجْزَى كُلُّ نَفْسٍ بِمَا تَسْعَى ١٧ فَلَا يَصُدَّنَّكَ عَنْهَا مَنْ لَا يُؤْمِنُ بِهَا وَٱتَّبَعَ
هَوَاهُ فَتَرْدَى ١٨ وَمَا تِلْكَ بِيَمِينِكَ يَا مُوسَى ١٩ قَالَ هِيَ عَصَايَ أَتَوَكَّأُ
عَلَيْهَا وَأَهُشُّ بِهَا عَلَى غَنَمِي وَلِيَ فِيهَا مَآرِبُ أُخْرَى ٢٠ قَالَ أَلْقِهَا يَا مُوسَى
٢١ فَأَلْقَاهَا فَإِذَا هِيَ حَيَّةٌ تَسْعَى ٢٢ قَالَ خُذْهَا وَلَا تَخَفْ سَنُعِيدُهَا سِيرَتَهَا

تَعْلَمُ لَهُ سَمِيًّا ٦٧ وَيَقُولُ ٱلْإِنْسَانُ أَئِذَا مَا مِتُّ لَسَوْفَ أُخْرَجُ حَيًّا ٦٨ أَوَلَا
يَذْكُرُ ٱلْإِنْسَانُ أَنَّا خَلَقْنَاهُ مِنْ قَبْلُ وَلَمْ يَكُ شَيْئًا ٦٩ فَوَرَبِّكَ لَنَحْشُرَنَّهُمْ
وَٱلشَّيَاطِينَ ثُمَّ لَنُحْضِرَنَّهُمْ حَوْلَ جَهَنَّمَ جِثِيًّا ٧٠ ثُمَّ لَنَنْزِعَنَّ مِنْ كُلِّ شِيعَةٍ
أَيُّهُمْ أَشَدُّ عَلَى ٱلرَّحْمَنِ عِتِيًّا ٧١ ثُمَّ لَنَحْنُ أَعْلَمُ بِٱلَّذِينَ هُمْ أَوْلَى بِهَا
صِلِيًّا ٧٢ وَإِنْ مِنْكُمْ إِلَّا وَارِدُهَا كَانَ عَلَى رَبِّكَ حَتْمًا مَقْضِيًّا ٧٣ ثُمَّ نُنَجِّي
ٱلَّذِينَ ٱتَّقَوْا وَنَذَرُ ٱلظَّالِمِينَ فِيهَا جِثِيًّا ٧٤ وَإِذَا تُتْلَى عَلَيْهِمْ آيَاتُنَا
بَيِّنَاتٍ قَالَ ٱلَّذِينَ كَفَرُوا لِلَّذِينَ آمَنُوا أَيُّ ٱلْفَرِيقَيْنِ خَيْرٌ مَقَامًا وَأَحْسَنُ
نَدِيًّا ٧٥ وَكَمْ أَهْلَكْنَا قَبْلَهُمْ مِنْ قَرْنٍ هُمْ أَحْسَنُ أَثَاثًا وَرِئْيًا ٧٦ قُلْ مَنْ
كَانَ فِي ٱلضَّلَالَةِ فَلْيَمْدُدْ لَهُ ٱلرَّحْمَنُ مَدًّا ٧٧ حَتَّى إِذَا رَأَوْا مَا يُوعَدُونَ
إِمَّا ٱلْعَذَابَ وَإِمَّا ٱلسَّاعَةَ فَسَيَعْلَمُونَ مَنْ هُوَ شَرٌّ مَكَانًا وَأَضْعَفُ جُنْدًا ٧٨
وَيَزِيدُ ٱللَّهُ ٱلَّذِينَ ٱهْتَدَوْا هُدًى ٧٩ وَٱلْبَاقِيَاتُ ٱلصَّالِحَاتُ خَيْرٌ عِنْدَ رَبِّكَ
ثَوَابًا وَخَيْرٌ مَرَدًّا ٨٠ أَفَرَأَيْتَ ٱلَّذِي كَفَرَ بِآيَاتِنَا وَقَالَ لَأُوتَيَنَّ مَالًا وَوَلَدًا
٨١ أَطَّلَعَ ٱلْغَيْبَ أَمِ ٱتَّخَذَ عِنْدَ ٱلرَّحْمَنِ عَهْدًا ٨٢ كَلَّا سَنَكْتُبُ مَا يَقُولُ
وَنَمُدُّ لَهُ مِنَ ٱلْعَذَابِ مَدًّا ٨٣ وَنَرِثُهُ مَا يَقُولُ وَيَأْتِينَا فَرْدًا ٨٤ وَٱتَّخَذُوا
مِنْ دُونِ ٱللَّهِ آلِهَةً لِيَكُونُوا لَهُمْ عِزًّا ٨٥ كَلَّا سَيَكْفُرُونَ بِعِبَادَتِهِمْ وَيَكُونُونَ
عَلَيْهِمْ ضِدًّا ٨٦ أَلَمْ تَرَ أَنَّا أَرْسَلْنَا ٱلشَّيَاطِينَ عَلَى ٱلْكَافِرِينَ تَؤُزُّهُمْ أَزًّا
٨٧ فَلَا تَعْجَلْ عَلَيْهِمْ إِنَّمَا نَعُدُّ لَهُمْ عَدًّا ٨٨ يَوْمَ نَحْشُرُ ٱلْمُتَّقِينَ إِلَى ٱلرَّحْمَنِ
وَفْدًا ٨٩ وَنَسُوقُ ٱلْمُجْرِمِينَ إِلَى جَهَنَّمَ وِرْدًا ٩٠ لَا يَمْلِكُونَ ٱلشَّفَاعَةَ إِلَّا
مَنِ ٱتَّخَذَ عِنْدَ ٱلرَّحْمَنِ عَهْدًا ٩١ وَقَالُوا ٱتَّخَذَ ٱلرَّحْمَنُ وَلَدًا لَقَدْ جِئْتُمْ
شَيْئًا إِدًّا ٩٢ تَكَادُ ٱلسَّمَوَاتُ يَتَفَطَّرْنَ مِنْهُ وَتَنْشَقُّ ٱلْأَرْضُ وَتَخِرُّ ٱلْجِبَالُ هَدًّا
٩٣ أَنْ دَعَوْا لِلرَّحْمَنِ وَلَدًا وَمَا يَنْبَغِي لِلرَّحْمَنِ أَنْ يَتَّخِذَ وَلَدًا ٩٤ إِنْ كُلُّ
مَنْ فِي ٱلسَّمَوَاتِ وَٱلْأَرْضِ إِلَّا آتِي ٱلرَّحْمَنِ عَبْدًا لَقَدْ أَحْصَاهُمْ وَعَدَّهُمْ عَدًّا

يَأْتِكَ فَٱتَّبِعْنِي أَهْدِكَ صِرَاطًا سَوِيًّا ٤٥ يَا أَبَتِ لَا تَعْبُدِ ٱلشَّيْطَانَ إِنَّ
ٱلشَّيْطَانَ كَانَ لِلرَّحْمَنِ عَصِيًّا ٤٦ يَا أَبَتِ إِنِّي أَخَافُ أَنْ يَمَسَّكَ عَذَابٌ
مِنَ ٱلرَّحْمَنِ فَتَكُونَ لِلشَّيْطَانِ وَلِيًّا ٤٧ قَالَ أَرَاغِبٌ أَنْتَ عَنْ آلِهَتِي يَا
إِبْرَهِيمُ لَئِنْ لَمْ تَنْتَهِ لَأَرْجُمَنَّكَ وَٱهْجُرْنِي مَلِيًّا ٤٨ قَالَ سَلَامٌ عَلَيْكَ سَأَسْتَغْفِرُ
لَكَ رَبِّي إِنَّهُ كَانَ بِي حَفِيًّا ٤٩ وَأَعْتَزِلُكُمْ وَمَا تَدْعُونَ مِنْ دُونِ ٱللَّهِ
وَأَدْعُو رَبِّي عَسَى أَنْ لَا أَكُونَ بِدُعَاءِ رَبِّي شَقِيًّا ٥٠ فَلَمَّا ٱعْتَزَلَهُمْ وَمَا
يَعْبُدُونَ مِنْ دُونِ ٱللَّهِ وَهَبْنَا لَهُ إِسْحَقَ وَيَعْقُوبَ وَكُلًّا جَعَلْنَا نَبِيًّا ٥١ وَوَهَبْنَا
لَهُمْ مِنْ رَحْمَتِنَا وَجَعَلْنَا لَهُمْ لِسَانَ صِدْقٍ عَلِيًّا ٥٢ وَٱذْكُرْ فِي ٱلْكِتَابِ
مُوسَى إِنَّهُ كَانَ مُخْلَصًا وَكَانَ رَسُولًا نَبِيًّا ٥٣ وَنَادَيْنَاهُ مِنْ جَانِبِ ٱلطُّورِ
ٱلْأَيْمَنِ وَقَرَّبْنَاهُ نَجِيًّا ٥٤ وَوَهَبْنَا لَهُ مِنْ رَحْمَتِنَا أَخَاهُ هَرُونَ نَبِيًّا ٥٥ وَٱذْكُرْ
فِي ٱلْكِتَابِ إِسْمَعِيلَ إِنَّهُ كَانَ صَادِقَ ٱلْوَعْدِ وَكَانَ رَسُولًا نَبِيًّا ٥٦ وَكَانَ يَأْمُرُ
أَهْلَهُ بِٱلصَّلَوةِ وَٱلزَّكَوةِ وَكَانَ عِنْدَ رَبِّهِ مَرْضِيًّا ٥٧ وَٱذْكُرْ فِي ٱلْكِتَابِ
إِدْرِيسَ إِنَّهُ كَانَ صِدِّيقًا نَبِيًّا ٥٨ وَرَفَعْنَاهُ مَكَانًا عَلِيًّا ٥٩ أُولَٰئِكَ ٱلَّذِينَ
أَنْعَمَ ٱللَّهُ عَلَيْهِمْ مِنَ ٱلنَّبِيِّينَ مِنْ ذُرِّيَّةِ آدَمَ وَمِمَّنْ حَمَلْنَا مَعَ نُوحٍ وَمِنْ
ذُرِّيَّةِ إِبْرَهِيمَ وَإِسْرَائِيلَ وَمِمَّنْ هَدَيْنَا وَٱجْتَبَيْنَا إِذَا تُتْلَى عَلَيْهِمْ آيَاتُ ٱلرَّحْمَنِ
خَرُّوا سُجَّدًا وَبُكِيًّا ٦٠ فَخَلَفَ مِنْ بَعْدِهِمْ خَلْفٌ أَضَاعُوا ٱلصَّلَوةَ وَٱتَّبَعُوا
ٱلشَّهَوَاتِ فَسَوْفَ يَلْقَوْنَ غَيًّا ٦١ إِلَّا مَنْ تَابَ وَآمَنَ وَعَمِلَ صَالِحًا فَأُولَٰئِكَ
يَدْخُلُونَ ٱلْجَنَّةَ وَلَا يُظْلَمُونَ شَيْئًا ٦٢ جَنَّاتِ عَدْنٍ ٱلَّتِي وَعَدَ ٱلرَّحْمَنُ عِبَادَهُ
بِٱلْغَيْبِ إِنَّهُ كَانَ وَعْدُهُ مَأْتِيًّا ٦٣ لَا يَسْمَعُونَ فِيهَا لَغْوًا إِلَّا سَلَامًا وَلَهُمْ رِزْقُهُمْ
فِيهَا بُكْرَةً وَعَشِيًّا ٦٤ تِلْكَ ٱلْجَنَّةُ ٱلَّتِي نُورِثُ مِنْ عِبَادِنَا مَنْ كَانَ تَقِيًّا ٦٥ وَمَا
نَتَنَزَّلُ إِلَّا بِأَمْرِ رَبِّكَ لَهُ مَا بَيْنَ أَيْدِينَا وَمَا خَلْفَنَا وَمَا بَيْنَ ذَلِكَ وَمَا كَانَ رَبُّكَ
نَسِيًّا ٦٦ رَبُّ ٱلسَّمَوَاتِ وَٱلْأَرْضِ وَمَا بَيْنَهُمَا فَٱعْبُدْهُ وَٱصْطَبِرْ لِعِبَادَتِهِ هَلْ

١٩ قَالَ إِنَّمَا أَنَا رَسُولُ رَبِّكِ لِأَهَبَ لَكِ غُلَامًا زَكِيًّا ٢٠ قَالَتْ أَنَّى يَكُونُ لِي
غُلَامٌ وَلَمْ يَمْسَسْنِي بَشَرٌ وَلَمْ أَكُ بَغِيًّا ٢١ قَالَ كَذَٰلِكِ قَالَ رَبُّكِ هُوَ عَلَيَّ
هَيِّنٌ وَلِنَجْعَلَهُ آيَةً لِلنَّاسِ وَرَحْمَةً مِنَّا وَكَانَ أَمْرًا مَقْضِيًّا ٢٢ فَحَمَلَتْهُ فَانْتَبَذَتْ
بِهِ مَكَانًا قَصِيًّا ٢٣ فَأَجَاءَهَا الْمَخَاضُ إِلَى جِذْعِ النَّخْلَةِ قَالَتْ يَا لَيْتَنِي مِتُّ
قَبْلَ هَٰذَا وَكُنْتُ نَسْيًا مَنْسِيًّا ٢٤ فَنَادَاهَا مِنْ تَحْتِهَا أَلَّا تَحْزَنِي قَدْ جَعَلَ
رَبُّكِ تَحْتَكِ سَرِيًّا ٢٥ وَهُزِّي إِلَيْكِ بِجِذْعِ النَّخْلَةِ تُسَاقِطْ عَلَيْكِ رُطَبًا جَنِيًّا
٢٦ فَكُلِي وَاشْرَبِي وَقَرِّي عَيْنًا فَإِمَّا تَرَيِنَّ مِنَ الْبَشَرِ أَحَدًا ٢٧ فَقُولِي إِنِّي
نَذَرْتُ لِلرَّحْمَٰنِ صَوْمًا فَلَنْ أُكَلِّمَ الْيَوْمَ إِنْسِيًّا ٢٨ فَأَتَتْ بِهِ قَوْمَهَا تَحْمِلُهُ
قَالُوا يَا مَرْيَمُ لَقَدْ جِئْتِ شَيْئًا فَرِيًّا ٢٩ يَا أُخْتَ هَٰرُونَ مَا كَانَ أَبُوكِ امْرَأَ
سَوْءٍ وَمَا كَانَتْ أُمُّكِ بَغِيًّا ٣٠ فَأَشَارَتْ إِلَيْهِ قَالُوا كَيْفَ نُكَلِّمُ مَنْ كَانَ فِي
الْمَهْدِ صَبِيًّا ٣١ قَالَ إِنِّي عَبْدُ اللَّهِ آتَانِيَ الْكِتَابَ وَجَعَلَنِي نَبِيًّا ٣٢ وَجَعَلَنِي
مُبَارَكًا أَيْنَمَا كُنْتُ وَأَوْصَانِي بِالصَّلَوٰةِ وَالزَّكَوٰةِ مَا دُمْتُ حَيًّا ٣٣ وَبَرًّا
بِوَالِدَتِي وَلَمْ يَجْعَلْنِي جَبَّارًا شَقِيًّا ٣٤ وَالسَّلَامُ عَلَيَّ يَوْمَ وُلِدْتُ وَيَوْمَ أَمُوتُ
وَيَوْمَ أُبْعَثُ حَيًّا ٣٥ ذَٰلِكَ عِيسَى ابْنُ مَرْيَمَ قَوْلَ الْحَقِّ الَّذِي فِيهِ يَمْتَرُونَ
٣٦ مَا كَانَ لِلَّهِ أَنْ يَتَّخِذَ مِنْ وَلَدٍ سُبْحَانَهُ إِذَا قَضَى أَمْرًا فَإِنَّمَا يَقُولُ لَهُ
كُنْ فَيَكُونُ ٣٧ وَإِنَّ اللَّهَ رَبِّي وَرَبُّكُمْ فَاعْبُدُوهُ هَٰذَا صِرَاطٌ مُسْتَقِيمٌ
٣٨ فَاخْتَلَفَ الْأَحْزَابُ مِنْ بَيْنِهِمْ فَوَيْلٌ لِلَّذِينَ كَفَرُوا مِنْ مَشْهَدِ يَوْمٍ عَظِيمٍ
٣٩ أَسْمِعْ بِهِمْ وَأَبْصِرْ يَوْمَ يَأْتُونَنَا لَٰكِنِ الظَّالِمُونَ الْيَوْمَ فِي ضَلَالٍ مُبِينٍ
٤٠ وَأَنْذِرْهُمْ يَوْمَ الْحَسْرَةِ إِذْ قُضِيَ الْأَمْرُ وَهُمْ فِي غَفْلَةٍ وَهُمْ لَا يُؤْمِنُونَ ٤١ إِنَّا
نَحْنُ نَرِثُ الْأَرْضَ وَمَنْ عَلَيْهَا وَإِلَيْنَا يُرْجَعُونَ ٤٢ وَاذْكُرْ فِي الْكِتَابِ إِبْرَٰهِيمَ
إِنَّهُ كَانَ صِدِّيقًا نَبِيًّا ٤٣ إِذْ قَالَ لِأَبِيهِ يَا أَبَتِ لِمَ تَعْبُدُ مَا لَا يَسْمَعُ وَلَا
يُبْصِرُ وَلَا يُغْنِي عَنْكَ شَيْئًا ٤٤ يَا أَبَتِ إِنِّي قَدْ جَاءَنِي مِنَ الْعِلْمِ مَا لَمْ

وَلَوْ جِئْنَا بِمِثْلِهِ مَدَدًا ١١٠ قُلْ إِنَّمَا أَنَا بَشَرٌ مِثْلُكُمْ يُوحَى إِلَيَّ أَنَّمَا إِلَهُكُمْ
إِلَهٌ وَاحِدٌ فَمَنْ كَانَ يَرْجُو لِقَاءَ رَبِّهِ فَلْيَعْمَلْ عَمَلًا صَالِحًا وَلَا يُشْرِكْ
بِعِبَادَةِ رَبِّهِ أَحَدًا

سورة مريم

مكية وهي ثمان وتسعون آية

بِسْمِ ٱللَّهِ ٱلرَّحْمَنِ ٱلرَّحِيمِ

١ كهيعص ذِكْرُ رَحْمَةِ رَبِّكَ عَبْدَهُ زَكَرِيَّاءَ ٢ إِذْ نَادَى رَبَّهُ نِدَاءً خَفِيًّا
٣ قَالَ رَبِّ إِنِّي وَهَنَ ٱلْعَظْمُ مِنِّي وَٱشْتَعَلَ ٱلرَّأْسُ شَيْبًا ٤ وَلَمْ أَكُنْ
بِدُعَائِكَ رَبِّ شَقِيًّا ٥ وَإِنِّي خِفْتُ ٱلْمَوَالِيَ مِنْ وَرَاءِي وَكَانَتِ ٱمْرَأَتِي عَاقِرًا
فَهَبْ لِي مِنْ لَدُنْكَ وَلِيًّا ٦ يَرِثُنِي وَيَرِثُ مِنْ آلِ يَعْقُوبَ وَٱجْعَلْهُ رَبِّ رَضِيًّا
٧ يَا زَكَرِيَّاءُ إِنَّا نُبَشِّرُكَ بِغُلَامٍ ٱسْمُهُ يَحْيَى ٨ لَمْ نَجْعَلْ لَهُ مِنْ قَبْلُ سَمِيًّا
٩ قَالَ رَبِّ أَنَّى يَكُونُ لِي غُلَامٌ وَكَانَتِ ٱمْرَأَتِي عَاقِرًا وَقَدْ بَلَغْتُ مِنَ ٱلْكِبَرِ
عِتِيًّا ١٠ قَالَ كَذَلِكَ قَالَ رَبُّكَ هُوَ عَلَيَّ هَيِّنٌ وَقَدْ خَلَقْتُكَ مِنْ قَبْلُ وَلَمْ
تَكُ شَيْئًا ١١ قَالَ رَبِّ ٱجْعَلْ لِي آيَةً قَالَ آيَتُكَ أَلَّا تُكَلِّمَ ٱلنَّاسَ ثَلَاثَ لَيَالٍ
سَوِيًّا ١٢ فَخَرَجَ عَلَى قَوْمِهِ مِنَ ٱلْمِحْرَابِ فَأَوْحَى إِلَيْهِمْ أَنْ سَبِّحُوا بُكْرَةً وَعَشِيًّا
١٣ يَا يَحْيَى خُذِ ٱلْكِتَابَ بِقُوَّةٍ وَآتَيْنَاهُ ٱلْحُكْمَ صَبِيًّا ١٤ وَحَنَانًا مِنْ لَدُنَّا
وَزَكَوةً وَكَانَ تَقِيًّا وَبَرًّا بِوَالِدَيْهِ وَلَمْ يَكُنْ جَبَّارًا عَصِيًّا ١٥ وَسَلَامٌ عَلَيْهِ يَوْمَ
وُلِدَ وَيَوْمَ يَمُوتُ وَيَوْمَ يُبْعَثُ حَيًّا ١٦ وَٱذْكُرْ فِي ٱلْكِتَابِ مَرْيَمَ إِذِ ٱنْتَبَذَتْ
مِنْ أَهْلِهَا مَكَانًا شَرْقِيًّا ١٧ فَٱتَّخَذَتْ مِنْ دُونِهِمْ حِجَابًا فَأَرْسَلْنَا إِلَيْهَا رُوحَنَا
فَتَمَثَّلَ لَهَا بَشَرًا سَوِيًّا ١٨ قَالَتْ إِنِّي أَعُوذُ بِٱلرَّحْمَنِ مِنْكَ إِنْ كُنْتَ تَقِيًّا

فِيهِمْ حُسْنًا ٨٦ قَالَ أَمَّا مَنْ ظَلَمَ فَسَوْفَ نُعَذِّبُهُ ثُمَّ يُرَدُّ إِلَى رَبِّهِ فَيُعَذِّبُهُ
عَذَابًا نُكْرًا ٨٧ وَأَمَّا مَنْ آمَنَ وَعَمِلَ صَالِحًا فَلَهُ جَزَآءً ٱلْحُسْنَى وَسَنَقُولُ لَهُ
مِنْ أَمْرِنَا يُسْرًا ٨٨ ثُمَّ أَتْبَعَ سَبَبًا ٨٩ حَتَّى إِذَا بَلَغَ مَطْلِعَ ٱلشَّمْسِ وَجَدَهَا
تَطْلُعُ عَلَى قَوْمٍ لَمْ نَجْعَلْ لَهُمْ مِنْ دُونِهَا سِتْرًا ٩٠ كَذَٰلِكَ وَقَدْ أَحَطْنَا بِمَا
لَدَيْهِ خُبْرًا ٩١ ثُمَّ أَتْبَعَ سَبَبًا ٩٢ حَتَّى إِذَا بَلَغَ بَيْنَ ٱلسَّدَّيْنِ وَجَدَ مِنْ
دُونِهِمَا قَوْمًا لَا يَكَادُونَ يَفْقَهُونَ قَوْلًا ٩٣ قَالُوا يَا ذَا ٱلْقَرْنَيْنِ إِنَّ يَاجُوجَ
وَمَاجُوجَ مُفْسِدُونَ فِي ٱلْأَرْضِ فَهَلْ نَجْعَلُ لَكَ خَرْجًا عَلَى أَنْ تَجْعَلَ بَيْنَنَا
وَبَيْنَهُمْ سَدًّا ٩٤ قَالَ مَا مَكَّنِّي فِيهِ رَبِّي خَيْرٌ فَأَعِينُونِي بِقُوَّةٍ أَجْعَلْ بَيْنَكُمْ
وَبَيْنَهُمْ رَدْمًا ٩٥ آتُونِي زُبَرَ ٱلْحَدِيدِ حَتَّى إِذَا سَاوَى بَيْنَ ٱلصَّدَفَيْنِ قَالَ
ٱنْفُخُوا حَتَّى إِذَا جَعَلَهُ نَارًا قَالَ آتُونِي أُفْرِغْ عَلَيْهِ قِطْرًا ٩٦ فَمَا ٱسْطَاعُوا
أَنْ يَظْهَرُوهُ وَمَا ٱسْتَطَاعُوا لَهُ نَقْبًا ٩٧ قَالَ هَٰذَا رَحْمَةٌ مِنْ رَبِّي ٩٨ فَإِذَا
جَآءَ وَعْدُ رَبِّي جَعَلَهُ دَكَّآءَ وَكَانَ وَعْدُ رَبِّي حَقًّا ٩٩ وَتَرَكْنَا بَعْضَهُمْ
يَوْمَئِذٍ يَمُوجُ فِي بَعْضٍ وَنُفِخَ فِي ٱلصُّورِ فَجَمَعْنَاهُمْ جَمْعًا ١٠٠ وَعَرَضْنَا جَهَنَّمَ
يَوْمَئِذٍ لِلْكَافِرِينَ عَرْضًا ١٠١ ٱلَّذِينَ كَانَتْ أَعْيُنُهُمْ فِي غِطَآءٍ عَنْ ذِكْرِي وَكَانُوا
لَا يَسْتَطِيعُونَ سَمْعًا ١٠٢ أَفَحَسِبَ ٱلَّذِينَ كَفَرُوا أَنْ يَتَّخِذُوا عِبَادِي مِنْ
دُونِي أَوْلِيَآءَ إِنَّا أَعْتَدْنَا جَهَنَّمَ لِلْكَافِرِينَ نُزُلًا ١٠٣ قُلْ هَلْ نُنَبِّئُكُمْ
بِٱلْأَخْسَرِينَ أَعْمَالًا ١٠٤ ٱلَّذِينَ ضَلَّ سَعْيُهُمْ فِي ٱلْحَيَوٰةِ ٱلدُّنْيَا وَهُمْ يَحْسَبُونَ
أَنَّهُمْ يُحْسِنُونَ صُنْعًا ١٠٥ أُولَٰٓئِكَ ٱلَّذِينَ كَفَرُوا بِآيَاتِ رَبِّهِمْ وَلِقَآئِهِ فَحَبِطَتْ
أَعْمَالُهُمْ فَلَا نُقِيمُ لَهُمْ يَوْمَ ٱلْقِيَامَةِ وَزْنًا ١٠٦ ذَٰلِكَ جَزَآؤُهُمْ جَهَنَّمُ بِمَا كَفَرُوا
وَٱتَّخَذُوا آيَاتِي وَرُسُلِي هُزُؤًا ١٠٧ إِنَّ ٱلَّذِينَ آمَنُوا وَعَمِلُوا ٱلصَّالِحَاتِ كَانَتْ
لَهُمْ جَنَّاتُ ٱلْفِرْدَوْسِ نُزُلًا ١٠٨ خَالِدِينَ فِيهَا لَا يَبْغُونَ عَنْهَا حِوَلًا ١٠٩ قُلْ
لَوْ كَانَ ٱلْبَحْرُ مِدَادًا لِكَلِمَاتِ رَبِّي لَنَفِدَ ٱلْبَحْرُ قَبْلَ أَنْ تَنْفَدَ كَلِمَاتُ رَبِّي

٦٦ قَالَ إِنَّكَ لَنْ تَسْتَطِيعَ مَعِىَ صَبْرًا ٦٧ وَكَيْفَ تَصْبِرُ عَلَى مَا لَمْ تُحِطْ بِهِ خُبْرًا
٦٨ قَالَ سَتَجِدُنِى إِنْ شَآءَ ٱللَّهُ صَابِرًا وَلَا أَعْصِى لَكَ أَمْرًا ٦٩ قَالَ فَإِنِ
ٱتَّبَعْتَنِى فَلَا تَسْأَلْنِى عَنْ شَىْءٍ حَتَّى أُحْدِثَ لَكَ مِنْهُ ذِكْرًا ٧٠ فَٱنْطَلَقَا
حَتَّى إِذَا رَكِبَا فِى ٱلسَّفِينَةِ خَرَقَهَا قَالَ أَخَرَقْتَهَا لِتُغْرِقَ أَهْلَهَا لَقَدْ جِئْتَ
شَيْـًٔا إِمْرًا ٧١ قَالَ أَلَمْ أَقُلْ إِنَّكَ لَنْ تَسْتَطِيعَ مَعِىَ صَبْرًا ٧٢ قَالَ لَا
تُؤَاخِذْنِى بِمَا نَسِيتُ وَلَا تُرْهِقْنِى مِنْ أَمْرِى عُسْرًا ٧٣ فَٱنْطَلَقَا حَتَّى إِذَا
لَقِيَا غُلَامًا فَقَتَلَهُ قَالَ أَقَتَلْتَ نَفْسًا زَكِيَّةً بِغَيْرِ نَفْسٍ لَقَدْ جِئْتَ شَيْـًٔا
نُكْرًا ٧٤ ✿ قَالَ أَلَمْ أَقُلْ لَكَ إِنَّكَ لَنْ تَسْتَطِيعَ مَعِىَ صَبْرًا ٧٥ قَالَ إِنْ جزء ١٦
سَأَلْتُكَ عَنْ شَىْءٍ بَعْدَهَا فَلَا تُصَاحِبْنِى قَدْ بَلَغْتَ مِنْ لَدُنِّى عُذْرًا ٧٦
فَٱنْطَلَقَا حَتَّى إِذَا أَتَيَا أَهْلَ قَرْيَةٍ ٱسْتَطْعَمَا أَهْلَهَا فَأَبَوْا أَنْ يُضَيِّفُوهُمَا
فَوَجَدَا فِيهَا جِدَارًا يُرِيدُ أَنْ يَنْقَضَّ فَأَقَامَهُ قَالَ لَوْ شِئْتَ لَٱتَّخَذْتَ عَلَيْهِ
أَجْرًا ٧٧ قَالَ هَذَا فِرَاقُ بَيْنِى وَبَيْنِكَ سَأُنَبِّئُكَ بِتَأْوِيلِ مَا لَمْ تَسْتَطِعْ عَلَيْهِ
صَبْرًا ٧٨ أَمَّا ٱلسَّفِينَةُ فَكَانَتْ لِمَسَاكِينَ يَعْمَلُونَ فِى ٱلْبَحْرِ فَأَرَدْتُ أَنْ
أَعِيبَهَا وَكَانَ وَرَآءَهُمْ مَلِكٌ يَأْخُذُ كُلَّ سَفِينَةٍ غَصْبًا ٧٩ وَأَمَّا ٱلْغُلَامُ فَكَانَ
أَبَوَاهُ مُؤْمِنَيْنِ فَخَشِينَا أَنْ يُرْهِقَهُمَا طُغْيَانًا وَكُفْرًا ٨٠ فَأَرَدْنَا أَنْ يُبْدِلَهُمَا
رَبُّهُمَا خَيْرًا مِنْهُ زَكَوةً وَأَقْرَبَ رُحْمًا ٨١ وَأَمَّا ٱلْجِدَارُ فَكَانَ لِغُلَامَيْنِ يَتِيمَيْنِ
فِى ٱلْمَدِينَةِ وَكَانَ تَحْتَهُ كَنْزٌ لَهُمَا وَكَانَ أَبُوهُمَا صَالِحًا فَأَرَادَ رَبُّكَ أَنْ يَبْلُغَا
أَشُدَّهُمَا وَيَسْتَخْرِجَا كَنْزَهُمَا رَحْمَةً مِنْ رَبِّكَ وَمَا فَعَلْتُهُ عَنْ أَمْرِى ذَلِكَ
تَأْوِيلُ مَا لَمْ تَسْطِعْ عَلَيْهِ صَبْرًا ٨٢ وَيَسْأَلُونَكَ عَنْ ذِى ٱلْقَرْنَيْنِ قُلْ سَأَتْلُو
عَلَيْكُمْ مِنْهُ ذِكْرًا ٨٣ إِنَّا مَكَّنَّا لَهُ فِى ٱلْأَرْضِ وَآتَيْنَاهُ مِنْ كُلِّ شَىْءٍ سَبَبًا
فَأَتْبَعَ سَبَبًا ٨٤ حَتَّى إِذَا بَلَغَ مَغْرِبَ ٱلشَّمْسِ وَجَدَهَا تَغْرُبُ فِى عَيْنٍ حَمِئَةٍ
وَوَجَدَ عِنْدَهَا قَوْمًا ٨٥ قُلْنَا يَا ذَا ٱلْقَرْنَيْنِ إِمَّا أَنْ تُعَذِّبَ وَإِمَّا أَنْ تَتَّخِذَ

إِلَّا إِبْلِيسَ كَانَ مِنَ ٱلْجِنِّ فَفَسَقَ عَنْ أَمْرِ رَبِّهِ أَفَتَتَّخِذُونَهُ وَذُرِّيَّتَهُ أَوْلِيَآءَ مِنْ
دُونِي وَهُمْ لَكُمْ عَدُوٌّ بِئْسَ لِلظَّالِمِينَ بَدَلًا ٤٩ مَا أَشْهَدتُّهُمْ خَلْقَ ٱلسَّمَوَاتِ
وَٱلْأَرْضِ وَلَا خَلْقَ أَنفُسِهِمْ وَمَا كُنتُ مُتَّخِذَ ٱلْمُضِلِّينَ عَضُدًا ٥٠ وَيَوْمَ يَقُولُ
نَادُوا شُرَكَآءِيَ ٱلَّذِينَ زَعَمْتُمْ فَدَعَوْهُمْ فَلَمْ يَسْتَجِيبُوا لَهُمْ وَجَعَلْنَا بَيْنَهُمْ
مَوْبِقًا ٥١ وَرَأَى ٱلْمُجْرِمُونَ ٱلنَّارَ فَظَنُّوا أَنَّهُمْ مُوَاقِعُوهَا وَلَمْ يَجِدُوا عَنْهَا
مَصْرِفًا ٥٢ وَلَقَدْ صَرَّفْنَا فِي هَذَا ٱلْقُرْآنِ لِلنَّاسِ مِنْ كُلِّ مَثَلٍ وَكَانَ ٱلْإِنْسَانُ
أَكْثَرَ شَيْءٍ جَدَلًا ٥٣ وَمَا مَنَعَ ٱلنَّاسَ أَنْ يُؤْمِنُوا إِذْ جَآءَهُمُ ٱلْهُدَى
وَيَسْتَغْفِرُوا رَبَّهُمْ إِلَّا أَنْ تَأْتِيَهُمْ سُنَّةُ ٱلْأَوَّلِينَ أَوْ يَأْتِيَهُمُ ٱلْعَذَابُ قُبُلًا ٥٤
وَمَا نُرْسِلُ ٱلْمُرْسَلِينَ إِلَّا مُبَشِّرِينَ وَمُنْذِرِينَ وَيُجَادِلُ ٱلَّذِينَ كَفَرُوا بِٱلْبَاطِلِ
لِيُدْحِضُوا بِهِ ٱلْحَقَّ وَٱتَّخَذُوا آيَاتِي وَمَا أُنْذِرُوا هُزُوًا ٥٥ وَمَنْ أَظْلَمُ مِمَّنْ
ذُكِّرَ بِآيَاتِ رَبِّهِ فَأَعْرَضَ عَنْهَا وَنَسِيَ مَا قَدَّمَتْ يَدَاهُ إِنَّا جَعَلْنَا عَلَى
قُلُوبِهِمْ أَكِنَّةً أَنْ يَفْقَهُوهُ وَفِي آذَانِهِمْ وَقْرًا ٥٦ وَإِنْ تَدْعُهُمْ إِلَى ٱلْهُدَى
فَلَنْ يَهْتَدُوا إِذًا أَبَدًا ٥٧ وَرَبُّكَ ٱلْغَفُورُ ذُو ٱلرَّحْمَةِ لَوْ يُؤَاخِذُهُمْ بِمَا كَسَبُوا
لَعَجَّلَ لَهُمُ ٱلْعَذَابَ بَلْ لَهُمْ مَوْعِدٌ لَنْ يَجِدُوا مِنْ دُونِهِ مَوْئِلًا ٥٨ وَتِلْكَ
ٱلْقُرَى أَهْلَكْنَاهُمْ لَمَّا ظَلَمُوا وَجَعَلْنَا لِمَهْلِكِهِمْ مَوْعِدًا ٥٩ وَإِذْ قَالَ مُوسَى
لِفَتَاهُ لَا أَبْرَحُ حَتَّى أَبْلُغَ مَجْمَعَ ٱلْبَحْرَيْنِ أَوْ أَمْضِيَ حُقُبًا ٦٠ فَلَمَّا بَلَغَا
مَجْمَعَ بَيْنِهِمَا نَسِيَا حُوتَهُمَا فَٱتَّخَذَ سَبِيلَهُ فِي ٱلْبَحْرِ سَرَبًا ٦١ فَلَمَّا جَاوَزَا
قَالَ لِفَتَاهُ آتِنَا غَدَآءَنَا لَقَدْ لَقِينَا مِنْ سَفَرِنَا هَذَا نَصَبًا ٦٢ قَالَ أَرَأَيْتَ
إِذْ أَوَيْنَا إِلَى ٱلصَّخْرَةِ فَإِنِّي نَسِيتُ ٱلْحُوتَ وَمَا أَنْسَانِيهِ إِلَّا ٱلشَّيْطَانُ أَنْ
أَذْكُرَهُ وَٱتَّخَذَ سَبِيلَهُ فِي ٱلْبَحْرِ عَجَبًا ٦٣ قَالَ ذَلِكَ مَا كُنَّا نَبْغِ فَٱرْتَدَّا عَلَى
آثَارِهِمَا قَصَصًا ٦٤ فَوَجَدَا عَبْدًا مِنْ عِبَادِنَا آتَيْنَاهُ رَحْمَةً مِنْ عِنْدِنَا وَعَلَّمْنَاهُ
مِنْ لَدُنَّا عِلْمًا ٦٥ قَالَ لَهُ مُوسَى هَلْ أَتَّبِعُكَ عَلَى أَنْ تُعَلِّمَنِ مِمَّا عُلِّمْتَ رُشْدًا

مِنْ أَعْنَابٍ وَحَفَفْنَاهُمَا بِنَخْلٍ وَجَعَلْنَا بَيْنَهُمَا زَرْعًا كِلْتَا ٱلْجَنَّتَيْنِ آتَتْ
أُكُلَهَا وَلَمْ تَظْلِمْ مِنْهُ شَيْئًا ٣٢ وَفَجَّرْنَا خِلَالَهُمَا نَهَرًا وَكَانَ لَهُ ثَمَرٌ فَقَالَ
لِصَاحِبِهِ وَهُوَ يُحَاوِرُهُ أَنَا أَكْثَرُ مِنْكَ مَالًا وَأَعَزُّ نَفَرًا ٣٣ وَدَخَلَ جَنَّتَهُ وَهُوَ
ظَالِمٌ لِنَفْسِهِ قَالَ مَا أَظُنُّ أَنْ تَبِيدَ هَٰذِهِ أَبَدًا ٣٤ وَمَا أَظُنُّ ٱلسَّاعَةَ
قَائِمَةً وَلَئِنْ رُدِدْتُ إِلَىٰ رَبِّي لَأَجِدَنَّ خَيْرًا مِنْهَا مُنْقَلَبًا ٣٥ قَالَ لَهُ صَاحِبُهُ
وَهُوَ يُحَاوِرُهُ أَكَفَرْتَ بِٱلَّذِي خَلَقَكَ مِنْ تُرَابٍ ثُمَّ مِنْ نُطْفَةٍ ثُمَّ سَوَّاكَ رَجُلًا
٣٦ لَٰكِنَّا هُوَ ٱللَّهُ رَبِّي وَلَا أُشْرِكُ بِرَبِّي أَحَدًا ٣٧ وَلَوْلَا إِذْ دَخَلْتَ جَنَّتَكَ
قُلْتَ مَا شَاءَ ٱللَّهُ لَا قُوَّةَ إِلَّا بِٱللَّهِ إِنْ تَرَنِ أَنَا أَقَلَّ مِنْكَ مَالًا وَوَلَدًا ٣٨
فَعَسَىٰ رَبِّي أَنْ يُؤْتِيَنِ خَيْرًا مِنْ جَنَّتِكَ وَيُرْسِلَ عَلَيْهَا حُسْبَانًا مِنَ ٱلسَّمَاءِ
فَتُصْبِحَ صَعِيدًا زَلَقًا ٣٩ أَوْ يُصْبِحَ مَاؤُهَا غَوْرًا فَلَنْ تَسْتَطِيعَ لَهُ طَلَبًا ٤٠
وَأُحِيطَ بِثَمَرِهِ فَأَصْبَحَ يُقَلِّبُ كَفَّيْهِ عَلَىٰ مَا أَنْفَقَ فِيهَا وَهِيَ خَاوِيَةٌ عَلَىٰ
عُرُوشِهَا وَيَقُولُ يَا لَيْتَنِي لَمْ أُشْرِكْ بِرَبِّي أَحَدًا ٤١ وَلَمْ تَكُنْ لَهُ فِئَةٌ
يَنْصُرُونَهُ مِنْ دُونِ ٱللَّهِ وَمَا كَانَ مُنْتَصِرًا ٤٢ هُنَالِكَ ٱلْوَلَايَةُ لِلَّهِ ٱلْحَقِّ هُوَ
خَيْرٌ ثَوَابًا وَخَيْرٌ عُقْبًا ٤٣ وَٱضْرِبْ لَهُمْ مَثَلَ ٱلْحَيَاةِ ٱلدُّنْيَا كَمَاءٍ أَنْزَلْنَاهُ
مِنَ ٱلسَّمَاءِ فَٱخْتَلَطَ بِهِ نَبَاتُ ٱلْأَرْضِ فَأَصْبَحَ هَشِيمًا تَذْرُوهُ ٱلرِّيَاحُ وَكَانَ ٱللَّهُ
عَلَىٰ كُلِّ شَيْءٍ مُقْتَدِرًا ٤٤ ٱلْمَالُ وَٱلْبَنُونَ زِينَةُ ٱلْحَيَاةِ ٱلدُّنْيَا وَٱلْبَاقِيَاتُ
ٱلصَّالِحَاتُ خَيْرٌ عِنْدَ رَبِّكَ ثَوَابًا وَخَيْرٌ أَمَلًا ٤٥ وَيَوْمَ نُسَيِّرُ ٱلْجِبَالَ وَتَرَى
ٱلْأَرْضَ بَارِزَةً وَحَشَرْنَاهُمْ فَلَمْ نُغَادِرْ مِنْهُمْ أَحَدًا ٤٦ وَعُرِضُوا عَلَىٰ رَبِّكَ صَفًّا
لَقَدْ جِئْتُمُونَا كَمَا خَلَقْنَاكُمْ أَوَّلَ مَرَّةٍ بَلْ زَعَمْتُمْ أَنْ لَنْ نَجْعَلَ لَكُمْ مَوْعِدًا
٤٧ وَوُضِعَ ٱلْكِتَابُ فَتَرَى ٱلْمُجْرِمِينَ مُشْفِقِينَ مِمَّا فِيهِ وَيَقُولُونَ يَا وَيْلَتَنَا مَالِ
هَٰذَا ٱلْكِتَابِ لَا يُغَادِرُ صَغِيرَةً وَلَا كَبِيرَةً إِلَّا أَحْصَاهَا وَوَجَدُوا مَا عَمِلُوا
حَاضِرًا وَلَا يَظْلِمُ رَبُّكَ أَحَدًا ٤٨ وَإِذْ قُلْنَا لِلْمَلَائِكَةِ ٱسْجُدُوا لِآدَمَ فَسَجَدُوا

١٩ إِنَّهُمْ إِنْ يَظْهَرُوا عَلَيْكُمْ يَرْجُمُوكُمْ أَوْ يُعِيدُوكُمْ فِي مِلَّتِهِمْ وَلَنْ تُفْلِحُوا
إِذًا أَبَدًا ٢٠ وَكَذَٰلِكَ أَعْثَرْنَا عَلَيْهِمْ لِيَعْلَمُوا أَنَّ وَعْدَ ٱللَّهِ حَقٌّ وَأَنَّ ٱلسَّاعَةَ
لَا رَيْبَ فِيهَا إِذْ يَتَنَازَعُونَ بَيْنَهُمْ أَمْرَهُمْ فَقَالُوا ٱبْنُوا عَلَيْهِمْ بُنْيَانًا رَبُّهُمْ
أَعْلَمُ بِهِمْ قَالَ ٱلَّذِينَ غَلَبُوا عَلَىٰ أَمْرِهِمْ لَنَتَّخِذَنَّ عَلَيْهِمْ مَسْجِدًا ٢١
سَيَقُولُونَ ثَلَاثَةٌ رَابِعُهُمْ كَلْبُهُمْ وَيَقُولُونَ خَمْسَةٌ سَادِسُهُمْ كَلْبُهُمْ رَجْمًا بِٱلْغَيْبِ
وَيَقُولُونَ سَبْعَةٌ وَثَامِنُهُمْ كَلْبُهُمْ قُلْ رَبِّي أَعْلَمُ بِعِدَّتِهِمْ مَا يَعْلَمُهُمْ إِلَّا قَلِيلٌ
٢٢ فَلَا تُمَارِ فِيهِمْ إِلَّا مِرَاءً ظَاهِرًا وَلَا تَسْتَفْتِ فِيهِمْ مِنْهُمْ أَحَدًا ٢٣ وَلَا
تَقُولَنَّ لِشَيْءٍ إِنِّي فَاعِلٌ ذَٰلِكَ غَدًا إِلَّا أَنْ يَشَاءَ ٱللَّهُ وَٱذْكُرْ رَبَّكَ إِذَا
نَسِيتَ وَقُلْ عَسَىٰ أَنْ يَهْدِيَنِ رَبِّي لِأَقْرَبَ مِنْ هَٰذَا رَشَدًا ٢٤ وَلَبِثُوا فِي
كَهْفِهِمْ ثَلَاثَ مِائَةٍ سِنِينَ وَٱزْدَادُوا تِسْعًا ٢٥ قُلِ ٱللَّهُ أَعْلَمُ بِمَا لَبِثُوا لَهُ
غَيْبُ ٱلسَّمَاوَاتِ وَٱلْأَرْضِ أَبْصِرْ بِهِ وَأَسْمِعْ مَا لَهُمْ مِنْ دُونِهِ مِنْ وَلِيٍّ وَلَا يُشْرِكُ
فِي حُكْمِهِ أَحَدًا ٢٦ وَٱتْلُ مَا أُوحِيَ إِلَيْكَ مِنْ كِتَابِ رَبِّكَ لَا مُبَدِّلَ لِكَلِمَاتِهِ
وَلَنْ تَجِدَ مِنْ دُونِهِ مُلْتَحَدًا ٢٧ وَٱصْبِرْ نَفْسَكَ مَعَ ٱلَّذِينَ يَدْعُونَ رَبَّهُمْ
بِٱلْغَدَاةِ وَٱلْعَشِيِّ يُرِيدُونَ وَجْهَهُ وَلَا تَعْدُ عَيْنَاكَ عَنْهُمْ تُرِيدُ زِينَةَ ٱلْحَيَوٰةِ
ٱلدُّنْيَا وَلَا تُطِعْ مَنْ أَغْفَلْنَا قَلْبَهُ عَنْ ذِكْرِنَا وَٱتَّبَعَ هَوَاهُ وَكَانَ أَمْرُهُ فُرُطًا
٢٨ وَقُلِ ٱلْحَقُّ مِنْ رَبِّكُمْ فَمَنْ شَاءَ فَلْيُؤْمِنْ وَمَنْ شَاءَ فَلْيَكْفُرْ إِنَّا أَعْتَدْنَا
لِلظَّالِمِينَ نَارًا أَحَاطَ بِهِمْ سُرَادِقُهَا وَإِنْ يَسْتَغِيثُوا يُغَاثُوا بِمَاءٍ كَٱلْمُهْلِ
يَشْوِي ٱلْوُجُوهَ بِئْسَ ٱلشَّرَابُ وَسَاءَتْ مُرْتَفَقًا ٢٩ إِنَّ ٱلَّذِينَ آمَنُوا وَعَمِلُوا
ٱلصَّالِحَاتِ إِنَّا لَا نُضِيعُ أَجْرَ مَنْ أَحْسَنَ عَمَلًا ٣٠ أُولَٰئِكَ لَهُمْ جَنَّاتُ
عَدْنٍ تَجْرِي مِنْ تَحْتِهِمُ ٱلْأَنْهَارُ يُحَلَّوْنَ فِيهَا مِنْ أَسَاوِرَ مِنْ ذَهَبٍ وَيَلْبَسُونَ
ثِيَابًا خُضْرًا مِنْ سُنْدُسٍ وَإِسْتَبْرَقٍ مُتَّكِئِينَ فِيهَا عَلَى ٱلْأَرَائِكِ نِعْمَ ٱلثَّوَابُ
وَحَسُنَتْ مُرْتَفَقًا ٣١ وَٱضْرِبْ لَهُمْ مَثَلًا رَجُلَيْنِ جَعَلْنَا لِأَحَدِهِمَا جَنَّتَيْنِ

أَنَّ لَهُمْ أَجْرًا حَسَنًا مَاكِثِينَ فِيهِ أَبَدًا ٣ وَيُنْذِرَ ٱلَّذِينَ قَالُوا ٱتَّخَذَ ٱللَّهُ
وَلَدًا ٤ مَا لَهُمْ بِهِ مِنْ عِلْمٍ وَلَا لِآبَائِهِمْ كَبُرَتْ كَلِمَةً تَخْرُجُ مِنْ أَفْوَاهِهِمْ
إِنْ يَقُولُونَ إِلَّا كَذِبًا ٥ فَلَعَلَّكَ بَاخِعٌ نَفْسَكَ عَلَى آثَارِهِمْ إِنْ لَمْ يُؤْمِنُوا
بِهَذَا ٱلْحَدِيثِ أَسَفًا ٦ إِنَّا جَعَلْنَا مَا عَلَى ٱلْأَرْضِ زِينَةً لَهَا لِنَبْلُوَهُمْ أَيُّهُمْ
أَحْسَنُ عَمَلًا ٧ وَإِنَّا لَجَاعِلُونَ مَا عَلَيْهَا صَعِيدًا جُرُزًا ٨ أَمْ حَسِبْتَ أَنَّ
أَصْحَابَ ٱلْكَهْفِ وَٱلرَّقِيمِ كَانُوا مِنْ آيَاتِنَا عَجَبًا ٩ إِذْ أَوَى ٱلْفِتْيَةُ إِلَى ٱلْكَهْفِ
فَقَالُوا رَبَّنَا آتِنَا مِنْ لَدُنْكَ رَحْمَةً وَهَيِّئْ لَنَا مِنْ أَمْرِنَا رَشَدًا ١٠ فَضَرَبْنَا عَلَى
آذَانِهِمْ فِي ٱلْكَهْفِ سِنِينَ عَدَدًا ١١ ثُمَّ بَعَثْنَاهُمْ لِنَعْلَمَ أَيُّ ٱلْحِزْبَيْنِ أَحْصَى
لِمَا لَبِثُوا أَمَدًا ١٢ نَحْنُ نَقُصُّ عَلَيْكَ نَبَأَهُمْ بِٱلْحَقِّ إِنَّهُمْ فِتْيَةٌ آمَنُوا بِرَبِّهِمْ
وَزِدْنَاهُمْ هُدًى ١٣ وَرَبَطْنَا عَلَى قُلُوبِهِمْ إِذْ قَامُوا فَقَالُوا رَبُّنَا رَبُّ ٱلسَّمَوَاتِ
وَٱلْأَرْضِ لَنْ نَدْعُوَ مِنْ دُونِهِ إِلَهًا لَقَدْ قُلْنَا إِذًا شَطَطًا ١٤ هَؤُلَاءِ قَوْمُنَا
ٱتَّخَذُوا مِنْ دُونِهِ آلِهَةً لَوْلَا يَأْتُونَ عَلَيْهِمْ بِسُلْطَانٍ بَيِّنٍ فَمَنْ أَظْلَمُ مِمَّنِ
ٱفْتَرَى عَلَى ٱللَّهِ كَذِبًا ١٥ وَإِذِ ٱعْتَزَلْتُمُوهُمْ وَمَا يَعْبُدُونَ إِلَّا ٱللَّهَ فَأْوُوا إِلَى
ٱلْكَهْفِ يَنْشُرْ لَكُمْ رَبُّكُمْ مِنْ رَحْمَتِهِ وَيُهَيِّئْ لَكُمْ مِنْ أَمْرِكُمْ مِرْفَقًا ١٦ وَتَرَى
ٱلشَّمْسَ إِذَا طَلَعَتْ تَزَاوَرُ عَنْ كَهْفِهِمْ ذَاتَ ٱلْيَمِينِ وَإِذَا غَرَبَتْ تَقْرِضُهُمْ
ذَاتَ ٱلشِّمَالِ وَهُمْ فِي فَجْوَةٍ مِنْهُ ذَلِكَ مِنْ آيَاتِ ٱللَّهِ مَنْ يَهْدِ ٱللَّهُ فَهُوَ
ٱلْمُهْتَدِ وَمَنْ يُضْلِلْ فَلَنْ تَجِدَ لَهُ وَلِيًّا مُرْشِدًا ١٧ وَتَحْسَبُهُمْ أَيْقَاظًا وَهُمْ
رُقُودٌ وَنُقَلِّبُهُمْ ذَاتَ ٱلْيَمِينِ وَذَاتَ ٱلشِّمَالِ وَكَلْبُهُمْ بَاسِطٌ ذِرَاعَيْهِ بِٱلْوَصِيدِ
لَوِ ٱطَّلَعْتَ عَلَيْهِمْ لَوَلَّيْتَ مِنْهُمْ فِرَارًا وَلَمُلِئْتَ مِنْهُمْ رُعْبًا ١٨ وَكَذَلِكَ بَعَثْنَاهُمْ
لِيَتَسَاءَلُوا بَيْنَهُمْ قَالَ قَائِلٌ مِنْهُمْ كَمْ لَبِثْتُمْ قَالُوا لَبِثْنَا يَوْمًا أَوْ بَعْضَ يَوْمٍ
قَالُوا رَبُّكُمْ أَعْلَمُ بِمَا لَبِثْتُمْ فَٱبْعَثُوا أَحَدَكُمْ بِوَرِقِكُمْ هَذِهِ إِلَى ٱلْمَدِينَةِ فَلْيَنْظُرْ
أَيُّهَا أَزْكَى طَعَامًا فَلْيَأْتِكُمْ بِرِزْقٍ مِنْهُ وَلْيَتَلَطَّفْ وَلَا يُشْعِرَنَّ بِكُمْ أَحَدًا

أَجَلًا لَا رَيْبَ فِيهِ فَأَبَى ٱلظَّالِمُونَ إِلَّا كُفُورًا ١٠٢ قُلْ لَوْ أَنْتُمْ تَمْلِكُونَ خَزَآئِنَ
رَحْمَةِ رَبِّى إِذًا لَأَمْسَكْتُمْ خَشْيَةَ ٱلْإِنْفَاقِ وَكَانَ ٱلْإِنْسَانُ قَتُورًا ١٠٣ وَلَقَدْ
آتَيْنَا مُوسَى تِسْعَ آيَاتٍ بَيِّنَاتٍ فَٱسْأَلْ بَنِى إِسْرَآئِلَ إِذْ جَآءَهُمْ فَقَالَ لَهُ
فِرْعَوْنُ إِنِّى لَأَظُنُّكَ يَا مُوسَى مَسْحُورًا ١٠٤ قَالَ لَقَدْ عَلِمْتَ مَا أَنْزَلَ هَؤُلَآءِ
إِلَّا رَبُّ ٱلسَّمَوَاتِ وَٱلْأَرْضِ بَصَآئِرَ وَإِنِّى لَأَظُنُّكَ يَا فِرْعَوْنُ مَثْبُورًا ١٠٥ فَأَرَادَ
أَنْ يَسْتَفِزَّهُمْ مِنَ ٱلْأَرْضِ فَأَغْرَقْنَاهُ وَمَنْ مَعَهُ جَمِيعًا ١٠٦ وَقُلْنَا مِنْ بَعْدِهِ
لِبَنِى إِسْرَآئِلَ ٱسْكُنُوا ٱلْأَرْضَ فَإِذَا جَآءَ وَعْدُ ٱلْآخِرَةِ جِئْنَا بِكُمْ لَفِيفًا
وَبِٱلْحَقِّ أَنْزَلْنَاهُ وَبِٱلْحَقِّ نَزَلَ وَمَا أَرْسَلْنَاكَ إِلَّا مُبَشِّرًا وَنَذِيرًا ١٠٧ وَقُرْآنًا
فَرَقْنَاهُ لِتَقْرَأَهُ عَلَى ٱلنَّاسِ عَلَى مُكْثٍ وَنَزَّلْنَاهُ تَنْزِيلًا ١٠٨ قُلْ آمِنُوا بِهِ أَوْ لَا
تُؤْمِنُوا إِنَّ ٱلَّذِينَ أُوتُوا ٱلْعِلْمَ مِنْ قَبْلِهِ إِذَا يُتْلَى عَلَيْهِمْ يَخِرُّونَ لِلْأَذْقَانِ
سُجَّدًا وَيَقُولُونَ سُبْحَانَ رَبِّنَا إِنْ كَانَ وَعْدُ رَبِّنَا لَمَفْعُولًا ١٠٩ وَيَخِرُّونَ لِلْأَذْقَانِ
يَبْكُونَ وَيَزِيدُهُمْ خُشُوعًا ١١٠ قُلِ ٱدْعُوا ٱللَّهَ أَوِ ٱدْعُوا ٱلرَّحْمَنَ أَيًّا مَا
تَدْعُوا فَلَهُ ٱلْأَسْمَآءُ ٱلْحُسْنَى وَلَا تَجْهَرْ بِصَلَاتِكَ وَلَا تُخَافِتْ بِهَا وَٱبْتَغِ بَيْنَ
ذَلِكَ سَبِيلًا ١١١ وَقُلِ ٱلْحَمْدُ لِلَّهِ ٱلَّذِى لَمْ يَتَّخِذْ وَلَدًا وَلَمْ يَكُنْ لَهُ شَرِيكٌ
فِى ٱلْمُلْكِ وَلَمْ يَكُنْ لَهُ وَلِىٌّ مِنَ ٱلذُّلِّ وَكَبِّرْهُ تَكْبِيرًا

سورة الكهف

مكية وهى مائة وعشر آية

بِسْمِ ٱللَّهِ ٱلرَّحْمَنِ ٱلرَّحِيمِ

١ ٱلْحَمْدُ لِلَّهِ ٱلَّذِى أَنْزَلَ عَلَى عَبْدِهِ ٱلْكِتَابَ وَلَمْ يَجْعَلْ لَهُ عِوَجًا ٢ قَيِّمًا
لِيُنْذِرَ بَأْسًا شَدِيدًا مِنْ لَدُنْهُ وَيُبَشِّرَ ٱلْمُؤْمِنِينَ ٱلَّذِينَ يَعْمَلُونَ ٱلصَّالِحَاتِ

كَانَ زَهُوقًا ٨٤ وَنُنَزِّلُ مِنَ ٱلْقُرْآنِ مَا هُوَ شِفَآءٌ وَرَحْمَةٌ لِلْمُؤْمِنِينَ وَلَا يَزِيدُ
ٱلظَّالِمِينَ إِلَّا خَسَارًا ٨٥ وَإِذَا أَنْعَمْنَا عَلَى ٱلْإِنْسَانِ أَعْرَضَ وَنَأَى بِجَانِبِهِ
وَإِذَا مَسَّهُ ٱلشَّرُّ كَانَ يَؤُسًا ٨٦ قُلْ كُلٌّ يَعْمَلُ عَلَى شَاكِلَتِهِ فَرَبُّكُمْ أَعْلَمُ
بِمَنْ هُوَ أَهْدَى سَبِيلًا ٨٧ وَيَسْأَلُونَكَ عَنِ ٱلرُّوحِ قُلِ ٱلرُّوحُ مِنْ أَمْرِ رَبِّي وَمَا
أُوتِيتُمْ مِنَ ٱلْعِلْمِ إِلَّا قَلِيلًا ٨٨ وَلَئِنْ شِئْنَا لَنَذْهَبَنَّ بِٱلَّذِي أَوْحَيْنَا إِلَيْكَ
ثُمَّ لَا تَجِدُ لَكَ بِهِ عَلَيْنَا وَكِيلًا ٨٩ إِلَّا رَحْمَةً مِنْ رَبِّكَ إِنَّ فَضْلَهُ كَانَ
عَلَيْكَ كَبِيرًا ٩٠ قُلْ لَئِنِ ٱجْتَمَعَتِ ٱلْإِنْسُ وَٱلْجِنُّ عَلَى أَنْ يَأْتُوا بِمِثْلِ هَذَا
ٱلْقُرْآنِ لَا يَأْتُونَ بِمِثْلِهِ وَلَوْ كَانَ بَعْضُهُمْ لِبَعْضٍ ظَهِيرًا ٩١ وَلَقَدْ صَرَّفْنَا
لِلنَّاسِ فِي هَذَا ٱلْقُرْآنِ مِنْ كُلِّ مَثَلٍ فَأَبَى أَكْثَرُ ٱلنَّاسِ إِلَّا كُفُورًا ٩٢ وَقَالُوا
لَنْ نُؤْمِنَ لَكَ حَتَّى تَفْجُرَ لَنَا مِنَ ٱلْأَرْضِ يَنْبُوعًا ٩٣ أَوْ تَكُونَ لَكَ جَنَّةٌ مِنْ
نَخِيلٍ وَعِنَبٍ فَتُفَجِّرَ ٱلْأَنْهَارَ خِلَالَهَا تَفْجِيرًا ٩٤ أَوْ تُسْقِطَ ٱلسَّمَآءَ كَمَا زَعَمْتَ
عَلَيْنَا كِسَفًا أَوْ تَأْتِيَ بِٱللَّهِ وَٱلْمَلَائِكَةِ قَبِيلًا ٩٥ أَوْ يَكُونَ لَكَ بَيْتٌ مِنْ
زُخْرُفٍ أَوْ تَرْقَى فِي ٱلسَّمَآءِ وَلَنْ نُؤْمِنَ لِرُقِيِّكَ حَتَّى تُنَزِّلَ عَلَيْنَا كِتَابًا نَقْرَؤُهُ
قُلْ سُبْحَانَ رَبِّي هَلْ كُنْتُ إِلَّا بَشَرًا رَسُولًا ٩٦ وَمَا مَنَعَ ٱلنَّاسَ أَنْ يُؤْمِنُوا
إِذْ جَآءَهُمُ ٱلْهُدَى إِلَّا أَنْ قَالُوا أَبَعَثَ ٱللَّهُ بَشَرًا رَسُولًا ٩٧ قُلْ لَوْ كَانَ فِي
ٱلْأَرْضِ مَلَائِكَةٌ يَمْشُونَ مُطْمَئِنِّينَ لَنَزَّلْنَا عَلَيْهِمْ مِنَ ٱلسَّمَآءِ مَلَكًا رَسُولًا
٩٨ قُلْ كَفَى بِٱللَّهِ شَهِيدًا بَيْنِي وَبَيْنَكُمْ إِنَّهُ كَانَ بِعِبَادِهِ خَبِيرًا بَصِيرًا ٩٩
وَمَنْ يَهْدِ ٱللَّهُ فَهُوَ ٱلْمُهْتَدِ وَمَنْ يُضْلِلْ فَلَنْ تَجِدَ لَهُمْ أَوْلِيَآءَ مِنْ دُونِهِ
وَنَحْشُرُهُمْ يَوْمَ ٱلْقِيَامَةِ عَلَى وُجُوهِهِمْ عُمْيًا وَبُكْمًا وَصُمًّا مَأْوَاهُمْ جَهَنَّمُ كُلَّمَا
خَبَتْ زِدْنَاهُمْ سَعِيرًا ١٠٠ ذَلِكَ جَزَآؤُهُمْ بِأَنَّهُمْ كَفَرُوا بِآيَاتِنَا وَقَالُوا أَئِذَا
كُنَّا عِظَامًا وَرُفَاتًا أَئِنَّا لَمَبْعُوثُونَ خَلْقًا جَدِيدًا ١٠١ أَوَلَمْ يَرَوْا أَنَّ ٱللَّهَ
ٱلَّذِي خَلَقَ ٱلسَّمَوَاتِ وَٱلْأَرْضَ قَادِرٌ عَلَى أَنْ يَخْلُقَ مِثْلَهُمْ وَجَعَلَ لَهُمْ

ٱذْهَبْ فَمَنْ تَبِعَكَ مِنْهُمْ فَإِنَّ جَهَنَّمَ جَزَآؤُكُمْ جَزَآءً مَوْفُورًا ٦٦ وَٱسْتَفْزِزْ مَنِ
ٱسْتَطَعْتَ مِنْهُمْ بِصَوْتِكَ وَأَجْلِبْ عَلَيْهِمْ بِخَيْلِكَ وَرَجِلِكَ وَشَارِكْهُمْ فِي ٱلْأَمْوَالِ
وَٱلْأَوْلَادِ وَعِدْهُمْ وَمَا يَعِدُهُمُ ٱلشَّيْطَانُ إِلَّا غُرُورًا ٦٧ إِنَّ عِبَادِي لَيْسَ لَكَ
عَلَيْهِمْ سُلْطَانٌ وَكَفَى بِرَبِّكَ وَكِيلًا ٦٨ رَبُّكُمُ ٱلَّذِي يُزْجِي لَكُمُ ٱلْفُلْكَ فِي ٱلْبَحْرِ
لِتَبْتَغُوا مِنْ فَضْلِهِ إِنَّهُ كَانَ بِكُمْ رَحِيمًا ٦٩ وَإِذَا مَسَّكُمُ ٱلضُّرُّ فِي ٱلْبَحْرِ
ضَلَّ مَنْ تَدْعُونَ إِلَّا إِيَّاهُ فَلَمَّا نَجَّاكُمْ إِلَى ٱلْبَرِّ أَعْرَضْتُمْ وَكَانَ ٱلْإِنْسَانُ
كَفُورًا ٧٠ أَفَأَمِنْتُمْ أَنْ يَخْسِفَ بِكُمْ جَانِبَ ٱلْبَرِّ أَوْ يُرْسِلَ عَلَيْكُمْ حَاصِبًا ثُمَّ
لَا تَجِدُوا لَكُمْ وَكِيلًا ٧١ أَمْ أَمِنْتُمْ أَنْ يُعِيدَكُمْ فِيهِ تَارَةً أُخْرَى فَيُرْسِلَ
عَلَيْكُمْ قَاصِفًا مِنَ ٱلرِّيحِ فَيُغْرِقَكُمْ بِمَا كَفَرْتُمْ ثُمَّ لَا تَجِدُوا لَكُمْ عَلَيْنَا بِهِ
تَبِيعًا ٧٢ وَلَقَدْ كَرَّمْنَا بَنِي آدَمَ وَحَمَلْنَاهُمْ فِي ٱلْبَرِّ وَٱلْبَحْرِ وَرَزَقْنَاهُمْ مِنَ
ٱلطَّيِّبَاتِ وَفَضَّلْنَاهُمْ عَلَى كَثِيرٍ مِمَّنْ خَلَقْنَا تَفْضِيلًا ٧٣ يَوْمَ نَدْعُو كُلَّ أُنَاسٍ
بِإِمَامِهِمْ فَمَنْ أُوتِيَ كِتَابَهُ بِيَمِينِهِ فَأُولَآئِكَ يَقْرَؤُونَ كِتَابَهُمْ وَلَا يُظْلَمُونَ فَتِيلًا
٧٤ وَمَنْ كَانَ فِي هَذِهِ أَعْمَى فَهُوَ فِي ٱلْآخِرَةِ أَعْمَى وَأَضَلُّ سَبِيلًا ٧٥ وَإِنْ كَادُوا
لَيَفْتِنُونَكَ عَنِ ٱلَّذِي أَوْحَيْنَا إِلَيْكَ لِتَفْتَرِيَ عَلَيْنَا غَيْرَهُ وَإِذًا لَٱتَّخَذُوكَ خَلِيلًا
٧٦ وَلَوْلَا أَنْ ثَبَّتْنَاكَ لَقَدْ كِدْتَ تَرْكَنُ إِلَيْهِمْ شَيْئًا قَلِيلًا ٧٧ إِذًا لَأَذَقْنَاكَ
ضِعْفَ ٱلْحَيٰوةِ وَضِعْفَ ٱلْمَمَاتِ ثُمَّ لَا تَجِدُ لَكَ عَلَيْنَا نَصِيرًا ٧٨ وَإِنْ كَادُوا
لَيَسْتَفِزُّونَكَ مِنَ ٱلْأَرْضِ لِيُخْرِجُوكَ مِنْهَا وَإِذًا لَا يَلْبَثُونَ خِلَافَكَ إِلَّا قَلِيلًا
٧٩ سُنَّةَ مَنْ قَدْ أَرْسَلْنَا قَبْلَكَ مِنْ رُسُلِنَا وَلَا تَجِدُ لِسُنَّتِنَا تَحْوِيلًا ٨٠ أَقِمِ
ٱلصَّلٰوةَ لِدُلُوكِ ٱلشَّمْسِ إِلَى غَسَقِ ٱللَّيْلِ وَقُرْآنَ ٱلْفَجْرِ إِنَّ قُرْآنَ ٱلْفَجْرِ كَانَ
مَشْهُودًا ٨١ وَمِنَ ٱللَّيْلِ فَتَهَجَّدْ بِهِ نَافِلَةً لَكَ عَسَى أَنْ يَبْعَثَكَ رَبُّكَ مَقَامًا
مَحْمُودًا ٨٢ وَقُلْ رَبِّ أَدْخِلْنِي مُدْخَلَ صِدْقٍ وَأَخْرِجْنِي مُخْرَجَ صِدْقٍ وَٱجْعَلْ
لِي مِنْ لَدُنْكَ سُلْطَانًا نَصِيرًا ٨٣ وَقُلْ جَآءَ ٱلْحَقُّ وَزَهَقَ ٱلْبَاطِلُ إِنَّ ٱلْبَاطِلَ

فِي ٱلْقُرْآنِ وَحْدَهُ وَلَّوْا عَلَى أَدْبَارِهِمْ نُفُورًا ٥٠ نَحْنُ أَعْلَمُ بِمَا يَسْتَمِعُونَ بِهِ
إِذْ يَسْتَمِعُونَ إِلَيْكَ وَإِذْ هُمْ نَجْوَى إِذْ يَقُولُ ٱلظَّالِمُونَ إِنْ تَتَّبِعُونَ إِلَّا رَجُلًا
مَسْحُورًا ٥١ أُنْظُرْ كَيْفَ ضَرَبُوا لَكَ ٱلْأَمْثَالَ فَضَلُّوا فَلَا يَسْتَطِيعُونَ سَبِيلًا
٥٢ وَقَالُوا أَئِذَا كُنَّا عِظَامًا وَرُفَاتًا أَئِنَّا لَمَبْعُوثُونَ خَلْقًا جَدِيدًا ٥٣ قُلْ
كُونُوا حِجَارَةً أَوْ حَدِيدًا أَوْ خَلْقًا مِمَّا يَكْبُرُ فِي صُدُورِكُمْ فَسَيَقُولُونَ مَنْ
يُعِيدُنَا قُلِ ٱلَّذِي فَطَرَكُمْ أَوَّلَ مَرَّةٍ فَسَيُنْغِضُونَ إِلَيْكَ رُؤُوسَهُمْ وَيَقُولُونَ مَتَى
هُوَ قُلْ عَسَى أَنْ يَكُونَ قَرِيبًا ٥٤ يَوْمَ يَدْعُوكُمْ فَتَسْتَجِيبُونَ بِحَمْدِهِ وَتَظُنُّونَ
إِنْ لَبِثْتُمْ إِلَّا قَلِيلًا ٥٥ وَقُلْ لِعِبَادِي يَقُولُوا ٱلَّتِي هِيَ أَحْسَنُ إِنَّ ٱلشَّيْطَانَ
يَنْزَغُ بَيْنَهُمْ إِنَّ ٱلشَّيْطَانَ كَانَ لِلْإِنْسَانِ عَدُوًّا مُبِينًا ٥٦ رَبُّكُمْ أَعْلَمُ بِكُمْ
إِنْ يَشَأْ يَرْحَمْكُمْ أَوْ إِنْ يَشَأْ يُعَذِّبْكُمْ وَمَا أَرْسَلْنَاكَ عَلَيْهِمْ وَكِيلًا ٥٧ وَرَبُّكَ
أَعْلَمُ بِمَنْ فِي ٱلسَّمَوَاتِ وَٱلْأَرْضِ وَلَقَدْ فَضَّلْنَا بَعْضَ ٱلنَّبِيِّينَ عَلَى بَعْضٍ
وَآتَيْنَا دَاوُدَ زَبُورًا ٥٨ قُلِ ٱدْعُوا ٱلَّذِينَ زَعَمْتُمْ مِنْ دُونِهِ فَلَا يَمْلِكُونَ كَشْفَ
ٱلضُّرِّ عَنْكُمْ وَلَا تَحْوِيلًا ٥٩ أُولَائِكَ ٱلَّذِينَ يَدْعُونَ يَبْتَغُونَ إِلَى رَبِّهِمُ ٱلْوَسِيلَةَ
أَيُّهُمْ أَقْرَبُ وَيَرْجُونَ رَحْمَتَهُ وَيَخَافُونَ عَذَابَهُ إِنَّ عَذَابَ رَبِّكَ كَانَ مَحْذُورًا
٦٠ وَإِنْ مِنْ قَرْيَةٍ إِلَّا نَحْنُ مُهْلِكُوهَا قَبْلَ يَوْمِ ٱلْقِيَامَةِ أَوْ مُعَذِّبُوهَا عَذَابًا
شَدِيدًا كَانَ ذَلِكَ فِي ٱلْكِتَابِ مَسْطُورًا ٦١ وَمَا مَنَعَنَا أَنْ نُرْسِلَ بِٱلْآيَاتِ
إِلَّا أَنْ كَذَّبَ بِهَا ٱلْأَوَّلُونَ وَآتَيْنَا ثَمُودَ ٱلنَّاقَةَ مُبْصِرَةً فَظَلَمُوا بِهَا وَمَا نُرْسِلُ
بِٱلْآيَاتِ إِلَّا تَخْوِيفًا ٦٢ وَإِذْ قُلْنَا لَكَ إِنَّ رَبَّكَ أَحَاطَ بِٱلنَّاسِ وَمَا جَعَلْنَا
ٱلرُّؤْيَا ٱلَّتِي أَرَيْنَاكَ إِلَّا فِتْنَةً لِلنَّاسِ وَٱلشَّجَرَةَ ٱلْمَلْعُونَةَ فِي ٱلْقُرْآنِ وَنُخَوِّفُهُمْ فَمَا
يَزِيدُهُمْ إِلَّا طُغْيَانًا كَبِيرًا ٦٣ وَإِذْ قُلْنَا لِلْمَلَائِكَةِ ٱسْجُدُوا لِآدَمَ فَسَجَدُوا إِلَّا
إِبْلِيسَ قَالَ أَأَسْجُدُ لِمَنْ خَلَقْتَ طِينًا ٦٤ قَالَ أَرَأَيْتَكَ هَذَا ٱلَّذِي كَرَّمْتَ
عَلَيَّ لَئِنْ أَخَّرْتَنِ إِلَى يَوْمِ ٱلْقِيَامَةِ لَأَحْتَنِكَنَّ ذُرِّيَّتَهُ إِلَّا قَلِيلًا ٦٥ قَالَ

وَكَانَ ٱلشَّيْطَانُ لِرَبِّهِ كَفُورًا ٣٠ وَإِمَّا تُعْرِضَنَّ عَنْهُمُ ٱبْتِغَآءَ رَحْمَةٍ مِنْ رَبِّكَ
تَرْجُوهَا فَقُلْ لَهُمْ قَوْلًا مَيْسُورًا ٣١ وَلَا تَجْعَلْ يَدَكَ مَغْلُولَةً إِلَى عُنُقِكَ وَلَا
تَبْسُطْهَا كُلَّ ٱلْبَسْطِ فَتَقْعُدَ مَلُومًا مَحْسُورًا ٣٢ إِنَّ رَبَّكَ يَبْسُطُ ٱلرِّزْقَ لِمَنْ
يَشَآءُ وَيَقْدِرُ إِنَّهُ كَانَ بِعِبَادِهِ خَبِيرًا بَصِيرًا ٣٣ وَلَا تَقْتُلُوا أَوْلَادَكُمْ خَشْيَةَ
إِمْلَاقٍ نَحْنُ نَرْزُقُهُمْ وَإِيَّاكُمْ إِنَّ قَتْلَهُمْ كَانَ خِطْأً كَبِيرًا ٣٤ وَلَا تَقْرَبُوا
ٱلزِّنَا إِنَّهُ كَانَ فَاحِشَةً وَسَآءَ سَبِيلًا ٣٥ وَلَا تَقْتُلُوا ٱلنَّفْسَ ٱلَّتِي حَرَّمَ ٱللَّهُ
إِلَّا بِٱلْحَقِّ وَمَنْ قُتِلَ مَظْلُومًا فَقَدْ جَعَلْنَا لِوَلِيِّهِ سُلْطَانًا فَلَا يُسْرِفْ فِي
ٱلْقَتْلِ إِنَّهُ كَانَ مَنْصُورًا ٣٦ وَلَا تَقْرَبُوا مَالَ ٱلْيَتِيمِ إِلَّا بِٱلَّتِي هِيَ أَحْسَنُ
حَتَّى يَبْلُغَ أَشُدَّهُ وَأَوْفُوا بِٱلْعَهْدِ إِنَّ ٱلْعَهْدَ كَانَ مَسْؤُلًا ٣٧ وَأَوْفُوا ٱلْكَيْلَ
إِذَا كِلْتُمْ وَزِنُوا بِٱلْقِسْطَاسِ ٱلْمُسْتَقِيمِ ذَلِكَ خَيْرٌ وَأَحْسَنُ تَأْوِيلًا ٣٨ وَلَا
تَقْفُ مَا لَيْسَ لَكَ بِهِ عِلْمٌ إِنَّ ٱلسَّمْعَ وَٱلْبَصَرَ وَٱلْفُؤَادَ كُلُّ أُولَآئِكَ كَانَ عَنْهُ
مَسْؤُلًا ٣٩ وَلَا تَمْشِ فِي ٱلْأَرْضِ مَرَحًا إِنَّكَ لَنْ تَخْرِقَ ٱلْأَرْضَ وَلَنْ تَبْلُغَ
ٱلْجِبَالَ طُولًا ٤٠ كُلُّ ذَلِكَ كَانَ سَيِّئُهُ عِنْدَ رَبِّكَ مَكْرُوهًا ٤١ ذَلِكَ مِمَّا
أَوْحَى إِلَيْكَ رَبُّكَ مِنَ ٱلْحِكْمَةِ وَلَا تَجْعَلْ مَعَ ٱللَّهِ إِلَهًا آخَرَ فَتُلْقَى فِي جَهَنَّمَ
مَلُومًا مَدْحُورًا ٤٢ أَفَأَصْفَاكُمْ رَبُّكُمْ بِٱلْبَنِينَ وَٱتَّخَذَ مِنَ ٱلْمَلَآئِكَةِ إِنَاثًا
إِنَّكُمْ لَتَقُولُونَ قَوْلًا عَظِيمًا ٤٣ وَلَقَدْ صَرَّفْنَا فِي هَذَا ٱلْقُرْآنِ لِيَذَّكَّرُوا وَمَا
يَزِيدُهُمْ إِلَّا نُفُورًا ٤٤ قُلْ لَوْ كَانَ مَعَهُ آلِهَةٌ كَمَا يَقُولُونَ إِذًا لَٱبْتَغَوْا إِلَى
ذِي ٱلْعَرْشِ سَبِيلًا ٤٥ سُبْحَانَهُ وَتَعَالَى عَمَّا يَقُولُونَ عُلُوًّا كَبِيرًا ٤٦ تُسَبِّحُ
لَهُ ٱلسَّمَوَاتُ ٱلسَّبْعُ وَٱلْأَرْضُ وَمَنْ فِيهِنَّ وَإِنْ مِنْ شَيْءٍ إِلَّا يُسَبِّحُ بِحَمْدِهِ
وَلَكِنْ لَا تَفْقَهُونَ تَسْبِيحَهُمْ إِنَّهُ كَانَ حَلِيمًا غَفُورًا ٤٧ وَإِذَا قَرَأْتَ ٱلْقُرْآنَ
جَعَلْنَا بَيْنَكَ وَبَيْنَ ٱلَّذِينَ لَا يُؤْمِنُونَ بِٱلْآخِرَةِ حِجَابًا مَسْتُورًا ٤٨ وَجَعَلْنَا
عَلَى قُلُوبِهِمْ أَكِنَّةً أَنْ يَفْقَهُوهُ وَفِي آذَانِهِمْ وَقْرًا ٤٩ وَإِذَا ذَكَرْتَ رَبَّكَ

يَهْدِي لِلَّتِي هِيَ أَقْوَمُ وَيُبَشِّرُ ٱلْمُؤْمِنِينَ ١٠ ٱلَّذِينَ يَعْمَلُونَ ٱلصَّالِحَاتِ أَنَّ
لَهُمْ أَجْرًا كَبِيرًا ١١ وَأَنَّ ٱلَّذِينَ لَا يُؤْمِنُونَ بِٱلْآخِرَةِ أَعْتَدْنَا لَهُمْ عَذَابًا أَلِيمًا
١٢ وَيَدْعُ ٱلْإِنْسَانُ بِٱلشَّرِّ دُعَآءَهُ بِٱلْخَيْرِ وَكَانَ ٱلْإِنْسَانُ عَجُولًا ١٣ وَجَعَلْنَا
ٱللَّيْلَ وَٱلنَّهَارَ آيَتَيْنِ فَمَحَوْنَا آيَةَ ٱللَّيْلِ وَجَعَلْنَا آيَةَ ٱلنَّهَارِ مُبْصِرَةً لِتَبْتَغُوا
فَضْلًا مِنْ رَبِّكُمْ وَلِتَعْلَمُوا عَدَدَ ٱلسِّنِينَ وَٱلْحِسَابَ وَكُلَّ شَيْءٍ فَصَّلْنَاهُ تَفْصِيلًا
١٤ وَكُلَّ إِنْسَانٍ أَلْزَمْنَاهُ طَائِرَهُ فِي عُنُقِهِ وَنُخْرِجُ لَهُ يَوْمَ ٱلْقِيَامَةِ كِتَابًا يَلْقَاهُ
مَنْشُورًا ١٥ اِقْرَأْ كِتَابَكَ كَفَى بِنَفْسِكَ ٱلْيَوْمَ عَلَيْكَ حَسِيبًا ١٦ مَنِ ٱهْتَدَى
فَإِنَّمَا يَهْتَدِي لِنَفْسِهِ وَمَنْ ضَلَّ فَإِنَّمَا يَضِلُّ عَلَيْهَا وَلَا تَزِرُ وَازِرَةٌ وِزْرَ أُخْرَى
وَمَا كُنَّا مُعَذِّبِينَ حَتَّى نَبْعَثَ رَسُولًا ١٧ وَإِذَا أَرَدْنَا أَنْ نُهْلِكَ قَرْيَةً أَمَرْنَا
مُتْرَفِيهَا فَفَسَقُوا فِيهَا فَحَقَّ عَلَيْهَا ٱلْقَوْلُ فَدَمَّرْنَاهَا تَدْمِيرًا ١٨ وَكَمْ أَهْلَكْنَا
مِنَ ٱلْقُرُونِ مِنْ بَعْدِ نُوحٍ وَكَفَى بِرَبِّكَ بِذُنُوبِ عِبَادِهِ خَبِيرًا بَصِيرًا ١٩ مَنْ
كَانَ يُرِيدُ ٱلْعَاجِلَةَ عَجَّلْنَا لَهُ فِيهَا مَا نَشَاءُ لِمَنْ نُرِيدُ ثُمَّ جَعَلْنَا لَهُ جَهَنَّمَ
يَصْلَاهَا مَذْمُومًا مَدْحُورًا ٢٠ وَمَنْ أَرَادَ ٱلْآخِرَةَ وَسَعَى لَهَا سَعْيَهَا وَهُوَ مُؤْمِنٌ
فَأُولَائِكَ كَانَ سَعْيُهُمْ مَشْكُورًا ٢١ كُلًّا نُمِدُّ هَؤُلَاءِ وَهَؤُلَاءِ مِنْ عَطَاءِ رَبِّكَ وَمَا
كَانَ عَطَاءُ رَبِّكَ مَحْظُورًا ٢٢ أُنْظُرْ كَيْفَ فَضَّلْنَا بَعْضَهُمْ عَلَى بَعْضٍ وَلَلْآخِرَةُ
أَكْبَرُ دَرَجَاتٍ وَأَكْبَرُ تَفْضِيلًا ٢٣ لَا تَجْعَلْ مَعَ ٱللَّهِ إِلَهًا آخَرَ فَتَقْعُدَ
مَذْمُومًا مَخْذُولًا ٢٤ وَقَضَى رَبُّكَ أَلَّا تَعْبُدُوا إِلَّا إِيَّاهُ وَبِٱلْوَالِدَيْنِ إِحْسَانًا إِمَّا
يَبْلُغَنَّ عِنْدَكَ ٱلْكِبَرَ أَحَدُهُمَا أَوْ كِلَاهُمَا فَلَا تَقُلْ لَهُمَا أُفٍّ وَلَا تَنْهَرْهُمَا
وَقُلْ لَهُمَا قَوْلًا كَرِيمًا ٢٥ وَٱخْفِضْ لَهُمَا جَنَاحَ ٱلذُّلِّ مِنَ ٱلرَّحْمَةِ وَقُلْ رَبِّ
ٱرْحَمْهُمَا كَمَا رَبَّيَانِي صَغِيرًا ٢٦ رَبُّكُمْ أَعْلَمُ بِمَا فِي نُفُوسِكُمْ إِنْ تَكُونُوا
صَالِحِينَ ٢٧ فَإِنَّهُ كَانَ لِلْأَوَّابِينَ غَفُورًا ٢٨ وَآتِ ذَا ٱلْقُرْبَى حَقَّهُ وَٱلْمِسْكِينَ
وَٱبْنَ ٱلسَّبِيلِ وَلَا تُبَذِّرْ تَبْذِيرًا ٢٩ إِنَّ ٱلْمُبَذِّرِينَ كَانُوا إِخْوَانَ ٱلشَّيَاطِينِ

سَبِيلِ رَبِّكَ بِٱلْحِكْمَةِ وَٱلْمَوْعِظَةِ ٱلْحَسَنَةِ وَجَادِلْهُمْ بِٱلَّتِي هِيَ أَحْسَنُ إِنَّ رَبَّكَ
هُوَ أَعْلَمُ بِمَنْ ضَلَّ عَنْ سَبِيلِهِ وَهُوَ أَعْلَمُ بِٱلْمُهْتَدِينَ ١٢٧ وَإِنْ عَاقَبْتُمْ
فَعَاقِبُوا بِمِثْلِ مَا عُوقِبْتُمْ بِهِ وَلَئِنْ صَبَرْتُمْ لَهُوَ خَيْرٌ لِلصَّابِرِينَ ١٢٨ وَٱصْبِرْ
وَمَا صَبْرُكَ إِلَّا بِٱللَّهِ وَلَا تَحْزَنْ عَلَيْهِمْ وَلَا تَكُ فِي ضَيْقٍ مِمَّا يَمْكُرُونَ إِنَّ
ٱللَّهَ مَعَ ٱلَّذِينَ ٱتَّقَوْا وَٱلَّذِينَ هُمْ مُحْسِنُونَ

سورة الاسرى

مكيّة وهى مائة واحدى عشرة آية

بِسْمِ ٱللَّهِ ٱلرَّحْمَنِ ٱلرَّحِيمِ

١ سُبْحَانَ ٱلَّذِي أَسْرَى بِعَبْدِهِ لَيْلًا مِنَ ٱلْمَسْجِدِ ٱلْحَرَامِ إِلَى ٱلْمَسْجِدِ جزء ١٥
ٱلْأَقْصَى ٱلَّذِي بَارَكْنَا حَوْلَهُ لِنُرِيَهُ مِنْ آيَاتِنَا إِنَّهُ هُوَ ٱلسَّمِيعُ ٱلْبَصِيرُ
٢ وَآتَيْنَا مُوسَى ٱلْكِتَابَ وَجَعَلْنَاهُ هُدًى لِبَنِي إِسْرَائِيلَ أَلَّا تَتَّخِذُوا مِنْ دُونِي
وَكِيلًا ٣ ذُرِّيَّةَ مَنْ حَمَلْنَا مَعَ نُوحٍ إِنَّهُ كَانَ عَبْدًا شَكُورًا ٤ وَقَضَيْنَا إِلَى
بَنِي إِسْرَائِيلَ فِي ٱلْكِتَابِ لَتُفْسِدُنَّ فِي ٱلْأَرْضِ مَرَّتَيْنِ وَلَتَعْلُنَّ عُلُوًّا كَبِيرًا
٥ فَإِذَا جَاءَ وَعْدُ أُولَاهُمَا بَعَثْنَا عَلَيْكُمْ عِبَادًا لَنَا أُولِي بَأْسٍ شَدِيدٍ فَجَاسُوا
خِلَالَ ٱلدِّيَارِ وَكَانَ وَعْدًا مَفْعُولًا ٦ ثُمَّ رَدَدْنَا لَكُمُ ٱلْكَرَّةَ عَلَيْهِمْ وَأَمْدَدْنَاكُمْ
بِأَمْوَالٍ وَبَنِينَ وَجَعَلْنَاكُمْ أَكْثَرَ نَفِيرًا ٧ إِنْ أَحْسَنْتُمْ أَحْسَنْتُمْ لِأَنْفُسِكُمْ
وَإِنْ أَسَأْتُمْ فَلَهَا فَإِذَا جَاءَ وَعْدُ ٱلْآخِرَةِ لِيَسُوءُوا وُجُوهَكُمْ وَلِيَدْخُلُوا ٱلْمَسْجِدَ
كَمَا دَخَلُوهُ أَوَّلَ مَرَّةٍ وَلِيُتَبِّرُوا مَا عَلَوْا تَتْبِيرًا ٨ عَسَى رَبُّكُمْ أَنْ يَرْحَمَكُمْ
وَإِنْ عُدْتُمْ عُدْنَا وَجَعَلْنَا جَهَنَّمَ لِلْكَافِرِينَ حَصِيرًا ٩ إِنَّ هَذَا ٱلْقُرْآنَ

غَضَبٌ مِنَ ٱللَّهِ وَلَهُمْ عَذَابٌ عَظِيمٌ ١٠٩ ذَلِكَ بِأَنَّهُمُ ٱسْتَحَبُّوا ٱلْحَيَوٰةَ ٱلدُّنْيَا
عَلَى ٱلْآخِرَةِ وَأَنَّ ٱللَّهَ لَا يَهْدِي ٱلْقَوْمَ ٱلْكَافِرِينَ ١١٠ أُولَٰٓئِكَ ٱلَّذِينَ طَبَعَ
ٱللَّهُ عَلَى قُلُوبِهِمْ وَسَمْعِهِمْ وَأَبْصَارِهِمْ وَأُولَٰٓئِكَ هُمُ ٱلْغَافِلُونَ لَا جَرَمَ أَنَّهُمْ
فِي ٱلْآخِرَةِ هُمُ ٱلْخَاسِرُونَ ١١١ ثُمَّ إِنَّ رَبَّكَ لِلَّذِينَ هَاجَرُوا مِنْ بَعْدِ مَا فُتِنُوا
ثُمَّ جَاهَدُوا وَصَبَرُوا إِنَّ رَبَّكَ مِنْ بَعْدِهَا لَغَفُورٌ رَحِيمٌ ١١٢ يَوْمَ تَأْتِي كُلُّ
نَفْسٍ تُجَادِلُ عَنْ نَفْسِهَا وَتُوَفَّى كُلُّ نَفْسٍ مَا عَمِلَتْ وَهُمْ لَا يُظْلَمُونَ
١١٣ وَضَرَبَ ٱللَّهُ مَثَلًا قَرْيَةً كَانَتْ آمِنَةً مُطْمَئِنَّةً يَأْتِيهَا رِزْقُهَا رَغَدًا مِنْ كُلِّ
مَكَانٍ فَكَفَرَتْ بِأَنْعُمِ ٱللَّهِ فَأَذَاقَهَا ٱللَّهُ لِبَاسَ ٱلْجُوعِ وَٱلْخَوْفِ بِمَا كَانُوا يَصْنَعُونَ
١١٤ وَلَقَدْ جَاءَهُمْ رَسُولٌ مِنْهُمْ فَكَذَّبُوهُ فَأَخَذَهُمُ ٱلْعَذَابُ وَهُمْ ظَالِمُونَ ١١٥
فَكُلُوا مِمَّا رَزَقَكُمُ ٱللَّهُ حَلَالًا طَيِّبًا وَٱشْكُرُوا نِعْمَتَ ٱللَّهِ إِنْ كُنْتُمْ إِيَّاهُ تَعْبُدُونَ
١١٦ إِنَّمَا حَرَّمَ عَلَيْكُمُ ٱلْمَيْتَةَ وَٱلدَّمَ وَلَحْمَ ٱلْخِنْزِيرِ وَمَا أُهِلَّ لِغَيْرِ ٱللَّهِ بِهِ فَمَنِ
ٱضْطُرَّ غَيْرَ بَاغٍ وَلَا عَادٍ فَإِنَّ ٱللَّهَ غَفُورٌ رَحِيمٌ ١١٧ وَلَا تَقُولُوا لِمَا تَصِفُ
أَلْسِنَتُكُمُ ٱلْكَذِبَ هَذَا حَلَالٌ وَهَذَا حَرَامٌ لِتَفْتَرُوا عَلَى ٱللَّهِ ٱلْكَذِبَ إِنَّ
ٱلَّذِينَ يَفْتَرُونَ عَلَى ٱللَّهِ ٱلْكَذِبَ لَا يُفْلِحُونَ ١١٨ مَتَاعٌ قَلِيلٌ وَلَهُمْ عَذَابٌ
أَلِيمٌ ١١٩ وَعَلَى ٱلَّذِينَ هَادُوا حَرَّمْنَا مَا قَصَصْنَا عَلَيْكَ مِنْ قَبْلُ وَمَا
ظَلَمْنَاهُمْ وَلَكِنْ كَانُوا أَنْفُسَهُمْ يَظْلِمُونَ ١٢٠ ثُمَّ إِنَّ رَبَّكَ لِلَّذِينَ عَمِلُوا ٱلسُّوءَ
بِجَهَالَةٍ ثُمَّ تَابُوا مِنْ بَعْدِ ذَلِكَ وَأَصْلَحُوا إِنَّ رَبَّكَ مِنْ بَعْدِهَا لَغَفُورٌ رَحِيمٌ
١٢١ إِنَّ إِبْرَٰهِيمَ كَانَ أُمَّةً قَانِتًا لِلَّهِ حَنِيفًا وَلَمْ يَكُ مِنَ ٱلْمُشْرِكِينَ ١٢٢ شَاكِرًا
لِأَنْعُمِهِ ٱجْتَبَاهُ وَهَدَاهُ إِلَى صِرَاطٍ مُسْتَقِيمٍ ١٢٣ وَآتَيْنَاهُ فِي ٱلدُّنْيَا حَسَنَةً وَإِنَّهُ
فِي ٱلْآخِرَةِ لَمِنَ ٱلصَّالِحِينَ ١٢٤ ثُمَّ أَوْحَيْنَا إِلَيْكَ أَنِ ٱتَّبِعْ مِلَّةَ إِبْرَٰهِيمَ حَنِيفًا
وَمَا كَانَ مِنَ ٱلْمُشْرِكِينَ ١٢٥ إِنَّمَا جُعِلَ ٱلسَّبْتُ عَلَى ٱلَّذِينَ ٱخْتَلَفُوا فِيهِ
وَإِنَّ رَبَّكَ لَيَحْكُمُ بَيْنَهُمْ يَوْمَ ٱلْقِيَامَةِ فِيمَا كَانُوا فِيهِ يَخْتَلِفُونَ ١٢٦ ٱدْعُ إِلَى

وَٱلْمُنْكَرِ وَٱلْبَغْيِ يَعِظُكُمْ لَعَلَّكُمْ تَذَكَّرُونَ ٩٣ وَأَوْفُوا بِعَهْدِ ٱللَّهِ إِذَا عَاهَدتُّمْ
وَلَا تَنْقُضُوا ٱلْأَيْمَانَ بَعْدَ تَوْكِيدِهَا وَقَدْ جَعَلْتُمُ ٱللَّهَ عَلَيْكُمْ كَفِيلًا إِنَّ
ٱللَّهَ يَعْلَمُ مَا تَفْعَلُونَ ٩٤ وَلَا تَكُونُوا كَٱلَّتِي نَقَضَتْ غَزْلَهَا مِنْ بَعْدِ قُوَّةٍ
أَنْكَاثًا تَتَّخِذُونَ أَيْمَانَكُمْ دَخَلًا بَيْنَكُمْ أَنْ تَكُونَ أُمَّةٌ هِيَ أَرْبَى مِنْ أُمَّةٍ إِنَّمَا
يَبْلُوكُمُ ٱللَّهُ بِهِ وَلَيُبَيِّنَنَّ لَكُمْ يَوْمَ ٱلْقِيَامَةِ مَا كُنْتُمْ فِيهِ تَخْتَلِفُونَ ٩٥ وَلَوْ
شَآءَ ٱللَّهُ لَجَعَلَكُمْ أُمَّةً وَاحِدَةً وَلٰكِنْ يُضِلُّ مَنْ يَشَآءُ وَيَهْدِي مَنْ يَشَآءُ
وَلَتُسْأَلُنَّ عَمَّا كُنْتُمْ تَعْمَلُونَ ٩٦ وَلَا تَتَّخِذُوا أَيْمَانَكُمْ دَخَلًا بَيْنَكُمْ فَتَزِلَّ قَدَمٌ
بَعْدَ ثُبُوتِهَا وَتَذُوقُوا ٱلسُّوٓءَ بِمَا صَدَدتُّمْ عَنْ سَبِيلِ ٱللَّهِ وَلَكُمْ عَذَابٌ عَظِيمٌ
٩٧ وَلَا تَشْتَرُوا بِعَهْدِ ٱللَّهِ ثَمَنًا قَلِيلًا إِنَّمَا عِنْدَ ٱللَّهِ هُوَ خَيْرٌ لَكُمْ إِنْ كُنْتُمْ
تَعْلَمُونَ ٩٨ مَا عِنْدَكُمْ يَنْفَدُ وَمَا عِنْدَ ٱللَّهِ بَاقٍ وَلَنَجْزِيَنَّ ٱلَّذِينَ صَبَرُوا
أَجْرَهُمْ بِأَحْسَنِ مَا كَانُوا يَعْمَلُونَ ٩٩ مَنْ عَمِلَ صَالِحًا مِنْ ذَكَرٍ أَوْ أُنْثَى وَهُوَ
مُؤْمِنٌ فَلَنُحْيِيَنَّهُ حَيٰوةً طَيِّبَةً وَلَنَجْزِيَنَّهُمْ أَجْرَهُمْ بِأَحْسَنِ مَا كَانُوا يَعْمَلُونَ
١٠٠ فَإِذَا قَرَأْتَ ٱلْقُرْآنَ فَٱسْتَعِذْ بِٱللَّهِ مِنَ ٱلشَّيْطَانِ ٱلرَّجِيمِ ١٠١ إِنَّهُ لَيْسَ لَهُ
سُلْطَانٌ عَلَى ٱلَّذِينَ آمَنُوا وَعَلَى رَبِّهِمْ يَتَوَكَّلُونَ ١٠٢ إِنَّمَا سُلْطَانُهُ عَلَى
ٱلَّذِينَ يَتَوَلَّوْنَهُ وَٱلَّذِينَ هُمْ بِهِ مُشْرِكُونَ ١٠٣ وَإِذَا بَدَّلْنَا آيَةً مَكَانَ آيَةٍ وَٱللَّهُ
أَعْلَمُ بِمَا يُنَزِّلُ قَالُوا إِنَّمَا أَنْتَ مُفْتَرٍ بَلْ أَكْثَرُهُمْ لَا يَعْلَمُونَ ١٠٤ قُلْ نَزَّلَهُ
رُوحُ ٱلْقُدُسِ مِنْ رَبِّكَ بِٱلْحَقِّ لِيُثَبِّتَ ٱلَّذِينَ آمَنُوا وَهُدًى وَبُشْرَى لِلْمُسْلِمِينَ
١٠٥ وَلَقَدْ نَعْلَمُ أَنَّهُمْ يَقُولُونَ إِنَّمَا يُعَلِّمُهُ بَشَرٌ لِسَانُ ٱلَّذِي يُلْحِدُونَ إِلَيْهِ
أَعْجَمِيٌّ وَهٰذَا لِسَانٌ عَرَبِيٌّ مُبِينٌ ١٠٦ إِنَّ ٱلَّذِينَ لَا يُؤْمِنُونَ بِآيَاتِ ٱللَّهِ لَا
يَهْدِيهِمُ ٱللَّهُ وَلَهُمْ عَذَابٌ أَلِيمٌ ١٠٧ إِنَّمَا يَفْتَرِي ٱلْكَذِبَ ٱلَّذِينَ لَا يُؤْمِنُونَ
بِآيَاتِ ٱللَّهِ وَأُولٰٓئِكَ هُمُ ٱلْكَاذِبُونَ ١٠٨ مَنْ كَفَرَ بِٱللَّهِ مِنْ بَعْدِ إِيمَانِهِ إِلَّا
مَنْ أُكْرِهَ وَقَلْبُهُ مُطْمَئِنٌّ بِٱلْإِيمَانِ وَلٰكِنْ مَنْ شَرَحَ بِٱلْكُفْرِ صَدْرًا فَعَلَيْهِمْ

أَكْثَرُهُمْ لَا يَعْلَمُونَ ٧٨ وَضَرَبَ ٱللَّهُ مَثَلًا رَجُلَيْنِ أَحَدُهُمَا أَبْكَمُ لَا يَقْدِرُ
عَلَى شَيْءٍ وَهُوَ كَلٌّ عَلَى مَوْلَاهُ أَيْنَمَا يُوَجِّهْهُ لَا يَأْتِ بِخَيْرٍ هَلْ يَسْتَوِي هُوَ
وَمَنْ يَأْمُرُ بِٱلْعَدْلِ وَهُوَ عَلَى صِرَاطٍ مُسْتَقِيمٍ ٧٩ وَلِلَّهِ غَيْبُ ٱلسَّمَوَاتِ
وَٱلْأَرْضِ وَمَا أَمْرُ ٱلسَّاعَةِ إِلَّا كَلَمْحِ ٱلْبَصَرِ أَوْ هُوَ أَقْرَبُ إِنَّ ٱللَّهَ عَلَى كُلِّ شَيْءٍ
قَدِيرٌ ٨٠ وَٱللَّهُ أَخْرَجَكُمْ مِنْ بُطُونِ أُمَّهَاتِكُمْ لَا تَعْلَمُونَ شَيْئًا وَجَعَلَ لَكُمُ
ٱلسَّمْعَ وَٱلْأَبْصَارَ وَٱلْأَفْئِدَةَ لَعَلَّكُمْ تَشْكُرُونَ ٨١ أَلَمْ يَرَوْا إِلَى ٱلطَّيْرِ مُسَخَّرَاتٍ
فِي جَوِّ ٱلسَّمَاءِ مَا يُمْسِكُهُنَّ إِلَّا ٱللَّهُ إِنَّ فِي ذَلِكَ لَآيَاتٍ لِقَوْمٍ يُؤْمِنُونَ
٨٢ وَٱللَّهُ جَعَلَ لَكُمْ مِنْ بُيُوتِكُمْ سَكَنًا وَجَعَلَ لَكُمْ مِنْ جُلُودِ ٱلْأَنْعَامِ بُيُوتًا
تَسْتَخِفُّونَهَا يَوْمَ ظَعْنِكُمْ وَيَوْمَ إِقَامَتِكُمْ وَمِنْ أَصْوَافِهَا وَأَوْبَارِهَا وَأَشْعَارِهَا
أَثَاثًا وَمَتَاعًا إِلَى حِينٍ ٨٣ وَٱللَّهُ جَعَلَ لَكُمْ مِمَّا خَلَقَ ظِلَالًا وَجَعَلَ لَكُمْ
مِنَ ٱلْجِبَالِ أَكْنَانًا وَجَعَلَ لَكُمْ سَرَابِيلَ تَقِيكُمُ ٱلْحَرَّ وَسَرَابِيلَ تَقِيكُمْ بَأْسَكُمْ
كَذَلِكَ يُتِمُّ نِعْمَتَهُ عَلَيْكُمْ لَعَلَّكُمْ تُسْلِمُونَ ٨٤ فَإِنْ تَوَلَّوْا فَإِنَّمَا عَلَيْكَ ٱلْبَلَاغُ
ٱلْمُبِينُ ٨٥ يَعْرِفُونَ نِعْمَةَ ٱللَّهِ ثُمَّ يُنْكِرُونَهَا وَأَكْثَرُهُمُ ٱلْكَافِرُونَ ٨٦ وَيَوْمَ
نَبْعَثُ مِنْ كُلِّ أُمَّةٍ شَهِيدًا ثُمَّ لَا يُؤْذَنُ لِلَّذِينَ كَفَرُوا وَلَا هُمْ يُسْتَعْتَبُونَ
٨٧ وَإِذَا رَأَى ٱلَّذِينَ ظَلَمُوا ٱلْعَذَابَ فَلَا يُخَفَّفُ عَنْهُمْ وَلَا هُمْ يُنْظَرُونَ ٨٨ وَإِذَا
رَأَى ٱلَّذِينَ أَشْرَكُوا شُرَكَاءَهُمْ قَالُوا رَبَّنَا هَؤُلَاءِ شُرَكَاؤُنَا ٱلَّذِينَ كُنَّا
نَدْعُو مِنْ دُونِكَ فَأَلْقَوْا إِلَيْهِمُ ٱلْقَوْلَ إِنَّكُمْ لَكَاذِبُونَ ٨٩ وَأَلْقَوْا إِلَى ٱللَّهِ
يَوْمَئِذٍ ٱلسَّلَمَ وَضَلَّ عَنْهُمْ مَا كَانُوا يَفْتَرُونَ ٩٠ ٱلَّذِينَ كَفَرُوا وَصَدُّوا عَنْ
سَبِيلِ ٱللَّهِ زِدْنَاهُمْ عَذَابًا فَوْقَ ٱلْعَذَابِ بِمَا كَانُوا يُفْسِدُونَ ٩١ وَيَوْمَ نَبْعَثُ
فِي كُلِّ أُمَّةٍ شَهِيدًا عَلَيْهِمْ مِنْ أَنْفُسِهِمْ وَجِئْنَا بِكَ شَهِيدًا عَلَى هَؤُلَاءِ وَنَزَّلْنَا
عَلَيْكَ ٱلْكِتَابَ تِبْيَانًا لِكُلِّ شَيْءٍ وَهُدًى وَرَحْمَةً وَبُشْرَى لِلْمُسْلِمِينَ ٩٢ إِنَّ
ٱللَّهَ يَأْمُرُ بِٱلْعَدْلِ وَٱلْإِحْسَانِ وَإِيتَاءِ ذِي ٱلْقُرْبَى وَيَنْهَى عَنِ ٱلْفَحْشَاءِ

يُؤَاخِذُ ٱللَّهُ ٱلنَّاسَ بِظُلْمِهِمْ مَا تَرَكَ عَلَيْهَا مِنْ دَآبَّةٍ وَلَٰكِنْ يُؤَخِّرُهُمْ إِلَىٰ أَجَلٍ
مُسَمًّى فَإِذَا جَآءَ أَجَلُهُمْ لَا يَسْتَأْخِرُونَ سَاعَةً وَلَا يَسْتَقْدِمُونَ ٦٤ وَيَجْعَلُونَ
لِلَّهِ مَا يَكْرَهُونَ وَتَصِفُ أَلْسِنَتُهُمُ ٱلْكَذِبَ أَنَّ لَهُمُ ٱلْحُسْنَىٰ لَا جَرَمَ أَنَّ لَهُمُ
ٱلنَّارَ وَأَنَّهُمْ مُفْرَطُونَ ٦٥ تَٱللَّهِ لَقَدْ أَرْسَلْنَا إِلَىٰ أُمَمٍ مِنْ قَبْلِكَ فَزَيَّنَ لَهُمُ
ٱلشَّيْطَانُ أَعْمَالَهُمْ فَهُوَ وَلِيُّهُمُ ٱلْيَوْمَ وَلَهُمْ عَذَابٌ أَلِيمٌ ٦٦ وَمَا أَنْزَلْنَا عَلَيْكَ
ٱلْكِتَابَ إِلَّا لِتُبَيِّنَ لَهُمُ ٱلَّذِي ٱخْتَلَفُوا فِيهِ وَهُدًى وَرَحْمَةً لِقَوْمٍ يُؤْمِنُونَ ٦٧
وَٱللَّهُ أَنْزَلَ مِنَ ٱلسَّمَآءِ مَآءً فَأَحْيَا بِهِ ٱلْأَرْضَ بَعْدَ مَوْتِهَا إِنَّ فِي ذَٰلِكَ لَآيَةً
لِقَوْمٍ يَسْمَعُونَ ٦٨ وَإِنَّ لَكُمْ فِي ٱلْأَنْعَامِ لَعِبْرَةً نُسْقِيكُمْ مِمَّا فِي بُطُونِهِ مِنْ بَيْنِ
فَرْثٍ وَدَمٍ لَبَنًا خَالِصًا سَآئِغًا لِلشَّارِبِينَ ٦٩ وَمِنْ ثَمَرَاتِ ٱلنَّخِيلِ وَٱلْأَعْنَابِ
تَتَّخِذُونَ مِنْهُ سَكَرًا وَرِزْقًا حَسَنًا إِنَّ فِي ذَٰلِكَ لَآيَةً لِقَوْمٍ يَعْقِلُونَ ٧٠ وَأَوْحَىٰ
رَبُّكَ إِلَى ٱلنَّحْلِ أَنِ ٱتَّخِذِي مِنَ ٱلْجِبَالِ بُيُوتًا وَمِنَ ٱلشَّجَرِ وَمِمَّا يَعْرِشُونَ ٧١ ثُمَّ
كُلِي مِنْ كُلِّ ٱلثَّمَرَاتِ فَٱسْلُكِي سُبُلَ رَبِّكِ ذُلُلًا يَخْرُجُ مِنْ بُطُونِهَا شَرَابٌ
مُخْتَلِفٌ أَلْوَانُهُ فِيهِ شِفَآءٌ لِلنَّاسِ إِنَّ فِي ذَٰلِكَ لَآيَةً لِقَوْمٍ يَتَفَكَّرُونَ ٧٢ وَٱللَّهُ
خَلَقَكُمْ ثُمَّ يَتَوَفَّاكُمْ وَمِنْكُمْ مَنْ يُرَدُّ إِلَىٰ أَرْذَلِ ٱلْعُمُرِ لِكَيْلَا يَعْلَمَ بَعْدَ عِلْمٍ
شَيْئًا إِنَّ ٱللَّهَ عَلِيمٌ قَدِيرٌ ٧٣ وَٱللَّهُ فَضَّلَ بَعْضَكُمْ عَلَىٰ بَعْضٍ فِي ٱلرِّزْقِ فَمَا
ٱلَّذِينَ فُضِّلُوا بِرَآدِّي رِزْقِهِمْ عَلَىٰ مَا مَلَكَتْ أَيْمَانُهُمْ فَهُمْ فِيهِ سَوَآءٌ أَفَبِنِعْمَةِ
ٱللَّهِ يَجْحَدُونَ ٧٤ وَٱللَّهُ جَعَلَ لَكُمْ مِنْ أَنْفُسِكُمْ أَزْوَاجًا وَجَعَلَ لَكُمْ مِنْ
أَزْوَاجِكُمْ بَنِينَ وَحَفَدَةً وَرَزَقَكُمْ مِنَ ٱلطَّيِّبَاتِ أَفَبِٱلْبَاطِلِ يُؤْمِنُونَ وَبِنِعْمَةِ ٱللَّهِ
هُمْ يَكْفُرُونَ ٧٥ وَيَعْبُدُونَ مِنْ دُونِ ٱللَّهِ مَا لَا يَمْلِكُ لَهُمْ رِزْقًا مِنَ ٱلسَّمَاوَاتِ
وَٱلْأَرْضِ شَيْئًا وَلَا يَسْتَطِيعُونَ ٧٦ فَلَا تَضْرِبُوا لِلَّهِ ٱلْأَمْثَالَ إِنَّ ٱللَّهَ يَعْلَمُ وَأَنْتُمْ
لَا تَعْلَمُونَ ٧٧ ضَرَبَ ٱللَّهُ مَثَلًا عَبْدًا مَمْلُوكًا لَا يَقْدِرُ عَلَىٰ شَيْءٍ وَمَنْ رَزَقْنَاهُ
مِنَّا رِزْقًا حَسَنًا فَهُوَ يُنْفِقُ مِنْهُ سِرًّا وَجَهْرًا هَلْ يَسْتَوُونَ ٱلْحَمْدُ لِلَّهِ بَلْ

أَكْثَرَ ٱلنَّاسِ لَا يَعْلَمُونَ ٤١ لِيُبَيِّنَ لَهُمُ ٱلَّذِى يَخْتَلِفُونَ فِيهِ وَلِيَعْلَمَ ٱلَّذِينَ
كَفَرُوا أَنَّهُمْ كَانُوا كَاذِبِينَ ٤٢ إِنَّمَا قَوْلُنَا لِشَىْءٍ إِذَا أَرَدْنَاهُ أَنْ نَقُولَ لَهُ كُنْ
فَيَكُونُ ٤٣ وَٱلَّذِينَ هَاجَرُوا فِى ٱللّٰهِ مِنْ بَعْدِ مَا ظُلِمُوا لَنُبَوِّئَنَّهُمْ فِى ٱلدُّنْيَا
حَسَنَةً وَلَأَجْرُ ٱلْآخِرَةِ أَكْبَرُ لَوْ كَانُوا يَعْلَمُونَ ٤٤ ٱلَّذِينَ صَبَرُوا وَعَلَى رَبِّهِمْ
يَتَوَكَّلُونَ ٤٥ وَمَا أَرْسَلْنَا مِنْ قَبْلِكَ إِلَّا رِجَالًا نُوحِى إِلَيْهِمْ فَٱسْأَلُوا أَهْلَ
ٱلذِّكْرِ إِنْ كُنْتُمْ لَا تَعْلَمُونَ ٤٦ بِٱلْبَيِّنَاتِ وَٱلزُّبُرِ وَأَنْزَلْنَا إِلَيْكَ ٱلذِّكْرَ لِتُبَيِّنَ
لِلنَّاسِ مَا نُزِّلَ إِلَيْهِمْ وَلَعَلَّهُمْ يَتَفَكَّرُونَ ٤٧ أَفَأَمِنَ ٱلَّذِينَ مَكَرُوا ٱلسَّيِّئَاتِ أَنْ
يَخْسِفَ ٱللّٰهُ بِهِمُ ٱلْأَرْضَ أَوْ يَأْتِيَهُمُ ٱلْعَذَابُ مِنْ حَيْثُ لَا يَشْعُرُونَ ٤٨ أَوْ
يَأْخُذَهُمْ فِى تَقَلُّبِهِمْ فَمَا هُمْ بِمُعْجِزِينَ ٤٩ أَوْ يَأْخُذَهُمْ عَلَى تَخَوُّفٍ فَإِنَّ رَبَّكُمْ
لَرَؤُفٌ رَحِيمٌ ٥٠ أَوَلَمْ يَرَوْا إِلَى مَا خَلَقَ ٱللّٰهُ مِنْ شَىْءٍ يَتَفَيَّؤُ ظِلَالُهُ عَنِ
ٱلْيَمِينِ وَٱلشَّمَائِلِ سُجَّدًا لِلّٰهِ وَهُمْ دَاخِرُونَ ٥١ وَلِلّٰهِ يَسْجُدُ مَا فِى ٱلسَّمٰوَاتِ
وَمَا فِى ٱلْأَرْضِ مِنْ دَابَّةٍ وَٱلْمَلَائِكَةُ وَهُمْ لَا يَسْتَكْبِرُونَ ٥٢ يَخَافُونَ رَبَّهُمْ مِنْ
فَوْقِهِمْ وَيَفْعَلُونَ مَا يُؤْمَرُونَ ٥٣ وَقَالَ ٱللّٰهُ لَا تَتَّخِذُوا إِلٰهَيْنِ ٱثْنَيْنِ إِنَّمَا
هُوَ إِلٰهٌ وَاحِدٌ فَإِيَّاىَ فَٱرْهَبُونِ ٥٤ وَلَهُ مَا فِى ٱلسَّمٰوَاتِ وَٱلْأَرْضِ وَلَهُ ٱلدِّينُ
وَاصِبًا أَفَغَيْرَ ٱللّٰهِ تَتَّقُونَ ٥٥ وَمَا بِكُمْ مِنْ نِعْمَةٍ فَمِنَ ٱللّٰهِ ثُمَّ إِذَا مَسَّكُمُ
ٱلضُّرُّ فَإِلَيْهِ تَجْأَرُونَ ٥٦ ثُمَّ إِذَا كَشَفَ ٱلضُّرَّ عَنْكُمْ إِذَا فَرِيقٌ مِنْكُمْ بِرَبِّهِمْ
يُشْرِكُونَ ٥٧ لِيَكْفُرُوا بِمَا آتَيْنَاهُمْ فَتَمَتَّعُوا فَسَوْفَ تَعْلَمُونَ ٥٨ وَيَجْعَلُونَ
لِمَا لَا يَعْلَمُونَ نَصِيبًا مِمَّا رَزَقْنَاهُمْ تَٱللّٰهِ لَتُسْأَلُنَّ عَمَّا كُنْتُمْ تَفْتَرُونَ ٥٩
وَيَجْعَلُونَ لِلّٰهِ ٱلْبَنَاتِ سُبْحَانَهُ وَلَهُمْ مَا يَشْتَهُونَ ٦٠ وَإِذَا بُشِّرَ أَحَدُهُمْ
بِٱلْأُنْثَى ظَلَّ وَجْهُهُ مُسْوَدًّا وَهُوَ كَظِيمٌ ٦١ يَتَوَارَى مِنَ ٱلْقَوْمِ مِنْ سُوءِ مَا
بُشِّرَ بِهِ أَيُمْسِكُهُ عَلَى هُونٍ أَمْ يَدُسُّهُ فِى ٱلتُّرَابِ أَلَا سَاءَ مَا يَحْكُمُونَ ٦٢ لِلَّذِينَ
لَا يُؤْمِنُونَ بِٱلْآخِرَةِ مَثَلُ ٱلسَّوْءِ وَلِلّٰهِ ٱلْمَثَلُ ٱلْأَعْلَى وَهُوَ ٱلْعَزِيزُ ٱلْحَكِيمُ ٦٣ وَلَوْ

ٱلْأَوَّلِينَ ٢٧ لِيَحْمِلُوا أَوْزَارَهُمْ كَامِلَةً يَوْمَ ٱلْقِيَامَةِ وَمِنْ أَوْزَارِ ٱلَّذِينَ يُضِلُّونَهُمْ
بِغَيْرِ عِلْمٍ أَلَا سَآءَ مَا يَزِرُونَ ٢٨ قَدْ مَكَرَ ٱلَّذِينَ مِنْ قَبْلِهِمْ فَأَتَى ٱللَّهُ
بُنْيَانَهُمْ مِنَ ٱلْقَوَاعِدِ فَخَرَّ عَلَيْهِمُ ٱلسَّقْفُ مِنْ فَوْقِهِمْ وَأَتَاهُمُ ٱلْعَذَابُ مِنْ
حَيْثُ لَا يَشْعُرُونَ ٢٩ ثُمَّ يَوْمَ ٱلْقِيَامَةِ يُخْزِيهِمْ وَيَقُولُ أَيْنَ شُرَكَآءِىَ ٱلَّذِينَ
كُنْتُمْ تُشَاقُّونَ فِيهِمْ قَالَ ٱلَّذِينَ أُوتُوا ٱلْعِلْمَ إِنَّ ٱلْخِزْىَ ٱلْيَوْمَ وَٱلسُّوٓءَ عَلَى
ٱلْكَافِرِينَ ٣٠ ٱلَّذِينَ تَتَوَفَّاهُمُ ٱلْمَلَآئِكَةُ ظَالِمِى أَنْفُسِهِمْ فَأَلْقَوُا ٱلسَّلَمَ مَا
كُنَّا نَعْمَلُ مِنْ سُوٓءٍ بَلَى إِنَّ ٱللَّهَ عَلِيمٌ بِمَا كُنْتُمْ تَعْمَلُونَ ٣١ فَٱدْخُلُوا
أَبْوَابَ جَهَنَّمَ خَالِدِينَ فِيهَا فَلَبِئْسَ مَثْوَى ٱلْمُتَكَبِّرِينَ ٣٢ وَقِيلَ لِلَّذِينَ
ٱتَّقَوْا مَا ذَا أَنْزَلَ رَبُّكُمْ قَالُوا خَيْرًا لِلَّذِينَ أَحْسَنُوا فِى هَذِهِ ٱلدُّنْيَا حَسَنَةٌ
وَلَدَارُ ٱلْآخِرَةِ خَيْرٌ وَلَنِعْمَ دَارُ ٱلْمُتَّقِينَ ٣٣ جَنَّاتُ عَدْنٍ يَدْخُلُونَهَا تَجْرِى
مِنْ تَحْتِهَا ٱلْأَنْهَارُ لَهُمْ فِيهَا مَا يَشَآؤُنَ كَذَلِكَ يَجْزِى ٱللَّهُ ٱلْمُتَّقِينَ ٣٤ ٱلَّذِينَ
تَتَوَفَّاهُمُ ٱلْمَلَآئِكَةُ طَيِّبِينَ يَقُولُونَ سَلَامٌ عَلَيْكُمُ ٱدْخُلُوا ٱلْجَنَّةَ بِمَا كُنْتُمْ
تَعْمَلُونَ ٣٥ هَلْ يَنْظُرُونَ إِلَّا أَنْ تَأْتِيَهُمُ ٱلْمَلَآئِكَةُ أَوْ يَأْتِىَ أَمْرُ رَبِّكَ كَذَلِكَ
فَعَلَ ٱلَّذِينَ مِنْ قَبْلِهِمْ وَمَا ظَلَمَهُمُ ٱللَّهُ وَلَكِنْ كَانُوا أَنْفُسَهُمْ يَظْلِمُونَ
٣٦ فَأَصَابَهُمْ سَيِّآتُ مَا عَمِلُوا وَحَاقَ بِهِمْ مَا كَانُوا بِهِ يَسْتَهْزِؤُنَ ٣٧ وَقَالَ
ٱلَّذِينَ أَشْرَكُوا لَوْ شَآءَ ٱللَّهُ مَا عَبَدْنَا مِنْ دُونِهِ مِنْ شَىْءٍ نَحْنُ وَلَا آبَآؤُنَا
وَلَا حَرَّمْنَا مِنْ دُونِهِ مِنْ شَىْءٍ كَذَلِكَ فَعَلَ ٱلَّذِينَ مِنْ قَبْلِهِمْ فَهَلْ عَلَى
ٱلرُّسُلِ إِلَّا ٱلْبَلَاغُ ٱلْمُبِينُ ٣٨ وَلَقَدْ بَعَثْنَا فِى كُلِّ أُمَّةٍ رَسُولًا أَنِ ٱعْبُدُوا ٱللَّهَ
وَٱجْتَنِبُوا ٱلطَّاغُوتَ فَمِنْهُمْ مَنْ هَدَى ٱللَّهُ وَمِنْهُمْ مَنْ حَقَّتْ عَلَيْهِ ٱلضَّلَالَةُ
فَسِيرُوا فِى ٱلْأَرْضِ فَٱنْظُرُوا كَيْفَ كَانَ عَاقِبَةُ ٱلْمُكَذِّبِينَ ٣٩ إِنْ تَحْرِصْ عَلَى
هُدَاهُمْ فَإِنَّ ٱللَّهَ لَا يَهْدِى مَنْ يُضِلُّ وَمَا لَهُمْ مِنْ نَاصِرِينَ ٤٠ وَأَقْسَمُوا
بِٱللَّهِ جَهْدَ أَيْمَانِهِمْ لَا يَبْعَثُ ٱللَّهُ مَنْ يَمُوتُ بَلَى وَعْدًا عَلَيْهِ حَقًّا وَلَكِنَّ

بِٱلرُّوحِ مِنْ أَمْرِهِ عَلَى مَنْ يَشَآءُ مِنْ عِبَادِهِ أَنْ أَنْذِرُوا أَنَّهُ لَا إِلَهَ إِلَّا أَنَا
فَٱتَّقُونِ ٣ خَلَقَ ٱلسَّمٰوَاتِ وَٱلْأَرْضَ بِٱلْحَقِّ تَعَالَى عَمَّا يُشْرِكُونَ ٤ خَلَقَ
ٱلْإِنْسَانَ مِنْ نُطْفَةٍ فَإِذَا هُوَ خَصِيمٌ مُبِينٌ ٥ وَٱلْأَنْعَامَ خَلَقَهَا لَكُمْ فِيهَا
دِفْءٌ وَمَنَافِعُ وَمِنْهَا تَأْكُلُونَ ٦ وَلَكُمْ فِيهَا جَمَالٌ حِينَ تُرِيحُونَ وَحِينَ
تَسْرَحُونَ ٧ وَتَحْمِلُ أَثْقَالَكُمْ إِلَى بَلَدٍ لَمْ تَكُونُوا بَالِغِيهِ إِلَّا بِشِقِّ ٱلْأَنْفُسِ
إِنَّ رَبَّكُمْ لَرَؤُفٌ رَحِيمٌ ٨ وَٱلْخَيْلَ وَٱلْبِغَالَ وَٱلْحَمِيرَ لِتَرْكَبُوهَا وَزِينَةً وَيَخْلُقُ
مَا لَا تَعْلَمُونَ ٩ وَعَلَى ٱللَّهِ قَصْدُ ٱلسَّبِيلِ وَمِنْهَا جَائِرٌ وَلَوْ شَآءَ لَهَدَاكُمْ
أَجْمَعِينَ ١٠ هُوَ ٱلَّذِى أَنْزَلَ مِنَ ٱلسَّمَآءِ مَآءً لَكُمْ مِنْهُ شَرَابٌ وَمِنْهُ شَجَرٌ
فِيهِ تُسِيمُونَ ١١ يُنْبِتُ لَكُمْ بِهِ ٱلزَّرْعَ وَٱلزَّيْتُونَ وَٱلنَّخِيلَ وَٱلْأَعْنَابَ وَمِنْ كُلِّ
ٱلثَّمَرَاتِ إِنَّ فِي ذَلِكَ لَآيَةً لِقَوْمٍ يَتَفَكَّرُونَ ١٢ وَسَخَّرَ لَكُمُ ٱللَّيْلَ وَٱلنَّهَارَ
وَٱلشَّمْسَ وَٱلْقَمَرَ وَٱلنُّجُومُ مُسَخَّرَاتٌ بِأَمْرِهِ إِنَّ فِي ذَلِكَ لَآيَاتٍ لِقَوْمٍ يَعْقِلُونَ
١٣ وَمَا ذَرَأَ لَكُمْ فِي ٱلْأَرْضِ مُخْتَلِفًا أَلْوَانُهُ إِنَّ فِي ذَلِكَ لَآيَةً لِقَوْمٍ يَذَّكَّرُونَ
١٤ وَهُوَ ٱلَّذِى سَخَّرَ ٱلْبَحْرَ لِتَأْكُلُوا مِنْهُ لَحْمًا طَرِيًّا وَتَسْتَخْرِجُوا مِنْهُ حِلْيَةً
تَلْبَسُونَهَا وَتَرَى ٱلْفُلْكَ مَوَاخِرَ فِيهِ وَلِتَبْتَغُوا مِنْ فَضْلِهِ وَلَعَلَّكُمْ تَشْكُرُونَ
١٥ وَأَلْقَى فِي ٱلْأَرْضِ رَوَاسِيَ أَنْ تَمِيدَ بِكُمْ وَأَنْهَارًا وَسُبُلًا لَعَلَّكُمْ تَهْتَدُونَ
١٦ وَعَلَامَاتٍ وَبِٱلنَّجْمِ هُمْ يَهْتَدُونَ ١٧ أَفَمَنْ يَخْلُقُ كَمَنْ لَا يَخْلُقُ أَفَلَا
تَذَكَّرُونَ ١٨ وَإِنْ تَعُدُّوا نِعْمَةَ ٱللَّهِ لَا تُحْصُوهَا إِنَّ ٱللَّهَ لَغَفُورٌ رَحِيمٌ
١٩ وَٱللَّهُ يَعْلَمُ مَا تُسِرُّونَ وَمَا تُعْلِنُونَ ٢٠ وَٱلَّذِينَ يَدْعُونَ مِنْ دُونِ ٱللَّهِ
لَا يَخْلُقُونَ شَيْئًا وَهُمْ يُخْلَقُونَ ٢١ أَمْوَاتٌ غَيْرُ أَحْيَآءٍ وَمَا يَشْعُرُونَ ٢٢ أَيَّانَ
يُبْعَثُونَ ٢٣ إِلَهُكُمْ إِلَهٌ وَاحِدٌ فَٱلَّذِينَ لَا يُؤْمِنُونَ بِٱلْآخِرَةِ قُلُوبُهُمْ مُنْكِرَةٌ
وَهُمْ مُسْتَكْبِرُونَ ٢٤ لَا جَرَمَ أَنَّ ٱللَّهَ يَعْلَمُ مَا يُسِرُّونَ وَمَا يُعْلِنُونَ ٢٥ إِنَّهُ
لَا يُحِبُّ ٱلْمُسْتَكْبِرِينَ ٢٦ وَإِذَا قِيلَ لَهُمْ مَا ذَا أَنْزَلَ رَبُّكُمْ قَالُوا أَسَاطِيرُ

عَنِ ٱلْعَالَمِينَ ٧١ قَالَ هٰؤُلَآءِ بَنَاتِي إِنْ كُنْتُمْ فَاعِلِينَ ٧٢ لَعَمْرُكَ إِنَّهُمْ لَفِي
سَكْرَتِهِمْ يَعْمَهُونَ ٧٣ فَأَخَذَتْهُمُ ٱلصَّيْحَةُ مُشْرِقِينَ ٧٤ فَجَعَلْنَا عَالِيَهَا
سَافِلَهَا وَأَمْطَرْنَا عَلَيْهِمْ حِجَارَةً مِنْ سِجِّيلٍ ٧٥ إِنَّ فِي ذٰلِكَ لَآيَاتٍ لِلْمُتَوَسِّمِينَ
٧٦ وَإِنَّهَا لَبِسَبِيلٍ مُقِيمٍ ٧٧ إِنَّ فِي ذٰلِكَ لَآيَةً لِلْمُؤْمِنِينَ ٧٨ وَإِنْ كَانَ أَصْحَابُ
ٱلْأَيْكَةِ لَظَالِمِينَ ٧٩ فَٱنْتَقَمْنَا مِنْهُمْ وَإِنَّهُمَا لَبِإِمَامٍ مُبِينٍ ٨٠ وَلَقَدْ كَذَّبَ
أَصْحَابُ ٱلْحِجْرِ ٱلْمُرْسَلِينَ ٨١ وَآتَيْنَاهُمْ آيَاتِنَا فَكَانُوا عَنْهَا مُعْرِضِينَ ٨٢ وَكَانُوا
يَنْحِتُونَ مِنَ ٱلْجِبَالِ بُيُوتًا آمِنِينَ ٨٣ فَأَخَذَتْهُمُ ٱلصَّيْحَةُ مُصْبِحِينَ ٨٤ فَمَا
أَغْنَى عَنْهُمْ مَا كَانُوا يَكْسِبُونَ ٨٥ وَمَا خَلَقْنَا ٱلسَّمٰوَاتِ وَٱلْأَرْضَ وَمَا بَيْنَهُمَا
إِلَّا بِٱلْحَقِّ وَإِنَّ ٱلسَّاعَةَ لَآتِيَةٌ فَٱصْفَحِ ٱلصَّفْحَ ٱلْجَمِيلَ ٨٦ إِنَّ رَبَّكَ هُوَ
ٱلْخَلَّاقُ ٱلْعَلِيمُ ٨٧ وَلَقَدْ آتَيْنَاكَ سَبْعًا مِنَ ٱلْمَثَانِي وَٱلْقُرْآنَ ٱلْعَظِيمَ ٨٨ لَا
تَمُدَّنَّ عَيْنَيْكَ إِلَى مَا مَتَّعْنَا بِهِ أَزْوَاجًا مِنْهُمْ وَلَا تَحْزَنْ عَلَيْهِمْ وَٱخْفِضْ
جَنَاحَكَ لِلْمُؤْمِنِينَ ٨٩ وَقُلْ إِنِّي أَنَا ٱلنَّذِيرُ ٱلْمُبِينُ ٩٠ كَمَا أَنْزَلْنَا عَلَى
ٱلْمُقْتَسِمِينَ ٩١ ٱلَّذِينَ جَعَلُوا ٱلْقُرْآنَ عِضِينَ ٩٢ فَوَرَبِّكَ لَنَسْأَلَنَّهُمْ أَجْمَعِينَ
٩٣ عَمَّا كَانُوا يَعْمَلُونَ ٩٤ فَٱصْدَعْ بِمَا تُؤْمَرُ وَأَعْرِضْ عَنِ ٱلْمُشْرِكِينَ ٩٥ إِنَّا
كَفَيْنَاكَ ٱلْمُسْتَهْزِئِينَ ٩٦ ٱلَّذِينَ يَجْعَلُونَ مَعَ ٱللَّهِ إِلٰهًا آخَرَ فَسَوْفَ يَعْلَمُونَ
٩٧ وَلَقَدْ نَعْلَمُ أَنَّكَ يَضِيقُ صَدْرُكَ بِمَا يَقُولُونَ ٩٨ فَسَبِّحْ بِحَمْدِ رَبِّكَ وَكُنْ
مِنَ ٱلسَّاجِدِينَ ٩٩ وَٱعْبُدْ رَبَّكَ حَتَّى يَأْتِيَكَ ٱلْيَقِينُ

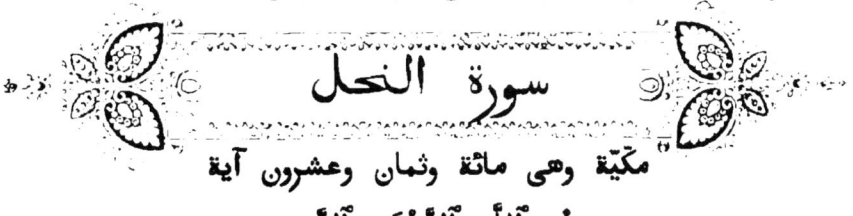

سورة النحل

مكيّة وهى مائة وثمان وعشرون آية

بِسْمِ ٱللَّهِ ٱلرَّحْمٰنِ ٱلرَّحِيمِ

١ أَتَى أَمْرُ ٱللَّهِ فَلَا تَسْتَعْجِلُوهُ سُبْحَانَهُ وَتَعَالَى عَمَّا يُشْرِكُونَ ٢ يُنَزِّلُ ٱلْمَلَائِكَةَ

لم أكن لأسجد لبشر خلقته من صلصال من حمإ مسنون ٣٤ قال
فاخرج منها فإنك رجيم ٣٥ وإن عليك اللعنة إلى يوم الدين ٣٦ قال
رب فأنظرني إلى يوم يبعثون ٣٧ قال فإنك من المنظرين ٣٨ إلى يوم
الوقت المعلوم ٣٩ قال رب بما أغويتني لأزينن لهم في الأرض ولأغوينهم
أجمعين ٤٠ إلا عبادك منهم المخلصين ٤١ قال هذا صراط علي مستقيم
٤٢ إن عبادي ليس لك عليهم سلطان إلا من اتبعك من الغاوين
٤٣ وإن جهنم لموعدهم أجمعين ٤٤ لها سبعة أبواب لكل باب منهم
جزء مقسوم ٤٥ إن المتقين في جنات وعيون ٤٦ ادخلوها بسلام آمنين
٤٧ ونزعنا ما في صدورهم من غل إخوانا على سرر متقابلين ٤٨ لا يمسهم
فيها نصب وما هم منها بمخرجين ٤٩ نبئ عبادي أني أنا الغفور الرحيم
٥٠ وأن عذابي هو العذاب الأليم ٥١ ونبئهم عن ضيف إبرهيم ٥٢ إذ
دخلوا عليه فقالوا سلاما قال إنا منكم وجلون ٥٣ قالوا لا توجل إنا
نبشرك بغلام عليم ٥٤ قال أبشرتموني على أن مسني الكبر فبم تبشرون
٥٥ قالوا بشرناك بالحق فلا تكن من القانطين ٥٦ قال ومن يقنط من
رحمة ربه إلا الضالون ٥٧ قال فما خطبكم أيها المرسلون ٥٨ قالوا إنا
أرسلنا إلى قوم مجرمين ٥٩ إلا آل لوط إنا لمنجوهم أجمعين ٦٠ إلا امرأته
قدرنا إنها لمن الغابرين ٦١ فلما جاء آل لوط المرسلون ٦٢ قال إنكم
قوم منكرون ٦٣ قالوا بل جئناك بما كانوا فيه يمترون ٦٤ وأتيناك بالحق
وإنا لصادقون ٦٥ فأسر بأهلك بقطع من الليل واتبع أدبارهم ولا يلتفت
منكم أحد وامضوا حيث تؤمرون ٦٦ وقضينا إليه ذلك الأمر أن دابر
هؤلاء مقطوع مصبحين ٦٧ وجاء أهل المدينة يستبشرون ٦٨ قال إن
هؤلاء ضيفي فلا تفضحون ٦٩ واتقوا الله ولا تخزون ٧٠ قالوا أولم ننهك

لَوْ كَانُوا مُسْلِمِينَ ۳ ذَرْهُمْ يَأْكُلُوا وَيَتَمَتَّعُوا وَيُلْهِهِمُ ٱلْأَمَلُ فَسَوْفَ يَعْلَمُونَ
۴ وَمَا أَهْلَكْنَا مِنْ قَرْيَةٍ إِلَّا وَلَهَا كِتَابٌ مَعْلُومٌ ۵ مَا تَسْبِقُ مِنْ أُمَّةٍ
أَجَلَهَا وَمَا يَسْتَأْخِرُونَ ۶ وَقَالُوا يَا أَيُّهَا ٱلَّذِي نُزِّلَ عَلَيْهِ ٱلذِّكْرُ إِنَّكَ
لَمَجْنُونٌ ۷ لَوْمَا تَأْتِينَا بِٱلْمَلَائِكَةِ إِنْ كُنْتَ مِنَ ٱلصَّادِقِينَ ۸ مَا نُنَزِّلُ
ٱلْمَلَائِكَةَ إِلَّا بِٱلْحَقِّ وَمَا كَانُوا إِذًا مُنْظَرِينَ ۹ إِنَّا نَحْنُ نَزَّلْنَا ٱلذِّكْرَ وَإِنَّا
لَهُ لَحَافِظُونَ ۱۰ وَلَقَدْ أَرْسَلْنَا مِنْ قَبْلِكَ فِي شِيَعِ ٱلْأَوَّلِينَ ۱۱ وَمَا يَأْتِيهِمْ مِنْ
رَسُولٍ إِلَّا كَانُوا بِهِ يَسْتَهْزِئُونَ ۱۲ كَذَٰلِكَ نَسْلُكُهُ فِي قُلُوبِ ٱلْمُجْرِمِينَ ۱۳ لَا
يُؤْمِنُونَ بِهِ وَقَدْ خَلَتْ سُنَّةُ ٱلْأَوَّلِينَ ۱۴ وَلَوْ فَتَحْنَا عَلَيْهِمْ بَابًا مِنَ ٱلسَّمَاءِ
فَظَلُّوا فِيهِ يَعْرُجُونَ ۱۵ لَقَالُوا إِنَّمَا سُكِّرَتْ أَبْصَارُنَا بَلْ نَحْنُ قَوْمٌ مَسْحُورُونَ
۱۶ وَلَقَدْ جَعَلْنَا فِي ٱلسَّمَاءِ بُرُوجًا وَزَيَّنَّاهَا لِلنَّاظِرِينَ ۱۷ وَحَفِظْنَاهَا مِنْ
كُلِّ شَيْطَانٍ رَجِيمٍ ۱۸ إِلَّا مَنِ ٱسْتَرَقَ ٱلسَّمْعَ فَأَتْبَعَهُ شِهَابٌ مُبِينٌ
۱۹ وَٱلْأَرْضَ مَدَدْنَاهَا وَأَلْقَيْنَا فِيهَا رَوَاسِيَ وَأَنْبَتْنَا فِيهَا مِنْ كُلِّ شَيْءٍ مَوْزُونٍ
۲۰ وَجَعَلْنَا لَكُمْ فِيهَا مَعَايِشَ وَمَنْ لَسْتُمْ لَهُ بِرَازِقِينَ ۲۱ وَإِنْ مِنْ شَيْءٍ
إِلَّا عِنْدَنَا خَزَائِنُهُ وَمَا نُنَزِّلُهُ إِلَّا بِقَدَرٍ مَعْلُومٍ ۲۲ وَأَرْسَلْنَا ٱلرِّيَاحَ لَوَاقِحَ
فَأَنْزَلْنَا مِنَ ٱلسَّمَاءِ مَاءً فَأَسْقَيْنَاكُمُوهُ وَمَا أَنْتُمْ لَهُ بِخَازِنِينَ ۲۳ وَإِنَّا لَنَحْنُ
نُحْيِي وَنُمِيتُ وَنَحْنُ ٱلْوَارِثُونَ ۲۴ وَلَقَدْ عَلِمْنَا ٱلْمُسْتَقْدِمِينَ مِنْكُمْ وَلَقَدْ
عَلِمْنَا ٱلْمُسْتَأْخِرِينَ ۲۵ وَإِنَّ رَبَّكَ هُوَ يَحْشُرُهُمْ إِنَّهُ حَكِيمٌ عَلِيمٌ ۲۶ وَلَقَدْ
خَلَقْنَا ٱلْإِنْسَانَ مِنْ صَلْصَالٍ مِنْ حَمَإٍ مَسْنُونٍ ۲۷ وَٱلْجَانَّ خَلَقْنَاهُ مِنْ قَبْلُ
مِنْ نَارِ ٱلسَّمُومِ ۲۸ وَإِذْ قَالَ رَبُّكَ لِلْمَلَائِكَةِ إِنِّي خَالِقٌ بَشَرًا مِنْ صَلْصَالٍ
مِنْ حَمَإٍ مَسْنُونٍ ۲۹ فَإِذَا سَوَّيْتُهُ وَنَفَخْتُ فِيهِ مِنْ رُوحِي فَقَعُوا لَهُ سَاجِدِينَ
۳۰ فَسَجَدَ ٱلْمَلَائِكَةُ كُلُّهُمْ أَجْمَعُونَ ۳۱ إِلَّا إِبْلِيسَ أَبَى أَنْ يَكُونَ مَعَ
ٱلسَّاجِدِينَ ۳۲ قَالَ يَا إِبْلِيسُ مَا لَكَ أَلَّا تَكُونَ مَعَ ٱلسَّاجِدِينَ ۳۳ قَالَ

مِنَ ٱلثَّمَرَاتِ لَعَلَّهُمْ يَشْكُرُونَ ٤١ رَبَّنَا إِنَّكَ تَعْلَمُ مَا نُخْفِي وَمَا نُعْلِنُ وَمَا
يَخْفَى عَلَى ٱللَّهِ مِنْ شَيْءٍ فِي ٱلْأَرْضِ وَلَا فِي ٱلسَّمَاءِ ٱلْحَمْدُ لِلَّهِ ٱلَّذِي وَهَبَ
لِي عَلَى ٱلْكِبَرِ إِسْمَاعِيلَ وَإِسْحَاقَ إِنَّ رَبِّي لَسَمِيعُ ٱلدُّعَاءِ ٤٢ رَبِّ ٱجْعَلْنِي
مُقِيمَ ٱلصَّلَاةِ وَمِنْ ذُرِّيَّتِي رَبَّنَا وَتَقَبَّلْ دُعَاءِ رَبَّنَا ٱغْفِرْ لِي وَلِوَالِدَيَّ
وَلِلْمُؤْمِنِينَ يَوْمَ يَقُومُ ٱلْحِسَابُ ٤٣ وَلَا تَحْسَبَنَّ ٱللَّهَ غَافِلًا عَمَّا يَعْمَلُ ٱلظَّالِمُونَ
إِنَّمَا يُؤَخِّرُهُمْ لِيَوْمٍ تَشْخَصُ فِيهِ ٱلْأَبْصَارُ ٤٤ مُهْطِعِينَ مُقْنِعِي رُؤُوسِهِمْ لَا
يَرْتَدُّ إِلَيْهِمْ طَرْفُهُمْ وَأَفْئِدَتُهُمْ هَوَاءٌ وَأَنْذِرِ ٱلنَّاسَ يَوْمَ يَأْتِيهِمُ ٱلْعَذَابُ ٤٥
فَيَقُولُ ٱلَّذِينَ ظَلَمُوا رَبَّنَا أَخِّرْنَا إِلَى أَجَلٍ قَرِيبٍ ٤٦ نُجِبْ دَعْوَتَكَ وَنَتَّبِعِ
ٱلرُّسُلَ أَوَلَمْ تَكُونُوا أَقْسَمْتُمْ مِنْ قَبْلُ مَا لَكُمْ مِنْ زَوَالٍ ٤٧ وَسَكَنْتُمْ فِي
مَسَاكِنِ ٱلَّذِينَ ظَلَمُوا أَنْفُسَهُمْ وَتَبَيَّنَ لَكُمْ كَيْفَ فَعَلْنَا بِهِمْ وَضَرَبْنَا لَكُمُ
ٱلْأَمْثَالَ وَقَدْ مَكَرُوا مَكْرَهُمْ وَعِنْدَ ٱللَّهِ مَكْرُهُمْ وَإِنْ كَانَ مَكْرُهُمْ لِتَزُولَ مِنْهُ
ٱلْجِبَالُ ٤٨ فَلَا تَحْسَبَنَّ ٱللَّهَ مُخْلِفَ وَعْدِهِ رُسُلَهُ إِنَّ ٱللَّهَ عَزِيزٌ ذُو ٱنْتِقَامٍ
٤٩ يَوْمَ تُبَدَّلُ ٱلْأَرْضُ غَيْرَ ٱلْأَرْضِ وَٱلسَّمَاوَاتُ وَبَرَزُوا لِلَّهِ ٱلْوَاحِدِ ٱلْقَهَّارِ ٥٠
وَتَرَى ٱلْمُجْرِمِينَ يَوْمَئِذٍ مُقَرَّنِينَ فِي ٱلْأَصْفَادِ ٥١ سَرَابِيلُهُمْ مِنْ قَطِرَانٍ وَتَغْشَى
وُجُوهَهُمُ ٱلنَّارُ لِيَجْزِيَ ٱللَّهُ كُلَّ نَفْسٍ مَا كَسَبَتْ إِنَّ ٱللَّهَ سَرِيعُ ٱلْحِسَابِ
٥٢ هَذَا بَلَاغٌ لِلنَّاسِ وَلِيُنْذَرُوا بِهِ وَلِيَعْلَمُوا أَنَّمَا هُوَ إِلَهٌ وَاحِدٌ وَلِيَذَّكَّرَ
أُولُو ٱلْأَلْبَابِ

سورة الحجر

مكية وهي تسع وتسعون آية

بِسْمِ ٱللَّهِ ٱلرَّحْمَنِ ٱلرَّحِيمِ

١ الر تِلْكَ آيَاتُ ٱلْكِتَابِ وَقُرْآنٍ مُبِينٍ ۝ ٢ رُبَمَا يَوَدُّ ٱلَّذِينَ كَفَرُوا

وَمَا كَانَ لِيَ عَلَيْكُمْ مِنْ سُلْطَانٍ ۲۷ إِلَّا أَنْ دَعَوْتُكُمْ فَاسْتَجَبْتُمْ لِي فَلَا
تَلُومُونِي وَلُومُوا أَنْفُسَكُمْ مَا أَنَا بِمُصْرِخِكُمْ وَمَا أَنْتُمْ بِمُصْرِخِيَّ إِنِّي كَفَرْتُ
بِمَا أَشْرَكْتُمُونِ مِنْ قَبْلُ إِنَّ ٱلظَّالِمِينَ لَهُمْ عَذَابٌ أَلِيمٌ ۲۸ وَأُدْخِلَ ٱلَّذِينَ
آمَنُوا وَعَمِلُوا ٱلصَّالِحَاتِ جَنَّاتٍ تَجْرِي مِنْ تَحْتِهَا ٱلْأَنْهَارُ خَالِدِينَ فِيهَا
بِإِذْنِ رَبِّهِمْ تَحِيَّتُهُمْ فِيهَا سَلَامٌ ۲۹ أَلَمْ تَرَ كَيْفَ ضَرَبَ ٱللّٰهُ مَثَلًا كَلِمَةً
طَيِّبَةً كَشَجَرَةٍ طَيِّبَةٍ أَصْلُهَا ثَابِتٌ وَفَرْعُهَا فِي ٱلسَّمَآءِ ۳۰ تُؤْتِي أُكُلَهَا كُلَّ
حِينٍ بِإِذْنِ رَبِّهَا وَيَضْرِبُ ٱللّٰهُ ٱلْأَمْثَالَ لِلنَّاسِ لَعَلَّهُمْ يَتَذَكَّرُونَ ۳۱ وَمَثَلُ
كَلِمَةٍ خَبِيثَةٍ كَشَجَرَةٍ خَبِيثَةٍ ٱجْتُثَّتْ مِنْ فَوْقِ ٱلْأَرْضِ مَا لَهَا مِنْ قَرَارٍ ۳۲
يُثَبِّتُ ٱللّٰهُ ٱلَّذِينَ آمَنُوا بِٱلْقَوْلِ ٱلثَّابِتِ فِي ٱلْحَيٰوةِ ٱلدُّنْيَا وَفِي ٱلْآخِرَةِ وَيُضِلُّ
ٱللّٰهُ ٱلظَّالِمِينَ وَيَفْعَلُ ٱللّٰهُ مَا يَشَآءُ ۳۳ أَلَمْ تَرَ إِلَى ٱلَّذِينَ بَدَّلُوا نِعْمَةَ
ٱللّٰهِ كُفْرًا وَأَحَلُّوا قَوْمَهُمْ دَارَ ٱلْبَوَارِ ۳۴ جَهَنَّمَ يَصْلَوْنَهَا وَبِئْسَ ٱلْقَرَارُ ۳۵
وَجَعَلُوا لِلّٰهِ أَنْدَادًا لِيُضِلُّوا عَنْ سَبِيلِهِ قُلْ تَمَتَّعُوا فَإِنَّ مَصِيرَكُمْ إِلَى ٱلنَّارِ
۳۶ قُلْ لِعِبَادِيَ ٱلَّذِينَ آمَنُوا يُقِيمُوا ٱلصَّلٰوةَ وَيُنْفِقُوا مِمَّا رَزَقْنَاهُمْ سِرًّا
وَعَلَانِيَةً مِنْ قَبْلِ أَنْ يَأْتِيَ يَوْمٌ لَا بَيْعٌ فِيهِ وَلَا خِلَالٌ ۳۷ ٱللّٰهُ ٱلَّذِي خَلَقَ
ٱلسَّمٰوَاتِ وَٱلْأَرْضَ وَأَنْزَلَ مِنَ ٱلسَّمَآءِ مَآءً فَأَخْرَجَ بِهِ مِنَ ٱلثَّمَرَاتِ رِزْقًا لَكُمْ
وَسَخَّرَ لَكُمُ ٱلْفُلْكَ لِتَجْرِيَ فِي ٱلْبَحْرِ بِأَمْرِهِ وَسَخَّرَ لَكُمُ ٱلْأَنْهَارَ وَسَخَّرَ لَكُمُ ٱلشَّمْسَ
وَٱلْقَمَرَ دَآئِبَيْنِ وَسَخَّرَ لَكُمُ ٱللَّيْلَ وَٱلنَّهَارَ وَآتَاكُمْ مِنْ كُلِّ مَا سَأَلْتُمُوهُ وَإِنْ
تَعُدُّوا نِعْمَةَ ٱللّٰهِ لَا تُحْصُوهَا إِنَّ ٱلْإِنْسَانَ لَظَلُومٌ كَفَّارٌ ۳۸ وَإِذْ قَالَ إِبْرٰهِيمُ
رَبِّ ٱجْعَلْ هٰذَا ٱلْبَلَدَ آمِنًا وَٱجْنُبْنِي وَبَنِيَّ أَنْ نَعْبُدَ ٱلْأَصْنَامَ ۳۹ رَبِّ إِنَّهُنَّ
أَضْلَلْنَ كَثِيرًا مِنَ ٱلنَّاسِ فَمَنْ تَبِعَنِي فَإِنَّهُ مِنِّي وَمَنْ عَصَانِي فَإِنَّكَ غَفُورٌ
رَحِيمٌ ۴۰ رَبَّنَا إِنِّي أَسْكَنْتُ مِنْ ذُرِّيَّتِي بِوَادٍ غَيْرِ ذِي زَرْعٍ عِنْدَ بَيْتِكَ
ٱلْمُحَرَّمِ رَبَّنَا لِيُقِيمُوا ٱلصَّلٰوةَ فَٱجْعَلْ أَفْئِدَةً مِنَ ٱلنَّاسِ تَهْوِي إِلَيْهِمْ وَٱرْزُقْهُمْ

قَبْلِكُمْ قَوْمِ نُوحٍ وَعَادٍ وَثَمُودَ ١٠ وَٱلَّذِينَ مِنْ بَعْدِهِمْ لَا يَعْلَمُهُمْ إِلَّا ٱللَّهُ
جَآءَتْهُمْ رُسُلُهُمْ بِٱلْبَيِّنَاتِ فَرَدُّوا أَيْدِيَهُمْ فِي أَفْوَاهِهِمْ وَقَالُوا إِنَّا كَفَرْنَا بِمَا
أُرْسِلْتُمْ بِهِ وَإِنَّا لَفِي شَكٍّ مِمَّا تَدْعُونَنَا إِلَيْهِ مُرِيبٍ ١١ قَالَتْ رُسُلُهُمْ أَفِي
ٱللَّهِ شَكٌّ فَاطِرِ ٱلسَّمَوَاتِ وَٱلْأَرْضِ يَدْعُوكُمْ لِيَغْفِرَ لَكُمْ مِنْ ذُنُوبِكُمْ وَيُؤَخِّرَكُمْ
إِلَى أَجَلٍ مُسَمًّى ١٢ قَالُوا إِنْ أَنْتُمْ إِلَّا بَشَرٌ مِثْلُنَا تُرِيدُونَ أَنْ تَصُدُّونَا عَمَّا
كَانَ يَعْبُدُ آبَاؤُنَا فَأْتُونَا بِسُلْطَانٍ مُبِينٍ ١٣ قَالَتْ لَهُمْ رُسُلُهُمْ إِنْ نَحْنُ إِلَّا
بَشَرٌ مِثْلُكُمْ وَلَكِنَّ ٱللَّهَ يَمُنُّ عَلَى مَنْ يَشَآءُ مِنْ عِبَادِهِ وَمَا كَانَ لَنَا أَنْ
نَأْتِيَكُمْ بِسُلْطَانٍ ١٤ إِلَّا بِإِذْنِ ٱللَّهِ وَعَلَى ٱللَّهِ فَلْيَتَوَكَّلِ ٱلْمُؤْمِنُونَ ١٥ وَمَا
لَنَا أَلَّا نَتَوَكَّلَ عَلَى ٱللَّهِ وَقَدْ هَدَانَا سُبُلَنَا وَلَنَصْبِرَنَّ عَلَى مَا آذَيْتُمُونَا
وَعَلَى ٱللَّهِ فَلْيَتَوَكَّلِ ٱلْمُتَوَكِّلُونَ ١٦ وَقَالَ ٱلَّذِينَ كَفَرُوا لِرُسُلِهِمْ لَنُخْرِجَنَّكُمْ
مِنْ أَرْضِنَا أَوْ لَتَعُودُنَّ فِي مِلَّتِنَا فَأَوْحَى إِلَيْهِمْ رَبُّهُمْ لَنُهْلِكَنَّ ٱلظَّالِمِينَ ١٧
وَلَنُسْكِنَنَّكُمُ ٱلْأَرْضَ مِنْ بَعْدِهِمْ ذَلِكَ لِمَنْ خَافَ مَقَامِي وَخَافَ وَعِيدِ ١٨
وَٱسْتَفْتَحُوا وَخَابَ كُلُّ جَبَّارٍ عَنِيدٍ ١٩ مِنْ وَرَآئِهِ جَهَنَّمُ وَيُسْقَى مِنْ مَآءٍ
صَدِيدٍ ٢٠ يَتَجَرَّعُهُ وَلَا يَكَادُ يُسِيغُهُ وَيَأْتِيهِ ٱلْمَوْتُ مِنْ كُلِّ مَكَانٍ وَمَا هُوَ
بِمَيِّتٍ وَمِنْ وَرَآئِهِ عَذَابٌ غَلِيظٌ ٢١ مَثَلُ ٱلَّذِينَ كَفَرُوا بِرَبِّهِمْ أَعْمَالُهُمْ
كَرَمَادٍ ٱشْتَدَّتْ بِهِ ٱلرِّيحُ فِي يَوْمٍ عَاصِفٍ لَا يَقْدِرُونَ مِمَّا كَسَبُوا عَلَى شَيْءٍ
ذَلِكَ هُوَ ٱلضَّلَالُ ٱلْبَعِيدُ ٢٢ أَلَمْ تَرَ أَنَّ ٱللَّهَ خَلَقَ ٱلسَّمَوَاتِ وَٱلْأَرْضَ
بِٱلْحَقِّ إِنْ يَشَأْ يُذْهِبْكُمْ وَيَأْتِ بِخَلْقٍ جَدِيدٍ ٢٣ وَمَا ذَلِكَ عَلَى ٱللَّهِ بِعَزِيزٍ
٢٤ وَبَرَزُوا لِلَّهِ جَمِيعًا فَقَالَ ٱلضُّعَفَآءُ لِلَّذِينَ ٱسْتَكْبَرُوا إِنَّا كُنَّا لَكُمْ تَبَعًا
فَهَلْ أَنْتُمْ مُغْنُونَ عَنَّا مِنْ عَذَابِ ٱللَّهِ مِنْ شَيْءٍ ٢٥ قَالُوا لَوْ هَدَانَا ٱللَّهُ
لَهَدَيْنَاكُمْ سَوَآءٌ عَلَيْنَا أَجَزِعْنَا أَمْ صَبَرْنَا مَا لَنَا مِنْ مَحِيصٍ ٢٦ وَقَالَ
ٱلشَّيْطَانُ لَمَّا قُضِيَ ٱلْأَمْرُ إِنَّ ٱللَّهَ وَعَدَكُمْ وَعْدَ ٱلْحَقِّ وَوَعَدْتُكُمْ فَأَخْلَفْتُكُمْ

ٱلْحِسَابُ ٤١ أَوَلَمْ يَرَوْا أَنَّا نَأْتِي ٱلْأَرْضَ نَنْقُصُهَا مِنْ أَطْرَافِهَا وَٱللّٰهُ يَحْكُمُ لَا
مُعَقِّبَ لِحُكْمِهِ وَهُوَ سَرِيعُ ٱلْحِسَابِ ٤٢ وَقَدْ مَكَرَ ٱلَّذِينَ مِنْ قَبْلِهِمْ فَلِلّٰهِ
ٱلْمَكْرُ جَمِيعًا يَعْلَمُ مَا تَكْسِبُ كُلُّ نَفْسٍ وَسَيَعْلَمُ ٱلْكُفَّارُ لِمَنْ عُقْبَى ٱلدَّارِ
٤٣ وَيَقُولُ ٱلَّذِينَ كَفَرُوا لَسْتَ مُرْسَلًا قُلْ كَفَى بِٱللّٰهِ شَهِيدًا بَيْنِي وَبَيْنَكُمْ
وَمَنْ عِنْدَهُ عِلْمُ ٱلْكِتَابِ

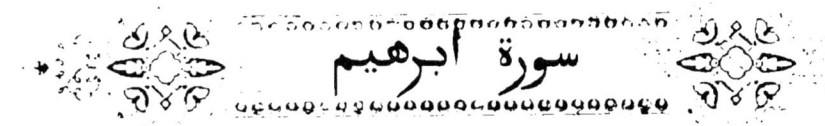

سورة ابرهيم

عليه السلام مكّيّة وهي اثنتان وخمسون آية

بِسْمِ ٱللّٰهِ ٱلرَّحْمٰنِ ٱلرَّحِيمِ

١ الر كِتَابٌ أَنْزَلْنَاهُ إِلَيْكَ لِتُخْرِجَ ٱلنَّاسَ مِنَ ٱلظُّلُمَاتِ إِلَى ٱلنُّورِ بِإِذْنِ رَبِّهِمْ
إِلَى صِرَاطِ ٱلْعَزِيزِ ٱلْحَمِيدِ ٢ ٱللّٰهِ ٱلَّذِي لَهُ مَا فِي ٱلسَّمٰوَاتِ وَمَا فِي ٱلْأَرْضِ
وَوَيْلٌ لِلْكَافِرِينَ مِنْ عَذَابٍ شَدِيدٍ ٣ ٱلَّذِينَ يَسْتَحِبُّونَ ٱلْحَيٰوةَ ٱلدُّنْيَا عَلَى
ٱلْآخِرَةِ وَيَصُدُّونَ عَنْ سَبِيلِ ٱللّٰهِ وَيَبْغُونَهَا عِوَجًا أُولَآئِكَ فِي ضَلَالٍ بَعِيدٍ
٤ وَمَا أَرْسَلْنَا مِنْ رَسُولٍ إِلَّا بِلِسَانِ قَوْمِهِ لِيُبَيِّنَ لَهُمْ فَيُضِلُّ ٱللّٰهُ مَنْ يَشَآءُ
وَيَهْدِي مَنْ يَشَآءُ وَهُوَ ٱلْعَزِيزُ ٱلْحَكِيمُ ٥ وَلَقَدْ أَرْسَلْنَا مُوسَى بِآيَاتِنَا أَنْ
أَخْرِجْ قَوْمَكَ مِنَ ٱلظُّلُمَاتِ إِلَى ٱلنُّورِ وَذَكِّرْهُمْ بِأَيَّامِ ٱللّٰهِ إِنَّ فِي ذٰلِكَ لَآيَاتٍ
لِكُلِّ صَبَّارٍ شَكُورٍ ٦ وَإِذْ قَالَ مُوسَى لِقَوْمِهِ ٱذْكُرُوا نِعْمَةَ ٱللّٰهِ عَلَيْكُمْ إِذْ
أَنْجَاكُمْ مِنْ آلِ فِرْعَوْنَ يَسُومُونَكُمْ سُوٓءَ ٱلْعَذَابِ وَيُذَبِّحُونَ أَبْنَآءَكُمْ وَيَسْتَحْيُونَ
نِسَآءَكُمْ وَفِي ذٰلِكُمْ بَلَآءٌ مِنْ رَبِّكُمْ عَظِيمٌ ٧ وَإِذْ تَأَذَّنَ رَبُّكُمْ لَئِنْ شَكَرْتُمْ
لَأَزِيدَنَّكُمْ وَلَئِنْ كَفَرْتُمْ إِنَّ عَذَابِي لَشَدِيدٌ ٨ وَقَالَ مُوسَى إِنْ تَكْفُرُوا أَنْتُمْ
وَمَنْ فِي ٱلْأَرْضِ جَمِيعًا فَإِنَّ ٱللّٰهَ لَغَنِيٌّ حَمِيدٌ ٩ أَلَمْ يَأْتِكُمْ نَبَأُ ٱلَّذِينَ مِنْ

سورة الرعد ١٢٩

وَتَطْمَئِنُّ قُلُوبُهُمْ بِذِكْرِ ٱللَّهِ أَلَا بِذِكْرِ ٱللَّهِ تَطْمَئِنُّ ٱلْقُلُوبُ ٱلَّذِينَ آمَنُوا
وَعَمِلُوا ٱلصَّالِحَاتِ طُوبَى لَهُمْ وَحُسْنُ مَآبٍ ٢٩ كَذَلِكَ أَرْسَلْنَاكَ فِي أُمَّةٍ قَدْ
خَلَتْ مِنْ قَبْلِهَا أُمَمٌ لِتَتْلُوَ عَلَيْهِمُ ٱلَّذِي أَوْحَيْنَا إِلَيْكَ وَهُمْ يَكْفُرُونَ
بِٱلرَّحْمَنِ قُلْ هُوَ رَبِّي لَا إِلَهَ إِلَّا هُوَ عَلَيْهِ تَوَكَّلْتُ وَإِلَيْهِ مَتَابِ ٣٠ وَلَوْ
أَنَّ قُرْآنًا سُيِّرَتْ بِهِ ٱلْجِبَالُ أَوْ قُطِّعَتْ بِهِ ٱلْأَرْضُ أَوْ كُلِّمَ بِهِ ٱلْمَوْتَى بَلْ لِلَّهِ
ٱلْأَمْرُ جَمِيعًا أَفَلَمْ يَيْأَسِ ٱلَّذِينَ آمَنُوا أَنْ لَوْ يَشَاءُ ٱللَّهُ لَهَدَى ٱلنَّاسَ جَمِيعًا
٣١ وَلَا يَزَالُ ٱلَّذِينَ كَفَرُوا تُصِيبُهُمْ بِمَا صَنَعُوا قَارِعَةٌ أَوْ تَحُلُّ قَرِيبًا مِنْ
دَارِهِمْ حَتَّى يَأْتِيَ وَعْدُ ٱللَّهِ إِنَّ ٱللَّهَ لَا يُخْلِفُ ٱلْمِيعَادَ ٣٢ وَلَقَدِ ٱسْتُهْزِئَ
بِرُسُلٍ مِنْ قَبْلِكَ فَأَمْلَيْتُ لِلَّذِينَ كَفَرُوا ثُمَّ أَخَذْتُهُمْ فَكَيْفَ كَانَ عِقَابِ
٣٣ أَفَمَنْ هُوَ قَائِمٌ عَلَى كُلِّ نَفْسٍ بِمَا كَسَبَتْ وَجَعَلُوا لِلَّهِ شُرَكَاءَ قُلْ
سَمُّوهُمْ أَمْ تُنَبِّئُونَهُ بِمَا لَا يَعْلَمُ فِي ٱلْأَرْضِ أَمْ بِظَاهِرٍ مِنَ ٱلْقَوْلِ بَلْ زُيِّنَ
لِلَّذِينَ كَفَرُوا مَكْرُهُمْ وَصُدُّوا عَنِ ٱلسَّبِيلِ وَمَنْ يُضْلِلِ ٱللَّهُ فَمَا لَهُ مِنْ هَادٍ
٣٤ لَهُمْ عَذَابٌ فِي ٱلْحَيَوٰةِ ٱلدُّنْيَا وَلَعَذَابُ ٱلْآخِرَةِ أَشَقُّ وَمَا لَهُمْ مِنَ ٱللَّهِ
مِنْ وَاقٍ ٣٥ مَثَلُ ٱلْجَنَّةِ ٱلَّتِي وُعِدَ ٱلْمُتَّقُونَ تَجْرِي مِنْ تَحْتِهَا ٱلْأَنْهَارُ
أُكُلُهَا دَائِمٌ وَظِلُّهَا تِلْكَ عُقْبَى ٱلَّذِينَ ٱتَّقَوْا وَعُقْبَى ٱلْكَافِرِينَ ٱلنَّارُ ٣٦
وَٱلَّذِينَ آتَيْنَاهُمُ ٱلْكِتَابَ يَفْرَحُونَ بِمَا أُنْزِلَ إِلَيْكَ وَمِنَ ٱلْأَحْزَابِ مَنْ يُنْكِرُ
بَعْضَهُ قُلْ إِنَّمَا أُمِرْتُ أَنْ أَعْبُدَ ٱللَّهَ وَلَا أُشْرِكَ بِهِ إِلَيْهِ أَدْعُو وَإِلَيْهِ مَآبِ
٣٧ وَكَذَلِكَ أَنْزَلْنَاهُ حُكْمًا عَرَبِيًّا وَلَئِنِ ٱتَّبَعْتَ أَهْوَاءَهُمْ بَعْدَ مَا جَاءَكَ مِنَ
ٱلْعِلْمِ مَا لَكَ مِنَ ٱللَّهِ مِنْ وَلِيٍّ وَلَا وَاقٍ ٣٨ وَلَقَدْ أَرْسَلْنَا رُسُلًا مِنْ قَبْلِكَ
وَجَعَلْنَا لَهُمْ أَزْوَاجًا وَذُرِّيَّةً وَمَا كَانَ لِرَسُولٍ أَنْ يَأْتِيَ بِآيَةٍ إِلَّا بِإِذْنِ ٱللَّهِ
لِكُلِّ أَجَلٍ كِتَابٌ ٣٩ يَمْحُو ٱللَّهُ مَا يَشَاءُ وَيُثْبِتُ وَعِنْدَهُ أُمُّ ٱلْكِتَابِ
٤٠ وَإِمَّا نُرِيَنَّكَ بَعْضَ ٱلَّذِي نَعِدُهُمْ أَوْ نَتَوَفَّيَنَّكَ فَإِنَّمَا عَلَيْكَ ٱلْبَلَاغُ وَعَلَيْنَا

وَظِلَالُهُمْ بِٱلْغُدُوِّ وَٱلْآصَالِ ١٧ قُلْ مَنْ رَبُّ ٱلسَّمٰوَاتِ وَٱلْأَرْضِ قُلِ ٱللّٰهُ قُلْ
أَفَٱتَّخَذْتُمْ مِنْ دُونِهِ أَوْلِيَآءَ لَا يَمْلِكُونَ لِأَنْفُسِهِمْ نَفْعًا وَلَا ضَرًّا قُلْ هَلْ يَسْتَوِي
ٱلْأَعْمَى وَٱلْبَصِيرُ أَمْ هَلْ تَسْتَوِي ٱلظُّلُمَاتُ وَٱلنُّورُ أَمْ جَعَلُوا لِلّٰهِ شُرَكَآءَ
خَلَقُوا كَخَلْقِهِ فَتَشَابَهَ ٱلْخَلْقُ عَلَيْهِمْ قُلِ ٱللّٰهُ خَالِقُ كُلِّ شَيْءٍ وَهُوَ ٱلْوَاحِدُ
ٱلْقَهَّارُ ١٨ أَنْزَلَ مِنَ ٱلسَّمَآءِ مَآءً فَسَالَتْ أَوْدِيَةٌ بِقَدَرِهَا فَٱحْتَمَلَ ٱلسَّيْلُ
زَبَدًا رَابِيًا وَمِمَّا يُوقِدُونَ عَلَيْهِ فِي ٱلنَّارِ ٱبْتِغَآءَ حِلْيَةٍ أَوْ مَتَاعٍ زَبَدٌ مِثْلُهُ
كَذٰلِكَ يَضْرِبُ ٱللّٰهُ ٱلْحَقَّ وَٱلْبَاطِلَ فَأَمَّا ٱلزَّبَدُ فَيَذْهَبُ جُفَآءً وَأَمَّا مَا يَنْفَعُ
ٱلنَّاسَ فَيَمْكُثُ فِي ٱلْأَرْضِ كَذٰلِكَ يَضْرِبُ ٱللّٰهُ ٱلْأَمْثَالَ لِلَّذِينَ ٱسْتَجَابُوا لِرَبِّهِمُ
ٱلْحُسْنَى وَٱلَّذِينَ لَمْ يَسْتَجِيبُوا لَهُ لَوْ أَنَّ لَهُمْ مَا فِي ٱلْأَرْضِ جَمِيعًا وَمِثْلَهُ
مَعَهُ لَٱفْتَدَوْا بِهِ أُولٰٓئِكَ لَهُمْ سُوٓءُ ٱلْحِسَابِ وَمَأْوَاهُمْ جَهَنَّمُ وَبِئْسَ ٱلْمِهَادُ
١٩ أَفَمَنْ يَعْلَمُ أَنَّمَا أُنْزِلَ إِلَيْكَ مِنْ رَبِّكَ ٱلْحَقُّ كَمَنْ هُوَ أَعْمَى إِنَّمَا يَتَذَكَّرُ
أُولُوا ٱلْأَلْبَابِ ٢٠ ٱلَّذِينَ يُوفُونَ بِعَهْدِ ٱللّٰهِ وَلَا يَنْقُضُونَ ٱلْمِيثَاقَ ٢١ وَٱلَّذِينَ
يَصِلُونَ مَا أَمَرَ ٱللّٰهُ بِهِ أَنْ يُوصَلَ وَيَخْشَوْنَ رَبَّهُمْ وَيَخَافُونَ سُوٓءَ ٱلْحِسَابِ
٢٢ وَٱلَّذِينَ صَبَرُوا ٱبْتِغَآءَ وَجْهِ رَبِّهِمْ وَأَقَامُوا ٱلصَّلٰوةَ وَأَنْفَقُوا مِمَّا رَزَقْنَاهُمْ سِرًّا
وَعَلَانِيَةً وَيَدْرَؤُونَ بِٱلْحَسَنَةِ ٱلسَّيِّئَةَ أُولٰٓئِكَ لَهُمْ عُقْبَى ٱلدَّارِ ٢٣ جَنَّاتُ عَدْنٍ
يَدْخُلُونَهَا وَمَنْ صَلَحَ مِنْ آبَآئِهِمْ وَأَزْوَاجِهِمْ وَذُرِّيَّاتِهِمْ وَٱلْمَلَآئِكَةُ يَدْخُلُونَ
عَلَيْهِمْ مِنْ كُلِّ بَابٍ ٢٤ سَلَامٌ عَلَيْكُمْ بِمَا صَبَرْتُمْ فَنِعْمَ عُقْبَى ٱلدَّارِ
٢٥ وَٱلَّذِينَ يَنْقُضُونَ عَهْدَ ٱللّٰهِ مِنْ بَعْدِ مِيثَاقِهِ وَيَقْطَعُونَ مَا أَمَرَ ٱللّٰهُ بِهِ
أَنْ يُوصَلَ وَيُفْسِدُونَ فِي ٱلْأَرْضِ أُولٰٓئِكَ لَهُمُ ٱللَّعْنَةُ وَلَهُمْ سُوٓءُ ٱلدَّارِ ٢٦ ٱللّٰهُ
يَبْسُطُ ٱلرِّزْقَ لِمَنْ يَشَآءُ وَيَقْدِرُ وَفَرِحُوا بِٱلْحَيٰوةِ ٱلدُّنْيَا وَمَا ٱلْحَيٰوةُ ٱلدُّنْيَا
فِي ٱلْآخِرَةِ إِلَّا مَتَاعٌ ٢٧ وَيَقُولُ ٱلَّذِينَ كَفَرُوا لَوْلَا أُنْزِلَ عَلَيْهِ آيَةٌ مِنْ رَبِّهِ
قُلْ إِنَّ ٱللّٰهَ يُضِلُّ مَنْ يَشَآءُ وَيَهْدِي إِلَيْهِ مَنْ أَنَابَ ٢٨ ٱلَّذِينَ آمَنُوا

عَلَى ٱلْعَرْشِ وَسَخَّرَ ٱلشَّمْسَ وَٱلْقَمَرَ كُلٌّ يَجْرِى لِأَجَلٍ مُسَمًّى يُدَبِّرُ ٱلْأَمْرَ يُفَصِّلُ
ٱلْآيَاتِ لَعَلَّكُمْ بِلِقَآءِ رَبِّكُمْ تُوقِنُونَ ٣ وَهُوَ ٱلَّذِى مَدَّ ٱلْأَرْضَ وَجَعَلَ فِيهَا
رَوَاسِىَ وَأَنْهَارًا وَمِنْ كُلِّ ٱلثَّمَرَاتِ جَعَلَ فِيهَا زَوْجَيْنِ ٱثْنَيْنِ يُغْشِى ٱللَّيْلَ
ٱلنَّهَارَ إِنَّ فِى ذَٰلِكَ لَآيَاتٍ لِقَوْمٍ يَتَفَكَّرُونَ ۴ وَفِى ٱلْأَرْضِ قِطَعٌ مُتَجَاوِرَاتٌ
وَجَنَّاتٌ مِنْ أَعْنَابٍ وَزَرْعٌ وَنَخِيلٌ صِنْوَانٌ وَغَيْرُ صِنْوَانٍ يُسْقَى بِمَآءٍ وَاحِدٍ
وَنُفَضِّلُ بَعْضَهَا عَلَى بَعْضٍ فِى ٱلْأُكُلِ إِنَّ فِى ذَٰلِكَ لَآيَاتٍ لِقَوْمٍ يَعْقِلُونَ
٥ وَإِنْ تَعْجَبْ فَعَجَبٌ قَوْلُهُمْ أَئِذَا كُنَّا تُرَابًا أَئِنَّا لَفِى خَلْقٍ جَدِيدٍ ٦ أُولَآئِكَ
ٱلَّذِينَ كَفَرُوا بِرَبِّهِمْ وَأُولَآئِكَ ٱلْأَغْلَالُ فِى أَعْنَاقِهِمْ وَأُولَآئِكَ أَصْحَابُ ٱلنَّارِ هُمْ
فِيهَا خَالِدُونَ ٧ وَيَسْتَعْجِلُونَكَ بِٱلسَّيِّئَةِ قَبْلَ ٱلْحَسَنَةِ وَقَدْ خَلَتْ مِنْ قَبْلِهِمُ
ٱلْمَثُلَاتُ وَإِنَّ رَبَّكَ لَذُو مَغْفِرَةٍ لِلنَّاسِ عَلَى ظُلْمِهِمْ وَإِنَّ رَبَّكَ لَشَدِيدُ ٱلْعِقَابِ
٨ وَيَقُولُ ٱلَّذِينَ كَفَرُوا لَوْلَا أُنْزِلَ عَلَيْهِ آيَةٌ مِنْ رَبِّهِ إِنَّمَا أَنْتَ مُنْذِرٌ وَلِكُلِّ
قَوْمٍ هَادٍ ٩ ٱللَّهُ يَعْلَمُ مَا تَحْمِلُ كُلُّ أُنْثَى وَمَا تَغِيضُ ٱلْأَرْحَامُ وَمَا تَزْدَادُ
وَكُلُّ شَىْءٍ عِنْدَهُ بِمِقْدَارٍ ١٠ عَالِمُ ٱلْغَيْبِ وَٱلشَّهَادَةِ ٱلْكَبِيرُ ٱلْمُتَعَالِ ١١ سَوَآءٌ
مِنْكُمْ مَنْ أَسَرَّ ٱلْقَوْلَ وَمَنْ جَهَرَ بِهِ وَمَنْ هُوَ مُسْتَخْفٍ بِٱللَّيْلِ وَسَارِبٌ بِٱلنَّهَارِ
١٢ لَهُ مُعَقِّبَاتٌ مِنْ بَيْنِ يَدَيْهِ وَمِنْ خَلْفِهِ يَحْفَظُونَهُ مِنْ أَمْرِ ٱللَّهِ إِنَّ ٱللَّهَ لَا
يُغَيِّرُ مَا بِقَوْمٍ حَتَّى يُغَيِّرُوا مَا بِأَنْفُسِهِمْ وَإِذَا أَرَادَ ٱللَّهُ بِقَوْمٍ سُوٓءًا فَلَا مَرَدَّ
لَهُ وَمَا لَهُمْ مِنْ دُونِهِ مِنْ وَالٍ ١٣ هُوَ ٱلَّذِى يُرِيكُمُ ٱلْبَرْقَ خَوْفًا وَطَمَعًا
وَيُنْشِئُ ٱلسَّحَابَ ٱلثِّقَالَ ١۴ وَيُسَبِّحُ ٱلرَّعْدُ بِحَمْدِهِ وَٱلْمَلَآئِكَةُ مِنْ خِيفَتِهِ
وَيُرْسِلُ ٱلصَّوَاعِقَ فَيُصِيبُ بِهَا مَنْ يَشَآءُ وَهُمْ يُجَادِلُونَ فِى ٱللَّهِ وَهُوَ شَدِيدُ
ٱلْمِحَالِ ١٥ لَهُ دَعْوَةُ ٱلْحَقِّ وَٱلَّذِينَ يَدْعُونَ مِنْ دُونِهِ لَا يَسْتَجِيبُونَ لَهُمْ
بِشَىْءٍ إِلَّا كَبَاسِطِ كَفَّيْهِ إِلَى ٱلْمَآءِ لِيَبْلُغَ فَاهُ وَمَا هُوَ بِبَالِغِهِ وَمَا دُعَآءُ
ٱلْكَافِرِينَ إِلَّا فِى ضَلَالٍ ١٦ وَلِلَّهِ يَسْجُدُ مَنْ فِى ٱلسَّمَوَاتِ وَٱلْأَرْضِ طَوْعًا وَكَرْهًا

وَعَلَّمْتَنِي مِنْ تَأْوِيلِ ٱلْأَحَادِيثِ فَاطِرَ ٱلسَّمٰوَاتِ وَٱلْأَرْضِ أَنْتَ وَلِيِّي فِي ٱلدُّنْيَا
وَٱلْآخِرَةِ تَوَفَّنِي مُسْلِمًا وَأَلْحِقْنِي بِٱلصَّالِحِينَ ١٠٣ ذٰلِكَ مِنْ أَنْبَآءِ ٱلْغَيْبِ
نُوحِيهِ إِلَيْكَ وَمَا كُنْتَ لَدَيْهِمْ إِذْ أَجْمَعُوا أَمْرَهُمْ وَهُمْ يَمْكُرُونَ وَمَا أَكْثَرُ
ٱلنَّاسِ وَلَوْ حَرَصْتَ بِمُؤْمِنِينَ ١٠٤ وَمَا تَسْأَلُهُمْ عَلَيْهِ مِنْ أَجْرٍ إِنْ هُوَ إِلَّا
ذِكْرٌ لِلْعَالَمِينَ ١٠٥ وَكَأَيِّنْ مِنْ آيَةٍ فِي ٱلسَّمٰوَاتِ وَٱلْأَرْضِ يَمُرُّونَ عَلَيْهَا
وَهُمْ عَنْهَا مُعْرِضُونَ ١٠٦ وَمَا يُؤْمِنُ أَكْثَرُهُمْ بِٱللّٰهِ إِلَّا وَهُمْ مُشْرِكُونَ ١٠٧
أَفَأَمِنُوا أَنْ تَأْتِيَهُمْ غَاشِيَةٌ مِنْ عَذَابِ ٱللّٰهِ أَوْ تَأْتِيَهُمُ ٱلسَّاعَةُ بَغْتَةً وَهُمْ لَا
يَشْعُرُونَ ١٠٨ قُلْ هٰذِهِ سَبِيلِي أَدْعُو إِلَى ٱللّٰهِ عَلَى بَصِيرَةٍ أَنَا وَمَنِ ٱتَّبَعَنِي
وَسُبْحَانَ ٱللّٰهِ وَمَا أَنَا مِنَ ٱلْمُشْرِكِينَ ١٠٩ وَمَا أَرْسَلْنَا مِنْ قَبْلِكَ إِلَّا رِجَالًا
نُوحِي إِلَيْهِمْ مِنْ أَهْلِ ٱلْقُرَى أَفَلَمْ يَسِيرُوا فِي ٱلْأَرْضِ فَيَنْظُرُوا كَيْفَ كَانَ
عَاقِبَةُ ٱلَّذِينَ مِنْ قَبْلِهِمْ وَلَدَارُ ٱلْآخِرَةِ خَيْرٌ لِلَّذِينَ ٱتَّقَوْا أَفَلَا تَعْقِلُونَ ١١٠
حَتَّى إِذَا ٱسْتَيْأَسَ ٱلرُّسُلُ وَظَنُّوا أَنَّهُمْ قَدْ كُذِبُوا جَآءَهُمْ نَصْرُنَا فَنُجِّيَ مَنْ
نَشَآءُ وَلَا يُرَدُّ بَأْسُنَا عَنِ ٱلْقَوْمِ ٱلْمُجْرِمِينَ ١١١ لَقَدْ كَانَ فِي قَصَصِهِمْ عِبْرَةٌ
لِأُولِي ٱلْأَلْبَابِ مَا كَانَ حَدِيثًا يُفْتَرَى وَلٰكِنْ تَصْدِيقَ ٱلَّذِي بَيْنَ يَدَيْهِ
وَتَفْصِيلَ كُلِّ شَيْءٍ وَهُدًى وَرَحْمَةً لِقَوْمٍ يُؤْمِنُونَ

سورة الرعد

مكيّة وهي ثلث واربعون آية

بِسْمِ ٱللّٰهِ ٱلرَّحْمٰنِ ٱلرَّحِيمِ

١ الٓمٓرٰ تِلْكَ آيَاتُ ٱلْكِتَابِ وَٱلَّذِي أُنْزِلَ إِلَيْكَ مِنْ رَبِّكَ ٱلْحَقُّ وَلٰكِنَّ أَكْثَرَ
ٱلنَّاسِ لَا يُؤْمِنُونَ ٢ ٱللّٰهُ ٱلَّذِي رَفَعَ ٱلسَّمٰوَاتِ بِغَيْرِ عَمَدٍ تَرَوْنَهَا ثُمَّ ٱسْتَوَى

ٱلْحَكِيمُ ٨٤ وَتَوَلَّىٰ عَنْهُمْ وَقَالَ يَا أَسَفَىٰ عَلَىٰ يُوسُفَ وَٱبْيَضَّتْ عَيْنَاهُ مِنَ
ٱلْحُزْنِ فَهُوَ كَظِيمٌ ٨٥ قَالُوا تَٱللَّهِ تَفْتَؤُ تَذْكُرُ يُوسُفَ حَتَّىٰ تَكُونَ حَرَضًا أَوْ
تَكُونَ مِنَ ٱلْهَالِكِينَ ٨٦ قَالَ إِنَّمَا أَشْكُو بَثِّي وَحُزْنِي إِلَى ٱللَّهِ وَأَعْلَمُ مِنَ
ٱللَّهِ مَا لَا تَعْلَمُونَ ٨٧ يَا بَنِيَّ ٱذْهَبُوا فَتَحَسَّسُوا مِنْ يُوسُفَ وَأَخِيهِ وَلَا
تَيْأَسُوا مِنْ رَوْحِ ٱللَّهِ إِنَّهُ لَا يَيْأَسُ مِنْ رَوْحِ ٱللَّهِ إِلَّا ٱلْقَوْمُ ٱلْكَافِرُونَ ٨٨ فَلَمَّا
دَخَلُوا عَلَيْهِ قَالُوا يَا أَيُّهَا ٱلْعَزِيزُ مَسَّنَا وَأَهْلَنَا ٱلضُّرُّ وَجِئْنَا بِبِضَاعَةٍ مُزْجَاةٍ
فَأَوْفِ لَنَا ٱلْكَيْلَ وَتَصَدَّقْ عَلَيْنَا إِنَّ ٱللَّهَ يَجْزِي ٱلْمُتَصَدِّقِينَ ٨٩ قَالَ هَلْ
عَلِمْتُمْ مَا فَعَلْتُمْ بِيُوسُفَ وَأَخِيهِ إِذْ أَنْتُمْ جَاهِلُونَ ٩٠ قَالُوا أَئِنَّكَ لَأَنْتَ
يُوسُفُ قَالَ أَنَا يُوسُفُ وَهَٰذَا أَخِي قَدْ مَنَّ ٱللَّهُ عَلَيْنَا إِنَّهُ مَنْ يَتَّقِ وَيَصْبِرْ
فَإِنَّ ٱللَّهَ لَا يُضِيعُ أَجْرَ ٱلْمُحْسِنِينَ ٩١ قَالُوا تَٱللَّهِ لَقَدْ آثَرَكَ ٱللَّهُ عَلَيْنَا
وَإِنْ كُنَّا لَخَاطِئِينَ ٩٢ قَالَ لَا تَثْرِيبَ عَلَيْكُمُ ٱلْيَوْمَ يَغْفِرُ ٱللَّهُ لَكُمْ وَهُوَ أَرْحَمُ
ٱلرَّاحِمِينَ ٩٣ إِذْهَبُوا بِقَمِيصِي هَٰذَا فَأَلْقُوهُ عَلَىٰ وَجْهِ أَبِي يَأْتِ بَصِيرًا
وَأْتُونِي بِأَهْلِكُمْ أَجْمَعِينَ ٩٤ وَلَمَّا فَصَلَتِ ٱلْعِيرُ قَالَ أَبُوهُمْ إِنِّي لَأَجِدُ رِيحَ
يُوسُفَ لَوْلَا أَنْ تُفَنِّدُونِ ٩٥ قَالُوا تَٱللَّهِ إِنَّكَ لَفِي ضَلَالِكَ ٱلْقَدِيمِ ٩٦ فَلَمَّا
أَنْ جَاءَ ٱلْبَشِيرُ أَلْقَاهُ عَلَىٰ وَجْهِهِ فَٱرْتَدَّ بَصِيرًا ٩٧ قَالَ أَلَمْ أَقُلْ لَكُمْ إِنِّي
أَعْلَمُ مِنَ ٱللَّهِ مَا لَا تَعْلَمُونَ ٩٨ قَالُوا يَا أَبَانَا ٱسْتَغْفِرْ لَنَا ذُنُوبَنَا إِنَّا كُنَّا
خَاطِئِينَ ٩٩ قَالَ سَوْفَ أَسْتَغْفِرُ لَكُمْ رَبِّي إِنَّهُ هُوَ ٱلْغَفُورُ ٱلرَّحِيمُ ١٠٠ فَلَمَّا
دَخَلُوا عَلَىٰ يُوسُفَ آوَىٰ إِلَيْهِ أَبَوَيْهِ وَقَالَ ٱدْخُلُوا مِصْرَ إِنْ شَاءَ ٱللَّهُ آمِنِينَ
١٠١ وَرَفَعَ أَبَوَيْهِ عَلَى ٱلْعَرْشِ وَخَرُّوا لَهُ سُجَّدًا وَقَالَ يَا أَبَتِ هَٰذَا تَأْوِيلُ رُؤْيَايَ
مِنْ قَبْلُ قَدْ جَعَلَهَا رَبِّي حَقًّا وَقَدْ أَحْسَنَ بِي إِذْ أَخْرَجَنِي مِنَ ٱلسِّجْنِ
وَجَاءَ بِكُمْ مِنَ ٱلْبَدْوِ مِنْ بَعْدِ أَنْ نَزَغَ ٱلشَّيْطَانُ بَيْنِي وَبَيْنَ إِخْوَتِي إِنَّ
رَبِّي لَطِيفٌ لِمَا يَشَاءُ إِنَّهُ هُوَ ٱلْعَلِيمُ ٱلْحَكِيمُ ١٠٢ رَبِّ قَدْ آتَيْتَنِي مِنَ ٱلْمُلْكِ

أَمَرَهُمْ أَبُوهُمْ مَا كَانَ يُغْنِي عَنْهُمْ مِنَ ٱللَّهِ مِنْ شَيْءٍ إِلَّا حَاجَةً فِي نَفْسِ
يَعْقُوبَ قَضَاهَا وَإِنَّهُ لَذُو عِلْمٍ لِمَا عَلَّمْنَاهُ وَلَكِنَّ أَكْثَرَ ٱلنَّاسِ لَا يَعْلَمُونَ
٦٩ وَلَمَّا دَخَلُوا عَلَى يُوسُفَ آوَى إِلَيْهِ أَخَاهُ قَالَ إِنِّي أَنَا أَخُوكَ فَلَا تَبْتَئِسْ
بِمَا كَانُوا يَعْمَلُونَ ٧٠ فَلَمَّا جَهَّزَهُمْ بِجَهَازِهِمْ جَعَلَ ٱلسِّقَايَةَ فِي رَحْلِ أَخِيهِ
ثُمَّ أَذَّنَ مُؤَذِّنٌ أَيَّتُهَا ٱلْعِيرُ إِنَّكُمْ لَسَارِقُونَ ٧١ قَالُوا وَأَقْبَلُوا عَلَيْهِمْ مَا ذَا
تَفْقِدُونَ ٧٢ قَالُوا نَفْقِدُ صُوَاعَ ٱلْمَلِكِ وَلِمَنْ جَاءَ بِهِ حِمْلُ بَعِيرٍ وَأَنَا بِهِ
زَعِيمٌ ٧٣ قَالُوا تَٱللَّهِ لَقَدْ عَلِمْتُمْ مَا جِئْنَا لِنُفْسِدَ فِي ٱلْأَرْضِ وَمَا كُنَّا
سَارِقِينَ ٧٤ قَالُوا فَمَا جَزَاؤُهُ إِنْ كُنْتُمْ كَاذِبِينَ ٧٥ قَالُوا جَزَاؤُهُ مَنْ وُجِدَ
فِي رَحْلِهِ فَهُوَ جَزَاؤُهُ كَذَلِكَ نَجْزِي ٱلظَّالِمِينَ ٧٦ فَبَدَأَ بِأَوْعِيَتِهِمْ قَبْلَ وِعَاءِ
أَخِيهِ ثُمَّ ٱسْتَخْرَجَهَا مِنْ وِعَاءِ أَخِيهِ كَذَلِكَ كِدْنَا لِيُوسُفَ مَا كَانَ لِيَأْخُذَ
أَخَاهُ فِي دِينِ ٱلْمَلِكِ إِلَّا أَنْ يَشَاءَ ٱللَّهُ نَرْفَعُ دَرَجَاتٍ مَنْ نَشَاءُ وَفَوْقَ كُلِّ
ذِي عِلْمٍ عَلِيمٌ ٧٧ قَالُوا إِنْ يَسْرِقْ فَقَدْ سَرَقَ أَخٌ لَهُ مِنْ قَبْلُ فَأَسَرَّهَا
يُوسُفُ فِي نَفْسِهِ وَلَمْ يُبْدِهَا لَهُمْ قَالَ أَنْتُمْ شَرٌّ مَكَانًا وَٱللَّهُ أَعْلَمُ بِمَا تَصِفُونَ
٧٨ قَالُوا يَا أَيُّهَا ٱلْعَزِيزُ إِنَّ لَهُ أَبًا شَيْخًا كَبِيرًا فَخُذْ أَحَدَنَا مَكَانَهُ إِنَّا نَرَاكَ
مِنَ ٱلْمُحْسِنِينَ ٧٩ قَالَ مَعَاذَ ٱللَّهِ أَنْ نَأْخُذَ إِلَّا مَنْ وَجَدْنَا مَتَاعَنَا عِنْدَهُ
إِنَّا إِذًا لَظَالِمُونَ ٨٠ فَلَمَّا ٱسْتَيْأَسُوا مِنْهُ خَلَصُوا نَجِيًّا قَالَ كَبِيرُهُمْ أَلَمْ
تَعْلَمُوا أَنَّ أَبَاكُمْ قَدْ أَخَذَ عَلَيْكُمْ مَوْثِقًا مِنَ ٱللَّهِ وَمِنْ قَبْلُ مَا فَرَّطْتُمْ فِي
يُوسُفَ فَلَنْ أَبْرَحَ ٱلْأَرْضَ حَتَّى يَأْذَنَ لِي أَبِي أَوْ يَحْكُمَ ٱللَّهُ لِي وَهُوَ خَيْرُ
ٱلْحَاكِمِينَ ٨١ إِرْجِعُوا إِلَى أَبِيكُمْ فَقُولُوا يَا أَبَانَا إِنَّ ٱبْنَكَ سَرَقَ وَمَا
شَهِدْنَا إِلَّا بِمَا عَلِمْنَا وَمَا كُنَّا لِلْغَيْبِ حَافِظِينَ ٨٢ وَٱسْأَلِ ٱلْقَرْيَةَ ٱلَّتِي كُنَّا
فِيهَا وَٱلْعِيرَ ٱلَّتِي أَقْبَلْنَا فِيهَا وَإِنَّا لَصَادِقُونَ ٨٣ قَالَ بَلْ سَوَّلَتْ لَكُمْ
أَنْفُسُكُمْ أَمْرًا فَصَبْرٌ جَمِيلٌ عَسَى ٱللَّهُ أَنْ يَأْتِيَنِي بِهِمْ جَمِيعًا إِنَّهُ هُوَ ٱلْعَلِيمُ

امْرَأَتُ الْعَزِيزِ الْآنَ حَصْحَصَ الْحَقُّ أَنَا رَاوَدْتُهُ عَنْ نَفْسِهِ وَإِنَّهُ لَمِنَ الصَّادِقِينَ
٥٢ ذَٰلِكَ لِيَعْلَمَ أَنِّي لَمْ أَخُنْهُ بِالْغَيْبِ وَأَنَّ اللَّهَ لَا يَهْدِي كَيْدَ الْخَائِنِينَ
٥٣ وَمَا أُبَرِّئُ نَفْسِي إِنَّ النَّفْسَ لَأَمَّارَةٌ بِالسُّوءِ إِلَّا مَا رَحِمَ رَبِّي جزء
إِنَّ رَبِّي غَفُورٌ رَحِيمٌ ٥٤ وَقَالَ الْمَلِكُ ائْتُونِي بِهِ أَسْتَخْلِصْهُ لِنَفْسِي فَلَمَّا
كَلَّمَهُ قَالَ إِنَّكَ الْيَوْمَ لَدَيْنَا مَكِينٌ أَمِينٌ ٥٥ قَالَ اجْعَلْنِي عَلَىٰ خَزَائِنِ
الْأَرْضِ إِنِّي حَفِيظٌ عَلِيمٌ ٥٦ وَكَذَٰلِكَ مَكَّنَّا لِيُوسُفَ فِي الْأَرْضِ يَتَبَوَّأُ مِنْهَا
حَيْثُ يَشَاءُ نُصِيبُ بِرَحْمَتِنَا مَنْ نَشَاءُ وَلَا نُضِيعُ أَجْرَ الْمُحْسِنِينَ ٥٧ وَلَأَجْرُ
الْآخِرَةِ خَيْرٌ لِلَّذِينَ آمَنُوا وَكَانُوا يَتَّقُونَ ٥٨ وَجَاءَ إِخْوَةُ يُوسُفَ فَدَخَلُوا
عَلَيْهِ فَعَرَفَهُمْ وَهُمْ لَهُ مُنْكِرُونَ ٥٩ وَلَمَّا جَهَّزَهُمْ بِجَهَازِهِمْ قَالَ ائْتُونِي بِأَخٍ
لَكُمْ مِنْ أَبِيكُمْ أَلَا تَرَوْنَ أَنِّي أُوفِي الْكَيْلَ وَأَنَا خَيْرُ الْمُنْزِلِينَ ٦٠ فَإِنْ لَمْ
تَأْتُونِي بِهِ فَلَا كَيْلَ لَكُمْ عِنْدِي وَلَا تَقْرَبُونِ ٦١ قَالُوا سَنُرَاوِدُ عَنْهُ أَبَاهُ وَإِنَّا
لَفَاعِلُونَ ٦٢ وَقَالَ لِفِتْيَانِهِ اجْعَلُوا بِضَاعَتَهُمْ فِي رِحَالِهِمْ لَعَلَّهُمْ يَعْرِفُونَهَا
إِذَا انْقَلَبُوا إِلَىٰ أَهْلِهِمْ لَعَلَّهُمْ يَرْجِعُونَ ٦٣ فَلَمَّا رَجَعُوا إِلَىٰ أَبِيهِمْ قَالُوا يَا
أَبَانَا مُنِعَ مِنَّا الْكَيْلُ فَأَرْسِلْ مَعَنَا أَخَانَا نَكْتَلْ وَإِنَّا لَهُ لَحَافِظُونَ ٦٤ قَالَ
هَلْ آمَنُكُمْ عَلَيْهِ إِلَّا كَمَا أَمِنْتُكُمْ عَلَىٰ أَخِيهِ مِنْ قَبْلُ فَاللَّهُ خَيْرٌ حَافِظًا
وَهُوَ أَرْحَمُ الرَّاحِمِينَ ٦٥ وَلَمَّا فَتَحُوا مَتَاعَهُمْ وَجَدُوا بِضَاعَتَهُمْ رُدَّتْ إِلَيْهِمْ
قَالُوا يَا أَبَانَا مَا نَبْغِي هَٰذِهِ بِضَاعَتُنَا رُدَّتْ إِلَيْنَا وَنَمِيرُ أَهْلَنَا وَنَحْفَظُ أَخَانَا
وَنَزْدَادُ كَيْلَ بَعِيرٍ ذَٰلِكَ كَيْلٌ يَسِيرٌ ٦٦ قَالَ لَنْ أُرْسِلَهُ مَعَكُمْ حَتَّىٰ تُؤْتُونِ
مَوْثِقًا مِنَ اللَّهِ لَتَأْتُنَّنِي بِهِ إِلَّا أَنْ يُحَاطَ بِكُمْ فَلَمَّا آتَوْهُ مَوْثِقَهُمْ قَالَ اللَّهُ
عَلَىٰ مَا نَقُولُ وَكِيلٌ ٦٧ وَقَالَ يَا بَنِيَّ لَا تَدْخُلُوا مِنْ بَابٍ وَاحِدٍ وَادْخُلُوا
مِنْ أَبْوَابٍ مُتَفَرِّقَةٍ وَمَا أُغْنِي عَنْكُمْ مِنَ اللَّهِ مِنْ شَيْءٍ إِنِ الْحُكْمُ إِلَّا لِلَّهِ
عَلَيْهِ تَوَكَّلْتُ وَعَلَيْهِ فَلْيَتَوَكَّلِ الْمُتَوَكِّلُونَ ٦٨ وَلَمَّا دَخَلُوا مِنْ حَيْثُ

مِلَّةَ قَوْمٍ لَا يُؤْمِنُونَ بِٱللَّهِ وَهُمْ بِٱلْآخِرَةِ هُمْ كَافِرُونَ ٣٨ وَٱتَّبَعْتُ مِلَّةَ
آبَاءِى إِبْرٰهِيمَ وَإِسْحٰقَ وَيَعْقُوبَ مَا كَانَ لَنَا أَنْ نُشْرِكَ بِٱللَّهِ مِنْ شَيْءٍ ذٰلِكَ
مِنْ فَضْلِ ٱللَّهِ عَلَيْنَا وَعَلَى ٱلنَّاسِ وَلٰكِنَّ أَكْثَرَ ٱلنَّاسِ لَا يَشْكُرُونَ ٣٩ يَا
صَاحِبَيِ ٱلسِّجْنِ أَأَرْبَابٌ مُتَفَرِّقُونَ خَيْرٌ أَمِ ٱللَّهُ ٱلْوَاحِدُ ٱلْقَهَّارُ ٤٠ مَا تَعْبُدُونَ
مِنْ دُونِهِ إِلَّا أَسْمَاءً سَمَّيْتُمُوهَا أَنْتُمْ وَآبَاؤُكُمْ مَا أَنْزَلَ ٱللَّهُ بِهَا مِنْ سُلْطَانٍ
إِنِ ٱلْحُكْمُ إِلَّا لِلَّهِ أَمَرَ أَلَّا تَعْبُدُوا إِلَّا إِيَّاهُ ذٰلِكَ ٱلدِّينُ ٱلْقَيِّمُ وَلٰكِنَّ أَكْثَرَ
ٱلنَّاسِ لَا يَعْلَمُونَ ٤١ يَا صَاحِبَيِ ٱلسِّجْنِ أَمَّا أَحَدُكُمَا فَيَسْقِى رَبَّهُ خَمْرًا
وَأَمَّا ٱلْآخَرُ فَيُصْلَبُ فَتَأْكُلُ ٱلطَّيْرُ مِنْ رَأْسِهِ قُضِيَ ٱلْأَمْرُ ٱلَّذِى فِيهِ
تَسْتَفْتِيَانِ ٤٢ وَقَالَ لِلَّذِى ظَنَّ أَنَّهُ نَاجٍ مِنْهُمَا ٱذْكُرْنِى عِنْدَ رَبِّكَ فَأَنْسَاهُ
ٱلشَّيْطَانُ ذِكْرَ رَبِّهِ فَلَبِثَ فِي ٱلسِّجْنِ بِضْعَ سِنِينَ ٤٣ وَقَالَ ٱلْمَلِكُ إِنِّى أَرَى
سَبْعَ بَقَرَاتٍ سِمَانٍ يَأْكُلُهُنَّ سَبْعٌ عِجَافٌ وَسَبْعَ سُنْبُلَاتٍ خُضْرٍ وَأُخَرَ يَابِسَاتٍ
يَا أَيُّهَا ٱلْمَلَأُ أَفْتُونِى فِي رُؤْيَاىَ إِنْ كُنْتُمْ لِلرُّؤْيَا تَعْبُرُونَ ٤٤ قَالُوا أَضْغَاثُ
أَحْلَامٍ وَمَا نَحْنُ بِتَأْوِيلِ ٱلْأَحْلَامِ بِعَالِمِينَ ٤٥ وَقَالَ ٱلَّذِى نَجَا مِنْهُمَا وَٱدَّكَرَ
بَعْدَ أُمَّةٍ أَنَا أُنَبِّئُكُمْ بِتَأْوِيلِهِ فَأَرْسِلُونِ ٤٦ يُوسُفُ أَيُّهَا ٱلصِّدِّيقُ أَفْتِنَا فِي
سَبْعِ بَقَرَاتٍ سِمَانٍ يَأْكُلُهُنَّ سَبْعٌ عِجَافٌ وَسَبْعِ سُنْبُلَاتٍ خُضْرٍ وَأُخَرَ يَابِسَاتٍ
لَعَلِّى أَرْجِعُ إِلَى ٱلنَّاسِ لَعَلَّهُمْ يَعْلَمُونَ ٤٧ قَالَ تَزْرَعُونَ سَبْعَ سِنِينَ دَأَبًا فَمَا
حَصَدْتُمْ فَذَرُوهُ فِي سُنْبُلِهِ إِلَّا قَلِيلًا مِمَّا تَأْكُلُونَ ٤٨ ثُمَّ يَأْتِى مِنْ بَعْدِ
ذٰلِكَ سَبْعٌ شِدَادٌ يَأْكُلْنَ مَا قَدَّمْتُمْ لَهُنَّ إِلَّا قَلِيلًا مِمَّا تُحْصِنُونَ ٤٩ ثُمَّ
يَأْتِى مِنْ بَعْدِ ذٰلِكَ عَامٌ فِيهِ يُغَاثُ ٱلنَّاسُ وَفِيهِ يَعْصِرُونَ ٥٠ وَقَالَ ٱلْمَلِكُ
ٱئْتُونِى بِهِ فَلَمَّا جَاءَهُ ٱلرَّسُولُ قَالَ ٱرْجِعْ إِلَى رَبِّكَ فَٱسْأَلْهُ مَا بَالُ ٱلنِّسْوَةِ
ٱللَّاتِى قَطَّعْنَ أَيْدِيَهُنَّ إِنَّ رَبِّى بِكَيْدِهِنَّ عَلِيمٌ ٥١ قَالَ مَا خَطْبُكُنَّ إِذْ
رَاوَدْتُنَّ يُوسُفَ عَنْ نَفْسِهِ قُلْنَ حَاشَ لِلَّهِ مَا عَلِمْنَا عَلَيْهِ مِنْ سُوءٍ قَالَتِ

سورة يوسف ١٣١

هَيْتَ لَكَ قَالَ مَعَاذَ ٱللَّهِ إِنَّهُ رَبِّي أَحْسَنَ مَثْوَايَ إِنَّهُ لَا يُفْلِحُ ٱلظَّالِمُونَ
٢٤ وَلَقَدْ هَمَّتْ بِهِ وَهَمَّ بِهَا لَوْلَا أَنْ رَأَى بُرْهَانَ رَبِّهِ كَذَلِكَ لِنَصْرِفَ عَنْهُ
ٱلسُّوٓءَ وَٱلْفَحْشَآءَ إِنَّهُ مِنْ عِبَادِنَا ٱلْمُخْلَصِينَ ٢٥ وَٱسْتَبَقَا ٱلْبَابَ وَقَدَّتْ
قَمِيصَهُ مِنْ دُبُرٍ وَأَلْفَيَا سَيِّدَهَا لَدَا ٱلْبَابِ قَالَتْ مَا جَزَآءُ مَنْ أَرَادَ بِأَهْلِكَ
سُوٓءًا إِلَّا أَنْ يُسْجَنَ أَوْ عَذَابٌ أَلِيمٌ ٢٦ قَالَ هِيَ رَاوَدَتْنِي عَنْ نَفْسِي وَشَهِدَ
شَاهِدٌ مِنْ أَهْلِهَا إِنْ كَانَ قَمِيصُهُ قُدَّ مِنْ قُبُلٍ فَصَدَقَتْ وَهُوَ مِنَ ٱلْكَاذِبِينَ
٢٧ وَإِنْ كَانَ قَمِيصُهُ قُدَّ مِنْ دُبُرٍ فَكَذَبَتْ وَهُوَ مِنَ ٱلصَّادِقِينَ ٢٨ فَلَمَّا
رَأَى قَمِيصَهُ قُدَّ مِنْ دُبُرٍ قَالَ إِنَّهُ مِنْ كَيْدِكُنَّ إِنَّ كَيْدَكُنَّ عَظِيمٌ
٢٩ يُوسُفُ أَعْرِضْ عَنْ هَذَا وَٱسْتَغْفِرِي لِذَنْبِكِ إِنَّكِ كُنْتِ مِنَ ٱلْخَاطِئِينَ
٣٠ وَقَالَ نِسْوَةٌ فِي ٱلْمَدِينَةِ ٱمْرَأَتُ ٱلْعَزِيزِ تُرَاوِدُ فَتَاهَا عَنْ نَفْسِهِ قَدْ شَغَفَهَا
حُبًّا إِنَّا لَنَرَاهَا فِي ضَلَالٍ مُبِينٍ ٣١ فَلَمَّا سَمِعَتْ بِمَكْرِهِنَّ أَرْسَلَتْ إِلَيْهِنَّ
وَأَعْتَدَتْ لَهُنَّ مُتَّكَأً وَآتَتْ كُلَّ وَاحِدَةٍ مِنْهُنَّ سِكِّينًا وَقَالَتِ ٱخْرُجْ عَلَيْهِنَّ
فَلَمَّا رَأَيْنَهُ أَكْبَرْنَهُ وَقَطَّعْنَ أَيْدِيَهُنَّ وَقُلْنَ حَاشَ لِلَّهِ مَا هَذَا بَشَرًا إِنْ هَذَا
إِلَّا مَلَكٌ كَرِيمٌ ٣٢ قَالَتْ فَذَلِكُنَّ ٱلَّذِي لُمْتُنَّنِي فِيهِ وَلَقَدْ رَاوَدْتُهُ عَنْ نَفْسِهِ
فَٱسْتَعْصَمَ وَلَئِنْ لَمْ يَفْعَلْ مَا آمُرُهُ لَيُسْجَنَنَّ وَلَيَكُونًا مِنَ ٱلصَّاغِرِينَ ٣٣ قَالَ
رَبِّ ٱلسِّجْنُ أَحَبُّ إِلَيَّ مِمَّا يَدْعُونَنِي إِلَيْهِ وَإِلَّا تَصْرِفْ عَنِّي كَيْدَهُنَّ أَصْبُ
إِلَيْهِنَّ وَأَكُنْ مِنَ ٱلْجَاهِلِينَ ٣٤ فَٱسْتَجَابَ لَهُ رَبُّهُ فَصَرَفَ عَنْهُ كَيْدَهُنَّ
إِنَّهُ هُوَ ٱلسَّمِيعُ ٱلْعَلِيمُ ٣٥ ثُمَّ بَدَا لَهُمْ مِنْ بَعْدِ مَا رَأَوُا ٱلْآيَاتِ لَيَسْجُنُنَّهُ
حَتَّى حِينٍ ٣٦ وَدَخَلَ مَعَهُ ٱلسِّجْنَ فَتَيَانِ قَالَ أَحَدُهُمَا إِنِّي أَرَانِي أَعْصِرُ
خَمْرًا وَقَالَ ٱلْآخَرُ إِنِّي أَرَانِي أَحْمِلُ فَوْقَ رَأْسِي خُبْزًا تَأْكُلُ ٱلطَّيْرُ مِنْهُ
نَبِّئْنَا بِتَأْوِيلِهِ إِنَّا نَرَاكَ مِنَ ٱلْمُحْسِنِينَ ٣٧ قَالَ لَا يَأْتِيكُمَا طَعَامٌ تُرْزَقَانِهِ
إِلَّا نَبَّأْتُكُمَا بِتَأْوِيلِهِ قَبْلَ أَنْ يَأْتِيَكُمَا ذَلِكُمَا مِمَّا عَلَّمَنِي رَبِّي إِنِّي تَرَكْتُ

٦ وَكَذٰلِكَ يَجْتَبِيكَ رَبُّكَ وَيُعَلِّمُكَ مِنْ تَأْوِيلِ ٱلْأَحَادِيثِ وَيُتِمُّ نِعْمَتَهُ عَلَيْكَ
وَعَلَى آلِ يَعْقُوبَ كَمَا أَتَمَّهَا عَلَى أَبَوَيْكَ مِنْ قَبْلُ إِبْرٰهِيمَ وَإِسْحٰقَ إِنَّ رَبَّكَ
عَلِيمٌ حَكِيمٌ ٧ لَقَدْ كَانَ فِي يُوسُفَ وَإِخْوَتِهِ آيَاتٌ لِلسَّائِلِينَ ٨ إِذْ قَالُوا
لَيُوسُفُ وَأَخُوهُ أَحَبُّ إِلَى أَبِينَا مِنَّا وَنَحْنُ عُصْبَةٌ إِنَّ أَبَانَا لَفِي ضَلَالٍ مُبِينٍ
٩ اُقْتُلُوا يُوسُفَ أَوِ ٱطْرَحُوهُ أَرْضًا يَخْلُ لَكُمْ وَجْهُ أَبِيكُمْ وَتَكُونُوا مِنْ بَعْدِهِ
قَوْمًا صَالِحِينَ ١٠ قَالَ قَائِلٌ مِنْهُمْ لَا تَقْتُلُوا يُوسُفَ وَأَلْقُوهُ فِي غَيَابَتِ ٱلْجُبِّ
يَلْتَقِطْهُ بَعْضُ ٱلسَّيَّارَةِ إِنْ كُنْتُمْ فَاعِلِينَ ١١ قَالُوا يَا أَبَانَا مَا لَكَ لَا تَأْمَنَّا
عَلَى يُوسُفَ وَإِنَّا لَهُ لَنَاصِحُونَ ١٢ أَرْسِلْهُ مَعَنَا غَدًا يَرْتَعْ وَيَلْعَبْ وَإِنَّا لَهُ
لَحَافِظُونَ ١٣ قَالَ إِنِّي لَيَحْزُنُنِي أَنْ تَذْهَبُوا بِهِ وَأَخَافُ أَنْ يَأْكُلَهُ ٱلذِّئْبُ
وَأَنْتُمْ عَنْهُ غَافِلُونَ ١٤ قَالُوا لَئِنْ أَكَلَهُ ٱلذِّئْبُ وَنَحْنُ عُصْبَةٌ إِنَّا إِذًا
لَخَاسِرُونَ ١٥ فَلَمَّا ذَهَبُوا بِهِ وَأَجْمَعُوا أَنْ يَجْعَلُوهُ فِي غَيَابَتِ ٱلْجُبِّ وَأَوْحَيْنَا
إِلَيْهِ لَتُنَبِّئَنَّهُمْ بِأَمْرِهِمْ هٰذَا وَهُمْ لَا يَشْعُرُونَ ١٦ وَجَاؤُوا أَبَاهُمْ عِشَاءً يَبْكُونَ
١٧ قَالُوا يَا أَبَانَا إِنَّا ذَهَبْنَا نَسْتَبِقُ وَتَرَكْنَا يُوسُفَ عِنْدَ مَتَاعِنَا فَأَكَلَهُ
ٱلذِّئْبُ وَمَا أَنْتَ بِمُؤْمِنٍ لَنَا وَلَوْ كُنَّا صَادِقِينَ ١٨ وَجَاؤُوا عَلَى قَمِيصِهِ بِدَمٍ
كَذِبٍ قَالَ بَلْ سَوَّلَتْ لَكُمْ أَنْفُسُكُمْ أَمْرًا فَصَبْرٌ جَمِيلٌ وَٱللّٰهُ ٱلْمُسْتَعَانُ عَلَى
مَا تَصِفُونَ ١٩ وَجَاءَتْ سَيَّارَةٌ فَأَرْسَلُوا وَارِدَهُمْ فَأَدْلَى دَلْوَهُ قَالَ يَا بُشْرَى
هٰذَا غُلَامٌ وَأَسَرُّوهُ بِضَاعَةً وَٱللّٰهُ عَلِيمٌ بِمَا يَعْمَلُونَ ٢٠ وَشَرَوْهُ بِثَمَنٍ بَخْسٍ
دَرَاهِمَ مَعْدُودَةٍ وَكَانُوا فِيهِ مِنَ ٱلزَّاهِدِينَ ٢١ وَقَالَ ٱلَّذِي ٱشْتَرَاهُ مِنْ مِصْرَ
لِٱمْرَأَتِهِ أَكْرِمِي مَثْوَاهُ عَسَى أَنْ يَنْفَعَنَا أَوْ نَتَّخِذَهُ وَلَدًا وَكَذٰلِكَ مَكَّنَّا لِيُوسُفَ
فِي ٱلْأَرْضِ وَلِنُعَلِّمَهُ مِنْ تَأْوِيلِ ٱلْأَحَادِيثِ وَٱللّٰهُ غَالِبٌ عَلَى أَمْرِهِ وَلٰكِنَّ أَكْثَرَ
ٱلنَّاسِ لَا يَعْلَمُونَ ٢٢ وَلَمَّا بَلَغَ أَشُدَّهُ آتَيْنَاهُ حُكْمًا وَعِلْمًا وَكَذٰلِكَ نَجْزِي
ٱلْمُحْسِنِينَ ٢٣ وَرَاوَدَتْهُ ٱلَّتِي هُوَ فِي بَيْتِهَا عَنْ نَفْسِهِ وَغَلَّقَتِ ٱلْأَبْوَابَ وَقَالَتْ

وَزُلَفًا مِنَ ٱللَّيْلِ إِنَّ ٱلْحَسَنَاتِ يُذْهِبْنَ ٱلسَّيِّئَاتِ ذَلِكَ ذِكْرَى لِلذَّاكِرِينَ
١١٧ وَٱصْبِرْ فَإِنَّ ٱللَّهَ لَا يُضِيعُ أَجْرَ ٱلْمُحْسِنِينَ ١١٨ فَلَوْلَا كَانَ مِنَ ٱلْقُرُونِ مِنْ
قَبْلِكُمْ أُولُوا بَقِيَّةٍ يَنْهَوْنَ عَنِ ٱلْفَسَادِ فِي ٱلْأَرْضِ إِلَّا قَلِيلًا مِمَّنْ أَنْجَيْنَا مِنْهُمْ
وَٱتَّبَعَ ٱلَّذِينَ ظَلَمُوا مَا أُتْرِفُوا فِيهِ وَكَانُوا مُجْرِمِينَ ١١٩ وَمَا كَانَ رَبُّكَ لِيُهْلِكَ
ٱلْقُرَى بِظُلْمٍ وَأَهْلُهَا مُصْلِحُونَ ١٢٠ وَلَوْ شَاءَ رَبُّكَ لَجَعَلَ ٱلنَّاسَ أُمَّةً وَاحِدَةً
وَلَا يَزَالُونَ مُخْتَلِفِينَ إِلَّا مَنْ رَحِمَ رَبُّكَ وَلِذَلِكَ خَلَقَهُمْ وَتَمَّتْ كَلِمَةُ رَبِّكَ
لَأَمْلَأَنَّ جَهَنَّمَ مِنَ ٱلْجِنَّةِ وَٱلنَّاسِ أَجْمَعِينَ ١٢١ وَكُلًّا نَقُصُّ عَلَيْكَ مِنْ أَنْبَاءِ
ٱلرُّسُلِ مَا نُثَبِّتُ بِهِ فُؤَادَكَ وَجَاءَكَ فِي هَذِهِ ٱلْحَقُّ وَمَوْعِظَةٌ وَذِكْرَى لِلْمُؤْمِنِينَ
١٢٢ وَقُلْ لِلَّذِينَ لَا يُؤْمِنُونَ ٱعْمَلُوا عَلَى مَكَانَتِكُمْ إِنَّا عَامِلُونَ وَٱنْتَظِرُوا إِنَّا
مُنْتَظِرُونَ ١٢٣ وَلِلَّهِ غَيْبُ ٱلسَّمَاوَاتِ وَٱلْأَرْضِ وَإِلَيْهِ يُرْجَعُ ٱلْأَمْرُ كُلُّهُ فَٱعْبُدْهُ
وَتَوَكَّلْ عَلَيْهِ وَمَا رَبُّكَ بِغَافِلٍ عَمَّا تَعْمَلُونَ

سورة يوسف

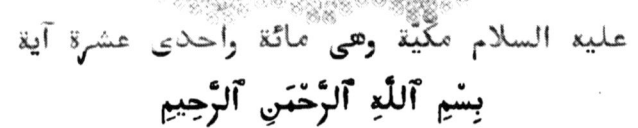

عليه السلام مكيّة وهي مائة واحدى عشرة آية

بِسْمِ ٱللَّهِ ٱلرَّحْمَنِ ٱلرَّحِيمِ

١ الٓر تِلْكَ آيَاتُ ٱلْكِتَابِ ٱلْمُبِينِ ٢ إِنَّا أَنْزَلْنَاهُ قُرْآنًا عَرَبِيًّا لَعَلَّكُمْ تَعْقِلُونَ
٣ نَحْنُ نَقُصُّ عَلَيْكَ أَحْسَنَ ٱلْقَصَصِ بِمَا أَوْحَيْنَا إِلَيْكَ هَذَا ٱلْقُرْآنَ وَإِنْ كُنْتَ
مِنْ قَبْلِهِ لَمِنَ ٱلْغَافِلِينَ ٤ إِذْ قَالَ يُوسُفُ لِأَبِيهِ يَا أَبَتِ إِنِّي رَأَيْتُ أَحَدَ
عَشَرَ كَوْكَبًا وَٱلشَّمْسَ وَٱلْقَمَرَ رَأَيْتُهُمْ لِي سَاجِدِينَ ٥ قَالَ يَا بُنَيَّ لَا تَقْصُصْ
رُؤْيَاكَ عَلَى إِخْوَتِكَ فَيَكِيدُوا لَكَ كَيْدًا إِنَّ ٱلشَّيْطَانَ لِلْإِنْسَانِ عَدُوٌّ مُبِينٌ

نَجَّيْنَا شُعَيْبًا وَٱلَّذِينَ آمَنُوا مَعَهُ بِرَحْمَةٍ مِنَّا وَأَخَذَتِ ٱلَّذِينَ ظَلَمُوا ٱلصَّيْحَةُ
فَأَصْبَحُوا فِي دِيَارِهِمْ جَاثِمِينَ ٩٨ كَأَنْ لَمْ يَغْنَوْا فِيهَا أَلَا بُعْدًا لِمَدْيَنَ كَمَا
بَعِدَتْ ثَمُودُ ٩٩ وَلَقَدْ أَرْسَلْنَا مُوسَى بِآيَاتِنَا وَسُلْطَانٍ مُبِينٍ إِلَى فِرْعَوْنَ
وَمَلَئِهِ فَٱتَّبَعُوا أَمْرَ فِرْعَوْنَ وَمَا أَمْرُ فِرْعَوْنَ بِرَشِيدٍ ١٠٠ يَقْدُمُ قَوْمَهُ يَوْمَ
ٱلْقِيَامَةِ فَأَوْرَدَهُمُ ٱلنَّارَ وَبِئْسَ ٱلْوِرْدُ ٱلْمَوْرُودُ ١٠١ وَأُتْبِعُوا فِي هَذِهِ لَعْنَةً وَيَوْمَ
ٱلْقِيَامَةِ بِئْسَ ٱلرِّفْدُ ٱلْمَرْفُودُ ١٠٢ ذَلِكَ مِنْ أَنْبَاءِ ٱلْقُرَى نَقُصُّهُ عَلَيْكَ مِنْهَا
قَائِمٌ وَحَصِيدٌ ١٠٣ وَمَا ظَلَمْنَاهُمْ وَلَكِنْ ظَلَمُوا أَنْفُسَهُمْ فَمَا أَغْنَتْ عَنْهُمْ
آلِهَتُهُمُ ٱلَّتِي يَدْعُونَ مِنْ دُونِ ٱللَّهِ مِنْ شَيْءٍ لَمَّا جَاءَ أَمْرُ رَبِّكَ وَمَا زَادُوهُمْ
غَيْرَ تَتْبِيبٍ ١٠٤ وَكَذَلِكَ أَخْذُ رَبِّكَ إِذَا أَخَذَ ٱلْقُرَى وَهِيَ ظَالِمَةٌ إِنَّ أَخْذَهُ
أَلِيمٌ شَدِيدٌ ١٠٥ إِنَّ فِي ذَلِكَ لَآيَةً لِمَنْ خَافَ عَذَابَ ٱلْآخِرَةِ ذَلِكَ يَوْمٌ
مَجْمُوعٌ لَهُ ٱلنَّاسُ وَذَلِكَ يَوْمٌ مَشْهُودٌ ١٠٦ وَمَا نُؤَخِّرُهُ إِلَّا لِأَجَلٍ مَعْدُودٍ ١٠٧
يَوْمَ يَأْتِ لَا تَكَلَّمُ نَفْسٌ إِلَّا بِإِذْنِهِ فَمِنْهُمْ شَقِيٌّ وَسَعِيدٌ ١٠٨ فَأَمَّا ٱلَّذِينَ
شَقُوا فَفِي ٱلنَّارِ لَهُمْ فِيهَا زَفِيرٌ وَشَهِيقٌ ١٠٩ خَالِدِينَ فِيهَا مَا دَامَتِ
ٱلسَّمَوَاتُ وَٱلْأَرْضُ إِلَّا مَا شَاءَ رَبُّكَ إِنَّ رَبَّكَ فَعَّالٌ لِمَا يُرِيدُ ١١٠ وَأَمَّا ٱلَّذِينَ
سَعِدُوا فَفِي ٱلْجَنَّةِ خَالِدِينَ فِيهَا مَا دَامَتِ ٱلسَّمَوَاتُ وَٱلْأَرْضُ إِلَّا مَا شَاءَ
رَبُّكَ عَطَاءً غَيْرَ مَجْذُوذٍ ١١١ فَلَا تَكُ فِي مِرْيَةٍ مِمَّا يَعْبُدُ هَؤُلَاءِ مَا يَعْبُدُونَ
إِلَّا كَمَا يَعْبُدُ آبَاؤُهُمْ مِنْ قَبْلُ وَإِنَّا لَمُوَفُّوهُمْ نَصِيبَهُمْ غَيْرَ مَنْقُوصٍ ١١٢ وَلَقَدْ
آتَيْنَا مُوسَى ٱلْكِتَابَ فَٱخْتُلِفَ فِيهِ وَلَوْلَا كَلِمَةٌ سَبَقَتْ مِنْ رَبِّكَ لَقُضِيَ
بَيْنَهُمْ وَإِنَّهُمْ لَفِي شَكٍّ مِنْهُ مُرِيبٍ ١١٣ وَإِنَّ كُلًّا لَمَّا لَيُوَفِّيَنَّهُمْ رَبُّكَ أَعْمَالَهُمْ
إِنَّهُ بِمَا يَعْمَلُونَ خَبِيرٌ ١١٤ فَٱسْتَقِمْ كَمَا أُمِرْتَ وَمَنْ تَابَ مَعَكَ وَلَا تَطْغَوْا
إِنَّهُ بِمَا تَعْمَلُونَ بَصِيرٌ ١١٥ وَلَا تَرْكَنُوا إِلَى ٱلَّذِينَ ظَلَمُوا فَتَمَسَّكُمُ ٱلنَّارُ وَمَا
لَكُمْ مِنْ دُونِ ٱللَّهِ مِنْ أَوْلِيَاءَ ثُمَّ لَا تُنْصَرُونَ ١١٦ وَأَقِمِ ٱلصَّلَوٰةَ طَرَفَيِ ٱلنَّهَارِ

٨١ قَالُوا لَقَدْ عَلِمْتَ مَا لَنَا فِي بَنَاتِكَ مِنْ حَقٍّ وَإِنَّكَ لَتَعْلَمُ مَا نُرِيدُ ٨٢
قَالَ لَوْ أَنَّ لِي بِكُمْ قُوَّةً أَوْ آوِي إِلَى رُكْنٍ شَدِيدٍ ٨٣ قَالُوا يَا لُوطُ إِنَّا رُسُلُ
رَبِّكَ لَنْ يَصِلُوا إِلَيْكَ فَأَسْرِ بِأَهْلِكَ بِقِطْعٍ مِنَ ٱللَّيْلِ وَلَا يَلْتَفِتْ مِنْكُمْ أَحَدٌ
إِلَّا ٱمْرَأَتَكَ إِنَّهُ مُصِيبُهَا مَا أَصَابَهُمْ إِنَّ مَوْعِدَهُمُ ٱلصُّبْحُ أَلَيْسَ ٱلصُّبْحُ بِقَرِيبٍ
٨٤ فَلَمَّا جَاءَ أَمْرُنَا جَعَلْنَا عَالِيَهَا سَافِلَهَا وَأَمْطَرْنَا عَلَيْهَا حِجَارَةً مِنْ سِجِّيلٍ
مَنْضُودٍ مُسَوَّمَةً عِنْدَ رَبِّكَ وَمَا هِيَ مِنَ ٱلظَّالِمِينَ بِبَعِيدٍ ٨٥ وَإِلَى مَدْيَنَ
أَخَاهُمْ شُعَيْبًا قَالَ يَا قَوْمِ ٱعْبُدُوا ٱللَّهَ مَا لَكُمْ مِنْ إِلَٰهٍ غَيْرُهُ وَلَا تَنْقُصُوا
ٱلْمِكْيَالَ وَٱلْمِيزَانَ إِنِّي أَرَاكُمْ بِخَيْرٍ وَإِنِّي أَخَافُ عَلَيْكُمْ عَذَابَ يَوْمٍ مُحِيطٍ
٨٦ وَيَا قَوْمِ أَوْفُوا ٱلْمِكْيَالَ وَٱلْمِيزَانَ بِٱلْقِسْطِ وَلَا تَبْخَسُوا ٱلنَّاسَ أَشْيَاءَهُمْ
وَلَا تَعْثَوْا فِي ٱلْأَرْضِ مُفْسِدِينَ ٨٧ بَقِيَّتُ ٱللَّهِ خَيْرٌ لَكُمْ إِنْ كُنْتُمْ مُؤْمِنِينَ
٨٨ وَمَا أَنَا عَلَيْكُمْ بِحَفِيظٍ ٨٩ قَالُوا يَا شُعَيْبُ أَصَلَوٰتُكَ تَأْمُرُكَ أَنْ نَتْرُكَ
مَا يَعْبُدُ آبَاؤُنَا أَوْ أَنْ نَفْعَلَ فِي أَمْوَالِنَا مَا نَشَاءُ إِنَّكَ لَأَنْتَ ٱلْحَلِيمُ ٱلرَّشِيدُ
٩٠ قَالَ يَا قَوْمِ أَرَأَيْتُمْ إِنْ كُنْتُ عَلَى بَيِّنَةٍ مِنْ رَبِّي وَرَزَقَنِي مِنْهُ رِزْقًا حَسَنًا
وَمَا أُرِيدُ أَنْ أُخَالِفَكُمْ إِلَى مَا أَنْهَاكُمْ عَنْهُ إِنْ أُرِيدُ إِلَّا ٱلْإِصْلَاحَ مَا
ٱسْتَطَعْتُ وَمَا تَوْفِيقِي إِلَّا بِٱللَّهِ عَلَيْهِ تَوَكَّلْتُ وَإِلَيْهِ أُنِيبُ ٩١ وَيَا قَوْمِ
لَا يَجْرِمَنَّكُمْ شِقَاقِي أَنْ يُصِيبَكُمْ مِثْلُ مَا أَصَابَ قَوْمَ نُوحٍ أَوْ قَوْمَ هُودٍ أَوْ قَوْمَ
صَالِحٍ وَمَا قَوْمُ لُوطٍ مِنْكُمْ بِبَعِيدٍ ٩٢ وَٱسْتَغْفِرُوا رَبَّكُمْ ثُمَّ تُوبُوا إِلَيْهِ إِنَّ رَبِّي
رَحِيمٌ وَدُودٌ ٩٣ قَالُوا يَا شُعَيْبُ مَا نَفْقَهُ كَثِيرًا مِمَّا تَقُولُ وَإِنَّا لَنَرَاكَ فِينَا
ضَعِيفًا وَلَوْلَا رَهْطُكَ لَرَجَمْنَاكَ وَمَا أَنْتَ عَلَيْنَا بِعَزِيزٍ ٩٤ قَالَ يَا قَوْمِ أَرَهْطِي
أَعَزُّ عَلَيْكُمْ مِنَ ٱللَّهِ وَٱتَّخَذْتُمُوهُ وَرَاءَكُمْ ظِهْرِيًّا إِنَّ رَبِّي بِمَا تَعْمَلُونَ مُحِيطٌ
٩٥ وَيَا قَوْمِ ٱعْمَلُوا عَلَى مَكَانَتِكُمْ إِنِّي عَامِلٌ سَوْفَ تَعْلَمُونَ ٩٦ مَنْ يَأْتِيهِ
عَذَابٌ يُخْزِيهِ وَمَنْ هُوَ كَاذِبٌ وَٱرْتَقِبُوا إِنِّي مَعَكُمْ رَقِيبٌ ٩٧ وَلَمَّا جَاءَ أَمْرُنَا

إِلَهٍ غَيْرُهُ هُوَ أَنْشَأَكُمْ مِنَ ٱلْأَرْضِ وَٱسْتَعْمَرَكُمْ فِيهَا فَٱسْتَغْفِرُوهُ ثُمَّ تُوبُوا
إِلَيْهِ إِنَّ رَبِّي قَرِيبٌ مُجِيبٌ ٦٥ قَالُوا يَا صَالِحُ قَدْ كُنْتَ فِينَا مَرْجُوًّا قَبْلَ هَذَا
أَتَنْهَانَا أَنْ نَعْبُدَ مَا يَعْبُدُ آبَاؤُنَا وَإِنَّنَا لَفِي شَكٍّ مِمَّا تَدْعُونَا إِلَيْهِ مُرِيبٍ
٦٦ قَالَ يَا قَوْمِ أَرَأَيْتُمْ إِنْ كُنْتُ عَلَى بَيِّنَةٍ مِنْ رَبِّي وَآتَانِي مِنْهُ رَحْمَةً فَمَنْ
يَنْصُرُنِي مِنَ ٱللَّهِ إِنْ عَصَيْتُهُ فَمَا تَزِيدُونَنِي غَيْرَ تَخْسِيرٍ ٦٧ وَيَا قَوْمِ هَذِهِ
نَاقَةُ ٱللَّهِ لَكُمْ آيَةً فَذَرُوهَا تَأْكُلْ فِي أَرْضِ ٱللَّهِ وَلَا تَمَسُّوهَا بِسُوءٍ فَيَأْخُذَكُمْ
عَذَابٌ قَرِيبٌ ٦٨ فَعَقَرُوهَا فَقَالَ تَمَتَّعُوا فِي دَارِكُمْ ثَلَاثَةَ أَيَّامٍ ذَلِكَ وَعْدٌ غَيْرُ
مَكْذُوبٍ ٦٩ فَلَمَّا جَاءَ أَمْرُنَا نَجَّيْنَا صَالِحًا وَٱلَّذِينَ آمَنُوا مَعَهُ بِرَحْمَةٍ مِنَّا
وَمِنْ خِزْيِ يَوْمَئِذٍ إِنَّ رَبَّكَ هُوَ ٱلْقَوِيُّ ٱلْعَزِيزُ ٧٠ وَأَخَذَ ٱلَّذِينَ ظَلَمُوا ٱلصَّيْحَةُ
فَأَصْبَحُوا فِي دِيَارِهِمْ جَاثِمِينَ ٧١ كَأَنْ لَمْ يَغْنَوْا فِيهَا أَلَا إِنَّ ثَمُودَ كَفَرُوا
رَبَّهُمْ أَلَا بُعْدًا لِثَمُودَ ٧٢ وَلَقَدْ جَاءَتْ رُسُلُنَا إِبْرَهِيمَ بِٱلْبُشْرَى قَالُوا سَلَامًا
قَالَ سَلَامٌ فَمَا لَبِثَ أَنْ جَاءَ بِعِجْلٍ حَنِيذٍ ٧٣ فَلَمَّا رَأَى أَيْدِيَهُمْ لَا تَصِلُ
إِلَيْهِ نَكِرَهُمْ وَأَوْجَسَ مِنْهُمْ خِيفَةً قَالُوا لَا تَخَفْ إِنَّا أُرْسِلْنَا إِلَى قَوْمِ لُوطٍ
٧٤ وَٱمْرَأَتُهُ قَائِمَةٌ فَضَحِكَتْ فَبَشَّرْنَاهَا بِإِسْحَقَ وَمِنْ وَرَاءِ إِسْحَقَ يَعْقُوبَ ٧٥
قَالَتْ يَا وَيْلَتَى أَأَلِدُ وَأَنَا عَجُوزٌ وَهَذَا بَعْلِي شَيْخًا إِنَّ هَذَا لَشَيْءٌ عَجِيبٌ
٧٦ قَالُوا أَتَعْجَبِينَ مِنْ أَمْرِ ٱللَّهِ رَحْمَتُ ٱللَّهِ وَبَرَكَاتُهُ عَلَيْكُمْ أَهْلَ ٱلْبَيْتِ إِنَّهُ
حَمِيدٌ مَجِيدٌ ٧٧ فَلَمَّا ذَهَبَ عَنْ إِبْرَهِيمَ ٱلرَّوْعُ وَجَاءَتْهُ ٱلْبُشْرَى يُجَادِلُنَا
فِي قَوْمِ لُوطٍ إِنَّ إِبْرَهِيمَ لَحَلِيمٌ أَوَّاهٌ مُنِيبٌ ٧٨ يَا إِبْرَهِيمُ أَعْرِضْ عَنْ هَذَا
إِنَّهُ قَدْ جَاءَ أَمْرُ رَبِّكَ وَإِنَّهُمْ آتِيهِمْ عَذَابٌ غَيْرُ مَرْدُودٍ ٧٩ وَلَمَّا جَاءَتْ
رُسُلُنَا لُوطًا سِيءَ بِهِمْ وَضَاقَ بِهِمْ ذَرْعًا وَقَالَ هَذَا يَوْمٌ عَصِيبٌ ٨٠ وَجَاءَهُ
قَوْمُهُ يُهْرَعُونَ إِلَيْهِ وَمِنْ قَبْلُ كَانُوا يَعْمَلُونَ ٱلسَّيِّئَاتِ قَالَ يَا قَوْمِ هَؤُلَاءِ بَنَاتِي
هُنَّ أَطْهَرُ لَكُمْ فَٱتَّقُوا ٱللَّهَ وَلَا تُخْزُونِ فِي ضَيْفِي أَلَيْسَ مِنْكُمْ رَجُلٌ رَشِيدٌ

فَقَالَ رَبِّ إِنَّ ٱبْنِي مِنْ أَهْلِي وَإِنَّ وَعْدَكَ ٱلْحَقُّ وَأَنْتَ أَحْكَمُ ٱلْحَاكِمِينَ
٤٨ قَالَ يَا نُوحُ إِنَّهُ لَيْسَ مِنْ أَهْلِكَ إِنَّهُ عَمَلٌ غَيْرُ صَالِحٍ فَلَا تَسْأَلْنِي مَا
لَيْسَ لَكَ بِهِ عِلْمٌ إِنِّي أَعِظُكَ أَنْ تَكُونَ مِنَ ٱلْجَاهِلِينَ ٤٩ قَالَ رَبِّ إِنِّي
أَعُوذُ بِكَ أَنْ أَسْأَلَكَ مَا لَيْسَ لِي بِهِ عِلْمٌ وَإِلَّا تَغْفِرْ لِي وَتَرْحَمْنِي أَكُنْ
مِنَ ٱلْخَاسِرِينَ ٥٠ قِيلَ يَا نُوحُ ٱهْبِطْ بِسَلَامٍ مِنَّا وَبَرَكَاتٍ عَلَيْكَ وَعَلَى
أُمَمٍ مِمَّنْ مَعَكَ وَأُمَمٌ سَنُمَتِّعُهُمْ ثُمَّ يَمَسُّهُمْ مِنَّا عَذَابٌ أَلِيمٌ ٥١ تِلْكَ مِنْ
أَنْبَاءِ ٱلْغَيْبِ نُوحِيهَا إِلَيْكَ مَا كُنْتَ تَعْلَمُهَا أَنْتَ وَلَا قَوْمُكَ مِنْ قَبْلِ هَذَا
فَاصْبِرْ إِنَّ ٱلْعَاقِبَةَ لِلْمُتَّقِينَ ٥٢ وَإِلَى عَادٍ أَخَاهُمْ هُودًا قَالَ يَا قَوْمِ ٱعْبُدُوا
ٱللَّهَ مَا لَكُمْ مِنْ إِلَهٍ غَيْرُهُ إِنْ أَنْتُمْ إِلَّا مُفْتَرُونَ ٥٣ يَا قَوْمِ لَا أَسْأَلُكُمْ عَلَيْهِ
أَجْرًا إِنْ أَجْرِيَ إِلَّا عَلَى ٱلَّذِي فَطَرَنِي أَفَلَا تَعْقِلُونَ ٥٤ وَيَا قَوْمِ ٱسْتَغْفِرُوا
رَبَّكُمْ ثُمَّ تُوبُوا إِلَيْهِ يُرْسِلِ ٱلسَّمَاءَ عَلَيْكُمْ مِدْرَارًا ٥٥ وَيَزِدْكُمْ قُوَّةً إِلَى قُوَّتِكُمْ
وَلَا تَتَوَلَّوْا مُجْرِمِينَ ٥٦ قَالُوا يَا هُودُ مَا جِئْتَنَا بِبَيِّنَةٍ وَمَا نَحْنُ بِتَارِكِي
آلِهَتِنَا عَنْ قَوْلِكَ وَمَا نَحْنُ لَكَ بِمُؤْمِنِينَ ٥٧ إِنْ نَقُولُ إِلَّا ٱعْتَرَاكَ بَعْضُ
آلِهَتِنَا بِسُوءٍ قَالَ إِنِّي أُشْهِدُ ٱللَّهَ وَٱشْهَدُوا أَنِّي بَرِيءٌ مِمَّا تُشْرِكُونَ ٥٨ مِنْ
دُونِهِ فَكِيدُونِي جَمِيعًا ثُمَّ لَا تُنْظِرُونِ ٥٩ إِنِّي تَوَكَّلْتُ عَلَى ٱللَّهِ رَبِّي
وَرَبِّكُمْ مَا مِنْ دَابَّةٍ إِلَّا هُوَ آخِذٌ بِنَاصِيَتِهَا إِنَّ رَبِّي عَلَى صِرَاطٍ مُسْتَقِيمٍ
٦٠ فَإِنْ تَوَلَّوْا فَقَدْ أَبْلَغْتُكُمْ مَا أُرْسِلْتُ بِهِ إِلَيْكُمْ وَيَسْتَخْلِفُ رَبِّي قَوْمًا غَيْرَكُمْ
وَلَا تَضُرُّونَهُ شَيْئًا إِنَّ رَبِّي عَلَى كُلِّ شَيْءٍ حَفِيظٌ ٦١ وَلَمَّا جَاءَ أَمْرُنَا نَجَّيْنَا
هُودًا وَٱلَّذِينَ آمَنُوا مَعَهُ بِرَحْمَةٍ مِنَّا وَنَجَّيْنَاهُمْ مِنْ عَذَابٍ غَلِيظٍ ٦٢ وَتِلْكَ
عَادٌ جَحَدُوا بِآيَاتِ رَبِّهِمْ وَعَصَوْا رُسُلَهُ وَٱتَّبَعُوا أَمْرَ كُلِّ جَبَّارٍ عَنِيدٍ ٦٣ وَأُتْبِعُوا
فِي هَذِهِ ٱلدُّنْيَا لَعْنَةً وَيَوْمَ ٱلْقِيَامَةِ أَلَا إِنَّ عَادًا كَفَرُوا رَبَّهُمْ أَلَا بُعْدًا لِعَادٍ
قَوْمِ هُودٍ ٦٤ وَإِلَى ثَمُودَ أَخَاهُمْ صَالِحًا قَالَ يَا قَوْمِ ٱعْبُدُوا ٱللَّهَ مَا لَكُمْ مِنْ

مَالًا إِنْ أَجْرِيَ إِلَّا عَلَى ٱللَّهِ وَمَا أَنَا بِطَارِدِ ٱلَّذِينَ آمَنُوا إِنَّهُمْ مُلَاقُوا رَبِّهِمْ
وَلَكِنِّي أَرَاكُمْ قَوْمًا تَجْهَلُونَ ٣٢ وَيَا قَوْمِ مَنْ يَنْصُرُنِي مِنَ ٱللَّهِ إِنْ طَرَدْتُهُمْ
أَفَلَا تَذَكَّرُونَ ٣٣ وَلَا أَقُولُ لَكُمْ عِنْدِي خَزَائِنُ ٱللَّهِ وَلَا أَعْلَمُ ٱلْغَيْبَ
وَلَا أَقُولُ إِنِّي مَلَكٌ وَلَا أَقُولُ لِلَّذِينَ تَزْدَرِي أَعْيُنُكُمْ لَنْ يُؤْتِيَهُمُ ٱللَّهُ خَيْرًا
ٱللَّهُ أَعْلَمُ بِمَا فِي أَنْفُسِهِمْ إِنِّي إِذًا لَمِنَ ٱلظَّالِمِينَ ٣٤ قَالُوا يَا نُوحُ قَدْ
جَادَلْتَنَا فَأَكْثَرْتَ جِدَالَنَا فَأْتِنَا بِمَا تَعِدُنَا إِنْ كُنْتَ مِنَ ٱلصَّادِقِينَ ٣٥
قَالَ إِنَّمَا يَأْتِيكُمْ بِهِ ٱللَّهُ إِنْ شَاءَ وَمَا أَنْتُمْ بِمُعْجِزِينَ ٣٦ وَلَا يَنْفَعُكُمْ نُصْحِي
إِنْ أَرَدْتُ أَنْ أَنْصَحَ لَكُمْ إِنْ كَانَ ٱللَّهُ يُرِيدُ أَنْ يُغْوِيَكُمْ هُوَ رَبُّكُمْ وَإِلَيْهِ تُرْجَعُونَ
٣٧ أَمْ يَقُولُونَ ٱفْتَرَاهُ قُلْ إِنِ ٱفْتَرَيْتُهُ فَعَلَيَّ إِجْرَامِي وَأَنَا بَرِيءٌ مِمَّا تُجْرِمُونَ
٣٨ وَأُوحِيَ إِلَى نُوحٍ أَنَّهُ لَنْ يُؤْمِنَ مِنْ قَوْمِكَ إِلَّا مَنْ قَدْ آمَنَ فَلَا تَبْتَئِسْ
بِمَا كَانُوا يَفْعَلُونَ ٣٩ وَٱصْنَعِ ٱلْفُلْكَ بِأَعْيُنِنَا وَوَحْيِنَا وَلَا تُخَاطِبْنِي فِي
ٱلَّذِينَ ظَلَمُوا إِنَّهُمْ مُغْرَقُونَ ٤٠ وَيَصْنَعُ ٱلْفُلْكَ وَكُلَّمَا مَرَّ عَلَيْهِ مَلَأٌ مِنْ
قَوْمِهِ سَخِرُوا مِنْهُ قَالَ إِنْ تَسْخَرُوا مِنَّا فَإِنَّا نَسْخَرُ مِنْكُمْ كَمَا تَسْخَرُونَ فَسَوْفَ
تَعْلَمُونَ ٤١ مَنْ يَأْتِيهِ عَذَابٌ يُخْزِيهِ وَيَحِلُّ عَلَيْهِ عَذَابٌ مُقِيمٌ ٤٢ حَتَّى
إِذَا جَاءَ أَمْرُنَا وَفَارَ ٱلتَّنُّورُ قُلْنَا ٱحْمِلْ فِيهَا مِنْ كُلٍّ زَوْجَيْنِ ٱثْنَيْنِ وَأَهْلَكَ
إِلَّا مَنْ سَبَقَ عَلَيْهِ ٱلْقَوْلُ وَمَنْ آمَنَ وَمَا آمَنَ مَعَهُ إِلَّا قَلِيلٌ ٤٣ وَقَالَ
ٱرْكَبُوا فِيهَا بِسْمِ ٱللَّهِ مَجْرَاهَا وَمُرْسَاهَا إِنَّ رَبِّي لَغَفُورٌ رَحِيمٌ ٤٤ وَهِيَ تَجْرِي
بِهِمْ فِي مَوْجٍ كَٱلْجِبَالِ وَنَادَى نُوحٌ ٱبْنَهُ وَكَانَ فِي مَعْزِلٍ يَا بُنَيَّ ٱرْكَبْ مَعَنَا
وَلَا تَكُنْ مَعَ ٱلْكَافِرِينَ ٤٥ قَالَ سَآوِي إِلَى جَبَلٍ يَعْصِمُنِي مِنَ ٱلْمَاءِ قَالَ لَا
عَاصِمَ ٱلْيَوْمَ مِنْ أَمْرِ ٱللَّهِ إِلَّا مَنْ رَحِمَ وَحَالَ بَيْنَهُمَا ٱلْمَوْجُ فَكَانَ مِنَ ٱلْمُغْرَقِينَ
٤٦ وَقِيلَ يَا أَرْضُ ٱبْلَعِي مَاءَكِ وَيَا سَمَاءُ أَقْلِعِي وَغِيضَ ٱلْمَاءُ وَقُضِيَ ٱلْأَمْرُ
وَٱسْتَوَتْ عَلَى ٱلْجُودِيِّ وَقِيلَ بُعْدًا لِلْقَوْمِ ٱلظَّالِمِينَ ٤٧ وَنَادَى نُوحٌ رَبَّهُ

مِنْ دُونِ ٱللَّهِ إِنْ كُنْتُمْ صَادِقِينَ ١٧ فَإِنْ لَمْ يَسْتَجِيبُوا لَكُمْ فَٱعْلَمُوا أَنَّمَا
أُنْزِلَ بِعِلْمِ ٱللَّهِ وَأَنْ لَا إِلَهَ إِلَّا هُوَ فَهَلْ أَنْتُمْ مُسْلِمُونَ ١٨ مَنْ كَانَ يُرِيدُ
ٱلْحَيَوةَ ٱلدُّنْيَا وَزِينَتَهَا نُوَفِّ إِلَيْهِمْ أَعْمَالَهُمْ فِيهَا وَهُمْ فِيهَا لَا يُبْخَسُونَ
١٩ أُولَآئِكَ ٱلَّذِينَ لَيْسَ لَهُمْ فِي ٱلْآخِرَةِ إِلَّا ٱلنَّارُ وَحَبِطَ مَا صَنَعُوا فِيهَا
وَبَاطِلٌ مَا كَانُوا يَعْمَلُونَ ٢٠ أَفَمَنْ كَانَ عَلَى بَيِّنَةٍ مِنْ رَبِّهِ وَيَتْلُوهُ شَاهِدٌ
مِنْهُ وَمِنْ قَبْلِهِ كِتَابُ مُوسَى إِمَامًا وَرَحْمَةً أُولَآئِكَ يُؤْمِنُونَ بِهِ وَمَنْ يَكْفُرْ
بِهِ مِنَ ٱلْأَحْزَابِ فَٱلنَّارُ مَوْعِدُهُ فَلَا تَكُ فِي مِرْيَةٍ مِنْهُ إِنَّهُ ٱلْحَقُّ مِنْ رَبِّكَ
وَلَكِنَّ أَكْثَرَ ٱلنَّاسِ لَا يُؤْمِنُونَ ٢١ وَمَنْ أَظْلَمُ مِمَّنِ ٱفْتَرَى عَلَى ٱللَّهِ كَذِبًا
أُولَآئِكَ يُعْرَضُونَ عَلَى رَبِّهِمْ وَيَقُولُ ٱلْأَشْهَادُ هَؤُلَآءِ ٱلَّذِينَ كَذَبُوا عَلَى رَبِّهِمْ
أَلَا لَعْنَةُ ٱللَّهِ عَلَى ٱلظَّالِمِينَ ٢٢ ٱلَّذِينَ يَصُدُّونَ عَنْ سَبِيلِ ٱللَّهِ وَيَبْغُونَهَا
عِوَجًا وَهُمْ بِٱلْآخِرَةِ هُمْ كَافِرُونَ أُولَآئِكَ لَمْ يَكُونُوا مُعْجِزِينَ فِي ٱلْأَرْضِ وَمَا كَانَ
لَهُمْ مِنْ دُونِ ٱللَّهِ مِنْ أَوْلِيَآءَ يُضَاعَفُ لَهُمُ ٱلْعَذَابُ مَا كَانُوا يَسْتَطِيعُونَ
ٱلسَّمْعَ وَمَا كَانُوا يُبْصِرُونَ ٢٣ أُولَآئِكَ ٱلَّذِينَ خَسِرُوا أَنْفُسَهُمْ وَضَلَّ عَنْهُمْ
مَا كَانُوا يَفْتَرُونَ ٢٤ لَا جَرَمَ أَنَّهُمْ فِي ٱلْآخِرَةِ هُمُ ٱلْأَخْسَرُونَ ٢٥ إِنَّ ٱلَّذِينَ
آمَنُوا وَعَمِلُوا ٱلصَّالِحَاتِ وَأَخْبَتُوا إِلَى رَبِّهِمْ أُولَآئِكَ أَصْحَابُ ٱلْجَنَّةِ هُمْ فِيهَا
خَالِدُونَ ٢٦ مَثَلُ ٱلْفَرِيقَيْنِ كَٱلْأَعْمَى وَٱلْأَصَمِّ وَٱلْبَصِيرِ وَٱلسَّمِيعِ هَلْ يَسْتَوِيَانِ
مَثَلًا أَفَلَا تَذَكَّرُونَ ٢٧ وَلَقَدْ أَرْسَلْنَا نُوحًا إِلَى قَوْمِهِ إِنِّي لَكُمْ نَذِيرٌ مُبِينٌ
٢٨ أَلَّا تَعْبُدُوا إِلَّا ٱللَّهَ إِنِّي أَخَافُ عَلَيْكُمْ عَذَابَ يَوْمٍ أَلِيمٍ ٢٩ فَقَالَ ٱلْمَلَأُ
ٱلَّذِينَ كَفَرُوا مِنْ قَوْمِهِ مَا نَرَاكَ إِلَّا بَشَرًا مِثْلَنَا وَمَا نَرَاكَ ٱتَّبَعَكَ إِلَّا ٱلَّذِينَ
هُمْ أَرَاذِلُنَا بَادِيَ ٱلرَّأْيِ وَمَا نَرَى لَكُمْ عَلَيْنَا مِنْ فَضْلٍ بَلْ نَظُنُّكُمْ كَاذِبِينَ
٣٠ قَالَ يَا قَوْمِ أَرَأَيْتُمْ إِنْ كُنْتُ عَلَى بَيِّنَةٍ مِنْ رَبِّي وَآتَانِي رَحْمَةً مِنْ عِنْدِهِ
فَعُمِّيَتْ عَلَيْكُمْ أَنُلْزِمُكُمُوهَا وَأَنْتُمْ لَهَا كَارِهُونَ ٣١ وَيَا قَوْمِ لَا أَسْأَلُكُمْ عَلَيْهِ

سورة هود

مكية وهى مائة وثلث وعشرون آية

بِسْمِ ٱللَّهِ ٱلرَّحْمَٰنِ ٱلرَّحِيمِ

١ الٓر كِتَابٌ أُحْكِمَتْ آيَاتُهُ ثُمَّ فُصِّلَتْ مِنْ لَدُنْ حَكِيمٍ خَبِيرٍ ٢ أَلَّا تَعْبُدُوا
إِلَّا ٱللَّهَ إِنَّنِي لَكُمْ مِنْهُ نَذِيرٌ وَبَشِيرٌ ٣ وَأَنِ ٱسْتَغْفِرُوا رَبَّكُمْ ثُمَّ تُوبُوا إِلَيْهِ
يُمَتِّعْكُمْ مَتَاعًا حَسَنًا إِلَى أَجَلٍ مُسَمًّى وَيُؤْتِ كُلَّ ذِي فَضْلٍ فَضْلَهُ وَإِنْ تَوَلَّوْا
فَإِنِّي أَخَافُ عَلَيْكُمْ عَذَابَ يَوْمٍ كَبِيرٍ ٤ إِلَى ٱللَّهِ مَرْجِعُكُمْ وَهُوَ عَلَى كُلِّ
شَيْءٍ قَدِيرٌ ٥ أَلَا إِنَّهُمْ يَثْنُونَ صُدُورَهُمْ لِيَسْتَخْفُوا مِنْهُ أَلَا حِينَ ٦ يَسْتَغْشُونَ
ثِيَابَهُمْ يَعْلَمُ مَا يُسِرُّونَ وَمَا يُعْلِنُونَ ٧ إِنَّهُ عَلِيمٌ بِذَاتِ ٱلصُّدُورِ
۞ ٨ وَمَا مِنْ دَابَّةٍ فِي ٱلْأَرْضِ إِلَّا عَلَى ٱللَّهِ رِزْقُهَا وَيَعْلَمُ مُسْتَقَرَّهَا ١٢
وَمُسْتَوْدَعَهَا كُلٌّ فِي كِتَابٍ مُبِينٍ ٩ وَهُوَ ٱلَّذِي خَلَقَ ٱلسَّمَاوَاتِ وَٱلْأَرْضَ فِي
سِتَّةِ أَيَّامٍ وَكَانَ عَرْشُهُ عَلَى ٱلْمَاءِ لِيَبْلُوَكُمْ أَيُّكُمْ أَحْسَنُ عَمَلًا ١٠ وَلَئِنْ قُلْتَ
إِنَّكُمْ مَبْعُوثُونَ مِنْ بَعْدِ ٱلْمَوْتِ لَيَقُولَنَّ ٱلَّذِينَ كَفَرُوا إِنْ هَٰذَا إِلَّا سِحْرٌ مُبِينٌ
١١ وَلَئِنْ أَخَّرْنَا عَنْهُمُ ٱلْعَذَابَ إِلَى أُمَّةٍ مَعْدُودَةٍ لَيَقُولُنَّ مَا يَحْبِسُهُ أَلَا يَوْمَ
يَأْتِيهِمْ لَيْسَ مَصْرُوفًا عَنْهُمْ وَحَاقَ بِهِمْ مَا كَانُوا بِهِ يَسْتَهْزِئُونَ ١٢ وَلَئِنْ
أَذَقْنَا ٱلْإِنْسَانَ مِنَّا رَحْمَةً ثُمَّ نَزَعْنَاهَا مِنْهُ إِنَّهُ لَيَئُوسٌ كَفُورٌ ١٣ وَلَئِنْ أَذَقْنَاهُ
نَعْمَاءَ بَعْدَ ضَرَّاءَ مَسَّتْهُ لَيَقُولَنَّ ذَهَبَ ٱلسَّيِّئَاتُ عَنِّي إِنَّهُ لَفَرِحٌ فَخُورٌ ١٤ إِلَّا
ٱلَّذِينَ صَبَرُوا وَعَمِلُوا ٱلصَّالِحَاتِ أُولَٰئِكَ لَهُمْ مَغْفِرَةٌ وَأَجْرٌ كَبِيرٌ ١٥ فَلَعَلَّكَ
تَارِكٌ بَعْضَ مَا يُوحَى إِلَيْكَ وَضَائِقٌ بِهِ صَدْرُكَ أَنْ يَقُولُوا لَوْلَا أُنْزِلَ عَلَيْهِ
كَنْزٌ أَوْ جَاءَ مَعَهُ مَلَكٌ إِنَّمَا أَنْتَ نَذِيرٌ وَٱللَّهُ عَلَى كُلِّ شَيْءٍ وَكِيلٌ ١٦ أَمْ
يَقُولُونَ ٱفْتَرَاهُ قُلْ فَأْتُوا بِعَشْرِ سُوَرٍ مِثْلِهِ مُفْتَرَيَاتٍ وَٱدْعُوا مَنِ ٱسْتَطَعْتُمْ

بِآيَاتِ ٱللَّهِ فَتَكُونَ مِنَ ٱلْخَاسِرِينَ ٩٦ إِنَّ ٱلَّذِينَ حَقَّتْ عَلَيْهِمْ كَلِمَةُ رَبِّكَ
لَا يُؤْمِنُونَ ٩٧ وَلَوْ جَاءَتْهُمْ كُلُّ آيَةٍ حَتَّى يَرَوُا ٱلْعَذَابَ ٱلْأَلِيمَ ٩٨ فَلَوْلَا
كَانَتْ قَرْيَةٌ آمَنَتْ فَنَفَعَهَا إِيمَانُهَا إِلَّا قَوْمَ يُونُسَ لَمَّا آمَنُوا كَشَفْنَا عَنْهُمْ
عَذَابَ ٱلْخِزْيِ فِي ٱلْحَيَوةِ ٱلدُّنْيَا وَمَتَّعْنَاهُمْ إِلَى حِينٍ ٩٩ وَلَوْ شَاءَ رَبُّكَ لَآمَنَ
مَنْ فِي ٱلْأَرْضِ كُلُّهُمْ جَمِيعًا أَفَأَنْتَ تُكْرِهُ ٱلنَّاسَ حَتَّى يَكُونُوا مُؤْمِنِينَ ١٠٠
وَمَا كَانَ لِنَفْسٍ أَنْ تُؤْمِنَ إِلَّا بِإِذْنِ ٱللَّهِ وَيَجْعَلُ ٱلرِّجْسَ عَلَى ٱلَّذِينَ لَا
يَعْقِلُونَ ١٠١ قُلِ ٱنْظُرُوا مَا ذَا فِي ٱلسَّمَوَاتِ وَٱلْأَرْضِ وَمَا تُغْنِي ٱلْآيَاتُ وَٱلنُّذُرُ
عَنْ قَوْمٍ لَا يُؤْمِنُونَ ١٠٢ فَهَلْ يَنْتَظِرُونَ إِلَّا مِثْلَ أَيَّامِ ٱلَّذِينَ خَلَوْا مِنْ
قَبْلِهِمْ قُلْ فَٱنْتَظِرُوا إِنِّي مَعَكُمْ مِنَ ٱلْمُنْتَظِرِينَ ١٠٣ ثُمَّ نُنَجِّي رُسُلَنَا وَٱلَّذِينَ
آمَنُوا كَذَلِكَ حَقًّا عَلَيْنَا نُنْجِ ٱلْمُؤْمِنِينَ ١٠٤ قُلْ يَا أَيُّهَا ٱلنَّاسُ إِنْ كُنْتُمْ فِي
شَكٍّ مِنْ دِينِي فَلَا أَعْبُدُ ٱلَّذِينَ تَعْبُدُونَ مِنْ دُونِ ٱللَّهِ وَلَكِنْ أَعْبُدُ ٱللَّهَ
ٱلَّذِي يَتَوَفَّاكُمْ وَأُمِرْتُ أَنْ أَكُونَ مِنَ ٱلْمُؤْمِنِينَ ١٠٥ وَأَنْ أَقِمْ وَجْهَكَ
لِلدِّينِ حَنِيفًا وَلَا تَكُونَنَّ مِنَ ٱلْمُشْرِكِينَ ١٠٦ وَلَا تَدْعُ مِنْ دُونِ ٱللَّهِ مَا
لَا يَنْفَعُكَ وَلَا يَضُرُّكَ فَإِنْ فَعَلْتَ فَإِنَّكَ إِذًا مِنَ ٱلظَّالِمِينَ ١٠٧ وَإِنْ يَمْسَسْكَ
ٱللَّهُ بِضُرٍّ فَلَا كَاشِفَ لَهُ إِلَّا هُوَ وَإِنْ يُرِدْكَ بِخَيْرٍ فَلَا رَادَّ لِفَضْلِهِ يُصِيبُ بِهِ
مَنْ يَشَاءُ مِنْ عِبَادِهِ وَهُوَ ٱلْغَفُورُ ٱلرَّحِيمُ ١٠٨ قُلْ يَا أَيُّهَا ٱلنَّاسُ قَدْ جَاءَكُمُ
ٱلْحَقُّ مِنْ رَبِّكُمْ فَمَنِ ٱهْتَدَى فَإِنَّمَا يَهْتَدِي لِنَفْسِهِ وَمَنْ ضَلَّ فَإِنَّمَا يَضِلُّ
عَلَيْهَا وَمَا أَنَا عَلَيْكُمْ بِوَكِيلٍ ١٠٩ وَٱتَّبِعْ مَا يُوحَى إِلَيْكَ وَٱصْبِرْ حَتَّى يَحْكُمَ
ٱللَّهُ وَهُوَ خَيْرُ ٱلْحَاكِمِينَ

وَتَكُونَ لَكُمَا ٱلْكِبْرِيَآءُ فِي ٱلْأَرْضِ وَمَا نَحْنُ لَكُمَا بِمُؤْمِنِينَ ٨٠ وَقَالَ فِرْعَوْنُ
ٱئْتُونِي بِكُلِّ سَاحِرٍ عَلِيمٍ فَلَمَّا جَآءَ ٱلسَّحَرَةُ قَالَ لَهُمْ مُوسَى أَلْقُوا مَا أَنْتُمْ
مُلْقُونَ ٨١ فَلَمَّا أَلْقَوْا قَالَ مُوسَى مَا جِئْتُمْ بِهِ ٱلسِّحْرُ إِنَّ ٱللّٰهَ سَيُبْطِلُهُ إِنَّ
ٱللّٰهَ لَا يُصْلِحُ عَمَلَ ٱلْمُفْسِدِينَ ٨٢ وَيُحِقُّ ٱللّٰهُ ٱلْحَقَّ بِكَلِمَاتِهِ وَلَوْ كَرِهَ
ٱلْمُجْرِمُونَ ٨٣ فَمَا آمَنَ لِمُوسَى إِلَّا ذُرِّيَّةٌ مِنْ قَوْمِهِ عَلَى خَوْفٍ مِنْ فِرْعَوْنَ
وَمَلَئِهِمْ أَنْ يَفْتِنَهُمْ وَإِنَّ فِرْعَوْنَ لَعَالٍ فِي ٱلْأَرْضِ وَإِنَّهُ لَمِنَ ٱلْمُسْرِفِينَ ٨٤
وَقَالَ مُوسَى يَا قَوْمِ إِنْ كُنْتُمْ آمَنْتُمْ بِٱللّٰهِ فَعَلَيْهِ تَوَكَّلُوا إِنْ كُنْتُمْ مُسْلِمِينَ
٨٥ فَقَالُوا عَلَى ٱللّٰهِ تَوَكَّلْنَا رَبَّنَا لَا تَجْعَلْنَا فِتْنَةً لِلْقَوْمِ ٱلظَّالِمِينَ ٨٦ وَنَجِّنَا
بِرَحْمَتِكَ مِنَ ٱلْقَوْمِ ٱلْكَافِرِينَ ٨٧ وَأَوْحَيْنَا إِلَى مُوسَى وَأَخِيهِ أَنْ تَبَوَّءَا لِقَوْمِكُمَا
بِمِصْرَ بُيُوتًا وَٱجْعَلُوا بُيُوتَكُمْ قِبْلَةً وَأَقِيمُوا ٱلصَّلٰوةَ وَبَشِّرِ ٱلْمُؤْمِنِينَ ٨٨ وَقَالَ
مُوسَى رَبَّنَا إِنَّكَ آتَيْتَ فِرْعَوْنَ وَمَلَأَهُ زِينَةً وَأَمْوَالًا فِي ٱلْحَيٰوةِ ٱلدُّنْيَا رَبَّنَا
لِيَضِلُّوا عَنْ سَبِيلِكَ رَبَّنَا ٱطْمِسْ عَلَى أَمْوَالِهِمْ وَٱشْدُدْ عَلَى قُلُوبِهِمْ فَلَا يُؤْمِنُوا
حَتَّى يَرَوُا ٱلْعَذَابَ ٱلْأَلِيمَ ٨٩ قَالَ قَدْ أُجِيبَتْ دَعْوَتُكُمَا فَٱسْتَقِيمَا وَلَا
تَتَّبِعَانِّ سَبِيلَ ٱلَّذِينَ لَا يَعْلَمُونَ ٩٠ وَجَاوَزْنَا بِبَنِي إِسْرَائِيلَ ٱلْبَحْرَ فَأَتْبَعَهُمْ
فِرْعَوْنُ وَجُنُودُهُ بَغْيًا وَعَدْوًا حَتَّى إِذَا أَدْرَكَهُ ٱلْغَرَقُ قَالَ آمَنْتُ أَنَّهُ لَا إِلٰهَ
إِلَّا ٱلَّذِي آمَنَتْ بِهِ بَنُوا إِسْرَائِيلَ وَأَنَا مِنَ ٱلْمُسْلِمِينَ ٩١ آلْآنَ وَقَدْ عَصَيْتَ
قَبْلُ وَكُنْتَ مِنَ ٱلْمُفْسِدِينَ ٩٢ فَٱلْيَوْمَ نُنَجِّيكَ بِبَدَنِكَ لِتَكُونَ لِمَنْ خَلْفَكَ
آيَةً وَإِنَّ كَثِيرًا مِنَ ٱلنَّاسِ عَنْ آيَاتِنَا لَغَافِلُونَ ٩٣ وَلَقَدْ بَوَّأْنَا بَنِي إِسْرَائِيلَ
مُبَوَّأَ صِدْقٍ وَرَزَقْنَاهُمْ مِنَ ٱلطَّيِّبَاتِ فَمَا ٱخْتَلَفُوا حَتَّى جَآءَهُمُ ٱلْعِلْمُ إِنَّ
رَبَّكَ يَقْضِي بَيْنَهُمْ يَوْمَ ٱلْقِيَامَةِ فِيمَا كَانُوا فِيهِ يَخْتَلِفُونَ ٩٤ فَإِنْ كُنْتَ فِي
شَكٍّ مِمَّا أَنْزَلْنَا إِلَيْكَ فَٱسْأَلِ ٱلَّذِينَ يَقْرَؤُونَ ٱلْكِتَابَ مِنْ قَبْلِكَ لَقَدْ جَآءَكَ
ٱلْحَقُّ مِنْ رَبِّكَ فَلَا تَكُونَنَّ مِنَ ٱلْمُمْتَرِينَ ٩٥ وَلَا تَكُونَنَّ مِنَ ٱلَّذِينَ كَذَّبُوا

١٠٩ سورة يونس

كِتَابٍ مُبِينٍ ٦٣ أَلَا إِنَّ أَوْلِيَآءَ ٱللَّهِ لَا خَوْفٌ عَلَيْهِمْ وَلَا هُمْ يَحْزَنُونَ
٦٤ ٱلَّذِينَ آمَنُوا وَكَانُوا يَتَّقُونَ ٦٥ لَهُمُ ٱلْبُشْرَى فِي ٱلْحَيَوٰةِ ٱلدُّنْيَا وَفِي ٱلْآخِرَةِ
لَا تَبْدِيلَ لِكَلِمَاتِ ٱللَّهِ ذَلِكَ هُوَ ٱلْفَوْزُ ٱلْعَظِيمُ ٦٦ وَلَا يَحْزُنْكَ قَوْلُهُمْ إِنَّ
ٱلْعِزَّةَ لِلَّهِ جَمِيعًا هُوَ ٱلسَّمِيعُ ٱلْعَلِيمُ ٦٧ أَلَا إِنَّ لِلَّهِ مَنْ فِي ٱلسَّمَوَاتِ وَمَنْ
فِي ٱلْأَرْضِ وَمَا يَتَّبِعُ ٱلَّذِينَ يَدْعُونَ مِنْ دُونِ ٱللَّهِ شُرَكَآءَ إِنْ يَتَّبِعُونَ إِلَّا
ٱلظَّنَّ وَإِنْ هُمْ إِلَّا يَخْرُصُونَ ٦٨ هُوَ ٱلَّذِي جَعَلَ لَكُمُ ٱللَّيْلَ لِتَسْكُنُوا فِيهِ
وَٱلنَّهَارَ مُبْصِرًا إِنَّ فِي ذَلِكَ لَآيَاتٍ لِقَوْمٍ يَسْمَعُونَ ٦٩ قَالُوا ٱتَّخَذَ ٱللَّهُ وَلَدًا
سُبْحَانَهُ هُوَ ٱلْغَنِيُّ لَهُ مَا فِي ٱلسَّمَوَاتِ وَمَا فِي ٱلْأَرْضِ إِنْ عِنْدَكُمْ مِنْ سُلْطَانٍ
بِهَذَا أَتَقُولُونَ عَلَى ٱللَّهِ مَا لَا تَعْلَمُونَ ٧٠ قُلْ إِنَّ ٱلَّذِينَ يَفْتَرُونَ عَلَى ٱللَّهِ
ٱلْكَذِبَ لَا يُفْلِحُونَ ٧١ مَتَاعٌ فِي ٱلدُّنْيَا ثُمَّ إِلَيْنَا مَرْجِعُهُمْ ثُمَّ نُذِيقُهُمُ
ٱلْعَذَابَ ٱلشَّدِيدَ بِمَا كَانُوا يَكْفُرُونَ ٧٢ وَٱتْلُ عَلَيْهِمْ نَبَأَ نُوحٍ إِذْ قَالَ لِقَوْمِهِ
يَا قَوْمِ إِنْ كَانَ كَبُرَ عَلَيْكُمْ مَقَامِي وَتَذْكِيرِي بِآيَاتِ ٱللَّهِ فَعَلَى ٱللَّهِ
تَوَكَّلْتُ فَأَجْمِعُوا أَمْرَكُمْ وَشُرَكَآءَكُمْ ثُمَّ لَا يَكُنْ أَمْرُكُمْ عَلَيْكُمْ غُمَّةً ثُمَّ
ٱقْضُوا إِلَيَّ وَلَا تُنْظِرُونِ ٧٣ فَإِنْ تَوَلَّيْتُمْ فَمَا سَأَلْتُكُمْ مِنْ أَجْرٍ إِنْ أَجْرِيَ
إِلَّا عَلَى ٱللَّهِ وَأُمِرْتُ أَنْ أَكُونَ مِنَ ٱلْمُسْلِمِينَ ٧٤ فَكَذَّبُوهُ فَنَجَّيْنَاهُ وَمَنْ
مَعَهُ فِي ٱلْفُلْكِ وَجَعَلْنَاهُمْ خَلَآئِفَ وَأَغْرَقْنَا ٱلَّذِينَ كَذَّبُوا بِآيَاتِنَا فَٱنْظُرْ كَيْفَ
كَانَ عَاقِبَةُ ٱلْمُنْذَرِينَ ٧٥ ثُمَّ بَعَثْنَا مِنْ بَعْدِهِ رُسُلًا إِلَى قَوْمِهِمْ فَجَآءُوهُمْ
بِٱلْبَيِّنَاتِ فَمَا كَانُوا لِيُؤْمِنُوا بِمَا كَذَّبُوا بِهِ مِنْ قَبْلُ كَذَلِكَ نَطْبَعُ عَلَى قُلُوبِ
ٱلْمُعْتَدِينَ ٧٦ ثُمَّ بَعَثْنَا مِنْ بَعْدِهِمْ مُوسَى وَهَرُونَ إِلَى فِرْعَوْنَ وَمَلَئِهِ بِآيَاتِنَا
فَٱسْتَكْبَرُوا وَكَانُوا قَوْمًا مُجْرِمِينَ ٧٧ فَلَمَّا جَآءَهُمُ ٱلْحَقُّ مِنْ عِنْدِنَا قَالُوا
إِنَّ هَذَا لَسِحْرٌ مُبِينٌ ٧٨ قَالَ مُوسَى أَتَقُولُونَ لِلْحَقِّ لَمَّا جَآءَكُمْ أَسِحْرٌ هَذَا
وَلَا يُفْلِحُ ٱلسَّاحِرُونَ ٧٩ قَالُوا أَجِئْتَنَا لِتَلْفِتَنَا عَمَّا وَجَدْنَا عَلَيْهِ آبَآءَنَا

٤٦ وَيَوْمَ يَحْشُرُهُمْ كَأَنْ لَمْ يَلْبَثُوا إِلَّا سَاعَةً مِنَ ٱلنَّهَارِ يَتَعَارَفُونَ بَيْنَهُمْ
قَدْ خَسِرَ ٱلَّذِينَ كَذَّبُوا بِلِقَآءِ ٱللَّهِ وَمَا كَانُوا مُهْتَدِينَ ٤٧ وَإِمَّا نُرِيَنَّكَ
بَعْضَ ٱلَّذِي نَعِدُهُمْ أَوْ نَتَوَفَّيَنَّكَ فَإِلَيْنَا مَرْجِعُهُمْ ثُمَّ ٱللَّهُ شَهِيدٌ عَلَى مَا
يَفْعَلُونَ ٤٨ وَلِكُلِّ أُمَّةٍ رَسُولٌ فَإِذَا جَآءَ رَسُولُهُمْ قُضِيَ بَيْنَهُمْ بِٱلْقِسْطِ وَهُمْ
لَا يُظْلَمُونَ ٤٩ وَيَقُولُونَ مَتَى هَذَا ٱلْوَعْدُ إِنْ كُنْتُمْ صَادِقِينَ ٥٠ قُلْ لَا
أَمْلِكُ لِنَفْسِي ضَرًّا وَلَا نَفْعًا إِلَّا مَا شَآءَ ٱللَّهُ لِكُلِّ أُمَّةٍ أَجَلٌ إِذَا جَآءَ أَجَلُهُمْ
فَلَا يَسْتَأْخِرُونَ سَاعَةً وَلَا يَسْتَقْدِمُونَ ٥١ قُلْ أَرَأَيْتُمْ إِنْ أَتَاكُمْ عَذَابُهُ بَيَاتًا
أَوْ نَهَارًا مَا ذَا يَسْتَعْجِلُ مِنْهُ ٱلْمُجْرِمُونَ ٥٢ أَثُمَّ إِذَا مَا وَقَعَ آمَنْتُمْ بِهِ ٱلْآنَ
وَقَدْ كُنْتُمْ بِهِ تَسْتَعْجِلُونَ ٥٣ ثُمَّ قِيلَ لِلَّذِينَ ظَلَمُوا ذُوقُوا عَذَابَ ٱلْخُلْدِ
هَلْ تُجْزَوْنَ إِلَّا بِمَا كُنْتُمْ تَكْسِبُونَ ٥٤ وَيَسْتَنْبِئُونَكَ أَحَقٌّ هُوَ قُلْ إِي وَرَبِّي
إِنَّهُ لَحَقٌّ وَمَا أَنْتُمْ بِمُعْجِزِينَ ٥٥ وَلَوْ أَنَّ لِكُلِّ نَفْسٍ ظَلَمَتْ مَا فِي ٱلْأَرْضِ
لَافْتَدَتْ بِهِ وَأَسَرُّوا ٱلنَّدَامَةَ لَمَّا رَأَوُا ٱلْعَذَابَ وَقُضِيَ بَيْنَهُمْ بِٱلْقِسْطِ وَهُمْ لَا
يُظْلَمُونَ ٥٦ أَلَا إِنَّ لِلَّهِ مَا فِي ٱلسَّمَوَاتِ وَٱلْأَرْضِ أَلَا إِنَّ وَعْدَ ٱللَّهِ حَقٌّ
وَلَكِنَّ أَكْثَرَهُمْ لَا يَعْلَمُونَ ٥٧ هُوَ يُحْيِي وَيُمِيتُ وَإِلَيْهِ تُرْجَعُونَ ٥٨ يَا أَيُّهَا
ٱلنَّاسُ قَدْ جَآءَتْكُمْ مَوْعِظَةٌ مِنْ رَبِّكُمْ وَشِفَآءٌ لِمَا فِي ٱلصُّدُورِ وَهُدًى وَرَحْمَةٌ
لِلْمُؤْمِنِينَ ٥٩ قُلْ بِفَضْلِ ٱللَّهِ وَبِرَحْمَتِهِ فَبِذَلِكَ فَلْيَفْرَحُوا هُوَ خَيْرٌ مِمَّا
يَجْمَعُونَ ٦٠ قُلْ أَرَأَيْتُمْ مَا أَنْزَلَ ٱللَّهُ لَكُمْ مِنْ رِزْقٍ فَجَعَلْتُمْ مِنْهُ حَرَامًا
وَحَلَالًا قُلْ آللَّهُ أَذِنَ لَكُمْ أَمْ عَلَى ٱللَّهِ تَفْتَرُونَ ٦١ وَمَا ظَنُّ ٱلَّذِينَ يَفْتَرُونَ
عَلَى ٱللَّهِ ٱلْكَذِبَ يَوْمَ ٱلْقِيَامَةِ إِنَّ ٱللَّهَ لَذُو فَضْلٍ عَلَى ٱلنَّاسِ وَلَكِنَّ أَكْثَرَهُمْ
لَا يَشْكُرُونَ ٦٢ وَمَا تَكُونُ فِي شَأْنٍ وَمَا تَتْلُو مِنْهُ مِنْ قُرْآنٍ وَلَا تَعْمَلُونَ
مِنْ عَمَلٍ إِلَّا كُنَّا عَلَيْكُمْ شُهُودًا إِذْ تُفِيضُونَ فِيهِ وَمَا يَعْزُبُ عَنْ رَبِّكَ مِنْ
مِثْقَالِ ذَرَّةٍ فِي ٱلْأَرْضِ وَلَا فِي ٱلسَّمَآءِ وَلَا أَصْغَرَ مِنْ ذَلِكَ وَلَا أَكْبَرَ إِلَّا فِي

أَشْرَكُوا مَكَانَكُمْ أَنْتُمْ وَشُرَكَاؤُكُمْ فَزَيَّلْنَا بَيْنَهُمْ وَقَالَ شُرَكَاؤُهُمْ مَا كُنْتُمْ
إِيَّانَا تَعْبُدُونَ ٣٠ فَكَفَى بِٱللَّهِ شَهِيدًا بَيْنَنَا وَبَيْنَكُمْ إِنْ كُنَّا عَنْ عِبَادَتِكُمْ
لَغَافِلِينَ ٣١ هُنَالِكَ تَبْلُو كُلُّ نَفْسٍ مَا أَسْلَفَتْ وَرُدُّوا إِلَى ٱللَّهِ مَوْلَاهُمُ ٱلْحَقِّ
وَضَلَّ عَنْهُمْ مَا كَانُوا يَفْتَرُونَ ٣٢ قُلْ مَنْ يَرْزُقُكُمْ مِنَ ٱلسَّمَاءِ وَٱلْأَرْضِ أَمَّنْ
يَمْلِكُ ٱلسَّمْعَ وَٱلْأَبْصَارَ وَمَنْ يُخْرِجُ ٱلْحَيَّ مِنَ ٱلْمَيِّتِ وَيُخْرِجُ ٱلْمَيِّتَ مِنَ ٱلْحَيِّ
وَمَنْ يُدَبِّرُ ٱلْأَمْرَ فَسَيَقُولُونَ ٱللَّهُ فَقُلْ أَفَلَا تَتَّقُونَ ٣٣ فَذَٰلِكُمُ ٱللَّهُ رَبُّكُمُ
ٱلْحَقُّ فَمَا ذَا بَعْدَ ٱلْحَقِّ إِلَّا ٱلضَّلَالُ فَأَنَّى تُصْرَفُونَ ٣۴ كَذَٰلِكَ حَقَّتْ كَلِمَةُ
رَبِّكَ عَلَى ٱلَّذِينَ فَسَقُوا أَنَّهُمْ لَا يُؤْمِنُونَ ٣٥ قُلْ هَلْ مِنْ شُرَكَائِكُمْ مَنْ
يَبْدَأُ ٱلْخَلْقَ ثُمَّ يُعِيدُهُ قُلِ ٱللَّهُ يَبْدَأُ ٱلْخَلْقَ ثُمَّ يُعِيدُهُ فَأَنَّى تُؤْفَكُونَ
٣۶ قُلْ هَلْ مِنْ شُرَكَائِكُمْ مَنْ يَهْدِي إِلَى ٱلْحَقِّ قُلِ ٱللَّهُ يَهْدِي لِلْحَقِّ
أَفَمَنْ يَهْدِي إِلَى ٱلْحَقِّ أَحَقُّ أَنْ يُتَّبَعَ أَمَّنْ لَا يَهِدِّي إِلَّا أَنْ يُهْدَى فَمَا لَكُمْ
كَيْفَ تَحْكُمُونَ ٣٧ وَمَا يَتَّبِعُ أَكْثَرُهُمْ إِلَّا ظَنًّا إِنَّ ٱلظَّنَّ لَا يُغْنِي مِنَ ٱلْحَقِّ
شَيْئًا إِنَّ ٱللَّهَ عَلِيمٌ بِمَا يَفْعَلُونَ ٣٨ وَمَا كَانَ هَٰذَا ٱلْقُرْآنُ أَنْ يُفْتَرَى مِنْ
دُونِ ٱللَّهِ وَلَٰكِنْ تَصْدِيقَ ٱلَّذِي بَيْنَ يَدَيْهِ وَتَفْصِيلَ ٱلْكِتَابِ لَا رَيْبَ فِيهِ مِنْ
رَبِّ ٱلْعَالَمِينَ ٣٩ أَمْ يَقُولُونَ ٱفْتَرَاهُ قُلْ فَأْتُوا بِسُورَةٍ مِثْلِهِ وَٱدْعُوا مَنِ ٱسْتَطَعْتُمْ
مِنْ دُونِ ٱللَّهِ إِنْ كُنْتُمْ صَادِقِينَ ۴٠ بَلْ كَذَّبُوا بِمَا لَمْ يُحِيطُوا بِعِلْمِهِ وَلَمَّا
يَأْتِهِمْ تَأْوِيلُهُ كَذَٰلِكَ كَذَّبَ ٱلَّذِينَ مِنْ قَبْلِهِمْ فَٱنْظُرْ كَيْفَ كَانَ عَاقِبَةُ
ٱلظَّالِمِينَ ۴١ وَمِنْهُمْ مَنْ يُؤْمِنُ بِهِ وَمِنْهُمْ مَنْ لَا يُؤْمِنُ بِهِ وَرَبُّكَ أَعْلَمُ
بِٱلْمُفْسِدِينَ ۴٢ وَإِنْ كَذَّبُوكَ فَقُلْ لِي عَمَلِي وَلَكُمْ عَمَلُكُمْ أَنْتُمْ بَرِيئُونَ مِمَّا أَعْمَلُ
وَأَنَا بَرِيءٌ مِمَّا تَعْمَلُونَ ۴٣ وَمِنْهُمْ مَنْ يَسْتَمِعُونَ إِلَيْكَ أَفَأَنْتَ تُسْمِعُ ٱلصُّمَّ وَلَوْ
كَانُوا لَا يَعْقِلُونَ ۴۴ وَمِنْهُمْ مَنْ يَنْظُرُ إِلَيْكَ أَفَأَنْتَ تَهْدِي ٱلْعُمْيَ وَلَوْ كَانُوا لَا
يُبْصِرُونَ ۴٥ إِنَّ ٱللَّهَ لَا يَظْلِمُ ٱلنَّاسَ شَيْئًا وَلَٰكِنَّ ٱلنَّاسَ أَنْفُسَهُمْ يَظْلِمُونَ

كَذِبًا أَوْ كَذَّبَ بِآيَاتِهِ إِنَّهُ لَا يُفْلِحُ ٱلْمُجْرِمُونَ ١٩ وَيَعْبُدُونَ مِنْ دُونِ ٱللَّهِ
مَا لَا يَضُرُّهُمْ وَلَا يَنْفَعُهُمْ وَيَقُولُونَ هَؤُلَآءِ شُفَعَآؤُنَا عِنْدَ ٱللَّهِ قُلْ أَتُنَبِّئُونَ
ٱللَّهَ بِمَا لَا يَعْلَمُ فِي ٱلسَّمَوَاتِ وَلَا فِي ٱلْأَرْضِ سُبْحَانَهُ وَتَعَالَى عَمَّا يُشْرِكُونَ
٢٠ وَمَا كَانَ ٱلنَّاسُ إِلَّا أُمَّةً وَاحِدَةً فَٱخْتَلَفُوا وَلَوْلَا كَلِمَةٌ سَبَقَتْ مِنْ رَبِّكَ
لَقُضِيَ بَيْنَهُمْ فِيمَا فِيهِ يَخْتَلِفُونَ ٢١ وَيَقُولُونَ لَوْلَا أُنْزِلَ عَلَيْهِ آيَةٌ مِنْ رَبِّهِ
فَقُلْ إِنَّمَا ٱلْغَيْبُ لِلَّهِ فَٱنْتَظِرُوا إِنِّي مَعَكُمْ مِنَ ٱلْمُنْتَظِرِينَ ٢٢ وَإِذَا أَذَقْنَا
ٱلنَّاسَ رَحْمَةً مِنْ بَعْدِ ضَرَّآءَ مَسَّتْهُمْ إِذَا لَهُمْ مَكْرٌ فِي آيَاتِنَا قُلِ ٱللَّهُ أَسْرَعُ
مَكْرًا إِنَّ رُسُلَنَا يَكْتُبُونَ مَا تَمْكُرُونَ ٢٣ هُوَ ٱلَّذِي يُسَيِّرُكُمْ فِي ٱلْبَرِّ وَٱلْبَحْرِ
حَتَّى إِذَا كُنْتُمْ فِي ٱلْفُلْكِ وَجَرَيْنَ بِهِمْ بِرِيحٍ طَيِّبَةٍ وَفَرِحُوا بِهَا جَآءَتْهَا رِيحٌ
عَاصِفٌ وَجَآءَهُمُ ٱلْمَوْجُ مِنْ كُلِّ مَكَانٍ وَظَنُّوا أَنَّهُمْ أُحِيطَ بِهِمْ دَعَوُا ٱللَّهَ
مُخْلِصِينَ لَهُ ٱلدِّينَ لَئِنْ أَنْجَيْتَنَا مِنْ هَذِهِ لَنَكُونَنَّ مِنَ ٱلشَّاكِرِينَ ٢٤
فَلَمَّا أَنْجَاهُمْ إِذَا هُمْ يَبْغُونَ فِي ٱلْأَرْضِ بِغَيْرِ ٱلْحَقِّ يَا أَيُّهَا ٱلنَّاسُ إِنَّمَا بَغْيُكُمْ
عَلَى أَنْفُسِكُمْ مَتَاعَ ٱلْحَيَوةِ ٱلدُّنْيَا ثُمَّ إِلَيْنَا مَرْجِعُكُمْ فَنُنَبِّئُكُمْ بِمَا كُنْتُمْ تَعْمَلُونَ
٢٥ إِنَّمَا مَثَلُ ٱلْحَيَوةِ ٱلدُّنْيَا كَمَآءٍ أَنْزَلْنَاهُ مِنَ ٱلسَّمَآءِ فَٱخْتَلَطَ بِهِ نَبَاتُ ٱلْأَرْضِ
مِمَّا يَأْكُلُ ٱلنَّاسُ وَٱلْأَنْعَامُ حَتَّى إِذَا أَخَذَتِ ٱلْأَرْضُ زُخْرُفَهَا وَٱزَّيَّنَتْ وَظَنَّ
أَهْلُهَا أَنَّهُمْ قَادِرُونَ عَلَيْهَا أَتَاهَا أَمْرُنَا لَيْلًا أَوْ نَهَارًا فَجَعَلْنَاهَا حَصِيدًا كَأَنْ
لَمْ تَغْنَ بِٱلْأَمْسِ كَذَلِكَ نُفَصِّلُ ٱلْآيَاتِ لِقَوْمٍ يَتَفَكَّرُونَ ٢٦ وَٱللَّهُ يَدْعُو إِلَى
دَارِ ٱلسَّلَامِ وَيَهْدِي مَنْ يَشَآءُ إِلَى صِرَاطٍ مُسْتَقِيمٍ ٢٧ لِلَّذِينَ أَحْسَنُوا ٱلْحُسْنَى
وَزِيَادَةٌ وَلَا يَرْهَقُ وُجُوهَهُمْ قَتَرٌ وَلَا ذِلَّةٌ أُولَآئِكَ أَصْحَابُ ٱلْجَنَّةِ هُمْ فِيهَا خَالِدُونَ
٢٨ وَٱلَّذِينَ كَسَبُوا ٱلسَّيِّئَاتِ جَزَآءُ سَيِّئَةٍ بِمِثْلِهَا وَتَرْهَقُهُمْ ذِلَّةٌ مَا لَهُمْ مِنَ
ٱللَّهِ مِنْ عَاصِمٍ كَأَنَّمَا أُغْشِيَتْ وُجُوهُهُمْ قِطَعًا مِنَ ٱللَّيْلِ مُظْلِمًا أُولَآئِكَ
أَصْحَابُ ٱلنَّارِ هُمْ فِيهَا خَالِدُونَ ٢٩ وَيَوْمَ نَحْشُرُهُمْ جَمِيعًا ثُمَّ نَقُولُ لِلَّذِينَ

بَعْدِ إِذْنِهِ ذَٰلِكُمُ ٱللَّهُ رَبُّكُمْ فَٱعْبُدُوهُ أَفَلَا تَذَكَّرُونَ ٤ إِلَيْهِ مَرْجِعُكُمْ جَمِيعًا
وَعْدَ ٱللَّهِ حَقًّا إِنَّهُ يَبْدَأُ ٱلْخَلْقَ ثُمَّ يُعِيدُهُ لِيَجْزِيَ ٱلَّذِينَ آمَنُوا وَعَمِلُوا
ٱلصَّالِحَاتِ بِٱلْقِسْطِ وَٱلَّذِينَ كَفَرُوا لَهُمْ شَرَابٌ مِنْ حَمِيمٍ وَعَذَابٌ أَلِيمٌ بِمَا
كَانُوا يَكْفُرُونَ ٥ هُوَ ٱلَّذِي جَعَلَ ٱلشَّمْسَ ضِيَاءً وَٱلْقَمَرَ نُورًا وَقَدَّرَهُ مَنَازِلَ
لِتَعْلَمُوا عَدَدَ ٱلسِّنِينَ وَٱلْحِسَابَ مَا خَلَقَ ٱللَّهُ ذَٰلِكَ إِلَّا بِٱلْحَقِّ يُفَصِّلُ ٱلْآيَاتِ
لِقَوْمٍ يَعْلَمُونَ ٦ إِنَّ فِي ٱخْتِلَافِ ٱللَّيْلِ وَٱلنَّهَارِ وَمَا خَلَقَ ٱللَّهُ فِي ٱلسَّمَاوَاتِ
وَٱلْأَرْضِ لَآيَاتٍ لِقَوْمٍ يَتَّقُونَ ٧ إِنَّ ٱلَّذِينَ لَا يَرْجُونَ لِقَاءَنَا وَرَضُوا بِٱلْحَيَوٰةِ
ٱلدُّنْيَا وَٱطْمَأَنُّوا بِهَا وَٱلَّذِينَ هُمْ عَنْ آيَاتِنَا غَافِلُونَ ٨ أُولَٰٓئِكَ مَأْوَاهُمُ ٱلنَّارُ
بِمَا كَانُوا يَكْسِبُونَ ٩ إِنَّ ٱلَّذِينَ آمَنُوا وَعَمِلُوا ٱلصَّالِحَاتِ يَهْدِيهِمْ رَبُّهُمْ
بِإِيمَانِهِمْ تَجْرِي مِنْ تَحْتِهِمُ ٱلْأَنْهَارُ فِي جَنَّاتِ ٱلنَّعِيمِ ١٠ دَعْوَاهُمْ فِيهَا سُبْحَانَكَ
ٱللَّهُمَّ وَتَحِيَّتُهُمْ فِيهَا سَلَامٌ ١١ وَآخِرُ دَعْوَاهُمْ أَنِ ٱلْحَمْدُ لِلَّهِ رَبِّ ٱلْعَالَمِينَ
١٢ وَلَوْ يُعَجِّلُ ٱللَّهُ لِلنَّاسِ ٱلشَّرَّ ٱسْتِعْجَالَهُمْ بِٱلْخَيْرِ لَقُضِيَ إِلَيْهِمْ أَجَلُهُمْ فَنَذَرُ
ٱلَّذِينَ لَا يَرْجُونَ لِقَاءَنَا فِي طُغْيَانِهِمْ يَعْمَهُونَ ١٣ وَإِذَا مَسَّ ٱلْإِنْسَانَ ٱلضُّرُّ
دَعَانَا لِجَنْبِهِ أَوْ قَاعِدًا أَوْ قَائِمًا فَلَمَّا كَشَفْنَا عَنْهُ ضُرَّهُ مَرَّ كَأَنْ لَمْ يَدْعُنَا إِلَىٰ
ضُرٍّ مَسَّهُ كَذَٰلِكَ زُيِّنَ لِلْمُسْرِفِينَ مَا كَانُوا يَعْمَلُونَ ١٤ وَلَقَدْ أَهْلَكْنَا ٱلْقُرُونَ
مِنْ قَبْلِكُمْ لَمَّا ظَلَمُوا وَجَاءَتْهُمْ رُسُلُهُمْ بِٱلْبَيِّنَاتِ وَمَا كَانُوا لِيُؤْمِنُوا كَذَٰلِكَ
نَجْزِي ٱلْقَوْمَ ٱلْمُجْرِمِينَ ١٥ ثُمَّ جَعَلْنَاكُمْ خَلَائِفَ فِي ٱلْأَرْضِ مِنْ بَعْدِهِمْ
لِنَنْظُرَ كَيْفَ تَعْمَلُونَ ١٦ وَإِذَا تُتْلَىٰ عَلَيْهِمْ آيَاتُنَا بَيِّنَاتٍ قَالَ ٱلَّذِينَ لَا
يَرْجُونَ لِقَاءَنَا ٱئْتِ بِقُرْآنٍ غَيْرِ هَٰذَا أَوْ بَدِّلْهُ قُلْ مَا يَكُونُ لِي أَنْ أُبَدِّلَهُ مِنْ
تِلْقَاءِ نَفْسِي إِنْ أَتَّبِعُ إِلَّا مَا يُوحَىٰ إِلَيَّ إِنِّي أَخَافُ إِنْ عَصَيْتُ رَبِّي عَذَابَ
يَوْمٍ عَظِيمٍ ١٧ قُلْ لَوْ شَاءَ ٱللَّهُ مَا تَلَوْتُهُ عَلَيْكُمْ وَلَا أَدْرَاكُمْ بِهِ فَقَدْ لَبِثْتُ
فِيكُمْ عُمُرًا مِنْ قَبْلِهِ أَفَلَا تَعْقِلُونَ ١٨ فَمَنْ أَظْلَمُ مِمَّنِ ٱفْتَرَىٰ عَلَى ٱللَّهِ

وَادِيًا إِلَّا كُتِبَ لَهُمْ لِيَجْزِيَهُمُ ٱللَّهُ أَحْسَنَ مَا كَانُوا يَعْمَلُونَ ١٢٣ وَمَا كَانَ
ٱلْمُؤْمِنُونَ لِيَنْفِرُوا كَافَّةً فَلَوْلَا نَفَرَ مِنْ كُلِّ فِرْقَةٍ مِنْهُمْ طَائِفَةٌ لِيَتَفَقَّهُوا فِي
ٱلدِّينِ وَلِيُنْذِرُوا قَوْمَهُمْ إِذَا رَجَعُوا إِلَيْهِمْ لَعَلَّهُمْ يَحْذَرُونَ ١٢۴ يَا أَيُّهَا
ٱلَّذِينَ آمَنُوا قَاتِلُوا ٱلَّذِينَ يَلُونَكُمْ مِنَ ٱلْكُفَّارِ وَلْيَجِدُوا فِيكُمْ غِلْظَةً وَٱعْلَمُوا
أَنَّ ٱللَّهَ مَعَ ٱلْمُتَّقِينَ ١٢٥ وَإِذَا مَا أُنْزِلَتْ سُورَةٌ فَمِنْهُمْ مَنْ يَقُولُ أَيُّكُمْ زَادَتْهُ
هَذِهِ إِيمَانًا فَأَمَّا ٱلَّذِينَ آمَنُوا فَزَادَتْهُمْ إِيمَانًا وَهُمْ يَسْتَبْشِرُونَ ١٢٦ وَأَمَّا
ٱلَّذِينَ فِي قُلُوبِهِمْ مَرَضٌ فَزَادَتْهُمْ رِجْسًا إِلَى رِجْسِهِمْ وَمَاتُوا وَهُمْ كَافِرُونَ
١٢٧ أَوَلَا يَرَوْنَ أَنَّهُمْ يُفْتَنُونَ فِي كُلِّ عَامٍ مَرَّةً أَوْ مَرَّتَيْنِ ثُمَّ لَا يَتُوبُونَ وَلَا هُمْ
يَذَّكَّرُونَ ١٢٨ وَإِذَا مَا أُنْزِلَتْ سُورَةٌ نَظَرَ بَعْضُهُمْ إِلَى بَعْضٍ هَلْ يَرَاكُمْ مِنْ
أَحَدٍ ثُمَّ ٱنْصَرَفُوا صَرَفَ ٱللَّهُ قُلُوبَهُمْ بِأَنَّهُمْ قَوْمٌ لَا يَفْقَهُونَ ١٢٩ لَقَدْ جَاءَكُمْ
رَسُولٌ مِنْ أَنْفُسِكُمْ عَزِيزٌ عَلَيْهِ مَا عَنِتُّمْ حَرِيصٌ عَلَيْكُمْ بِٱلْمُؤْمِنِينَ رَءُوفٌ
رَحِيمٌ ١٣٠ فَإِنْ تَوَلَّوْا فَقُلْ حَسْبِيَ ٱللَّهُ لَا إِلَهَ إِلَّا هُوَ عَلَيْهِ تَوَكَّلْتُ وَهُوَ
رَبُّ ٱلْعَرْشِ ٱلْعَظِيمِ

سورة يونس

عليه السلام مكّيّة وهى مائة وتسع آيات

بِسْمِ ٱللَّهِ ٱلرَّحْمَنِ ٱلرَّحِيمِ

١ الر تِلْكَ آيَاتُ ٱلْكِتَابِ ٱلْحَكِيمِ ٢ أَكَانَ لِلنَّاسِ عَجَبًا أَنْ أَوْحَيْنَا إِلَى رَجُلٍ
مِنْهُمْ أَنْ أَنْذِرِ ٱلنَّاسَ وَبَشِّرِ ٱلَّذِينَ آمَنُوا أَنَّ لَهُمْ قَدَمَ صِدْقٍ عِنْدَ رَبِّهِمْ
قَالَ ٱلْكَافِرُونَ إِنَّ هَذَا لَسَاحِرٌ مُبِينٌ ٣ إِنَّ رَبَّكُمُ ٱللَّهُ ٱلَّذِي خَلَقَ ٱلسَّمَوَاتِ
وَٱلْأَرْضَ فِي سِتَّةِ أَيَّامٍ ثُمَّ ٱسْتَوَى عَلَى ٱلْعَرْشِ يُدَبِّرُ ٱلْأَمْرَ مَا مِنْ شَفِيعٍ إِلَّا مِنْ

أَنْ تَقَطَّعَ قُلُوبُهُمْ وَٱللّٰهُ عَلِيمٌ حَكِيمٌ ١١٢ إِنَّ ٱللّٰهَ ٱشْتَرَى مِنَ ٱلْمُؤْمِنِينَ
أَنْفُسَهُمْ وَأَمْوَالَهُمْ بِأَنَّ لَهُمُ ٱلْجَنَّةَ يُقَاتِلُونَ فِي سَبِيلِ ٱللّٰهِ فَيَقْتُلُونَ وَيُقْتَلُونَ
وَعْدًا عَلَيْهِ حَقًّا فِي ٱلتَّوْرَاةِ وَٱلْإِنْجِيلِ وَٱلْقُرْآنِ وَمَنْ أَوْفَى بِعَهْدِهِ مِنَ ٱللّٰهِ
فَٱسْتَبْشِرُوا بِبَيْعِكُمُ ٱلَّذِي بَايَعْتُمْ بِهِ وَذٰلِكَ هُوَ ٱلْفَوْزُ ٱلْعَظِيمُ ١١٣ اَلتَّائِبُونَ
ٱلْعَابِدُونَ ٱلْحَامِدُونَ ٱلسَّائِحُونَ ٱلرَّاكِعُونَ ٱلسَّاجِدُونَ ٱلْآمِرُونَ بِٱلْمَعْرُوفِ
وَٱلنَّاهُونَ عَنِ ٱلْمُنْكَرِ وَٱلْحَافِظُونَ لِحُدُودِ ٱللّٰهِ وَبَشِّرِ ٱلْمُؤْمِنِينَ ١١٤ مَا كَانَ
لِلنَّبِيِّ وَٱلَّذِينَ آمَنُوا أَنْ يَسْتَغْفِرُوا لِلْمُشْرِكِينَ وَلَوْ كَانُوا أُولِي قُرْبَى مِنْ بَعْدِ
مَا تَبَيَّنَ لَهُمْ أَنَّهُمْ أَصْحَابُ ٱلْجَحِيمِ ١١٥ وَمَا كَانَ ٱسْتِغْفَارُ إِبْرٰهِيمَ لِأَبِيهِ إِلَّا
عَنْ مَوْعِدَةٍ وَعَدَهَا إِيَّاهُ فَلَمَّا تَبَيَّنَ لَهُ أَنَّهُ عَدُوٌّ لِلّٰهِ تَبَرَّأَ مِنْهُ إِنَّ إِبْرٰهِيمَ
لَأَوَّاهٌ حَلِيمٌ ١١٦ وَمَا كَانَ ٱللّٰهُ لِيُضِلَّ قَوْمًا بَعْدَ إِذْ هَدَاهُمْ حَتَّى يُبَيِّنَ لَهُمْ
مَا يَتَّقُونَ إِنَّ ٱللّٰهَ بِكُلِّ شَيْءٍ عَلِيمٌ ١١٧ إِنَّ ٱللّٰهَ لَهُ مُلْكُ ٱلسَّمٰوَاتِ وَٱلْأَرْضِ
يُحْيِي وَيُمِيتُ وَمَا لَكُمْ مِنْ دُونِ ٱللّٰهِ مِنْ وَلِيٍّ وَلَا نَصِيرٍ ١١٨ لَقَدْ تَابَ ٱللّٰهُ
عَلَى ٱلنَّبِيِّ وَٱلْمُهَاجِرِينَ وَٱلْأَنْصَارِ ٱلَّذِينَ ٱتَّبَعُوهُ فِي سَاعَةِ ٱلْعُسْرَةِ مِنْ بَعْدِ
مَا كَادَ يَزِيغُ قُلُوبُ فَرِيقٍ مِنْهُمْ ثُمَّ تَابَ عَلَيْهِمْ إِنَّهُ بِهِمْ رَؤُفٌ رَحِيمٌ ١١٩
وَعَلَى ٱلثَّلٰثَةِ ٱلَّذِينَ خُلِّفُوا حَتَّى إِذَا ضَاقَتْ عَلَيْهِمُ ٱلْأَرْضُ بِمَا رَحُبَتْ وَضَاقَتْ
عَلَيْهِمْ أَنْفُسُهُمْ وَظَنُّوا أَنْ لَا مَلْجَأَ مِنَ ٱللّٰهِ إِلَّا إِلَيْهِ ثُمَّ تَابَ عَلَيْهِمْ لِيَتُوبُوا
إِنَّ ٱللّٰهَ هُوَ ٱلتَّوَّابُ ٱلرَّحِيمُ ١٢٠ يَا أَيُّهَا ٱلَّذِينَ آمَنُوا ٱتَّقُوا ٱللّٰهَ وَكُونُوا
مَعَ ٱلصَّادِقِينَ ١٢١ مَا كَانَ لِأَهْلِ ٱلْمَدِينَةِ وَمَنْ حَوْلَهُمْ مِنَ ٱلْأَعْرَابِ أَنْ
يَتَخَلَّفُوا عَنْ رَسُولِ ٱللّٰهِ وَلَا يَرْغَبُوا بِأَنْفُسِهِمْ عَنْ نَفْسِهِ ذٰلِكَ بِأَنَّهُمْ لَا
يُصِيبُهُمْ ظَمَأٌ وَلَا نَصَبٌ وَلَا مَخْمَصَةٌ فِي سَبِيلِ ٱللّٰهِ وَلَا يَطَؤُونَ مَوْطِئًا يَغِيظُ
ٱلْكُفَّارَ وَلَا يَنَالُونَ مِنْ عَدُوٍّ نَيْلًا إِلَّا كُتِبَ لَهُمْ بِهِ عَمَلٌ صَالِحٌ إِنَّ ٱللّٰهَ لَا
يُضِيعُ أَجْرَ ٱلْمُحْسِنِينَ ١٢٢ وَلَا يُنْفِقُونَ نَفَقَةً صَغِيرَةً وَلَا كَبِيرَةً وَلَا يَقْطَعُونَ

حَكِيمٌ ٩٩ وَمِنَ ٱلْأَعْرَابِ مَنْ يَتَّخِذُ مَا يُنْفِقُ مَغْرَمًا وَيَتَرَبَّصُ بِكُمُ ٱلدَّوَائِرَ
عَلَيْهِمْ دَائِرَةُ ٱلسَّوْءِ وَٱللَّهُ سَمِيعٌ عَلِيمٌ ١٠٠ وَمِنَ ٱلْأَعْرَابِ مَنْ يُؤْمِنُ بِٱللَّهِ
وَٱلْيَوْمِ ٱلْآخِرِ وَيَتَّخِذُ مَا يُنْفِقُ قُرُبَاتٍ عِنْدَ ٱللَّهِ وَصَلَوَاتِ ٱلرَّسُولِ أَلَا إِنَّهَا
قُرْبَةٌ لَهُمْ سَيُدْخِلُهُمُ ٱللَّهُ فِي رَحْمَتِهِ إِنَّ ٱللَّهَ غَفُورٌ رَحِيمٌ ١٠١ وَٱلسَّابِقُونَ
ٱلْأَوَّلُونَ مِنَ ٱلْمُهَاجِرِينَ وَٱلْأَنْصَارِ وَٱلَّذِينَ ٱتَّبَعُوهُمْ بِإِحْسَانٍ رَضِيَ ٱللَّهُ عَنْهُمْ
وَرَضُوا عَنْهُ وَأَعَدَّ لَهُمْ جَنَّاتٍ تَجْرِي تَحْتَهَا ٱلْأَنْهَارُ خَالِدِينَ فِيهَا أَبَدًا ذَٰلِكَ
ٱلْفَوْزُ ٱلْعَظِيمُ ١٠٢ وَمِمَّنْ حَوْلَكُمْ مِنَ ٱلْأَعْرَابِ مُنَافِقُونَ وَمِنْ أَهْلِ ٱلْمَدِينَةِ
مَرَدُوا عَلَى ٱلنِّفَاقِ لَا تَعْلَمُهُمْ نَحْنُ نَعْلَمُهُمْ سَنُعَذِّبُهُمْ مَرَّتَيْنِ ثُمَّ يُرَدُّونَ إِلَى
عَذَابٍ عَظِيمٍ ١٠٣ وَآخَرُونَ ٱعْتَرَفُوا بِذُنُوبِهِمْ خَلَطُوا عَمَلًا صَالِحًا وَآخَرَ سَيِّئًا
عَسَى ٱللَّهُ أَنْ يَتُوبَ عَلَيْهِمْ إِنَّ ٱللَّهَ غَفُورٌ رَحِيمٌ ١٠٤ خُذْ مِنْ أَمْوَالِهِمْ
صَدَقَةً تُطَهِّرُهُمْ وَتُزَكِّيهِمْ بِهَا وَصَلِّ عَلَيْهِمْ إِنَّ صَلَوَاتِكَ سَكَنٌ لَهُمْ وَٱللَّهُ
سَمِيعٌ عَلِيمٌ ١٠٥ أَلَمْ يَعْلَمُوا أَنَّ ٱللَّهَ هُوَ يَقْبَلُ ٱلتَّوْبَةَ عَنْ عِبَادِهِ وَيَأْخُذُ
ٱلصَّدَقَاتِ وَأَنَّ ٱللَّهَ هُوَ ٱلتَّوَّابُ ٱلرَّحِيمُ ١٠٦ وَقُلِ ٱعْمَلُوا فَسَيَرَى ٱللَّهُ عَمَلَكُمْ
وَرَسُولُهُ وَٱلْمُؤْمِنُونَ وَسَتُرَدُّونَ إِلَى عَالِمِ ٱلْغَيْبِ وَٱلشَّهَادَةِ فَيُنَبِّئُكُمْ بِمَا كُنْتُمْ
تَعْمَلُونَ ١٠٧ وَآخَرُونَ مُرْجَوْنَ لِأَمْرِ ٱللَّهِ إِمَّا يُعَذِّبُهُمْ وَإِمَّا يَتُوبُ عَلَيْهِمْ
وَٱللَّهُ عَلِيمٌ حَكِيمٌ ١٠٨ وَٱلَّذِينَ ٱتَّخَذُوا مَسْجِدًا ضِرَارًا وَكُفْرًا وَتَفْرِيقًا بَيْنَ
ٱلْمُؤْمِنِينَ وَإِرْصَادًا لِمَنْ حَارَبَ ٱللَّهَ وَرَسُولَهُ مِنْ قَبْلُ وَلَيَحْلِفُنَّ إِنْ أَرَدْنَا إِلَّا
ٱلْحُسْنَى وَٱللَّهُ يَشْهَدُ إِنَّهُمْ لَكَاذِبُونَ ١٠٩ لَا تَقُمْ فِيهِ أَبَدًا لَمَسْجِدٌ أُسِّسَ عَلَى
ٱلتَّقْوَى مِنْ أَوَّلِ يَوْمٍ أَحَقُّ أَنْ تَقُومَ فِيهِ فِيهِ رِجَالٌ يُحِبُّونَ أَنْ يَتَطَهَّرُوا وَٱللَّهُ
يُحِبُّ ٱلْمُطَّهِّرِينَ ١١٠ أَفَمَنْ أَسَّسَ بُنْيَانَهُ عَلَى تَقْوَى مِنَ ٱللَّهِ وَرِضْوَانٍ خَيْرٌ
أَمْ مَنْ أَسَّسَ بُنْيَانَهُ عَلَى شَفَا جُرُفٍ هَارٍ فَٱنْهَارَ بِهِ فِي نَارِ جَهَنَّمَ وَٱللَّهُ لَا
يَهْدِي ٱلْقَوْمَ ٱلظَّالِمِينَ ١١١ لَا يَزَالُ بُنْيَانُهُمُ ٱلَّذِي بَنَوْا رِيبَةً فِي قُلُوبِهِمْ إِلَّا

ٱلْخَالِفِينَ ٨٥ وَلَا تُصَلِّ عَلَىٰ أَحَدٍ مِنْهُمْ مَاتَ أَبَدًا وَلَا تَقُمْ عَلَىٰ قَبْرِهِ إِنَّهُمْ
كَفَرُوا بِٱللَّهِ وَرَسُولِهِ وَمَاتُوا وَهُمْ فَاسِقُونَ ٨٦ وَلَا تُعْجِبْكَ أَمْوَالُهُمْ وَأَوْلَادُهُمْ
إِنَّمَا يُرِيدُ ٱللَّهُ أَنْ يُعَذِّبَهُمْ بِهَا فِي ٱلدُّنْيَا وَتَزْهَقَ أَنْفُسُهُمْ وَهُمْ كَافِرُونَ ٨٧
وَإِذَا أُنْزِلَتْ سُورَةٌ أَنْ آمِنُوا بِٱللَّهِ وَجَاهِدُوا مَعَ رَسُولِهِ ٱسْتَأْذَنَكَ أُولُوا ٱلطَّوْلِ
مِنْهُمْ وَقَالُوا ذَرْنَا نَكُنْ مَعَ ٱلْقَاعِدِينَ ٨٨ رَضُوا بِأَنْ يَكُونُوا مَعَ ٱلْخَوَالِفِ وَطُبِعَ
عَلَىٰ قُلُوبِهِمْ فَهُمْ لَا يَفْقَهُونَ ٨٩ لَكِنِ ٱلرَّسُولُ وَٱلَّذِينَ آمَنُوا مَعَهُ جَاهَدُوا
بِأَمْوَالِهِمْ وَأَنْفُسِهِمْ وَأُولَائِكَ لَهُمُ ٱلْخَيْرَاتُ وَأُولَائِكَ هُمُ ٱلْمُفْلِحُونَ ٩٠ أَعَدَّ ٱللَّهُ
لَهُمْ جَنَّاتٍ تَجْرِي مِنْ تَحْتِهَا ٱلْأَنْهَارُ خَالِدِينَ فِيهَا ذَلِكَ ٱلْفَوْزُ ٱلْعَظِيمُ ٩١
وَجَاءَ ٱلْمُعَذِّرُونَ مِنَ ٱلْأَعْرَابِ لِيُؤْذَنَ لَهُمْ وَقَعَدَ ٱلَّذِينَ كَذَبُوا ٱللَّهَ وَرَسُولَهُ
سَيُصِيبُ ٱلَّذِينَ كَفَرُوا مِنْهُمْ عَذَابٌ أَلِيمٌ ٩٢ لَيْسَ عَلَى ٱلضُّعَفَاءِ وَلَا عَلَى
ٱلْمَرْضَىٰ وَلَا عَلَى ٱلَّذِينَ لَا يَجِدُونَ مَا يُنْفِقُونَ حَرَجٌ إِذَا نَصَحُوا لِلَّهِ وَرَسُولِهِ
مَا عَلَى ٱلْمُحْسِنِينَ مِنْ سَبِيلٍ وَٱللَّهُ غَفُورٌ رَحِيمٌ ٩٣ وَلَا عَلَى ٱلَّذِينَ إِذَا مَا
أَتَوْكَ لِتَحْمِلَهُمْ قُلْتَ لَا أَجِدُ مَا أَحْمِلُكُمْ عَلَيْهِ تَوَلَّوْا وَأَعْيُنُهُمْ تَفِيضُ مِنَ
ٱلدَّمْعِ حَزَنًا أَلَّا يَجِدُوا مَا يُنْفِقُونَ ٩٤ إِنَّمَا ٱلسَّبِيلُ عَلَى ٱلَّذِينَ يَسْتَأْذِنُونَكَ
وَهُمْ أَغْنِيَاءُ رَضُوا بِأَنْ يَكُونُوا مَعَ ٱلْخَوَالِفِ وَطَبَعَ ٱللَّهُ عَلَىٰ قُلُوبِهِمْ فَهُمْ لَا
يَعْلَمُونَ ۞ ٩٥ يَعْتَذِرُونَ إِلَيْكُمْ إِذَا رَجَعْتُمْ إِلَيْهِمْ قُلْ لَا تَعْتَذِرُوا لَنْ جزء ١١
نُؤْمِنَ لَكُمْ قَدْ نَبَّأَنَا ٱللَّهُ مِنْ أَخْبَارِكُمْ وَسَيَرَى ٱللَّهُ عَمَلَكُمْ وَرَسُولُهُ ثُمَّ
تُرَدُّونَ إِلَىٰ عَالِمِ ٱلْغَيْبِ وَٱلشَّهَادَةِ فَيُنَبِّئُكُمْ بِمَا كُنْتُمْ تَعْمَلُونَ ٩٦ سَيَحْلِفُونَ
بِٱللَّهِ لَكُمْ إِذَا ٱنْقَلَبْتُمْ إِلَيْهِمْ لِتُعْرِضُوا عَنْهُمْ فَأَعْرِضُوا عَنْهُمْ إِنَّهُمْ رِجْسٌ
وَمَأْوَاهُمْ جَهَنَّمُ جَزَاءً بِمَا كَانُوا يَكْسِبُونَ ٩٧ يَحْلِفُونَ لَكُمْ لِتَرْضَوْا عَنْهُمْ فَإِنْ
تَرْضَوْا عَنْهُمْ فَإِنَّ ٱللَّهَ لَا يَرْضَىٰ عَنِ ٱلْقَوْمِ ٱلْفَاسِقِينَ ٩٨ ٱلْأَعْرَابُ أَشَدُّ
كُفْرًا وَنِفَاقًا وَأَجْدَرُ أَلَّا يَعْلَمُوا حُدُودَ مَا أَنْزَلَ ٱللَّهُ عَلَىٰ رَسُولِهِ وَٱللَّهُ عَلِيمٌ

أَوْلِيَآءُ بَعْضٍ يَأْمُرُونَ بِٱلْمَعْرُوفِ وَيَنْهَوْنَ عَنِ ٱلْمُنْكَرِ وَيُقِيمُونَ ٱلصَّلَوٰةَ وَيُؤْتُونَ
ٱلزَّكَوٰةَ وَيُطِيعُونَ ٱللَّهَ وَرَسُولَهُ أُولَآئِكَ سَيَرْحَمُهُمُ ٱللَّهُ إِنَّ ٱللَّهَ عَزِيزٌ حَكِيمٌ
٧٣ وَعَدَ ٱللَّهُ ٱلْمُؤْمِنِينَ وَٱلْمُؤْمِنَاتِ جَنَّاتٍ تَجْرِي مِنْ تَحْتِهَا ٱلْأَنْهَارُ خَالِدِينَ
فِيهَا وَمَسَاكِنَ طَيِّبَةً فِي جَنَّاتِ عَدْنٍ وَرِضْوَانٌ مِنَ ٱللَّهِ أَكْبَرُ ذَٰلِكَ هُوَ
ٱلْفَوْزُ ٱلْعَظِيمُ ٧٤ يَا أَيُّهَا ٱلنَّبِيُّ جَاهِدِ ٱلْكُفَّارَ وَٱلْمُنَافِقِينَ وَٱغْلُظْ عَلَيْهِمْ
وَمَأْوَاهُمْ جَهَنَّمُ وَبِئْسَ ٱلْمَصِيرُ ٧٥ يَحْلِفُونَ بِٱللَّهِ مَا قَالُوا وَلَقَدْ قَالُوا كَلِمَةَ
ٱلْكُفْرِ وَكَفَرُوا بَعْدَ إِسْلَامِهِمْ وَهَمُّوا بِمَا لَمْ يَنَالُوا وَمَا نَقَمُوا إِلَّا أَنْ أَغْنَاهُمُ
ٱللَّهُ وَرَسُولُهُ مِنْ فَضْلِهِ فَإِنْ يَتُوبُوا يَكُ خَيْرًا لَهُمْ وَإِنْ يَتَوَلَّوْا يُعَذِّبْهُمُ ٱللَّهُ
عَذَابًا أَلِيمًا فِي ٱلدُّنْيَا وَٱلْآخِرَةِ وَمَا لَهُمْ فِي ٱلْأَرْضِ مِنْ وَلِيٍّ وَلَا نَصِيرٍ ٧٦
وَمِنْهُمْ مَنْ عَاهَدَ ٱللَّهَ لَئِنْ آتَانَا مِنْ فَضْلِهِ لَنَصَّدَّقَنَّ وَلَنَكُونَنَّ مِنَ ٱلصَّالِحِينَ
٧٧ فَلَمَّا آتَاهُمْ مِنْ فَضْلِهِ بَخِلُوا بِهِ وَتَوَلَّوْا وَهُمْ مُعْرِضُونَ ٧٨ فَأَعْقَبَهُمْ نِفَاقًا
فِي قُلُوبِهِمْ إِلَىٰ يَوْمِ يَلْقَوْنَهُ بِمَا أَخْلَفُوا ٱللَّهَ مَا وَعَدُوهُ وَبِمَا كَانُوا يَكْذِبُونَ
٧٩ أَلَمْ يَعْلَمُوا أَنَّ ٱللَّهَ يَعْلَمُ سِرَّهُمْ وَنَجْوَاهُمْ وَأَنَّ ٱللَّهَ عَلَّامُ ٱلْغُيُوبِ ٨٠
ٱلَّذِينَ يَلْمِزُونَ ٱلْمُطَّوِّعِينَ مِنَ ٱلْمُؤْمِنِينَ فِي ٱلصَّدَقَاتِ وَٱلَّذِينَ لَا يَجِدُونَ إِلَّا
جُهْدَهُمْ فَيَسْخَرُونَ مِنْهُمْ سَخِرَ ٱللَّهُ مِنْهُمْ وَلَهُمْ عَذَابٌ أَلِيمٌ ٨١ ٱسْتَغْفِرْ لَهُمْ
أَوْ لَا تَسْتَغْفِرْ لَهُمْ إِنْ تَسْتَغْفِرْ لَهُمْ سَبْعِينَ مَرَّةً فَلَنْ يَغْفِرَ ٱللَّهُ لَهُمْ ذَٰلِكَ
بِأَنَّهُمْ كَفَرُوا بِٱللَّهِ وَرَسُولِهِ وَٱللَّهُ لَا يَهْدِي ٱلْقَوْمَ ٱلْفَاسِقِينَ ٨٢ فَرِحَ
ٱلْمُخَلَّفُونَ بِمَقْعَدِهِمْ خِلَافَ رَسُولِ ٱللَّهِ وَكَرِهُوا أَنْ يُجَاهِدُوا بِأَمْوَالِهِمْ
وَأَنْفُسِهِمْ فِي سَبِيلِ ٱللَّهِ وَقَالُوا لَا تَنْفِرُوا فِي ٱلْحَرِّ قُلْ نَارُ جَهَنَّمَ أَشَدُّ حَرًّا لَوْ
كَانُوا يَفْقَهُونَ ٨٣ فَلْيَضْحَكُوا قَلِيلًا وَلْيَبْكُوا كَثِيرًا جَزَآءً بِمَا كَانُوا يَكْسِبُونَ
٨٤ فَإِنْ رَجَعَكَ ٱللَّهُ إِلَىٰ طَائِفَةٍ مِنْهُمْ فَٱسْتَأْذَنُوكَ لِلْخُرُوجِ فَقُلْ لَنْ تَخْرُجُوا
مَعِيَ أَبَدًا وَلَنْ تُقَاتِلُوا مَعِيَ عَدُوًّا إِنَّكُمْ رَضِيتُمْ بِٱلْقُعُودِ أَوَّلَ مَرَّةٍ فَٱقْعُدُوا مَعَ

٥٩ وَلَوْ أَنَّهُمْ رَضُوا مَا آتَاهُمُ ٱللَّهُ وَرَسُولُهُ وَقَالُوا حَسْبُنَا ٱللَّهُ سَيُؤْتِينَا ٱللَّهُ
مِنْ فَضْلِهِ وَرَسُولُهُ إِنَّا إِلَى ٱللَّهِ رَاغِبُونَ ٦٠ إِنَّمَا ٱلصَّدَقَاتُ لِلْفُقَرَآءِ
وَٱلْمَسَاكِينِ وَٱلْعَامِلِينَ عَلَيْهَا وَٱلْمُؤَلَّفَةِ قُلُوبُهُمْ وَفِي ٱلرِّقَابِ وَٱلْغَارِمِينَ وَفِي
سَبِيلِ ٱللَّهِ وَٱبْنِ ٱلسَّبِيلِ فَرِيضَةً مِنَ ٱللَّهِ وَٱللَّهُ عَلِيمٌ حَكِيمٌ ٦١ وَمِنْهُمُ
ٱلَّذِينَ يُؤْذُونَ ٱلنَّبِيَّ وَيَقُولُونَ هُوَ أُذُنٌ قُلْ أُذُنُ خَيْرٍ لَكُمْ يُؤْمِنُ بِٱللَّهِ وَيُؤْمِنُ
لِلْمُؤْمِنِينَ ٦٢ وَرَحْمَةٌ لِلَّذِينَ آمَنُوا مِنْكُمْ وَٱلَّذِينَ يُؤْذُونَ رَسُولَ ٱللَّهِ لَهُمْ
عَذَابٌ أَلِيمٌ ٦٣ يَحْلِفُونَ بِٱللَّهِ لَكُمْ لِيُرْضُوكُمْ وَٱللَّهُ وَرَسُولُهُ أَحَقُّ أَنْ يُرْضُوهُ
إِنْ كَانُوا مُؤْمِنِينَ ٦٤ أَلَمْ يَعْلَمُوا أَنَّهُ مَنْ يُحَادِدِ ٱللَّهَ وَرَسُولَهُ فَأَنَّ لَهُ نَارَ
جَهَنَّمَ خَالِدًا فِيهَا ذَلِكَ ٱلْخِزْيُ ٱلْعَظِيمُ ٦٥ يَحْذَرُ ٱلْمُنَافِقُونَ أَنْ تُنَزَّلَ عَلَيْهِمْ
سُورَةٌ تُنَبِّئُهُمْ بِمَا فِي قُلُوبِهِمْ قُلِ ٱسْتَهْزِئُوا إِنَّ ٱللَّهَ مُخْرِجٌ مَا تَحْذَرُونَ ٦٦ وَلَئِنْ
سَأَلْتَهُمْ لَيَقُولُنَّ إِنَّمَا كُنَّا نَخُوضُ وَنَلْعَبُ قُلْ أَبِٱللَّهِ وَآيَاتِهِ وَرَسُولِهِ كُنْتُمْ
تَسْتَهْزِئُونَ ٦٧ لَا تَعْتَذِرُوا قَدْ كَفَرْتُمْ بَعْدَ إِيمَانِكُمْ إِنْ نَعْفُ عَنْ طَائِفَةٍ مِنْكُمْ
نُعَذِّبْ طَائِفَةً بِأَنَّهُمْ كَانُوا مُجْرِمِينَ ٦٨ ٱلْمُنَافِقُونَ وَٱلْمُنَافِقَاتُ بَعْضُهُمْ مِنْ
بَعْضٍ يَأْمُرُونَ بِٱلْمُنْكَرِ وَيَنْهَوْنَ عَنِ ٱلْمَعْرُوفِ وَيَقْبِضُونَ أَيْدِيَهُمْ نَسُوا ٱللَّهَ
فَنَسِيَهُمْ إِنَّ ٱلْمُنَافِقِينَ هُمُ ٱلْفَاسِقُونَ ٦٩ وَعَدَ ٱللَّهُ ٱلْمُنَافِقِينَ وَٱلْمُنَافِقَاتِ
وَٱلْكُفَّارَ نَارَ جَهَنَّمَ خَالِدِينَ فِيهَا هِيَ حَسْبُهُمْ وَلَعَنَهُمُ ٱللَّهُ وَلَهُمْ عَذَابٌ مُقِيمٌ
٧٠ كَٱلَّذِينَ مِنْ قَبْلِكُمْ كَانُوا أَشَدَّ مِنْكُمْ قُوَّةً وَأَكْثَرَ أَمْوَالًا وَأَوْلَادًا فَٱسْتَمْتَعُوا
بِخَلَاقِهِمْ فَٱسْتَمْتَعْتُمْ بِخَلَاقِكُمْ كَمَا ٱسْتَمْتَعَ ٱلَّذِينَ مِنْ قَبْلِكُمْ بِخَلَاقِهِمْ وَخُضْتُمْ
كَٱلَّذِي خَاضُوا أُولَئِكَ حَبِطَتْ أَعْمَالُهُمْ فِي ٱلدُّنْيَا وَٱلْآخِرَةِ وَأُولَئِكَ هُمُ
ٱلْخَاسِرُونَ ٧١ أَلَمْ يَأْتِهِمْ نَبَأُ ٱلَّذِينَ مِنْ قَبْلِهِمْ قَوْمِ نُوحٍ وَعَادٍ وَثَمُودَ وَقَوْمِ
إِبْرَهِيمَ وَأَصْحَابِ مَدْيَنَ وَٱلْمُؤْتَفِكَاتِ أَتَتْهُمْ رُسُلُهُمْ بِٱلْبَيِّنَاتِ فَمَا كَانَ ٱللَّهُ
لِيَظْلِمَهُمْ وَلَكِنْ كَانُوا أَنْفُسَهُمْ يَظْلِمُونَ ٧٢ وَٱلْمُؤْمِنُونَ وَٱلْمُؤْمِنَاتُ بَعْضُهُمْ

إِنَّهُمْ لَكَاذِبُونَ ٤٣ عَفَا ٱللَّهُ عَنْكَ لِمَ أَذِنْتَ لَهُمْ حَتَّى يَتَبَيَّنَ لَكَ ٱلَّذِينَ
صَدَقُوا وَتَعْلَمَ ٱلْكَاذِبِينَ ٤٤ لَا يَسْتَأْذِنُكَ ٱلَّذِينَ يُؤْمِنُونَ بِٱللَّهِ وَٱلْيَوْمِ
ٱلْآخِرِ أَنْ يُجَاهِدُوا بِأَمْوَالِهِمْ وَأَنْفُسِهِمْ وَٱللَّهُ عَلِيمٌ بِٱلْمُتَّقِينَ ٤٥ إِنَّمَا
يَسْتَأْذِنُكَ ٱلَّذِينَ لَا يُؤْمِنُونَ بِٱللَّهِ وَٱلْيَوْمِ ٱلْآخِرِ وَٱرْتَابَتْ قُلُوبُهُمْ فَهُمْ فِي
رَيْبِهِمْ يَتَرَدَّدُونَ ٤٦ وَلَوْ أَرَادُوا ٱلْخُرُوجَ لَأَعَدُّوا لَهُ عُدَّةً وَلَكِنْ كَرِهَ ٱللَّهُ
ٱنْبِعَاثَهُمْ فَثَبَّطَهُمْ وَقِيلَ ٱقْعُدُوا مَعَ ٱلْقَاعِدِينَ ٤٧ لَوْ خَرَجُوا فِيكُمْ مَا زَادُوكُمْ
إِلَّا خَبَالًا وَلَأَوْضَعُوا خِلَالَكُمْ يَبْغُونَكُمُ ٱلْفِتْنَةَ وَفِيكُمْ سَمَّاعُونَ لَهُمْ وَٱللَّهُ عَلِيمٌ
بِٱلظَّالِمِينَ ٤٨ لَقَدِ ٱبْتَغَوُا ٱلْفِتْنَةَ مِنْ قَبْلُ وَقَلَّبُوا لَكَ ٱلْأُمُورَ حَتَّى جَآءَ ٱلْحَقُّ
وَظَهَرَ أَمْرُ ٱللَّهِ وَهُمْ كَارِهُونَ ٤٩ وَمِنْهُمْ مَنْ يَقُولُ ٱئْذَنْ لِي وَلَا تَفْتِنِّي أَلَا
فِي ٱلْفِتْنَةِ سَقَطُوا وَإِنَّ جَهَنَّمَ لَمُحِيطَةٌ بِٱلْكَافِرِينَ ٥٠ إِنْ تُصِبْكَ حَسَنَةٌ تَسُؤْهُمْ
وَإِنْ تُصِبْكَ مُصِيبَةٌ يَقُولُوا قَدْ أَخَذْنَا أَمْرَنَا مِنْ قَبْلُ وَيَتَوَلَّوْا وَهُمْ فَرِحُونَ
٥١ قُلْ لَنْ يُصِيبَنَا إِلَّا مَا كَتَبَ ٱللَّهُ لَنَا هُوَ مَوْلَانَا وَعَلَى ٱللَّهِ فَلْيَتَوَكَّلِ
ٱلْمُؤْمِنُونَ ٥٢ قُلْ هَلْ تَرَبَّصُونَ بِنَا إِلَّا إِحْدَى ٱلْحُسْنَيَيْنِ وَنَحْنُ نَتَرَبَّصُ
بِكُمْ أَنْ يُصِيبَكُمُ ٱللَّهُ بِعَذَابٍ مِنْ عِنْدِهِ أَوْ بِأَيْدِينَا فَتَرَبَّصُوا إِنَّا مَعَكُمْ
مُتَرَبِّصُونَ ٥٣ قُلْ أَنْفِقُوا طَوْعًا أَوْ كَرْهًا لَنْ يُتَقَبَّلَ مِنْكُمْ إِنَّكُمْ كُنْتُمْ قَوْمًا
فَاسِقِينَ ٥٤ وَمَا مَنَعَهُمْ أَنْ تُقْبَلَ مِنْهُمْ نَفَقَاتُهُمْ إِلَّا أَنَّهُمْ كَفَرُوا بِٱللَّهِ
وَبِرَسُولِهِ وَلَا يَأْتُونَ ٱلصَّلَوٰةَ إِلَّا وَهُمْ كُسَالَى وَلَا يُنْفِقُونَ إِلَّا وَهُمْ كَارِهُونَ
٥٥ فَلَا تُعْجِبْكَ أَمْوَالُهُمْ وَلَا أَوْلَادُهُمْ إِنَّمَا يُرِيدُ ٱللَّهُ لِيُعَذِّبَهُمْ بِهَا فِي
ٱلْحَيَوٰةِ ٱلدُّنْيَا وَتَزْهَقَ أَنْفُسُهُمْ وَهُمْ كَافِرُونَ ٥٦ وَيَحْلِفُونَ بِٱللَّهِ إِنَّهُمْ
لَمِنْكُمْ وَمَا هُمْ مِنْكُمْ وَلَكِنَّهُمْ قَوْمٌ يَفْرَقُونَ ٥٧ لَوْ يَجِدُونَ مَلْجَأً أَوْ
مَغَارَاتٍ أَوْ مُدَّخَلًا لَوَلَّوْا إِلَيْهِ وَهُمْ يَجْمَحُونَ ٥٨ وَمِنْهُمْ مَنْ يَلْمِزُكَ فِي
ٱلصَّدَقَاتِ فَإِنْ أُعْطُوا مِنْهَا رَضُوا وَإِنْ لَمْ يُعْطَوْا مِنْهَا إِذَا هُمْ يَسْخَطُونَ

بِأَفْوَاهِهِمْ وَيَأْبَى ٱللَّهُ إِلَّا أَنْ يُتِمَّ نُورَهُ وَلَوْ كَرِهَ ٱلْكَافِرُونَ ٣٣ هُوَ ٱلَّذِي
أَرْسَلَ رَسُولَهُ بِٱلْهُدَى وَدِينِ ٱلْحَقِّ لِيُظْهِرَهُ عَلَى ٱلدِّينِ كُلِّهِ وَلَوْ كَرِهَ ٱلْمُشْرِكُونَ
٣٤ يَا أَيُّهَا ٱلَّذِينَ آمَنُوا إِنَّ كَثِيرًا مِنَ ٱلْأَحْبَارِ وَٱلرُّهْبَانِ لَيَأْكُلُونَ أَمْوَالَ
ٱلنَّاسِ بِٱلْبَاطِلِ وَيَصُدُّونَ عَنْ سَبِيلِ ٱللَّهِ وَٱلَّذِينَ يَكْنِزُونَ ٱلذَّهَبَ وَٱلْفِضَّةَ
وَلَا يُنْفِقُونَهَا فِي سَبِيلِ ٱللَّهِ فَبَشِّرْهُمْ بِعَذَابٍ أَلِيمٍ ٣٥ يَوْمَ يُحْمَى عَلَيْهَا فِي
نَارِ جَهَنَّمَ فَتُكْوَى بِهَا جِبَاهُهُمْ وَجُنُوبُهُمْ وَظُهُورُهُمْ هَذَا مَا كَنَزْتُمْ لِأَنْفُسِكُمْ
فَذُوقُوا مَا كُنْتُمْ تَكْنِزُونَ ٣٦ إِنَّ عِدَّةَ ٱلشُّهُورِ عِنْدَ ٱللَّهِ ٱثْنَا عَشَرَ شَهْرًا فِي
كِتَابِ ٱللَّهِ يَوْمَ خَلَقَ ٱلسَّمَاوَاتِ وَٱلْأَرْضَ مِنْهَا أَرْبَعَةٌ حُرُمٌ ذَلِكَ ٱلدِّينُ ٱلْقَيِّمُ
فَلَا تَظْلِمُوا فِيهِنَّ أَنْفُسَكُمْ وَقَاتِلُوا ٱلْمُشْرِكِينَ كَافَّةً كَمَا يُقَاتِلُونَكُمْ كَافَّةً وَٱعْلَمُوا
أَنَّ ٱللَّهَ مَعَ ٱلْمُتَّقِينَ ٣٧ إِنَّمَا ٱلنَّسِيءُ زِيَادَةٌ فِي ٱلْكُفْرِ يُضَلُّ بِهِ ٱلَّذِينَ كَفَرُوا
يُحِلُّونَهُ عَامًا وَيُحَرِّمُونَهُ عَامًا لِيُوَاطِئُوا عِدَّةَ مَا حَرَّمَ ٱللَّهُ فَيُحِلُّوا مَا حَرَّمَ ٱللَّهُ
زُيِّنَ لَهُمْ سُوءُ أَعْمَالِهِمْ وَٱللَّهُ لَا يَهْدِي ٱلْقَوْمَ ٱلْكَافِرِينَ ٣٨ يَا أَيُّهَا ٱلَّذِينَ
آمَنُوا مَا لَكُمْ إِذَا قِيلَ لَكُمُ ٱنْفِرُوا فِي سَبِيلِ ٱللَّهِ ٱثَّاقَلْتُمْ إِلَى ٱلْأَرْضِ أَرَضِيتُمْ
بِٱلْحَيَوةِ ٱلدُّنْيَا مِنَ ٱلْآخِرَةِ فَمَا مَتَاعُ ٱلْحَيَوةِ ٱلدُّنْيَا فِي ٱلْآخِرَةِ إِلَّا قَلِيلٌ ٣٩ إِلَّا
تَنْفِرُوا يُعَذِّبْكُمْ عَذَابًا أَلِيمًا وَيَسْتَبْدِلْ قَوْمًا غَيْرَكُمْ وَلَا تَضُرُّوهُ شَيْئًا وَٱللَّهُ عَلَى
كُلِّ شَيْءٍ قَدِيرٌ ٤٠ إِلَّا تَنْصُرُوهُ فَقَدْ نَصَرَهُ ٱللَّهُ إِذْ أَخْرَجَهُ ٱلَّذِينَ كَفَرُوا
ثَانِيَ ٱثْنَيْنِ إِذْ هُمَا فِي ٱلْغَارِ إِذْ يَقُولُ لِصَاحِبِهِ لَا تَحْزَنْ إِنَّ ٱللَّهَ مَعَنَا فَأَنْزَلَ
ٱللَّهُ سَكِينَتَهُ عَلَيْهِ وَأَيَّدَهُ بِجُنُودٍ لَمْ تَرَوْهَا وَجَعَلَ كَلِمَةَ ٱلَّذِينَ كَفَرُوا
ٱلسُّفْلَى وَكَلِمَةُ ٱللَّهِ هِيَ ٱلْعُلْيَا وَٱللَّهُ عَزِيزٌ حَكِيمٌ ٤١ ٱنْفِرُوا خِفَافًا وَثِقَالًا
وَجَاهِدُوا بِأَمْوَالِكُمْ وَأَنْفُسِكُمْ فِي سَبِيلِ ٱللَّهِ ذَلِكُمْ خَيْرٌ لَكُمْ إِنْ كُنْتُمْ تَعْلَمُونَ
٤٢ لَوْ كَانَ عَرَضًا قَرِيبًا وَسَفَرًا قَاصِدًا لَاتَّبَعُوكَ وَلَكِنْ بَعُدَتْ عَلَيْهِمُ ٱلشُّقَّةُ
وَسَيَحْلِفُونَ بِٱللَّهِ لَوِ ٱسْتَطَعْنَا لَخَرَجْنَا مَعَكُمْ يُهْلِكُونَ أَنْفُسَهُمْ وَٱللَّهُ يَعْلَمُ

ٱلْقَوْمَ ٱلظَّالِمِينَ ٢٠ ٱلَّذِينَ آمَنُوا وَهَاجَرُوا وَجَاهَدُوا فِي سَبِيلِ ٱللَّهِ بِأَمْوَالِهِمْ
وَأَنْفُسِهِمْ أَعْظَمُ دَرَجَةً عِنْدَ ٱللَّهِ وَأُولَآئِكَ هُمُ ٱلْفَائِزُونَ ٢١ يُبَشِّرُهُمْ رَبُّهُمْ بِرَحْمَةٍ
مِنْهُ وَرِضْوَانٍ وَجَنَّاتٍ لَهُمْ فِيهَا نَعِيمٌ مُقِيمٌ ٢٢ خَالِدِينَ فِيهَا أَبَدًا إِنَّ ٱللَّهَ
عِنْدَهُ أَجْرٌ عَظِيمٌ ٢٣ يَا أَيُّهَا ٱلَّذِينَ آمَنُوا لَا تَتَّخِذُوا آبَاءَكُمْ وَإِخْوَانَكُمْ
أَوْلِيَاءَ إِنِ ٱسْتَحَبُّوا ٱلْكُفْرَ عَلَى ٱلْإِيمَانِ وَمَنْ يَتَوَلَّهُمْ مِنْكُمْ فَأُولَآئِكَ هُمُ
ٱلظَّالِمُونَ ٢٤ قُلْ إِنْ كَانَ آبَاؤُكُمْ وَأَبْنَاؤُكُمْ وَإِخْوَانُكُمْ وَأَزْوَاجُكُمْ
وَعَشِيرَتُكُمْ وَأَمْوَالٌ ٱقْتَرَفْتُمُوهَا وَتِجَارَةٌ تَخْشَوْنَ كَسَادَهَا وَمَسَاكِنُ تَرْضَوْنَهَا
أَحَبَّ إِلَيْكُمْ مِنَ ٱللَّهِ وَرَسُولِهِ وَجِهَادٍ فِي سَبِيلِهِ فَتَرَبَّصُوا حَتَّى يَأْتِيَ ٱللَّهُ
بِأَمْرِهِ وَٱللَّهُ لَا يَهْدِي ٱلْقَوْمَ ٱلْفَاسِقِينَ ٢٥ لَقَدْ نَصَرَكُمُ ٱللَّهُ فِي مَوَاطِنَ
كَثِيرَةٍ وَيَوْمَ حُنَيْنٍ إِذْ أَعْجَبَتْكُمْ كَثْرَتُكُمْ فَلَمْ تُغْنِ عَنْكُمْ شَيْئًا وَضَاقَتْ عَلَيْكُمُ
ٱلْأَرْضُ بِمَا رَحُبَتْ ثُمَّ وَلَّيْتُمْ مُدْبِرِينَ ٢٦ ثُمَّ أَنْزَلَ ٱللَّهُ سَكِينَتَهُ عَلَى رَسُولِهِ
وَعَلَى ٱلْمُؤْمِنِينَ وَأَنْزَلَ جُنُودًا لَمْ تَرَوْهَا وَعَذَّبَ ٱلَّذِينَ كَفَرُوا وَذَلِكَ جَزَاءُ
ٱلْكَافِرِينَ ٢٧ ثُمَّ يَتُوبُ ٱللَّهُ مِنْ بَعْدِ ذَلِكَ عَلَى مَنْ يَشَاءُ وَٱللَّهُ غَفُورٌ رَحِيمٌ
٢٨ يَا أَيُّهَا ٱلَّذِينَ آمَنُوا إِنَّمَا ٱلْمُشْرِكُونَ نَجَسٌ فَلَا يَقْرَبُوا ٱلْمَسْجِدَ ٱلْحَرَامَ بَعْدَ
عَامِهِمْ هَذَا وَإِنْ خِفْتُمْ عَيْلَةً فَسَوْفَ يُغْنِيكُمُ ٱللَّهُ مِنْ فَضْلِهِ إِنْ شَاءَ إِنَّ
ٱللَّهَ عَلِيمٌ حَكِيمٌ ٢٩ قَاتِلُوا ٱلَّذِينَ لَا يُؤْمِنُونَ بِٱللَّهِ وَلَا بِٱلْيَوْمِ ٱلْآخِرِ وَلَا
يُحَرِّمُونَ مَا حَرَّمَ ٱللَّهُ وَرَسُولُهُ وَلَا يَدِينُونَ دِينَ ٱلْحَقِّ مِنَ ٱلَّذِينَ أُوتُوا ٱلْكِتَابَ
حَتَّى يُعْطُوا ٱلْجِزْيَةَ عَنْ يَدٍ وَهُمْ صَاغِرُونَ ٣٠ وَقَالَتِ ٱلْيَهُودُ عُزَيْرٌ ٱبْنُ ٱللَّهِ
وَقَالَتِ ٱلنَّصَارَى ٱلْمَسِيحُ ٱبْنُ ٱللَّهِ ذَلِكَ قَوْلُهُمْ بِأَفْوَاهِهِمْ يُضَاهِئُونَ قَوْلَ ٱلَّذِينَ
كَفَرُوا مِنْ قَبْلُ قَاتَلَهُمُ ٱللَّهُ أَنَّى يُؤْفَكُونَ ٣١ ٱتَّخَذُوا أَحْبَارَهُمْ وَرُهْبَانَهُمْ
أَرْبَابًا مِنْ دُونِ ٱللَّهِ وَٱلْمَسِيحَ ٱبْنَ مَرْيَمَ وَمَا أُمِرُوا إِلَّا لِيَعْبُدُوا إِلَهًا وَاحِدًا
لَا إِلَهَ إِلَّا هُوَ سُبْحَانَهُ عَمَّا يُشْرِكُونَ ٣٢ يُرِيدُونَ أَنْ يُطْفِئُوا نُورَ ٱللَّهِ

مَرْصَدٍ فَإِنْ تَابُوا وَأَقَامُوا ٱلصَّلَوٰةَ وَآتَوُا ٱلزَّكَوٰةَ فَخَلُّوا سَبِيلَهُمْ إِنَّ ٱللَّهَ
غَفُورٌ رَحِيمٌ ٦ وَإِنْ أَحَدٌ مِنَ ٱلْمُشْرِكِينَ ٱسْتَجَارَكَ فَأَجِرْهُ حَتَّى يَسْمَعَ كَلَامَ
ٱللَّهِ ثُمَّ أَبْلِغْهُ مَأْمَنَهُ ذَلِكَ بِأَنَّهُمْ قَوْمٌ لَا يَعْلَمُونَ ٧ كَيْفَ يَكُونُ لِلْمُشْرِكِينَ
عَهْدٌ عِنْدَ ٱللَّهِ وَعِنْدَ رَسُولِهِ إِلَّا ٱلَّذِينَ عَاهَدْتُمْ عِنْدَ ٱلْمَسْجِدِ ٱلْحَرَامِ فَمَا
ٱسْتَقَامُوا لَكُمْ فَٱسْتَقِيمُوا لَهُمْ إِنَّ ٱللَّهَ يُحِبُّ ٱلْمُتَّقِينَ ٨ كَيْفَ وَإِنْ يَظْهَرُوا
عَلَيْكُمْ لَا يَرْقُبُوا فِيكُمْ إِلًّا وَلَا ذِمَّةً يُرْضُونَكُمْ بِأَفْوَاهِهِمْ وَتَأْبَى قُلُوبُهُمْ وَأَكْثَرُهُمْ
فَاسِقُونَ ٩ اِشْتَرَوْا بِآيَاتِ ٱللَّهِ ثَمَنًا قَلِيلًا فَصَدُّوا عَنْ سَبِيلِهِ إِنَّهُمْ سَاءَ
مَا كَانُوا يَعْمَلُونَ ١٠ لَا يَرْقُبُونَ فِي مُؤْمِنٍ إِلًّا وَلَا ذِمَّةً وَأُولَٰئِكَ هُمُ ٱلْمُعْتَدُونَ
١١ فَإِنْ تَابُوا وَأَقَامُوا ٱلصَّلَوٰةَ وَآتَوُا ٱلزَّكَوٰةَ فَإِخْوَانُكُمْ فِي ٱلدِّينِ وَنُفَصِّلُ
ٱلْآيَاتِ لِقَوْمٍ يَعْلَمُونَ ١٢ وَإِنْ نَكَثُوا أَيْمَانَهُمْ مِنْ بَعْدِ عَهْدِهِمْ وَطَعَنُوا فِي
دِينِكُمْ فَقَاتِلُوا أَئِمَّةَ ٱلْكُفْرِ إِنَّهُمْ لَا أَيْمَانَ لَهُمْ لَعَلَّهُمْ يَنْتَهُونَ ١٣ أَلَا
تُقَاتِلُونَ قَوْمًا نَكَثُوا أَيْمَانَهُمْ وَهَمُّوا بِإِخْرَاجِ ٱلرَّسُولِ وَهُمْ بَدَءُوكُمْ أَوَّلَ مَرَّةٍ
أَتَخْشَوْنَهُمْ فَٱللَّهُ أَحَقُّ أَنْ تَخْشَوْهُ إِنْ كُنْتُمْ مُؤْمِنِينَ ١٤ قَاتِلُوهُمْ يُعَذِّبْهُمُ ٱللَّهُ
بِأَيْدِيكُمْ وَيُخْزِهِمْ وَيَنْصُرْكُمْ عَلَيْهِمْ وَيَشْفِ صُدُورَ قَوْمٍ مُؤْمِنِينَ ١٥ وَيُذْهِبْ غَيْظَ
قُلُوبِهِمْ وَيَتُوبُ ٱللَّهُ عَلَى مَنْ يَشَاءُ وَٱللَّهُ عَلِيمٌ حَكِيمٌ ١٦ أَمْ حَسِبْتُمْ أَنْ تُتْرَكُوا
وَلَمَّا يَعْلَمِ ٱللَّهُ ٱلَّذِينَ جَاهَدُوا مِنْكُمْ وَلَمْ يَتَّخِذُوا مِنْ دُونِ ٱللَّهِ وَلَا رَسُولِهِ وَلَا
ٱلْمُؤْمِنِينَ وَلِيجَةً وَٱللَّهُ خَبِيرٌ بِمَا تَعْمَلُونَ ١٧ مَا كَانَ لِلْمُشْرِكِينَ أَنْ يَعْمُرُوا
مَسَاجِدَ ٱللَّهِ شَاهِدِينَ عَلَى أَنْفُسِهِمْ بِٱلْكُفْرِ أُولَٰئِكَ حَبِطَتْ أَعْمَالُهُمْ وَفِي ٱلنَّارِ
هُمْ خَالِدُونَ ١٨ إِنَّمَا يَعْمُرُ مَسَاجِدَ ٱللَّهِ مَنْ آمَنَ بِٱللَّهِ وَٱلْيَوْمِ ٱلْآخِرِ وَأَقَامَ
ٱلصَّلَوٰةَ وَآتَى ٱلزَّكَوٰةَ وَلَمْ يَخْشَ إِلَّا ٱللَّهَ فَعَسَى أُولَٰئِكَ أَنْ يَكُونُوا مِنَ
ٱلْمُهْتَدِينَ ١٩ أَجَعَلْتُمْ سِقَايَةَ ٱلْحَاجِّ وَعِمَارَةَ ٱلْمَسْجِدِ ٱلْحَرَامِ كَمَنْ آمَنَ بِٱللَّهِ
وَٱلْيَوْمِ ٱلْآخِرِ وَجَاهَدَ فِي سَبِيلِ ٱللَّهِ لَا يَسْتَوُونَ عِنْدَ ٱللَّهِ وَٱللَّهُ لَا يَهْدِي

ٱللَّهَ مِنْ قَبْلُ فَأَمْكَنَ مِنْهُمْ وَٱللَّهُ عَلِيمٌ حَكِيمٌ ٧٣ إِنَّ ٱلَّذِينَ آمَنُوا وَهَاجَرُوا
وَجَاهَدُوا بِأَمْوَالِهِمْ وَأَنْفُسِهِمْ فِي سَبِيلِ ٱللَّهِ وَٱلَّذِينَ آوَوْا وَنَصَرُوا أُولَآئِكَ بَعْضُهُمْ
أَوْلِيَآءُ بَعْضٍ وَٱلَّذِينَ آمَنُوا وَلَمْ يُهَاجِرُوا مَا لَكُمْ مِنْ وَلَايَتِهِمْ مِنْ شَيْءٍ حَتَّى
يُهَاجِرُوا وَإِنِ ٱسْتَنْصَرُوكُمْ فِي ٱلدِّينِ فَعَلَيْكُمُ ٱلنَّصْرُ إِلَّا عَلَى قَوْمٍ بَيْنَكُمْ وَبَيْنَهُمْ
مِيثَاقٌ وَٱللَّهُ بِمَا تَعْمَلُونَ بَصِيرٌ ٧٤ وَٱلَّذِينَ كَفَرُوا بَعْضُهُمْ أَوْلِيَآءُ بَعْضٍ إِلَّا
تَفْعَلُوهُ تَكُنْ فِتْنَةٌ فِي ٱلْأَرْضِ وَفَسَادٌ كَبِيرٌ ٧٥ وَٱلَّذِينَ آمَنُوا وَهَاجَرُوا وَجَاهَدُوا
فِي سَبِيلِ ٱللَّهِ وَٱلَّذِينَ آوَوْا وَنَصَرُوا أُولَآئِكَ هُمُ ٱلْمُؤْمِنُونَ حَقًّا لَهُمْ مَغْفِرَةٌ
وَرِزْقٌ كَرِيمٌ ٧٦ وَٱلَّذِينَ آمَنُوا مِنْ بَعْدُ وَهَاجَرُوا وَجَاهَدُوا مَعَكُمْ فَأُولَآئِكَ
مِنْكُمْ وَأُولُوا ٱلْأَرْحَامِ بَعْضُهُمْ أَوْلَى بِبَعْضٍ فِي كِتَابِ ٱللَّهِ إِنَّ ٱللَّهَ بِكُلِّ
شَيْءٍ عَلِيمٌ

سورة التوبة

مدنيّة وهى مائة وثلثون آية

١ بَرَآءَةٌ مِنَ ٱللَّهِ وَرَسُولِهِ إِلَى ٱلَّذِينَ عَاهَدْتُمْ مِنَ ٱلْمُشْرِكِينَ ٢ فَسِيحُوا فِي
ٱلْأَرْضِ أَرْبَعَةَ أَشْهُرٍ وَٱعْلَمُوا أَنَّكُمْ غَيْرُ مُعْجِزِي ٱللَّهِ وَأَنَّ ٱللَّهَ مُخْزِي ٱلْكَافِرِينَ
٣ وَأَذَانٌ مِنَ ٱللَّهِ وَرَسُولِهِ إِلَى ٱلنَّاسِ يَوْمَ ٱلْحَجِّ ٱلْأَكْبَرِ أَنَّ ٱللَّهَ بَرِيٓءٌ مِنَ
ٱلْمُشْرِكِينَ وَرَسُولُهُ فَإِنْ تُبْتُمْ فَهُوَ خَيْرٌ لَكُمْ وَإِنْ تَوَلَّيْتُمْ فَٱعْلَمُوا أَنَّكُمْ غَيْرُ
مُعْجِزِي ٱللَّهِ وَبَشِّرِ ٱلَّذِينَ كَفَرُوا بِعَذَابٍ أَلِيمٍ ٤ إِلَّا ٱلَّذِينَ عَاهَدْتُمْ مِنَ
ٱلْمُشْرِكِينَ ثُمَّ لَمْ يَنْقُصُوكُمْ شَيْئًا وَلَمْ يُظَاهِرُوا عَلَيْكُمْ أَحَدًا فَأَتِمُّوا إِلَيْهِمْ
عَهْدَهُمْ إِلَى مُدَّتِهِمْ إِنَّ ٱللَّهَ يُحِبُّ ٱلْمُتَّقِينَ ٥ فَإِذَا ٱنْسَلَخَ ٱلْأَشْهُرُ ٱلْحُرُمُ
فَٱقْتُلُوا ٱلْمُشْرِكِينَ حَيْثُ وَجَدْتُمُوهُمْ وَخُذُوهُمْ وَٱحْصُرُوهُمْ وَٱقْعُدُوا لَهُمْ كُلَّ

سورة الانفال ٩٣

ظَالِمِينَ ٥٧ إِنَّ شَرَّ ٱلدَّوَابِّ عِنْدَ ٱللَّهِ ٱلَّذِينَ كَفَرُوا فَهُمْ لَا يُؤْمِنُونَ ٥٨
ٱلَّذِينَ عَاهَدتَّ مِنْهُمْ ثُمَّ يَنْقُضُونَ عَهْدَهُمْ فِي كُلِّ مَرَّةٍ وَهُمْ لَا يَتَّقُونَ ٥٩
فَإِمَّا تَثْقَفَنَّهُمْ فِي ٱلْحَرْبِ فَشَرِّدْ بِهِمْ مَنْ خَلْفَهُمْ لَعَلَّهُمْ يَذَّكَّرُونَ ٦٠ وَإِمَّا
تَخَافَنَّ مِنْ قَوْمٍ خِيَانَةً فَٱنْبِذْ إِلَيْهِمْ عَلَى سَوَآءٍ إِنَّ ٱللَّهَ لَا يُحِبُّ ٱلْخَائِنِينَ
٦١ وَلَا تَحْسَبَنَّ ٱلَّذِينَ كَفَرُوا سَبَقُوا إِنَّهُمْ لَا يُعْجِزُونَ ٦٢ وَأَعِدُّوا لَهُمْ مَا
ٱسْتَطَعْتُمْ مِنْ قُوَّةٍ وَمِنْ رِبَاطِ ٱلْخَيْلِ تُرْهِبُونَ بِهِ عَدُوَّ ٱللَّهِ وَعَدُوَّكُمْ وَآخَرِينَ
مِنْ دُونِهِمْ لَا تَعْلَمُونَهُمُ ٱللَّهُ يَعْلَمُهُمْ وَمَا تُنْفِقُوا مِنْ شَيْءٍ فِي سَبِيلِ ٱللَّهِ
يُوَفَّ إِلَيْكُمْ وَأَنْتُمْ لَا تُظْلَمُونَ ٦٣ وَإِنْ جَنَحُوا لِلسَّلْمِ فَٱجْنَحْ لَهَا وَتَوَكَّلْ
عَلَى ٱللَّهِ إِنَّهُ هُوَ ٱلسَّمِيعُ ٱلْعَلِيمُ ٦٤ وَإِنْ يُرِيدُوا أَنْ يَخْدَعُوكَ فَإِنَّ حَسْبَكَ
ٱللَّهُ هُوَ ٱلَّذِي أَيَّدَكَ بِنَصْرِهِ وَبِٱلْمُؤْمِنِينَ وَأَلَّفَ بَيْنَ قُلُوبِهِمْ لَوْ أَنْفَقْتَ مَا
فِي ٱلْأَرْضِ جَمِيعًا مَا أَلَّفْتَ بَيْنَ قُلُوبِهِمْ وَلَكِنَّ ٱللَّهَ أَلَّفَ بَيْنَهُمْ إِنَّهُ عَزِيزٌ
حَكِيمٌ ٦٥ يَا أَيُّهَا ٱلنَّبِيُّ حَسْبُكَ ٱللَّهُ وَمَنِ ٱتَّبَعَكَ مِنَ ٱلْمُؤْمِنِينَ ٦٦ يَا
أَيُّهَا ٱلنَّبِيُّ حَرِّضِ ٱلْمُؤْمِنِينَ عَلَى ٱلْقِتَالِ إِنْ يَكُنْ مِنْكُمْ عِشْرُونَ صَابِرُونَ
يَغْلِبُوا مِائَتَيْنِ وَإِنْ يَكُنْ مِنْكُمْ مِائَةٌ يَغْلِبُوا أَلْفًا مِنَ ٱلَّذِينَ كَفَرُوا بِأَنَّهُمْ
قَوْمٌ لَا يَفْقَهُونَ ٦٧ ٱلْآنَ خَفَّفَ ٱللَّهُ عَنْكُمْ وَعَلِمَ أَنَّ فِيكُمْ ضَعْفًا فَإِنْ يَكُنْ
مِنْكُمْ مِائَةٌ صَابِرَةٌ يَغْلِبُوا مِائَتَيْنِ وَإِنْ يَكُنْ مِنْكُمْ أَلْفٌ يَغْلِبُوا أَلْفَيْنِ بِإِذْنِ
ٱللَّهِ وَٱللَّهُ مَعَ ٱلصَّابِرِينَ ٦٨ مَا كَانَ لِنَبِيٍّ أَنْ يَكُونَ لَهُ أَسْرَى حَتَّى يُثْخِنَ
فِي ٱلْأَرْضِ تُرِيدُونَ عَرَضَ ٱلدُّنْيَا وَٱللَّهُ يُرِيدُ ٱلْآخِرَةَ وَٱللَّهُ عَزِيزٌ حَكِيمٌ ٦٩
لَوْلَا كِتَابٌ مِنَ ٱللَّهِ سَبَقَ لَمَسَّكُمْ فِيمَا أَخَذْتُمْ عَذَابٌ عَظِيمٌ ٧٠ فَكُلُوا مِمَّا
غَنِمْتُمْ حَلَالًا طَيِّبًا وَٱتَّقُوا ٱللَّهَ إِنَّ ٱللَّهَ غَفُورٌ رَحِيمٌ ٧١ يَا أَيُّهَا ٱلنَّبِيُّ قُلْ
لِمَنْ فِي أَيْدِيكُمْ مِنَ ٱلْأَسْرَى إِنْ يَعْلَمِ ٱللَّهُ فِي قُلُوبِكُمْ خَيْرًا يُؤْتِكُمْ خَيْرًا مِمَّا
أُخِذَ مِنْكُمْ وَيَغْفِرْ لَكُمْ وَٱللَّهُ غَفُورٌ رَحِيمٌ ٧٢ وَإِنْ يُرِيدُوا خِيَانَتَكَ فَقَدْ خَانُوا

عَلَى عَبْدِنَا يَوْمَ ٱلْفُرْقَانِ يَوْمَ ٱلْتَقَى ٱلْجَمْعَانِ وَٱللَّهُ عَلَى كُلِّ شَيْءٍ قَدِيرٌ
٤٣ إِذْ أَنْتُمْ بِٱلْعُدْوَةِ ٱلدُّنْيَا وَهُمْ بِٱلْعُدْوَةِ ٱلْقُصْوَى وَٱلرَّكْبُ أَسْفَلَ مِنْكُمْ
وَلَوْ تَوَاعَدتُّمْ لَٱخْتَلَفْتُمْ فِي ٱلْمِيعَادِ وَلَكِنْ لِيَقْضِيَ ٱللَّهُ أَمْرًا كَانَ مَفْعُولًا ٤٤
لِيَهْلِكَ مَنْ هَلَكَ عَنْ بَيِّنَةٍ وَيَحْيَى مَنْ حَيَّ عَنْ بَيِّنَةٍ وَإِنَّ ٱللَّهَ لَسَمِيعٌ عَلِيمٌ
٤٥ إِذْ يُرِيكَهُمُ ٱللَّهُ فِي مَنَامِكَ قَلِيلًا وَلَوْ أَرَاكَهُمْ كَثِيرًا لَفَشِلْتُمْ وَلَتَنَازَعْتُمْ
فِي ٱلْأَمْرِ وَلَكِنَّ ٱللَّهَ سَلَّمَ إِنَّهُ عَلِيمٌ بِذَاتِ ٱلصُّدُورِ ٤٦ وَإِذْ يُرِيكُمُوهُمْ إِذِ
ٱلْتَقَيْتُمْ فِي أَعْيُنِكُمْ قَلِيلًا وَيُقَلِّلُكُمْ فِي أَعْيُنِهِمْ لِيَقْضِيَ ٱللَّهُ أَمْرًا كَانَ مَفْعُولًا
وَإِلَى ٱللَّهِ تُرْجَعُ ٱلْأُمُورُ ٤٧ يَا أَيُّهَا ٱلَّذِينَ آمَنُوا إِذَا لَقِيتُمْ فِئَةً فَٱثْبُتُوا
وَٱذْكُرُوا ٱللَّهَ كَثِيرًا لَعَلَّكُمْ تُفْلِحُونَ ٤٨ وَأَطِيعُوا ٱللَّهَ وَرَسُولَهُ وَلَا تَنَازَعُوا
فَتَفْشَلُوا وَتَذْهَبَ رِيحُكُمْ وَٱصْبِرُوا إِنَّ ٱللَّهَ مَعَ ٱلصَّابِرِينَ ٤٩ وَلَا تَكُونُوا
كَٱلَّذِينَ خَرَجُوا مِنْ دِيَارِهِمْ بَطَرًا وَرِئَاءَ ٱلنَّاسِ وَيَصُدُّونَ عَنْ سَبِيلِ ٱللَّهِ
وَٱللَّهُ بِمَا يَعْمَلُونَ مُحِيطٌ ٥٠ وَإِذْ زَيَّنَ لَهُمُ ٱلشَّيْطَانُ أَعْمَالَهُمْ وَقَالَ لَا غَالِبَ
لَكُمُ ٱلْيَوْمَ مِنَ ٱلنَّاسِ وَإِنِّي جَارٌ لَكُمْ فَلَمَّا تَرَاءَتِ ٱلْفِئَتَانِ نَكَصَ عَلَى عَقِبَيْهِ
وَقَالَ إِنِّي بَرِيءٌ مِنْكُمْ إِنِّي أَرَى مَا لَا تَرَوْنَ إِنِّي أَخَافُ ٱللَّهَ وَٱللَّهُ شَدِيدُ
ٱلْعِقَابِ ٥١ إِذْ يَقُولُ ٱلْمُنَافِقُونَ وَٱلَّذِينَ فِي قُلُوبِهِمْ مَرَضٌ غَرَّ هَؤُلَاءِ دِينُهُمْ
وَمَنْ يَتَوَكَّلْ عَلَى ٱللَّهِ فَإِنَّ ٱللَّهَ عَزِيزٌ حَكِيمٌ ٥٢ وَلَوْ تَرَى إِذْ يَتَوَفَّى ٱلَّذِينَ
كَفَرُوا ٱلْمَلَائِكَةُ يَضْرِبُونَ وُجُوهَهُمْ وَأَدْبَارَهُمْ وَذُوقُوا عَذَابَ ٱلْحَرِيقِ ٥٣ ذَلِكَ
بِمَا قَدَّمَتْ أَيْدِيكُمْ وَأَنَّ ٱللَّهَ لَيْسَ بِظَلَّامٍ لِلْعَبِيدِ ٥٤ كَدَأْبِ آلِ فِرْعَوْنَ
وَٱلَّذِينَ مِنْ قَبْلِهِمْ كَفَرُوا بِآيَاتِ ٱللَّهِ فَأَخَذَهُمُ ٱللَّهُ بِذُنُوبِهِمْ إِنَّ ٱللَّهَ قَوِيٌّ
شَدِيدُ ٱلْعِقَابِ ٥٥ ذَلِكَ بِأَنَّ ٱللَّهَ لَمْ يَكُ مُغَيِّرًا نِعْمَةً أَنْعَمَهَا عَلَى قَوْمٍ حَتَّى
يُغَيِّرُوا مَا بِأَنْفُسِهِمْ وَأَنَّ ٱللَّهَ سَمِيعٌ عَلِيمٌ ٥٦ كَدَأْبِ آلِ فِرْعَوْنَ وَٱلَّذِينَ مِنْ
قَبْلِهِمْ كَذَّبُوا بِآيَاتِ رَبِّهِمْ فَأَهْلَكْنَاهُمْ بِذُنُوبِهِمْ وَأَغْرَقْنَا آلَ فِرْعَوْنَ وَكُلٌّ كَانُوا

تَخَافُونَ أَنْ يَتَخَطَّفَكُمُ ٱلنَّاسُ فَآوَاكُمْ وَأَيَّدَكُمْ بِنَصْرِهِ وَرَزَقَكُمْ مِنَ ٱلطَّيِّبَاتِ
لَعَلَّكُمْ تَشْكُرُونَ ٢٧ يَا أَيُّهَا ٱلَّذِينَ آمَنُوا لَا تَخُونُوا ٱللَّهَ وَٱلرَّسُولَ وَتَخُونُوا
أَمَانَاتِكُمْ وَأَنْتُمْ تَعْلَمُونَ ٢٨ وَٱعْلَمُوا أَنَّمَا أَمْوَالُكُمْ وَأَوْلَادُكُمْ فِتْنَةٌ وَأَنَّ ٱللَّهَ
عِنْدَهُ أَجْرٌ عَظِيمٌ ٢٩ يَا أَيُّهَا ٱلَّذِينَ آمَنُوا إِنْ تَتَّقُوا ٱللَّهَ يَجْعَلْ لَكُمْ فُرْقَانًا
وَيُكَفِّرْ عَنْكُمْ سَيِّآتِكُمْ وَيَغْفِرْ لَكُمْ وَٱللَّهُ ذُو ٱلْفَضْلِ ٱلْعَظِيمِ ٣٠ وَإِذْ يَمْكُرُ بِكَ
ٱلَّذِينَ كَفَرُوا لِيُثْبِتُوكَ أَوْ يَقْتُلُوكَ أَوْ يُخْرِجُوكَ وَيَمْكُرُونَ وَيَمْكُرُ ٱللَّهُ وَٱللَّهُ خَيْرُ
ٱلْمَاكِرِينَ ٣١ وَإِذَا تُتْلَى عَلَيْهِمْ آيَاتُنَا قَالُوا قَدْ سَمِعْنَا لَوْ نَشَآءُ لَقُلْنَا
مِثْلَ هَذَا إِنْ هَذَا إِلَّا أَسَاطِيرُ ٱلْأَوَّلِينَ ٣٢ وَإِذْ قَالُوا ٱللَّهُمَّ إِنْ كَانَ هَذَا
هُوَ ٱلْحَقَّ مِنْ عِنْدِكَ فَأَمْطِرْ عَلَيْنَا حِجَارَةً مِنَ ٱلسَّمَآءِ أَوِ ٱئْتِنَا بِعَذَابٍ أَلِيمٍ
٣٣ وَمَا كَانَ ٱللَّهُ لِيُعَذِّبَهُمْ وَأَنْتَ فِيهِمْ وَمَا كَانَ ٱللَّهُ مُعَذِّبَهُمْ وَهُمْ يَسْتَغْفِرُونَ
٣٤ وَمَا لَهُمْ أَلَّا يُعَذِّبَهُمُ ٱللَّهُ وَهُمْ يَصُدُّونَ عَنِ ٱلْمَسْجِدِ ٱلْحَرَامِ وَمَا كَانُوا
أَوْلِيَآءَهُ إِنْ أَوْلِيَآؤُهُ إِلَّا ٱلْمُتَّقُونَ وَلَكِنَّ أَكْثَرَهُمْ لَا يَعْلَمُونَ ٣٥ وَمَا كَانَ
صَلَوتُهُمْ عِنْدَ ٱلْبَيْتِ إِلَّا مُكَآءً وَتَصْدِيَةً فَذُوقُوا ٱلْعَذَابَ بِمَا كُنْتُمْ تَكْفُرُونَ
٣٦ إِنَّ ٱلَّذِينَ كَفَرُوا يُنْفِقُونَ أَمْوَالَهُمْ لِيَصُدُّوا عَنْ سَبِيلِ ٱللَّهِ فَسَيُنْفِقُونَهَا ثُمَّ
تَكُونُ عَلَيْهِمْ حَسْرَةً ثُمَّ يُغْلَبُونَ ٣٧ وَٱلَّذِينَ كَفَرُوا إِلَى جَهَنَّمَ يُحْشَرُونَ ٣٨
لِيَمِيزَ ٱللَّهُ ٱلْخَبِيثَ مِنَ ٱلطَّيِّبِ وَيَجْعَلَ ٱلْخَبِيثَ بَعْضَهُ عَلَى بَعْضٍ فَيَرْكُمَهُ
جَمِيعًا فَيَجْعَلَهُ فِي جَهَنَّمَ أُولَآئِكَ هُمُ ٱلْخَاسِرُونَ ٣٩ قُلْ لِلَّذِينَ كَفَرُوا إِنْ يَنْتَهُوا
يُغْفَرْ لَهُمْ مَا قَدْ سَلَفَ وَإِنْ يَعُودُوا فَقَدْ مَضَتْ سُنَّتُ ٱلْأَوَّلِينَ ٤٠ وَقَاتِلُوهُمْ
حَتَّى لَا تَكُونَ فِتْنَةٌ وَيَكُونَ ٱلدِّينُ كُلُّهُ لِلَّهِ فَإِنِ ٱنْتَهَوْا فَإِنَّ ٱللَّهَ بِمَا يَعْمَلُونَ
بَصِيرٌ ٤١ وَإِنْ تَوَلَّوْا فَٱعْلَمُوا أَنَّ ٱللَّهَ مَوْلَاكُمْ نِعْمَ ٱلْمَوْلَى وَنِعْمَ ٱلنَّصِيرُ
۞ ٤٢ وَٱعْلَمُوا أَنَّمَا غَنِمْتُمْ مِنْ شَيْءٍ فَأَنَّ لِلَّهِ خُمُسَهُ وَلِلرَّسُولِ وَلِذِي جزء
ٱلْقُرْبَى وَٱلْيَتَامَى وَٱلْمَسَاكِينِ وَٱبْنِ ٱلسَّبِيلِ إِنْ كُنْتُمْ آمَنْتُمْ بِٱللَّهِ وَمَا أَنْزَلْنَا

أَنِّي مُمِدُّكُمْ بِأَلْفٍ مِنَ ٱلْمَلَائِكَةِ مُرْدِفِينَ ١٠ وَمَا جَعَلَهُ ٱللّٰهُ إِلَّا بُشْرَى
وَلِتَطْمَئِنَّ بِهِ قُلُوبُكُمْ وَمَا ٱلنَّصْرُ إِلَّا مِنْ عِنْدِ ٱللّٰهِ إِنَّ ٱللّٰهَ عَزِيزٌ حَكِيمٌ
١١ إِذْ يُغَشِّيكُمُ ٱلنُّعَاسَ أَمَنَةً مِنْهُ وَيُنَزِّلُ عَلَيْكُمْ مِنَ ٱلسَّمَاءِ مَاءً لِيُطَهِّرَكُمْ
بِهِ وَيُذْهِبَ عَنْكُمْ رِجْزَ ٱلشَّيْطَانِ وَلِيَرْبِطَ عَلَى قُلُوبِكُمْ وَيُثَبِّتَ بِهِ ٱلْأَقْدَامَ
١٢ إِذْ يُوحِي رَبُّكَ إِلَى ٱلْمَلَائِكَةِ أَنِّي مَعَكُمْ فَثَبِّتُوا ٱلَّذِينَ آمَنُوا سَأُلْقِي فِي قُلُوبِ
ٱلَّذِينَ كَفَرُوا ٱلرُّعْبَ فَٱضْرِبُوا فَوْقَ ٱلْأَعْنَاقِ وَٱضْرِبُوا مِنْهُمْ كُلَّ بَنَانٍ ١٣
ذٰلِكَ بِأَنَّهُمْ شَاقُّوا ٱللّٰهَ وَرَسُولَهُ وَمَنْ يُشَاقِقِ ٱللّٰهَ وَرَسُولَهُ فَإِنَّ ٱللّٰهَ شَدِيدُ
ٱلْعِقَابِ ١٤ ذٰلِكُمْ فَذُوقُوهُ وَأَنَّ لِلْكَافِرِينَ عَذَابَ ٱلنَّارِ ١٥ يَا أَيُّهَا ٱلَّذِينَ
آمَنُوا إِذَا لَقِيتُمُ ٱلَّذِينَ كَفَرُوا زَحْفًا فَلَا تُوَلُّوهُمُ ٱلْأَدْبَارَ ١٦ وَمَنْ يُوَلِّهِمْ
يَوْمَئِذٍ دُبُرَهُ إِلَّا مُتَحَرِّفًا لِقِتَالٍ أَوْ مُتَحَيِّزًا إِلَى فِئَةٍ فَقَدْ بَاءَ بِغَضَبٍ مِنَ ٱللّٰهِ
وَمَأْوَاهُ جَهَنَّمُ وَبِئْسَ ٱلْمَصِيرُ ١٧ فَلَمْ تَقْتُلُوهُمْ وَلٰكِنَّ ٱللّٰهَ قَتَلَهُمْ وَمَا رَمَيْتَ
إِذْ رَمَيْتَ وَلٰكِنَّ ٱللّٰهَ رَمَى وَلِيُبْلِيَ ٱلْمُؤْمِنِينَ مِنْهُ بَلَاءً حَسَنًا إِنَّ ٱللّٰهَ سَمِيعٌ
عَلِيمٌ ١٨ ذٰلِكُمْ وَأَنَّ ٱللّٰهَ مُوهِنُ كَيْدِ ٱلْكَافِرِينَ ١٩ إِنْ تَسْتَفْتِحُوا فَقَدْ
جَاءَكُمُ ٱلْفَتْحُ وَإِنْ تَنْتَهُوا فَهُوَ خَيْرٌ لَكُمْ وَإِنْ تَعُودُوا نَعُدْ وَلَنْ تُغْنِيَ عَنْكُمْ
فِئَتُكُمْ شَيْئًا وَلَوْ كَثُرَتْ وَأَنَّ ٱللّٰهَ مَعَ ٱلْمُؤْمِنِينَ ٢٠ يَا أَيُّهَا ٱلَّذِينَ آمَنُوا
أَطِيعُوا ٱللّٰهَ وَرَسُولَهُ وَلَا تَوَلَّوْا عَنْهُ وَأَنْتُمْ تَسْمَعُونَ ٢١ وَلَا تَكُونُوا كَٱلَّذِينَ
قَالُوا سَمِعْنَا وَهُمْ لَا يَسْمَعُونَ ٢٢ إِنَّ شَرَّ ٱلدَّوَابِّ عِنْدَ ٱللّٰهِ ٱلصُّمُّ ٱلْبُكْمُ
ٱلَّذِينَ لَا يَعْقِلُونَ ٢٣ وَلَوْ عَلِمَ ٱللّٰهُ فِيهِمْ خَيْرًا لَأَسْمَعَهُمْ وَلَوْ أَسْمَعَهُمْ
لَتَوَلَّوْا وَهُمْ مُعْرِضُونَ ٢٤ يَا أَيُّهَا ٱلَّذِينَ آمَنُوا ٱسْتَجِيبُوا لِلّٰهِ وَلِلرَّسُولِ إِذَا
دَعَاكُمْ لِمَا يُحْيِيكُمْ وَٱعْلَمُوا أَنَّ ٱللّٰهَ يَحُولُ بَيْنَ ٱلْمَرْءِ وَقَلْبِهِ وَأَنَّهُ إِلَيْهِ
تُحْشَرُونَ ٢٥ وَٱتَّقُوا فِتْنَةً لَا تُصِيبَنَّ ٱلَّذِينَ ظَلَمُوا مِنْكُمْ خَاصَّةً وَٱعْلَمُوا أَنَّ
ٱللّٰهَ شَدِيدُ ٱلْعِقَابِ ٢٦ وَٱذْكُرُوا إِذْ أَنْتُمْ قَلِيلٌ مُسْتَضْعَفُونَ فِي ٱلْأَرْضِ

ٱلَّذِينَ ٱتَّقَوْا إِذَا مَسَّهُمْ طَآئِفٌ مِنَ ٱلشَّيْطَانِ تَذَكَّرُوا فَإِذَا هُمْ مُبْصِرُونَ
٢٠١ وَإِخْوَانُهُمْ يَمُدُّونَهُمْ فِي ٱلْغَيِّ ثُمَّ لَا يُقْصِرُونَ ٢٠٢ وَإِذَا لَمْ تَأْتِهِمْ بِآيَةٍ
قَالُوا لَوْلَا ٱجْتَبَيْتَهَا قُلْ إِنَّمَا أَتَّبِعُ مَا يُوحَى إِلَيَّ مِنْ رَبِّي هَذَا بَصَآئِرُ مِنْ
رَبِّكُمْ وَهُدًى وَرَحْمَةٌ لِقَوْمٍ يُؤْمِنُونَ ٢٠٣ وَإِذَا قُرِئَ ٱلْقُرْآنُ فَٱسْتَمِعُوا لَهُ
وَأَنْصِتُوا لَعَلَّكُمْ تُرْحَمُونَ ٢٠٤ وَٱذْكُرْ رَبَّكَ فِي نَفْسِكَ تَضَرُّعًا وَخِيفَةً وَدُونَ
ٱلْجَهْرِ مِنَ ٱلْقَوْلِ بِٱلْغُدُوِّ وَٱلْآصَالِ وَلَا تَكُنْ مِنَ ٱلْغَافِلِينَ ٢٠٥ إِنَّ ٱلَّذِينَ
عِنْدَ رَبِّكَ لَا يَسْتَكْبِرُونَ عَنْ عِبَادَتِهِ وَيُسَبِّحُونَهُ وَلَهُ يَسْجُدُونَ

سورة الانفال

مدنية وهى ست وسبعون آية

بِسْمِ ٱللَّهِ ٱلرَّحْمَنِ ٱلرَّحِيمِ

١ يَسْأَلُونَكَ عَنِ ٱلْأَنْفَالِ قُلِ ٱلْأَنْفَالُ لِلَّهِ وَٱلرَّسُولِ فَٱتَّقُوا ٱللَّهَ وَأَصْلِحُوا ذَاتَ
بَيْنِكُمْ وَأَطِيعُوا ٱللَّهَ وَرَسُولَهُ إِنْ كُنْتُمْ مُؤْمِنِينَ ٢ إِنَّمَا ٱلْمُؤْمِنُونَ ٱلَّذِينَ إِذَا
ذُكِرَ ٱللَّهُ وَجِلَتْ قُلُوبُهُمْ وَإِذَا تُلِيَتْ عَلَيْهِمْ آيَاتُهُ زَادَتْهُمْ إِيمَانًا وَعَلَى رَبِّهِمْ
يَتَوَكَّلُونَ ٣ ٱلَّذِينَ يُقِيمُونَ ٱلصَّلَوةَ وَمِمَّا رَزَقْنَاهُمْ يُنْفِقُونَ ٤ أُولَآئِكَ هُمُ
ٱلْمُؤْمِنُونَ حَقًّا لَهُمْ دَرَجَاتٌ عِنْدَ رَبِّهِمْ وَمَغْفِرَةٌ وَرِزْقٌ كَرِيمٌ ٥ كَمَا أَخْرَجَكَ
رَبُّكَ مِنْ بَيْتِكَ بِٱلْحَقِّ وَإِنَّ فَرِيقًا مِنَ ٱلْمُؤْمِنِينَ لَكَارِهُونَ ٦ يُجَادِلُونَكَ فِي
ٱلْحَقِّ بَعْدَ مَا تَبَيَّنَ كَأَنَّمَا يُسَاقُونَ إِلَى ٱلْمَوْتِ وَهُمْ يَنْظُرُونَ ٧ وَإِذْ يَعِدُكُمُ
ٱللَّهُ إِحْدَى ٱلطَّآئِفَتَيْنِ أَنَّهَا لَكُمْ وَتَوَدُّونَ أَنَّ غَيْرَ ذَاتِ ٱلشَّوْكَةِ تَكُونُ لَكُمْ
وَيُرِيدُ ٱللَّهُ أَنْ يُحِقَّ ٱلْحَقَّ بِكَلِمَاتِهِ وَيَقْطَعَ دَابِرَ ٱلْكَافِرِينَ ٨ لِيُحِقَّ ٱلْحَقَّ
وَيُبْطِلَ ٱلْبَاطِلَ وَلَوْ كَرِهَ ٱلْمُجْرِمُونَ ٩ إِذْ تَسْتَغِيثُونَ رَبَّكُمْ فَٱسْتَجَابَ لَكُمْ

١٨٤ أَوَلَمْ يَنْظُرُوا فِي مَلَكُوتِ ٱلسَّمَوَاتِ وَٱلْأَرْضِ وَمَا خَلَقَ ٱللَّهُ مِنْ شَيْءٍ وَأَنْ
عَسَى أَنْ يَكُونَ قَدِ ٱقْتَرَبَ أَجَلُهُمْ فَبِأَيِّ حَدِيثٍ بَعْدَهُ يُؤْمِنُونَ ١٨٥ مَنْ
يُضْلِلِ ٱللَّهُ فَلَا هَادِيَ لَهُ وَيَذَرُهُمْ فِي طُغْيَانِهِمْ يَعْمَهُونَ ١٨٦ يَسْأَلُونَكَ عَنِ
ٱلسَّاعَةِ أَيَّانَ مُرْسَاهَا قُلْ إِنَّمَا عِلْمُهَا عِنْدَ رَبِّي لَا يُجَلِّيهَا لِوَقْتِهَا إِلَّا هُوَ
ثَقُلَتْ فِي ٱلسَّمَوَاتِ وَٱلْأَرْضِ لَا تَأْتِيكُمْ إِلَّا بَغْتَةً ١٨٧ يَسْأَلُونَكَ كَأَنَّكَ حَفِيٌّ
عَنْهَا قُلْ إِنَّمَا عِلْمُهَا عِنْدَ ٱللَّهِ وَلَكِنَّ أَكْثَرَ ٱلنَّاسِ لَا يَعْلَمُونَ ١٨٨ قُلْ لَا
أَمْلِكُ لِنَفْسِي نَفْعًا وَلَا ضَرًّا إِلَّا مَا شَاءَ ٱللَّهُ وَلَوْ كُنْتُ أَعْلَمُ ٱلْغَيْبَ لَٱسْتَكْثَرْتُ
مِنَ ٱلْخَيْرِ وَمَا مَسَّنِيَ ٱلسُّوءُ إِنْ أَنَا إِلَّا نَذِيرٌ وَبَشِيرٌ لِقَوْمٍ يُؤْمِنُونَ ١٨٩ هُوَ
ٱلَّذِي خَلَقَكُمْ مِنْ نَفْسٍ وَاحِدَةٍ وَجَعَلَ مِنْهَا زَوْجَهَا لِيَسْكُنَ إِلَيْهَا فَلَمَّا
تَغَشَّاهَا حَمَلَتْ حَمْلًا خَفِيفًا فَمَرَّتْ بِهِ فَلَمَّا أَثْقَلَتْ دَعَوَا ٱللَّهَ رَبَّهُمَا لَئِنْ
آتَيْتَنَا صَالِحًا لَنَكُونَنَّ مِنَ ٱلشَّاكِرِينَ ١٩٠ فَلَمَّا آتَاهُمَا صَالِحًا جَعَلَا لَهُ
شُرَكَاءَ فِيمَا آتَاهُمَا فَتَعَالَى ٱللَّهُ عَمَّا يُشْرِكُونَ ١٩١ أَيُشْرِكُونَ مَا لَا يَخْلُقُ
شَيْئًا وَهُمْ يُخْلَقُونَ وَلَا يَسْتَطِيعُونَ لَهُمْ نَصْرًا وَلَا أَنْفُسَهُمْ يَنْصُرُونَ ١٩٢ وَإِنْ
تَدْعُوهُمْ إِلَى ٱلْهُدَى لَا يَتَّبِعُوكُمْ سَوَاءٌ عَلَيْكُمْ أَدَعَوْتُمُوهُمْ أَمْ أَنْتُمْ صَامِتُونَ
١٩٣ إِنَّ ٱلَّذِينَ تَدْعُونَ مِنْ دُونِ ٱللَّهِ عِبَادٌ أَمْثَالُكُمْ فَٱدْعُوهُمْ فَلْيَسْتَجِيبُوا
لَكُمْ إِنْ كُنْتُمْ صَادِقِينَ ١٩٤ أَلَهُمْ أَرْجُلٌ يَمْشُونَ بِهَا أَمْ لَهُمْ أَيْدٍ يَبْطِشُونَ
بِهَا أَمْ لَهُمْ أَعْيُنٌ يُبْصِرُونَ بِهَا أَمْ لَهُمْ آذَانٌ يَسْمَعُونَ بِهَا قُلِ ٱدْعُوا
شُرَكَاءَكُمْ ثُمَّ كِيدُونِ فَلَا تُنْظِرُونِ ١٩٥ إِنَّ وَلِيِّيَ ٱللَّهُ ٱلَّذِي نَزَّلَ ٱلْكِتَابَ
وَهُوَ يَتَوَلَّى ٱلصَّالِحِينَ ١٩٦ وَٱلَّذِينَ تَدْعُونَ مِنْ دُونِهِ لَا يَسْتَطِيعُونَ نَصْرَكُمْ
وَلَا أَنْفُسَهُمْ يَنْصُرُونَ ١٩٧ وَإِنْ تَدْعُوهُمْ إِلَى ٱلْهُدَى لَا يَسْمَعُوا وَتَرَاهُمْ يَنْظُرُونَ
إِلَيْكَ وَهُمْ لَا يُبْصِرُونَ ١٩٨ خُذِ ٱلْعَفْوَ وَأْمُرْ بِٱلْعُرْفِ وَأَعْرِضْ عَنِ ٱلْجَاهِلِينَ
١٩٩ وَإِمَّا يَنْزَغَنَّكَ مِنَ ٱلشَّيْطَانِ نَزْغٌ فَٱسْتَعِذْ بِٱللَّهِ إِنَّهُ سَمِيعٌ عَلِيمٌ ٢٠٠ إِنَّ

ٱلْكِتَابَ يَأْخُذُونَ عَرَضَ هَٰذَا ٱلْأَدْنَىٰ وَيَقُولُونَ سَيُغْفَرُ لَنَا وَإِنْ يَأْتِهِمْ عَرَضٌ
مِثْلُهُ يَأْخُذُوهُ أَلَمْ يُؤْخَذْ عَلَيْهِمْ مِيثَاقُ ٱلْكِتَابِ أَنْ لَا يَقُولُوا عَلَى ٱللَّهِ إِلَّا
ٱلْحَقَّ وَدَرَسُوا مَا فِيهِ وَٱلدَّارُ ٱلْآخِرَةُ خَيْرٌ لِلَّذِينَ يَتَّقُونَ أَفَلَا تَعْقِلُونَ
١٦٩ وَٱلَّذِينَ يُمَسِّكُونَ بِٱلْكِتَابِ وَأَقَامُوا ٱلصَّلَوٰةَ إِنَّا لَا نُضِيعُ أَجْرَ ٱلْمُصْلِحِينَ
١٧٠ وَإِذْ نَتَقْنَا ٱلْجَبَلَ فَوْقَهُمْ كَأَنَّهُ ظُلَّةٌ وَظَنُّوا أَنَّهُ وَاقِعٌ بِهِمْ خُذُوا مَا
آتَيْنَاكُمْ بِقُوَّةٍ وَٱذْكُرُوا مَا فِيهِ لَعَلَّكُمْ تَتَّقُونَ ١٧١ وَإِذْ أَخَذَ رَبُّكَ مِنْ بَنِي
آدَمَ مِنْ ظُهُورِهِمْ ذُرِّيَّتَهُمْ وَأَشْهَدَهُمْ عَلَىٰ أَنْفُسِهِمْ أَلَسْتُ بِرَبِّكُمْ قَالُوا بَلَىٰ
شَهِدْنَا أَنْ تَقُولُوا يَوْمَ ٱلْقِيَامَةِ إِنَّا كُنَّا عَنْ هَٰذَا غَافِلِينَ ١٧٢ أَوْ تَقُولُوا إِنَّمَا
أَشْرَكَ آبَاؤُنَا مِنْ قَبْلُ وَكُنَّا ذُرِّيَّةً مِنْ بَعْدِهِمْ أَفَتُهْلِكُنَا بِمَا فَعَلَ ٱلْمُبْطِلُونَ
١٧٣ وَكَذَٰلِكَ نُفَصِّلُ ٱلْآيَاتِ وَلَعَلَّهُمْ يَرْجِعُونَ ١٧٤ وَٱتْلُ عَلَيْهِمْ نَبَأَ ٱلَّذِي
آتَيْنَاهُ آيَاتِنَا فَٱنْسَلَخَ مِنْهَا فَأَتْبَعَهُ ٱلشَّيْطَانُ فَكَانَ مِنَ ٱلْغَاوِينَ ١٧٥ وَلَوْ
شِئْنَا لَرَفَعْنَاهُ بِهَا وَلَٰكِنَّهُ أَخْلَدَ إِلَى ٱلْأَرْضِ وَٱتَّبَعَ هَوَاهُ فَمَثَلُهُ كَمَثَلِ ٱلْكَلْبِ
إِنْ تَحْمِلْ عَلَيْهِ يَلْهَثْ أَوْ تَتْرُكْهُ يَلْهَثْ ذَٰلِكَ مَثَلُ ٱلْقَوْمِ ٱلَّذِينَ كَذَّبُوا
بِآيَاتِنَا فَٱقْصُصِ ٱلْقَصَصَ لَعَلَّهُمْ يَتَفَكَّرُونَ ١٧٦ سَاءَ مَثَلًا ٱلْقَوْمُ ٱلَّذِينَ كَذَّبُوا
بِآيَاتِنَا وَأَنْفُسَهُمْ كَانُوا يَظْلِمُونَ ١٧٧ مَنْ يَهْدِ ٱللَّهُ فَهُوَ ٱلْمُهْتَدِي وَمَنْ يُضْلِلْ
فَأُولَٰئِكَ هُمُ ٱلْخَاسِرُونَ ١٧٨ وَلَقَدْ ذَرَأْنَا لِجَهَنَّمَ كَثِيرًا مِنَ ٱلْجِنِّ وَٱلْإِنْسِ لَهُمْ
قُلُوبٌ لَا يَفْقَهُونَ بِهَا وَلَهُمْ أَعْيُنٌ لَا يُبْصِرُونَ بِهَا وَلَهُمْ آذَانٌ لَا يَسْمَعُونَ
بِهَا أُولَٰئِكَ كَٱلْأَنْعَامِ بَلْ هُمْ أَضَلُّ أُولَٰئِكَ هُمُ ٱلْغَافِلُونَ ١٧٩ وَلِلَّهِ ٱلْأَسْمَاءُ
ٱلْحُسْنَىٰ فَٱدْعُوهُ بِهَا وَذَرُوا ٱلَّذِينَ يُلْحِدُونَ فِي أَسْمَائِهِ سَيُجْزَوْنَ مَا كَانُوا
يَعْمَلُونَ ١٨٠ وَمِمَّنْ خَلَقْنَا أُمَّةٌ يَهْدُونَ بِٱلْحَقِّ وَبِهِ يَعْدِلُونَ ١٨١ وَٱلَّذِينَ
كَذَّبُوا بِآيَاتِنَا سَنَسْتَدْرِجُهُمْ مِنْ حَيْثُ لَا يَعْلَمُونَ ١٨٢ وَأُمْلِي لَهُمْ إِنَّ كَيْدِي
مَتِينٌ ١٨٣ أَوَلَمْ يَتَفَكَّرُوا مَا بِصَاحِبِهِمْ مِنْ جِنَّةٍ إِنْ هُوَ إِلَّا نَذِيرٌ مُبِينٌ

وَٱلْأَغْلَالَ ٱلَّتِي كَانَتْ عَلَيْهِمْ فَٱلَّذِينَ آمَنُوا بِهِ وَعَزَّرُوهُ وَنَصَرُوهُ وَٱتَّبَعُوا ٱلنُّورَ
ٱلَّذِي أُنْزِلَ مَعَهُ أُولَآئِكَ هُمُ ٱلْمُفْلِحُونَ ١٥٧ قُلْ يَا أَيُّهَا ٱلنَّاسُ إِنِّي رَسُولُ
ٱللَّهِ إِلَيْكُمْ جَمِيعًا ١٥٨ ٱلَّذِي لَهُ مُلْكُ ٱلسَّمَوَاتِ وَٱلْأَرْضِ لَا إِلَهَ إِلَّا هُوَ يُحْيِي
وَيُمِيتُ فَآمِنُوا بِٱللَّهِ وَرَسُولِهِ ٱلنَّبِيِّ ٱلْأُمِّيِّ ٱلَّذِي يُؤْمِنُ بِٱللَّهِ وَكَلِمَاتِهِ وَٱتَّبِعُوهُ
لَعَلَّكُمْ تَهْتَدُونَ ١٥٩ وَمِنْ قَوْمِ مُوسَى أُمَّةٌ يَهْدُونَ بِٱلْحَقِّ وَبِهِ يَعْدِلُونَ ١٦٠
وَقَطَّعْنَاهُمُ ٱثْنَتَيْ عَشْرَةَ أَسْبَاطًا أُمَمًا وَأَوْحَيْنَا إِلَى مُوسَى إِذِ ٱسْتَسْقَاهُ قَوْمُهُ
أَنِ ٱضْرِبْ بِعَصَاكَ ٱلْحَجَرَ فَٱنْبَجَسَتْ مِنْهُ ٱثْنَتَا عَشْرَةَ عَيْنًا قَدْ عَلِمَ كُلُّ
أُنَاسٍ مَشْرَبَهُمْ وَظَلَّلْنَا عَلَيْهِمُ ٱلْغَمَامَ وَأَنْزَلْنَا عَلَيْهِمُ ٱلْمَنَّ وَٱلسَّلْوَى كُلُوا
مِنْ طَيِّبَاتِ مَا رَزَقْنَاكُمْ وَمَا ظَلَمُونَا وَلَكِنْ كَانُوا أَنْفُسَهُمْ يَظْلِمُونَ ١٦١ وَإِذْ
قِيلَ لَهُمُ ٱسْكُنُوا هَذِهِ ٱلْقَرْيَةَ وَكُلُوا مِنْهَا حَيْثُ شِئْتُمْ وَقُولُوا حِطَّةٌ وَٱدْخُلُوا
ٱلْبَابَ سُجَّدًا نَغْفِرْ لَكُمْ خَطِيئَاتِكُمْ سَنَزِيدُ ٱلْمُحْسِنِينَ ١٦٢ فَبَدَّلَ ٱلَّذِينَ ظَلَمُوا
مِنْهُمْ قَوْلًا غَيْرَ ٱلَّذِي قِيلَ لَهُمْ فَأَرْسَلْنَا عَلَيْهِمْ رِجْزًا مِنَ ٱلسَّمَاءِ بِمَا كَانُوا
يَظْلِمُونَ ١٦٣ وَٱسْأَلْهُمْ عَنِ ٱلْقَرْيَةِ ٱلَّتِي كَانَتْ حَاضِرَةَ ٱلْبَحْرِ إِذْ يَعْدُونَ فِي
ٱلسَّبْتِ إِذْ تَأْتِيهِمْ حِيتَانُهُمْ يَوْمَ سَبْتِهِمْ شُرَّعًا وَيَوْمَ لَا يَسْبِتُونَ لَا تَأْتِيهِمْ
كَذَلِكَ نَبْلُوهُمْ بِمَا كَانُوا يَفْسُقُونَ ١٦٤ وَإِذْ قَالَتْ أُمَّةٌ مِنْهُمْ لِمَ تَعِظُونَ قَوْمًا
ٱللَّهُ مُهْلِكُهُمْ أَوْ مُعَذِّبُهُمْ عَذَابًا شَدِيدًا قَالُوا مَعْذِرَةً إِلَى رَبِّكُمْ وَلَعَلَّهُمْ
يَتَّقُونَ ١٦٥ فَلَمَّا نَسُوا مَا ذُكِّرُوا بِهِ أَنْجَيْنَا ٱلَّذِينَ يَنْهَوْنَ عَنِ ٱلسُّوءِ وَأَخَذْنَا
ٱلَّذِينَ ظَلَمُوا بِعَذَابٍ بَئِيسٍ بِمَا كَانُوا يَفْسُقُونَ ١٦٦ فَلَمَّا عَتَوْا عَمَّا نُهُوا
عَنْهُ قُلْنَا لَهُمْ كُونُوا قِرَدَةً خَاسِئِينَ وَإِذْ تَأَذَّنَ رَبُّكَ لَيَبْعَثَنَّ عَلَيْهِمْ إِلَى يَوْمِ
ٱلْقِيَامَةِ مَنْ يَسُومُهُمْ سُوءَ ٱلْعَذَابِ إِنَّ رَبَّكَ لَسَرِيعُ ٱلْعِقَابِ وَإِنَّهُ لَغَفُورٌ رَحِيمٌ
١٦٧ وَقَطَّعْنَاهُمْ فِي ٱلْأَرْضِ أُمَمًا مِنْهُمُ ٱلصَّالِحُونَ وَمِنْهُمْ دُونَ ذَلِكَ وَبَلَوْنَاهُمْ
بِٱلْحَسَنَاتِ وَٱلسَّيِّئَاتِ لَعَلَّهُمْ يَرْجِعُونَ ١٦٨ فَخَلَفَ مِنْ بَعْدِهِمْ خَلْفٌ وَرِثُوا

كَذَّبُوا بِآيَاتِنَا وَكَانُوا عَنْهَا غَافِلِينَ ١٤٥ وَٱلَّذِينَ كَذَّبُوا بِآيَاتِنَا وَلِقَآءِ
ٱلْآخِرَةِ حَبِطَتْ أَعْمَالُهُمْ هَلْ يُجْزَوْنَ إِلَّا مَا كَانُوا يَعْمَلُونَ ١٤٦ وَٱتَّخَذَ قَوْمُ
مُوسَى مِنْ بَعْدِهِ مِنْ حُلِيِّهِمْ عِجْلًا جَسَدًا لَهُ خُوَارٌ أَلَمْ يَرَوْا أَنَّهُ لَا يُكَلِّمُهُمْ
وَلَا يَهْدِيهِمْ سَبِيلًا ١٤٧ إِتَّخَذُوهُ وَكَانُوا ظَالِمِينَ ١٤٨ وَلَمَّا سُقِطَ فِي أَيْدِيهِمْ
وَرَأَوْا أَنَّهُمْ قَدْ ضَلُّوا قَالُوا لَئِنْ لَمْ يَرْحَمْنَا رَبُّنَا وَيَغْفِرْ لَنَا لَنَكُونَنَّ مِنَ
ٱلْخَاسِرِينَ ١٤٩ وَلَمَّا رَجَعَ مُوسَى إِلَى قَوْمِهِ غَضْبَانَ أَسِفًا قَالَ بِئْسَمَا خَلَفْتُمُونِي
مِنْ بَعْدِي أَعَجِلْتُمْ أَمْرَ رَبِّكُمْ وَأَلْقَى ٱلْأَلْوَاحَ وَأَخَذَ بِرَأْسِ أَخِيهِ يَجُرُّهُ إِلَيْهِ قَالَ
ٱبْنَ أُمَّ إِنَّ ٱلْقَوْمَ ٱسْتَضْعَفُونِي وَكَادُوا يَقْتُلُونَنِي فَلَا تُشْمِتْ بِيَ ٱلْأَعْدَآءَ وَلَا
تَجْعَلْنِي مَعَ ٱلْقَوْمِ ٱلظَّالِمِينَ ١٥٠ قَالَ رَبِّ ٱغْفِرْ لِي وَلِأَخِي وَأَدْخِلْنَا فِي رَحْمَتِكَ
وَأَنْتَ أَرْحَمُ ٱلرَّاحِمِينَ ١٥١ إِنَّ ٱلَّذِينَ ٱتَّخَذُوا ٱلْعِجْلَ سَيَنَالُهُمْ غَضَبٌ مِنْ
رَبِّهِمْ وَذِلَّةٌ فِي ٱلْحَيَوةِ ٱلدُّنْيَا وَكَذَلِكَ نَجْزِي ٱلْمُفْتَرِينَ ١٥٢ وَٱلَّذِينَ عَمِلُوا
ٱلسَّيِّئَاتِ ثُمَّ تَابُوا مِنْ بَعْدِهَا وَآمَنُوا إِنَّ رَبَّكَ مِنْ بَعْدِهَا لَغَفُورٌ رَحِيمٌ ١٥٣
وَلَمَّا سَكَتَ عَنْ مُوسَى ٱلْغَضَبُ أَخَذَ ٱلْأَلْوَاحَ وَفِي نُسْخَتِهَا هُدًى وَرَحْمَةٌ لِلَّذِينَ
هُمْ لِرَبِّهِمْ يَرْهَبُونَ ١٥٤ وَٱخْتَارَ مُوسَى قَوْمَهُ سَبْعِينَ رَجُلًا لِمِيقَاتِنَا فَلَمَّا
أَخَذَتْهُمُ ٱلرَّجْفَةُ قَالَ رَبِّ لَوْ شِئْتَ أَهْلَكْتَهُمْ مِنْ قَبْلُ وَإِيَّايَ أَتُهْلِكُنَا بِمَا
فَعَلَ ٱلسُّفَهَآءُ مِنَّا إِنْ هِيَ إِلَّا فِتْنَتُكَ تُضِلُّ بِهَا مَنْ تَشَآءُ وَتَهْدِي مَنْ تَشَآءُ
أَنْتَ وَلِيُّنَا فَٱغْفِرْ لَنَا وَٱرْحَمْنَا وَأَنْتَ خَيْرُ ٱلْغَافِرِينَ ١٥٥ وَٱكْتُبْ لَنَا فِي
هَذِهِ ٱلدُّنْيَا حَسَنَةً وَفِي ٱلْآخِرَةِ إِنَّا هُدْنَا إِلَيْكَ قَالَ عَذَابِي أُصِيبُ بِهِ مَنْ
أَشَآءُ وَرَحْمَتِي وَسِعَتْ كُلَّ شَيْءٍ فَسَأَكْتُبُهَا لِلَّذِينَ يَتَّقُونَ وَيُؤْتُونَ ٱلزَّكَوةَ
وَٱلَّذِينَ هُمْ بِآيَاتِنَا يُؤْمِنُونَ ١٥٦ ٱلَّذِينَ يَتَّبِعُونَ ٱلرَّسُولَ ٱلنَّبِيَّ ٱلْأُمِّيَّ ٱلَّذِي
يَجِدُونَهُ مَكْتُوبًا عِنْدَهُمْ فِي ٱلتَّوْرَاةِ وَٱلْإِنْجِيلِ يَأْمُرُهُمْ بِٱلْمَعْرُوفِ وَيَنْهَاهُمْ عَنِ
ٱلْمُنْكَرِ وَيُحِلُّ لَهُمُ ٱلطَّيِّبَاتِ وَيُحَرِّمُ عَلَيْهِمُ ٱلْخَبَائِثَ وَيَضَعُ عَنْهُمْ إِصْرَهُمْ

بِمَا عَهِدَ عِنْدَكَ لَئِنْ كَشَفْتَ عَنَّا ٱلرِّجْزَ لَنُؤْمِنَنَّ لَكَ وَلَنُرْسِلَنَّ مَعَكَ بَنِي
إِسْرَآئِلَ فَلَمَّا كَشَفْنَا عَنْهُمُ ٱلرِّجْزَ إِلَى أَجَلٍ هُمْ بَالِغُوهُ إِذَا هُمْ يَنْكُثُونَ ١٣٢
فَٱنْتَقَمْنَا مِنْهُمْ فَأَغْرَقْنَاهُمْ فِي ٱلْيَمِّ بِأَنَّهُمْ كَذَّبُوا بِآيَاتِنَا وَكَانُوا عَنْهَا غَافِلِينَ
١٣٣ وَأَوْرَثْنَا ٱلْقَوْمَ ٱلَّذِينَ كَانُوا يُسْتَضْعَفُونَ مَشَارِقَ ٱلْأَرْضِ وَمَغَارِبَهَا ٱلَّتِي
بَارَكْنَا فِيهَا وَتَمَّتْ كَلِمَتُ رَبِّكَ ٱلْحُسْنَى عَلَى بَنِي إِسْرَآئِلَ بِمَا صَبَرُوا وَدَمَّرْنَا
مَا كَانَ يَصْنَعُ فِرْعَوْنُ وَقَوْمُهُ وَمَا كَانُوا يَعْرِشُونَ ١٣٤ وَجَاوَزْنَا بِبَنِي إِسْرَآئِلَ
ٱلْبَحْرَ فَأَتَوْا عَلَى قَوْمٍ يَعْكُفُونَ عَلَى أَصْنَامٍ لَهُمْ قَالُوا يَا مُوسَى ٱجْعَلْ
لَنَا إِلَهًا كَمَا لَهُمْ آلِهَةٌ قَالَ إِنَّكُمْ قَوْمٌ تَجْهَلُونَ ١٣٥ إِنَّ هَؤُلَآءِ مُتَبَّرٌ مَا هُمْ
فِيهِ وَبَاطِلٌ مَا كَانُوا يَعْمَلُونَ ١٣٦ قَالَ أَغَيْرَ ٱللَّهِ أَبْغِيكُمْ إِلَهًا وَهُوَ فَضَّلَكُمْ
عَلَى ٱلْعَالَمِينَ ١٣٧ وَإِذْ أَنْجَيْنَاكُمْ مِنْ آلِ فِرْعَوْنَ يَسُومُونَكُمْ سُوٓءَ ٱلْعَذَابِ
يُقَتِّلُونَ أَبْنَآءَكُمْ وَيَسْتَحْيُونَ نِسَآءَكُمْ وَفِي ذَلِكُمْ بَلَآءٌ مِنْ رَبِّكُمْ عَظِيمٌ ١٣٨
وَوَاعَدْنَا مُوسَى ثَلَثِينَ لَيْلَةً وَأَتْمَمْنَاهَا بِعَشْرٍ فَتَمَّ مِيقَاتُ رَبِّهِ أَرْبَعِينَ لَيْلَةً
وَقَالَ مُوسَى لِأَخِيهِ هَرُونَ ٱخْلُفْنِي فِي قَوْمِي وَأَصْلِحْ وَلَا تَتَّبِعْ سَبِيلَ ٱلْمُفْسِدِينَ
١٣٩ وَلَمَّا جَآءَ مُوسَى لِمِيقَاتِنَا وَكَلَّمَهُ رَبُّهُ قَالَ رَبِّ أَرِنِي أَنْظُرْ إِلَيْكَ قَالَ لَنْ
تَرَانِي وَلَكِنِ ٱنْظُرْ إِلَى ٱلْجَبَلِ فَإِنِ ٱسْتَقَرَّ مَكَانَهُ فَسَوْفَ تَرَانِي فَلَمَّا تَجَلَّى رَبُّهُ
لِلْجَبَلِ جَعَلَهُ دَكًّا وَخَرَّ مُوسَى صَعِقًا ١٤٠ فَلَمَّا أَفَاقَ قَالَ سُبْحَانَكَ تُبْتُ إِلَيْكَ
وَأَنَا أَوَّلُ ٱلْمُؤْمِنِينَ ١٤١ قَالَ يَا مُوسَى إِنِّي ٱصْطَفَيْتُكَ عَلَى ٱلنَّاسِ بِرِسَالَاتِي
وَبِكَلَامِي فَخُذْ مَا آتَيْتُكَ وَكُنْ مِنَ ٱلشَّاكِرِينَ ١٤٢ وَكَتَبْنَا لَهُ فِي ٱلْأَلْوَاحِ
مِنْ كُلِّ شَيْءٍ مَوْعِظَةً وَتَفْصِيلًا لِكُلِّ شَيْءٍ فَخُذْهَا بِقُوَّةٍ وَأْمُرْ قَوْمَكَ يَأْخُذُوا
بِأَحْسَنِهَا سَأُرِيكُمْ دَارَ ٱلْفَاسِقِينَ ١٤٣ سَأَصْرِفُ عَنْ آيَاتِيَ ٱلَّذِينَ يَتَكَبَّرُونَ
فِي ٱلْأَرْضِ بِغَيْرِ ٱلْحَقِّ وَإِنْ يَرَوْا كُلَّ آيَةٍ لَا يُؤْمِنُوا بِهَا وَإِنْ يَرَوْا سَبِيلَ ٱلرُّشْدِ
لَا يَتَّخِذُوهُ سَبِيلًا وَإِنْ يَرَوْا سَبِيلَ ٱلْغَيِّ يَتَّخِذُوهُ سَبِيلًا ١٤٤ ذَلِكَ بِأَنَّهُمْ

سَاحِرٍ عَلِيمٍ ١١٠ وَجَآءَ ٱلسَّحَرَةُ فِرْعَوْنَ قَالُوا إِنَّ لَنَا لَأَجْرًا إِنْ كُنَّا نَحْنُ
ٱلْغَالِبِينَ ١١١ قَالَ نَعَمْ وَإِنَّكُمْ لَمِنَ ٱلْمُقَرَّبِينَ ١١٢ قَالُوا يَا مُوسَى إِمَّا أَنْ
تُلْقِيَ وَإِمَّا أَنْ نَكُونَ نَحْنُ ٱلْمُلْقِينَ ١١٣ قَالَ أَلْقُوا فَلَمَّا أَلْقَوْا سَحَرُوا أَعْيُنَ
ٱلنَّاسِ وَٱسْتَرْهَبُوهُمْ وَجَآؤُوا بِسِحْرٍ عَظِيمٍ ١١٤ وَأَوْحَيْنَا إِلَى مُوسَى أَنْ أَلْقِ
عَصَاكَ فَإِذَا هِيَ تَلَقَّفُ مَا يَأْفِكُونَ ١١٥ فَوَقَعَ ٱلْحَقُّ وَبَطَلَ مَا كَانُوا يَعْمَلُونَ
١١٦ فَغُلِبُوا هُنَالِكَ وَٱنْقَلَبُوا صَاغِرِينَ ١١٧ وَأُلْقِيَ ٱلسَّحَرَةُ سَاجِدِينَ ١١٨ قَالُوا
آمَنَّا بِرَبِّ ٱلْعَالَمِينَ ١١٩ رَبِّ مُوسَى وَهَرُونَ ١٢٠ قَالَ فِرْعَوْنُ آمَنْتُمْ بِهِ قَبْلَ
أَنْ آذَنَ لَكُمْ إِنَّ هَذَا لَمَكْرٌ مَكَرْتُمُوهُ فِي ٱلْمَدِينَةِ لِتُخْرِجُوا مِنْهَا أَهْلَهَا فَسَوْفَ
تَعْلَمُونَ ١٢١ لَأُقَطِّعَنَّ أَيْدِيَكُمْ وَأَرْجُلَكُمْ مِنْ خِلَافٍ ثُمَّ لَأُصَلِّبَنَّكُمْ أَجْمَعِينَ
١٢٢ قَالُوا إِنَّا إِلَى رَبِّنَا مُنْقَلِبُونَ ١٢٣ وَمَا تَنْقِمُ مِنَّا إِلَّا أَنْ آمَنَّا بِآيَاتِ رَبِّنَا
لَمَّا جَآءَتْنَا رَبَّنَا أَفْرِغْ عَلَيْنَا صَبْرًا وَتَوَفَّنَا مُسْلِمِينَ ١٢٤ وَقَالَ ٱلْمَلَأُ مِنْ
قَوْمِ فِرْعَوْنَ أَتَذَرُ مُوسَى وَقَوْمَهُ لِيُفْسِدُوا فِي ٱلْأَرْضِ وَيَذَرَكَ وَآلِهَتَكَ قَالَ سَنُقَتِّلُ
أَبْنَآءَهُمْ وَنَسْتَحْيِي نِسَآءَهُمْ وَإِنَّا فَوْقَهُمْ قَاهِرُونَ ١٢٥ قَالَ مُوسَى لِقَوْمِهِ
ٱسْتَعِينُوا بِٱللَّهِ وَٱصْبِرُوا إِنَّ ٱلْأَرْضَ لِلَّهِ يُورِثُهَا مَنْ يَشَآءُ مِنْ عِبَادِهِ وَٱلْعَاقِبَةُ
لِلْمُتَّقِينَ ١٢٦ قَالُوا أُوذِينَا مِنْ قَبْلِ أَنْ تَأْتِيَنَا وَمِنْ بَعْدِ مَا جِئْتَنَا قَالَ
عَسَى رَبُّكُمْ أَنْ يُهْلِكَ عَدُوَّكُمْ وَيَسْتَخْلِفَكُمْ فِي ٱلْأَرْضِ فَيَنْظُرَ كَيْفَ تَعْمَلُونَ
١٢٧ وَلَقَدْ أَخَذْنَا آلَ فِرْعَوْنَ بِٱلسِّنِينَ وَنَقْصٍ مِنَ ٱلثَّمَرَاتِ لَعَلَّهُمْ يَذَّكَّرُونَ
١٢٨ فَإِذَا جَآءَتْهُمُ ٱلْحَسَنَةُ قَالُوا لَنَا هَذِهِ وَإِنْ تُصِبْهُمْ سَيِّئَةٌ يَطَّيَّرُوا بِمُوسَى
وَمَنْ مَعَهُ أَلَا إِنَّمَا طَائِرُهُمْ عِنْدَ ٱللَّهِ وَلَكِنَّ أَكْثَرَهُمْ لَا يَعْلَمُونَ ١٢٩ وَقَالُوا
مَهْمَا تَأْتِنَا بِهِ مِنْ آيَةٍ لِتَسْحَرَنَا بِهَا فَمَا نَحْنُ لَكَ بِمُؤْمِنِينَ ١٣٠ فَأَرْسَلْنَا
عَلَيْهِمُ ٱلطُّوفَانَ وَٱلْجَرَادَ وَٱلْقُمَّلَ وَٱلضَّفَادِعَ وَٱلدَّمَ آيَاتٍ مُفَصَّلَاتٍ فَٱسْتَكْبَرُوا
وَكَانُوا قَوْمًا مُجْرِمِينَ ١٣١ وَلَمَّا وَقَعَ عَلَيْهِمُ ٱلرِّجْزُ قَالُوا يَا مُوسَى ٱدْعُ لَنَا رَبَّكَ

٨٩ فَأَخَذَتْهُمُ ٱلرَّجْفَةُ فَأَصْبَحُوا فِي دَارِهِمْ جَاثِمِينَ ٩٠ ٱلَّذِينَ كَذَّبُوا شُعَيْبًا
كَأَنْ لَمْ يَغْنَوْا فِيهَا ٱلَّذِينَ كَذَّبُوا شُعَيْبًا كَانُوا هُمُ ٱلْخَاسِرِينَ ٩١ فَتَوَلَّى عَنْهُمْ
وَقَالَ يَا قَوْمِ لَقَدْ أَبْلَغْتُكُمْ رِسَالَاتِ رَبِّي وَنَصَحْتُ لَكُمْ فَكَيْفَ آسَى عَلَى قَوْمٍ
كَافِرِينَ ٩٢ وَمَا أَرْسَلْنَا فِي قَرْيَةٍ مِنْ نَبِيٍّ إِلَّا أَخَذْنَا أَهْلَهَا بِٱلْبَأْسَاءِ وَٱلضَّرَّاءِ
لَعَلَّهُمْ يَضَّرَّعُونَ ٩٣ ثُمَّ بَدَّلْنَا مَكَانَ ٱلسَّيِّئَةِ ٱلْحَسَنَةَ حَتَّى عَفَوْا وَقَالُوا قَدْ
مَسَّ آبَاءَنَا ٱلضَّرَّاءُ وَٱلسَّرَّاءُ فَأَخَذْنَاهُمْ بَغْتَةً وَهُمْ لَا يَشْعُرُونَ ٩٤ وَلَوْ أَنَّ
أَهْلَ ٱلْقُرَى آمَنُوا وَٱتَّقَوْا لَفَتَحْنَا عَلَيْهِمْ بَرَكَاتٍ مِنَ ٱلسَّمَاءِ وَٱلْأَرْضِ وَلَكِنْ
كَذَّبُوا فَأَخَذْنَاهُمْ بِمَا كَانُوا يَكْسِبُونَ ٩٥ أَفَأَمِنَ أَهْلُ ٱلْقُرَى أَنْ يَأْتِيَهُمْ بَأْسُنَا
بَيَاتًا وَهُمْ نَائِمُونَ ٩٦ أَوَأَمِنَ أَهْلُ ٱلْقُرَى أَنْ يَأْتِيَهُمْ بَأْسُنَا ضُحًى وَهُمْ يَلْعَبُونَ
٩٧ أَفَأَمِنُوا مَكْرَ ٱللَّهِ فَلَا يَأْمَنُ مَكْرَ ٱللَّهِ إِلَّا ٱلْقَوْمُ ٱلْخَاسِرُونَ ٩٨ أَوَلَمْ يَهْدِ
لِلَّذِينَ يَرِثُونَ ٱلْأَرْضَ مِنْ بَعْدِ أَهْلِهَا أَنْ لَوْ نَشَاءُ أَصَبْنَاهُمْ بِذُنُوبِهِمْ وَنَطْبَعُ
عَلَى قُلُوبِهِمْ فَهُمْ لَا يَسْمَعُونَ ٩٩ تِلْكَ ٱلْقُرَى نَقُصُّ عَلَيْكَ مِنْ أَنْبَائِهَا وَلَقَدْ
جَاءَتْهُمْ رُسُلُهُمْ بِٱلْبَيِّنَاتِ فَمَا كَانُوا لِيُؤْمِنُوا بِمَا كَذَّبُوا مِنْ قَبْلُ كَذَلِكَ يَطْبَعُ
ٱللَّهُ عَلَى قُلُوبِ ٱلْكَافِرِينَ ١٠٠ وَمَا وَجَدْنَا لِأَكْثَرِهِمْ مِنْ عَهْدٍ وَإِنْ وَجَدْنَا
أَكْثَرَهُمْ لَفَاسِقِينَ ١٠١ ثُمَّ بَعَثْنَا مِنْ بَعْدِهِمْ مُوسَى بِآيَاتِنَا إِلَى فِرْعَوْنَ
وَمَلَئِهِ فَظَلَمُوا بِهَا فَٱنْظُرْ كَيْفَ كَانَ عَاقِبَةُ ٱلْمُفْسِدِينَ ١٠٢ وَقَالَ مُوسَى يَا
فِرْعَوْنُ إِنِّي رَسُولٌ مِنْ رَبِّ ٱلْعَالَمِينَ ١٠٣ حَقِيقٌ عَلَى أَنْ لَا أَقُولَ عَلَى ٱللَّهِ
إِلَّا ٱلْحَقَّ قَدْ جِئْتُكُمْ بِبَيِّنَةٍ مِنْ رَبِّكُمْ فَأَرْسِلْ مَعِيَ بَنِي إِسْرَائِيلَ قَالَ إِنْ كُنْتَ
جِئْتَ بِآيَةٍ فَأْتِ بِهَا إِنْ كُنْتَ مِنَ ٱلصَّادِقِينَ ١٠٤ فَأَلْقَى عَصَاهُ فَإِذَا هِيَ
ثُعْبَانٌ مُبِينٌ ١٠٥ وَنَزَعَ يَدَهُ فَإِذَا هِيَ بَيْضَاءُ لِلنَّاظِرِينَ ١٠٦ قَالَ ٱلْمَلَأُ مِنْ
قَوْمِ فِرْعَوْنَ إِنَّ هَذَا لَسَاحِرٌ عَلِيمٌ ١٠٧ يُرِيدُ أَنْ يُخْرِجَكُمْ مِنْ أَرْضِكُمْ فَمَا ذَا
تَأْمُرُونَ ١٠٨ قَالُوا أَرْجِهْ وَأَخَاهُ وَأَرْسِلْ فِي ٱلْمَدَائِنِ حَاشِرِينَ ١٠٩ يَأْتُوكَ بِكُلِّ

مُرْسَلٌ مِنْ رَبِّهِ قَالُوا إِنَّا بِمَا أُرْسِلَ بِهِ مُؤْمِنُونَ ٧٤ قَالَ ٱلَّذِينَ ٱسْتَكْبَرُوا إِنَّا
بِٱلَّذِى آمَنْتُمْ بِهِ كَافِرُونَ ٧٥ فَعَقَرُوا ٱلنَّاقَةَ وَعَتَوْا عَنْ أَمْرِ رَبِّهِمْ وَقَالُوا يَا
صَالِحُ ٱئْتِنَا بِمَا تَعِدُنَا إِنْ كُنْتَ مِنَ ٱلْمُرْسَلِينَ ٧٦ فَأَخَذَتْهُمُ ٱلرَّجْفَةُ فَأَصْبَحُوا
فِى دَارِهِمْ جَاثِمِينَ ٧٧ فَتَوَلَّى عَنْهُمْ وَقَالَ يَا قَوْمِ لَقَدْ أَبْلَغْتُكُمْ رِسَالَةَ رَبِّى
وَنَصَحْتُ لَكُمْ وَلَكِنْ لَا تُحِبُّونَ ٱلنَّاصِحِينَ ٧٨ وَلُوطًا إِذْ قَالَ لِقَوْمِهِ أَتَأْتُونَ
ٱلْفَاحِشَةَ مَا سَبَقَكُمْ بِهَا مِنْ أَحَدٍ مِنَ ٱلْعَالَمِينَ ٧٩ إِنَّكُمْ لَتَأْتُونَ ٱلرِّجَالَ
شَهْوَةً مِنْ دُونِ ٱلنِّسَاءِ بَلْ أَنْتُمْ قَوْمٌ مُسْرِفُونَ ٨٠ وَمَا كَانَ جَوَابَ قَوْمِهِ إِلَّا
أَنْ قَالُوا أَخْرِجُوهُمْ مِنْ قَرْيَتِكُمْ إِنَّهُمْ أُنَاسٌ يَتَطَهَّرُونَ ٨١ فَأَنْجَيْنَاهُ وَأَهْلَهُ إِلَّا
ٱمْرَأَتَهُ كَانَتْ مِنَ ٱلْغَابِرِينَ ٨٢ وَأَمْطَرْنَا عَلَيْهِمْ مَطَرًا فَٱنْظُرْ كَيْفَ كَانَ عَاقِبَةُ
ٱلْمُجْرِمِينَ ٨٣ وَإِلَى مَدْيَنَ أَخَاهُمْ شُعَيْبًا قَالَ يَا قَوْمِ ٱعْبُدُوا ٱللَّهَ مَا لَكُمْ
مِنْ إِلَهٍ غَيْرُهُ قَدْ جَاءَتْكُمْ بَيِّنَةٌ مِنْ رَبِّكُمْ فَأَوْفُوا ٱلْكَيْلَ وَٱلْمِيزَانَ وَلَا تَبْخَسُوا
ٱلنَّاسَ أَشْيَاءَهُمْ وَلَا تُفْسِدُوا فِى ٱلْأَرْضِ بَعْدَ إِصْلَاحِهَا ذَلِكُمْ خَيْرٌ لَكُمْ إِنْ
كُنْتُمْ مُؤْمِنِينَ ٨٤ وَلَا تَقْعُدُوا بِكُلِّ صِرَاطٍ تُوعِدُونَ وَتَصُدُّونَ عَنْ سَبِيلِ ٱللَّهِ
مَنْ آمَنَ بِهِ وَتَبْغُونَهَا عِوَجًا وَٱذْكُرُوا إِذْ كُنْتُمْ قَلِيلًا فَكَثَّرَكُمْ وَٱنْظُرُوا كَيْفَ
كَانَ عَاقِبَةُ ٱلْمُفْسِدِينَ ٨٥ وَإِنْ كَانَ طَائِفَةٌ مِنْكُمْ آمَنُوا بِٱلَّذِى أُرْسِلْتُ بِهِ
وَطَائِفَةٌ لَمْ يُؤْمِنُوا فَٱصْبِرُوا حَتَّى يَحْكُمَ ٱللَّهُ بَيْنَنَا وَهُوَ خَيْرُ ٱلْحَاكِمِينَ
جزء ٩ ۞ ٨٦ قَالَ ٱلْمَلَأُ ٱلَّذِينَ ٱسْتَكْبَرُوا مِنْ قَوْمِهِ لَنُخْرِجَنَّكَ يَا شُعَيْبُ وَٱلَّذِينَ
آمَنُوا مَعَكَ مِنْ قَرْيَتِنَا أَوْ لَتَعُودُنَّ فِى مِلَّتِنَا قَالَ أَوَلَوْ كُنَّا كَارِهِينَ ٨٧ قَدِ
ٱفْتَرَيْنَا عَلَى ٱللَّهِ كَذِبًا إِنْ عُدْنَا فِى مِلَّتِكُمْ بَعْدَ إِذْ نَجَّانَا ٱللَّهُ مِنْهَا وَمَا
يَكُونُ لَنَا أَنْ نَعُودَ فِيهَا إِلَّا أَنْ يَشَاءَ ٱللَّهُ رَبُّنَا وَسِعَ رَبُّنَا كُلَّ شَىْءٍ عِلْمًا
عَلَى ٱللَّهِ تَوَكَّلْنَا رَبَّنَا ٱفْتَحْ بَيْنَنَا وَبَيْنَ قَوْمِنَا بِٱلْحَقِّ وَأَنْتَ خَيْرُ ٱلْفَاتِحِينَ
٨٨ وَقَالَ ٱلْمَلَأُ ٱلَّذِينَ كَفَرُوا مِنْ قَوْمِهِ لَئِنِ ٱتَّبَعْتُمْ شُعَيْبًا إِنَّكُمْ إِذًا لَخَاسِرُونَ

أَخَافُ عَلَيْكُمْ عَذَابَ يَوْمٍ عَظِيمٍ ٥٨ قَالَ ٱلْمَلَأُ مِنْ قَوْمِهِ إِنَّا لَنَرَاكَ فِي ضَلَالٍ
مُبِينٍ ٥٩ قَالَ يَا قَوْمِ لَيْسَ بِي ضَلَالَةٌ وَلٰكِنِّي رَسُولٌ مِنْ رَبِّ ٱلْعَالَمِينَ ٦٠
أُبَلِّغُكُمْ رِسَالَاتِ رَبِّي وَأَنْصَحُ لَكُمْ وَأَعْلَمُ مِنَ ٱللّٰهِ مَا لَا تَعْلَمُونَ ٦١ أَوَعَجِبْتُمْ
أَنْ جَآءَكُمْ ذِكْرٌ مِنْ رَبِّكُمْ عَلَى رَجُلٍ مِنْكُمْ لِيُنْذِرَكُمْ وَلِتَتَّقُوا وَلَعَلَّكُمْ تُرْحَمُونَ
٦٢ فَكَذَّبُوهُ فَأَنْجَيْنَاهُ وَٱلَّذِينَ مَعَهُ فِي ٱلْفُلْكِ وَأَغْرَقْنَا ٱلَّذِينَ كَذَّبُوا بِآيَاتِنَا
إِنَّهُمْ كَانُوا قَوْمًا عَمِينَ ٦٣ وَإِلَى عَادٍ أَخَاهُمْ هُودًا قَالَ يَا قَوْمِ ٱعْبُدُوا ٱللّٰهَ
مَا لَكُمْ مِنْ إِلٰهٍ غَيْرُهُ أَفَلَا تَتَّقُونَ ٦٤ قَالَ ٱلْمَلَأُ ٱلَّذِينَ كَفَرُوا مِنْ قَوْمِهِ إِنَّا
لَنَرَاكَ فِي سَفَاهَةٍ وَإِنَّا لَنَظُنُّكَ مِنَ ٱلْكَاذِبِينَ ٦٥ قَالَ يَا قَوْمِ لَيْسَ بِي سَفَاهَةٌ
وَلٰكِنِّي رَسُولٌ مِنْ رَبِّ ٱلْعَالَمِينَ ٦٦ أُبَلِّغُكُمْ رِسَالَاتِ رَبِّي وَأَنَا لَكُمْ نَاصِحٌ أَمِينٌ
٦٧ أَوَعَجِبْتُمْ أَنْ جَآءَكُمْ ذِكْرٌ مِنْ رَبِّكُمْ عَلَى رَجُلٍ مِنْكُمْ لِيُنْذِرَكُمْ وَٱذْكُرُوا
إِذْ جَعَلَكُمْ خُلَفَآءَ مِنْ بَعْدِ قَوْمِ نُوحٍ وَزَادَكُمْ فِي ٱلْخَلْقِ بَسْطَةً فَٱذْكُرُوا آلَآءَ
ٱللّٰهِ لَعَلَّكُمْ تُفْلِحُونَ ٦٨ قَالُوا أَجِئْتَنَا لِنَعْبُدَ ٱللّٰهَ وَحْدَهُ وَنَذَرَ مَا كَانَ يَعْبُدُ
آبَآؤُنَا فَأْتِنَا بِمَا تَعِدُنَا إِنْ كُنْتَ مِنَ ٱلصَّادِقِينَ ٦٩ قَالَ قَدْ وَقَعَ عَلَيْكُمْ
مِنْ رَبِّكُمْ رِجْسٌ وَغَضَبٌ أَتُجَادِلُونَنِي فِي أَسْمَآءٍ سَمَّيْتُمُوهَا أَنْتُمْ وَآبَآؤُكُمْ مَا
نَزَّلَ ٱللّٰهُ بِهَا مِنْ سُلْطَانٍ فَٱنْتَظِرُوا إِنِّي مَعَكُمْ مِنَ ٱلْمُنْتَظِرِينَ ٧٠ فَأَنْجَيْنَاهُ
وَٱلَّذِينَ مَعَهُ بِرَحْمَةٍ مِنَّا وَقَطَعْنَا دَابِرَ ٱلَّذِينَ كَذَّبُوا بِآيَاتِنَا وَمَا كَانُوا مُؤْمِنِينَ
٧١ وَإِلَى ثَمُودَ أَخَاهُمْ صَالِحًا قَالَ يَا قَوْمِ ٱعْبُدُوا ٱللّٰهَ مَا لَكُمْ مِنْ إِلٰهٍ غَيْرُهُ
قَدْ جَآءَتْكُمْ بَيِّنَةٌ مِنْ رَبِّكُمْ هٰذِهِ نَاقَةُ ٱللّٰهِ لَكُمْ آيَةً فَذَرُوهَا تَأْكُلْ فِي أَرْضِ
ٱللّٰهِ وَلَا تَمَسُّوهَا بِسُوٓءٍ فَيَأْخُذَكُمْ عَذَابٌ أَلِيمٌ ٧٢ وَٱذْكُرُوا إِذْ جَعَلَكُمْ خُلَفَآءَ
مِنْ بَعْدِ عَادٍ وَبَوَّأَكُمْ فِي ٱلْأَرْضِ تَتَّخِذُونَ مِنْ سُهُولِهَا قُصُورًا وَتَنْحِتُونَ ٱلْجِبَالَ
بُيُوتًا فَٱذْكُرُوا آلَآءَ ٱللّٰهِ وَلَا تَعْثَوْا فِي ٱلْأَرْضِ مُفْسِدِينَ ٧٣ قَالَ ٱلْمَلَأُ ٱلَّذِينَ
ٱسْتَكْبَرُوا مِنْ قَوْمِهِ لِلَّذِينَ ٱسْتُضْعِفُوا لِمَنْ آمَنَ مِنْهُمْ أَتَعْلَمُونَ أَنَّ صَالِحًا

كُلًّا بِسِيمَاهُمْ وَنَادَوْا أَصْحَابَ ٱلْجَنَّةِ أَنْ سَلَامٌ عَلَيْكُمْ لَمْ يَدْخُلُوهَا وَهُمْ يَطْمَعُونَ
٤٥ وَإِذَا صُرِفَتْ أَبْصَارُهُمْ تِلْقَآءَ أَصْحَابِ ٱلنَّارِ قَالُوا رَبَّنَا لَا تَجْعَلْنَا مَعَ ٱلْقَوْمِ
ٱلظَّالِمِينَ ٤٦ وَنَادَى أَصْحَابُ ٱلْأَعْرَافِ رِجَالًا يَعْرِفُونَهُمْ بِسِيمَاهُمْ قَالُوا مَا
أَغْنَى عَنْكُمْ جَمْعُكُمْ وَمَا كُنْتُمْ تَسْتَكْبِرُونَ ٤٧ أَهَؤُلَآءِ ٱلَّذِينَ أَقْسَمْتُمْ لَا يَنَالُهُمُ
ٱللَّهُ بِرَحْمَةٍ ٱدْخُلُوا ٱلْجَنَّةَ لَا خَوْفٌ عَلَيْكُمْ وَلَا أَنْتُمْ تَحْزَنُونَ ٤٨ وَنَادَى
أَصْحَابُ ٱلنَّارِ أَصْحَابَ ٱلْجَنَّةِ أَنْ أَفِيضُوا عَلَيْنَا مِنَ ٱلْمَآءِ أَوْ مِمَّا رَزَقَكُمُ ٱللَّهُ
قَالُوا إِنَّ ٱللَّهَ حَرَّمَهُمَا عَلَى ٱلْكَافِرِينَ ٤٩ ٱلَّذِينَ ٱتَّخَذُوا دِينَهُمْ لَهْوًا وَلَعِبًا
وَغَرَّتْهُمُ ٱلْحَيَوةُ ٱلدُّنْيَا فَٱلْيَوْمَ نَنْسَاهُمْ كَمَا نَسُوا لِقَآءَ يَوْمِهِمْ هَذَا وَمَا كَانُوا
بِآيَاتِنَا يَجْحَدُونَ ٥٠ وَلَقَدْ جِئْنَاهُمْ بِكِتَابٍ فَصَّلْنَاهُ عَلَى عِلْمٍ هُدًى وَرَحْمَةً
لِقَوْمٍ يُؤْمِنُونَ ٥١ هَلْ يَنْظُرُونَ إِلَّا تَأْوِيلَهُ يَوْمَ يَأْتِي تَأْوِيلُهُ يَقُولُ ٱلَّذِينَ نَسُوهُ
مِنْ قَبْلُ قَدْ جَاءَتْ رُسُلُ رَبِّنَا بِٱلْحَقِّ فَهَلْ لَنَا مِنْ شُفَعَآءَ فَيَشْفَعُوا لَنَا أَوْ
نُرَدُّ فَنَعْمَلَ غَيْرَ ٱلَّذِي كُنَّا نَعْمَلُ قَدْ خَسِرُوا أَنْفُسَهُمْ وَضَلَّ عَنْهُمْ مَا كَانُوا
يَفْتَرُونَ ٥٢ إِنَّ رَبَّكُمُ ٱللَّهُ ٱلَّذِي خَلَقَ ٱلسَّمَوَاتِ وَٱلْأَرْضَ فِي سِتَّةِ أَيَّامٍ ثُمَّ
ٱسْتَوَى عَلَى ٱلْعَرْشِ يُغْشِي ٱللَّيْلَ ٱلنَّهَارَ يَطْلُبُهُ حَثِيثًا وَٱلشَّمْسَ وَٱلْقَمَرَ
وَٱلنُّجُومَ مُسَخَّرَاتٍ بِأَمْرِهِ أَلَا لَهُ ٱلْخَلْقُ وَٱلْأَمْرُ تَبَارَكَ ٱللَّهُ رَبُّ ٱلْعَالَمِينَ ٥٣
ٱدْعُوا رَبَّكُمْ تَضَرُّعًا وَخُفْيَةً إِنَّهُ لَا يُحِبُّ ٱلْمُعْتَدِينَ ٥٤ وَلَا تُفْسِدُوا فِي ٱلْأَرْضِ
بَعْدَ إِصْلَاحِهَا وَٱدْعُوهُ خَوْفًا وَطَمَعًا إِنَّ رَحْمَةَ ٱللَّهِ قَرِيبٌ مِنَ ٱلْمُحْسِنِينَ
٥٥ وَهُوَ ٱلَّذِي يُرْسِلُ ٱلرِّيَاحَ بُشْرًا بَيْنَ يَدَيْ رَحْمَتِهِ حَتَّى إِذَا أَقَلَّتْ سَحَابًا
ثِقَالًا سُقْنَاهُ لِبَلَدٍ مَيِّتٍ فَأَنْزَلْنَا بِهِ ٱلْمَآءَ فَأَخْرَجْنَا بِهِ مِنْ كُلِّ ٱلثَّمَرَاتِ كَذَلِكَ
نُخْرِجُ ٱلْمَوْتَى لَعَلَّكُمْ تَذَكَّرُونَ ٥٦ وَٱلْبَلَدُ ٱلطَّيِّبُ يَخْرُجُ نَبَاتُهُ بِإِذْنِ رَبِّهِ
وَٱلَّذِي خَبُثَ لَا يَخْرُجُ إِلَّا نَكِدًا كَذَلِكَ نُصَرِّفُ ٱلْآيَاتِ لِقَوْمٍ يَشْكُرُونَ ٥٧ لَقَدْ
أَرْسَلْنَا نُوحًا إِلَى قَوْمِهِ فَقَالَ يَا قَوْمِ ٱعْبُدُوا ٱللَّهَ مَا لَكُمْ مِنْ إِلَهٍ غَيْرُهُ إِنِّي

أُمَّةٍ أَجَلٌ فَإِذَا جَاءَ أَجَلُهُمْ لَا يَسْتَأْخِرُونَ سَاعَةً وَلَا يَسْتَقْدِمُونَ ٣٣ يَا بَنِي
آدَمَ إِمَّا يَأْتِيَنَّكُمْ رُسُلٌ مِنْكُمْ يَقُصُّونَ عَلَيْكُمْ آيَاتِي فَمَنِ ٱتَّقَى وَأَصْلَحَ فَلَا
خَوْفٌ عَلَيْهِمْ وَلَا هُمْ يَحْزَنُونَ ٣٤ وَٱلَّذِينَ كَذَّبُوا بِآيَاتِنَا وَٱسْتَكْبَرُوا عَنْهَا
أُولَآئِكَ أَصْحَابُ ٱلنَّارِ هُمْ فِيهَا خَالِدُونَ ٣٥ فَمَنْ أَظْلَمُ مِمَّنِ ٱفْتَرَى عَلَى ٱللَّهِ
كَذِبًا أَوْ كَذَّبَ بِآيَاتِهِ أُولَآئِكَ يَنَالُهُمْ نَصِيبُهُمْ مِنَ ٱلْكِتَابِ حَتَّى إِذَا جَاءَتْهُمْ
رُسُلُنَا يَتَوَفَّوْنَهُمْ قَالُوا أَيْنَمَا كُنْتُمْ تَدْعُونَ مِنْ دُونِ ٱللَّهِ قَالُوا ضَلُّوا عَنَّا
وَشَهِدُوا عَلَى أَنْفُسِهِمْ أَنَّهُمْ كَانُوا كَافِرِينَ ٣٦ قَالَ ٱدْخُلُوا فِي أُمَمٍ قَدْ خَلَتْ
مِنْ قَبْلِكُمْ مِنَ ٱلْجِنِّ وَٱلْإِنْسِ فِي ٱلنَّارِ كُلَّمَا دَخَلَتْ أُمَّةٌ لَعَنَتْ أُخْتَهَا حَتَّى
إِذَا ٱدَّارَكُوا فِيهَا جَمِيعًا قَالَتْ أُخْرَاهُمْ لِأُولَاهُمْ رَبَّنَا هَؤُلَاءِ أَضَلُّونَا فَآتِهِمْ
عَذَابًا ضِعْفًا مِنَ ٱلنَّارِ قَالَ لِكُلٍّ ضِعْفٌ وَلَكِنْ لَا تَعْلَمُونَ ٣٧ وَقَالَتْ أُولَاهُمْ
لِأُخْرَاهُمْ فَمَا كَانَ لَكُمْ عَلَيْنَا مِنْ فَضْلٍ فَذُوقُوا ٱلْعَذَابَ بِمَا كُنْتُمْ تَكْسِبُونَ
٣٨ إِنَّ ٱلَّذِينَ كَذَّبُوا بِآيَاتِنَا وَٱسْتَكْبَرُوا عَنْهَا لَا تُفَتَّحُ لَهُمْ أَبْوَابُ ٱلسَّمَاءِ وَلَا
يَدْخُلُونَ ٱلْجَنَّةَ حَتَّى يَلِجَ ٱلْجَمَلُ فِي سَمِّ ٱلْخِيَاطِ وَكَذَلِكَ نَجْزِي ٱلْمُجْرِمِينَ
٣٩ لَهُمْ مِنْ جَهَنَّمَ مِهَادٌ وَمِنْ فَوْقِهِمْ غَوَاشٍ وَكَذَلِكَ نَجْزِي ٱلظَّالِمِينَ ٤٠
وَٱلَّذِينَ آمَنُوا وَعَمِلُوا ٱلصَّالِحَاتِ لَا نُكَلِّفُ نَفْسًا إِلَّا وُسْعَهَا أُولَآئِكَ أَصْحَابُ
ٱلْجَنَّةِ هُمْ فِيهَا خَالِدُونَ ٤١ وَنَزَعْنَا مَا فِي صُدُورِهِمْ مِنْ غِلٍّ تَجْرِي مِنْ تَحْتِهِمُ
ٱلْأَنْهَارُ وَقَالُوا ٱلْحَمْدُ لِلَّهِ ٱلَّذِي هَدَانَا لِهَذَا وَمَا كُنَّا لِنَهْتَدِيَ لَوْلَا أَنْ هَدَانَا
ٱللَّهُ لَقَدْ جَاءَتْ رُسُلُ رَبِّنَا بِٱلْحَقِّ وَنُودُوا أَنْ تِلْكُمُ ٱلْجَنَّةُ أُورِثْتُمُوهَا بِمَا
كُنْتُمْ تَعْمَلُونَ ٤٢ وَنَادَى أَصْحَابُ ٱلْجَنَّةِ أَصْحَابَ ٱلنَّارِ أَنْ قَدْ وَجَدْنَا مَا وَعَدَنَا
رَبُّنَا حَقًّا فَهَلْ وَجَدْتُمْ مَا وَعَدَ رَبُّكُمْ حَقًّا قَالُوا نَعَمْ فَأَذَّنَ مُؤَذِّنٌ بَيْنَهُمْ أَنْ
لَعْنَةُ ٱللَّهِ عَلَى ٱلظَّالِمِينَ ٤٣ ٱلَّذِينَ يَصُدُّونَ عَنْ سَبِيلِ ٱللَّهِ وَيَبْغُونَهَا
عِوَجًا وَهُمْ بِٱلْآخِرَةِ كَافِرُونَ ٤٤ وَبَيْنَهُمَا حِجَابٌ وَعَلَى ٱلْأَعْرَافِ رِجَالٌ يَعْرِفُونَ

لَهُمَا مَا وُورِيَ عَنْهُمَا مِنْ سَوْآتِهِمَا وَقَالَ مَا نَهَاكُمَا رَبُّكُمَا عَنْ هَذِهِ ٱلشَّجَرَةِ
إِلَّا أَنْ تَكُونَا مَلَكَيْنِ أَوْ تَكُونَا مِنَ ٱلْخَالِدِينَ ٢٠ وَقَاسَمَهُمَا إِنِّي لَكُمَا لَمِنَ
ٱلنَّاصِحِينَ ٢١ فَدَلَّاهُمَا بِغُرُورٍ فَلَمَّا ذَاقَا ٱلشَّجَرَةَ بَدَتْ لَهُمَا سَوْآتُهُمَا وَطَفِقَا
يَخْصِفَانِ عَلَيْهِمَا مِنْ وَرَقِ ٱلْجَنَّةِ وَنَادَاهُمَا رَبُّهُمَا أَلَمْ أَنْهَكُمَا عَنْ تِلْكُمَا ٱلشَّجَرَةِ
وَأَقُلْ لَكُمَا إِنَّ ٱلشَّيْطَانَ لَكُمَا عَدُوٌّ مُبِينٌ ٢٢ قَالَا رَبَّنَا ظَلَمْنَا أَنْفُسَنَا وَإِنْ
لَمْ تَغْفِرْ لَنَا وَتَرْحَمْنَا لَنَكُونَنَّ مِنَ ٱلْخَاسِرِينَ ٢٣ قَالَ ٱهْبِطُوا بَعْضُكُمْ لِبَعْضٍ
عَدُوٌّ وَلَكُمْ فِي ٱلْأَرْضِ مُسْتَقَرٌّ وَمَتَاعٌ إِلَى حِينٍ ٢٤ قَالَ فِيهَا تَحْيَوْنَ وَفِيهَا
تَمُوتُونَ وَمِنْهَا تُخْرَجُونَ ٢٥ يَا بَنِي آدَمَ قَدْ أَنْزَلْنَا عَلَيْكُمْ لِبَاسًا يُوَارِي
سَوْآتِكُمْ وَرِيشًا وَلِبَاسُ ٱلتَّقْوَى ذَلِكَ خَيْرٌ ذَلِكَ مِنْ آيَاتِ ٱللَّهِ لَعَلَّهُمْ يَذَّكَّرُونَ
٢٦ يَا بَنِي آدَمَ لَا يَفْتِنَنَّكُمُ ٱلشَّيْطَانُ كَمَا أَخْرَجَ أَبَوَيْكُمْ مِنَ ٱلْجَنَّةِ يَنْزِعُ عَنْهُمَا
لِبَاسَهُمَا لِيُرِيَهُمَا سَوْآتِهِمَا إِنَّهُ يَرَاكُمْ هُوَ وَقَبِيلُهُ مِنْ حَيْثُ لَا تَرَوْنَهُمْ إِنَّا
جَعَلْنَا ٱلشَّيَاطِينَ أَوْلِيَاءَ لِلَّذِينَ لَا يُؤْمِنُونَ ٢٧ وَإِذَا فَعَلُوا فَاحِشَةً قَالُوا
وَجَدْنَا عَلَيْهَا آبَاءَنَا وَٱللَّهُ أَمَرَنَا بِهَا قُلْ إِنَّ ٱللَّهَ لَا يَأْمُرُ بِٱلْفَحْشَاءِ أَتَقُولُونَ
عَلَى ٱللَّهِ مَا لَا تَعْلَمُونَ ٢٨ قُلْ أَمَرَ رَبِّي بِٱلْقِسْطِ وَأَقِيمُوا وُجُوهَكُمْ عِنْدَ كُلِّ
مَسْجِدٍ وَٱدْعُوهُ مُخْلِصِينَ لَهُ ٱلدِّينَ كَمَا بَدَأَكُمْ تَعُودُونَ فَرِيقًا هَدَى وَفَرِيقًا
حَقَّ عَلَيْهِمُ ٱلضَّلَالَةُ إِنَّهُمُ ٱتَّخَذُوا ٱلشَّيَاطِينَ أَوْلِيَاءَ مِنْ دُونِ ٱللَّهِ وَيَحْسَبُونَ
أَنَّهُمْ مُهْتَدُونَ ٢٩ يَا بَنِي آدَمَ خُذُوا زِينَتَكُمْ عِنْدَ كُلِّ مَسْجِدٍ وَكُلُوا وَٱشْرَبُوا
وَلَا تُسْرِفُوا إِنَّهُ لَا يُحِبُّ ٱلْمُسْرِفِينَ ٣٠ قُلْ مَنْ حَرَّمَ زِينَةَ ٱللَّهِ ٱلَّتِي أَخْرَجَ
لِعِبَادِهِ وَٱلطَّيِّبَاتِ مِنَ ٱلرِّزْقِ قُلْ هِيَ لِلَّذِينَ آمَنُوا فِي ٱلْحَيَوةِ ٱلدُّنْيَا خَالِصَةً
يَوْمَ ٱلْقِيَامَةِ كَذَلِكَ نُفَصِّلُ ٱلْآيَاتِ لِقَوْمٍ يَعْلَمُونَ ٣١ قُلْ إِنَّمَا حَرَّمَ رَبِّيَ
ٱلْفَوَاحِشَ مَا ظَهَرَ مِنْهَا وَمَا بَطَنَ وَٱلْإِثْمَ وَٱلْبَغْيَ بِغَيْرِ ٱلْحَقِّ وَأَنْ تُشْرِكُوا
بِٱللَّهِ مَا لَمْ يُنَزِّلْ بِهِ سُلْطَانًا وَأَنْ تَقُولُوا عَلَى ٱللَّهِ مَا لَا تَعْلَمُونَ ٣٢ وَلِكُلِّ

سورة الاعراف

مكية وهي مائتان وخمس آيات

بِسْمِ اللّٰهِ الرَّحْمٰنِ الرَّحِيمِ

١ الٓمٓصٓ كِتَابٌ أُنْزِلَ إِلَيْكَ فَلَا يَكُنْ فِي صَدْرِكَ حَرَجٌ مِنْهُ لِتُنْذِرَ بِهِ وَذِكْرَى
لِلْمُؤْمِنِينَ ٢ اِتَّبِعُوا مَا أُنْزِلَ إِلَيْكُمْ مِنْ رَبِّكُمْ وَلَا تَتَّبِعُوا مِنْ دُونِهِ أَوْلِيَاءَ
قَلِيلًا مَا تَذَكَّرُونَ ٣ وَكَمْ مِنْ قَرْيَةٍ أَهْلَكْنَاهَا فَجَاءَهَا بَأْسُنَا بَيَاتًا أَوْ هُمْ
قَائِلُونَ ٤ فَمَا كَانَ دَعْوَاهُمْ إِذْ جَاءَهُمْ بَأْسُنَا إِلَّا أَنْ قَالُوا إِنَّا كُنَّا ظَالِمِينَ
٥ فَلَنَسْأَلَنَّ الَّذِينَ أُرْسِلَ إِلَيْهِمْ وَلَنَسْأَلَنَّ الْمُرْسَلِينَ ٦ فَلَنَقُصَّنَّ عَلَيْهِمْ
بِعِلْمٍ وَمَا كُنَّا غَائِبِينَ ٧ وَالْوَزْنُ يَوْمَئِذٍ الْحَقُّ فَمَنْ ثَقُلَتْ مَوَازِينُهُ فَأُولَائِكَ
هُمُ الْمُفْلِحُونَ ٨ وَمَنْ خَفَّتْ مَوَازِينُهُ فَأُولَائِكَ الَّذِينَ خَسِرُوا أَنْفُسَهُمْ بِمَا كَانُوا
بِآيَاتِنَا يَظْلِمُونَ ٩ وَلَقَدْ مَكَّنَّاكُمْ فِي الْأَرْضِ وَجَعَلْنَا لَكُمْ فِيهَا مَعَايِشَ قَلِيلًا
مَا تَشْكُرُونَ ١٠ وَلَقَدْ خَلَقْنَاكُمْ ثُمَّ صَوَّرْنَاكُمْ ثُمَّ قُلْنَا لِلْمَلَائِكَةِ اسْجُدُوا
لِآدَمَ فَسَجَدُوا إِلَّا إِبْلِيسَ لَمْ يَكُنْ مِنَ السَّاجِدِينَ ١١ قَالَ مَا مَنَعَكَ أَنْ لَا
تَسْجُدَ إِذْ أَمَرْتُكَ قَالَ أَنَا خَيْرٌ مِنْهُ خَلَقْتَنِي مِنْ نَارٍ وَخَلَقْتَهُ مِنْ طِينٍ
١٢ قَالَ فَاهْبِطْ مِنْهَا فَمَا يَكُونُ لَكَ أَنْ تَتَكَبَّرَ فِيهَا فَاخْرُجْ إِنَّكَ مِنَ الصَّاغِرِينَ
١٣ قَالَ أَنْظِرْنِي إِلَى يَوْمِ يُبْعَثُونَ ١٤ قَالَ إِنَّكَ مِنَ الْمُنْظَرِينَ ١٥ قَالَ فَبِمَا
أَغْوَيْتَنِي لَأَقْعُدَنَّ لَهُمْ صِرَاطَكَ الْمُسْتَقِيمَ ١٦ ثُمَّ لَآتِيَنَّهُمْ مِنْ بَيْنِ أَيْدِيهِمْ
وَمِنْ خَلْفِهِمْ وَعَنْ أَيْمَانِهِمْ وَعَنْ شَمَائِلِهِمْ وَلَا تَجِدُ أَكْثَرَهُمْ شَاكِرِينَ
١٧ قَالَ اخْرُجْ مِنْهَا مَذْءُومًا مَدْحُورًا لَمَنْ تَبِعَكَ مِنْهُمْ لَأَمْلَأَنَّ جَهَنَّمَ مِنْكُمْ
أَجْمَعِينَ ١٨ وَيَا آدَمُ اسْكُنْ أَنْتَ وَزَوْجُكَ الْجَنَّةَ فَكُلَا مِنْ حَيْثُ شِئْتُمَا وَلَا
تَقْرَبَا هَذِهِ الشَّجَرَةَ فَتَكُونَا مِنَ الظَّالِمِينَ ١٩ فَوَسْوَسَ لَهُمَا الشَّيْطَانُ لِيُبْدِيَ

٧٥ سورة الانعام

ذَٰلِكُمْ وَصَّاكُمْ بِهِ لَعَلَّكُمْ تَتَّقُونَ ١٥٥ ثُمَّ آتَيْنَا مُوسَى ٱلْكِتَابَ تَمَامًا عَلَى
ٱلَّذِى أَحْسَنَ وَتَفْصِيلًا لِكُلِّ شَىْءٍ وَهُدًى وَرَحْمَةً لَعَلَّهُمْ بِلِقَآءِ رَبِّهِمْ يُؤْمِنُونَ
١٥٦ وَهَٰذَا كِتَابٌ أَنْزَلْنَاهُ مُبَارَكٌ فَٱتَّبِعُوهُ وَٱتَّقُوا لَعَلَّكُمْ تُرْحَمُونَ ١٥٧ أَنْ تَقُولُوا
إِنَّمَا أُنْزِلَ ٱلْكِتَابُ عَلَى طَآئِفَتَيْنِ مِنْ قَبْلِنَا وَإِنْ كُنَّا عَنْ دِرَاسَتِهِمْ لَغَافِلِينَ
١٥٨ أَوْ تَقُولُوا لَوْ أَنَّا أُنْزِلَ عَلَيْنَا ٱلْكِتَابُ لَكُنَّا أَهْدَى مِنْهُمْ فَقَدْ جَآءَكُمْ
بَيِّنَةٌ مِنْ رَبِّكُمْ وَهُدًى وَرَحْمَةٌ فَمَنْ أَظْلَمُ مِمَّنْ كَذَّبَ بِآيَاتِ ٱللَّهِ وَصَدَفَ
عَنْهَا سَنَجْزِى ٱلَّذِينَ يَصْدِفُونَ عَنْ آيَاتِنَا سُوٓءَ ٱلْعَذَابِ بِمَا كَانُوا يَصْدِفُونَ
١٥٩ هَلْ يَنْظُرُونَ إِلَّا أَنْ تَأْتِيَهُمُ ٱلْمَلَآئِكَةُ أَوْ يَأْتِىَ رَبُّكَ أَوْ يَأْتِىَ بَعْضُ آيَاتِ
رَبِّكَ يَوْمَ يَأْتِى بَعْضُ آيَاتِ رَبِّكَ لَا يَنْفَعُ نَفْسًا إِيمَانُهَا لَمْ تَكُنْ آمَنَتْ مِنْ
قَبْلُ أَوْ كَسَبَتْ فِى إِيمَانِهَا خَيْرًا قُلِ ٱنْتَظِرُوا إِنَّا مُنْتَظِرُونَ ١٦٠ إِنَّ ٱلَّذِينَ
فَرَّقُوا دِينَهُمْ وَكَانُوا شِيَعًا لَسْتَ مِنْهُمْ فِى شَىْءٍ إِنَّمَا أَمْرُهُمْ إِلَى ٱللَّهِ ثُمَّ يُنَبِّئُهُمْ
بِمَا كَانُوا يَفْعَلُونَ ١٦١ مَنْ جَآءَ بِٱلْحَسَنَةِ فَلَهُ عَشْرُ أَمْثَالِهَا وَمَنْ جَآءَ بِٱلسَّيِّئَةِ
فَلَا يُجْزَى إِلَّا مِثْلَهَا وَهُمْ لَا يُظْلَمُونَ ١٦٢ قُلْ إِنَّنِى هَدَانِى رَبِّى إِلَى صِرَاطٍ
مُسْتَقِيمٍ دِينًا قِيَمًا مِلَّةَ إِبْرَٰهِيمَ حَنِيفًا وَمَا كَانَ مِنَ ٱلْمُشْرِكِينَ ١٦٣ قُلْ إِنَّ
صَلَوٰتِى وَنُسُكِى وَمَحْيَاىَ وَمَمَاتِى لِلَّهِ رَبِّ ٱلْعَالَمِينَ لَا شَرِيكَ لَهُ وَبِذَٰلِكَ أُمِرْتُ
وَأَنَا أَوَّلُ ٱلْمُسْلِمِينَ ١٦٤ قُلْ أَغَيْرَ ٱللَّهِ أَبْغِى رَبًّا وَهُوَ رَبُّ كُلِّ شَىْءٍ وَلَا
تَكْسِبُ كُلُّ نَفْسٍ إِلَّا عَلَيْهَا وَلَا تَزِرُ وَازِرَةٌ وِزْرَ أُخْرَى ثُمَّ إِلَى رَبِّكُمْ مَرْجِعُكُمْ
فَيُنَبِّئُكُمْ بِمَا كُنْتُمْ فِيهِ تَخْتَلِفُونَ ١٦٥ وَهُوَ ٱلَّذِى جَعَلَكُمْ خَلَآئِفَ ٱلْأَرْضِ
وَرَفَعَ بَعْضَكُمْ فَوْقَ بَعْضٍ دَرَجَاتٍ لِيَبْلُوَكُمْ فِيمَا آتَاكُمْ إِنَّ رَبَّكَ سَرِيعُ
ٱلْعِقَابِ وَإِنَّهُ لَغَفُورٌ رَحِيمٌ

ٱشْتَمَلَتْ عَلَيْهِ أَرْحَامُ ٱلْأُنْثَيَيْنِ أَمْ كُنْتُمْ شُهَدَآءَ إِذْ وَصَّاكُمُ ٱللّٰهُ بِهٰذَا
فَمَنْ أَظْلَمُ مِمَّنِ ٱفْتَرَى عَلَى ٱللّٰهِ كَذِبًا لِيُضِلَّ ٱلنَّاسَ بِغَيْرِ عِلْمٍ إِنَّ ٱللّٰهَ
لَا يَهْدِى ٱلْقَوْمَ ٱلظَّالِمِينَ ١٤٩ قُلْ لَا أَجِدُ فِى مَا أُوحِىَ إِلَىَّ مُحَرَّمًا عَلَى طَاعِمٍ
يَطْعَمُهُ إِلَّا أَنْ يَكُونَ مَيْتَةً أَوْ دَمًا مَسْفُوحًا أَوْ لَحْمَ خِنْزِيرٍ فَإِنَّهُ رِجْسٌ أَوْ
فِسْقًا أُهِلَّ لِغَيْرِ ٱللّٰهِ بِهِ فَمَنِ ٱضْطُرَّ غَيْرَ بَاغٍ وَلَا عَادٍ فَإِنَّ رَبَّكَ غَفُورٌ رَحِيمٌ
١٤٧ وَعَلَى ٱلَّذِينَ هَادُوا حَرَّمْنَا كُلَّ ذِى ظُفُرٍ وَمِنَ ٱلْبَقَرِ وَٱلْغَنَمِ حَرَّمْنَا
عَلَيْهِمْ شُحُومَهُمَا إِلَّا مَا حَمَلَتْ ظُهُورُهُمَا أَوِ ٱلْحَوَايَا أَوْ مَا ٱخْتَلَطَ بِعَظْمٍ
ذٰلِكَ جَزَيْنَاهُمْ بِبَغْيِهِمْ وَإِنَّا لَصَادِقُونَ ١٤٨ فَإِنْ كَذَّبُوكَ فَقُلْ رَبُّكُمْ ذُو رَحْمَةٍ
وَاسِعَةٍ وَلَا يُرَدُّ بَأْسُهُ عَنِ ٱلْقَوْمِ ٱلْمُجْرِمِينَ ١٤٩ سَيَقُولُ ٱلَّذِينَ أَشْرَكُوا لَوْ
شَآءَ ٱللّٰهُ مَا أَشْرَكْنَا وَلَا آبَاؤُنَا وَلَا حَرَّمْنَا مِنْ شَىْءٍ كَذٰلِكَ كَذَّبَ ٱلَّذِينَ
مِنْ قَبْلِهِمْ حَتَّى ذَاقُوا بَأْسَنَا قُلْ هَلْ عِنْدَكُمْ مِنْ عِلْمٍ فَتُخْرِجُوهُ لَنَا إِنْ
تَتَّبِعُونَ إِلَّا ٱلظَّنَّ وَإِنْ أَنْتُمْ إِلَّا تَخْرُصُونَ ١٥٠ قُلْ فَلِلّٰهِ ٱلْحُجَّةُ ٱلْبَالِغَةُ فَلَوْ
شَآءَ لَهَدَاكُمْ أَجْمَعِينَ ١٥١ قُلْ هَلُمَّ شُهَدَآءَكُمُ ٱلَّذِينَ يَشْهَدُونَ أَنَّ ٱللّٰهَ
حَرَّمَ هٰذَا فَإِنْ شَهِدُوا فَلَا تَشْهَدْ مَعَهُمْ وَلَا تَتَّبِعْ أَهْوَآءَ ٱلَّذِينَ كَذَّبُوا بِآيَاتِنَا
وَٱلَّذِينَ لَا يُؤْمِنُونَ بِٱلْآخِرَةِ وَهُمْ بِرَبِّهِمْ يَعْدِلُونَ ١٥٢ قُلْ تَعَالَوْا أَتْلُ مَا حَرَّمَ
رَبُّكُمْ عَلَيْكُمْ أَلَّا تُشْرِكُوا بِهِ شَيْئًا وَبِٱلْوَالِدَيْنِ إِحْسَانًا وَلَا تَقْتُلُوا أَوْلَادَكُمْ مِنْ
إِمْلَاقٍ نَحْنُ نَرْزُقُكُمْ وَإِيَّاهُمْ وَلَا تَقْرَبُوا ٱلْفَوَاحِشَ مَا ظَهَرَ مِنْهَا وَمَا بَطَنَ وَلَا
تَقْتُلُوا ٱلنَّفْسَ ٱلَّتِى حَرَّمَ ٱللّٰهُ إِلَّا بِٱلْحَقِّ ذٰلِكُمْ وَصَّاكُمْ بِهِ لَعَلَّكُمْ تَعْقِلُونَ
١٥٣ وَلَا تَقْرَبُوا مَالَ ٱلْيَتِيمِ إِلَّا بِٱلَّتِى هِىَ أَحْسَنُ حَتَّى يَبْلُغَ أَشُدَّهُ وَأَوْفُوا
ٱلْكَيْلَ وَٱلْمِيزَانَ بِٱلْقِسْطِ لَا نُكَلِّفُ نَفْسًا إِلَّا وُسْعَهَا وَإِذَا قُلْتُمْ فَٱعْدِلُوا وَلَوْ
كَانَ ذَا قُرْبَى وَبِعَهْدِ ٱللّٰهِ أَوْفُوا ذٰلِكُمْ وَصَّاكُمْ بِهِ لَعَلَّكُمْ تَذَكَّرُونَ ١٥٤ وَأَنَّ
هٰذَا صِرَاطِى مُسْتَقِيمًا فَٱتَّبِعُوهُ وَلَا تَتَّبِعُوا ٱلسُّبُلَ فَتَفَرَّقَ بِكُمْ عَنْ سَبِيلِهِ

عَمِلُوا وَمَا رَبُّكَ بِغَافِلٍ عَمَّا يَعْمَلُونَ ١٣٣ وَرَبُّكَ ٱلْغَنِيُّ ذُو ٱلرَّحْمَةِ إِنْ يَشَأْ
يُذْهِبْكُمْ وَيَسْتَخْلِفْ مِنْ بَعْدِكُمْ مَا يَشَآءُ كَمَا أَنْشَأَكُمْ مِنْ ذُرِّيَّةِ قَوْمٍ آخَرِينَ
١٣٤ إِنَّمَا تُوعَدُونَ لَآتٍ وَمَا أَنْتُمْ بِمُعْجِزِينَ ١٣٥ قُلْ يَا قَوْمِ ٱعْمَلُوا عَلَى
مَكَانَتِكُمْ إِنِّي عَامِلٌ فَسَوْفَ تَعْلَمُونَ ١٣٦ مَنْ تَكُونُ لَهُ عَاقِبَةُ ٱلدَّارِ إِنَّهُ
لَا يُفْلِحُ ٱلظَّالِمُونَ ١٣٧ وَجَعَلُوا لِلَّهِ مِمَّا ذَرَأَ مِنَ ٱلْحَرْثِ وَٱلْأَنْعَامِ نَصِيبًا فَقَالُوا
هَذَا لِلَّهِ بِزَعْمِهِمْ وَهَذَا لِشُرَكَآئِنَا فَمَا كَانَ لِشُرَكَآئِهِمْ فَلَا يَصِلُ إِلَى ٱللَّهِ
وَمَا كَانَ لِلَّهِ فَهُوَ يَصِلُ إِلَى شُرَكَآئِهِمْ سَآءَ مَا يَحْكُمُونَ ١٣٨ وَكَذَلِكَ زَيَّنَ
لِكَثِيرٍ مِنَ ٱلْمُشْرِكِينَ قَتْلَ أَوْلَادِهِمْ شُرَكَاؤُهُمْ لِيُرْدُوهُمْ وَلِيَلْبِسُوا عَلَيْهِمْ دِينَهُمْ
وَلَوْ شَآءَ ٱللَّهُ مَا فَعَلُوهُ فَذَرْهُمْ وَمَا يَفْتَرُونَ ١٣٩ وَقَالُوا هَذِهِ أَنْعَامٌ وَحَرْثٌ
حِجْرٌ لَا يَطْعَمُهَا إِلَّا مَنْ نَشَآءُ بِزَعْمِهِمْ وَأَنْعَامٌ حُرِّمَتْ ظُهُورُهَا وَأَنْعَامٌ لَا
يَذْكُرُونَ ٱسْمَ ٱللَّهِ عَلَيْهَا ٱفْتِرَآءً عَلَيْهِ سَيَجْزِيهِمْ بِمَا كَانُوا يَفْتَرُونَ ١٤٠ وَقَالُوا
مَا فِي بُطُونِ هَذِهِ ٱلْأَنْعَامِ خَالِصَةٌ لِذُكُورِنَا وَمُحَرَّمٌ عَلَى أَزْوَاجِنَا وَإِنْ يَكُنْ
مَيْتَةً فَهُمْ فِيهِ شُرَكَآءُ سَيَجْزِيهِمْ وَصْفَهُمْ إِنَّهُ حَكِيمٌ عَلِيمٌ ١٤١ قَدْ خَسِرَ
ٱلَّذِينَ قَتَلُوا أَوْلَادَهُمْ سَفَهًا بِغَيْرِ عِلْمٍ وَحَرَّمُوا مَا رَزَقَهُمُ ٱللَّهُ ٱفْتِرَآءً عَلَى
ٱللَّهِ قَدْ ضَلُّوا وَمَا كَانُوا مُهْتَدِينَ ١٤٢ وَهُوَ ٱلَّذِي أَنْشَأَ جَنَّاتٍ مَعْرُوشَاتٍ
وَغَيْرَ مَعْرُوشَاتٍ وَٱلنَّخْلَ وَٱلزَّرْعَ مُخْتَلِفًا أُكُلُهُ وَٱلزَّيْتُونَ وَٱلرُّمَّانَ مُتَشَابِهًا
وَغَيْرَ مُتَشَابِهٍ كُلُوا مِنْ ثَمَرِهِ إِذَا أَثْمَرَ وَآتُوا حَقَّهُ يَوْمَ حَصَادِهِ وَلَا تُسْرِفُوا
إِنَّهُ لَا يُحِبُّ ٱلْمُسْرِفِينَ ١٤٣ وَمِنَ ٱلْأَنْعَامِ حَمُولَةً وَفَرْشًا كُلُوا مِمَّا رَزَقَكُمُ ٱللَّهُ
وَلَا تَتَّبِعُوا خُطُوَاتِ ٱلشَّيْطَانِ إِنَّهُ لَكُمْ عَدُوٌّ مُبِينٌ ١٤٤ ثَمَانِيَةَ أَزْوَاجٍ مِنَ
ٱلضَّأْنِ ٱثْنَيْنِ وَمِنَ ٱلْمَعْزِ ٱثْنَيْنِ قُلْ آٱلذَّكَرَيْنِ حَرَّمَ أَمِ ٱلْأُنْثَيَيْنِ أَمَّا
ٱشْتَمَلَتْ عَلَيْهِ أَرْحَامُ ٱلْأُنْثَيَيْنِ نَبِّئُونِي بِعِلْمٍ إِنْ كُنْتُمْ صَادِقِينَ ١٤٥ وَمِنَ
ٱلْإِبِلِ ٱثْنَيْنِ وَمِنَ ٱلْبَقَرِ ٱثْنَيْنِ قُلْ آٱلذَّكَرَيْنِ حَرَّمَ أَمِ ٱلْأُنْثَيَيْنِ أَمَّا

ٱللَّهِ عَلَيْهِ وَقَدْ فَصَّلَ لَكُمْ مَا حَرَّمَ عَلَيْكُمْ إِلَّا مَا ٱضْطُرِرْتُمْ إِلَيْهِ وَإِنَّ كَثِيرًا
لَيُضِلُّونَ بِأَهْوَآئِهِمْ بِغَيْرِ عِلْمٍ إِنَّ رَبَّكَ هُوَ أَعْلَمُ بِٱلْمُعْتَدِينَ ١٢٠ وَذَرُوا ظَاهِرَ
ٱلْإِثْمِ وَبَاطِنَهُ إِنَّ ٱلَّذِينَ يَكْسِبُونَ ٱلْإِثْمَ سَيُجْزَوْنَ بِمَا كَانُوا يَقْتَرِفُونَ ١٢١ وَلَا
تَأْكُلُوا مِمَّا لَمْ يُذْكَرِ ٱسْمُ ٱللَّهِ عَلَيْهِ وَإِنَّهُ لَفِسْقٌ وَإِنَّ ٱلشَّيَاطِينَ لَيُوحُونَ
إِلَى أَوْلِيَآئِهِمْ لِيُجَادِلُوكُمْ وَإِنْ أَطَعْتُمُوهُمْ إِنَّكُمْ لَمُشْرِكُونَ ١٢٢ أَوَمَنْ كَانَ مَيْتًا
فَأَحْيَيْنَاهُ وَجَعَلْنَا لَهُ نُورًا يَمْشِي بِهِ فِي ٱلنَّاسِ كَمَنْ مَثَلُهُ فِي ٱلظُّلُمَاتِ لَيْسَ
بِخَارِجٍ مِنْهَا كَذَٰلِكَ زُيِّنَ لِلْكَافِرِينَ مَا كَانُوا يَعْمَلُونَ ١٢٣ وَكَذَٰلِكَ جَعَلْنَا فِي
كُلِّ قَرْيَةٍ أَكَابِرَ مُجْرِمِيهَا لِيَمْكُرُوا فِيهَا وَمَا يَمْكُرُونَ إِلَّا بِأَنْفُسِهِمْ وَمَا يَشْعُرُونَ
١٢٤ وَإِذَا جَآءَتْهُمْ آيَةٌ قَالُوا لَنْ نُؤْمِنَ حَتَّى نُؤْتَى مِثْلَ مَا أُوتِيَ رُسُلُ ٱللَّهِ ٱللَّهُ
أَعْلَمُ حَيْثُ يَجْعَلُ رِسَالَتَهُ سَيُصِيبُ ٱلَّذِينَ أَجْرَمُوا صَغَارٌ عِنْدَ ٱللَّهِ وَعَذَابٌ
شَدِيدٌ بِمَا كَانُوا يَمْكُرُونَ ١٢٥ فَمَنْ يُرِدِ ٱللَّهُ أَنْ يَهْدِيَهُ يَشْرَحْ صَدْرَهُ لِلْإِسْلَامِ
وَمَنْ يُرِدْ أَنْ يُضِلَّهُ يَجْعَلْ صَدْرَهُ ضَيِّقًا حَرَجًا كَأَنَّمَا يَصَّعَّدُ فِي ٱلسَّمَآءِ كَذَٰلِكَ
يَجْعَلُ ٱللَّهُ ٱلرِّجْسَ عَلَى ٱلَّذِينَ لَا يُؤْمِنُونَ ١٢٦ وَهَٰذَا صِرَاطُ رَبِّكَ مُسْتَقِيمًا
قَدْ فَصَّلْنَا ٱلْآيَاتِ لِقَوْمٍ يَذَّكَّرُونَ ١٢٧ لَهُمْ دَارُ ٱلسَّلَامِ عِنْدَ رَبِّهِمْ وَهُوَ
وَلِيُّهُمْ بِمَا كَانُوا يَعْمَلُونَ ١٢٨ وَيَوْمَ يَحْشُرُهُمْ جَمِيعًا يَا مَعْشَرَ ٱلْجِنِّ قَدِ
ٱسْتَكْثَرْتُمْ مِنَ ٱلْإِنْسِ وَقَالَ أَوْلِيَآؤُهُمْ مِنَ ٱلْإِنْسِ رَبَّنَا ٱسْتَمْتَعَ بَعْضُنَا بِبَعْضٍ
وَبَلَغْنَا أَجَلَنَا ٱلَّذِي أَجَّلْتَ لَنَا قَالَ ٱلنَّارُ مَثْوَاكُمْ خَالِدِينَ فِيهَا إِلَّا مَا
شَآءَ ٱللَّهُ إِنَّ رَبَّكَ حَكِيمٌ عَلِيمٌ ١٢٩ وَكَذَٰلِكَ نُوَلِّي بَعْضَ ٱلظَّالِمِينَ بَعْضًا بِمَا
كَانُوا يَكْسِبُونَ ١٣٠ يَا مَعْشَرَ ٱلْجِنِّ وَٱلْإِنْسِ أَلَمْ يَأْتِكُمْ رُسُلٌ مِنْكُمْ يَقُصُّونَ
عَلَيْكُمْ آيَاتِي وَيُنْذِرُونَكُمْ لِقَآءَ يَوْمِكُمْ هَٰذَا قَالُوا شَهِدْنَا عَلَى أَنْفُسِنَا وَغَرَّتْهُمُ
ٱلْحَيَوٰةُ ٱلدُّنْيَا وَشَهِدُوا عَلَى أَنْفُسِهِمْ أَنَّهُمْ كَانُوا كَافِرِينَ ١٣١ ذَٰلِكَ أَنْ لَمْ
يَكُنْ رَبُّكَ مُهْلِكَ ٱلْقُرَى بِظُلْمٍ وَأَهْلُهَا غَافِلُونَ ١٣٢ وَلِكُلٍّ دَرَجَاتٌ مِمَّا

١٠٣ لَا تُدْرِكُهُ ٱلْأَبْصَارُ وَهُوَ يُدْرِكُ ٱلْأَبْصَارَ وَهُوَ ٱللَّطِيفُ ٱلْخَبِيرُ ١٠٤ قَدْ جَآءَكُمْ
بَصَآئِرُ مِنْ رَبِّكُمْ فَمَنْ أَبْصَرَ فَلِنَفْسِهِ وَمَنْ عَمِىَ فَعَلَيْهَا وَمَا أَنَا عَلَيْكُمْ
بِحَفِيظٍ ١٠٥ وَكَذَٰلِكَ نُصَرِّفُ ٱلْآيَاتِ وَلِيَقُولُوا دَرَسْتَ وَلِنُبَيِّنَهُ لِقَوْمٍ يَعْلَمُونَ
١٠٦ إِتَّبِعْ مَا أُوحِىَ إِلَيْكَ مِنْ رَبِّكَ لَا إِلَٰهَ إِلَّا هُوَ وَأَعْرِضْ عَنِ ٱلْمُشْرِكِينَ ١٠٧
وَلَوْ شَآءَ ٱللَّهُ مَا أَشْرَكُوا وَمَا جَعَلْنَاكَ عَلَيْهِمْ حَفِيظًا وَمَا أَنْتَ عَلَيْهِمْ
بِوَكِيلٍ ١٠٨ وَلَا تَسُبُّوا ٱلَّذِينَ يَدْعُونَ مِنْ دُونِ ٱللَّهِ فَيَسُبُّوا ٱللَّهَ عَدْوًا
بِغَيْرِ عِلْمٍ كَذَٰلِكَ زَيَّنَّا لِكُلِّ أُمَّةٍ عَمَلَهُمْ ثُمَّ إِلَىٰ رَبِّهِمْ مَرْجِعُهُمْ فَيُنَبِّئُهُمْ بِمَا
كَانُوا يَعْمَلُونَ ١٠٩ وَأَقْسَمُوا بِٱللَّهِ جَهْدَ أَيْمَانِهِمْ لَئِنْ جَآءَتْهُمْ آيَةٌ لَيُؤْمِنُنَّ
بِهَا قُلْ إِنَّمَا ٱلْآيَاتُ عِنْدَ ٱللَّهِ وَمَا يُشْعِرُكُمْ أَنَّهَا إِذَا جَآءَتْ لَا يُؤْمِنُونَ
١١٠ وَنُقَلِّبُ أَفْئِدَتَهُمْ وَأَبْصَارَهُمْ كَمَا لَمْ يُؤْمِنُوا بِهِ أَوَّلَ مَرَّةٍ وَنَذَرُهُمْ فِى طُغْيَانِهِمْ
يَعْمَهُونَ ۞ ١١١ وَلَوْ أَنَّنَا نَزَّلْنَا إِلَيْهِمُ ٱلْمَلَآئِكَةَ وَكَلَّمَهُمُ ٱلْمَوْتَىٰ وَحَشَرْنَا جزء ٨
عَلَيْهِمْ كُلَّ شَىْءٍ قُبُلًا مَا كَانُوا لِيُؤْمِنُوا إِلَّا أَنْ يَشَآءَ ٱللَّهُ وَلَٰكِنَّ أَكْثَرَهُمْ
يَجْهَلُونَ ١١٢ وَكَذَٰلِكَ جَعَلْنَا لِكُلِّ نَبِىٍّ عَدُوًّا شَيَاطِينَ ٱلْإِنْسِ وَٱلْجِنِّ يُوحِى
بَعْضُهُمْ إِلَىٰ بَعْضٍ زُخْرُفَ ٱلْقَوْلِ غُرُورًا وَلَوْ شَآءَ رَبُّكَ مَا فَعَلُوهُ فَذَرْهُمْ وَمَا
يَفْتَرُونَ ١١٣ وَلِتَصْغَىٰ إِلَيْهِ أَفْئِدَةُ ٱلَّذِينَ لَا يُؤْمِنُونَ بِٱلْآخِرَةِ وَلِيَرْضَوْهُ
وَلِيَقْتَرِفُوا مَا هُمْ مُقْتَرِفُونَ ١١٤ أَفَغَيْرَ ٱللَّهِ أَبْتَغِى حَكَمًا وَهُوَ ٱلَّذِى أَنْزَلَ إِلَيْكُمُ
ٱلْكِتَابَ مُفَصَّلًا وَٱلَّذِينَ آتَيْنَاهُمُ ٱلْكِتَابَ يَعْلَمُونَ أَنَّهُ مُنَزَّلٌ مِنْ رَبِّكَ بِٱلْحَقِّ
فَلَا تَكُونَنَّ مِنَ ٱلْمُمْتَرِينَ ١١٥ وَتَمَّتْ كَلِمَاتُ رَبِّكَ صِدْقًا وَعَدْلًا لَا مُبَدِّلَ
لِكَلِمَاتِهِ وَهُوَ ٱلسَّمِيعُ ٱلْعَلِيمُ ١١٦ وَإِنْ تُطِعْ أَكْثَرَ مَنْ فِى ٱلْأَرْضِ يُضِلُّوكَ
عَنْ سَبِيلِ ٱللَّهِ إِنْ يَتَّبِعُونَ إِلَّا ٱلظَّنَّ وَإِنْ هُمْ إِلَّا يَخْرُصُونَ ١١٧ إِنَّ رَبَّكَ هُوَ
أَعْلَمُ مَنْ يَضِلُّ عَنْ سَبِيلِهِ وَهُوَ أَعْلَمُ بِٱلْمُهْتَدِينَ ١١٨ فَكُلُوا مِمَّا ذُكِرَ ٱسْمُ
ٱللَّهِ عَلَيْهِ إِنْ كُنْتُمْ بِآيَاتِهِ مُؤْمِنِينَ ١١٩ وَمَا لَكُمْ أَلَّا تَأْكُلُوا مِمَّا ذُكِرَ ٱسْمُ

ذَرْهُمْ فِي خَوْضِهِمْ يَلْعَبُونَ ٩٢ وَهَذَا كِتَابٌ أَنْزَلْنَاهُ مُبَارَكٌ مُصَدِّقُ ٱلَّذِي
بَيْنَ يَدَيْهِ وَلِتُنْذِرَ أُمَّ ٱلْقُرَى وَمَنْ حَوْلَهَا وَٱلَّذِينَ يُؤْمِنُونَ بِٱلْآخِرَةِ يُؤْمِنُونَ
بِهِ وَهُمْ عَلَى صَلَاتِهِمْ يُحَافِظُونَ ٩٣ وَمَنْ أَظْلَمُ مِمَّنِ ٱفْتَرَى عَلَى ٱللَّهِ كَذِبًا
أَوْ قَالَ أُوحِيَ إِلَيَّ وَلَمْ يُوحَ إِلَيْهِ شَيْءٌ وَمَنْ قَالَ سَأُنْزِلُ مِثْلَ مَا أَنْزَلَ ٱللَّهُ وَلَوْ
تَرَى إِذِ ٱلظَّالِمُونَ فِي غَمَرَاتِ ٱلْمَوْتِ وَٱلْمَلَائِكَةُ بَاسِطُوا أَيْدِيهِمْ أَخْرِجُوا
أَنْفُسَكُمُ ٱلْيَوْمَ تُجْزَوْنَ عَذَابَ ٱلْهُونِ بِمَا كُنْتُمْ تَقُولُونَ عَلَى ٱللَّهِ غَيْرَ ٱلْحَقِّ
وَكُنْتُمْ عَنْ آيَاتِهِ تَسْتَكْبِرُونَ ٩٤ وَلَقَدْ جِئْتُمُونَا فُرَادَى كَمَا خَلَقْنَاكُمْ أَوَّلَ
مَرَّةٍ وَتَرَكْتُمْ مَا خَوَّلْنَاكُمْ وَرَاءَ ظُهُورِكُمْ وَمَا نَرَى مَعَكُمْ شُفَعَاءَكُمُ ٱلَّذِينَ
زَعَمْتُمْ أَنَّهُمْ فِيكُمْ شُرَكَاءُ لَقَدْ تَقَطَّعَ بَيْنَكُمْ وَضَلَّ عَنْكُمْ مَا كُنْتُمْ تَزْعُمُونَ
٩٥ إِنَّ ٱللَّهَ فَالِقُ ٱلْحَبِّ وَٱلنَّوَى يُخْرِجُ ٱلْحَيَّ مِنَ ٱلْمَيِّتِ وَمُخْرِجُ ٱلْمَيِّتِ مِنَ
ٱلْحَيِّ ذَلِكُمُ ٱللَّهُ فَأَنَّى تُؤْفَكُونَ ٩٦ فَالِقُ ٱلْإِصْبَاحِ وَجَعَلَ ٱللَّيْلَ سَكَنًا
وَٱلشَّمْسَ وَٱلْقَمَرَ حُسْبَانًا ذَلِكَ تَقْدِيرُ ٱلْعَزِيزِ ٱلْعَلِيمِ ٩٧ وَهُوَ ٱلَّذِي جَعَلَ لَكُمُ
ٱلنُّجُومَ لِتَهْتَدُوا بِهَا فِي ظُلُمَاتِ ٱلْبَرِّ وَٱلْبَحْرِ قَدْ فَصَّلْنَا ٱلْآيَاتِ لِقَوْمٍ يَعْلَمُونَ
٩٨ وَهُوَ ٱلَّذِي أَنْشَأَكُمْ مِنْ نَفْسٍ وَاحِدَةٍ فَمُسْتَقَرٌّ وَمُسْتَوْدَعٌ قَدْ فَصَّلْنَا
ٱلْآيَاتِ لِقَوْمٍ يَفْقَهُونَ ٩٩ وَهُوَ ٱلَّذِي أَنْزَلَ مِنَ ٱلسَّمَاءِ مَاءً فَأَخْرَجْنَا بِهِ
نَبَاتَ كُلِّ شَيْءٍ فَأَخْرَجْنَا مِنْهُ خَضِرًا نُخْرِجُ مِنْهُ حَبًّا مُتَرَاكِبًا وَمِنَ ٱلنَّخْلِ
مِنْ طَلْعِهَا قِنْوَانٌ دَانِيَةٌ وَجَنَّاتٍ مِنْ أَعْنَابٍ وَٱلزَّيْتُونَ وَٱلرُّمَّانَ مُشْتَبِهًا وَغَيْرَ
مُتَشَابِهٍ أُنْظُرُوا إِلَى ثَمَرِهِ إِذَا أَثْمَرَ وَيَنْعِهِ إِنَّ فِي ذَلِكُمْ لَآيَاتٍ لِقَوْمٍ يُؤْمِنُونَ
١٠٠ وَجَعَلُوا لِلَّهِ شُرَكَاءَ ٱلْجِنَّ وَخَلَقَهُمْ وَخَرَقُوا لَهُ بَنِينَ وَبَنَاتٍ بِغَيْرِ عِلْمٍ
سُبْحَانَهُ وَتَعَالَى عَمَّا يَصِفُونَ ١٠١ بَدِيعُ ٱلسَّمَوَاتِ وَٱلْأَرْضِ أَنَّى يَكُونُ لَهُ وَلَدٌ
وَلَمْ تَكُنْ لَهُ صَاحِبَةٌ وَخَلَقَ كُلَّ شَيْءٍ وَهُوَ بِكُلِّ شَيْءٍ عَلِيمٌ ١٠٢ ذَلِكُمُ ٱللَّهُ
رَبُّكُمْ لَا إِلَهَ إِلَّا هُوَ خَالِقُ كُلِّ شَيْءٍ فَٱعْبُدُوهُ وَهُوَ عَلَى كُلِّ شَيْءٍ وَكِيلٌ

فَلَمَّا أَفَلَ قَالَ لَا أُحِبُّ ٱلْآفِلِينَ ٧٧ فَلَمَّا رَأَى ٱلْقَمَرَ بَازِغًا قَالَ هَذَا رَبِّى فَلَمَّا
أَفَلَ قَالَ لَئِنْ لَمْ يَهْدِنِى رَبِّى لَأَكُونَنَّ مِنَ ٱلْقَوْمِ ٱلضَّالِّينَ ٧٨ فَلَمَّا رَأَى
ٱلشَّمْسَ بَازِغَةً قَالَ هَذَا رَبِّى هَذَا أَكْبَرُ فَلَمَّا أَفَلَتْ قَالَ يَا قَوْمِ إِنِّى بَرِىٓءٌ
مِمَّا تُشْرِكُونَ ٧٩ إِنِّى وَجَّهْتُ وَجْهِىَ لِلَّذِى فَطَرَ ٱلسَّمَوَاتِ وَٱلْأَرْضَ حَنِيفًا وَمَا
أَنَا مِنَ ٱلْمُشْرِكِينَ ٨٠ وَحَاجَّهُ قَوْمُهُ قَالَ أَتُحَاجُّونِّى فِى ٱللَّهِ وَقَدْ هَدَانِ وَلَا
أَخَافُ مَا تُشْرِكُونَ بِهِ إِلَّا أَنْ يَشَآءَ رَبِّى شَيْئًا وَسِعَ رَبِّى كُلَّ شَىْءٍ عِلْمًا أَفَلَا
تَتَذَكَّرُونَ ٨١ وَكَيْفَ أَخَافُ مَا أَشْرَكْتُمْ وَلَا تَخَافُونَ أَنَّكُمْ أَشْرَكْتُمْ بِٱللَّهِ
مَا لَمْ يُنَزِّلْ بِهِ عَلَيْكُمْ سُلْطَانًا فَأَىُّ ٱلْفَرِيقَيْنِ أَحَقُّ بِٱلْأَمْنِ إِنْ كُنْتُمْ تَعْلَمُونَ
٨٢ ٱلَّذِينَ آمَنُوا وَلَمْ يَلْبِسُوا إِيمَانَهُمْ بِظُلْمٍ أُولَآئِكَ لَهُمُ ٱلْأَمْنُ وَهُمْ مُهْتَدُونَ
٨٣ وَتِلْكَ حُجَّتُنَا آتَيْنَاهَا إِبْرَهِيمَ عَلَى قَوْمِهِ نَرْفَعُ دَرَجَاتٍ مَنْ نَشَآءُ إِنَّ رَبَّكَ
حَكِيمٌ عَلِيمٌ ٨٤ وَوَهَبْنَا لَهُ إِسْحَقَ وَيَعْقُوبَ كُلًّا هَدَيْنَا وَنُوحًا هَدَيْنَا مِنْ
قَبْلُ وَمِنْ ذُرِّيَّتِهِ دَاوُدَ وَسُلَيْمَانَ وَأَيُّوبَ وَيُوسُفَ وَمُوسَى وَهَرُونَ وَكَذَلِكَ نَجْزِى
ٱلْمُحْسِنِينَ ٨٥ وَزَكَرِيَّآءَ وَيَحْيَى وَعِيسَى وَإِلْيَاسَ كُلٌّ مِنَ ٱلصَّالِحِينَ ٨٦
وَإِسْمَعِيلَ وَٱلْيَسَعَ وَيُونُسَ وَلُوطًا وَكُلًّا فَضَّلْنَا عَلَى ٱلْعَالَمِينَ ٨٧ وَمِنْ آبَآئِهِمْ
وَذُرِّيَّاتِهِمْ وَإِخْوَانِهِمْ وَٱجْتَبَيْنَاهُمْ وَهَدَيْنَاهُمْ إِلَى صِرَاطٍ مُسْتَقِيمٍ ٨٨ ذَلِكَ هُدَى
ٱللَّهِ يَهْدِى بِهِ مَنْ يَشَآءُ مِنْ عِبَادِهِ وَلَوْ أَشْرَكُوا لَحَبِطَ عَنْهُمْ مَا كَانُوا
يَعْمَلُونَ ٨٩ أُولَآئِكَ ٱلَّذِينَ آتَيْنَاهُمُ ٱلْكِتَابَ وَٱلْحُكْمَ وَٱلنُّبُوَّةَ فَإِنْ يَكْفُرْ بِهَا
هَؤُلَآءِ فَقَدْ وَكَّلْنَا بِهَا قَوْمًا لَيْسُوا بِهَا بِكَافِرِينَ ٩٠ أُولَآئِكَ ٱلَّذِينَ هَدَى
ٱللَّهُ فَبِهُدَاهُمُ ٱقْتَدِهْ قُلْ لَا أَسْأَلُكُمْ عَلَيْهِ أَجْرًا إِنْ هُوَ إِلَّا ذِكْرَى لِلْعَالَمِينَ
٩١ وَمَا قَدَرُوا ٱللَّهَ حَقَّ قَدْرِهِ إِذْ قَالُوا مَا أَنْزَلَ ٱللَّهُ عَلَى بَشَرٍ مِنْ شَىْءٍ قُلْ
مَنْ أَنْزَلَ ٱلْكِتَابَ ٱلَّذِى جَآءَ بِهِ مُوسَى نُورًا وَهُدًى لِلنَّاسِ تَجْعَلُونَهُ قَرَاطِيسَ
تُبْدُونَهَا وَتُخْفُونَ كَثِيرًا وَعُلِّمْتُمْ مَا لَمْ تَعْلَمُوا أَنْتُمْ وَلَا آبَآؤُكُمْ قُلِ ٱللَّهُ ثُمَّ

يُفَرِّطُونَ ٦٢ ثُمَّ رُدُّوا إِلَى ٱللَّهِ مَوْلَاهُمُ ٱلْحَقِّ أَلَا لَهُ ٱلْحُكْمُ وَهُوَ أَسْرَعُ ٱلْحَاسِبِينَ
٦٣ قُلْ مَنْ يُنَجِّيكُمْ مِنْ ظُلُمَاتِ ٱلْبَرِّ وَٱلْبَحْرِ تَدْعُونَهُ تَضَرُّعًا وَخُفْيَةً لَئِنْ
أَنْجَيْتَنَا مِنْ هَذِهِ لَنَكُونَنَّ مِنَ ٱلشَّاكِرِينَ ٦٤ قُلِ ٱللَّهُ يُنَجِّيكُمْ مِنْهَا وَمِنْ
كُلِّ كَرْبٍ ثُمَّ أَنْتُمْ تُشْرِكُونَ ٦٥ قُلْ هُوَ ٱلْقَادِرُ عَلَى أَنْ يَبْعَثَ عَلَيْكُمْ عَذَابًا
مِنْ فَوْقِكُمْ أَوْ مِنْ تَحْتِ أَرْجُلِكُمْ أَوْ يَلْبِسَكُمْ شِيَعًا وَيُذِيقَ بَعْضَكُمْ بَأْسَ بَعْضٍ
ٱنْظُرْ كَيْفَ نُصَرِّفُ ٱلْآيَاتِ لَعَلَّهُمْ يَفْقَهُونَ ٦٦ وَكَذَّبَ بِهِ قَوْمُكَ وَهُوَ ٱلْحَقُّ
قُلْ لَسْتُ عَلَيْكُمْ بِوَكِيلٍ لِكُلِّ نَبَإٍ مُسْتَقَرٌّ وَسَوْفَ تَعْلَمُونَ ٦٧ وَإِذَا رَأَيْتَ
ٱلَّذِينَ يَخُوضُونَ فِي آيَاتِنَا فَأَعْرِضْ عَنْهُمْ حَتَّى يَخُوضُوا فِي حَدِيثٍ غَيْرِهِ وَإِمَّا
يُنْسِيَنَّكَ ٱلشَّيْطَانُ فَلَا تَقْعُدْ بَعْدَ ٱلذِّكْرَى مَعَ ٱلْقَوْمِ ٱلظَّالِمِينَ ٦٨ وَمَا عَلَى
ٱلَّذِينَ يَتَّقُونَ مِنْ حِسَابِهِمْ مِنْ شَيْءٍ وَلَكِنْ ذِكْرَى لَعَلَّهُمْ يَتَّقُونَ ٦٩ وَذَرِ
ٱلَّذِينَ ٱتَّخَذُوا دِينَهُمْ لَعِبًا وَلَهْوًا وَغَرَّتْهُمُ ٱلْحَيَوٰةُ ٱلدُّنْيَا وَذَكِّرْ بِهِ أَنْ تُبْسَلَ
نَفْسٌ بِمَا كَسَبَتْ لَيْسَ لَهَا مِنْ دُونِ ٱللَّهِ وَلِيٌّ وَلَا شَفِيعٌ وَإِنْ تَعْدِلْ كُلَّ عَدْلٍ
لَا يُؤْخَذْ مِنْهَا أُولَائِكَ ٱلَّذِينَ أُبْسِلُوا بِمَا كَسَبُوا لَهُمْ شَرَابٌ مِنْ حَمِيمٍ وَعَذَابٌ
أَلِيمٌ بِمَا كَانُوا يَكْفُرُونَ ٧٠ قُلْ أَنَدْعُو مِنْ دُونِ ٱللَّهِ مَا لَا يَنْفَعُنَا وَلَا يَضُرُّنَا
وَنُرَدُّ عَلَى أَعْقَابِنَا بَعْدَ إِذْ هَدَانَا ٱللَّهُ كَٱلَّذِي ٱسْتَهْوَتْهُ ٱلشَّيَاطِينُ فِي ٱلْأَرْضِ
حَيْرَانَ لَهُ أَصْحَابٌ يَدْعُونَهُ إِلَى ٱلْهُدَى ٱئْتِنَا قُلْ إِنَّ هُدَى ٱللَّهِ هُوَ ٱلْهُدَى
وَأُمِرْنَا لِنُسْلِمَ لِرَبِّ ٱلْعَالَمِينَ ٧١ وَأَنْ أَقِيمُوا ٱلصَّلَوٰةَ وَٱتَّقُوهُ وَهُوَ ٱلَّذِي إِلَيْهِ
تُحْشَرُونَ ٧٢ وَهُوَ ٱلَّذِي خَلَقَ ٱلسَّمَوَاتِ وَٱلْأَرْضَ بِٱلْحَقِّ وَيَوْمَ يَقُولُ كُنْ فَيَكُونُ
٧٣ قَوْلُهُ ٱلْحَقُّ وَلَهُ ٱلْمُلْكُ يَوْمَ يُنْفَخُ فِي ٱلصُّورِ عَالِمُ ٱلْغَيْبِ وَٱلشَّهَادَةِ وَهُوَ
ٱلْحَكِيمُ ٱلْخَبِيرُ ٧٤ وَإِذْ قَالَ إِبْرَهِيمُ لِأَبِيهِ آزَرَ أَتَتَّخِذُ أَصْنَامًا آلِهَةً إِنِّي أَرَاكَ
وَقَوْمَكَ فِي ضَلَالٍ مُبِينٍ ٧٥ وَكَذَلِكَ نُرِي إِبْرَهِيمَ مَلَكُوتَ ٱلسَّمَوَاتِ وَٱلْأَرْضِ
وَلِيَكُونَ مِنَ ٱلْمُوقِنِينَ ٧٦ فَلَمَّا جَنَّ عَلَيْهِ ٱللَّيْلُ رَأَى كَوْكَبًا قَالَ هَذَا رَبِّي

نُرْسِلُ ٱلْمُرْسَلِينَ إِلَّا مُبَشِّرِينَ وَمُنْذِرِينَ فَمَنْ آمَنَ وَأَصْلَحَ فَلَا خَوْفٌ عَلَيْهِمْ
وَلَا هُمْ يَحْزَنُونَ ٤٩ وَٱلَّذِينَ كَذَّبُوا بِآيَاتِنَا يَمَسُّهُمُ ٱلْعَذَابُ بِمَا كَانُوا يَفْسُقُونَ
٥٠ قُلْ لَا أَقُولُ لَكُمْ عِنْدِي خَزَائِنُ ٱللَّهِ وَلَا أَعْلَمُ ٱلْغَيْبَ وَلَا أَقُولُ لَكُمْ إِنِّي
مَلَكٌ إِنْ أَتَّبِعُ إِلَّا مَا يُوحَى إِلَيَّ قُلْ هَلْ يَسْتَوِي ٱلْأَعْمَى وَٱلْبَصِيرُ أَفَلَا تَتَفَكَّرُونَ
٥١ وَأَنْذِرْ بِهِ ٱلَّذِينَ يَخَافُونَ أَنْ يُحْشَرُوا إِلَى رَبِّهِمْ لَيْسَ لَهُمْ مِنْ دُونِهِ وَلِيٌّ وَلَا
شَفِيعٌ لَعَلَّهُمْ يَتَّقُونَ ٥٢ وَلَا تَطْرُدِ ٱلَّذِينَ يَدْعُونَ رَبَّهُمْ بِٱلْغَدَاةِ وَٱلْعَشِيِّ
يُرِيدُونَ وَجْهَهُ مَا عَلَيْكَ مِنْ حِسَابِهِمْ مِنْ شَيْءٍ وَمَا مِنْ حِسَابِكَ عَلَيْهِمْ
مِنْ شَيْءٍ فَتَطْرُدَهُمْ فَتَكُونَ مِنَ ٱلظَّالِمِينَ ٥٣ وَكَذَلِكَ فَتَنَّا بَعْضَهُمْ بِبَعْضٍ
لِيَقُولُوا أَهَؤُلَاءِ مَنَّ ٱللَّهُ عَلَيْهِمْ مِنْ بَيْنِنَا أَلَيْسَ ٱللَّهُ بِأَعْلَمَ بِٱلشَّاكِرِينَ
٥٤ وَإِذَا جَاءَكَ ٱلَّذِينَ يُؤْمِنُونَ بِآيَاتِنَا فَقُلْ سَلَامٌ عَلَيْكُمْ كَتَبَ رَبُّكُمْ عَلَى
نَفْسِهِ ٱلرَّحْمَةَ أَنَّهُ مَنْ عَمِلَ مِنْكُمْ سُوءًا بِجَهَالَةٍ ثُمَّ تَابَ مِنْ بَعْدِهِ وَأَصْلَحَ فَأَنَّهُ
غَفُورٌ رَحِيمٌ ٥٥ وَكَذَلِكَ نُفَصِّلُ ٱلْآيَاتِ وَلِتَسْتَبِينَ سَبِيلُ ٱلْمُجْرِمِينَ ٥٦ قُلْ
إِنِّي نُهِيتُ أَنْ أَعْبُدَ ٱلَّذِينَ تَدْعُونَ مِنْ دُونِ ٱللَّهِ قُلْ لَا أَتَّبِعُ أَهْوَاءَكُمْ
قَدْ ضَلَلْتُ إِذًا وَمَا أَنَا مِنَ ٱلْمُهْتَدِينَ ٥٧ قُلْ إِنِّي عَلَى بَيِّنَةٍ مِنْ رَبِّي
وَكَذَّبْتُمْ بِهِ مَا عِنْدِي مَا تَسْتَعْجِلُونَ بِهِ إِنِ ٱلْحُكْمُ إِلَّا لِلَّهِ يَقُصُّ ٱلْحَقَّ وَهُوَ
خَيْرُ ٱلْفَاصِلِينَ ٥٨ قُلْ لَوْ أَنَّ عِنْدِي مَا تَسْتَعْجِلُونَ بِهِ لَقُضِيَ ٱلْأَمْرُ بَيْنِي
وَبَيْنَكُمْ وَٱللَّهُ أَعْلَمُ بِٱلظَّالِمِينَ ٥٩ وَعِنْدَهُ مَفَاتِحُ ٱلْغَيْبِ لَا يَعْلَمُهَا إِلَّا هُوَ
وَيَعْلَمُ مَا فِي ٱلْبَرِّ وَٱلْبَحْرِ وَمَا تَسْقُطُ مِنْ وَرَقَةٍ إِلَّا يَعْلَمُهَا وَلَا حَبَّةٍ فِي ظُلُمَاتِ
ٱلْأَرْضِ وَلَا رَطْبٍ وَلَا يَابِسٍ إِلَّا فِي كِتَابٍ مُبِينٍ ٦٠ وَهُوَ ٱلَّذِي يَتَوَفَّاكُمْ
بِٱللَّيْلِ وَيَعْلَمُ مَا جَرَحْتُمْ بِٱلنَّهَارِ ثُمَّ يَبْعَثُكُمْ فِيهِ لِيُقْضَى أَجَلٌ مُسَمًّى ثُمَّ
إِلَيْهِ مَرْجِعُكُمْ ثُمَّ يُنَبِّئُكُمْ بِمَا كُنْتُمْ تَعْمَلُونَ ٦١ وَهُوَ ٱلْقَاهِرُ فَوْقَ عِبَادِهِ
وَيُرْسِلُ عَلَيْكُمْ حَفَظَةً حَتَّى إِذَا جَاءَ أَحَدَكُمُ ٱلْمَوْتُ تَوَفَّتْهُ رُسُلُنَا وَهُمْ لَا

ٱلْحَيَوٰةُ ٱلدُّنْيَا إِلَّا لَعِبٌ وَلَهْوٌ وَلَلدَّارُ ٱلْآخِرَةُ خَيْرٌ لِلَّذِينَ يَتَّقُونَ أَفَلَا تَعْقِلُونَ
٣٣ قَدْ نَعْلَمُ إِنَّهُ لَيَحْزُنُكَ ٱلَّذِي يَقُولُونَ فَإِنَّهُمْ لَا يُكَذِّبُونَكَ وَلَٰكِنَّ ٱلظَّالِمِينَ
بِآيَاتِ ٱللَّهِ يَجْحَدُونَ ٣٤ وَلَقَدْ كُذِّبَتْ رُسُلٌ مِنْ قَبْلِكَ فَصَبَرُوا عَلَىٰ مَا كُذِّبُوا
وَأُوذُوا حَتَّىٰ أَتَاهُمْ نَصْرُنَا وَلَا مُبَدِّلَ لِكَلِمَاتِ ٱللَّهِ وَلَقَدْ جَاءَكَ مِنْ نَبَإِ
ٱلْمُرْسَلِينَ ٣٥ وَإِنْ كَانَ كَبُرَ عَلَيْكَ إِعْرَاضُهُمْ فَإِنِ ٱسْتَطَعْتَ أَنْ تَبْتَغِيَ نَفَقًا
فِي ٱلْأَرْضِ أَوْ سُلَّمًا فِي ٱلسَّمَاءِ فَتَأْتِيَهُمْ بِآيَةٍ وَلَوْ شَاءَ ٱللَّهُ لَجَمَعَهُمْ عَلَى ٱلْهُدَىٰ
فَلَا تَكُونَنَّ مِنَ ٱلْجَاهِلِينَ ٣٦ إِنَّمَا يَسْتَجِيبُ ٱلَّذِينَ يَسْمَعُونَ وَٱلْمَوْتَىٰ
يَبْعَثُهُمُ ٱللَّهُ ثُمَّ إِلَيْهِ يُرْجَعُونَ ٣٧ وَقَالُوا لَوْلَا نُزِّلَ عَلَيْهِ آيَةٌ مِنْ رَبِّهِ قُلْ إِنَّ
ٱللَّهَ قَادِرٌ عَلَىٰ أَنْ يُنَزِّلَ آيَةً وَلَٰكِنَّ أَكْثَرَهُمْ لَا يَعْلَمُونَ ٣٨ وَمَا مِنْ دَابَّةٍ
فِي ٱلْأَرْضِ وَلَا طَائِرٍ يَطِيرُ بِجَنَاحَيْهِ إِلَّا أُمَمٌ أَمْثَالُكُمْ مَا فَرَّطْنَا فِي ٱلْكِتَابِ مِنْ
شَيْءٍ ثُمَّ إِلَىٰ رَبِّهِمْ يُحْشَرُونَ ٣٩ وَٱلَّذِينَ كَذَّبُوا بِآيَاتِنَا صُمٌّ وَبُكْمٌ فِي ٱلظُّلُمَاتِ
مَنْ يَشَإِ ٱللَّهُ يُضْلِلْهُ وَمَنْ يَشَأْ يَجْعَلْهُ عَلَىٰ صِرَاطٍ مُسْتَقِيمٍ ٤٠ قُلْ أَرَأَيْتَكُمْ
إِنْ أَتَاكُمْ عَذَابُ ٱللَّهِ أَوْ أَتَتْكُمُ ٱلسَّاعَةُ أَغَيْرَ ٱللَّهِ تَدْعُونَ إِنْ كُنْتُمْ صَادِقِينَ
٤١ بَلْ إِيَّاهُ تَدْعُونَ فَيَكْشِفُ مَا تَدْعُونَ إِلَيْهِ إِنْ شَاءَ وَتَنْسَوْنَ مَا تُشْرِكُونَ
٤٢ وَلَقَدْ أَرْسَلْنَا إِلَىٰ أُمَمٍ مِنْ قَبْلِكَ فَأَخَذْنَاهُمْ بِٱلْبَأْسَاءِ وَٱلضَّرَّاءِ لَعَلَّهُمْ
يَتَضَرَّعُونَ ٤٣ فَلَوْلَا إِذْ جَاءَهُمْ بَأْسُنَا تَضَرَّعُوا وَلَٰكِنْ قَسَتْ قُلُوبُهُمْ وَزَيَّنَ
لَهُمُ ٱلشَّيْطَانُ مَا كَانُوا يَعْمَلُونَ ٤٤ فَلَمَّا نَسُوا مَا ذُكِّرُوا بِهِ فَتَحْنَا عَلَيْهِمْ
أَبْوَابَ كُلِّ شَيْءٍ حَتَّىٰ إِذَا فَرِحُوا بِمَا أُوتُوا أَخَذْنَاهُمْ بَغْتَةً فَإِذَا هُمْ مُبْلِسُونَ
٤٥ فَقُطِعَ دَابِرُ ٱلْقَوْمِ ٱلَّذِينَ ظَلَمُوا وَٱلْحَمْدُ لِلَّهِ رَبِّ ٱلْعَالَمِينَ ٤٦ قُلْ أَرَأَيْتُمْ
إِنْ أَخَذَ ٱللَّهُ سَمْعَكُمْ وَأَبْصَارَكُمْ وَخَتَمَ عَلَىٰ قُلُوبِكُمْ مَنْ إِلَٰهٌ غَيْرُ ٱللَّهِ
يَأْتِيكُمْ بِهِ ٱنْظُرْ كَيْفَ نُصَرِّفُ ٱلْآيَاتِ ثُمَّ هُمْ يَصْدِفُونَ ٤٧ قُلْ أَرَأَيْتَكُمْ إِنْ
أَتَاكُمْ عَذَابُ ٱللَّهِ بَغْتَةً أَوْ جَهْرَةً هَلْ يُهْلَكُ إِلَّا ٱلْقَوْمُ ٱلظَّالِمُونَ ٤٨ وَمَا

أَخَافُ إِنْ عَصَيْتُ رَبِّي عَذَابَ يَوْمٍ عَظِيمٍ ١٦ مَنْ يُصْرَفْ عَنْهُ يَوْمَئِذٍ فَقَدْ
رَحِمَهُ وَذَلِكَ ٱلْفَوْزُ ٱلْمُبِينُ ١٧ وَإِنْ يَمْسَسْكَ ٱللَّهُ بِضُرٍّ فَلَا كَاشِفَ لَهُ إِلَّا
هُوَ وَإِنْ يَمْسَسْكَ بِخَيْرٍ فَهُوَ عَلَى كُلِّ شَيْءٍ قَدِيرٌ ١٨ وَهُوَ ٱلْقَاهِرُ فَوْقَ عِبَادِهِ
وَهُوَ ٱلْحَكِيمُ ٱلْخَبِيرُ ١٩ قُلْ أَيُّ شَيْءٍ أَكْبَرُ شَهَادَةً قُلِ ٱللَّهُ شَهِيدٌ بَيْنِي
وَبَيْنَكُمْ وَأُوحِيَ إِلَيَّ هَذَا ٱلْقُرْآنُ لِأُنْذِرَكُمْ بِهِ وَمَنْ بَلَغَ أَئِنَّكُمْ لَتَشْهَدُونَ أَنَّ
مَعَ ٱللَّهِ آلِهَةً أُخْرَى قُلْ لَا أَشْهَدُ قُلْ إِنَّمَا هُوَ إِلَهٌ وَاحِدٌ وَإِنَّنِي بَرِيءٌ مِمَّا
تُشْرِكُونَ ٢٠ ٱلَّذِينَ آتَيْنَاهُمُ ٱلْكِتَابَ يَعْرِفُونَهُ كَمَا يَعْرِفُونَ أَبْنَاءَهُمُ ٱلَّذِينَ
خَسِرُوا أَنْفُسَهُمْ فَهُمْ لَا يُؤْمِنُونَ ٢١ وَمَنْ أَظْلَمُ مِمَّنِ ٱفْتَرَى عَلَى ٱللَّهِ كَذِبًا
أَوْ كَذَّبَ بِآيَاتِهِ إِنَّهُ لَا يُفْلِحُ ٱلظَّالِمُونَ ٢٢ وَيَوْمَ نَحْشُرُهُمْ جَمِيعًا ثُمَّ نَقُولُ
لِلَّذِينَ أَشْرَكُوا أَيْنَ شُرَكَاؤُكُمُ ٱلَّذِينَ كُنْتُمْ تَزْعُمُونَ ٢٣ ثُمَّ لَمْ تَكُنْ
فِتْنَتُهُمْ إِلَّا أَنْ قَالُوا وَٱللَّهِ رَبِّنَا مَا كُنَّا مُشْرِكِينَ ٢٤ أُنْظُرْ كَيْفَ كَذَبُوا عَلَى
أَنْفُسِهِمْ وَضَلَّ عَنْهُمْ مَا كَانُوا يَفْتَرُونَ ٢٥ وَمِنْهُمْ مَنْ يَسْتَمِعُ إِلَيْكَ وَجَعَلْنَا
عَلَى قُلُوبِهِمْ أَكِنَّةً أَنْ يَفْقَهُوهُ وَفِي آذَانِهِمْ وَقْرًا وَإِنْ يَرَوْا كُلَّ آيَةٍ لَا يُؤْمِنُوا
بِهَا حَتَّى إِذَا جَاؤُكَ يُجَادِلُونَكَ يَقُولُ ٱلَّذِينَ كَفَرُوا إِنْ هَذَا إِلَّا أَسَاطِيرُ ٱلْأَوَّلِينَ
٢٦ وَهُمْ يَنْهَوْنَ عَنْهُ وَيَنْأَوْنَ عَنْهُ وَإِنْ يُهْلِكُونَ إِلَّا أَنْفُسَهُمْ وَمَا يَشْعُرُونَ
٢٧ وَلَوْ تَرَى إِذْ وُقِفُوا عَلَى ٱلنَّارِ فَقَالُوا يَا لَيْتَنَا نُرَدُّ وَلَا نُكَذِّبَ بِآيَاتِ رَبِّنَا
وَنَكُونَ مِنَ ٱلْمُؤْمِنِينَ ٢٨ بَلْ بَدَا لَهُمْ مَا كَانُوا يُخْفُونَ مِنْ قَبْلُ وَلَوْ رُدُّوا
لَعَادُوا لِمَا نُهُوا عَنْهُ وَإِنَّهُمْ لَكَاذِبُونَ ٢٩ وَقَالُوا إِنْ هِيَ إِلَّا حَيَوتُنَا ٱلدُّنْيَا وَمَا
نَحْنُ بِمَبْعُوثِينَ ٣٠ وَلَوْ تَرَى إِذْ وُقِفُوا عَلَى رَبِّهِمْ قَالَ أَلَيْسَ هَذَا بِٱلْحَقِّ
قَالُوا بَلَى وَرَبِّنَا قَالَ فَذُوقُوا ٱلْعَذَابَ بِمَا كُنْتُمْ تَكْفُرُونَ ٣١ قَدْ خَسِرَ ٱلَّذِينَ
كَذَّبُوا بِلِقَاءِ ٱللَّهِ حَتَّى إِذَا جَاءَتْهُمُ ٱلسَّاعَةُ بَغْتَةً قَالُوا يَا حَسْرَتَنَا عَلَى مَا
فَرَّطْنَا فِيهَا وَهُمْ يَحْمِلُونَ أَوْزَارَهُمْ عَلَى ظُهُورِهِمْ أَلَا سَاءَ مَا يَزِرُونَ ٣٢ وَمَا

سورة الانعام

مكّية وهى مائة وخمس وستون آية

بِسْمِ ٱللَّهِ ٱلرَّحْمَنِ ٱلرَّحِيمِ

١ اَلْحَمْدُ لِلَّهِ ٱلَّذِى خَلَقَ ٱلسَّمٰوَاتِ وَٱلْأَرْضَ وَجَعَلَ ٱلظُّلُمَاتِ وَٱلنُّورَ ثُمَّ ٱلَّذِينَ
كَفَرُوا بِرَبِّهِمْ يَعْدِلُونَ ٢ هُوَ ٱلَّذِى خَلَقَكُمْ مِنْ طِينٍ ثُمَّ قَضَى أَجَلًا وَأَجَلٌ
مُسَمًّى عِنْدَهُ ثُمَّ أَنْتُمْ تَمْتَرُونَ ٣ وَهُوَ ٱللَّهُ فِى ٱلسَّمٰوَاتِ وَفِى ٱلْأَرْضِ يَعْلَمُ
سِرَّكُمْ وَجَهْرَكُمْ وَيَعْلَمُ مَا تَكْسِبُونَ ٤ وَمَا تَأْتِيهِمْ مِنْ آيَةٍ مِنْ آيَاتِ
رَبِّهِمْ إِلَّا كَانُوا عَنْهَا مُعْرِضِينَ ٥ فَقَدْ كَذَّبُوا بِٱلْحَقِّ لَمَّا جَآءَهُمْ فَسَوْفَ
يَأْتِيهِمْ أَنْبَآءُ مَا كَانُوا بِهِ يَسْتَهْزِءُونَ ٦ أَلَمْ يَرَوْا كَمْ أَهْلَكْنَا مِنْ قَبْلِهِمْ مِنْ
قَرْنٍ مَكَّنَّاهُمْ فِى ٱلْأَرْضِ مَا لَمْ نُمَكِّنْ لَكُمْ وَأَرْسَلْنَا ٱلسَّمَآءَ عَلَيْهِمْ مِدْرَارًا
وَجَعَلْنَا ٱلْأَنْهَارَ تَجْرِى مِنْ تَحْتِهِمْ فَأَهْلَكْنَاهُمْ بِذُنُوبِهِمْ وَأَنْشَأْنَا مِنْ بَعْدِهِمْ
قَرْنًا آخَرِينَ ٧ وَلَوْ نَزَّلْنَا عَلَيْكَ كِتَابًا فِى قِرْطَاسٍ فَلَمَسُوهُ بِأَيْدِيهِمْ لَقَالَ
ٱلَّذِينَ كَفَرُوا إِنْ هٰذَا إِلَّا سِحْرٌ مُبِينٌ ٨ وَقَالُوا لَوْلَا أُنْزِلَ عَلَيْهِ مَلَكٌ وَلَوْ
أَنْزَلْنَا مَلَكًا لَقُضِىَ ٱلْأَمْرُ ثُمَّ لَا يُنْظَرُونَ ٩ وَلَوْ جَعَلْنَاهُ مَلَكًا لَجَعَلْنَاهُ رَجُلًا
وَلَلَبَسْنَا عَلَيْهِمْ مَا يَلْبِسُونَ ١٠ وَلَقَدِ ٱسْتُهْزِئَ بِرُسُلٍ مِنْ قَبْلِكَ فَحَاقَ بِٱلَّذِينَ
سَخِرُوا مِنْهُمْ مَا كَانُوا بِهِ يَسْتَهْزِءُونَ ١١ قُلْ سِيرُوا فِى ٱلْأَرْضِ ثُمَّ ٱنْظُرُوا كَيْفَ
كَانَ عَاقِبَةُ ٱلْمُكَذِّبِينَ ١٢ قُلْ لِمَنْ مَا فِى ٱلسَّمٰوَاتِ وَٱلْأَرْضِ قُلْ لِلَّهِ كَتَبَ عَلَى
نَفْسِهِ ٱلرَّحْمَةَ لَيَجْمَعَنَّكُمْ إِلَى يَوْمِ ٱلْقِيَامَةِ لَا رَيْبَ فِيهِ ٱلَّذِينَ خَسِرُوا أَنْفُسَهُمْ
فَهُمْ لَا يُؤْمِنُونَ ١٣ وَلَهُ مَا سَكَنَ فِى ٱللَّيْلِ وَٱلنَّهَارِ وَهُوَ ٱلسَّمِيعُ ٱلْعَلِيمُ
١٤ قُلْ أَغَيْرَ ٱللَّهِ أَتَّخِذُ وَلِيًّا فَاطِرِ ٱلسَّمٰوَاتِ وَٱلْأَرْضِ وَهُوَ يُطْعِمُ وَلَا يُطْعَمُ قُلْ
إِنِّى أُمِرْتُ أَنْ أَكُونَ أَوَّلَ مَنْ أَسْلَمَ وَلَا تَكُونَنَّ مِنَ ٱلْمُشْرِكِينَ ١٥ قُلْ إِنِّى

سورة المائدة ٦٣

إِنَّكَ أَنْتَ عَلَّامُ ٱلْغُيُوبِ ١٠٩ إِذْ قَالَ ٱللَّهُ يَا عِيسَى ٱبْنَ مَرْيَمَ ٱذْكُرْ نِعْمَتِي
عَلَيْكَ وَعَلَى وَالِدَتِكَ إِذْ أَيَّدْتُكَ بِرُوحِ ٱلْقُدُسِ تُكَلِّمُ ٱلنَّاسَ فِي ٱلْمَهْدِ وَكَهْلًا
١١٠ وَإِذْ عَلَّمْتُكَ ٱلْكِتَابَ وَٱلْحِكْمَةَ وَٱلتَّوْرَاةَ وَٱلْإِنْجِيلَ وَإِذْ تَخْلُقُ مِنَ ٱلطِّينِ كَهَيْئَةِ
ٱلطَّيْرِ بِإِذْنِي فَتَنْفُخُ فِيهَا فَتَكُونُ طَيْرًا بِإِذْنِي وَتُبْرِئُ ٱلْأَكْمَهَ وَٱلْأَبْرَصَ بِإِذْنِي
وَإِذْ تُخْرِجُ ٱلْمَوْتَى بِإِذْنِي وَإِذْ كَفَفْتُ بَنِي إِسْرَائِيلَ عَنْكَ إِذْ جِئْتَهُمْ بِٱلْبَيِّنَاتِ
فَقَالَ ٱلَّذِينَ كَفَرُوا مِنْهُمْ إِنْ هَٰذَا إِلَّا سِحْرٌ مُبِينٌ ١١١ وَإِذْ أَوْحَيْتُ إِلَى ٱلْحَوَارِيِّينَ
أَنْ آمِنُوا بِي وَبِرَسُولِي قَالُوا آمَنَّا وَٱشْهَدْ بِأَنَّنَا مُسْلِمُونَ ١١٢ إِذْ قَالَ ٱلْحَوَارِيُّونَ
يَا عِيسَى ٱبْنَ مَرْيَمَ هَلْ يَسْتَطِيعُ رَبُّكَ أَنْ يُنَزِّلَ عَلَيْنَا مَائِدَةً مِنَ ٱلسَّمَاءِ
قَالَ ٱتَّقُوا ٱللَّهَ إِنْ كُنْتُمْ مُؤْمِنِينَ ١١٣ قَالُوا نُرِيدُ أَنْ نَأْكُلَ مِنْهَا وَتَطْمَئِنَّ
قُلُوبُنَا وَنَعْلَمَ أَنْ قَدْ صَدَقْتَنَا وَنَكُونَ عَلَيْهَا مِنَ ٱلشَّاهِدِينَ ١١٤ قَالَ عِيسَى
ٱبْنُ مَرْيَمَ ٱللَّهُمَّ رَبَّنَا أَنْزِلْ عَلَيْنَا مَائِدَةً مِنَ ٱلسَّمَاءِ تَكُونُ لَنَا عِيدًا لِأَوَّلِنَا
وَآخِرِنَا وَآيَةً مِنْكَ وَٱرْزُقْنَا وَأَنْتَ خَيْرُ ٱلرَّازِقِينَ ١١٥ قَالَ ٱللَّهُ إِنِّي مُنَزِّلُهَا
عَلَيْكُمْ فَمَنْ يَكْفُرْ بَعْدُ مِنْكُمْ فَإِنِّي أُعَذِّبُهُ عَذَابًا لَا أُعَذِّبُهُ أَحَدًا مِنَ
ٱلْعَالَمِينَ ١١٦ وَإِذْ قَالَ ٱللَّهُ يَا عِيسَى ٱبْنَ مَرْيَمَ أَأَنْتَ قُلْتَ لِلنَّاسِ ٱتَّخِذُونِي
وَأُمِّيَ إِلَٰهَيْنِ مِنْ دُونِ ٱللَّهِ قَالَ سُبْحَانَكَ مَا يَكُونُ لِي أَنْ أَقُولَ مَا لَيْسَ لِي
بِحَقٍّ إِنْ كُنْتُ قُلْتُهُ فَقَدْ عَلِمْتَهُ تَعْلَمُ مَا فِي نَفْسِي وَلَا أَعْلَمُ مَا فِي نَفْسِكَ
إِنَّكَ أَنْتَ عَلَّامُ ٱلْغُيُوبِ ١١٧ مَا قُلْتُ لَهُمْ إِلَّا مَا أَمَرْتَنِي بِهِ أَنِ ٱعْبُدُوا ٱللَّهَ
رَبِّي وَرَبَّكُمْ وَكُنْتُ عَلَيْهِمْ شَهِيدًا مَا دُمْتُ فِيهِمْ فَلَمَّا تَوَفَّيْتَنِي كُنْتَ أَنْتَ
ٱلرَّقِيبَ عَلَيْهِمْ وَأَنْتَ عَلَى كُلِّ شَيْءٍ شَهِيدٌ ١١٨ إِنْ تُعَذِّبْهُمْ فَإِنَّهُمْ عِبَادُكَ
وَإِنْ تَغْفِرْ لَهُمْ فَإِنَّكَ أَنْتَ ٱلْعَزِيزُ ٱلْحَكِيمُ ١١٩ قَالَ ٱللَّهُ هَٰذَا يَوْمُ يَنْفَعُ ٱلصَّادِقِينَ
صِدْقُهُمْ لَهُمْ جَنَّاتٌ تَجْرِي مِنْ تَحْتِهَا ٱلْأَنْهَارُ خَالِدِينَ فِيهَا أَبَدًا رَضِيَ ٱللَّهُ
عَنْهُمْ وَرَضُوا عَنْهُ ذَٰلِكَ ٱلْفَوْزُ ٱلْعَظِيمُ ١٢٠ لِلَّهِ مُلْكُ ٱلسَّمَاوَاتِ وَٱلْأَرْضِ وَمَا
فِيهِنَّ وَهُوَ عَلَى كُلِّ شَيْءٍ قَدِيرٌ

ٱلْحَرَامَ قِيَامًا لِلنَّاسِ وَٱلشَّهْرَ ٱلْحَرَامَ وَٱلْهَدْيَ وَٱلْقَلَآئِدَ ذَٰلِكَ لِتَعْلَمُوا أَنَّ ٱللَّهَ
يَعْلَمُ مَا فِي ٱلسَّمَٰوَاتِ وَمَا فِي ٱلْأَرْضِ وَأَنَّ ٱللَّهَ بِكُلِّ شَيْءٍ عَلِيمٌ إِعْلَمُوا أَنَّ
ٱللَّهَ شَدِيدُ ٱلْعِقَابِ وَأَنَّ ٱللَّهَ غَفُورٌ رَحِيمٌ ٩٩ مَا عَلَى ٱلرَّسُولِ إِلَّا ٱلْبَلَاغُ
وَٱللَّهُ يَعْلَمُ مَا تُبْدُونَ وَمَا تَكْتُمُونَ ١٠٠ قُلْ لَا يَسْتَوِي ٱلْخَبِيثُ وَٱلطَّيِّبُ وَلَوْ
أَعْجَبَكَ كَثْرَةُ ٱلْخَبِيثِ فَٱتَّقُوا ٱللَّهَ يَا أُولِي ٱلْأَلْبَابِ لَعَلَّكُمْ تُفْلِحُونَ ١٠١ يَا أَيُّهَا
ٱلَّذِينَ آمَنُوا لَا تَسْأَلُوا عَنْ أَشْيَآءَ إِنْ تُبْدَ لَكُمْ تَسُؤْكُمْ وَإِنْ تَسْأَلُوا عَنْهَا
حِينَ يُنَزَّلُ ٱلْقُرْآنُ تُبْدَ لَكُمْ عَفَا ٱللَّهُ عَنْهَا وَٱللَّهُ غَفُورٌ حَلِيمٌ قَدْ سَأَلَهَا قَوْمٌ
مِنْ قَبْلِكُمْ ثُمَّ أَصْبَحُوا بِهَا كَافِرِينَ ١٠٢ مَا جَعَلَ ٱللَّهُ مِنْ بَحِيرَةٍ وَلَا سَآئِبَةٍ
وَلَا وَصِيلَةٍ وَلَا حَامٍ وَلَٰكِنَّ ٱلَّذِينَ كَفَرُوا يَفْتَرُونَ عَلَى ٱللَّهِ ٱلْكَذِبَ وَأَكْثَرُهُمْ
لَا يَعْقِلُونَ ١٠٣ وَإِذَا قِيلَ لَهُمْ تَعَالَوْا إِلَىٰ مَا أَنْزَلَ ٱللَّهُ وَإِلَى ٱلرَّسُولِ قَالُوا
حَسْبُنَا مَا وَجَدْنَا عَلَيْهِ آبَآءَنَا أَوَلَوْ كَانَ آبَاؤُهُمْ لَا يَعْلَمُونَ شَيْئًا وَلَا يَهْتَدُونَ
١٠٤ يَا أَيُّهَا ٱلَّذِينَ آمَنُوا عَلَيْكُمْ أَنْفُسَكُمْ لَا يَضُرُّكُمْ مَنْ ضَلَّ إِذَا ٱهْتَدَيْتُمْ
إِلَى ٱللَّهِ مَرْجِعُكُمْ جَمِيعًا فَيُنَبِّئُكُمْ بِمَا كُنْتُمْ تَعْمَلُونَ ١٠٥ يَا أَيُّهَا ٱلَّذِينَ آمَنُوا
شَهَادَةُ بَيْنِكُمْ إِذَا حَضَرَ أَحَدَكُمُ ٱلْمَوْتُ حِينَ ٱلْوَصِيَّةِ ٱثْنَانِ ذَوَا عَدْلٍ مِنْكُمْ
أَوْ آخَرَانِ مِنْ غَيْرِكُمْ إِنْ أَنْتُمْ ضَرَبْتُمْ فِي ٱلْأَرْضِ فَأَصَابَتْكُمْ مُصِيبَةُ ٱلْمَوْتِ
تَحْبِسُونَهُمَا مِنْ بَعْدِ ٱلصَّلَوٰةِ فَيُقْسِمَانِ بِٱللَّهِ إِنِ ٱرْتَبْتُمْ لَا نَشْتَرِي بِهِ ثَمَنًا
وَلَوْ كَانَ ذَا قُرْبَىٰ وَلَا نَكْتُمُ شَهَادَةَ ٱللَّهِ إِنَّا إِذًا لَمِنَ ٱلْآثِمِينَ ١٠٦ فَإِنْ عُثِرَ
عَلَىٰ أَنَّهُمَا ٱسْتَحَقَّا إِثْمًا فَآخَرَانِ يَقُومَانِ مَقَامَهُمَا مِنَ ٱلَّذِينَ ٱسْتَحَقَّ عَلَيْهِمُ
ٱلْأَوْلَيَانِ فَيُقْسِمَانِ بِٱللَّهِ لَشَهَادَتُنَا أَحَقُّ مِنْ شَهَادَتِهِمَا وَمَا ٱعْتَدَيْنَا إِنَّا
إِذًا لَمِنَ ٱلظَّالِمِينَ ١٠٧ ذَٰلِكَ أَدْنَىٰ أَنْ يَأْتُوا بِٱلشَّهَادَةِ عَلَىٰ وَجْهِهَا أَوْ يَخَافُوا
أَنْ تُرَدَّ أَيْمَانٌ بَعْدَ أَيْمَانِهِمْ وَٱتَّقُوا ٱللَّهَ وَٱسْمَعُوا وَٱللَّهُ لَا يَهْدِي ٱلْقَوْمَ
ٱلْفَاسِقِينَ ١٠٨ يَوْمَ يَجْمَعُ ٱللَّهُ ٱلرُّسُلَ فَيَقُولُ مَاذَا أُجِبْتُمْ قَالُوا لَا عِلْمَ لَنَا

وَذٰلِكَ جَزَآءُ ٱلْمُحْسِنِينَ وَٱلَّذِينَ كَفَرُوا وَكَذَّبُوا بِآيَاتِنَا أُولَآئِكَ أَصْحَابُ ٱلْجَحِيمِ
٨٩ يَا أَيُّهَا ٱلَّذِينَ آمَنُوا لَا تُحَرِّمُوا طَيِّبَاتِ مَا أَحَلَّ ٱللّٰهُ لَكُمْ وَلَا تَعْتَدُوا
إِنَّ ٱللّٰهَ لَا يُحِبُّ ٱلْمُعْتَدِينَ ٩٠ وَكُلُوا مِمَّا رَزَقَكُمُ ٱللّٰهُ حَلَالًا طَيِّبًا وَٱتَّقُوا
ٱللّٰهَ ٱلَّذِي أَنْتُمْ بِهِ مُؤْمِنُونَ ٩١ لَا يُؤَاخِذُكُمُ ٱللّٰهُ بِٱللَّغْوِ فِي أَيْمَانِكُمْ وَلٰكِنْ
يُؤَاخِذُكُمْ بِمَا عَقَّدْتُمُ ٱلْأَيْمَانَ فَكَفَّارَتُهُ إِطْعَامُ عَشَرَةِ مَسَاكِينَ مِنْ أَوْسَطِ
مَا تُطْعِمُونَ أَهْلِيكُمْ أَوْ كِسْوَتُهُمْ أَوْ تَحْرِيرُ رَقَبَةٍ فَمَنْ لَمْ يَجِدْ فَصِيَامُ ثَلٰثَةِ أَيَّامٍ
ذٰلِكَ كَفَّارَةُ أَيْمَانِكُمْ إِذَا حَلَفْتُمْ وَٱحْفَظُوا أَيْمَانَكُمْ كَذٰلِكَ يُبَيِّنُ ٱللّٰهُ لَكُمْ آيَاتِهِ
لَعَلَّكُمْ تَشْكُرُونَ ٩٢ يَا أَيُّهَا ٱلَّذِينَ آمَنُوا إِنَّمَا ٱلْخَمْرُ وَٱلْمَيْسِرُ وَٱلْأَنْصَابُ
وَٱلْأَزْلَامُ رِجْسٌ مِنْ عَمَلِ ٱلشَّيْطَانِ فَٱجْتَنِبُوهُ لَعَلَّكُمْ تُفْلِحُونَ ٩٣ إِنَّمَا يُرِيدُ
ٱلشَّيْطَانُ أَنْ يُوقِعَ بَيْنَكُمُ ٱلْعَدَاوَةَ وَٱلْبَغْضَآءَ فِي ٱلْخَمْرِ وَٱلْمَيْسِرِ وَيَصُدَّكُمْ عَنْ
ذِكْرِ ٱللّٰهِ وَعَنِ ٱلصَّلٰوةِ فَهَلْ أَنْتُمْ مُنْتَهُونَ وَأَطِيعُوا ٱللّٰهَ وَأَطِيعُوا ٱلرَّسُولَ
وَٱحْذَرُوا فَإِنْ تَوَلَّيْتُمْ فَٱعْلَمُوا أَنَّمَا عَلَىٰ رَسُولِنَا ٱلْبَلَاغُ ٱلْمُبِينُ ٩٤ لَيْسَ عَلَى
ٱلَّذِينَ آمَنُوا وَعَمِلُوا ٱلصَّالِحَاتِ جُنَاحٌ فِيمَا طَعِمُوا إِذَا مَا ٱتَّقَوْا وَآمَنُوا وَعَمِلُوا
ٱلصَّالِحَاتِ ثُمَّ ٱتَّقَوْا وَآمَنُوا ثُمَّ ٱتَّقَوْا وَأَحْسَنُوا وَٱللّٰهُ يُحِبُّ ٱلْمُحْسِنِينَ ٩٥ يَا
أَيُّهَا ٱلَّذِينَ آمَنُوا لَيَبْلُوَنَّكُمُ ٱللّٰهُ بِشَيْءٍ مِنَ ٱلصَّيْدِ تَنَالُهُ أَيْدِيكُمْ وَرِمَاحُكُمْ
لِيَعْلَمَ ٱللّٰهُ مَنْ يَخَافُهُ بِٱلْغَيْبِ فَمَنِ ٱعْتَدَىٰ بَعْدَ ذٰلِكَ فَلَهُ عَذَابٌ أَلِيمٌ
٩٦ يَا أَيُّهَا ٱلَّذِينَ آمَنُوا لَا تَقْتُلُوا ٱلصَّيْدَ وَأَنْتُمْ حُرُمٌ وَمَنْ قَتَلَهُ مِنْكُمْ
مُتَعَمِّدًا فَجَزَآءٌ مِثْلُ مَا قَتَلَ مِنَ ٱلنَّعَمِ يَحْكُمُ بِهِ ذَوَا عَدْلٍ مِنْكُمْ هَدْيًا بَالِغَ
ٱلْكَعْبَةِ أَوْ كَفَّارَةٌ طَعَامُ مَسَاكِينَ أَوْ عَدْلُ ذٰلِكَ صِيَامًا لِيَذُوقَ وَبَالَ أَمْرِهِ
عَفَا ٱللّٰهُ عَمَّا سَلَفَ وَمَنْ عَادَ فَيَنْتَقِمُ ٱللّٰهُ مِنْهُ وَٱللّٰهُ عَزِيزٌ ذُو ٱنْتِقَامٍ ٩٧
أُحِلَّ لَكُمْ صَيْدُ ٱلْبَحْرِ وَطَعَامُهُ مَتَاعًا لَكُمْ وَلِلسَّيَّارَةِ وَحُرِّمَ عَلَيْكُمْ صَيْدُ ٱلْبَرِّ
مَا دُمْتُمْ حُرُمًا وَٱتَّقُوا ٱللّٰهَ ٱلَّذِي إِلَيْهِ تُحْشَرُونَ ٩٨ جَعَلَ ٱللّٰهُ ٱلْكَعْبَةَ ٱلْبَيْتَ

كَفَرَ ٱلَّذِينَ قَالُوا إِنَّ ٱللَّهَ هُوَ ٱلْمَسِيحُ ٱبْنُ مَرْيَمَ وَقَالَ ٱلْمَسِيحُ يَا بَنِي
إِسْرَائِيلَ ٱعْبُدُوا ٱللَّهَ رَبِّي وَرَبَّكُمْ إِنَّهُ مَنْ يُشْرِكْ بِٱللَّهِ فَقَدْ حَرَّمَ ٱللَّهُ عَلَيْهِ
ٱلْجَنَّةَ وَمَأْوَاهُ ٱلنَّارُ وَمَا لِلظَّالِمِينَ مِنْ أَنْصَارٍ ٧٧ لَقَدْ كَفَرَ ٱلَّذِينَ قَالُوا إِنَّ
ٱللَّهَ ثَالِثُ ثَلَاثَةٍ وَمَا مِنْ إِلَٰهٍ إِلَّا إِلَٰهٌ وَاحِدٌ وَإِنْ لَمْ يَنْتَهُوا عَمَّا يَقُولُونَ
لَيَمَسَّنَّ ٱلَّذِينَ كَفَرُوا مِنْهُمْ عَذَابٌ أَلِيمٌ ٧٨ أَفَلَا يَتُوبُونَ إِلَى ٱللَّهِ وَيَسْتَغْفِرُونَهُ
وَٱللَّهُ غَفُورٌ رَحِيمٌ ٧٩ مَا ٱلْمَسِيحُ ٱبْنُ مَرْيَمَ إِلَّا رَسُولٌ قَدْ خَلَتْ مِنْ قَبْلِهِ
ٱلرُّسُلُ وَأُمُّهُ صِدِّيقَةٌ كَانَا يَأْكُلَانِ ٱلطَّعَامَ ٱنْظُرْ كَيْفَ نُبَيِّنُ لَهُمُ ٱلْآيَاتِ
ثُمَّ ٱنْظُرْ أَنَّى يُؤْفَكُونَ ٨٠ قُلْ أَتَعْبُدُونَ مِنْ دُونِ ٱللَّهِ مَا لَا يَمْلِكُ لَكُمْ ضَرًّا
وَلَا نَفْعًا وَٱللَّهُ هُوَ ٱلسَّمِيعُ ٱلْعَلِيمُ ٨١ قُلْ يَا أَهْلَ ٱلْكِتَابِ لَا تَغْلُوا فِي دِينِكُمْ
غَيْرَ ٱلْحَقِّ وَلَا تَتَّبِعُوا أَهْوَاءَ قَوْمٍ قَدْ ضَلُّوا مِنْ قَبْلُ وَأَضَلُّوا كَثِيرًا وَضَلُّوا
عَنْ سَوَاءِ ٱلسَّبِيلِ ٨٢ لُعِنَ ٱلَّذِينَ كَفَرُوا مِنْ بَنِي إِسْرَائِيلَ عَلَى لِسَانِ دَاوُدَ
وَعِيسَى ٱبْنِ مَرْيَمَ ذَٰلِكَ بِمَا عَصَوْا وَكَانُوا يَعْتَدُونَ كَانُوا لَا يَتَنَاهَوْنَ عَنْ مُنْكَرٍ
فَعَلُوهُ لَبِئْسَ مَا كَانُوا يَفْعَلُونَ ٨٣ تَرَى كَثِيرًا مِنْهُمْ يَتَوَلَّوْنَ ٱلَّذِينَ كَفَرُوا
لَبِئْسَ مَا قَدَّمَتْ لَهُمْ أَنْفُسُهُمْ أَنْ سَخِطَ ٱللَّهُ عَلَيْهِمْ وَفِي ٱلْعَذَابِ هُمْ خَالِدُونَ
٨٤ وَلَوْ كَانُوا يُؤْمِنُونَ بِٱللَّهِ وَٱلنَّبِيِّ وَمَا أُنْزِلَ إِلَيْهِ مَا ٱتَّخَذُوهُمْ أَوْلِيَاءَ وَلَٰكِنَّ
كَثِيرًا مِنْهُمْ فَاسِقُونَ ٨٥ لَتَجِدَنَّ أَشَدَّ ٱلنَّاسِ عَدَاوَةً لِلَّذِينَ آمَنُوا ٱلْيَهُودَ
وَٱلَّذِينَ أَشْرَكُوا وَلَتَجِدَنَّ أَقْرَبَهُمْ مَوَدَّةً لِلَّذِينَ آمَنُوا ٱلَّذِينَ قَالُوا إِنَّا
نَصَارَى ذَٰلِكَ بِأَنَّ مِنْهُمْ قِسِّيسِينَ وَرُهْبَانًا وَأَنَّهُمْ لَا يَسْتَكْبِرُونَ ۞ ٧
٨٦ وَإِذَا سَمِعُوا مَا أُنْزِلَ إِلَى ٱلرَّسُولِ تَرَى أَعْيُنَهُمْ تَفِيضُ مِنَ ٱلدَّمْعِ مِمَّا عَرَفُوا
مِنَ ٱلْحَقِّ يَقُولُونَ رَبَّنَا آمَنَّا فَٱكْتُبْنَا مَعَ ٱلشَّاهِدِينَ ٨٧ وَمَا لَنَا لَا نُؤْمِنُ
بِٱللَّهِ وَمَا جَاءَنَا مِنَ ٱلْحَقِّ وَنَطْمَعُ أَنْ يُدْخِلَنَا رَبُّنَا مَعَ ٱلْقَوْمِ ٱلصَّالِحِينَ
٨٨ فَأَثَابَهُمُ ٱللَّهُ بِمَا قَالُوا جَنَّاتٍ تَجْرِي مِنْ تَحْتِهَا ٱلْأَنْهَارُ خَالِدِينَ فِيهَا

لَعَنَهُ ٱللَّهُ وَغَضِبَ عَلَيْهِ وَجَعَلَ مِنْهُمُ ٱلْقِرَدَةَ وَٱلْخَنَازِيرَ وَعَبَدَ ٱلطَّاغُوتَ أُولَٰئِكَ
شَرٌّ مَكَانًا وَأَضَلُّ عَنْ سَوَآءِ ٱلسَّبِيلِ ٦٦ وَإِذَا جَآءُوكُمْ قَالُوا آمَنَّا وَقَدْ دَخَلُوا
بِٱلْكُفْرِ وَهُمْ قَدْ خَرَجُوا بِهِ وَٱللَّهُ أَعْلَمُ بِمَا كَانُوا يَكْتُمُونَ ٦٧ وَتَرَىٰ كَثِيرًا
مِنْهُمْ يُسَارِعُونَ فِي ٱلْإِثْمِ وَٱلْعُدْوَانِ وَأَكْلِهِمُ ٱلسُّحْتَ لَبِئْسَ مَا كَانُوا يَعْمَلُونَ
٦٨ لَوْلَا يَنْهَاهُمُ ٱلرَّبَّانِيُّونَ وَٱلْأَحْبَارُ عَنْ قَوْلِهِمُ ٱلْإِثْمَ وَأَكْلِهِمُ ٱلسُّحْتَ لَبِئْسَ
مَا كَانُوا يَصْنَعُونَ ٦٩ وَقَالَتِ ٱلْيَهُودُ يَدُ ٱللَّهِ مَغْلُولَةٌ غُلَّتْ أَيْدِيهِمْ وَلُعِنُوا
بِمَا قَالُوا بَلْ يَدَاهُ مَبْسُوطَتَانِ يُنْفِقُ كَيْفَ يَشَآءُ وَلَيَزِيدَنَّ كَثِيرًا مِنْهُمْ مَا
أُنْزِلَ إِلَيْكَ مِنْ رَبِّكَ طُغْيَانًا وَكُفْرًا وَأَلْقَيْنَا بَيْنَهُمُ ٱلْعَدَاوَةَ وَٱلْبَغْضَآءَ إِلَىٰ يَوْمِ
ٱلْقِيَامَةِ كُلَّمَا أَوْقَدُوا نَارًا لِلْحَرْبِ أَطْفَأَهَا ٱللَّهُ وَيَسْعَوْنَ فِي ٱلْأَرْضِ فَسَادًا
وَٱللَّهُ لَا يُحِبُّ ٱلْمُفْسِدِينَ ٧٠ وَلَوْ أَنَّ أَهْلَ ٱلْكِتَابِ آمَنُوا وَٱتَّقَوْا لَكَفَّرْنَا عَنْهُمْ
سَيِّآتِهِمْ وَلَأَدْخَلْنَاهُمْ جَنَّاتِ ٱلنَّعِيمِ وَلَوْ أَنَّهُمْ أَقَامُوا ٱلتَّوْرَاةَ وَٱلْإِنْجِيلَ وَمَا أُنْزِلَ
إِلَيْهِمْ مِنْ رَبِّهِمْ لَأَكَلُوا مِنْ فَوْقِهِمْ وَمِنْ تَحْتِ أَرْجُلِهِمْ مِنْهُمْ أُمَّةٌ مُقْتَصِدَةٌ
وَكَثِيرٌ مِنْهُمْ سَآءَ مَا يَعْمَلُونَ ٧١ يَا أَيُّهَا ٱلرَّسُولُ بَلِّغْ مَا أُنْزِلَ إِلَيْكَ مِنْ
رَبِّكَ وَإِنْ لَمْ تَفْعَلْ فَمَا بَلَّغْتَ رِسَالَتَهُ وَٱللَّهُ يَعْصِمُكَ مِنَ ٱلنَّاسِ إِنَّ ٱللَّهَ لَا
يَهْدِي ٱلْقَوْمَ ٱلْكَافِرِينَ ٧٢ قُلْ يَا أَهْلَ ٱلْكِتَابِ لَسْتُمْ عَلَىٰ شَيْءٍ حَتَّىٰ تُقِيمُوا
ٱلتَّوْرَاةَ وَٱلْإِنْجِيلَ وَمَا أُنْزِلَ إِلَيْكُمْ مِنْ رَبِّكُمْ وَلَيَزِيدَنَّ كَثِيرًا مِنْهُمْ مَا أُنْزِلَ
إِلَيْكَ مِنْ رَبِّكَ طُغْيَانًا وَكُفْرًا فَلَا تَأْسَ عَلَى ٱلْقَوْمِ ٱلْكَافِرِينَ ٧٣ إِنَّ ٱلَّذِينَ
آمَنُوا وَٱلَّذِينَ هَادُوا وَٱلصَّابِئُونَ وَٱلنَّصَارَىٰ مَنْ آمَنَ بِٱللَّهِ وَٱلْيَوْمِ ٱلْآخِرِ
وَعَمِلَ صَالِحًا فَلَا خَوْفٌ عَلَيْهِمْ وَلَا هُمْ يَحْزَنُونَ ٧٤ لَقَدْ أَخَذْنَا مِيثَاقَ بَنِي
إِسْرَآئِيلَ وَأَرْسَلْنَا إِلَيْهِمْ رُسُلًا كُلَّمَا جَآءَهُمْ رَسُولٌ بِمَا لَا تَهْوَىٰ أَنْفُسُهُمْ فَرِيقًا
كَذَّبُوا وَفَرِيقًا يَقْتُلُونَ ٧٥ وَحَسِبُوا أَنْ لَا تَكُونَ فِتْنَةٌ فَعَمُوا وَصَمُّوا ثُمَّ تَابَ
ٱللَّهُ عَلَيْهِمْ ثُمَّ عَمُوا وَصَمُّوا كَثِيرٌ مِنْهُمْ وَٱللَّهُ بَصِيرٌ بِمَا يَعْمَلُونَ ٧٦ لَقَدْ

شَآءَ ٱللَّهُ لَجَعَلَكُمْ أُمَّةً وَاحِدَةً وَلَكِنْ لِيَبْلُوَكُمْ فِيمَا آتَاكُمْ فَٱسْتَبِقُوا ٱلْخَيْرَاتِ
إِلَى ٱللَّهِ مَرْجِعُكُمْ جَمِيعًا فَيُنَبِّئُكُمْ بِمَا كُنْتُمْ فِيهِ تَخْتَلِفُونَ ٥٤ وَأَنِ ٱحْكُمْ
بَيْنَهُمْ بِمَا أَنْزَلَ ٱللَّهُ وَلَا تَتَّبِعْ أَهْوَآءَهُمْ وَٱحْذَرْهُمْ أَنْ يَفْتِنُوكَ عَنْ بَعْضِ مَا
أَنْزَلَ ٱللَّهُ إِلَيْكَ فَإِنْ تَوَلَّوْا فَٱعْلَمْ أَنَّمَا يُرِيدُ ٱللَّهُ أَنْ يُصِيبَهُمْ بِبَعْضِ ذُنُوبِهِمْ
وَإِنَّ كَثِيرًا مِنَ ٱلنَّاسِ لَفَاسِقُونَ ٥٥ أَفَحُكْمَ ٱلْجَاهِلِيَّةِ يَبْغُونَ وَمَنْ أَحْسَنُ مِنَ
ٱللَّهِ حُكْمًا لِقَوْمٍ يُوقِنُونَ ٥٦ يَا أَيُّهَا ٱلَّذِينَ آمَنُوا لَا تَتَّخِذُوا ٱلْيَهُودَ
وَٱلنَّصَارَى أَوْلِيَآءَ بَعْضُهُمْ أَوْلِيَآءُ بَعْضٍ وَمَنْ يَتَوَلَّهُمْ مِنْكُمْ فَإِنَّهُ مِنْهُمْ إِنَّ ٱللَّهَ
لَا يَهْدِي ٱلْقَوْمَ ٱلظَّالِمِينَ ٥٧ فَتَرَى ٱلَّذِينَ فِي قُلُوبِهِمْ مَرَضٌ يُسَارِعُونَ
فِيهِمْ يَقُولُونَ نَخْشَى أَنْ تُصِيبَنَا دَآئِرَةٌ فَعَسَى ٱللَّهُ أَنْ يَأْتِيَ بِٱلْفَتْحِ أَوْ أَمْرٍ
مِنْ عِنْدِهِ فَيُصْبِحُوا عَلَى مَا أَسَرُّوا فِي أَنْفُسِهِمْ نَادِمِينَ ٥٨ وَيَقُولُ ٱلَّذِينَ آمَنُوا
أَهَؤُلَآءِ ٱلَّذِينَ أَقْسَمُوا بِٱللَّهِ جَهْدَ أَيْمَانِهِمْ إِنَّهُمْ لَمَعَكُمْ حَبِطَتْ أَعْمَالُهُمْ
فَأَصْبَحُوا خَاسِرِينَ ٥٩ يَا أَيُّهَا ٱلَّذِينَ آمَنُوا مَنْ يَرْتَدَّ مِنْكُمْ عَنْ دِينِهِ فَسَوْفَ
يَأْتِي ٱللَّهُ بِقَوْمٍ يُحِبُّهُمْ وَيُحِبُّونَهُ أَذِلَّةٍ عَلَى ٱلْمُؤْمِنِينَ أَعِزَّةٍ عَلَى ٱلْكَافِرِينَ
يُجَاهِدُونَ فِي سَبِيلِ ٱللَّهِ وَلَا يَخَافُونَ لَوْمَةَ لَآئِمٍ ذَلِكَ فَضْلُ ٱللَّهِ يُؤْتِيهِ مَنْ
يَشَآءُ وَٱللَّهُ وَاسِعٌ عَلِيمٌ ٦٠ إِنَّمَا وَلِيُّكُمُ ٱللَّهُ وَرَسُولُهُ وَٱلَّذِينَ آمَنُوا ٱلَّذِينَ
يُقِيمُونَ ٱلصَّلَوٰةَ وَيُؤْتُونَ ٱلزَّكَوٰةَ وَهُمْ رَاكِعُونَ ٦١ وَمَنْ يَتَوَلَّ ٱللَّهَ وَرَسُولَهُ
وَٱلَّذِينَ آمَنُوا فَإِنَّ حِزْبَ ٱللَّهِ هُمُ ٱلْغَالِبُونَ ٦٢ يَا أَيُّهَا ٱلَّذِينَ آمَنُوا لَا
تَتَّخِذُوا ٱلَّذِينَ ٱتَّخَذُوا دِينَكُمْ هُزُوًا وَلَعِبًا مِنَ ٱلَّذِينَ أُوتُوا ٱلْكِتَابَ مِنْ قَبْلِكُمْ
وَٱلْكُفَّارَ أَوْلِيَآءَ وَٱتَّقُوا ٱللَّهَ إِنْ كُنْتُمْ مُؤْمِنِينَ ٦٣ وَإِذَا نَادَيْتُمْ إِلَى ٱلصَّلَوٰةِ
ٱتَّخَذُوهَا هُزُوًا وَلَعِبًا ذَلِكَ بِأَنَّهُمْ قَوْمٌ لَا يَعْقِلُونَ ٦٤ قُلْ يَا أَهْلَ ٱلْكِتَابِ هَلْ
تَنْقِمُونَ مِنَّا إِلَّا أَنْ آمَنَّا بِٱللَّهِ وَمَا أُنْزِلَ إِلَيْنَا وَمَا أُنْزِلَ مِنْ قَبْلُ وَأَنَّ
أَكْثَرَكُمْ فَاسِقُونَ ٦٥ قُلْ هَلْ أُنَبِّئُكُمْ بِشَرٍّ مِنْ ذَلِكَ مَثُوبَةً عِنْدَ ٱللَّهِ مَنْ

عَلَى كُلِّ شَيْءٍ قَدِيرٌ ٤٥ يَا أَيُّهَا ٱلرَّسُولُ لَا يَحْزُنْكَ ٱلَّذِينَ يُسَارِعُونَ فِي
ٱلْكُفْرِ مِنَ ٱلَّذِينَ قَالُوا آمَنَّا بِأَفْوَاهِهِمْ وَلَمْ تُؤْمِنْ قُلُوبُهُمْ وَمِنَ ٱلَّذِينَ هَادُوا
سَمَّاعُونَ لِلْكَذِبِ سَمَّاعُونَ لِقَوْمٍ آخَرِينَ لَمْ يَأْتُوكَ يُحَرِّفُونَ ٱلْكَلِمَ مِنْ بَعْدِ
مَوَاضِعِهِ يَقُولُونَ إِنْ أُوتِيتُمْ هٰذَا فَخُذُوهُ وَإِنْ لَمْ تُؤْتَوْهُ فَٱحْذَرُوا وَمَنْ يُرِدِ
ٱللّٰهُ فِتْنَتَهُ فَلَنْ تَمْلِكَ لَهُ مِنَ ٱللّٰهِ شَيْئًا أُولَائِكَ ٱلَّذِينَ لَمْ يُرِدِ ٱللّٰهُ أَنْ
يُطَهِّرَ قُلُوبَهُمْ لَهُمْ فِي ٱلدُّنْيَا خِزْيٌ وَلَهُمْ فِي ٱلْآخِرَةِ عَذَابٌ عَظِيمٌ ٤٦ سَمَّاعُونَ
لِلْكَذِبِ أَكَّالُونَ لِلسُّحْتِ فَإِنْ جَاؤُكَ فَٱحْكُمْ بَيْنَهُمْ أَوْ أَعْرِضْ عَنْهُمْ وَإِنْ
تُعْرِضْ عَنْهُمْ فَلَنْ يَضُرُّوكَ شَيْئًا وَإِنْ حَكَمْتَ فَٱحْكُمْ بَيْنَهُمْ بِٱلْقِسْطِ إِنَّ ٱللّٰهَ
يُحِبُّ ٱلْمُقْسِطِينَ ٤٧ وَكَيْفَ يُحَكِّمُونَكَ وَعِنْدَهُمُ ٱلتَّوْرَاةُ فِيهَا حُكْمُ ٱللّٰهِ ثُمَّ
يَتَوَلَّوْنَ مِنْ بَعْدِ ذٰلِكَ وَمَا أُولَائِكَ بِٱلْمُؤْمِنِينَ ٤٨ إِنَّا أَنْزَلْنَا ٱلتَّوْرَاةَ فِيهَا
هُدًى وَنُورٌ يَحْكُمُ بِهَا ٱلنَّبِيُّونَ ٱلَّذِينَ أَسْلَمُوا لِلَّذِينَ هَادُوا وَٱلرَّبَّانِيُّونَ
وَٱلْأَحْبَارُ بِمَا ٱسْتُحْفِظُوا مِنْ كِتَابِ ٱللّٰهِ وَكَانُوا عَلَيْهِ شُهَدَاءَ فَلَا تَخْشَوُا ٱلنَّاسَ
وَٱخْشَوْنِ وَلَا تَشْتَرُوا بِآيَاتِي ثَمَنًا قَلِيلًا وَمَنْ لَمْ يَحْكُمْ بِمَا أَنْزَلَ ٱللّٰهُ فَأُولَائِكَ
هُمُ ٱلْكَافِرُونَ ٤٩ وَكَتَبْنَا عَلَيْهِمْ فِيهَا أَنَّ ٱلنَّفْسَ بِٱلنَّفْسِ وَٱلْعَيْنَ بِٱلْعَيْنِ
وَٱلْأَنْفَ بِٱلْأَنْفِ وَٱلْأُذُنَ بِٱلْأُذُنِ وَٱلسِّنَّ بِٱلسِّنِّ وَٱلْجُرُوحَ قِصَاصٌ فَمَنْ تَصَدَّقَ
بِهِ فَهُوَ كَفَّارَةٌ لَهُ وَمَنْ لَمْ يَحْكُمْ بِمَا أَنْزَلَ ٱللّٰهُ فَأُولَائِكَ هُمُ ٱلظَّالِمُونَ ٥٠ وَقَفَّيْنَا
عَلَى آثَارِهِمْ بِعِيسَى ٱبْنِ مَرْيَمَ مُصَدِّقًا لِمَا بَيْنَ يَدَيْهِ مِنَ ٱلتَّوْرَاةِ وَآتَيْنَاهُ
ٱلْإِنْجِيلَ فِيهِ هُدًى وَنُورٌ وَمُصَدِّقًا لِمَا بَيْنَ يَدَيْهِ مِنَ ٱلتَّوْرَاةِ وَهُدًى وَمَوْعِظَةً
لِلْمُتَّقِينَ ٥١ وَلْيَحْكُمْ أَهْلُ ٱلْإِنْجِيلِ بِمَا أَنْزَلَ ٱللّٰهُ فِيهِ وَمَنْ لَمْ يَحْكُمْ بِمَا
أَنْزَلَ ٱللّٰهُ فَأُولَائِكَ هُمُ ٱلْفَاسِقُونَ ٥٢ وَأَنْزَلْنَا إِلَيْكَ ٱلْكِتَابَ بِٱلْحَقِّ مُصَدِّقًا لِمَا
بَيْنَ يَدَيْهِ مِنَ ٱلْكِتَابِ وَمُهَيْمِنًا عَلَيْهِ فَٱحْكُمْ بَيْنَهُمْ بِمَا أَنْزَلَ ٱللّٰهُ وَلَا تَتَّبِعْ
أَهْوَاءَهُمْ عَمَّا جَاءَكَ مِنَ ٱلْحَقِّ لِكُلٍّ جَعَلْنَا مِنْكُمْ شِرْعَةً وَمِنْهَاجًا ٥٣ وَلَوْ

وَٱتْلُ عَلَيْهِمْ نَبَأَ ٱبْنَيْ آدَمَ بِٱلْحَقِّ إِذْ قَرَّبَا قُرْبَانًا فَتُقُبِّلَ مِنْ أَحَدِهِمَا وَلَمْ
يُتَقَبَّلْ مِنَ ٱلْآخَرِ قَالَ لَأَقْتُلَنَّكَ قَالَ إِنَّمَا يَتَقَبَّلُ ٱللَّهُ مِنَ ٱلْمُتَّقِينَ ٣١ لَئِنْ
بَسَطتَّ إِلَيَّ يَدَكَ لِتَقْتُلَنِي مَا أَنَا بِبَاسِطٍ يَدِيَ إِلَيْكَ لِأَقْتُلَكَ إِنِّي أَخَافُ ٱللَّهَ
رَبَّ ٱلْعَالَمِينَ ٣٢ إِنِّي أُرِيدُ أَنْ تَبُوءَ بِإِثْمِي وَإِثْمِكَ فَتَكُونَ مِنْ أَصْحَابِ ٱلنَّارِ
وَذَلِكَ جَزَآءُ ٱلظَّالِمِينَ ٣٣ فَطَوَّعَتْ لَهُ نَفْسُهُ قَتْلَ أَخِيهِ فَقَتَلَهُ فَأَصْبَحَ مِنَ
ٱلْخَاسِرِينَ ٣٤ فَبَعَثَ ٱللَّهُ غُرَابًا يَبْحَثُ فِي ٱلْأَرْضِ لِيُرِيَهُ كَيْفَ يُوَارِي سَوْءَةَ
أَخِيهِ قَالَ يَا وَيْلَتَى أَعَجَزْتُ أَنْ أَكُونَ مِثْلَ هَذَا ٱلْغُرَابِ فَأُوَارِيَ سَوْءَةَ أَخِي
فَأَصْبَحَ مِنَ ٱلنَّادِمِينَ ٣٥ مِنْ أَجْلِ ذَلِكَ كَتَبْنَا عَلَى بَنِي إِسْرَآئِلَ أَنَّهُ مَنْ
قَتَلَ نَفْسًا بِغَيْرِ نَفْسٍ أَوْ فَسَادٍ فِي ٱلْأَرْضِ فَكَأَنَّمَا قَتَلَ ٱلنَّاسَ جَمِيعًا وَمَنْ
أَحْيَاهَا فَكَأَنَّمَا أَحْيَا ٱلنَّاسَ جَمِيعًا ٣٦ وَلَقَدْ جَآءَتْهُمْ رُسُلُنَا بِٱلْبَيِّنَاتِ ثُمَّ
إِنَّ كَثِيرًا مِنْهُمْ بَعْدَ ذَلِكَ فِي ٱلْأَرْضِ لَمُسْرِفُونَ ٣٧ إِنَّمَا جَزَآءُ ٱلَّذِينَ يُحَارِبُونَ
ٱللَّهَ وَرَسُولَهُ وَيَسْعَوْنَ فِي ٱلْأَرْضِ فَسَادًا أَنْ يُقَتَّلُوا أَوْ يُصَلَّبُوا أَوْ تُقَطَّعَ أَيْدِيهِمْ
وَأَرْجُلُهُمْ مِنْ خِلَافٍ أَوْ يُنْفَوْا مِنَ ٱلْأَرْضِ ذَلِكَ لَهُمْ خِزْيٌ فِي ٱلدُّنْيَا وَلَهُمْ فِي
ٱلْآخِرَةِ عَذَابٌ عَظِيمٌ ٣٨ إِلَّا ٱلَّذِينَ تَابُوا مِنْ قَبْلِ أَنْ تَقْدِرُوا عَلَيْهِمْ
فَٱعْلَمُوا أَنَّ ٱللَّهَ غَفُورٌ رَحِيمٌ ٣٩ يَا أَيُّهَا ٱلَّذِينَ آمَنُوا ٱتَّقُوا ٱللَّهَ وَٱبْتَغُوا
إِلَيْهِ ٱلْوَسِيلَةَ وَجَاهِدُوا فِي سَبِيلِهِ لَعَلَّكُمْ تُفْلِحُونَ ٤٠ إِنَّ ٱلَّذِينَ كَفَرُوا لَوْ أَنَّ
لَهُمْ مَا فِي ٱلْأَرْضِ جَمِيعًا وَمِثْلَهُ مَعَهُ لِيَفْتَدُوا بِهِ مِنْ عَذَابِ يَوْمِ ٱلْقِيَامَةِ مَا
تُقُبِّلَ مِنْهُمْ وَلَهُمْ عَذَابٌ أَلِيمٌ ٤١ يُرِيدُونَ أَنْ يَخْرُجُوا مِنَ ٱلنَّارِ وَمَا هُمْ
بِخَارِجِينَ مِنْهَا وَلَهُمْ عَذَابٌ مُقِيمٌ ٤٢ وَٱلسَّارِقُ وَٱلسَّارِقَةُ فَٱقْطَعُوا أَيْدِيَهُمَا
جَزَآءً بِمَا كَسَبَا نَكَالًا مِنَ ٱللَّهِ وَٱللَّهُ عَزِيزٌ حَكِيمٌ ٤٣ فَمَنْ تَابَ مِنْ بَعْدِ
ظُلْمِهِ وَأَصْلَحَ فَإِنَّ ٱللَّهَ يَتُوبُ عَلَيْهِ إِنَّ ٱللَّهَ غَفُورٌ رَحِيمٌ ٤٤ أَلَمْ تَعْلَمْ أَنَّ
ٱللَّهَ لَهُ مُلْكُ ٱلسَّمَوَاتِ وَٱلْأَرْضِ يُعَذِّبُ مَنْ يَشَآءُ وَيَغْفِرُ لِمَنْ يَشَآءُ وَٱللَّهُ

بِمَا كَانُوا يَصْنَعُونَ ١٨ يَا أَهْلَ ٱلْكِتَابِ قَدْ جَاءَكُمْ رَسُولُنَا يُبَيِّنُ لَكُمْ كَثِيرًا
مِمَّا كُنْتُمْ تُخْفُونَ مِنَ ٱلْكِتَابِ وَيَعْفُو عَنْ كَثِيرٍ قَدْ جَاءَكُمْ مِنَ ٱللَّهِ نُورٌ
وَكِتَابٌ مُبِينٌ يَهْدِي بِهِ ٱللَّهُ مَنِ ٱتَّبَعَ رِضْوَانَهُ سُبُلَ ٱلسَّلَامِ وَيُخْرِجُهُمْ مِنَ
ٱلظُّلُمَاتِ إِلَى ٱلنُّورِ بِإِذْنِهِ وَيَهْدِيهِمْ إِلَى صِرَاطٍ مُسْتَقِيمٍ ١٩ لَقَدْ كَفَرَ ٱلَّذِينَ
قَالُوا إِنَّ ٱللَّهَ هُوَ ٱلْمَسِيحُ ٱبْنُ مَرْيَمَ قُلْ فَمَنْ يَمْلِكُ مِنَ ٱللَّهِ شَيْئًا إِنْ أَرَادَ
أَنْ يُهْلِكَ ٱلْمَسِيحَ ٱبْنَ مَرْيَمَ وَأُمَّهُ وَمَنْ فِي ٱلْأَرْضِ جَمِيعًا ٢٠ وَلِلَّهِ مُلْكُ
ٱلسَّمَاوَاتِ وَٱلْأَرْضِ وَمَا بَيْنَهُمَا يَخْلُقُ مَا يَشَاءُ وَٱللَّهُ عَلَى كُلِّ شَيْءٍ قَدِيرٌ
٢١ وَقَالَتِ ٱلْيَهُودُ وَٱلنَّصَارَى نَحْنُ أَبْنَاءُ ٱللَّهِ وَأَحِبَّاؤُهُ قُلْ فَلِمَ يُعَذِّبُكُمْ بِذُنُوبِكُمْ
بَلْ أَنْتُمْ بَشَرٌ مِمَّنْ خَلَقَ يَغْفِرُ لِمَنْ يَشَاءُ وَيُعَذِّبُ مَنْ يَشَاءُ وَلِلَّهِ مُلْكُ
ٱلسَّمَاوَاتِ وَٱلْأَرْضِ وَمَا بَيْنَهُمَا وَإِلَيْهِ ٱلْمَصِيرُ ٢٢ يَا أَهْلَ ٱلْكِتَابِ قَدْ جَاءَكُمْ
رَسُولُنَا يُبَيِّنُ لَكُمْ عَلَى فَتْرَةٍ مِنَ ٱلرُّسُلِ أَنْ تَقُولُوا مَا جَاءَنَا مِنْ بَشِيرٍ وَلَا
نَذِيرٍ فَقَدْ جَاءَكُمْ بَشِيرٌ وَنَذِيرٌ وَٱللَّهُ عَلَى كُلِّ شَيْءٍ قَدِيرٌ ٢٣ وَإِذْ قَالَ مُوسَى
لِقَوْمِهِ يَا قَوْمِ ٱذْكُرُوا نِعْمَتَ ٱللَّهِ عَلَيْكُمْ إِذْ جَعَلَ فِيكُمْ أَنْبِيَاءَ وَجَعَلَكُمْ مُلُوكًا
وَآتَاكُمْ مَا لَمْ يُؤْتِ أَحَدًا مِنَ ٱلْعَالَمِينَ ٢٤ يَا قَوْمِ ٱدْخُلُوا ٱلْأَرْضَ ٱلْمُقَدَّسَةَ
ٱلَّتِي كَتَبَ ٱللَّهُ لَكُمْ وَلَا تَرْتَدُّوا عَلَى أَدْبَارِكُمْ فَتَنْقَلِبُوا خَاسِرِينَ ٢٥ قَالُوا
يَا مُوسَى إِنَّ فِيهَا قَوْمًا جَبَّارِينَ وَإِنَّا لَنْ نَدْخُلَهَا حَتَّى يَخْرُجُوا مِنْهَا فَإِنْ
يَخْرُجُوا مِنْهَا فَإِنَّا دَاخِلُونَ ٢٦ قَالَ رَجُلَانِ مِنَ ٱلَّذِينَ يَخَافُونَ أَنْعَمَ ٱللَّهُ
عَلَيْهِمَا ٱدْخُلُوا عَلَيْهِمُ ٱلْبَابَ فَإِذَا دَخَلْتُمُوهُ فَإِنَّكُمْ غَالِبُونَ وَعَلَى ٱللَّهِ
فَتَوَكَّلُوا إِنْ كُنْتُمْ مُؤْمِنِينَ ٢٧ قَالُوا يَا مُوسَى إِنَّا لَنْ نَدْخُلَهَا أَبَدًا مَا دَامُوا
فِيهَا فَٱذْهَبْ أَنْتَ وَرَبُّكَ فَقَاتِلَا إِنَّا هَاهُنَا قَاعِدُونَ ٢٨ قَالَ رَبِّ إِنِّي لَا أَمْلِكُ
إِلَّا نَفْسِي وَأَخِي فَٱفْرُقْ بَيْنَنَا وَبَيْنَ ٱلْقَوْمِ ٱلْفَاسِقِينَ ٢٩ قَالَ فَإِنَّهَا مُحَرَّمَةٌ
عَلَيْهِمْ أَرْبَعِينَ سَنَةً يَتِيهُونَ فِي ٱلْأَرْضِ فَلَا تَأْسَ عَلَى ٱلْقَوْمِ ٱلْفَاسِقِينَ ٣٠

ٱلْآخِرَةِ مِنَ ٱلْخَاسِرِينَ ٨ يَا أَيُّهَا ٱلَّذِينَ آمَنُوا إِذَا قُمْتُمْ إِلَى ٱلصَّلٰوةِ فَٱغْسِلُوا
وُجُوهَكُمْ وَأَيْدِيَكُمْ إِلَى ٱلْمَرَافِقِ وَٱمْسَحُوا بِرُؤُسِكُمْ وَأَرْجُلَكُمْ إِلَى ٱلْكَعْبَيْنِ ٩ وَإِنْ
كُنْتُمْ جُنُبًا فَٱطَّهَّرُوا وَإِنْ كُنْتُمْ مَرْضَى أَوْ عَلَى سَفَرٍ أَوْ جَآءَ أَحَدٌ مِنْكُمْ مِنَ
ٱلْغَآئِطِ أَوْ لَامَسْتُمُ ٱلنِّسَآءَ فَلَمْ تَجِدُوا مَآءً فَتَيَمَّمُوا صَعِيدًا طَيِّبًا فَٱمْسَحُوا
بِوُجُوهِكُمْ وَأَيْدِيكُمْ مِنْهُ مَا يُرِيدُ ٱللّٰهُ لِيَجْعَلَ عَلَيْكُمْ مِنْ حَرَجٍ وَلٰكِنْ يُرِيدُ
لِيُطَهِّرَكُمْ وَلِيُتِمَّ نِعْمَتَهُ عَلَيْكُمْ لَعَلَّكُمْ تَشْكُرُونَ ١٠ وَٱذْكُرُوا نِعْمَةَ ٱللّٰهِ عَلَيْكُمْ
وَمِيثَاقَهُ ٱلَّذِي وَاثَقَكُمْ بِهِ إِذْ قُلْتُمْ سَمِعْنَا وَأَطَعْنَا وَٱتَّقُوا ٱللّٰهَ إِنَّ ٱللّٰهَ عَلِيمٌ
بِذَاتِ ٱلصُّدُورِ ١١ يَا أَيُّهَا ٱلَّذِينَ آمَنُوا كُونُوا قَوَّامِينَ لِلّٰهِ شُهَدَآءَ بِٱلْقِسْطِ
وَلَا يَجْرِمَنَّكُمْ شَنَآنُ قَوْمٍ عَلَى أَنْ لَا تَعْدِلُوا ٱعْدِلُوا هُوَ أَقْرَبُ لِلتَّقْوَى وَٱتَّقُوا
ٱللّٰهَ إِنَّ ٱللّٰهَ خَبِيرٌ بِمَا تَعْمَلُونَ ١٢ وَعَدَ ٱللّٰهُ ٱلَّذِينَ آمَنُوا وَعَمِلُوا
ٱلصَّالِحَاتِ لَهُمْ مَغْفِرَةٌ وَأَجْرٌ عَظِيمٌ ١٣ وَٱلَّذِينَ كَفَرُوا وَكَذَّبُوا بِآيَاتِنَا أُولٰٓئِكَ
أَصْحَابُ ٱلْجَحِيمِ ١٤ يَا أَيُّهَا ٱلَّذِينَ آمَنُوا ٱذْكُرُوا نِعْمَتَ ٱللّٰهِ عَلَيْكُمْ إِذْ هَمَّ قَوْمٌ
أَنْ يَبْسُطُوا إِلَيْكُمْ أَيْدِيَهُمْ فَكَفَّ أَيْدِيَهُمْ عَنْكُمْ وَٱتَّقُوا ٱللّٰهَ وَعَلَى ٱللّٰهِ
فَلْيَتَوَكَّلِ ٱلْمُؤْمِنُونَ ١٥ وَلَقَدْ أَخَذَ ٱللّٰهُ مِيثَاقَ بَنِي إِسْرَآئِلَ وَبَعَثْنَا مِنْهُمُ
ٱثْنَيْ عَشَرَ نَقِيبًا وَقَالَ ٱللّٰهُ إِنِّي مَعَكُمْ لَئِنْ أَقَمْتُمُ ٱلصَّلٰوةَ وَآتَيْتُمُ ٱلزَّكٰوةَ
وَآمَنْتُمْ بِرُسُلِي وَعَزَّرْتُمُوهُمْ وَأَقْرَضْتُمُ ٱللّٰهَ قَرْضًا حَسَنًا لَأُكَفِّرَنَّ عَنْكُمْ سَيِّآتِكُمْ
وَلَأُدْخِلَنَّكُمْ جَنَّاتٍ تَجْرِي مِنْ تَحْتِهَا ٱلْأَنْهَارُ فَمَنْ كَفَرَ بَعْدَ ذٰلِكَ مِنْكُمْ فَقَدْ
ضَلَّ سَوَآءَ ٱلسَّبِيلِ ١٦ فَبِمَا نَقْضِهِمْ مِيثَاقَهُمْ لَعَنَّاهُمْ وَجَعَلْنَا قُلُوبَهُمْ قَاسِيَةً
يُحَرِّفُونَ ٱلْكَلِمَ عَنْ مَوَاضِعِهِ وَنَسُوا حَظًّا مِمَّا ذُكِّرُوا بِهِ وَلَا تَزَالُ تَطَّلِعُ عَلَى
خَآئِنَةٍ مِنْهُمْ إِلَّا قَلِيلًا مِنْهُمْ فَٱعْفُ عَنْهُمْ وَٱصْفَحْ إِنَّ ٱللّٰهَ يُحِبُّ ٱلْمُحْسِنِينَ
١٧ وَمِنَ ٱلَّذِينَ قَالُوا إِنَّا نَصَارَى أَخَذْنَا مِيثَاقَهُمْ فَنَسُوا حَظًّا مِمَّا ذُكِّرُوا
بِهِ فَأَغْرَيْنَا بَيْنَهُمُ ٱلْعَدَاوَةَ وَٱلْبَغْضَآءَ إِلَى يَوْمِ ٱلْقِيَامَةِ وَسَوْفَ يُنَبِّئُهُمُ ٱللّٰهُ

سورة المائدة

مدنية وهى مائة وعشرون آية

بِسْمِ ٱللَّهِ ٱلرَّحْمَنِ ٱلرَّحِيمِ

١ يَا أَيُّهَا ٱلَّذِينَ آمَنُوا أَوْفُوا بِٱلْعُقُودِ أُحِلَّتْ لَكُمْ بَهِيمَةُ ٱلْأَنْعَامِ إِلَّا مَا يُتْلَى عَلَيْكُمْ غَيْرَ مُحِلِّي ٱلصَّيْدِ وَأَنْتُمْ حُرُمٌ إِنَّ ٱللَّهَ يَحْكُمُ مَا يُرِيدُ ٢ يَا أَيُّهَا ٱلَّذِينَ آمَنُوا لَا تُحِلُّوا شَعَائِرَ ٱللَّهِ وَلَا ٱلشَّهْرَ ٱلْحَرَامَ وَلَا ٱلْهَدْيَ وَلَا ٱلْقَلَائِدَ وَلَا آمِّينَ ٱلْبَيْتَ ٱلْحَرَامَ يَبْتَغُونَ فَضْلًا مِنْ رَبِّهِمْ وَرِضْوَانًا ٣ وَإِذَا حَلَلْتُمْ فَٱصْطَادُوا وَلَا يَجْرِمَنَّكُمْ شَنَآنُ قَوْمٍ أَنْ صَدُّوكُمْ عَنِ ٱلْمَسْجِدِ ٱلْحَرَامِ أَنْ تَعْتَدُوا وَتَعَاوَنُوا عَلَى ٱلْبِرِّ وَٱلتَّقْوَى وَلَا تَعَاوَنُوا عَلَى ٱلْإِثْمِ وَٱلْعُدْوَانِ وَٱتَّقُوا ٱللَّهَ إِنَّ ٱللَّهَ شَدِيدُ ٱلْعِقَابِ ٤ حُرِّمَتْ عَلَيْكُمُ ٱلْمَيْتَةُ وَٱلدَّمُ وَلَحْمُ ٱلْخِنْزِيرِ وَمَا أُهِلَّ لِغَيْرِ ٱللَّهِ بِهِ وَٱلْمُنْخَنِقَةُ وَٱلْمَوْقُوذَةُ وَٱلْمُتَرَدِّيَةُ وَٱلنَّطِيحَةُ وَمَا أَكَلَ ٱلسَّبُعُ إِلَّا مَا ذَكَّيْتُمْ وَمَا ذُبِحَ عَلَى ٱلنُّصُبِ وَأَنْ تَسْتَقْسِمُوا بِٱلْأَزْلَامِ ذَلِكُمْ فِسْقٌ ٱلْيَوْمَ يَئِسَ ٱلَّذِينَ كَفَرُوا مِنْ دِينِكُمْ فَلَا تَخْشَوْهُمْ وَٱخْشَوْنِ ٥ ٱلْيَوْمَ أَكْمَلْتُ لَكُمْ دِينَكُمْ وَأَتْمَمْتُ عَلَيْكُمْ نِعْمَتِي وَرَضِيتُ لَكُمُ ٱلْإِسْلَامَ دِينًا فَمَنِ ٱضْطُرَّ فِي مَخْمَصَةٍ غَيْرَ مُتَجَانِفٍ لِإِثْمٍ فَإِنَّ ٱللَّهَ غَفُورٌ رَحِيمٌ ٦ يَسْأَلُونَكَ مَا ذَا أُحِلَّ لَهُمْ قُلْ أُحِلَّ لَكُمُ ٱلطَّيِّبَاتُ وَمَا عَلَّمْتُمْ مِنَ ٱلْجَوَارِحِ مُكَلِّبِينَ تُعَلِّمُونَهُنَّ مِمَّا عَلَّمَكُمُ ٱللَّهُ فَكُلُوا مِمَّا أَمْسَكْنَ عَلَيْكُمْ وَٱذْكُرُوا ٱسْمَ ٱللَّهِ عَلَيْهِ وَٱتَّقُوا ٱللَّهَ إِنَّ ٱللَّهَ سَرِيعُ ٱلْحِسَابِ ٧ ٱلْيَوْمَ أُحِلَّ لَكُمُ ٱلطَّيِّبَاتُ وَطَعَامُ ٱلَّذِينَ أُوتُوا ٱلْكِتَابَ حِلٌّ لَكُمْ وَطَعَامُكُمْ حِلٌّ لَهُمْ وَٱلْمُحْصَنَاتُ مِنَ ٱلْمُؤْمِنَاتِ وَٱلْمُحْصَنَاتُ مِنَ ٱلَّذِينَ أُوتُوا ٱلْكِتَابَ مِنْ قَبْلِكُمْ إِذَا آتَيْتُمُوهُنَّ أُجُورَهُنَّ مُحْصِنِينَ غَيْرَ مُسَافِحِينَ وَلَا مُتَّخِذِي أَخْدَانٍ وَمَنْ يَكْفُرْ بِٱلْإِيمَانِ فَقَدْ حَبِطَ عَمَلُهُ وَهُوَ فِي

لِيَهْدِيَهُمْ طَرِيقًا ۱۶۷ إِلَّا طَرِيقَ جَهَنَّمَ خَالِدِينَ فِيهَا أَبَدًا وَكَانَ ذٰلِكَ عَلَى
ٱللّٰهِ يَسِيرًا ۱۶۸ يَا أَيُّهَا ٱلنَّاسُ قَدْ جَآءَكُمُ ٱلرَّسُولُ بِٱلْحَقِّ مِنْ رَبِّكُمْ فَآمِنُوا
خَيْرًا لَكُمْ وَإِنْ تَكْفُرُوا فَإِنَّ لِلّٰهِ مَا فِي ٱلسَّمٰوَاتِ وَٱلْأَرْضِ وَكَانَ ٱللّٰهُ عَلِيمًا حَكِيمًا
۱۶۹ يَا أَهْلَ ٱلْكِتَابِ لَا تَغْلُوا فِي دِينِكُمْ وَلَا تَقُولُوا عَلَى ٱللّٰهِ إِلَّا ٱلْحَقَّ إِنَّمَا
ٱلْمَسِيحُ عِيسَى ٱبْنُ مَرْيَمَ رَسُولُ ٱللّٰهِ وَكَلِمَتُهُ أَلْقَاهَا إِلَى مَرْيَمَ وَرُوحٌ مِنْهُ فَآمِنُوا
بِٱللّٰهِ وَرُسُلِهِ وَلَا تَقُولُوا ثَلٰثَةٌ إِنْتَهُوا خَيْرًا لَكُمْ إِنَّمَا ٱللّٰهُ إِلٰهٌ وَاحِدٌ سُبْحَانَهُ
أَنْ يَكُونَ لَهُ وَلَدٌ لَهُ مَا فِي ٱلسَّمٰوَاتِ وَمَا فِي ٱلْأَرْضِ وَكَفَى بِٱللّٰهِ وَكِيلًا
۱۷۰ لَنْ يَسْتَنْكِفَ ٱلْمَسِيحُ أَنْ يَكُونَ عَبْدًا لِلّٰهِ وَلَا ٱلْمَلَآئِكَةُ ٱلْمُقَرَّبُونَ ۱۷۱ وَمَنْ
يَسْتَنْكِفْ عَنْ عِبَادَتِهِ وَيَسْتَكْبِرْ فَسَيَحْشُرُهُمْ إِلَيْهِ جَمِيعًا ۱۷۲ فَأَمَّا ٱلَّذِينَ
آمَنُوا وَعَمِلُوا ٱلصَّالِحَاتِ فَيُوَفِّيهِمْ أُجُورَهُمْ وَيَزِيدُهُمْ مِنْ فَضْلِهِ وَأَمَّا ٱلَّذِينَ
ٱسْتَنْكَفُوا وَٱسْتَكْبَرُوا فَيُعَذِّبُهُمْ عَذَابًا أَلِيمًا ۱۷۳ وَلَا يَجِدُونَ لَهُمْ مِنْ دُونِ
ٱللّٰهِ وَلِيًّا وَلَا نَصِيرًا ۱۷۴ يَا أَيُّهَا ٱلنَّاسُ قَدْ جَآءَكُمْ بُرْهَانٌ مِنْ رَبِّكُمْ وَأَنْزَلْنَا
إِلَيْكُمْ نُورًا مُبِينًا فَأَمَّا ٱلَّذِينَ آمَنُوا بِٱللّٰهِ وَٱعْتَصَمُوا بِهِ فَسَيُدْخِلُهُمْ فِي
رَحْمَةٍ مِنْهُ وَفَضْلٍ وَيَهْدِيهِمْ إِلَيْهِ صِرَاطًا مُسْتَقِيمًا ۱۷۵ يَسْتَفْتُونَكَ قُلِ ٱللّٰهُ
يُفْتِيكُمْ فِي ٱلْكَلَالَةِ إِنِ ٱمْرُؤٌ هَلَكَ لَيْسَ لَهُ وَلَدٌ وَلَهُ أُخْتٌ فَلَهَا نِصْفُ مَا
تَرَكَ وَهُوَ يَرِثُهَا إِنْ لَمْ يَكُنْ لَهَا وَلَدٌ فَإِنْ كَانَتَا ٱثْنَتَيْنِ فَلَهُمَا ٱلثُّلُثَانِ
مِمَّا تَرَكَ وَإِنْ كَانُوا إِخْوَةً رِجَالًا وَنِسَآءً فَلِلذَّكَرِ مِثْلُ حَظِّ ٱلْأُنْثَيَيْنِ يُبَيِّنُ
ٱللّٰهُ لَكُمْ أَنْ تَضِلُّوا وَٱللّٰهُ بِكُلِّ شَيْءٍ عَلِيمٌ

سورة النسآء ٥١

وَآتَيْنَا مُوسَى سُلْطَانًا مُبِينًا ١٥٣ وَرَفَعْنَا فَوْقَهُمُ ٱلطُّورَ بِمِيثَاقِهِمْ وَقُلْنَا لَهُمُ
ٱدْخُلُوا ٱلْبَابَ سُجَّدًا وَقُلْنَا لَهُمْ لَا تَعْدُوا فِي ٱلسَّبْتِ وَأَخَذْنَا مِنْهُمْ مِيثَاقًا
غَلِيظًا ١٥٤ فَبِمَا نَقْضِهِمْ مِيثَاقَهُمْ وَكُفْرِهِمْ بِآيَاتِ ٱللَّهِ وَقَتْلِهِمُ ٱلْأَنْبِيَاءَ
بِغَيْرِ حَقٍّ وَقَوْلِهِمْ قُلُوبُنَا غُلْفٌ بَلْ طَبَعَ ٱللَّهُ عَلَيْهَا بِكُفْرِهِمْ فَلَا يُؤْمِنُونَ
إِلَّا قَلِيلًا ١٥٥ وَبِكُفْرِهِمْ وَقَوْلِهِمْ عَلَى مَرْيَمَ بُهْتَانًا عَظِيمًا ١٥٦ وَقَوْلِهِمْ إِنَّا
قَتَلْنَا ٱلْمَسِيحَ عِيسَى ٱبْنَ مَرْيَمَ رَسُولَ ٱللَّهِ وَمَا قَتَلُوهُ وَمَا صَلَبُوهُ وَلَكِنْ شُبِّهَ
لَهُمْ وَإِنَّ ٱلَّذِينَ ٱخْتَلَفُوا فِيهِ لَفِي شَكٍّ مِنْهُ مَا لَهُمْ بِهِ مِنْ عِلْمٍ إِلَّا ٱتِّبَاعَ
ٱلظَّنِّ وَمَا قَتَلُوهُ يَقِينًا بَلْ رَفَعَهُ ٱللَّهُ إِلَيْهِ وَكَانَ ٱللَّهُ عَزِيزًا حَكِيمًا ١٥٧ وَإِنْ
مِنْ أَهْلِ ٱلْكِتَابِ إِلَّا لَيُؤْمِنَنَّ بِهِ قَبْلَ مَوْتِهِ وَيَوْمَ ٱلْقِيَامَةِ يَكُونُ عَلَيْهِمْ شَهِيدًا
١٥٨ فَبِظُلْمٍ مِنَ ٱلَّذِينَ هَادُوا حَرَّمْنَا عَلَيْهِمْ طَيِّبَاتٍ أُحِلَّتْ لَهُمْ وَبِصَدِّهِمْ
عَنْ سَبِيلِ ٱللَّهِ كَثِيرًا ١٥٩ وَأَخْذِهِمُ ٱلرِّبَوا وَقَدْ نُهُوا عَنْهُ وَأَكْلِهِمْ أَمْوَالَ
ٱلنَّاسِ بِٱلْبَاطِلِ وَأَعْتَدْنَا لِلْكَافِرِينَ مِنْهُمْ عَذَابًا أَلِيمًا ١٦٠ لَكِنِ ٱلرَّاسِخُونَ فِي
ٱلْعِلْمِ مِنْهُمْ وَٱلْمُؤْمِنُونَ يُؤْمِنُونَ بِمَا أُنْزِلَ إِلَيْكَ وَمَا أُنْزِلَ مِنْ قَبْلِكَ وَٱلْمُقِيمِينَ
ٱلصَّلَوٰةَ وَٱلْمُؤْتُونَ ٱلزَّكَوٰةَ وَٱلْمُؤْمِنُونَ بِٱللَّهِ وَٱلْيَوْمِ ٱلْآخِرِ أُولَٰئِكَ سَنُؤْتِيهِمْ
أَجْرًا عَظِيمًا ١٦١ إِنَّا أَوْحَيْنَا إِلَيْكَ كَمَا أَوْحَيْنَا إِلَى نُوحٍ وَٱلنَّبِيِّينَ مِنْ بَعْدِهِ
وَأَوْحَيْنَا إِلَى إِبْرَٰهِيمَ وَإِسْمَٰعِيلَ وَإِسْحَٰقَ وَيَعْقُوبَ وَٱلْأَسْبَاطِ وَعِيسَى وَأَيُّوبَ وَيُونُسَ
وَهَٰرُونَ وَسُلَيْمَانَ وَآتَيْنَا دَاوُدَ زَبُورًا ١٦٢ وَرُسُلًا قَدْ قَصَصْنَاهُمْ عَلَيْكَ مِنْ
قَبْلُ وَرُسُلًا لَمْ نَقْصُصْهُمْ عَلَيْكَ وَكَلَّمَ ٱللَّهُ مُوسَى تَكْلِيمًا ١٦٣ رُسُلًا مُبَشِّرِينَ
وَمُنْذِرِينَ لِئَلَّا يَكُونَ لِلنَّاسِ عَلَى ٱللَّهِ حُجَّةٌ بَعْدَ ٱلرُّسُلِ وَكَانَ ٱللَّهُ عَزِيزًا
حَكِيمًا ١٦٤ لَكِنِ ٱللَّهُ يَشْهَدُ بِمَا أَنْزَلَ إِلَيْكَ أَنْزَلَهُ بِعِلْمِهِ وَٱلْمَلَائِكَةُ يَشْهَدُونَ
وَكَفَى بِٱللَّهِ شَهِيدًا ١٦٥ إِنَّ ٱلَّذِينَ كَفَرُوا وَصَدُّوا عَنْ سَبِيلِ ٱللَّهِ قَدْ ضَلُّوا
ضَلَالًا بَعِيدًا ١٦٦ إِنَّ ٱلَّذِينَ كَفَرُوا وَظَلَمُوا لَمْ يَكُنِ ٱللَّهُ لِيَغْفِرَ لَهُمْ وَلَا

تَقْعُدُوا مَعَهُمْ حَتَّى يَخُوضُوا فِي حَدِيثٍ غَيْرِهِ إِنَّكُمْ إِذًا مِثْلُهُمْ إِنَّ ٱللَّهَ
جَامِعُ ٱلْمُنَافِقِينَ وَٱلْكَافِرِينَ فِي جَهَنَّمَ جَمِيعًا ١٤٠ ٱلَّذِينَ يَتَرَبَّصُونَ بِكُمْ فَإِنْ
كَانَ لَكُمْ فَتْحٌ مِنَ ٱللَّهِ قَالُوا أَلَمْ نَكُنْ مَعَكُمْ وَإِنْ كَانَ لِلْكَافِرِينَ نَصِيبٌ قَالُوا
أَلَمْ نَسْتَحْوِذْ عَلَيْكُمْ وَنَمْنَعْكُمْ مِنَ ٱلْمُؤْمِنِينَ فَٱللَّهُ يَحْكُمُ بَيْنَكُمْ يَوْمَ ٱلْقِيَامَةِ
وَلَنْ يَجْعَلَ ٱللَّهُ لِلْكَافِرِينَ عَلَى ٱلْمُؤْمِنِينَ سَبِيلًا ١٤١ إِنَّ ٱلْمُنَافِقِينَ يُخَادِعُونَ
ٱللَّهَ وَهُوَ خَادِعُهُمْ وَإِذَا قَامُوا إِلَى ٱلصَّلَوٰةِ قَامُوا كُسَالَى يُرَآءُونَ ٱلنَّاسَ وَلَا
يَذْكُرُونَ ٱللَّهَ إِلَّا قَلِيلًا ١٤٢ مُذَبْذَبِينَ بَيْنَ ذَٰلِكَ لَا إِلَى هَٰؤُلَآءِ وَلَا إِلَى هَٰؤُلَآءِ
وَمَنْ يُضْلِلِ ٱللَّهُ فَلَنْ تَجِدَ لَهُ سَبِيلًا ١٤٣ يَا أَيُّهَا ٱلَّذِينَ آمَنُوا لَا تَتَّخِذُوا
ٱلْكَافِرِينَ أَوْلِيَآءَ مِنْ دُونِ ٱلْمُؤْمِنِينَ أَتُرِيدُونَ أَنْ تَجْعَلُوا لِلَّهِ عَلَيْكُمْ سُلْطَانًا
مُبِينًا ١٤٤ إِنَّ ٱلْمُنَافِقِينَ فِي ٱلدَّرْكِ ٱلْأَسْفَلِ مِنَ ٱلنَّارِ وَلَنْ تَجِدَ لَهُمْ نَصِيرًا
١٤٥ إِلَّا ٱلَّذِينَ تَابُوا وَأَصْلَحُوا وَٱعْتَصَمُوا بِٱللَّهِ وَأَخْلَصُوا دِينَهُمْ لِلَّهِ فَأُولَٰٓئِكَ
مَعَ ٱلْمُؤْمِنِينَ وَسَوْفَ يُؤْتِي ٱللَّهُ ٱلْمُؤْمِنِينَ أَجْرًا عَظِيمًا ١٤٦ مَا يَفْعَلُ ٱللَّهُ
بِعَذَابِكُمْ إِنْ شَكَرْتُمْ وَآمَنْتُمْ وَكَانَ ٱللَّهُ شَاكِرًا عَلِيمًا ۞ ١٤٧ لَا يُحِبُّ جزء ٦
ٱللَّهُ ٱلْجَهْرَ بِٱلسُّوٓءِ مِنَ ٱلْقَوْلِ إِلَّا مَنْ ظُلِمَ وَكَانَ ٱللَّهُ سَمِيعًا عَلِيمًا ١٤٨ إِنْ
تُبْدُوا خَيْرًا أَوْ تُخْفُوهُ أَوْ تَعْفُوا عَنْ سُوٓءٍ فَإِنَّ ٱللَّهَ كَانَ عَفُوًّا قَدِيرًا ١٤٩ إِنَّ
ٱلَّذِينَ يَكْفُرُونَ بِٱللَّهِ وَرُسُلِهِ وَيُرِيدُونَ أَنْ يُفَرِّقُوا بَيْنَ ٱللَّهِ وَرُسُلِهِ وَيَقُولُونَ
نُؤْمِنُ بِبَعْضٍ وَنَكْفُرُ بِبَعْضٍ وَيُرِيدُونَ أَنْ يَتَّخِذُوا بَيْنَ ذَٰلِكَ سَبِيلًا ١٥٠ أُولَٰٓئِكَ
هُمُ ٱلْكَافِرُونَ حَقًّا وَأَعْتَدْنَا لِلْكَافِرِينَ عَذَابًا مُهِينًا ١٥١ وَٱلَّذِينَ آمَنُوا بِٱللَّهِ
وَرُسُلِهِ وَلَمْ يُفَرِّقُوا بَيْنَ أَحَدٍ مِنْهُمْ أُولَٰٓئِكَ سَوْفَ نُؤْتِيهِمْ أُجُورَهُمْ وَكَانَ ٱللَّهُ
غَفُورًا رَحِيمًا ١٥٢ يَسْأَلُكَ أَهْلُ ٱلْكِتَابِ أَنْ تُنَزِّلَ عَلَيْهِمْ كِتَابًا مِنَ ٱلسَّمَآءِ
فَقَدْ سَأَلُوا مُوسَى أَكْبَرَ مِنْ ذَٰلِكَ فَقَالُوا أَرِنَا ٱللَّهَ جَهْرَةً فَأَخَذَتْهُمُ ٱلصَّاعِقَةُ
بِظُلْمِهِمْ ثُمَّ ٱتَّخَذُوا ٱلْعِجْلَ مِنْ بَعْدِ مَا جَآءَتْهُمُ ٱلْبَيِّنَاتُ فَعَفَوْنَا عَنْ ذَٰلِكَ

وَأَنْ تَقُومُوا لِلْيَتَامَى بِٱلْقِسْطِ وَمَا تَفْعَلُوا مِنْ خَيْرٍ فَإِنَّ ٱللَّهَ كَانَ بِهِ عَلِيمًا
١٢٧ وَإِنِ ٱمْرَأَةٌ خَافَتْ مِنْ بَعْلِهَا نُشُوزًا أَوْ إِعْرَاضًا فَلَا جُنَاحَ عَلَيْهِمَا أَنْ
يُصْلِحَا بَيْنَهُمَا صُلْحًا وَٱلصُّلْحُ خَيْرٌ وَأُحْضِرَتِ ٱلْأَنْفُسُ ٱلشُّحَّ وَإِنْ تُحْسِنُوا وَتَتَّقُوا
فَإِنَّ ٱللَّهَ كَانَ بِمَا تَعْمَلُونَ خَبِيرًا ١٢٨ وَلَنْ تَسْتَطِيعُوا أَنْ تَعْدِلُوا بَيْنَ ٱلنِّسَاءِ
وَلَوْ حَرَصْتُمْ فَلَا تَمِيلُوا كُلَّ ٱلْمَيْلِ فَتَذَرُوهَا كَٱلْمُعَلَّقَةِ وَإِنْ تُصْلِحُوا وَتَتَّقُوا فَإِنَّ
ٱللَّهَ كَانَ غَفُورًا رَحِيمًا ١٢٩ وَإِنْ يَتَفَرَّقَا يُغْنِ ٱللَّهُ كُلًّا مِنْ سَعَتِهِ وَكَانَ ٱللَّهُ
وَاسِعًا حَكِيمًا ١٣٠ وَلِلَّهِ مَا فِي ٱلسَّمَوَاتِ وَمَا فِي ٱلْأَرْضِ وَلَقَدْ وَصَّيْنَا ٱلَّذِينَ
أُوتُوا ٱلْكِتَابَ مِنْ قَبْلِكُمْ وَإِيَّاكُمْ أَنِ ٱتَّقُوا ٱللَّهَ وَإِنْ تَكْفُرُوا فَإِنَّ لِلَّهِ مَا
فِي ٱلسَّمَوَاتِ وَمَا فِي ٱلْأَرْضِ وَكَانَ ٱللَّهُ غَنِيًّا حَمِيدًا ١٣١ وَلِلَّهِ مَا فِي ٱلسَّمَوَاتِ
وَمَا فِي ٱلْأَرْضِ وَكَفَى بِٱللَّهِ وَكِيلًا ١٣٢ إِنْ يَشَأْ يُذْهِبْكُمْ أَيُّهَا ٱلنَّاسُ وَيَأْتِ
بِآخَرِينَ وَكَانَ ٱللَّهُ عَلَى ذَلِكَ قَدِيرًا ١٣٣ مَنْ كَانَ يُرِيدُ ثَوَابَ ٱلدُّنْيَا فَعِنْدَ
ٱللَّهِ ثَوَابُ ٱلدُّنْيَا وَٱلْآخِرَةِ وَكَانَ ٱللَّهُ سَمِيعًا بَصِيرًا ١٣٤ يَا أَيُّهَا ٱلَّذِينَ
آمَنُوا كُونُوا قَوَّامِينَ بِٱلْقِسْطِ شُهَدَاءَ لِلَّهِ وَلَوْ عَلَى أَنْفُسِكُمْ أَوِ ٱلْوَالِدَيْنِ
وَٱلْأَقْرَبِينَ إِنْ يَكُنْ غَنِيًّا أَوْ فَقِيرًا فَٱللَّهُ أَوْلَى بِهِمَا فَلَا تَتَّبِعُوا ٱلْهَوَى أَنْ
تَعْدِلُوا وَإِنْ تَلْوُوا أَوْ تُعْرِضُوا فَإِنَّ ٱللَّهَ كَانَ بِمَا تَعْمَلُونَ خَبِيرًا ١٣٥ يَا أَيُّهَا
ٱلَّذِينَ آمَنُوا آمِنُوا بِٱللَّهِ وَرَسُولِهِ وَٱلْكِتَابِ ٱلَّذِي نَزَّلَ عَلَى رَسُولِهِ وَٱلْكِتَابِ
ٱلَّذِي أَنْزَلَ مِنْ قَبْلُ وَمَنْ يَكْفُرْ بِٱللَّهِ وَمَلَائِكَتِهِ وَكُتُبِهِ وَرُسُلِهِ وَٱلْيَوْمِ ٱلْآخِرِ
فَقَدْ ضَلَّ ضَلَالًا بَعِيدًا ١٣٦ إِنَّ ٱلَّذِينَ آمَنُوا ثُمَّ كَفَرُوا ثُمَّ آمَنُوا ثُمَّ كَفَرُوا
ثُمَّ ٱزْدَادُوا كُفْرًا لَمْ يَكُنِ ٱللَّهُ لِيَغْفِرَ لَهُمْ وَلَا لِيَهْدِيَهُمْ سَبِيلًا ١٣٧ بَشِّرِ
ٱلْمُنَافِقِينَ بِأَنَّ لَهُمْ عَذَابًا أَلِيمًا ١٣٨ ٱلَّذِينَ يَتَّخِذُونَ ٱلْكَافِرِينَ أَوْلِيَاءَ مِنْ
دُونِ ٱلْمُؤْمِنِينَ أَيَبْتَغُونَ عِنْدَهُمُ ٱلْعِزَّةَ فَإِنَّ ٱلْعِزَّةَ لِلَّهِ جَمِيعًا ١٣٩ وَقَدْ نَزَّلَ
عَلَيْكُمْ فِي ٱلْكِتَابِ أَنْ إِذَا سَمِعْتُمْ آيَاتِ ٱللَّهِ يُكْفَرُ بِهَا وَيُسْتَهْزَأُ بِهَا فَلَا

طَآئِفَةٌ مِنْهُمْ أَنْ يُضِلُّوكَ وَمَا يُضِلُّونَ إِلَّا أَنْفُسَهُمْ وَمَا يَضُرُّونَكَ مِنْ شَيْءٍ
وَأَنْزَلَ ٱللَّهُ عَلَيْكَ ٱلْكِتَابَ وَٱلْحِكْمَةَ وَعَلَّمَكَ مَا لَمْ تَكُنْ تَعْلَمُ وَكَانَ فَضْلُ
ٱللَّهِ عَلَيْكَ عَظِيمًا ۱۱۴ لَا خَيْرَ فِي كَثِيرٍ مِنْ نَجْوَاهُمْ إِلَّا مَنْ أَمَرَ بِصَدَقَةٍ
أَوْ مَعْرُوفٍ أَوْ إِصْلَاحٍ بَيْنَ ٱلنَّاسِ وَمَنْ يَفْعَلْ ذَٰلِكَ ٱبْتِغَآءَ مَرْضَاتِ ٱللَّهِ فَسَوْفَ
نُؤْتِيهِ أَجْرًا عَظِيمًا ۱۱۵ وَمَنْ يُشَاقِقِ ٱلرَّسُولَ مِنْ بَعْدِ مَا تَبَيَّنَ لَهُ ٱلْهُدَىٰ
وَيَتَّبِعْ غَيْرَ سَبِيلِ ٱلْمُؤْمِنِينَ نُوَلِّهِ مَا تَوَلَّىٰ وَنُصْلِهِ جَهَنَّمَ وَسَآءَتْ مَصِيرًا ۱۱۶ إِنَّ
ٱللَّهَ لَا يَغْفِرُ أَنْ يُشْرَكَ بِهِ وَيَغْفِرُ مَا دُونَ ذَٰلِكَ لِمَنْ يَشَآءُ وَمَنْ يُشْرِكْ
بِٱللَّهِ فَقَدْ ضَلَّ ضَلَالًا بَعِيدًا ۱۱۷ إِنْ يَدْعُونَ مِنْ دُونِهِ إِلَّا إِنَاثًا وَإِنْ يَدْعُونَ
إِلَّا شَيْطَانًا مَرِيدًا ۱۱۸ لَعَنَهُ ٱللَّهُ وَقَالَ لَأَتَّخِذَنَّ مِنْ عِبَادِكَ نَصِيبًا مَفْرُوضًا
وَلَأُضِلَّنَّهُمْ وَلَأُمَنِّيَنَّهُمْ وَلَآمُرَنَّهُمْ فَلَيُبَتِّكُنَّ آذَانَ ٱلْأَنْعَامِ وَلَآمُرَنَّهُمْ فَلَيُغَيِّرُنَّ
خَلْقَ ٱللَّهِ وَمَنْ يَتَّخِذِ ٱلشَّيْطَانَ وَلِيًّا مِنْ دُونِ ٱللَّهِ فَقَدْ خَسِرَ خُسْرَانًا
مُبِينًا ۱۱۹ يَعِدُهُمْ وَيُمَنِّيهِمْ وَمَا يَعِدُهُمُ ٱلشَّيْطَانُ إِلَّا غُرُورًا ۱۲۰ أُولَآئِكَ
مَأْوَاهُمْ جَهَنَّمُ وَلَا يَجِدُونَ عَنْهَا مَحِيصًا ۱۲۱ وَٱلَّذِينَ آمَنُوا وَعَمِلُوا ٱلصَّالِحَاتِ
سَنُدْخِلُهُمْ جَنَّاتٍ تَجْرِي مِنْ تَحْتِهَا ٱلْأَنْهَارُ خَالِدِينَ فِيهَا أَبَدًا وَعْدَ ٱللَّهِ
حَقًّا وَمَنْ أَصْدَقُ مِنَ ٱللَّهِ قِيلًا ۱۲۲ لَيْسَ بِأَمَانِيِّكُمْ وَلَا أَمَانِيِّ أَهْلِ ٱلْكِتَابِ
مَنْ يَعْمَلْ سُوٓءًا يُجْزَ بِهِ وَلَا يَجِدْ لَهُ مِنْ دُونِ ٱللَّهِ وَلِيًّا وَلَا نَصِيرًا ۱۲۳ وَمَنْ
يَعْمَلْ مِنَ ٱلصَّالِحَاتِ مِنْ ذَكَرٍ أَوْ أُنْثَىٰ وَهُوَ مُؤْمِنٌ فَأُولَآئِكَ يَدْخُلُونَ ٱلْجَنَّةَ
وَلَا يُظْلَمُونَ نَقِيرًا ۱۲۴ وَمَنْ أَحْسَنُ دِينًا مِمَّنْ أَسْلَمَ وَجْهَهُ لِلَّهِ وَهُوَ مُحْسِنٌ
وَٱتَّبَعَ مِلَّةَ إِبْرَٰهِيمَ حَنِيفًا وَٱتَّخَذَ ٱللَّهُ إِبْرَٰهِيمَ خَلِيلًا ۱۲۵ وَلِلَّهِ مَا فِي ٱلسَّمَٰوَاتِ
وَمَا فِي ٱلْأَرْضِ وَكَانَ ٱللَّهُ بِكُلِّ شَيْءٍ مُحِيطًا ۱۲۶ وَيَسْتَفْتُونَكَ فِي ٱلنِّسَآءِ قُلِ
ٱللَّهُ يُفْتِيكُمْ فِيهِنَّ وَمَا يُتْلَىٰ عَلَيْكُمْ فِي ٱلْكِتَابِ فِي يَتَامَى ٱلنِّسَآءِ ٱللَّاتِي
لَا تُؤْتُونَهُنَّ مَا كُتِبَ لَهُنَّ وَتَرْغَبُونَ أَنْ تَنْكِحُوهُنَّ وَٱلْمُسْتَضْعَفِينَ مِنَ ٱلْوِلْدَانِ

وَرَسُولِهِ ثُمَّ يُدْرِكْهُ ٱلْمَوْتُ فَقَدْ وَقَعَ أَجْرُهُ عَلَى ٱللَّهِ وَكَانَ ٱللَّهُ غَفُورًا رَحِيمًا
١٠٢ وَإِذَا ضَرَبْتُمْ فِي ٱلْأَرْضِ فَلَيْسَ عَلَيْكُمْ جُنَاحٌ أَنْ تَقْصُرُوا مِنَ ٱلصَّلَوةِ إِنْ
خِفْتُمْ أَنْ يَفْتِنَكُمُ ٱلَّذِينَ كَفَرُوا إِنَّ ٱلْكَافِرِينَ كَانُوا لَكُمْ عَدُوًّا مُبِينًا ١٠٣ وَإِذَا
كُنْتَ فِيهِمْ فَأَقَمْتَ لَهُمُ ٱلصَّلَوةَ فَلْتَقُمْ طَائِفَةٌ مِنْهُمْ مَعَكَ وَلْيَأْخُذُوا أَسْلِحَتَهُمْ
فَإِذَا سَجَدُوا فَلْيَكُونُوا مِنْ وَرَائِكُمْ وَلْتَأْتِ طَائِفَةٌ أُخْرَى لَمْ يُصَلُّوا فَلْيُصَلُّوا
مَعَكَ وَلْيَأْخُذُوا حِذْرَهُمْ وَأَسْلِحَتَهُمْ وَدَّ ٱلَّذِينَ كَفَرُوا لَوْ تَغْفُلُونَ عَنْ أَسْلِحَتِكُمْ
وَأَمْتِعَتِكُمْ فَيَمِيلُونَ عَلَيْكُمْ مَيْلَةً وَاحِدَةً وَلَا جُنَاحَ عَلَيْكُمْ إِنْ كَانَ بِكُمْ أَذًى
مِنْ مَطَرٍ أَوْ كُنْتُمْ مَرْضَى أَنْ تَضَعُوا أَسْلِحَتَكُمْ وَخُذُوا حِذْرَكُمْ إِنَّ ٱللَّهَ أَعَدَّ
لِلْكَافِرِينَ عَذَابًا مُهِينًا ١٠٤ فَإِذَا قَضَيْتُمُ ٱلصَّلَوةَ فَٱذْكُرُوا ٱللَّهَ قِيَامًا وَقُعُودًا
وَعَلَى جُنُوبِكُمْ فَإِذَا ٱطْمَأْنَنْتُمْ فَأَقِيمُوا ٱلصَّلَوةَ إِنَّ ٱلصَّلَوةَ كَانَتْ عَلَى ٱلْمُؤْمِنِينَ
كِتَابًا مَوْقُوتًا ١٠٥ وَلَا تَهِنُوا فِي ٱبْتِغَاءِ ٱلْقَوْمِ إِنْ تَكُونُوا تَأْلَمُونَ فَإِنَّهُمْ يَأْلَمُونَ
كَمَا تَأْلَمُونَ وَتَرْجُونَ مِنَ ٱللَّهِ مَا لَا يَرْجُونَ وَكَانَ ٱللَّهُ عَلِيمًا حَكِيمًا ١٠٦ إِنَّا
أَنْزَلْنَا إِلَيْكَ ٱلْكِتَابَ بِٱلْحَقِّ لِتَحْكُمَ بَيْنَ ٱلنَّاسِ بِمَا أَرَاكَ ٱللَّهُ وَلَا تَكُنْ
لِلْخَائِنِينَ خَصِيمًا وَٱسْتَغْفِرِ ٱللَّهَ إِنَّ ٱللَّهَ كَانَ غَفُورًا رَحِيمًا ١٠٧ وَلَا تُجَادِلْ
عَنِ ٱلَّذِينَ يَخْتَانُونَ أَنْفُسَهُمْ إِنَّ ٱللَّهَ لَا يُحِبُّ مَنْ كَانَ خَوَّانًا أَثِيمًا ١٠٨
يَسْتَخْفُونَ مِنَ ٱلنَّاسِ وَلَا يَسْتَخْفُونَ مِنَ ٱللَّهِ وَهُوَ مَعَهُمْ إِذْ يُبَيِّتُونَ مَا لَا
يَرْضَى مِنَ ٱلْقَوْلِ وَكَانَ ٱللَّهُ بِمَا يَعْمَلُونَ مُحِيطًا ١٠٩ هَا أَنْتُمْ هَؤُلَاءِ جَادَلْتُمْ
عَنْهُمْ فِي ٱلْحَيَوةِ ٱلدُّنْيَا فَمَنْ يُجَادِلُ ٱللَّهَ عَنْهُمْ يَوْمَ ٱلْقِيَامَةِ أَمْ مَنْ يَكُونُ
عَلَيْهِمْ وَكِيلًا ١١٠ وَمَنْ يَعْمَلْ سُوءًا أَوْ يَظْلِمْ نَفْسَهُ ثُمَّ يَسْتَغْفِرِ ٱللَّهَ يَجِدِ
ٱللَّهَ غَفُورًا رَحِيمًا ١١١ وَمَنْ يَكْسِبْ إِثْمًا فَإِنَّمَا يَكْسِبُهُ عَلَى نَفْسِهِ وَكَانَ
ٱللَّهُ عَلِيمًا حَكِيمًا ١١٢ وَمَنْ يَكْسِبْ خَطِيئَةً أَوْ إِثْمًا ثُمَّ يَرْمِ بِهِ بَرِيئًا فَقَدِ
ٱحْتَمَلَ بُهْتَانًا وَإِثْمًا مُبِينًا ١١٣ وَلَوْلَا فَضْلُ ٱللَّهِ عَلَيْكَ وَرَحْمَتُهُ لَهَمَّتْ

٩٣ ستجدون آخرين يريدون أن يأمنوكم ويأمنوا قومهم كلما ردوا إلى الفتنة
أركسوا فيها فإن لم يعتزلوكم ويلقوا إليكم السلم ويكفوا أيديهم فخذوهم
واقتلوهم حيث ثقفتموهم وأولائكم جعلنا لكم عليهم سلطانا مبينا ٩٤ وما
كان لمؤمن أن يقتل مؤمنا إلا خطأ ومن قتل مؤمنا خطأ فتحرير رقبة
مؤمنة ودية مسلمة إلى أهله إلا أن يصدقوا فإن كان من قوم عدو لكم
وهو مؤمن فتحرير رقبة مؤمنة وإن كان من قوم بينكم وبينهم ميثاق فدية
مسلمة إلى أهله وتحرير رقبة مؤمنة فمن لم يجد فصيام شهرين متتابعين
توبة من الله وكان الله عليما حكيما ٩٥ ومن يقتل مؤمنا متعمدا فجزاؤه
جهنم خالدا فيها وغضب الله عليه ولعنه وأعد له عذابا عظيما ٩٦ يا
أيها الذين آمنوا إذا ضربتم في سبيل الله فتبينوا ولا تقولوا لمن ألقى
إليكم السلام لست مؤمنا تبتغون عرض الحيوة الدنيا فعند الله مغانم
كثيرة كذلك كنتم من قبل فمن الله عليكم فتبينوا إن الله كان بما
تعملون خبيرا ٩٧ لا يستوي القاعدون من المؤمنين غير أولي الضرر
والمجاهدون في سبيل الله بأموالهم وأنفسهم فضل الله المجاهدين بأموالهم
وأنفسهم على القاعدين درجة وكلا وعد الله الحسنى وفضل الله المجاهدين
على القاعدين أجرا عظيما ٩٨ درجات منه ومغفرة ورحمة وكان الله غفورا
رحيما ٩٩ إن الذين توفاهم الملائكة ظالمي أنفسهم قالوا فيم كنتم قالوا
كنا مستضعفين في الأرض قالوا ألم تكن أرض الله واسعة فتهاجروا فيها
فأولائك مأواهم جهنم وساءت مصيرا ١٠٠ إلا المستضعفين من الرجال
والنساء والولدان لا يستطيعون حيلة ولا يهتدون سبيلا فأولائك عسى
الله أن يعفو عنهم وكان الله عفوا غفورا ١٠١ ومن يهاجر في سبيل الله
يجد في الأرض مراغما كثيرا وسعة ومن يخرج من بيته مهاجرا إلى الله

يَكَادُونَ يَفْقَهُونَ حَدِيثًا ٨١ مَا أَصَابَكَ مِنْ حَسَنَةٍ فَمِنَ ٱللَّهِ وَمَا أَصَابَكَ
مِنْ سَيِّئَةٍ فَمِنْ نَفْسِكَ وَأَرْسَلْنَاكَ لِلنَّاسِ رَسُولًا وَكَفَى بِٱللَّهِ شَهِيدًا ٨٢ مَنْ
يُطِعِ ٱلرَّسُولَ فَقَدْ أَطَاعَ ٱللَّهَ وَمَنْ تَوَلَّى فَمَا أَرْسَلْنَاكَ عَلَيْهِمْ حَفِيظًا ٨٣
وَيَقُولُونَ طَاعَةٌ فَإِذَا بَرَزُوا مِنْ عِنْدِكَ بَيَّتَ طَآئِفَةٌ مِنْهُمْ غَيْرَ ٱلَّذِى تَقُولُ
وَٱللَّهُ يَكْتُبُ مَا يُبَيِّتُونَ فَأَعْرِضْ عَنْهُمْ وَتَوَكَّلْ عَلَى ٱللَّهِ وَكَفَى بِٱللَّهِ وَكِيلًا
٨٤ أَفَلَا يَتَدَبَّرُونَ ٱلْقُرْآنَ وَلَوْ كَانَ مِنْ عِنْدِ غَيْرِ ٱللَّهِ لَوَجَدُوا فِيهِ ٱخْتِلَافًا
كَثِيرًا ٨٥ وَإِذَا جَآءَهُمْ أَمْرٌ مِنَ ٱلْأَمْنِ أَوِ ٱلْخَوْفِ أَذَاعُوا بِهِ وَلَوْ رَدُّوهُ إِلَى
ٱلرَّسُولِ وَإِلَى أُولِى ٱلْأَمْرِ مِنْهُمْ لَعَلِمَهُ ٱلَّذِينَ يَسْتَنْبِطُونَهُ مِنْهُمْ وَلَوْلَا فَضْلُ
ٱللَّهِ عَلَيْكُمْ وَرَحْمَتُهُ لَٱتَّبَعْتُمُ ٱلشَّيْطَانَ إِلَّا قَلِيلًا ٨٦ فَقَاتِلْ فِى سَبِيلِ ٱللَّهِ
لَا تُكَلَّفُ إِلَّا نَفْسَكَ وَحَرِّضِ ٱلْمُؤْمِنِينَ عَسَى ٱللَّهُ أَنْ يَكُفَّ بَأْسَ ٱلَّذِينَ
كَفَرُوا وَٱللَّهُ أَشَدُّ بَأْسًا وَأَشَدُّ تَنْكِيلًا ٨٧ مَنْ يَشْفَعْ شَفَاعَةً حَسَنَةً يَكُنْ لَهُ
نَصِيبٌ مِنْهَا وَمَنْ يَشْفَعْ شَفَاعَةً سَيِّئَةً يَكُنْ لَهُ كِفْلٌ مِنْهَا وَكَانَ ٱللَّهُ عَلَى
كُلِّ شَىْءٍ مُقِيتًا ٨٨ وَإِذَا حُيِّيتُمْ بِتَحِيَّةٍ فَحَيُّوا بِأَحْسَنَ مِنْهَا أَوْ رُدُّوهَا إِنَّ
ٱللَّهَ كَانَ عَلَى كُلِّ شَىْءٍ حَسِيبًا ٨٩ ٱللَّهُ لَا إِلَهَ إِلَّا هُوَ لَيَجْمَعَنَّكُمْ إِلَى يَوْمِ
ٱلْقِيَامَةِ لَا رَيْبَ فِيهِ وَمَنْ أَصْدَقُ مِنَ ٱللَّهِ حَدِيثًا ٩٠ فَمَا لَكُمْ فِى ٱلْمُنَافِقِينَ
فِئَتَيْنِ وَٱللَّهُ أَرْكَسَهُمْ بِمَا كَسَبُوا أَتُرِيدُونَ أَنْ تَهْدُوا مَنْ أَضَلَّ ٱللَّهُ وَمَنْ
يُضْلِلِ ٱللَّهُ فَلَنْ تَجِدَ لَهُ سَبِيلًا ٩١ وَدُّوا لَوْ تَكْفُرُونَ كَمَا كَفَرُوا فَتَكُونُونَ سَوَآءً
فَلَا تَتَّخِذُوا مِنْهُمْ أَوْلِيَآءَ حَتَّى يُهَاجِرُوا فِى سَبِيلِ ٱللَّهِ فَإِنْ تَوَلَّوْا فَخُذُوهُمْ
وَٱقْتُلُوهُمْ حَيْثُ وَجَدْتُمُوهُمْ وَلَا تَتَّخِذُوا مِنْهُمْ وَلِيًّا وَلَا نَصِيرًا ٩٢ إِلَّا ٱلَّذِينَ
يَصِلُونَ إِلَى قَوْمٍ بَيْنَكُمْ وَبَيْنَهُمْ مِيثَاقٌ أَوْ جَآءُوكُمْ حَصِرَتْ صُدُورُهُمْ أَنْ
يُقَاتِلُوكُمْ أَوْ يُقَاتِلُوا قَوْمَهُمْ وَلَوْ شَآءَ ٱللَّهُ لَسَلَّطَهُمْ عَلَيْكُمْ فَلَقَاتَلُوكُمْ فَإِنِ
ٱعْتَزَلُوكُمْ فَلَمْ يُقَاتِلُوكُمْ وَأَلْقَوْا إِلَيْكُمُ ٱلسَّلَمَ فَمَا جَعَلَ ٱللَّهُ لَكُمْ عَلَيْهِمْ سَبِيلًا

أَنَّا كَتَبْنَا عَلَيْهِمْ أَنِ ٱقْتُلُوا أَنْفُسَكُمْ أَوِ ٱخْرُجُوا مِنْ دِيَارِكُمْ مَا فَعَلُوهُ إِلَّا
قَلِيلٌ مِنْهُمْ وَلَوْ أَنَّهُمْ فَعَلُوا مَا يُوعَظُونَ بِهِ لَكَانَ خَيْرًا لَهُمْ وَأَشَدَّ تَثْبِيتًا
۷۰ وَإِذًا لَآتَيْنَاهُمْ مِنْ لَدُنَّا أَجْرًا عَظِيمًا وَلَهَدَيْنَاهُمْ صِرَاطًا مُسْتَقِيمًا ۷۱ وَمَنْ
يُطِعِ ٱللَّهَ وَٱلرَّسُولَ فَأُولَآئِكَ مَعَ ٱلَّذِينَ أَنْعَمَ ٱللَّهُ عَلَيْهِمْ مِنَ ٱلنَّبِيِّينَ
وَٱلصِّدِّيقِينَ وَٱلشُّهَدَآءِ وَٱلصَّالِحِينَ وَحَسُنَ أُولَآئِكَ رَفِيقًا ۷۲ ذَلِكَ ٱلْفَضْلُ مِنَ
ٱللَّهِ وَكَفَى بِٱللَّهِ عَلِيمًا ۷۳ يَا أَيُّهَا ٱلَّذِينَ آمَنُوا خُذُوا حِذْرَكُمْ فَٱنْفِرُوا
ثُبَاتٍ أَوِ ٱنْفِرُوا جَمِيعًا ۷۴ وَإِنَّ مِنْكُمْ لَمَنْ لَيُبَطِّئَنَّ فَإِنْ أَصَابَتْكُمْ مُصِيبَةٌ قَالَ
قَدْ أَنْعَمَ ٱللَّهُ عَلَيَّ إِذْ لَمْ أَكُنْ مَعَهُمْ شَهِيدًا ۷۵ وَلَئِنْ أَصَابَكُمْ فَضْلٌ مِنَ
ٱللَّهِ لَيَقُولَنَّ كَأَنْ لَمْ تَكُنْ بَيْنَكُمْ وَبَيْنَهُ مَوَدَّةٌ يَا لَيْتَنِي كُنْتُ مَعَهُمْ فَأَفُوزَ
فَوْزًا عَظِيمًا ۷۶ فَلْيُقَاتِلْ فِي سَبِيلِ ٱللَّهِ ٱلَّذِينَ يَشْرُونَ ٱلْحَيَوٰةَ ٱلدُّنْيَا بِٱلْآخِرَةِ
وَمَنْ يُقَاتِلْ فِي سَبِيلِ ٱللَّهِ فَيُقْتَلْ أَوْ يَغْلِبْ فَسَوْفَ نُؤْتِيهِ أَجْرًا عَظِيمًا ۷۷ وَمَا
لَكُمْ لَا تُقَاتِلُونَ فِي سَبِيلِ ٱللَّهِ وَٱلْمُسْتَضْعَفِينَ مِنَ ٱلرِّجَالِ وَٱلنِّسَآءِ وَٱلْوِلْدَانِ
ٱلَّذِينَ يَقُولُونَ رَبَّنَا أَخْرِجْنَا مِنْ هَذِهِ ٱلْقَرْيَةِ ٱلظَّالِمِ أَهْلُهَا وَٱجْعَلْ لَنَا مِنْ
لَدُنْكَ وَلِيًّا وَٱجْعَلْ لَنَا مِنْ لَدُنْكَ نَصِيرًا ۷۸ ٱلَّذِينَ آمَنُوا يُقَاتِلُونَ فِي سَبِيلِ
ٱللَّهِ وَٱلَّذِينَ كَفَرُوا يُقَاتِلُونَ فِي سَبِيلِ ٱلطَّاغُوتِ فَقَاتِلُوا أَوْلِيَآءَ ٱلشَّيْطَانِ إِنَّ
كَيْدَ ٱلشَّيْطَانِ كَانَ ضَعِيفًا ۷۹ أَلَمْ تَرَ إِلَى ٱلَّذِينَ قِيلَ لَهُمْ كُفُّوا أَيْدِيَكُمْ
وَأَقِيمُوا ٱلصَّلَوٰةَ وَآتُوا ٱلزَّكَوٰةَ فَلَمَّا كُتِبَ عَلَيْهِمُ ٱلْقِتَالُ إِذَا فَرِيقٌ مِنْهُمْ
يَخْشَوْنَ ٱلنَّاسَ كَخَشْيَةِ ٱللَّهِ أَوْ أَشَدَّ خَشْيَةً وَقَالُوا رَبَّنَا لِمَ كَتَبْتَ عَلَيْنَا
ٱلْقِتَالَ لَوْلَا أَخَّرْتَنَا إِلَى أَجَلٍ قَرِيبٍ قُلْ مَتَاعُ ٱلدُّنْيَا قَلِيلٌ وَٱلْآخِرَةُ خَيْرٌ
لِمَنِ ٱتَّقَى وَلَا تُظْلَمُونَ فَتِيلًا ۸۰ أَيْنَمَا تَكُونُوا يُدْرِكْكُمُ ٱلْمَوْتُ وَلَوْ كُنْتُمْ فِي
بُرُوجٍ مُشَيَّدَةٍ وَإِنْ تُصِبْهُمْ حَسَنَةٌ يَقُولُوا هَذِهِ مِنْ عِنْدِ ٱللَّهِ وَإِنْ تُصِبْهُمْ
سَيِّئَةٌ يَقُولُوا هَذِهِ مِنْ عِنْدِكَ قُلْ كُلٌّ مِنْ عِنْدِ ٱللَّهِ فَمَا لِهَؤُلَآءِ ٱلْقَوْمِ لَا

يَلْعَنِ ٱللَّهُ فَلَنْ تَجِدَ لَهُ نَصِيرًا ٥٦ أَمْ لَهُمْ نَصِيبٌ مِنَ ٱلْمُلْكِ فَإِذًا لَا
يُؤْتُونَ ٱلنَّاسَ نَقِيرًا ٥٧ أَمْ يَحْسُدُونَ ٱلنَّاسَ عَلَى مَا آتَاهُمُ ٱللَّهُ مِنْ فَضْلِهِ
فَقَدْ آتَيْنَا آلَ إِبْرٰهِيمَ ٱلْكِتَابَ وَٱلْحِكْمَةَ وَآتَيْنَاهُمْ مُلْكًا عَظِيمًا ٥٨ فَمِنْهُمْ مَنْ
آمَنَ بِهِ وَمِنْهُمْ مَنْ صَدَّ عَنْهُ وَكَفَى بِجَهَنَّمَ سَعِيرًا ٥٩ إِنَّ ٱلَّذِينَ كَفَرُوا
بِآيَاتِنَا سَوْفَ نُصْلِيهِمْ نَارًا كُلَّمَا نَضِجَتْ جُلُودُهُمْ بَدَّلْنَاهُمْ جُلُودًا غَيْرَهَا
لِيَذُوقُوا ٱلْعَذَابَ إِنَّ ٱللَّهَ كَانَ عَزِيزًا حَكِيمًا ٦٠ وَٱلَّذِينَ آمَنُوا وَعَمِلُوا
ٱلصَّالِحَاتِ سَنُدْخِلُهُمْ جَنَّاتٍ تَجْرِي مِنْ تَحْتِهَا ٱلْأَنْهَارُ خَالِدِينَ فِيهَا أَبَدًا
لَهُمْ فِيهَا أَزْوَاجٌ مُطَهَّرَةٌ وَنُدْخِلُهُمْ ظِلًّا ظَلِيلًا ٦١ إِنَّ ٱللَّهَ يَأْمُرُكُمْ أَنْ تُؤَدُّوا
ٱلْأَمَانَاتِ إِلَى أَهْلِهَا وَإِذَا حَكَمْتُمْ بَيْنَ ٱلنَّاسِ أَنْ تَحْكُمُوا بِٱلْعَدْلِ إِنَّ ٱللَّهَ
نِعِمَّا يَعِظُكُمْ بِهِ إِنَّ ٱللَّهَ كَانَ سَمِيعًا بَصِيرًا ٦٢ يَا أَيُّهَا ٱلَّذِينَ آمَنُوا أَطِيعُوا
ٱللَّهَ وَأَطِيعُوا ٱلرَّسُولَ وَأُولِي ٱلْأَمْرِ مِنْكُمْ فَإِنْ تَنَازَعْتُمْ فِي شَيْءٍ فَرُدُّوهُ إِلَى ٱللَّهِ
وَٱلرَّسُولِ إِنْ كُنْتُمْ تُؤْمِنُونَ بِٱللَّهِ وَٱلْيَوْمِ ٱلْآخِرِ ذَلِكَ خَيْرٌ وَأَحْسَنُ تَأْوِيلًا ٦٣
أَلَمْ تَرَ إِلَى ٱلَّذِينَ يَزْعُمُونَ أَنَّهُمْ آمَنُوا بِمَا أُنْزِلَ إِلَيْكَ وَمَا أُنْزِلَ مِنْ قَبْلِكَ
يُرِيدُونَ أَنْ يَتَحَاكَمُوا إِلَى ٱلطَّاغُوتِ وَقَدْ أُمِرُوا أَنْ يَكْفُرُوا بِهِ وَيُرِيدُ ٱلشَّيْطَانُ
أَنْ يُضِلَّهُمْ ضَلَالًا بَعِيدًا ٦٤ وَإِذَا قِيلَ لَهُمْ تَعَالَوْا إِلَى مَا أَنْزَلَ ٱللَّهُ وَإِلَى
ٱلرَّسُولِ رَأَيْتَ ٱلْمُنَافِقِينَ يَصُدُّونَ عَنْكَ صُدُودًا ٦٥ فَكَيْفَ إِذَا أَصَابَتْهُمْ
مُصِيبَةٌ بِمَا قَدَّمَتْ أَيْدِيهِمْ ثُمَّ جَاؤُكَ يَحْلِفُونَ بِٱللَّهِ إِنْ أَرَدْنَا إِلَّا إِحْسَانًا
وَتَوْفِيقًا ٦٦ أُولَائِكَ ٱلَّذِينَ يَعْلَمُ ٱللَّهُ مَا فِي قُلُوبِهِمْ فَأَعْرِضْ عَنْهُمْ وَعِظْهُمْ
وَقُلْ لَهُمْ فِي أَنْفُسِهِمْ قَوْلًا بَلِيغًا ٦٧ وَمَا أَرْسَلْنَا مِنْ رَسُولٍ إِلَّا لِيُطَاعَ بِإِذْنِ
ٱللَّهِ وَلَوْ أَنَّهُمْ إِذْ ظَلَمُوا أَنْفُسَهُمْ جَاؤُكَ فَٱسْتَغْفَرُوا ٱللَّهَ وَٱسْتَغْفَرَ لَهُمُ ٱلرَّسُولُ
لَوَجَدُوا ٱللَّهَ تَوَّابًا رَحِيمًا ٦٨ فَلَا وَرَبِّكَ لَا يُؤْمِنُونَ حَتَّى يُحَكِّمُوكَ فِيمَا شَجَرَ
بَيْنَهُمْ ثُمَّ لَا يَجِدُوا فِي أَنْفُسِهِمْ حَرَجًا مِمَّا قَضَيْتَ وَيُسَلِّمُوا تَسْلِيمًا ٦٩ وَلَوْ

سورة ۴

آمَنُوا بِاللَّهِ وَالْيَوْمِ الْآخِرِ وَأَنْفَقُوا مِمَّا رَزَقَهُمُ اللَّهُ وَكَانَ اللَّهُ بِهِمْ عَلِيمًا ۴۴ إِنَّ اللَّهَ لَا يَظْلِمُ مِثْقَالَ ذَرَّةٍ وَإِنْ تَكُ حَسَنَةً يُضَاعِفْهَا وَيُؤْتِ مِنْ لَدُنْهُ أَجْرًا عَظِيمًا ۴۵ فَكَيْفَ إِذَا جِئْنَا مِنْ كُلِّ أُمَّةٍ بِشَهِيدٍ وَجِئْنَا بِكَ عَلَى هَؤُلَاءِ شَهِيدًا يَوْمَئِذٍ يَوَدُّ الَّذِينَ كَفَرُوا وَعَصَوُا الرَّسُولَ لَوْ تُسَوَّى بِهِمُ الْأَرْضُ وَلَا يَكْتُمُونَ اللَّهَ حَدِيثًا ۴۶ يَا أَيُّهَا الَّذِينَ آمَنُوا لَا تَقْرَبُوا الصَّلَاةَ وَأَنْتُمْ سُكَارَى حَتَّى تَعْلَمُوا مَا تَقُولُونَ وَلَا جُنُبًا إِلَّا عَابِرِي سَبِيلٍ حَتَّى تَغْتَسِلُوا وَإِنْ كُنْتُمْ مَرْضَى أَوْ عَلَى سَفَرٍ أَوْ جَاءَ أَحَدٌ مِنْكُمْ مِنَ الْغَائِطِ أَوْ لَامَسْتُمُ النِّسَاءَ فَلَمْ تَجِدُوا مَاءً فَتَيَمَّمُوا صَعِيدًا طَيِّبًا فَامْسَحُوا بِوُجُوهِكُمْ وَأَيْدِيكُمْ إِنَّ اللَّهَ كَانَ عَفُوًّا غَفُورًا ۴۷ أَلَمْ تَرَ إِلَى الَّذِينَ أُوتُوا نَصِيبًا مِنَ الْكِتَابِ يَشْتَرُونَ الضَّلَالَةَ وَيُرِيدُونَ أَنْ تَضِلُّوا السَّبِيلَ وَاللَّهُ أَعْلَمُ بِأَعْدَائِكُمْ وَكَفَى بِاللَّهِ وَلِيًّا وَكَفَى بِاللَّهِ نَصِيرًا ۴۸ مِنَ الَّذِينَ هَادُوا يُحَرِّفُونَ الْكَلِمَ عَنْ مَوَاضِعِهِ وَيَقُولُونَ سَمِعْنَا وَعَصَيْنَا وَاسْمَعْ غَيْرَ مُسْمَعٍ وَرَاعِنَا لَيًّا بِأَلْسِنَتِهِمْ وَطَعْنًا فِي الدِّينِ ۴۹ وَلَوْ أَنَّهُمْ قَالُوا سَمِعْنَا وَأَطَعْنَا وَاسْمَعْ وَانْظُرْنَا لَكَانَ خَيْرًا لَهُمْ وَأَقْوَمَ وَلَكِنْ لَعَنَهُمُ اللَّهُ بِكُفْرِهِمْ فَلَا يُؤْمِنُونَ إِلَّا قَلِيلًا ۵۰ يَا أَيُّهَا الَّذِينَ أُوتُوا الْكِتَابَ آمِنُوا بِمَا نَزَّلْنَا مُصَدِّقًا لِمَا مَعَكُمْ مِنْ قَبْلِ أَنْ نَطْمِسَ وُجُوهًا فَنَرُدَّهَا عَلَى أَدْبَارِهَا أَوْ نَلْعَنَهُمْ كَمَا لَعَنَّا أَصْحَابَ السَّبْتِ وَكَانَ أَمْرُ اللَّهِ مَفْعُولًا ۵۱ إِنَّ اللَّهَ لَا يَغْفِرُ أَنْ يُشْرَكَ بِهِ وَيَغْفِرُ مَا دُونَ ذَلِكَ لِمَنْ يَشَاءُ وَمَنْ يُشْرِكْ بِاللَّهِ فَقَدِ افْتَرَى إِثْمًا عَظِيمًا ۵۲ أَلَمْ تَرَ إِلَى الَّذِينَ يُزَكُّونَ أَنْفُسَهُمْ بَلِ اللَّهُ يُزَكِّي مَنْ يَشَاءُ وَلَا يُظْلَمُونَ فَتِيلًا ۵۳ أَنْظُرْ كَيْفَ يَفْتَرُونَ عَلَى اللَّهِ الْكَذِبَ وَكَفَى بِهِ إِثْمًا مُبِينًا ۵۴ أَلَمْ تَرَ إِلَى الَّذِينَ أُوتُوا نَصِيبًا مِنَ الْكِتَابِ يُؤْمِنُونَ بِالْجِبْتِ وَالطَّاغُوتِ وَيَقُولُونَ لِلَّذِينَ كَفَرُوا هَؤُلَاءِ أَهْدَى مِنَ الَّذِينَ آمَنُوا سَبِيلًا ۵۵ أُولَئِكَ الَّذِينَ لَعَنَهُمُ اللَّهُ وَمَنْ

وَٱللَّهُ عَلِيمٌ حَكِيمٌ ٣٢ وَٱللَّهُ يُرِيدُ أَنْ يَتُوبَ عَلَيْكُمْ وَيُرِيدُ ٱلَّذِينَ يَتَّبِعُونَ
ٱلشَّهَوَاتِ أَنْ تَمِيلُوا مَيْلًا عَظِيمًا يُرِيدُ ٱللَّهُ أَنْ يُخَفِّفَ عَنْكُمْ وَخُلِقَ ٱلْإِنْسَانُ
ضَعِيفًا ٣٣ يَا أَيُّهَا ٱلَّذِينَ آمَنُوا لَا تَأْكُلُوا أَمْوَالَكُمْ بَيْنَكُمْ بِٱلْبَاطِلِ إِلَّا
أَنْ تَكُونَ تِجَارَةٌ عَنْ تَرَاضٍ مِنْكُمْ وَلَا تَقْتُلُوا أَنْفُسَكُمْ إِنَّ ٱللَّهَ كَانَ بِكُمْ رَحِيمًا
٣٤ وَمَنْ يَفْعَلْ ذَلِكَ عُدْوَانًا وَظُلْمًا فَسَوْفَ نُصْلِيهِ نَارًا وَكَانَ ذَلِكَ عَلَى ٱللَّهِ
يَسِيرًا ٣٥ إِنْ تَجْتَنِبُوا كَبَائِرَ مَا تُنْهَوْنَ عَنْهُ نُكَفِّرْ عَنْكُمْ سَيِّآتِكُمْ وَنُدْخِلْكُمْ
مُدْخَلًا كَرِيمًا ٣٦ وَلَا تَتَمَنَّوْا مَا فَضَّلَ ٱللَّهُ بِهِ بَعْضَكُمْ عَلَى بَعْضٍ لِلرِّجَالِ
نَصِيبٌ مِمَّا ٱكْتَسَبُوا وَلِلنِّسَآءِ نَصِيبٌ مِمَّا ٱكْتَسَبْنَ وَٱسْأَلُوا ٱللَّهَ مِنْ فَضْلِهِ
إِنَّ ٱللَّهَ كَانَ بِكُلِّ شَيْءٍ عَلِيمًا ٣٧ وَلِكُلٍّ جَعَلْنَا مَوَالِيَ مِمَّا تَرَكَ ٱلْوَالِدَانِ
وَٱلْأَقْرَبُونَ وَٱلَّذِينَ عَقَدَتْ أَيْمَانُكُمْ فَآتُوهُمْ نَصِيبَهُمْ إِنَّ ٱللَّهَ كَانَ عَلَى كُلِّ
شَيْءٍ شَهِيدًا ٣٨ أَلرِّجَالُ قَوَّامُونَ عَلَى ٱلنِّسَآءِ بِمَا فَضَّلَ ٱللَّهُ بَعْضَهُمْ عَلَى
بَعْضٍ وَبِمَا أَنْفَقُوا مِنْ أَمْوَالِهِمْ فَٱلصَّالِحَاتُ قَانِتَاتٌ حَافِظَاتٌ لِلْغَيْبِ بِمَا حَفِظَ
ٱللَّهُ وَٱللَّاتِي تَخَافُونَ نُشُوزَهُنَّ فَعِظُوهُنَّ وَٱهْجُرُوهُنَّ فِي ٱلْمَضَاجِعِ وَٱضْرِبُوهُنَّ
فَإِنْ أَطَعْنَكُمْ فَلَا تَبْغُوا عَلَيْهِنَّ سَبِيلًا إِنَّ ٱللَّهَ كَانَ عَلِيًّا كَبِيرًا ٣٩ وَإِنْ
خِفْتُمْ شِقَاقَ بَيْنِهِمَا فَٱبْعَثُوا حَكَمًا مِنْ أَهْلِهِ وَحَكَمًا مِنْ أَهْلِهَا إِنْ يُرِيدَا
إِصْلَاحًا يُوَفِّقِ ٱللَّهُ بَيْنَهُمَا إِنَّ ٱللَّهَ كَانَ عَلِيمًا خَبِيرًا ٤٠ وَٱعْبُدُوا ٱللَّهَ
وَلَا تُشْرِكُوا بِهِ شَيْئًا وَبِٱلْوَالِدَيْنِ إِحْسَانًا وَبِذِي ٱلْقُرْبَى وَٱلْيَتَامَى وَٱلْمَسَاكِينِ
وَٱلْجَارِ ذِي ٱلْقُرْبَى وَٱلْجَارِ ٱلْجُنُبِ وَٱلصَّاحِبِ بِٱلْجَنْبِ وَٱبْنِ ٱلسَّبِيلِ وَمَا مَلَكَتْ
أَيْمَانُكُمْ إِنَّ ٱللَّهَ لَا يُحِبُّ مَنْ كَانَ مُخْتَالًا فَخُورًا ٤١ ٱلَّذِينَ يَبْخَلُونَ وَيَأْمُرُونَ
ٱلنَّاسَ بِٱلْبُخْلِ وَيَكْتُمُونَ مَا آتَاهُمُ ٱللَّهُ مِنْ فَضْلِهِ وَأَعْتَدْنَا لِلْكَافِرِينَ عَذَابًا
مُهِينًا ٤٢ وَٱلَّذِينَ يُنْفِقُونَ أَمْوَالَهُمْ رِئَآءَ ٱلنَّاسِ وَلَا يُؤْمِنُونَ بِٱللَّهِ وَلَا بِٱلْيَوْمِ
ٱلْآخِرِ وَمَنْ يَكُنِ ٱلشَّيْطَانُ لَهُ قَرِينًا فَسَآءَ قَرِينًا ٤٣ وَمَا ذَا عَلَيْهِمْ لَوْ

لَا يَحِلُّ لَكُمْ أَنْ تَرِثُوا ٱلنِّسَآءَ كَرْهًا وَلَا تَعْضُلُوهُنَّ لِتَذْهَبُوا بِبَعْضِ مَا
آتَيْتُمُوهُنَّ إِلَّا أَنْ يَأْتِينَ بِفَاحِشَةٍ مُبَيِّنَةٍ وَعَاشِرُوهُنَّ بِٱلْمَعْرُوفِ فَإِنْ كَرِهْتُمُوهُنَّ
فَعَسَى أَنْ تَكْرَهُوا شَيْئًا وَيَجْعَلَ ٱللَّهُ فِيهِ خَيْرًا كَثِيرًا ۲۴ وَإِنْ أَرَدْتُمُ ٱسْتِبْدَالَ
زَوْجٍ مَكَانَ زَوْجٍ وَآتَيْتُمْ إِحْدَاهُنَّ قِنْطَارًا فَلَا تَأْخُذُوا مِنْهُ شَيْئًا أَتَأْخُذُونَهُ
بُهْتَانًا وَإِثْمًا مُبِينًا ۲۵ وَكَيْفَ تَأْخُذُونَهُ وَقَدْ أَفْضَى بَعْضُكُمْ إِلَى بَعْضٍ وَأَخَذْنَ
مِنْكُمْ مِيثَاقًا غَلِيظًا ۲۶ وَلَا تَنْكِحُوا مَا نَكَحَ آبَاؤُكُمْ مِنَ ٱلنِّسَآءِ إِلَّا مَا
قَدْ سَلَفَ إِنَّهُ كَانَ فَاحِشَةً وَمَقْتًا وَسَآءَ سَبِيلًا ۲۷ حُرِّمَتْ عَلَيْكُمْ أُمَّهَاتُكُمْ
وَبَنَاتُكُمْ وَأَخَوَاتُكُمْ وَعَمَّاتُكُمْ وَخَالَاتُكُمْ وَبَنَاتُ ٱلْأَخِ وَبَنَاتُ ٱلْأُخْتِ وَأُمَّهَاتُكُمُ
ٱللَّاتِي أَرْضَعْنَكُمْ وَأَخَوَاتُكُمْ مِنَ ٱلرَّضَاعَةِ وَأُمَّهَاتُ نِسَآئِكُمْ وَرَبَائِبُكُمُ ٱللَّاتِي
فِي حُجُورِكُمْ مِنْ نِسَآئِكُمُ ٱللَّاتِي دَخَلْتُمْ بِهِنَّ فَإِنْ لَمْ تَكُونُوا دَخَلْتُمْ بِهِنَّ
فَلَا جُنَاحَ عَلَيْكُمْ وَحَلَائِلُ أَبْنَائِكُمُ ٱلَّذِينَ مِنْ أَصْلَابِكُمْ وَأَنْ تَجْمَعُوا بَيْنَ
ٱلْأُخْتَيْنِ إِلَّا مَا قَدْ سَلَفَ إِنَّ ٱللَّهَ كَانَ غَفُورًا رَحِيمًا ۞ ۲۸ وَٱلْمُحْصَنَاتُ جزء ۵
مِنَ ٱلنِّسَآءِ إِلَّا مَا مَلَكَتْ أَيْمَانُكُمْ كِتَابَ ٱللَّهِ عَلَيْكُمْ وَأُحِلَّ لَكُمْ مَا وَرَآءَ
ذَلِكُمْ أَنْ تَبْتَغُوا بِأَمْوَالِكُمْ مُحْصِنِينَ غَيْرَ مُسَافِحِينَ فَمَا ٱسْتَمْتَعْتُمْ بِهِ مِنْهُنَّ
فَآتُوهُنَّ أُجُورَهُنَّ فَرِيضَةً وَلَا جُنَاحَ عَلَيْكُمْ فِيمَا تَرَاضَيْتُمْ بِهِ مِنْ بَعْدِ
ٱلْفَرِيضَةِ إِنَّ ٱللَّهَ كَانَ عَلِيمًا حَكِيمًا ۲۹ وَمَنْ لَمْ يَسْتَطِعْ مِنْكُمْ طَوْلًا أَنْ
يَنْكِحَ ٱلْمُحْصَنَاتِ ٱلْمُؤْمِنَاتِ فَمِنْ مَا مَلَكَتْ أَيْمَانُكُمْ مِنْ فَتَيَاتِكُمُ ٱلْمُؤْمِنَاتِ
وَٱللَّهُ أَعْلَمُ بِإِيمَانِكُمْ بَعْضُكُمْ مِنْ بَعْضٍ فَٱنْكِحُوهُنَّ بِإِذْنِ أَهْلِهِنَّ وَآتُوهُنَّ
أُجُورَهُنَّ بِٱلْمَعْرُوفِ مُحْصَنَاتٍ غَيْرَ مُسَافِحَاتٍ وَلَا مُتَّخِذَاتِ أَخْدَانٍ ۳۰ فَإِذَا
أُحْصِنَّ فَإِنْ أَتَيْنَ بِفَاحِشَةٍ فَعَلَيْهِنَّ نِصْفُ مَا عَلَى ٱلْمُحْصَنَاتِ مِنَ ٱلْعَذَابِ
ذَلِكَ لِمَنْ خَشِيَ ٱلْعَنَتَ مِنْكُمْ وَأَنْ تَصْبِرُوا خَيْرٌ لَكُمْ وَٱللَّهُ غَفُورٌ رَحِيمٌ ۳۱
يُرِيدُ ٱللَّهُ لِيُبَيِّنَ لَكُمْ وَيَهْدِيَكُمْ سُنَنَ ٱلَّذِينَ مِنْ قَبْلِكُمْ وَيَتُوبَ عَلَيْكُمْ

لِلذَّكَرِ مِثْلُ حَظِّ ٱلْأُنْثَيَيْنِ فَإِنْ كُنَّ نِسَآءً فَوْقَ ٱثْنَتَيْنِ فَلَهُنَّ ثُلُثَا مَا
تَرَكَ وَإِنْ كَانَتْ وَاحِدَةً فَلَهَا ٱلنِّصْفُ وَلِأَبَوَيْهِ لِكُلِّ وَاحِدٍ مِنْهُمَا ٱلسُّدُسُ مِمَّا
تَرَكَ إِنْ كَانَ لَهُ وَلَدٌ فَإِنْ لَمْ يَكُنْ لَهُ وَلَدٌ وَوَرِثَهُ أَبَوَاهُ فَلِأُمِّهِ ٱلثُّلُثُ فَإِنْ
كَانَ لَهُ إِخْوَةٌ فَلِأُمِّهِ ٱلسُّدُسُ مِنْ بَعْدِ وَصِيَّةٍ يُوصِي بِهَا أَوْ دَيْنٍ آبَآؤُكُمْ
وَأَبْنَآؤُكُمْ لَا تَدْرُونَ أَيُّهُمْ أَقْرَبُ لَكُمْ نَفْعًا فَرِيضَةً مِنَ ٱللَّهِ إِنَّ ٱللَّهَ كَانَ
عَلِيمًا حَكِيمًا ١٣ وَلَكُمْ نِصْفُ مَا تَرَكَ أَزْوَاجُكُمْ إِنْ لَمْ يَكُنْ لَهُنَّ وَلَدٌ فَإِنْ
كَانَ لَهُنَّ وَلَدٌ فَلَكُمُ ٱلرُّبُعُ مِمَّا تَرَكْنَ مِنْ بَعْدِ وَصِيَّةٍ يُوصِينَ بِهَا أَوْ دَيْنٍ
١٤ وَلَهُنَّ ٱلرُّبُعُ مِمَّا تَرَكْتُمْ إِنْ لَمْ يَكُنْ لَكُمْ وَلَدٌ فَإِنْ كَانَ لَكُمْ وَلَدٌ فَلَهُنَّ
ٱلثُّمُنُ مِمَّا تَرَكْتُمْ مِنْ بَعْدِ وَصِيَّةٍ تُوصُونَ بِهَا أَوْ دَيْنٍ ١٥ وَإِنْ كَانَ رَجُلٌ
يُورَثُ كَلَالَةً أَوِ ٱمْرَأَةٌ وَلَهُ أَخٌ أَوْ أُخْتٌ فَلِكُلِّ وَاحِدٍ مِنْهُمَا ٱلسُّدُسُ فَإِنْ كَانُوا
أَكْثَرَ مِنْ ذَلِكَ فَهُمْ شُرَكَآءُ فِي ٱلثُّلُثِ مِنْ بَعْدِ وَصِيَّةٍ يُوصَى بِهَا أَوْ دَيْنٍ
١٦ غَيْرَ مُضَارٍّ وَصِيَّةً مِنَ ٱللَّهِ وَٱللَّهُ عَلِيمٌ حَلِيمٌ ١٧ تِلْكَ حُدُودُ ٱللَّهِ وَمَنْ
يُطِعِ ٱللَّهَ وَرَسُولَهُ يُدْخِلْهُ جَنَّاتٍ تَجْرِي مِنْ تَحْتِهَا ٱلْأَنْهَارُ خَالِدِينَ فِيهَا
وَذَلِكَ ٱلْفَوْزُ ٱلْعَظِيمُ ١٨ وَمَنْ يَعْصِ ٱللَّهَ وَرَسُولَهُ وَيَتَعَدَّ حُدُودَهُ يُدْخِلْهُ نَارًا
خَالِدًا فِيهَا وَلَهُ عَذَابٌ مُهِينٌ ١٩ وَٱللَّاتِي يَأْتِينَ ٱلْفَاحِشَةَ مِنْ نِسَآئِكُمْ
فَٱسْتَشْهِدُوا عَلَيْهِنَّ أَرْبَعَةً مِنْكُمْ فَإِنْ شَهِدُوا فَأَمْسِكُوهُنَّ فِي ٱلْبُيُوتِ حَتَّى
يَتَوَفَّاهُنَّ ٱلْمَوْتُ أَوْ يَجْعَلَ ٱللَّهُ لَهُنَّ سَبِيلًا ٢٠ وَٱللَّذَانِ يَأْتِيَانِهَا مِنْكُمْ فَآذُوهُمَا
فَإِنْ تَابَا وَأَصْلَحَا فَأَعْرِضُوا عَنْهُمَا إِنَّ ٱللَّهَ كَانَ تَوَّابًا رَحِيمًا ٢١ إِنَّمَا ٱلتَّوْبَةُ
عَلَى ٱللَّهِ لِلَّذِينَ يَعْمَلُونَ ٱلسُّوءَ بِجَهَالَةٍ ثُمَّ يَتُوبُونَ مِنْ قَرِيبٍ فَأُولَآئِكَ يَتُوبُ
ٱللَّهُ عَلَيْهِمْ وَكَانَ ٱللَّهُ عَلِيمًا حَكِيمًا ٢٢ وَلَيْسَتِ ٱلتَّوْبَةُ لِلَّذِينَ يَعْمَلُونَ
ٱلسَّيِّئَاتِ حَتَّى إِذَا حَضَرَ أَحَدَهُمُ ٱلْمَوْتُ قَالَ إِنِّي تُبْتُ ٱلْآنَ وَلَا ٱلَّذِينَ
يَمُوتُونَ وَهُمْ كُفَّارٌ أُولَآئِكَ أَعْتَدْنَا لَهُمْ عَذَابًا أَلِيمًا ٢٣ يَا أَيُّهَا ٱلَّذِينَ آمَنُوا

سورة النسآء

مدنية وهى مائة وخمس وسبعون آية

بِسْمِ ٱللَّهِ ٱلرَّحْمَنِ ٱلرَّحِيمِ

يَا أَيُّهَا ٱلنَّاسُ ٱتَّقُوا رَبَّكُمُ ٱلَّذِي خَلَقَكُمْ مِنْ نَفْسٍ وَاحِدَةٍ وَخَلَقَ مِنْهَا
زَوْجَهَا وَبَثَّ مِنْهُمَا رِجَالًا كَثِيرًا وَنِسَآءً وَٱتَّقُوا ٱللَّهَ ٱلَّذِي تَسَّآءَلُونَ بِهِ وَٱلْأَرْحَامَ
إِنَّ ٱللَّهَ كَانَ عَلَيْكُمْ رَقِيبًا ٢ وَآتُوا ٱلْيَتَامَى أَمْوَالَهُمْ وَلَا تَتَبَدَّلُوا ٱلْخَبِيثَ
بِٱلطَّيِّبِ وَلَا تَأْكُلُوا أَمْوَالَهُمْ إِلَى أَمْوَالِكُمْ إِنَّهُ كَانَ حُوبًا كَبِيرًا ٣ وَإِنْ خِفْتُمْ
أَلَّا تُقْسِطُوا فِي ٱلْيَتَامَى فَٱنْكِحُوا مَا طَابَ لَكُمْ مِنَ ٱلنِّسَآءِ مَثْنَى وَثُلَاثَ وَرُبَاعَ
فَإِنْ خِفْتُمْ أَلَّا تَعْدِلُوا فَوَاحِدَةً أَوْ مَا مَلَكَتْ أَيْمَانُكُمْ ذَلِكَ أَدْنَى أَلَّا تَعُولُوا
وَآتُوا ٱلنِّسَآءَ صَدُقَاتِهِنَّ نِحْلَةً فَإِنْ طِبْنَ لَكُمْ عَنْ شَيْءٍ مِنْهُ نَفْسًا فَكُلُوهُ هَنِيئًا
مَرِيئًا ٤ وَلَا تُؤْتُوا ٱلسُّفَهَآءَ أَمْوَالَكُمُ ٱلَّتِي جَعَلَ ٱللَّهُ لَكُمْ قِيَامًا وَٱرْزُقُوهُمْ فِيهَا
وَٱكْسُوهُمْ وَقُولُوا لَهُمْ قَوْلًا مَعْرُوفًا ٥ وَٱبْتَلُوا ٱلْيَتَامَى حَتَّى إِذَا بَلَغُوا ٱلنِّكَاحَ
فَإِنْ آنَسْتُمْ مِنْهُمْ رُشْدًا فَٱدْفَعُوا إِلَيْهِمْ أَمْوَالَهُمْ وَلَا تَأْكُلُوهَا إِسْرَافًا وَبِدَارًا
٦ أَنْ يَكْبَرُوا وَمَنْ كَانَ غَنِيًّا فَلْيَسْتَعْفِفْ وَمَنْ كَانَ فَقِيرًا فَلْيَأْكُلْ بِٱلْمَعْرُوفِ
٧ فَإِذَا دَفَعْتُمْ إِلَيْهِمْ أَمْوَالَهُمْ فَأَشْهِدُوا عَلَيْهِمْ وَكَفَى بِٱللَّهِ حَسِيبًا ٨ لِلرِّجَالِ
نَصِيبٌ مِمَّا تَرَكَ ٱلْوَالِدَانِ وَٱلْأَقْرَبُونَ وَلِلنِّسَآءِ نَصِيبٌ مِمَّا تَرَكَ ٱلْوَالِدَانِ
وَٱلْأَقْرَبُونَ مِمَّا قَلَّ مِنْهُ أَوْ كَثُرَ نَصِيبًا مَفْرُوضًا ٩ وَإِذَا حَضَرَ ٱلْقِسْمَةَ أُولُوا
ٱلْقُرْبَى وَٱلْيَتَامَى وَٱلْمَسَاكِينُ فَٱرْزُقُوهُمْ مِنْهُ وَقُولُوا لَهُمْ قَوْلًا مَعْرُوفًا ١٠
وَلْيَخْشَ ٱلَّذِينَ لَوْ تَرَكُوا مِنْ خَلْفِهِمْ ذُرِّيَّةً ضِعَافًا خَافُوا عَلَيْهِمْ فَلْيَتَّقُوا
ٱللَّهَ وَلْيَقُولُوا قَوْلًا سَدِيدًا ١١ إِنَّ ٱلَّذِينَ يَأْكُلُونَ أَمْوَالَ ٱلْيَتَامَى ظُلْمًا
إِنَّمَا يَأْكُلُونَ فِي بُطُونِهِمْ نَارًا وَسَيَصْلَوْنَ سَعِيرًا ١٢ يُوصِيكُمُ ٱللَّهُ فِي أَوْلَادِكُمْ

كَثِيرًا وَإِنْ تَصْبِرُوا وَتَتَّقُوا فَإِنَّ ذَلِكَ مِنْ عَزْمِ ٱلْأُمُورِ ١٨٤ وَإِذْ أَخَذَ ٱللَّهُ
مِيثَاقَ ٱلَّذِينَ أُوتُوا ٱلْكِتَابَ لَتُبَيِّنُنَّهُ لِلنَّاسِ وَلَا تَكْتُمُونَهُ فَنَبَذُوهُ وَرَآءَ
ظُهُورِهِمْ وَٱشْتَرَوْا بِهِ ثَمَنًا قَلِيلًا فَبِئْسَ مَا يَشْتَرُونَ ١٨٥ لَا تَحْسَبَنَّ ٱلَّذِينَ
يَفْرَحُونَ بِمَا أَتَوْا وَيُحِبُّونَ أَنْ يُحْمَدُوا بِمَا لَمْ يَفْعَلُوا فَلَا تَحْسَبَنَّهُمْ بِمَفَازَةٍ مِنَ
ٱلْعَذَابِ وَلَهُمْ عَذَابٌ أَلِيمٌ ١٨٦ وَلِلَّهِ مُلْكُ ٱلسَّمَوَاتِ وَٱلْأَرْضِ وَٱللَّهُ عَلَى كُلِّ
شَيْءٍ قَدِيرٌ ١٨٧ إِنَّ فِي خَلْقِ ٱلسَّمَوَاتِ وَٱلْأَرْضِ وَٱخْتِلَافِ ٱللَّيْلِ وَٱلنَّهَارِ
لَآيَاتٍ لِأُولِي ٱلْأَلْبَابِ ١٨٨ ٱلَّذِينَ يَذْكُرُونَ ٱللَّهَ قِيَامًا وَقُعُودًا وَعَلَى جُنُوبِهِمْ
وَيَتَفَكَّرُونَ فِي خَلْقِ ٱلسَّمَوَاتِ وَٱلْأَرْضِ رَبَّنَا مَا خَلَقْتَ هَذَا بَاطِلًا سُبْحَانَكَ
فَقِنَا عَذَابَ ٱلنَّارِ ١٨٩ رَبَّنَا إِنَّكَ مَنْ تُدْخِلِ ٱلنَّارَ فَقَدْ أَخْزَيْتَهُ وَمَا لِلظَّالِمِينَ
مِنْ أَنْصَارٍ ١٩٠ رَبَّنَا إِنَّنَا سَمِعْنَا مُنَادِيًا يُنَادِي لِلْإِيمَانِ أَنْ آمِنُوا بِرَبِّكُمْ فَآمَنَّا
١٩١ رَبَّنَا فَٱغْفِرْ لَنَا ذُنُوبَنَا وَكَفِّرْ عَنَّا سَيِّآتِنَا وَتَوَفَّنَا مَعَ ٱلْأَبْرَارِ ١٩٢ رَبَّنَا وَآتِنَا
مَا وَعَدْتَنَا عَلَى رُسُلِكَ وَلَا تُخْزِنَا يَوْمَ ٱلْقِيَامَةِ إِنَّكَ لَا تُخْلِفُ ٱلْمِيعَادَ ١٩٣
فَٱسْتَجَابَ لَهُمْ رَبُّهُمْ أَنِّي لَا أُضِيعُ عَمَلَ عَامِلٍ مِنْكُمْ مِنْ ذَكَرٍ أَوْ أُنْثَى بَعْضُكُمْ
مِنْ بَعْضٍ ١٩٤ فَٱلَّذِينَ هَاجَرُوا وَأُخْرِجُوا مِنْ دِيَارِهِمْ وَأُوذُوا فِي سَبِيلِي وَقَاتَلُوا
وَقُتِلُوا لَأُكَفِّرَنَّ عَنْهُمْ سَيِّآتِهِمْ وَلَأُدْخِلَنَّهُمْ جَنَّاتٍ تَجْرِي مِنْ تَحْتِهَا ٱلْأَنْهَارُ
١٩٥ ثَوَابًا مِنْ عِنْدِ ٱللَّهِ وَٱللَّهُ عِنْدَهُ حُسْنُ ٱلثَّوَابِ ١٩٦ لَا يَغُرَّنَّكَ تَقَلُّبُ
ٱلَّذِينَ كَفَرُوا فِي ٱلْبِلَادِ مَتَاعٌ قَلِيلٌ ثُمَّ مَأْوَاهُمْ جَهَنَّمُ وَبِئْسَ ٱلْمِهَادُ ١٩٧ لَكِنِ
ٱلَّذِينَ ٱتَّقَوْا رَبَّهُمْ لَهُمْ جَنَّاتٌ تَجْرِي مِنْ تَحْتِهَا ٱلْأَنْهَارُ خَالِدِينَ فِيهَا نُزُلًا
مِنْ عِنْدِ ٱللَّهِ وَمَا عِنْدَ ٱللَّهِ خَيْرٌ لِلْأَبْرَارِ ١٩٨ وَإِنَّ مِنْ أَهْلِ ٱلْكِتَابِ لَمَنْ
يُؤْمِنُ بِٱللَّهِ وَمَا أُنْزِلَ إِلَيْكُمْ وَمَا أُنْزِلَ إِلَيْهِمْ خَاشِعِينَ لِلَّهِ لَا يَشْتَرُونَ بِآيَاتِ
ٱللَّهِ ثَمَنًا قَلِيلًا ١٩٩ أُولَآئِكَ لَهُمْ أَجْرُهُمْ عِنْدَ رَبِّهِمْ إِنَّ ٱللَّهَ سَرِيعُ ٱلْحِسَابِ
٢٠٠ يَا أَيُّهَا ٱلَّذِينَ آمَنُوا ٱصْبِرُوا وَصَابِرُوا وَرَابِطُوا وَٱتَّقُوا ٱللَّهَ لَعَلَّكُمْ تُفْلِحُونَ

حَسْبُنَا ٱللَّهُ وَنِعْمَ ٱلْوَكِيلُ ١٦٨ فَٱنْقَلَبُوا بِنِعْمَةٍ مِنَ ٱللَّهِ وَفَضْلٍ لَمْ يَمْسَسْهُمْ
سُوٓءٌ وَٱتَّبَعُوا رِضْوَانَ ٱللَّهِ وَٱللَّهُ ذُو فَضْلٍ عَظِيمٍ ١٦٩ إِنَّمَا ذَٰلِكُمُ ٱلشَّيْطَانُ
يُخَوِّفُ أَوْلِيَآءَهُ فَلَا تَخَافُوهُمْ وَخَافُونِ إِنْ كُنْتُمْ مُؤْمِنِينَ ١٧٠ وَلَا يَحْزُنْكَ ٱلَّذِينَ
يُسَارِعُونَ فِي ٱلْكُفْرِ إِنَّهُمْ لَنْ يَضُرُّوا ٱللَّهَ شَيْئًا يُرِيدُ ٱللَّهُ أَلَّا يَجْعَلَ لَهُمْ حَظًّا
فِي ٱلْآخِرَةِ وَلَهُمْ عَذَابٌ عَظِيمٌ ١٧١ إِنَّ ٱلَّذِينَ ٱشْتَرَوُا ٱلْكُفْرَ بِٱلْإِيمَانِ لَنْ
يَضُرُّوا ٱللَّهَ شَيْئًا وَلَهُمْ عَذَابٌ أَلِيمٌ ١٧٢ وَلَا يَحْسَبَنَّ ٱلَّذِينَ كَفَرُوا أَنَّمَا نُمْلِي
لَهُمْ خَيْرٌ لِأَنْفُسِهِمْ إِنَّمَا نُمْلِي لَهُمْ لِيَزْدَادُوا إِثْمًا وَلَهُمْ عَذَابٌ مُهِينٌ ١٧٣ مَا
كَانَ ٱللَّهُ لِيَذَرَ ٱلْمُؤْمِنِينَ عَلَىٰ مَا أَنْتُمْ عَلَيْهِ حَتَّىٰ يَمِيزَ ٱلْخَبِيثَ مِنَ ٱلطَّيِّبِ
١٧٤ وَمَا كَانَ ٱللَّهُ لِيُطْلِعَكُمْ عَلَى ٱلْغَيْبِ وَلَٰكِنَّ ٱللَّهَ يَجْتَبِي مِنْ رُسُلِهِ مَنْ
يَشَآءُ فَآمِنُوا بِٱللَّهِ وَرُسُلِهِ وَإِنْ تُؤْمِنُوا وَتَتَّقُوا فَلَكُمْ أَجْرٌ عَظِيمٌ ١٧٥ وَلَا يَحْسَبَنَّ
ٱلَّذِينَ يَبْخَلُونَ بِمَا آتَاهُمُ ٱللَّهُ مِنْ فَضْلِهِ هُوَ خَيْرًا لَهُمْ بَلْ هُوَ شَرٌّ لَهُمْ
١٧٦ سَيُطَوَّقُونَ مَا بَخِلُوا بِهِ يَوْمَ ٱلْقِيَامَةِ وَلِلَّهِ مِيرَاثُ ٱلسَّمٰوَاتِ وَٱلْأَرْضِ وَٱللَّهُ
بِمَا تَعْمَلُونَ خَبِيرٌ ١٧٧ لَقَدْ سَمِعَ ٱللَّهُ قَوْلَ ٱلَّذِينَ قَالُوا إِنَّ ٱللَّهَ فَقِيرٌ وَنَحْنُ
أَغْنِيَآءُ سَنَكْتُبُ مَا قَالُوا وَقَتْلَهُمُ ٱلْأَنْبِيَآءَ بِغَيْرِ حَقٍّ وَنَقُولُ ذُوقُوا عَذَابَ
ٱلْحَرِيقِ ١٧٨ ذَٰلِكَ بِمَا قَدَّمَتْ أَيْدِيكُمْ وَأَنَّ ٱللَّهَ لَيْسَ بِظَلَّامٍ لِلْعَبِيدِ ١٧٩
ٱلَّذِينَ قَالُوا إِنَّ ٱللَّهَ عَهِدَ إِلَيْنَا أَلَّا نُؤْمِنَ لِرَسُولٍ حَتَّىٰ يَأْتِيَنَا بِقُرْبَانٍ
تَأْكُلُهُ ٱلنَّارُ ١٨٠ قُلْ قَدْ جَآءَكُمْ رُسُلٌ مِنْ قَبْلِي بِٱلْبَيِّنَاتِ وَبِٱلَّذِي قُلْتُمْ
فَلِمَ قَتَلْتُمُوهُمْ إِنْ كُنْتُمْ صَادِقِينَ ١٨١ فَإِنْ كَذَّبُوكَ فَقَدْ كُذِّبَ رُسُلٌ مِنْ
قَبْلِكَ جَآءُوا بِٱلْبَيِّنَاتِ وَٱلزُّبُرِ وَٱلْكِتَابِ ٱلْمُنِيرِ ١٨٢ كُلُّ نَفْسٍ ذَآئِقَةُ ٱلْمَوْتِ
وَإِنَّمَا تُوَفَّوْنَ أُجُورَكُمْ يَوْمَ ٱلْقِيَامَةِ فَمَنْ زُحْزِحَ عَنِ ٱلنَّارِ وَأُدْخِلَ ٱلْجَنَّةَ فَقَدْ
فَازَ وَمَا ٱلْحَيَوٰةُ ٱلدُّنْيَا إِلَّا مَتَاعُ ٱلْغُرُورِ ١٨٣ لَتُبْلَوُنَّ فِي أَمْوَالِكُمْ وَأَنْفُسِكُمْ
وَلَتَسْمَعُنَّ مِنَ ٱلَّذِينَ أُوتُوا ٱلْكِتَابَ مِنْ قَبْلِكُمْ وَمِنَ ٱلَّذِينَ أَشْرَكُوا أَذًى

١٥٣ فَبِمَا رَحْمَةٍ مِنَ ٱللَّهِ لِنْتَ لَهُمْ وَلَوْ كُنْتَ فَظًّا غَلِيظَ ٱلْقَلْبِ لَٱنْفَضُّوا مِنْ
حَوْلِكَ فَٱعْفُ عَنْهُمْ وَٱسْتَغْفِرْ لَهُمْ وَشَاوِرْهُمْ فِي ٱلْأَمْرِ فَإِذَا عَزَمْتَ فَتَوَكَّلْ عَلَى
ٱللَّهِ إِنَّ ٱللَّهَ يُحِبُّ ٱلْمُتَوَكِّلِينَ ١٥٤ إِنْ يَنْصُرْكُمُ ٱللَّهُ فَلَا غَالِبَ لَكُمْ وَإِنْ
يَخْذُلْكُمْ فَمَنْ ذَا ٱلَّذِي يَنْصُرُكُمْ مِنْ بَعْدِهِ وَعَلَى ٱللَّهِ فَلْيَتَوَكَّلِ ٱلْمُؤْمِنُونَ
١٥٥ وَمَا كَانَ لِنَبِيٍّ أَنْ يَغُلَّ وَمَنْ يَغْلُلْ يَأْتِ بِمَا غَلَّ يَوْمَ ٱلْقِيَامَةِ ثُمَّ تُوَفَّى
كُلُّ نَفْسٍ مَا كَسَبَتْ وَهُمْ لَا يُظْلَمُونَ ١٥٦ أَفَمَنِ ٱتَّبَعَ رِضْوَانَ ٱللَّهِ كَمَنْ بَاءَ
بِسَخَطٍ مِنَ ٱللَّهِ وَمَأْوَاهُ جَهَنَّمُ وَبِئْسَ ٱلْمَصِيرُ ١٥٧ هُمْ دَرَجَاتٌ عِنْدَ ٱللَّهِ وَٱللَّهُ
بَصِيرٌ بِمَا يَعْمَلُونَ ١٥٨ لَقَدْ مَنَّ ٱللَّهُ عَلَى ٱلْمُؤْمِنِينَ إِذْ بَعَثَ فِيهِمْ رَسُولًا
مِنْ أَنْفُسِهِمْ يَتْلُو عَلَيْهِمْ آيَاتِهِ وَيُزَكِّيهِمْ وَيُعَلِّمُهُمُ ٱلْكِتَابَ وَٱلْحِكْمَةَ وَإِنْ كَانُوا
مِنْ قَبْلُ لَفِي ضَلَالٍ مُبِينٍ ١٥٩ أَوَلَمَّا أَصَابَتْكُمْ مُصِيبَةٌ قَدْ أَصَبْتُمْ مِثْلَيْهَا
قُلْتُمْ أَنَّى هَذَا قُلْ هُوَ مِنْ عِنْدِ أَنْفُسِكُمْ إِنَّ ٱللَّهَ عَلَى كُلِّ شَيْءٍ قَدِيرٌ ١٦٠
وَمَا أَصَابَكُمْ يَوْمَ ٱلْتَقَى ٱلْجَمْعَانِ فَبِإِذْنِ ٱللَّهِ وَلِيَعْلَمَ ٱلْمُؤْمِنِينَ وَلِيَعْلَمَ ٱلَّذِينَ
نَافَقُوا وَقِيلَ لَهُمْ تَعَالَوْا قَاتِلُوا فِي سَبِيلِ ٱللَّهِ أَوِ ٱدْفَعُوا قَالُوا لَوْ نَعْلَمُ قِتَالًا
لَٱتَّبَعْنَاكُمْ هُمْ لِلْكُفْرِ يَوْمَئِذٍ أَقْرَبُ مِنْهُمْ لِلْإِيمَانِ ١٦١ يَقُولُونَ بِأَفْوَاهِهِمْ مَا
لَيْسَ فِي قُلُوبِهِمْ وَٱللَّهُ أَعْلَمُ بِمَا يَكْتُمُونَ ١٦٢ ٱلَّذِينَ قَالُوا لِإِخْوَانِهِمْ وَقَعَدُوا
لَوْ أَطَاعُونَا مَا قُتِلُوا قُلْ فَٱدْرَأُوا عَنْ أَنْفُسِكُمُ ٱلْمَوْتَ إِنْ كُنْتُمْ صَادِقِينَ ١٦٣
وَلَا تَحْسَبَنَّ ٱلَّذِينَ قُتِلُوا فِي سَبِيلِ ٱللَّهِ أَمْوَاتًا بَلْ أَحْيَاءٌ عِنْدَ رَبِّهِمْ يُرْزَقُونَ
١٦٤ فَرِحِينَ بِمَا آتَاهُمُ ٱللَّهُ مِنْ فَضْلِهِ وَيَسْتَبْشِرُونَ بِٱلَّذِينَ لَمْ يَلْحَقُوا بِهِمْ
مِنْ خَلْفِهِمْ أَلَّا خَوْفٌ عَلَيْهِمْ وَلَا هُمْ يَحْزَنُونَ ١٦٥ يَسْتَبْشِرُونَ بِنِعْمَةٍ مِنَ ٱللَّهِ
وَفَضْلٍ وَأَنَّ ٱللَّهَ لَا يُضِيعُ أَجْرَ ٱلْمُؤْمِنِينَ ١٦٦ ٱلَّذِينَ ٱسْتَجَابُوا لِلَّهِ وَٱلرَّسُولِ
مِنْ بَعْدِ مَا أَصَابَهُمُ ٱلْقَرْحُ لِلَّذِينَ أَحْسَنُوا مِنْهُمْ وَٱتَّقَوْا أَجْرٌ عَظِيمٌ ١٦٧ ٱلَّذِينَ
قَالَ لَهُمُ ٱلنَّاسُ إِنَّ ٱلنَّاسَ قَدْ جَمَعُوا لَكُمْ فَٱخْشَوْهُمْ فَزَادَهُمْ إِيمَانًا وَقَالُوا

فَآتَاهُمُ ٱللَّهُ ثَوَابَ ٱلدُّنْيَا وَحُسْنَ ثَوَابِ ٱلْآخِرَةِ وَٱللَّهُ يُحِبُّ ٱلْمُحْسِنِينَ ١٤٢ يَا
أَيُّهَا ٱلَّذِينَ آمَنُوا إِنْ تُطِيعُوا ٱلَّذِينَ كَفَرُوا يَرُدُّوكُمْ عَلَى أَعْقَابِكُمْ فَتَنْقَلِبُوا
خَاسِرِينَ ١٤٣ بَلِ ٱللَّهُ مَوْلَاكُمْ وَهُوَ خَيْرُ ٱلنَّاصِرِينَ ١٤٤ سَنُلْقِي فِي قُلُوبِ
ٱلَّذِينَ كَفَرُوا ٱلرُّعْبَ بِمَا أَشْرَكُوا بِٱللَّهِ مَا لَمْ يُنَزِّلْ بِهِ سُلْطَانًا وَمَأْوَاهُمُ
ٱلنَّارُ وَبِئْسَ مَثْوَى ٱلظَّالِمِينَ ١٤٥ وَلَقَدْ صَدَقَكُمُ ٱللَّهُ وَعْدَهُ إِذْ تَحُسُّونَهُمْ
بِإِذْنِهِ حَتَّى إِذَا فَشِلْتُمْ وَتَنَازَعْتُمْ فِي ٱلْأَمْرِ وَعَصَيْتُمْ مِنْ بَعْدِ مَا أَرَاكُمْ مَا
تُحِبُّونَ ١٤٦ مِنْكُمْ مَنْ يُرِيدُ ٱلدُّنْيَا وَمِنْكُمْ مَنْ يُرِيدُ ٱلْآخِرَةَ ثُمَّ صَرَفَكُمْ عَنْهُمْ
لِيَبْتَلِيَكُمْ وَلَقَدْ عَفَا عَنْكُمْ وَٱللَّهُ ذُو فَضْلٍ عَلَى ٱلْمُؤْمِنِينَ ١٤٧ إِذْ تُصْعِدُونَ
وَلَا تَلْوُنَ عَلَى أَحَدٍ وَٱلرَّسُولُ يَدْعُوكُمْ فِي أُخْرَاكُمْ فَأَثَابَكُمْ غَمًّا بِغَمٍّ لِكَيْلَا
تَحْزَنُوا عَلَى مَا فَاتَكُمْ وَلَا مَا أَصَابَكُمْ وَٱللَّهُ خَبِيرٌ بِمَا تَعْمَلُونَ ١٤٨ ثُمَّ أَنْزَلَ
عَلَيْكُمْ مِنْ بَعْدِ ٱلْغَمِّ أَمَنَةً نُعَاسًا يَغْشَى طَائِفَةً مِنْكُمْ وَطَائِفَةٌ قَدْ أَهَمَّتْهُمْ
أَنْفُسُهُمْ يَظُنُّونَ بِٱللَّهِ غَيْرَ ٱلْحَقِّ ظَنَّ ٱلْجَاهِلِيَّةِ يَقُولُونَ هَلْ لَنَا مِنَ ٱلْأَمْرِ
مِنْ شَيْءٍ قُلْ إِنَّ ٱلْأَمْرَ كُلَّهُ لِلَّهِ يُخْفُونَ فِي أَنْفُسِهِمْ مَا لَا يُبْدُونَ لَكَ يَقُولُونَ
لَوْ كَانَ لَنَا مِنَ ٱلْأَمْرِ شَيْءٌ مَا قُتِلْنَا هَاهُنَا قُلْ لَوْ كُنْتُمْ فِي بُيُوتِكُمْ لَبَرَزَ
ٱلَّذِينَ كُتِبَ عَلَيْهِمُ ٱلْقَتْلُ إِلَى مَضَاجِعِهِمْ وَلِيَبْتَلِيَ ٱللَّهُ مَا فِي صُدُورِكُمْ
وَلِيُمَحِّصَ مَا فِي قُلُوبِكُمْ وَٱللَّهُ عَلِيمٌ بِذَاتِ ٱلصُّدُورِ ١٤٩ إِنَّ ٱلَّذِينَ تَوَلَّوْا
مِنْكُمْ يَوْمَ ٱلْتَقَى ٱلْجَمْعَانِ إِنَّمَا ٱسْتَزَلَّهُمُ ٱلشَّيْطَانُ بِبَعْضِ مَا كَسَبُوا وَلَقَدْ عَفَا
ٱللَّهُ عَنْهُمْ إِنَّ ٱللَّهَ غَفُورٌ حَلِيمٌ ١٥٠ يَا أَيُّهَا ٱلَّذِينَ آمَنُوا لَا تَكُونُوا
كَٱلَّذِينَ كَفَرُوا وَقَالُوا لِإِخْوَانِهِمْ إِذَا ضَرَبُوا فِي ٱلْأَرْضِ أَوْ كَانُوا غُزًّى لَوْ كَانُوا
عِنْدَنَا مَا مَاتُوا وَمَا قُتِلُوا لِيَجْعَلَ ٱللَّهُ ذَلِكَ حَسْرَةً فِي قُلُوبِهِمْ وَٱللَّهُ يُحْيِي
وَيُمِيتُ وَٱللَّهُ بِمَا تَعْمَلُونَ بَصِيرٌ ١٥١ وَلَئِنْ قُتِلْتُمْ فِي سَبِيلِ ٱللَّهِ أَوْ مُتُّمْ لَمَغْفِرَةٌ
مِنَ ٱللَّهِ وَرَحْمَةٌ خَيْرٌ مِمَّا تَجْمَعُونَ ١٥٢ وَلَئِنْ مُتُّمْ أَوْ قُتِلْتُمْ لَإِلَى ٱللَّهِ تُحْشَرُونَ

تُفْلِحُونَ ١٢٦ وَٱتَّقُوا ٱلنَّارَ ٱلَّتِى أُعِدَّتْ لِلْكَافِرِينَ وَأَطِيعُوا ٱللَّهَ وَٱلرَّسُولَ لَعَلَّكُمْ
تُرْحَمُونَ ١٢٧ وَسَارِعُوا إِلَى مَغْفِرَةٍ مِنْ رَبِّكُمْ وَجَنَّةٍ عَرْضُهَا ٱلسَّمٰوَاتُ وَٱلْأَرْضُ
أُعِدَّتْ لِلْمُتَّقِينَ ١٢٨ ٱلَّذِينَ يُنْفِقُونَ فِى ٱلسَّرَّآءِ وَٱلضَّرَّآءِ وَٱلْكَاظِمِينَ ٱلْغَيْظَ
وَٱلْعَافِينَ عَنِ ٱلنَّاسِ وَٱللَّهُ يُحِبُّ ٱلْمُحْسِنِينَ ١٢٩ وَٱلَّذِينَ إِذَا فَعَلُوا فَاحِشَةً
أَوْ ظَلَمُوا أَنْفُسَهُمْ ذَكَرُوا ٱللَّهَ فَٱسْتَغْفَرُوا لِذُنُوبِهِمْ وَمَنْ يَغْفِرُ ٱلذُّنُوبَ إِلَّا ٱللَّهُ
وَلَمْ يُصِرُّوا عَلَى مَا فَعَلُوا وَهُمْ يَعْلَمُونَ ١٣٠ أُولَآئِكَ جَزَآؤُهُمْ مَغْفِرَةٌ مِنْ رَبِّهِمْ
وَجَنَّاتٌ تَجْرِى مِنْ تَحْتِهَا ٱلْأَنْهَارُ خَالِدِينَ فِيهَا وَنِعْمَ أَجْرُ ٱلْعَامِلِينَ ١٣١ قَدْ
خَلَتْ مِنْ قَبْلِكُمْ سُنَنٌ فَسِيرُوا فِى ٱلْأَرْضِ فَٱنْظُرُوا كَيْفَ كَانَ عَاقِبَةُ ٱلْمُكَذِّبِينَ
١٣٢ هٰذَا بَيَانٌ لِلنَّاسِ وَهُدًى وَمَوْعِظَةٌ لِلْمُتَّقِينَ ١٣٣ وَلَا تَهِنُوا وَلَا تَحْزَنُوا
وَأَنْتُمُ ٱلْأَعْلَوْنَ إِنْ كُنْتُمْ مُؤْمِنِينَ ١٣٤ إِنْ يَمْسَسْكُمْ قَرْحٌ فَقَدْ مَسَّ ٱلْقَوْمَ قَرْحٌ
مِثْلُهُ وَتِلْكَ ٱلْأَيَّامُ نُدَاوِلُهَا بَيْنَ ٱلنَّاسِ وَلِيَعْلَمَ ٱللَّهُ ٱلَّذِينَ آمَنُوا وَيَتَّخِذَ
مِنْكُمْ شُهَدَآءَ وَٱللَّهُ لَا يُحِبُّ ٱلظَّالِمِينَ ١٣٥ وَلِيُمَحِّصَ ٱللَّهُ ٱلَّذِينَ آمَنُوا
وَيَمْحَقَ ٱلْكَافِرِينَ ١٣٦ أَمْ حَسِبْتُمْ أَنْ تَدْخُلُوا ٱلْجَنَّةَ وَلَمَّا يَعْلَمِ ٱللَّهُ ٱلَّذِينَ
جَاهَدُوا مِنْكُمْ وَيَعْلَمَ ٱلصَّابِرِينَ ١٣٧ وَلَقَدْ كُنْتُمْ تَمَنَّوْنَ ٱلْمَوْتَ مِنْ قَبْلِ أَنْ
تَلْقَوْهُ فَقَدْ رَأَيْتُمُوهُ وَأَنْتُمْ تَنْظُرُونَ ١٣٨ وَمَا مُحَمَّدٌ إِلَّا رَسُولٌ قَدْ خَلَتْ مِنْ
قَبْلِهِ ٱلرُّسُلُ أَفَإِنْ مَاتَ أَوْ قُتِلَ ٱنْقَلَبْتُمْ عَلَى أَعْقَابِكُمْ وَمَنْ يَنْقَلِبْ عَلَى
عَقِبَيْهِ فَلَنْ يَضُرَّ ٱللَّهَ شَيْئًا وَسَيَجْزِى ٱللَّهُ ٱلشَّاكِرِينَ ١٣٩ وَمَا كَانَ لِنَفْسٍ
أَنْ تَمُوتَ إِلَّا بِإِذْنِ ٱللَّهِ كِتَابًا مُؤَجَّلًا وَمَنْ يُرِدْ ثَوَابَ ٱلدُّنْيَا نُؤْتِهِ مِنْهَا وَمَنْ
يُرِدْ ثَوَابَ ٱلْآخِرَةِ نُؤْتِهِ مِنْهَا وَسَنَجْزِى ٱلشَّاكِرِينَ ١٤٠ وَكَأَيِّنْ مِنْ نَبِيٍّ قَاتَلَ
مَعَهُ رِبِّيُّونَ كَثِيرٌ فَمَا وَهَنُوا لِمَا أَصَابَهُمْ فِى سَبِيلِ ٱللَّهِ وَمَا ضَعُفُوا وَمَا
ٱسْتَكَانُوا وَٱللَّهُ يُحِبُّ ٱلصَّابِرِينَ ١٤١ وَمَا كَانَ قَوْلَهُمْ إِلَّا أَنْ قَالُوا رَبَّنَا ٱغْفِرْ
لَنَا ذُنُوبَنَا وَإِسْرَافَنَا فِى أَمْرِنَا وَثَبِّتْ أَقْدَامَنَا وَٱنْصُرْنَا عَلَى ٱلْقَوْمِ ٱلْكَافِرِينَ

ٱلْخَيْرَاتِ وَأُولَآئِكَ مِنَ ٱلصَّالِحِينَ ١١١ وَمَا تَفْعَلُوا مِنْ خَيْرٍ فَلَنْ تُكْفَرُوهُ وَٱللَّهُ
عَلِيمٌ بِٱلْمُتَّقِينَ ١١٢ إِنَّ ٱلَّذِينَ كَفَرُوا لَنْ تُغْنِيَ عَنْهُمْ أَمْوَالُهُمْ وَلَا أَوْلَادُهُمْ
مِنَ ٱللَّهِ شَيْئًا وَأُولَآئِكَ أَصْحَابُ ٱلنَّارِ هُمْ فِيهَا خَالِدُونَ ١١٣ مَثَلُ مَا يُنْفِقُونَ
فِي هَٰذِهِ ٱلْحَيَوٰةِ ٱلدُّنْيَا كَمَثَلِ رِيحٍ فِيهَا صِرٌّ أَصَابَتْ حَرْثَ قَوْمٍ ظَلَمُوا أَنْفُسَهُمْ
فَأَهْلَكَتْهُ وَمَا ظَلَمَهُمُ ٱللَّهُ وَلَٰكِنْ أَنْفُسَهُمْ يَظْلِمُونَ ١١٤ يَا أَيُّهَا ٱلَّذِينَ آمَنُوا
لَا تَتَّخِذُوا بِطَانَةً مِنْ دُونِكُمْ لَا يَأْلُونَكُمْ خَبَالًا وَدُّوا مَا عَنِتُّمْ قَدْ بَدَتِ ٱلْبَغْضَآءُ
مِنْ أَفْوَاهِهِمْ وَمَا تُخْفِي صُدُورُهُمْ أَكْبَرُ قَدْ بَيَّنَّا لَكُمُ ٱلْآيَاتِ إِنْ كُنْتُمْ
تَعْقِلُونَ ١١٥ هَا أَنْتُمْ أُولَآءِ تُحِبُّونَهُمْ وَلَا يُحِبُّونَكُمْ وَتُؤْمِنُونَ بِٱلْكِتَابِ كُلِّهِ وَإِذَا
لَقُوكُمْ قَالُوا آمَنَّا وَإِذَا خَلَوْا عَضُّوا عَلَيْكُمُ ٱلْأَنَامِلَ مِنَ ٱلْغَيْظِ قُلْ مُوتُوا بِغَيْظِكُمْ
إِنَّ ٱللَّهَ عَلِيمٌ بِذَاتِ ٱلصُّدُورِ ١١٦ إِنْ تَمْسَسْكُمْ حَسَنَةٌ تَسُؤْهُمْ وَإِنْ تُصِبْكُمْ
سَيِّئَةٌ يَفْرَحُوا بِهَا وَإِنْ تَصْبِرُوا وَتَتَّقُوا لَا يَضُرُّكُمْ كَيْدُهُمْ شَيْئًا إِنَّ ٱللَّهَ بِمَا
يَعْمَلُونَ مُحِيطٌ ١١٧ وَإِذْ غَدَوْتَ مِنْ أَهْلِكَ تُبَوِّئُ ٱلْمُؤْمِنِينَ مَقَاعِدَ لِلْقِتَالِ
وَٱللَّهُ سَمِيعٌ عَلِيمٌ ١١٨ إِذْ هَمَّتْ طَآئِفَتَانِ مِنْكُمْ أَنْ تَفْشَلَا وَٱللَّهُ وَلِيُّهُمَا
وَعَلَى ٱللَّهِ فَلْيَتَوَكَّلِ ٱلْمُؤْمِنُونَ ١١٩ وَلَقَدْ نَصَرَكُمُ ٱللَّهُ بِبَدْرٍ وَأَنْتُمْ أَذِلَّةٌ فَٱتَّقُوا
ٱللَّهَ لَعَلَّكُمْ تَشْكُرُونَ ١٢٠ إِذْ تَقُولُ لِلْمُؤْمِنِينَ أَلَنْ يَكْفِيَكُمْ أَنْ يُمِدَّكُمْ رَبُّكُمْ
بِثَلَٰثَةِ آلَافٍ مِنَ ٱلْمَلَآئِكَةِ مُنْزَلِينَ ١٢١ بَلَى إِنْ تَصْبِرُوا وَتَتَّقُوا وَيَأْتُوكُمْ مِنْ
فَوْرِهِمْ هَٰذَا يُمْدِدْكُمْ رَبُّكُمْ بِخَمْسَةِ آلَافٍ مِنَ ٱلْمَلَآئِكَةِ مُسَوِّمِينَ ١٢٢ وَمَا جَعَلَهُ
ٱللَّهُ إِلَّا بُشْرَى لَكُمْ وَلِتَطْمَئِنَّ قُلُوبُكُمْ بِهِ وَمَا ٱلنَّصْرُ إِلَّا مِنْ عِنْدِ ٱللَّهِ ٱلْعَزِيزِ
ٱلْحَكِيمِ لِيَقْطَعَ طَرَفًا مِنَ ٱلَّذِينَ كَفَرُوا أَوْ يَكْبِتَهُمْ فَيَنْقَلِبُوا خَآئِبِينَ ١٢٣ لَيْسَ
لَكَ مِنَ ٱلْأَمْرِ شَيْءٌ أَوْ يَتُوبَ عَلَيْهِمْ أَوْ يُعَذِّبَهُمْ فَإِنَّهُمْ ظَالِمُونَ ١٢٤ وَلِلَّهِ مَا
فِي ٱلسَّمَوَاتِ وَمَا فِي ٱلْأَرْضِ يَغْفِرُ لِمَنْ يَشَآءُ وَيُعَذِّبُ مَنْ يَشَآءُ وَٱللَّهُ غَفُورٌ رَحِيمٌ
١٢٥ يَا أَيُّهَا ٱلَّذِينَ آمَنُوا لَا تَأْكُلُوا ٱلرِّبَوا أَضْعَافًا مُضَاعَفَةً وَٱتَّقُوا ٱللَّهَ لَعَلَّكُمْ

تُطِيعُوا فَرِيقًا مِنَ ٱلَّذِينَ أُوتُوا ٱلْكِتَابَ يَرُدُّوكُمْ بَعْدَ إِيمَانِكُمْ كَافِرِينَ ٩٦
وَكَيْفَ تَكْفُرُونَ وَأَنْتُمْ تُتْلَى عَلَيْكُمْ آيَاتُ ٱللَّهِ وَفِيكُمْ رَسُولُهُ وَمَنْ يَعْتَصِمْ بِٱللَّهِ
فَقَدْ هُدِيَ إِلَى صِرَاطٍ مُسْتَقِيمٍ ٩٧ يَا أَيُّهَا ٱلَّذِينَ آمَنُوا ٱتَّقُوا ٱللَّهَ حَقَّ
تُقَاتِهِ وَلَا تَمُوتُنَّ إِلَّا وَأَنْتُمْ مُسْلِمُونَ ٩٨ وَٱعْتَصِمُوا بِحَبْلِ ٱللَّهِ جَمِيعًا وَلَا
تَفَرَّقُوا وَٱذْكُرُوا نِعْمَتَ ٱللَّهِ عَلَيْكُمْ إِذْ كُنْتُمْ أَعْدَآءً فَأَلَّفَ بَيْنَ قُلُوبِكُمْ
فَأَصْبَحْتُمْ بِنِعْمَتِهِ إِخْوَانًا ٩٩ وَكُنْتُمْ عَلَى شَفَا حُفْرَةٍ مِنَ ٱلنَّارِ فَأَنْقَذَكُمْ مِنْهَا
كَذَٰلِكَ يُبَيِّنُ ٱللَّهُ لَكُمْ آيَاتِهِ لَعَلَّكُمْ تَهْتَدُونَ ١٠٠ وَلْتَكُنْ مِنْكُمْ أُمَّةٌ يَدْعُونَ
إِلَى ٱلْخَيْرِ وَيَأْمُرُونَ بِٱلْمَعْرُوفِ وَيَنْهَوْنَ عَنِ ٱلْمُنْكَرِ وَأُولَٰئِكَ هُمُ ٱلْمُفْلِحُونَ ١٠١ وَلَا
تَكُونُوا كَٱلَّذِينَ تَفَرَّقُوا وَٱخْتَلَفُوا مِنْ بَعْدِ مَا جَآءَهُمُ ٱلْبَيِّنَاتُ وَأُولَٰئِكَ لَهُمْ
عَذَابٌ عَظِيمٌ ١٠٢ يَوْمَ تَبْيَضُّ وُجُوهٌ وَتَسْوَدُّ وُجُوهٌ فَأَمَّا ٱلَّذِينَ ٱسْوَدَّتْ وُجُوهُهُمْ
أَكَفَرْتُمْ بَعْدَ إِيمَانِكُمْ فَذُوقُوا ٱلْعَذَابَ بِمَا كُنْتُمْ تَكْفُرُونَ ١٠٣ وَأَمَّا ٱلَّذِينَ
ٱبْيَضَّتْ وُجُوهُهُمْ فَفِي رَحْمَةِ ٱللَّهِ هُمْ فِيهَا خَالِدُونَ ١٠٤ تِلْكَ آيَاتُ ٱللَّهِ
نَتْلُوهَا عَلَيْكَ بِٱلْحَقِّ وَمَا ٱللَّهُ يُرِيدُ ظُلْمًا لِلْعَالَمِينَ ١٠٥ وَلِلَّهِ مَا فِي
ٱلسَّمَوَاتِ وَمَا فِي ٱلْأَرْضِ وَإِلَى ٱللَّهِ تُرْجَعُ ٱلْأُمُورُ ١٠٦ كُنْتُمْ خَيْرَ أُمَّةٍ أُخْرِجَتْ
لِلنَّاسِ تَأْمُرُونَ بِٱلْمَعْرُوفِ وَتَنْهَوْنَ عَنِ ٱلْمُنْكَرِ وَتُؤْمِنُونَ بِٱللَّهِ وَلَوْ آمَنَ أَهْلُ
ٱلْكِتَابِ لَكَانَ خَيْرًا لَهُمْ مِنْهُمُ ٱلْمُؤْمِنُونَ وَأَكْثَرُهُمُ ٱلْفَاسِقُونَ ١٠٧ لَنْ يَضُرُّوكُمْ
إِلَّا أَذًى وَإِنْ يُقَاتِلُوكُمْ يُوَلُّوكُمُ ٱلْأَدْبَارَ ثُمَّ لَا يُنْصَرُونَ ١٠٨ ضُرِبَتْ عَلَيْهِمُ
ٱلذِّلَّةُ أَيْنَ مَا ثُقِفُوا إِلَّا بِحَبْلٍ مِنَ ٱللَّهِ وَحَبْلٍ مِنَ ٱلنَّاسِ وَبَآءُوا بِغَضَبٍ مِنَ
ٱللَّهِ وَضُرِبَتْ عَلَيْهِمُ ٱلْمَسْكَنَةُ ذَٰلِكَ بِأَنَّهُمْ كَانُوا يَكْفُرُونَ بِآيَاتِ ٱللَّهِ وَيَقْتُلُونَ
ٱلْأَنْبِيَآءَ بِغَيْرِ حَقٍّ ذَٰلِكَ بِمَا عَصَوْا وَكَانُوا يَعْتَدُونَ ١٠٩ لَيْسُوا سَوَآءً مِنْ أَهْلِ
ٱلْكِتَابِ أُمَّةٌ قَآئِمَةٌ يَتْلُونَ آيَاتِ ٱللَّهِ آنَآءَ ٱللَّيْلِ وَهُمْ يَسْجُدُونَ ١١٠ يُؤْمِنُونَ
بِٱللَّهِ وَٱلْيَوْمِ ٱلْآخِرِ وَيَأْمُرُونَ بِٱلْمَعْرُوفِ وَيَنْهَوْنَ عَنِ ٱلْمُنْكَرِ وَيُسَارِعُونَ فِي

طَوْعًا وَكَرْهًا وَإِلَيْهِ يُرْجَعُونَ ٧٨ قُلْ آمَنَّا بِٱللّٰهِ وَمَا أُنْزِلَ عَلَيْنَا وَمَا أُنْزِلَ عَلَى
إِبْرٰهِيمَ وَإِسْمٰعِيلَ وَإِسْحٰقَ وَيَعْقُوبَ وَٱلْأَسْبَاطِ وَمَا أُوتِيَ مُوسَى وَعِيسَى وَٱلنَّبِيُّونَ
مِنْ رَبِّهِمْ لَا نُفَرِّقُ بَيْنَ أَحَدٍ مِنْهُمْ وَنَحْنُ لَهُ مُسْلِمُونَ ٧٩ وَمَنْ يَبْتَغِ غَيْرَ
ٱلْإِسْلَامِ دِينًا فَلَنْ يُقْبَلَ مِنْهُ وَهُوَ فِي ٱلْآخِرَةِ مِنَ ٱلْخَاسِرِينَ ٨٠ كَيْفَ يَهْدِي
ٱللّٰهُ قَوْمًا كَفَرُوا بَعْدَ إِيمَانِهِمْ وَشَهِدُوا أَنَّ ٱلرَّسُولَ حَقٌّ وَجَاءَهُمُ ٱلْبَيِّنَاتُ
وَٱللّٰهُ لَا يَهْدِي ٱلْقَوْمَ ٱلظَّالِمِينَ ٨١ أُولَائِكَ جَزَاؤُهُمْ أَنَّ عَلَيْهِمْ لَعْنَةَ ٱللّٰهِ
وَٱلْمَلَائِكَةِ وَٱلنَّاسِ أَجْمَعِينَ ٨٢ خَالِدِينَ فِيهَا لَا يُخَفَّفُ عَنْهُمُ ٱلْعَذَابُ وَلَا
هُمْ يُنْظَرُونَ ٨٣ إِلَّا ٱلَّذِينَ تَابُوا مِنْ بَعْدِ ذٰلِكَ وَأَصْلَحُوا فَإِنَّ ٱللّٰهَ غَفُورٌ رَحِيمٌ
٨٤ إِنَّ ٱلَّذِينَ كَفَرُوا بَعْدَ إِيمَانِهِمْ ثُمَّ ٱزْدَادُوا كُفْرًا لَنْ تُقْبَلَ تَوْبَتُهُمْ وَأُولَائِكَ
هُمُ ٱلضَّالُّونَ ٨٥ إِنَّ ٱلَّذِينَ كَفَرُوا وَمَاتُوا وَهُمْ كُفَّارٌ فَلَنْ يُقْبَلَ مِنْ أَحَدِهِمْ
مِلْءُ ٱلْأَرْضِ ذَهَبًا وَلَوِ ٱفْتَدَى بِهِ أُولَائِكَ لَهُمْ عَذَابٌ أَلِيمٌ وَمَا لَهُمْ مِنْ نَاصِرِينَ
❁ ٨٦ لَنْ تَنَالُوا ٱلْبِرَّ حَتَّى تُنْفِقُوا مِمَّا تُحِبُّونَ وَمَا تُنْفِقُوا مِنْ شَيْءٍ فَإِنَّ جزء ٤
ٱللّٰهَ بِهِ عَلِيمٌ ٨٧ كُلُّ ٱلطَّعَامِ كَانَ حِلًّا لِبَنِي إِسْرَائِيلَ إِلَّا مَا حَرَّمَ إِسْرَائِيلُ
عَلَى نَفْسِهِ مِنْ قَبْلِ أَنْ تُنَزَّلَ ٱلتَّوْرَاةُ قُلْ فَأْتُوا بِٱلتَّوْرَاةِ فَٱتْلُوهَا إِنْ كُنْتُمْ
صَادِقِينَ ٨٨ فَمَنِ ٱفْتَرَى عَلَى ٱللّٰهِ ٱلْكَذِبَ مِنْ بَعْدِ ذٰلِكَ فَأُولَائِكَ هُمُ
ٱلظَّالِمُونَ ٨٩ قُلْ صَدَقَ ٱللّٰهُ فَٱتَّبِعُوا مِلَّةَ إِبْرٰهِيمَ حَنِيفًا وَمَا كَانَ مِنَ
ٱلْمُشْرِكِينَ ٩٠ إِنَّ أَوَّلَ بَيْتٍ وُضِعَ لِلنَّاسِ لَلَّذِي بِبَكَّةَ مُبَارَكًا وَهُدًى لِلْعَالَمِينَ
٩١ فِيهِ آيَاتٌ بَيِّنَاتٌ مَقَامُ إِبْرٰهِيمَ وَمَنْ دَخَلَهُ كَانَ آمِنًا وَلِلّٰهِ عَلَى ٱلنَّاسِ حِجُّ
ٱلْبَيْتِ مَنِ ٱسْتَطَاعَ إِلَيْهِ سَبِيلًا ٩٢ وَمَنْ كَفَرَ فَإِنَّ ٱللّٰهَ غَنِيٌّ عَنِ ٱلْعَالَمِينَ
٩٣ قُلْ يَا أَهْلَ ٱلْكِتَابِ لِمَ تَكْفُرُونَ بِآيَاتِ ٱللّٰهِ وَٱللّٰهُ شَهِيدٌ عَلَى مَا تَعْمَلُونَ
٩٤ قُلْ يَا أَهْلَ ٱلْكِتَابِ لِمَ تَصُدُّونَ عَنْ سَبِيلِ ٱللّٰهِ مَنْ آمَنَ تَبْغُونَهَا عِوَجًا
وَأَنْتُمْ شُهَدَاءُ وَمَا ٱللّٰهُ بِغَافِلٍ عَمَّا تَعْمَلُونَ ٩٥ يَا أَيُّهَا ٱلَّذِينَ آمَنُوا إِنْ

تَشْهَدُونَ ٦٤ يَا أَهْلَ ٱلْكِتَابِ لِمَ تَلْبِسُونَ ٱلْحَقَّ بِٱلْبَاطِلِ وَتَكْتُمُونَ ٱلْحَقَّ
وَأَنْتُمْ تَعْلَمُونَ ٦٥ وَقَالَتْ طَآئِفَةٌ مِنْ أَهْلِ ٱلْكِتَابِ آمِنُوا بِٱلَّذِى أُنْزِلَ عَلَى
ٱلَّذِينَ آمَنُوا وَجْهَ ٱلنَّهَارِ وَٱكْفُرُوا آخِرَهُ لَعَلَّهُمْ يَرْجِعُونَ ٦٦ وَلَا تُؤْمِنُوا إِلَّا
لِمَنْ تَبِعَ دِينَكُمْ قُلْ إِنَّ ٱلْهُدَى هُدَى ٱللَّهِ أَنْ يُؤْتَى أَحَدٌ مِثْلَ مَا أُوتِيتُمْ
أَوْ يُحَاجُّوكُمْ عِنْدَ رَبِّكُمْ قُلْ إِنَّ ٱلْفَضْلَ بِيَدِ ٱللَّهِ يُؤْتِيهِ مَنْ يَشَآءُ وَٱللَّهُ وَاسِعٌ
عَلِيمٌ ٦٧ يَخْتَصُّ بِرَحْمَتِهِ مَنْ يَشَآءُ وَٱللَّهُ ذُو ٱلْفَضْلِ ٱلْعَظِيمِ ٦٨ وَمِنْ أَهْلِ
ٱلْكِتَابِ مَنْ إِنْ تَأْمَنْهُ بِقِنْطَارٍ يُؤَدِّهِ إِلَيْكَ وَمِنْهُمْ مَنْ إِنْ تَأْمَنْهُ بِدِينَارٍ لَا
يُؤَدِّهِ إِلَيْكَ إِلَّا مَا دُمْتَ عَلَيْهِ قَآئِمًا ٦٩ ذَلِكَ بِأَنَّهُمْ قَالُوا لَيْسَ عَلَيْنَا فِى
ٱلْأُمِّيِّينَ سَبِيلٌ وَيَقُولُونَ عَلَى ٱللَّهِ ٱلْكَذِبَ وَهُمْ يَعْلَمُونَ ٧٠ بَلَى مَنْ أَوْفَى
بِعَهْدِهِ وَٱتَّقَى فَإِنَّ ٱللَّهَ يُحِبُّ ٱلْمُتَّقِينَ ٧١ إِنَّ ٱلَّذِينَ يَشْتَرُونَ بِعَهْدِ ٱللَّهِ
وَأَيْمَانِهِمْ ثَمَنًا قَلِيلًا أُولَآئِكَ لَا خَلَاقَ لَهُمْ فِى ٱلْآخِرَةِ وَلَا يُكَلِّمُهُمُ ٱللَّهُ وَلَا
يَنْظُرُ إِلَيْهِمْ يَوْمَ ٱلْقِيَامَةِ وَلَا يُزَكِّيهِمْ وَلَهُمْ عَذَابٌ أَلِيمٌ ٧٢ وَإِنَّ مِنْهُمْ لَفَرِيقًا
يَلْوُونَ أَلْسِنَتَهُمْ بِٱلْكِتَابِ لِتَحْسَبُوهُ مِنَ ٱلْكِتَابِ وَمَا هُوَ مِنَ ٱلْكِتَابِ وَيَقُولُونَ
هُوَ مِنْ عِنْدِ ٱللَّهِ وَمَا هُوَ مِنْ عِنْدِ ٱللَّهِ وَيَقُولُونَ عَلَى ٱللَّهِ ٱلْكَذِبَ وَهُمْ
يَعْلَمُونَ ٧٣ مَا كَانَ لِبَشَرٍ أَنْ يُؤْتِيَهُ ٱللَّهُ ٱلْكِتَابَ وَٱلْحُكْمَ وَٱلنُّبُوَّةَ ثُمَّ يَقُولَ
لِلنَّاسِ كُونُوا عِبَادًا لِى مِنْ دُونِ ٱللَّهِ وَلَكِنْ كُونُوا رَبَّانِيِّينَ بِمَا كُنْتُمْ تُعَلِّمُونَ
ٱلْكِتَابَ وَبِمَا كُنْتُمْ تَدْرُسُونَ ٧٤ وَلَا يَأْمُرَكُمْ أَنْ تَتَّخِذُوا ٱلْمَلَآئِكَةَ وَٱلنَّبِيِّينَ
أَرْبَابًا أَيَأْمُرُكُمْ بِٱلْكُفْرِ بَعْدَ إِذْ أَنْتُمْ مُسْلِمُونَ ٧٥ وَإِذْ أَخَذَ ٱللَّهُ مِيثَاقَ
ٱلنَّبِيِّينَ لَمَا آتَيْتُكُمْ مِنْ كِتَابٍ وَحِكْمَةٍ ثُمَّ جَآءَكُمْ رَسُولٌ مُصَدِّقٌ لِمَا مَعَكُمْ
لَتُؤْمِنُنَّ بِهِ وَلَتَنْصُرُنَّهُ قَالَ أَأَقْرَرْتُمْ وَأَخَذْتُمْ عَلَى ذَلِكُمْ إِصْرِى قَالُوا أَقْرَرْنَا قَالَ
فَٱشْهَدُوا وَأَنَا مَعَكُمْ مِنَ ٱلشَّاهِدِينَ ٧٦ فَمَنْ تَوَلَّى بَعْدَ ذَلِكَ فَأُولَآئِكَ هُمُ
ٱلْفَاسِقُونَ ٧٧ أَفَغَيْرَ دِينِ ٱللَّهِ يَبْغُونَ وَلَهُ أَسْلَمَ مَنْ فِى ٱلسَّمٰوَاتِ وَٱلْأَرْضِ

٤٦ رَبَّنَا آمَنَّا بِمَا أَنْزَلْتَ وَٱتَّبَعْنَا ٱلرَّسُولَ فَٱكْتُبْنَا مَعَ ٱلشَّاهِدِينَ ٤٧ وَمَكَرُوا
وَمَكَرَ ٱللَّهُ وَٱللَّهُ خَيْرُ ٱلْمَاكِرِينَ ٤٨ إِذْ قَالَ ٱللَّهُ يَا عِيسَى إِنِّي مُتَوَفِّيكَ
وَرَافِعُكَ إِلَيَّ وَمُطَهِّرُكَ مِنَ ٱلَّذِينَ كَفَرُوا وَجَاعِلُ ٱلَّذِينَ ٱتَّبَعُوكَ فَوْقَ ٱلَّذِينَ
كَفَرُوا إِلَى يَوْمِ ٱلْقِيَامَةِ ثُمَّ إِلَيَّ مَرْجِعُكُمْ فَأَحْكُمُ بَيْنَكُمْ فِيمَا كُنْتُمْ فِيهِ تَخْتَلِفُونَ
٤٩ فَأَمَّا ٱلَّذِينَ كَفَرُوا فَأُعَذِّبُهُمْ عَذَابًا شَدِيدًا فِي ٱلدُّنْيَا وَٱلْآخِرَةِ وَمَا لَهُمْ
مِنْ نَاصِرِينَ ٥٠ وَأَمَّا ٱلَّذِينَ آمَنُوا وَعَمِلُوا ٱلصَّالِحَاتِ فَيُوَفِّيهِمْ أُجُورَهُمْ وَٱللَّهُ
لَا يُحِبُّ ٱلظَّالِمِينَ ٥١ ذٰلِكَ نَتْلُوهُ عَلَيْكَ مِنَ ٱلْآيَاتِ وَٱلذِّكْرِ ٱلْحَكِيمِ ٥٢ إِنَّ
مَثَلَ عِيسَى عِنْدَ ٱللَّهِ كَمَثَلِ آدَمَ خَلَقَهُ مِنْ تُرَابٍ ثُمَّ قَالَ لَهُ كُنْ فَيَكُونُ
٥٣ ٱلْحَقُّ مِنْ رَبِّكَ فَلَا تَكُنْ مِنَ ٱلْمُمْتَرِينَ ٥٤ فَمَنْ حَاجَّكَ فِيهِ مِنْ بَعْدِ
مَا جَاءَكَ مِنَ ٱلْعِلْمِ فَقُلْ تَعَالَوْا نَدْعُ أَبْنَاءَنَا وَأَبْنَاءَكُمْ وَنِسَاءَنَا وَنِسَاءَكُمْ
وَأَنْفُسَنَا وَأَنْفُسَكُمْ ثُمَّ نَبْتَهِلْ فَنَجْعَلْ لَعْنَةَ ٱللَّهِ عَلَى ٱلْكَاذِبِينَ ٥٥ إِنَّ هٰذَا
لَهُوَ ٱلْقَصَصُ ٱلْحَقُّ وَمَا مِنْ إِلٰهٍ إِلَّا ٱللَّهُ وَإِنَّ ٱللَّهَ لَهُوَ ٱلْعَزِيزُ ٱلْحَكِيمُ ٥٦ فَإِنْ
تَوَلَّوْا فَإِنَّ ٱللَّهَ عَلِيمٌ بِٱلْمُفْسِدِينَ ٥٧ قُلْ يَا أَهْلَ ٱلْكِتَابِ تَعَالَوْا إِلَى كَلِمَةٍ
سَوَاءٍ بَيْنَنَا وَبَيْنَكُمْ أَلَّا نَعْبُدَ إِلَّا ٱللَّهَ وَلَا نُشْرِكَ بِهِ شَيْئًا وَلَا يَتَّخِذَ بَعْضُنَا
بَعْضًا أَرْبَابًا مِنْ دُونِ ٱللَّهِ فَإِنْ تَوَلَّوْا فَقُولُوا ٱشْهَدُوا بِأَنَّا مُسْلِمُونَ ٥٨ يَا
أَهْلَ ٱلْكِتَابِ لِمَ تُحَاجُّونَ فِي إِبْرٰهِيمَ وَمَا أُنْزِلَتِ ٱلتَّوْرَاةُ وَٱلْإِنْجِيلُ إِلَّا مِنْ
بَعْدِهِ أَفَلَا تَعْقِلُونَ ٥٩ هَا أَنْتُمْ هٰؤُلَاءِ حَاجَجْتُمْ فِيمَا لَكُمْ بِهِ عِلْمٌ فَلِمَ تُحَاجُّونَ
فِيمَا لَيْسَ لَكُمْ بِهِ عِلْمٌ وَٱللَّهُ يَعْلَمُ وَأَنْتُمْ لَا تَعْلَمُونَ ٦٠ مَا كَانَ إِبْرٰهِيمُ
يَهُودِيًّا وَلَا نَصْرَانِيًّا وَلٰكِنْ كَانَ حَنِيفًا مُسْلِمًا وَمَا كَانَ مِنَ ٱلْمُشْرِكِينَ ٦١ إِنَّ
أَوْلَى ٱلنَّاسِ بِإِبْرٰهِيمَ لَلَّذِينَ ٱتَّبَعُوهُ وَهٰذَا ٱلنَّبِيُّ وَٱلَّذِينَ آمَنُوا وَٱللَّهُ وَلِيُّ
ٱلْمُؤْمِنِينَ ٦٢ وَدَّتْ طَائِفَةٌ مِنْ أَهْلِ ٱلْكِتَابِ لَوْ يُضِلُّونَكُمْ وَمَا يُضِلُّونَ إِلَّا
أَنْفُسَهُمْ وَمَا يَشْعُرُونَ ٦٣ يَا أَهْلَ ٱلْكِتَابِ لِمَ تَكْفُرُونَ بِآيَاتِ ٱللَّهِ وَأَنْتُمْ

دَعَا زَكَرِيَّآءُ رَبَّهُ قَالَ رَبِّ هَبْ لِي مِنْ لَدُنْكَ ذُرِّيَّةً طَيِّبَةً إِنَّكَ سَمِيعُ ٱلدُّعَآءِ
فَنَادَتْهُ ٱلْمَلَآئِكَةُ وَهُوَ قَآئِمٌ يُصَلِّي فِي ٱلْمِحْرَابِ ٣٤ أَنَّ ٱللَّهَ يُبَشِّرُكَ بِيَحْيَى
مُصَدِّقًا بِكَلِمَةٍ مِنَ ٱللَّهِ وَسَيِّدًا وَحَصُورًا وَنَبِيًّا مِنَ ٱلصَّالِحِينَ ٣٥ قَالَ رَبِّ
أَنَّى يَكُونُ لِي غُلَامٌ وَقَدْ بَلَغَنِيَ ٱلْكِبَرُ وَٱمْرَأَتِي عَاقِرٌ قَالَ كَذَلِكَ ٱللَّهُ
يَفْعَلُ مَا يَشَآءُ ٣٦ قَالَ رَبِّ ٱجْعَلْ لِي آيَةً قَالَ آيَتُكَ أَلَّا تُكَلِّمَ ٱلنَّاسَ ثَلَاثَةَ
أَيَّامٍ إِلَّا رَمْزًا وَٱذْكُرْ رَبَّكَ كَثِيرًا وَسَبِّحْ بِٱلْعَشِيِّ وَٱلْإِبْكَارِ ٣٧ وَإِذْ قَالَتِ
ٱلْمَلَآئِكَةُ يَا مَرْيَمُ إِنَّ ٱللَّهَ ٱصْطَفَاكِ وَطَهَّرَكِ وَٱصْطَفَاكِ عَلَى نِسَآءِ ٱلْعَالَمِينَ
٣٨ يَا مَرْيَمُ ٱقْنُتِي لِرَبِّكِ وَٱسْجُدِي وَٱرْكَعِي مَعَ ٱلرَّاكِعِينَ ٣٩ ذَلِكَ مِنْ
أَنْبَآءِ ٱلْغَيْبِ نُوحِيهِ إِلَيْكَ وَمَا كُنْتَ لَدَيْهِمْ إِذْ يُلْقُونَ أَقْلَامَهُمْ أَيُّهُمْ يَكْفُلُ
مَرْيَمَ وَمَا كُنْتَ لَدَيْهِمْ إِذْ يَخْتَصِمُونَ ٤٠ إِذْ قَالَتِ ٱلْمَلَآئِكَةُ يَا مَرْيَمُ إِنَّ
ٱللَّهَ يُبَشِّرُكِ بِكَلِمَةٍ مِنْهُ ٱسْمُهُ ٱلْمَسِيحُ عِيسَى ٱبْنُ مَرْيَمَ وَجِيهًا فِي ٱلدُّنْيَا
وَٱلْآخِرَةِ وَمِنَ ٱلْمُقَرَّبِينَ ٤١ وَيُكَلِّمُ ٱلنَّاسَ فِي ٱلْمَهْدِ وَكَهْلًا وَمِنَ ٱلصَّالِحِينَ
٤٢ قَالَتْ رَبِّ أَنَّى يَكُونُ لِي وَلَدٌ وَلَمْ يَمْسَسْنِي بَشَرٌ قَالَ كَذَلِكِ ٱللَّهُ يَخْلُقُ
مَا يَشَآءُ إِذَا قَضَى أَمْرًا فَإِنَّمَا يَقُولُ لَهُ كُنْ فَيَكُونُ ٤٣ وَيُعَلِّمُهُ ٱلْكِتَابَ
وَٱلْحِكْمَةَ وَٱلتَّوْرَاةَ وَٱلْإِنْجِيلَ وَرَسُولًا إِلَى بَنِي إِسْرَآئِيلَ أَنِّي قَدْ جِئْتُكُمْ بِآيَةٍ مِنْ
رَبِّكُمْ أَنِّي أَخْلُقُ لَكُمْ مِنَ ٱلطِّينِ كَهَيْئَةِ ٱلطَّيْرِ فَأَنْفُخُ فِيهِ فَيَكُونُ طَيْرًا
بِإِذْنِ ٱللَّهِ وَأُبْرِئُ ٱلْأَكْمَهَ وَٱلْأَبْرَصَ وَأُحْيِي ٱلْمَوْتَى بِإِذْنِ ٱللَّهِ وَأُنَبِّئُكُمْ بِمَا
تَأْكُلُونَ وَمَا تَدَّخِرُونَ فِي بُيُوتِكُمْ إِنَّ فِي ذَلِكَ لَآيَةً لَكُمْ إِنْ كُنْتُمْ مُؤْمِنِينَ
٤٤ وَمُصَدِّقًا لِمَا بَيْنَ يَدَيَّ مِنَ ٱلتَّوْرَاةِ وَلِأُحِلَّ لَكُمْ بَعْضَ ٱلَّذِي حُرِّمَ عَلَيْكُمْ
وَجِئْتُكُمْ بِآيَةٍ مِنْ رَبِّكُمْ فَٱتَّقُوا ٱللَّهَ وَأَطِيعُونِ إِنَّ ٱللَّهَ رَبِّي وَرَبُّكُمْ فَٱعْبُدُوهُ
هَذَا صِرَاطٌ مُسْتَقِيمٌ ٤٥ فَلَمَّا أَحَسَّ عِيسَى مِنْهُمُ ٱلْكُفْرَ قَالَ مَنْ أَنْصَارِي
إِلَى ٱللَّهِ قَالَ ٱلْحَوَارِيُّونَ نَحْنُ أَنْصَارُ ٱللَّهِ آمَنَّا بِٱللَّهِ وَٱشْهَدْ بِأَنَّا مُسْلِمُونَ

بِأَنَّهُمْ قَالُوا لَنْ تَمَسَّنَا ٱلنَّارُ إِلَّا أَيَّامًا مَعْدُودَاتٍ وَغَرَّهُمْ فِي دِينِهِمْ مَا كَانُوا
يَفْتَرُونَ ٢٤ فَكَيْفَ إِذَا جَمَعْنَاهُمْ لِيَوْمٍ لَا رَيْبَ فِيهِ وَوُفِّيَتْ كُلُّ نَفْسٍ مَا
كَسَبَتْ وَهُمْ لَا يُظْلَمُونَ ٢٥ قُلِ ٱللَّهُمَّ مَالِكَ ٱلْمُلْكِ تُؤْتِي ٱلْمُلْكَ مَنْ
تَشَآءُ وَتَنْزِعُ ٱلْمُلْكَ مِمَّنْ تَشَآءُ وَتُعِزُّ مَنْ تَشَآءُ وَتُذِلُّ مَنْ تَشَآءُ بِيَدِكَ ٱلْخَيْرُ
إِنَّكَ عَلَى كُلِّ شَيْءٍ قَدِيرٌ ٢٦ تُولِجُ ٱللَّيْلَ فِي ٱلنَّهَارِ وَتُولِجُ ٱلنَّهَارَ فِي ٱللَّيْلِ
وَتُخْرِجُ ٱلْحَيَّ مِنَ ٱلْمَيِّتِ وَتُخْرِجُ ٱلْمَيِّتَ مِنَ ٱلْحَيِّ وَتَرْزُقُ مَنْ تَشَآءُ بِغَيْرِ حِسَابٍ
٢٧ لَا يَتَّخِذِ ٱلْمُؤْمِنُونَ ٱلْكَافِرِينَ أَوْلِيَآءَ مِنْ دُونِ ٱلْمُؤْمِنِينَ وَمَنْ يَفْعَلْ ذَلِكَ
فَلَيْسَ مِنَ ٱللَّهِ فِي شَيْءٍ إِلَّا أَنْ تَتَّقُوا مِنْهُمْ تُقَاةً وَيُحَذِّرُكُمُ ٱللَّهُ نَفْسَهُ
وَإِلَى ٱللَّهِ ٱلْمَصِيرُ قُلْ إِنْ تُخْفُوا مَا فِي صُدُورِكُمْ أَوْ تُبْدُوهُ يَعْلَمْهُ ٱللَّهُ وَيَعْلَمُ
مَا فِي ٱلسَّمَوَاتِ وَمَا فِي ٱلْأَرْضِ وَٱللَّهُ عَلَى كُلِّ شَيْءٍ قَدِيرٌ ٢٨ يَوْمَ تَجِدُ كُلُّ
نَفْسٍ مَا عَمِلَتْ مِنْ خَيْرٍ مُحْضَرًا وَمَا عَمِلَتْ مِنْ سُوٓءٍ تَوَدُّ لَوْ أَنَّ بَيْنَهَا
وَبَيْنَهُ أَمَدًا بَعِيدًا وَيُحَذِّرُكُمُ ٱللَّهُ نَفْسَهُ وَٱللَّهُ رَؤُفٌ بِٱلْعِبَادِ ٢٩ قُلْ إِنْ
كُنْتُمْ تُحِبُّونَ ٱللَّهَ فَٱتَّبِعُونِي يُحْبِبْكُمُ ٱللَّهُ وَيَغْفِرْ لَكُمْ ذُنُوبَكُمْ وَٱللَّهُ غَفُورٌ
رَحِيمٌ قُلْ أَطِيعُوا ٱللَّهَ وَٱلرَّسُولَ فَإِنْ تَوَلَّوْا فَإِنَّ ٱللَّهَ لَا يُحِبُّ ٱلْكَافِرِينَ ٣٠ إِنَّ
ٱللَّهَ ٱصْطَفَى آدَمَ وَنُوحًا وَآلَ إِبْرَهِيمَ وَآلَ عِمْرَانَ عَلَى ٱلْعَالَمِينَ ذُرِّيَّةً بَعْضُهَا
مِنْ بَعْضٍ وَٱللَّهُ سَمِيعٌ عَلِيمٌ ٣١ إِذْ قَالَتِ ٱمْرَأَتُ عِمْرَانَ رَبِّ إِنِّي نَذَرْتُ
لَكَ مَا فِي بَطْنِي مُحَرَّرًا فَتَقَبَّلْ مِنِّي إِنَّكَ أَنْتَ ٱلسَّمِيعُ ٱلْعَلِيمُ فَلَمَّا وَضَعَتْهَا
قَالَتْ رَبِّ إِنِّي وَضَعْتُهَا أُنْثَى وَٱللَّهُ أَعْلَمُ بِمَا وَضَعَتْ وَلَيْسَ ٱلذَّكَرُ كَٱلْأُنْثَى
وَإِنِّي سَمَّيْتُهَا مَرْيَمَ وَإِنِّي أُعِيذُهَا بِكَ وَذُرِّيَّتَهَا مِنَ ٱلشَّيْطَانِ ٱلرَّجِيمِ ٣٢
فَتَقَبَّلَهَا رَبُّهَا بِقَبُولٍ حَسَنٍ وَأَنْبَتَهَا نَبَاتًا حَسَنًا وَكَفَّلَهَا زَكَرِيَّآءُ كُلَّمَا دَخَلَ
عَلَيْهَا زَكَرِيَّآءُ ٱلْمِحْرَابَ وَجَدَ عِنْدَهَا رِزْقًا قَالَ يَا مَرْيَمُ أَنَّى لَكِ هَذَا قَالَتْ
هُوَ مِنْ عِنْدِ ٱللَّهِ إِنَّ ٱللَّهَ يَرْزُقُ مَنْ يَشَآءُ بِغَيْرِ حِسَابٍ ٣٣ هُنَالِكَ

أَمْوَالُهُمْ وَلَا أَوْلَادُهُمْ مِنَ ٱللَّهِ شَيْئًا وَأُولَآئِكَ هُمْ وَقُودُ ٱلنَّارِ ٩ كَدَأْبِ آلِ
فِرْعَوْنَ وَٱلَّذِينَ مِنْ قَبْلِهِمْ كَذَّبُوا بِآيَاتِنَا فَأَخَذَهُمُ ٱللَّهُ بِذُنُوبِهِمْ وَٱللَّهُ شَدِيدُ
ٱلْعِقَابِ ١٠ قُلْ لِلَّذِينَ كَفَرُوا سَتُغْلَبُونَ وَتُحْشَرُونَ إِلَى جَهَنَّمَ وَبِئْسَ ٱلْمِهَادُ
١١ قَدْ كَانَ لَكُمْ آيَةٌ فِي فِئَتَيْنِ ٱلْتَقَتَا فِئَةٌ تُقَاتِلُ فِي سَبِيلِ ٱللَّهِ وَأُخْرَى كَافِرَةٌ
يَرَوْنَهُمْ مِثْلَيْهِمْ رَأْيَ ٱلْعَيْنِ وَٱللَّهُ يُؤَيِّدُ بِنَصْرِهِ مَنْ يَشَآءُ إِنَّ فِي ذَلِكَ لَعِبْرَةً
لِأُولِي ٱلْأَبْصَارِ ١٢ زُيِّنَ لِلنَّاسِ حُبُّ ٱلشَّهَوَاتِ مِنَ ٱلنِّسَآءِ وَٱلْبَنِينَ وَٱلْقَنَاطِيرِ
ٱلْمُقَنْطَرَةِ مِنَ ٱلذَّهَبِ وَٱلْفِضَّةِ وَٱلْخَيْلِ ٱلْمُسَوَّمَةِ وَٱلْأَنْعَامِ وَٱلْحَرْثِ ذَلِكَ مَتَاعُ
ٱلْحَيَوةِ ٱلدُّنْيَا وَٱللَّهُ عِنْدَهُ حُسْنُ ٱلْمَآبِ ١٣ قُلْ أَؤُنَبِّئُكُمْ بِخَيْرٍ مِنْ ذَلِكُمْ
لِلَّذِينَ ٱتَّقَوْا عِنْدَ رَبِّهِمْ جَنَّاتٌ تَجْرِي مِنْ تَحْتِهَا ٱلْأَنْهَارُ خَالِدِينَ فِيهَا
وَأَزْوَاجٌ مُطَهَّرَةٌ وَرِضْوَانٌ مِنَ ٱللَّهِ وَٱللَّهُ بَصِيرٌ بِٱلْعِبَادِ ١٤ ٱلَّذِينَ يَقُولُونَ رَبَّنَا
إِنَّنَا آمَنَّا فَٱغْفِرْ لَنَا ذُنُوبَنَا وَقِنَا عَذَابَ ٱلنَّارِ ١٥ ٱلصَّابِرِينَ وَٱلصَّادِقِينَ
وَٱلْقَانِتِينَ وَٱلْمُنْفِقِينَ وَٱلْمُسْتَغْفِرِينَ بِٱلْأَسْحَارِ ١٦ شَهِدَ ٱللَّهُ أَنَّهُ لَا إِلَهَ إِلَّا
هُوَ وَٱلْمَلَآئِكَةُ وَأُولُوا ٱلْعِلْمِ قَآئِمًا بِٱلْقِسْطِ لَا إِلَهَ إِلَّا هُوَ ٱلْعَزِيزُ ٱلْحَكِيمُ ١٧ إِنَّ
ٱلدِّينَ عِنْدَ ٱللَّهِ ٱلْإِسْلَامُ وَمَا ٱخْتَلَفَ ٱلَّذِينَ أُوتُوا ٱلْكِتَابَ إِلَّا مِنْ بَعْدِ
مَا جَآءَهُمُ ٱلْعِلْمُ بَغْيًا بَيْنَهُمْ وَمَنْ يَكْفُرْ بِآيَاتِ ٱللَّهِ فَإِنَّ ٱللَّهَ سَرِيعُ ٱلْحِسَابِ
١٨ فَإِنْ حَاجُّوكَ فَقُلْ أَسْلَمْتُ وَجْهِيَ لِلَّهِ وَمَنِ ٱتَّبَعَنِ ١٩ وَقُلْ لِلَّذِينَ أُوتُوا
ٱلْكِتَابَ وَٱلْأُمِّيِّينَ أَأَسْلَمْتُمْ فَإِنْ أَسْلَمُوا فَقَدِ ٱهْتَدَوْا وَإِنْ تَوَلَّوْا فَإِنَّمَا عَلَيْكَ
ٱلْبَلَاغُ وَٱللَّهُ بَصِيرٌ بِٱلْعِبَادِ ٢٠ إِنَّ ٱلَّذِينَ يَكْفُرُونَ بِآيَاتِ ٱللَّهِ وَيَقْتُلُونَ
ٱلنَّبِيِّينَ بِغَيْرِ حَقٍّ وَيَقْتُلُونَ ٱلَّذِينَ يَأْمُرُونَ بِٱلْقِسْطِ مِنَ ٱلنَّاسِ فَبَشِّرْهُمْ
بِعَذَابٍ أَلِيمٍ ٢١ أُولَآئِكَ ٱلَّذِينَ حَبِطَتْ أَعْمَالُهُمْ فِي ٱلدُّنْيَا وَٱلْآخِرَةِ وَمَا لَهُمْ
مِنْ نَاصِرِينَ ٢٢ أَلَمْ تَرَ إِلَى ٱلَّذِينَ أُوتُوا نَصِيبًا مِنَ ٱلْكِتَابِ يُدْعَوْنَ إِلَى
كِتَابِ ٱللَّهِ لِيَحْكُمَ بَيْنَهُمْ ثُمَّ يَتَوَلَّى فَرِيقٌ مِنْهُمْ وَهُمْ مُعْرِضُونَ ٢٣ ذَلِكَ

وَمَلَائِكَتِهِ وَكُتُبِهِ وَرُسُلِهِ لَا نُفَرِّقُ بَيْنَ أَحَدٍ مِنْ رُسُلِهِ وَقَالُوا سَمِعْنَا وَأَطَعْنَا
غُفْرَانَكَ رَبَّنَا وَإِلَيْكَ ٱلْمَصِيرُ ٢٨٦ لَا يُكَلِّفُ ٱللَّهُ نَفْسًا إِلَّا وُسْعَهَا لَهَا مَا
كَسَبَتْ وَعَلَيْهَا مَا ٱكْتَسَبَتْ رَبَّنَا لَا تُؤَاخِذْنَا إِنْ نَسِينَا أَوْ أَخْطَأْنَا رَبَّنَا
وَلَا تَحْمِلْ عَلَيْنَا إِصْرًا كَمَا حَمَلْتَهُ عَلَى ٱلَّذِينَ مِنْ قَبْلِنَا رَبَّنَا وَلَا تُحَمِّلْنَا
مَا لَا طَاقَةَ لَنَا بِهِ وَٱعْفُ عَنَّا وَٱغْفِرْ لَنَا وَٱرْحَمْنَا أَنْتَ مَوْلَانَا فَٱنْصُرْنَا عَلَى
ٱلْقَوْمِ ٱلْكَافِرِينَ

سورة آل عمران

مدنية وهى مائتان آية

بِسْمِ ٱللَّهِ ٱلرَّحْمَٰنِ ٱلرَّحِيمِ

١ آلٓمٓ ٱللَّهُ لَا إِلَٰهَ إِلَّا هُوَ ٱلْحَيُّ ٱلْقَيُّومُ ٢ نَزَّلَ عَلَيْكَ ٱلْكِتَابَ بِٱلْحَقِّ مُصَدِّقًا
لِمَا بَيْنَ يَدَيْهِ وَأَنْزَلَ ٱلتَّوْرَاةَ وَٱلْإِنْجِيلَ مِنْ قَبْلُ هُدًى لِلنَّاسِ وَأَنْزَلَ ٱلْفُرْقَانَ
٣ إِنَّ ٱلَّذِينَ كَفَرُوا بِآيَاتِ ٱللَّهِ لَهُمْ عَذَابٌ شَدِيدٌ وَٱللَّهُ عَزِيزٌ ذُو ٱنْتِقَامٍ
٤ إِنَّ ٱللَّهَ لَا يَخْفَى عَلَيْهِ شَيْءٌ فِي ٱلْأَرْضِ وَلَا فِي ٱلسَّمَاءِ هُوَ ٱلَّذِي يُصَوِّرُكُمْ
فِي ٱلْأَرْحَامِ كَيْفَ يَشَاءُ لَا إِلَٰهَ إِلَّا هُوَ ٱلْعَزِيزُ ٱلْحَكِيمُ ٥ هُوَ ٱلَّذِي أَنْزَلَ عَلَيْكَ
ٱلْكِتَابَ مِنْهُ آيَاتٌ مُحْكَمَاتٌ هُنَّ أُمُّ ٱلْكِتَابِ وَأُخَرُ مُتَشَابِهَاتٌ فَأَمَّا ٱلَّذِينَ
فِي قُلُوبِهِمْ زَيْغٌ فَيَتَّبِعُونَ مَا تَشَابَهَ مِنْهُ ٱبْتِغَاءَ ٱلْفِتْنَةِ وَٱبْتِغَاءَ تَأْوِيلِهِ وَمَا
يَعْلَمُ تَأْوِيلَهُ إِلَّا ٱللَّهُ وَٱلرَّاسِخُونَ فِي ٱلْعِلْمِ يَقُولُونَ آمَنَّا بِهِ كُلٌّ مِنْ عِنْدِ رَبِّنَا
وَمَا يَذَّكَّرُ إِلَّا أُولُوا ٱلْأَلْبَابِ ٦ رَبَّنَا لَا تُزِغْ قُلُوبَنَا بَعْدَ إِذْ هَدَيْتَنَا وَهَبْ
لَنَا مِنْ لَدُنْكَ رَحْمَةً إِنَّكَ أَنْتَ ٱلْوَهَّابُ ٧ رَبَّنَا إِنَّكَ جَامِعُ ٱلنَّاسِ لِيَوْمٍ لَا
رَيْبَ فِيهِ إِنَّ ٱللَّهَ لَا يُخْلِفُ ٱلْمِيعَادَ ٨ إِنَّ ٱلَّذِينَ كَفَرُوا لَنْ تُغْنِيَ عَنْهُمْ

وَأَقَامُوا ٱلصَّلَوٰةَ وَآتَوُا ٱلزَّكَوٰةَ لَهُمْ أَجْرُهُمْ عِنْدَ رَبِّهِمْ وَلَا خَوْفٌ عَلَيْهِمْ وَلَا هُمْ
يَحْزَنُونَ ٢٧٨ يَا أَيُّهَا ٱلَّذِينَ آمَنُوا ٱتَّقُوا ٱللَّهَ وَذَرُوا مَا بَقِيَ مِنَ ٱلرِّبَوٰا إِنْ كُنْتُمْ
مُؤْمِنِينَ ٢٧٩ فَإِنْ لَمْ تَفْعَلُوا فَأْذَنُوا بِحَرْبٍ مِنَ ٱللَّهِ وَرَسُولِهِ وَإِنْ تُبْتُمْ فَلَكُمْ
رُؤُسُ أَمْوَالِكُمْ لَا تَظْلِمُونَ وَلَا تُظْلَمُونَ ٢٨٠ وَإِنْ كَانَ ذُو عُسْرَةٍ فَنَظِرَةٌ إِلَى مَيْسَرَةٍ
وَأَنْ تَصَدَّقُوا خَيْرٌ لَكُمْ إِنْ كُنْتُمْ تَعْلَمُونَ ٢٨١ وَٱتَّقُوا يَوْمًا تُرْجَعُونَ فِيهِ إِلَى
ٱللَّهِ ثُمَّ تُوَفَّى كُلُّ نَفْسٍ مَا كَسَبَتْ وَهُمْ لَا يُظْلَمُونَ ٢٨٢ يَا أَيُّهَا ٱلَّذِينَ
آمَنُوا إِذَا تَدَايَنْتُمْ بِدَيْنٍ إِلَى أَجَلٍ مُسَمًّى فَٱكْتُبُوهُ وَلْيَكْتُبْ بَيْنَكُمْ كَاتِبٌ
بِٱلْعَدْلِ وَلَا يَأْبَ كَاتِبٌ أَنْ يَكْتُبَ كَمَا عَلَّمَهُ ٱللَّهُ فَلْيَكْتُبْ وَلْيُمْلِلِ ٱلَّذِي عَلَيْهِ
ٱلْحَقُّ وَلْيَتَّقِ ٱللَّهَ رَبَّهُ وَلَا يَبْخَسْ مِنْهُ شَيْئًا فَإِنْ كَانَ ٱلَّذِي عَلَيْهِ ٱلْحَقُّ
سَفِيهًا أَوْ ضَعِيفًا أَوْ لَا يَسْتَطِيعُ أَنْ يُمِلَّ هُوَ فَلْيُمْلِلْ وَلِيُّهُ بِٱلْعَدْلِ وَٱسْتَشْهِدُوا
شَهِيدَيْنِ مِنْ رِجَالِكُمْ فَإِنْ لَمْ يَكُونَا رَجُلَيْنِ فَرَجُلٌ وَٱمْرَأَتَانِ مِمَّنْ تَرْضَوْنَ
مِنَ ٱلشُّهَدَآءِ أَنْ تَضِلَّ إِحْدَاهُمَا فَتُذَكِّرَ إِحْدَاهُمَا ٱلْأُخْرَى وَلَا يَأْبَ ٱلشُّهَدَآءُ
إِذَا مَا دُعُوا وَلَا تَسْأَمُوا أَنْ تَكْتُبُوهُ صَغِيرًا أَوْ كَبِيرًا إِلَى أَجَلِهِ ذَلِكُمْ أَقْسَطُ
عِنْدَ ٱللَّهِ وَأَقْوَمُ لِلشَّهَادَةِ وَأَدْنَى أَلَّا تَرْتَابُوا إِلَّا أَنْ تَكُونَ تِجَارَةً حَاضِرَةً
تُدِيرُونَهَا بَيْنَكُمْ فَلَيْسَ عَلَيْكُمْ جُنَاحٌ أَلَّا تَكْتُبُوهَا وَأَشْهِدُوا إِذَا تَبَايَعْتُمْ وَلَا
يُضَآرَّ كَاتِبٌ وَلَا شَهِيدٌ وَإِنْ تَفْعَلُوا فَإِنَّهُ فُسُوقٌ بِكُمْ وَٱتَّقُوا ٱللَّهَ وَيُعَلِّمُكُمُ ٱللَّهُ
وَٱللَّهُ بِكُلِّ شَيْءٍ عَلِيمٌ ٢٨٣ وَإِنْ كُنْتُمْ عَلَى سَفَرٍ وَلَمْ تَجِدُوا كَاتِبًا فَرِهَانٌ
مَقْبُوضَةٌ فَإِنْ أَمِنَ بَعْضُكُمْ بَعْضًا فَلْيُؤَدِّ ٱلَّذِي ٱؤْتُمِنَ أَمَانَتَهُ وَلْيَتَّقِ ٱللَّهَ رَبَّهُ
وَلَا تَكْتُمُوا ٱلشَّهَادَةَ وَمَنْ يَكْتُمْهَا فَإِنَّهُ آثِمٌ قَلْبُهُ وَٱللَّهُ بِمَا تَعْمَلُونَ عَلِيمٌ
٢٨٤ لِلَّهِ مَا فِي ٱلسَّمَوَاتِ وَمَا فِي ٱلْأَرْضِ وَإِنْ تُبْدُوا مَا فِي أَنْفُسِكُمْ أَوْ تُخْفُوهُ
يُحَاسِبْكُمْ بِهِ ٱللَّهُ فَيَغْفِرُ لِمَنْ يَشَآءُ وَيُعَذِّبُ مَنْ يَشَآءُ وَٱللَّهُ عَلَى كُلِّ شَيْءٍ
قَدِيرٌ ٢٨٥ آمَنَ ٱلرَّسُولُ بِمَا أُنْزِلَ إِلَيْهِ مِنْ رَبِّهِ وَٱلْمُؤْمِنُونَ كُلٌّ آمَنَ بِٱللَّهِ

تَعْمَلُونَ بَصِيرٌ ٢٦٨ أَيَوَدُّ أَحَدُكُمْ أَن تَكُونَ لَهُ جَنَّةٌ مِّن نَّخِيلٍ وَأَعْنَابٍ تَجْرِى مِن تَحْتِهَا ٱلْأَنْهَارُ لَهُ فِيهَا مِن كُلِّ ٱلثَّمَرَاتِ وَأَصَابَهُ ٱلْكِبَرُ وَلَهُ ذُرِّيَّةٌ ضُعَفَاءُ فَأَصَابَهَا إِعْصَارٌ فِيهِ نَارٌ فَٱحْتَرَقَتْ كَذَلِكَ يُبَيِّنُ ٱللَّهُ لَكُمُ ٱلْآيَاتِ لَعَلَّكُمْ تَتَفَكَّرُونَ ٢٦٩ يَا أَيُّهَا ٱلَّذِينَ آمَنُوا أَنفِقُوا مِن طَيِّبَاتِ مَا كَسَبْتُمْ وَمِمَّا أَخْرَجْنَا لَكُم مِّنَ ٱلْأَرْضِ وَلَا تَيَمَّمُوا ٱلْخَبِيثَ مِنْهُ تُنفِقُونَ ٢٧٠ وَلَسْتُم بِآخِذِيهِ إِلَّا أَن تُغْمِضُوا فِيهِ وَٱعْلَمُوا أَنَّ ٱللَّهَ غَنِيٌّ حَمِيدٌ ٢٧١ ٱلشَّيْطَانُ يَعِدُكُمُ ٱلْفَقْرَ وَيَأْمُرُكُم بِٱلْفَحْشَاءِ وَٱللَّهُ يَعِدُكُم مَّغْفِرَةً مِّنْهُ وَفَضْلًا وَٱللَّهُ وَاسِعٌ عَلِيمٌ ٢٧٢ يُؤْتِى ٱلْحِكْمَةَ مَن يَشَاءُ وَمَن يُؤْتَ ٱلْحِكْمَةَ فَقَدْ أُوتِىَ خَيْرًا كَثِيرًا وَمَا يَذَّكَّرُ إِلَّا أُولُوا ٱلْأَلْبَابِ ٢٧٣ وَمَا أَنفَقْتُم مِّن نَّفَقَةٍ أَوْ نَذَرْتُم مِّن نَّذْرٍ فَإِنَّ ٱللَّهَ يَعْلَمُهُ وَمَا لِلظَّالِمِينَ مِنْ أَنصَارٍ إِن تُبْدُوا ٱلصَّدَقَاتِ فَنِعِمَّا هِىَ وَإِن تُخْفُوهَا وَتُؤْتُوهَا ٱلْفُقَرَاءَ فَهُوَ خَيْرٌ لَّكُمْ وَيُكَفِّرُ عَنكُم مِّن سَيِّئَاتِكُمْ وَٱللَّهُ بِمَا تَعْمَلُونَ خَبِيرٌ ٢٧٤ لَّيْسَ عَلَيْكَ هُدَاهُمْ وَلَكِنَّ ٱللَّهَ يَهْدِى مَن يَشَاءُ وَمَا تُنفِقُوا مِنْ خَيْرٍ فَلِأَنفُسِكُمْ وَمَا تُنفِقُونَ إِلَّا ٱبْتِغَاءَ وَجْهِ ٱللَّهِ وَمَا تُنفِقُوا مِنْ خَيْرٍ يُوَفَّ إِلَيْكُمْ وَأَنتُمْ لَا تُظْلَمُونَ لِلْفُقَرَاءِ ٱلَّذِينَ أُحْصِرُوا فِى سَبِيلِ ٱللَّهِ لَا يَسْتَطِيعُونَ ضَرْبًا فِى ٱلْأَرْضِ يَحْسَبُهُمُ ٱلْجَاهِلُ أَغْنِيَاءَ مِنَ ٱلتَّعَفُّفِ تَعْرِفُهُم بِسِيمَاهُمْ لَا يَسْأَلُونَ ٱلنَّاسَ إِلْحَافًا وَمَا تُنفِقُوا مِنْ خَيْرٍ فَإِنَّ ٱللَّهَ بِهِ عَلِيمٌ ٢٧٥ ٱلَّذِينَ يُنفِقُونَ أَمْوَالَهُم بِٱلَّيْلِ وَٱلنَّهَارِ سِرًّا وَعَلَانِيَةً فَلَهُمْ أَجْرُهُمْ عِندَ رَبِّهِمْ وَلَا خَوْفٌ عَلَيْهِمْ وَلَا هُمْ يَحْزَنُونَ ٢٧٦ ٱلَّذِينَ يَأْكُلُونَ ٱلرِّبَا لَا يَقُومُونَ إِلَّا كَمَا يَقُومُ ٱلَّذِى يَتَخَبَّطُهُ ٱلشَّيْطَانُ مِنَ ٱلْمَسِّ ذَلِكَ بِأَنَّهُمْ قَالُوا إِنَّمَا ٱلْبَيْعُ مِثْلُ ٱلرِّبَا وَأَحَلَّ ٱللَّهُ ٱلْبَيْعَ وَحَرَّمَ ٱلرِّبَا فَمَن جَاءَهُ مَوْعِظَةٌ مِّن رَّبِّهِ فَٱنتَهَى فَلَهُ مَا سَلَفَ وَأَمْرُهُ إِلَى ٱللَّهِ وَمَنْ عَادَ فَأُولَئِكَ أَصْحَابُ ٱلنَّارِ هُمْ فِيهَا خَالِدُونَ ٢٧٧ يَمْحَقُ ٱللَّهُ ٱلرِّبَا وَيُرْبِى ٱلصَّدَقَاتِ وَٱللَّهُ لَا يُحِبُّ كُلَّ كَفَّارٍ أَثِيمٍ إِنَّ ٱلَّذِينَ آمَنُوا وَعَمِلُوا ٱلصَّالِحَاتِ

مِنَ ٱلنُّورِ إِلَى ٱلظُّلُمَاتِ أُولَٰئِكَ أَصْحَابُ ٱلنَّارِ هُمْ فِيهَا خَالِدُونَ ٢٩٠ أَلَمْ تَرَ إِلَى
ٱلَّذِي حَاجَّ إِبْرَٰهِيمَ فِي رَبِّهِ أَنْ آتَاهُ ٱللَّهُ ٱلْمُلْكَ إِذْ قَالَ إِبْرَٰهِيمُ رَبِّيَ ٱلَّذِي
يُحْيِي وَيُمِيتُ قَالَ أَنَا أُحْيِي وَأُمِيتُ قَالَ إِبْرَٰهِيمُ فَإِنَّ ٱللَّهَ يَأْتِي بِٱلشَّمْسِ مِنَ
ٱلْمَشْرِقِ فَأْتِ بِهَا مِنَ ٱلْمَغْرِبِ فَبُهِتَ ٱلَّذِي كَفَرَ وَٱللَّهُ لَا يَهْدِي ٱلْقَوْمَ
ٱلظَّالِمِينَ ٢٩١ أَوْ كَٱلَّذِي مَرَّ عَلَى قَرْيَةٍ وَهِيَ خَاوِيَةٌ عَلَى عُرُوشِهَا قَالَ أَنَّى
يُحْيِي هَٰذِهِ ٱللَّهُ بَعْدَ مَوْتِهَا فَأَمَاتَهُ ٱللَّهُ مِائَةَ عَامٍ ثُمَّ بَعَثَهُ قَالَ كَمْ لَبِثْتَ قَالَ
لَبِثْتُ يَوْمًا أَوْ بَعْضَ يَوْمٍ قَالَ بَلْ لَبِثْتَ مِائَةَ عَامٍ فَٱنْظُرْ إِلَى طَعَامِكَ وَشَرَابِكَ
لَمْ يَتَسَنَّهْ وَٱنْظُرْ إِلَى حِمَارِكَ وَلِنَجْعَلَكَ آيَةً لِلنَّاسِ وَٱنْظُرْ إِلَى ٱلْعِظَامِ كَيْفَ
نُنْشِزُهَا ثُمَّ نَكْسُوهَا لَحْمًا فَلَمَّا تَبَيَّنَ لَهُ قَالَ أَعْلَمُ أَنَّ ٱللَّهَ عَلَى كُلِّ شَيْءٍ قَدِيرٌ
٢٩٢ وَإِذْ قَالَ إِبْرَٰهِيمُ رَبِّ أَرِنِي كَيْفَ تُحْيِي ٱلْمَوْتَى قَالَ أَوَلَمْ تُؤْمِنْ قَالَ بَلَى
وَلَٰكِنْ لِيَطْمَئِنَّ قَلْبِي قَالَ فَخُذْ أَرْبَعَةً مِنَ ٱلطَّيْرِ فَصُرْهُنَّ إِلَيْكَ ثُمَّ ٱجْعَلْ عَلَى
كُلِّ جَبَلٍ مِنْهُنَّ جُزْءًا ثُمَّ ٱدْعُهُنَّ يَأْتِينَكَ سَعْيًا وَٱعْلَمْ أَنَّ ٱللَّهَ عَزِيزٌ حَكِيمٌ
٢٩٣ مَثَلُ ٱلَّذِينَ يُنْفِقُونَ أَمْوَالَهُمْ فِي سَبِيلِ ٱللَّهِ كَمَثَلِ حَبَّةٍ أَنْبَتَتْ سَبْعَ سَنَابِلَ
فِي كُلِّ سُنْبُلَةٍ مِائَةُ حَبَّةٍ وَٱللَّهُ يُضَاعِفُ لِمَنْ يَشَاءُ وَٱللَّهُ وَاسِعٌ عَلِيمٌ ٢٩٤
ٱلَّذِينَ يُنْفِقُونَ أَمْوَالَهُمْ فِي سَبِيلِ ٱللَّهِ ثُمَّ لَا يُتْبِعُونَ مَا أَنْفَقُوا مَنًّا وَلَا أَذًى
لَهُمْ أَجْرُهُمْ عِنْدَ رَبِّهِمْ وَلَا خَوْفٌ عَلَيْهِمْ وَلَا هُمْ يَحْزَنُونَ ٢٩٥ قَوْلٌ مَعْرُوفٌ وَمَغْفِرَةٌ
خَيْرٌ مِنْ صَدَقَةٍ يَتْبَعُهَا أَذًى وَٱللَّهُ غَنِيٌّ حَلِيمٌ ٢٩٦ يَا أَيُّهَا ٱلَّذِينَ آمَنُوا لَا
تُبْطِلُوا صَدَقَاتِكُمْ بِٱلْمَنِّ وَٱلْأَذَى كَٱلَّذِي يُنْفِقُ مَا لَهُ رِئَاءَ ٱلنَّاسِ وَلَا يُؤْمِنُ
بِٱللَّهِ وَٱلْيَوْمِ ٱلْآخِرِ فَمَثَلُهُ كَمَثَلِ صَفْوَانٍ عَلَيْهِ تُرَابٌ فَأَصَابَهُ وَابِلٌ فَتَرَكَهُ صَلْدًا
لَا يَقْدِرُونَ عَلَى شَيْءٍ مِمَّا كَسَبُوا وَٱللَّهُ لَا يَهْدِي ٱلْقَوْمَ ٱلْكَافِرِينَ ٢٩٧ وَمَثَلُ
ٱلَّذِينَ يُنْفِقُونَ أَمْوَالَهُمُ ٱبْتِغَاءَ مَرْضَاتِ ٱللَّهِ وَتَثْبِيتًا مِنْ أَنْفُسِهِمْ كَمَثَلِ جَنَّةٍ
بِرَبْوَةٍ أَصَابَهَا وَابِلٌ فَآتَتْ أُكُلَهَا ضِعْفَيْنِ فَإِنْ لَمْ يُصِبْهَا وَابِلٌ فَطَلٌّ وَٱللَّهُ بِمَا

۲۵۰ فَلَمَّا فَصَلَ طَالُوتُ بِالْجُنُودِ قَالَ إِنَّ اللَّهَ مُبْتَلِيكُمْ بِنَهَرٍ فَمَنْ شَرِبَ مِنْهُ فَلَيْسَ مِنِّى وَمَنْ لَمْ يَطْعَمْهُ فَإِنَّهُ مِنِّى إِلَّا مَنِ اغْتَرَفَ غُرْفَةً بِيَدِهِ فَشَرِبُوا مِنْهُ إِلَّا قَلِيلًا مِنْهُمْ فَلَمَّا جَاوَزَهُ هُوَ وَالَّذِينَ آمَنُوا مَعَهُ قَالُوا لَا طَاقَةَ لَنَا الْيَوْمَ بِجَالُوتَ وَجُنُودِهِ قَالَ الَّذِينَ يَظُنُّونَ أَنَّهُمْ مُلَاقُوا اللَّهِ كَمْ مِنْ فِئَةٍ قَلِيلَةٍ غَلَبَتْ فِئَةً كَثِيرَةً بِإِذْنِ اللَّهِ وَاللَّهُ مَعَ الصَّابِرِينَ ۲۵۱ وَلَمَّا بَرَزُوا لِجَالُوتَ وَجُنُودِهِ قَالُوا رَبَّنَا أَفْرِغْ عَلَيْنَا صَبْرًا وَثَبِّتْ أَقْدَامَنَا وَانْصُرْنَا عَلَى الْقَوْمِ الْكَافِرِينَ ۲۵۲ فَهَزَمُوهُمْ بِإِذْنِ اللَّهِ وَقَتَلَ دَاوُدُ جَالُوتَ وَآتَاهُ اللَّهُ الْمُلْكَ وَالْحِكْمَةَ وَعَلَّمَهُ مِمَّا يَشَاءُ وَلَوْلَا دَفْعُ اللَّهِ النَّاسَ بَعْضَهُمْ بِبَعْضٍ لَفَسَدَتِ الْأَرْضُ وَلَكِنَّ اللَّهَ ذُو فَضْلٍ عَلَى الْعَالَمِينَ ۲۵۳ تِلْكَ آيَاتُ اللَّهِ نَتْلُوهَا عَلَيْكَ بِالْحَقِّ وَإِنَّكَ لَمِنَ الْمُرْسَلِينَ ۞ ۲۵۴ تِلْكَ الرُّسُلُ فَضَّلْنَا بَعْضَهُمْ عَلَى بَعْضٍ مِنْهُمْ مَنْ كَلَّمَ اللَّهُ وَرَفَعَ بَعْضَهُمْ دَرَجَاتٍ وَآتَيْنَا عِيسَى ابْنَ مَرْيَمَ الْبَيِّنَاتِ وَأَيَّدْنَاهُ بِرُوحِ الْقُدُسِ وَلَوْ شَاءَ اللَّهُ مَا اقْتَتَلَ الَّذِينَ مِنْ بَعْدِهِمْ مِنْ بَعْدِ مَا جَاءَتْهُمُ الْبَيِّنَاتُ وَلَكِنِ اخْتَلَفُوا فَمِنْهُمْ مَنْ آمَنَ وَمِنْهُمْ مَنْ كَفَرَ وَلَوْ شَاءَ اللَّهُ مَا اقْتَتَلُوا وَلَكِنَّ اللَّهَ يَفْعَلُ مَا يُرِيدُ ۲۵۵ يَا أَيُّهَا الَّذِينَ آمَنُوا أَنْفِقُوا مِمَّا رَزَقْنَاكُمْ مِنْ قَبْلِ أَنْ يَأْتِيَ يَوْمٌ لَا بَيْعٌ فِيهِ وَلَا خُلَّةٌ وَلَا شَفَاعَةٌ وَالْكَافِرُونَ هُمُ الظَّالِمُونَ ۲۵۶ اللَّهُ لَا إِلَهَ إِلَّا هُوَ الْحَيُّ الْقَيُّومُ لَا تَأْخُذُهُ سِنَةٌ وَلَا نَوْمٌ لَهُ مَا فِي السَّمَوَاتِ وَمَا فِي الْأَرْضِ مَنْ ذَا الَّذِي يَشْفَعُ عِنْدَهُ إِلَّا بِإِذْنِهِ يَعْلَمُ مَا بَيْنَ أَيْدِيهِمْ وَمَا خَلْفَهُمْ وَلَا يُحِيطُونَ بِشَيْءٍ مِنْ عِلْمِهِ إِلَّا بِمَا شَاءَ وَسِعَ كُرْسِيُّهُ السَّمَوَاتِ وَالْأَرْضَ وَلَا يَؤُودُهُ حِفْظُهُمَا وَهُوَ الْعَلِيُّ الْعَظِيمُ ۲۵۷ لَا إِكْرَاهَ فِي الدِّينِ قَدْ تَبَيَّنَ الرُّشْدُ مِنَ الْغَيِّ فَمَنْ يَكْفُرْ بِالطَّاغُوتِ وَيُؤْمِنْ بِاللَّهِ فَقَدِ اسْتَمْسَكَ بِالْعُرْوَةِ الْوُثْقَى لَا انْفِصَامَ لَهَا وَاللَّهُ سَمِيعٌ عَلِيمٌ ۲۵۸ اللَّهُ وَلِيُّ الَّذِينَ آمَنُوا يُخْرِجُهُمْ مِنَ الظُّلُمَاتِ إِلَى النُّورِ ۲۵۹ وَالَّذِينَ كَفَرُوا أَوْلِيَاؤُهُمُ الطَّاغُوتُ يُخْرِجُونَهُمْ

طَلَّقْتُمُوهُنَّ مِنْ قَبْلِ أَنْ تَمَسُّوهُنَّ وَقَدْ فَرَضْتُمْ لَهُنَّ فَرِيضَةً فَنِصْفُ مَا فَرَضْتُمْ
إِلَّا أَنْ يَعْفُونَ أَوْ يَعْفُوَ ٱلَّذِى بِيَدِهِ عُقْدَةُ ٱلنِّكَاحِ وَأَنْ تَعْفُوا أَقْرَبُ لِلتَّقْوَى وَلَا
تَنْسَوُا ٱلْفَضْلَ بَيْنَكُمْ إِنَّ ٱللَّهَ بِمَا تَعْمَلُونَ بَصِيرٌ ٢٣٩ حَافِظُوا عَلَى ٱلصَّلَوَاتِ
وَٱلصَّلَوةِ ٱلْوُسْطَى وَقُومُوا لِلَّهِ قَانِتِينَ ٢٤٠ فَإِنْ خِفْتُمْ فَرِجَالًا أَوْ رُكْبَانًا فَإِذَا
أَمِنْتُمْ فَٱذْكُرُوا ٱللَّهَ كَمَا عَلَّمَكُمْ مَا لَمْ تَكُونُوا تَعْلَمُونَ ٢٤١ وَٱلَّذِينَ يُتَوَفَّوْنَ
مِنْكُمْ وَيَذَرُونَ أَزْوَاجًا وَصِيَّةً لِأَزْوَاجِهِمْ مَتَاعًا إِلَى ٱلْحَوْلِ غَيْرَ إِخْرَاجٍ فَإِنْ خَرَجْنَ
فَلَا جُنَاحَ عَلَيْكُمْ فِي مَا فَعَلْنَ فِي أَنْفُسِهِنَّ مِنْ مَعْرُوفٍ وَٱللَّهُ عَزِيزٌ حَكِيمٌ ٢٤٢
وَلِلْمُطَلَّقَاتِ مَتَاعٌ بِٱلْمَعْرُوفِ حَقًّا عَلَى ٱلْمُتَّقِينَ ٢٤٣ كَذَلِكَ يُبَيِّنُ ٱللَّهُ لَكُمْ
آيَاتِهِ لَعَلَّكُمْ تَعْقِلُونَ ٢٤٤ أَلَمْ تَرَ إِلَى ٱلَّذِينَ خَرَجُوا مِنْ دِيَارِهِمْ وَهُمْ أُلُوفٌ
حَذَرَ ٱلْمَوْتِ فَقَالَ لَهُمُ ٱللَّهُ مُوتُوا ثُمَّ أَحْيَاهُمْ إِنَّ ٱللَّهَ لَذُو فَضْلٍ عَلَى ٱلنَّاسِ
وَلَكِنَّ أَكْثَرَ ٱلنَّاسِ لَا يَشْكُرُونَ ٢٤٥ وَقَاتِلُوا فِي سَبِيلِ ٱللَّهِ وَٱعْلَمُوا أَنَّ ٱللَّهَ
سَمِيعٌ عَلِيمٌ ٢٤٦ مَنْ ذَا ٱلَّذِى يُقْرِضُ ٱللَّهَ قَرْضًا حَسَنًا فَيُضَاعِفَهُ لَهُ أَضْعَافًا
كَثِيرَةً وَٱللَّهُ يَقْبِضُ وَيَبْسُطُ وَإِلَيْهِ تُرْجَعُونَ ٢٤٧ أَلَمْ تَرَ إِلَى ٱلْمَلَإِ مِنْ بَنِى
إِسْرَائِيلَ مِنْ بَعْدِ مُوسَى إِذْ قَالُوا لِنَبِيٍّ لَهُمُ ٱبْعَثْ لَنَا مَلِكًا نُقَاتِلْ فِي سَبِيلِ
ٱللَّهِ قَالَ هَلْ عَسَيْتُمْ إِنْ كُتِبَ عَلَيْكُمُ ٱلْقِتَالُ أَلَّا تُقَاتِلُوا قَالُوا وَمَا لَنَا أَلَّا
نُقَاتِلَ فِي سَبِيلِ ٱللَّهِ وَقَدْ أُخْرِجْنَا مِنْ دِيَارِنَا وَأَبْنَائِنَا فَلَمَّا كُتِبَ عَلَيْهِمُ
ٱلْقِتَالُ تَوَلَّوْا إِلَّا قَلِيلًا مِنْهُمْ وَٱللَّهُ عَلِيمٌ بِٱلظَّالِمِينَ ٢٤٨ وَقَالَ لَهُمْ نَبِيُّهُمْ إِنَّ
ٱللَّهَ قَدْ بَعَثَ لَكُمْ طَالُوتَ مَلِكًا قَالُوا أَنَّى يَكُونُ لَهُ ٱلْمُلْكُ عَلَيْنَا وَنَحْنُ أَحَقُّ
بِٱلْمُلْكِ مِنْهُ وَلَمْ يُؤْتَ سَعَةً مِنَ ٱلْمَالِ قَالَ إِنَّ ٱللَّهَ ٱصْطَفَاهُ عَلَيْكُمْ وَزَادَهُ بَسْطَةً
فِي ٱلْعِلْمِ وَٱلْجِسْمِ وَٱللَّهُ يُؤْتِى مُلْكَهُ مَنْ يَشَاءُ وَٱللَّهُ وَاسِعٌ عَلِيمٌ ٢٤٩ وَقَالَ لَهُمْ
نَبِيُّهُمْ إِنَّ آيَةَ مُلْكِهِ أَنْ يَأْتِيَكُمُ ٱلتَّابُوتُ فِيهِ سَكِينَةٌ مِنْ رَبِّكُمْ وَبَقِيَّةٌ مِمَّا تَرَكَ
آلُ مُوسَى وَآلُ هَرُونَ تَحْمِلُهُ ٱلْمَلَائِكَةُ إِنَّ فِي ذَلِكَ لَآيَةً لَكُمْ إِنْ كُنْتُمْ مُؤْمِنِينَ

حَتَّى تَنْكِحَ زَوْجًا غَيْرَهُ فَإِنْ طَلَّقَهَا فَلَا جُنَاحَ عَلَيْهِمَا أَنْ يَتَرَاجَعَا إِنْ ظَنَّا أَنْ
يُقِيمَا حُدُودَ ٱللَّهِ وَتِلْكَ حُدُودُ ٱللَّهِ يُبَيِّنُهَا لِقَوْمٍ يَعْلَمُونَ ٢٣١ وَإِذَا طَلَّقْتُمُ
ٱلنِّسَاءَ فَبَلَغْنَ أَجَلَهُنَّ فَأَمْسِكُوهُنَّ بِمَعْرُوفٍ أَوْ سَرِّحُوهُنَّ بِمَعْرُوفٍ وَلَا تُمْسِكُوهُنَّ
ضِرَارًا لِتَعْتَدُوا وَمَنْ يَفْعَلْ ذَلِكَ فَقَدْ ظَلَمَ نَفْسَهُ وَلَا تَتَّخِذُوا آيَاتِ ٱللَّهِ هُزُوًا
وَٱذْكُرُوا نِعْمَتَ ٱللَّهِ عَلَيْكُمْ وَمَا أَنْزَلَ عَلَيْكُمْ مِنَ ٱلْكِتَابِ وَٱلْحِكْمَةِ يَعِظُكُمْ بِهِ
وَٱتَّقُوا ٱللَّهَ وَٱعْلَمُوا أَنَّ ٱللَّهَ بِكُلِّ شَيْءٍ عَلِيمٌ ٢٣٢ وَإِذَا طَلَّقْتُمُ ٱلنِّسَاءَ فَبَلَغْنَ
أَجَلَهُنَّ فَلَا تَعْضُلُوهُنَّ أَنْ يَنْكِحْنَ أَزْوَاجَهُنَّ إِذَا تَرَاضَوْا بَيْنَهُمْ بِٱلْمَعْرُوفِ ذَلِكَ
يُوعَظُ بِهِ مَنْ كَانَ مِنْكُمْ يُؤْمِنُ بِٱللَّهِ وَٱلْيَوْمِ ٱلْآخِرِ ذَلِكُمْ أَزْكَى لَكُمْ وَأَطْهَرُ وَٱللَّهُ
يَعْلَمُ وَأَنْتُمْ لَا تَعْلَمُونَ ٢٣٣ وَٱلْوَالِدَاتُ يُرْضِعْنَ أَوْلَادَهُنَّ حَوْلَيْنِ كَامِلَيْنِ لِمَنْ
أَرَادَ أَنْ يُتِمَّ ٱلرَّضَاعَةَ وَعَلَى ٱلْمَوْلُودِ لَهُ رِزْقُهُنَّ وَكِسْوَتُهُنَّ بِٱلْمَعْرُوفِ لَا تُكَلَّفُ
نَفْسٌ إِلَّا وُسْعَهَا لَا تُضَارَّ وَالِدَةٌ بِوَلَدِهَا وَلَا مَوْلُودٌ لَهُ بِوَلَدِهِ وَعَلَى ٱلْوَارِثِ مِثْلُ
ذَلِكَ فَإِنْ أَرَادَا فِصَالًا عَنْ تَرَاضٍ مِنْهُمَا وَتَشَاوُرٍ فَلَا جُنَاحَ عَلَيْهِمَا وَإِنْ أَرَدْتُمْ
أَنْ تَسْتَرْضِعُوا أَوْلَادَكُمْ فَلَا جُنَاحَ عَلَيْكُمْ إِذَا سَلَّمْتُمْ مَا آتَيْتُمْ بِٱلْمَعْرُوفِ وَٱتَّقُوا
ٱللَّهَ وَٱعْلَمُوا أَنَّ ٱللَّهَ بِمَا تَعْمَلُونَ بَصِيرٌ ٢٣٤ وَٱلَّذِينَ يُتَوَفَّوْنَ مِنْكُمْ وَيَذَرُونَ
أَزْوَاجًا يَتَرَبَّصْنَ بِأَنْفُسِهِنَّ أَرْبَعَةَ أَشْهُرٍ وَعَشْرًا فَإِذَا بَلَغْنَ أَجَلَهُنَّ فَلَا جُنَاحَ
عَلَيْكُمْ فِيمَا فَعَلْنَ فِي أَنْفُسِهِنَّ بِٱلْمَعْرُوفِ وَٱللَّهُ بِمَا تَعْمَلُونَ خَبِيرٌ ٢٣٥ وَلَا
جُنَاحَ عَلَيْكُمْ فِيمَا عَرَّضْتُمْ بِهِ مِنْ خِطْبَةِ ٱلنِّسَاءِ أَوْ أَكْنَنْتُمْ فِي أَنْفُسِكُمْ عَلِمَ
ٱللَّهُ أَنَّكُمْ سَتَذْكُرُونَهُنَّ وَلَكِنْ لَا تُوَاعِدُوهُنَّ سِرًّا إِلَّا أَنْ تَقُولُوا قَوْلًا مَعْرُوفًا
٢٣٦ وَلَا تَعْزِمُوا عُقْدَةَ ٱلنِّكَاحِ حَتَّى يَبْلُغَ ٱلْكِتَابُ أَجَلَهُ وَٱعْلَمُوا أَنَّ ٱللَّهَ يَعْلَمُ
مَا فِي أَنْفُسِكُمْ فَٱحْذَرُوهُ وَٱعْلَمُوا أَنَّ ٱللَّهَ غَفُورٌ حَلِيمٌ ٢٣٧ لَا جُنَاحَ عَلَيْكُمْ إِنْ
طَلَّقْتُمُ ٱلنِّسَاءَ مَا لَمْ تَمَسُّوهُنَّ أَوْ تَفْرِضُوا لَهُنَّ فَرِيضَةً وَمَتِّعُوهُنَّ عَلَى ٱلْمُوسِعِ
قَدَرُهُ وَعَلَى ٱلْمُقْتِرِ قَدَرُهُ مَتَاعًا بِٱلْمَعْرُوفِ حَقًّا عَلَى ٱلْمُحْسِنِينَ ٢٣٨ وَإِنْ

قُلِ ٱلْعَفْوَ كَذَٰلِكَ يُبَيِّنُ ٱللَّهُ لَكُمُ ٱلْآيَاتِ لَعَلَّكُمْ تَتَفَكَّرُونَ ٢١٨ فِي ٱلدُّنْيَا وَٱلْآخِرَةِ
وَيَسْأَلُونَكَ عَنِ ٱلْيَتَامَىٰ قُلْ إِصْلَاحٌ لَهُمْ خَيْرٌ ٢١٩ وَإِنْ تُخَالِطُوهُمْ فَإِخْوَانُكُمْ وَٱللَّهُ
يَعْلَمُ ٱلْمُفْسِدَ مِنَ ٱلْمُصْلِحِ وَلَوْ شَاءَ ٱللَّهُ لَأَعْنَتَكُمْ إِنَّ ٱللَّهَ عَزِيزٌ حَكِيمٌ ٢٢٠ وَلَا
تَنْكِحُوا ٱلْمُشْرِكَاتِ حَتَّىٰ يُؤْمِنَّ وَلَأَمَةٌ مُؤْمِنَةٌ خَيْرٌ مِنْ مُشْرِكَةٍ وَلَوْ أَعْجَبَتْكُمْ وَلَا
تُنْكِحُوا ٱلْمُشْرِكِينَ حَتَّىٰ يُؤْمِنُوا وَلَعَبْدٌ مُؤْمِنٌ خَيْرٌ مِنْ مُشْرِكٍ وَلَوْ أَعْجَبَكُمْ ٢٢١
أُولَائِكَ يَدْعُونَ إِلَى ٱلنَّارِ وَٱللَّهُ يَدْعُو إِلَى ٱلْجَنَّةِ وَٱلْمَغْفِرَةِ بِإِذْنِهِ وَيُبَيِّنُ آيَاتِهِ
لِلنَّاسِ لَعَلَّهُمْ يَتَذَكَّرُونَ ٢٢٢ وَيَسْأَلُونَكَ عَنِ ٱلْمَحِيضِ قُلْ هُوَ أَذًى فَٱعْتَزِلُوا
ٱلنِّسَاءَ فِي ٱلْمَحِيضِ وَلَا تَقْرَبُوهُنَّ حَتَّىٰ يَطْهُرْنَ فَإِذَا تَطَهَّرْنَ فَأْتُوهُنَّ مِنْ حَيْثُ
أَمَرَكُمُ ٱللَّهُ إِنَّ ٱللَّهَ يُحِبُّ ٱلتَّوَّابِينَ وَيُحِبُّ ٱلْمُتَطَهِّرِينَ ٢٢٣ نِسَاؤُكُمْ حَرْثٌ
لَكُمْ فَأْتُوا حَرْثَكُمْ أَنَّىٰ شِئْتُمْ وَقَدِّمُوا لِأَنْفُسِكُمْ وَٱتَّقُوا ٱللَّهَ وَٱعْلَمُوا أَنَّكُمْ مُلَاقُوهُ
وَبَشِّرِ ٱلْمُؤْمِنِينَ ٢٢٤ وَلَا تَجْعَلُوا ٱللَّهَ عُرْضَةً لِأَيْمَانِكُمْ أَنْ تَبَرُّوا وَتَتَّقُوا وَتُصْلِحُوا
بَيْنَ ٱلنَّاسِ وَٱللَّهُ سَمِيعٌ عَلِيمٌ ٢٢٥ لَا يُؤَاخِذُكُمُ ٱللَّهُ بِٱللَّغْوِ فِي أَيْمَانِكُمْ وَلَكِنْ
يُؤَاخِذُكُمْ بِمَا كَسَبَتْ قُلُوبُكُمْ وَٱللَّهُ غَفُورٌ حَلِيمٌ ٢٢٦ لِلَّذِينَ يُؤْلُونَ مِنْ
نِسَائِهِمْ تَرَبُّصُ أَرْبَعَةِ أَشْهُرٍ فَإِنْ فَاءُوا فَإِنَّ ٱللَّهَ غَفُورٌ رَحِيمٌ ٢٢٧ وَإِنْ عَزَمُوا
ٱلطَّلَاقَ فَإِنَّ ٱللَّهَ سَمِيعٌ عَلِيمٌ ٢٢٨ وَٱلْمُطَلَّقَاتُ يَتَرَبَّصْنَ بِأَنْفُسِهِنَّ ثَلَاثَةَ قُرُوءٍ
وَلَا يَحِلُّ لَهُنَّ أَنْ يَكْتُمْنَ مَا خَلَقَ ٱللَّهُ فِي أَرْحَامِهِنَّ إِنْ كُنَّ يُؤْمِنَّ بِٱللَّهِ وَٱلْيَوْمِ
ٱلْآخِرِ وَبُعُولَتُهُنَّ أَحَقُّ بِرَدِّهِنَّ فِي ذَٰلِكَ إِنْ أَرَادُوا إِصْلَاحًا وَلَهُنَّ مِثْلُ ٱلَّذِي
عَلَيْهِنَّ بِٱلْمَعْرُوفِ وَلِلرِّجَالِ عَلَيْهِنَّ دَرَجَةٌ وَٱللَّهُ عَزِيزٌ حَكِيمٌ ٢٢٩ ٱلطَّلَاقُ
مَرَّتَانِ فَإِمْسَاكٌ بِمَعْرُوفٍ أَوْ تَسْرِيحٌ بِإِحْسَانٍ وَلَا يَحِلُّ لَكُمْ أَنْ تَأْخُذُوا مِمَّا
آتَيْتُمُوهُنَّ شَيْئًا إِلَّا أَنْ يَخَافَا أَلَّا يُقِيمَا حُدُودَ ٱللَّهِ فَإِنْ خِفْتُمْ أَلَّا يُقِيمَا حُدُودَ
ٱللَّهِ فَلَا جُنَاحَ عَلَيْهِمَا فِيمَا ٱفْتَدَتْ بِهِ تِلْكَ حُدُودُ ٱللَّهِ فَلَا تَعْتَدُوهَا وَمَنْ
يَتَعَدَّ حُدُودَ ٱللَّهِ فَأُولَائِكَ هُمُ ٱلظَّالِمُونَ ٢٣٠ فَإِنْ طَلَّقَهَا فَلَا تَحِلُّ لَهُ مِنْ بَعْدُ

إِلَّا أَنْ يَأْتِيَهُمُ ٱللَّهُ فِي ظُلَلٍ مِنَ ٱلْغَمَامِ وَٱلْمَلَآئِكَةُ وَقُضِيَ ٱلْأَمْرُ وَإِلَى ٱللَّهِ تُرْجَعُ
ٱلْأُمُورُ ٢٠٧ سَلْ بَنِي إِسْرَآئِلَ كَمْ آتَيْنَاهُمْ مِنْ آيَةٍ بَيِّنَةٍ وَمَنْ يُبَدِّلْ نِعْمَةَ ٱللَّهِ
مِنْ بَعْدِ مَا جَآءَتْهُ فَإِنَّ ٱللَّهَ شَدِيدُ ٱلْعِقَابِ ٢٠٨ زُيِّنَ لِلَّذِينَ كَفَرُوا ٱلْحَيَوٰةُ
ٱلدُّنْيَا وَيَسْخَرُونَ مِنَ ٱلَّذِينَ آمَنُوا وَٱلَّذِينَ ٱتَّقَوْا فَوْقَهُمْ يَوْمَ ٱلْقِيَامَةِ وَٱللَّهُ يَرْزُقُ
مَنْ يَشَآءُ بِغَيْرِ حِسَابٍ ٢٠٩ كَانَ ٱلنَّاسُ أُمَّةً وَاحِدَةً فَبَعَثَ ٱللَّهُ ٱلنَّبِيِّينَ مُبَشِّرِينَ
وَمُنْذِرِينَ وَأَنْزَلَ مَعَهُمُ ٱلْكِتَابَ بِٱلْحَقِّ لِيَحْكُمَ بَيْنَ ٱلنَّاسِ فِيمَا ٱخْتَلَفُوا فِيهِ وَمَا
ٱخْتَلَفَ فِيهِ إِلَّا ٱلَّذِينَ أُوتُوهُ مِنْ بَعْدِ مَا جَآءَتْهُمُ ٱلْبَيِّنَاتُ بَغْيًا بَيْنَهُمْ فَهَدَى
ٱللَّهُ ٱلَّذِينَ آمَنُوا لِمَا ٱخْتَلَفُوا فِيهِ مِنَ ٱلْحَقِّ بِإِذْنِهِ وَٱللَّهُ يَهْدِي مَنْ يَشَآءُ
إِلَى صِرَاطٍ مُسْتَقِيمٍ ٢١٠ أَمْ حَسِبْتُمْ أَنْ تَدْخُلُوا ٱلْجَنَّةَ وَلَمَّا يَأْتِكُمْ مَثَلُ ٱلَّذِينَ
خَلَوْا مِنْ قَبْلِكُمْ مَسَّتْهُمُ ٱلْبَأْسَآءُ وَٱلضَّرَّآءُ وَزُلْزِلُوا حَتَّى يَقُولَ ٱلرَّسُولُ وَٱلَّذِينَ
آمَنُوا مَعَهُ مَتَى نَصْرُ ٱللَّهِ أَلَا إِنَّ نَصْرَ ٱللَّهِ قَرِيبٌ ٢١١ يَسْأَلُونَكَ مَا ذَا يُنْفِقُونَ
قُلْ مَا أَنْفَقْتُمْ مِنْ خَيْرٍ فَلِلْوَالِدَيْنِ وَٱلْأَقْرَبِينَ وَٱلْيَتَامَى وَٱلْمَسَاكِينِ وَٱبْنِ
ٱلسَّبِيلِ وَمَا تَفْعَلُوا مِنْ خَيْرٍ فَإِنَّ ٱللَّهَ بِهِ عَلِيمٌ ٢١٢ كُتِبَ عَلَيْكُمُ ٱلْقِتَالُ وَهُوَ
كُرْهٌ لَكُمْ ٢١٣ وَعَسَى أَنْ تَكْرَهُوا شَيْئًا وَهُوَ خَيْرٌ لَكُمْ وَعَسَى أَنْ تُحِبُّوا شَيْئًا وَهُوَ
شَرٌّ لَكُمْ وَٱللَّهُ يَعْلَمُ وَأَنْتُمْ لَا تَعْلَمُونَ ٢١٤ يَسْأَلُونَكَ عَنِ ٱلشَّهْرِ ٱلْحَرَامِ قِتَالٍ
فِيهِ قُلْ قِتَالٌ فِيهِ كَبِيرٌ وَصَدٌّ عَنْ سَبِيلِ ٱللَّهِ وَكُفْرٌ بِهِ وَٱلْمَسْجِدِ ٱلْحَرَامِ وَإِخْرَاجُ
أَهْلِهِ مِنْهُ أَكْبَرُ عِنْدَ ٱللَّهِ وَٱلْفِتْنَةُ أَكْبَرُ مِنَ ٱلْقَتْلِ وَلَا يَزَالُونَ يُقَاتِلُونَكُمْ حَتَّى
يَرُدُّوكُمْ عَنْ دِينِكُمْ إِنِ ٱسْتَطَاعُوا وَمَنْ يَرْتَدِدْ مِنْكُمْ عَنْ دِينِهِ فَيَمُتْ وَهُوَ كَافِرٌ
فَأُولَآئِكَ حَبِطَتْ أَعْمَالُهُمْ فِي ٱلدُّنْيَا وَٱلْآخِرَةِ وَأُولَآئِكَ أَصْحَابُ ٱلنَّارِ هُمْ فِيهَا خَالِدُونَ
٢١٥ إِنَّ ٱلَّذِينَ آمَنُوا وَٱلَّذِينَ هَاجَرُوا وَجَاهَدُوا فِي سَبِيلِ ٱللَّهِ أُولَآئِكَ يَرْجُونَ
رَحْمَتَ ٱللَّهِ وَٱللَّهُ غَفُورٌ رَحِيمٌ ٢١٦ يَسْأَلُونَكَ عَنِ ٱلْخَمْرِ وَٱلْمَيْسِرِ قُلْ فِيهِمَا إِثْمٌ
كَبِيرٌ وَمَنَافِعُ لِلنَّاسِ وَإِثْمُهُمَا أَكْبَرُ مِنْ نَفْعِهِمَا وَيَسْأَلُونَكَ مَا ذَا يُنْفِقُونَ ٢١٧

سورة البقرة ١٥

رُؤُسَكُمْ حَتَّى يَبْلُغَ ٱلْهَدْىُ مَحِلَّهُ فَمَنْ كَانَ مِنْكُمْ مَرِيضًا أَوْ بِهِ أَذًى مِنْ رَأْسِهِ
فَفِدْيَةٌ مِنْ صِيَامٍ أَوْ صَدَقَةٍ أَوْ نُسُكٍ فَإِذَا أَمِنْتُمْ فَمَنْ تَمَتَّعَ بِٱلْعُمْرَةِ إِلَى ٱلْحَجِّ فَمَا
ٱسْتَيْسَرَ مِنَ ٱلْهَدْيِ فَمَنْ لَمْ يَجِدْ فَصِيَامُ ثَلٰثَةِ أَيَّامٍ فِي ٱلْحَجِّ وَسَبْعَةٍ إِذَا رَجَعْتُمْ
تِلْكَ عَشَرَةٌ كَامِلَةٌ ذٰلِكَ لِمَنْ لَمْ يَكُنْ أَهْلُهُ حَاضِرِي ٱلْمَسْجِدِ ٱلْحَرَامِ وَٱتَّقُوا ٱللّٰهَ
وَٱعْلَمُوا أَنَّ ٱللّٰهَ شَدِيدُ ٱلْعِقَابِ ١٩٣ ٱلْحَجُّ أَشْهُرٌ مَعْلُومَاتٌ فَمَنْ فَرَضَ فِيهِنَّ ٱلْحَجَّ
فَلَا رَفَثَ وَلَا فُسُوقَ وَلَا جِدَالَ فِي ٱلْحَجِّ وَمَا تَفْعَلُوا مِنْ خَيْرٍ يَعْلَمْهُ ٱللّٰهُ وَتَزَوَّدُوا
فَإِنَّ خَيْرَ ٱلزَّادِ ٱلتَّقْوَى وَٱتَّقُونِ يَا أُولِي ٱلْأَلْبَابِ ١٩٤ لَيْسَ عَلَيْكُمْ جُنَاحٌ أَنْ
تَبْتَغُوا فَضْلًا مِنْ رَبِّكُمْ فَإِذَا أَفَضْتُمْ مِنْ عَرَفَاتٍ فَٱذْكُرُوا ٱللّٰهَ عِنْدَ ٱلْمَشْعَرِ ٱلْحَرَامِ
وَٱذْكُرُوهُ كَمَا هَدَاكُمْ وَإِنْ كُنْتُمْ مِنْ قَبْلِهِ لَمِنَ ٱلضَّالِّينَ ١٩٥ ثُمَّ أَفِيضُوا مِنْ
حَيْثُ أَفَاضَ ٱلنَّاسُ وَٱسْتَغْفِرُوا ٱللّٰهَ إِنَّ ٱللّٰهَ غَفُورٌ رَحِيمٌ ١٩٦ فَإِذَا قَضَيْتُمْ
مَنَاسِكَكُمْ فَٱذْكُرُوا ٱللّٰهَ كَذِكْرِكُمْ آبَاءَكُمْ أَوْ أَشَدَّ ذِكْرًا فَمِنَ ٱلنَّاسِ مَنْ يَقُولُ رَبَّنَا
آتِنَا فِي ٱلدُّنْيَا وَمَا لَهُ فِي ٱلْآخِرَةِ مِنْ خَلَاقٍ ١٩٧ وَمِنْهُمْ مَنْ يَقُولُ رَبَّنَا آتِنَا فِي
ٱلدُّنْيَا حَسَنَةً وَفِي ٱلْآخِرَةِ حَسَنَةً وَقِنَا عَذَابَ ٱلنَّارِ ١٩٨ أُولٰئِكَ لَهُمْ نَصِيبٌ مِمَّا
كَسَبُوا وَٱللّٰهُ سَرِيعُ ٱلْحِسَابِ ١٩٩ وَٱذْكُرُوا ٱللّٰهَ فِي أَيَّامٍ مَعْدُودَاتٍ فَمَنْ تَعَجَّلَ فِي
يَوْمَيْنِ فَلَا إِثْمَ عَلَيْهِ وَمَنْ تَأَخَّرَ فَلَا إِثْمَ عَلَيْهِ لِمَنِ ٱتَّقَى وَٱتَّقُوا ٱللّٰهَ وَٱعْلَمُوا
أَنَّكُمْ إِلَيْهِ تُحْشَرُونَ ٢٠٠ وَمِنَ ٱلنَّاسِ مَنْ يُعْجِبُكَ قَوْلُهُ فِي ٱلْحَيٰوةِ ٱلدُّنْيَا وَيُشْهِدُ
ٱللّٰهَ عَلَى مَا فِي قَلْبِهِ وَهُوَ أَلَدُّ ٱلْخِصَامِ ٢٠١ وَإِذَا تَوَلَّى سَعَى فِي ٱلْأَرْضِ لِيُفْسِدَ
فِيهَا وَيُهْلِكَ ٱلْحَرْثَ وَٱلنَّسْلَ وَٱللّٰهُ لَا يُحِبُّ ٱلْفَسَادَ ٢٠٢ وَإِذَا قِيلَ لَهُ ٱتَّقِ ٱللّٰهَ
أَخَذَتْهُ ٱلْعِزَّةُ بِٱلْإِثْمِ فَحَسْبُهُ جَهَنَّمُ وَلَبِئْسَ ٱلْمِهَادُ ٢٠٣ وَمِنَ ٱلنَّاسِ مَنْ يَشْرِي
نَفْسَهُ ٱبْتِغَاءَ مَرْضَاتِ ٱللّٰهِ وَٱللّٰهُ رَؤُفٌ بِٱلْعِبَادِ ٢٠٤ يَا أَيُّهَا ٱلَّذِينَ آمَنُوا ٱدْخُلُوا
فِي ٱلسِّلْمِ كَافَّةً وَلَا تَتَّبِعُوا خُطُوَاتِ ٱلشَّيْطَانِ إِنَّهُ لَكُمْ عَدُوٌّ مُبِينٌ ٢٠٥ فَإِنْ زَلَلْتُمْ
مِنْ بَعْدِ مَا جَاءَتْكُمُ ٱلْبَيِّنَاتُ فَٱعْلَمُوا أَنَّ ٱللّٰهَ عَزِيزٌ حَكِيمٌ ٢٠٦ هَلْ يَنْظُرُونَ

ٱلشَّهْرَ فَلْيَصُمْهُ وَمَنْ كَانَ مَرِيضًا أَوْ عَلَى سَفَرٍ فَعِدَّةٌ مِنْ أَيَّامٍ أُخَرَ يُرِيدُ ٱللَّهُ
بِكُمُ ٱلْيُسْرَ وَلَا يُرِيدُ بِكُمُ ٱلْعُسْرَ وَلِتُكْمِلُوا ٱلْعِدَّةَ وَلِتُكَبِّرُوا ٱللَّهَ عَلَى مَا هَدَاكُمْ
وَلَعَلَّكُمْ تَشْكُرُونَ ١٨٢ وَإِذَا سَأَلَكَ عِبَادِي عَنِّي فَإِنِّي قَرِيبٌ أُجِيبُ دَعْوَةَ ٱلدَّاعِ
إِذَا دَعَانِ فَلْيَسْتَجِيبُوا لِي وَلْيُؤْمِنُوا بِي لَعَلَّهُمْ يَرْشُدُونَ ١٨٣ أُحِلَّ لَكُمْ لَيْلَةَ
ٱلصِّيَامِ ٱلرَّفَثُ إِلَى نِسَائِكُمْ هُنَّ لِبَاسٌ لَكُمْ وَأَنْتُمْ لِبَاسٌ لَهُنَّ عَلِمَ ٱللَّهُ أَنَّكُمْ
كُنْتُمْ تَخْتَانُونَ أَنْفُسَكُمْ فَتَابَ عَلَيْكُمْ وَعَفَا عَنْكُمْ فَٱلْآنَ بَاشِرُوهُنَّ وَٱبْتَغُوا مَا
كَتَبَ ٱللَّهُ لَكُمْ وَكُلُوا وَٱشْرَبُوا حَتَّى يَتَبَيَّنَ لَكُمُ ٱلْخَيْطُ ٱلْأَبْيَضُ مِنَ ٱلْخَيْطِ ٱلْأَسْوَدِ
مِنَ ٱلْفَجْرِ ثُمَّ أَتِمُّوا ٱلصِّيَامَ إِلَى ٱللَّيْلِ وَلَا تُبَاشِرُوهُنَّ وَأَنْتُمْ عَاكِفُونَ فِي ٱلْمَسَاجِدِ
تِلْكَ حُدُودُ ٱللَّهِ فَلَا تَقْرَبُوهَا كَذَلِكَ يُبَيِّنُ ٱللَّهُ آيَاتِهِ لِلنَّاسِ لَعَلَّهُمْ يَتَّقُونَ
١٨٤ وَلَا تَأْكُلُوا أَمْوَالَكُمْ بَيْنَكُمْ بِٱلْبَاطِلِ وَتُدْلُوا بِهَا إِلَى ٱلْحُكَّامِ لِتَأْكُلُوا فَرِيقًا
مِنْ أَمْوَالِ ٱلنَّاسِ بِٱلْإِثْمِ وَأَنْتُمْ تَعْلَمُونَ ١٨٥ يَسْأَلُونَكَ عَنِ ٱلْأَهِلَّةِ قُلْ هِيَ
مَوَاقِيتُ لِلنَّاسِ وَٱلْحَجِّ وَلَيْسَ ٱلْبِرُّ بِأَنْ تَأْتُوا ٱلْبُيُوتَ مِنْ ظُهُورِهَا وَلَكِنَّ ٱلْبِرَّ مَنِ
ٱتَّقَى وَأْتُوا ٱلْبُيُوتَ مِنْ أَبْوَابِهَا وَٱتَّقُوا ٱللَّهَ لَعَلَّكُمْ تُفْلِحُونَ ١٨٦ وَقَاتِلُوا فِي سَبِيلِ
ٱللَّهِ ٱلَّذِينَ يُقَاتِلُونَكُمْ وَلَا تَعْتَدُوا إِنَّ ٱللَّهَ لَا يُحِبُّ ٱلْمُعْتَدِينَ ١٨٧ وَٱقْتُلُوهُمْ
حَيْثُ ثَقِفْتُمُوهُمْ وَأَخْرِجُوهُمْ مِنْ حَيْثُ أَخْرَجُوكُمْ وَٱلْفِتْنَةُ أَشَدُّ مِنَ ٱلْقَتْلِ وَلَا
تُقَاتِلُوهُمْ عِنْدَ ٱلْمَسْجِدِ ٱلْحَرَامِ حَتَّى يُقَاتِلُوكُمْ فِيهِ فَإِنْ قَاتَلُوكُمْ فَٱقْتُلُوهُمْ كَذَلِكَ
جَزَاءُ ٱلْكَافِرِينَ ١٨٨ فَإِنِ ٱنْتَهَوْا فَإِنَّ ٱللَّهَ غَفُورٌ رَحِيمٌ ١٨٩ وَقَاتِلُوهُمْ حَتَّى لَا تَكُونَ
فِتْنَةٌ وَيَكُونَ ٱلدِّينُ لِلَّهِ فَإِنِ ٱنْتَهَوْا فَلَا عُدْوَانَ إِلَّا عَلَى ٱلظَّالِمِينَ ١٩٠ اَلشَّهْرُ
ٱلْحَرَامُ بِٱلشَّهْرِ ٱلْحَرَامِ وَٱلْحُرُمَاتُ قِصَاصٌ فَمَنِ ٱعْتَدَى عَلَيْكُمْ فَٱعْتَدُوا عَلَيْهِ
بِمِثْلِ مَا ٱعْتَدَى عَلَيْكُمْ وَٱتَّقُوا ٱللَّهَ وَٱعْلَمُوا أَنَّ ٱللَّهَ مَعَ ٱلْمُتَّقِينَ ١٩١ وَأَنْفِقُوا
فِي سَبِيلِ ٱللَّهِ وَلَا تُلْقُوا بِأَيْدِيكُمْ إِلَى ٱلتَّهْلُكَةِ وَأَحْسِنُوا إِنَّ ٱللَّهَ يُحِبُّ ٱلْمُحْسِنِينَ
١٩٢ وَأَتِمُّوا ٱلْحَجَّ وَٱلْعُمْرَةَ لِلَّهِ فَإِنْ أُحْصِرْتُمْ فَمَا ٱسْتَيْسَرَ مِنَ ٱلْهَدْيِ وَلَا تَحْلِقُوا

فَلَا إِثْمَ عَلَيْهِ إِنَّ ٱللَّهَ غَفُورٌ رَحِيمٌ ١٦٩ إِنَّ ٱلَّذِينَ يَكْتُمُونَ مَا أَنْزَلَ ٱللَّهُ مِنَ
ٱلْكِتَابِ وَيَشْتَرُونَ بِهِ ثَمَنًا قَلِيلًا أُولَٰٓئِكَ مَا يَأْكُلُونَ فِي بُطُونِهِمْ إِلَّا ٱلنَّارَ وَلَا
يُكَلِّمُهُمُ ٱللَّهُ يَوْمَ ٱلْقِيَامَةِ وَلَا يُزَكِّيهِمْ وَلَهُمْ عَذَابٌ أَلِيمٌ ١٧٠ أُولَٰٓئِكَ ٱلَّذِينَ
ٱشْتَرَوُا ٱلضَّلَالَةَ بِٱلْهُدَىٰ وَٱلْعَذَابَ بِٱلْمَغْفِرَةِ فَمَا أَصْبَرَهُمْ عَلَى ٱلنَّارِ ١٧١ ذَٰلِكَ بِأَنَّ
ٱللَّهَ نَزَّلَ ٱلْكِتَابَ بِٱلْحَقِّ وَإِنَّ ٱلَّذِينَ ٱخْتَلَفُوا فِي ٱلْكِتَابِ لَفِي شِقَاقٍ بَعِيدٍ
١٧٢ لَيْسَ ٱلْبِرَّ أَنْ تُوَلُّوا وُجُوهَكُمْ قِبَلَ ٱلْمَشْرِقِ وَٱلْمَغْرِبِ وَلَٰكِنَّ ٱلْبِرَّ مَنْ آمَنَ بِٱللَّهِ
وَٱلْيَوْمِ ٱلْآخِرِ وَٱلْمَلَائِكَةِ وَٱلْكِتَابِ وَٱلنَّبِيِّينَ وَآتَى ٱلْمَالَ عَلَىٰ حُبِّهِ ذَوِي ٱلْقُرْبَىٰ
وَٱلْيَتَامَىٰ وَٱلْمَسَاكِينَ وَٱبْنَ ٱلسَّبِيلِ وَٱلسَّائِلِينَ وَفِي ٱلرِّقَابِ وَأَقَامَ ٱلصَّلَوٰةَ وَآتَى
ٱلزَّكَوٰةَ وَٱلْمُوفُونَ بِعَهْدِهِمْ إِذَا عَاهَدُوا وَٱلصَّابِرِينَ فِي ٱلْبَأْسَاءِ وَٱلضَّرَّاءِ وَحِينَ
ٱلْبَأْسِ أُولَٰٓئِكَ ٱلَّذِينَ صَدَقُوا وَأُولَٰٓئِكَ هُمُ ٱلْمُتَّقُونَ ١٧٣ يَا أَيُّهَا ٱلَّذِينَ آمَنُوا كُتِبَ
عَلَيْكُمُ ٱلْقِصَاصُ فِي ٱلْقَتْلَى ٱلْحُرُّ بِٱلْحُرِّ وَٱلْعَبْدُ بِٱلْعَبْدِ وَٱلْأُنْثَىٰ بِٱلْأُنْثَىٰ فَمَنْ عُفِيَ
لَهُ مِنْ أَخِيهِ شَيْءٌ فَٱتِّبَاعٌ بِٱلْمَعْرُوفِ وَأَدَاءٌ إِلَيْهِ بِإِحْسَانٍ ١٧٤ ذَٰلِكَ تَخْفِيفٌ مِنْ
رَبِّكُمْ وَرَحْمَةٌ فَمَنِ ٱعْتَدَىٰ بَعْدَ ذَٰلِكَ فَلَهُ عَذَابٌ أَلِيمٌ ١٧٥ وَلَكُمْ فِي ٱلْقِصَاصِ
حَيَوٰةٌ يَا أُولِي ٱلْأَلْبَابِ لَعَلَّكُمْ تَتَّقُونَ ١٧٦ كُتِبَ عَلَيْكُمْ إِذَا حَضَرَ أَحَدَكُمُ ٱلْمَوْتُ إِنْ
تَرَكَ خَيْرًا ٱلْوَصِيَّةُ لِلْوَالِدَيْنِ وَٱلْأَقْرَبِينَ بِٱلْمَعْرُوفِ حَقًّا عَلَى ٱلْمُتَّقِينَ ١٧٧ فَمَنْ
بَدَّلَهُ بَعْدَ مَا سَمِعَهُ فَإِنَّمَا إِثْمُهُ عَلَى ٱلَّذِينَ يُبَدِّلُونَهُ إِنَّ ٱللَّهَ سَمِيعٌ عَلِيمٌ ١٧٨
فَمَنْ خَافَ مِنْ مُوصٍ جَنَفًا أَوْ إِثْمًا فَأَصْلَحَ بَيْنَهُمْ فَلَا إِثْمَ عَلَيْهِ إِنَّ ٱللَّهَ غَفُورٌ
رَحِيمٌ ١٧٩ يَا أَيُّهَا ٱلَّذِينَ آمَنُوا كُتِبَ عَلَيْكُمُ ٱلصِّيَامُ كَمَا كُتِبَ عَلَى ٱلَّذِينَ مِنْ
قَبْلِكُمْ لَعَلَّكُمْ تَتَّقُونَ ١٨٠ أَيَّامًا مَعْدُودَاتٍ فَمَنْ كَانَ مِنْكُمْ مَرِيضًا أَوْ عَلَىٰ سَفَرٍ
فَعِدَّةٌ مِنْ أَيَّامٍ أُخَرَ وَعَلَى ٱلَّذِينَ يُطِيقُونَهُ فِدْيَةٌ طَعَامُ مِسْكِينٍ فَمَنْ تَطَوَّعَ خَيْرًا
فَهُوَ خَيْرٌ لَهُ وَأَنْ تَصُومُوا خَيْرٌ لَكُمْ إِنْ كُنْتُمْ تَعْلَمُونَ ١٨١ شَهْرُ رَمَضَانَ ٱلَّذِي
أُنْزِلَ فِيهِ ٱلْقُرْآنُ هُدًى لِلنَّاسِ وَبَيِّنَاتٍ مِنَ ٱلْهُدَىٰ وَٱلْفُرْقَانِ فَمَنْ شَهِدَ مِنْكُمُ

نَطَوَّعَ خَيْرًا فَإِنَّ ٱللَّهَ شَاكِرٌ عَلِيمٌ ۱۵۴ إِنَّ ٱلَّذِينَ يَكْتُمُونَ مَا أَنْزَلْنَا مِنَ
ٱلْبَيِّنَاتِ وَٱلْهُدَى مِنْ بَعْدِ مَا بَيَّنَّاهُ لِلنَّاسِ فِي ٱلْكِتَابِ أُولَآئِكَ يَلْعَنُهُمُ ٱللَّهُ
وَيَلْعَنُهُمُ ٱللَّاعِنُونَ ۱۵۵ إِلَّا ٱلَّذِينَ تَابُوا وَأَصْلَحُوا وَبَيَّنُوا فَأُولَآئِكَ أَتُوبُ عَلَيْهِمْ
وَأَنَا ٱلتَّوَّابُ ٱلرَّحِيمُ ۱۵۶ إِنَّ ٱلَّذِينَ كَفَرُوا وَمَاتُوا وَهُمْ كُفَّارٌ أُولَآئِكَ عَلَيْهِمْ لَعْنَةُ
ٱللَّهِ وَٱلْمَلَآئِكَةِ وَٱلنَّاسِ أَجْمَعِينَ ۱۵۷ خَالِدِينَ فِيهَا لَا يُخَفَّفُ عَنْهُمُ ٱلْعَذَابُ وَلَا
هُمْ يُنْظَرُونَ ۱۵۸ وَإِلَهُكُمْ إِلَهٌ وَاحِدٌ لَا إِلَهَ إِلَّا هُوَ ٱلرَّحْمَنُ ٱلرَّحِيمُ ۱۵۹ إِنَّ فِي
خَلْقِ ٱلسَّمَوَاتِ وَٱلْأَرْضِ وَٱخْتِلَافِ ٱللَّيْلِ وَٱلنَّهَارِ وَٱلْفُلْكِ ٱلَّتِي تَجْرِي فِي ٱلْبَحْرِ
بِمَا يَنْفَعُ ٱلنَّاسَ وَمَا أَنْزَلَ ٱللَّهُ مِنَ ٱلسَّمَآءِ مِنْ مَآءٍ فَأَحْيَا بِهِ ٱلْأَرْضَ بَعْدَ مَوْتِهَا
وَبَثَّ فِيهَا مِنْ كُلِّ دَابَّةٍ وَتَصْرِيفِ ٱلرِّيَاحِ وَٱلسَّحَابِ ٱلْمُسَخَّرِ بَيْنَ ٱلسَّمَآءِ وَٱلْأَرْضِ
لَآيَاتٍ لِقَوْمٍ يَعْقِلُونَ ۱۶۰ وَمِنَ ٱلنَّاسِ مَنْ يَتَّخِذُ مِنْ دُونِ ٱللَّهِ أَنْدَادًا يُحِبُّونَهُمْ
كَحُبِّ ٱللَّهِ وَٱلَّذِينَ آمَنُوا أَشَدُّ حُبًّا لِلَّهِ وَلَوْ يَرَى ٱلَّذِينَ ظَلَمُوا إِذْ يَرَوْنَ ٱلْعَذَابَ
أَنَّ ٱلْقُوَّةَ لِلَّهِ جَمِيعًا وَأَنَّ ٱللَّهَ شَدِيدُ ٱلْعَذَابِ ۱۶۱ إِذْ تَبَرَّأَ ٱلَّذِينَ ٱتُّبِعُوا مِنَ
ٱلَّذِينَ ٱتَّبَعُوا وَرَأَوُا ٱلْعَذَابَ وَتَقَطَّعَتْ بِهِمُ ٱلْأَسْبَابُ ۱۶۲ وَقَالَ ٱلَّذِينَ ٱتَّبَعُوا لَوْ
أَنَّ لَنَا كَرَّةً فَنَتَبَرَّأَ مِنْهُمْ كَمَا تَبَرَّأُوا مِنَّا كَذَلِكَ يُرِيهِمُ ٱللَّهُ أَعْمَالَهُمْ حَسَرَاتٍ
عَلَيْهِمْ وَمَا هُمْ بِخَارِجِينَ مِنَ ٱلنَّارِ ۱۶۳ يَا أَيُّهَا ٱلنَّاسُ كُلُوا مِمَّا فِي ٱلْأَرْضِ حَلَالًا
طَيِّبًا وَلَا تَتَّبِعُوا خُطُوَاتِ ٱلشَّيْطَانِ إِنَّهُ لَكُمْ عَدُوٌّ مُبِينٌ ۱۶۴ إِنَّمَا يَأْمُرُكُمْ
بِٱلسُّوءِ وَٱلْفَحْشَآءِ وَأَنْ تَقُولُوا عَلَى ٱللَّهِ مَا لَا تَعْلَمُونَ ۱۶۵ وَإِذَا قِيلَ لَهُمُ ٱتَّبِعُوا
مَا أَنْزَلَ ٱللَّهُ قَالُوا بَلْ نَتَّبِعُ مَا أَلْفَيْنَا عَلَيْهِ آبَآءَنَا أَوَلَوْ كَانَ آبَآؤُهُمْ لَا يَعْقِلُونَ
شَيْئًا وَلَا يَهْتَدُونَ ۱۶۶ وَمَثَلُ ٱلَّذِينَ كَفَرُوا كَمَثَلِ ٱلَّذِي يَنْعِقُ بِمَا لَا يَسْمَعُ إِلَّا
دُعَآءً وَنِدَآءً صُمٌّ بُكْمٌ عُمْيٌ فَهُمْ لَا يَعْقِلُونَ ۱۶۷ يَا أَيُّهَا ٱلَّذِينَ آمَنُوا كُلُوا مِنْ
طَيِّبَاتِ مَا رَزَقْنَاكُمْ وَٱشْكُرُوا لِلَّهِ إِنْ كُنْتُمْ إِيَّاهُ تَعْبُدُونَ ۱۶۸ إِنَّمَا حَرَّمَ عَلَيْكُمُ
ٱلْمَيْتَةَ وَٱلدَّمَ وَلَحْمَ ٱلْخِنْزِيرِ وَمَا أُهِلَّ بِهِ لِغَيْرِ ٱللَّهِ فَمَنِ ٱضْطُرَّ غَيْرَ بَاغٍ وَلَا عَادٍ

هَدَى ٱللَّهُ وَمَا كَانَ ٱللَّهُ لِيُضِيعَ إِيمَانَكُمْ إِنَّ ٱللَّهَ بِٱلنَّاسِ لَرَؤُفٌ رَحِيمٌ ١٣٩ قَدْ
نَرَى تَقَلُّبَ وَجْهِكَ فِي ٱلسَّمَآءِ فَلَنُوَلِّيَنَّكَ قِبْلَةً تَرْضَاهَا فَوَلِّ وَجْهَكَ شَطْرَ ٱلْمَسْجِدِ
ٱلْحَرَامِ وَحَيْثُ مَا كُنْتُمْ فَوَلُّوا وُجُوهَكُمْ شَطْرَهُ وَإِنَّ ٱلَّذِينَ أُوتُوا ٱلْكِتَابَ لَيَعْلَمُونَ
أَنَّهُ ٱلْحَقُّ مِنْ رَبِّهِمْ وَمَا ٱللَّهُ بِغَافِلٍ عَمَّا يَعْمَلُونَ ١٤٠ وَلَئِنْ أَتَيْتَ ٱلَّذِينَ أُوتُوا
ٱلْكِتَابَ بِكُلِّ آيَةٍ مَا تَبِعُوا قِبْلَتَكَ وَمَا أَنْتَ بِتَابِعٍ قِبْلَتَهُمْ وَمَا بَعْضُهُمْ بِتَابِعٍ
قِبْلَةَ بَعْضٍ وَلَئِنِ ٱتَّبَعْتَ أَهْوَآءَهُمْ مِنْ بَعْدِ مَا جَآءَكَ مِنَ ٱلْعِلْمِ إِنَّكَ إِذًا لَمِنَ
ٱلظَّالِمِينَ ١٤١ ٱلَّذِينَ آتَيْنَاهُمُ ٱلْكِتَابَ يَعْرِفُونَهُ كَمَا يَعْرِفُونَ أَبْنَآءَهُمْ وَإِنَّ
فَرِيقًا مِنْهُمْ لَيَكْتُمُونَ ٱلْحَقَّ وَهُمْ يَعْلَمُونَ ١٤٢ ٱلْحَقُّ مِنْ رَبِّكَ فَلَا تَكُونَنَّ مِنَ
ٱلْمُمْتَرِينَ ١٤٣ وَلِكُلٍّ وِجْهَةٌ هُوَ مُوَلِّيهَا فَٱسْتَبِقُوا ٱلْخَيْرَاتِ أَيْنَ مَا تَكُونُوا يَأْتِ بِكُمُ
ٱللَّهُ جَمِيعًا إِنَّ ٱللَّهَ عَلَى كُلِّ شَيْءٍ قَدِيرٌ ١٤٤ وَمِنْ حَيْثُ خَرَجْتَ فَوَلِّ وَجْهَكَ
شَطْرَ ٱلْمَسْجِدِ ٱلْحَرَامِ وَإِنَّهُ لَلْحَقُّ مِنْ رَبِّكَ وَمَا ٱللَّهُ بِغَافِلٍ عَمَّا تَعْمَلُونَ ١٤٥ وَمِنْ
حَيْثُ خَرَجْتَ فَوَلِّ وَجْهَكَ شَطْرَ ٱلْمَسْجِدِ ٱلْحَرَامِ وَحَيْثُ مَا كُنْتُمْ فَوَلُّوا وُجُوهَكُمْ
شَطْرَهُ لِئَلَّا يَكُونَ لِلنَّاسِ عَلَيْكُمْ حُجَّةٌ إِلَّا ٱلَّذِينَ ظَلَمُوا مِنْهُمْ فَلَا تَخْشَوْهُمْ
وَٱخْشَوْنِي وَلِأُتِمَّ نِعْمَتِي عَلَيْكُمْ وَلَعَلَّكُمْ تَهْتَدُونَ ١٤٦ كَمَا أَرْسَلْنَا فِيكُمْ رَسُولًا
مِنْكُمْ يَتْلُو عَلَيْكُمْ آيَاتِنَا وَيُزَكِّيكُمْ وَيُعَلِّمُكُمُ ٱلْكِتَابَ وَٱلْحِكْمَةَ وَيُعَلِّمُكُمْ مَا لَمْ
تَكُونُوا تَعْلَمُونَ ١٤٧ فَٱذْكُرُونِي أَذْكُرْكُمْ وَٱشْكُرُوا لِي وَلَا تَكْفُرُونِ ١٤٨ يَا أَيُّهَا
ٱلَّذِينَ آمَنُوا ٱسْتَعِينُوا بِٱلصَّبْرِ وَٱلصَّلَوةِ إِنَّ ٱللَّهَ مَعَ ٱلصَّابِرِينَ ١٤٩ وَلَا تَقُولُوا
لِمَنْ يُقْتَلُ فِي سَبِيلِ ٱللَّهِ أَمْوَاتٌ بَلْ أَحْيَآءٌ وَلَكِنْ لَا تَشْعُرُونَ ١٥٠ وَلَنَبْلُوَنَّكُمْ
بِشَيْءٍ مِنَ ٱلْخَوْفِ وَٱلْجُوعِ وَنَقْصٍ مِنَ ٱلْأَمْوَالِ وَٱلْأَنْفُسِ وَٱلثَّمَرَاتِ وَبَشِّرِ ٱلصَّابِرِينَ
١٥١ ٱلَّذِينَ إِذَا أَصَابَتْهُمْ مُصِيبَةٌ قَالُوا إِنَّا لِلَّهِ وَإِنَّا إِلَيْهِ رَاجِعُونَ ١٥٢ أُولَآئِكَ
عَلَيْهِمْ صَلَوَاتٌ مِنْ رَبِّهِمْ وَرَحْمَةٌ وَأُولَآئِكَ هُمُ ٱلْمُهْتَدُونَ ١٥٣ إِنَّ ٱلصَّفَا وَٱلْمَرْوَةَ
مِنْ شَعَائِرِ ٱللَّهِ فَمَنْ حَجَّ ٱلْبَيْتَ أَوِ ٱعْتَمَرَ فَلَا جُنَاحَ عَلَيْهِ أَنْ يَطَّوَّفَ بِهِمَا وَمَنْ

وَيُزَكِّيهِمْ إِنَّكَ أَنْتَ ٱلْعَزِيزُ ٱلْحَكِيمُ ۱۲۴ وَمَنْ يَرْغَبُ عَنْ مِلَّةِ إِبْرٰهِيمَ إِلَّا مَنْ سَفِهَ
نَفْسَهُ وَلَقَدِ ٱصْطَفَيْنَاهُ فِي ٱلدُّنْيَا وَإِنَّهُ فِي ٱلْآخِرَةِ لَمِنَ ٱلصَّالِحِينَ ۱۲۵ إِذْ قَالَ لَهُ
رَبُّهُ أَسْلِمْ قَالَ أَسْلَمْتُ لِرَبِّ ٱلْعَالَمِينَ ۱۲۶ وَوَصَّى بِهَا إِبْرٰهِيمُ بَنِيهِ وَيَعْقُوبُ يَا
بَنِيَّ إِنَّ ٱللّٰهَ ٱصْطَفَى لَكُمُ ٱلدِّينَ فَلَا تَمُوتُنَّ إِلَّا وَأَنْتُمْ مُسْلِمُونَ ۱۲۷ أَمْ كُنْتُمْ
شُهَدَآءَ إِذْ حَضَرَ يَعْقُوبَ ٱلْمَوْتُ إِذْ قَالَ لِبَنِيهِ مَا تَعْبُدُونَ مِنْ بَعْدِي قَالُوا نَعْبُدُ
إِلٰهَكَ وَإِلٰهَ آبَائِكَ إِبْرٰهِيمَ وَإِسْمٰعِيلَ وَإِسْحٰقَ إِلٰهًا وَاحِدًا وَنَحْنُ لَهُ مُسْلِمُونَ ۱۲۸ تِلْكَ
أُمَّةٌ قَدْ خَلَتْ لَهَا مَا كَسَبَتْ وَلَكُمْ مَا كَسَبْتُمْ وَلَا تُسْأَلُونَ عَمَّا كَانُوا يَعْمَلُونَ
۱۲۹ وَقَالُوا كُونُوا هُودًا أَوْ نَصَارَى تَهْتَدُوا قُلْ بَلْ مِلَّةَ إِبْرٰهِيمَ حَنِيفًا وَمَا كَانَ مِنَ
ٱلْمُشْرِكِينَ ۱۳۰ قُولُوا آمَنَّا بِٱللّٰهِ وَمَا أُنْزِلَ إِلَيْنَا وَمَا أُنْزِلَ إِلَى إِبْرٰهِيمَ وَإِسْمٰعِيلَ
وَإِسْحٰقَ وَيَعْقُوبَ وَٱلْأَسْبَاطِ وَمَا أُوتِيَ مُوسَى وَعِيسَى وَمَا أُوتِيَ ٱلنَّبِيُّونَ مِنْ رَبِّهِمْ لَا
نُفَرِّقُ بَيْنَ أَحَدٍ مِنْهُمْ وَنَحْنُ لَهُ مُسْلِمُونَ ۱۳۱ فَإِنْ آمَنُوا بِمِثْلِ مَا آمَنْتُمْ بِهِ فَقَدِ
ٱهْتَدَوْا وَإِنْ تَوَلَّوْا فَإِنَّمَا هُمْ فِي شِقَاقٍ فَسَيَكْفِيكَهُمُ ٱللّٰهُ وَهُوَ ٱلسَّمِيعُ ٱلْعَلِيمُ
۱۳۲ صِبْغَةَ ٱللّٰهِ وَمَنْ أَحْسَنُ مِنَ ٱللّٰهِ صِبْغَةً وَنَحْنُ لَهُ عَابِدُونَ ۱۳۳ قُلْ أَتُحَاجُّونَنَا
فِي ٱللّٰهِ وَهُوَ رَبُّنَا وَرَبُّكُمْ وَلَنَا أَعْمَالُنَا وَلَكُمْ أَعْمَالُكُمْ وَنَحْنُ لَهُ مُخْلِصُونَ ۱۳۴ أَمْ
تَقُولُونَ إِنَّ إِبْرٰهِيمَ وَإِسْمٰعِيلَ وَإِسْحٰقَ وَيَعْقُوبَ وَٱلْأَسْبَاطَ كَانُوا هُودًا أَوْ نَصَارَى قُلْ
أَأَنْتُمْ أَعْلَمُ أَمِ ٱللّٰهُ وَمَنْ أَظْلَمُ مِمَّنْ كَتَمَ شَهَادَةً عِنْدَهُ مِنَ ٱللّٰهِ وَمَا ٱللّٰهُ بِغَافِلٍ
عَمَّا تَعْمَلُونَ ۱۳۵ تِلْكَ أُمَّةٌ قَدْ خَلَتْ لَهَا مَا كَسَبَتْ وَلَكُمْ مَا كَسَبْتُمْ وَلَا
تُسْأَلُونَ عَمَّا كَانُوا يَعْمَلُونَ ۱۳۶ ۞ سَيَقُولُ ٱلسُّفَهَآءُ مِنَ ٱلنَّاسِ مَا وَلَّاهُمْ جزء ۲
عَنْ قِبْلَتِهِمُ ٱلَّتِي كَانُوا عَلَيْهَا قُلْ لِلّٰهِ ٱلْمَشْرِقُ وَٱلْمَغْرِبُ يَهْدِي مَنْ يَشَآءُ إِلَى
صِرَاطٍ مُسْتَقِيمٍ ۱۳۷ وَكَذٰلِكَ جَعَلْنَاكُمْ أُمَّةً وَسَطًا لِتَكُونُوا شُهَدَآءَ عَلَى ٱلنَّاسِ
وَيَكُونَ ٱلرَّسُولُ عَلَيْكُمْ شَهِيدًا ۱۳۸ وَمَا جَعَلْنَا ٱلْقِبْلَةَ ٱلَّتِي كُنْتَ عَلَيْهَا إِلَّا لِنَعْلَمَ
مَنْ يَتَّبِعُ ٱلرَّسُولَ مِمَّنْ يَنْقَلِبُ عَلَى عَقِبَيْهِ وَإِنْ كَانَتْ لَكَبِيرَةً إِلَّا عَلَى ٱلَّذِينَ

خَائِفِينَ لَهُمْ فِي ٱلدُّنْيَا خِزْيٌ وَلَهُمْ فِي ٱلْآخِرَةِ عَذَابٌ عَظِيمٌ ١٠٩ وَلِلَّهِ ٱلْمَشْرِقُ
وَٱلْمَغْرِبُ فَأَيْنَمَا تُوَلُّوا فَثَمَّ وَجْهُ ٱللَّهِ إِنَّ ٱللَّهَ وَاسِعٌ عَلِيمٌ ١١٠ وَقَالُوا ٱتَّخَذَ ٱللَّهُ
وَلَدًا سُبْحَانَهُ بَلْ لَهُ مَا فِي ٱلسَّمَوَاتِ وَٱلْأَرْضِ كُلٌّ لَهُ قَانِتُونَ ١١١ بَدِيعُ ٱلسَّمَوَاتِ
وَٱلْأَرْضِ وَإِذَا قَضَى أَمْرًا فَإِنَّمَا يَقُولُ لَهُ كُنْ فَيَكُونُ ١١٢ وَقَالَ ٱلَّذِينَ لَا يَعْلَمُونَ
لَوْلَا يُكَلِّمُنَا ٱللَّهُ أَوْ تَأْتِينَا آيَةٌ كَذَلِكَ قَالَ ٱلَّذِينَ مِنْ قَبْلِهِمْ مِثْلَ قَوْلِهِمْ
تَشَابَهَتْ قُلُوبُهُمْ قَدْ بَيَّنَّا ٱلْآيَاتِ لِقَوْمٍ يُوقِنُونَ ١١٣ إِنَّا أَرْسَلْنَاكَ بِٱلْحَقِّ بَشِيرًا
وَنَذِيرًا وَلَا تُسْأَلُ عَنْ أَصْحَابِ ٱلْجَحِيمِ ١١٤ وَلَنْ تَرْضَى عَنْكَ ٱلْيَهُودُ وَلَا ٱلنَّصَارَى
حَتَّى تَتَّبِعَ مِلَّتَهُمْ قُلْ إِنَّ هُدَى ٱللَّهِ هُوَ ٱلْهُدَى وَلَئِنِ ٱتَّبَعْتَ أَهْوَاءَهُمْ بَعْدَ
ٱلَّذِي جَاءَكَ مِنَ ٱلْعِلْمِ مَا لَكَ مِنَ ٱللَّهِ مِنْ وَلِيٍّ وَلَا نَصِيرٍ ١١٥ ٱلَّذِينَ آتَيْنَاهُمُ
ٱلْكِتَابَ يَتْلُونَهُ حَقَّ تِلَاوَتِهِ أُولَئِكَ يُؤْمِنُونَ بِهِ وَمَنْ يَكْفُرْ بِهِ فَأُولَئِكَ هُمُ ٱلْخَاسِرُونَ
١١٦ يَا بَنِي إِسْرَائِيلَ ٱذْكُرُوا نِعْمَتِيَ ٱلَّتِي أَنْعَمْتُ عَلَيْكُمْ وَأَنِّي فَضَّلْتُكُمْ عَلَى
ٱلْعَالَمِينَ ١١٧ وَٱتَّقُوا يَوْمًا لَا تَجْزِي نَفْسٌ عَنْ نَفْسٍ شَيْئًا وَلَا يُقْبَلُ مِنْهَا عَدْلٌ
وَلَا تَنْفَعُهَا شَفَاعَةٌ وَلَا هُمْ يُنْصَرُونَ ١١٨ وَإِذِ ٱبْتَلَى إِبْرَهِيمَ رَبُّهُ بِكَلِمَاتٍ فَأَتَمَّهُنَّ
قَالَ إِنِّي جَاعِلُكَ لِلنَّاسِ إِمَامًا قَالَ وَمِنْ ذُرِّيَّتِي قَالَ لَا يَنَالُ عَهْدِي ٱلظَّالِمِينَ
١١٩ وَإِذْ جَعَلْنَا ٱلْبَيْتَ مَثَابَةً لِلنَّاسِ وَأَمْنًا وَٱتَّخِذُوا مِنْ مَقَامِ إِبْرَهِيمَ مُصَلًّى
وَعَهِدْنَا إِلَى إِبْرَهِيمَ وَإِسْمَعِيلَ أَنْ طَهِّرَا بَيْتِيَ لِلطَّائِفِينَ وَٱلْعَاكِفِينَ وَٱلرُّكَّعِ
ٱلسُّجُودِ ١٢٠ وَإِذْ قَالَ إِبْرَهِيمُ رَبِّ ٱجْعَلْ هَذَا بَلَدًا آمِنًا وَٱرْزُقْ أَهْلَهُ مِنَ ٱلثَّمَرَاتِ
مَنْ آمَنَ مِنْهُمْ بِٱللَّهِ وَٱلْيَوْمِ ٱلْآخِرِ قَالَ وَمَنْ كَفَرَ فَأُمَتِّعُهُ قَلِيلًا ثُمَّ أَضْطَرُّهُ إِلَى
عَذَابِ ٱلنَّارِ وَبِئْسَ ٱلْمَصِيرُ ١٢١ وَإِذْ يَرْفَعُ إِبْرَهِيمُ ٱلْقَوَاعِدَ مِنَ ٱلْبَيْتِ وَإِسْمَعِيلُ
رَبَّنَا تَقَبَّلْ مِنَّا إِنَّكَ أَنْتَ ٱلسَّمِيعُ ٱلْعَلِيمُ ١٢٢ رَبَّنَا وَٱجْعَلْنَا مُسْلِمَيْنِ لَكَ وَمِنْ
ذُرِّيَّتِنَا أُمَّةً مُسْلِمَةً لَكَ وَأَرِنَا مَنَاسِكَنَا وَتُبْ عَلَيْنَا إِنَّكَ أَنْتَ ٱلتَّوَّابُ ٱلرَّحِيمُ
١٢٣ رَبَّنَا وَٱبْعَثْ فِيهِمْ رَسُولًا مِنْهُمْ يَتْلُو عَلَيْهِمْ آيَاتِكَ وَيُعَلِّمُهُمُ ٱلْكِتَابَ وَٱلْحِكْمَةَ

مِنْ أَحَدٍ حَتَّى يَقُولَا إِنَّمَا نَحْنُ فِتْنَةٌ فَلَا تَكْفُرْ فَيَتَعَلَّمُونَ مِنْهُمَا مَا يُفَرِّقُونَ بِهِ
بَيْنَ ٱلْمَرْءِ وَزَوْجِهِ وَمَا هُمْ بِضَارِّينَ بِهِ مِنْ أَحَدٍ إِلَّا بِإِذْنِ ٱللّٰهِ وَيَتَعَلَّمُونَ مَا
يَضُرُّهُمْ وَلَا يَنْفَعُهُمْ وَلَقَدْ عَلِمُوا لَمَنِ ٱشْتَرَاهُ مَا لَهُ فِي ٱلْآخِرَةِ مِنْ خَلَاقٍ وَلَبِئْسَ
مَا شَرَوْا بِهِ أَنْفُسَهُمْ لَوْ كَانُوا يَعْلَمُونَ ٩٧ وَلَوْ أَنَّهُمْ آمَنُوا وَٱتَّقَوْا لَمَثُوبَةٌ مِنْ عِنْدِ
ٱللّٰهِ خَيْرٌ لَوْ كَانُوا يَعْلَمُونَ ٩٨ يَا أَيُّهَا ٱلَّذِينَ آمَنُوا لَا تَقُولُوا رَاعِنَا وَقُولُوا
ٱنْظُرْنَا وَٱسْمَعُوا وَلِلْكَافِرِينَ عَذَابٌ أَلِيمٌ ٩٩ مَا يَوَدُّ ٱلَّذِينَ كَفَرُوا مِنْ أَهْلِ
ٱلْكِتَابِ وَلَا ٱلْمُشْرِكِينَ أَنْ يُنَزَّلَ عَلَيْكُمْ مِنْ خَيْرٍ مِنْ رَبِّكُمْ وَٱللّٰهُ يَخْتَصُّ بِرَحْمَتِهِ
مَنْ يَشَاءُ وَٱللّٰهُ ذُو ٱلْفَضْلِ ٱلْعَظِيمِ ١٠٠ مَا نَنْسَخْ مِنْ آيَةٍ أَوْ نُنْسِهَا نَأْتِ بِخَيْرٍ
مِنْهَا أَوْ مِثْلِهَا أَلَمْ تَعْلَمْ أَنَّ ٱللّٰهَ عَلَى كُلِّ شَيْءٍ قَدِيرٌ ١٠١ أَلَمْ تَعْلَمْ أَنَّ ٱللّٰهَ
لَهُ مُلْكُ ٱلسَّمٰوَاتِ وَٱلْأَرْضِ وَمَا لَكُمْ مِنْ دُونِ ٱللّٰهِ مِنْ وَلِيٍّ وَلَا نَصِيرٍ ١٠٢ أَمْ
تُرِيدُونَ أَنْ تَسْأَلُوا رَسُولَكُمْ كَمَا سُئِلَ مُوسَى مِنْ قَبْلُ وَمَنْ يَتَبَدَّلِ ٱلْكُفْرَ بِٱلْإِيمَانِ
فَقَدْ ضَلَّ سَوَاءَ ٱلسَّبِيلِ ١٠٣ وَدَّ كَثِيرٌ مِنْ أَهْلِ ٱلْكِتَابِ لَوْ يَرُدُّونَكُمْ مِنْ بَعْدِ
إِيمَانِكُمْ كُفَّارًا حَسَدًا مِنْ عِنْدِ أَنْفُسِهِمْ مِنْ بَعْدِ مَا تَبَيَّنَ لَهُمُ ٱلْحَقُّ فَٱعْفُوا
وَٱصْفَحُوا حَتَّى يَأْتِيَ ٱللّٰهُ بِأَمْرِهِ إِنَّ ٱللّٰهَ عَلَى كُلِّ شَيْءٍ قَدِيرٌ ١٠٤ وَأَقِيمُوا
ٱلصَّلٰوةَ وَآتُوا ٱلزَّكٰوةَ وَمَا تُقَدِّمُوا لِأَنْفُسِكُمْ مِنْ خَيْرٍ تَجِدُوهُ عِنْدَ ٱللّٰهِ إِنَّ ٱللّٰهَ
بِمَا تَعْمَلُونَ بَصِيرٌ ١٠٥ وَقَالُوا لَنْ يَدْخُلَ ٱلْجَنَّةَ إِلَّا مَنْ كَانَ هُودًا أَوْ نَصَارَى
تِلْكَ أَمَانِيُّهُمْ قُلْ هَاتُوا بُرْهَانَكُمْ إِنْ كُنْتُمْ صَادِقِينَ ١٠٦ بَلَى مَنْ أَسْلَمَ وَجْهَهُ
لِلّٰهِ وَهُوَ مُحْسِنٌ فَلَهُ أَجْرُهُ عِنْدَ رَبِّهِ وَلَا خَوْفٌ عَلَيْهِمْ وَلَا هُمْ يَحْزَنُونَ ١٠٧ وَقَالَتِ
ٱلْيَهُودُ لَيْسَتِ ٱلنَّصَارَى عَلَى شَيْءٍ وَقَالَتِ ٱلنَّصَارَى لَيْسَتِ ٱلْيَهُودُ عَلَى شَيْءٍ
وَهُمْ يَتْلُونَ ٱلْكِتَابَ كَذَٰلِكَ قَالَ ٱلَّذِينَ لَا يَعْلَمُونَ مِثْلَ قَوْلِهِمْ فَٱللّٰهُ يَحْكُمُ بَيْنَهُمْ
يَوْمَ ٱلْقِيَامَةِ فِيمَا كَانُوا فِيهِ يَخْتَلِفُونَ ١٠٨ وَمَنْ أَظْلَمُ مِمَّنْ مَنَعَ مَسَاجِدَ ٱللّٰهِ
أَنْ يُذْكَرَ فِيهَا ٱسْمُهُ وَسَعَى فِي خَرَابِهَا أُولَٰئِكَ مَا كَانَ لَهُمْ أَنْ يَدْخُلُوهَا إِلَّا

كَذَّبْتُمْ وَفَرِيقًا تَقْتُلُونَ ٨٢ وَقَالُوا قُلُوبُنَا غُلْفٌ بَلْ لَعَنَهُمُ ٱللَّهُ بِكُفْرِهِمْ فَقَلِيلًا
مَا يُؤْمِنُونَ ٨٣ وَلَمَّا جَاءَهُمْ كِتَابٌ مِنْ عِنْدِ ٱللَّهِ مُصَدِّقٌ لِمَا مَعَهُمْ وَكَانُوا مِنْ
قَبْلُ يَسْتَفْتِحُونَ عَلَى ٱلَّذِينَ كَفَرُوا فَلَمَّا جَاءَهُمْ مَا عَرَفُوا كَفَرُوا بِهِ فَلَعْنَةُ ٱللَّهِ
عَلَى ٱلْكَافِرِينَ ٨٤ بِئْسَمَا ٱشْتَرَوْا بِهِ أَنْفُسَهُمْ أَنْ يَكْفُرُوا بِمَا أَنْزَلَ ٱللَّهُ بَغْيًا أَنْ
يُنَزِّلَ ٱللَّهُ مِنْ فَضْلِهِ عَلَى مَنْ يَشَاءُ مِنْ عِبَادِهِ فَبَاءُوا بِغَضَبٍ عَلَى غَضَبٍ
وَلِلْكَافِرِينَ عَذَابٌ مُهِينٌ ٨٥ وَإِذَا قِيلَ لَهُمْ آمِنُوا بِمَا أَنْزَلَ ٱللَّهُ قَالُوا نُؤْمِنُ بِمَا
أُنْزِلَ عَلَيْنَا وَيَكْفُرُونَ بِمَا وَرَاءَهُ وَهُوَ ٱلْحَقُّ مُصَدِّقًا لِمَا مَعَهُمْ قُلْ فَلِمَ تَقْتُلُونَ
أَنْبِيَاءَ ٱللَّهِ مِنْ قَبْلُ إِنْ كُنْتُمْ مُؤْمِنِينَ ٨٦ وَلَقَدْ جَاءَكُمْ مُوسَى بِٱلْبَيِّنَاتِ ثُمَّ
ٱتَّخَذْتُمُ ٱلْعِجْلَ مِنْ بَعْدِهِ وَأَنْتُمْ ظَالِمُونَ ٨٧ وَإِذْ أَخَذْنَا مِيثَاقَكُمْ وَرَفَعْنَا فَوْقَكُمُ
ٱلطُّورَ خُذُوا مَا آتَيْنَاكُمْ بِقُوَّةٍ وَٱسْمَعُوا قَالُوا سَمِعْنَا وَعَصَيْنَا وَأُشْرِبُوا فِي قُلُوبِهِمُ
ٱلْعِجْلَ بِكُفْرِهِمْ قُلْ بِئْسَمَا يَأْمُرُكُمْ بِهِ إِيمَانُكُمْ إِنْ كُنْتُمْ مُؤْمِنِينَ ٨٨ قُلْ إِنْ كَانَتْ
لَكُمُ ٱلدَّارُ ٱلْآخِرَةُ عِنْدَ ٱللَّهِ خَالِصَةً مِنْ دُونِ ٱلنَّاسِ فَتَمَنَّوُا ٱلْمَوْتَ إِنْ كُنْتُمْ
صَادِقِينَ ٨٩ وَلَنْ يَتَمَنَّوْهُ أَبَدًا بِمَا قَدَّمَتْ أَيْدِيهِمْ وَٱللَّهُ عَلِيمٌ بِٱلظَّالِمِينَ
٩٠ وَلَتَجِدَنَّهُمْ أَحْرَصَ ٱلنَّاسِ عَلَى حَيَوٰةٍ وَمِنَ ٱلَّذِينَ أَشْرَكُوا يَوَدُّ أَحَدُهُمْ لَوْ يُعَمَّرُ
أَلْفَ سَنَةٍ وَمَا هُوَ بِمُزَحْزِحِهِ مِنَ ٱلْعَذَابِ أَنْ يُعَمَّرَ وَٱللَّهُ بَصِيرٌ بِمَا يَعْمَلُونَ
٩١ قُلْ مَنْ كَانَ عَدُوًّا لِجِبْرِيلَ فَإِنَّهُ نَزَّلَهُ عَلَى قَلْبِكَ بِإِذْنِ ٱللَّهِ مُصَدِّقًا لِمَا بَيْنَ
يَدَيْهِ وَهُدًى وَبُشْرَى لِلْمُؤْمِنِينَ ٩٢ مَنْ كَانَ عَدُوًّا لِلَّهِ وَمَلَائِكَتِهِ وَرُسُلِهِ وَجِبْرِيلَ
وَمِيكَالَ فَإِنَّ ٱللَّهَ عَدُوٌّ لِلْكَافِرِينَ ٩٣ وَلَقَدْ أَنْزَلْنَا إِلَيْكَ آيَاتٍ بَيِّنَاتٍ وَمَا يَكْفُرُ
بِهَا إِلَّا ٱلْفَاسِقُونَ ٩٤ أَوَكُلَّمَا عَاهَدُوا عَهْدًا نَبَذَهُ فَرِيقٌ مِنْهُمْ بَلْ أَكْثَرُهُمْ لَا
يُؤْمِنُونَ ٩٥ وَلَمَّا جَاءَهُمْ رَسُولٌ مِنْ عِنْدِ ٱللَّهِ مُصَدِّقٌ لِمَا مَعَهُمْ نَبَذَ فَرِيقٌ مِنَ
ٱلَّذِينَ أُوتُوا ٱلْكِتَابَ كِتَابَ ٱللَّهِ وَرَاءَ ظُهُورِهِمْ كَأَنَّهُمْ لَا يَعْلَمُونَ ٩٦ وَٱتَّبَعُوا مَا
تَتْلُو ٱلشَّيَاطِينُ عَلَى مُلْكِ سُلَيْمَانَ وَمَا كَفَرَ سُلَيْمَانُ وَلَكِنَّ ٱلشَّيَاطِينَ كَفَرُوا
يُعَلِّمُونَ ٱلنَّاسَ ٱلسِّحْرَ وَمَا أُنْزِلَ عَلَى ٱلْمَلَكَيْنِ بِبَابِلَ هَارُوتَ وَمَارُوتَ وَمَا يُعَلِّمَانِ

فَيَخْرُجُ مِنْهُ ٱلْمَآءُ وَإِنَّ مِنْهَا لَمَا يَهْبِطُ مِنْ خَشْيَةِ ٱللّٰهِ وَمَا ٱللّٰهُ بِغَافِلٍ عَمَّا
تَعْمَلُونَ ٧٠ أَفَتَطْمَعُونَ أَنْ يُؤْمِنُوا لَكُمْ وَقَدْ كَانَ فَرِيقٌ مِنْهُمْ يَسْمَعُونَ كَلَامَ ٱللّٰهِ
ثُمَّ يُحَرِّفُونَهُ مِنْ بَعْدِ مَا عَقَلُوهُ وَهُمْ يَعْلَمُونَ ٧١ وَإِذَا لَقُوا ٱلَّذِينَ آمَنُوا قَالُوا آمَنَّا
وَإِذَا خَلَا بَعْضُهُمْ إِلَى بَعْضٍ قَالُوا أَتُحَدِّثُونَهُمْ بِمَا فَتَحَ ٱللّٰهُ عَلَيْكُمْ لِيُحَاجُّوكُمْ
بِهِ عِنْدَ رَبِّكُمْ أَفَلَا تَعْقِلُونَ ٧٢ أَوَلَا يَعْلَمُونَ أَنَّ ٱللّٰهَ يَعْلَمُ مَا يُسِرُّونَ وَمَا
يُعْلِنُونَ ٧٣ وَمِنْهُمْ أُمِّيُّونَ لَا يَعْلَمُونَ ٱلْكِتَابَ إِلَّا أَمَانِيَّ وَإِنْ هُمْ إِلَّا يَظُنُّونَ فَوَيْلٌ
لِلَّذِينَ يَكْتُبُونَ ٱلْكِتَابَ بِأَيْدِيهِمْ ثُمَّ يَقُولُونَ هٰذَا مِنْ عِنْدِ ٱللّٰهِ لِيَشْتَرُوا بِهِ
ثَمَنًا قَلِيلًا فَوَيْلٌ لَهُمْ مِمَّا كَتَبَتْ أَيْدِيهِمْ وَوَيْلٌ لَهُمْ مِمَّا يَكْسِبُونَ ٧٤ وَقَالُوا لَنْ
تَمَسَّنَا ٱلنَّارُ إِلَّا أَيَّامًا مَعْدُودَةً قُلْ أَتَّخَذْتُمْ عِنْدَ ٱللّٰهِ عَهْدًا فَلَنْ يُخْلِفَ ٱللّٰهُ
عَهْدَهُ أَمْ تَقُولُونَ عَلَى ٱللّٰهِ مَا لَا تَعْلَمُونَ ٧٥ بَلَى مَنْ كَسَبَ سَيِّئَةً وَأَحَاطَتْ
بِهِ خَطِيئَتُهُ فَأُولَائِكَ أَصْحَابُ ٱلنَّارِ هُمْ فِيهَا خَالِدُونَ ٧٦ وَٱلَّذِينَ آمَنُوا وَعَمِلُوا
ٱلصَّالِحَاتِ أُولَائِكَ أَصْحَابُ ٱلْجَنَّةِ هُمْ فِيهَا خَالِدُونَ ٧٧ وَإِذْ أَخَذْنَا مِيثَاقَ بَنِي
إِسْرَائِيلَ لَا تَعْبُدُونَ إِلَّا ٱللّٰهَ وَبِٱلْوَالِدَيْنِ إِحْسَانًا وَذِي ٱلْقُرْبَى وَٱلْيَتَامَى وَٱلْمَسَاكِينِ
وَقُولُوا لِلنَّاسِ حُسْنًا وَأَقِيمُوا ٱلصَّلَوٰةَ وَآتُوا ٱلزَّكَوٰةَ ثُمَّ تَوَلَّيْتُمْ إِلَّا قَلِيلًا مِنْكُمْ وَأَنْتُمْ
مُعْرِضُونَ ٧٨ وَإِذْ أَخَذْنَا مِيثَاقَكُمْ لَا تَسْفِكُونَ دِمَآءَكُمْ وَلَا تُخْرِجُونَ أَنْفُسَكُمْ مِنْ
دِيَارِكُمْ ثُمَّ أَقْرَرْتُمْ وَأَنْتُمْ تَشْهَدُونَ ٧٩ ثُمَّ أَنْتُمْ هٰؤُلَآءِ تَقْتُلُونَ أَنْفُسَكُمْ وَتُخْرِجُونَ
فَرِيقًا مِنْكُمْ مِنْ دِيَارِهِمْ تَظَاهَرُونَ عَلَيْهِمْ بِٱلْإِثْمِ وَٱلْعُدْوَانِ وَإِنْ يَأْتُوكُمْ أُسَارَى
تُفَادُوهُمْ وَهُوَ مُحَرَّمٌ عَلَيْكُمْ إِخْرَاجُهُمْ أَفَتُؤْمِنُونَ بِبَعْضِ ٱلْكِتَابِ وَتَكْفُرُونَ بِبَعْضٍ
فَمَا جَزَآءُ مَنْ يَفْعَلُ ذٰلِكَ مِنْكُمْ إِلَّا خِزْيٌ فِي ٱلْحَيَوٰةِ ٱلدُّنْيَا وَيَوْمَ ٱلْقِيَامَةِ يُرَدُّونَ
إِلَى أَشَدِّ ٱلْعَذَابِ وَمَا ٱللّٰهُ بِغَافِلٍ عَمَّا تَعْمَلُونَ ٨٠ أُولَائِكَ ٱلَّذِينَ ٱشْتَرَوُا ٱلْحَيَوٰةَ
ٱلدُّنْيَا بِٱلْآخِرَةِ فَلَا يُخَفَّفُ عَنْهُمُ ٱلْعَذَابُ وَلَا هُمْ يُنْصَرُونَ ٨١ وَلَقَدْ آتَيْنَا مُوسَى
ٱلْكِتَابَ وَقَفَّيْنَا مِنْ بَعْدِهِ بِٱلرُّسُلِ وَآتَيْنَا عِيسَى ٱبْنَ مَرْيَمَ ٱلْبَيِّنَاتِ وَأَيَّدْنَاهُ
بِرُوحِ ٱلْقُدُسِ أَفَكُلَّمَا جَآءَكُمْ رَسُولٌ بِمَا لَا تَهْوَى أَنْفُسُكُمُ ٱسْتَكْبَرْتُمْ فَفَرِيقًا

عَشْرَةَ عَيْنًا قَدْ عَلِمَ كُلُّ أُنَاسٍ مَشْرَبَهُمْ كُلُوا وَٱشْرَبُوا مِنْ رِزْقِ ٱللَّهِ وَلَا تَعْثَوْا فِي
ٱلْأَرْضِ مُفْسِدِينَ ٥٨ وَإِذْ قُلْتُمْ يَا مُوسَى لَنْ نَصْبِرَ عَلَى طَعَامٍ وَاحِدٍ فَٱدْعُ لَنَا
رَبَّكَ يُخْرِجْ لَنَا مِمَّا تُنْبِتُ ٱلْأَرْضُ مِنْ بَقْلِهَا وَقِثَّائِهَا وَفُومِهَا وَعَدَسِهَا وَبَصَلِهَا قَالَ
أَتَسْتَبْدِلُونَ ٱلَّذِي هُوَ أَدْنَى بِٱلَّذِي هُوَ خَيْرٌ ٱهْبِطُوا مِصْرًا فَإِنَّ لَكُمْ مَا سَأَلْتُمْ
وَضُرِبَتْ عَلَيْهِمُ ٱلذِّلَّةُ وَٱلْمَسْكَنَةُ وَبَآؤُوا بِغَضَبٍ مِنَ ٱللَّهِ ذَلِكَ بِأَنَّهُمْ كَانُوا يَكْفُرُونَ
بِآيَاتِ ٱللَّهِ وَيَقْتُلُونَ ٱلنَّبِيِّينَ بِغَيْرِ ٱلْحَقِّ ذَلِكَ بِمَا عَصَوْا وَكَانُوا يَعْتَدُونَ ٥٩ إِنَّ
ٱلَّذِينَ آمَنُوا وَٱلَّذِينَ هَادُوا وَٱلنَّصَارَى وَٱلصَّابِئِينَ مَنْ آمَنَ بِٱللَّهِ وَٱلْيَوْمِ ٱلْآخِرِ
وَعَمِلَ صَالِحًا فَلَهُمْ أَجْرُهُمْ عِنْدَ رَبِّهِمْ وَلَا خَوْفٌ عَلَيْهِمْ وَلَا هُمْ يَحْزَنُونَ ٦٠ وَإِذْ
أَخَذْنَا مِيثَاقَكُمْ وَرَفَعْنَا فَوْقَكُمُ ٱلطُّورَ خُذُوا مَا آتَيْنَاكُمْ بِقُوَّةٍ وَٱذْكُرُوا مَا فِيهِ
لَعَلَّكُمْ تَتَّقُونَ ٦١ ثُمَّ تَوَلَّيْتُمْ مِنْ بَعْدِ ذَلِكَ فَلَوْلَا فَضْلُ ٱللَّهِ عَلَيْكُمْ وَرَحْمَتُهُ
لَكُنْتُمْ مِنَ ٱلْخَاسِرِينَ وَلَقَدْ عَلِمْتُمُ ٱلَّذِينَ ٱعْتَدَوْا مِنْكُمْ فِي ٱلسَّبْتِ فَقُلْنَا لَهُمْ
كُونُوا قِرَدَةً خَاسِئِينَ ٦٢ فَجَعَلْنَاهَا نَكَالًا لِمَا بَيْنَ يَدَيْهَا وَمَا خَلْفَهَا وَمَوْعِظَةً
لِلْمُتَّقِينَ ٦٣ وَإِذْ قَالَ مُوسَى لِقَوْمِهِ إِنَّ ٱللَّهَ يَأْمُرُكُمْ أَنْ تَذْبَحُوا بَقَرَةً قَالُوا
أَتَتَّخِذُنَا هُزُؤًا قَالَ أَعُوذُ بِٱللَّهِ أَنْ أَكُونَ مِنَ ٱلْجَاهِلِينَ قَالُوا ٱدْعُ لَنَا رَبَّكَ
يُبَيِّنْ لَنَا مَا هِيَ قَالَ إِنَّهُ يَقُولُ إِنَّهَا بَقَرَةٌ لَا فَارِضٌ وَلَا بِكْرٌ عَوَانٌ بَيْنَ ذَلِكَ
فَٱفْعَلُوا مَا تُؤْمَرُونَ ٦٤ قَالُوا ٱدْعُ لَنَا رَبَّكَ يُبَيِّنْ لَنَا مَا لَوْنُهَا قَالَ إِنَّهُ يَقُولُ
إِنَّهَا بَقَرَةٌ صَفْرَاءُ فَاقِعٌ لَوْنُهَا تَسُرُّ ٱلنَّاظِرِينَ ٦٥ قَالُوا ٱدْعُ لَنَا رَبَّكَ يُبَيِّنْ لَنَا مَا
هِيَ إِنَّ ٱلْبَقَرَ تَشَابَهَ عَلَيْنَا وَإِنَّا إِنْ شَاءَ ٱللَّهُ لَمُهْتَدُونَ ٦٦ قَالَ إِنَّهُ يَقُولُ إِنَّهَا
بَقَرَةٌ لَا ذَلُولٌ تُثِيرُ ٱلْأَرْضَ وَلَا تَسْقِي ٱلْحَرْثَ مُسَلَّمَةٌ لَا شِيَةَ فِيهَا قَالُوا ٱلْآنَ جِئْتَ
بِٱلْحَقِّ فَذَبَحُوهَا وَمَا كَادُوا يَفْعَلُونَ ٦٧ وَإِذْ قَتَلْتُمْ نَفْسًا فَٱدَّارَأْتُمْ فِيهَا وَٱللَّهُ
مُخْرِجٌ مَا كُنْتُمْ تَكْتُمُونَ ٦٨ فَقُلْنَا ٱضْرِبُوهُ بِبَعْضِهَا كَذَلِكَ يُحْيِي ٱللَّهُ ٱلْمَوْتَى
وَيُرِيكُمْ آيَاتِهِ لَعَلَّكُمْ تَعْقِلُونَ ٦٩ ثُمَّ قَسَتْ قُلُوبُكُمْ مِنْ بَعْدِ ذَلِكَ فَهِيَ كَٱلْحِجَارَةِ
أَوْ أَشَدُّ قَسْوَةً وَإِنَّ مِنَ ٱلْحِجَارَةِ لَمَا يَتَفَجَّرُ مِنْهُ ٱلْأَنْهَارُ وَإِنَّ مِنْهَا لَمَا يَشَّقَّقُ

عَلَيْكُمْ وَأَوْفُوا بِعَهْدِي أُوفِ بِعَهْدِكُمْ وَإِيَّايَ فَٱرْهَبُونِ وَآمِنُوا بِمَا أَنْزَلْتُ مُصَدِّقًا
لِمَا مَعَكُمْ وَلَا تَكُونُوا أَوَّلَ كَافِرٍ بِهِ وَلَا تَشْتَرُوا بِآيَاتِي ثَمَنًا قَلِيلًا وَإِيَّايَ فَٱتَّقُونِ
٣٩ وَلَا تَلْبِسُوا ٱلْحَقَّ بِٱلْبَاطِلِ وَتَكْتُمُوا ٱلْحَقَّ وَأَنْتُمْ تَعْلَمُونَ ٤٠ وَأَقِيمُوا ٱلصَّلٰوةَ
وَآتُوا ٱلزَّكٰوةَ وَٱرْكَعُوا مَعَ ٱلرَّاكِعِينَ ٤١ أَتَأْمُرُونَ ٱلنَّاسَ بِٱلْبِرِّ وَتَنْسَوْنَ أَنْفُسَكُمْ وَأَنْتُمْ
تَتْلُونَ ٱلْكِتَابَ أَفَلَا تَعْقِلُونَ ٤٢ وَٱسْتَعِينُوا بِٱلصَّبْرِ وَٱلصَّلٰوةِ وَإِنَّهَا لَكَبِيرَةٌ إِلَّا
عَلَى ٱلْخَاشِعِينَ ٤٣ ٱلَّذِينَ يَظُنُّونَ أَنَّهُمْ مُلَاقُوا رَبِّهِمْ وَأَنَّهُمْ إِلَيْهِ رَاجِعُونَ ٤٤ يَا
بَنِي إِسْرَائِلَ ٱذْكُرُوا نِعْمَتِيَ ٱلَّتِي أَنْعَمْتُ عَلَيْكُمْ وَأَنِّي فَضَّلْتُكُمْ عَلَى ٱلْعَالَمِينَ ٤٥
وَٱتَّقُوا يَوْمًا لَا تَجْزِي نَفْسٌ عَنْ نَفْسٍ شَيْئًا وَلَا يُقْبَلُ مِنْهَا شَفَاعَةٌ وَلَا يُؤْخَذُ مِنْهَا
عَدْلٌ وَلَا هُمْ يُنْصَرُونَ ٤٦ وَإِذْ نَجَّيْنَاكُمْ مِنْ آلِ فِرْعَوْنَ يَسُومُونَكُمْ سُوٓءَ ٱلْعَذَابِ
يُذَبِّحُونَ أَبْنَآءَكُمْ وَيَسْتَحْيُونَ نِسَآءَكُمْ وَفِي ذَلِكُمْ بَلَآءٌ مِنْ رَبِّكُمْ عَظِيمٌ ٤٧ وَإِذْ
فَرَقْنَا بِكُمُ ٱلْبَحْرَ فَأَنْجَيْنَاكُمْ وَأَغْرَقْنَا آلَ فِرْعَوْنَ وَأَنْتُمْ تَنْظُرُونَ ٤٨ وَإِذْ وَاعَدْنَا
مُوسَى أَرْبَعِينَ لَيْلَةً ثُمَّ ٱتَّخَذْتُمُ ٱلْعِجْلَ مِنْ بَعْدِهِ وَأَنْتُمْ ظَالِمُونَ ٤٩ ثُمَّ عَفَوْنَا
عَنْكُمْ مِنْ بَعْدِ ذَلِكَ لَعَلَّكُمْ تَشْكُرُونَ ٥٠ وَإِذْ آتَيْنَا مُوسَى ٱلْكِتَابَ وَٱلْفُرْقَانَ
لَعَلَّكُمْ تَهْتَدُونَ ٥١ وَإِذْ قَالَ مُوسَى لِقَوْمِهِ يَا قَوْمِ إِنَّكُمْ ظَلَمْتُمْ أَنْفُسَكُمْ بِٱتِّخَاذِكُمُ
ٱلْعِجْلَ فَتُوبُوا إِلَى بَارِئِكُمْ فَٱقْتُلُوا أَنْفُسَكُمْ ذَلِكُمْ خَيْرٌ لَكُمْ عِنْدَ بَارِئِكُمْ فَتَابَ
عَلَيْكُمْ إِنَّهُ هُوَ ٱلتَّوَّابُ ٱلرَّحِيمُ ٥٢ وَإِذْ قُلْتُمْ يَا مُوسَى لَنْ نُؤْمِنَ لَكَ حَتَّى نَرَى
ٱللَّهَ جَهْرَةً فَأَخَذَتْكُمُ ٱلصَّاعِقَةُ وَأَنْتُمْ تَنْظُرُونَ ٥٣ ثُمَّ بَعَثْنَاكُمْ مِنْ بَعْدِ مَوْتِكُمْ
لَعَلَّكُمْ تَشْكُرُونَ ٥٤ وَظَلَّلْنَا عَلَيْكُمُ ٱلْغَمَامَ وَأَنْزَلْنَا عَلَيْكُمُ ٱلْمَنَّ وَٱلسَّلْوَى كُلُوا
مِنْ طَيِّبَاتِ مَا رَزَقْنَاكُمْ وَمَا ظَلَمُونَا وَلَكِنْ كَانُوا أَنْفُسَهُمْ يَظْلِمُونَ ٥٥ وَإِذْ قُلْنَا
ٱدْخُلُوا هَذِهِ ٱلْقَرْيَةَ فَكُلُوا مِنْهَا حَيْثُ شِئْتُمْ رَغَدًا وَٱدْخُلُوا ٱلْبَابَ سُجَّدًا وَقُولُوا
حِطَّةٌ نَغْفِرْ لَكُمْ خَطَايَاكُمْ وَسَنَزِيدُ ٱلْمُحْسِنِينَ ٥٦ فَبَدَّلَ ٱلَّذِينَ ظَلَمُوا قَوْلًا غَيْرَ
ٱلَّذِي قِيلَ لَهُمْ فَأَنْزَلْنَا عَلَى ٱلَّذِينَ ظَلَمُوا رِجْزًا مِنَ ٱلسَّمَآءِ بِمَا كَانُوا يَفْسُقُونَ
٥٧ وَإِذِ ٱسْتَسْقَى مُوسَى لِقَوْمِهِ فَقُلْنَا ٱضْرِبْ بِعَصَاكَ ٱلْحَجَرَ فَٱنْفَجَرَتْ مِنْهُ ٱثْنَتَا

جَنَّاتٍ تَجْرِي مِنْ تَحْتِهَا ٱلْأَنْهَارُ كُلَّمَا رُزِقُوا مِنْهَا مِنْ ثَمَرَةٍ رِزْقًا قَالُوا هَٰذَا ٱلَّذِي
رُزِقْنَا مِنْ قَبْلُ وَأُتُوا بِهِ مُتَشَابِهًا وَلَهُمْ فِيهَا أَزْوَاجٌ مُطَهَّرَةٌ وَهُمْ فِيهَا خَالِدُونَ
٢٤ إِنَّ ٱللَّهَ لَا يَسْتَحْيِي أَنْ يَضْرِبَ مَثَلًا مَا بَعُوضَةً فَمَا فَوْقَهَا فَأَمَّا ٱلَّذِينَ آمَنُوا
فَيَعْلَمُونَ أَنَّهُ ٱلْحَقُّ مِنْ رَبِّهِمْ وَأَمَّا ٱلَّذِينَ كَفَرُوا فَيَقُولُونَ مَا ذَا أَرَادَ ٱللَّهُ بِهَٰذَا
مَثَلًا يُضِلُّ بِهِ كَثِيرًا وَيَهْدِي بِهِ كَثِيرًا وَمَا يُضِلُّ بِهِ إِلَّا ٱلْفَاسِقِينَ ٢٥ ٱلَّذِينَ
يَنْقُضُونَ عَهْدَ ٱللَّهِ مِنْ بَعْدِ مِيثَاقِهِ وَيَقْطَعُونَ مَا أَمَرَ ٱللَّهُ بِهِ أَنْ يُوصَلَ وَيُفْسِدُونَ
فِي ٱلْأَرْضِ أُولَٰئِكَ هُمُ ٱلْخَاسِرُونَ ٢٦ كَيْفَ تَكْفُرُونَ بِٱللَّهِ وَكُنْتُمْ أَمْوَاتًا فَأَحْيَاكُمْ
ثُمَّ يُمِيتُكُمْ ثُمَّ يُحْيِيكُمْ ثُمَّ إِلَيْهِ تُرْجَعُونَ ٢٧ هُوَ ٱلَّذِي خَلَقَ لَكُمْ مَا فِي ٱلْأَرْضِ
جَمِيعًا ثُمَّ ٱسْتَوَى إِلَى ٱلسَّمَاءِ فَسَوَّاهُنَّ سَبْعَ سَمَوَاتٍ وَهُوَ بِكُلِّ شَيْءٍ عَلِيمٌ ٢٨ وَإِذْ
قَالَ رَبُّكَ لِلْمَلَائِكَةِ إِنِّي جَاعِلٌ فِي ٱلْأَرْضِ خَلِيفَةً قَالُوا أَتَجْعَلُ فِيهَا مَنْ يُفْسِدُ فِيهَا
وَيَسْفِكُ ٱلدِّمَاءَ وَنَحْنُ نُسَبِّحُ بِحَمْدِكَ وَنُقَدِّسُ لَكَ قَالَ إِنِّي أَعْلَمُ مَا لَا تَعْلَمُونَ
٢٩ وَعَلَّمَ آدَمَ ٱلْأَسْمَاءَ كُلَّهَا ثُمَّ عَرَضَهُمْ عَلَى ٱلْمَلَائِكَةِ فَقَالَ أَنْبِئُونِي بِأَسْمَاءِ هَٰؤُلَاءِ
إِنْ كُنْتُمْ صَادِقِينَ ٣٠ قَالُوا سُبْحَانَكَ لَا عِلْمَ لَنَا إِلَّا مَا عَلَّمْتَنَا إِنَّكَ أَنْتَ ٱلْعَلِيمُ
ٱلْحَكِيمُ ٣١ قَالَ يَا آدَمُ أَنْبِئْهُمْ بِأَسْمَائِهِمْ فَلَمَّا أَنْبَأَهُمْ بِأَسْمَائِهِمْ قَالَ أَلَمْ أَقُلْ
لَكُمْ إِنِّي أَعْلَمُ غَيْبَ ٱلسَّمَوَاتِ وَٱلْأَرْضِ وَأَعْلَمُ مَا تُبْدُونَ وَمَا كُنْتُمْ تَكْتُمُونَ
٣٢ وَإِذْ قُلْنَا لِلْمَلَائِكَةِ ٱسْجُدُوا لِآدَمَ فَسَجَدُوا إِلَّا إِبْلِيسَ أَبَى وَٱسْتَكْبَرَ وَكَانَ مِنَ
ٱلْكَافِرِينَ ٣٣ وَقُلْنَا يَا آدَمُ ٱسْكُنْ أَنْتَ وَزَوْجُكَ ٱلْجَنَّةَ وَكُلَا مِنْهَا رَغَدًا حَيْثُ
شِئْتُمَا وَلَا تَقْرَبَا هَٰذِهِ ٱلشَّجَرَةَ فَتَكُونَا مِنَ ٱلظَّالِمِينَ ٣٤ فَأَزَلَّهُمَا ٱلشَّيْطَانُ عَنْهَا
فَأَخْرَجَهُمَا مِمَّا كَانَا فِيهِ وَقُلْنَا ٱهْبِطُوا بَعْضُكُمْ لِبَعْضٍ عَدُوٌّ وَلَكُمْ فِي ٱلْأَرْضِ مُسْتَقَرٌّ
وَمَتَاعٌ إِلَى حِينٍ ٣٥ فَتَلَقَّى آدَمُ مِنْ رَبِّهِ كَلِمَاتٍ فَتَابَ عَلَيْهِ إِنَّهُ هُوَ ٱلتَّوَّابُ
ٱلرَّحِيمُ ٣٦ قُلْنَا ٱهْبِطُوا مِنْهَا جَمِيعًا فَإِمَّا يَأْتِيَنَّكُمْ مِنِّي هُدًى فَمَنْ تَبِعَ
هُدَايَ فَلَا خَوْفٌ عَلَيْهِمْ وَلَا هُمْ يَحْزَنُونَ ٣٧ وَٱلَّذِينَ كَفَرُوا وَكَذَّبُوا بِآيَاتِنَا أُولَٰئِكَ
أَصْحَابُ ٱلنَّارِ هُمْ فِيهَا خَالِدُونَ ٣٨ يَا بَنِي إِسْرَائِيلَ ٱذْكُرُوا نِعْمَتِيَ ٱلَّتِي أَنْعَمْتُ

عَلَى هُدًى مِنْ رَبِّهِمْ وَأُولَآئِكَ هُمُ ٱلْمُفْلِحُونَ ٥ إِنَّ ٱلَّذِينَ كَفَرُوا سَوَآءٌ عَلَيْهِمْ
ءَأَنْذَرْتَهُمْ أَمْ لَمْ تُنْذِرْهُمْ لَا يُؤْمِنُونَ ٦ خَتَمَ ٱللَّهُ عَلَى قُلُوبِهِمْ وَعَلَى سَمْعِهِمْ
وَعَلَى أَبْصَارِهِمْ غِشَاوَةٌ وَلَهُمْ عَذَابٌ عَظِيمٌ ٧ وَمِنَ ٱلنَّاسِ مَنْ يَقُولُ آمَنَّا بِٱللَّهِ
وَبِٱلْيَوْمِ ٱلْآخِرِ وَمَا هُمْ بِمُؤْمِنِينَ ٨ يُخَادِعُونَ ٱللَّهَ وَٱلَّذِينَ آمَنُوا وَمَا يَخْدَعُونَ
إِلَّا أَنْفُسَهُمْ وَمَا يَشْعُرُونَ ٩ فِي قُلُوبِهِمْ مَرَضٌ فَزَادَهُمُ ٱللَّهُ مَرَضًا وَلَهُمْ عَذَابٌ
أَلِيمٌ بِمَا كَانُوا يَكْذِبُونَ ١٠ وَإِذَا قِيلَ لَهُمْ لَا تُفْسِدُوا فِي ٱلْأَرْضِ قَالُوا إِنَّمَا
نَحْنُ مُصْلِحُونَ ١١ أَلَا إِنَّهُمْ هُمُ ٱلْمُفْسِدُونَ وَلَكِنْ لَا يَشْعُرُونَ ١٢ وَإِذَا قِيلَ
لَهُمْ آمِنُوا كَمَا آمَنَ ٱلنَّاسُ قَالُوا أَنُؤْمِنُ كَمَا آمَنَ ٱلسُّفَهَآءُ أَلَا إِنَّهُمْ هُمُ ٱلسُّفَهَآءُ
وَلَكِنْ لَا يَعْلَمُونَ ١٣ وَإِذَا لَقُوا ٱلَّذِينَ آمَنُوا قَالُوا آمَنَّا وَإِذَا خَلَوْا إِلَى
شَيَاطِينِهِمْ قَالُوا إِنَّا مَعَكُمْ إِنَّمَا نَحْنُ مُسْتَهْزِئُونَ ١٤ ٱللَّهُ يَسْتَهْزِئُ بِهِمْ وَيَمُدُّهُمْ
فِي طُغْيَانِهِمْ يَعْمَهُونَ ١٥ أُولَآئِكَ ٱلَّذِينَ ٱشْتَرَوُا ٱلضَّلَالَةَ بِٱلْهُدَى فَمَا رَبِحَتْ
تِجَارَتُهُمْ وَمَا كَانُوا مُهْتَدِينَ ١٦ مَثَلُهُمْ كَمَثَلِ ٱلَّذِي ٱسْتَوْقَدَ نَارًا فَلَمَّا أَضَآءَتْ
مَا حَوْلَهُ ذَهَبَ ٱللَّهُ بِنُورِهِمْ وَتَرَكَهُمْ فِي ظُلُمَاتٍ لَا يُبْصِرُونَ ١٧ صُمٌّ بُكْمٌ عُمْيٌ
فَهُمْ لَا يَرْجِعُونَ ١٨ أَوْ كَصَيِّبٍ مِنَ ٱلسَّمَآءِ فِيهِ ظُلُمَاتٌ وَرَعْدٌ وَبَرْقٌ يَجْعَلُونَ
أَصَابِعَهُمْ فِي آذَانِهِمْ مِنَ ٱلصَّوَاعِقِ حَذَرَ ٱلْمَوْتِ وَٱللَّهُ مُحِيطٌ بِٱلْكَافِرِينَ ١٩ يَكَادُ
ٱلْبَرْقُ يَخْطَفُ أَبْصَارَهُمْ كُلَّمَا أَضَآءَ لَهُمْ مَشَوْا فِيهِ وَإِذَا أَظْلَمَ عَلَيْهِمْ قَامُوا وَلَوْ
شَآءَ ٱللَّهُ لَذَهَبَ بِسَمْعِهِمْ وَأَبْصَارِهِمْ إِنَّ ٱللَّهَ عَلَى كُلِّ شَيْءٍ قَدِيرٌ يَا أَيُّهَا ٱلنَّاسُ
ٱعْبُدُوا رَبَّكُمُ ٱلَّذِي خَلَقَكُمْ وَٱلَّذِينَ مِنْ قَبْلِكُمْ لَعَلَّكُمْ تَتَّقُونَ ٢٠ ٱلَّذِي جَعَلَ
لَكُمُ ٱلْأَرْضَ فِرَاشًا وَٱلسَّمَآءَ بِنَآءً وَأَنْزَلَ مِنَ ٱلسَّمَآءِ مَآءً فَأَخْرَجَ بِهِ مِنَ ٱلثَّمَرَاتِ
رِزْقًا لَكُمْ فَلَا تَجْعَلُوا لِلَّهِ أَنْدَادًا وَأَنْتُمْ تَعْلَمُونَ ٢١ وَإِنْ كُنْتُمْ فِي رَيْبٍ مِمَّا نَزَّلْنَا
عَلَى عَبْدِنَا فَأْتُوا بِسُورَةٍ مِنْ مِثْلِهِ وَٱدْعُوا شُهَدَآءَكُمْ مِنْ دُونِ ٱللَّهِ إِنْ كُنْتُمْ
صَادِقِينَ ٢٢ فَإِنْ لَمْ تَفْعَلُوا وَلَنْ تَفْعَلُوا فَٱتَّقُوا ٱلنَّارَ ٱلَّتِي وَقُودُهَا ٱلنَّاسُ
وَٱلْحِجَارَةُ أُعِدَّتْ لِلْكَافِرِينَ ٢٣ وَبَشِّرِ ٱلَّذِينَ آمَنُوا وَعَمِلُوا ٱلصَّالِحَاتِ أَنَّ لَهُمْ

سورة البقرة

مَدَنِيَّةٌ وآيها مائتان وستٌّ وثمانون آية

بِسْمِ ٱللَّهِ ٱلرَّحْمَنِ ٱلرَّحِيمِ

آلـمّ ذَلِكَ ٱلْكِتَابُ لَا رَيْبَ فِيهِ هُدًى
لِلْمُتَّقِينَ ❋ ٱلَّذِينَ يُؤْمِنُونَ بِٱلْغَيْبِ
وَيُقِيمُونَ ٱلصَّلَوةَ وَمِمَّا رَزَقْنَاهُمْ يُنْفِقُونَ
❋ وَٱلَّذِينَ يُؤْمِنُونَ بِمَا أُنْزِلَ إِلَيْكَ وَمَا أُنْزِلَ
مِنْ قَبْلِكَ وَبِٱلْآخِرَةِ هُمْ يُوقِنُونَ ❋ أُولَآئِكَ

سورة فاتحة الكتاب

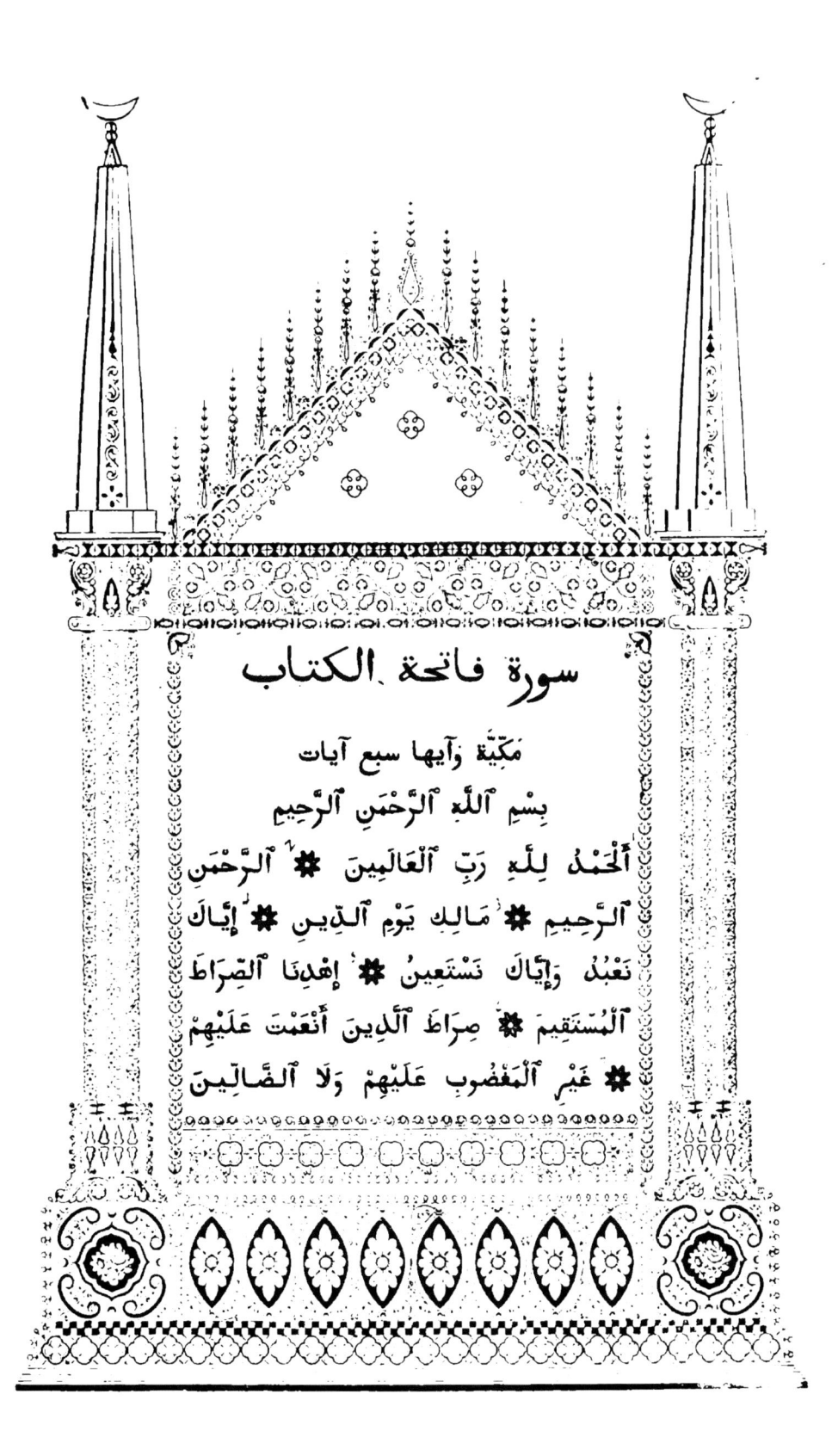

مَكيَّة وآيها سبع آيات

بِسْمِ ٱللَّهِ ٱلرَّحْمَنِ ٱلرَّحِيمِ

ٱلْحَمْدُ لِلَّهِ رَبِّ ٱلْعَالَمِينَ * ٱلرَّحْمَنِ
ٱلرَّحِيمِ * مَالِكِ يَوْمِ ٱلدِّينِ * إِيَّاكَ
نَعْبُدُ وَإِيَّاكَ نَسْتَعِينُ * إِهْدِنَا ٱلصِّرَاطَ
ٱلْمُسْتَقِيمَ * صِرَاطَ ٱلَّذِينَ أَنْعَمْتَ عَلَيْهِمْ
* غَيْرِ ٱلْمَغْضُوبِ عَلَيْهِمْ وَلَا ٱلضَّالِّينَ

أَلْقُرْآنُ

وَهُوَ

أَلْهُدَى وَأَلْفُرْقَانُ

CPSIA information can be obtained at www.ICGtesting.com
Printed in the USA
BVOW061539171212

308426BV00003B/35/P

9 781147 855333